I0643456

OEUVRES ILLUSTRÉES

DE BALZAC

CE VOLUME CONTIENT

Le Père Goriot — Z. Marcas. — César Birotteau. — Histoire des Treize
Ferragus — La duchesse de Langeais — La Fille aux yeux d'or. — La Maison Nucingen — Les Comédiens
sans le savoir — Etude de Femme — Un prince de la Bohème
L'Envers de l'Histoire contemporaine — Eugénie Grandet. — Le Chef-d'Œuvre inconnu

...

Paris — Imp. Simon Raçon et Cᵉ, rue d'Erfurth 1

OEUVRES ILLUSTRÉES
DE BALZAC

200 DESSINS

PAR MM. TONY JOHANNOT, STAAL, BERTALL, E. LAMPSONIUS.
H. MONNIER, DAUMIER, MEISSONNIER, ETC.

PARIS

CHEZ MARESCQ ET COMPAGNIE
Éditeurs des œuvres de Balzac
5, RUE DU PONT-DE-LODI.

ET CHEZ J. BRY AÎNÉ
27, RUE GUÉNÉGAUD.

1852

OEUVRES ILLUSTRÉES

DE BALZAC

CE VOLUME CONTIENT :

Le Père Goriot — Z. Marcas — César Birotteau — Histoire des Treize
Ferragus — La duchesse de Langeais — La Fille aux yeux d'or — La Maison Nucingen. — Les Comédiens
sans le savoir — Étude de Femme. — Un Prince de la Bohème.
L'Envers de l'Histoire contemporaine. — Eugénie Grandet — Le Chef d'Œuvre inconnu

Paris — Imprimerie Schiller, rue d'Erfurth, 1

OEUVRES ILLUSTRÉES

DE BALZAC

200 DESSINS

PAR MM. TONY JOHANNOT, STAAL, BERTALL, E. LAMPSONIUS,
H. MONNIER. DAUMIER. MEISSONNIER, ETC.

PARIS

CHEZ MM. MARESCQ ET COMPAGNIE
Éditeurs des œuvres de Balzac
5, RUE DU PONT-DE-LODI.

ET CHEZ J. BRY AÎNÉ.
27, RUE GUÉNÉGAUD.

1851

COMÉDIE HUMAINE

ŒUVRES ILLUSTRÉES DE BALZAC

LE PÈRE GORIOT

CÉLESTIN NANTEUIL

Dess. Tony Johannot, Bertall, Daumier,
E. Lampsonius, etc.

Gravures par les meilleurs
Artistes.

AU

GRAND ET ILLUSTRE

GEOFFROY-SAINT-HILAIRE,

comme un témoignage
d'admiration de ses travaux
et de son génie.

DE BALZAC.

Madame Vauquer, née de Conflans, est une vieille femme qui, depuis quarante ans, tient à Paris une pension bourgeoise établie rue Neuve-Sainte-Geneviève, entre le quartier latin et le faubourg Saint-Marceau. Cette pension, connue sous le nom de la Maison Vauquer, admet également des hommes et des femmes, des jeunes gens et des vieillards, sans que jamais la médisance ait attaqué les mœurs de ce respectable établissement. Mais aussi depuis trente ans ne s'y était-il jamais vu de jeune personne, et pour qu'un jeune homme y demeure, sa famille doit-elle lui faire une bien maigre pension. Néanmoins, en 1819, époque à laquelle ce drame commence, il s'y trouvait une pauvre jeune fille. En quelque discrédit que soit tombé le mot drame par la manière abusive et tortionnaire

Goriot a été président de sa section pendant la révolution. — PAGE 15.

dont il a été prodigué dans ces temps de douloureuse littérature, il est nécessaire de l'employer ici : non que cette histoire soit dramatique dans le sens vrai du mot ; mais, l'œuvre accompli, peut-être aura-t-on versé quelques larmes *intra muros et extra*. Sera-t-elle comprise au delà de Paris ? le doute est permis. Les particularités de cette scène pleine d'observations et de couleurs locales ne peuvent être appréciées qu'entre les buttes de Montmartre et les hauteurs de Montrouge, dans cette illustre vallée de plâtras incessamment près de tomber et de ruisseaux noirs de boue ; vallée remplie de souffrances réelles, de joies souvent fausses, et si terriblement agitée, qu'il faut je ne sais quoi d'exorbitant pour y produire une sensation de quelque durée. Cependant il s'y rencontre çà et là des douleurs que l'agglomération des vices et des vertus rend grandes et solennelles : à leur aspect, les égoïsmes, les intérêts, s'arrêtent et s'apitoient ; mais l'impression qu'ils en reçoivent est comme un fruit savoureux promptement dévoré. Le char de la civilisation, semblable à celui de l'idole de Jaggernat, à peine retardé par un cœur moins facile à broyer que les autres et qui enraye sa roue, l'a brisé bientôt et continue sa marche glorieuse. Ainsi ferez-vous, vous qui tenez ce livre d'une main blanche, vous qui vous enfoncez dans un moelleux fauteuil en vous disant : Peut-être ceci va-t-il m'amuser. Après avoir lu les secrètes infortunes du père Goriot, vous dînerez avec appétit en mettant votre insensibilité sur le compte de l'auteur en le taxant d'exagération, en l'accusant de poésie. Ah! sachez-le · ce drame n'est ni une fiction ni un roman. *All is true*, il est si véritable, que chacun peut en reconnaître les éléments chez soi, dans son cœur peut-être.

La maison où s'exploite la pension bourgeoise appartient à madame Vauquer. Elle est située dans le bas de la rue Neuve-Sainte-Geneviève, à l'endroit où le terrain s'abaisse vers la rue de l'Arbalète par une pente si brusque et si rude que les chevaux la montent ou la descendent rarement. Cette circonstance est favorable au silence qui règne dans ces rues serrées entre le dôme du Val-de-Grâce et le dôme du Panthéon, deux monuments qui changent les conditions de l'atmosphère en y jetant des tons jaunes, en y assombrissant tout par les teintes sévères que projettent leurs coupoles. Là, les pavés sont secs, les ruisseaux n'ont ni boue ni eau, l'herbe croît le long des murs. L'homme le plus insouciant s'y attriste comme tous les passants, le bruit d'une voiture y devient un événement, les maisons y sont mornes, les murailles y sentent la prison. Un Parisien égaré ne verrait là que des pensions bourgeoises ou des institutions, de la misère ou de l'ennui, de la vieillesse qui meurt, de la joyeuse jeunesse contrainte à travailler. Nul quartier de Paris n'est plus horrible, ni, disons-le, plus inconnu. La rue Neuve-Sainte-Geneviève surtout est comme un cadre de bronze, le seul qui convienne à ce récit, auquel on ne saurait trop préparer l'intelligence par des couleurs brunes, par des idées graves; ainsi que, de marche en marche, le jour diminue et le chant du conducteur se creuse, alors que le voyageur descend aux Catacombes. Comparaison vraie! Qui décidera de ce qui est plus horrible à voir, ou des cœurs desséchés, ou des crânes vides?

La façade de la pension donne sur un jardinet, en sorte que la maison tombe à angle droit sur la rue Neuve-Sainte-Geneviève, où vous la voyez coupée dans sa profondeur. Le long de cette façade, entre la maison et le jardinet, règne un cailloutis en cuvette, large d'une toise, devant lequel est une allée sablée, bordée de géraniums, de lauriers-roses et de grenadiers plantés dans de grands vases en faïence bleue et blanche. On entre dans cette allée par une porte bâtarde, surmontée d'un écriteau sur lequel est écrit : MAISON VAUQUER, et dessous : *Pension bourgeoise des deux sexes et autres*. Pendant le jour, une porte à claire-voie, armée d'une sonnette criarde, laisse apercevoir au bout du petit pavé, sur le mur opposé à la rue, une arcade peinte en marbre vert par un artiste du quartier. Sous le renfoncement que simule cette peinture, s'élève une statue représentant l'Amour. A voir le vernis écaillé qui la couvre, les amateurs de symboles y découvriraient peut-être un mythe de l'amour parisien qu'on guérit à quelques pas de là. Sous le socle, cette inscription à demi effacée rappelle le temps auquel remonte cet ornement par l'enthousiasme dont il témoigne pour Voltaire, rentré dans Paris en 1777 :

> Qui que tu sois, voici ton maître
> Il l'est, le fut, ou le doit être.

A la nuit tombante, la porte à claire-voie est remplacée par une porte pleine. Le jardinet, aussi large que la façade est longue, se trouve encaissé par le mur de la rue et par le mur mitoyen de la maison voisine, le long de laquelle pend un manteau de lierre qui la cache entièrement, et attire les yeux des passants par un effet pittoresque dans Paris. Chacun de ces murs est tapissé d'espaliers et de vignes dont les fructifications grêles et poudreuses sont l'objet des craintes annuelles de madame Vauquer et de ses conversations avec les pensionnaires. Le long de chaque muraille, règne une étroite allée qui mène à un couvert de tilleuls, mot que madame Vauquer, quoiqu'elle née de Conflans, prononce obstinément *tieuilles*, malgré les observations grammaticales de ses hôtes. Entre les deux allées latérales est un carré d'artichauts flanqué d'arbres fruitiers en quenouille, et bordé d'oseille, de laitue ou de persil. Sous le couvert de tilleuls est plantée une table ronde peinte en vert, et entourée de sièges. Là, durant les jours caniculaires, les convives assez riches pour se permettre de prendre du café, viennent le savourer par une chaleur capable de faire éclore des œufs. La façade, élevée de trois étages et surmontée de mansardes, est bâtie en moellons et badigeonnée avec cette couleur jaune qui donne un caractère ignoble à presque toutes les maisons de Paris. Les cinq croisées percées à chaque étage ont de petits carreaux et sont garnies de jalousies dont aucune n'est relevée de la même manière, en sorte que toutes leurs lignes jurent entre elles. La profondeur de cette maison comporte deux croisées qui, au rez-de-chaussée, ont pour ornements des barreaux en fer, grillagés. Derrière le bâtiment est une cour large d'environ vingt pieds, où vivent en bonne intelligence des cochons, des poules, des lapins, et au fond de laquelle s'élève un hangar à serrer le bois. Entre ce hangar et la fenêtre de la cuisine se suspend le garde-manger, au-dessous duquel tombent les eaux grasses de l'évier. Cette cour a sur la rue Neuve-Sainte-Geneviève une porte étroite par où la cuisinière

chasse les ordures de la maison en nettoyant cette sentine à grand renfort d'eau, sous peine de pestilence.

Naturellement destiné à l'exploitation de la pension bourgeoise, le rez-de-chaussée se compose d'une première pièce éclairée par les deux croisées de la rue, et où l'on entre par une porte-fenêtre. Ce salon communique à une salle à manger qui est séparée de la cuisine par la cage d'un escalier dont les marches sont en bois et en carreaux mis en couleur et frottés. Rien n'est plus triste à voir que ce salon meublé de fauteuils et de chaises en étoffe de crin à raies alternativement mates et luisantes. Au milieu se trouve une table ronde à dessus de marbre Sainte-Anne, décorée de ce cabaret en porcelaine blanche ornée de filets d'or effacés à demi, que l'on rencontre partout aujourd'hui. Cette pièce, assez mal planchéiée, est lambrissée à hauteur d'appui. Le surplus des parois est tendu d'un papier verni représentant les principales scènes de Télémaque, et dont les classiques personnages sont coloriés. Le panneau d'entre les croisées grillagées offre aux pensionnaires le tableau du festin donné au fils d'Ulysse par Calypso. Depuis quarante ans cette peinture excite les plaisanteries des jeunes pensionnaires, qui se croient supérieurs à leur position en se moquant du dîner auquel la misère les condamne. La cheminée en pierre, dont le foyer toujours propre atteste qu'il ne s'y fait de feu que dans les grandes occasions, est ornée de deux vases pleins de fleurs artificielles, vieillies et encagées, qui accompagnent une pendule en marbre bleuâtre du plus mauvais goût. Cette première pièce exhale une odeur sans nom dans la langue, et qu'il faudrait appeler l'*odeur de pension*. Elle sent le renfermé, le moisi, le rance; elle donne froid, elle est humide au nez, elle pénètre les vêtements; elle a le goût d'une salle où l'on a dîné; elle pue le service, l'office, l'hospice. Peut-être pourrait-elle se décrire si l'on inventait un procédé pour évaluer les quantités élémentaires et nauséabondes qu'y jettent les atmosphères catarrhales et *sui generis* de chaque pensionnaire, jeune ou vieux. Eh bien! malgré ces plates horreurs, si vous le compariez à la salle à manger, qui lui est contiguë, vous trouveriez ce salon élégant et parfumé comme doit l'être un boudoir. Cette salle, entièrement boisée, fut jadis peinte en une couleur indistincte aujourd'hui, qui forme un fond sur lequel la crasse a imprimé ses couches de manière à y dessiner des figures bizarres. Elle est plaquée de buffets gluants sur lesquels sont des carafes échancrées, ternies, des ronds de moiré métallique, des piles d'assiettes en porcelaine épaisse, à bords bleus, fabriquées à Tournai. Dans un angle est placée une boîte à cases numérotées qui sert à garder les serviettes, ou tachées ou vineuses, de chaque pensionnaire. Il s'y rencontre de ces meubles indestructibles, proscrits partout, mais placés là comme le sont les débris de la civilisation aux Incurables. Vous y verriez un baromètre à capucin qui sort quand il pleut, des gravures exécrables qui ôtent l'appétit, toutes encadrées en bois noir verni à filets dorés; un cartel en écaille incrustée de cuivre; un poêle vert, des quinquets d'Argand où la poussière se combine avec l'huile, une longue table couverte en toile cirée assez grasse pour qu'un facétieux externe y écrive son nom en se servant de son doigt comme de style, des chaises estropiées, de petits paillassons piteux en sparterie qui se déroule toujours sans se perdre jamais, puis des chaufferettes misérables à trous cassés, à charnières détaites, dont le bois se carbonise. Pour expliquer combien ce mobilier est vieux, crevassé, pourri, tremblant, rongé, manchot, borgne, invalide, expirant, il faudrait en faire une description qui retarderait trop l'intérêt de cette histoire, et que les gens pressés ne pardonneraient pas. Le carreau rouge est plein de vallées produites par le frottement ou par les mises en couleur. Enfin, là règne la misère sans poésie; une misère économe, concentrée, râpée. Si elle n'a pas de fange encore, elle a des taches; si elle n'a ni trous ni haillons, elle va tomber en pourriture.

Cette pièce est dans tout son lustre au moment où, vers sept heures du matin, le chat de madame Vauquer précède sa maîtresse, saute sur les buffets, y flaire le lait que contiennent plusieurs jattes couvertes d'assiettes, et fait entendre son *rourou* matinal. Bientôt la veuve se montre, attifée de son bonnet de tulle sous lequel pend un tour de faux cheveux mal mis, elle marche en traînassant ses pantoufles grimacées. Sa face vieillotte, grassouillette, du milieu de laquelle sort un nez à bec de perroquet; ses petites mains potelées, sa personne dodue comme un rat d'église, son corsage trop plein et qui flotte, sont en harmonie avec cette salle où suinte le malheur, où s'est blottie la spéculation, et dont madame Vauquer respire l'air chaudement fétide sans en être écœurée. Sa figure fraîche comme une première gelée d'automne, ses yeux ridés, dont l'expression passe du sourire prescrit aux danseuses à l'amer renfrognement de l'escompteur, enfin toute sa personne explique la pension, comme la pension implique sa personne. Le bagne ne va pas sans l'argousin, vous n'imagineriez pas l'un sans l'autre. L'embonpoint blafard de cette petite femme est le produit de cette vie, comme le typhus est la conséquence des exhalaisons d'un hôpital. Son jupon de laine tricotée, qui dépasse sa première jupe faite avec une vieille robe, et dont la ouate s'échappe par les fentes de l'étoffe lézardée, résume le salon, la salle à manger, le jardinet, annonce la cuisine et fait pressentir les pensionnaires. Quand elle est là, ce spectacle est complet. Âgée d'environ cinquante ans, madame Vauquer ressemble à toutes les *femmes qui ont eu des malheurs*. Elle a l'œil vitreux, l'air innocent d'une entremetteuse qui va se gendarmer pour se faire payer plus cher, mais d'ailleurs prête à tout pour adoucir son sort, à livrer Georges ou Pichegru, si Georges ou Pichegru étaient encore à livrer. Néanmoins, elle est *bonne femme au fond*, disent les pensionnaires, qui la croient sans fortune en l'entendant geindre et tousser comme eux. Qu'avait été M. Vauquer ? Elle ne s'expliquait jamais sur le défunt. Comment avait-il perdu sa fortune ? Dans les malheurs, répondait-elle. Il s'était mal conduit envers elle, ne lui avait laissé que les yeux pour pleurer, cette maison pour vivre, et le droit de ne compatir à aucune infortune, parce que, disait-elle, elle avait souffert tout ce qu'il est possible de souffrir. En entendant trottiner sa maîtresse, la grosse Sylvie, la cuisinière, s'empressait de servir le déjeuner des pensionnaires internes.

Généralement les pensionnaires externes ne s'abonnaient qu'au dîner, qui coûtait trente francs par mois. A l'époque où cette histoire commence, les internes étaient au nombre de sept. Le premier étage contenait les deux meilleurs appartements de la maison. Madame Vauquer habitait le moins considérable, et l'autre appartenait à madame Couture, veuve d'un commissaire ordonnateur de la République française. Elle avait avec elle une très-jeune personne, nommée Victorine Taillefer, à qui elle servait de mère. La pension de ces deux dames montait à dix-huit cents francs. Les deux appartements du second étaient occupés, l'un par un vieillard nommé Poiret; l'autre, par un homme âgé d'environ quarante ans, qui portait une perruque noire, se teignait les favoris, se disait ancien négociant, et s'appelait M. Vautrin. Le troisième étage se composait de quatre chambres, dont deux étaient louées, l'une par une vieille fille nommée mademoiselle Michonneau; l'autre par un ancien fabricant de vermicelles, de pâtes d'Italie et d'amidon, qui se laissait nommer le père Goriot. Les deux autres chambres étaient destinées aux oiseaux de passage, à ces infortunés étudiants qui, comme le père Goriot et mademoiselle Michonneau, ne pouvaient mettre que quarante-cinq francs par mois à leur nourriture et à leur logement; mais madame Vauquer souhaitait peu leur présence et ne les prenait que quand elle ne trouvait pas mieux : ils mangeaient trop de pain. En ce moment l'une des deux chambres appartenait à une jeune homme venu des environs d'Angoulême à Paris pour y faire son droit, et dont la nombreuse famille se soumettait aux plus dures privations afin de lui envoyer douze cents francs par an. Eugène de Rastignac, ainsi se nommait-il, était un de ces jeunes gens façonnés au travail par le malheur, qui comprennent dès le jeune âge les espérances que leurs parents placent en eux, et qui se préparent une belle destinée en calculant déjà la portée de leurs études, et les adaptant par avance au mouvement futur de la société, pour être les premiers à la pressurer. Sans ses observations curieuses et l'adresse avec laquelle il sut se produire dans les salons de Paris, ce récit n'eût pas été coloré des tons vrais qu'il devra sans doute à son esprit sagace et à son désir de pénétrer les mystères d'une situation épouvantable aussi soigneusement cachée par ceux qui l'avaient créée que par celui qui la subissait.

Au-dessus de ce troisième étage étaient un grenier à étendre le linge et deux mansardes où couchaient un garçon de peine, nommé Christophe, et la grosse Sylvie, la cuisinière. Outre les sept pensionnaires internes, madame Vauquer avait, bon an, mal an, huit étudiants en droit ou en médecine, et deux ou trois habitués qui demeuraient dans le quartier, abonnés tous pour le dîner seulement. La salle contenait à dîner dix-huit personnes et pouvait en admettre une vingtaine; mais, le matin, il ne s'y trouvait que sept locataires, dont la réunion offrait pendant le déjeuner l'aspect d'un repas de famille. Chacun descendait en pantoufles, se permettait des observations confidentielles sur la mise ou sur l'air des externes, et sur les événements de la soirée précédente, en s'exprimant avec la confiance de l'intimité. Ces sept pensionnaires étaient les enfants gâtés de madame Vauquer, qui leur mesurait avec une précision d'astronome les soins et les égards, d'après le chiffre de leurs pensions. Une même considération affectait ces êtres rassemblés par le hasard. Les deux locataires du second ne payaient que soixante-douze francs par mois. Ce bon marché, qui ne se rencontre que dans le faubourg Saint-Marcel, entre la Bourbe et la Salpêtrière, et auquel madame Couture faisait seule exception, annonce que ces pensionnaires devaient être sous le poids de malheurs plus ou moins apparents. Aussi le spectacle désolant que présentait l'intérieur de cette maison se répétait-il dans le costume de ses habitués, également délabrés. Les hommes portaient des redingotes dont la couleur était devenue problématique, des chaussures comme il s'en jette au coin des bornes dans les quartiers élégants, du linge élimé, des vêtements qui n'avaient plus que l'âme. Les femmes avaient des robes passées, reteintes, déteintes, de vieilles dentelles raccommodées, des gants glacés par l'usage, des collerettes toujours rousses et des fichus éraillés. Si tels étaient les habits, presque tous montraient des corps solidement charpentés, des constitutions qui avaient résisté aux tempêtes de la vie, des faces froides, dures, effacées comme celles des écus démonétisés. Les bouches flétries étaient armées de dents avides. Ces pensionnaires faisaient pressentir des drames accomplis ou en action; non pas de ces drames joués à la lueur des rampes, entre des toiles peintes, mais des drames vivants et muets, des drames glacés qui remuaient chaudement le cœur, des drames continus.

La vieille demoiselle Michonneau gardait sur ses yeux fatigués un crasseux abat-jour en taffetas vert, cerclé par du fil d'archal, qui aurait effarouché l'ange de la pitié. Son châle à franges maigres et pleurardes semblait couvrir un squelette, tant les formes qu'il cachait étaient anguleuses. Quel acide avait dépouillé cette créature de ses formes féminines? elle devait avoir été jolie et bien faite : était-ce le vice, le chagrin, la cupidité? avait-elle trop aimé, avait-elle été marchande à la toilette, ou seulement courtisane? Expiait-elle les triomphes d'une jeunesse insolente au-devant de laquelle s'étaient rués les plaisirs par une vieillesse que fuyaient les passants? Son regard blanc donnait froid, sa figure rabougrie menaçait. Elle avait la voix clairette d'une cigale criant dans son buisson aux approches de l'hiver. Elle disait avoir pris soin d'un vieux monsieur affecté d'un catarrhe à la vessie, et abandonné par ses enfants, qui l'avaient cru sans ressource. Ce vieillard lui avait légué mille francs de rente viagère, périodiquement disputés par ses héritiers, aux calomnies desquels elle était en butte. Quoique le jeu des passions eût ravagé sa figure, il s'y trouvait encore certains vestiges d'une blancheur et d'une finesse dans le tissu qui permettaient de supposer que le corps conservait quelques restes de beauté.

M. Poiret était une espèce de mécanique. En l'apercevant s'étendre comme une ombre grise le long d'une allée au Jardin-des-Plantes, la tête couverte d'une vieille casquette flasque, tenant à peine sa canne à pomme d'ivoire jauni dans sa main, laissant flotter les pans flétris de sa redingote qui cachait mal une culotte presque vide, et des jambes en bas bleus qui flageolaient comme celles d'un homme ivre, montrant son gilet blanc sale et son jabot de grosse mousseline recroquevillée qui s'unissait imparfaitement à sa cravate cordée autour de son cou de dindon, bien des gens se demandaient si cette ombre chinoise appartenait à la race audacieuse des fils de Japhet qui papillonnent sur le boulevard Italien. Quel travail avait pu le ratatiner ainsi? quelle passion avait bistré sa face bulbeuse, qui, dessinée en caricature, aurait paru hors du vrai? Ce qu'il avait été? mais peut-être avait-il été employé au ministère de la justice, dans le bureau où les exécuteurs des hautes-œuvres envoient leurs mémoires de frais, le compte des fournitures de voiles noirs pour les parricides, de son pour les paniers, de ficelle pour les couteaux. Peut-être avait-il été receveur à la porte d'un abattoir, ou sous-inspecteur de salubrité. Enfin, cet homme semblait avoir été l'un des ânes de notre grand moulin social, l'un de ces Ratons parisiens qui ne connaissent même pas leurs Bertrands, quelque pivot sur lequel avaient tourné les infortunes ou les saletés publiques, enfin l'un de ces hommes dont nous disons, en les voyant : *Il en faut pourtant comme ça.* Le beau Paris ignore ces figures blêmes de souffrances morales ou physiques. Mais Paris est un véritable océan. Jetez-y la sonde, vous n'en connaîtrez jamais la profondeur. Parcourez-le, décrivez-le! quelque soin que vous mettiez à le parcourir, à le décrire; quelque nombreux et intéressés que soient les explorateurs de cette mer, il s'y rencontrera toujours un lieu vierge, un antre inconnu, des fleurs, des perles, des monstres, quelque chose d'inouï, oublié par les plongeurs littéraires. La maison Vauquer est une de ces monstruosités curieuses.

Deux figures y formaient un contraste frappant avec la masse des pensionnaires et des habitués. Quoique mademoiselle Victorine Taillefer eût une blancheur maladive semblable à celle des jeunes filles attaquées de chlorose, et qu'elle se rattachât à la souffrance générale qui faisait le fond de ce tableau par une tristesse habituelle, par une contenance gênée, par un air pauvre et grêle, néanmoins son visage n'était pas vieux, ses mouvements et sa voix étaient agiles. Ce jeune malheur ressemblait à un arbuste aux feuilles jaunies, fraîchement planté dans un terrain contraire. Sa physionomie roussâtre, ses cheveux d'un blond fauve, sa taille trop mince, exprimaient cette grâce que les poètes modernes trouvaient aux statuettes du moyen âge. Ses yeux gris mélangés de noir exprimaient une douceur, une résignation chrétiennes. Ses vêtements simples, peu coûteux, trahissaient des formes jeunes. Elle était jolie par juxtaposition. Heureuse, elle eût été ravissante : le bonheur est la poésie des femmes, comme la toilette en est le fard. Si la joie d'un bal eût reflété ses teintes rosées sur ce visage pâle; si les douceurs d'une vie élégante eussent rempli, eussent vermillonné ces joues déjà légèrement creusées; si l'amour eût ranimé ces yeux tristes, Victorine aurait pu lutter avec les plus belles jeunes filles. Il lui manquait ce qui crée une seconde fois la femme, les chiffons et les billets doux. Son histoire eût fourni le sujet d'un livre. Son père croyait avoir des raisons pour ne pas la reconnaître, refusait de la garder près de lui, ne lui accordait que six cents francs par an, et avait dénaturé sa fortune, afin de pouvoir la transmettre en entier à son fils. Parente éloignée de la mère de Victorine, qui jadis était venue mourir de désespoir chez elle, madame Couture prenait soin de l'orpheline comme de son enfant. Malheureusement la veuve du commissaire ordonnateur des armées de la République ne possédait rien au monde que son douaire et sa pension; elle pouvait laisser un jour cette pauvre fille, sans expérience et sans ressources, à la merci du monde. La bonne femme menait Victorine à la messe tous les dimanches, à confesse tous les quinze jours, afin d'en faire à tout hasard une fille pieuse. Elle avait raison. Les sentiments religieux offraient un avenir à cette enfant désavouée, qui aimait son père, qui tous les ans s'acheminait chez lui pour y apporter le pardon de sa mère; mais qui, tous les ans, se cognait contre la porte de la maison paternelle, inexorablement fermée. Son frère, son unique médiateur, n'était pas venu la voir une seule fois en quatre ans, et ne lui envoyait aucun secours. Elle suppliait Dieu de dessiller les yeux de son père, d'attendrir le cœur de son frère, et priait pour eux sans les accuser. Madame Couture et madame Vauquer ne trouvaient pas assez de mots dans le dictionnaire des injures pour qualifier cette conduite barbare. Quand elles maudissaient ce millionnaire infâme, Victorine faisait entendre de douces paroles, semblables au chant du ramier blessé, dont le cri de douleur exprime encore l'amour.

Eugène de Rastignac avait un visage tout méridional, le teint blanc, des cheveux noirs, des yeux bleus. Sa tournure, ses manières, sa pose habituelle, dénotaient le fils d'une famille noble, où l'éducation première n'avait comporté que des traditions de bon goût. S'il était ménager de ses habits, si les jours ordinaires il achevait d'user les vêtements de l'an passé ; néanmoins il pouvait sortir quelquefois mis comme l'est un jeune homme élégant. Ordinairement il portait une vieille redingote, un mauvais gilet, la méchante cravate noire, flétrie, mal nouée de l'étudiant, un pantalon à l'avenant et des bottes ressemelées.

Entre ces deux personnages et les autres, Vautrin, l'homme de quarante ans, à favoris peints, servait de transition. Il était un de ces gens dont le peuple dit : — Voilà un fameux gaillard ! Il avait les épaules larges, le buste bien développé, les muscles apparents, des mains épaisses, carrées et fortement marquées aux phalanges par des bouquets de poils touffus et d'un roux ardent. Sa figure, rayée par des rides prématurées, offrait des signes de dureté que démentaient ses manières souples et liantes. Sa voix de basse-taille, en harmonie avec sa grosse gaieté, ne déplaisait point. Il était obligeant et rieur. Si quelque serrure allait mal, il l'avait bientôt démontée, rafistolée, huilée, limée, remontée, en disant : — Ça me connaît. Il connaissait tout d'ailleurs, les vaisseaux, la mer, la France, l'étranger, les affaires, les hommes, les événements, les lois, les hôtels et les prisons. Si quelqu'un se plaignait par trop, il lui offrait aussitôt ses services. Il avait prêté plusieurs fois de l'argent à madame Vauquer et à quelques pensionnaires; mais ses obligés seraient morts plutôt que de ne pas le lui rendre, tant, malgré son air bonhomme, il imprimait de crainte par un certain regard profond et plein de résolution. À la manière dont il lançait un jet de salive, il annonçait un sang-froid imperturbable qui ne devait pas le faire reculer devant un crime pour sortir d'une position équivoque. Comme un juge sévère, son œil semblait aller au fond de toutes les questions, de toutes les consciences, de tous les sentiments. Ses mœurs consistaient à sortir après le déjeuner, à revenir pour dîner, à décamper pour toute la soirée, et à rentrer vers minuit, à l'aide d'un passe-partout que lui avait confié madame Vauquer. Lui seul jouissait de cette faveur. Mais aussi était-il au mieux avec la veuve, qu'il appelait maman en la saisissant par la taille, flatterie peu comprise ! La bonne femme croyait la chose encore facile, tandis que Vautrin seul avait les bras assez longs pour presser cette pesante circonférence. Un trait de son caractère était de payer généreusement quinze francs par mois pour le *gloria* qu'il prenait au dessert. Des gens moins superficiels que ne l'étaient ces jeunes gens emportés par les tourbillons de la vie parisienne, ou ces vieillards indifférents à ce qui ne les touchait pas directement, ne se seraient pas arrêtés à l'impression douteuse que leur causait Vautrin. Il savait ou devinait les affaires de ceux qui l'entouraient, tandis que nul ne pouvait pénétrer ni ses pensées ni ses occupations. Quoiqu'il eût jeté son apparente bonhomie, sa constante complaisance et sa gaieté comme une barrière entre les autres et lui, souvent il laissait percer l'épouvantable profondeur de son caractère. Souvent une boutade digne de Juvénal, et par laquelle il semblait se complaire à bafouer les lois, à fouetter la haute société, à la convaincre d'inconséquence avec elle-même, devait faire supposer qu'il gardait rancune à l'état social, et qu'il y avait au fond de sa vie un mystère soigneusement enfoui.

Attirée, peut-être à son insu, par la force de l'un ou par la beauté de l'autre, mademoiselle Taillefer partageait ses regards furtifs, ses pensées secrètes, entre le quadragénaire et le jeune étudiant ; mais aucun d'eux ne paraissait songer à elle, quoique d'un jour à l'autre le hasard pût changer sa position et la rendre un riche parti. D'ailleurs aucune de ces personnes ne se donnait la peine de vérifier si les malheurs allégués par l'une d'elles étaient faux ou véritables. Toutes avaient les unes pour les autres une indifférence mêlée de défiance qui résultait de leurs situations respectives. Elles se savaient impuissantes à soulager leurs peines, et toutes avaient, en se les contant, épuisé la coupe des condoléances. Semblables à de vieux époux, elles n'avaient plus rien à se dire. Il ne restait donc entre elles que les rapports d'une vie mécanique, le jeu de rouages sans huile. Toutes devaient passer droit dans la rue devant un aveugle, écouter sans émotion le récit d'une infortune, et voir dans une mort la solution d'un problème de misère qui les rendait froides à la plus terrible agonie. La plus heureuse de ces âmes désolées était madame Vauquer, qui trônait

dans cet hospice libre. Pour elle seule, ce petit jardin, que le silence et le froid, le sec et l'humide, faisaient vaste comme un steppe, était un riant bocage. Pour elle seule, cette maison jaune et morne, qui sentait le vert-de-gris du comptoir, avait des délices. Ces cabanons lui appartenaient. Elle nourrissait ces forçats acquis à des peines perpétuelles, en exerçant sur eux une autorité respectée. Où ces pauvres êtres auraient-ils trouvé dans Paris, au prix où elle les donnait, des aliments sains, suffisants, et un appartement qu'ils étaient maîtres de rendre, sinon élégant ou commode, du moins propre et salubre ? Se fût-elle permis une injustice criante, la victime l'aurait supportée sans se plaindre.

Une réunion semblable devait offrir et offrait en petit les éléments d'une société complète. Parmi les dix-huit convives, il se rencontrait, comme dans les collèges, comme dans le monde, une pauvre créature rebutée, un souffre-douleur sur qui pleuvaient les plaisanteries. Au commencement de la seconde année, cette figure devint, pour Eugène de Rastignac, la plus saillante de toutes celles au milieu desquelles il était condamné à vivre encore pendant deux ans. Ce *paria* était l'ancien vermicellier, le père Goriot, sur la tête duquel un peintre aurait, comme l'historien, fait tomber toute la lumière du tableau. Par quel hasard ce mépris à demi haineux, cette persécution mélangée de pitié, ce non respect du malheur avaient-ils frappé le plus ancien pensionnaire? Y avait-il donné lieu par quelques-uns de ces ridicules ou de ces bizarreries que l'on pardonne moins qu'on ne pardonne de des vices? Ces questions tiennent de près à bien des injustices sociales. Peut-être est-il dans la nature humaine de tout faire supporter à qui souffre tout par humilité vraie, par faiblesse ou par indifférence. N'aimons-nous pas tous à prouver notre force aux dépens de quelqu'un ou de quelque chose? L'être le plus débile, le gamin sonne à toutes les portes quand il gèle, ou se hisse pour écrire son nom sur un monument vierge.

Le père Goriot, vieillard de soixante-neuf ans environ, s'était retiré chez madame Vauquer, en 1813, après avoir quitté les affaires. Il y avait d'abord pris l'appartement occupé par madame Couture, et donnait alors douze cents francs de pension, en homme pour qui cinq louis de plus ou de moins étaient une bagatelle. Madame Vauquer avait rafraîchi les trois chambres de cet appartement, moyennant une indemnité préalable qui paya, dit-on, la valeur d'un méchant ameublement composé de rideaux en calicot jaune, de fauteuils en bois verni couverts en velours d'Utrecht, de quelques peintures à la colle, et de papiers que refusaient les cabarets de la banlieue. Peut-être l'insouciante générosité que mit à se laisser attraper le père Goriot, qui, vers cette époque, était respectueusement nommé M. Goriot, le fit-elle considérer comme un imbécile qui ne connaissait rien aux affaires. Goriot vint muni d'une garde-robe bien fournie, le trousseau magnifique du négociant qui ne se refuse rien en se retirant du commerce. Madame Vauquer avait admiré dix-huit chemises de demi-hollande, dont la finesse était d'autant plus remarquable, que le vermicellier portait sur son jabot dormant deux épingles unies par une chaînette, et dont chacune était montée d'un gros diamant. Habituellement vêtu d'un habit bleu-barbeau, il prenait chaque jour un gilet de piqué blanc, sous lequel fluctuait son ventre piriforme et proéminent, qui faisait rebondir une lourde chaîne d'or garnie de breloques. Sa tabatière, également en or, contenait un médaillon plein de cheveux qui le rendaient en apparence coupable de quelques bonnes fortunes. Lorsque son hôtesse l'accusa d'être un *galantin*, il laissa errer sur ses lèvres le gai sourire du bourgeois dont on a flatté le dada. Ses *ormoires* (il prononçait ce mot à la manière du menu peuple) furent remplies par la nombreuse argenterie de son ménage. Les yeux de la veuve s'allumèrent quand elle l'aida complaisamment à déballer et ranger les louches, les cuillers à ragoût, les couverts, les huiliers, les saucières, plusieurs plats, des déjeuners en vermeil, enfin des pièces plus ou moins belles, pesant un certain nombre de marcs, et dont il ne voulait pas se défaire. Ces cadeaux lui rappelaient les solennités de sa vie domestique. « Ceci, dit-il à madame Vauquer en serrant un plat et une petite écuelle dont le couvercle représentait deux tourterelles qui se becquetaient, est le premier présent que m'a fait ma femme, le jour de notre anniversaire. Pauvre bonne! elle y avait consacré ses économies de demoiselle. Voyez-vous, madame? j'aimerais mieux gratter la terre avec mes ongles que de me séparer de cela. Dieu merci! je pourrai prendre dans cette écuelle mon café tous les matins durant le reste de mes jours. Je ne suis pas à plaindre, j'ai sur la planche du pain de cuit pour longtemps. » Enfin, madame Vauquer avait bien vu, de son œil de pie, quelques inscriptions sur le grand livre qui, vaguement additionnées, pouvaient faire à cet excellent Goriot un revenu d'environ huit à dix mille francs. Dès ce jour, madame Vauquer, née de Conflans, qui avait alors quarante-huit ans effectifs, et n'en acceptait que trente-neuf, eut des idées. Quoique le larmier des yeux de Goriot fût retourné, gonflé, pendant, ce qui l'obligeait à les essuyer assez fréquemment, elle lui trouva l'air agréable et comme il faut. D'ailleurs, son mollet charnu, saillant, pronostiquait, autant que son long nez carré, des qualités morales auxquelles paraissait tenir la veuve, et que confirmait la face lunaire et naïvement niaise du bonhomme. Ce devait être une bête solidement bâtie, capable de dépenser tout son esprit en sentiment. Ses cheveux en ailes de pigeon, que le coiffeur de l'école Polytechnique vint lui poudrer tous les matins, dessinaient cinq pointes sur son front bas, et décoraient bien sa figure. Quoique un peu rustaud, il était si bien tiré à quatre épingles, il prenait si richement son tabac, il le humait en homme si sûr de toujours avoir sa tabatière pleine de macouba, que, le jour où M. Goriot s'installa chez elle, madame Vauquer se coucha le soir en rôtissant, comme une perdrix dans sa barde, au feu du désir qui la saisit de quitter le suaire du Vauquer pour renaître en Goriot. Se marier, vendre sa pension, donner le bras à cette fine fleur de bourgeoisie, devenir une dame notable dans le quartier, y quêter pour les indigents, faire de petites parties le dimanche à Choisy, Soissy, Gentilly; aller au spectacle à sa guise, en loge, sans attendre les billets d'auteur que lui donnaient quelques-uns de ses pensionnaires, au mois de juillet; elle rêva tout l'Eldorado des petits ménages parisiens. Elle n'avait avoué à personne qu'elle possédait quarante mille francs amassés sou à sou. Certes elle se croyait, sous le rapport de la fortune, un parti sortable. « Quant au reste, je vaux bien le bonhomme ! » se dit elle en se retournant dans son lit, comme pour s'attester à elle-même des charmes que la grosse Sylvie trouvait chaque matin moulés en creux. Dès ce jour, pendant environ trois mois, la veuve Vauquer profita du coiffeur de M. Goriot, et fit quelques frais de toilette, excusés par la nécessité de donner à sa maison un certain décorum en harmonie avec les personnes honorables qui la fréquentaient. Elle s'intrigua beaucoup pour changer le personnel de ses pensionnaires, en affichant la prétention de n'accepter désormais que les gens les plus distingués sous tous les rapports. Un étranger se présentait-il, elle lui vantait la préférence que M. Goriot, un des négociants les plus notables et les plus respectables de Paris, lui avait accordée. Elle distribua des prospectus en tête desquels se lisait : MAISON VAUQUER. « C'était, disait-elle, une des plus anciennes et des plus estimées pensions bourgeoises du pays latin. Il y existait une vue des plus agréables sur la vallée des Gobelins (on l'apercevait du troisième étage), et un *joli* jardin, au bout duquel s'ÉTENDAIT une ALLÉE de tilleuls. » Elle y parlait du bon air et de la solitude. Ce prospectus lui amena madame la comtesse de l'Ambermesnil, femme de trente-six ans, qui attendait la fin de la liquidation et le règlement d'une pension que lui était due, en qualité de veuve d'un général mort sur *les* champs de bataille. Madame Vauquer soigna sa table, fit du feu dans les salons pendant près de six mois, et tint si bien les promesses de son prospectus *qu'elle y mit du sien*. Aussi la comtesse disait-elle à madame Vauquer, en l'appelant *chère amie*, qu'elle lui procurerait la baronne de Vaumerland et la veuve du colonel comte Picquoiseau, deux de ses amies, qui achevaient au Marais leur terme dans une pension plus coûteuse que ne l'était la maison Vauquer. Ces dames seraient d'ailleurs fort à leur aise quand les bureaux de la guerre auraient fini leur travail. « Mais, disait-elle, les bureaux ne terminent rien. » Les deux veuves montaient ensemble après le dîner dans la chambre de madame Vauquer, et y faisaient de petites causettes en buvant du cassis et mangeant des friandises réservées pour la bouche de la maîtresse. Madame de l'Ambermesnil approuva beaucoup les vues de son hôtesse sur le Goriot, vues excellentes, qu'elle avait d'ailleurs devinées dès le premier jour; elle le trouvait un homme parfait.

— Ah ! ma chère dame, un homme sain comme mon œil, lui disait la veuve, un homme parfaitement conservé, et qui peut donner encore bien de l'agrément à une femme.

La comtesse fit généreusement des observations à madame Vauquer sur sa mise, qui n'était pas en harmonie avec ses prétentions. — Il faut vous mettre sur le pied de guerre, lui dit-elle. Après bien des calculs, les deux veuves allèrent ensemble au Palais-Royal, où elles achetèrent, aux galeries de bois, un chapeau à plumes et un bonnet. La comtesse entraîna son amie au magasin de la Petite Jeannette, où elles choisirent une robe et une écharpe. Quand ces munitions furent employées, et que la veuve fut sous les armes, elle ressembla parfaitement à l'enseigne du *Bœuf à la mode*. Néanmoins, elle se trouva si changée à son avantage, qu'elle se crut l'obligée de la comtesse, et, quoique peu *donnante*, elle la pria d'accepter un chapeau de vingt francs. Elle comptait, à la vérité, lui demander le service de sonder Goriot et de la faire valoir auprès de lui. Madame de l'Ambermesnil se prêta fort amicalement à ce manége, et cerna le vieux vermicellier, avec lequel elle réussit à avoir une conférence; mais, après l'avoir trouvé pudibond, pour ne pas dire réfractaire aux tentatives que lui suggéra son désir particulier de le séduire pour son propre compte, elle sortit révoltée de sa grossièreté.

— Mon ange, dit-elle à sa chère amie, vous ne tirerez rien de cet homme-là ! il est ridiculement défiant; c'est un grippe-sou, une bête, un sot, qui ne vous causera que du désagrément.

Il y eut entre M. Goriot et madame de l'Ambermesnil, des choses telles, que la comtesse ne voulut même plus se trouver avec lui. Le lendemain, elle partit en oubliant de payer six mois de pension, et en laissant une défroque prisée cinq francs. Quelque âpreté que madame Vauquer mit à ses recherches, elle ne put obtenir aucun renseignement dans Paris sur la comtesse de l'Ambermesnil. Elle parlait souvent de cette déplorable affaire, en se plaignant de son trop de confiance,

quoiqu'elle fût plus méfiante que ne l'est une chatte; mais elle ressemblait à beaucoup de personnes qui se défient de leurs proches, et se livrent au premier venu. Fait moral, bizarre, mais vrai, dont la racine est facile à trouver dans le cœur humain. Peut-être certaines gens n'ont-ils plus rien à gagner auprès des personnes avec lesquelles ils vivent ; après leur avoir montré le vide de leur âme, ils se sentent secrètement jugés par elles avec une sévérité méritée ; mais, éprouvant un invincible besoin de flatteries qui leur manquent, ou dévorés par l'envie de paraître posséder les qualités qu'ils n'ont pas, ils espèrent surprendre l'estime ou le cœur de ceux qui leur sont étrangers, au risque d'en déchoir un jour. Enfin il est des individus nés mercenaires, qui ne font aucun bien à leurs amis ou à leurs proches, parce qu'ils le doivent; tandis qu'en rendant service à des inconnus, ils en recueillent un gain d'amour-propre : plus le cercle de leurs affections est près d'eux, moins ils aiment ; plus il s'étend, plus serviables ils sont. Madame Vauquer tenait sans doute de ces deux natures, essentiellement mesquines, fausses, exécrables.

— Si j'avais été ici, lui disait alors Vautrin, ce malheur ne vous serait pas arrivé ! je vous aurais joliment dévisagé cette farceuse-là. Je connais leurs *frimousses*.

Comme tous les esprits rétrécis, madame Vauquer avait l'habitude de ne pas sortir du cercle des événements, et de ne pas juger leurs causes. Elle aimait à s'en prendre à autrui de ses propres fautes. Quand cette perte eut lieu, elle considéra l'honnête vermicellier comme le principe de son infortune, et commença dès lors, disait-elle, à se dégriser sur son compte. Lorsqu'elle eut reconnu l'inutilité de ses agaceries et de ses frais de représentation, elle ne tarda pas à en découvrir la raison. Elle s'aperçut alors que son pensionnaire avait déjà, selon son expression, ses allures. Enfin il lui fut prouvé que son espoir, si mignonnement caressé, reposait sur une base chimérique, et qu'elle ne tirerait jamais rien de cet homme-là, suivant le mot énergique de la comtesse, qui paraissait être une connaisseuse. Elle alla nécessairement plus loin en aversion qu'elle n'était allée dans son amitié. Sa haine ne fut pas en raison de son amour, mais de ses espérances trompées. Si le cœur humain trouve des repos en montant les hauteurs de l'affection, il s'arrête rarement sur la pente rapide des sentiments haineux. Mais M. Goriot était son pensionnaire, la veuve fut donc obligée de réprimer les explosions de son amour-propre blessé, d'enterrer les soupirs que lui causa cette déception, et de dévorer ses désirs de vengeance, comme un moine vexé par son prieur. Les petits esprits satisfont leurs sentiments, bons ou mauvais, par des petitesses incessantes. La veuve employa sa malice de femme à inventer de sourdes persécutions contre sa victime. Elle commença par retrancher les superfluités introduites dans sa pension. — Plus de cornichons, plus d'anchois : c'est des duperies ! dit-elle à Sylvie, le matin où elle rentra dans son ancien programme. M. Goriot était un homme frugal, chez qui la parcimonie nécessaire aux gens qui font eux-mêmes leur fortune était dégénérée en habitude. La soupe, le bouilli, un plat de légumes, avaient été, devaient toujours être, son dîner de prédilection. Il fut donc bien difficile à madame Vauquer de tourmenter son pensionnaire, de qui elle ne pouvait en rien froisser les goûts. Désespérée de rencontrer un homme inattaquable, elle se mit à le déconsidérer, et fit ainsi partager son aversion pour Goriot par ses pensionnaires, qui, par amusement, servirent ses vengeances. Vers la fin de la première année, la veuve en était venue à un tel degré de méfiance, qu'elle se demandait pourquoi ce négociant, riche de sept à huit mille livres de rente, qui possédait alors une argenterie superbe et des bijoux aussi beaux que ceux d'une fille entretenue, demeurait chez elle, en lui payant une pension si modique relativement à sa fortune. Pendant la plus grande partie de cette première année, Goriot avait souvent dîné dehors une ou deux fois par semaine; puis, insensiblement, il en était arrivé à ne plus dîner en ville que deux fois par mois. Les petites parties fines du sieur Goriot convenaient trop bien aux intérêts de madame Vauquer pour qu'elle ne fût pas mécontente de l'exactitude progressive avec laquelle son pensionnaire prenait ses repas chez elle. Ces changements furent attribués autant à une lente diminution de fortune qu'au désir de contrarier son hôtesse. Une des plus détestables habitudes de ces esprits liliputiens est de supposer leurs petitesses chez les autres. Malheureusement, à la fin de la deuxième année, M. Goriot justifia les bavardages dont il était l'objet, en demandant à madame Vauquer de passer au second étage, et de réduire sa pension à neuf cents francs. Il eut besoin d'une si stricte économie, qu'il ne fit plus de feu chez lui pendant l'hiver. La veuve Vauquer voulut être payée d'avance; à quoi consentit M. Goriot, que les lois dès lors elle nomma le père Goriot. Ce fut à qui devinerait les causes de cette décadence. Exploration difficile ! Comme l'avait dit la fausse comtesse, le père Goriot était un sournois, un taciturne. Suivant la logique des gens à tête vide, tous indiscrets parce qu'ils n'ont que des riens à dire, ceux qui ne parlent pas de leurs affaires en doivent faire de mauvaises. Ce négociant si distingué devint donc un fripon, ce galantin fut un vieux drôle. Tantôt, suivant Vautrin, qui vint vers cette époque habiter la maison Vauquer, le père Goriot était un homme qui allait à la Bourse et qui, suivant une expression assez énergique de la langue financière, *carottait* sur les rentes après s'y être ruiné.

Tantôt c'était un de ces petits joueurs qui vont hasarder et gagner tous les soirs dix francs au jeu. Tantôt on en faisait un espion attaché à la haute police ; mais Vautrin prétendait qu'il n'était pas assez rusé pour en être. Le père Goriot était encore un avare qui prêtait à la petite semaine, un homme qui nourrissait des numéros à la loterie. On en faisait tout ce que le vice, la honte, l'impuissance, engendrent de plus mystérieux. Seulement, quelque ignoble que fussent sa conduite ou ses vices, l'aversion qu'il inspirait n'allait pas jusqu'à le faire bannir : il payait sa pension. Puis il était utile : chacun essuyait sur lui sa bonne ou mauvaise humeur par des plaisanteries ou par des bourrades. L'opinion qui paraissait plus probable, et qui fut généralement adoptée, était celle de madame Vauquer. A l'entendre, cet homme si bien conservé, sain comme son œil et avec lequel on pouvait avoir encore beaucoup d'agrément, était un libertin qui avait des goûts étranges. Voici sur quels faits la veuve Vauquer appuyait ses calomnies. Quelques mois après le départ de cette désastreuse comtesse qui avait su vivre pendant six mois à ses dépens, un matin, avant de se lever, elle entendit dans son escalier le froufrou d'une robe de soie et le pas mignon d'une femme jeune et légère qui filait chez Goriot, dont la porte s'était intelligemment ouverte. Aussitôt la grosse Sylvie vint dire à sa maîtresse qu'une jolie fille, trop jolie pour être honnête, *mise comme une divinité*, chaussée en brodequins de prunelle qui n'étaient pas crottés, avait glissé comme une anguille de la rue jusqu'à sa cuisine, et lui avait demandé l'appartement de M. Goriot. Madame Vauquer et sa cuisinière se mirent aux écoutes, et surprirent plusieurs mots tendrement prononcés pendant la visite, qui dura quelque temps. Quand M. Goriot reconduisit *sa dame*, la grosse Sylvie prit aussitôt son panier, et feignit d'aller au marché, pour suivre le couple amoureux.

— Madame, dit-elle à sa maîtresse en revenant, il faut que M. Goriot soit diantrement riche tout de même, pour les mettre sur ce pied-là. Figurez-vous qu'il y avait au coin de l'Estrapade un superbe équipage dans lequel *elle* est montée.

Pendant le dîner, madame Vauquer alla tirer un rideau, pour empêcher que Goriot ne fût incommodé par le soleil, dont un rayon lui tombait sur les yeux.

— Vous êtes aimé des belles, monsieur Goriot, le soleil vous cherche, dit-elle en faisant allusion à la visite qu'il avait reçue. Peste ! vous avez bon goût, elle était bien jolie.

— C'était ma fille, dit-il avec une sorte d'orgueil dans lequel les pensionnaires voulurent voir la fatuité d'un vieillard qui garde les apparences.

Un mois après cette visite, M. Goriot en reçut une autre. Sa fille qui, la première fois, était venue en toilette du matin, vint après le dîner et habillée comme pour aller dans le monde. Les pensionnaires, occupés à causer dans le salon, purent voir en elle une jolie blonde, mince de taille, gracieuse, et beaucoup trop distinguée pour être la fille d'un père Goriot.

— Et de deux ! dit la grosse Sylvie, qui ne la reconnut pas.

Quelques jours après, une autre fille, grande et bien faite, brune, à cheveux noirs et à l'œil vif, demanda M. Goriot.

— Et de trois ! dit Sylvie.

Cette seconde fille, qui la première fois était aussi venue voir son père le matin, vint quelques jours après, le soir, en toilette de bal et en voiture.

— Et de quatre ! dirent madame Vauquer et la grosse Sylvie, qui ne reconnurent dans cette grande dame aucun vestige de la fille simplement mise le matin où elle fit sa première visite.

Goriot payait encore douze cents francs de pension. Madame Vauquer trouva tout naturel qu'un homme riche eût quatre ou cinq maîtresses, et le trouva même fort adroit de les faire passer pour ses filles. Elle ne se formalisa point de ce qu'il les mandait chez la maison Vauquer. Seulement, comme ces visites lui expliquaient l'indifférence de son pensionnaire à son égard, elle se permit, au commencement de la deuxième année, de l'appeler *vieux matou*. Enfin, quand son pensionnaire tomba dans les neuf cents francs, elle lui demanda fort insolemment ce qu'il comptait faire de sa maison, en voyant descendre une de ces dames. Le père Goriot lui répondit que cette dame était sa fille aînée.

— Vous en avez donc trente-six, des filles ? dit aigrement madame Vauquer.

— Je n'en ai que deux, répliqua le pensionnaire avec la douceur d'un homme ruiné qui arrive à toutes les docilités de la misère.

Vers la fin de la troisième année, le père Goriot réduisit encore ses dépenses, en montant au troisième étage et en se mettant à quarante-cinq francs de pension par mois. Il se passa de tabac, congédia son perruquier et ne mit plus de poudre. Quand le père Goriot parut pour la première fois sans être poudré, son hôtesse laissa échapper une exclamation de surprise en apercevant la couleur de ses cheveux, ils étaient d'un gris sale et verdâtre. Sa physionomie, que des chagrins secrets avaient insensiblement rendue plus triste de jour en jour, semblait la plus désolée de toutes celles qui garnissaient la table. Il n'y eut alors plus aucun doute. Le père Goriot était un vieux libertin dont les yeux n'avaient été préservés de la maligne influence des remèdes nécessaires par ses maladies que par l'habileté d'un médecin. La couleur dégoû-

tante de ses cheveux provenait de ses excès et des drogues qu'il avait prises pour les continuer. L'état physique et moral du bonhomme donnait raison à ces radotages. Quand son trousseau fut usé, il acheta du calicot à quatorze sous l'aune pour remplacer son beau linge. Ses diamants, sa tabatière d'or, sa chaîne, ses bijoux, disparurent un à un. Il avait quitté l'habit bleu-barbeau, tout son costume cossu, pour porter, été comme hiver, une redingote de drap marron grossier, un gilet en poil de chèvre, et un pantalon gris en cuir de laine. Il devint progressivement maigre ; ses mollets tombèrent ; sa figure, bouffie par le contentement d'un bonheur bourgeois, se rida démesurément ; son front se plissa, sa mâchoire se dessina. Durant la quatrième année de son établissement rue Neuve-Sainte-Geneviève, il ne se ressemblait plus. Le bon vermicellier de soixante-deux ans qui ne paraissait pas en avoir quarante, été bourgeois gros et gras, frais de bêtise, dont la tenue égrillarde réjouissait les passants, qui avait quelque chose de jeune dans le sourire, semblait être un septuagénaire hébété, vacillant, blafard. Ses yeux bleus si vivaces prirent des teintes ternes et gris-de-fer, ils avaient pâli, ne larmoyaient plus, et leur bordure rouge semblait pleurer du sang. Aux uns, il faisait horreur ; aux autres, il faisait pitié. De jeunes étudiants en médecine, ayant remarqué l'abaissement de sa lèvre inférieure et mesuré le sommet de son angle facial, le déclarèrent atteint de crétinisme, après l'avoir longtemps houspillé sans en rien tirer. Un soir, après le dîner, madame Vauquer lui ayant dit en manière de raillerie : — Eh bien ! elles ne viennent donc plus vous voir, vos filles ? en mettant en doute sa paternité, le père Goriot tressaillit comme si son hôtesse l'eût piqué avec un fer.

— Elles viennent quelquefois, répondit-il d'une voix émue.

— Ah ! ah ! vous les voyez encore quelquefois ! s'écrièrent les étudiants. Bravo ! père Goriot !

Mais le vieillard n'entendit pas les plaisanteries dont sa réponse fut le sujet : il était retombé dans un état méditatif que ceux qui l'observaient superficiellement prenaient pour un engourdissement sénile dû à son défaut d'intelligence. S'ils l'avaient bien connu, peut-être auraient-ils été vivement intéressés par le problème que présentait sa situation physique et morale ; mais rien n'était plus difficile. Quoiqu'il fût aisé de savoir si Goriot avait réellement été vermicellier, et quel était le chiffre de sa fortune, les vieilles gens dont la curiosité s'écilla sur son compte ne sortaient pas du quartier et vivaient dans la pension comme des huîtres sur un rocher. Quant aux autres personnes, l'entraînement particulier de la vie parisienne leur faisait oublier, en sortant de la rue Neuve-Sainte Geneviève, le pauvre vieillard dont ils se moquaient. Pour ces esprits étroits, comme pour ces jeunes gens insouciants, la sèche misère du père Goriot et sa stupide attitude étaient incompatibles avec une fortune et une capacité quelconques. Quant aux femmes qu'il nommait ses filles, chacun partageait l'opinion de madame Vauquer, qui disait, avec la logique sévère que l'habitude de tout supposer donne aux vieilles femmes occupées à bavarder pendant leurs soirées : « Si le père Goriot avait des filles aussi riches que paraissaient l'être toutes les dames qui sont venues le voir, il ne serait pas dans ma maison, au troisième, à quarante-cinq francs par mois, et n'irait pas vêtu comme un pauvre » Rien ne pouvait démentir ces inductions. Aussi, vers la fin du mois de novembre 1819, époque à laquelle éclata ce drame, chacun dans la pension avait-il des idées bien arrêtées sur le pauvre vieillard. Il n'avait jamais eu ni fille ni femme ; l'abus des plaisirs en faisait un colimaçon, un mollusque anthropomorphe à classer dans les *Casquettifères*, disait un employé au Muséum, un des habitués à cachet. Poiret était un aigle, un gentleman auprès de Goriot. Poiret parlait, raisonnait, répondait ; il ne disait rien, à la vérité, en parlant, raisonnant ou répondant, car il avait l'habitude de répéter en d'autres termes ce que les autres disaient ; mais il contribuait à la conversation, il était vivant, il paraissait sensible ; tandis que le père Goriot, disait encore l'employé au Muséum, était constamment à zéro de Réaumur.

Eugène de Rastignac était revenu dans une disposition d'esprit que doivent avoir connue les jeunes gens supérieurs, ou ceux auxquels une position difficile communique momentanément les qualités des hommes d'élite. Pendant sa première année de séjour à Paris, le peu de travail que veulent les premiers grades à prendre dans la Faculté l'avait laissé libre de goûter les délices visibles du Paris matériel. Un étudiant n'a pas trop de temps s'il veut connaître le répertoire de chaque théâtre, étudier les issues du labyrinthe parisien, savoir les usages, apprendre la langue et s'habituer aux plaisirs particuliers de la capitale ; connaître les bons et les mauvais endroits, suivre les cours qui amusent, inventorier les richesses des musées. Un étudiant se passionne alors pour des niaiseries qui lui paraissent grandioses. Il a son grand homme, un professeur du collège de France, payé pour se tenir à la hauteur de son auditoire. Il rehausse sa cravate et se pose pour la femme des premières galeries de l'Opéra-Comique. Dans ces initiations successives, il se dépouille de son aubier, agrandit l'horizon de sa vie, et finit par concevoir la superposition des couches humaines qui composent la société. S'il a commencé par admirer les voitures au défilé des Champs-Elysées par un beau soleil, il arrive bientôt à les envier. Eugène avait subi cet apprentissage à son insu, quand il partit en vacances, après avoir été reçu bachelier ès-lettres et bachelier en droit. Ses illusions d'enfance, ses idées de province, avaient disparu. Son intelligence modifiée, son ambition exaltée, lui firent voir juste au milieu du manoir paternel, au sein de la famille. Son père, sa mère, ses deux freres, ses deux sœurs, et une tante dont la fortune consistait en pensions, vivaient sur la petite terre de Rastignac. Ce domaine, d'un revenu d'environ trois mille francs avec celui de la vigne, et neanmoins il fallait en extraire chaque année douze cents francs, pour lui. L'aspect de cette constante détresse qui lui était genereusement cachée, la comparaison qu'il fut forcé d'etablir entre ses sœurs, qui lui semblaient si belles dans son enfance, et les femmes de Paris qui lui avaient réalisé le type d'une beauté rêvée, l'avenir incertain de cette nombreuse famille qui reposait sur lui, la parcimonieuse attention avec laquelle il vit serrer les plus minces productions, la boisson faite pour sa famille avec les marcs du pressoir, enfin une foule de circonstances inutiles à consigner ici, décuplèrent son désir de parvenir et lui donnèrent soif des distinctions. Comme il arrive aux âmes grandes, il voulut ne rien devoir qu'à son mérite. Mais son esprit était éminemment méridional à l'exécution, ses déterminations devaient donc être frappées de ces hésitations qui saisissent les jeunes gens quand ils se trouvent en pleine mer, sans savoir ni de quel côté diriger leurs forces, ni sous quel angle enfler leurs voiles. Si d'abord il voulut se jeter à corps perdu dans le travail, séduit bientôt par la nécessité de se créer des relations, il remarqua combien les femmes ont d'influence sur la vie sociale, et avisa soudain à se lancer dans le monde, afin d'y conquérir des protectrices : devaient-elles manquer à un jeune homme ardent et spirituel dont l'esprit et l'ardeur étaient rehaussés par une tournure élégante et par une sorte de beauté nerveuse à laquelle les femmes se laissent prendre volontiers ? Ces idées l'assaillirent au milieu des champs, pendant les promenades que jadis il faisait gaiement avec ses sœurs, qui le trouvèrent bien changé. Sa tante, madame de Marcillac, autrefois présentée à la cour, avait connu les sommités aristocratiques. Tout à coup le jeune ambitieux reconnut, dans les souvenirs dont sa tante l'avait si souvent bercé, les éléments de plusieurs conquêtes sociales, au moins aussi importantes que celles qu'il entreprenait à l'Ecole de droit ; il la questionna sur les liens de parenté qui pouvaient encore se renouer. Après avoir secoué les branches de l'arbre généalogique, la vieille dame estima que, de toutes les personnes qui pouvaient servir son neveu parmi la gent égoïste des parents riches, madame la vicomtesse de Beauséant serait la moins récalcitrante. Elle écrivit à cette jeune femme une lettre dans l'ancien style, et la remit à Eugène, en lui disant que, s'il réussissait auprès de la vicomtesse, elle lui ferait retrouver ses autres parents. Quelques jours après son arrivée, Rastignac envoya la lettre de sa tante à madame de Beauséant. La vicomtesse répondit par une invitation de bal pour le lendemain.

Telle était la situation générale de la pension bourgeoise à la fin du mois de novembre 1819. Quelques jours plus tard, Eugène, après être allé au bal de madame de Beauséant, rentra vers deux heures dans la nuit. Afin de regagner le temps perdu, le courageux étudiant s'était promis, en dansant, de travailler jusqu'au matin. Il allait passer la nuit pour la première fois au milieu de ce silencieux quartier, car il s'était mis sous le charme d'une fausse énergie en voyant les splendeurs du monde. Il n'avait pas dîné chez madame Vauquer. Les pensionnaires purent donc croire qu'il ne reviendrait du bal que le lendemain matin au petit jour, comme il était quelquefois rentré des fêtes du Prado ou des bals de l'Odéon, en crottant ses bas de soie et gauchissant ses escarpins. Avant de mettre les verrous à la porte, Christophe l'avait ouverte pour regarder dans la rue. Rastignac se présenta dans ce moment, et put monter à sa chambre sans faire de bruit, suivi de Christophe, qui faisait beaucoup. Eugène se deshabilla, se mit en pantoufles, prit une méchante redingote, alluma son feu de mottes, et se prépara lestement au travail, en sorte que Christophe couvrit encore par le tapage de ses gros souliers les apprêts peu bruyants du jeune homme. Eugène resta pensif pendant quelques moments avant de se plonger dans ses livres de droit. Il venait de reconnaître en madame la vicomtesse de Beauséant l'une des reines de la mode à Paris, et dont la maison passait pour être la plus agréable du faubourg Saint-Germain. Elle était d'ailleurs, et par son nom et par sa fortune, l'une des sommités du monde aristocratique. Grâce à sa tante de Marcillac, le pauvre étudiant avait été bien reçu dans cette maison, sans connaître l'étendue de cette faveur. Etre admis dans ces salons dorés équivalait à un brevet de haute noblesse. En se montrant dans cette société, la plus exclusive de toutes, il avait conquis le droit d'aller partout. Ebloui par cette brillante assemblée, ayant à peine échangé quelques paroles avec la vicomtesse, Eugène s'était contenté de distinguer, parmi la foule des déités parisiennes qui se pressaient dans ce raout, une de ces femmes que doit adorer tout d'abord un jeune homme. La comtesse Anastasie de Restaud, grande et bien faite, passait pour avoir l'une des plus jolies tailles de Paris. Figurez-vous de grands yeux noirs, une main magnifique, un pied bien découpé, du feu dans les mouvements, une femme que le marquis de Ronquerolles nommait un cheval de pur sang. Cette finesse de nerfs ne lui ôtait aucun avantage, elle avait les formes pleines et rondes, sans qu'elle pût être accusée de trop d'embonpoint. *Cheval de pur sang, femme de*

race, ces locutions commençaient à remplacer les anges du ciel, les figures o-sianiques, toute l'ancienne mythologie amoureuse repoussée par le dandysme. Mais, pour Rastignac, madame Anastasie de Restaud fut la femme désirable. Il s'était ménagé deux tours dans la liste des cavaliers écrite sur l'éventail, et avait pu lui parler pendant la première contredanse. — Où vous rencontrer désormais, madame ? lui avait-il dit brusquement avec cette force de passion qui plaît tant aux femmes. — Mais, dit-elle, au Bois, aux Bouffons, chez moi, partout. Et l'aventureux méridional s'était empressé de se lier avec cette délicieuse comtesse, autant qu'un jeune homme peut se lier avec une femme pendant une contredanse et une valse. En se disant cousin de madame de Beauséant, il fut invité par cette femme, qu'il prit pour une grande dame, et il eut ses entrées chez elle. Au dernier sourire qu'elle lui jeta, Rastignac crut sa visite nécessaire. Il avait eu le bonheur de rencontrer un homme qui ne s'était pas moqué de son ignorance, défaut mortel au milieu des illustres impertinents de l'époque, les Maulincourt, les Ronquerolles, les Maxime de Trailles, les de Marsay, les Adjuda-Pinto, les Vandenesse, qui étaient là dans la gloire de leurs fatuités et mêlés aux femmes les plus élégantes, lady Brandon, la duchesse de Langeais, la comtesse de Kergarouet, madame de Sérizy, la duchesse de Carigliano, la comtesse Ferraud, madame de Lanty, la marquise d'Aiglemont, madame Firmiani, la marquise de Listomère et la marquise d'Espard, la duchesse de Maufrigneuse et les Grandlieu. Heureusement donc, le naïf étudiant tomba sur le marquis de Montriveau, l'amant de la duchesse de Langeais, un général simple comme un enfant qui lui apprit que la comtesse de Restaud demeurait rue du Helder. Etre jeune, avoir soif du monde, avoir faim d'une femme, et voir s'ouvrir pour soi deux maisons ! mettre le pied au faubourg Saint-Germain chez la vicomtesse de Beauséant, le genou dans la Chaussée-d'Antin chez la comtesse de Restaud ! plonger d'un regard dans les salons de Paris en enfilade, et se croire assez joli garçon pour y trouver aide et protection dans un cœur de femme ! se sentir assez ambitieux pour donner un superbe coup de pied à la corde roide sur laquelle il faut marcher avec l'assurance du sauteur qui ne tombera pas, et avoir trouvé dans une charmante femme le meilleur des balanciers ! Avec ces pensées et devant cette femme qui se dressait sublime auprès d'un feu de mottes, entre le Code et la misère, qui n'aurait comme Eugène sondé l'avenir par une méditation, qui ne l'aurait meublé de succès ? Sa pensée vagabonde escomptait si drûment ses joies futures, qu'il se croyait auprès de madame de Restaud, quand un soupir semblable à un han de saint Joseph troubla le silence de la nuit, retentit au cœur du jeune homme de manière à le lui faire prendre pour le râle d'un moribond. Il ouvrit doucement sa porte, et, quand il fut dans le corridor, il aperçut une ligne de lumière tracée au bas de la porte du père Goriot. Eugène craignit que son voisin ne se trouvât indisposé, il approcha son œil de la serrure, regarda dans la chambre, et vit le vieillard occupé de travaux qui lui parurent trop criminels pour qu'il ne crût pas rendre service à la société en examinant bien ce que machinait nuitamment le soi-disant vermicellier. Le père Goriot, qui sans doute avait attaché sur la barre d'une table renversée un plat et une espèce de soupière en vermeil, tournait une espèce de câble autour de ces objets richement sculptés, en les serrant avec une si grande force, qu'il les tordait vraisemblablement pour les convertir en lingots. — Peste ! quel homme ! se dit Rastignac en voyant le bras nerveux du vieillard, qui, à l'aide de cette corde, pétrissait sans bruit l'argent doré, comme une pâte. Mais serait-ce donc un voleur ou un receleur qui, pour se livrer plus sûrement à son commerce, affecterait la bêtise, l'impuissance, et vivrait en mendiant ? se dit Eugène en se relevant un moment. L'étudiant appliqua de nouveau son œil à la serrure. Le père Goriot, qui avait déroulé son câble, prit la masse d'argent, la mit sur la table après y avoir étendu sa couverture, et l'y roula pour l'arrondir en barre, opération dont il s'acquitta avec une facilité merveilleuse. — Il serait donc aussi fort que l'était Auguste, roi de Pologne ? se dit Eugène quand la barre ronde fut à peu près façonnée. Le père Goriot regarda son ouvrage d'un air triste, des larmes sortirent de ses yeux, il souffla le rat-de-cave à la lueur duquel il avait tordu ce vermeil, et Eugène l'entendit se coucher en poussant un soupir. — Il est fou, pensa l'étudiant.

— Pauvre enfant ! dit à haute voix le père Goriot.

A cette parole, Rastignac jugea prudent de garder le silence sur cet événement, et de ne pas inconsidérément condamner son voisin. Il allait rentrer quand il distingua soudain un bruit assez difficile à exprimer, et qui devait être produit par des hommes en chaussons de lisière montant l'escalier. Eugène prêta l'oreille, et reconnut en effet le son alternatif de la respiration de deux hommes. Sans avoir entendu ni le cri de la porte ni les pas des hommes, il vit tout à coup une faible lueur au second étage, chez M. Vautrin. — Voilà bien des mystères dans une pension bourgeoise ! se dit-il. Il descendit quelques marches, se mit à écouter, et le son de l'or frappa son oreille. Bientôt la lumière fut éteinte, les deux respirations se firent entendre derechef sans que la porte eût crié. Puis, à mesure que les deux hommes descendirent, le bruit alla s'affaiblissant.

— Qui va là ? cria madame Vauquer en ouvrant la fenêtre de sa chambre.

— C'est moi qui rentre, maman Vauquer, dit Vautrin de sa grosse voix.

— C'est singulier! Christophe avait mis les verrous, se dit Eugène en rentrant dans sa chambre. Il faut veiller pour bien savoir ce qui se passe autour de soi, dans Paris. Détourné par ces petits événements de sa méditation ambitieusement amoureuse, il se mit au travail. Distrait par les soupçons qui lui venaient sur le compte du père Goriot, plus distrait encore par la figure de madame de Restaud, qui de moments en moments se posait devant lui comme la messagère d'une brillante destinée, il finit par se coucher et par dormir à poings fermés. Sur dix nuits promises au travail par les jeunes gens, ils en donnent sept au sommeil. Il faut avoir plus de vingt ans pour veiller.

Enfin toute sa personne explique la pension, comme la pension implique
sa personne — PAGE 2

Le lendemain matin régnait à Paris un de ces épais brouillards qui l'enveloppent et l'embrument si bien, que les gens les plus exacts sont trompés sur le temps. Les rendez-vous d'affaires se manquent. Chacun se croit à huit heures quand midi sonne. Il était neuf heures et demie, madame Vauquer n'avait pas encore bougé de son lit. Christophe et la grosse Sylvie, attardés aussi, prenaient tranquillement leur café, préparé avec les couches supérieures du lait destiné aux pensionnaires, et que Sylvie faisait longtemps bouillir, afin que madame Vauquer ne s'aperçût pas de cette dîme illégalement levée.

— Sylvie, dit Christophe en mouillant sa première rôtie, M. Vautrin, qu'est un bon homme tout de même, a encore vu deux personnes cette nuit. Si madame s'en inquiétait, ne faudrait rien lui dire.

— Vous a-t-il donné quelque chose?

— Il m'a donné cent sous pour son mois, une manière de me dire : Tais-toi.

— Sauf lui et madame Couture, qui ne sont pas regardants, les autres voudraient nous retirer de la main gauche ce qu'ils nous donnent de la main droite au jour de l'an, dit Sylvie.

— Encore qu'est-ce qu'ils donnent! fit Christophe, une méchante pièce, et cent sous. Voilà depuis deux ans le père Goriot qui fait ses souliers lui-même. Ce grigou de Poiret se passe de cirage, et le boirait plutôt que de le mettre à ses savates. Quant au gringalet d'étudiant, il me donne quarante sous. Quarante sous ne payent pas mes brosses, et il vend ses vieux habits par-dessus le marché. Qué baraque!

— Bah! fit Sylvie en buvant de petites gorgées de café, nos places sont encore les meilleures du quartier : on y vit bien. Mais, à propos du gros papa Vautrin, Christophe, vous a-t-on dit quelque chose?

— Oui. J'ai rencontré il y a quelques jours un monsieur dans la rue, qui m'a dit : — N'est-ce pas chez vous que demeure un gros monsieur qui a des favoris qu'il teint? Moi j'ai dit : — Non, monsieur, il ne les teint pas. Un homme gai comme lui, il n'en a pas le temps. J'ai donc dit ça à M. Vautrin, qui m'a répondu : — Tu as bien fait, mon garçon! Réponds toujours comme ça. Rien n'est plus désagréable que de laisser connaître nos infirmités : ça peut faire manquer des mariages.

— Eh bien! à moi, au marché, on a voulu m'englauder aussi pour me faire dire si je lui voyais passer sa chemise. C'te farce! Tiens, dit-elle en s'interrompant, voilà dix heures quart moins qui sonnent au Val-de-Grâce, et personne ne bouge.

— Ah bah! ils sont tous sortis. Madame Couture et sa jeune personne sont allées manger le bon Dieu à Saint-Étienne à huit heures. Le père Goriot est sorti avec un paquet. L'étudiant ne reviendra qu'après son cours, à dix heures. Je les ai vus partir en faisant mes escaliers, que le père Goriot m'a donné un coup avec ce qu'il portait, qu'était dur comme du fer. Qué qui fait donc, ce bonhomme-là? Les autres le font aller comme une toupie, mais c'est un brave homme tout de même, et qui vaut mieux qu'eux tous. Il ne donne pas grand'chose, mais les dames chez lesquelles il m'envoie quelquefois allongent de fameux pourboires, et sont joliment ficelées.

— Celles qu'il appelle ses filles, hein? Elles sont une douzaine.

— Je ne suis jamais allé que chez deux, les mêmes qui sont venues ici.

— Voilà madame qui se remue; elle va faire son sabbat : faut que j'y aille. Vous veillerez au lait, Christophe, rapport au chat.

Sylvie monta chez sa maîtresse.

— Comment, Sylvie, voilà dix heures quart moins; vous m'avez laissée dormir comme une marmotte! Jamais pareille chose n'est arrivée.

— C'est le brouillard, qu'est à couper au couteau.

— Mais le déjeuner?

— Bah! vos pensionnaires avaient bien le diable au corps; ils ont tous décanillé dès le patron-jacquette.

— Parle donc bien, Sylvie, reprit madame Vauquer; on dit le patron-minette.

— Ah! madame, je dirai comme vous voudrez. Tant y a que vous pouvez déjeuner à dix heures. La Michonnette et le Poireau n'ont pas bougé. Il n'y a qu'eux qui soient dans la maison, et ils dorment comme des souches qui sont.

— Mais, Sylvie, tu les mets tous les deux ensemble, comme si...

— Comme si, quoi? reprit Sylvie en laissant échapper un gros rire bête. Les deux font la paire.

— C'est singulier, Sylvie : comment M. Vautrin est-il donc rentré cette nuit après que Christophe a eu mis les verrous?

— Bien au contraire, madame. Il a entendu M. Vautrin, et est descendu pour lui ouvrir la porte. Et voilà ce que vous avez cru...

— Donne-moi ma camisole, et va vite voir au déjeuner. Arrange le reste du mouton avec des pommes de terre, et donne des poires cuites, de celles qui coûtent deux liards la pièce.

Quelques instants après, madame Vauquer descendit au moment où son chat venait de renverser d'un coup de patte l'assiette qui couvrait un bol de lait, et le lapait en toute hâte.

— Mistigris! s'écria-t-elle. Le chat se sauva, puis revint se frotter à ses jambes. Oui, oui, fais ton capon, vieux lâche! lui dit-elle. Sylvie! Sylvie!

— Eh bien! quoi, madame?

— Voyez donc ce qu'a bu le chat.

— C'est la faute de cet animal de Christophe, à qui j'avais dit de mettre le couvert. Où est-il passé? Ne vous inquiétez pas, madame, ce sera le café du père Goriot. Je mettrai de l'eau dedans, il ne s'en apercevra pas. Il ne fait attention à rien, pas même à ce qu'il mange.

— Où donc est-il allé, ce chinois-là? dit madame Vauquer en plaçant les assiettes.

— Est-ce qu'on sait? Il fait des trafics des cinq cents diables.

— J'ai trop dormi, dit madame Vauquer.

— Mais aussi madame est-elle fraîche comme une rose.

En ce moment, la sonnette se fit entendre, et Vautrin entra dans le salon en chantant de sa grosse voix :

J'ai longtemps parcouru le monde,
Et l'on m'a vu de toute part...

— Oh! oh! bonjour, maman Vauquer, dit-il en apercevant l'hôtesse, qu'il prit galamment dans ses bras.

— Allons, finissez donc!

— Dites impertinent! reprit-il. Allons, dites-le. Voulez-vous bien le dire? Tenez, je vais mettre le couvert avec vous. Ah ! je suis gentil, n'est-ce pas ?

*Courtiser la brune et la blonde,
Aimer, soupirer...*

— Je viens de voir quelque chose de singulier.

. . . . . . au hasard,

— Quoi ? dit la veuve.

— Le père Goriot était à huit heures et demie rue Dauphine, chez l'orfévre qui achète de vieux couverts et des galons ; il lui a vendu pour une bonne somme un ustensile de ménage en vermeil, assez joliment tortillé pour un homme qui n'est pas de la manique.

— Bah ! vraiment ?

— Oui. Je revenais ici après avoir conduit un de mes amis qui s'expatrie par les messageries royales ; j'ai attendu le père Goriot pour voir : histoire de rire. Il a remonté dans ce quartier-ci, rue des Grès, où il est entré dans la maison d'un usurier connu, nommé Gobseck, un fier drôle, capable de faire des dominos avec les os de son père ; un juif, un arabe, un grec, un bohémien, un homme qu'on serait bien embarrassé de dévaliser, il met ses écus à la banque.

— Qu'est-ce que fait donc ce père Goriot ?

— Il ne fait rien, dit Vautrin, il défait. C'est un imbécile assez bête pour se ruiner à aimer les filles qui...

— Le voilà ! dit Sylvie.

— Christophe, cria le père Goriot, monte avec moi.

Christophe suivit le père Goriot, et redescendit bientôt.

— Où vas-tu ? dit madame Vauquer à son domestique.

— Faire une commission pour M. Goriot.

— Qu'est-ce que c'est que ça ? dit Vautrin, en arrachant des mains de Christophe une lettre sur laquelle il lut : *A madame la comtesse Anastasie de Restaud*. Et tu vas ? reprit-il en rendant la lettre à Christophe.

— Rue du Helder. J'ai ordre de ne remettre ceci qu'à madame la comtesse.

— Qu'est-ce qu'il y a là-dedans, dit Vautrin en mettant la lettre au jour : un billet de banque ? non. Il entr'ouvrit l'enveloppe.— Un billet acquitté ! s'écria-t-il. Fourche ! il est galant, le roquentin. Va, vieux lascar, dit-il en coiffant de sa large main Christophe, qu'il fit tourner sur lui-même comme un dé, tu auras un bon pourboire.

Le couvert était mis. Sylvie faisait bouillir le lait. Madame Vauquer allumait le poêle, aidée par Vautrin, qui fredonnait toujours :

*J'ai longtemps parcouru le monde,
Et l'on m'a vu de toute part ..*

Quand tout fut prêt, madame Couture et mademoiselle Taillefer rentrèrent.

— D'où venez-vous donc si matin, ma belle dame ? dit madame Vauquer à madame Couture.

— Nous venons de faire nos dévotions à Saint-Étienne-du-Mont : ne devons-nous pas aller aujourd'hui chez M. Taillefer ? Pauvre petite, elle tremble comme la feuille, reprit madame Couture en s'asseyant devant le poêle, à la bouche duquel elle présenta ses souliers, qui fumèrent.

— Chauffez-vous donc, Victorine, dit madame Vauquer.

— C'est bien, mademoiselle, de prier le bon Dieu d'attendrir le cœur de votre père, dit Vautrin en avançant une chaise à l'orpheline. Mais ça ne suffit pas. Il vous faudrait un ami qui se chargeât de dire son fait à ce marsouin-là, un sauvage qui a, dit-on, trois millions, et qui ne vous donne pas de dot. Une belle fille a besoin de dot dans ce temps-ci.

— Pauvre enfant ! dit madame Vauquer. Allez, mon chou, votre monstre de père attire le malheur à plaisir sur lui.

A ces mots, les yeux de Victorine se mouillèrent de larmes, et la veuve s'arrêta sur un signe que lui fit madame Couture.

— Si nous pouvions seulement le voir, si je pouvais lui parler, lui remettre la dernière lettre de sa femme, reprit la veuve du commissaire ordonnateur. Je n'ai jamais osé la risquer par la poste ; il connaît mon écriture...

— *O femmes innocentes, malheureuses et persécutées*, s'écria Vautrin en interrompant, voilà donc où vous en êtes ! D'ici à quelques jours je me mêlerai de vos affaires, et tout ira bien.

— Oh ! monsieur, dit Victorine en jetant un regard à la fois humide et brûlant à Vautrin, qui ne s'en émut pas, si vous saviez un moyen d'arriver à mon père, dites-lui bien que son affection et l'honneur de ma mère me sont plus précieux que toutes les richesses du monde. Si vous obteniez quelque adoucissement à sa rigueur, je prierais Dieu pour vous. Soyez sûr d'une reconnaissance...

— *J'ai longtemps parcouru le monde*, chanta Vautrin d'une voix ironique.

En ce moment, Goriot, mademoiselle Michonneau, Poiret, descendirent, attirés peut-être par l'odeur du roux que faisait Sylvie pour accommoder les restes du mouton. A l'instant où les sept convives s'attablèrent en se souhaitant, dix heures sonnèrent, l'on entendit dans la rue le pas de l'étudiant.

— Ah ! bien, monsieur Eugène, dit Sylvie, aujourd'hui vous allez déjeuner avec tout le monde.

L'étudiant salua les pensionnaires, et s'assit auprès du père Goriot.

— Il vient de m'arriver une singulière aventure, dit-il en se servant abondamment du mouton, et se coupant un morceau de pain que madame Vauquer mesurait toujours de l'œil.

— Une aventure ! dit Poiret.

— Eh bien ! pourquoi vous en étonneriez-vous, vieux chapeau ? dit Vautrin à Poiret. Monsieur est bien fait pour en avoir.

Mademoiselle Taillefer coula timidement un regard sur le jeune étudiant.

— Dites-nous votre aventure, demanda madame Vauquer.

— Hier j'étais au bal chez madame la vicomtesse de Béauséant, une cousine à moi, qui possède une maison magnifique, des appartements

Christophe et la grosse Sylvie. — PAGE 8.

habillés de soie, enfin qui nous a donné une fête superbe, où je me suis amusé comme un roi...

— Telet, dit Vautrin en interrompant net.

— Monsieur, reprit vivement Eugène, que voulez-vous dire?

— Je dis *tête*, parce que les roitelets s'amusent beaucoup plus que les rois.

— C'est vrai : j'aimerais mieux être ce petit oiseau sans souci que roi, parce que... fit Poiret l'*idème-te*.

— Enfin, reprit l'étudiant en lui coupant la parole, je danse avec une des plus belles femmes du bal, une comtesse ravissante, la plus délicieuse créature que j'aie jamais vue. Elle était coiffée avec des fleurs de pêcher, elle avait au côté le plus beau bouquet de fleurs, des fleurs naturelles qui embaumaient ; mais, bah ! il faudrait que vous l'eussiez vue, il est impossible de peindre une femme animée par la danse. Eh bien ! ce matin, j'ai rencontré cette divine comtesse, sur les neuf heures, à pied, rue des Grès. Oh ! le cœur m'a battu, je me figurais. .

— Qu'elle venait ici, dit Vautrin en jetant un regard profond à l'étudiant. Elle allait sans doute chez le papa Gobseck, un usurier. Si jamais vous fouillez des cœurs de femmes à Paris, vous y trouverez l'usurier avant l'amant. Votre comtesse se nomme Anastasie de Restaud, et demeure rue du Helder.

A ce nom, l'étudiant regarda fixement Vautrin. Le père Goriot leva brusquement la tête, il jeta sur les deux interlocuteurs un regard lumineux et plein d'inquiétude, qui surprit les pensionnaires.

— Christophe arrivera trop tard, elle y sera donc allée ! s'écria douloureusement Goriot.

— J'ai deviné, dit Vautrin en se penchant à l'oreille de madame Vauquer.

Goriot mangeait machinalement et sans savoir ce qu'il mangeait. Jamais il n'avait semblé plus stupide et plus absorbé qu'il l'était en ce moment.

— Qui diable, monsieur Vautrin, a pu vous dire son nom ? demanda Eugène.

— Ah ! ah ! voilà, répondit Vautrin. Le père Goriot le savait bien, lui ! pourquoi ne le saurais-je pas ?

— M. Goriot ? s'écria l'étudiant.

— Quoi ! dit le pauvre vieillard. Elle était donc bien belle hier ?

— Qui ?

— Madame de Restaud.

— Voyez-vous le vieux grigou ! dit madame Vauquer à Vautrin, comme ses yeux s'allument.

— Il l'entretiendrait donc ? dit à voix basse mademoiselle Michonneau à l'étudiant.

— Oh ! oui, elle était furieusement belle, reprit Eugène, que le père Goriot regardait avidement. Si madame de Beauséant n'avait pas été là, ma divine comtesse eût été la reine du bal ; les jeunes gens n'avaient d'yeux que pour elle, j'étais le douzième inscrit sur sa liste, elle dansait toutes les contredanses. Les autres femmes enrageaient. Si une créature a été heureuse hier, c'était bien elle. On a bien raison de dire qu'il n'y a rien de plus beau que frégate à la voile, cheval au galop, et femme qui danse.

— Hier, en haut de la roue, chez une duchesse, dit Vautrin ; ce matin, en bas de l'échelle, chez un escompteur : voilà les Parisiennes. Si leurs maris ne peuvent entretenir leur luxe effréné, elles se vendent. Si elles ne savent pas se vendre, elles éventreraient leurs mères pour y chercher de quoi briller. Enfin elles font les cent mille coups. Connu, connu !

Le visage du père Goriot, qui s'était allumé comme le soleil d'un beau jour en entendant l'étudiant, devint sombre à cette cruelle observation de Vautrin.

— Eh bien ! dit madame Vauquer, où donc est votre aventure ! Lui avez-vous parlé ? lui avez-vous demandé si elle venait apprendre le droit ?

— Elle ne m'a pas vu, dit Eugène. Mais rencontrer une des plus jolies femmes de Paris rue des Grès, à neuf heures, une femme qui a dû rentrer du bal à deux heures du matin, n'est-ce pas singulier ? Il n'y a que Paris pour ces aventures-là.

— Bah ! il y en a bien plus drôles ! s'écria Vautrin.

Mademoiselle Taillefer avait à peine écouté, tant elle était préoccupée par la tentative qu'elle allait faire. Madame Couture lui fit signe de se lever pour aller s'habiller. Quand les deux dames sortirent, le père Goriot les imita.

— Eh ! bien, l'avez-vous vu ! dit madame Vauquer à Vautrin et à ses autres pensionnaires. Il est clair qu'il s'est ruiné pour ces femmes-là.

— Jamais on ne me fera croire, s'écria l'étudiant, que la belle comtesse de Restaud appartienne au père Goriot.

— Mais, lui dit Vautrin en l'interrompant, nous ne tenons pas à vous le faire croire. Vous êtes encore trop jeune pour bien connaître Paris, vous saurez plus tard qu'il s'y rencontre ce que nous nommons des *hommes à passions...* (A ces mots, mademoiselle Michonneau regarda Vautrin d'un air intelligent. Vous eussiez dit un cheval de régiment entendant le son de la trompette. — Ah ! ah ! fit Vautrin en s'interrompant pour lui jeter un regard profond, *que nous n'avons néu*

nos petites passions, nous? (La vieille fille baissa les yeux comme une religieuse qui voit des statues.) — Eh bien ! reprit-il, ces gens-là chaussent une idée et n'en démordent pas. Ils n'ont soif que d'une certaine eau prise à une certaine fontaine, et souvent croupie : pour en boire, ils vendraient leurs femmes, leurs enfants ; ils vendraient leur âme au diable. Pour les uns, cette fontaine est le jeu, la Bourse, une collection de tableaux ou d'insectes, la musique ; pour d'autres, c'est une femme qui sait leur cuisiner des friandises. A ceux-là, vous leur offririez toutes les femmes de la terre, ils s'en moquent, ils ne veulent que celle qui satisfait leur passion. Souvent cette femme ne les aime pas du tout, vous les rudoie, leur vend fort cher des bribes de satisfactions ; eh bien ! mes farceurs ne se lassent pas, et mettraient leur dernière couverture au Mont-de-Piété pour lui apporter leur dernier écu. Le père Goriot est un de ces gens-là. La comtesse l'exploite parce qu'il est discret, et voilà le beau monde ! Le pauvre bonhomme ne pense qu'à elle. Hors de sa passion, vous le voyez, c'est une bête brute. Mettez-le sur ce chapitre-là, son visage étincelle comme un diamant. Il n'est pas difficile de deviner ce secret-là. Il a porté ce matin du vermeil à la fonte, et je l'ai vu entrant chez le papa Gobseck, rue des Grès. Suivez bien ! En revenant, il a envoyé chez la comtesse de Restaud ce niais de Christophe qui nous a montré l'adresse de la lettre, dans laquelle était un billet acquitté. Il est clair que, si la comtesse allait aussi chez le vieil escompteur, il y avait urgence. Le père Goriot a galamment financé pour elle. Il ne faut pas coudre deux idées pour voir clair là-dedans. Cela vous prouve, mon jeune étudiant, que, pendant que votre comtesse riait, dansait, faisait ses singeries, balançait ses fleurs de pêcher, et pinçait sa robe, elle était dans ses petits souliers, comme on dit, en pensant à ses lettres de change protestées, ou à celles de son amant.

— Vous me donnez une furieuse envie de savoir la vérité. J'irai demain chez madame de Restaud ! s'écria Eugène.

— Oui, dit Poiret, il faut aller demain chez madame de Restaud.

— Vous y trouverez peut-être le bonhomme Goriot, qui viendra toucher le montant de ses galanteries.

— Mais, dit Eugène avec un air de dégoût, votre Paris est donc un bourbier ?

— Et un drôle de bourbier ! reprit Vautrin. Ceux qui s'y crottent en voiture sont d'honnêtes gens, ceux qui s'y crottent à pied sont des fripons. Ayez le malheur d'y décrocher n'importe quoi, vous êtes montré sur la place du Palais-de-Justice comme une curiosité. Volez un million, vous êtes marqué dans les salons comme une vertu. Vous payez trente millions à la Gendarmerie et à la Justice pour maintenir cette morale-là. Joli !

— Comment ! s'écria madame Vauquer, le père Goriot aurait fondu son déjeuner de vermeil ?

— N'y avait-il pas deux tourterelles sur le couvercle ? dit Eugène.

— C'est bien cela.

— Il y tenait donc beaucoup ? Il a pleuré quand il a eu pétri l'écuelle et le plat. Je l'ai vu par hasard, dit Eugène.

— Il y tenait comme à sa vie, répondit la veuve.

— Voyez-vous le bonhomme, combien il est passionné ! s'écria Vautrin. Cette femme-là sait lui chatouiller l'âme.

L'étudiant remonta chez lui. Vautrin sortit. Quelques instants après, madame Couture et Victorine montèrent dans un fiacre que Sylvie alla leur chercher. Poiret offrit son bras à mademoiselle Michonneau, et tous deux allèrent se promener au Jardin-des-Plantes, pendant les deux belles heures de la journée.

— Eh bien ! les voilà donc quasiment mariés, dit la grosse Sylvie. Ils sortent ensemble aujourd'hui pour la première fois. Ils sont tous deux si secs, que, s'ils se cognent, ils feront feu comme un briquet.

— Gare au châle de mademoiselle Michonneau, dit en riant madame Vauquer, il prendra comme de l'amadou.

A quatre heures du soir, quand Goriot rentra, il vit, à la lueur de deux lampes fumeuses, Victorine dont les yeux étaient rouges. Madame Vauquer écoutait le récit de la visite infructueuse faite à M. Taillefer pendant la matinée. Ennuyé de recevoir sa fille et cette vieille femme, Taillefer les avait laissées parvenir jusqu'à lui pour s'expliquer avec elles.

— Ma chère dame, disait madame Couture à madame Vauquer, figurez-vous qu'il n'a pas même fait asseoir Victorine, qu'est restée constamment debout. A moi, il m'a dit, sans se mettre en colère, tout froidement, de nous épargner la peine de venir chez lui ; que mademoiselle, sans dire sa fille, se nuisait dans son esprit en l'importunant (une fois par an, le monstre !) ; que la mère de Victorine ayant été épousée sans fortune, elle n'avait rien à prétendre ; enfin les choses les plus dures, qui ont fait fondre en larmes cette pauvre petite. La petite s'est jetée alors aux pieds de son père, et lui a dit avec courage qu'elle n'insistait autant que pour sa mère, qu'elle obéirait à ses volontés sans murmure ; mais qu'elle le suppliait de lire le testament de la pauvre défunte ; elle a pris la lettre et la lui a présentée en disant les plus belles choses du monde et les mieux senties ; je ne sais pas où elle les a prises, Dieu les lui dictait, car la pauvre enfant était si bien inspirée, qu'en l'entendant, moi, je pleurais comme une bête. Savez-vous ce que faisait cette horreur d'homme ? il se coupait les ongles, il a pris cette lettre que la pauvre madame Taillefer avait trempée de larmes, et l'a jetée sur la cheminée en disant : C'est bon ! Il a voulu relever sa fille qui lui prenait les mains pour les lui baiser, mais il les a retirées. Est-ce pas une scélératesse? Son grand dadais de fils est entré sans saluer sa sœur.

— C'est donc des monstres? dit le père Goriot.

— Et puis, dit madame Couture sans faire attention à l'exclamation du bonhomme, le père et le fils s'en sont allés en me saluant et me priant de les excuser, ils avaient des affaires pressantes. Voilà notre visite. Au moins il a vu sa fille. Je ne sais pas comment il peut la renier, elle lui ressemble comme deux gouttes d'eau.

Les pensionnaires, internes et externes, arrivèrent les uns après les autres, en se souhaitant mutuellement le bonjour, et se disant de ces riens qui constituent, chez certaines classes parisiennes, un esprit drôlatique dans lequel la bêtise entre comme élément principal, et dont le mérite consiste particulièrement dans le geste ou la prononciation. Cette espèce d'argot varie continuellement. La plaisanterie qui en est le principe n'a jamais un mois d'existence. Un événement politique, un procès en cour d'assises, une chanson des rues, les farces d'un acteur, tout sert à entretenir ce jeu d'esprit qui consiste surtout à prendre les idées et les mots comme des volants, et à se les renvoyer sur des raquettes. La récente invention du Diorama, qui portait l'illusion de l'optique à un plus haut degré que dans les Panoramas, avait amené dans quelques ateliers de peinture la plaisanterie de parler en *rama*, espèce de charge qu'un jeune peintre, habitué de la pension Vauquer, y avait inoculée.

— Eh bien! *monsieurre* Poret, dit l'employé au Muséum, comment va cette petite *santérama*? Puis, sans attendre sa réponse : Mesdames, vous avez du chagrin, dit-il à madame Couture et à Victorine.

— Allons-nous *dinaire*? s'écria Horace Bianchon, un étudiant en médecine, ami de Rastignac, ma petite estomac est descendue *usque ad talones*.

— Il fait un fameux *froitorama*! dit Vautrin. Dérangez-vous donc, père Goriot! Que diable! votre pied prend toute la gueule du poêle.

— Illustre monsieur Vautrin, dit Bianchon, pourquoi dites-vous *froitorama*? il y a une faute, c'est *fro dorama*.

— Non, dit l'employé du Muséum, c'est *froitorama*, par la règle : j'ai froit aux pieds.

— Ah! ah!

— Voici son excellence le marquis de Rastignac, docteur en droit-travers, s'écria Bianchon en saisissant Eugène par le cou et le serrant de manière à l'étouffer. Ohé, les autres, ohé!

Mademoiselle Michonneau entra doucement, salua les convives sans rien dire, et alla se placer près des trois femmes.

— Elle me fait toujours grelotter, cette vieille chauve-souris, dit à voix basse Bianchon à Vautrin en montrant mademoiselle Michonneau. Moi qui étudie le système de Gall, je lui trouve les bosses de Judas.

— Monsieur l'a connue? dit Vautrin.

— Qui ne l'a pas rencontrée? répondit Bianchon. Ma parole d'honneur, cette vieille fille blanche me fait l'effet de ces longs vers qui finissent par ronger une poutre.

— Voilà ce que c'est, jeune homme, dit le quadragénaire en peignant ses favoris.

Et rose, elle a vécu ce que vivent les roses,
L'espace d'un matin.

— Ah! ah! voici une fameuse *soupeaurama*, dit Poiret en voyant Christophe qui entrait en tenant respectueusement le potage.

— Pardonnez-moi, monsieur, dit madame Vauquer, c'est une soupe aux choux.

Tous les jeunes gens éclatèrent de rire.

— Enfoncé, Poiret!

— Poir-r-rette enfoncé!

— Marquez deux points à maman Vauquer, dit Vautrin.

— Quelqu'un a-t-il fait attention au brouillard de ce matin? dit l'employé.

— C'était, dit Bianchon, un brouillard frénétique et sans exemple, un brouillard lugubre, mélancolique, vert, poussif; un brouillard Goriot.

— Goriorama, dit le peintre, parce qu'on n'y voyait goutte.

— Eh! milord Gâôriotte, il été questionne dé véaus.

Assis au bas bout de la table, près de la porte par laquelle on servait, le père Goriot leva la tête en flairant un morceau de pain qu'il avait sous sa serviette, par une vieille habitude commerciale qui reparaissait quelquefois.

— Eh bien! lui cria aigrement madame Vauquer d'une voix qui domina le bruit des cuillers, des assiettes et des voix, est-ce que vous ne trouvez pas le pain bon?

— Au contraire, madame, répondit-il, il est fait avec de la farine d'Étampes, première qualité.

— A quoi voyez-vous cela? lui dit Eugène.

— A la blancheur, au goût.

— Au goût du nez, puisque vous le sentez, dit madame Vauquer.

Vous devenez si économe que vous finirez par trouver le moyen de vous nourrir en humant l'air de la cuisine.

— Prenez alors un brevet d'invention, cria l'employé au Muséum, vous ferez une belle fortune.

— Laissez donc, il fait ça pour nous persuader qu'il a été vermicellier, dit le peintre.

— Votre nez est donc une cornue? demanda encore l'employé au Muséum.

— Cor-quoi? fit Bianchon.

— Cor-nouille.

— Cor-nemuse.

— Cor-naline.

— Cor-niche.

— Cor-nichon.

— Cor-beau.

— Cor-nac.

— Cor norama.

Ces huit réponses partirent de tous les côtés de la salle avec la rapidité d'un feu de file, et prêtèrent d'autant plus à rire, que le pauvre père Goriot regardait les convives d'un air niais, comme un homme qui tâche de comprendre une langue étrangère.

— Cor? dit-il à Vautrin qui se trouvait près de lui.

— Cor aux pieds, mon vieux! dit Vautrin en enfonçant le chapeau du père Goriot par une tape qu'il lui appliqua sur la tête et qui le lui fit descendre jusque sur les yeux.

Le pauvre vieillard, stupéfait de cette brusque attaque, resta pendant un moment immobile. Christophe emporta l'assiette du bonhomme, croyant qu'il avait fini sa soupe; en sorte que, quand Goriot, après avoir relevé son chapeau, prit sa cuiller, il frappa sur la table. Tous les convives éclatèrent de rire.

— Monsieur, dit le vieillard, vous êtes un mauvais plaisant, et si vous vous permettez encore de me donner de pareils renfoncements...

— Eh bien! quoi, papa? dit Vautrin en l'interrompant.

— Eh bien! vous payerez cela bien cher quelque jour.

— En enfer, pas vrai? dit le peintre, dans ce petit coin noir où l'on met les enfants méchants!

— Eh bien! mademoiselle, dit Vautrin à Victorine, vous ne mangez pas! Le papa s'est donc montré récalcitrant?

— Une horreur! dit madame Couture.

— Il faut le mettre à la raison, dit Vautrin.

— Mais, dit Rastignac, qui se trouvait assez près de Bianchon, mademoiselle pourrait intenter un procès sur la question des aliments, puisqu'elle ne mange pas. Eh! eh! voyez donc comme le père Goriot examine mademoiselle Victorine.

Le vieillard oubliait de manger pour contempler la pauvre jeune fille, dans les traits de laquelle éclatait une douleur vraie, la douleur de l'enfant méconnu qui aime son père.

— Mon cher, dit Eugène à voix basse, nous nous sommes trompés sur le père Goriot. Ce n'est ni un imbécile ni un homme sans nerfs. Applique-lui ton système de Gall, et dis-moi ce que tu en penseras. Je lui ai vu cette nuit tordre un plat de vermeil, comme si c'eût é é de la cire, et dans ce moment l'air de son visage trahit des sentiments extraordinaires. Sa vie me paraît être trop mystérieuse pour ne pas valoir la peine d'être étudiée. Oui, Bianchon, tu as beau rire, je ne plaisante pas.

— Cet homme est un fait médical, dit Bianchon, d'accord; s'il veut, je le dissèque.

— Non, tâte-lui la tête.

— Ah! bien, sa bêtise est peut-être contagieuse.

Le lendemain Rastignac s'habilla fort élégamment, et alla, vers trois heures de l'après-midi, chez madame de Restaud, en se livrant pendant la route à ces espérances étourdiment folles qui rendent la vie des jeunes gens si belle d'émotion : ils ne calculent alors ni les obstacles ni les dangers, ils voient en tout le succès, poétisent leur existence par le seul jeu de leur imagination, et se font malheureux ou tristes par le renversement de projets qui ne vivaient encore que dans leurs désirs effrénés; s'ils n'étaient pas ignorants et timides, le monde social serait impossible. Eugène marchait avec mille précautions pour ne se point crotter, mais il marchait en pensant à ce qu'il dirait à madame de Restaud, s'approvisionnait d'esprit, il inventait les reparties d'une conversation imaginaire, il préparait ses mots fins, ses phrases à la Talleyrand, en supposant de petites circonstances favorables à la déclaration sur laquelle il fondait son avenir. Il se crotta, l'étudiant, il fut forcé de faire cirer ses bottes et brosser son pantalon au Palais-Royal. « Si j'étais riche, se dit-il en changeant une pièce de trente sous qu'il avait prise *en cas de malheur*, je serais allé en voiture, j'aurais pu penser à mon aise. » Enfin il arriva rue du Helder, et demanda la comtesse de Restaud. Avec la rage froide d'un homme sûr de triompher un jour, il reçut le coup d'œil méprisant des gens qui l'avaient vu traversant la cour à pied, sans avoir entendu le bruit d'une voiture à la porte. Ce coup d'œil lui fut d'autant plus sensible qu'il avait déjà compris son infériorité en entrant dans cette cour, où piaffait un beau cheval richement attelé à l'un de ces cab iolets pimpants qui affichent le luxe d'une existence dissipatrice, et sous-entendent l'habitude de toutes les félicités parisiennes. Il se mit à lui tout seul de mauvaise humeur. Les tiroirs ouverts dans son cerveau et qu'il comptait trouver pleins d'esprit se fermèrent, il devint stupide. En attendant la réponse de la comtesse, à laquelle un valet de chambre allait dire les noms du visiteur, Eugène se posa sur un seul pied devant une croisée de l'antichambre, s'appuya le coude sur une espagnolette, et regarda machinalement dans la cour. Il trouvait le temps long, il s'en serait allé s'il n'avait pas été doué de cette ténacité méridionale qui enfante des prodiges quand elle va en ligne droite.

— Monsieur, dit le valet de chambre, madame est dans son boudoir et fort occupée, elle ne m'a pas répondu; mais, si monsieur veut passer au salon, il y a déjà quelqu'un.

Tout en admirant l'épouvantable pouvoir de ces gens qui, d'un seul mot, accusent ou jugent leurs maîtres, Rastignac ouvrit délibérément la porte par laquelle était sorti le valet de chambre, afin sans doute de faire croire à ces insolents valets qu'il connaissait les êtres de la maison; mais il déboucha fort étourdiment dans une pièce où se trouvaient des lampes, des buffets, un appareil à chauffer des serviettes pour le bain, et qui menait à la fois dans un corridor obscur et dans un escalier dérobé. Les rires étouffés qu'il entendit dans l'antichambre mirent le comble à sa confusion.

— Monsieur, le salon est par ici, lui dit le valet de chambre avec ce faux respect qui semble être une raillerie de plus.

Eugène revint sur ses pas avec une telle précipitation, qu'il se heurta contre une baignoire, mais il retint assez heureusement son chapeau pour l'empêcher de tomber dans le bain. En ce moment, une porte s'ouvrit au fond du long corridor éclairé par une petite lampe, Rastignac y entendit à la fois la voix de madame de Restaud, celle du père Goriot et le bruit d'un baiser. Il rentra dans la salle à manger, la traversa, suivit le valet de chambre, et rentra dans un premier salon, où il resta posé devant la fenêtre, en s'apercevant qu'elle avait vue sur la cour. Il voulait voir si ce père Goriot était bien réellement son père Goriot. Le cœur lui battait étrangement, il se souvenait des épouvantables réflexions de Vautrin. Le valet de chambre attendait Eugène à la porte du salon, mais il en sortit tout à coup un élégant jeune homme qui dit impatiemment : « Je m'en vais, Maurice. Vous direz à madame la comtesse que je l'ai attendue plus d'une demi-heure. » Cet impertinent, qui sans doute avait le droit de l'être, chantonna quelque roulade italienne en se dirigeant vers la fenêtre où stationnait Eugène, autant pour voir la figure de l'étudiant que pour regarder dans la cour.

— Mais monsieur le comte ferait mieux d'attendre encore un instant, madame a fini, dit Maurice en retournant à l'antichambre.

En ce moment, le père Goriot débouchait près de la porte cochère, par la sortie du petit escalier. Le bonhomme tirait son parapluie et se disposait à le déployer, sans faire attention que la grande porte était ouverte pour donner passage à un jeune homme décoré qui conduisait un tilbury. Le père Goriot n'eut que le temps de se jeter en arrière pour n'être pas écrasé. Le taffetas du parapluie avait effrayé le cheval, qui fit un léger écart en se précipitant vers le perron. Le jeune homme détourna la tête d'un air de colère, regarda le père Goriot, et lui fit, avant qu'il ne sortît, un salut qui peignait la considération forcée que l'on accorde aux usuriers dont on a besoin, ou ce respect nécessaire exigé par un homme taré, mais dont on rougit plus tard. Le père Goriot répondit par un petit salut amical, plein de bonhomie. Ces événements se passèrent avec la rapidité de l'éclair. Trop attentif pour s'apercevoir qu'il n'était pas seul, Eugène entendit tout à coup la voix de la comtesse.

— Ah! Maxime, vous vous en alliez, dit-elle avec un ton de reproche où se mêlait un peu de dépit.

La comtesse n'avait pas fait attention à l'entrée du tilbury. Rastignac se retourna brusquement et vit la comtesse coquettement vêtue d'un peignoir en cachemire blanc, à nœuds roses, coiffée négligemment, comme le sont les femmes de Paris au matin; elle embaumait, elle avait sans doute pris un bain, et sa beauté, pour ainsi dire assouplie, semblait plus voluptueuse; ses yeux étaient humides. L'œil des jeunes gens sait tout voir : leurs esprits s'unissent aux rayonnements de la femme comme une plante aspire dans l'air des substances qui lui sont propres. Eugène sentit donc la fraîcheur des mains de cette femme sans avoir besoin d'y toucher. Il voyait, à travers le cachemire, les teintes rosées du corsage, que le peignoir, légèrement entr'ouvert, laissait parfois à nu, et sur lequel son regard s'étalait. Les ressources du busc étaient inutiles à la comtesse, la ceinture marquait seule sa taille flexible, son cou invitait à l'amour, ses pieds étaient jolis dans les pantoufles. Quand Maxime prit cette main pour la baiser, Eugène aperçut alors Maxime, et la comtesse aperçut Eugène.

— Ah! c'est vous, monsieur de Rastignac, je suis bien aise de vous voir, dit-elle d'un air auquel savent obéir les gens d'esprit.

Maxime regardait alternativement Eugène et la comtesse d'une manière assez significative pour faire décamper l'intrus. — Ah çà! ma chère, j'espère que tu vas me mettre ce petit drôle à la porte! Cette phrase était une traduction claire et intelligible des regards du jeune homme impertinemment fier que la comtesse Anastasie avait nommé Maxime, et dont elle consultait le visage de cette intention soumise

qui dit tous les secrets d'une femme sans qu'elle s'en doute. Rastignac se sentit une haine violente pour ce jeune homme. D'abord les beaux cheveux blonds et bien frisés de Maxime lui apprirent combien les siens étaient horribles. Puis Maxime avait des bottes fines et propres, tandis que les siennes, malgré le soin qu'il avait pris en marchant, s'étaient empreintes d'une légère teinte de boue. Enfin Maxime portait une redingote qui lui serrait élégamment la taille et le faisait ressembler à une jolie femme, tandis qu'Eugène avait, à deux heures et demie, un habit noir. Le spirituel enfant de la Charente sentit la supériorité que la mise donnait à ce dandy, mince et grand, à l'œil clair, au teint pâle, un de ces hommes capables de ruiner des orphelins. Sans attendre la réponse d'Eugène, madame de Restaud se sauva comme à tire-d'aile dans l'autre salon, en laissant flotter les pans de son peignoir qui se roulaient et se déroulaient de manière à lui donner l'apparence d'un papillon; et Maxime la suivit. Eugène, furieux, suivit Maxime et la comtesse. Ces trois personnages se trouvèrent donc en présence, à la hauteur de la cheminée, au milieu du grand salon. L'étudiant savait bien qu'il allait gêner cet odieux Maxime; mais, au risque de déplaire à madame de Restaud, il voulut gêner le dandy. Tout à coup, en se souvenant d'avoir vu ce jeune homme au bal de madame de Beauséant, il devina ce qu'était Maxime pour madame de Restaud; et, avec cette audace juvénile qui fait commettre de grandes sottises ou obtenir de grands succès, il se dit : — Voilà mon rival; je veux triompher de lui. L'imprudent! il ignorait que le comte Maxime de Trailles se laissait insulter, tirait le premier et tuait son homme. Eugène était un adroit chasseur, mais il n'avait pas encore abattu vingt poupées sur vingt-deux dans un tir. Le jeune comte se jeta dans une bergère au coin du feu, prit les pincettes, et fouilla le foyer par un mouvement si violent et si grimaud, que le beau visage d'Anastasie se chagrina soudain. La jeune femme se tourna vers Eugène, et lui lança un de ces regards froidement interrogatifs qui disent si bien : — Pourquoi ne vous en allez-vous pas? que les gens bien élevés savent aussitôt faire de ces phrases qu'il faudrait appeler des phrases de sortie.

Eugène prit un air agréable et dit : — Madame, j'avais hâte de vous voir, pour...

Il s'arrêta tout court. Une porte s'ouvrit. Le monsieur qui conduisait le tilbury se montra soudain, sans chapeau, ne salua pas la comtesse, regarda soucieusement Eugène, et tendit la main à Maxime, en lui disant : — Bonjour, avec une expression fraternelle qui surprit singulièrement Eugène. Les jeunes gens de province ignorent combien est douce la vie à trois.

— Monsieur de Restaud, dit la comtesse à l'étudiant en lui montrant son mari.

Eugène s'inclina profondément.

— Monsieur, dit-elle en continuant et en présentant Eugène au comte de Restaud, est M. de Rastignac, parent de madame la vicomtesse de Beauséant par les Marcillac, que et j'ai eu le plaisir de rencontrer à son dernier bal.

Parent de madame la vicomtesse de Beauséant par les Marcillac! ces mots, que la comtesse prononça presque emphatiquement, par suite de l'espèce d'orgueil qu'éprouve une maîtresse de maison à prouver qu'elle n'a chez elle que des gens de distinction, furent d'un effet magique, le comte quitta son air froidement cérémonieux et salua l'étudiant.

— Enchanté, dit-il, monsieur, de pouvoir faire votre connaissance.

Le comte Maxime de Trailles lui-même jeta sur Eugène un regard inquiet et quitta tout à coup son air impertinent. Ce coup de baguette, dû à la puissante intervention d'un nom, ouvrit trente cases dans le cerveau du méridional, et lui rendit l'esprit qu'il avait préparé. Une soudaine lumière lui fit voir clair dans l'atmosphère de la haute société parisienne, encore ténébreuse pour lui. La maison Vauquer, le père Goriot, étaient alors bien loin de sa pensée.

— Je croyais les Marcillac éteints? dit le comte de Restaud à Eugène.

— Oui, monsieur, répondit-il. Mon grand-oncle, le chevalier de Rastignac, a épousé l'héritière de la famille de Marcillac. Il n'a eu qu'une fille, qui a épousé le maréchal de Clarimbault, aïeul maternel de madame de Beauséant. Nous sommes la branche cadette, branche d'autant plus pauvre que mon grand-oncle, vice-amiral, a tout perdu au service du roi. Le gouvernement révolutionnaire n'a pas voulu admettre nos créances dans la liquidation qu'il a faite de la compagnie des Indes.

— Monsieur votre grand-oncle ne commandait-il pas le Vengeur avant 1789?

— Précisément.

— Alors, il a connu mon grand-père, qui commandait le Warwick. Maxime haussa légèrement les épaules en regardant madame de Restaud, et eut l'air de lui dire : — S'il se met à causer marine avec celui-là, nous sommes perdus. Anastasie comprit le regard de M. de Trailles. Avec cette admirable puissance que possèdent les femmes, elle se mit à sourire en disant : — Venez, Maxime, j'ai quelque chose à vous demander. Messieurs, nous vous laisserons naviguer de conserve sur le Warwick et sur le Vengeur. Elle se leva et fit un signe plein de traîtrise railleuse à Maxime, qui prit avec elle la route du boudoir. A peine ce couple *morganatique*, jolie expression allemande qui n'a pas son équivalent en français, avait-il atteint la porte, que le comte interrompit sa conversation avec Eugène.

— Anastasie! restez-donc, ma chère, s'écria-t-il avec humeur, vous savez bien que...

— Je reviens, je reviens, dit-elle en l'interrompant, il ne me faut qu'un moment pour dire à Maxime ce dont je veux le charger.

Elle revint promptement. Comme toutes les femmes qui, forcées d'observer le caractère de leurs maris pour pouvoir se conduire à leur fantaisie, savent reconnaître jusqu'où elles peuvent aller, afin de ne pas perdre une confiance précieuse et qui, alors, ne les choquent jamais dans les petites choses de la vie, la comtesse avait vu, d'après les inflexions de la voix du comte, qu'il n'y aurait aucune sécurité à rester dans le boudoir. Ces contre-temps étaient dus à Eugène. Aussi la comtesse montra-t-elle l'étudiant d'un air et par un geste pleins de dépit à Maxime, qui dit fort épigrammatiquement au comte, à sa femme et à Eugène : — Écoutez, vous êtes en affaires, je ne veux pas vous gêner ; adieu. Il se sauva.

— Restez donc, Maxime! cria le comte.

— Venez dîner, dit la comtesse, qui, laissant encore une fois Eugène et le comte, suivit Maxime dans le premier salon, où ils restèrent assez de temps ensemble pour croire que M. de Restaud congédierait Eugène.

Rastignac les entendait tour à tour éclatant de rire, causant, se taisant ; mais le malicieux étudiant faisait de l'esprit avec M. de Restaud, le flattait ou l'embarquait dans des discussions, afin de revoir la comtesse et de savoir quelles étaient ses relations avec le père Goriot. Cette femme, évidemment amoureuse de Maxime, cette femme, maîtresse de son mari, liée secrètement au vieux vermicellier, lui semblait tout un mystère. Il voulait pénétrer ce mystère, espérant ainsi pouvoir régner en souverain sur cette femme si éminemment Parisienne.

— Anastasie! dit le comte, appelant de nouveau sa femme.

— Allons, mon pauvre Maxime, dit-elle au jeune homme, il faut se résigner. A ce soir...

— J'espère, Nasie, lui dit-il à l'oreille, que vous consignerez ce petit jeune homme dont les yeux s'allumaient comme des charbons quand votre peignoir s'entr'ouvrait. Il vous ferait des déclarations, vous compromettrait, et vous me forceriez à le tuer.

— Êtes-vous fou, Maxime? dit-elle. Ces petits étudiants ne sont-ils pas, au contraire, d'excellents paratonnerres? Je le ferai, certes, prendre en grippe à Restaud.

Maxime éclata de rire et sortit suivi de la comtesse, qui se mit à la fenêtre pour le voir montant en voiture, faisant piaffer son cheval et agitant son fouet. Elle ne revint que quand la grande porte fut fermée.

— Dites donc, lui cria le comte quand elle rentra, ma chère, la terre où demeure la famille de monsieur n'est pas loin de Verteuil, sur la Charente. Le grand-oncle de monsieur et mon grand-père se connaissaient.

— Enchantée d'être en pays de connaissance, dit la comtesse distraite.

— Plus que vous ne le croyez, dit à voix basse Eugène.

— Comment? dit-elle vivement.

— Mais, reprit l'étudiant, je viens de voir sortir de chez vous un monsieur avec lequel je suis porte à porte dans la même pension, le père Goriot.

A ce nom enjolivé du mot *père*, le comte, qui tisonnait, jeta les pincettes dans le feu, comme si elles lui eussent brûlé les mains, et se leva.

— Monsieur, vous auriez pu dire monsieur Goriot! s'écria-t-il.

La comtesse pâlit d'abord en voyant l'impatience de son mari, puis elle rougit, et fut évidemment embarrassée ; elle répondit d'une voix qu'elle voulut rendre naturelle, et d'un air faussement dégagé : « Il est impossible de connaître quelqu'un que nous aimions mieux... » Elle s'interrompit, regarda son piano, comme s'il se réveillait en elle quelque fantaisie, et dit : — Aimez-vous la musique, monsieur?

— Beaucoup, répondit Eugène devenu rouge et bêtifié par l'idée confuse qu'il eut d'avoir commis quelque lourde sottise.

— Chantez-vous? s'écria-t-elle en s'en allant à son piano, dont elle attaqua vivement toutes les touches en les remuant depuis l'ut d'en bas jusqu'au fa d'en haut. Rrrrah!

— Non, madame.

Le comte de Restaud se promenait de long en large.

— C'est dommage, vous vous êtes privé d'un grand moyen de succès. — *Ca-a-ro, ca-a-ro, ca-a-a-ro, non du-bi-tare,* chanta la comtesse.

En prononçant le nom du père Goriot, Eugène avait donné un coup de baguette magique, mais dont l'effet était l'inverse de celui qu'avaient frappé ces mots : *parent de madame de Beauséant.* Il se trouvait dans la situation d'un homme introduit par faveur chez un amateur de curiosités, et qui, touchant par mégarde une armoire pleine de figures sculptées, fait tomber trois ou quatre têtes mal collées. Il aurait voulu se jeter dans un gouffre. Le visage de madame de Restaud était sec, froid, et ses yeux devenus indifférents fuyaient ceux du malencontreux étudiant.

— Madame, dit-il, vous avez à causer avec M. de Restaud ; veuillez agréer mes hommages et me permettre...

— Toutes les fois que vous viendrez, dit précipitamment la comtesse en arrêtant Eugène par un geste, vous êtes sûr de nous faire, à M. de Restaud comme à moi, le plus vif plaisir.

Eugène salua profondément le couple, et sortit, suivi de M. de Restaud, qui, malgré ses instances, l'accompagna jusque dans l'antichambre.

— Toutes les fois que monsieur se présentera, dit le comte à Maurice, ni madame ni moi nous n'y serons.

Quand Eugène mit le pied sur le perron, il s'aperçut qu'il pleuvait.

— Allons, se dit-il, je suis venu faire une gaucherie dont j'ignore la cause et la portée, je gâterai par-dessus le marché mon habit et mon chapeau. Je devrais rester dans un coin à piocher le droit, ne penser qu'à devenir un rude magistrat. Puis-je aller dans le monde quand, pour y manœuvrer convenablement, il faut un tas de cabriolets, de bottes cirées, d'agrès indispensables, des chaînes d'or, dès le matin des gants de daim blancs qui coûtent six francs, et toujours des gants jaunes le soir? Vieux drôle de père Goriot, va !

Quand il se trouva sous la porte de la rue, le cocher d'une voiture de louage, qui venait sans doute de remiser de nouveaux mariés et qui ne demandait pas mieux que de voler à son maître quelques courses de contrebande, fit à Eugène un signe en le voyant sans parapluie, en habit noir, gilet blanc, gants jaunes et bottes cirées. Eugène était sous l'empire d'une de ces rages sourdes qui poussent un jeune homme à s'enfoncer de plus en plus dans l'abîme où il est entré, comme s'il espérait y trouver une heureuse issue. Il consentit par un mouvement de tête à la demande du cocher. Sans avoir plus de vingt-deux sous dans sa poche, il monta dans la voiture où quelques grains de fleurs d'oranger et des brins de cannetille attestaient le passage des mariés.

— Où monsieur va-t-il? demanda le cocher, qui n'avait déjà plus ses gants blancs.

— Parbleu ! se dit Eugène, puisque je m'enfonce, il faut au moins que cela me serve à quelque chose ! Allez à l'hôtel de Beauséant, ajouta-t-il à haute voix.

— Lequel? dit le cocher.

Mot sublime qui confondit Eugène. Cet élégant inédit ne savait pas qu'il y avait deux hôtels de Beauséant, il ne connaissait pas combien il était riche en parents qui ne se souciaient pas de lui.

— Le vicomte de Beauséant, rue...

— De Grenelle, dit le cocher en hochant la tête et l'interrompant. Voyez-vous, il y a encore l'hôtel du comte et du marquis de Beauséant, rue Saint-Dominique, ajouta-t-il en relevant le marchepied.

— Je le sais bien, répondit Eugène d'un air sec. Tout le monde aujourd'hui se moque donc de moi! dit-il en jetant son chapeau sur les coussins de devant. Voilà une escapade qui va me coûter la rançon d'un roi. Mais au moins je vais faire ma visite à ma soi-disant cousine d'une manière solidement aristocratique. Le père Goriot me coûte déjà au moins dix francs, le vieux scélérat ! Ma foi, je vais raconter mon aventure à madame de Beauséant, peut-être la ferai-je rire. Elle saura sans doute le mystère des liaisons criminelles de ce vieux rat sans queue et de cette belle femme. Il vaut mieux plaire à ma cousine que de me cogner contre cette femme immorale, qui me fait l'effet d'être bien coûteuse. Si le nom de la belle vicomtesse est si puissant, de quel poids doit donc être sa personne ? Adressons-nous en haut. Quand on s'attaque à quelque chose dans le ciel, il faut viser Dieu !

Ces paroles sont la formule brève des mille et une pensées entre lesquelles il flottait. Il reprit un peu de calme et d'assurance en voyant tomber la pluie. Il se dit que, s'il allait dissiper deux des précieuses pièces de cent sous qui lui restaient, elles seraient heureusement employées à la conservation de son habit, de ses bottes et de son chapeau. Il n'entendit pas sans un mouvement d'hilarité son cocher criant : *La porte, s'il vous plaît !* Un suisse rouge et doré fit grogner sur ses gonds la porte de l'hôtel, et Rastignac vit avec une douce satisfaction sa voiture passant sous le porche, tournant dans la cour, et s'arrêtant sous la marquise du perron. Le cocher à grosse houppelande bleue bordée de rouge vint déplier le marchepied. En descendant de sa voiture, Eugène entendit des rires étouffés qui partaient sous le péristyle. Trois ou quatre valets avaient déjà plaisanté sur cet équipage de mariée vulgaire. Leur rire éclaira l'étudiant au moment où il compara cette voiture à l'un des plus élégants coupés de Paris, attelé de deux chevaux fringants qui avaient des roses à l'oreille, qui mordaient leur frein, et qu'un cocher poudré, bien cravaté, tenait en bride comme s'ils eussent voulu s'échapper. A la Chaussée-d'Antin, madame de Restaud avait dans sa cour le fin cabriolet de l'homme de vingt-six ans. Au faubourg Saint-Germain, attendait le luxe d'un grand seigneur, un équipage que cent mille francs n'auraient pas payé.

— Qui donc est là? se dit Eugène en comprenant un peu tardivement qu'il devait se rencontrer à Paris bien peu de femmes qui ne fussent occupées, et que la conquête d'une de ces reines coûtait plus que du sang. Diantre ! ma cousine aura sans doute aussi son Maxime.

Il monta le perron la mort dans l'âme. A son aspect, la porte vitrée s'ouvrit ; il trouva les valets sérieux comme des ânes qu'on étrille. La fête à laquelle il avait assisté s'était donnée dans les grands appartements de réception, situés au rez-de-chaussée de l'hôtel de Beauséant. N'ayant pas eu le temps, entre l'invitation et le bal, de faire une visite à sa cousine, il n'avait donc pas encore pénétré dans les appartements de madame de Beauséant ; il allait donc voir pour la première fois les merveilles de cette élégance personnelle qui trahit l'âme et les mœurs d'une femme de distinction. Étude d'autant plus curieuse, que le salon de madame de Restaud lui fournissait un terme de comparaison. A quatre heures et demie la vicomtesse était visible. Cinq minutes plus tôt, elle n'eût pas reçu son cousin. Eugène, qui ne savait rien des diverses étiquettes parisiennes, fut conduit par un grand escalier plein de fleurs, blanc de ton, à rampe dorée, à tapis rouge, chez madame de Beauséant, dont il ignorait la biographie verbale, une de ces changeantes histoires qui se content tous les soirs d'oreille à oreille dans les salons de Paris.

La vicomtesse était liée depuis trois ans avec un des plus célèbres et des plus riches seigneurs portugais, le marquis d'Ajuda-Pinto. C'était une de ces liaisons innocentes qui ont tant d'attraits pour les personnes ainsi liées, qu'elles ne peuvent supporter personne en tiers. Aussi le vicomte de Beauséant avait-il donné lui-même l'exemple au public en respectant, bon gré, mal gré, cette union morganatique. Les personnes qui, dans les premiers jours de cette amitié, vinrent voir la vicomtesse à deux heures, y trouvaient le marquis d'Ajuda-Pinto. Madame de Beauséant, incapable de fermer sa porte, ce qui eût été fort inconvenant, recevait si froidement les gens et contemplait si studieusement sa corniche, que chacun comprenait combien il la gênait. Quand on sut dans Paris qu'on gênait madame de Beauséant en venant la voir entre deux et quatre heures, elle se trouva dans la solitude la plus complète. Elle allait aux Bouffons ou à l'Opéra en compagnie de M. de Beauséant et de M. d'Ajuda-Pinto ; mais, en homme qui sait vivre, M. de Beauséant quittait toujours sa femme et le Portugais après les y avoir installés. M. d'Ajuda devait se marier. Il épousait une demoiselle de Rochefide. Dans toute la haute société une seule personne ignorait encore ce mariage, cette personne était madame de Beauséant. Quelques-unes de ses amies lui en avaient bien parlé vaguement ; elle en avait ri, croyant que ses amies voulaient troubler un bonheur jalousé. Cependant les bans allaient se publier. Quoiqu'il fût venu pour notifier ce mariage à la vicomtesse, le beau Portugais n'avait pas encore osé dire un traître mot. Pourquoi ? rien sans doute n'est plus difficile que de notifier à une femme un semblable *ultimatum*. Certains hommes se trouvent plus à l'aise, sur le terrain, devant un homme qui leur menace le cœur avec une épée que devant une femme qui, après avoir débité ses élégies pendant deux heures, fait la morte et demande des sels. En ce moment donc M. d'Ajuda-Pinto était sur les épines, et voulait sortir, en se disant que madame de Beauséant apprendrait cette nouvelle : il lui écrirait, il serait plus commode de traiter ce galant assassinat par correspondance que de vive voix. Quand le valet de chambre de la vicomtesse annonça M. Eugène de Rastignac, il fit tressaillir de joie le marquis d'Ajuda-Pinto. Sachez-le bien, une femme aimante est encore plus ingénieuse à se créer des doutes qu'elle n'est habile à varier le plaisir. Quand elle est sur le point d'être quittée, elle devine plus rapidement le sens d'un geste que le coursier de Virgile ne flaire les lointains corpuscules qui lui annoncent l'amour. Aussi comptez que madame de Beauséant surprit ce tressaillement involontaire, léger, mais naïvement épouvantable. Eugène ignorait qu'on ne doit jamais se présenter chez qui que ce soit à Paris sans s'être fait conter par les amis de la maison l'histoire du mari, celle de la femme ou des enfants, afin de n'y commettre aucune de ces balourdises dont on dit pittoresquement en Pologne : *Attelez cinq bœufs à votre char !* sans doute pour vous tirer du mauvais pas où vous vous embourbez. Si ces malheurs de la conversation n'ont encore aucun nom en France, on les y suppose sans doute impossibles, par suite de l'énorme publicité qu'y obtiennent les médisances. Après s'être embourbé chez madame de Restaud, qui ne lui avait pas même laissé le temps d'atteler les cinq bœufs à son char, Eugène seul était capable de recommencer son métier de bouvier, en se présentant chez madame de Beauséant. Mais, s'il avait horriblement gêné madame de Restaud et M. de Trailles, il tirait d'embarras M. d'Ajuda.

— Adieu, dit le Portugais en s'empressant de gagner la porte quand Eugène entra dans un petit salon coquet, gris et rose, où le luxe semblait n'être que de l'élégance.

— Mais à ce soir, dit madame de Beauséant en retournant la tête et jetant un regard au marquis. N'allons-nous pas aux Bouffons ?

— Je ne le puis, dit-il en prenant le bouton de la porte.

Madame de Beauséant se leva, le rappela près d'elle, sans faire la moindre attention à Eugène, qui, debout, étourdi par les scintillements d'une richesse merveilleuse, croyait à la réalité des contes arabes, et ne savait où se fourrer en se trouvant en présence de cette femme sans être remarqué par elle. La vicomtesse avait levé l'index de sa main droite, et par un joli mouvement désignait au marquis une place devant elle. Il y eut dans ce geste un si violent despotisme de passion, que le marquis laissa le bouton de la porte et vint. Eugène le regarda non sans envie.

— Voilà, se dit-il, l'homme au coupé ! mais il faut donc avoir des chevaux fringants, des livrées et de l'or à flots pour obtenir le regard

d'une femme de Paris ? Le démon du luxe le mordit au cœur, la fièvre du gain le prit, la soif de l'or lui sécha la gorge. Il avait cent trente francs pour son trimestre. Son père, sa mère, ses frères, ses sœurs, sa tante, ne dépensaient pas deux cents francs par mois, à eux tous. Cette rapide comparaison entre sa situation présente et le but auquel il fallait parvenir contribuèrent à le stupéfier.

— Pourquoi, dit la vicomtesse en riant, ne pouvez-vous pas venir aux Italiens ?

— Des affaires ! Je dîne chez l'ambassadeur d'Angleterre.

— Vous les quitterez.

Quand un homme trompe, il est invinciblement forcé d'entasser mensonges sur mensonges. M. d'Ajuda dit alors en riant : — Vous l'exigez ?

— Oui, certes.

— Voilà ce que je voulais me faire dire, répondit-il en jetant un de ces fins regards qui auraient rassuré toute autre femme. Il prit la main de la vicomtesse, la baisa, et partit.

Eugène passa la main dans ses cheveux, et se tortilla pour saluer, en croyant que madame de Beauséant allait penser à lui ; tout à coup elle s'élance, se précipite dans la galerie, accourt à la fenêtre et regarde M. d'Ajuda pendant qu'il montait en voiture ; elle prête l'oreille à l'ordre, et entend le chasseur répétant au cocher : — Chez M. de Rochefide. Ces mots, et la manière dont d'Ajuda se plongea dans sa voiture, furent l'éclair et la foudre pour cette femme, qui revint en proie à de mortelles appréhensions. Les plus horribles catastrophes ne sont que cela dans le grand monde. La vicomtesse rentra dans sa chambre à coucher, se mit à table, et prit un joli papier.

Du moment, écrivait-elle, *où vous dînez chez les Rochefide, et non à l'ambassade anglaise, vous me devez une explication ; je vous attends.*

Après avoir redressé quelques lettres défigurées par le tremblement convulsif de sa main, elle mit un C, qui voulait dire Claire de Bourgogne, et sonna.

— Jacques, dit-elle à son valet de chambre qui vint aussitôt, vous irez à sept heures et demie chez M. de Rochefide, vous y demanderez le marquis d'Ajuda. Si M. le marquis y est, vous lui ferez parvenir ce billet sans demander de réponse ; s'il n'y est pas, vous reviendrez et me rapporterez ma lettre.

— Ma tante la vicomtesse a quelqu'un dans son salon.

— Ah ! c'est vrai, dit-elle en poussant la porte.

Eugène commençait à se trouver très-mal à l'aise ; il aperçut enfin la vicomtesse, qui lui dit d'un ton dont l'émotion lui remua les fibres du cœur : — Pardon, monsieur, j'avais un mot à écrire ; je suis maintenant tout à vous. Elle ne savait ce qu'elle disait ; car voici ce qu'elle pensait : — Ah ! il veut épouser mademoiselle de Rochefide. Mais est-il donc libre ? Ce soir, ce mariage sera brisé, ou je... Mais il n'en sera plus question demain.

— Ma cousine... répondit Eugène.

— Hein ? fit la vicomtesse en lui jetant un regard dont l'impertinence glaça l'étudiant.

Eugène comprit ce hein. Depuis trois heures, il avait appris tant de choses, qu'il s'était mis sur le qui-vive.

— Madame, reprit-il en rougissant. Il hésita ; puis il dit en continuant : — Pardonnez-moi ; j'ai besoin de tant de protection, qu'un bout de parenté n'aurait rien gâté.

Madame de Beauséant sourit, mais tristement ; elle sentait déjà le malheur qui grondait dans son atmosphère.

— Si vous connaissiez la situation dans laquelle se trouve ma famille, dit-il en continuant, vous aimeriez à jouer le rôle d'une de ces fées fabuleuses qui se plaisaient à dissiper les obstacles autour de leurs filleuls.

— Eh bien ! mon cousin, dit-elle en riant, à quoi puis-je vous être bonne ?

— Mais le sais-je ? Vous appartenir par un lien de parenté qui se perd dans l'ombre est déjà toute une fortune. Vous m'avez troublé ; je ne sais plus ce que je venais vous dire. Vous êtes la seule personne que je connaisse à Paris. Ah ! je voulais vous consulter en vous demandant de m'accepter comme un pauvre enfant qui désire se coudre à votre jupe, et qui saurait mourir pour vous.

— Vous tueriez quelqu'un pour moi ?

— J'en tuerais deux, fit Eugène.

— Enfant ! Oui, vous êtes un enfant, dit-elle en réprimant quelques larmes ; vous aimeriez sincèrement, vous !

— Oh ! fit-il en hochant la tête.

La vicomtesse s'intéressa vivement à l'étudiant pour une réponse d'ambitieux. Le méridional en était à son premier calcul. Entre le boudoir bleu de madame de Restaud et le salon rose de madame de Beauséant, il avait fait trois années de ce *droit parisien* dont on ne parle pas, quoiqu'il constitue une haute jurisprudence sociale qui, bien apprise et bien pratiquée, mène à tout.

— Ah ! j'y suis, dit Eugène. J'avais remarqué madame de Restaud à votre bal, je suis allé ce matin chez elle.

— Vous avez dû bien la gêner, dit en souriant madame de Beauséant.

— Eh ! oui, je suis un ignorant qui mettra contre lui tout le monde, si vous me refusez votre secours. Je crois qu'il est fort difficile de rencontrer à Paris une femme jeune, belle, riche, élégante, qui soit inoccupée, et il m'en faut une qui m'apprenne ce que, vous autres femmes, vous savez si bien expliquer : la vie. Je trouverai partout un M. de Trailles. Je venais donc à vous pour vous demander le mot d'une énigme, et vous prier de me dire de quelle nature est la sottise que j'y ai faite. J'ai parlé d'un père...

— Madame la duchesse de Langeais ! dit Jacques en coupant la parole à l'étudiant, qui fit le geste d'un homme violemment contrarié.

— Si vous voulez réussir, dit la vicomtesse à voix basse, d'abord ne soyez pas aussi démonstratif.

— Eh ! bonjour, ma chère, reprit-elle en se levant et allant au-devant de la duchesse dont elle pressa les mains avec l'effusion caressante qu'elle aurait pu montrer pour une sœur et à laquelle la duchesse répondit par les plus jolies câlineries.

— Voilà deux bonnes amies, se dit Rastignac. J'aurai dès lors deux protectrices ; ces deux femmes doivent avoir les mêmes affections, et celle-ci s'intéressera sans doute à moi.

— A quelle heureuse pensée dois-je le bonheur de te voir, ma chère Antoinette ? dit madame de Beauséant.

— Mais j'ai vu M. d'Adjuda-Pinto entrant chez M. de Rochefide, et j'ai pensé qu'alors vous étiez seule.

Madame de Beauséant ne se pinça point les lèvres, elle ne rougit pas, son regard resta le même, son front parut s'éclaircir pendant que la duchesse prononçait ces fatales paroles.

— Si j'avais su que vous fussiez occupée... ajouta la duchesse en se tournant vers Eugène.

— Monsieur est monsieur Eugène de Rastignac, un de mes cousins, dit la vicomtesse. Avez-vous des nouvelles du général Montriveau ? fit-elle. Serizy m'a dit hier qu'on ne le voyait plus, l'avez-vous chez vous aujourd'hui ?

La duchesse, qui passait pour être abandonnée par M. de Montriveau, de qui elle était éperdument éprise, sentit au cœur la pointe de cette question, et rougit en répondant : — Il était hier à l'Élysée.

— De service, dit madame de Beauséant.

— Clara, vous savez sans doute, reprit la duchesse en jetant des flots de malignité par ses regards, que demain les bans de M. d'Adjuda-Pinto et de mademoiselle de Rochefide se publient ?

Ce coup était trop violent, la vicomtesse pâlit et répondit en riant : — Un de ces bruits dont s'amusent les sots. Pourquoi M. d'Adjuda porterait-il chez les Rochefide un des plus beaux noms de Portugal ? Les Rochefide sont des gens anoblis d'hier.

— Mais Berthe réunira, dit-on, deux cent mille livres de rente.

— M. d'Adjuda est trop riche pour faire de ces calculs.

— Mais, ma chère, mademoiselle de Rochefide est charmante.

— Ah !

— Enfin il y dîne aujourd'hui, les conditions sont arrêtées. Vous m'étonnez étrangement d'être si peu instruite.

— Quelle sottise avez-vous donc faite, monsieur ? dit madame de Beauséant. Ce pauvre enfant est si nouvellement jeté dans le monde, qu'il ne comprend rien, ma chère Antoinette, à ce que nous disons. Soyez bonne pour lui, remettons à causer de cela demain. Demain, voyez-vous, tout sera sans doute officiel, et vous pourrez être officieuse à coup sûr.

La duchesse tourna sur Eugène un de ces regards impertinents qui enveloppent un homme des pieds à la tête, l'aplatissent, et le mettent à l'état de zéro.

— Madame, j'ai, sans le savoir, plongé un poignard dans le cœur de madame de Restaud. Sans le savoir, voilà ma faute, dit l'étudiant, que son génie avait assez bien servi et qui avait découvert les mordantes épigrammes cachées sous les phrases affectueuses de ces deux femmes. Vous continuez à voir, et vous craignez peut-être les gens qui sont dans le secret du mal qu'ils vous font, tandis que celui qui blesse en ignorant la profondeur de sa blessure est regardé comme un sot, un maladroit qui ne sait profiter de rien, et chacun le méprise.

Madame de Beauséant jeta sur l'étudiant un de ces regards fondants où les grandes âmes savent mettre tout à la fois de la reconnaissance et de la dignité. Ce regard fut comme un baume qui calma la plaie que venait de faire au cœur de l'étudiant le coup d'œil d'huissier-priseur par lequel la duchesse l'avait évalué.

— Figurez-vous que je venais, dit Eugène en continuant, de capter la bienveillance du comte de Restaud ; car, dit-il en se tournant vers la duchesse d'un air à la fois humble et malicieux, il faut vous dire, madame, que je ne suis encore qu'un pauvre diable d'étudiant, bien seul, bien pauvre...

— Ne dites pas cela, monsieur de Rastignac. Nous autres femmes, nous ne voulons jamais de ce dont personne ne veut.

— Bah ! fit Eugène, j'ai que vingt deux ans, il faut savoir supporter les malheurs de son âge. D'ailleurs, je suis à confesse ; et il est impossible de se mettre à genoux dans un plus joli confessionnal : on y fait des péchés dont on s'accuse dans l'autre.

La duchesse prit un air froid à ce discours antireligieux, dont elle proscrivit le mauvais goût en disant à la vicomtesse : — Monsieur arrive...

Madame de Beauséant se prit à rire franchement et de son cousin et de la duchesse.

— Il arrive, ma chère, et cherche une institutrice qui lui enseigne le bon goût.

— Madame la duchesse, reprit Eugène, n'est-il pas naturel de vouloir s'initier aux secrets de ce qui nous charme ? (Allons, se dit-il en lui-même, je suis sûr que je leur fais des phrases de coiffeur.)

— Mais madame de Restaud est, je crois, l'écolière de M. de Trailles, dit la duchesse.

— Je n'en savais rien, madame, reprit l'étudiant. Aussi me suis-je étourdiment jeté entre eux. Enfin, je m'étais assez bien entendu avec le mari, je voyais souffert pour un temps par la femme, lorsque je me suis avisé de leur dire ce que je connaissais un homme que je venais de voir sortant par un escalier dérobé, et qui avait au fond d'un couloir embrassé la comtesse.

— Qui est-ce ? dirent les deux femmes.

— Un vieillard qui vit, à raison de deux louis par mois, au fond du faubourg Saint-Marceau, comme moi, pauvre étudiant ; un véritable malheureux dont tout le monde se moque, et que nous appelons le père Goriot.

— Mais, enfant que vous êtes, s'écria la vicomtesse, madame de Restaud est une demoiselle Goriot.

— La fille d'un vermicellier, reprit la duchesse, une petite femme qui s'est fait présenter le même jour qu'une fille de pâtissier. Ne vous en souvenez-vous pas, Clara ? Le roi s'est mis à rire, et a dit en latin un bon mot sur la farine. Des gens, comment donc ? des gens...

— Ejusdem farinæ, dit Eugène.

— C'est cela, dit la duchesse.

— Ah ! c'est son père, reprit l'étudiant en faisant un geste d'horreur.

— Mais oui ; ce bonhomme avait deux filles dont il est quasi fou, quoique l'une et l'autre l'aient à peu près renié.

— La seconde n'est-elle pas, dit la vicomtesse en regardant madame de Langeais, mariée à un banquier dont le nom est allemand, un baron de Nucingen ? Ne se nomme-t-elle pas Delphine ? N'est-ce pas une blonde qui a une loge de côté à l'Opéra, qui vient aussi aux Bouffons, et rit très-haut pour se faire remarquer ?

La duchesse sourit en disant : — Mais, ma chère, je vous admire. Pourquoi vous occupez-vous donc tant de ces gens-là ? Il a fallu être amoureux fou, comme l'était Restaud, pour s'être enfariné de mademoiselle Anastasie. Oh ! il n'en sera pas le bon marchand ! Elle est entre les mains de M. de Trailles, qui la perdra.

— Elles ont renié leur père, répétait Eugène.

— Eh ! bien, oui, leur père, le père, un père, reprit la vicomtesse, un bon père qui leur a donné, dit-on, à chacune cinq ou six cent mille francs pour faire leur bonheur en les mariant bien, et qui ne s'était réservé que huit à dix mille livres de rente pour lui, croyant que ses filles resteraient ses filles, qu'il s'était créé chez elles deux existences, deux maisons où il serait adoré, choyé. En deux ans, ses gendres l'ont banni de leur société comme le dernier des misérables.

Quelques larmes roulèrent dans les yeux d'Eugène, récemment rafraîchi par les pures et saintes émotions de la famille, encore sous le charme des croyances jeunes, et qui n'en était qu'à sa première journée sur le champ de bataille de la civilisation parisienne. Les émotions véritables sont si communicatives, que pendant un moment ces trois personnes se regardèrent en silence.

— Eh ! mon Dieu, dit madame de Langeais, oui, cela semble bien horrible, et nous voyons cependant cela tous les jours. N'y a-t-il pas une cause à cela ? Dites-moi, ma chère, avez-vous pensé jamais à ce que c'est un gendre ? Un gendre est un homme pour qui nous élèverons, vous ou moi, une chère petite créature à laquelle nous tiendrons par mille liens, qui sera pendant dix-sept ans la joie de la famille, qui en est l'âme blanche, dirait Lamartine, et qui en deviendra la peste. Quand cet homme nous l'aura prise, il commencera par saisir son amour comme une hache, afin de couper dans le cœur, et au vif de cet ange tous les sentiments par lesquels elle s'attachait à sa famille. Hier, notre fille était tout pour nous, nous étions tout pour elle ; le lendemain elle se fait notre ennemie. Ne voyons-nous pas cette tragédie s'accomplissant tous les jours ? Ici, la belle-fille est de la dernière impertinence avec le beau-père, qui a tout sacrifié pour son fils. Plus loin, un gendre met sa belle-mère à la porte. J'entends demander ce qu'il y a de dramatique aujourd'hui dans la société ; mais le drame du gendre est effrayant, sans compter nos mariages, qui sont devenus de fort sottes choses. Je me rends parfaitement compte de ce qui est arrivé à ce vieux vermicellier. Je crois me rappeler que ce Foriot...

— Goriot, madame.

— Oui, ce Moriot a été président de sa section pendant la révolution ; il a été dans le secret de la fameuse disette, et a commencé sa fortune par vendre dans ce temps-là des farines dix fois plus qu'elles ne lui coûtaient. Il en a eu tant qu'il en a voulu. L'intendant de ma grand'mère lui en a vendu pour des sommes immenses. Ce Goriot partageait sans doute, comme tous les gens-là, avec le comité de salut public. Je me souviens que l'intendant disait à ma grand'mère qu'elle pouvait rester en toute sûreté à Grandvilliers, parce que ses blés étaient une excellente carte civique. Eh bien ! ce Loriot, qui vendait du blé aux coupeurs de têtes, n'a eu qu'une passion. Il adore, dit-on, ses filles. Il a juché l'aînée dans la maison de Restaud, et greffé l'autre sur le baron de Nucingen, un riche banquier qui fait le royaliste Vous comprenez bien que, sous l'empire, les deux gendres ne se sont pas trop formalisés d'avoir ce vieux quatre-vingt-treize chez eux ; ça pouvait encore aller avec Buonaparte. Mais, quand les Bourbons sont revenus, le bonhomme a gêné M. de Restaud, et plus encore le banquier. Les filles, qui aimaient peut-être toujours leur père, ont voulu ménager la chèvre et le chou, le père et le mari ; elles ont reçu le Goriot quand elles n'avaient personne ; elles ont imaginé des prétextes de tendresse. — Papa, venez, nous serons mieux, parce que nous serons seuls ! etc. Moi, ma chère, je crois que les sentiments vrais ont des yeux et une intelligence : le cœur de ce pauvre quatre-vingt-treize a donc saigné. Il a vu que ses filles avaient honte de lui ; que, si elles aimaient leurs maris, il nuisait à ses gendres. Il fallait donc se sacrifier. Il s'est sacrifié, parce qu'il était père ; il s'est banni de lui-même. En voyant ses filles contentes, il comprit qu'il avait bien fait. Le père et les enfants ont été complices de ce petit crime. Nous voyons cela partout. Ce père Doriot n'aurait-il pas été une tache de cambouis dans le salon de ses filles ? il y aurait été gêné, il se serait ennuyé. Ce qui arrive à ce père peut arriver à la plus jolie femme avec l'homme qu'elle aimera le mieux : si elle l'ennuie de son amour, il s'en va, il fait des lâchetés pour la fuir. Tous les sentiments en sont là. Notre cœur est un trésor, videz-le d'un coup, vous êtes ruinés. Nous ne pardonnons pas plus à un sentiment de s'être montré tout entier qu'à un homme de ne pas avoir un sou à lui. Ce père avait tout donné. Il avait donné, pendant vingt ans, ses entrailles, son amour ; il avait donné sa fortune en un jour. Le citron bien pressé, ses filles ont laissé le zeste au coin des rues.

— Le monde est infâme, dit la vicomtesse en effilant son châle et sans lever les yeux, car elle était atteinte au vif par les mots que madame de Langeais avait dits, pour elle, en racontant cette histoire.

— Infâme ! non, reprit la duchesse ; il va son train, voilà tout. Si je vous en parle ainsi, c'est pour montrer que je ne suis pas la dupe du monde. Je pense comme vous, dit-elle en pressant la main de la vicomtesse. Le monde est un bourbier, tâchons de rester sur les hauteurs. Elle se leva, embrassa madame de Beauséant au front en lui disant : Vous êtes bien belle en ce moment, ma chère. Vous avez les plus jolies couleurs que j'aie vues jamais. Puis elle sortit après avoir légèrement incliné la tête en regardant le cousin.

— Le père Goriot est sublime ! dit Eugène en se souvenant de l'avoir vu tordant son vermeil la nuit.

Madame de Beauséant n'entendit pas, elle était pensive. Quelques moments de silence s'écoulèrent, et le pauvre étudiant, par une sorte de stupeur honteuse, n'osait ni s'en aller, ni rester, ni parler.

— Le monde est infâme et méchant, dit enfin la vicomtesse. Aussitôt qu'un malheur nous arrive, il se rencontre toujours un ami prêt à venir nous le dire, et à vous fouiller le cœur avec un poignard en nous en faisant admirer le manche. Déjà le sarcasme, déjà les railleries ! Ah ! je me défendrai Elle releva la tête comme une grande dame qu'elle était, et des éclairs sortirent de ses yeux fiers. — Ah ! fit-elle en voyant Eugène, vous êtes là !

— Encore, dit-il piteusement.

— Eh bien ! monsieur de Rastignac, traitez ce monde comme il mérite de l'être. Vous voulez parvenir, je vous aiderai Vous sonderez combien est profonde la corruption féminine, vous toiserez la largeur de la misérable vanité des hommes. Quoique j'aie bien lu dans ce livre du monde, il y avait des pages qui cependant m'étaient inconnues. Maintenant je sais tout. Plus froidement vous calculerez, plus avant vous irez. Frappez sans pitié, vous serez craint. N'acceptez les hommes et les femmes que comme des chevaux de poste que vous laisserez crever à chaque relais, vous arriverez ainsi au faîte de vos désirs. Voyez-vous, vous ne serez rien ici si vous n'avez pas une femme qui s'intéresse à vous. Il vous la faut jeune, riche, élégante. Mais, si vous avez un sentiment vrai, cachez-le comme un trésor ; ne le laissez jamais soupçonner, vous seriez perdu. Vous ne seriez plus le bourreau, vous deviendriez la victime. Si jamais vous aimiez, gardez bien votre secret ! ne le livrez pas avant d'avoir bien su à qui vous ouvrirez votre cœur. Pour préserver par avance cet amour qui n'existe pas encore, apprenez à vous méfier de ce monde-ci. Écoutez-moi, Miguel.. (Elle se trompait naïvement de nom sans s'en apercevoir.) Il existe quelque chose de plus épouvantable que ne l'est l'abandon du père par ses deux filles, qui le voudraient mort. C'est la rivalité des deux sœurs entre elles. Restaud a de la naissance, sa femme a été adoptée, elle a été présentée ; mais sa sœur, sa riche sœur, la belle madame Delphine de Nucingen, femme d'un homme d'argent, meurt de chagrin ; la jalousie la dévore, elle est à cent lieues de sa sœur ; sa sœur n'est plus sa sœur ; ces deux femmes se renient entre elles comme elles renient leur père. Aussi, madame de Nucingen laperait-elle toute la boue qu'il y a entre la rue Saint-Lazare et la rue de Grenelle pour entrer dans mon salon. Elle a cru que de Marsay la ferait arriver à son but, et elle s'est faite l'esclave de de Marsay, elle assomme de Marsay. De Marsay se soucie fort peu d'elle. Si vous me la présentez, vous serez son

Benjamin, elle vous adorera. Aimez-la si vous pouvez après, sinon servez-vous d'elle. Je la verrai une ou deux fois, en grande soirée, quand il y aura cohue ; mais je ne la recevrai jamais le matin. Je la saluerai, cela suffira. Vous vous êtes fermé la porte de la comtesse pour avoir prononcé le nom du père Goriot. Oui, mon cher, vous iriez vingt fois chez madame Restaud, vingt fois vous la trouveriez absente. Vous avez été consigné. Eh bien ! que le père Goriot vous introduise près de madame Delphine de Nucingen. La belle madame de Nucingen sera pour vous une enseigne. Soyez l'homme qu'elle distingue, les femmes raffoleront de vous. Ses rivales, ses amies, ses meilleures amies, voudront vous enlever à elle. Il y a des femmes qui aiment l'homme déjà choisi par une autre, comme il y a de pauvres bourgeoises qui, en prenant nos chapeaux, espèrent avoir nos manières. Vous aurez des succès. A Paris, le succès est tout, c'est la clef du pouvoir. Si les femmes vous trouvent de l'esprit, du talent, les hommes le croiront, si vous ne les détrompez pas. Vous pourrez alors tout vouloir, vous aurez le pied partout Vous saurez alors ce qu'est le monde, une réunion de dupes et de fripons. Ne soyez ni parmi les uns ni parmi les autres. Je vous donne mon nom comme un fil d'Ariane pour entrer dans ce labyrinthe Ne le compromettez pas, dit-elle en recourbant son cou et jetant un regard de reine à l'étudiant, rendez-le-moi blanc. Allez, laissez-moi. Nous autres femmes, nous avons aussi nos batailles à livrer.

Le père Goriot.

— S'il vous fallait un homme de bonne volonté pour aller mettre le feu à une mine ? dit Eugène en l'interrompant.

— Eh bien ? dit-elle.

Il se frappa le cœur, sourit au sourire de sa cousine, et sortit. Il était cinq heures. Eugène avait faim, il craignit de ne pas arriver à temps pour l'heure du dîner. Cette crainte lui fit sentir le bonheur d'être rapidement emporté dans Paris. Ce plaisir purement machinal le laissa tout entier aux pensées qui l'assaillaient. Lorsqu'un jeune homme de son âge est atteint par le mépris, il s'emporte, il enrage, il menace du poing la société tout entière, il veut se venger et doute aussi de lui-même. Rastignac était en ce moment accablé par ces mots : *Vous vous étes fermé la porte de la comtesse.* — J'irai ! se disait-il, et, si madame de Beauséant a raison, si je suis consigné... je... Madame de Restaud me trouvera dans tous les salons où elle va. J'apprendrai à faire des armes, à tirer le pistolet, je lui tuerai son Maxime ! Et de l'argent ! lui criait sa conscience, où donc en prendras-tu ? Tout à coup la richesse étalée chez la comtesse de Restaud brilla devant ses yeux. Il avait vu là le luxe dont la demoiselle Goriot devait être amoureuse, des dorures, des objets de prix en évidence, le luxe inintelligent du parvenu, le gaspillage de la femme entretenue. Cette fascinante image fut soudainement écrasée par le grandiose hôtel de Beauséant. Son imagination, transportée dans les hautes régions de la société parisienne, lui inspira mille pensées mauvaises au cœur, en lui élargissant la tête et la conscience. Il vit le monde comme il est : les lois et la morale impuissantes chez les riches, et vit dans la fortune l'*ultima ratio mundi.* « Vautrin a raison, la fortune est la vertu ! » se dit-il.

Arrivé rue Neuve-Sainte-Geneviève, il monta rapidement chez lui, descendit pour donner dix francs au cocher, et vint dans cette salle à manger nauséabonde, où il aperçut, comme des animaux à un râtelier, les dix-huit convives en train de se repaître. Le spectacle de ces misères et l'aspect de cette salle lui furent horribles. La transition était trop brusque, le contraste trop complet pour ne pas développer outre mesure chez lui le sentiment de l'ambition. D'un côté, les fraîches et charmantes images de la nature sociale la plus élégante, des figures jeunes, vives, encadrées par les merveilles de l'art et du luxe ; des têtes passionnées pleines de poésie ; de l'autre, de sinistres tableaux bordés de fange, et des faces où les passions n'avaient laissé que leurs cordes et leur mécanisme. Les enseignements que la colère d'une femme abandonnée avait arrachés à madame de Beauséant, ses offres captieuses revinrent dans sa mémoire, et la misère les commenta. Rastignac résolut d'ouvrir deux tranchées parallèles pour arriver à la fortune, de s'appuyer sur la science et sur l'amour, d'être un savant docteur et un homme à la mode. Il était encore bien enfant ! ces deux lignes sont des asymptotes qui ne peuvent jamais se rejoindre.

— Vous êtes bien sombre, monsieur le marquis, lui dit Vautrin, qui lui jeta un de ces regards par lesquels cet homme semblait s'initier aux secrets les plus cachés du cœur.

— Je ne suis plus disposé à souffrir les plaisanteries de ceux qui m'appellent monsieur le marquis, répondit-il. Ici, pour être vraiment marquis, il faut avoir cent mille livres de rente, et, quand on vit dans la maison Vauquer, on n'est pas précisément le favori de la Fortune.

Vautrin regarda Rastignac d'un air paternel et méprisant, comme s'il eût dit : Marmot ! dont je ne ferais qu'une bouchée ! Puis il répondit : — Vous êtes de mauvaise humeur parce que vous n'avez peut-être pas réussi auprès de la belle comtesse de Restaud.

— Elle m'a fermé sa porte pour lui avoir dit que son père mangeait à notre table ! s'écria Rastignac.

Tous les convives s'entre-regardèrent. Le père Goriot baissa les yeux et se retourna pour les essuyer.

— Vous m'avez jeté du tabac dans l'œil, dit-il à son voisin.

— Qui vexera le père Goriot s'attaquera désormais à moi, répondit Eugène en regardant le voisin de l'ancien vermicellier ; il vaut mieux que nous tous. Je ne parle pas des dames, dit-il en se retournant vers mademoiselle Taillefer.

Cette phrase fut un dénoûment. Eugène l'avait prononcée d'un air qui imposa silence aux convives. Vautrin seul lui dit en goguenardant :

— Pour prendre le père Goriot à votre compte, et vous établir son éditeur responsable, il faut savoir bien tenir une épée et bien tirer le pistolet.

— Ainsi ferai-je, dit Eugène.

— Vous êtes donc entré en campagne aujourd'hui ?

— Peut-être, répondit Rastignac. Mais je ne dois compte de mes affaires à personne, attendu que je ne cherche pas à deviner celles que les autres font la nuit.

Vautrin regarda Rastignac de travers.

— Mon petit, quand on ne veut pas être dupe des marionnettes, il faut entrer tout à fait dans la baraque, et ne pas se contenter de regarder par les trous de la tapisserie. Assez causé, ajouta-t-il en voyant Eugène près de se gendarmer. Nous aurons ensemble un petit bout de conversation quand vous le voudrez.

Le dîner devint sombre et froid. Le père Goriot, absorbé par la profonde douleur que lui avait causée la phrase de l'étudiant, ne comprit pas que les dispositions des esprits étaient changées à son égard, et qu'un jeune homme, en état d'imposer silence à la persécution, avait pris sa défense.

— Monsieur Goriot, dit madame Vauquer à voix basse, serait donc le père d'une comtesse à c't' heure ?

— Et d'une baronne, lui répliqua Rastignac.

— Il n'a que ça à faire, dit Bianchon à Rastignac ; je lui ai pris la tête : il n'y a qu'une bosse, celle de la paternité ; ce sera un Père *éternel.*

Eugène était trop sérieux pour que la plaisanterie de Bianchon le fit rire. Il voulait profiter des conseils de madame de Beauséant, et se demandait où et comment il se procurerait de l'argent. Il devint soucieux en voyant les savanes du monde qui se déroulaient à ses yeux, à la fois vides et pleines ; chacun le laissa seul dans la salle à manger quand le dîner fut fini.

— Vous avez donc vu ma fille ? lui dit Goriot d'une voix émue.

Réveillé de sa méditation par le bonhomme, Eugène lui prit la main, et, le contemplant avec une sorte d'attendrissement : — Vous êtes un brave et digne homme, répondit-il. Nous causerons de vos filles plus tard. Il se leva sans vouloir écouter le père Goriot, et se retira dans sa chambre, où il écrivit à sa mère la lettre suivante :

« Ma chère mère, vois si tu n'as pas une troisième mamelle à t'ou-
« vrir pour moi. Je suis dans une situation à faire promptement for-
« tune. J'ai besoin de douze cents francs, et il me les faut à tout prix.
« Ne dis rien de ma demande à mon père ; il s'y opposerait peut-être,
« et, si je n'avais pas cet argent, je serais en proie à un désespoir qui
« me conduirait à me brûler la cervelle. Je t'expliquerai mes motifs
« aussitôt que je te verrai ; car il faudrait t'écrire des volumes pour

S'agissait-il de blés, de farines... Goriot n'avait pas son second. — PAGE 18.

« te faire comprendre la situation dans laquelle je suis. Je n'ai pas
« joué, ma bonne mère, je ne dois rien ; mais, si tu tiens à me con-
« server la vie que tu m'as donnée, il faut me trouver cette somme.
« Enfin, je vais chez la vicomtesse de Beauséant, qui m'a pris sous sa
« protection. Je dois aller dans le monde et n'ai pas un sou pour avoir
« des gants propres. Je saurai ne manger que du pain, ne boire que
« de l'eau, je jeûnerai au besoin ; mais je ne puis me passer des outils
« avec lesquels on pioche la vigne dans ce pays-ci. Il s'agit pour moi
« de faire mon chemin ou de rester dans la boue. Je sais toutes les
« espérances que vous avez mises en moi, et veux les réaliser
« promptement. Ma bonne mère, vends quelques-uns de tes anciens
« bijoux ; je te les remplacerai bientôt. Je connais assez la situation
« de notre famille pour savoir apprécier de tels sacrifices, et tu dois
« croire que je ne te demande pas de les faire en vain, sinon je serais
« un monstre. Ne vois dans ma prière que le cri d'une impérieuse
« nécessité. Notre avenir est tout entier dans ce subside, avec lequel
« je dois ouvrir la campagne ; car cette vie de Paris est un combat
« perpétuel. Si, pour compléter la somme, il n'y a pas d'autres res-
« sources que de vendre les dentelles de ma tante, dis-lui que je lui
« en enverrai de plus belles. » Etc.

Il écrivit à chacune de ses sœurs, en leur demandant leurs économies : et, pour les leur arracher sans qu'elles parlassent en famille du
sacrifice qu'elles ne manqueraient pas de lui faire avec bonheur, il
intéressa leur délicatesse en attaquant les cordes de l'honneur qui sont
si bien tendues et résonnent si fort dans de jeunes cœurs. Quand
il eut écrit ces lettres, il éprouva néanmoins une trépidation involontaire : il palpitait, il tressaillait. Ce jeune ambitieux connaissait la noblesse immaculée de ces âmes ensevelies dans la solitude, il savait
quelles peines il causerait à ses deux sœurs, et aussi quelles seraient
leurs joies ; avec quel plaisir elles s'entretiendraient en secret de ce
frère bien-aimé, au fond du clos. Sa conscience se dressa lumineuse,
et les lui montra comptant, en secret, leur petit trésor ; il les vit, déployant le génie malicieux des jeunes filles pour lui envoyer *incognito*
cet argent, essayant une première tromperie pour être sublimes. « Le
cœur d'une sœur est un diamant de pureté, un abîme de tendresse ! »
se dit-il. Il avait honte d'avoir écrit. Combien seraient puissants leurs
vœux, combien pur serait l'élan de leurs âmes vers le ciel ! Avec
quelles voluptés ne se sacrifieraient-elles pas ? De quelle douleur serait atteinte sa mère, si elle ne pouvait envoyer toute la somme ! Ces
beaux sentiments, ces effroyables sacrifices, allaient lui servir d'éche-
lon pour arriver à Delphine de Nucingen. Quelques larmes, derniers
grains d'encens jetés sur l'autel sacré de la famille, lui sortirent des
yeux. Il se promena dans une agitation pleine de désespoir. Le père
Goriot, le voyant ainsi par sa porte, qui était restée entrebâillée, entra, et lui dit : — Qu'avez-vous, monsieur ?

— Ah ! mon bon voisin, je suis encore fils et frère comme vous êtes
père. Vous avez raison de trembler pour la comtesse Anastasie, elle
est à un M. Maxime de Trailles, qui la perdra.

Le père Goriot se retira en balbutiant quelques paroles dont Eugene
ne saisit pas le sens. Le lendemain, Rastignac alla jeter ses lettres à la
poste. Il hésita jusqu'au dernier moment, mais il les lança dans la
boîte en disant : — Je réussirai ! Le mot du joueur, du grand capitaine, mot fataliste qui perd plus d'hommes qu'il n'en sauve. Quelques
jours après, Eugene alla chez madame de Restaud et ne fut pas reçu.
Trois fois il y retourna, trois fois encore il trouva la porte close,
quoiqu'il se présentât à des heures où le comte Maxime de Trailles n'y
était pas. La vicomtesse avait eu raison. L'étudiant n'étudia plus, il
allait aux cours pour y répondre à l'appel, et, quand il avait attesté sa
présence, il décampait. Il s'était fait le raisonnement que se font la
plupart des étudiants. Il réservait ses études pour le moment où il s'a-
girait de passer ses examens ; il avait résolu d'entasser ses inscriptions
de seconde et de troisième année, puis d'apprendre le droit sérieusement et d'un seul coup au dernier moment. Il avait quinze mois
de loisirs pour naviguer sur l'océan de Paris, pour s'y livrer à la traite
des femmes, ou y pêcher la fortune. Pendant cette semaine, il vit
deux fois madame de Beauséant, chez laquelle il n'allait qu'au moment
où sortait la voiture du marquis d'Ajuda. Pour quelques jours encore,
cette illustre femme, la plus poétique figure du faubourg Saint-Germain, resta victorieuse, et fit suspendre le mariage de mademoiselle
de Rochefide avec le marquis d'Ajuda-Pinto. Mais ces derniers jours,
que la crainte de perdre son bonheur rendit les plus ardents de tous,
devaient précipiter la catastrophe. Le marquis d'Ajuda, de concert
avec les Rochefide, avait regardé cette brouille et ce raccommodement
comme une circonstance heureuse : ils espéraient que madame de
Beauséant s'accoutumerait à l'idée de ce mariage et finirait par sacrifier ses matinées à un avenir prévu dans la vie des hommes. Malgré
les plus saintes promesses renouvelées chaque jour, M. d'Ajuda jouait
donc la comédie, et la vicomtesse aimait à être trompée. — Au lieu de
sauter noblement par la fenêtre, elle se laissait rouler dans les escaliers,
disait la duchesse de Langeais, sa meilleure amie. Néanmoins, ces dernières lueurs brillèrent assez longtemps pour que la vicomtesse restât
à Paris et y servit son jeune parent auquel elle portait une sorte d'affection superstitieuse. Eugène s'était montré pour elle plein de dévouement et de sensibilité dans une circonstance où les femmes ne voient

de pitié, de consolation vraie dans aucun regard. Si un homme leur
dit alors de douces paroles, il les dit par spéculation.

Dans le désir de parfaitement bien connaître son échiquier avant de
tenter l'abordage de la maison de Nucingen, Rastignac voulut se mettre
au fait de la vie antérieure du père Goriot, et recueillit des renseignements certains, qui peuvent se réduire à ceci :

Jean-Joachim Goriot était, avant la révolution, un simple ouvrier
vermicellier, habile, économe, et assez entreprenant pour avoir
acheté le fonds de son maître, que le hasard rendit victime du premier
soulèvement de 1789. Il s'était établi rue de la Jussienne, près de la
Halle-aux-Blés, et avait eu le gros bon sens d'accepter la présidence
de sa section, afin de faire protéger son commerce par les personnages
les plus influents de cette dangereuse époque. Cette sagesse avait été
l'origine de sa fortune, qui commença dans la disette, fausse ou vraie,
par suite de laquelle les grains acquirent un prix énorme à Paris. Le
peuple se tuait à la porte des boulangers, tandis que certaines personnes allaient chercher sans émeute des pâtes d'Italie chez les épiciers. Pendant cette année, le citoyen Goriot amassa les capitaux qui
plus tard lui servirent à faire son commerce avec toute la supériorité
que donne une grande masse d'argent à celui qui la possède. Il lui arriva ce qui arrive à tous les hommes qui n'ont qu'une capacité relative. Sa médiocrité le sauva. D'ailleurs, sa fortune n'étant connue
qu'au moment où il n'y avait plus de danger à être riche, il n'excita
l'envie de personne. Le commerce de grains semblait avoir absorbé
toute son intelligence. S'agissait-il de blés, de farines, de grenailles,
de reconnaître leurs qualités, les provenances, de veiller à leur conservation, de prévoir les cours, de prophétiser l'abondance ou la pé-
nurie des récoltes, de se procurer les céréales à bon marché, de s'en
approvisionner en Sicile, en Ukraine, Goriot n'avait pas son second.
A lui voir conduire ses affaires, expliquer les lois sur l'exportation,
sur l'importation des grains, étudier leur esprit, saisir leurs défauts,
un homme l'eût jugé capable d'être ministre d'État. Patient, actif,
énergique, constant, rapide dans ses expéditions, il avait un coup
d'œil d'aigle, il devançait tout, prévoyait tout, savait tout, cachait
tout ; diplomate pour concevoir, soldat pour marcher. Sorti de sa spécialité, de sa simple et obscure boutique sur le pas de laquelle il demeurait pendant les heures d'oisiveté, l'épaule appuyée au montant de
la porte, il redevenait l'ouvrier stupide et grossier, l'homme incapable
de comprendre un raisonnement, insensible à tous les plaisirs de l'esprit, l'homme qui s'endormait au spectacle, un de ces Dolibans parisiens, forts seulement en bêtise. Ces natures se ressemblent presque
toutes : presque toutes, vous trouveriez un sentiment sublime au
cœur. Deux sentiments exclusifs avaient rempli le cœur du vermicellier, en avaient absorbé l'humide, comme le commerce des grains employait toute l'intelligence de sa cervelle. Sa femme, fille unique d'un
riche fermier de la Brie, fut pour lui l'objet d'une admiration religieuse, d'un amour sans bornes. Goriot avait admiré en elle une nature frêle
et forte, sensible et jolie, qui contrastait vigoureusement avec la
sienne. S'il est un sentiment inné dans le cœur de l'homme, n'est-ce
pas l'orgueil de la protection exercée à tout moment en faveur d'un
être faible ? joignez-y l'amour, cette reconnaissance vive de toutes les
âmes franches pour le principe de leurs plaisirs, et vous comprendrez
une foule de bizarreries morales. Après sept ans de bonheur sans
nuages, Goriot, malheureusement pour lui, perdit sa femme : elle commençait à prendre de l'empire sur lui, en dehors de la sphère des sentiments. Peut-être eût-elle cultivé cette nature inerte, peut-être y
eût-elle jeté l'intelligence des choses du monde et de la vie. Dans cette
situation, le sentiment de la paternité se développa chez Goriot jusqu'à la déraison. Il reporta ses affections trompées par la mort sur ses
deux filles, qui, d'abord, satisfirent pleinement tous ses sentiments.
Quelque brillantes que fussent les propositions qui lui furent faites par
des négociants ou des fermiers jaloux de lui donner leurs filles, il
voulut rester veuf. Son beau-père, le seul homme pour lequel il avait
eu du penchant, prétendait savoir pertinemment que Goriot avait juré
de ne pas faire d'infidélité à sa femme, quoique morte. Les gens de la
Halle, incapables de comprendre cette sublime folie, en plaisantèrent,
et donnèrent à Goriot quelque grotesque sobriquet. Le premier d'entre
eux qui, en buvant le vin d'un marché, se le prononça, reçut du
vermicellier un coup de poing sur l'épaule qui l'envoya, la tête la
première, sur une borne de la rue Oblin. Le dévouement irréfléchi,
l'amour ombrageux et délicat que portait Goriot à ses filles, était si
connu, qu'un jour un de ses concurrents, voulant le faire partir du
marché pour rester maître du cours, lui dit que Delphine venait d'être
renversée par un cabriolet. Le vermicellier, pâle et blême, quitta aussitôt la Halle. Il fut malade pendant plusieurs jours, par suite de la
réaction des sentiments contraires auxquels le livra cette fausse alarme.
S'il n'appliqua pas sa tape meurtrière sur l'épaule de cet homme, il le
chassa de la Halle en le forçant, dans une circonstance critique, à faire
faillite. L'éducation de ses deux filles fut naturellement déraisonnable.
Riche de plus de soixante mille livres de rente, ne dépensant pas
douze cents francs pour lui, le bonheur de Goriot était de satisfaire les
fantaisies de ses filles : les plus excellents maîtres furent chargés de les
douer des talents qui signalent une bonne éducation ; elles eurent une
demoiselle de compagnie ; heureusement pour elles, ce fut une femme

d'esprit et de goût; elles allaient à cheval, elles avaient voiture, elles vivaient comme auraient vécu les maîtresses d'un vieux seigneur riche; il leur suffisait d'exprimer les plus coûteux désirs pour voir leur père s'empressant de les combler; il ne demandait qu'une caresse en retour de ses offrandes. Goriot mettait ses filles au rang des anges, et nécessairement au-dessus de lui, le pauvre homme! il aimait jusqu'au mal qu'elles lui faisaient. Quand ses filles furent en âge d'être mariées, elles purent choisir leurs maris suivant leurs goûts : chacune d'elles devait avoir en dot la moitié de la fortune de son père. Courtisée pour sa beauté par le comte de Restaud, Anastasie avait des penchants aristocratiques qui la portèrent à quitter la maison paternelle pour s'élancer dans les hautes sphères sociales. Delphine aimait l'argent : elle épousa Nucingen, banquier d'origine allemande qui devint baron du Saint-Empire. Goriot resta vermicellier. Ses filles et ses gendres se choquèrent bientôt de lui voir continuer ce commerce, quoique ce fût toute sa vie. Après avoir subi pendant cinq ans leurs instances, il consentit à se retirer avec le produit de son fonds, et les bénéfices de ces dernières années, capital que madame Vauquer, chez laquelle il était venu s'établir, avait estimé rapporter de huit à dix mille livres de rente. Il se jeta dans cette pension par suite du désespoir qui l'avait saisi en voyant ses deux filles obligées par leurs maris de refuser non-seulement de le prendre chez elles, mais encore de l'y recevoir ostensiblement.

Ces renseignements étaient tout ce que savait un M. Muret sur le compte du père Goriot, dont il avait acheté le fonds. Les suppositions que Rastignac avait entendu faire par la duchesse de Langeais se trouvaient ainsi confirmées. Ici se termine l'exposition de cette obscure, mais effroyable tragédie parisienne.

Vers la fin de cette première semaine du mois de décembre, Rastignac reçut deux lettres. L'une de sa mère, l'autre de sa sœur aînée. Ces écritures si connues le firent à la fois palpiter d'aise et trembler de terreur. Ces deux frêles papiers contenaient un arrêt de vie ou de mort sur ses espérances. S'il concevait quelque terreur en se rappelant la détresse de ses parents, il avait trop bien éprouvé leur prédilection pour ne pas craindre d'avoir aspiré leurs dernières gouttes de sang. La lettre de sa mère était ainsi conçue :

« Mon cher enfant, je t'envoie ce que tu m'as demandé. Fais un bon « emploi de cet argent, je ne pourrais, quand il s'agirait de te sauver « la vie, trouver une seconde fois une somme si considérable sans que « ton père en fût instruit, ce qui troublerait l'harmonie de notre mé-« nage. Pour nous la procurer, nous serions obligés de donner des ga-« ranties sur notre terre. Il m'est impossible de juger le mérite de pro-« jets que je ne connais pas; mais de quelle nature sont-ils donc pour « te faire craindre de me les confier? Cette explication ne demandait « pas des volumes, il ne nous faut qu'un mot à nous autres mè-« res, et ce mot m'aurait évité les angoisses de l'incertitude. Je ne « saurais te cacher l'impression douloureuse que ta lettre m'a causée. « Mon cher fils, quel est donc le sentiment qui t'a contraint à jeter « un tel effroi dans mon cœur? Tu as dû bien souffrir en m'écrivant, « car j'ai bien souffert en te lisant. Dans quelle carrière t'engages-tu « donc? Ta vie, ton bonheur, seraient-ils attachés à paraître ce que tu « n'es pas, à voir un monde où tu ne saurais aller sans faire de dépen-« ses d'argent que tu ne peux soutenir, sans perdre un temps précieux « pour tes études? Mon bon Eugène, crois-le à cœur de ta mère, les « voies tortueuses ne mènent à rien de grand. La patience et la rési-« gnation doivent être les vertus des jeunes gens qui sont dans ta po-« sition. Je ne te gronde pas, je ne voudrais communiquer à notre of-« frande aucune amertume. Mes paroles sont celles d'une mère aussi « confiante que prévoyante. Si tu sais quelles sont tes obligations, je « sais, moi, combien ton cœur est pur, combien tes intentions sont « excellentes. Aussi puis-je te dire sans crainte : Va, mon bien aimé, « marche! Je tremble parce que je suis mère; mais chacun de tes « pas sera tendrement accompagné de nos vœux et de nos bénédic-« tions. Sois prudent, cher enfant. Tu dois être sage comme un « homme, les destinées de cinq personnes qui te sont chères reposent « sur ta tête. Oui, toutes nos fortunes sont en toi, comme ton bon-« heur est le nôtre. Nous prions tous Dieu de te seconder dans tes en-« treprises. Ta tante Marcillac a été, dans cette circonstance, d'une « bonté inouïe; elle allait jusqu'à concevoir ce que tu me dis de tes « gants. Mais elle a un faible pour l'aîné, disait-elle gaiement. Mon Eu-« gène, aime bien ta tante, je ne te dirai ce qu'elle a fait pour toi que « quand tu auras réussi; autrement, son argent te brûlerait les doigts. « Vous ne savez pas, enfants, ce que c'est que de sacrifier des souve-« nirs! Mais que ne vous sacrifierait-on pas? Elle me charge de te « dire qu'elle te baise au front, et voudrait te communiquer par ce « baiser la force d'être souvent heureux. Cette bonne et excellente « femme t'aurait écrit si elle n'avait pas la goutte aux doigts. Ton « père va bien. La récolte de 1819 passe nos espérances. Adieu, cher « enfant. Je ne te dirai rien de tes sœurs : Laure t'écrit. Je lui laisse le « plaisir de babiller sur les petits événements de la famille. Fasse le « ciel que tu réussisses! Oh! oui, réussis, mon Eugène, tu m'as fait « connaître une douleur trop vive pour que je puisse la supporter une « seconde fois. J'ai su ce que c'était que d'être pauvre, en désirant la « fortune pour la donner à mon enfant. Allons, adieu. Ne nous laisse

« pas sans nouvelles, et prends ici le baiser que ta mère t'envoie. »

Quand Eugène eut achevé cette lettre, il était en pleurs, il pensait au père Goriot tordant son vermeil et le vendant pour aller payer la lettre de change de sa fille. « Ta mère a tordu ses bijoux! se disait-il. Ta tante a pleuré sans doute en vendant quelques-unes de ses reliques! De quel droit maudirais-tu Anastasie? tu viens d'imiter pour l'égoïsme de ton avenir ce qu'elle a fait pour son amant! Qui, d'elle ou de toi, vaut mieux? » L'étudiant se sentit les entrailles rongées par une sensation de chaleur intolérable. Il voulait renoncer au monde, il voulait ne pas prendre cet argent. Il éprouva ces nobles et beaux remords secrets dont le mérite est rarement apprécié par les hommes quand ils jugent leurs semblables, et qui font souvent absoudre par les anges du ciel le criminel condamné par les juristes de la terre. Rastignac ouvrit la lettre de sa sœur, dont les expressions innocemment gracieuses lui rafraîchirent le cœur.

« Ta lettre est venue bien à propos, cher frère. Agathe et moi nous « voulions employer notre argent de tant de manières différentes, « que nous ne savions plus à quel achat nous résoudre. Tu as fait « comme le domestique du roi d'Espagne quand il a renversé les mon-« tres de son maître, tu nous as mises d'accord. Vraiment, nous étions « constamment en querelle pour celui de nos désirs auquel nous don-« nerions la préférence, et nous n'avions pas deviné, mon bon Eugène, « l'emploi qui comprenait tous nos désirs. Agathe a sauté de joie. « Enfin, nous avons été comme deux folles pendant toute la journée, « à telles enseignes (style de tante) que ma mère nous disait d'un « air sévère : Mais qu'avez-vous donc, mesdemoiselles? Si nous avions « été grondées un brin, nous en aurions été, je crois, encore plus « contentes. Une femme doit trouver bien du plaisir à souffrir pour « celui qu'elle aime! Moi seule étais rêveuse et chagrine au milieu de « ma joie. Je ferai sans doute une mauvaise femme, je suis trop « dépensière. Je m'étais acheté deux ceintures, un joli poinçon pour « percer les œillets de mes corsets, des niaiseries, en sorte que j'avais « moins d'argent que cette grosse Agathe, qui est économe, et entasse « ses écus comme une pie. Elle avait deux cents francs! Moi, mon « pauvre ami, je n'ai que cinquante écus. Je suis bien punie, je vou-« drais jeter ma ceinture au puits : il me sera toujours pénible de « la porter : je t'ai volé. Agathe a été charmante. Elle m'a dit : Eu-« voyons les trois cent cinquante francs, à nous deux! Mais je n'ai pas « tenu à te raconter les choses comme elles se sont passées. Sais-tu « comment nous avons fait pour obéir à tes commandements? nous « avons pris notre glorieux argent, nous sommes allées nous promener « toutes deux, et, quand une fois nous avons eu gagné la grande route, « nous avons couru à Ruffec, où nous avons tout bonnement donné « la somme à M. Grimbert, qui tient le bureau des Messageries « royales! Nous étions légères comme des hirondelles en revenant. « Est-ce que le bonheur nous allégirait? me dit Agathe. Nous nous « sommes dit mille choses que je ne vous répéterai pas, monsieur le « Parisien, il était trop question de vous. Oh! cher frère, nous t'aimons « bien, voilà tout en deux mots. Quant au secret, selon ma tante, de « petites masques comme nous sont capables de tout, même de se « taire. Ma mère est allée mystérieusement à Angoulême avec ma tante, « et toutes deux ont gardé le silence sur la haute politique de leur « voyage, qui n'a pas eu lieu sans de longues conférences d'où nous « avons été bannies, ainsi que M. le baron. De grandes conjectures « occupent les esprits dans l'État de Rastignac. La robe de mousseline « semée de fleurs à jour que brodent les infantes pour sa majesté la « reine avance dans le plus profond secret. Il n'y a plus que deux lai-« zes à faire. Il a été décidé qu'on ne ferait pas de mur du côté de « Verteuil, il y aura une haie. Le menu peuple y perdra des fruits, des « espaliers, mais on y gagnera une belle vue pour les étrangers. Si « l'héritier présomptif avait besoin de mouchoirs, il est prévenu que « la douairière de Marcillac, en fouillant dans ses trésors et ses mal-« les, désignées sous le nom de Pompéia et d'Herculanum, a découvert « une pièce de belle toile de Hollande, qu'elle ne se connaissait pas; les « princesses Agathe et Laure mettent à ses ordres leur fil, leur ai-« guille, et des mains toujours un peu trop rouges. Les deux jeunes « princes don Henri et don Gabriel ont conservé la funeste habitude « de se gorger de raisiné, de faire enrager leurs sœurs, de ne vou-« loir rien apprendre, de s'amuser à dénicher des oiseaux, de tapa-« ger, et de couper, malgré les lois de l'État, des osiers pour se faire « des badines. Le nonce du pape, vulgairement appelé M. le curé, me-« nace de les excommunier s'ils continuent à laisser les saints canons « de la grammaire pour les canons du sureau belliqueux. Adieu, cher « frère, jamais lettre n'a porté tant de vœux faits pour ton bonheur, « ni tant d'amour satisfait. Tu auras donc bien des choses à nous dire « quand tu viendras! Tu me diras tout, à moi, je suis l'aînée. Ma tante « nous a laissé soupçonner que tu avais du succès dans le monde.

L'on parle d'une dame et l'on se tait du reste.

« Avec nous s'entend! Dis donc, Eugène, si tu voulais, nous pourrions « nous passer de mouchoirs, et nous te ferions des chemises. Réponds-« moi vite à ce sujet. S'il te fallait promptement de belles chemi-ses

« bien cousues, nous serions obligées de nous y mettre tout de suite ;
« et, s'il y avait à Paris des façons que nous ne connussions pas, tu
« nous enverrais un modèle, surtout pour les poignets. Adieu, adieu !
« je t'embrasse au front du côté gauche, sur la tempe qui m'appar-
« tient exclusivement. Je laisse l'autre feuillet pour Agathe, qui m'a
« promis de ne rien lire de ce que je te dis. Mais, pour en être plus
« sûre, je resterai près d'elle pendant qu'elle t'écrira. Ta sœur qui
« t'aime,

« LAURE DE RASTIGNAC. »

— Oh ! oui, se dit Eugène, oui, la fortune à tout prix ! Des trésors
ne payeraient.. pas ce dévouement. Je voudrais leur apporter tous les
bonheurs ensemble. Quinze cent cinquante francs ! se dit-il après une
pause. Il faut que chaque pièce porte coup ! Laure a raison. Nom
d'une femme ! je n'ai que des chemises de grosse toile. Pour le bonheur d'un autre, une jeune fille devient rusée autant qu'un voleur. Innocente pour elle et prévoyante pour moi, elle est comme l'ange du
ciel, qui pardonne les fautes de la terre sans les comprendre.
Le monde était à lui ! Déjà son tailleur avait été convoqué, sondé,
conquis. En voyant M. de Trailles, Rastignac avait compris l'influence
qu'exercent les tailleurs sur la vie des jeunes gens. Hélas ! il n'existe
pas de moyenne entre ces deux termes : un tailleur est un ennemi
mortel ou un ami donné par la facture. Eugène rencontra dans le sien
un homme qui avait compris la paternité de son commerce, et qui se
considérait comme un trait d'union entre le présent et l'avenir des
jeunes gens. Aussi Rastignac reconnaissant a-t-il fait la fortune de cet
homme par un de ces mots auxquels il excella plus tard.—Je lui connais, disait-il, deux pantalons qui ont fait faire des mariages de vingt
mille livres de rente.
Quinze cents francs et des habits à discrétion ! En ce moment le
pauvre méridional ne douta plus de rien, et descendit au déjeuner avec
cet air indéfinissable que donne à un jeune homme la possession d'une
somme quelconque. A l'instant où l'argent se glisse dans la poche
d'un étudiant, il se dresse en lui-même une colonne fantastique sur laquelle il s'appuie. Il marche mieux qu'auparavant, il se sent un point
d'appui pour son levier, il a le regard plein, direct, il a les mouvements agiles ; la veille, humble et timide, il aurait reçu des coups ; le
lendemain, il en donnerait à un premier ministre. Il se passe en lui
des phénomènes inouïs : il veut tout et peut tout, il désire à tort et à
travers, il est gai, généreux, expansif. Enfin, l'oiseau naguère sans
ailes a retrouvé son envergure. L'étudiant sans argent happe un brin
de plaisir comme un chien qui dérobe un os à travers mille périls, il le
casse, en suce la moelle, et court encore ; mais le jeune homme qui
fait mouvoir dans son gousset quelques fugitives pièces d'or déguste
ses jouissances, il les détaille, il s'y complaît, il se balance dans le
ciel, il ne sait plus ce que signifie le mot *misère*. Paris lui appartient
tout entier. Age où tout est luisant, où tout scintille et flambe ! âge de
force joyeuse dont personne ne profite, ni l'homme ni la femme ! âge
des dettes et des vives craintes qui décuplent tous les plaisirs ! Qui n'a
pas pratiqué la rive gauche de la Seine, entre la rue Saint-Jacques et
la rue des Saints-Pères, ne connaît rien à la vie humaine ! — « Ah ! si
les femmes de Paris savaient ! se disait Rastignac en dévorant les
poires cuites, à un liard la pièce, servies par madame Vauquer, elles
viendraient se faire aimer ici. » En ce moment un facteur des Messageries royales se présenta dans la salle à manger, après avoir fait sonner la porte à claire-voie. Il demanda M. Eugène de Rastignac, auquel
il tendit deux sacs à prendre et un registre à émarger. Rastignac fut
alors sanglé comme d'un coup de fouet par le regard profond que lui
lança Vautrin.
— Vous aurez de quoi payer des leçons d'armes et des séances au
tir, lui dit cet homme.
— Les galions sont arrivés, lui dit madame Vauquer en regardant
les sacs.
Mademoiselle Michonneau craignait de jeter les yeux sur l'argent, de
peur de montrer sa convoitise.
— Vous avez une bonne mère, dit madame Couture.
— Monsieur a une bonne mère, répéta Poiret.
— Oui, la maman s'est saignée, dit Vautrin. Vous pourrez mainte-
nant faire vos farces, aller dans le monde, y pêcher des dots, et dan-
ser avec des comtesses qui ont des fleurs de pêcher sur la tête. Mais
croyez-moi, jeune homme, fréquentez le tir.
Vautrin fit le geste d'un homme qui vise son adversaire. Rastignac
voulut donner pour boire au facteur, et ne trouva rien dans sa poche.
Vautrin fouilla dans la sienne, et jeta vingt sous à l'homme.
— Vous avez bon crédit, reprit-il en regardant l'étudiant.
Rastignac fut forcé de le remercier, quoique depuis les mots aigrement échangés, le jour où il était revenu de chez madame de Beauséant, cet homme lui fût insupportable. Pendant ces huit jours Eugène
et Vautrin étaient restés silencieusement en présence, et s'observaient
l'un l'autre. L'étudiant se demandait vainement pourquoi. Sans doute
les idées se projettent en raison directe de la force avec laquelle elles
se conçoivent, et vont frapper là où le cerveau les envoie, par une
loi mathématique comparable à celle qui dirige les bombes au sortir
du mortier. Divers en sont les effets. S'il est des natures tendres où

les idées se logent et qu'elles ravagent, il est aussi des natures vigoureusement munies, des crânes à remparts d'airain sur lesquels les volontés des autres s'aplatissent et tombent comme les balles devant une
muraille ; puis il est encore des natures flasques et cotonneuses où
les idées d'autrui viennent mourir comme des boulets s'amortissent
dans la terre molle des redoutes. Rastignac avait une de ces têtes pleines de poudre qui sautent au moindre choc. Il était trop vivacement
jeune pour ne pas être accessible à cette projection des idées, à cette
contagion des sentiments dont tant de bizarres phénomènes nous frap-
pent à notre insu. Sa vue morale avait la portée lucide de ses yeux de
lynx. Chacun de ses doubles sens avait cette longueur mystérieuse,
cette flexibilité d'aller et de retour qui nous émerveille chez les gens
supérieurs, bretteurs habiles à saisir le défaut de toutes les cuirasses.
Depuis un mois il s'était d'ailleurs développé chez Eugène autant de
qualités que de défauts. Ses défauts, le monde et l'accomplissement de
ses croissants désirs les lui avaient demandés. Parmi ses qualités se
trouvait cette vivacité méridionale qui fait marcher droit à la difficulté
pour la résoudre, et qui ne permet pas à un homme d'outre-Loire de
rester dans une incertitude quelconque ; qualité que les gens du Nord
nomment un défaut · pour eux, si ce fut l'origine de la fortune de Murat, ce fut aussi la cause de sa mort. Il faudrait conclure de là que,
quand un méridional sait unir la fourberie du Nord à l'audace d'outre-
Loire, il est complet et reste roi de Suède. Rastignac ne pouvait donc
pas demeurer longtemps sous le feu des batteries de Vautrin sans savoir si cet homme était son ami ou son ennemi. De moment en moment, il lui semblait que ce singulier personnage pénétrait ses passions et lisait dans son cœur, tandis que chez lui tout était si bien clos
qu'il semblait avoir la profondeur immobile d'un sphinx qui sait, voit
tout, et ne dit rien. En se sentant le gousset plein, Eugène se mutina.
— Faites-moi le plaisir d'attendre, dit-il à Vautrin, qui se levait pour
sortir après avoir savouré les dernières gorgées de son café.
— Pourquoi ? répondit le quadragénaire en mettant son chapeau à
larges bords et prenant une canne qu'il faisait souvent des
moulinets en homme qui n'aurait pas craint d'être assailli par
quatre voleurs.
— Je vais vous rendre, reprit Rastignac, qui défit promptement un
sac et compta cent quarante francs à madame Vauquer. Les bons
comptes font les bons amis, dit-il à la veuve. Nous sommes quittes
jusqu'à la Saint-Sylvestre. Changez-moi ces cent sous.
— Les bons amis font les bons comptes, répéta Poiret en regardant
Vautrin.
— Voici vingt sous, dit Rastignac en tendant une pièce au Sphinx en
perruque.
— On dirait que vous avez peur de me devoir quelque chose ? s'é-
cria Vautrin en plongeant un regard divinateur dans l'âme du jeune
homme, auquel il jeta un de ces sourires goguenards et diogéniques
desquels Eugène avait été sur le point de se fâcher cent fois.
— Mais... oui, répondit l'étudiant, qui tenait ses deux sacs à la main
et s'était levé pour monter chez lui.
Vautrin sortait par la porte qui donnait dans le salon, et l'étudiant
se disposait à s'en aller par celle qui menait au carré de l'escalier.
— Savez-vous, monsieur le marquis de Rastignacorama, que ce que
vous me dites n'est pas exactement poli, dit alors Vautrin en fouet-
tant la porte du salon et venant à l'étudiant, qui le regarda froidement.
Rastignac ferma la porte de la salle à manger, en emmenant avec lui
Vautrin au bas de l'escalier, dans le carré qui séparait la salle à man-
ger de la cuisine, où se trouvait une porte pleine donnant sur le jardin, et surmontée d'un long carreau garni de barreaux en fer. Là, l'é-
tudiant dit devant Sylvie, qui déboucha de sa cuisine : — Monsieur
Vautrin, je ne suis pas marquis, et je ne m'appelle pas Rastignacorama.
— Ils vont se battre, dit mademoiselle Michonneau d'un air indiffé-
rent.
— Se battre ! répéta Poiret.
— Que non, répondit madame Vauquer en caressant sa pile d'écus.
— Mais les voilà qui vont sous les tilleuls, cria mademoiselle Victo-
rine en se levant pour regarder dans le jardin. Ce pauvre jeune homme
a pourtant raison.
— Remontons, ma chère petite, dit madame Couture, ces affaires-là
ne nous regardent point.
Quand madame Couture et Victorine se levèrent, elles rencontrèrent,
à la porte, la grosse Sylvie, qui leur barra le passage.
— Quoi qu'i n'y a donc ? dit-elle. M. Vautrin a dit à M. Eugène :
Expliquons-nous ! Puis il l'a pris par le bras, et les voilà qui marchent
dans nos artichauts.
En ce moment Vautrin parut. — Maman Vauquer, dit-il en souriant,
ne vous effrayez de rien, je vais essayer mes pistolets sous les tilleuls.
— Oh ! monsieur, dit Victorine en joignant les mains, pourquoi voulez-vous tuer M. Eugène ?
Vautrin fit deux pas en arrière et contempla Victorine. — Autre histoire ! s'écria-t-il d'une voix railleuse qui fit rougir la pauvre fille. Il
est bien gentil, n'est-ce pas ce jeune homme-là ? reprit-il. Vous me
donnez une idée. Je ferai votre bonheur à tous deux, ma belle enfant.
Madame Couture avait pris sa pupille par le bras et l'avait entraînée

en lui disant à l'oreille : — Mais, Victorine, vous êtes inconcevable ce matin.

— Je ne veux pas qu'on tire des coups de pistolet chez moi, dit madame Vauquer. N'allez-vous pas effrayer tout le voisinage et amener la police, à c't'heure !

— Allons, du calme, maman Vauquer, répondit Vautrin. Là, là, tout beau, nous irons au tir. Il rejoignit Rastignac, qu'il prit familièrement par le bras : — Quand je vous aurais prouvé qu'à trente-cinq pas je n ets cinq fois de suite ma balle dans un as de pique, lui dit-il, cela ne vous ôterait pas votre courage. Vous m'avez l'air d'être un peu rageur, et vous vous feriez tuer comme un imbécile.

— Vous reculez, dit Eugène.

— Ne m'échauffez pas la bile, répondit Vautrin. Il ne fait pas froid ce matin, venez nous asseoir là-bas, dit-il en montrant les siéges peints en vert. Là, personne ne nous entendra. J'ai à causer avec vous. Vous êtes un bon petit jeune homme auquel je ne veux pas de mal. Je vous aime, foi de Tromp... (mille tonnerres !), foi de Vautrin. Pourquoi vous aimé-je, je vous le dirai. En attendant, je vous connais comme si je vous avais fait, et vais vous le prouver. Mettez vos sacs-là, reprit-il en lui montrant la table ronde.

Rastignac posa son argent sur la table et s'assit en proie à une curiosité que développa chez lui au plus haut degré le changement soudain opéré dans les manières de cet homme, qui, après avoir parlé de le tuer, se posait comme son protecteur.

— Vous voudriez bien savoir qui je suis, ce que j'ai fait, ou ce que je fais, reprit Vautrin. Vous êtes trop curieux, mon petit. Allons, du calme. Vous allez en entendre bien d'autres ! J'ai eu des malheurs. Écoutez-moi d'abord, vous me répondrez après. Voilà ma vie antérieure en trois mots. Qui suis-je ? Vautrin. Que fais-je ? Ce qui me plaît. Passons. Voulez-vous connaître mon caractère ? Je suis bon avec ceux qui me font du bien ou dont le cœur parle au mien. A ceux-là tout est permis, ils peuvent me donner des coups de pied dans les os jambes sans que je leur dise : Prends garde ! Mais, nom d'une pipe ! je suis méchant comme le diable avec ceux qui me tracassent, ou qui ne me reviennent pas. Et il est bon de vous apprendre que je me soucie de tuer un homme comme de ça ! dit-il en lançant un jet de salive. Seulement je m'efforce de le tuer proprement, quand il le faut absolument. Je suis ce que vous appelez un artiste. J'ai lu les Mémoires de Benvenuto Cellini, tel que vous me voyez, en italien encore ! J'ai appris de cet homme-là, qui était un fier luron, à imiter la Providence qui nous tue à tort et à travers, et à aimer le beau partout où il se trouve. N'est-ce pas d'ailleurs une belle partie à jouer que d'être seul contre tous les hommes et d'avoir la chance ? J'ai bien réfléchi à la constitution actuelle de votre désordre social. Mon petit, le duel est un jeu d'enfant, une sottise. Quand de deux hommes vivants l'un doit disparaître, il faut être imbécile pour s'en remettre au hasard. Le duel ? croix au pile ! voilà. Je mets cinq balles de suite dans un as de pique en renfonçant chaque nouvelle balle sur l'autre, et à trente-cinq pas encore ! Quand on est doué de ce petit talent-là, l'on peut se croire sûr d'abattre son homme. Eh bien ! j'ai tiré sur un homme à vingt pas, je l'ai manqué. Le drôle n'avait jamais manié de sa vie un pistolet. Tenez ! dit cet homme extraordinaire en défaisant son gilet et montrant sa poitrine velue comme le dos d'un ours, mais garnie d'un crin fauve qui causait une sorte de dégoût mêlé d'effroi, ce blanc-bec m'a roussi le poil, ajouta-t-il en mettant le doigt de Rastignac sur un trou qu'il avait au sein. Mais dans ce temps-là j'étais un enfant, j'avais votre âge, vingt et un ans. Je croyais encore à quelque chose, à l'amour d'une femme, un tas de bêtises dans lesquelles vous allez vous embourbier. Nous nous serions battus, pas vrai ? Vous auriez pu me tuer. Supposez que je sois à terre, où seriez-vous ? Il faudrait décamper, aller en Suisse, manger l'argent du papa, qui n'en a guère. Je vais vous éclairer, moi, la position dans laquelle vous êtes ; mais je vais le faire avec la supériorité d'un homme qui, après avoir examiné les choses d'ici-bas, a vu qu'il n'y avait que deux partis à prendre : ou une stupide obéissance ou la révolte. Je n'obéis à rien, est-ce clair ? Savez-vous ce qu'il vous faut, à vous, au train dont vous allez ? un million, et promptement ; sans quoi, avec notre petite tête, nous pourrions aller flâner dans les filets de Saint-Cloud, pour voir s'il y a un Être suprême. Ce million, je vais vous le donner. Il fit une pause en regardant Eugène. Ah ! ah ! vous faites meilleure mine à votre petit papa Vautrin. En entendant ce mot-là, vous êtes comme une jeune fille à qui l'on dit : A ce soir, et qui se toilette en se pourléchant comme un chat qui boit du lait. A la bonne heure. Allons donc ! A nous deux ! Voici votre compte, jeune homme. Nous avons, là-bas, papa, maman, grand'tante, deux sœurs (dix-huit et dix-sept ans), deux petits frères (quinze et dix ans), voilà le contrôle de l'équipage. La tante élève vos sœurs. Le curé vient apprendre le latin aux deux frères. La famille mange plus de bouillie de marrons que de pain blanc, le papa ménage ses culottes, maman se donne à peine une robe d'hiver et une robe d'été, nos sœurs font comme elles peuvent. Je sais tout, j'ai été dans le Midi. Les choses sont comme cela chez vous, si l'on vous envoie douze cents francs par an, et que votre terrine ne rapporte que trois mille francs. Nous avons une cuisinière et un domestique, il faut garder le décorum, papa est baron. Quant à nous, nous avons de l'ambition, nous avons les Beau-

séant pour alliés et nous allons à pied, nous voulons la fortune et nous n'avons pas le sou, nous mangeons les ratatouilles de maman Vauquer et nous aimons les beaux dîners du faubourg Saint-Germain, nous couchons sur un grabat et nous voulons un hôtel ! Je ne blâme pas vos vouloirs. Avoir de l'ambition, mon petit cœur, ce n'est pas donné à tout le monde. Demandez aux femmes quels hommes elles recherchent, les ambitieux. Les ambitieux ont les reins plus forts, le sang plus riche en fer, le cœur plus chaud que ceux des autres hommes. Et la femme se trouve si heureuse et si belle aux heures où elle est forte, qu'elle préfère à tous les hommes celui dont la force est énorme, fût-elle en danger d'être brisée par lui. Je fais l'inventaire de vos désirs afin de vous poser la question. Cette question, la voici. Nous avons une faim de loup, nos quenottes sont incisives, comment nous y prendrons-nous pour approvisionner la marmite ? Nous avons d'abord le Code à manger, ce n'est pas amusant, et ça n'apprend rien ; mais il le faut. Soit. Nous nous faisons avocat pour devenir président d'une cour d'assises, envoyer les pauvres diables qui valent mieux que nous avec T. F. sur l'épaule, afin de prouver aux riches qu'ils peuvent dormir tranquillement. Ce n'est pas drôle, et puis c'est long. D'abord, deux années à droguer dans Paris, à regarder sans y toucher, les nanans dont nous sommes friands. C'est fatigant de désirer toujours sans jamais se satisfaire. Si vous étiez pâle et de la nature des mollusques, vous n'auriez rien à craindre ; mais nous avons le sang fiévreux des lions et un appétit à faire vingt sottises par jour. Vous succomberez donc à ce supplice, le plus horrible que nous ayons aperçu dans l'enfer du bon Dieu. Admettons que vous soyez sage, que vous buviez du lait et que vous fassiez des élégies ; il faudra, généreux comme vous l'êtes, commencer, après bien des ennuis et des privations à rendre un chien enragé, par devenir le substitut de quelque drôle, dans un trou de ville où le gouvernement vous jettera mille francs d'appointements, comme on jette une soupe à un dogue de boucher. Aboie après les voleurs, plaide pour le riche, fais guillotiner des gens de cœur. Bien obligé ! Si vous n'avez pas de protections, vous pourrirez dans votre tribunal de province. Vers trente ans, vous serez juge à douze cents francs par an, si vous n'avez pas encore jeté la robe aux orties. Quand vous aurez atteint la quarantaine, vous épouserez quelque fille de meunier, riche d'environ six mille livres de rente. Merci. Ayez des protections, vous serez procureur du roi à trente ans, avec mille écus d'appointements, et vous épouserez la fille du maire. Si vous faites quelques-unes de ces petites bassesses politiques, comme de lire sur un bulletin Villèle au lieu de Manuel (ça rime, ça met la conscience en repos), vous serez, à quarante ans, procureur général, et pourrez devenir député. Remarquez, mon cher enfant, que nous aurons fait des accrocs à notre petite conscience, que nous aurons eu vingt ans d'ennuis, de misères secrètes, et que nos sœurs auront coiffé sainte Catherine. J'ai l'honneur de vous faire observer de plus qu'il n'y a que vingt procureurs généraux en France, et que vous êtes vingt mille aspirants au grade, parmi lesquels il se rencontre des farceurs qui vendraient leur famille pour monter d'un cran. Si le métier vous dégoûte, voyons autre chose. Le baron de Rastignac veut-il être avocat ? Oh ! joli. Il faut pâtir pendant dix ans, dépenser mille francs par mois, avoir une bibliothèque, un cabinet, aller dans le monde, baiser la robe d'un avoué pour avoir des causes, balayer le palais avec sa langue. Si ce métier vous menait à bien, je ne dirais pas non ; mais trouvez-moi dans Paris cinq avocats qui, à cinquante ans, gagnent plus de cinquante mille francs par an ? Bah ! plutôt que de m'amoindrir ainsi l'âme, j'aimerais mieux me faire corsaire. D'ailleurs, où prendre des écus ? Tout ça n'est pas gai. Nous avons une ressource dans la dot d'une femme. Voulez-vous vous marier ? ce sera vous mettre une pierre au cou ; puis, si vous vous mariez pour de l'argent, que deviennent nos sentiments d'honneur, notre noblesse ? Autant commencer aujourd'hui votre révolte contre les conventions humaines. Ce ne serait rien que se coucher comme un serpent devant une femme, lécher les pieds de la mère, faire des bassesses à dégoûter une truie, pouah ! si vous trouviez au moins le bonheur. Mais vous serez malheureux comme les pierres d'égout avec une femme que vous aurez épousée ainsi. Vaut encore mieux guerroyer avec les hommes que de lutter avec sa femme. Voilà le carrefour de la vie, jeune homme, choisissez. Vous avez déjà choisi : vous avez été chez notre cousin de Beauséant, et vous y avez flairé le luxe. Vous avez été chez madame de Restaud, la fille du père Goriot, et vous y avez flairé la Parisienne. Ce jour-là vous êtes revenu avec un mot écrit sur votre front, et que j'ai bien su lire : Parvenir ! parvenir à tout prix. Bravo ! ai-je dit, voilà un gaillard qui me va. Il vous a fallu de l'argent. Où en prendre ? Vous avez saigné vos sœurs. Tous les frères flouent plus ou moins leurs sœurs. Vos quinze cents francs arrachés, Dieu sait comme ! dans un pays où l'on trouve plus de châtaignes que de pièces de cent sous, vont filer comme des soldats à la maraude. Après, que ferez-vous ? vous travaillerez ? Le travail, compris comme vous le comprenez en ce moment, donne, dans les vieux jours, un appartement chez maman Vauquer, à des gars de la force de Poiret. Une rapide fortune est le problème que se proposent de résoudre en ce moment cinquante mille jeunes gens qui se trouvent tous dans votre position. Vous êtes une unité de ce nombre-là. Jugez des efforts que vous avez à faire et de l'acharnement du combat. Il faut vous manger les uns les autres comme des araignées dans un pot, attendu qu'il n'y a pas cinquante mil e b nnes places. Savez-vous comment on fait son chemin ici? par l'éclat du génie ou par l'adresse de la corruption. Il faut entrer dans cette masse d'hommes comme un boulet de canon, ou s'y glisser comme une peste. L'honnêteté ne sert à rien. L'on plie sous le pouvoir du génie, on le hait, on tâche de le calomnier, parce qu'il prend sans partager ; mais on plie s'il persiste ; en un mot, on l'adore à genoux quand on n'a pas pu l'enterrer sous la boue. La corruption est en force, le talent est rare. Ainsi, la corruption est l'arme de la médiocrité qui abonde, et vous en sentirez partout la pointe. Vous verrez des femmes dont les maris ont six mille francs d'appointements pour tout potage, et qui dépensent plus de dix mille francs à leur toilette. Vous verrez des employés à douze cents francs acheter des terres. Vous verrez des femmes se prostituer pour aller dans la voiture du fils d'un pair de France, qui peut courir à Longchamps sur la chaussée du milieu. Vous avez vu le pauvre béta de père Goriot obligé de payer la lettre de change endossée par sa fille, dont le mari a cinquante mille livres de rente. Je vous défie de faire deux pas dans Paris sans rencontrer des maniganeces infernales. Je parierais ma tête contre un pied de cette salade que vous donnerez douze cents francs chez la première femme qui vous plaira, fût-elle riche, belle et jeune. Toutes sont bricolées par les lois, en guerre avec leurs maris à propos de tout. Je n'en finirais pas s'il fallait vous expliquer les trafics qui se font pour des amants, pour des chiffons, pour des enfants, pour le ménage ou pour la vanité, rarement par vertu, soyez-en sûr. Aussi l'honnête homme est-il l'ennemi commun. Mais que croyez-vous que soit l'honnête homme ? A Paris, l'honnête homme est celui qui se tait, et refuse de partager. Je ne vous parle pas de ces pauvres ilotes qui partout font la besogne sans être jamais récompensés de leurs travaux, et que je nomme la confrérie des savates du bon Dieu. Certes, là est la vertu dans toute sa fleur de sa bêtise, mais là est la misère. Je vois d'ici la grimace de ces braves gens si Dieu nous faisait la mauvaise plaisanterie de s'absenter au jugement dernier. Si donc vous voulez promptement la fortune, il faut être déjà riche ou le paraître. Pour s'enrichir, il s'agit ici de jouer de grands coups ; autrement on carotte, et votre serviteur. Si, dans les cent professions que vous pouvez embrasser, il se rencontre dix hommes qui réussissent vite, le public les appelle des voleurs. Tirez vos conclusions. Voilà la vie telle qu'elle est. Ça n'est pas plus beau que la cuisine, ça pue tout autant, et il faut se salir les mains si l'on veut fricoter ; sachez seulement vous bien débarbouiller : là est toute la morale de notre époque. Si je vous parle ainsi du monde, il m'en a donné le droit, je le connais. Croyez-vous que je le blâme ? du tout. Il a toujours été ainsi. Les moralistes ne le changeront jamais. L'homme est imparfait. Il est parfois plus ou moins hypocrite, et les niais disent alors qu'il a ou n'a pas de mœurs. Je n'accuse pas les riches en faveur du peuple : l'homme est le même en haut, en bas, au milieu. Il se rencontre par chaque million de ce haut bétail dix lurons qui se mettent au-dessus de tout, même des lois : j'en suis. Vous, si vous êtes un homme supérieur, allez en droite ligne et la tête haute. Mais il faudra lutter contre l'envie, la calomnie, la médiocrité, contre tout le monde. Napoléon a rencontré un ministre de la guerre qui s'appelait Aubry, et qui a failli l'envoyer aux colonies. Tâtez-vous ! Voyez si vous pourrez vous lever tous les matins avec plus de volonté que vous n'en aviez la veille. Dans ces conjonctures, je vais vous faire une proposition que personne ne refuserait. Ecoutez bien. Moi, voyez-vous, j'ai une idée. Mon idée est d'aller vivre de la vie patriarcale au milieu d'un grand domaine, cent mille arpents, par exemple, aux Etats-Unis, dans le sud. Je veux m'y faire planteur, avoir des esclaves, gagner quelques bons petits millions à vendre mes bœufs, mon tabac, mes bois, en vivant comme un souverain, en faisant mes volontés, en menant une vie qu'on ne conçoit pas ici, où l'on se tapit dans un terrier de plâtre. Je suis un grand poète. Mes poésies, je ne les écris pas : elles consistent en actions et en sentiments. Je possède en ce moment cinquante mille francs qui me donneraient à peine quarante negres. J'ai besoin de deux cent mille francs, parce que je veux deux cents negres, afin de satisfaire mon goût pour la vie patriarcale. Des negres, voyez-vous, c'est des enfants tout venus dont on fait ce qu'on veut, sans qu'un curieux de procureur du roi arrive vous en demander compte. Avec ce capital noir, en dix ans j'aurai trois ou quatre millions. Si je réussis, personne ne me demandera : Qui es-tu ? Je serai M. Quatre-Millions, citoyen des Etats-Unis. J'aurai cinquante ans, je ne serai pas encore pourri, je m'amuserai à ma façon. En deux mots, si je vous procure une dot d'un million, me donnerez-vous deux cent mille francs ? Vingt pour cent de commission, hein ! est-ce trop cher ? Vous vous ferez aimer de votre petite femme. Une fois marié, vous manifesterez des inquiétudes, des remords, vous ferez le triste pendant quinze jours. Une nuit, après quelques singeries, vous déclarerez, entre deux baisers, deux cent mille francs de dettes à votre femme, en lui disant : Mon amour ! Ce vaudeville est joué tous les jours par les jeunes gens les plus distingués. Une jeune femme ne refuse pas sa bourse à celui qui lui prend le cœur. Croyez-vous que vous y perdrez ? Non. Vous trouverez le moyen de regagner vos deux cent mille francs dans une affaire. Avec votre argent et votre esprit, vous amasserez une fortune aussi considérable que vous pourrez la souhaiter. *Ergo* vous aurez fait, en six mois de

temps, votre bonheur, celui d'une femme aimable et celui de votre papa Vautrin, sans compter celui de votre famille, qui souffle dans ces doigts, l'hiver, faute de bois. Ne vous étonnez ni de ce que je vous propose, ni de ce que je vous demande! Sur soixante beaux mariages qui ont lieu dans Paris, il y en a quarante-sept qui donnent lieu à des marchés semblables. La Chambre des notaires a forcé monsieur...

— Que faut-il que je fasse? dit avidement Rastignac en interrompant Vautrin.

— Presque rien, répondit cet homme en laissant échapper un mouvement de joie semblable à la sourde expression d'un pêcheur qui sent un poisson au bout de sa ligne. Ecoutez-moi bien ! Le cœur d'une pauvre fille malheureuse et misérable est l'éponge la plus avide à se remplir d'amour, une éponge sèche qui se dilate aussitôt qu'il y tombe une goutte de sentiment. Faire la cour à une jeune personne qui se rencontre dans des conditions de solitude, de désespoir et de pauvreté sans qu'elle se doute de sa fortune à venir, dame! c'est quinte et quatorze en main, c'est connaître les numéros à la loterie, c'est jouer sur les rentes en sachant les nouvelles. Vous construisez sur pilotis un mariage indestructible. Viennent des millions à cette jeune fille, elle vous les jettera aux pieds, comme si c'était des cailloux. — Prends, mon bien-aimé ! Prends, Adolphe ! Alfred ! Prends, Eugène ! dira-t-elle si Adolphe, Alfred ou Eugène ont eu le bon esprit de se sacrifier pour elle. Ce que j'entends par des sacrifices, c'est vendre un vieil habit afin d'aller au Cadran-Bleu manger ensemble des croûtes aux champignons ; de là, le soir, à l'Ambigu-Comique ; c'est mettre sa montre au Mont-de-Piété pour lui donner un châle. Je ne vous parle pas du gribouillage de l'amour ni des fariboles auxquelles tiennent tant les femmes, comme, par exemple, de répandre des gouttes d'eau sur le papier à lettre en manière de larmes quand on est loin d'elles : vous m'avez l'air de connaître parfaitement l'argot du cœur. Paris, voyez-vous, est comme une forêt du Nouveau-Monde, où s'agitent vingt espèces de peuplades sauvages, les Illinois, les Hurons, qui vivent du produit que donnent les différentes classes sociales ; vous êtes un chasseur de millions. Pour les prendre, vous usez de piéges, de pipeaux, d'appeaux. Il y a plusieurs manières de chasser. Les uns chassent à la dot, les autres chassent à la liquidation, ceux-ci pêchent des consciences, ceux-là vendent leurs abonnés pieds et poings liés. Celui qui revient avec sa gibecière bien garnie est salué, fêté, reçu dans la bonne société. Rendons justice à ce sol hospitalier, vous avez affaire à la ville la plus complaisante qui soit dans le monde. Si les fières aristocraties de toutes les capitales de l'Europe refusent d'admettre dans leurs rangs un millionnaire infâme, Paris lui tend les bras, court à ses fêtes, mange ses dîners et trinque avec son infamie.

— Mais où trouver une fille ? dit Eugène.

— Elle est à vous, devant vous !

— Mademoiselle Victorine ?

— Juste !

— Eh ! comment ?

— Elle vous aime déjà, votre petite baronne de Rastignac!

— Elle n'a pas un sou, reprit Eugène étonné.

— Ah ! nous y voilà. Encore deux mots, dit Vautrin, et tout s'éclaircira. Le père Taillefer est un vieux coquin qui passe pour avoir assassiné l'un de ses amis pendant la révolution. C'est un de ces gaillards qui ont de l'indépendance dans les opinions. Il est banquier, principal associé de la maison Frédéric Taillefer et compagnie. Il a un fils unique, auquel il veut laisser son bien, au détriment de Victorine. Moi, je n'aime pas ces injustices-là. Je suis comme don Quichotte, j'aime à prendre la défense du faible contre le fort. Si la volonté de Dieu était de lui retirer son fils, Taillefer reprendrait sa fille ; il voudrait un héritier quelconque, une bêtise qui est dans la nature, et il ne peut plus avoir d'enfants, je le sais. Victorine est douce et gentille, elle aura bientôt entortillé son père, et le fera tourner comme une toupie d'Allemagne avec le fouet du sentiment ! Elle sera trop sensible à votre amour pour vous oublier, vous l'épouserez. Moi, je me charge du rôle de la Providence. je ferai vouloir le bon Dieu. J'ai un ami pour qui je me suis dévoué, un colonel de la Loire qui vient d'être employé dans la garde royale. Il écoute mes avis, et s'est fait ultra-royaliste : ce n'est pas un de ces imbéciles qui tiennent à leurs opinions. Si j'ai encore un conseil à vous donner, mon ange, c'est de ne pas plus tenir à vos opinions qu'à vos paroles. Quand on vous les demandera, vendez-les. Un homme qui se vante de ne jamais changer d'opinion est un homme qui se charge d'aller toujours en ligne droite, un niais qui croit à l'infaillibilité. Il n'y a pas de principes, il n'y a que des événements ; il n'y a pas de lois, il n'y a que des circonstances : l'homme supérieur épouse les événements et les circonstances pour les conduire. S'il y avait des principes et des lois fixes, les peuples n'en changeraient pas comme nous changeons de chemises. L'homme n'est pas tenu d'être plus sage que toute une nation. L'homme qui a rendu le moins de services à la France est un fétiche vénéré pour avoir toujours vu en rouge, il est tout au plus bon à mettre au Conservatoire, parmi les machines, en l'étiquetant la Fayette : tandis que le prince auquel chacun lance sa pierre, et qui méprise assez l'humanité pour lui cracher au visage autant de serments qu'elle en demande, a empêché le partage de la France au congrès de Vienne : on lui doit des couronnes, on lui jette de la boue. Oh! je connais les affaires, moi! J'ai les secrets de bien des hommes! Suffit! J'aurai une opinion inébranlable le jour où j'aurai rencontré trois têtes d'accord sur l'emploi d'un principe, et j'attendrai longtemps! L'on ne trouve pas dans les tribunaux trois juges qui aient le même avis sur un article de loi. Je reviens à mon homme. Il remettrait Jésus-Christ en croix si je le lui disais. Sur un seul mot de son papa Vautrin, il cherchera querelle à ce drôle qui n'envoie pas seulement cent sous à sa pauvre sœur, et... Ici Vautrin se leva, se mit en garde, et fit le mouvement d'un maître d'armes qui se fend. — Et, à l'ombre! ajouta-t-il.

— Quelle horreur! dit Eugène. Vous voulez plaisanter, monsieur Vautrin?

— Là, là, du calme, reprit cet homme. Ne faites pas l'enfant : cependant, si cela peut vous amuser, courroucez-vous, emportez-vous! Dites que je suis un infâme, un scélérat, un coquin, un bandit, mais ne m'appelez ni escroc, ni espion! Allez, dites, lâchez votre bordée! Je vous pardonne, c'est si naturel à votre âge! J'ai été comme ça, moi! Seulement, réfléchissez. Vous ferez pis quelque jour. Vous irez coqueter chez quelque jolie femme et vous recevrez de l'argent. Vous y avez pensé! dit Vautrin; car comment réussirez-vous, si vous n'escomptez pas votre amour! La vertu, mon cher étudiant, ne se scinde pas · elle est ou n'est pas. On nous parle de faire pénitence de nos fautes. Encore un joli système que celui en vertu duquel on est quitte d'un crime avec un acte de contrition! Séduire une femme pour arriver à vous poser sur tel bâton de l'échelle sociale, jeter la zizanie entre les enfants d'une famille, enfin toutes les infamies qui se pratiquent sous le manteau d'une cheminée ou autrement dans un but de plaisir ou d'intérêt personnel, croyez-vous que ce soient des actes de foi, d'espérance et de charité? Pourquoi deux mois de prison au dandy qui, dans une nuit, ôte à un enfant la moitié de sa fortune, et pourquoi le bagne au pauvre diable qui vole un billet de mille francs avec les circonstances aggravantes? Voilà vos lois. Il n'y a pas un article qui n'arrive à l'absurde. L'homme en gants et à paroles jaunes a commis des assassinats où l'on ne verse pas de sang, mais où l'on en donne; l'assassin a ouvert une porte avec un monseigneur : deux choses nocturnes! Entre ce que je vous propose et ce que vous ferez un jour, il n'y a que le sang de moins. Vous croyez à quelque chose de fixe dans ce monde-là! Méprisez donc les hommes, et voyez les mailles par où l'on peut passer à travers le réseau du Code. Le secret des grandes fortunes sans cause apparente est un crime oublié, parce qu'il a été proprement fait.

— Silence, monsieur! je ne veux pas en entendre davantage, vous me feriez douter de moi-même. En ce moment le sentiment est toute ma science.

— À votre aise, bel enfant. Je vous croyais plus fort, dit Vautrin, je ne vous dirai plus rien. Un dernier mot, cependant. Il regarda fixement l'étudiant : Vous avez mon secret, lui dit-il.

— Un jeune homme qui vous refuse saura le l'oublier.

— Vous avez bien dit cela, ça me fait plaisir. Un autre, voyez-vous, sera moins scrupuleux. Souvenez-vous de ce que j'ai voulu faire pour vous. Je vous donne quinze jours. C'est à prendre ou à laisser.

— Quelle tête de fer a donc cet homme! se dit Rastignac en voyant Vautrin s'en aller tranquillement, sa canne sous le bras. Il m'a dit crûment ce que madame de Beauséant me disait en y mettant les formes. Il me déchirait le cœur avec des griffes d'acier. Pourquoi veux-je aller chez madame de Nucingen? Il a deviné mes motifs aussitôt que je les ai conçus. En deux mots, ce brigand m'a dit plus de choses sur la vertu que ne m'en ont dit les hommes et les livres. Si la vertu ne souffre pas de capitulation, j'ai donc volé mes sœurs? dit-il en jetant le sac sur la table. Il s'assit, et resta là plongé dans une étourdissante méditation. — Être fidèle à la vertu, martyre sublime! Bah! tout le monde croit à la vertu; mais qui est vertueux? Les peuples ont la liberté pour idole; mais où est sur la terre un peuple libre? Ma jeunesse est encore bleue comme un ciel sans nuage : vouloir être grand ou riche, n'est-ce pas se résoudre à mentir, plier, ramper, se redresser, flatter, dissimuler? n'est-ce pas consentir à se faire le valet de ceux qui ont menti, plié, rampé? Avant d'être leur complice, il faut les servir. Eh bien? non, je veux travailler noblement, saintement, je veux travailler jour et nuit, ne devoir ma fortune qu'à mon labeur. Ce sera la plus lente des fortunes, mais chaque jour ma tête reposera sur mon oreiller sans une pensée mauvaise. Qu'y a-t-il de plus beau que de contempler sa vie et de la trouver pure comme un lis? Moi et la vie, nous sommes comme un jeune homme et sa fiancée. Vautrin m'a fait voir ce qui arrive après dix ans de mariage. Diable! ma tête se perd. Je ne veux penser à rien, le cœur est un bon guide.

Eugène fut tiré de sa rêverie par la voix de la grosse Sylvie, qui lui annonça son tailleur, devant lequel il se présenta, tenant à la main ses deux sacs d'argent, et il ne fut pas fâché de cette circonstance. Quand il eut essayé ses habits du soir, il remit sa nouvelle toilette du matin, qui le métamorphosait complètement. — Je vaux bien M de Trailles, dit-il. Enfin j'ai l'air d'un gentilhomme!

— Monsieur, dit le père Goriot en entrant chez Eugène, vous m'avez demandé si je connaissais les maisons où va madame de Nucingen?

— Oui!

— Eh bien! elle va lundi prochain au bal du maréchal Carigliano. Si vous pouvez y être, vous me direz si mes deux filles se sont bien amusées, comment elles seront mises, enfin tout.

— Comment avez-vous su cela, mon bon père Goriot? dit Eugène en le faisant asseoir à son feu.

— Sa femme de chambre me l'a dit. Je sais tout ce qu'elles font par Thérèse et par Constance, reprit-il d'un air joyeux. Le vieillard ressemblait à un amant encore assez jeune pour être heureux d'un stratagème qui le met en communication avec sa maîtresse sans qu'elle puisse s'en douter. — Vous les verrez, vous! dit-il en exprimant avec naïveté une douloureuse envie.

— Je ne sais pas, répondit Eugène. Je vais aller chez madame de Beauséant lui demander si elle peut me présenter à la maréchale.

Eugène pensait avec une sorte de joie intérieure à se montrer chez la vicomtesse mis comme il le serait désormais. Ce que les moralistes nomment les abîmes du cœur humain sont uniquement les décevantes pensées, les involontaires mouvements de l'intérêt personnel. Ces péripéties le sujet de tant de déclamations, ces retours soudains, sont des calculs faits au profit de nos jouissances. En se voyant bien mis, bien ganté, bien botté, Rastignac oublia sa vertueuse résolution. La jeunesse n'ose pas se regarder au miroir de la conscience quand elle verse du côté de l'injustice, tandis que l'âge mûr s'y est vu : là gît toute la différence entre les deux phases de la vie. Depuis quelques jours les deux voisins, Eugène et le père Goriot, étaient devenus bons amis. Leur secrète amitié tenait aux raisons psychologiques qui avaient engendré des sentiments contraires entre Vautrin et l'étudiant. Le hardi philosophe qui voudra constater les effets de nos sentiments dans le monde physique trouvera sans doute plus d'une preuve de leur effective matérialité dans les rapports qu'ils créent entre nous et les animaux. Quel physiognomoniste est plus prompt à deviner un caractère qu'un chien l'est à savoir si un inconnu l'aime ou ne l'aime pas? Les atomes crochus, expression proverbiale dont chacun se sert, sont un de ces faits qui restent dans les langages pour demeurer les vérités philosophiques dont s'occupent ceux qui aiment à vanner les épluchures des mots primitifs. On se sent aimé. Le sentiment s'empreint en toutes choses et traverse les espaces. Une lettre est une âme, elle est un si fidèle écho de la voix qui parle, que les esprits délicats la comptent parmi les plus riches trésors de l'amour. Le père Goriot, que son sentiment irréfléchi élevait jusqu'au sublime de la nature canine, avait flairé la compassion, l'admirative bonté, les sympathies juvéniles qui s'étaient émues pour lui dans le cœur de l'étudiant. Cependant cette union naissante n'avait encore amené aucune confidence. Si Eugène avait manifesté le désir de voir madame de Nucingen, ce n'était pas qu'il comptât sur le vieillard pour être introduit par lui chez elle; mais il espérait qu'une indiscrétion pourrait le bien servir. Le père Goriot ne lui avait parlé de ses filles qu'à propos de ce qu'il s'était permis d'en dire publiquement le jour de ses deux visites. — Mon cher monsieur, lui avait-il dit le lendemain, comment avez-vous pu croire que madame de Restaud vous en ait voulu d'avoir prononcé mon nom? Mes deux filles m'aiment bien, je suis un heureux père : seulement, mes deux gendres se sont mal conduits envers moi. Je n'ai pas voulu faire souffrir ces chères créatures de mes dissensions avec leurs maris, et j'ai préféré les voir en secret. Ce mystère me donne mille jouissances que ne comprennent pas les autres pères qui peuvent voir leurs filles quand ils veulent. Moi, je ne le peux pas, comprenez-vous? Alors je vais, quand il fait beau, dans les Champs-Élysées, après avoir demandé aux femmes de chambre si mes filles sortent. Je les attends au passage, le cœur me bat quand les voitures arrivent, je les admire dans leurs toilettes, elles me jettent en passant un petit rire qui me dore la nature comme s'il y tombait un rayon de quelque beau soleil Et je reste, elles doivent revenir. Je les vois encore! l'air leur a fait du bien, elles sont roses. J'entends dire autour de moi : Voilà une belle femme! Ça me réjouit le cœur. N'est-ce pas mon sang? J'aime les chevaux qui les traînent, et je voudrais être le petit chien qu'elles ont sur leurs genoux. Je vis de leurs plaisirs Chacun a sa façon d'aimer, la mienne ne fait pourtant de mal à personne, pourquoi le monde s'occupe-t-il de moi? Je suis heureux à ma manière. Est-ce contre les lois que j'aille voir mes filles, le soir, au moment où elles sortent de leurs maisons pour se rendre au bal? Quel chagrin pour moi si j'arrive trop tard, et qu'on me dise : Madame est sortie! Un soir j'ai attendu jusqu'à trois heures du matin pour voir Nasie, que je n'avais pas vue depuis deux jours. J'ai manqué crever d'aise! Je vous en prie, ne parlez de moi que pour dire combien mes filles sont bonnes. Elles veulent me combler de toutes sortes de cadeaux; je les en empêche, je leur dis : Gardez donc votre argent! Que voulez-vous que j'en fasse? Il ne me faut rien. En effet, mon cher monsieur, que suis-je? un méchant cadavre dont l'âme est partout où sont mes filles. Quand vous aurez vu madame de Nucingen, vous me direz celle des deux que vous préférez, dit le bonhomme après un moment de silence en voyant Eugène qui se disposait à partir pour aller se promener aux Tuileries en attendant l'heure de se présenter chez madame de Beauséant.

Cette promenade fut fatale à l'étudiant. Quelques femmes le remarquèrent Il était si beau, si jeune, et d'une élégance de si bon goût! En se voyant l'objet d'une attention presque admirative, il ne pens plus à ses sœurs ni à sa tante dépouillées, ni à ses vertueuses répugnances. Il avait vu passer au-dessus de sa tête ce démon qu'il est si facile de prendre pour un ange, ce Satan aux ailes diaprées qui sème des rubis, qui jette ses flèches d'or au front des palais, empourpre les femmes, revêt d'un sot éclat les trônes, si simples dans leur origine ; il avait écouté le dieu de cette vanité crépitante dont le clinquant nous semble être un symbole de puissance. La parole de Vautrin, quelque cynique qu'elle fût, s'était logée dans son cœur comme dans le souvenir d'une vierge se grave le profil ignoble d'une vieille marchande à la toilette qui lui a dit : « Or et amour à flots ! » Après avoir indolemment flâné, vers cinq heures Eugène se présenta chez madame de Beauséant, et il y reçut un de ces coups terribles contre lesquels les cœurs jeunes sont sans armes. Il avait jusqu'alors trouvé la vicomtesse pleine de cette aménité polie, de cette grâce mielleuse donnée par l'éducation aristocratique, et qui n'est complète que si elle vient du cœur. Quand il entra, madame de Beauséant fit un geste sec, et lui dit d'une voix brève : — Monsieur de Rastignac, il m'est impossible de vous voir, en ce moment du moins ; je suis en affaire...

Pour un observateur, et Rastignac l'était devenu promptement, cette phrase, le geste, le regard, l'inflexion de voix, étaient l'histoire du caractère et des habitudes de la caste. Il aperçut la main de fer sous le gant de velours ; la personnalité, l'égoïsme, sous les manières ; le bois sous le vernis. Il entendit enfin le Moi LE ROI qui commence sous les panaches du trône, et finit sous le cimier du dernier gentilhomme. Eugène s'était trop facilement abandonné sur sa parole à croire aux noblesses de la femme. Comme tous les malheureux, il avait signé de bonne foi le pacte délicieux qui doit lier le bienfaiteur à l'obligé, et dont le premier article consacre entre les grands cœurs une complète égalité. La bienfaisance, qui réunit deux êtres en un seul, est une passion céleste aussi incomprise, aussi rare que l'est le véritable amour. L'un et l'autre est la prodigalité des belles âmes. Rastignac voulait arriver au bal de la duchesse de Carigliano, il dévora cette bourrasque.

— Madame, dit-il d'une voix émue, s'il ne s'agissait pas d'une chose importante, je ne serais pas venu vous importuner ; soyez assez gracieuse pour me permettre de vous voir plus tard, j'attendrai.

— Eh bien ! venez dîner avec moi, dit-elle un peu confuse de la dureté qu'elle avait mise dans ses paroles ; car cette femme était vraiment aussi bonne que grande.

Quoique touché de ce retour soudain, Eugène se dit en s'en allant : « Rampe, supporte tout. Que doivent être les autres, si, dans un moment, la meilleure des femmes efface les promesses de son amitié, te laisse là comme un vieux soulier ? Chacun pour soi, donc ! Il est vrai que sa maison n'est pas une boutique, et j'ai tort d'avoir besoin d'elle. Il faut, comme dit Vautrin, se faire boulet de canon. » Les amères réflexions de l'étudiant furent bientôt dissipées par le plaisir qu'il se promettait en dînant chez la vicomtesse. Ainsi, par une sorte de fatalité, les moindres événements de sa vie conspiraient à le pousser dans la carrière où, suivant les observations du terrible sphinx de la maison Vauquer, il devait, comme sur un champ de bataille, tuer pour ne pas être tué, tromper pour ne pas être trompé ; où il devait déposer à la barrière sa conscience, son cœur, mettre un masque, se jouer sans pitié des hommes, et, comme à Lacédémone, saisir sa fortune sans être vu, pour mériter la couronne. Quand il revint chez la vicomtesse, il la trouva pleine de cette bonté gracieuse qu'elle lui avait toujours témoignée. Tous deux allèrent dans une salle à manger où le vicomte attendait sa femme, et où resplendissait ce luxe de table qui sous la restauration fut poussé, chacun le sait, au plus haut degré. M. de Beauséant, semblable à beaucoup de gens blasés, n'avait plus guère d'autres plaisirs que ceux de la bonne chère ; il était, en fait de gourmandise, de l'école de Louis XVIII et du duc d'Escars. Sa table offrait donc un double luxe, celui du contenant et celui du contenu. Jamais semblable spectacle n'avait frappé les yeux d'Eugène, qui dînait pour la première fois dans une de ces maisons où les grandeurs sociales sont héréditaires. La mode venait de supprimer les soupers qui terminaient autrefois les bals de l'empire, où les militaires avaient besoin de prendre des forces pour se préparer à tous les combats qui les attendaient au dedans comme au dehors. Eugène n'avait encore assisté qu'à des bals. L'aplomb qui le distingua plus tard si éminemment, et qu'il commençait à prendre, l'empêcha de s'ébahir niaisement. Mais, en voyant cette argenterie sculptée et les mille recherches d'une table somptueuse, en admirant pour la première fois un service fait sans bruit, il était difficile à un homme d'ardente imagination de ne pas préférer cette vie constamment élégante à la vie de privations qu'il voulait embrasser le matin. Sa pensée le rejeta pendant un moment dans sa pension bourgeoise ; il en eut une si profonde horreur, qu'il se jura de la quitter au mois de janvier, autant pour se mettre dans une maison propre que pour fuir Vautrin, dont il sentait la large main sur son épaule. Si l'on vient à songer aux mille formes que prend à Paris la corruption, parlante ou muette, un homme de bon sens se demande par quelle aberration l'État y met des écoles, y assemble des jeunes gens, comment les jolies femmes y sont respectées, comment l'or étalé par les changeurs ne s'envole pas magiquement de leurs sébiles. Mais, si l'on vient à songer qu'il est peu d'exemples de crimes, voire même de délits, commis par les jeunes gens, de quels respects ne doit-on pas être pris pour ces patients Tantales qui se combattent eux-mêmes et sont presque toujours victorieux ! S'il était bien peint dans sa lutte avec Paris, le pauvre étudiant fournirait un des sujets les plus dramatiques de notre civilisation moderne. Madame de Beauséant regardait vainement Eugène pour le convier à parler ; il ne voulut rien dire en présence du vicomte.

— Me menez-vous ce soir aux Italiens ? demanda la vicomtesse à son mari.

— Vous ne pouvez douter du plaisir que j'aurais à vous obéir, répondit-il avec une galanterie moqueuse dont l'étudiant fut la dupe, mais je dois aller rejoindre quelqu'un aux Variétés.

— Sa maîtresse ! se dit-elle.

Eugène de Rastignac présenté à madame de Nucingen par le marquis d'Ajuda. — PAGE 25.

— Vous n'avez donc pas d'Adjuda ce soir? demanda le vicomte.

— Non, répondit-elle avec humeur.

— Eh bien! s'il vous faut absolument un bras, prenez celui de M. de Rastignac.

La vicomtesse regarda Eugène en souriant.

— Ce sera bien compromettant pour vous, dit-elle.

— *Le Français aime le péril parce qu'il y trouve la gloire*, a dit M. de Chateaubriand, répondit Rastignac en s'inclinant.

Quelques moments après il fut emporté près de madame de Beauséant, dans un coupé rapide, au théâtre à la mode, et crut à quelque féerie lorsqu'il entra dans une loge de face, et qu'il se vit le but de toutes les lorgnettes concurremment avec la vicomtesse, dont la toilette était délicieuse. Il marchait d'enchantements en enchantements.

— Vous avez à me parler, lui dit madame de Beauséant. Ah! tenez, voici madame de Nucingen à trois loges de la nôtre. Sa sœur et M. de Trailles sont de l'autre côté.

En disant ces mots, la vicomtesse regardait la loge où devait être mademoiselle de Rochefide, et, n'y voyant pas M. d'Adjuda, sa figure prit un éclat extraordinaire.

— Elle est charmante! dit Eugène après avoir regardé madame de Nucingen.

— Elle a les cils blancs.

— Oui, mais quelle jolie taille mince!

— Elle a de grosses mains.

— Les beaux yeux!

— Elle a le visage en long.

— Mais la forme longue a de la distinction.

— Cela est heureux pour elle qu'il y en ait là. Voyez comment elle prend et quitte son lorgnon! Le Goriot perce dans tous ses mouvements, dit la vicomtesse, au grand étonnement d'Eugène.

En effet, madame de Beauséant lorgnait la salle et semblait ne pas faire attention à madame de Nucingen, dont elle ne perdait cependant pas un geste. L'assemblée était exquisement belle. Delphine de Nucingen n'était pas peu flattée d'occuper exclusivement le jeune, le beau, l'élégant cousin de madame de Beauséant; il ne regardait qu'elle.

— Si vous continuez à la couvrir de vos regards, vous allez faire scandale, monsieur de Rastignac. Vous ne réussirez à rien si vous vous jetez ainsi à la tête des gens.

— Ma chère cousine, dit Eugène, vous m'avez déjà bien protégé : si vous voulez achever votre ouvrage, je ne vous demande plus que de me rendre un service qui vous donnera peu de peine et me fera grand bien. Me voilà pris.

— Déjà?

— Oui.

— Et de cette femme?

— Mes prétentions seraient-elles donc écoutées ailleurs! dit-il en lançant un regard pénétrant à sa cousine. Madame la duchesse de Carigliano est attachée à madame la duchesse de Berry, reprit-il après une pause, vous devez la voir, ayez la bonté de me présenter chez elle et de m'amener au bal qu'elle donne lundi. J'y rencontrerai madame de Nucingen, et je livrerai ma première escarmouche.

— Volontiers, dit-elle. Si vous vous sentez déjà du goût pour elle,

vos affaires de cœur vont très-bien. Voici de Marsay dans la loge de la princesse Galathionne. Madame de Nucingen est au supplice, elle se dépite. Il n'y a pas de meilleur moment pour aborder une femme, surtout une femme de banquier. Ces dames de la Chaussée-d'Antin aiment toutes la vengeance.

— Que feriez-vous donc, vous, en pareil cas?

— Moi, je souffrirais en silence.

En ce moment le marquis d'Adjuda se présenta dans la loge de madame de Beauséant.

— J'ai mal fait mes affaires afin de venir vous retrouver, dit-il, et je vous en instruis pour que ce ne soit pas un sacrifice.

Les rayonnements du visage de la vicomtesse apprirent à Eugène à reconnaître les expressions d'un véritable amour, et à ne pas les confondre avec les simagrées de la coquetterie parisienne. Il admira sa cousine, devint muet, et céda sa place à M. d'Adjuda en soupirant. « Quelle noble, quelle sublime créature est une femme qui aime ainsi! se dit-il. Et cet homme la trahirait pour une poupée! comment peut-on la trahir? » Il se sentit au cœur une rage d'enfant. Il aurait voulu se rouler aux pieds de madame de Beauséant, il souhaitait le pouvoir des démons afin de l'emporter dans son cœur, comme un aigle enlève de la plaine dans son aire une jeune chèvre blanche qui tette encore. Il était humilié d'être dans ce grand musée de la beauté sans son tableau, sans une maîtresse à lui. « Avoir une maîtresse est une position quasiroyale, se disait-il, c'est le signe de la puissance! » Et il regarda madame de Nucingen comme un homme insulté regarde son adversaire. La vicomtesse se retourna vers lui pour lui adresser sur sa discrétion mille remerciements dans un clignement d'yeux. Le premier acte était fini.

— Vous connaissez assez madame de Nucingen pour lui présenter M. de Rastignac? dit-elle au marquis d'Adjuda.

— Mais elle sera charmée de voir monsieur, dit le marquis.

Le beau Portugais se leva, prit le bras de l'étudiant, qui en un clin d'œil se trouva auprès de madame de Nucingen.

— Madame la baronne, dit le marquis, j'ai l'honneur de vous présenter le chevalier Eugène de Rastignac, un cousin de la vicomtesse de Beauséant. Vous faites une si vive impression sur lui que j'ai voulu compléter son bonheur en le rapprochant de son idole.

Ces mots furent dits avec un certain accent de raillerie qui en fait passer la pensée un peu brutale, mais qui, bien sauvée, ne déplaît jamais à une femme. Madame de Nucingen sourit, et offrit à Eugène la place de son mari, qui venait de sortir.

— Je n'ose pas vous proposer de rester près de moi, monsieur, lui dit-elle. Quand on a le bonheur d'être auprès de madame de Beauséant, on y reste.

— Mais, lui dit à voix basse Eugène, il me semble, madame, que si je veux plaire à ma cousine je demeurerai près de vous. Avant l'arrivée de M. le marquis, nous parlions de vous et de la distinction de toute votre personne, dit-il à haute voix.

M. d'Adjuda se retira.

Gaiement il reçut le hourra de sottises que sa tenue élégante excita. — PAGE 28.

— Vraiment, monsieur, dit la baronne, vous allez me rester? Nous ferons donc connaissance, madame de Restaud m'avait déjà donné le plus vif désir de vous voir.

— Elle est donc bien fausse, elle m'a fait consigner à sa porte.

— Comment?

— Madame, j'aurai la conscience de vous en dire la raison; mais je réclame toute votre indulgence en vous confiant un pareil secret. Je suis le voisin de monsieur votre père. J'ignorais que madame de Restaud fût sa fille. J'ai eu l'imprudence d'en parler fort innocemment, et j'ai fâché madame votre sœur et son mari. Vous ne sauriez croire combien madame la duchesse de Langeais et ma cousine ont trouvé cette apostasie filiale de mauvais goût. Je leur ai raconté la scène, elles en ont ri comme des folles. Ce fut alors qu'en faisant un parallèle entre vous et votre sœur, madame de Beauséant me parla de vous en fort bons termes, et me dit combien vous étiez excellente pour mon voisin, M. Goriot. Comment, en effet, ne l'aimeriez-vous pas? il vous adore si passionnément que j'en suis déjà jaloux. Nous avons parlé de vous ce matin pendant deux heures. Puis, tout plein de ce que votre père m'a raconté, ce soir en dînant avec ma cousine, je lui disais que vous ne pouviez pas être aussi belle que vous étiez aimante. Voulant sans doute favoriser une si chaude admiration, madame de Beauséant m'a amené ici, en me disant avec sa grâce habituelle que je vous y verrais.

— Comment, monsieur, dit la femme du banquier, je vous dois déjà de la reconnaissance. Encore un peu, nous allons être de vieux amis.

— Quoique l'amitié doive être près de vous un sentiment peu vulgaire, dit Rastignac, je ne veux jamais être votre ami.

Ces sottises stéréotypées à l'usage des débutants paraissent toujours charmantes aux femmes, et ne sont pauvres que lues à froid. Le geste, l'accent, le regard d'un jeune homme, leur donnent d'incalculables valeurs. Madame de Nucingen trouva Rastignac charmant. Puis, comme toutes les femmes, ne pouvant rien dire à des questions aussi drûment posées que l'était celle de l'étudiant, elle répondit à autre chose.

— Oui, ma sœur se fait tort par la manière dont elle se conduit avec ce pauvre père, qui vraiment a été pour nous un dieu. Il a fallu que M. de Nucingen m'ordonnât positivement de ne voir mon père que le matin, pour que je cédasse sur ce point. Mais j'en ai longtemps été bien malheureuse. Je pleurais. Ces violences, venues après les brutalités du mariage, ont été l'une des raisons qui troublèrent le plus mon ménage. Je suis certes la femme de Paris la plus heureuse aux yeux du monde, la plus malheureuse en réalité. Vous allez me trouver folle de vous parler ainsi. Mais vous connaissez mon père, et à ce titre vous ne pouvez pas m'être étranger.

— Vous n'aurez jamais rencontré personne, lui dit Eugène, qui soit animé d'un plus vif désir de vous appartenir. Que cherchez-vous toutes? le bonheur, reprit-il d'une voix qui allait à l'âme. Eh bien! si pour une femme le bonheur est d'être aimée, adorée, d'avoir un ami à qui elle puisse confier ses désirs, ses fantaisies, ses chagrins, ses joies; se montrer dans la nudité de son âme, avec ses jolis défauts et ses belles qualités, sans craindre d'être trahie, croyez-moi, ce cœur dévoué, toujours ardent, ne peut se rencontrer que chez un homme jeune, plein d'illusions, qui peut mourir sur un seul de vos signes, qui ne sait rien encore du monde et n'en veut rien savoir, parce que vous devenez le monde pour lui. Moi, voyez-vous, vous allez rire de ma naïveté, j'arrive du fond d'une province, entièrement neuf, n'ayant connu que de belles âmes, et je comptais rester sans amour. Il m'est arrivé de voir ma cousine, qui m'a mis trop près de son cœur; elle m'a fait deviner les mille trésors de la passion: je suis, comme Chérubin, l'amant de toutes les femmes, en attendant que je puisse me dévouer à quelqu'une d'entre elles. En vous voyant, quand je suis entré, je me suis senti porté vers vous comme par un courant. J'avais déjà tant pensé à vous! Mais je ne vous avais pas rêvée aussi belle que vous l'êtes en réalité. Madame de Beauséant m'a ordonné de ne vous pas tant regarder. Elle ne sait pas ce qu'il y a d'attrayant à voir vos jolies lèvres rouges, votre teint blanc, vos yeux si doux. Moi aussi, je vous dis des folies, mais laissez-les-moi dire.

Rien ne plaît plus aux femmes que de s'entendre débiter ces douces paroles. La plus sévère dévote les écoute, même quand elle ne doit pas y répondre. Après avoir ainsi commencé, Rastignac défila son chapelet d'une voix coquettement sourde; et madame de Nucingen encourageait Eugène par des sourires en regardant de temps en temps de Marsay, qui ne quittait pas la loge de la princesse Galathionne. Rastignac resta près de madame de Nucingen jusqu'au moment où son mari vint le chercher pour l'emmener.

— Madame, lui dit Eugène, j'aurai le plaisir de vous aller voir avant le bal de la duchesse de Carigliano.

— Puisque madame fous encache, dit le baron, épais Alsacien dont la figure ronde annonçait une dangereuse finesse, fous êtes sûr d'être pien ressi.

— Mes affaires sont en bon train, car elle ne s'est pas bien effarouchée en m'entendant lui dire: M'aimerez-vous bien? Le mors est mis à ma bête, sautons dessus et gouvernons-la. se dit Eugène en allant saluer madame de Beauséant, qui se levait et se retirait avec d'Ajuda.

Le pauvre étudiant ne savait pas que la baronne était distraite, et attendait de M. de Marsay une de ces lettres décisives qui déchirent l'âme. Tout heureux de son faux succès, Eugène accompagna la vicomtesse jusqu'au péristyle, où chacun attend sa voiture.

— Votre cousin ne se ressemble plus à lui-même, dit le Portugais en riant à la vicomtesse quand Eugène les eut quittés. Il va faire sauter la banque. Il est souple comme une anguille, et je crois qu'il ira loin. Vous seule avez pu le trier sur le volet une femme au moment où il faut la consoler.

— Mais, dit madame de Beauséant, il faut savoir si elle aime encore celui qui l'abandonne.

L'étudiant revint à pied du Théâtre-Italien à la rue Neuve-Sainte-Geneviève, en faisant les plus doux projets. Il avait bien remarqué l'attention avec laquelle madame de Restaud l'avait examiné, soit dans la loge de la vicomtesse, soit dans celle de madame de Nucingen, et il présuma que la porte de la comtesse ne lui serait plus fermée. Ainsi déjà quatre relations majeures, car il comptait bien plaire à la maréchale, allaient lui être acquises au cœur de la haute société parisienne. Sans trop s'expliquer les moyens, il devinait par avance que, dans le jeu compliqué des intérêts de ce monde, il devait s'accrocher à un rouage pour se trouver en haut de la machine, et il se sentait la force d'en enrayer la roue. « Si madame de Nucingen s'intéresse à moi, je lui apprendrai à gouverner son mari. Ce mari fait des affaires d'or, il pourra m'aider à ramasser tout d'un coup une fortune. » Il ne se disait pas cela crûment, il n'était pas encore assez politique pour chiffrer une situation, l'apprécier et la calculer; ces idées flottaient à l'horizon sous la forme de légers nuages, et, quoiqu'elles n'eussent pas l'âpreté de celles de Vautrin, si elles avaient été soumises au creuset de la conscience elles n'auraient rien donné de bien pur. Les hommes arrivent, par une suite de transactions de ce genre, à cette morale relâchée que professe l'époque actuelle, où se rencontrent plus rarement que dans aucun temps ces hommes rectangulaires, ces belles volontés qui ne se plient jamais au mal, à qui la moindre déviation de la ligne droite semble être un crime: magnifiques images de la probité qui nous ont valu deux chefs-d'œuvre, Alceste de Molière, puis récemment Jenny Deans et son père, dans l'œuvre de Walter Scott. Peut-être l'œuvre opposée, la peinture des sinuosités dans lesquelles un homme du monde, un ambitieux fait rouler sa conscience, en essayant de côtoyer le mal, afin d'arriver à son but en gardant les apparences, ne serait-elle ni moins belle, ni moins dramatique. En atteignant au seuil de sa pension, Rastignac s'était épris de madame de Nucingen, elle lui avait paru svelte, fine comme une hirondelle. L'enivrante douceur de ses yeux, le tissu délicat et soyeux de sa peau, sous laquelle il avait cru voir couler le sang, le son enchanteur de sa voix, ses blonds cheveux, il se rappelait tout; et peut-être la marche, en mettant son sang en mouvement, aidait-elle à cette fascination. L'étudiant frappa rudement à la porte du père Goriot.

— Mon voisin, dit-il, j'ai vu madame Delphine.

— Où?

— Aux Italiens.

— S'amusait-elle bien? Entrez donc. Et le bonhomme, qui s'était levé en chemise, ouvrit sa porte et se recoucha promptement. — Parlez-moi donc d'elle, demanda-t-il.

Eugène, qui se trouvait pour la première fois chez le père Goriot, ne put pas retenir un mouvement de stupéfaction en voyant le bouge où vivait le père, après avoir admiré la toilette de la fille. La fenêtre était sans rideaux; le papier de tenture collé sur les murailles s'en détachait en plusieurs endroits par l'effet de l'humidité, et se recroquevillait en laissant apercevoir le plâtre jauni par la fumée. Le bonhomme gisait sur un mauvais lit, n'avait qu'une maigre couverture et un couvre-pied ouaté fait avec les bons morceaux des vieilles robes de madame Vauquer. Le carreau était humide et plein de poussière. En face de la croisée se voyait une de ces vieilles commodes en bois de rose à ventre renflé, qui ont des mains en cuivre tordu en façon de sarments décorés de feuilles ou de fleurs; un vieux meuble à tablette de bois sur lequel était un pot à eau dans sa cuvette et tous les ustensiles nécessaires pour se faire la barbe. Dans un coin, les souliers; à la tête du lit, une table de nuit sans porte ni marbre; au coin de la cheminée, où il n'y avait pas trace de feu, se trouvait la table carrée, en bois de noyer, dont la barre avait servi au père Goriot à dénaturer son écuelle en vermeil. Un méchant secrétaire sur lequel était le chapeau du bonhomme, un fauteuil foncé de paille et deux chaises complétaient ce mobilier misérable. La flèche du lit, attachée au plancher par une loque, soutenait une mauvaise bande d'étoffe à carreaux rouges et blancs. Le plus pauvre commissionnaire était certes moins mal meublé dans son grenier, que ne l'était le père Goriot chez madame Vauquer. L'aspect de cette chambre donnait froid et serrait le cœur, elle ressemblait au plus triste logement d'une prison. Heureusement Goriot ne vit pas l'expression qui se peignit sur la physionomie d'Eugène quand celui-ci posa sa chandelle sur la table de nuit. Le bonhomme se tourna de son côté en restant couvert jusqu'au menton.

— Eh bien! qui aimez-vous mieux de madame de Restaud ou de madame de Nucingen?

— Je préfère madame Delphine, répondit l'étudiant, parce qu'elle vous aime mieux.

A cette parole chaudement dite, le bonhomme sortit son bras du lit et serra la main d'Eugène.

— Merci, merci, répondit le vieillard ému. Que vous a-t-elle donc dit de moi?

L'étudiant répéta les paroles de la baronne en les embellissant, et le vieillard l'écouta comme s'il eût entendu la parole de Dieu.

— Chère enfant! oui, oui, elle m'aime bien. Mais ne la croyez pas dans ce qu'elle vous a dit d'Anastasie. Les deux sœurs se jalousent, voyez-vous? c'est encore une preuve de leur tendresse. Madame de Restaud m'aime bien aussi. Je le sais. Un père est avec ses enfants comme Dieu est avec nous, il va jusqu'au fond des cœurs, et juge les intentions. Elles sont toutes deux aussi aimantes. Oh! si j'avais eu de bons gendres, j'aurais été trop heureux. Il n'est sans doute pas de bonheur complet ici-bas. Si j'avais vécu chez elles; mais rien que d'entendre leurs voix, de les savoir là, de les voir aller, sortir, comme quand je les avais chez moi, ça m'eût fait cabrioler le cœur. Étaient-elles bien mises?

— Oui, dit Eugène. Mais, monsieur Goriot, comment, en ayant des filles aussi richement établies que sont les vôtres, pouvez-vous demeurer dans un taudis pareil?

— Ma foi, dit-il, d'un air en apparence insoucieux, à quoi cela me servirait-il d'être mieux? Je ne puis guère vous expliquer ces choses-là; je ne sais pas dire deux paroles de suite comme il faut. Tout est là, ajouta-t-il en se frappant le cœur. Ma vie, à moi, est dans mes deux filles. Si elles s'amusent, si elles sont heureuses, bravement mises, si elles marchent sur des tapis, qu'importe de quel drap je sois vêtu, et comment est l'endroit où je me couche? Je n'ai point froid si elles ont chaud, je ne m'ennuie jamais si elles rient. Je n'ai de chagrins que les leurs. Quand vous serez père, quand vous vous direz, en oyant gazouiller vos enfants : C'est sorti de moi! que vous sentirez ces petites créatures tenir à chaque goutte de votre sang, dont elles ont été la fine fleur, car c'est ça! vous vous croirez attaché à leur peau, vous croirez être agité vous-même par leur marche. Leur voix me répond partout. Un regard d'elles, quand il est triste, me fige le sang. Un jour vous saurez que l'on est bien plus heureux du bonheur que du sien propre. Je ne peux pas vous expliquer ça : c'est des mouvements intérieurs qui répandent l'aise partout. Enfin, je vis trois fois. Voulez-vous que je vous dise une drôle de chose? Eh bien! quand j'ai été père, j'ai compris Dieu. Il est tout entier partout, puisque la création est sortie de lui. Monsieur, je suis ainsi avec mes filles. Seulement j'aime mieux mes filles que Dieu n'aime le monde, parce que le monde n'est pas si beau que Dieu, et mes filles sont plus belles que moi. Elles me tiennent si bien à l'âme, que j'avais idée que vous les verriez ce soir. Mon Dieu! un homme qui rendrait ma petite Delphine aussi heureuse qu'une femme l'est quand elle est bien aimée, mais je lui cirerais ses bottes, je lui ferais ses commissions. J'ai su par sa femme de chambre que ce petit M. de Marsay est un mauvais chien. Il m'a pris des envies de lui tordre le cou. Ne pas aimer un bijou de femme, une voix de rossignol, et faite comme un modèle! Où a-t-elle eu les yeux d'épouser cette grosse souche d'Alsacien? Il leur fallait à toutes deux de jolis jeunes gens bien aimables. Enfin, elles ont fait à leur fantaisie.

Le père Goriot était sublime. Jamais Eugène ne l'avait pu voir illuminé par les feux de sa passion paternelle. Une chose digne de remarque est la puissance d'infusion que possèdent les sentiments. Quelque grossière que soit une créature, dès qu'elle exprime une affection forte et vraie, elle exhale un fluide particulier qui modifie la physionomie, anime le geste, colore la voix. Souvent l'être le plus stupide arrive, sous l'effort de la passion, à la plus haute éloquence dans l'idée, si ce n'est dans le langage, et semble se mouvoir dans une sphère lumineuse. Il y avait en ce moment dans la voix, dans le geste de ce bonhomme, la puissance communicative qui signale le grand acteur. Mais nos beaux sentiments ne sont-ils pas les poésies de la volonté?

— Eh bien! vous ne serez peut-être pas fâché d'apprendre, lui dit Eugène, qu'elle va rompre sans doute avec de Marsay. Ce beau-fils l'a quittée pour s'attacher à la princesse Galathionne. Quant à moi, ce soir, je suis tombé amoureux de madame Delphine.

— Bah! dit le père Goriot.

— Oui. Je ne lui ai pas déplu. Nous avons parlé amour pendant une heure, et je dois aller la voir après-demain samedi.

— Oh! que je vous aimerais, mon cher monsieur, si vous lui plaisiez. Vous êtes bon, vous ne la tourmenteriez point. Si vous la trahissiez, je vous couperais le cou, d'abord. Une femme n'a pas deux amours, voyez-vous? Mon Dieu! mais je dis des bêtises, monsieur Eugène. Il fait froid ici pour vous. Mon Dieu! vous l'avez donc entendue, que vous a-t-elle dit pour moi?

— Rien, se dit en lui-même Eugène. Elle m'a dit, répondit-il à haute voix, qu'elle vous envoyait un bon baiser de fille.

— Adieu, mon voisin, dormez bien, faites de beaux rêves; les miens sont tout faits avec ce mot-là. Que Dieu vous protège dans tous vos désirs! Vous avez été pour moi ce soir comme un bon ange, vous me rapportez l'air de ma fille.

— Le pauvre homme, se dit Eugène en se couchant, il y a de quoi toucher des cœurs de marbre. Sa fille n'a pas plus pensé à lui qu'au Grand-Turc.

Depuis cette conversation, le père Goriot vit dans son voisin un confident inespéré, un ami. Il s'était établi entre eux les seuls rapports par lesquels ce vieillard pouvait s'attacher à un autre homme. Les passions ne font jamais de faux calculs. Le père Goriot se voyait un peu plus près de sa fille Delphine, il s'en voyait mieux reçu, si Eugène devenait cher à la baronne. D'ailleurs il avait confié l'une de ses douleurs. Madame de Nucingen, à laquelle mille fois par jour il souhaitait le bonheur, n'avait pas connu les douceurs de l'amour. Certes, Eugène était, pour se servir de son expression, un des jeunes gens les plus gentils qu'il eût jamais vus, et il semblait pressentir qu'il lui donnerait tous les plaisirs dont elle avait été privée. Le bonhomme se prit donc pour son voisin d'une amitié qui alla croissant, et sans laquelle il eût été sans doute impossible de connaître le dénoûment de cette histoire.

Le lendemain matin, au déjeuner, l'affectation avec laquelle le père Goriot regardait Eugène, près duquel il se plaça, les quelques paroles qu'il lui dit, et le changement de sa physionomie, ordinairement semblable à un masque de plâtre, surprirent les pensionnaires. Vautrin, qui revoyait l'étudiant pour la première fois depuis leur conférence, semblait vouloir lire dans son âme. En se souvenant du projet de cet homme, Eugène, qui, avant de s'endormir, avait, pendant la nuit, mesuré le vaste champ qui s'ouvrait à ses regards, pensa nécessairement à la dot de mademoiselle Taillefer, et ne put s'empêcher de regarder Victorine comme le plus vertueux jeune homme regarde une riche héritière. Par hasard, leurs yeux se rencontrèrent. La pauvre fille ne manqua pas de trouver Eugène charmant dans sa nouvelle tenue. Le coup d'œil qu'ils échangèrent fut assez significatif pour que Rastignac ne doutât pas d'être pour elle l'objet de ces confus désirs qui atteignent toutes les jeunes filles et qu'elles rattachent au premier être séduisant. Une voix lui criait : Huit cent mille francs! Mais tout à coup il se rejeta dans ses souvenirs de la veille, et pensa que sa passion de commande pour madame de Nucingen était l'antidote de ses mauvaises pensées involontaires.

— L'on donnait hier aux Italiens le *Barbier de Séville* de Rossini. Je n'avais jamais entendu de si délicieuse musique, dit-il. Mon Dieu! est-on heureux d'avoir une loge aux Italiens.

Le père Goriot saisit cette parole au vol comme un chien saisit un mouvement de son maître.

— Vous êtes comme des coqs en pâte, dit madame Vauquer, vous autres hommes, vous faites ce qui vous plaît.

— Comment êtes-vous revenu? demanda Vautrin.

— A pied, répondit Eugène.

— Moi, reprit le tentateur, je n'aimerais pas de demi-plaisirs; je voudrais aller là dans ma voiture, dans ma loge, et revenir bien commodément. Tout ou rien! voilà ma devise.

— Et qui est bonne, reprit madame Vauquer.

— Vous irez peut-être voir madame de Nucingen, dit Eugène à voix basse à Goriot. Elle vous recevra, certes, à bras ouverts; elle voudra savoir de vous mille petits détails sur moi. J'ai appris qu'elle ferait tout au monde pour être reçue chez ma cousine, madame la vicomtesse de Beau-séant. N'oubliez pas de lui dire que je l'aime trop pour ne pas penser à lui procurer cette satisfaction.

Rastignac s'en alla promptement à l'École de droit, il voulait rester le moins de temps possible dans cette odieuse maison. Il flâna pendant presque toute la journée, en proie à cette fièvre de tête qu'ont connue les jeunes gens affectés de trop vives espérances. Les raisonnements de Vautrin le faisaient réfléchir à la vie sociale, au moment où il rencontra son ami Bianchon dans le jardin du Luxembourg.

— Où as-tu pris cet air grave? lui dit l'étudiant en médecine en lui prenant le bras pour se promener devant le palais.

— Je suis tourmenté par de mauvaises idées.

— En quel genre? ça se guérit, les idées.

— Comment?

— En y succombant.

— Tu ris sans savoir ce dont il s'agit. As-tu lu Rousseau?

— Oui.

— Te souviens-tu de ce passage où il demande à son lecteur ce qu'il ferait au cas où il pourrait s'enrichir en tuant à la Chine, par sa seule volonté, un vieux mandarin, sans bouger de Paris.

— Oui.

— Eh! bien?

— Bah! J'en suis à mon trente-troisième mandarin.

— Ne plaisante pas. Allons, s'il t'était prouvé que la chose est possible et qu'il te suffit d'un signe de tête, le ferais-tu?

— Est-il bien vieux, le mandarin? Mais, bah! jeune ou vieux, paralytique ou bien portant, ma foi,... Diantre! Eh bien! non.

— Tu es un brave garçon, Bianchon. Mais si tu aimais une femme à te mettre pour elle l'âme à l'envers, et qu'il lui fallût de l'argent, beaucoup d'argent pour sa toilette, pour sa voiture, pour toutes ses fantaisies, enfin?

— Mais tu m'ôtes la raison, et tu veux que je raisonne.

— Eh ! bien, Bianchon, je suis fou, guéris-moi. J'ai deux sœurs qui sont des anges de beauté, de candeur, et je veux qu'elles soient heureuses. Où prendre deux cent mille francs pour leur dot d'ici à cinq ans ? Il est, vois-tu, des circonstances dans la vie où faut jouer gros jeu et ne pas user son bonheur à gagner des sous.

— Mais tu poses la question qui se trouve à l'entrée de la vie pour tout le monde, et tu veux couper le nœud gordien avec l'épée. Pour agir ainsi, mon cher, il faut être Alexandre, sinon l'on va au bagne. Moi, je suis heureux de la petite existence que je me créerai en province, où je succéderai tout bêtement à mon père. Les affections de l'homme se satisfont dans le plus petit cercle aussi pleinement que dans une immense circonférence. Napoléon ne dînait pas deux fois, et ne pouvait pas avoir plus de maîtresses qu'en prend un étudiant en médecine quand il est interne aux Capucins. Notre bonheur, mon cher, tiendra toujours entre la plante de nos pieds et notre occiput ; et, qu'il coûte un million par an ou cent louis, la perception intrinsèque en est la même au dedans de nous. Je conclus à la vie du Chinois.

— Merci, tu m'as fait du bien, Bianchon ! nous serons toujours amis.

— Dis donc, reprit l'étudiant en médecine, en sortant du cours de Cuvier, au Jardin-des-Plantes, je viens d'apercevoir la Michonneau et le Poiret causant sur un banc avec un monsieur que j'ai vu dans les troubles de l'année dernière aux environs de la Chambre des Députés, et qui m'a fait l'effet d'être un homme de la police déguisé en honnête bourgeois vivant de ses rentes. Étudions ce couple-là : je te dirai pourquoi. Adieu, je vais répondre à mon appel de quatre heures.

Quand Eugène revint à la pension, il trouva le père Goriot qui l'attendait.

— Tenez, dit le bonhomme, voilà une lettre d'elle. Hein, la jolie écriture !

Eugène décacheta la lettre et lut :

« Monsieur, mon père m'a dit que vous aimiez la musique italienne. Je serais heureuse si vous vouliez me faire le plaisir d'accepter une place dans ma loge. Nous aurons samedi la Fodor et Pellegrini, je suis sûre alors que vous ne me refuserez pas. M. de Nucingen se joint à moi pour vous prier de venir dîner avec nous sans cérémonie. Si vous acceptez, vous le rendrez bien content de n'avoir pas à s'acquitter de sa corvée conjugale en m'accompagnant. Ne me répondez pas, venez, et agréez mes compliments.

« D. DE N. »

— Montrez-la-moi, dit le bonhomme à Eugène quand il eut lu la lettre. Vous irez, n'est-ce pas ? ajouta-t-il après avoir flairé le papier. Cela sent-il bon ! Ses doigts ont touché ça, pourtant !

— Une femme ne se jette pas ainsi à la tête d'un homme, se disait l'étudiant. Elle veut se servir de moi pour ramener de Marsay. Il n'y a que le dépit qui fasse faire de ces choses-là.

— Eh ! bien, dit le père Goriot, à quoi pensez-vous donc ?

Eugène ne connaissait pas le délire de vanité dont certaines femmes étaient saisies en ce moment, et ne savait pas, pour s'ouvrir une porte dans le faubourg Saint-Germain, la femme d'un banquier était capable de tous les sacrifices. A cette époque, la mode commençait à mettre au-dessus de toutes les femmes celles qui étaient admises dans la société du faubourg Saint-Germain, dites les dames du Petit-Château, parmi lesquelles madame de Beauséant, son amie, la duchesse de Langeais et la duchesse de Maufrigneuse tenaient le premier rang. Rastignac seul ignorait la fureur dont étaient saisies les femmes de la Chaussée-d'Antin pour entrer dans le cercle supérieur où brillaient les constellations de leur sexe. Mais sa défiance le servit bien, elle lui donna de la froideur, et le triste pouvoir de poser des conditions au lieu d'en recevoir.

— Oui, j'irai, répondit-il.

Ainsi, la curiosité le menait chez madame de Nucingen, tandis que, si cette femme l'eût dédaigné, peut-être y aurait-il été conduit par la passion. Néanmoins, il n'attendit pas le lendemain et l'heure de partir sans une sorte d'impatience. Pour un jeune homme, il existe dans sa première intrigue autant de charmes peut-être qu'il s'en rencontre dans un premier amour. La certitude de réussir engendre mille félicités que les hommes n'avouent pas, et qui font tout le charme de certaines femmes. Le désir ne naît pas moins de la difficulté que de la facilité des triomphes. Toutes les passions des hommes sont certainement excitées ou entretenues par l'une ou l'autre de ces deux causes, qui divisent l'empire amoureux. Peut-être cette division est-elle une conséquence de la grande question des tempéraments, qui domine, quoi qu'on en dise, la société. Si les mélancoliques ont besoin du tonique des coquetteries, peut-être les gens nerveux ou sanguins décampent-ils si la résistance dure trop. En d'autres termes, l'élégie est aussi essentiellement lymphatique que le dithyrambe est bilieux. En faisant sa toilette, Eugène savoura tous ces petits bonheurs dont n'osent parler les jeunes gens, de peur de se faire moquer d'eux, mais qui chatouillent l'amour-propre. Il arrangeait ses cheveux en pensant que le regard d'une jolie femme se coulerait sous leurs boucles noires. Il se permit des singeries enfantines autant qu'en aurait fait une jeune fille en s'habillant pour le bal. Il regarda complaisamment sa taille mince,

en dépliant son habit. — Il est certain, se dit-il, qu'on en peut trouver de plus mal tournés ! Puis il descendit au moment où tous les habitués de la pension étaient à table, et reçut gaiement le hourra de sottises que sa tenue élégante excita. Un trait des mœurs particulières aux pensions bourgeoises est l'ébahissement qu'y cause une toilette soignée. Personne n'y met un habit neuf sans que chacun dise son mot.

— Kt, kt, kt, kt, fit Bianchon en faisant claquer sa langue contre son palais, comme pour exciter un cheval.

— Tournure de duc et pair ! dit madame Vauquer.

— Monsieur va en conquête ? fit observer mademoiselle Michonneau.

— Kocquériko ! cria le peintre.

— Mes compliments à madame votre épouse, dit l'employé au Muséum.

— Monsieur a une épouse ? demanda Poiret.

— Une épouse à compartiments, qui va sur l'eau, garantie bon teint, dans les prix de vingt-cinq à quarante, dessins à carreaux du dernier goût, susceptible de se laver, d'un joli porter, moitié fil, moitié coton, moitié laine, guérissant le mal de dents, et autres maladies approuvées par l'Académie royale de Médecine ! excellente d'ailleurs pour les enfants ! meilleure encore contre les maux de tête, les plénitudes et autres maladies de l'œsophage, des yeux et des oreilles, cria Vautrin avec la volubilité comique et l'accentuation d'un opérateur. Mais combien cette merveille, me direz-vous, messieurs ? deux sous ! Non. Rien du tout. C'est un reste des fournitures faites au grand mogol, et que tous les souverains de l'Europe, y compris le grrrrrand duc de Bade, ont voulu voir ! Entrez droit devant vous ! et passez au petit bureau. Allez, la musique ! Brooum, là, là, trinn ! là, là, boum, boum ! Monsieur de la clarinette, tu joues faux, reprit-il d'une voix enrouée, je te donnerai sur les doigts.

— Mon Dieu ! que cet homme-là est agréable, dit madame Vauquer à madame Couture, je ne m'ennuierais jamais avec lui.

Au milieu des rires et des plaisanteries dont ce discours, comiquement débité, fut le signal, Eugène put saisir le regard furtif de mademoiselle Taillefer, qui se pencha sur madame Couture, à l'oreille de laquelle elle dit quelques mots.

— Voilà le cabriolet, dit Sylvie.

— Où dîne-t-il donc ? demanda Bianchon.

— Chez madame la baronne de Nucingen.

— La fille de M. Goriot, répondit l'étudiant.

A ce nom, les regards se portèrent sur l'ancien vermicellier, qui contemplait Eugène avec une sorte d'envie.

Rastignac arriva rue Saint-Lazare, dans une de ces maisons légères, à colonnes minces, à portiques mesquins, qui constituent le joli à Paris, une véritable maison de banquier, pleine de recherches coûteuses, des stucs, des paliers d'escalier en mosaïque de marbre. Il trouva madame de Nucingen dans un petit salon à peintures italiennes, dont le décor ressemblait à celui des cafés. La baronne était triste. Les efforts qu'elle fit pour cacher son chagrin intéressèrent d'autant plus vivement Eugène qu'il n'y avait rien de joué. Il croyait rendre une femme joyeuse par sa présence, et la trouvait au désespoir. Ce désappointement piqua son amour-propre.

— J'ai bien peu de droits à votre confiance, madame, dit-il après l'avoir lutinée sur sa préoccupation ; mais, si je vous gênais, je compte sur votre bonne foi, vous me le diriez franchement.

— Restez, dit-elle, je serais seule si vous vous en alliez. Nucingen dîne en ville, et je ne voudrais pas être seule ; j'ai besoin de distraction.

— Mais qu'avez-vous ?

— Vous seriez la dernière personne à qui je le dirais, s'écria-t-elle.

— Je veux le savoir, je dois alors être pour quelque chose dans ce secret.

— Peut-être ! Mais non, reprit-elle, c'est des querelles de ménage qui doivent être ensevelies au fond du cœur. Ne vous le disais-je pas avant-hier ? je ne suis point heureuse. Les chaînes d'or sont les plus pesantes.

Quand une femme dit à un jeune homme qu'elle est malheureuse, si ce jeune homme est spirituel, bien mis, s'il a quinze cents francs d'oisiveté dans sa poche, il doit penser ce que se disait Eugène, et devient fat.

— Que pouvez-vous désirer ? répondit-il. Vous êtes belle, jeune, aimée, riche.

— Ne parlons pas de moi, dit-elle en faisant un sinistre mouvement de tête. Nous dînerons ensemble, tête-à-tête ; nous irons entendre la plus délicieuse musique. Suis-je à votre goût ? reprit-elle en se levant et montrant sa robe en cachemire blanc à dessins perses de la plus riche élégance.

— Je voudrais que vous fussiez toute à moi, dit Eugène. Vous êtes charmante.

— Vous auriez une triste propriété, dit-elle en souriant avec amertume. Rien ici ne vous annonce le malheur, et cependant, malgré ces apparences, je suis au désespoir. Mes chagrins m'ôtent le sommeil, je deviendrai laide.

— Oh! cela est impossible, dit l'étudiant. Mais je suis curieux de connaître ces peines qu'un amour dévoué n'effacerait pas.

— Ah! si je vous les confiais, vous me fuiriez, dit-elle. Vous ne m'aimez encore que par une galanterie qui est de costume chez les hommes. mais, si vous m'aimiez bien, vous tomberiez dans un désespoir affreux. Vous voyez que je dois me taire. De grâce, reprit-elle, parlons d'autre chose. Venez voir mes appartements.

— Non, restons ici, répondit Eugène en s'asseyant sur une causeuse devant le feu près de madame de Nucingen, dont il prit la main avec assurance.

Elle la laissa prendre et l'appuya même sur celle du jeune homme par un de ces mouvements de force concentrée qui trahissent de fortes émotions.

— Écoutez, lui dit Rastignac; si vous avez des chagrins, vous devez me les confier. Je veux vous prouver que je vous aime pour vous. Ou vous parlerez et me direz vos peines, afin que je puisse les dissiper, fallût-il tuer six hommes, ou je sortirai pour ne plus revenir.

— Eh bien! s'écria-t-elle saisie par une pensée de désespoir qui la fit se frapper le front, je vais vous mettre à l'instant même à l'épreuve. Oui, se dit-elle, il n'est plus que ce moyen. Elle sonna.

— La voiture de monsieur est-elle attelée? dit-elle à son valet de chambre.

— Oui, madame.

— Je la prends. Vous lui donnerez la mienne et mes chevaux. Vous ne servirez le dîner qu'à sept heures.

— Allons, venez, dit-elle à Eugène, qui crut rêver en se trouvant dans le coupé de M. de Nucingen, à côté de cette femme.

— Au Palais-Royal, dit-elle au cocher, près du Théâtre-Français.

En route, elle parut agitée, et refusa de répondre aux mille interrogations d'Eugène, qui ne savait que penser de cette résistance muette, compacte, obtuse.

— En un moment elle m'échappe, se disait-il.

Quand la voiture s'arrêta, la baronne regarda l'étudiant d'un air qui imposa silence à ses folles paroles; car il s'était emporté.

— Vous m'aimez bien? dit-elle.

— Oui, répondit-il en cachant l'inquiétude dont il fut soudainement saisi.

— Vous ne penserez rien de mal sur moi, quoi que je puisse vous demander?

— Non.

— Êtes-vous disposé à m'obéir?

— Aveuglément.

— Avez-vous été au jeu? dit-elle d'une voix tremblante.

— Jamais.

— Ah! je respire. Vous aurez du bonheur. Voici ma bourse, dit-elle. Prenez donc! il y a cent francs: c'est tout ce que possède cette femme si heureuse. Montez dans une maison de jeu, je ne sais où elles sont, mais je sais qu'il y en a au Palais-Royal. Risquez les cent francs à un jeu qu'on nomme la roulette, et perdez tout, ou rapportez-moi six mille francs. Je vous dirai mes chagrins à votre retour.

— Je veux bien que le diable m'emporte si je comprends quelque chose à ce que je vais faire; mais je vais vous obéir, dit-il avec une joie causée par cette pensée: « Elle se compromet avec moi, elle n'aura rien à me refuser. »

Eugène prend la jolie bourse, court au numéro NEUF, après s'être fait indiquer par un marchand d'habits la plus prochaine maison de jeu. Il y monte, se laisse prendre son chapeau; il entre et demande où est la roulette. A l'étonnement des habitués, le garçon de salle le mène devant une longue table. Eugène, suivi de tous les spectateurs, demande sans vergogne où il faut mettre l'enjeu.

— Si vous placez un louis sur un seul de ces trente-six numéros, et qu'il sorte, vous aurez trente-six louis, lui dit un vieillard respectable à cheveux blancs.

Eugène jette les cent francs sur le chiffre de son âge, vingt et un. Un cri d'étonnement part sans qu'il ait eu le temps de se reconnaître. Il avait gagné sans le savoir.

— Retirez donc votre argent, lui dit le vieux monsieur; l'on ne gagne pas deux fois dans ce système-là.

Eugène prend un râteau que lui tend le vieux monsieur; il tire à lui les trois mille six cents francs, et, toujours sans rien savoir du jeu, les place sur la rouge. La galerie le regarde avec envie, en voyant qu'il continue à jouer. La roue tourne, il gagne encore, et le banquier lui jette encore trois mille six cents francs.

— Vous avez sept mille deux cents francs à vous, lui dit à l'oreille le vieux monsieur. Si vous m'en croyez, vous vous en irez; la rouge a passé huit fois. Si vous êtes charitable, vous reconnaîtrez ce bon avis en soulageant la misère d'un ancien préfet de Napoléon qui se trouve dans le dernier besoin.

Rastignac étourdi se laisse prendre dix louis par l'homme à cheveux blancs, et descend avec les sept mille francs, ne comprenant encore rien au jeu, mais stupéfié de son bonheur.

— Ah çà! où me mènerez-vous maintenant, dit-il en montrant les sept mille francs à madame de Nucingen, quand la portière fut refermée.

Delphine le serra par une étreinte folle et l'embrassa vivement, mais sans passion. — Vous m'avez sauvée! Des larmes de joie coulèrent en abondance sur ses joues. Je vais tout vous dire, mon ami. Vous serez mon ami, n'est-ce pas? Vous me voyez riche, opulente, rien ne me manque, ou je parais ne manquer de rien! Eh bien! sachez que M. de Nucingen ne me laisse pas disposer d'un sou: il paye toute la maison, mes voitures, mes loges; il m'alloue pour ma toilette une somme insuffisante, il me réduit à une misère secrète par calcul. Je suis trop fière pour l'implorer. Ne serais-je pas la dernière des créatures si j'achetais son argent au prix où il veut me le vendre! Comment, moi riche de sept cent mille francs, me suis-je laissé dépouiller? par fierté, par indignation. Nous sommes si jeunes, si naïves, quand nous commençons la vie conjugale! La parole par laquelle il fallait demander de l'argent à mon mari me déchirait la bouche; je n'osais jamais, je mangeais l'argent de mes économies et celui que me donnait mon pauvre père; puis je me suis endettée. Le mariage est pour moi la plus horrible des déceptions, je ne puis vous en parler: qu'il vous suffise de savoir que je me jetterais par la fenêtre s'il fallait vivre avec Nucingen autrement qu'en ayant chacun notre appartement séparé. Quand il a fallu lui déclarer mes dettes de jeune femme, des bijoux, des fantaisies (mon pauvre père nous avait accoutumées à ne nous rien refuser), j'ai souffert le martyre; mais enfin j'ai trouvé le courage de les dire. N'avais-je pas une fortune à moi? Nucingen s'est emporté, il m'a dit que je le ruinerais, des horreurs! J'aurais voulu être à cent pieds sous terre. Comme il avait pris ma dot, il a payé; mais en stipulant désormais pour mes dépenses personnelles une pension à laquelle je me suis résignée, afin d'avoir la paix. Depuis, j'ai voulu répondre à l'amour-propre de quelqu'un que vous connaissez, dit-elle. Si j'ai été trompée par lui, je serais mal venue à ne pas rendre justice à la noblesse de son caractère. Mais enfin il m'a quittée indignement! On ne devrait jamais abandonner une femme à laquelle on a jeté, dans un jour de détresse, un tas d'or! On doit l'aimer toujours! Vous, belle âme de vingt et un ans, vous jeune et pur, vous me demanderez comment une femme peut accepter de l'or d'un homme? Mon Dieu! n'est-il pas naturel de tout partager avec l'être auquel nous devons notre bonheur? Quand on s'est tout donné, qui pourrait s'inquiéter d'une parcelle de ce tout? L'argent ne devient quelque chose qu'au moment où le sentiment n'est plus. N'est-on pas lié pour la vie? Qui de nous prévoit une séparation en se croyant bien aimée? Vous nous jurez un amour éternel, comment avoir alors des intérêts distincts? Vous ne savez pas ce que j'ai souffert aujourd'hui, lorsque Nucingen m'a positivement refusé de me donner six mille francs, lui qui les donne tous les mois à sa maîtresse, une fille de l'Opéra! Je voulais me tuer. Les idées les plus folles me passaient par la tête. Il y a eu des moments où j'enviais le sort d'une servante, de ma femme de chambre. Aller trouver mon père, folie! Anastasie et moi nous l'avons égorgé: mon pauvre père se serait vendu s'il pouvait valoir six mille francs. J'aurais été le désespérer en vain. Vous m'avez sauvée de la honte et de la mort, j'étais ivre de douleur. Ah! monsieur, je vous devais cette explication: j'ai été bien déraisonnablement folle avec vous. Quand vous m'avez quittée, et que je vous ai eu perdu de vue, je voulais m'enfuir à pied... où? je ne sais. Voilà la vie de la moitié des femmes de Paris: un luxe extérieur, des soucis cruels dans l'âme. Je connais de pauvres créatures encore plus malheureuses que je ne le suis. Il y a pourtant des femmes obligées de faire faire de faux mémoires par leurs fournisseurs. D'autres sont forcées de voler leurs maris: les uns croient que des cachemires de cent louis se donnent pour cinq cents francs, les autres qu'un cachemire de cinq cents francs vaut cent louis. Il se rencontre de pauvres femmes qui font jeûner leurs enfants, et grappillent pour avoir une robe. Moi, je suis pure de ces odieuses tromperies. Voici ma dernière angoisse. Si quelques femmes se vendent à leurs maris pour les gouverner, moi au moins je suis libre! Je pourrais me faire couvrir d'or par Nucingen, et je préfère pleurer la tête appuyée sur le cœur d'un homme que je puisse estimer. Ah! ce soir, M. de Marsay n'aura pas le droit de me regarder comme une femme qu'il a payée. Elle se mit le visage dans les mains, pour ne pas montrer ses pleurs à Eugène, qui lui dégagea la figure pour la contempler, elle était sublime ainsi. — Mêler l'argent aux sentiments, n'est-ce pas horrible? Vous ne pourrez pas m'aimer, dit-elle.

Ce mélange de bons sentiments, qui rendent les femmes si grandes, et les fautes que la constitution actuelle de la société les force à commettre, bouleversait Eugène, qui disait des paroles douces et consolantes en admirant cette belle femme, si naïvement imprudente dans son cri de douleur.

— Vous ne vous armerez pas de ceci contre moi, dit-elle, promettez-le-moi.

— Ah! madame, j'en suis incapable, dit-il.

Elle lui prit la main et la mit sur son cœur par un mouvement plein de reconnaissance et de gentillesse. — Grâce à vous, me voilà redevenue libre et joyeuse. Je vivais pressée par une main de fer. Je veux maintenant vivre simplement, ne rien dépenser. Vous me trouverez bien comme je serai, mon ami, n'est-ce pas? Gardez ceci, dit-elle en ne prenant que six billets de banque. En conscience, je vous dois mille écus, car je me suis considérée comme étant de moitié avec vous. Eugène se défendit comme une vierge. Mais la baronne lui ayant dit :

— Je vous regarde comme mon ennemi si vous n'êtes pas mon complice. Il prit l'argent. — Ce sera une mise de fonds en cas de malheur, dit-il.

— Voilà le mot que je redoutais, s'écria-t-elle en pâlissant. Si vous voulez que je sois quelque chose pour vous, jurez-moi, dit-elle, de ne jamais retourner au jeu. Mon Dieu ! moi, vous corrompre ! j'en mourrais de douleur.

Ils étaient arrivés. Le contraste de cette misère et de cette opulence étourdissait l'étudiant, dans les oreilles duquel les sinistres paroles de Vautrin vinrent retentir.

— Mettez-vous là, dit la baronne en entrant dans sa chambre et montrant une causeuse auprès du feu, je vais écrire une lettre bien difficile ! conseillez-moi.

— N'écrivez pas, lui dit Eugène, enveloppez les billets, mettez l'adresse, et envoyez-les par votre femme de chambre.

— Mais, vous êtes un amour d'homme, dit-elle. Ah ! voilà, monsieur, ce que c'est que d'avoir été bien élevé ! Ceci est du Beauséant tout pur, dit-elle en souriant.

— Elle est charmante, se dit Eugène, qui s'éprenait de plus en plus. Il regarda cette chambre où respirait la voluptueuse élégance d'une riche courtisane.

— Cela vous plaît-il ? dit-elle en sonnant sa femme de chambre. Thérèse, portez cela vous-même à M. de Marsay, et remettez-le à lui-même. Si vous ne le trouvez pas, vous me rapporterez la lettre.

Thérèse ne partit pas sans avoir jeté un malicieux coup d'œil sur Eugène. Le dîner était servi. Rastignac donna le bras à madame de Nucingen, qui le mena dans une salle à manger délicieuse, où il retrouva le luxe de table qu'il avait admiré chez sa cousine.

— Les jours d'Italiens, dit-elle, vous viendrez dîner avec moi, et vous m'accompagnerez.

— Je m'accoutumerais à cette douce vie si elle devait durer ; mais je suis un pauvre étudiant qui a sa fortune à faire.

— Elle se fera, dit-elle en riant. Vous voyez, tout s'arrange : je ne m'attendais pas à être si heureuse.

Il est dans la nature des femmes de prouver l'impossible par le possible et de détruire les faits par des pressentiments. Quand madame de Nucingen et Rastignac entrèrent dans leur loge, aux Bouffons, elle eut un air de contentement qui la rendait si belle, que chacun se permit de ces petites calomnies contre lesquelles les femmes sont sans défense, et qui font souvent croire à des désordres inventés à plaisir. Quand on connaît Paris, on ne croit à rien de ce qui s'y dit, et l'on ne dit rien de ce qui s'y fait. Eugène prit la main de la baronne, et tous deux se parlèrent par des pressions plus ou moins vives, en se communiquant les sensations que leur donnait la musique. Pour eux, cette soirée fut enivrante. Ils sortirent ensemble, et madame de Nucingen voulut reconduire Eugène jusqu'au Pont-Neuf, en lui disputant, pendant toute la route, un des baisers qu'elle lui avait si chaleureusement prodigués au Palais-Royal. Eugène lui reprocha cette inconséquence.

— Tantôt, répondit-elle, c'était la reconnaissance pour un dévouement inespéré ; maintenant ce serait une promesse.

— Et vous ne voulez m'en faire aucune, ingrate. Il se fâcha. En faisant un de ces gestes d'impatience qui ravissent un amant, elle lui donna sa main à baiser, qu'il prit avec une mauvaise grâce dont elle fut enchantée.

— A lundi, au bal, dit-elle.

En s'en allant à pied, par un beau clair de lune, Eugène tomba dans de sérieuses réflexions. Il était à la fois heureux et mécontent : heureux d'une aventure dont le dénoûment probable lui donnait une des plus jolies et des plus élégantes femmes de Paris, objet de ses désirs ; mécontent de voir ses projets de fortune renversés, et ce fut alors qu'il éprouva la réalité des pensées indécises auxquelles il s'était livré l'avant-veille. L'insuccès nous accuse toujours la puissance de nos prétentions. Plus Eugène jouissait de la vie parisienne, moins il voulait demeurer obscur et pauvre. Il chiffonnait son billet de mille francs dans sa poche, en se faisant mille raisonnements captieux pour se l'approprier. Enfin il arriva rue Neuve-Sainte-Geneviève, et, quand il fut en haut de l'escalier, il y vit de la lumière. Le père Goriot avait laissé sa porte ouverte et sa chandelle allumée, afin que l'étudiant n'oubliât pas de lui raconter sa fille, suivant son expression. Eugène ne lui cacha rien.

— Mais, s'écria le père Goriot dans un violent désespoir de jalousie, elles me croient ruiné : j'ai encore treize cents livres de rente ! Mon Dieu ! la pauvre petite, que ne venait-elle ici ! j'aurais vendu mes rentes, nous aurions pris sur le capital, et avec le reste je me serais fait du viager. Pourquoi n'êtes-vous pas venu me confier son embarras, mon brave voisin ? Comment avez-vous eu le cœur d'aller risquer au jeu ses pauvres petits cent francs ? c'est à fendre l'âme. Voilà ce que c'est que des gendres ! Oh ! si je les tenais, je leur serrerais le cou Mon Dieu ! pleurer, elle a pleuré ?

— La tête sur mon gilet, dit Eugène.

— Oh ! donnez-le-moi, dit le père Goriot. Comment ! il y a eu là des

larmes de ma fille, de ma chère Delphine, qui ne pleurait jamais étant petite ! Oh ! je vous en achèterai un autre, ne le portez plus, laissez-le-moi. Elle doit, d'après son contrat, jouir de ses biens. Ah ! je vais aller trouver Derville, un avoué, dès demain. Je vais faire exiger le placement de sa fortune. Je connais les lois, je suis un vieux loup, je vais retrouver mes dents.

— Tenez, père, voici mille francs qu'elle a voulu me donner sur notre gain. Gardez-les-lui, dans le gilet.

Goriot regarda Eugène, lui tendit la main pour prendre la sienne, sur laquelle il laissa tomber une larme.

— Vous réussirez dans la vie, lui dit le vieillard. Dieu est juste, voyez-vous ! Je me connais en probité, moi, et puis vous assurer qu'il y a bien peu d'hommes qui vous ressemblent. Vous voulez donc être aussi mon cher enfant ? Allez, dormez. Vous pouvez dormir, vous n'êtes pas encore père. Elle a pleuré, j'apprends ça, moi, qui étais là tranquillement à manger comme un imbécile pendant qu'elle souffrait ; moi, moi qui vendrais le Père, le Fils et le Saint-Esprit pour leur éviter une larme à toutes deux.

— Par ma foi, se dit Eugène en se couchant, je crois que je serai honnête homme toute ma vie. Il y a du plaisir à suivre les inspirations de sa conscience.

Il n'y a peut-être que ceux qui croient en Dieu qui font le bien en secret, et Eugène croyait en Dieu. Le lendemain, à l'heure du bal, Rastignac alla chez madame de Beauséant, qui l'emmena pour le présenter à la duchesse de Carigliano. Il reçut le plus gracieux accueil de la maréchale, chez laquelle il retrouva madame de Nucingen. Delphine s'était parée avec l'intention de plaire à tous pour mieux plaire à Eugène, de qui elle attendait impatiemment un coup d'œil, en croyant cacher son impatience. Pour qui sait deviner les émotions d'une femme, ce moment est plein de délices. Qui ne s'est souvent plu à faire attendre son opinion, à déguiser coquettement son plaisir, à chercher des aveux dans l'inquiétude qu'on en cause, à jouir des craintes qu'on dissipera par un sourire ? Pendant cette fête, l'étudiant mesura tout à coup la portée de sa position, et comprit qu'il avait un état dans le monde en étant cousin avoué de madame de Beauséant. La conquête de madame la baronne de Nucingen, qu'on lui donnait déjà, le mettait si bien en relief, que tous les jeunes gens lui jetaient des regards d'envie ; en surprenant quelques-uns, il goûta les premiers plaisirs de la fatuité. En passant d'un salon dans un autre, en traversant les groupes, il entendit vanter son bonheur. Les femmes lui prédisaient toutes des succès. Delphine, craignant de le perdre, lui promit de ne pas lui refuser le soir le baiser qu'elle s'était tant défendue d'accorder l'avant-veille. A ce bal, Rastignac reçut plusieurs engagements. Il fut présenté par sa cousine à quelques femmes qui toutes avaient des prétentions à l'élégance, et dont les maisons passaient pour être agréables ; il se vit lancé dans le plus grand et le plus beau monde de Paris. Cette soirée eut donc pour lui les charmes d'un brillant début, et il devait s'en souvenir jusque dans ses vieux jours, comme une jeune fille se souvient du bal où elle a eu des triomphes. Le lendemain, quand, au déjeuner, il raconta ses succès au père Goriot devant les pensionnaires, Vautrin se prit à sourire d'une façon diabolique.

— Et vous croyez, s'écria ce féroce logicien, qu'un jeune homme à la mode peut demeurer rue Neuve-Sainte-Geneviève, dans la maison Vauquer ? pension infiniment respectable sous tous les rapports, certainement, mais qui n'est rien moins que fashionable. Elle est cossue, elle est belle de son abondance, elle est fière d'être le manoir momentané d'un Rastignac ; mais, enfin, elle est rue Neuve-Sainte-Geneviève, et ignore le luxe, parce qu'elle est purement patriarchalorama. Mon jeune ami, reprit Vautrin d'un air paternellement railleur, si vous voulez faire figure à Paris, il vous faut trois chevaux et un tilbury pour le matin, un coupé pour le soir, en tout neuf mille francs pour le véhicule. Vous seriez indigne de votre destinée si vous ne dépensiez que trois mille francs chez votre tailleur, six cents francs chez le parfumeur, cent écus chez le bottier, cent écus chez le chapelier. Quant à votre blanchisseuse, elle vous coûtera mille francs. Les jeunes gens à la mode ne peuvent se dispenser d'être très-forts sur l'article du linge : n'est-ce pas ce qu'on examine le plus souvent en eux ? L'amour et l'église veulent de belles nappes sur leurs autels. Nous sommes à quatorze mille. Je ne vous parle pas de ce que vous perdrez au jeu, en paris, en présents ; il est impossible de ne pas compter pour deux mille francs d'argent de poche. J'ai mené cette vie-là, j'en connais les débours. Ajoutez à ces nécessités premières, trois cents louis pour la pâtée, mille francs pour la niche. Allez, mon enfant, nous en avons pour nos petits vingt-cinq mille par an dans les flancs, ou nous tombons dans la crotte, nous nous faisons moquer de nous, et nous sommes destitué de notre avenir, de nos succès, de nos maîtresses ! J'oublie le valet de chambre et le groom ! Est-ce Christophe qui portera vos billets doux ? Les écrirez-vous sur le papier dont vous vous servez ? Ce serait vous suicider. Croyez-en un vieillard plein d'expérience ! reprit-il en faisant un rinforzando dans sa voix de basse. Ou déportez-vous dans une vertueuse mansarde, et mariez-vous avec le travail, ou prenez une autre voie.

Et Vautrin cligna de l'œil en guignant mademoiselle Taillefer de manière à rappeler et résumer dans ce regard les raisonnements séducteurs qu'il avait semés au cœur de l'étudiant pour le corrompre. Plusieurs jours se passèrent pendant lesquels Rastignac mena la vie la plus dissipée. Il dînait presque tous les jours avec madame de Nucingen, qu'il accompagnait dans le monde. Il rentrait à trois ou quatre heures du matin, se levait à midi pour faire sa toilette, allait se promener au bois avec Delphine, quand il faisait beau, prodiguant ainsi son temps sans en savoir le prix, et aspirant tous les enseignements, toutes les séductions du luxe avec l'ardeur dont est saisi l'impatient calice d'un dattier femelle pour les fécondantes poussières de son hyménée. Il jouait gros jeu, perdait ou gagnait beaucoup, et finit par s'habituer à la vie exorbitante des jeunes gens de Paris. Sur ses premiers gains, il avait renvoyé quinze cents francs à sa mère et à ses sœurs, en accompagnant sa restitution de jolis présents. Quoiqu'il eût annoncé vouloir quitter la maison Vauquer, il y était encore dans les derniers jours du mois de janvier et ne savait comment en sortir. Les jeunes gens sont soumis presque tous à une loi en apparence inexplicable, mais dont la raison vient de leur jeunesse même, et de l'espèce de furie avec laquelle ils se ruent au plaisir. Riches ou pauvres, ils n'ont jamais d'argent pour les nécessités de la vie, tandis qu'ils en trouvent toujours pour leurs caprices. Prodigues de tout ce qui s'obtient à crédit, ils sont avares de tout ce qui se paye à l'instant même, et semblent se venger de ce qu'ils n'ont pas eu dissipant tout ce qu'ils peuvent avoir. Ainsi, pour nettement poser la question, un étudiant prend bien plus de soin de son chapeau que de son habit. L'énormité du gain rend le tailleur essentiellement créditeur, tandis que la modicité de la somme fait du chapelier un des êtres les plus intraitables parmi ceux avec lesquels il est forcé de parlementer. Si le jeune homme assis au balcon d'un théâtre offre à la lorgnette des jolies femmes d'étourdissants gilets, il est douteux qu'il ait des chaussettes; le bonnetier est encore un des charançons de sa bourse. Rastignac en était là. Toujours vide pour madame Vauquer, toujours pleine pour les exigences de la vanité, sa bourse avait des revers et des succès lunatiques en désaccord avec les payements les plus naturels. Afin de quitter une pension puante, ignoble, où s'humiliaient périodiquement ses prétentions, ne fallait-il pas payer un mois à son hôtesse, et acheter des meubles pour son appartement de dandy? c'était toujours la chose impossible. Si, pour se procurer l'argent nécessaire à son jeu, Rastignac savait acheter chez son bijoutier des montres et des chaînes d'or chèrement payées sur ses gains, et qu'il portait au Mont-de-Piété, ce sombre et discret ami de la jeunesse, il se trouvait sans invention comme sans audace quand il s'agissait de payer sa nourriture, son logement, ou d'acheter les outils indispensables à l'exploitation de la vie élégante. Une nécessité vulgaire, des dettes contractées pour des besoins satisfaits, ne l'inspiraient plus. Comme la plupart de ceux qui ont connu cette vie de hasard, il attendait au dernier moment pour solder des créances sacrées aux yeux des bourgeois, comme faisait Mirabeau, qui ne payait son pain que quand il se présentait sous la forme dragonnante d'une lettre de change. Vers cette époque, Rastignac avait perdu son argent, et s'était endetté. L'étudiant commençait à comprendre qu'il lui serait impossible de continuer cette existence sans avoir des ressources fixes. Mais, tout en gémissant sous les piquantes atteintes de sa situation précaire, il se sentait incapable de renoncer aux jouissances excessives de cette vie, et voulait la continuer à tout prix. Les hasards sur lesquels il avait compté pour sa fortune devenaient chimériques, et les obstacles réels grandissaient. En s'initiant aux secrets domestiques de M. et madame de Nucingen, il s'était aperçu de, pour convertir l'amour en instrument de fortune, il fallait avoir bu toute honte, et renoncer aux nobles idées qui sont l'absolution des fautes de la jeunesse. Cette vie extérieurement splendide, si rongée par les tænias du remords, et dont les fugitifs plaisirs étaient chèrement expiés par de persistantes angoisses, il l'avait épousée, il s'y roulait en se faisant, comme le Distrait de la Bruyère, un lit dans la fange du fossé, mais, comme le Distrait, il ne souillait encore que son vêtement.

— Nous avons donc tué le mandarin? lui dit un jour Bianchon en sortant de table.

— Pas encore, répondit-il, mais il râle.

L'étudiant en médecine prit ce mot pour une plaisanterie, et ce n'en était pas une. Eugène, qui, pour la première fois depuis longtemps, avait dîné à la pension, s'était montré pensif pendant le repas. Au lieu de sortir au dessert, il resta dans la salle à manger assis auprès de mademoiselle Taillefer, à laquelle il jeta de temps en temps des regards expressifs. Quelques pensionnaires étaient encore attablés et mangeaient des noix, d'autres se promenaient en continuant des discussions commencées. Comme presque tous les soirs, chacun s'en allait à sa fantaisie, suivant le degré d'intérêt qu'il prenait à la conversation, ou selon le plus ou le moins de pesanteur que lui causait sa digestion. En hiver, il était rare que la salle à manger fût entièrement évacuée avant huit heures, moment où les quatre femmes demeuraient seules, et se vengeaient du silence que leur sexe leur imposait au milieu de cette réunion masculine. Frappé de la préoccupation à laquelle Eugène était en proie, Vautrin resta dans la salle à manger, quoiqu'il eût paru d'abord empressé de sortir, et se tint constamment de manière à n'être pas vu d'Eugène, qui dut le croire parti. Puis, au lieu d'accompagner ceux des pensionnaires qui s'en allèrent les derniers, il stationna sournoisement dans le salon. Il avait lu dans l'âme de l'étudiant, et pressentait un symptôme décisif. Rastignac se trouvait en effet dans une situation perplexe, que beaucoup de jeunes gens ont dû connaître. Aimante ou coquette, madame de Nucingen avait fait passer Rastignac par toutes les angoisses d'une passion véritable, en déployant pour lui les ressources de la diplomatie féminine en usage à Paris. Après s'être compromise aux yeux du public pour fixer près d'elle le cousin de madame de Beauséant, elle hésitait à lui donner réellement les droits dont il paraissait jouir. Depuis un mois elle irritait si bien les sens d'Eugène, qu'elle avait fini par attaquer le cœur. Si, dans les premiers moments de sa liaison, l'étudiant s'était cru le maître, madame de Nucingen était devenue la plus forte, à l'aide d'un manège, qui mettait en mouvement chez Eugène tous les sentiments, bons ou mauvais, des deux ou trois hommes qui sont dans un jeune homme de Paris. Était-ce en elle un calcul? Non; les femmes sont toujours vraies, même au milieu de leurs plus grandes faussetés, parce qu'elles cèdent à quelque sentiment naturel. Peut-être Delphine, après avoir laissé prendre tout à coup tant d'empire sur elle par ce jeune homme, et lui avoir montré trop d'affection, obéissait-elle à un sentiment de dignité qui la faisait ou revenir sur ses concessions, ou se plaire à les suspendre. Il est si naturel à une Parisienne, au moment même où la passion l'entraîne, d'hésiter dans sa chute, d'éprouver le cœur de celui auquel elle va livrer son avenir! Toutes les espérances de madame de Nucingen avaient été trahies une première fois, et sa fidélité pour un jeune égoïste venait d'être méconnue. Elle pouvait être défiante à bon droit. Peut-être avait-elle aperçu dans les manières d'Eugène, que son rapide succès avait rendu fat, une sorte de mésestime causée par les bizarreries de leur situation. Elle désirait sans doute paraître imposante à un homme de cet âge, et se trouver grande devant lui après avoir été si longtemps petite devant celui pour qui elle était abandonnée. Elle ne voulait pas qu'Eugène la crût une facile conquête, précisément parce qu'il savait qu'elle avait appartenu à de Marsay. Enfin, après avoir subi le dégradant plaisir d'un véritable monstre, un libertin jeune, elle éprouvait tant de douceur à se promener dans les régions fleuries de l'amour, que c'était sans doute un charme pour elle d'en admirer tous les aspects, d'en écouter longtemps les frémissements, et de se laisser longtemps caresser par de chastes brises. Le véritable amour payait pour le mauvais. Ce contre-sens sera malheureusement fréquent tant que les hommes ne sauront pas combien de fleurs fauchent dans l'âme d'une jeune femme les premiers coups de la tromperie. Quelles que fussent ses raisons, Delphine se jouait de Rastignac, et se plaisait à se jouer de lui, sans doute parce qu'elle se savait aimée et sûre de faire cesser les chagrins de son amant, suivant son royal bon plaisir de femme. Par respect de lui-même, Eugène ne voulait pas que son premier combat se terminât par une défaite, et persistait dans sa poursuite, comme un chasseur qui veut absolument tuer une perdrix à sa première fête de Saint-Hubert. Ses anxiétés, son amour-propre offensé, ses désespoirs, faux ou véritables, l'attachaient de plus en plus à cette femme. Tout Paris lui donnait madame de Nucingen, auprès de laquelle il n'était pas plus avancé que le premier jour où il l'avait vue. Ignorant encore que la coquetterie d'une femme offre quelquefois plus de bénéfices que son amour ne donne de plaisir, il tombait dans de sottes rages. Si la saison pendant laquelle une femme se dispute à l'amour offrait à Rastignac le butin de ses primeurs, elles lui devenaient aussi coûteuses qu'elles étaient vertes, aigrelettes et délicieuses à savourer. Parfois, en se voyant sans un sou, sans avenir, il pensait, malgré la voix de sa conscience, aux chances de fortune dont Vautrin lui avait démontré la possibilité dans un mariage avec mademoiselle Taillefer. Or, il se trouvait alors dans un moment où la misère parlait si haut, qu'il céda presque involontairement aux artifices du terrible sphinx, par les regards duquel il était souvent fasciné. Au moment où Poiret et mademoiselle Michonneau remontèrent chez eux, Rastignac, se croyant seul entre madame Vauquer et madame Couture, qui se tricotait des manches de laine en sommeillant devant le poêle, regarda mademoiselle Taillefer d'une manière assez tendre pour lui faire baisser les yeux.

— Auriez-vous des chagrins, monsieur Eugène? lui dit Victorine après un moment de silence.

— Quel homme n'a pas ses chagrins! répondit Rastignac. Si nous étions sûrs, nous autres jeunes gens, d'être bien aimés, avec un dévouement qui nous récompensât des sacrifices que nous sommes toujours disposés à faire, nous n'aurions peut-être jamais de chagrins.

Mademoiselle Taillefer lui jeta, pour toute réponse, un regard qui n'était pas équivoque.

— Vous, mademoiselle, vous vous croyez sûre de votre cœur aujourd'hui; mais répondriez-vous de ne jamais changer?

Un sourire vint errer sur les lèvres de la pauvre fille comme un rayon jailli de son âme, et fit si bien reluire sa figure, qu'Eugène fut effrayé d'avoir provoqué une aussi vive explosion de sentiment.

— Quoi! si demain vous étiez riche et heureuse, si une immense fortune vous tombait des nues, vous aimeriez encore le jeune homme pauvre qui vous aurait plu durant vos jours de détresse?

Elle fit un joli signe de tête.

— Un jeune homme bien malheureux?

Nouveau signe.

— Quelles bêtises dites-vous donc là? s'écria madame Vauquer.

— Laissez-nous, répondit Eugène; nous nous entendons.

— Il y aurait donc alors promesse de mariage entre M. le chevalier Eugène de Rastignac et mademoiselle Victorine Taillefer? dit Vautrin de sa grosse voix, en se montrant tout à coup à la porte de la salle à manger.

— Ah! vous m'avez fait peur, dirent à la fois madame Couture et madame Vauquer.

— Je pourrais plus mal choisir, répondit en riant Eugène, à qui la voix de Vautrin causa la plus cruelle émotion qu'il eût jamais ressentie.

— Pas de mauvaises plaisanteries, messieurs! dit madame Couture. Ma fille, remontons chez nous.

Madame Vauquer suivit ses deux pensionnaires, afin d'économiser sa chandelle et son feu en passant la soirée chez elles. Eugène se trouva seul et face à face avec Vautrin.

— Je savais bien que vous y arriveriez, lui dit cet homme en gardant un imperturbable sang-froid. Mais, écoutez! j'ai de la délicatesse tout comme un autre, moi. Ne vous décidez pas dans ce moment; vous n'êtes pas dans votre assiette ordinaire. Vous avez des dettes. Je ne veux pas que ce soit la passion, le désespoir, mais la raison qui vous détermine à venir à moi. Peut-être vous faut-il quelque millier d'écus. Tenez, le voulez-vous?

Ce démon prit dans sa poche un portefeuille, et en tira trois billets de banque, qu'il fit papilloter aux yeux de l'étudiant. Eugène était dans la plus cruelle des situations. Il devait au marquis d'Ajuda et au comte de Trailles cent louis perdus sur parole. Il ne les avait pas, et n'osait aller passer la soirée chez madame de Restaud, où il était attendu. C'était une de ces soirées sans cérémonie, où l'on mange des petits gâteaux, où l'on boit du thé, mais où l'on peut perdre six mille francs au whist.

— Monsieur, lui dit Eugène en cachant avec peine un tremblement convulsif, après ce que vous m'avez confié, vous devez comprendre qu'il m'est impossible de vous avoir des obligations.

— Eh bien! vous m'auriez fait de la peine de parler autrement, reprit le tentateur. Vous êtes un beau jeune homme, délicat, fier comme un lion et doux comme une jeune fille. Vous seriez une belle proie pour le diable. J'aime cette qualité de jeunes gens. Encore deux ou trois réflexions de haute politique, et vous verrez le monde comme il est. En y jouant quelques petites scènes de vertu, l'homme supérieur y satisfait toutes ses fantaisies aux grands applaudissements des niais du parterre. Avant peu de jours, vous serez à nous. Ah! si vous vouliez devenir mon élève, je vous ferais arriver à tout. Vous ne formeriez pas un désir qu'il ne fût à l'instant comblé, quoi que vous puissiez souhaiter: honneur, fortune, femmes. On vous réduirait toute la civilisation en ambroisie. Vous seriez notre enfant gâté, notre Benjamin; nous nous exterminerions tous pour vous avec plaisir. Tout ce qui vous ferait obstacle serait aplati. Si vous conservez des scrupules, vous me prenez donc pour un scélérat? Eh bien! un homme qui avait

autant de probité que vous croyez en avoir encore, M. de Turenne, faisait, sans se croire compromis, de petites affaires avec des brigands. Vous ne voulez pas être mon obligé, hein? Qu'à cela ne tienne, reprit Vautrin en laissant échapper un sourire. Prenez ces chiffons, et mettez-moi là-dessus, dit-il en tirant un timbre, là, en travers: *Accepté pour la somme de trois mille cinq cents francs, payable en un an.* Et datez! L'intérêt est assez fort pour vous ôter tout scrupule; vous pouvez m'appeler juif, et vous regarder comme quitte de toute reconnaissance. Je vous permets de me mépriser encore aujourd'hui, sûr que plus tard vous m'aimerez. Vous trouverez en moi de ces immenses abîmes, de ces vastes sentiments concentrés que les niais appellent des vices; mais vous ne me trouverez jamais ni lâche ni ingrat. Enfin, je ne suis ni un pion ni un fou, mais une tour, mon petit.

— Quel homme êtes-vous donc? s'écria Eugène; vous avez été créé pour me tourmenter.

— Mais non, je suis un bon homme qui veut se crotter pour que vous soyez à l'abri de la boue pour le reste de vos jours. Vous vous demandez pourquoi ce dévouement? Eh bien! je vous le dirai tout doucement quelque jour, dans le tuyau de l'oreille. Je vous ai d'abord surpris en vous montrant le carillon de l'ordre social et le jeu de la machine; mais votre premier effroi se passera comme celui du conscrit sur le champ de bataille, et vous vous accoutumerez à l'idée de considérer les hommes comme des soldats décidés à périr pour le service de ceux qui se sacrent rois eux-mêmes. Les temps sont bien changés. Autrefois on disait à un brave: — Voilà cent écus, tue-moi M. un tel, et l'on soupait tranquillement après avoir mis un homme à l'ombre pour un oui, pour un non. Aujourd'hui je vous propose de vous donner une belle fortune contre un signe de tête qui ne vous compromet en rien, et vous hésitez. Le siècle est mou.

Eugène signa la traite, et l'échangea contre les billets de banque.

— Eh bien! voyons, parlons raison, reprit Vautrin. Je veux partir d'ici à quelques mois pour l'Amérique, aller planter mon tabac. Je vous enverrai les cigares de l'amitié. Si je deviens riche, je vous ai-

Rastignac étourdi se laisse prendre dix louis par l'homme aux cheveux blancs. — PAGE 29.

derai. Si je n'ai pas d'enfants (cas probable: je ne suis pas curieux de me replanter ici par bouture), eh bien! je vous léguerai ma fortune. Est-ce être l'ami d'un homme? Mais je vous aime, moi. J'ai la passion de me dévouer pour un autre. Je l'ai déjà fait. Voyez-vous, mon petit, je vis dans une sphère plus élevée que celle des autres hommes. Je considère les actions comme des moyens, et ne vois que le but. Qu'est-ce qu'un homme pour moi? Ça! fit-il en faisant claquer l'ongle de son pouce sous une de ses dents. Un homme est tout ou rien. Il est moins que rien quand il se nomme Poiret: on peut l'écraser comme une punaise; il est plat et il pue. Mais un homme est un dieu quand il vous ressemble: ce n'est plus une machine couverte en peau, mais un théâtre où s'émeuvent les plus beaux sentiments, et je ne vis que par les sentiments. Un sentiment, n'est-ce pas le monde dans une pensée? Voyez le père Goriot: ses deux filles sont pour lui tout l'univers; elles sont le fil avec lequel il se dirige dans la création.

Eh bien ! pour moi, qui ai bien creusé la vie, il n'existe qu'un seul sentiment réel, une amitié d'homme à homme. Pierre et Jaffier, voilà ma passion. Je sais VENISE SAUVÉE par cœur. Avez-vous vu beaucoup de gens assez poilus pour, quand un camarade dit : — Allons enterrer un corps ! y aller sans souffler mot ni l'embêter de morale ? J'ai fait ça, moi. Je ne parlerais pas ainsi à tout le monde. Mais vous, vous êtes un homme supérieur, on peut tout vous dire ; vous savez tout comprendre. Vous ne patouillerez pas longtemps dans les marécages où vivent les crapoussins qui nous entourent ici. Eh bien ! voilà qui est dit. Vous épouserez. Poussons chacun nos pointes ! La mienne est en fer et ne mollit jamais, hé ! hé !

Vautrin sortit sans vouloir entendre la réponse négative de l'étudiant, afin de le mettre à son aise. Il semblait connaître le secret de ces petites résistances, de ces combats dont les hommes se parent devant eux-mêmes, et qui leur servent à se justifier leurs actions blâmables.

— Qu'il fasse comme il voudra, je n'épouserai certes pas mademoiselle Taillefer ! se dit Eugène.

Après avoir subi le malaise d'une fièvre intérieure que lui causa l'idée d'un pacte fait avec cet homme, dont il avait horreur, mais qui grandissait à ses yeux par le cynisme même de ses idées, et par l'audace avec laquelle il étreignait la société, Rastignac s'habilla, demanda une voiture, et vint chez madame de Restaud. Depuis quelques jours, cette femme avait redoublé de soins pour un jeune homme dont chaque pas était un progrès au cœur du grand monde, et dont l'influence paraissait devoir être un jour redoutable. Il paya MM. de Trailles et d'Adjuda, joua au whist une partie de la nuit, et regagna ce qu'il avait perdu. Superstitieux comme la plupart des hommes dont le chemin est à faire, et qui sont plus ou moins fatalistes, il voulut voir dans son bonheur une récompense du ciel pour sa persévérance à rester dans le bon chemin. Le lendemain matin, il s'empressa de demander à Vautrin s'il avait encore sa lettre de change. Sur une réponse affirmative, il lui rendit les trois mille francs, en manifestant un plaisir assez naturel.

— Tout va bien, lui dit Vautrin.

— Mais je ne suis pas votre complice, dit Eugène.

— Je sais, je sais, répondit Vautrin en l'interrompant. Vous faites encore des enfantillages. Vous vous arrêtez aux bagatelles de la porte.

Deux jours après, Poiret et mademoiselle Michonneau se trouvaient assis sur un banc, au soleil, dans une allée solitaire du Jardin-des-Plantes, et causaient avec le monsieur qui paraissait à bon droit suspect à l'étudiant en médecine.

— Mademoiselle, disait M. Gondureau, je ne vois pas d'où naissent vos scrupules. Son Excellence monseigneur le ministre de la police générale du royaume...

— Ah ! Son Excellence monseigneur le ministre de la police générale du royaume... répéta Poiret.

— Oui, Son Excellence s'occupe de cette affaire, dit Gondureau.

A qui ne paraîtra-t-il pas invraisemblable que Poiret, ancien employé, sans doute homme de vertus bourgeoises, quoique dénué d'idées, continuât d'écouter le prétendu rentier de la rue de Buffon, au moment où il prononçait le mot de police en laissant ainsi voir la physionomie d'un agent de la rue de Jérusalem à travers son masque d'honnête homme ? Cependant rien n'était plus naturel. Chacun comprendra mieux l'espèce particulière à laquelle appartenait Poiret, dans la grande famille des niais, après une remarque déjà faite par certains observateurs, mais qui jusqu'à présent n'a pas été publiée. Il est une nation plumigère, serrée au budget entre le premier degré de latitude, qui comporte les traitements de douze cents francs, espèce de Groënland administratif, et le troisième degré, où commencent les traitements un peu plus chauds de trois à six mille francs, région tempérée, où s'acclimate la gratification, où elle fleurit malgré les difficultés de la culture. Un des traits caractéristiques qui trahit le mieux l'infirme étroitesse de cette gent subalterne, est une sorte de respect involontaire, machinal, instinctif, pour le grand lama de tout ministère, connu de l'employé par une signature illisible et sous le nom de Son Excellence Monseigneur le Ministre, cinq mots qui équivalent à l'Il Bondo Cani du calife de Bagdad, et qui, aux yeux de ce peuple aplati, représente un pouvoir sacré, sans appel. Comme le pape pour les chrétiens, monseigneur est administrativement infaillible aux yeux de l'employé ; l'éclat qu'il jette se communique à ses actes, à ses paroles, à celles dites en son nom ; il couvre tout de sa broderie, et légalise les actions qu'il ordonne ; son nom d'Excellence, qui atteste la pureté de ses intentions et la sainteté de ses vouloirs, sert de passeport aux idées les moins admissibles. Ce que ces pauvres gens ne feraient pas dans leur intérêt, ils s'empressent de l'accomplir dès que le mot Son Excellence est prononcé. Les bureaux ont leur obéissance passive, comme l'armée a la sienne : système qui étouffe la conscience, annihile un homme, et finit, avec le temps, par l'adapter comme une vis ou un écrou à la machine gouvernementale. Aussi M. Gondureau, qui paraissait se connaître en hommes, distingua-t-il promptement en Poiret un de ces niais bureaucratiques, et fit-il sortir le Deus ex machiná, le mot talismanique de Son Excellence, au moment où il fallait, en démasquant ses batteries, éblouir le Poiret, qui lui semblait le mâle de la Michonneau, comme la Michonneau lui semblait la femelle du Poiret.

— Du moment où Son Excellence elle-même, Son Excellence monseigneur le... Ah ! c'est très-différent, dit Poiret.

— Vous entendez monsieur, dans le jugement duquel vous paraissez avoir confiance, reprit le faux rentier en s'adressant à mademoiselle Michonneau. Eh bien ! Son Excellence a maintenant la certitude la plus complète que le prétendu Vautrin, logé dans la Maison-Vauquer, est un forçat évadé du bagne de Toulon, où il est connu sous le nom de Trompe-la-Mort.

— Ah ! Trompe-la-Mort ! dit Poiret, il est bien heureux, s'il a mérité ce nom-là.

— Mais oui, reprit l'agent. Ce sobriquet est dû au bonheur qu'il a eu de ne jamais perdre la vie dans les entreprises extrêmement audacieuses qu'il a exécutées. Cet homme est dangereux, voyez-vous ! Il

Qu'est-ce qu'un homme pour moi ? dit Vautrin. — PAGE 32.

a des qualités qui le rendent extraordinaire. Sa condamnation est même une chose qui lui a fait dans sa partie un honneur infini...

— C'est donc un homme d'honneur? demanda Poiret.

— A sa manière. Il a consenti à prendre sur son compte le crime d'un autre, un faux commis par un très-beau jeune homme qu'il aimait beaucoup, un jeune Italien assez joueur, entré depuis au service militaire, où il s'est d'ailleurs parfaitement comporté.

— Mais si Son Excellence le ministre de la police est sûr que M. Vautrin soit Trompe-la-Mort, pourquoi donc aurait-il besoin de moi? dit mademoiselle Michonneau.

— Ah! oui, dit Poiret, si en effet le ministre, comme vous nous avez fait l'honneur de nous le dire, a une certitude quelconque...

— Certitude n'est pas le mot; seulement on se doute. Vous allez comprendre la question. Jacques Collin, surnommé Trompe-la-Mort, a toute la confiance des trois bagnes, qui l'ont choisi pour être leur agent et leur banquier. Il gagne beaucoup à s'occuper de ce genre d'affaires, qui nécessairement veut un homme de marque.

— Ah! ah! comprenez-vous le calembour, mademoiselle? dit Poiret. Monsieur l'appelle un homme de *marque*, parce qu'il a été marqué.

— Le faux Vautrin, dit l'agent en continuant, reçoit les capitaux de messieurs les forçats, les place, les leur conserve, et les tient à la disposition de ceux qui s'évadent, ou de leurs familles, quand ils en disposent par testament, ou de leurs maîtresses, quand ils tirent sur lui pour elles.

— De leurs maîtresses! Vous voulez dire de leurs femmes, fit observer Poiret.

— Non, monsieur. Le forçat n'a généralement que des épouses illégitimes, que nous nommons des concubines.

— Ils vivent donc tous en état de concubinage?

— Conséquemment.

— Eh bien! dit Poiret, voilà des horreurs que monseigneur ne devrait pas tolérer. Puisque vous avez l'honneur de voir Son Excellence, c'est à vous, qui me paraissez avoir des idées philanthropiques, à l'éclairer sur la conduite immorale de ces gens, qui donnent un très-mauvais exemple au reste de la société.

— Mais, monsieur, le gouvernement ne les met pas là pour offrir le modèle de toutes les vertus.

— C'est juste. Cependant, monsieur, permettez...

— Mais, laissez donc dire monsieur, mon cher mignon, dit mademoiselle Michonneau.

— Vous comprenez, mademoiselle, reprit Gondureau. Le gouvernement peut avoir un grand intérêt à mettre la main sur une caisse illicite, que l'on dit monter à un total assez majeur. Trompe-la-Mort encaisse des valeurs considérables en recélant non-seulement les sommes possédées par quelques-uns de ses camarades, mais encore celles qui proviennent de la société des Dix mille.

— Dix mille voleurs! s'écria Poiret effrayé.

— Non, la société des Dix mille est une association de hauts voleurs, de gens qui travaillent en grand, et ne se mêlent pas d'une affaire où il n'y a pas dix mille francs à gagner. Cette société se compose de tout ce qu'il y a de plus distingué parmi ceux de nos hommes qui vont droit en cour d'assises. Ils connaissent le Code, et ne risquent jamais de se faire appliquer la peine de mort quand ils sont pincés; Collin est leur homme de confiance, leur conseil. A l'aide de ses immenses ressources, cet homme a su se créer une police à lui, des relations fort étendues qu'il enveloppe d'un mystère impénétrable. Quoique depuis un an nous l'ayons entouré d'espions, nous n'avons pas encore pu voir dans son jeu. Sa caisse et ses talents servent donc constamment à solder le vice, à faire les fonds au crime, et entretiennent sur pied une armée de mauvais sujets qui sont dans un perpétuel état de guerre avec la société. Saisir Trompe-la-Mort et s'emparer de sa banque, ce sera couper le mal dans sa racine. Aussi cette expédition est-elle devenue une affaire d'État et de haute politique, susceptible d'honorer ceux qui coopéreront à sa réussite. Vous-même, monsieur, pourriez être de nouveau employé dans l'administration, devenir secrétaire d'un commissaire de police, fonctions qui ne vous empêcheraient point de toucher votre pension de retraite.

— Mais pourquoi, dit mademoiselle Michonneau, Trompe-la-Mort ne s'en va-t-il pas avec la caisse?

— Oh! fit l'agent, partout où il irait, il serait suivi d'un homme chargé de le tuer, s'il volait le bagne. Puis une caisse ne s'enlève pas aussi facilement qu'on enlève une demoiselle de bonne maison. D'ailleurs, Collin est un gaillard incapable de faire un trait semblable, il se croirait déshonoré.

— Monsieur, dit Poiret, vous avez raison, il serait tout à fait déshonoré.

— Tout cela ne nous dit pas pourquoi vous ne venez pas tout bonnement vous emparer de lui, demanda mademoiselle Michonneau.

— Eh bien! mademoiselle, je réponds... Mais, lui dit-il à l'oreille, empêchez votre monsieur de m'interrompre, ou nous n'en aurons jamais fini. Il doit avoir beaucoup de fortune pour se faire écouter, ce vieux-là. Trompe-la-Mort, en venant ici, a chaussé la peau d'un honnête homme, il s'est fait bon bourgeois de Paris, il s'est logé dans une pension sans apparence; il est fin, allez! on ne le prendra jamais sans

vert. Donc M. Vautrin est un homme considéré, qui fait des affaires considérables.

— Naturellement, se dit Poiret à lui-même.

— Le ministre, si l'on se trompait en arrêtant un vrai Vautrin, ne veut pas se mettre à dos le commerce de Paris, ni l'opinion publique. M. le préfet de police branle dans le manche, il a des ennemis. S'il y avait erreur, ceux qui veulent sa place profiteraient des clabaudages et des criailleries libérales pour le faire sauter. Il s'agit ici de procéder comme dans l'affaire de Cogniard, le faux comte de Sainte-Hélène; si c'avait été un vrai comte de Sainte-Hélène, nous n'étions pas propres. Aussi faut-il vérifier.

— Oui, mais vous avez besoin d'une jolie femme, dit vivement mademoiselle Michonneau.

— Trompe-la-Mort ne se laisserait pas aborder par une femme, dit l'agent. Apprenez un secret : il n'aime pas les femmes.

— Mais je ne vois pas alors à quoi je suis bonne pour une semblable vérification, une supposition que je consentirais à la faire pour deux mille francs.

— Rien de plus facile, dit l'inconnu. Je vous remettrai un flacon contenant une dose de liqueur préparée pour donner un coup de sang qui n'a pas le moindre danger et simule une apoplexie. Cette drogue peut se mêler également au vin et au café. Sur-le-champ vous transportez votre homme sur un lit, et vous le déshabillez afin de savoir s'il ne se meurt pas. Au moment où vous serez seule, vous lui donnerez une claque sur l'épaule, paf! et vous verrez reparaître les lettres.

— Mais c'est rien du tout, ça, dit Poiret.

— Eh bien! consentez-vous? dit Gondureau à la vieille fille.

— Mais, mon cher monsieur, dit mademoiselle Michonneau, au cas où il n'y aurait point de lettres, aurais-je les deux mille francs?

— Non.

— Quelle sera donc l'indemnité?

— Cinq cents francs.

— Faire une chose pareille pour si peu! Le mal est le même dans la conscience, et j'ai ma conscience à calmer, monsieur!

— Je vous affirme, dit Poiret, que mademoiselle a beaucoup de conscience, outre que c'est une très-aimable personne et bien entendue.

— Eh bien! reprit mademoiselle Michonneau, donnez-moi trois mille francs si c'est Trompe-la-Mort, et rien si c'est un bourgeois.

— Ça va, dit Gondureau, mais à condition que l'affaire sera faite demain.

— Pas encore, mon cher monsieur, j'ai besoin de consulter mon confesseur.

— Finaude! dit l'agent en se levant. A demain alors; et, si vous étiez pressée de me parler, venez petite rue Sainte-Anne, au bout de la cour de la Sainte-Chapelle. Il n'y a qu'une porte sous la voûte. Demandez M. Gondureau.

Bianchon, qui revenait du cours de Cuvier, eut l'oreille frappée du mot assez original de Trompe-la-Mort, et entendit le ça va du célèbre chef de la police de sûreté.

— Pourquoi n'en finissez-vous pas? ce serait trois cents francs de rente viagère, dit Poiret à mademoiselle Michonneau.

— Pourquoi? dit-elle, mais il faut y réfléchir. Si M. Vautrin était ce Trompe-la-Mort, peut-être y aurait-il plus d'avantage à s'arranger avec lui. Cependant lui demander de l'argent, ce serait le prévenir, et il serait homme à décamper *gratis*. Ce serait un *puff* abominable.

— Quand il serait prévenu, reprit Poiret, ce monsieur ne nous a-t-il pas dit qu'il était surveillé? Mais vous, vous perdriez tout.

— D'ailleurs, pensa mademoiselle Michonneau, je ne l'aime point, cet homme! Il ne sait me dire que des choses désagréables.

— Mais, reprit Poiret, vous feriez mieux. Ainsi que l'a dit ce monsieur, qui me paraît fort bien, outre qu'il est très-proprement couvert, c'est un acte d'obéissance aux lois que de débarrasser la société d'un criminel, quelque vertueux qu'il puisse être. Qui a bu boira. S'il lui prenait fantaisie de nous assassiner tous? Mais, que diable! nous serions coupables de ces assassinats, sans compter que nous en serions les premières victimes.

La préoccupation de mademoiselle Michonneau ne lui permettait pas d'écouter les phrases tombant une à une de la bouche de Poiret, comme des gouttes d'eau qui suintent à travers le robinet d'une fontaine mal fermée. Quand une fois ce vieillard avait commencé la série de ses phrases, et que mademoiselle Michonneau ne l'arrêtait pas, il parlait toujours, à l'instar d'une mécanique montée. Après avoir entamé un premier sujet, il était conduit par ses parenthèses à en traiter de tout opposés, sans avoir rien conclu. En arrivant à la maison Vauquer, il s'était faufilé dans une suite de passages et de citations transitoires qui l'avaient amené à raconter sa déposition dans l'affaire du sieur Ragoulleau et de la dame Morin, où il avait comparu en qualité de témoin à décharge. En entrant, sa compagne ne manqua pas d'apercevoir Eugène de Rastignac engagé avec mademoiselle Taillefer dans une intime causerie dont l'intérêt était si palpitant, que le couple ne fit aucune attention au passage des deux vieux pensionnaires quand ils traversèrent la salle à manger.

— Ça devait finir par là, dit mademoiselle Michonneau à Poiret. Ils se faisaient des yeux à s'arracher l'âme depuis huit jours.

— Oui, répondit-il ; aussi fut-elle condamnée.

— Qui ?

— Madame Morin.

— Je vous parle de mademoiselle Victorine, dit la Michonneau en entrant, sans y faire attention, dans la chambre de Poiret, et vous me répondez par madame Morin. Qu'est-ce que cette femme-là ?

— De quoi serait donc coupable mademoiselle Victorine ? demanda Poiret.

— Elle est coupable d'aimer M. Eugène de Rastignac, et va de l'avant sans savoir où ça la mènera, pauvre innocente !

Eugène avait été, pendant la matinée, réduit au désespoir par madame de Nucingen. Dans son for intérieur, il s'était abandonné complétement à Vautrin, sans vouloir sonder ni les motifs de l'amitié que lui portait cet homme extraordinaire, ni l'avenir d'une semblable union. Il fallait un miracle pour le tirer de l'abîme où il avait déjà mis le pied depuis une heure, en échangeant avec mademoiselle Taillefer les plus douces promesses. Victorine croyait entendre la voix d'un ange, les cieux s'ouvraient pour elle, la maison Vauquer se parait des teintes fantastiques que les décorateurs donnent aux palais de théâtre : elle aimait, elle était aimée, elle le croyait du moins ! Et quelle femme ne l'aurait cru comme elle en voyant Rastignac, en l'écoutant durant cette heure dérobée à tous les argus de la maison ? En se débattant contre sa conscience, en sachant qu'il faisait mal et voulant faire mal, en se disant qu'il rachèterait ce péché véniel par le bonheur d'une femme, il s'était embelli de son désespoir, et resplendissait de tous les feux de l'enfer qu'il avait au cœur. Heureusement pour lui, le miracle eut lieu : Vautrin entra joyeusement, et lut dans l'âme des deux jeunes gens qu'il avait mariée par les combinaisons de son infernal génie, mais dont il troubla soudain la joie en chantant de sa grosse voix railleuse :

Ma Fanchette est charmante
Dans sa simplicité...

Victorine se sauva en emportant autant de bonheur qu'elle avait eu jusqu'alors de malheur dans sa vie. Pauvre fille ! un serrement de mains, sa joue effleurée par les cheveux de Rastignac, une parole dite si près de son oreille qu'elle avait senti la chaleur des lèvres de l'étudiant, la pression de sa taille par un bras tremblant, un baiser pris sur son cou, furent les accordailles de sa passion, que le voisinage de la grosse Sylvie, menaçant d'entrer dans cette radieuse salle à manger, rendirent plus ardentes, plus vives, plus engageantes que les plus beaux témoignages de dévouement racontés dans les plus célèbres histoires d'amour. Ces menus suffrages, suivant une jolie expression de nos ancêtres, paraissaient être des crimes à une pieuse jeune fille confessée tous les quinze jours. En cette heure, elle avait prodigué plus de trésors d'âme que plus tard, riche et heureuse, elle n'en aurait donné en se livrant tout entière.

— L'affaire est faite, dit Vautrin à Eugène ; nos deux dandies se sont piochés. Tout s'est passé convenablement. Affaire d'opinion. Notre pigeon a insulté mon faucon. A demain, dans la redoute de Clignancourt. A huit heures et demie, mademoiselle Taillefer héritera de l'amour et de la fortune de son père, pendant qu'elle sera là tranquillement à tremper ses mouillettes de pain beurré dans son café. N'est-ce pas drôle à se dire ? Ce petit Taillefer est très-fort à l'épée, il est confiant comme un brelan carré ; mais il sera saigné par un coup que j'ai inventé, une manière de relever l'épée et de vous piquer le front. Je vous montrerai cette botte-là, car elle est furieusement utile.

Rastignac écoutait d'un air stupide, et ne pouvait rien répondre. En ce moment le père Goriot, Bianchon et quelques autres pensionnaires arrivèrent.

— Voilà comme je vous voulais, lui dit Vautrin. Vous savez ce que vous faites. Bien, mon petit aiglon ! vous gouvernerez les hommes ; vous êtes fort, carré, poilu ; vous avez mon estime.

Il voulut lui prendre la main. Rastignac retira vivement la sienne, et tomba sur une chaise en pâlissant : il croyait voir une mare de sang devant lui.

— Ah ! nous avons encore quelques petits langes tachés de vertu, dit Vautrin à voix basse. Papa d'Oliban a trois millions, je sais sa fortune. La dot vous rendra blanc comme une robe de mariée, et à vos propres yeux.

Rastignac n'hésita plus. Il résolut d'aller prévenir pendant la soirée MM. Taillefer père et fils. En ce moment, Vautrin l'ayant quitté, le père Goriot lui dit à l'oreille : — Vous êtes triste, mon enfant ! je vais vous égayer, moi. Venez ! Le vieux vermicellier allumait son rat-de-cave à une des lampes. Eugène le suivit tout ému de curiosité.

— Entrons chez vous, dit le bonhomme, qui avait demandé la clef de l'étudiant à Sylvie. Vous avez cru ce matin qu'elle ne vous aimait pas, hein ? reprit-il. Elle vous a renvoyé de force, et vous vous en êtes allé fâché, désespéré ! Nigaudinos ! elle m'attendait. Comprenez-vous ? Nous devions aller achever d'arranger un bijou d'appartement dans lequel vous irez demeurer d'ici à trois jours. Ne me vendez pas.

Elle veut vous faire une surprise ; mais je ne tiens pas à vous cacher plus longtemps le secret. Vous serez rue d'Artois, à deux pas de la rue Saint-Lazare. Vous y serez comme un prince. Nous vous avons eu des meubles comme pour une épousée. Nous avons fait bien des choses depuis un mois, en ne vous en disant rien. Mon avoué s'est mis en campagne, ma fille aura trente-six mille francs par an, l'intérêt de sa dot, et je vais faire exiger le placement de ses huit cent mille francs en bons biens au soleil.

Eugène était muet et se promenait, les bras croisés, de long en long, dans sa pauvre chambre en désordre. Le père Goriot saisit un moment où l'étudiant lui tournait le dos, et mit sur la cheminée une boîte en maroquin rouge, sur laquelle étaient imprimées en or les armes de Rastignac.

— Mon cher enfant, disait le pauvre bonhomme, je me suis mis dans tout cela jusqu'au cou. Mais, voyez-vous, il y avait à moi bien de l'égoïsme, je suis intéressé dans votre changement de quartier. Vous ne me refuserez pas, hein ! si je vous demande quelque chose ?

— Que voulez-vous ?

— Au-dessus de votre appartement, au cinquième, il y a une chambre qui en dépend, j'y demeurerai, pas vrai ? Je me fais vieux, je suis trop loin de mes filles. Je ne vous gênerai pas. Seulement je serai là. Vous me parlerez d'elle tous les soirs. Ça ne vous contrariera pas, dites ? Quand vous rentrerez, que je serai dans mon lit, je vous entendrai, je me dirai : Il vient de voir ma petite Delphine. Il l'a menée au bal, elle est heureuse par lui. Si j'étais malade, ça me mettrait du baume dans le cœur de vous écouter revenir, vous remuer, aller. Il y aura tant de ma fille en vous ! Je n'aurai qu'un pas à faire pour être aux Champs Élysées, où elles passent tous les jours, je les verrai toujours, tandis que quelquefois j'arrive trop tard. Et puis elle viendra chez vous peut-être ! je l'entendrai, je la verrai dans sa douillette du matin, trottant, allant gentiment comme une petite chatte. Elle est redevenue, depuis un mois, ce qu'elle était, jeune fille, gaie, pimpante. Son âme est en convalescence, elle vous doit le bonheur. Oh ! je ferais pour vous l'impossible. Elle me disait tout à l'heure en revenant : « Papa, je suis bien heureuse ! » Quand elles me disent cérémonieusement : *Mon père*, elles me glacent ; mais, quand elles m'appellent *papa*, il me semble encore les voir petites, elles me rendent tous mes souvenirs. Je suis mieux leur père. Je crois qu'elles ne sont encore à personne ! Le bonhomme s'essuya les yeux, il pleurait. Il y a longtemps que je n'avais entendu cette phrase, longtemps qu'elle ne m'avait donné le bras. Oh ! oui, voilà bien dix ans que je n'ai marché côte à côte avec une de mes filles. Est-ce bon de se frotter à sa robe, de se mettre à son pas, de partager sa chaleur ! Enfin, j'ai mené Delphine, ce matin, partout. J'entrais avec elle dans les boutiques. Et je l'ai reconduite chez elle. Oh ! gardez-moi près de vous. Quelquefois vous aurez besoin de quelqu'un pour vous rendre service, je serai là. Oh ! si cette grosse souche d'Alsacien mourait, si sa goutte avait l'esprit de remonter dans l'estomac, ma pauvre fille serait-elle heureuse ! Vous seriez mon gendre, vous seriez ostensiblement son mari. Bah ! elle est si malheureuse de ne rien connaître aux plaisirs de ce monde, que je l'absous de tout. Le bon Dieu doit être du côté des pères qui aiment bien. Elle vous aime trop ! dit-il en hochant la tête après une pause. En allant, elle causait de vous avec moi : « N'est-ce pas, mon père, il est bien ? il a bon cœur ! Parle-t-il de moi ? » Bah ! elle m'en a dit, depuis la rue d'Artois jusqu'au passage des Panoramas, des volumes ! Elle m'a enfin versé son cœur dans le mien. Pendant toute cette bonne matinée, je n'étais plus vieux, je ne pesais pas une once. Je lui ai dit que vous m'aviez remis le billet de mille francs. Oh ! la chérie, elle en a été émue aux larmes. Qu'avez-vous donc là sur votre cheminée ? dit enfin le père Goriot, qui se mourait d'impatience en voyant Rastignac immobile.

Eugène tout abasourdi regardait son voisin d'un air hébété. Ce duel, annoncé par Vautrin pour le lendemain, contrastait si violemment avec la réalisation de ses plus chères espérances, qu'il éprouvait toutes les sensations du cauchemar. Il se tourna vers la cheminée, y aperçut la petite boîte carrée, l'ouvrit, et trouva dedans un papier qui couvrait une montre de Breguet. Sur ce papier étaient écrits ces mots : « Je veux que vous pensiez à moi à toute heure, parce que...

« DELPHINE. »

Ce dernier mot faisait sans doute allusion à quelque scène qui avait eu lieu entre eux ; Eugène en fut attendri. Ses armes étaient intérieurement émaillées dans l'or de la boîte. Ce bijou si longtemps envié, la chaîne, la clef, la façon, les dessins, répondaient à tous ses vœux. Le père Goriot était radieux. Il avait sans doute promis à sa fille de lui rapporter les moindres effets de la surprise que causerait son présent à Eugène, car il était en tiers dans ces jeunes émotions et ne paraissait pas le moins heureux. Il aimait déjà Rastignac et pour sa fille et pour lui-même.

— Vous irez la voir ce soir, elle vous attend. La grosse souche d'Alsacien soupe chez sa danseuse. Ah ! ah ! il a été bien sot quand mon avoué lui a dit son fait. Ne prétend-il pas aimer ma fille à l'adoration ? qu'il y touche, et je le tue ! L'idée de savoir ma Delphine a...

(il soupira) me ferait commettre un crime ; mais ce ne serait pas un homicide, c'est une tête de veau sur un corps de porc. Vous me prendrez avec vous, n'est-ce pas ?

— Oui, mon bon père Goriot, vous savez bien que je vous aime...

— Je le vois, vous n'avez pas honte de moi, vous ! Laissez-moi vous embrasser. Et il serra l'étudiant dans ses bras. Vous la rendrez bien heureuse, promettez-le-moi ! Vous irez ce soir, n'est-ce pas ?

— Oh ! oui. Je dois sortir pour des affaires qu'il est impossible de remettre.

— Puis-je vous être bon à quelque chose ?

— Ma foi ! oui. Pendant que j'irai chez madame de Nucingen, allez chez M. Taillefer le père, lui dire de me donner une heure dans la soirée pour lui parler d'une affaire de la dernière importance.

— Serait-ce donc vrai, jeune homme ? dit le père Goriot en changeant de visage ; feriez-vous la cour à sa fille, comme le disent ces imbéciles d'en bas ? Tonnerre de Dieu ! vous ne savez pas ce que c'est qu'une tape à la Goriot. Et, si vous nous trompiez, ce serait l'affaire d'un coup de poing. Oh ! ce n'est pas possible.

— Je vous jure que je n'aime qu'une femme au monde, dit l'étudiant, je ne le sais que depuis un moment.

— Ah ! quel bonheur ! fit le père Goriot.

— Mais, reprit l'étudiant, le fils de Taillefer se bat demain, et j'ai entendu dire qu'il serait tué.

— Qu'est-ce que cela vous fait ? dit Goriot.

— Mais il faut lui dire d'empêcher son fils de se rendre... s'écria Eugène.

En ce moment, il fut interrompu par la voix de Vautrin, qui se fit entendre sur le pas de sa porte, où il chantait :

         O Richard, ô mon roi !
         L'univers t'abandonne...

Broum ! broum ! broum ! broum ! broum !

         J'ai longtemps parcouru le monde,
         Et l'on m'a vu...

Tra la, la, la, la...

— Messieurs, cria Christophe, la soupe vous attend, et tout le monde est à table.

— Tiens, dit Vautrin, viens prendre une bouteille de mon vin de Bordeaux.

— La trouvez-vous jolie, la montre ? dit le père Goriot. Elle a bon goût, hein ?

Vautrin, le père Goriot et Rastignac descendirent ensemble et se trouvèrent, par suite de leur retard, placés à côté les uns des autres à table. Eugène marqua la plus grande froideur à Vautrin pendant le dîner, quoique jamais cet homme, si aimable aux yeux de madame Vauquer, n'eût déployé autant d'esprit. Il fut pétillant de saillies, et sut mettre en train tous les convives. Cette assurance, ce sang-froid, consternaient Eugène.

— Sur quelle herbe avez-vous donc marché aujourd'hui ? lui dit madame Vauquer. Vous êtes gai comme un pinson.

— Je suis toujours gai quand j'ai fait de bonnes affaires.

— Des affaires ? dit Eugène.

— Eh bien ! oui. J'ai livré une partie de marchandises qui me vaudra de bons droits de commission. Mademoiselle Michonneau, dit-il en s'apercevant que la vieille fille l'examinait, ai-je dans la figure un trait qui vous déplaise, que vous me faites l'œil américain ? Faut le dire ! je le changerai pour vous être agréable. Poiret, nous ne nous fâcherons pas pour ça, hein ? dit-il en guignant le vieil employé.

— Sac à papier ! vous devriez poser pour un Hercule-Farceur, dit le jeune peintre à Vautrin.

— Ma foi, ça va ! si mademoiselle Michonneau veut poser en Vénus du Père-Lachaise, répondit Vautrin.

— Et Poiret ? dit Bianchon.

— Oh ! Poiret posera en Poiret. Ce sera le dieu des jardins ! s'écria Vautrin. Il dérive de poire...

— Molle ! reprit Bianchon. Vous seriez alors entre la poire et le fromage.

— Tout ça, c'est des bêtises, dit madame Vauquer, et vous feriez mieux de nous donner de votre vin de Bordeaux dont j'aperçois une bouteille qui montre son nez ! Ça nous entretiendra en joie, outre que c'est bon à l'estomaque.

— Messieurs, dit Vautrin, madame la présidente nous rappelle à l'ordre. Madame Couture et mademoiselle Victorine prendront en bonne part vos discours badins ; mais respectez l'innocence du père Goriot. Je vous propose une petite bouteillorama de vin de Bordeaux, que le nom de Laffitte rend doublement illustre, soit dit sans allusion politique. Allons, Chinois ! dit-il en regardant Christophe, qui ne bougea pas. Ici, Christophe ! Comment, tu n'entends pas ton nom ? Chinois, amène les liquides !

— Voilà, monsieur, dit Christophe en lui présentant la bouteille.

Après avoir rempli le verre d'Eugène et celui du père Goriot, il s'en versa lentement quelques gouttes qu'il dégusta, pendant que ses deux voisins buvaient, et tout à coup il fit une grimace.

— Diable ! diable ! il sent le bouchon. Prends cela pour toi, Christophe, et va nous en chercher ; à droite, tu sais ? Nous sommes seize, descends huit bouteilles.

— Puisque vous vous fendez, dit le peintre, je paye un cent de marrons.

— Oh ! oh !

— Booouonh !

— Prrrr !

Chacun poussa des exclamations qui partirent comme les fusées d'une girandole.

— Allons, maman Vauquer, deux de champagne ! lui cria Vautrin.

— Quien, c'est cela ! Pourquoi pas demander la maison ? Deux de champagne ! mais ça coûte douze francs ! Je ne les gagne pas, non ! Mais, si monsieur Eugène veut les payer, j'offre du cassis.

— V'là son cassis qui purge comme de la manne, dit l'étudiant en médecine à voix basse.

— Veux-tu te taire, Bianchon ! s'écria Rastignac, je ne peux pas entendre parler de manne sans que le cœur... Oui, va pour le vin de Champagne, je le paye, ajouta l'étudiant.

— Sylvie, dit madame Vauquer, donnez les biscuits et les petits gâteaux.

— Vos petits gâteaux sont trop grands, dit Vautrin, ils ont de la barbe. Mais, quant aux biscuits, aboulez.

En un moment le vin de Bordeaux circula, les convives s'animèrent, la gaieté redoubla. Ce fut des rires féroces, au milieu desquels éclatèrent quelques imitations des diverses voix d'animaux. L'employé au Muséum s'étant avisé de reproduire un cri de Paris qui avait de l'analogie avec le miaulement du chat amoureux, aussitôt huit voix beuglèrent simultanément les phrases suivantes : — A repasser les couteaux ! — Mo-ron pour les p'tits oiseaux ! — Voilà le plaisir, mesdames, voilà le plaisir ! — A raccommoder la faïence ! — A la barque ! à la barque ! — Battez vos femmes, vos habits ! — Vieux habits, vieux galons, vieux chapeaux à vendre ! — A la cerise, à la douce ! La palme fut à Bianchon pour l'accent nasillard avec lequel il cria : — Marchand de parapluies ! En quelques instants ce fut un tapage à casser la tête, une conversation pleine de coqs-à-l'âne, un véritable opéra que Vautrin conduisait comme un chef d'orchestre, en surveillant Eugène et le père Goriot, qui semblaient ivres déjà. Le dos appuyé sur leur chaise, tous deux contemplaient ce désordre inaccoutumé d'un air grave, en buvant peu ; tous deux étaient préoccupés de ce qu'ils avaient à faire pendant la soirée, et néanmoins ils se sentaient incapables de se lever. Vautrin, qui suivait les changements de leur physionomie en leur lançant des regards de côté, saisit le moment où leurs yeux vacillèrent et parurent vouloir se fermer, pour se pencher à l'oreille de Rastignac et lui dire :

— Mon petit gars, nous ne sommes pas assez rusé pour lutter avec notre papa Vautrin, et il vous aime trop pour vous laisser faire des sottises. Quand j'ai résolu quelque chose, le bon Dieu seul est assez fort pour me barrer le passage. Ah ! nous voulions aller prévenir le père Taillefer, commettre des fautes d'écolier ! Le four est chaud, la farine est pétrie, le pain est sur la pelle ; demain nous en ferons sauter les miettes par-dessus notre tête en y mordant ; et nous empêcherions d'enfourner ?... non, non, tout cuira ! Si nous avons quelques petits remords, la digestion les emportera. Pendant que nous dormirons notre petit somme, le colonel comte Franchessini viendra ouvrir la succession de Michel Taillefer avec la pointe de son épée. En héritant de son frère, Victorine aura quinze petits mille francs de rente. J'ai déjà pris des renseignements, et sais que la succession de la mère monte à plus de trois cent mille...

Eugène entendait ces paroles sans pouvoir y répondre : il sentait sa langue collée à son palais, et se trouvait en proie à une somnolence invincible ; il ne voyait déjà plus la table et les figures des convives qu'à travers un brouillard lumineux. Bientôt le bruit s'apaisa, les pensionnaires s'en allèrent un à un. Puis, quand il ne resta plus que madame Vauquer, madame Couture, mademoiselle Victorine, Vautrin et le père Goriot, Rastignac aperçut, comme s'il eût rêvé, madame Vauquer occupée à prendre les bouteilles pour en vider les restes de manière à en faire des bouteilles pleines.

— Ah ! sont-ils fous, sont-ils jeunes ! disait la veuve.

Ce fut la dernière phrase que put comprendre Eugène.

— Il n'y a que M. Vautrin pour faire de ces farces-là ! dit Sylvie. Allons, voilà Christophe qui ronfle comme une toupie.

— Adieu, maman, dit Vautrin. Je vais au boulevard admirer M. Marty dans le Mont Sauvage, une grande pièce tirée du Solitaire. Si vous voulez, je vous y mène ainsi que ces dames.

— Je vous remercie, dit madame Couture.

— Comment, ma voisine ! s'écria madame Vauquer, vous refusez de voir une pièce prise dans le Solitaire, un ouvrage fait par Atala de Chateaubriand et que nous aimions tant à lire, qui est si joli que nous pleurions comme des Madeleines d'Hodie sous les tyeuilles cet été dernier, enfin un ouvrage moral qui peut être susceptible d'instruire votre demoiselle ?

— Il nous est défendu d'aller à la comédie, répondit Victorine.

— Allons, les voilà partis, ceux-là, dit Vautrin en remuant d'une manière comique la tête du père Goriot et celle d'Eugène.

En plaçant la tête de l'étudiant sur la chaise, pour qu'il pût dormir commodément, il le baisa chaleureusement au front, en chantant :

> Dormez, mes chères amours !
> Pour vous je veillerai toujours.

— J'ai peur qu'il ne soit malade, dit Victorine.

— Restez à le soigner alors, reprit Vautrin. C'est, lui souffla-t-il à l'oreille, votre devoir de femme soumise. Il vous adore, ce jeune homme, et vous serez sa petite femme, je vous le prédis. Enfin, dit-il à haute voix, *ils furent considérés dans tout le pays, vécurent heureux, et eurent beaucoup d'enfants.* Voilà comment finissent tous les romans d'amour. Allons, maman, dit-il en se tournant vers madame Vauquer, qu'il étreignit, mettez le chapeau, la belle robe à fleurs, l'écharpe de la comtesse. Je vais vous aller chercher un fiacre, soi-même. Et il partit en chantant :

> Soleil, soleil, divin soleil,
> Toi qui fais mûrir les citrouilles ..

— Mon Dieu ! dites donc, madame Couture, cet homme-là me ferait vivre heureuse sur les toits. Allons, dit-elle en se tournant vers le vermicellier, voilà le père Goriot parti. Ce vieux cancre-là n'a jamais eu l'idée de me mener *nune* part, lui. Mais il va tomber par terre, mon Dieu ! C'est-y indécent à un homme d'âge de perdre la raison ! Vous me direz qu'on ne perd point ce qu'on n'a pas. Sylvie, montez-le donc chez lui.

Sylvie prit le bonhomme par-dessous le bras, le fit marcher, et le jeta tout habillé comme un paquet au travers de son lit.

— Pauvre jeune homme, disait madame Couture en écartant les cheveux d'Eugène qui lui tombaient dans les yeux, il est comme une jeune fille, il ne sait pas ce que c'est qu'un excès.

— Ah ! je peux bien dire que depuis trente et un ans que je tiens ma pension, dit madame Vauquer, il m'est passé bien des jeunes gens par les mains, comme on dit ; mais je n'en ai jamais vu d'aussi gentil, d'aussi distingué que M. Eugène. Est-il beau quand il dort ! Prenez-lui donc la tête sur votre épaule, madame Couture. Bah ! il tombe sur celle de mademoiselle Victorine : il y a un dieu pour les enfants. Encore un peu, il se fendait la tête sur la pomme de la chaise. A eux deux, ils feraient un bien joli couple.

— Ma voisine, taisez-vous donc ! s'écria madame Couture, vous dites des choses...

— Bah ! fit madame Vauquer, il n'entend pas. Allons, Sylvie, viens m'habiller. Je vais mettre mon grand corset.

— Ah bien ! votre grand corset, après avoir dîné, madame, dit Sylvie. Non, cherchez quelqu'un pour vous serrer, ce ne sera pas moi qui serai votre assassin. Vous commettriez là une imprudence à vous coûter la vie.

— Ça m'est égal, il faut faire honneur à M. Vautrin.

— Vous aimez donc bien vos héritiers ?

— Allons, Sylvie, pas de raisons, dit la veuve en s'en allant.

— A son âge ! dit la cuisinière en montrant sa maîtresse à Victorine.

Madame Couture et sa pupille, sur l'épaule de laquelle dormait Eugène, restèrent seules dans la salle à manger. Les ronflements de Christophe retentissaient dans la maison silencieuse, et faisaient ressortir le paisible sommeil d'Eugène, qui dormait aussi gracieusement qu'un enfant. Heureuse de pouvoir se permettre un de ces actes de charité par lesquels s'épanchent tous les sentiments de la femme, et qui lui faisait sans crime sentir le cœur du jeune homme battant sur le sien, Victorine avait dans la physionomie quelque chose de maternellement protecteur qui la rendait fière. A travers les mille pensées qui s'élevaient dans son cœur, perçait un tumultueux mouvement de volupté qu'excitait l'échange d'une jeune et pure chaleur.

— Pauvre chère fille ! dit madame Couture en lui pressant la main.

La vieille dame admirait cette candide et souffrante figure, sur laquelle était descendue l'auréole du bonheur. Victorine ressemblait à l'une des naïves peintures du moyen âge dans lesquelles tous les accessoires sont négligés par l'artiste, qui a réservé la magie d'un pinceau calme et fier pour la figure jaune de ton, mais où le ciel semble se refléter avec ses teintes d'or.

— Il n'a pourtant plus de deux verres, maman, dit Victorine en passant ses doigts dans la chevelure d'Eugène.

— Mais si c'était un débauché, ma fille, il aurait porté le vin comme tous les autres. Son ivresse fait son éloge.

Le bruit d'une voiture retentit dans la rue.

— Maman, dit la jeune fille, voici M. Vautrin. Prenez donc M. Eu-

gène. Je ne voudrais pas être vue ainsi par cet homme, il a des expressions qui salissent l'âme, et des regards qui gênent une femme comme si on lui enlevait sa robe.

— Non, dit madame Couture, tu te trompes ! M. Vautrin est un brave homme, un peu dans le genre de défunt M. Couture, brusque, mais bon, un bourru bienfaisant.

En ce moment Vautrin entra tout doucement, et regarda le tableau formé par ces deux enfants, que la lueur de la lampe semblait caresser.

— Eh ! bien, dit-il en se croisant les bras, voilà de ces scènes qui auraient inspiré de belles pages à ce bon Bernardin de Saint-Pierre, l'auteur de Paul et Virginie. La jeunesse est bien belle, madame Couture. Pauvre enfant, dors, dit-il en contemplant Eugène, le bien vient quelquefois en dormant. Madame, reprit-il en s'adressant à la veuve, ce qui m'attache à ce jeune homme, ce qui m'émeut, c'est de savoir la beauté de son âme en harmonie avec celle de sa figure. Voyez, n'est-ce pas un chérubin posé sur l'épaule d'un ange ? il est digne d'être aimé, celui-là ! Si j'étais femme, je voudrais mourir (non, pas si bête !) vivre pour lui. En les admirant ainsi, madame, dit-il à voix basse et se penchant à l'oreille de la veuve, je ne puis m'empêcher de penser que Dieu les a créés pour être l'un à l'autre. La Providence a des voies bien cachées, elle sonde les reins et les cœurs, s'écria-t-il à haute voix. En vous voyant unis, mes enfants, unis par une même pureté, par tous les sentiments humains, je me dis qu'il est impossible que vous soyez jamais séparés dans l'avenir. Dieu est juste. Mais, dit-il à la jeune fille, il me semble avoir vu chez vous des lignes de prospérité. Donnez-moi votre main, mademoiselle Victorine ; je me connais en chiromancie, j'ai dit souvent la bonne aventure. Allons, n'ayez pas peur. Oh ! qu'aperçois-je ? Foi d'honnête homme, vous serez avant peu l'une des plus riches héritières de Paris. Vous comblerez de bonheur celui qui vous aime. Votre père vous appelle auprès de lui. Vous vous mariez avec un homme titré, jeune, beau, qui vous adore.

En ce moment, les pas lourds de la coquette veuve, qui descendait, interrompirent les prophéties de Vautrin.

— Voilà maman Vauquerre belle comme un astrrrre, ficelée comme une carotte. N'étouffons-nous pas un petit brin ? lui dit-il en mettant sa main sur le haut du busc ; les avant-cœurs sont bien pressés, maman. Si nous pleurons, il y aura explosion ; mais je ramasserai les débris avec un soin d'antiquaire.

— Il connaît le langage de la galanterie française, celui-là ! dit la veuve en se penchant à l'oreille de madame Couture.

— Adieu, enfants, reprit Vautrin en se tournant vers Eugène et Victorine. Je vous bénis, leur dit-il en leur imposant ses mains au-dessus de leurs têtes. Croyez-moi, mademoiselle, c'est quelque chose que les vœux d'un honnête homme : ils doivent porter bonheur, Dieu les écoute.

— Adieu, ma chère amie, dit madame Vauquer à sa pensionnaire. Croyez-vous, ajouta-t-elle à voix basse, que M. Vautrin ait des intentions relatives à ma personne ?

— Heu ! heu !

— Ah ! ma chère mère, dit Victorine en soupirant et en regardant ses mains, quand les deux femmes furent seules, si ce bon M. Vautrin disait vrai !

— Mais il ne faut qu'une chose pour cela, répondit la vieille dame, seulement que ton monstre de frère tombe de cheval.

— Ah ! maman.

— Mon Dieu, peut-être est-ce un péché que de souhaiter du mal à son ennemi, reprit la veuve. Eh bien ! j'en ferai pénitence. En vérité, je porterai de bon cœur des fleurs sur sa tombe. Mauvais cœur ! il n'a pas le courage de parler pour sa mère, dont il garde à ton détriment l'héritage par des micmacs. Ma cousine avait une belle fortune. Pour ton malheur, il n'a jamais été question de son apport dans le contrat.

— Mon bonheur me serait souvent pénible à porter s'il coûtait la vie à quelqu'un, dit Victorine. Et s'il fallait, pour être heureuse, que mon frère disparût, j'aimerais mieux toujours être ici.

— Mon Dieu, comme dit ce bon M. Vautrin, qui, tu le vois, est plein de religion, reprit madame Couture, j'ai eu du plaisir à savoir qu'il n'est pas incrédule comme les autres, qui parlent de Dieu avec moins de respect que n'en a le diable. Eh bien ! qui peut savoir par quelles voies il plaît à la Providence de nous conduire ?

Aidées par Sylvie, les deux femmes finirent par transporter Eugène dans sa chambre, le couchèrent sur son lit, et la cuisinière lui défit ses habits pour le mettre à l'aise. Avant de partir, quand sa protectrice eut le dos tourné, Victorine mit un baiser sur le front d'Eugène avec tout le bonheur que devait lui causer ce criminel larcin. Elle regarda sa chambre, ramassa pour ainsi dire dans une seule pensée les mille félicités de cette journée, en fit un tableau qu'elle contempla longtemps, et s'endormit la plus heureuse créature de Paris. Le festoiement à la faveur duquel Vautrin avait fait boire à Eugène et au père Goriot du vin narcotisé décida la perte de cet homme. Bianchon, à moitié gris, oublia de questionner mademoiselle Michonneau sur Trompe-la-Mort. S'il avait prononcé ce nom, il aurait certes éveillé la prudence de Vautrin, ou, pour lui rendre son vrai nom, de Jacques Collin, l'une des célébrités du bagne. Puis le sobriquet de Vénus du Père-la-Chaise décida mademoiselle Michonneau à livrer le forçat au moment où, confiante en la générosité de Collin, elle calculait s'il ne valait pas mieux le prévenir et le faire évader pendant la nuit. Elle venait de sortir, accompagnée de Poiret, pour aller trouver le fameux chef de la police de sûreté, petite rue Sainte-Anne, croyant encore avoir affaire à un employé supérieur nommé Gondureau. Le directeur de la police judiciaire la reçut avec grâce. Puis, après une conversation où tout fut précisé, mademoiselle Michonneau demanda la potion à l'aide de laquelle elle devait opérer la vérification de la marque. Au geste de contentement que fit le grand homme de la petite rue Sainte-Anne, en cherchant une fiole dans un tiroir de son bureau, mademoiselle Michonneau devina qu'il y avait dans cette capture quelque chose de plus important que l'arrestation d'un simple forçat. A force de se creuser la cervelle, elle soupçonna que la police espérait, d'après quelques révélations faites par les traîtres du bagne, arriver à temps pour mettre la main sur des valeurs considérables. Quand elle eut exprimé ses conjectures à ce renard, il se mit à sourire, et voulut détourner les soupçons de la vieille fille.

— Vous vous trompez, répondit-il. Collin est la *sorbonne* la plus dangereuse qui jamais se soit trouvée du côté des voleurs. Voilà tout. Les coquins le savent bien; il est leur drapeau, leur soutien, leur Bonaparte enfin; ils l'aiment tous. Ce drôle ne nous laissera jamais sa *tronche* en place de Grève.

Mademoiselle Michonneau ne comprenait pas, Gondureau lui expliqua les deux mots d'argot dont il s'était servi. *Sorbonne* et *tronche* sont deux énergiques expressions du langage des voleurs, qui, les premiers, ont senti la nécessité de considérer la tête humaine sous deux aspects. La *sorbonne* est la tête de l'homme vivant, son conseil, sa pensée. La *tronche* est un mot de mépris destiné à exprimer combien la tête devient peu de chose quand elle est coupée.

— Collin nous joue, reprit-il. Quand nous rencontrons de ces hommes en façon de barres d'acier trempées à l'anglaise, nous avons la ressource de les tuer si, pendant leur arrestation, ils s'avisent de faire la moindre résistance. Nous comptons sur quelques voies de fait pour tuer Collin demain matin. On évite ainsi le procès, les frais de garde, la nourriture, et ça débarrasse la société. Les procédures, les assignations aux témoins, leurs indemnités, l'exécution, tout ce qui doit légalement nous défaire de ces garnements-là coûte au delà des mille écus que vous aurez. Il y a économie de temps. En donnant un bon coup de baïonnette dans la panse de Trompe-la-Mort, nous empêcherons une centaine de crimes, et nous éviterons la corruption de cinquante mauvais sujets qui se tiendront bien sagement aux environs de la correctionnelle. Voilà de la police bien faite. Selon les vrais philanthropes, se conduire ainsi, c'est prévenir les crimes.

— Mais c'est servir son pays, dit Poiret.

— Eh bien! répliqua le chef, vous dites des choses sensées ce soir, vous. Oui, certes, nous servons le pays. Aussi le monde est-il bien injuste à notre égard. Nous rendons à la société de bien grands services ignorés. Enfin, il est d'un homme supérieur de se mettre au-dessus des préjugés, et d'un chrétien d'adopter les malheurs que le bien entraîne après soi quand il n'est pas fait selon les idées reçues. Paris est Paris, voyez-vous? Ce mot explique ma vie. J'ai l'honneur de vous saluer, mademoiselle. Je serai avec mes gens au Jardin-du-Roi demain. Envoyez Christophe rue de Buffon, chez M. Gondureau, dans la maison où j'étais. Monsieur, je suis votre serviteur. S'il vous était jamais volé quelque chose, usez de moi pour vous le faire retrouver, je suis à votre service.

— Eh bien! dit Poiret à mademoiselle Michonneau, il se rencontre des imbéciles que ce mot de police met sens dessus des-sous. Ce monsieur est très-aimable, et ce qu'il vous demande est simple comme bonjour.

Le lendemain devait prendre place parmi les jours les plus extraordinaires de l'histoire de la maison Vauquer. Jusqu'alors l'événement le plus saillant de cette vie paisible avait été l'apparition météorique de la fausse comtesse de l'Ambermesnil. Mais tout allait pâlir devant les péripéties de cette grande journée, de laquelle il serait éternellement question dans les conversations de madame Vauquer. D'abord Goriot et Eugène de Rastignac dormirent jusqu'à onze heures. Madame Vauquer, rentrée à minuit de la Gaîté, resta jusqu'à dix heures et demie au lit. Le long sommeil de Christophe, qui avait achevé le vin offert par Vautrin, causa des retards dans le service de la maison. Poiret et mademoiselle Michonneau ne se plaignirent pas de ce que le déjeuner se reculait. Quant à Victorine et à madame Couture, elles dormirent la grasse matinée. Vautrin sortit avant huit heures, et revint au moment même où le déjeuner fut servi. Personne ne réclama donc, lorsque, vers onze heures un quart, Sylvie et Christophe allèrent frapper à toutes les portes, en disant que le déjeuner attendait. Pendant que Sylvie et le domestique s'absentèrent, mademoiselle Michonneau, descendant la première, versa la liqueur dans le gobelet d'argent appartenant à Vautrin, et dans lequel la crème pour son café chauffait au bain-marie, parmi tous les autres. La vieille fille avait compté sur cette particularité de la pension pour faire son coup. Ce ne fut pas sans quelques difficultés que les sept pensionnaires se trouvèrent réunis. Au moment où Eugène, qui se détirait les bras, des-

cendait le dernier de tous, un commissionnaire lui remit une lettre de madame de Nucingen. Cette lettre était ainsi conçue:

« Je n'ai ni fausse vanité ni colère avec vous, mon ami. Je vous ai attendu jusqu'à deux heures après minuit. Attendre un être que l'on aime! Qui a connu ce supplice ne l'impose à personne. Je vois bien que vous aimez pour la première fois. Qu'est-il donc arrivé? L'inquiétude m'a prise. Si je n'avais craint de livrer les secrets de mon cœur, je serais allée savoir ce qui vous advenait d'heureux ou de malheureux. Mais sortir à cette heure, soit à pied, soit en voiture, n'était-ce pas se perdre? J'ai senti le malheur d'être femme. Rassurez-moi, expliquez-moi pourquoi vous n'êtes pas venu, après ce que vous a dit mon père. Je me fâcherai, mais je vous pardonnerai. Êtes-vous malade? pourquoi vous loger si loin? Un mot, de grâce. A bientôt, n'est-ce pas? Un mot me suffira si vous êtes occupé. Dites: j'accours, ou je souffre. Mais, si vous étiez mal portant, mon père serait venu me le dire! Qu'est-il donc arrivé?... »

— Oui, qu'est-il arrivé? s'écria Eugène, qui se précipita dans la salle à manger en froissant la lettre sans l'achever. Quelle heure est-il?

— Onze heures et demie, dit Vautrin en sucrant son café.

Le forçat évadé jeta sur Eugène le regard froidement fascinateur que certains hommes éminemment magnétiques ont le don de lancer, et qui, dit-on, calme les fous furieux dans les maisons d'aliénés. Eugène trembla de tous ses membres. Le bruit d'un fiacre se fit entendre dans la rue, et un domestique à la livrée de M. Taillefer, et que reconnut sur-le-champ madame Couture, entra précipitamment d'un air effaré.

— Mademoiselle, s'écria-t-il, monsieur votre père vous demande. Un grand malheur est arrivé! M. Frédéric s'est battu en duel, il a reçu un coup d'épée dans le front, les médecins désespèrent de le sauver; vous aurez à peine le temps de lui dire adieu, il n'a plus sa connaissance.

— Pauvre jeune homme! s'écria Vautrin. Comment se querelle-t-on quand on a trente mille livres de rente? Décidément la jeunesse ne sait pas se conduire.

— Monsieur! lui cria Eugène.

— Eh bien! quoi, grand enfant? dit Vautrin en achevant de boire son café tranquillement, opération que mademoiselle Michonneau suivait de l'œil avec trop d'attention pour s'émouvoir de l'événement extraordinaire qui stupéfiait tout le monde. N'y a-t-il pas des duels tous les matins à Paris?

— Je vais avec vous, Victorine, disait madame Couture.

Et ces deux femmes s'envolèrent sans châle ni chapeau. Avant de s'en aller, Victorine, les yeux en pleurs, jeta sur Eugène un regard qui lui disait: Je ne croyais pas que notre bonheur dût me causer des larmes!

— Bah! vous êtes donc prophète, monsieur Vautrin? dit madame Vauquer.

— Je suis tout, dit Jacques Collin.

— C'est-il singulier! reprit madame Vauquer en enfilant une suite de phrases insignifiantes sur cet événement. La mort nous prend sans nous consulter. Les jeunes gens s'en vont souvent avant les vieux. Nous sommes heureuses, nous autres femmes, de n'être pas sujettes au duel; mais nous avons d'autres maladies que n'ont pas les hommes. Nous faisons les enfants, et le mal de mère dure longtemps! Quel quine pour Victorine! Son père est forcé de l'adopter.

— Voilà! dit Vautrin en regardant Eugène, hier elle était sans un sou, ce matin elle est riche de plusieurs millions.

— Dites donc, monsieur Eugène, s'écria madame Vauquer, vous avez mis la main au bon endroit.

A cette interpellation, le père Goriot regarda l'étudiant et lui vit à main la lettre chiffonnée.

— Vous ne l'avez pas achevée! qu'est-ce que cela veut dire? seriez-vous comme les autres? lui demanda-t-il.

— Madame, je n'épouserai jamais mademoiselle Victorine, dit Eugène en s'adressant à madame Vauquer avec un sentiment d'horreur et de dégoût qui surprit les assistants.

Le père Goriot saisit la main de l'étudiant et la lui serra. Il aurait voulu la baiser.

— Oh! oh! fit Vautrin. Les Italiens ont un bon mot: *col tempo!*

— J'attends la réponse, dit à Rastignac le commissionnaire de madame de Nucingen.

— Dites que j'irai.

L'homme s'en alla. Eugène était dans un violent état d'irritation qui ne lui permettait pas d'être prudent. — Que faire? disait-il à haute voix, en se parlant à lui-même. Point de preuves!

Vautrin se mit à sourire. En ce moment la potion absorbée par l'estomac commençait à opérer. Néanmoins le forçat était si robuste, qu'il se leva, regarda Rastignac, lui dit d'une voix creuse: Jeune homme, le bien nous vient en dormant.

Et il tomba roide mort.

— Il y a donc une justice divine! dit Eugène.

— Eh bien! qu'est-ce qui lui prend donc, à ce pauvre cher M. Vautrin?

— Une apoplexie, cria mademoiselle Michonneau.

— Sylvie, allons, ma fille, va chercher le médecin, dit la veuve. Ah ! monsieur Rastignac, courez donc vite chez M. Bianchon ; Sylvie peut ne pas rencontrer notre médecin, M. Grimprel.

Rastignac, heureux d'avoir un prétexte de quitter cette épouvantable caverne, s'enfuit en courant.

— Christophe, allons, trotte chez l'apothicaire demander quelque chose contre l'apoplexie.

Christophe sortit.

— Mais, père Goriot, aidez-nous donc à le transporter là-haut, chez lui.

Vautrin fut saisi, manœuvré à travers l'escalier et mis sur son lit.

— Je ne vous suis bon à rien, je vais voir ma fille, dit M. Goriot.

— Vieil égoïste ! s'écria madame Vauquer, va, je te souhaite de mourir comme un chien.

— Allez donc voir si vous avez de l'éther, dit à madame Vauquer mademoiselle Michonneau, qui, aidée par Poiret, avait défait les habits de Vautrin.

Madame Vauquer descendit chez elle et laissa mademoiselle Michonneau maîtresse du champ de bataille.

— Allons, ôtez-lui sa chemise et retournez-le vite ! Soyez donc bon à quelque chose en m'évitant de voir des nudités, dit-elle à Poiret.

Vautrin retourné, mademoiselle Michonneau appliqua sur l'épaule du malade une forte claque, et les deux fatales lettres reparurent en blanc au milieu de la place rouge.

— Tiens, vous avez bien lestement gagné votre gratification de trois mille francs, s'écria Poiret en tenant Vautrin debout, pendant que mademoiselle Michonneau lui remettait sa chemise. — Ouf ! il est lourd, reprit-il en le couchant.

— Taisez-vous. S'il y avait une caisse? dit vivement la vieille fille, dont les yeux semblaient percer les murs, tant elle examinait avec avidité les moindres meubles de la chambre. — Si l'on pouvait ouvrir ce secrétaire sous un prétexte quelconque ? reprit-elle.

— Ce serait peut-être mal, répondit Poiret.

— Non. L'argent volé, ayant été celui de tout le monde, n'est plus à personne. Mais le temps nous manque, répondit-elle. J'entends la Vauquer.

— Voilà de l'éther, dit madame Vauquer. Par exemple, c'est aujourd'hui la journée aux aventures. Dieu ! cet homme-là ne peut pas être malade, il est blanc comme un poulet.

— Comme un poulet, répéta Poiret.

— Son cœur bat régulièrement, dit la veuve en lui posant la main sur le cœur.

— Régulièrement ? dit Poiret étonné.

— Il est très-bien.

— Vous trouvez ? demanda Poiret.

— Dame ! il a l'air de dormir. Sylvie est allée chercher un médecin. Dites donc, mademoiselle Michonneau, il renifle à l'éther. Bah ! c'est un se-passe (un spasme). Son pouls est bon. Il est fort comme un Turc. Voyez donc, mademoiselle, quelle palatine il a sur l'estomac ; il vivra cent ans, cet homme-là ! Sa perruque tient bien tout de même. Tiens, elle est collée, il a de faux cheveux, rapport à ce qu'il est rouge. On dit qu'ils sont tout bons ou tout mauvais, les rouges ! Il serait donc bon, lui ?

— Bon à pendre ! dit Poiret.

— Vous voulez dire au cou d'une jolie femme, s'écria vivement mademoiselle Michonneau. Allez-vous-en donc, monsieur Poiret. Ça nous regarde, nous autres, de vous soigner quand vous êtes malades. D'ailleurs, pour ce à quoi vous êtes bon, vous pouvez bien vous promener, ajouta-t-elle. Madame Vauquer et moi, nous garderons bien ce cher monsieur Vautrin.

Poiret s'en alla doucement et sans murmurer, comme un chien à qui son maître donne un coup de pied. Rastignac était sorti pour marcher, pour prendre l'air, il étouffait. Ce crime commis à heure fixe, il avait voulu l'empêcher la veille. Qu'était-il arrivé ? Que devait-il faire ? Il tremblait d'en être le complice. Le sang-froid de Vautrin l'épouvantait encore.

— Si cependant Vautrin mourait sans parler ? se disait Rastignac.

Il allait à travers les allées du Luxembourg, comme s'il eût été traqué par une meute de chiens, et il lui semblait en entendre les aboiements.

— Eh bien ! lui cria Bianchon, as-tu lu le Pilote ?

Le Pilote était une feuille radicale dirigée par M. Tissot, et qui donnait pour la province, quelques heures après les journaux du matin, une édition où se trouvaient les nouvelles du jour, qui alors avaient dans les départements vingt-quatre heures d'avance sur les autres feuilles.

— Il s'y trouve une fameuse histoire, dit l'interne de l'hôpital Cochin. Le fils Taillefer s'est battu en duel avec le comte Franchessini, de la vieille garde, qui lui a mis deux pouces de fer dans le front. Voilà la petite Victorine une des plus riches partis de Paris. Hein ! si l'on avait su cela ? Quel trente-et-quarante que la mort ! Est-il vrai que Victorine te regardait d'un bon œil, toi ?

— Tais-toi, Bianchon, je ne l'épouserai jamais. J'aime une délicieuse femme, j'en suis aimé, je...

— Tu dis cela comme si tu te battais les flancs pour ne pas être infidèle. Montre-moi donc une femme qui vaille le sacrifice de la fortune du sieur Taillefer.

— Tous les démons sont donc après moi ! s'écria Rastignac.

— Après qui donc en as-tu ? es-tu fou ? Donne-moi donc la main, dit Bianchon, que je te tâte le pouls. Tu as la fièvre.

— Va donc chez la mère Vauquer, lui dit Eugène, ce scélérat de Vautrin vient de tomber comme mort.

— Ah ! dit Bianchon qui laissa Rastignac seul, tu me confirmes des soupçons que je veux vérifier.

La longue promenade de l'étudiant en droit fut solennelle. Il fit en quelque sorte le tour de sa conscience. S'il frotta, s'il s'examina, s'il hésita, du moins sa probité sortit de cette âpre et terrible discussion éprouvée comme une barre de fer qui résiste à tous les essais. Il se souvint des confidences que le père Goriot lui avait faites la veille ; il se rappela l'appartement choisi pour lui près de Delphine, rue d'Artois ; il reprit sa lettre, la relut, la baisa. — Un tel amour est mon ancre de salut, se dit-il. Ce pauvre vieillard a bien souffert par le cœur. Il ne dit rien de ses chagrins, mais qui ne les devinerait pas ? Eh bien ! j'aurai soin de lui comme d'un père, je lui donnerai mille jouissances. Si elle m'aime, elle viendra souvent chez moi passer la journée près de lui. Cette grande comtesse de Restaud est une infâme, elle ferait un portier de son père. Chère Delphine ! elle est meilleure pour le bonhomme, elle est digne d'être aimée ! Ah ! ce soir je serai donc heureux ! Il tira sa montre, l'admira. — Tout m'a réussi ! Quand on s'aime bien pour toujours, l'on peut s'aider, je puis recevoir cela. D'ailleurs, je parviendrai certes, et pourrai tout rendre au centuple. Il n'y a dans cette liaison ni crime, ni rien qui puisse faire froncer le sourcil à la vertu la plus sévère. Combien d'honnêtes gens contractent des unions semblables ! Nous ne trompons personne, et ce qui nous avilit, c'est le mensonge. Mentir, n'est-ce pas abdiquer ? Elle s'est depuis longtemps séparée de son mari. D'ailleurs, je lui dirai, moi, à cet Alsacien, de me céder une femme qu'il lui est impossible de rendre heureuse.

Le combat de Rastignac dura longtemps. Quoique la victoire dût rester aux vertus de la jeunesse, il fut néanmoins ramené par une invincible curiosité sur les quatre heures et demie, à la nuit tombante, vers la maison Vauquer, qu'il se jurait à lui-même de quitter pour toujours. Il voulait savoir si Vautrin était mort. Après avoir eu l'idée de lui administrer un vomitif, Bianchon avait fait porter à son hôpital les matières rendues par Vautrin, afin de les analyser chimiquement. En voyant l'insistance que mit mademoiselle Michonneau à vouloir les faire jeter, ses doutes se fortifièrent. Vautrin fut d'ailleurs trop promptement rétabli pour que Bianchon ne soupçonnât pas quelque complot contre la boute-en-train de la pension. À l'heure où rentra Rastignac, Vautrin se trouvait debout près du poêle dans la salle à manger. Attirés plus tôt que de coutume par la nouvelle du duel de Taillefer le fils, les pensionnaires, curieux de connaître les détails de l'affaire et l'influence qu'elle avait eue sur la destinée de Victorine, étaient réunis, moins le père Goriot, et devisaient de cette aventure. Quand Eugène entra, ses yeux rencontrèrent ceux de l'imperturbable Vautrin, dont le regard pénétra si avant dans son cœur et y remua si fortement quelques cordes mauvaises, qu'il en frissonna.

— Eh bien ! cher enfant, lui dit le forçat évadé, la Camuse aura longtemps tort avec moi. J'ai, selon ces dames, soutenu victorieusement un coup de sang qui aurait dû tuer un bœuf.

— Ah ! vous pouvez bien dire un taureau, s'écria la veuve Vauquer.

— Seriez-vous donc fâché de me voir en vie ? dit Vautrin à l'oreille de Rastignac, dont il crut deviner les pensées. Ce serait d'un homme diantrement fort !

— Ah ! ma foi, dit Bianchon, mademoiselle Michonneau parlait avant-hier d'un monsieur surnommé Trompe-la-Mort ; ce nom-là vous irait bien.

Ce mot produisit sur Vautrin l'effet de la foudre : il pâlit et chancela, son œil magnétique tomba comme un rayon de soleil sur mademoiselle Michonneau, à laquelle ce jet de volonté cassa les jarrets. La vieille fille se laissa couler sur une chaise. Poiret s'avança vivement entre elle et Vautrin, comprenant qu'elle était en danger, tant la figure du forçat devint férocement significative en déposant le masque sous lequel se cachait sa vraie nature. Sans rien comprendre encore à ce drame, tous les pensionnaires restèrent ébahis. En ce moment, l'on entendit le pas de plusieurs hommes et le bruit de quelques fusils que des soldats firent sonner sur le pavé de la rue. Au moment où Collin cherchait machinalement une issue en regardant les fenêtres et les murs, quatre hommes se montrèrent à la porte du salon. Le premier était le chef de la police de sûreté, les trois autres étaient des officiers de paix.

— Au nom de la loi et du roi ! dit un des officiers, dont le discours fut couvert par un murmure d'étonnement.

Bientôt le silence régna dans la salle à manger, les pensionnaires se séparèrent pour livrer passage à trois de ces hommes, qui tous avaient la main dans leur poche de côté, et y tenaient un pistolet armé. Deux gendarmes, qui suivaient les agents, occupèrent la porte du salon, et deux autres se montrèrent à celle qui sortait par l'escalier. Le pas et les fusils de plusieurs soldats retentirent sur le pavé caillouteux qui longeait la façade. Tout espoir de fuite fut donc interdit à Trompe-la-Mort, sur qui tous les regards s'arrêtèrent irrésistiblement. Le chef alla droit à lui, commença par lui donner sur la tête une tape si violemment appliquée qu'il fit sauter la perruque, et rendit à la tête de Collin toute son horreur. Accompagnées de cheveux rouge-brique et courts, qui leur donnaient un épouvantable caractère de force mêlée de ruse, cette tête et cette face, en harmonie avec le buste, furent intelligemment illuminées comme si les feux de l'enfer les eussent éclairées. Chacun comprit tout Vautrin, son passé, son présent, son avenir, ses doctrines implacables, la religion de son bon plaisir, la royauté que lui donnaient le cynisme de ses pensées, de ses actes, et la force d'une organisation faite à tout. Le sang lui monta au visage, et ses yeux brillèrent comme ceux d'un chat sauvage. Il bondit sur lui-même par un mouvement empreint d'une si féroce énergie, il rugit si bien qu'il arracha des cris de terreur à tous les pensionnaires. A ce geste de lion, et s'appuyant de la clameur générale, les agents tirèrent leurs pistolets. Collin comprit son danger en voyant briller le chien de chaque arme, et donna tout à coup la preuve de la plus haute puissance humaine. Horrible et majestueux spectacle! sa physionomie présenta un phénomène qui ne peut être comparé qu'à celui de la chaudière pleine de cette vapeur fumeuse qui soulèverait des montagnes, et que dissout en un clin d'œil une goutte d'eau froide. La goutte d'eau qui froidit sa rage fut une réflexion rapide comme un éclair. Il se mit à sourire, et regarda sa perruque.

— Tu n'es pas dans tes jours de politesse, dit-il au chef de la police de sûreté. Et il tendit ses mains aux gendarmes en les appelant par un signe de tête. Messieurs les gendarmes, mettez-moi les menottes ou les poucettes. Je prends à témoin les personnes présentes que je ne résiste pas. Un murmure admiratif, arraché par la promptitude avec laquelle la lave et le feu sortirent et rentrèrent dans ce volcan humain, retentit dans la salle.—Ça te la coupe, monsieur l'enfonceur, reprit le forçat en regardant le célèbre directeur de la police judiciaire.

— Allons, qu'on se déshabille, lui dit l'homme de la petite rue Sainte-Anne d'un air plein de mépris.

— Pourquoi? dit Collin, il y a des dames. Je ne nie rien, et je me rends.

Il fit une pause, et regarda l'assemblée comme un orateur qui va dire des choses surprenantes.

— Écrivez, papa Lachapelle, dit-il en s'adressant à un petit vieillard en cheveux blancs, qui s'était assis au bout de la table, après avoir tiré d'un portefeuille le procès-verbal de l'arrestation. Je reconnais être Jacques Collin, dit Trompe-la-Mort, condamné à vingt ans de fers; et je viens de prouver que je n'ai pas volé mon surnom. Si

j'avais seulement levé la main, dit-il aux pensionnaires, ces trois mouchards-là répandaient tout mon *raisiné* sur le *trimar* domestique de maman Vauquer. Ces drôles se mêlent de combiner des guet-apens!

Madame Vauquer se trouva mal en entendant ces mots.— Mon Dieu! c'est à en faire une maladie; moi qui étais hier à la Gaîté avec lui, dit-elle à Sylvie.

— De la philosophie, maman, reprit Collin. Est-ce un malheur d'être allée dans ma loge hier, à la Gaîté? s'écria-t-il. Etes-vous meilleure que nous? Nous avons moins d'infamie sur l'épaule que vous n'en avez dans le cœur, membres flasques d'une société gangrenée : le meilleur d'entre vous ne me résistait pas. Ses yeux s'arrêtèrent sur Rastignac, auquel il adressa un sourire gracieux qui contrastait singulièrement avec la rude expression de sa figure. — Notre petit marché va toujours, mon ange, en cas d'acceptation, toutefois! Vous savez? Il chanta :

Ma Fanchette est charmante
Dans sa simplicité...

— Ne soyez pas embarrassé, reprit-il, je sais faire mes recouvrements. L'on me craint trop pour me *flouer*, moi!

Le bagne avec ses mœurs et son langage, avec ses brusques transitions du plaisant à l'horrible, son épouvantable grandeur, sa familiarité, sa bassesse fut tout à coup représenté dans cette interpellation, et par cet homme, qui ne fut plus un homme, mais le type de toute une nation dégénérée, d'un peuple sauvage et logique, brutal et souple. En un moment Collin devint un poème infernal où se peignirent tous les sentiments humains, moins un seul, celui du repentir. Son regard était celui de l'archange déchu, qui veut toujours la guerre. Rastignac baissa les yeux en acceptant ce cousinage criminel comme une expiation de ses mauvaises pensées.

— Qui m'a trahi? dit Collin en promenant son terrible regard sur l'assemblée. Et, l'arrêtant sur mademoiselle Michonneau : C'est toi, lui dit-il, vieille cagnotte, tu m'as donné un faux coup de sang, curieuse! En disant deux mots, je pourrais te faire scier le cou dans huit jours.

Poiret et mademoiselle Michonneau assis sur un banc, au soleil, causaient ..... — PAGE 33.

Je te pardonne, je suis chrétien. D'ailleurs ce n'est pas toi qui m'as vendu. Mais qui? Ah! ah! vous fouillez là-haut, s'écria-t-il en entendant les officiers de la police judiciaire qui ouvraient ses armoires et s'emparaient de ses effets. Dénichés les oiseaux, envolés d'hier. Et vous ne saurez rien. Mes livres de commerce sont là, dit-il en se frappant le front. Je sais qui m'a vendu maintenant. Ce ne peut être que ce gredin de Fil-de-Soie. Pas vrai, père l'empoigneur? dit-il au chef de police. Ça s'accorde trop bien avec le séjour de nos billets de banque là-haut. Plus rien, mes petits mouchards. Quant à Fil-de-Soie, il sera *terré* sous quinze jours, lors même que vous le feriez garder par toute votre gendarmerie. Que lui avez-vous donné, à cette Michonnette? dit-il aux gens de la police, quelque millier d'écus? Je valais mieux que ça, Ninon cariée, Pompadour en loques, Vénus du Père-Lachaise. Si tu m'avais prévenu, tu aurais eu six mille francs. Ah! tu ne t'en doutais pas, vieille vendeuse de chair, sans quoi j'aurais eu la préférence. Oui, je les aurais donnés pour éviter un voyage qui me contrarie, et qui me fait perdre de l'argent, disait-il pendant qu'on lui mettait les menottes. Ces gens-là vont se faire un plaisir de me traîner un temps infini pour m'*otolondrer*. S'ils m'envoyaient tout de suite au bagne, je serais bientôt rendu à mes occupations, malgré nos petits badauds du quai des Orfèvres. Là-bas, ils vont tous se mettre l'âme à l'envers pour faire évader leur général, ce bon Trompe-la-Mort ! Y a-t-il un de vous qui soit, comme moi, riche de plus de dix mille frères prêts à tout faire pour vous ? demanda-t-il avec fierté. Il y a du bon là, dit-il en se frappant le cœur : je n'ai jamais trahi personne ! Tiens, cagnotte, vois-les, dit-il en s'adressant à la vieille fille. Ils me regardent avec terreur ; mais toi, tu leur soulèves le cœur de dégoût. Ramasse ton lot. Il fit une pause en contemplant les pensionnaires. Êtes-vous bêtes, vous autres ! n'avez-vous jamais vu de forçat ? Un forçat de la trempe de Collin, ici présent, est un homme moins lâche que les autres, et qui proteste contre les profondes déceptions du contrat social, comme dit Jean-Jacques, dont je me glorifie d'être l'élève. Enfin, je suis seul contre le gouvernement avec son tas de tribunaux, de gendarmes, de budgets, et je les roule.

— Diantre ! dit le peintre, il est fameusement beau à dessiner.

— Dis-moi, menin de monseigneur le bourreau, gouverneur de la VEUVE (nom plein de terrible poésie que les forçats donnent à la guillotine), ajouta-t-il en se tournant vers le chef de la police de sûreté, sois bon enfant, dis-moi si c'est Fil-de-Soie qui m'a vendu ! Je ne voudrais pas qu'il payât pour un autre, ce ne serait pas juste.

En ce moment, les agents, qui avaient tout ouvert et tout inventorié chez lui, rentrèrent et parlèrent à voix basse au chef de l'expédition. Le procès-verbal était fini.

— Messieurs, dit Collin en s'adressant aux pensionnaires, ils vont m'emmener. Vous avez été tous très-aimables pour moi pendant mon séjour ici, j'en aurai de la reconnaissance. Recevez mes adieux. Vous me permettrez de vous envoyer des figues de Provence. Il fit quelques pas, et se retourna pour regarder Rastignac. Adieu, Eugène, dit-il d'une voix douce et triste, qui contrastait singulièrement avec le ton brusque de ses discours. Si tu étais gêné, je t'ai laissé un ami dévoué. Malgré ses menottes, il put se mettre en garde, fit un appel de maître d'armes, cria : Une, deux ! et se fendit. En cas de malheur, adresse-toi là. Homme et argent, tu peux disposer de tout.

Ce singulier personnage mit assez de bouffonnerie dans ces dernières paroles pour qu'elles ne pussent être comprises que de Rastignac et de lui. Quand la maison fut évacuée par les gendarmes, les soldats et par les agents de la police, Sylvie, qui frottait de vinaigre les tempes de sa maîtresse, regarda les pensionnaires étonnés.

— Eh bien ! dit-elle, c'était un bon homme tout de même.

Cette phrase rompit le charme que produisaient sur chacun l'affluence et la diversité des sentiments excités par cette scène. En ce moment, les pensionnaires, après s'être examinés entre eux, virent tous à la fois mademoiselle Michonneau, grêle, sèche et froide autant

£ ƒ.   FORESCHAMPS

Adieu, enfants, je vous bénis, reprit Vautrin... .. — PAGE 57

qu'une momie, tapie près du poêle, les yeux baissés, comme si elle eût craint que l'ombre de son abat-jour ne fût pas assez forte pour cacher l'expression de ses regards. Cette figure, qui leur était antipathique depuis si longtemps, fut tout à coup expliquée. Un murmure, qui, par sa parfaite unité de son, trahissait un dégoût unanime, retentit sourdement. Mademoiselle Michonneau l'entendit et resta. Bianchon, le premier, se pencha vers son voisin.

— Je décampe si cette fille doit continuer à dîner avec nous, dit-il à demi-voix.

En un clin d'œil chacun, moins Poiret, approuva la proposition de l'étudiant en médecine, qui, fort de l'adhésion générale, s'avança vers le vieux pensionnaire.

— Vous qui êtes lié particulièrement avec mademoiselle Michonneau, lui dit-il, parlez-lui, faites-lui comprendre qu'elle doit s'en aller à l'instant même. — A l'instant même ? répéta Poiret étonné.

Puis il vint auprès de la vieille, et lui dit quelques mots à l'oreille.

— Mais mon terme est payé, je suis ici pour mon argent comme tout le monde, dit-elle en lançant un regard de vipère sur les pensionnaires.

— Qu'à cela ne tienne, nous nous cotiserons pour te le rendre, dit Rastignac.

— Monsieur soutient Collin, répondit-elle en jetant sur l'étudiant un regard venimeux et interrogateur ; il n'est pas difficile de savoir pourquoi.

A ce mot Eugène bondit comme pour se ruer sur la vieille fille et l'étrangler. Ce regard, qu'il comprit les perfidies, venait de jeter une horrible lumière dans son âme.

— Laissez-la donc, s'écrièrent les pensionnaires.

Rastignac se croisa les bras et resta muet.

— Finissons-en avec mademoiselle Judas, dit le peintre en s'adressant à madame Vauquer. Madame, si vous ne mettez pas à la porte la Michonneau, nous quittons tous votre baraque, et nous dirons partout qu'il ne s'y trouve que des espions et des forçats. Dans le cas contraire, nous nous tairons tous sur cet événement, qui, au bout du compte, pourrait arriver dans les meilleures sociétés, jusqu'à ce qu'on marque les galériens au front, et qu'on leur défende de se déguiser en bourgeois de Paris et de se faire aussi bêtement farceurs qu'ils le sont tous.

A ce discours, madame Vauquer retrouva miraculeusement la santé, se redressa, se croisa les bras, ouvrit ses yeux clairs et sans apparence de larmes.

— Mais, mon cher monsieur, vous voulez donc la ruine de ma maison ? Voilà M. Vautrin... Oh ! mon Dieu, se dit-elle en s'interrompant elle-même, je ne puis pas m'empêcher de l'appeler par son nom d'honnête homme ! Voilà, reprit-elle, un appartement vide, et vous voulez que j'en aie deux de plus à louer dans une saison où tout le monde est casé.

— Messieurs, prenons nos chapeaux, et allons dîner place Sorbonne, chez Flicoteaux, dit Bianchon.

Madame Vauquer calcula d'un seul coup d'œil le parti le plus avantageux, et roula jusqu'à mademoiselle Michonneau.

— Allons, ma chère petite belle, vous ne voulez pas la mort de mon établissement, hein ? Vous voyez à quelle extrémité me réduisent ces messieurs ; remontez dans votre chambre pour ce soir.

— Du tout, du tout, crièrent les pensionnaires, nous voulons qu'elle sorte à l'instant.

— Mais elle n'a pas dîné, cette pauvre demoiselle, dit Poiret d'un ton piteux.

— Elle ira dîner où elle voudra, crièrent plusieurs voix.

— À la porte, la moucharde !

— À la porte ! les mouchards !

— Messieurs, s'écria Poiret, qui s'éleva tout à coup à la hauteur du courage que l'amour prête aux béliers, respectez une personne du sexe.

— Les mouchards ne sont d'aucun sexe, dit le peintre.

— Fameux sexorama !

— À la portorama !

— Messieurs, ceci est indécent. Quand on renvoie les gens, on doit y mettre des formes. Nous avons payé, nous restons, dit Poiret en se couvrant de sa casquette et se plaçant sur une chaise à côté de mademoiselle Michonneau, que prêchait madame Vauquer.

— Méchant, lui dit le peintre d'un air comique, petit méchant, va !

— Allons, si vous ne vous en allez pas, nous nous en allons, nous autres, dit Bianchon.

Et les pensionnaires firent en masse un mouvement vers le salon.

— Mademoiselle, que voulez-vous donc ? s'écria madame Vauquer, je suis ruinée. Vous ne pouvez pas rester, ils vont en venir à des actes de violence.

Mademoiselle Michonneau se leva.

— Elle s'en ira ! — Elle ne s'en ira pas ! — Elle s'en ira ! — Elle ne s'en ira pas ! Ces mots, dits alternativement, et l'hostilité des propos qui commençaient à se tenir sur elle, contraignirent mademoiselle Michonneau à partir, après quelques stipulations faites à voix basse avec l'hôtesse.

— Je vais chez madame Buneaud, dit-elle d'un air menaçant.

— Allez où vous voudrez, mademoiselle, dit madame Vauquer, qui vit une cruelle injure dans le choix qu'elle faisait d'une maison avec laquelle elle rivalisait, et qui lui était conséquemment odieuse. Allez chez la Buneaud, vous aurez du vin à faire danser les chèvres, et des plats achetés chez les regrattiers.

Les pensionnaires se mirent sur deux files dans le plus grand silence. Poiret regarda si tendrement mademoiselle Michonneau, il se montra si naïvement indécis, sans savoir s'il devait la suivre ou rester, que les pensionnaires, heureux du départ de mademoiselle Michonneau, se mirent à rire en se regardant.

— Xi, xi, xi, Poiret, lui cria le peintre. Allons, houpe là, haoup !

L'employé au Muséum se mit à chanter comiquement ce début d'une romance connue :

> Partant pour la Syrie,
> Le jeune et beau Dunois..

— Allez donc, vous en mourez d'envie, *trahit sua quemque voluptas*, dit Bianchon.

— Chacun suit sa particulière, traduction libre de Virgile, dit le répétiteur.

Mademoiselle Michonneau ayant fait le geste de prendre le bras de Poiret en le regardant, il ne put résister à cet appel, et vint donner son appui à la vieille. Des applaudissements éclatèrent, et il y eut une explosion de rires. — Bravo, Poiret ! — Ce vieux Poiret ! — Apollon-Poiret. — Mars-Poiret. — Courageux Poiret !

En ce moment, un commissionnaire entra, remit une lettre à madame Vauquer, qui se laissa couler sur sa chaise, après l'avoir lue.

— Mais il n'y a plus qu'à brûler ma maison, le tonnerre y tombe. Le fils Taillefer est mort à trois heures. Je suis bien punie d'avoir souhaité du bien à ces dames au détriment de ce pauvre jeune homme. Madame Couture et Victorine me redemandent leurs effets, et vont demeurer chez son père. M. Taillefer permet à sa fille de garder la veuve Couture comme demoiselle de compagnie. Quatre appartements vacants, cinq pensionnaires de moins ! Elle s'assit et parut près de pleurer. Le malheur est entré chez moi ! s'écria-t-elle.

Le roulement d'une voiture qui s'arrêtait retentit tout à coup dans la rue.

— Encore quelque chape-chute, dit Sylvie.

Goriot montra soudain une physionomie brillante et colorée de bonheur qui pouvait faire croire à sa régénération.

— Goriot en fiacre ! dirent les pensionnaires, la fin du monde arrive.

Le bonhomme alla droit à Eugène, qui restait pensif dans un coin, et le prit par le bras : — Venez, lui dit-il d'un air joyeux.

— Vous ne savez donc pas ce qui se passe ? lui dit Eugène. Vautrin était un forçat que l'on vient d'arrêter, et le fils Taillefer est mort.

— Eh bien ! qu'est-ce que ça nous fait ? répondit le père Goriot. Je dîne avec ma fille, chez vous, entendez-vous ? Elle vous attend, venez !

Il tira si violemment Rastignac par le bras, qu'il le fit marcher de force, et parut l'enlever comme s'il eût été sa maîtresse.

— Dînons ! cria le peintre.

En ce moment chacun prit sa chaise et s'attabla.

— Par exemple, dit la grosse Sylvie, tout est malheur aujourd'hui, mon haricot de mouton s'est attaché. Bah ! vous le mangerez brûlé, tant pis !

Madame Vauquer n'eut pas le courage de dire un mot en ne voyant que dix personnes au lieu de dix-huit autour de sa table : mais chacun tenta de la consoler et de l'égayer. Si d'abord les externes s'entretinrent de Vautrin et des événements de la journée, ils obéirent bientôt à l'allure serpentine de leur conversation, et se mirent à parler des duels, du bagne, de la justice, des lois à refaire, des prisons. Puis ils se trouvèrent à mille lieues de Jacques Collin, de Victorine et de son frère. Quoiqu'ils ne fussent que dix, ils crièrent comme vingt, et semblaient être plus nombreux qu'à l'ordinaire ; ce fut toute la différence qu'il y eut entre ce dîner et celui de la veille. L'insouciance habituelle de ce monde égoïste qui, le lendemain, devait avoir dans les événements quotidiens de Paris une autre proie à dévorer, reprit le dessus, et madame Vauquer elle-même se laissa calmer par l'espérance, qui emprunta la voix de la grosse Sylvie.

Cette journée devait être jusqu'au soir une fantasmagorie pour Eugène, qui, malgré la force de son caractère et la bonté de sa tête, ne savait comment classer ses idées, quand il se trouva dans le fiacre à côté du père Goriot, dont les discours trahissaient une joie inaccoutumée, et retentissaient à son oreille, après tant d'émotions, comme les paroles que nous entendons en rêve.

— C'est fini de ce matin. Nous dînons tous les trois ensemble ; ensemble ! comprenez-vous ? Voici quatre ans que je n'ai dîné avec ma Delphine, ma petite Delphine. Je vais l'avoir à moi pendant toute une soirée. Nous sommes chez vous depuis ce matin. J'ai travaillé comme un manœuvre, habit bas. J'aidais à porter les meubles. Ah ! ah ! vous ne savez pas comme elle est gentille à table, elle s'occupera de moi : « Tenez, papa, mangez donc de cela, c'est bon. » Et alors je ne peux pas manger. Oh ! y a-t-il longtemps que je n'ai été tranquille avec elle comme nous allons l'être !

— Mais, lui dit Eugène, aujourd'hui le monde est donc renversé ?

— Renversé ? dit le père Goriot. Mais à aucune époque le monde n'a si bien été. Je ne vois que des figures gaies dans les rues, des gens qui se donnent des poignées de main, et qui s'embrassent ; des gens heureux comme s'ils allaient tous dîner chez leurs filles, y gobichonner un bon petit dîner qu'elle a commandé devant moi au chef du café des Anglais. Mais, bah ! près d'elle le chicotin serait doux comme miel.

— Je crois revenir à la vie, dit Eugène.

— Mais marchez donc, cocher, cria le père Goriot en ouvrant la glace de devant. Allez donc plus vite, je vous donnerai cent sous pour boire si vous me menez en dix minutes là où vous savez. En entendant cette promesse, le cocher traversa Paris avec la rapidité de l'éclair.

— Il ne va pas, ce cocher ! disait le père Goriot.

— Mais où me conduisez-vous donc ? lui demanda Rastignac.

— Chez vous, dit le père Goriot.

La voiture s'arrêta rue d'Artois. Le bonhomme descendit le premier et jeta dix francs au cocher, avec la prodigalité d'un homme veuf qui, dans le paroxysme de son plaisir, ne prend garde à rien.

— Allons, montons, dit-il à Rastignac en lui faisant traverser une cour et le conduisant à la porte d'un appartement situé au troisième étage, sur le derrière d'une maison neuve et de belle apparence. Le père Goriot n'eut pas besoin de sonner. Thérèse, la femme de chambre de madame de Nucingen, leur ouvrit la porte. Eugène se vit dans un délicieux appartement de garçon, composé d'une antichambre, d'un petit salon, d'une chambre à coucher et d'un cabinet ayant vue sur un jardin. Dans le petit salon, dont l'ameublement et le décor pouvaient soutenir la comparaison avec ce qu'il y avait de plus joli, de plus gracieux, il aperçut, à la lumière des bougies, Delphine, qui se leva d'une causeuse, au coin du feu, mit son écran sur la cheminée, et lui dit avec une intonation de voix chargée de tendresse : — Il a donc fallu vous aller chercher, monsieur, qui ne comprenez rien !

Thérèse sortit. L'étudiant prit Delphine dans ses bras, la serra vivement et pleura de joie. Ce dernier contraste entre ce qu'il voyait et ce qu'il venait de voir, dans un jour où tant d'irritations avaient fatigué son cœur et sa tête, détermina chez Rastignac un accès de sensibilité nerveuse.

— Je savais bien, moi, qu'il t'aimait, dit tout bas le père Goriot à sa fille pendant qu'Eugène abattu gisait sur la causeuse sans pouvoir prononcer une parole ni se rendre compte encore de la manière dont ce dernier coup de baguette avait été frappé.

— Mais venez donc voir, lui dit madame de Nucingen en le prenant par la main et l'emmenant dans une chambre dont les tapis, les meubles et les moindres détails lui rappelèrent, en de plus petites proportions, celle de Delphine.

— Il y manque un lit, dit Rastignac.

— Oui, monsieur, dit-elle en rougissant et lui serrant la main.

Eugène la regarda, et comprit, jeune encore, tout ce qu'il y avait de pudeur vraie dans un cœur de femme aimante.

— Vous êtes une de ces créatures que l'on doit adorer toujours, lui dit-elle à l'oreille. Oui, j'ose vous le dire, puisque nous nous comprenons si bien : plus vif et sincère est l'amour, plus il doit être voilé, mystérieux. Ne donnons notre secret à personne.

— Oh ! je ne serai pas quelqu'un, moi, dit le père Goriot en grognant.

— Vous savez bien que vous êtes *nous*, vous...

— Ah ! voilà ce que je voulais. Vous ne ferez pas attention à moi, n'est-ce pas ? J'irai, je viendrai comme un bon esprit qui est partout, et qu'on sait être là sans le voir. Eh bien ! Delphinette, Ninette, Dedel ! n'ai-je pas eu raison de te dire : « Il y a un joli appartement rue d'Artois, meublons-le pour lui ! » Tu ne voulais pas. Ah ! c'est moi qui suis l'auteur de ta joie, comme je suis l'auteur de tes jours. Les pères doivent toujours donner pour être heureux. Donner toujours, c'est ce qui fait qu'on est père.

— Comment ? dit Eugène.

— Oui, elle ne voulait pas, elle avait peur qu'on ne dît des bêtises, comme si le monde valait le bonheur ! Mais toutes les femmes rêvent de faire ce qu'elle fait...

Le père Goriot parlait tout seul, madame de Nucingen avait emmené Rastignac dans le cabinet, où le bruit d'un baiser retentit, quelque légèrement qu'il fût pris. Cette pièce était en rapport avec l'élégance de l'appartement, dans lequel d'ailleurs rien ne manquait.

— A-t-on bien deviné vos vœux ? dit-elle en revenant dans le salon pour se mettre à table.

— Oui, dit-il, trop bien. Hélas ! ce luxe si complet, ces beaux rêves réalisés, toutes les poésies d'une vie jeune, élégante, je les sens trop pour ne pas les mériter ; mais je ne puis les accepter de vous, et je suis trop pauvre encore pour...

— Ah ! ah ! vous me résistez déjà ? dit-elle d'un petit air d'autorité railleuse en faisant une de ces jolies moues que font les femmes quand elles veulent se moquer de quelque scrupule pour le mieux dissiper.

Eugène s'était trop solennellement interrogé pendant cette journée, et l'arrestation de Vautrin, en lui montrant la profondeur de l'abîme dans lequel il avait failli rouler, venait de trop bien corroborer ses sentiments nobles et sa délicatesse pour qu'il cédât à cette caressante réfutation de ses idées généreuses. Une profonde tristesse s'empara de lui.

— Comment ! dit madame de Nucingen, vous refuseriez ? Savez-vous ce que signifie un refus semblable ? Vous doutez de l'avenir, vous n'osez pas vous lier à moi. Vous avez donc peur de trahir mon affection ? Si vous m'aimez, si je... vous aime, pourquoi reculez-vous devant d'aussi minces obligations ? Si vous connaissiez le plaisir que j'ai eu à m'occuper de tout ce ménage de garçon, vous n'hésiteriez pas, et vous me demanderiez pardon. J'avais de l'argent à vous, je l'ai bien employé, voilà tout. Vous croyez être grand, et vous êtes petit. Vous demandez bien plus... (Ah !) dit-elle en saisissant un regard de passion chez Eugène) et vous faites des façons pour des niaiseries. Si vous ne m'aimez point, oh ! oui, ne m'acceptez pas. Mon sort est dans un mot. Parlez ! Mais, mon père, dites-lui donc quelques bonnes raisons, ajouta-t-elle en se tournant vers son père après une pause. Croit-il que je ne sois pas moins chatouilleuse que lui sur notre honneur ?

Le père Goriot avait le sourire fixe d'un thériaki en voyant, en écoutant cette jolie querelle.

— Enfant ! vous êtes à l'entrée de la vie, reprit-elle en saisissant la main d'Eugène, vous trouvez une barrière insurmontable pour beaucoup de gens, une main de femme vous l'ouvre, et vous reculez ! Mais vous réussirez, vous ferez une brillante fortune, le succès est écrit sur votre beau front. Ne pourrez-vous pas alors me rendre ce que je vous prête aujourd'hui ? Autrefois les dames ne donnaient-elles pas à leurs chevaliers des armures, des épées, des casques, des cottes de mailles, des chevaux, afin qu'ils pussent aller combattre en leur nom dans les tournois ? Eh bien ! Eugène, les choses que je vous offre sont les armes de l'époque, des outils nécessaires à qui veut être quelque chose. Il est joli, le grenier où vous êtes, s'il ressemble à la chambre de papa. Voyons, nous ne dînerons donc pas ? Voulez-vous m'attrister ? Répondez donc ! dit-elle en lui secouant la main. Mon Dieu, papa, décide-le donc, ou je sors et ne le revois jamais.

— Je vais vous décider, dit le père Goriot en sortant de son extase. Mon cher monsieur Eugène, vous allez emprunter de l'argent à des juifs, n'est-ce pas ?

— Il le faut bien, dit-il.

— Bon, je vous tiens, reprit le bonhomme en tirant un mauvais portefeuille en cuir tout usé. Je me suis fait juif, j'ai payé toutes les factures, les voici. Vous ne devez pas un centime pour tout ce qui se trouve ici. Ça ne fait pas une grosse somme, tout au plus cinq mille francs. Je vous les prête, moi ! Vous ne me refuserez pas, je ne suis pas une femme. Vous m'en ferez une reconnaissance sur un chiffon de papier, et vous me les rendrez plus tard.

Quelques pleurs roulèrent à la fois dans les yeux d'Eugène et de Delphine, qui se regardèrent avec surprise. Rastignac tendit la main au bonhomme et la lui serra.

— Eh bien ! quoi ! n'êtes-vous pas mes enfants ? dit Goriot.

— Mais, mon pauvre père, dit madame de Nucingen, comment avez-vous donc fait ?

— Ah ! nous y voilà ! répondit-il ; quand je t'ai eu décidée à le mettre près de toi, que je t'ai vue achetant des choses comme pour une mariée, je me suis dit : « Elle va se trouver dans l'embarras ! » L'avoué

prétend que le procès à intenter à ton mari, pour lui faire rendre ta fortune, durera plus de six mois. Bon. J'ai vendu mes treize cent cinquante livres de rente perpétuelle ; je me suis fait, avec quinze mille francs, douze cents francs de rentes viagères bien hypothéquées, et j'ai payé vos marchands avec le reste du capital, mes enfants. Moi, j'ai là-haut une chambre de cinquante écus par an, je peux vivre comme un prince avec quarante sous par jour, et j'aurai encore du reste. Je n'use rien, il ne me faut presque pas d'habits. Voilà quinze jours que je ris dans ma barbe en me disant : « Vont-ils être heureux ! » Eh bien ! n'êtes-vous pas heureux ?

— Oh ! papa, papa ! dit madame de Nucingen en sautant sur son père, qui la reçut sur ses genoux. Elle le couvrit de baisers, elle lui caressa les joues avec ses cheveux blonds, et versa des pleurs sur ce vieux visage épanoui, brillant. — Cher père, vous êtes un père ! Non, il n'existe pas deux pères comme vous sous le ciel ! Eugène vous aimait bien déjà ; que sera-ce maintenant ?

— Mais, mes enfants, dit le père Goriot, qui depuis dix ans n'avait pas senti le cœur de sa fille battre sur le sein, mais, Delphinette, tu veux donc me faire mourir de joie ! Mon pauvre cœur se brise. Allez, monsieur Eugène, nous sommes déjà quittes ! Et le vieillard serrait sa fille par une étreinte si sauvage, si délirante, qu'elle dit : — Ah ! tu me fais mal ! — Je t'ai fait mal ! dit-il en pâlissant. Il la regarda d'un air surhumain de douleur. Pour bien peindre la physionomie de ce Christ de la paternité, il faudrait aller chercher des comparaisons dans les images que les princes de la palette ont inventées pour peindre la passion soufferte au bénéfice des mondes par le Sauveur des hommes. Le père Goriot baisa bien doucement la ceinture que ses doigts avaient trop pressée. — Non, non, je ne t'ai pas fait mal, reprit-il en la questionnant par un sourire ; c'est toi qui m'as fait mal avec ton cri. Ça coûte plus cher, dit-il à l'oreille de sa fille en la lui baisant avec précaution, mais faut l'attraper, sans quoi il se fâcherait.

Eugène était pétrifié par l'inépuisable dévouement de cet homme, et le contemplait en exprimant cette naïve admiration qui, au jeune âge, est de la foi.

— Je serai digne de tout cela ! s'écria-t-il.

— Oh ! mon Eugène, c'est beau, ce que vous venez de dire là ! Et madame de Nucingen baisa l'étudiant au front.

— Il a refusé pour toi mademoiselle Taillefer et ses millions, dit le père Goriot. Oui, elle vous aimait, la petite ; et, son frère mort, la voilà riche comme Crésus.

— Oh ! pourquoi le dire ? s'écria Rastignac.

— Eugène, lui dit Delphine à l'oreille, maintenant j'ai un regret pour ce soir. Ah ! je vous aimerai bien, moi, et toujours !

— Voilà la plus belle journée que j'aie eue depuis vos mariages, s'écria le père Goriot. Le bon Dieu peut me faire souffrir tant qu'il lui plaira, pourvu que ce ne soit pas par vous. Je me dirai : En février de cette année, j'ai été pendant un moment plus heureux que les hommes ne peuvent l'être pendant toute leur vie. Regarde-moi, Fifine ! dit-il à sa fille. Elle est bien belle, n'est-ce pas ? Dites-moi donc, avez-vous rencontré beaucoup de femmes qui aient ses jolies couleurs et sa petite fossette ? Non, pas vrai ? Eh bien ! c'est moi qui ai fait cet amour de femme. Désormais, en se trouvant heureuse par vous, elle deviendra mille fois mieux. Je puis aller en enfer, mon voisin, dit-il, s'il vous faut ma part de paradis, je vous la donne. Mangeons, mangeons, reprit-il en ne sachant plus ce qu'il disait, tout est à nous.

— Ce pauvre père !

— Si tu savais, mon enfant, dit-il en se levant et allant à elle, lui prenant la tête et la baisant au milieu de ses nattes de cheveux, combien tu peux me rendre heureux à bon marché ! viens me voir quelquefois, je serai là-haut, tu n'auras qu'un pas à faire. Promets-le-moi, dis ?...

— Oui, cher père.

— Dis encore.

— Oui, mon bon père.

— Tais-toi, je te le ferais dire cent fois si je m'écoutais. Dînons.

La soirée tout entière fut employée en enfantillages, et le père Goriot ne se montra pas le moins fou des trois. Il se couchait aux pieds de sa fille pour les baiser, il la regardait longtemps dans les yeux, il frottait sa tête contre sa robe ; enfin il faisait des folies comme en aurait fait l'amant le plus jeune et le plus tendre.

— Voyez-vous, dit Delphine à Eugène, quand mon père est avec nous, il faut être tout à lui. Ce sera pourtant bien gênant quelquefois.

Eugène, qui s'était senti déjà plusieurs fois des mouvements de jalousie, ne pouvait pas blâmer ce mot, qui renfermait le principe de toutes les ingratitudes.

— Et quand l'appartement sera-t-il fini ? dit Eugène en regardant autour de la chambre. Il faudra donc nous quitter ce soir ?

— Oui, mais demain vous viendrez dîner avec moi, dit-elle d'un air fin. Demain est un jour d'Italiens.

— J'irai au parterre, moi, dit le père Goriot.

Il était minuit. La voiture de madame de Nucingen attendait. Le père Goriot et l'étudiant retournèrent à la maison Vauquer en s'entretenant de Delphine avec un croissant enthousiasme qui produisit un curieux combat d'expressions entre ces deux violentes passions. Eugène ne pouvait pas se dissimuler que l'amour du père, qu'aucun intérêt personnel n'entachait, écrasait le sien par sa persistance et par son étendue. L'idole était toujours pure et belle pour le père, et son adoration s'accroissait de tout le passé comme de l'avenir. Ils trouvèrent madame Vauquer seule au coin de son poêle, entre Sylvie et Christophe. La vieille hôtesse était là comme Marius sur les ruines de Carthage. Elle attendait les deux seuls pensionnaires qui lui restaient, en se désolant avec Sylvie. Quoique lord Byron ait prêté d'assez belles lamentations au Tasse, elles sont bien loin de la profonde vérité de celles qui échappaient à madame Vauquer.

— Il n'y aura donc que trois tasses de café à faire demain matin, Sylvie. Hein ! ma maison déserte, n'est-ce pas à fendre le cœur ? Qu'est-ce que la vie sans mes pensionnaires ? Rien du tout. Voilà ma maison démeublée de ses hommes. La vie est dans les meubles. Qu'ai je fait au ciel pour m'être attiré tous ces désastres ? Nos provisions de haricots et de pommes de terre sont faites pour vingt personnes. La police chez moi ! Nous allons donc ne manger que des pommes de terre ! Je renverrai donc Christophe !

Le Savoyard, qui dormait, se réveilla soudain, et dit : — Madame ?

— Pauvre garçon ! c'est comme un dogue, dit Sylvie.

— Une saison morte, chacun s'est casé. D'où me tombera-t-il des pensionnaires ? J'en perdrai la tête. Et cette sybille de Michonneau qui m'enlève Poiret ! Qu'est-ce qu'elle lui faisait donc pour s'être attaché cet homme-là, qui la suit comme un toutou ?

— Ah ! dame ! fit Sylvie en hochant la tête, ces vieilles filles, ça connaît les rubriques.

— Ce pauvre M. Vautrin dont ils ont fait un forçat, reprit la veuve, Eh bien ! Sylvie, c'est plus fort que moi, je ne le crois pas encore. Un homme gai comme ça, qui prenait du gloria pour quinze francs par mois, et qui payait rubis sur l'ongle !

— Et qui était généreux ! dit Christophe.

— Il y a erreur, dit Sylvie.

— Mais non, il a avoué lui-même, reprit madame Vauquer. Et dire que toutes ces choses-là sont arrivées chez moi, dans un quartier où il ne passe pas un chat ! Foi d'honnête femme, je rêve. Car, vois-tu, nous avons vu Louis XVI avoir son accident, nous avons vu tomber l'empereur, nous l'avons vu revenir et retomber, tout cela c'était dans l'ordre des choses possibles ; tandis qu'il n'y a point de chances contre des pensions bourgeoises : on peut se passer de roi, mais il faut toujours qu'on mange ; et quand une honnête femme, née de Conflans, donne à dîner avec toutes bonnes choses, mais à moins que la fin du monde n'arrive... Mais c'est ça, c'est la fin du monde.

— Et penser que mademoiselle Michonneau, qui vous fait tout ce tort, va recevoir, à ce qu'on dit, mille écus de rente, s'écria Sylvie.

— Ne m'en parle pas, ce n'est qu'une scélérate ! dit madame Vauquer. Et elle va chez la Buneaud, par-dessus le marché ! Mais elle est capable de tout, elle a dû faire des horreurs, elle a tué, volé dans son temps. Elle devait aller au bagne à la place de ce pauvre cher homme...

En ce moment, Eugène et le père Goriot sonnèrent.

— Ah ! voilà mes deux fidèles, dit la veuve en soupirant.

Les deux fidèles, qui n'avaient qu'un fort léger souvenir des désastres de la pension bourgeoise, annoncèrent sans cérémonie à leur hôtesse qu'ils allaient demeurer à la Chaussée-d'Antin.

— Ah ! Sylvie, dit la veuve, voilà mon dernier atout. Vous m'avez donné le coup de la mort, messieurs ! ça m'a frappée dans l'estomac. J'ai une barre là. Voilà une journée qui me met dix ans de plus sur la tête. Je deviendrai folle, ma parole d'honneur ! Que faire des haricots ? Ah ! bien, si je suis seule ici, tu t'en iras demain, Christophe. Adieu, messieurs, bonne nuit.

— Qu'a-t-elle donc ? demanda Eugène à Sylvie.

— Dame ! voilà tout le monde parti par suite des affaires. Ça lui a troublé la tête. Allons, je l'entends qui pleure. Ça lui fera du bien de chigner. Voilà la première fois qu'elle se vide les yeux depuis que je suis à son service.

Le lendemain, madame Vauquer s'était, suivant son expression, raisonnée. Si elle parut affligée comme une femme qui avait perdu tous ses pensionnaires, et dont la vie était bouleversée, elle avait toute sa tête, et montra ce qu'était la vraie douleur, une douleur profonde, la douleur causée par l'intérêt froissé, par les habitudes rompues. Certes, le regard qu'un amant jette sur les lieux habités par sa maîtresse, en les quittant, n'est pas plus triste que ne le fut celui de madame Vauquer sur sa table vide. Eugène la consola en lui disant que Bianchon, dont l'internat finissait dans quelques jours, viendrait sans doute le remplacer ; que l'employé du Muséum avait souvent manifesté le désir d'avoir l'appartement de madame Couture et que, dans peu de jours, elle aurait remonté son personnel.

— Dieu vous entende ! mon cher monsieur ! mais le malheur est ici. Avant dix jours, la mort y viendra, vous verrez, lui dit-elle en jetant un regard lugubre sur la salle à manger. Qui prendra-t-elle ?

— Il fait bon déménager, dit tout bas Eugène au père Goriot.

— Madame, dit Sylvie en accourant effarée, voici trois jours que je n'ai vu Mistigris.

— Ah ! bien ! si mon chat est mort, s'il nous a quittés, je...

La pauvre veuve n'acheva pas ; elle joignit les mains, et se renversa sur le dos de son fauteuil, accablée par ce terrible pronostic.

Vers midi, heure à laquelle les facteurs arrivaient dans le quartier du Panthéon, Eugène reçut une lettre élégamment enveloppée, cachetée aux armes de Beauséant. Elle contenait une invitation adressée à M. et à madame de Nucingen pour le grand bal annoncé depuis un mois, et qui devait avoir lieu chez la vicomtesse. A cette invitation était joint un petit mot pour Eugène :

« J'ai pensé, monsieur, que vous vous chargeriez avec plaisir d'être l'interprète de mes sentiments auprès de madame de Nucingen ; je vous envoie l'invitation que vous m'avez demandée, et serai charmée de faire la connaissance de la sœur de madame de Restaud. Amenez-moi donc cette jolie personne, et faites en sorte qu'elle ne prenne pas toute votre affection ; vous m'en devez beaucoup en retour de celle que je vous porte.

« Vicomtesse DE Beauséant. »

— Mais, se dit Eugène en relisant ce billet, madame de Beauséant me dit assez clairement qu'elle ne veut pas du baron de Nucingen. Il alla promptement chez Delphine, heureux d'avoir à lui procurer une joie dont il recevrait sans doute le prix. Madame de Nucingen était au bain. Rastignac attendit dans le boudoir, en butte aux impatiences naturelles à un jeune homme ardent et pressé de prendre possession d'une maîtresse, l'objet de deux ans de désirs. Ce sont des émotions qui ne se rencontrent pas deux fois dans la vie des jeunes gens. La première femme réellement femme à laquelle s'attache un homme, c'est-à-dire celle qui se présente à lui dans la splendeur des accompagnements que veut la société parisienne, celle-là n'a jamais de rivale. L'amour à Paris ne ressemble en rien aux autres amours. Ni les hommes ni les femmes n'y sont dupes des montres pavoisées de lieux communs que chacun étale par décence sur ses affections soi-disant désintéressées. En ce pays, une femme ne doit pas satisfaire seulement le cœur et les sens : elle sait parfaitement qu'elle a de plus grandes obligations à remplir envers les mille vanités dont se compose la vie. Là surtout l'amour est essentiellement vantard, effronté, gaspilleur, charlatan et fastueux. Si toutes les femmes de la cour de Louis XIV envié à mademoiselle de la Vallière l'entraînement de passion qui fit oublier à ce grand prince que ses manchettes coûtaient chacune mille écus quand il les déchira pour faciliter au duc de Vermandois son entrée sur la scène du monde, que peut-on demander au reste de l'humanité ? Soyez jeunes, riches et titrés, soyez mieux encore si vous pouvez ; plus vous apporterez de grains d'encens à brûler devant l'idole, plus elle vous sera favorable, si toutefois vous avez une idole. L'amour est une religion, et son culte doit coûter plus cher que celui de toutes les autres religions ; il passe promptement, et passe en gamin qui tient à marquer son passage par des dévastations. Le luxe du sentiment est la poésie des greniers ; sans cette richesse, qu'y deviendrait l'amour ? S'il est des exceptions à ces lois draconiennes du code parisien, elles se rencontrent dans la solitude, chez les âmes qui ne se sont point laissé entraîner par les doctrines sociales, qui vivent près de quelque source aux eaux claires, fugitives, mais incessantes ; qui, fidèles à leurs ombrages verts, heureuses d'écouter le langage de l'infini, écrit pour elles en toute chose, et qu'elles retrouvent en elles-mêmes, attendent patiemment leurs ailes en plaignant ceux de la terre. Mais Rastignac, semblable à la plupart des jeunes gens, qui, par avance, ont goûté les grandeurs, voulait se présenter tout armé dans la lice du monde ; il en avait épousé la fièvre, et se sentait peut-être la force de le dominer, mais sans connaître ni les moyens ni le but de cette ambition. A défaut d'un amour pur et sacré, qui remplit la vie, cette soif du pouvoir peut devenir une belle chose ; il suffit de dépouiller tout intérêt personnel et de se proposer la grandeur d'un pays pour objet. Mais l'étudiant n'était pas encore arrivé au point où l'homme peut contempler le cours de la vie et la juger. Jusqu'alors il n'avait même pas complètement secoué le charme des fraîches et suaves idées qui enveloppent comme d'un feuillage la jeunesse des enfants élevés en province. Il avait continuellement hésité à franchir le Rubicon parisien. Malgré ses ardentes curiosités, il avait toujours conservé quelques arrière-pensées de la vie heureuse que mène le vrai gentilhomme dans son château. Néanmoins ses derniers scrupules avaient disparu la veille, quand il s'était vu dans son appartement. En jouissant des avantages matériels de la fortune, comme il jouissait depuis longtemps des avantages moraux que donne la naissance, il avait dépouillé sa peau d'homme de province, et s'était doucement établi dans une position d'où il découvrait un bel avenir. Aussi, en attendant Delphine, mollement assis dans ce joli boudoir qui devenait un peu le sien, se voyait-il si loin du Rastignac venu la dernière à Paris, qu'en le lorgnant par un effet d'optique morale, il se demandait s'il se ressemblait en ce moment à lui-même.

— Madame est dans sa chambre, vint lui dire Thérèse, qui le fit tressaillir.

Il trouva Delphine étendue sur sa causeuse, au coin du feu, fraîche, reposée. A la voir ainsi étalée sur des flots de mousseline, il était impossible de ne pas la comparer à ces belles plantes de l'Inde, dont le fruit vient dans la fleur.

— Eh bien! nous voilà, dit-elle avec émotion.

— Devinez ce que je vous apporte, dit Eugène en s'asseyant près d'elle, et lui prenant le bras pour lui baiser la main.

Madame de Nucingen fit un mouvement de joie en lisant l'invitation. Elle tourna sur Eugène ses yeux mouillés, et lui jeta ses bras au cou pour l'attirer à elle dans un délire de satisfaction vaniteuse.

— Et c'est vous (toi, lui dit elle à l'oreille; mais Thérèse est dans mon cabinet de toilette, soyons prudents!), vous, à qui je dois ce bonheur? Oui, j'ose appeler cela un bonheur. Obtenu par vous, n'est-ce pas plus qu'un triomphe d'amour-propre? Personne ne m'a voulu présenter dans ce monde. Vous me trouverez peut-être en ce moment petite, frivole, légère comme une Parisienne; mais pensez, mon ami, que je suis prête à tout vous sacrifier, et que, si je souhaite plus ardemment que jamais d'aller dans le faubourg Saint-Germain, c'est que vous y êtes.

— Ne pensez-vous pas, dit Eugène, que madame de Beauséant a l'air de nous dire qu'elle ne compte pas voir le baron de Nucingen à son bal?

— Mais oui, dit la baronne en rendant la lettre à Eugène. Ces femmes-là ont le génie de l'impertinence. Mais n'importe, j'irai. Ma sœur doit s'y trouver; je sais qu'elle prépare une toilette délicieuse. Eugène, reprit-elle à voix basse, elle y va pour dissiper d'affreux soupçons. Vous ne savez pas les bruits qui courent sur elle? Nucingen est venu me dire ce matin qu'on en parlait hier au Cercle sans se gêner. A quoi tient, mon Dieu! l'honneur des femmes et des familles! Je me suis sentie attaquée, blessée dans ma pauvre sœur. Selon certaines personnes, M. de Trailles aurait souscrit des lettres de change montant à cent mille francs, presque toutes échues, et pour lesquelles il allait être poursuivi. Dans cette extrémité, ma sœur aurait vendu ses diamants à un juif, ces beaux diamants que vous avez pu lui voir, et qui viennent de madame de Restaud la mère. Enfin, depuis deux jours, il n'est question que de cela. Je conçois alors qu'Anastasie se fasse faire une robe lamée, et veuille attirer sur elle tous les regards chez madame de Beauséant en y paraissant dans tout son éclat et avec ses diamants. Mais je ne veux pas être au-dessous d'elle. Elle a toujours cherché à m'écraser; elle n'a jamais été bonne pour moi, qui lui rendais tant de services, qui avais toujours de l'argent pour elle quand elle en avait pas. Mais laissons le monde; aujourd'hui, je veux être tout heureuse.

Rastignac était encore à une heure du matin chez madame de Nucingen, qui, en lui prodiguant l'adieu des amants, cet adieu plein des joies à venir, lui dit avec une expression de mélancolie : — Je suis si peureuse, si superstitieuse, donnez à mes pressentiments le nom qu'il vous plaira, que je tremble de payer mon bonheur par quelque affreuse catastrophe.

— Enfant! dit Eugène.

— Ah! c'est moi qui suis l'enfant ce soir, dit-elle en riant.

Eugène revint à la maison Vauquer avec la certitude de la quitter le lendemain, il s'abandonna donc pendant la route à ces jolis rêves que font tous les jeunes gens quand ils ont encore sur les lèvres le goût du bonheur.

— Eh bien? lui dit le père Goriot, quand Rastignac passa devant sa porte.

— Eh bien! répondit Eugène, je vous dirai tout demain.

— Tout, n'est-ce pas? cria le bonhomme. Couchez-vous. Nous allons commencer demain notre vie heureuse.

Le lendemain, Goriot et Rastignac n'attendaient plus que le bon vouloir d'un commissionnaire pour partir de la pension bourgeoise, quand vers midi le bruit d'un équipage qui s'arrêtait précisément à la porte de la maison Vauquer retentit dans la rue Neuve-Sainte-Geneviève. Madame de Nucingen descendit de sa voiture, demanda si son père était encore à la pension. Sur la réponse affirmative de Sylvie, elle monta lestement l'escalier. Eugène se trouvait chez lui sans que son voisin le sût. Il avait, en déjeunant, prié le père Goriot d'emporter ses effets, en lui disant qu'ils se retrouveraient à quatre heures rue d'Artois. Mais, pendant que le bonhomme avait été chercher des porteurs, Eugène, ayant promptement répondu à l'appel de l'école, était revenu, sans que personne l'eût aperçu, pour compter avec madame Vauquer, ne voulant pas laisser cette charge à Goriot, qui, dans son fanatisme, aurait sans doute payé pour lui. L'hôtesse était sortie. Eugène remonta chez lui pour voir s'il n'y oubliait rien, et s'applaudit d'avoir eu cette pensée en voyant dans le tiroir de sa table l'acceptation en blanc, souscrite à Vautrin, qu'il avait insouciamment jetée là le jour où il l'avait acquittée. N'ayant pas de feu, il allait la déchirer en petits morceaux, quand, en reconnaissant la voix de Delphine, il ne voulut faire aucun bruit, et s'arrêta pour l'entendre, pensant qu'elle ne devait avoir aucun secret pour lui. Puis, dès les premiers mots, il trouva la conversation entre le père et la fille trop intéressante pour ne pas l'écouter.

— Ah! mon père, dit-elle, plaise au ciel que vous ayez eu l'idée de demander compte de ma fortune assez à temps pour que je ne sois pas ruinée! Puis-je parler?

— Oui, la maison est vide, dit le père Goriot d'une voix altérée.

— Qu'avez-vous donc, mon père? reprit madame de Nucingen.

— Tu viens, répondit le vieillard, de me donner un coup de hache sur la tête. Dieu te pardonne, mon enfant! Tu ne sais pas combien je t'aime; si tu l'avais su, tu ne m'aurais pas dit brusquement de semblables choses, surtout si rien n'est désespéré. Qu'est-il donc arrivé de si pressant pour que tu sois venue me chercher ici quand dans quelques instants nous allions être rue d'Artois.

— Eh! mon père, est-on maître de son premier mouvement dans une catastrophe? Je suis folle! Votre avoué nous a fait découvrir un peu plus tôt le malheur qui sans doute éclatera plus tard. Votre vieille expérience commerciale va nous devenir nécessaire, et je suis accourue vous chercher comme on s'accroche à une branche quand on se noie. Lorsque M. Derville a vu Nucingen lui opposer mille chicanes, il l'a menacé d'un procès en lui disant que l'autorisation du président du tribunal serait promptement obtenue. Nucingen est venu ce matin chez moi et m'a demandé si je voulais sa ruine et la mienne. Je lui ai répondu que je ne me connaissais à rien de tout cela, que j'avais une fortune, que je devais être en possession de ma fortune, et que tout ce qui avait rapport à ce démêlé regardait mon avoué, que j'étais de la dernière ignorance et dans l'impossibilité de rien entendre à ce sujet. N'était-ce pas ce que vous m'aviez recommandé de dire?

— Bien, répondit le père Goriot.

— Eh! bien, reprit Delphine, il m'a mise au fait de ses affaires. Il a jeté tous ses capitaux et les miens dans des entreprises à peine commencées, et pour lesquelles il a fallu mettre de grandes sommes dehors. Si je le forçais à me représenter ma dot, il serait obligé de déposer son bilan; tandis que, si je veux attendre un an, il s'engage sur l'honneur à me rendre une fortune double ou triple de la mienne en plaçant mes capitaux dans des opérations territoriales à la fin desquelles je serai maîtresse de tous les biens. Mon cher père, il était sincère, il m'a effrayée. Il m'a demandé pardon de sa conduite, il m'a rendu ma liberté, m'a permis de me conduire à ma guise, à la condition de le laisser entièrement maître de gérer les affaires sous mon nom. Il m'a promis, pour me prouver sa bonne foi, d'appeler M. Derville toutes les fois que je le voudrais, pour juger si les actes en vertu desquels il m'instituerait propriétaire seraient convenablement rédigés. Enfin il s'est remis entre mes mains pieds et poings liés. Il demande encore pendant deux ans la conduite de la maison, et m'a supplié de ne rien dépenser pour moi de plus qu'il ne m'accorde. Il m'a prouvé que tout ce qu'il pouvait faire était de conserver les apparences, qu'il avait renvoyé sa danseuse, et qu'il allait être contraint à la plus stricte, mais à la plus sourde économie, afin d'atteindre au terme de ses spéculations sans altérer son crédit. Je l'ai malmené, j'ai tout mis en doute afin de le pousser à bout et d'en apprendre davantage : il m'a montré ses livres, enfin il a pleuré. Je n'ai jamais vu d'homme en pareil état. Il avait perdu la tête, il parlait de se tuer, il délirait. Il m'a fait pitié.

— Et tu crois à ces sornettes! s'écria le père Goriot. C'est un comédien! J'ai rencontré des Allemands en affaires : ces gens-là sont presque tous de bonne foi, pleins de candeur; mais, quand, sous leur air de franchise et de bonhomie, ils se mettent à être malins et charlatans, ils le sont alors plus que les autres. Ton mari t'abuse. Il se sent serré de près, il fait le mort, il veut rester plus maître sous ton nom qu'il ne l'est sous le sien. Il va profiter de cette circonstance pour se mettre à l'abri des chances de son commerce. Il est aussi fin que perfide : c'est un mauvais gars. Non, non, je ne m'en irai pas au Père-Lachaise en laissant mes filles dénuées de tout. Je me connais encore un peu aux affaires. Il a, dit-il, engagé ses fonds dans les entreprises; eh bien! ses intérêts sont représentés par des valeurs, par des reconnaissances, par des traités! qu'il les montre et liquide avec toi. Nous choisirons les meilleures spéculations, nous en courrons les chances, et nous aurons les titres reconnitifs en notre nom de *Delphine Goriot, épouse séparée quant aux biens du baron de Nucingen*. Mais nous prend-il donc pour des imbéciles, celui-là? Croit-il que je puisse supporter pendant deux jours l'idée de te laisser sans fortune, sans pain? Je ne la supporterais un jour, pas une nuit, pas deux heures! Si cette idée était vraie, je n'y survivrais pas. Eh! quoi, j'aurai travaillé pendant quarante ans de ma vie, j'aurai porté des sacs sur mon dos, j'aurai sué des averses, je me serai privé pendant toute ma vie pour vous, mes anges, qui me rendiez tout travail, tout fardeau léger; et aujourd'hui ma fortune, ma vie s'en iraient en fumée! Ceci me ferait mourir enragé. Par tout ce qu'il y a de plus sacré sur terre et au ciel, nous allons tirer ça au clair, vérifier les livres, la caisse, les entreprises! Je ne dors pas, je ne me couche pas, je ne mange pas, qu'il ne me soit prouvé que ta fortune est là tout entière. Dieu merci, tu es séparée de biens; tu auras maître Derville pour avoué, un honnête homme heureusement. Jour de Dieu! tu garderas ton bon petit million, tes cinquante mille livres de rente, jusqu'à la fin de tes jours, ou je fais un tapage dans Paris, ah! ah! Mais je m'adresserais aux Chambres si les tribunaux nous victimaient. Te savoir tranquille et heureuse du côté de l'argent, mais cette pensée allégeait tous mes maux et calmait mes chagrins. L'argent, c'est la vie. Monnaie fait tout. Que nous chante-t-il donc, cette grosse souche d'Alsacien? Delphine, ne fais pas une concession d'un quart de liard à cette grosse bête, qui t'a mise à la chaîne et t'a rendue malheureuse. S'il a besoin de toi, nous le tricoterons ferme, et nous le ferons marcher droit. Mon Dieu, j'ai la tête en feu, j'ai dans le crâne quelque chose qui me brûle. Ma Delphine sur la paille ! Oh ! ma Fifine, toi ! Sapristi ! où sont mes gants ! Allons ! partons, je veux aller tout voir, les livres, les affaires, la caisse, la correspondance, à l'instant. Je ne serai calme que quand il me sera prouvé que ta fortune ne court plus de risques, et que je la verrai de mes yeux.

— Mon cher père ! allez-y prudemment. Si vous mettiez la moindre velléité de vengeance en cette affaire, et si vous montriez des intentions trop hostiles, je serais perdue. Il vous connaît, il a trouvé tout naturel que, sous votre inspiration, je m'inquiétasse de ma fortune : mais, je vous le jure, il la tient en ses mains, et a voulu la tenir. Il est homme à s'enfuir avec tous les capitaux, et à nous laisser là, le scélérat ! Il sait bien que je ne déshonorerai pas moi-même le nom que je porte en le poursuivant. Il est à la fois fort et faible. J'ai bien tout examiné. Si nous le poussons à bout, je suis ruinée.

— Mais c'est donc un fripon ?

— Eh bien ! oui, mon père, dit-elle en se jetant sur une chaise en pleurant. Je ne voulais pas vous l'avouer pour vous épargner le chagrin de m'avoir mariée à un homme de cette espèce-là ! Mœurs secrètes et conscience, l'âme et le corps, tout en lui s'accorde ! c'est effroyable : je le hais et le méprise. Oui, je ne puis plus estimer ce vil Nucingen après tout ce qu'il m'a dit. Un homme capable de se jeter dans les combinaisons commerciales dont il m'a parlé n'a pas la moindre délicatesse, et mes craintes viennent de ce que j'ai lu parfaitement dans son âme. Il m'a nettement proposé, lui, mon mari, la liberté, vous savez ce que cela signifie ? si je voulais être, en cas de malheur, un instrument entre ses mains, enfin si je voulais lui servir de prête-nom.

— Mais les lois sont là ! Mais il y a une place de Grève pour les gendres de cette espèce-là ! s'écria le père Goriot ; mais je le guillotinerais moi-même s'il n'y avait pas de bourreau !

— Non, mon père, il n'y a pas de lois contre lui. Écoutez en deux mots son langage, dégagé des circonlocutions dont il l'enveloppait : « Ou tout est perdu, vous n'avez pas un liard, vous êtes ruinée ; car je ne saurais choisir pour complice une autre personne que vous ; ou vous me laisserez conduire à bien mes entreprises. » Est-ce clair ? Il tient encore à moi. Ma probité de femme le rassure ; il sait que je lui laisserai sa fortune, et me contenterai de la mienne. C'est une association improbe et voleuse à laquelle je dois consentir sous peine d'être ruinée. Il m'achète ma conscience et la paye en me laissant être à mon aise la femme d'Eugène. « Je te permets de commettre des fautes, laisse-moi faire des crimes en ruinant de pauvres gens ! » Ce langage est-il encore assez clair ? Savez-vous ce qu'il nomme faire des opérations ? Il achète des terrains nus sous son nom, puis il y fait bâtir des maisons par des hommes de paille. Ces hommes concluent les marchés pour les bâtisses avec tous les entrepreneurs, qu'ils payent en effets à longs termes, et consentent, moyennant une légère somme, à donner quittance à mon mari, qui est alors possesseur des maisons, tandis que ces hommes s'acquittent avec les entrepreneurs dupés en faisant faillite. Le nom de la maison de Nucingen a servi à éblouir les pauvres constructeurs. J'ai compris cela. J'ai compris aussi que, pour prouver, en cas de besoin, le payement de sommes énormes, Nucingen a envoyé des valeurs considérables à Amsterdam, à Londres, à Naples, à Vienne. Comment les saisirions-nous ?

Eugène entendit le son lourd des genoux du père Goriot, qui tomba sans doute sur le plancher de sa chambre.

— Mon Dieu ! que t'ai-je fait ? Ma fille livrée à ce misérable, il exigera tout d'elle s'il le veut. Pardon ! ma fille ! cria le vieillard.

— Oui, si je suis dans un abîme, il y a peut-être de votre faute, dit Delphine. Nous avons si peu de raison quand nous nous marions ! Connaissons-nous le monde, les affaires, les hommes, les mœurs ? Les pères devraient penser pour nous. Cher père, je ne vous reproche rien, pardonnez-moi ce mot. En ceci la faute est toute à moi. Non, ne pleurez point, papa, dit-elle en baisant le front de son père.

— Ne pleure pas non plus, ma petite Delphine. Donne tes yeux, que je les essuie en les baisant. Va ! je vais retrouver ma caboche, et débrouiller l'écheveau d'affaires que ton mari a mêlé.

— Non, laissez-moi faire ; je saurai le manœuvrer. Il m'aime, eh bien ! je me servirai de mon empire sur lui pour l'amener à me placer promptement quelques capitaux en propriétés. Peut-être lui ferai-je racheter sous mon nom Nucingen, en Alsace, il y tient. Seulement venez demain pour examiner ses livres, ses affaires. M. Derville ne sait rien de ce qui est commercial. Non, ne venez pas demain. Je ne veux pas me tourner le sang. Le bal de madame de Beauséant a lieu après-demain, je veux me soigner pour y être belle, reposée, et faire honneur à mon cher Eugène ! Allons donc voir sa chambre.

En ce moment une voiture s'arrêta dans la rue Neuve-Sainte-Geneviève, et l'on entendit dans l'escalier la voix de madame de Restaud, qui disait à Sylvie : — Mon père y est-il ? Cette circonstance sauva heureusement Eugène, qui méditait déjà de se jeter sur son lit et de feindre d'y dormir.

— Ah ! mon père, vous a-t-on parlé d'Anastasie ? dit Delphine en reconnaissant la voix de sa sœur. Il paraîtrait qu'il lui arrive aussi de singulières choses dans son ménage.

— Quoi donc ? dit le père Goriot : ce serait donc ma fin. Ma pauvre tête ne tiendra pas à un double malheur.

— Bonjour, mon père, dit la comtesse en entrant. Ah ! te voilà, Delphine.

Madame de Restaud parut embarrassée de rencontrer sa sœur.

— Bonjour, Nasie, dit la baronne. Trouves-tu donc ma présence extraordinaire ? Je vois mon père tous les jours, moi.

— Depuis quand ?

— Si tu y venais, tu le saurais.

— Ne me taquine pas, Delphine, dit la comtesse d'une voix lamentable. Je suis bien malheureuse, je suis perdue, mon pauvre père ! oh ! bien perdue cette fois !

— Qu'as-tu, Nasie ? cria le père Goriot. Dis-nous tout, mon enfant. Elle pâlit. Delphine, allons, secours-la donc, sois bonne pour elle, je t'aimerai encore mieux, si je peux, toi !

— Ma pauvre Nasie, dit madame de Nucingen en asseyant sa sœur, parle. Tu vois en nous les deux seules personnes qui t'aimeront toujours assez pour te pardonner tout. Vois-tu, les affections de famille sont les plus sûres. Elle lui fit respirer des sels, et la comtesse revint à elle.

— J'en mourrai, dit le père Goriot. Voyons, reprit-il en remuant son feu de mottes, approchez-vous toutes les deux. J'ai froid. Qu'as-tu, Nasie ? dis vite, tu me tues...

— Eh bien ! dit la pauvre femme, mon mari sait tout. Figurez-vous, mon père, il y a quelque temps, vous souvenez-vous de cette lettre de change de Maxime ? Eh bien ! ce n'était pas la première. J'en avais déjà payé beaucoup. Vers le commencement de janvier, M. de Trailles me paraissait bien chagrin. Il ne me disait rien ; mais il est si facile de lire dans le cœur des gens qu'on aime, un rien suffit : puis il y a des pressentiments. Enfin il était plus aimant, plus tendre que je ne l'avais jamais vu, j'étais toujours plus heureuse. Pauvre Maxime ! dans sa pensée, il me faisait ses adieux, m'a-t-il dit ; il voulait se brûler la cervelle. Enfin je l'ai tant tourmenté, tant supplié, je suis restée deux heures à ses genoux. Il m'a dit qu'il devait cent mille francs ! Oh ! papa, cent mille francs ! Je suis devenue folle. Vous ne les aviez pas, j'avais tout dévoré...

— Non, dit le père Goriot, je n'aurais pas pu les faire, à moins d'aller les voler. Mais j'y aurais été, Nasie ! J'irai.

A ce mot lugubrement jeté, comme un son du râle d'un mourant, et qui accusait l'agonie du sentiment paternel réduit à l'impuissance, les deux sœurs firent une pause. Quel égoïsme serait resté froid à ce cri de désespoir qui, semblable à une pierre lancée dans un gouffre, en révélait la profondeur !

— Je les ai trouvés en disposant de ce qui ne m'appartenait pas, mon père, dit la comtesse en fondant en larmes.

Delphine fut émue et pleura en mettant la tête sur le cou de sa sœur.

— Tout est donc vrai ! lui dit-elle.

Anastasie baissa la tête, madame de Nucingen la saisit à plein corps, la baisa tendrement, et l'appuyant sur son cœur : — Ici, tu seras toujours aimée sans être jugée, lui dit-elle.

— Mes anges, dit Goriot d'une voix faible, pourquoi votre union est-elle due au malheur ?

— Pour sauver la vie de Maxime, enfin pour sauver tout mon bonheur, reprit la comtesse encouragée par ces témoignages d'une tendresse chaude et palpitante, j'ai porté chez cet usurier que vous connaissez, un homme fabriqué par l'enfer, que rien ne peut attendrir, ce M. Gobseck, les diamants de famille auxquels tient tant M. de Restaud, les siens, les miens, tout, je les ai vendus. Vendus ! comprenez-vous ? il a été sauvé ! Mais, moi, je suis morte. Restaud a tout su.

— Par qui ? comment ? Que je le tue ! cria le père Goriot.

— Hier, il m'a fait appeler dans sa chambre. J'y suis allée... « Anastasie, m'a-t-il dit d'une voix... (oh ! sa voix a suffi, j'ai tout deviné), où sont vos diamants ? » Chez moi. « Non, m'a-t-il dit en me regardant, ils sont là, sur ma commode. » Et il m'a montré l'écrin qu'il avait couvert de son mouchoir. « Vous savez d'où ils viennent ? » m'a-t-il dit. Je suis tombée à ses genoux... j'ai pleuré, je lui ai demandé de quelle mort il voulait me voir mourir.

— Tu as dit cela ! s'écria le père Goriot. Par le sacré nom de Dieu, celui qui vous fera mal à l'une ou à l'autre, tant que je serai vivant, peut être sûr que je le brûlerai à petit feu ! Oui, je le déchiquetterai comme...

Le père Goriot se tut, les mots expiraient dans sa gorge.

— Enfin, ma chère, il m'a demandé quelque chose de plus difficile à faire que de mourir. Le ciel préserve toute femme d'entendre ce que j'ai entendu !

— J'assassinerai cet homme, dit le père Goriot tranquillement. Mais il n'a qu'une vie et il m'en doit deux. Enfin, quoi ? reprit-il en regardant Anastasie.

— Eh bien ! dit la comtesse en continuant, après une pause il m'a regardée : « Anastasie, m'a-t-il dit, j'ensevelis tout dans le silence, nous resterons ensemble, nous avons des enfants. Je ne tuerai pas M. de Trailles, je pourrais le manquer, et, pour m'en défaire autrement, je pourrais me heurter contre la justice humaine ; le tuer dans vos bras, ce serait déshonorer *les* enfants. Mais, pour ne voir périr ni vos enfants, ni leur père, ni moi, je vous impose deux conditions. Répondez : Ai-je un enfant à moi ? » J'ai dit oui. « Lequel ? » a-t-il demandé Ernest, notre aîné. « Bien, a-t-il dit. Maintenant, jurez-moi de m'obéir désormais sur un seul point. » J'ai juré. « Vous signerez la vente de vos biens quand je vous le demanderai. »

— Ne signe pas ! cria le père Goriot. Ne signe jamais cela ! Ah ! ah ! monsieur de Restand, vous ne savez pas ce que c'est que de rendre une femme heureuse, elle va chercher le bonheur là où il est, et vous la punissez de votre niaise impuissance !... Je suis là, moi, halte-là ! il me trouvera dans sa route. Nasie, sois en repos. Ah ! il tient à son héritier ! Bon, bon ! je lui empoignerai son fils, qui, sacré tonnerre ! est mon petit-fils. Je puis bien le voir, ce marmot ! Je le mets dans mon village, j'en aurai soin, sois bien tranquille. Je le ferai capituler, ce monstre-là, en lui disant : A nous deux ! si tu veux avoir ton fils, rends à ma fille son bien, et laisse-la se conduire à sa guise.

— Mon père !

— Oui, ton père ! Ah ! je suis un vrai père ! Que ce drôle de grand seigneur ne maltraite pas mes filles ! Tonnerre ! je ne sais pas ce que j'ai dans les veines. J'y ai le sang d'un tigre, je voudrais dévorer ces deux hommes. Oh ! mes enfants, voilà donc votre vie ? Mais c'est ma mort ! Que deviendrez-vous donc quand je ne serai plus là ? Les pères devraient vivre autant que leurs enfants. Mon Dieu, comme ton monde est mal arrangé ! Et tu as un fils, cependant, à ce qu'on nous dit. Tu devrais nous empêcher de souffrir dans nos enfants. Mes chers anges, quoi ! ce n'est qu'à vos douleurs que je dois votre présence ! Vous ne me faites connaître que vos larmes. Eh bien ! oui, vous m'aimez, je le vois. Venez, venez vous plaindre ici ! mon cœur est grand, il peut tout recevoir. Oui, vous aurez beau le percer, les lambeaux feront encore des cœurs de père. Je voudrais prendre vos peines, souffrir pour vous. Ah ! quand vous étiez petites, vous étiez bien heureuses...

— Nous n'avons eu que ce temps-là de bon, dit Delphine. Où sont les moments où nous dégringolions du haut des sacs dans le grand grenier ?...

— Mon père, ce n'est pas tout ! dit Anastasie à l'oreille de Goriot, qui fit un bond. Les diamants n'ont pas été vendus cent mille francs : Maxime est poursuivi. Nous n'avons plus que douze mille francs à payer. Il m'a promis d'être sage, de ne plus jouer. Il ne me reste plus au monde que son amour, et je l'ai payé trop cher pour ne pas mourir s'il m'échappait. Je lui ai sacrifié fortune, honneur, repos, enfants. Oh ! faites qu'au moins Maxime soit libre, honoré, qu'il puisse demeurer dans le monde, où il saura se faire une position. Maintenant, il ne me doit pas que le bonheur, nous avons des enfants qui seraient sans fortune. Tout sera perdu s'il est mis à Sainte-Pélagie.

— Je ne les ai pas, Nasie. Plus, plus rien, plus rien ! c'est la fin du monde. Oh ! le monde va crouler, c'est sûr. Allez-vous-en, sauvez-vous avant ! Ah ! j'ai encore mes boucles d'argent, six couverts, les premiers qu'eus dans ma vie. Enfin, je n'ai plus que douze cents francs de rente viagère...

— Qu'avez-vous donc fait de vos rentes perpétuelles ?

— Je les ai vendues en me réservant ce petit bout de revenu pour mes besoins. Il me fallait douze mille francs pour arranger un appartement à Fifine.

— Chez toi, Delphine ? dit madame de Restaud à sa sœur.

— Oh ! qu'est-ce que cela fait ? reprit le père Goriot, les douze mille francs sont employés.

— Je devine, dit la comtesse, pour M. de Rastignac. Ah ! ma pauvre Delphine, arrête-toi. Vois où j'en suis.

— Ma chère, M. de Rastignac est un jeune homme incapable de ruiner sa maîtresse.

— Merci, Delphine. Dans la crise où je me trouve, j'attendais mieux de toi ; mais tu ne m'as jamais aimée.

— Si, elle t'aime, Nasie ! cria le père Goriot, elle me le disait tout à l'heure. Nous parlions de toi, elle me soutenait que tu étais belle, et qu'il n'était que jolie, elle !

— Elle ! répéta la comtesse, elle est d'un beau froid.

— Quand cela serait, dit Delphine en rougissant, comment t'es-tu comportée envers moi ? Tu m'as reniée, tu m'as fait fermer les portes de toutes les maisons où je souhaitais aller, enfin tu n'as jamais manqué la moindre occasion de me causer de la peine. Et moi, suis-je venue, comme toi, soutirer à ce pauvre père, mille francs à mille francs, sa fortune, et le réduire dans l'état où il est ? Voilà ton ouvrage, ma sœur. Moi, j'ai vu mon père tant que j'ai pu, je ne l'ai pas mis à la porte, et ne suis pas venue lui lécher les mains quand j'avais besoin de lui. Je ne savais seulement pas qu'il eût employé ces douze mille francs pour moi. J'ai de l'ordre, moi ! tu le sais. D'ailleurs, quand papa m'a fait des cadeaux, je ne ne les ai jamais quêtés.

— Tu étais plus heureuse que moi. M. de Marsay était riche, tu en sais quelque chose. Tu as toujours été vilaine comme l'or. Adieu, je n'ai ni sœur, ni...

— Tais-toi, Nasie ! cria le père Goriot.

— Il n'y a qu'une sœur comme toi qui puisse répéter ce que le monde ne croit plus ; tu es un monstre ! lui dit Delphine.

— Mes enfants, mes enfants, taisez-vous, ou je me tue devant vous !

— Va, Nasie, je te pardonne, dit madame de Nucingen en continuant ; tu es malheureuse. Mais je suis meilleure que tu ne l'es. Me dire cela au moment où je me sentais capable de tout pour te secourir, même d'entrer dans la chambre de mon mari, ce que je ne ferais ni pour moi ni pour... Ceci est digne de tout ce que tu as commis de mal contre moi depuis neuf ans.

— Mes enfants, mes enfants, embrassez-vous ! dit le père. Vous êtes deux anges.

— Non, laissez-moi ! cria la comtesse, que Goriot avait prise par le bras, et qui secoua l'embrassement de son père. Elle a moins de pitié pour moi que n'en aurait un mari. Ne dirait-on pas qu'elle est l'image de toutes les vertus !

— J'aime encore mieux passer pour devoir de l'argent à M. de Marsay que d'avouer que M. de Trailles me coûte plus de deux cent mille francs, répondit madame de Nucingen.

— Delphine ! cria la comtesse en faisant un pas vers elle.

— Je te dis la vérité quand tu me calomnies, répliqua froidement la baronne.

— Delphine ! tu es une...

Le père Goriot s'élança, retint la comtesse, et l'empêcha de parler en lui couvrant la bouche avec sa main.

— Mon Dieu ! mon père, à quoi donc avez-vous touché ce matin ? lui dit Anastasie.

— Eh bien ! oui, j'ai tort, dit le pauvre père en s'essuyant les mains à son pantalon ; mais je ne savais pas que vous viendriez. Je déménage.

Il était heureux de s'être attiré un reproche qui détournait sur lui la colère de sa fille.

— Ah ! reprit-il en s'asseyant, vous m'avez fendu le cœur. Je me meurs, mes enfants ! Le crâne me cuit intérieurement comme s'il avait du feu. Soyez donc gentilles, aimez-vous bien ! Vous me feriez mourir. Delphine, Nasie, allons, vous aviez raison, vous aviez tort toutes les deux. Voyons, Dedel, reprit-il en tournant sur la baronne des yeux pleins de larmes, il lui faut douze mille francs, cherchons-les. Ne vous regardez pas comme ça. Il se mit à genoux devant Delphine — Demande-lui pardon pour me faire plaisir, lui dit-il à l'oreille, elle est la plus malheureuse, voyons !

— Ma pauvre Nasie, dit Delphine épouvantée de la sauvage et folle expression que la douleur imprimait sur le visage de son père, j'ai eu tort, embrasse-moi...

— Ah ! vous me mettez du baume sur le cœur, cria le père Goriot. Mais où trouver douze mille francs ? Si je me proposais comme remplaçant ?

— Ah ! mon père ! dirent les deux filles en l'entourant, non, non !

— Dieu vous récompensera de cette pensée, notre vie n'y suffirait point ! n'est-ce pas, Nasie ? reprit Delphine.

— Et puis, pauvre père, ce serait une goutte d'eau, fit observer la comtesse.

— Mais on ne peut donc rien faire de son sang ? cria le vieillard désespéré. Je me voue à celui qui te sauvera, Nasie ! je tuerai un homme pour lui. Je ferai comme Vautrin, j'irai au bagne ! je... Il s'arrêta comme s'il eût été foudroyé. Plus rien ! dit-il en s'arrachant les cheveux. Si je savais où aller pour voler, mais il est encore difficile de trouver un vol à faire. Et puis il faudrait du monde et du temps pour prendre la Banque. Allons, je dois mourir, je n'ai plus qu'à mourir. Oui, je ne suis plus à rien, je ne suis plus père ! non. Elle me demande, elle a besoin ! et moi, misérable, je n'ai rien ! Ah ! tu t'es fait des rentes viagères, vieux scélérat, et tu avais des filles ! Mais tu ne les aimes donc pas ? Crève, crève comme un chien que tu es ! Oui, je suis au-dessous d'un chien, un chien ne se conduirait pas ainsi ! Oh ! ma tête ! elle bout !

— Mais, papa, crièrent les deux jeunes femmes, qui l'entouraient pour l'empêcher de se frapper la tête contre les murs, soyez donc raisonnable.

Il sanglotait. Eugène, épouvanté, prit la lettre de change souscrite à Vautrin, et dont le timbre comportait une plus forte somme ; il en corrigea le chiffre, en fit une lettre de change régulière de douze mille francs à l'ordre de Goriot et entra.

— Voici tout votre argent, madame, dit-il en présentant le papier. Je dormais, votre conversation m'a réveillé, j'ai pu savoir ainsi ce que je devais à M. Goriot. En voici le titre que vous pouvez négocier, je l'acquitterai fidèlement.

La comtesse, immobile, tenait le papier.

— Delphine, dit-elle, pâle et tremblante de colère, de fureur, de rage, je te pardonnais tout, Dieu m'en est témoin, mais ceci ! Comment, monsieur était là, tu le savais ! tu as eu la petitesse de te venger en me laissant lui livrer mes secrets, ma vie, celle de mes enfants, ma honte, mon honneur ! Va, tu ne m'es plus de rien, je te hais, je te ferai tout le mal possible, je... La colère lui coupa la parole, et son gosier se sécha.

— Mais, c'est mon fils, notre enfant, ton frère, ton sauveur ! criait le père Goriot. Embrasse-le donc ! Tiens, moi je l'embrasse, reprit-il en serrant Eugène avec une sorte de fureur. Oh ! mon enfant !

je serai plus qu'un père pour toi, je veux être une famille. Je voudrais être Dieu, je te jetterais l'univers aux pieds. Mais, baise-le donc, Nasie ! ce n'est pas un homme, mais un ange, un véritable ange.

— Laissez-la, mon père, elle est folle en ce moment, dit Delphine.

— Folle ! folle ! Et toi, qu'es-tu ? demanda madame de Restaud.

— Mes enfants, je meurs si vous continuez, cria le vieillard en tombant sur son lit comme frappé par une balle. — Elles me tuent ! se dit-il.

La comtesse regarda Eugène, qui restait immobile, abasourdi par la violence de cette scène : — Monsieur, lui dit-elle en l'interrogeant du geste, de la voix et du regard, sans faire attention à son père, dont le gilet fut rapidement défait par Delphine.

— Madame, je payerai et je me tairai, répondit-il sans attendre la question.

— Tu as tué notre père, Nasie ! dit Delphine en montrant le vieillard évanoui à sa sœur, qui se sauva.

— Je lui pardonne bien, dit le bonhomme en ouvrant les yeux, sa situation est épouvantable et tournerait une meilleure tête. Console Nasie, sois douce pour elle, promets-le à ton pauvre père, qui se meurt, demanda-t-il à Delphine en lui pressant la main.

— Mais qu'avez-vous ? dit-elle tout effrayée.

— Rien, rien, répondit le père, ça se passera. J'ai quelque chose qui me presse le front, une migraine. Pauvre Nasie, quel avenir !

En ce moment la comtesse rentra, se jeta aux genoux de son père : — Pardon ! cria-t-elle.

— Allons, dit le père Goriot, tu me fais encore plus de mal maintenant !

— Monsieur, dit la comtesse à Rastignac, les yeux baignés de larmes, la douleur m'a rendue injuste. Vous serez un frère pour moi ! reprit-elle en lui tendant la main.

— Nasie, lui dit Delphine en la serrant, ma petite Nasie, oublions tout.

— Non, dit-elle je m'en souviendrai, moi !

— Mes anges, s'écria le père Goriot, vous m'enlevez le rideau que j'avais sur les yeux, votre voix me ranime. Embrassez-vous donc encore. Eh bien ! cette lettre de change te sauvera-t-elle ?

— Je l'espère. Dites donc, papa, voulez-vous y mettre votre signature ?

— Tiens, suis-je bête, moi, d'oublier ça ! mais je me suis trouvé mal, Nasie, ne m'en veux pas. Envoie-moi dire que tu es hors de peine. Non, j'irai. Mais non, je n'irai pas, je ne puis plus voir ton mari, je le tuerais net. Quant à dénaturer tes biens, je serai là. Va vite, mon enfant, et fais que Maxime devienne sage.

Eugène était stupéfait.

— Cette pauvre Anastasie a toujours été violente, dit madame de Nucingen, mais elle a bon cœur.

— Elle est revenue pour l'endos, dit Eugène à l'oreille de Delphine.

— Vous croyez ?

— Je voudrais ne pas le croire. Méfiez-vous d'elle, répondit-il en levant les yeux comme pour confier à Dieu des pensées qu'il n'osait exprimer.

— Oui, elle a toujours été un peu comédienne, et mon pauvre père se laisse prendre à ses mines.

— Comment allez-vous, mon bon père Goriot ? demanda Rastignac au vieillard.

— J'ai envie de dormir, répondit-il.

Eugène aida Goriot à se coucher. Puis, quand le bonhomme se fut endormi en tenant la main de Delphine, sa fille se retira.

— Ce soir aux Italiens, dit-elle à Eugène, et tu me diras comment il va. Demain, vous déménagerez, monsieur. Voyons votre chambre. Oh ! quelle horreur ! dit-elle en y entrant. Mais vous étiez plus mal que n'est mon père. Eugène, tu t'es bien conduit. Je vous aimerais davantage si c'était possible ; mais, mon enfant, si vous voulez faire fortune, il ne faut pas jeter comme ça des douze mille francs par les fenêtres. Le comte de Trailles est joueur. Ma sœur ne veut pas voir ça. Il aurait été chercher ses douze mille francs là où il sait perdre ou gagner des monts d'or.

Un gémissement les fit revenir chez Goriot, qu'ils trouvèrent en apparence endormi ; mais, quand les deux amants approchèrent, ils entendirent ces mots : Elles ne sont pas heureuses ! Qu'il dormît ou qu'il veillât, l'accent de cette phrase frappa si vivement le cœur de sa fille, qu'elle s'approcha du grabat sur lequel gisait son père, et le baisa au front. Il ouvrit les yeux en disant : C'est Delphine !

— Eh bien ! comment vas-tu ? demanda-t-elle.

— Bien, dit-il. Ne sois pas inquiète, je vais sortir. Allez, allez, mes enfants, soyez heureux.

Eugène accompagna Delphine jusque chez elle ; mais, inquiet de l'état dans lequel il avait laissé Goriot, il refusa de dîner avec elle et revint à la maison Vauquer. Il trouva le père Goriot, debout et prêt à s'attabler. Bianchon s'était mis de manière à bien examiner la figure du vermicellier. Quand il lui vit prendre son pain et le sentir pour juger de la farine avec laquelle il était fait, l'étudiant, ayant observé dans ce mouvement une absence totale de ce que l'on pourrait nommer la conscience de l'acte, fit un geste sinistre.

— Viens donc près de moi, monsieur l'interne à Cochin, dit Eugène.

Bianchon s'y transporta d'autant plus volontiers qu'il allait être près du vieux pensionnaire.

— Qu'a-t-il ? demanda Rastignac.

— A moins que je ne me trompe, il est flambé ! Il a dû se passer quelque chose d'extraordinaire en lui, il me semble être sous le poids d'une apoplexie séreuse imminente. Quoique le bas de la figure soit assez calme, les traits supérieurs du visage se tirent vers le front malgré lui, vois ! Puis les yeux sont dans l'état particulier qui dénote l'invasion du sérum dans le cerveau. Ne dirait-on pas qu'ils sont pleins d'une poussière fine ? Demain matin j'en saurai davantage.

— Y aurait-il un remède ?

— Aucun. Peut-être pourra-t-on retarder sa mort si l'on trouve les moyens de déterminer une réaction vers les extrémités, vers les jambes ; mais si demain soir les symptômes ne cessent pas, le pauvre bonhomme est perdu. Sais-tu par quel événement la maladie a été

Tu n'es pas dans tes jours de politesse, dit Vautrin au chef de la police de sûreté. — PAGE 40.

causée? il a dû recevoir un coup violent sous lequel son moral aura succombé.

— Oui, dit Rastignac en se rappelant que les deux filles avaient battu sans relâche sur le cœur de leur père.—Au moins, se disait Eugène, Delphine aime son père, elle!

Le soir, aux Italiens, Rastignac prit quelques précautions afin de ne pas trop alarmer madame de Nucingen.

— N'ayez pas d'inquiétude, répondit-elle aux premiers mots que lui dit Eugène, mon père est fort. Seulement, ce matin, nous l'avons un peu secoué. Nos fortunes sont en question, songez-vous à l'étendue de ce malheur? Je ne vivrais pas si votre affection ne me rendait pas insensible à ce que j'aurais regardé naguère comme des angoisses mortelles. Il n'est plus aujourd'hui qu'une seule crainte, un seul malheur pour moi, c'est de perdre l'amour qui m'a fait sentir le plaisir de vivre. En dehors de ce sentiment tout m'est indifférent, je n'aime plus rien au monde. Vous êtes tout pour moi. Si je sens le bonheur d'être riche, c'est pour mieux vous plaire. Je suis, à ma honte, plus amante que je ne suis fille. Pourquoi? je ne sais. Toute ma vie est en vous. Mon père m'a donné un cœur, mais vous l'avez fait battre. Le monde entier peut me blâmer, que m'importe! si vous qui n'avez pas le droit de m'en vouloir, m'acquittez des crimes auxquels me condamne un sentiment irrésistible? Me croyez-vous une fille dénaturée? oh! non, il est impossible de ne pas aimer un père aussi bon que l'est le nôtre. Pouvais-je empêcher qu'il ne vît enfin les suites naturelles de nos déplorables mariages? Pourquoi ne les a-t-il pas empêchés? N'était-ce pas à lui de réfléchir pour nous? Aujourd'hui, je le sais, il souffre autant que nous; mais que pouvions-nous y faire? Le consoler! nous ne le consolerions de rien. Notre résignation lui faisait plus de douleur que nos reproches et nos plaintes ne lui causeraient de mal. Il est des situations dans la vie où tout est amertume.

Eugène resta muet, saisi de tendresse par l'expression naïve d'un sentiment vrai. Si les Parisiennes sont souvent fausses, ivres de vanité, personnelles, coquettes, froides, il est sûr que quand elles aiment réellement, elles sacrifient plus de sentiments que les autres femmes à leurs passions; elles se grandissent de toutes leurs petitesses, et deviennent sublimes. Puis Eugène était frappé de l'esprit profond et judicieux que la femme déploie pour juger les sentiments les plus naturels, quand une affection privilégiée l'en sépare et la met à distance. Madame de Nucingen se choqua du silence que gardait Eugène.

— A quoi pensez-vous donc? lui demanda-t-elle.

— J'écoute encore ce que vous m'avez dit. J'ai cru jusqu'ici vous aimer plus que vous ne m'aimiez.

Elle sourit et s'arma contre le plaisir qu'elle éprouva, pour laisser la conversation dans les bornes imposées par les convenances. Elle n'avait jamais entendu les expressions vibrantes d'un amour jeune et sincère. Quelques mots de plus, elle ne se serait plus contenue.

— Eugène, dit-elle en changeant de conversation, vous ne savez donc pas ce qui se passe? Tout Paris sera demain chez madame de

Consultation de médecins pour le père Goriot. — PAGE 52.

Beauséant. Les Rochefide et le marquis d'Ajuda se sont entendus pour ne rien ébruiter; mais le roi signe demain le contrat de mariage, et votre pauvre cousine ne sait rien encore. Elle ne pourra pas se dispenser de recevoir, et le marquis ne sera pas à son bal. On ne s'entretient que de cette aventure.

— Et le monde se rit d'une infamie, et il y trempe! Vous ne savez donc pas que madame de Beauséant en mourra?

— Non, dit Delphine en souriant, vous ne connaissez pas ces sortes de femmes-là. Mais tout Paris viendra chez elle, et j'y serai! Je vous dois ce bonheur-là pourtant.

— Mais, dit Rastignac, n'est-ce pas un de ces bruits absurdes comme on en fait tant courir à Paris?

— Nous saurons la vérité demain.

Eugène ne rentra pas à la maison Vauquer. Il ne put se résoudre à ne pas jouir de son nouvel appartement. Si, la veille, il avait été forcé de quitter Delphine, à une heure après minuit, ce fut Delphine qui le quitta vers deux heures pour retourner chez elle. Il dormit le lendemain assez tard, attendit vers midi madame de Nucingen, qui vint déjeuner avec lui. Les jeunes gens sont si avides de ces jolis bonheurs, qu'il avait presque oublié le père Goriot. Ce fut une longue fête pour lui que de s'habituer à chacune de ces élégantes choses qui lui appartenaient. Madame de Nucingen était là, donnant à tout un nouveau prix. Cependant, vers quatre heures, les deux amants pensèrent au père Goriot en songeant au bonheur qu'il se promettait à venir demeurer dans cette maison. Eugène fit observer qu'il était nécessaire d'y transporter promptement le bonhomme, s'il devait être malade, et quitta Delphine pour courir à la maison Vauquer. Ni le père Goriot, ni Bianchon n'étaient à table.

— Eh bien! lui dit le peintre, le père Goriot est éclopé. Bianchon est là-haut près de lui. Le bonhomme a vu l'une de ses filles, la comtesse de Restauma. Puis il a voulu sortir, et sa maladie a empiré. La société va être privée d'un de ses beaux ornements.

Rastignac s'élança vers l'escalier.

— Eh! monsieur Eugène!

— Monsieur Eugène! madame vous appelle, cria Sylvie.

— Monsieur, lui dit la veuve, M. Goriot et vous, vous deviez sortir le quinze de février. Voici trois jours que le quinze est passé, nous sommes au dix-huit: il faudra me payer un mois pour vous et pour lui, mais, si vous voulez garantir le père Goriot, votre parole me suffira.

— Pourquoi? n'avez-vous pas confiance?

— Confiance! si le bonhomme n'avait plus sa tête et mourait, ses filles ne me donneraient pas un liard, et toute sa défroque ne vaut pas dix francs. Il a emporté ce matin ses derniers couverts, je ne sais pourquoi. Il s'était mis en jeune homme. Dieu me pardonne, je crois qu'il avait du rouge, il m'a paru rajeuni.

— Je réponds de tout, dit Eugène en frissonnant d'horreur et appréhendant une catastrophe.

Il monta chez le père Goriot. Le vieillard gisait sur son lit, et Bianchon était auprès de lui.

— Bonjour, père, lui dit Eugène.

Le bonhomme lui sourit doucement, et répondit en tournant vers lui des yeux vitreux : — Comment va-t-elle ?

— Bien. Et vous ?

— Pas mal.

— Ne le fatigue pas, dit Bianchon en entraînant Eugène dans un coin de la chambre.

— Eh bien ? lui dit Rastignac.

— Il ne peut être sauvé que par un miracle. La congestion séreuse a eu lieu, il a les sinapismes ; heureusement ils les sent, ils agissent.

— Peut-on le transporter ?

— Impossible. Il faut le laisser là, lui éviter tout mouvement physique et toute émotion ..

— Mon bon Bianchon, dit Eugène, nous le soignerons à nous deux.

— J'ai déjà fait venir le médecin en chef de mon hôpital.

— Eh bien ?

— Il prononcera demain soir Il m'a promis de venir après sa journée. Malheureusement ce fichu bonhomme a commis ce matin une imprudence sur laquelle il ne veut pas s'expliquer. Il est entêté comme une mule. Quand je lui parle, il fait semblant de ne pas entendre, et dort pour ne me répondre ou bien, s'il a les yeux ouverts, il se met à geindre. Il est sorti vers le matin, il a été à pied dans Paris, on ne sait où. Il a emporté tout ce qu'il possédait de vaillant, il a été faire quelque trafic sacré pour lequel il a outrepassé ses forces ! Une de ses filles est venue.

— La comtesse ? dit Eugène Une grande brune, l'œil vif et bien coupé, joli pied, taille souple ?

— Oui.

— Laisse-moi seul un moment avec lui, dit Rastignac. Je vais le confesser, il me dira tout, à moi.

— Je vais aller dîner pendant ce temps là Seulement tâche de ne pas trop l'agiter ; nous avons encore quelque espoir.

— Sois tranquille.

— Elles s'amuseront bien demain, dit le père Goriot à Eugène quand ils furent seuls. Elles vont à un grand bal.

— Qu'avez-vous donc fait ce matin, papa, pour être si souffrant ce soir, qu'il vous faille rester au lit ?

— Rien.

— Anastasie est venue ? demanda Rastignac.

— Oui, répondit le père Goriot.

— Eh bien ! ne me cachez rien. Que vous a-t-elle encore demandé ?

— Ah ! reprit il en rassemblant ses forces pour parler, elle était bien malheureuse, allez, mon enfant ! Nasie n'a pas un sou depuis l'affaire des diamants. Elle avait commandé, pour ce bal, une robe lamée qui doit lui aller comme un bijou, s'il a les yeux ouverts, il se met à geindre. Sa couturière, une infâme, n'a pas voulu lui faire crédit, et sa femme de chambre a payé mille francs à-compte sur la toilette. Pauvre Nasie, en être venue là ! Ça m'a déchiré le cœur. Mais la femme de chambre, voyant ce Restaud retirer toute sa confiance à Nasie, a eu peur de perdre son argent, et s'entend avec la couturière pour ne livrer la robe que si les mille francs sont rendus. Le bal est demain, la robe est prête. Nasie est au désespoir. Elle a voulu m'emprunter mes couverts pour les engager. Son mari veut qu'elle aille à ce bal pour montrer à tout Paris les diamants qu'on prétend vendus par elle. Peut-elle dire à ce monstre : « Je dois mille francs, payez-les ! » Non. J'ai compris ça, moi. Sa sœur Delphine ira là dans une toilette superbe. Anastasie ne doit pas être au-dessous de sa cadette. Et puis elle est si noyée de larmes, ma pauvre fille ! J'ai été si humilié de n'avoir pas eu douze mille francs hier, que j'aurais donné le reste de ma misérable vie pour racheter ce tort-là Voyez-vous, j'avais eu la force de tout supporter, mais mon dernier manque d'argent m'a crevé le cœur. Oh ! oh ! je n'en ai fait ni une ni deux, je me suis rafistolé, requinqué ; j'ai vendu pour six cents francs de couverts et de boucles, puis j'ai engagé, pour un an, mon titre de rente viagère contre quatre cents francs une fois payés, au papa Gob-seck. Bah ! je mangerai du pain ! ça me suffisait quand j'étais jeune, ça peut encore aller. Au moins elle aura une belle soirée, ma Nasie. Elle sera pimpante. J'ai le billet de mille francs là sous mon chevet. Ça me réchauffe d'avoir là sous la tête ce qui va faire plaisir à la pauvre Nasie. Elle pourra mettre sa mauvaise Victoire à la porte. A-t-on vu des domestiques ne pas avoir confiance dans leurs maîtres ! Demain je serai bien, Nasie vient à dix heures. Je ne veux pas qu'elles me croient malade, elles n'iraient point au bal, elles me soigneraient. Nasie m'embrassera demain comme son enfant, ses caresses me guériront. Enfin, n'aurais-je pas dépensé mille francs chez l'apothicaire ? J'aime mieux les donner à mon Guérit-Tout, à ma Nasie. Je la consolerai dans sa misère, au moins. Ça m'acquitte du tort de m'être fait du viager. Elle est au fond de l'abîme, et moi je ne suis plus assez fort pour l'en tirer. Oh ! je vais me remettre au commerce. J'irai à Odessa pour y acheter du grain Les blés valent là trois fois moins que les nôtres ne coûtent. Si l'introduction des céréales est défendue en nature, les braves gens qui font les lois n'ont pas songé à prohiber les

fabrications dont les blés sont le principe. Eh ! eh !... j'ai trouvé cela, moi, ce matin ! Il y a de beaux coups à faire dans les amidons.

— Il est fou, se dit Eugène en regardant le vieillard. Allons, restez en repos, ne parlez pas. .

Eugène descendit pour dîner quand Bianchon remonta Puis tous deux passèrent la nuit à garder le malade à tour de rôle, en s'occupant, l'un à lire ses livres de médecine, l'autre à écrire à sa mère et à ses sœurs. Le lendemain, les symptômes qui se déclarèrent chez le malade furent, suivant Bianchon, d'un favorable augure ; mais ils exigèrent des soins continuels dont les deux étudiants étaient seuls capables, et dans le récit desquels il est impossible de compromettre la pudibonde phraséologie de l'époque. Les sangsues mises sur le corps appauvri du bonhomme furent accompagnées de cataplasmes, de bains de pied, de manœuvres médicales pour lesquelles il fallait d'ailleurs la force et le dévouement des deux jeunes gens. Madame de Restaud ne vint pas ; elle envoya chercher sa somme par un commissionnaire.

— Je croyais qu'elle serait venue elle-même. Mais ce n'est pas un mal, elle se serait inquiétée, dit le père en paraissant heureux de cette circonstance.

A sept heures du soir, Thérèse vint apporter une lettre de Delphine.

« Que faites-vous donc, mon ami ? A peine aimée, serais-je déjà négligée ? Vous m'avez montré, dans ces confidences versées de cœur à cœur, une trop belle âme pour n'être pas de ceux qui restent toujours fidèles en voyant combien les sentiments ont de nuances. Comme vous l'avez dit en écoutant la prière de Mo-é : « Pour les uns, c'est une « même note ; pour les autres, c'est l'infini de la musique ! » Songez que je vous attends ce soir pour aller au bal de madame de Beauséant. Décidément le contrat de M. d'Adjuda a été signé ce matin à la cour, et la pauvre vicomtesse ne l'a su qu'à deux heures. Tout Paris va se porter chez elle, comme le peuple encombre la Grève quand il doit y avoir une exécution. N'est-ce pas horrible d'aller voir si cette femme cachera sa douleur ; si elle saura bien mourir ? Je n'irais certes pas, mon ami, si j'avais été déjà chez elle ; mais elle ne recevra plus sans doute, et tous les efforts que j'ai faits seraient superflus. Ma situation est bien différente de celle des autres. D'ailleurs, j'y vais pour vous aussi. Je vous attends. Si vous n'êtes pas près de moi dans deux heures, je ne sais si je vous pardonnerais cette félonie. »

Rastignac prit une plume et répondit ainsi :

« J'attends un médecin pour savoir si votre père doit vivre encore. Il est mourant. J'irai vous porter l'arrêt, et j'ai peur que ce ne soit un arrêt de mort. Vous verrez si vous pouvez aller au bal. Mille tendresses. »

Le médecin vint à huit heures et demie, et, sans donner un avis favorable, il ne pensa pas que la mort dût être imminente Il annonça des mieux et des rechutes alternatives d'où dépendraient la vie et la raison du bonhomme.

— Il vaudrait mieux qu'il mourût promptement, fut le dernier mot du docteur.

Eugène confia le père Goriot aux soins de Bianchon, et partit pour aller porter à madame de Nucingen les tristes nouvelles qui, dans son esprit encore imbu des devoirs de famille, devaient suspendre toute joie.

— Dites-lui qu'elle s'amuse tout de même, lui cria le père Goriot, qui paraissait assoupi, mais qui se dressa sur son séant au moment où Rastignac sortit.

Le jeune homme se présenta navré de douleur à Delphine, et la trouva coiffée, chaussée, n'ayant plus que sa robe de bal à mettre. Mais, semblables aux coups de pinceau par lesquels les peintres achèvent leurs tableaux, les derniers apprêts voulaient plus de temps que n'en demandait le fond même de la toile.

— Eh quoi ! vous n'êtes pas habillé ? dit-elle.

— Mais, madame, votre père...

— Encore mon père ! s'écria-t-elle en l'interrompant. Mais vous ne m'apprendrez pas ce que je dois à mon père. Je connais mon père depuis longtemps. Pas un mot, Eugène. Je ne vous écouterai que quand vous aurez fait votre toilette. Thérèse a tout préparé chez vous ; ma voiture est prête, prenez-la ; revenez. Nous causerons de mon père en allant au bal. Il faut partir de bonne heure, si nous sommes pris d'ans la file des voitures, nous serons bien heureux de faire notre entrée à onze heures.

— Madame !

— Allez ! pas un mot, dit-elle courant dans son boudoir pour y prendre un collier.

— Mais, allez donc, monsieur Eugène, vous fâcherez madame, dit Thérèse en poussant le jeune homme, épouvanté de cet élégant parricide.

Il alla s'habiller en faisant les plus tristes, les plus décourageantes réflexions. Il voyait le monde comme un océan de boue, dans lequel un homme se plongeait jusqu'au cou, s'il y trempait le pied. — Il ne s'y commet que des crimes mesquins ! se dit-il. Vautrin est plus grand. Il avait vu les trois grandes expressions de la société : l'obéissance, la lutte et la révolte ; la famille, le monde et Vautrin. Et il n'osait prendre parti. L'obéissance était ennuyeuse, la révolte impossible, et la lutte incertaine. Sa pensée le reporta au sein de sa famille. Il se souvint des pures émotions de cette vie calme, il se rappela les jours passés au milieu des êtres dont il était chéri. En se conformant aux lois naturelles du foyer domestique, ces chères créatures y trouvaient un bonheur plein, continu, sans angoisses. Malgré ses bonnes pensées, il ne se sentit pas le courage de venir confesser la foi des âmes pures à Delphine, en lui ordonnant la vertu au nom de l'amour. Déjà son éducation commencée avait porté ses fruits. Il aimait égoïstement déjà. Son tact lui avait permis de reconnaître la nature du cœur de Delphine. Il pressentait qu'elle était capable de marcher sur le corps de son père pour aller au bal, et il n'avait ni la force de jouer le rôle d'un raisonneur, ni le courage de lui déplaire, ni la vertu de la quitter. — Elle ne me pardonnera jamais d'avoir eu raison contre elle dans cette circonstance, se dit-il. Puis il commenta les paroles des médecins, il se plut à penser que le père Goriot n'était pas aussi dangereusement malade qu'il le croyait ; enfin, il entassa des raisonnements assassins pour justifier Delphine. Elle ne connaissait pas l'état dans lequel était son père. Le bonhomme lui-même la renverrait au bal, si elle l'allait voir. Souvent la loi sociale, implacable dans sa formule, condamne là où le crime apparent est excusé par les innombrables modifications qui introduisent au sein des familles la différence des caractères, la diversité des intérêts et des situations. Eugène voulait se tromper lui-même, il était prêt à faire à sa maîtresse le sacrifice de sa conscience. Depuis deux jours, tout était changé dans sa vie. La femme avait bouleversé ses désordres, elle avait fait pâlir la famille, elle avait tout confisqué à son profit. Rastignac et Delphine s'étaient rencontrés dans les conditions voulues pour éprouver l'un par l'autre les plus vives jouissances. Leur passion bien préparée, avait grandi par ce que tue les passions, par la jouissance. En possédant cette femme, Eugène s'aperçut que jusqu'alors il ne l'avait que désirée. Il ne l'aima qu'au lendemain du bonheur : l'amour n'est peut-être que la reconnaissance du plaisir. Infâme ou sublime, il adorait cette femme pour les voluptés qu'il lui avait apportées en dot, et pour toutes celles qu'il en avait reçues ; de même que Delphine aimait Rastignac autant que Tantale aurait aimé l'ange qui serait venu satisfaire sa faim, ou étancher la soif de son gosier desséché.

— Eh bien ! comment va mon père ? lui dit madame de Nucingen quand il fut de retour en costume de bal.

— Extrêmement mal, répondit-il, si vous voulez me donner une preuve de votre affection, nous courrons le voir.

— Eh bien ! oui, dit-elle, mais après le bal. Mon bon Eugène, sois gentil, ne me fais pas de morale, viens.

Ils partirent. Eugène resta silencieux pendant une partie du chemin.

— Qu'avez-vous donc ? dit-elle.

— J'entends le râle de votre père, répondit-il avec l'accent de la fâcherie. Et il se mit à raconter avec la chaleureuse éloquence du jeune âge la féroce action à laquelle madame de Restaud avait été poussée par la vanité, la crise mortelle que le dernier dévouement du père avait déterminé, et ce que coûterait la robe lamée d'Anastasie. Delphine pleurait.

— Je vais être laide, pensa-t-elle. Ses larmes se séchèrent. J'irai garder mon père, je ne quitterai pas son chevet, reprit-elle.

— Ah ! te voilà comme je te voulais ! s'écria Rastignac.

Les lanternes de cinq cents voitures éclairaient les abords de l'hôtel de Beauséant. De chaque côté de la porte illuminée paradait un gendarme. Le grand monde affluait si abondamment, et chacun mettait tant d'empressement à voir cette grande femme au moment de sa chute, que les appartements, situés au rez-de-chaussée de l'hôtel, étaient déjà pleins quand madame de Nucingen et Rastignac s'y présentèrent. Depuis le moment où toute la cour se rua chez la grande Mademoiselle, à qui Louis XIV arrachait son amant, nul désastre de cœur ne fut plus éclatant que ne l'était celui de madame de Beauséant. En cette circonstance, la dernière fille de la quasi-royale maison de Bourgogne se montra supérieure à son mal, et domina jusqu'à son dernier moment le monde, dont elle n'avait accepté les vanités que pour les faire servir au triomphe de sa passion. Les plus belles femmes de Paris animaient ses salons de leurs toilettes et de leurs sourires. Les hommes les plus distingués de la cour, les ambassadeurs, les ministres, les gens illustres en tout genre, chamarrés de croix, de plaques, de cordons multicolores, se pressaient autour de la vicomtesse. L'orchestre faisait résonner les motifs de sa musique sous les lambris dorés de ce palais, désert pour sa reine. Madame de Beauséant se tenait debout devant son premier salon pour recevoir ses prétendus amis. Vêtue de blanc, sans aucun ornement dans ses cheveux simplement nattés, elle semblait calme, et n'affichait ni douleur, ni fierté, ni fausse joie. Personne ne pouvait lire dans son âme. Vous eussiez dit d'une Niobé de marbre. Son sourire à ses amis fut parfois railleur ; mais elle parut à tous semblable à elle-même, et se montra si bien ce qu'elle était quand le bonheur la parait de ses rayons, que les plus insensibles l'admirèrent, comme les jeunes Romaines applaudissaient le gladiateur qui savait sourire en expirant. Le monde semblait s'être paré pour faire ses adieux à l'une de ses souveraines.

— Je tremblais que vous ne vinssiez pas, dit-elle à Rastignac.

— Madame, répondit-il d'une voix émue en prenant ce mot pour un reproche, je suis venu pour rester le dernier.

— Bien, dit-elle en lui prenant la main. Vous êtes peut-être ici le seul auquel je puisse me fier. Mon ami, aimez une femme que vous puissiez aimer toujours. N'en abandonnez aucune.

Elle prit le bras de Rastignac et le mena sur un canapé, dans le salon où l'on jouait.

— Allez, lui dit-elle, chez le marquis. Jacques, mon valet de chambre, vous y conduira et vous remettra une lettre pour lui. Je lui demande ma correspondance. Il vous la remettra tout entière, j'aime à le croire. Si vous avez mes lettres, montez dans ma chambre. On me préviendra.

Elle se leva pour aller au-devant de la duchesse de Langeais, sa meilleure amie, qui venait aussi. Rastignac partit, fit demander le marquis d'Ajuda à l'hôtel de Rochefide, où il devait passer la soirée, et où il le trouva. Le marquis l'emmena chez lui, remit une boîte à l'étudiant, et lui dit : — Elles y sont toutes. Il parut vouloir parler à Eugène, soit pour le questionner sur les événements du bal et sur la vicomtesse, soit pour lui avouer que déjà peut-être il était au désespoir de son mariage, comme il le fut plus tard ; mais un éclair d'orgueil brilla dans ses yeux, et il eut le déplorable courage de garder le secret sur ses plus nobles sentiments. — Ne lui dites rien de moi, mon cher Eugène. Il pressa la main de Rastignac par un mouvement affectueusement triste, et lui fit signe de partir. Eugène revint à l'hôtel de Beauséant, et fut introduit dans la chambre de la vicomtesse, où il vit les apprêts d'un départ. Il s'assit auprès du feu, regarda la cassette en cèdre, et tomba dans une profonde mélancolie. Pour lui, madame de Beauséant avait les proportions des déesses de l'Iliade.

— Ah ! mon ami, dit la vicomtesse en entrant et appuyant sa main sur l'épaule de Rastignac.

Il aperçut sa cousine en pleurs, les yeux levés, une main tremblante, l'autre levée. Elle prit tout à coup la boîte, la plaça dans le feu et la vit brûler.

— Ils dansent ! ils sont venus tous bien exactement, tandis que la mort viendra. Chut ! mon ami, dit-elle en mettant un doigt sur la bouche de Rastignac prêt à parler. Je ne verrai plus jamais ni Paris ni le monde. A cinq heures du matin, je vais partir pour aller m'ensevelir au fond de la Normandie. Depuis trois heures après midi, j'ai été obligée de faire mes préparatifs, signer des actes, voir à des affaires, je ne pouvais envoyer personne chez... Elle s'arrêta. Il était sûr qu'on le trouverait chez... Elle s'arrêta encore, accablée de douleur. En ces moments tout est souffrance, et certains mots sont impossibles à prononcer. — Enfin, reprit-elle, je comptais sur vous ce soir pour ce dernier service. Je voudrais vous donner un gage de mon amitié. Je penserai souvent à vous, qui m'avez paru bon et noble, jeune et candide au milieu de ce monde où ces qualités sont si rares. Je souhaite que vous songiez quelquefois à moi. Tenez, dit-elle en jetant les yeux autour d'elle, voici le coffret où je mettais mes gants. Toutes les fois que j'en ai pris avant d'aller au bal ou au spectacle, je me sentais belle, parce que j'étais heureuse, et je n'y touchais que pour y laisser quelque pensée gracieuse : il y a beaucoup de moi là-dedans, il y a toute une madame de Beauséant qui n'est plus. Acceptez-le. J'aurai soin qu'on le porte chez vous, rue d'Artois. Madame de Nucingen est fort bien ce soir, aimez-la bien. Si nous ne nous voyons plus, mon ami, soyez sûr que je ferai des vœux pour vous, qui avez été bon pour moi. Descendons, je ne veux pas leur laisser croire que je pleure. J'ai l'éternité devant moi, j'y serai seule, et personne ne m'y demandera compte de mes larmes. Encore un regard à cette chambre. Elle s'arrêta. Puis, après avoir un moment caché les yeux avec sa main, elle se les essuya, les baigna d'eau fraîche, et prit le bras de l'étudiant. Marchons ! dit-elle.

Rastignac n'avait pas encore senti d'émotion aussi violente que le fut le contact de cette douleur si noblement contenue. En rentrant dans le bal, Eugène en fit le tour avec madame de Beauséant, dernière et délicate attention de cette gracieuse femme. Bientôt il aperçut les deux sœurs, madame de Restaud et madame de Nucingen. La comtesse était magnifique avec tous ses diamants étalés, qui lui étaient brûlants sans doute, elle les portait pour la dernière fois. Quelque puissants que fussent son orgueil et son amour, elle ne soutenait pas bien les regards de son mari. Ce spectacle n'était pas de nature à rendre les pensées de Rastignac moins tristes. Il revit alors, sous les diamants des deux sœurs, le grabat sur lequel gisait le père Goriot. Sa méditation mélancolique l'ayant trompé sur son maintien, la vicomtesse le quitta. — En entrant dans la galerie où l'on dansait, Rastignac fut surpris de rencontrer un de ces couples que la réunion de toutes les beautés humaines rend sublimes à voir. Jamais il n'avait eu l'occasion d'admirer de telles perfections. Pour tout exprimer en un mot, l'homme était un Antinoüs vivant, et ses manières ne détruisaient pas le charme qu'on éprouvait à le regarder. La femme était une fée, elle enchantait le regard, elle fascinait l'âme, mettre les sens plus froids. La toilette s'harmoniait chez l'un et chez l'autre avec la beauté. Tout le monde les contemplait avec plaisir et enviait le bonheur qui éclatait dans l'accord de leurs yeux et de leurs mouvements.

— Mon Dieu ! quelle est cette femme ? dit Rastignac.

— La plus incontestablement belle, répondit la vicomtesse. C'est lady Brandon, elle est aussi célèbre par son bonheur que par sa beauté. Elle a tout sacrifié à ce jeune homme. Ils ont, dit-on, des enfants. Mais le malheur plane toujours sur eux. On dit que lord Brandon a juré de tirer une effroyable vengeance de sa femme et de cet amant. Ils sont heureux, mais ils tremblent sans cesse.

— Et lui?

— Comment! vous ne connaissez pas le beau colonel Franchessini?

— Celui qui s'est battu...

— Il y a trois jours, oui. Il avait été provoqué par le fils d'un banquier : il ne voulait que le blesser, mais par malheur il l'a tué.

— Oh !

— Qu'avez-vous donc? vous frissonnez, dit la vicomtesse.

— Je n'ai rien, répondit Rastignac.

Une sueur froide lui coulait dans le dos. Vautrin lui apparaissait avec sa figure de bronze. Le héros du bagne donnant la main au héros du bal, changeait pour lui l'aspect de la société. Bientôt il aperçut les deux sœurs, madame de Restaud et madame de Nucingen. La comtesse était magnifique avec tous ses diamants étalés, qui, pour elle, étaient brûlants sans doute, elle les portait pour la dernière fois. Quelque puissants que fussent son orgueil et son amour, elle ne soutenait pas bien les regards de son mari. Ce spectacle n'était pas de nature à rendre les pensées de Rastignac moins tristes. S'il avait revu Vautrin dans le colonel italien, il revit alors, sous les diamants des deux sœurs, le grabat sur lequel gisait le père Goriot. Son attitude mélancolique ayant trompé la vicomtesse, elle lui retira son bras.

— Allez! je ne veux pas vous coûter un plaisir, dit-elle.

Eugène fut bientôt réclamé par Delphine, heureuse de l'effet qu'elle produisait, et jalouse de mettre aux pieds de l'étudiant les hommages qu'elle recueillait dans ce monde, où elle espérait être adoptée.

— Comment trouvez-vous Nasie? lui dit-elle.

— Elle a, dit Rastignac, escompté jusqu'à la mort de son père.

Vers quatre heures du matin, la foule des salons commençait à s'éclaircir. Bientôt la musique ne se fit plus entendre. La duchesse de Langeais et Rastignac se trouvèrent seuls dans le grand salon. La vicomtesse, croyant n'y rencontrer que l'étudiant, y vint après avoir dit adieu à M. de Beauséant, qui s'alla coucher tout en lui répétant : — Vous avez tort, ma chère, d'aller vous enfermer à votre âge! Restez donc avec nous.

En voyant la duchesse, madame de Beauséant ne put retenir une exclamation.

— Je vous ai devinée, Clara, dit madame de Langeais. Vous partez pour ne plus revenir; mais vous ne partirez pas sans m'avoir entendue et sans que nous nous soyons comprises. Elle prit son amie par le bras, l'emmena dans le salon voisin, et là, la regardant avec les larmes dans les yeux, elle la serra dans ses bras et la baisa sur les joues. — Je ne veux pas vous quitter froidement, ma chère, ce serait un remords trop lourd. Vous pouvez compter sur moi comme sur vous-même. Vous avez été grande ce soir, je me suis sentie digne de vous, et veux vous le prouver. J'ai eu des torts envers vous, je n'ai pas toujours été bien, pardonnez-moi, ma chère : je désavoue tout ce qui a pu vous blesser. Je voudrais reprendre mes paroles. Une même douleur a réuni nos âmes, et je ne sais qui de nous sera la plus malheureuse. M. de Montriveau n'était pas là ce soir, comprenez-vous? Qui vous a vue pendant ce bal, Clara, ne vous oubliera jamais. Moi, je tente un dernier effort. Si j'échoue, j'irai dans un couvent! Où allez-vous, vous?

— En Normandie, à Courcelles, aimer, prier, jusqu'au jour où Dieu me retirera de ce monde. Venez, monsieur de Rastignac, dit la vicomtesse d'une voix émue, en pensant que ce jeune homme attendait. L'étudiant plia le genou, prit la main de sa cousine et la baisa. Antoinette, adieu! reprit madame de Beauséant, soyez heureuse. Quant à vous, vous l'êtes, vous êtes jeune, vous pouvez croire à quelque chose, dit-elle à l'étudiant. A mon départ de ce monde, j'aurai eu, comme quelques mourants privilégiés, de religieuses, de sincères émotions autour de moi !

Rastignac s'en alla vers cinq heures, après avoir vu madame de Beauséant dans sa berline de voyage, après avoir reçu son dernier adieu mouillé de larmes, qui prouvaient que les personnes les plus élevées ne sont pas mises hors de la loi du cœur et ne vivent pas sans chagrins, comme quelques courtisans du peuple voudraient le lui faire croire. Eugène revint à pied vers la maison Vauquer, par un temps humide et froid. Son éducation s'achevait.

— Nous ne sauverons pas le pauvre père Goriot, lui dit Bianchon quand Rastignac entra chez son voisin.

— Mon ami, lui dit Eugène après avoir regardé le vieillard endormi, va, poursuis ta destinée modeste à laquelle tu bornes tes désirs. Moi, je suis en enfer, et il faut que j'y reste. Quelque mal que l'on te dise du monde, crois-le! il n'y a pas de Juvénal qui puisse en peindre l'horreur couverte d'or et de pierreries.

Le lendemain, Rastignac fut éveillé sur les deux heures après midi par Bianchon, qui, forcé de sortir, le pria de garder le père Goriot, dont l'état avait fort empiré pendant la matinée.

— Le bonhomme n'a pas deux jours, n'a peut-être pas six heures à vivre, dit l'élève en médecine, et cependant nous ne pouvons pas cesser de combattre le mal. Il va falloir lui donner des soins coûteux. Nous serons bien ses garde-malades; mais je n'ai pas le sou, moi. J'ai retourné ses poches, fouillé ses armoires : zéro au quotient. Je l'ai questionné dans un moment où il avait sa tête, il m'a dit n'avoir pas un liard à lui. Qu'as-tu, toi?

— Il me reste vingt francs, répondit Rastignac; mais j'irai les jouer, je gagnerai.

— Si tu perds?

— Je demanderai de l'argent à ses gendres et à ses filles.

— Et s'ils ne t'en donnent pas? reprit Bianchon. Le plus pressé dans ce moment n'est pas de trouver de l'argent, il faut envelopper le bonhomme d'un sinapisme bouillant depuis les pieds jusqu'à la moitié des cuisses. S'il crie, il y aura de la ressource. Tu sais comment cela s'arrange. D'ailleurs, Christophe t'aidera. Moi, je passerai chez l'apothicaire répondre de tous les médicaments que nous y prendrons. Il est malheureux que le pauvre homme n'ait pas été transportable à notre hospice, il y aurait été mieux. Allons, viens que je t'installe, et ne le quitte pas que je ne sois revenu.

Les deux jeunes gens entrèrent dans la chambre où gisait le vieillard. Eugène fut effrayé du changement de cette face convulsée, blanche et profondément débile.

— Eh bien! papa? lui dit-il en se penchant sur le grabat.

Goriot leva sur Eugène ses yeux ternes et le regarda fort attentivement sans le reconnaître. L'étudiant ne soutint pas ce spectacle, des larmes humectèrent ses yeux.

— Bianchon, ne faudrait-il pas des rideaux aux fenêtres?

— Non. Les circonstances atmosphériques ne l'affectent plus. Ce serait trop heureux s'il avait chaud ou froid. Néanmoins il nous faut du feu pour faire les tisanes et préparer bien des choses. Je t'enverrai des falourdes qui nous serviront jusqu'à ce que nous ayons du bois. Hier et cette nuit, j'ai brûlé le tien et toutes les mottes du pauvre homme. Il faisait humide. L'eau dégouttait des murs. A peine ai-je pu sécher la chambre. Christophe l'a balayée, c'est vraiment une écurie. J'y ai brûlé du genièvre, ça puait trop.

— Mon Dieu! dit Rastignac, mais ses filles!

— Tiens, s'il demande à boire, tu lui donneras de ceci, dit l'interne en montrant à Rastignac un grand pot blanc. Si tu l'entends se plaindre et que le ventre soit chaud et dur, tu te feras aider par Christophe pour lui administrer... tu sais. S'il avait, par hasard, une grande exaltation, s'il parlait beaucoup, s'il avait enfin un petit brin de démence, laisse-le aller. Ce ne sera pas un mauvais signe. Mais envoie Christophe à l'hospice Cochin. Notre médecin, mon camarade ou moi, nous viendrions lui appliquer des moxas. Nous avons fait ce matin, pendant que tu dormais, une grande consultation avec un élève du docteur Gall, avec un médecin en chef de l'Hôtel-Dieu et le nôtre. Ces messieurs ont cru reconnaître de curieux symptômes, et nous allons suivre les progrès de la maladie, afin de nous éclairer sur plusieurs points scientifiques assez importants. Un de ces messieurs prétend que la pression du sérum, si elle portait plus sur un organe que sur un autre, pourrait développer des faits particuliers. Écoute-le donc bien, au cas où il parlerait, afin de constater à quel genre d'idées appartiendraient ses discours : si c'est des effets de mémoire, de pénétration, de jugement; s'il s'occupe de matérialités, ou de sentiments, s'il calcule, s'il revient sur le passé; enfin sois en état de nous faire un rapport exact. Il est possible que l'invasion ait lieu en bloc, il mourra imbécile comme il l'est en ce moment. Tout est bien bizarre dans ces sortes de maladies! Si la bombe crevait par ici, dit Bianchon en montrant l'occiput du malade, il y a des exemples de phénomènes singuliers : le cerveau recouvre quelques unes de ses facultés, et la mort est plus lente à se déclarer. Les sérosités peuvent se détourner du cerveau, prendre des routes dont on ne connaît le cours que par l'autopsie. Il y a aux Incurables un vieillard hébété chez qui l'épanchement a suivi la colonne vertébrale ; il souffre horriblement, mais il vit.

— Se sont-elles bien amusées? dit le père Goriot, qui reconnut Eugène.

— Oh! il ne pense qu'à ses filles, dit Bianchon. Il m'a dit plus de cent fois cette nuit : Elles dansent! Elle a sa robe. Il les appelait par leurs noms. Il me faisait pleurer, diable m'emporte! avec ses intonations : — Delphine! ma petite Delphine! Nasie! Ma parole d'honneur, dit l'élève en médecine, c'était à fondre en larmes.

— Delphine, dit le vieillard, elle est là, n'est-ce pas? Je le savais bien. Et ses yeux recouvrèrent une activité folle pour regarder les murs et la porte.

— Je descends dire à Sylvie de préparer les sinapismes, cria Bianchon, le moment est favorable.

Rastignac resta seul près du vieillard, assis au pied du lit, les yeux fixés sur cette tête effrayante et douloureuse à voir.

— Madame de Beauséant s'enfuit, celui-ci se meurt, dit-il. Les belles âmes ne peuvent pas rester longtemps en ce monde. Comment les grands sentiments s'allieraient-ils, en effet, à une société mesquine, petite, superficielle?

Les images de la fête à laquelle il avait assisté se représentèrent à son souvenir et contrastèrent avec le spectacle de ce lit de mort. Bianchon reparut soudain.

— Dis donc, Eugène, je viens de voir notre médecin en chef, et je suis revenu toujours courant. S'il se manifeste des symptômes de raison, s'il parle, couche-le sur un long sinapisme, de manière à l'envelopper de montarde depuis la nuque jusqu'à la chute des reins, et faisnous appeler.

— Cher Bianchon ! dit Eugène.

— Oh ! il s'agit d'un fait scientifique, reprit l'élève en médecine avec toute l'ardeur d'un néophyte.

— Allons, dit Eugène, je serai donc le seul à soigner ce pauvre vieillard par affection.

— Si tu m'avais vu ce matin, tu ne dirais pas cela, reprit Bianchon sans s'offenser du propos. Les médecins qui ont exercé ne voient que la maladie ; moi, je vois encore le malade, mon cher garçon.

Il s'en alla, laissant Eugène seul avec le vieillard, et dans l'appréhension d'une crise qui ne tarda pas à se déclarer.

— Ah ! c'est vous, mon cher enfant, dit le père Goriot en reconnaissant Eugène.

— Allez-vous mieux ? demanda l'étudiant en lui prenant la main.

— Oui, j'avais la tête serrée comme dans un étau, mais elle se dégage. Avez-vous vu mes filles ? Elles vont venir bientôt, elles accourront aussitôt qu'elles me sauront malade, elles m'ont tant soigné rue de la Jussienne ! Mon Dieu ! je voudrais que ma chambre fût propre pour les recevoir. Il y a un jeune homme qui m'a brûlé toutes mes mottes.

— J'entends Christophe, lui dit Eugène ; il vous monte du bois, que ce jeune homme vous envoie.

— Bon ! mais comment payer le bois ? je n'ai pas un sou, mon enfant. J'ai tout donné, tout. Je suis à la charité. La robe lamée était-elle belle au moins ? (Ah ! je souffre !) Merci, Christophe. Dieu vous récompensera, mon garçon ; moi, je n'ai plus rien.

— Je te payerai bien, toi et Sylvie, dit Eugène à l'oreille du garçon.

— Mes filles vous ont dit qu'elles allaient venir, n'est-ce pas, Christophe ? Vas-y encore, je te donnerai cent sous. Dis-leur que je me sens pas bien, que je voudrais les embrasser, les voir encore une fois avant de mourir. Dis-leur cela, mais sans trop les effrayer.

Christophe partit sur un signe de Rastignac.

— Elles vont venir, reprit le vieillard. Je les connais. Cette bonne Delphine, si je meurs, quel chagrin je lui causerai ! Nasie aussi. Je ne voudrais pas mourir, pour ne pas les faire pleurer. Mourir, mon bon Eugène, c'est ne plus les voir. Là où l'on s'en va, je m'ennuierai bien. Pour un père, l'enfer, c'est d'être sans enfants, et j'ai déjà fait mon apprentissage depuis qu'elles sont mariées. Mon paradis était rue de la Jussienne. Dites donc, si je vais en paradis, je pourrai revenir sur terre en esprit autour de ces choses-là. J'en ai entendu dire de ces choses-là. Sont-elles vraies ? Je crois les voir en ce moment telles qu'elles étaient rue de la Jussienne. Elles descendaient le matin. Bonjour, papa, disaient-elles. Je les prenais sur mes genoux, je leur faisais mille agaceries, des niches. Elles me caressaient gentiment. Nous déjeunions tous les matins ensemble, nous dînions ; enfin, j'étais père, je jouissais de mes enfants. Quand elles étaient rue de la Jussienne, elles ne raisonnaient pas, elles ne savaient rien du monde, elles m'aimaient bien Mon Dieu ! pourquoi ne sont-elles pas toujours restées petites ? (Oh ! je souffre, la tête me tire) Ah ! ah ! pardon, mes enfants ! je souffre horriblement, et il faut que ce soit de la vraie douleur ; vous m'avez rendu bien dur au mal. Mon Dieu ! si j'avais seulement leurs mains dans les miennes, je ne sentirais pas mon mal. Croyez-vous qu'elles viennent ? Christophe est si bête ! J'aurais dû y aller moi-même. Il va les voir, lui. Mais vous avez été hier au bal. Dites-moi donc comment elles étaient. Elles ne savaient rien de ma maladie, n'est-ce pas ? Elles n'auraient pas dansé, pauvres petites ! Oh ! je ne veux plus être malade. Elles ont encore trop besoin de moi. Leurs fortunes sont compromises. Et à quels maris sont-elles livrées ! Guérissez-moi, guérissez-moi ! (Oh ! que je souffre ! Ah ! ah ! ah !) Voyez-vous, il faut me guérir, parce qu'il leur faut de l'argent, et je sais où aller en gagner. J'irai faire de l'amidon en aiguilles à Odessa. Je suis un malin, je gagnerai des millions. (Oh ! je souffre trop !)

Goriot garda le silence pendant un moment, en paraissant faire tous ses efforts pour rassembler ses forces, afin de supporter la douleur.

— Si elles étaient là, je ne me plaindrais pas, dit-il. Pourquoi donc me plaindre ?

Un léger assoupissement survint et dura longtemps. Christophe revint. Rastignac, qui croyait le père Goriot endormi, laissa le garçon lui rendre compte à haute voix de sa mission.

— Monsieur, dit-il, je suis d'abord allé chez madame la comtesse, à laquelle il m'a été impossible de parler ; elle était dans de grandes affaires avec son mari. Comme j'insistais, M. de Restaud est venu lui-même, et m'a dit comme ça : — M. Goriot se meurt, eh bien ! c'est ce qu'il a de mieux à faire. J'ai besoin de madame de Restaud pour terminer des affaires importantes ; elle ira quand tout sera fini. Il avait l'air en colère, ce monsieur-là. J'allais sortir, lorsque madame est entrée dans l'antichambre par une porte que je ne voyais pas, et m'a dit : — Christophe, dis à mon père que je suis en discussion avec mon mari ; je ne puis pas le quitter ; il s'agit de la vie ou de la mort de mes enfants ; mais aussitôt que tout sera fini, j'irai. Quant à madame la baronne, autre histoire ! je ne l'ai point vue, et je n'ai pas pu lui parler. — Ah ! me dit la femme de chambre, madame est rentrée

du bal à cinq heures un quart ; elle dort ; si je l'éveille avant midi, elle me grondera. Je lui dirai que son père va plus mal quand elle me sonnera. Pour une mauvaise nouvelle, il est toujours temps de la lui dire. J'ai eu beau prier ! Ah ! oum ! J'ai demandé à parler à M. le baron ; il était sorti.

— Aucune de ses filles ne viendrait ! s'écria Rastignac. Je vais écrire à toutes deux.

— Aucune, répondit le vieillard en se dressant sur son séant. Elles ont des affaires, elles dorment, elles ne viendront pas. Je le savais. Il faut mourir pour savoir ce que c'est que des enfants. Ah ! mon ami, ne vous mariez pas, n'ayez pas d'enfants ! Vous leur donnez la vie, ils vous donnent la mort. Vous les faites entrer dans le monde, ils vous en chassent. Non, elles ne viendront pas ! Je sais cela depuis dix ans. Je me le disais quelquefois, mais je n'osais pas y croire.

Une larme roula dans chacun de ses yeux, à la bordure rouge, sans en tomber.

— Ah ! si j'étais riche, si j'avais gardé ma fortune, si je ne la leur avais pas donnée, elles seraient là, elles me lécheraient les joues de leurs baisers ! je demeurerais dans un hôtel, j'aurais de belles chambres, des domestiques, du feu à moi ; et elles seraient tout en larmes, avec leurs maris, leurs enfants. J'aurais tout cela. Mais rien. L'argent donne tout, même des filles. Oh ! mon argent, où est-il ? Si j'avais des trésors à laisser, elles me panseraient, elles me soigneraient ; je les entendrais, je les verrais. Ah ! mon cher enfant, mon seul enfant, j'aime mieux mon abandon et ma misère ! Au moins quand un malheureux est aimé, il est bien sûr qu'on l'aime. Non, je voudrais être riche, je les verrais. Ma foi, qui sait ? Elles ont toutes les deux des cœurs de roche. J'avais trop d'amour pour elles pour qu'elles en eussent pour moi. Un père doit être toujours riche ; il doit tenir ses enfants en bride comme des chevaux sournois. Et j'étais à genoux devant elles. Les misérables ! elles couronnent dignement leur conduite envers moi depuis dix ans. Si vous saviez comme elles étaient aux petits soins pour moi dans les premiers temps de leur mariage ! (Oh ! je souffre un cruel martyre !) Je venais de leur donner à chacune près de huit cent mille francs ; elles ne pouvaient pas, ni leurs maris non plus, être rudes avec moi. L'on me recevait : « Mon bon père par-ci ; mon cher père, par-là. » Mon couvert était toujours mis chez elles. Enfin je dînais avec leurs maris, qui me traitaient avec considération. J'avais l'air d'avoir encore quelque chose. Pourquoi ça ? Je n'avais rien dit de mes affaires. Un homme qui donne huit cent mille francs à ses filles était un homme à soigner. Et l'on était aux petits soins, mais c'était pour mon argent. Le monde n'est pas beau. J'ai vu cela, moi ! L'on me menait en voiture au spectacle, et je restais comme je voulais aux soirées. Enfin elles se disaient mes filles, et elles m'avouaient pour leur père. J'ai encore ma finesse, allez, et rien ne m'est échappé. Tout a été et son adresse et m'a percé le cœur. Je voyais bien que c'était des frimes ; mais le mal était sans remède. Je n'étais pas chez elles aussi à l'aise qu'à la table d'en bas. Je ne savais rien dire. Aussi, quand quelques-uns de ces gens du monde demandaient à l'oreille de mes gendres : — Qui est-ce que ce monsieur-là ? — C'est le père aux écus, il est riche, disait-on. Ah ! diable ! disait-on, et l'on me regardait avec le respect dû aux écus. Mais, si je les gênais quelquefois un peu, je rachetais bien mes défauts. D'ailleurs, qui donc est parfait ? (Ma tête est une plaie !) Je souffre en ce moment ce qu'il faut souffrir pour mourir, mon cher monsieur Eugène ; eh bien ! ce n'est rien en comparaison de la douleur que m'a causée le premier regard par lequel Anastasie m'a fait comprendre que je venais de dire une bêtise qui l'humiliait : son regard m'a ouvert toutes les veines. J'aurais voulu tout savoir, mais ce que j'ai bien su, c'est que j'étais de trop sur terre. Le lendemain je suis allé chez Delphine pour me consoler, et voilà que j'y fais une bêtise qui me l'a mise en colère. J'en suis devenu comme fou. J'ai été huit jours ne sachant ce que je devais faire. Je n'ai pas osé les aller voir, de peur de leurs reproches. Et me voilà à la porte de mes filles. Ô mon Dieu ! puisque tu connais les misères, les souffrances que j'ai endurées ; puisque tu as compté les coups de poignard que j'ai reçus, dans ce temps qui m'a vieilli, changé, tué, blanchi, pourquoi me fais-tu donc souffrir aujourd'hui ? J'ai bien expié le péché de les trop aimer. Elles se sont bien vengées de mon affection, elles m'ont tenaillé comme des bourreaux. Eh bien ! les pères sont si bêtes ! je les aimais tant, que j'y suis retourné comme un joueur au jeu. Mes filles, c'était mon vice à moi ; elles étaient mes maîtresses, enfin tout ! Elles avaient toutes les deux besoin de quelque chose, des parures ; les femmes de chambre me le disaient, et je les donnais pour être bien reçu ! Mais elles m'ont fait tout de même quelques petites leçons sur ma manière d'être dans le monde. Oh ! elles n'ont pas attendu le lendemain. Elles commençaient à rougir de moi. Voilà ce que c'est que de bien élever ses enfants. À mon âge, je ne pouvais pourtant pas aller à l'école. (Je souffre horriblement, mon Dieu ! les médecins ! les médecins ! Si l'on m'ouvrait la tête, je souffrirais moins !) Mes filles, mes filles, Anastasie, Delphine ! je veux les voir. Envoyez-les chercher par la gendarmerie, de force ! la justice est pour moi, tout est pour moi, la nature, le Code civil. Je proteste. La patrie périra si les pères sont foulés aux pieds. Cela est clair. La société, le monde, roulent sur la paternité ; tout croule si les enfants n'aiment pas leurs pères. Oh ! les voir, les entendre, n'importe ce qu'elles me diront, pourvu que j'entende leur voix : ça calmera mes douleurs, Delphine surtout. Mais dites-leur, quand elles seront là, de ne pas me regarder froidement comme elles font. Ah ! mon bon ami, monsieur Eugène, vous ne savez pas ce que c'est que de trouver l'or du regard changé tout à coup en plomb gris. Depuis le jour où leurs yeux n'ont plus rayonné sur moi, j'ai toujours été en hiver ici ; je n'ai plus eu que des chagrins à dévorer, et je les ai dévorés ! J'ai vécu pour être humilié, insulté. Je les aime tant, que j'avalais tous les affronts par lesquels elles me vendaient une pauvre petite jouissance honteuse. Un père se cacher pour voir ses filles ! Je leur ai donné ma vie, elles ne me donneront pas une heure aujourd'hui ! J'ai soif, j'ai faim, le cœur me brûle, elles ne viendront pas rafraîchir mon agonie ; car je meurs, je le sens. Mais elles ne savent donc pas ce que c'est que de marcher sur le cadavre de son père ! Il y a un Dieu dans les cieux, il nous venge malgré nous, nous autres pères. Oh ! elles viendront ! Venez, mes chéries ! venez encore me baiser, un dernier baiser, le viatique de votre père, qui priera Dieu pour vous, qui lui dira que vous avez été de bonnes filles, qui plaidera pour vous ! Après tout, vous êtes innocentes. Elles sont innocentes, mon ami ! Dites-le bien à tout le monde, qu'on ne les inquiète pas à mon sujet. Tout est de ma faute, je les ai habituées à me fouler aux pieds. J'aimais cela, moi. Ça ne regarde personne, ni la justice humaine, ni la justice divine. Dieu serait injuste s'il les condamnait à cause de moi. Je n'ai pas su me conduire, j'ai fait la bêtise d'abdiquer mes droits. Je me serais avili pour elles ! Que voulez-vous ! le plus beau naturel, les meilleures âmes, auraient succombé à la corruption de cette facilité paternelle. Je suis un misérable, je suis justement puni. Moi seul ai causé les désordres de mes filles, je les ai gâtées. Elles veulent aujourd'hui le plaisir, comme elles voulaient autrefois du bonbon. Je leur ai toujours permis de satisfaire leurs fantaisies de jeunes filles. A quinze ans, elles avaient voiture ! Rien ne leur a résisté. Moi seul suis coupable, mais coupable par amour. Leur voix m'ouvrait le cœur. Je les entends, elles viennent. Oh ! oui, elles viendront. La loi veut qu'on vienne voir mourir son père, la loi est pour moi. Puis ça ne coûtera qu'une course. Je la payerai. Écrivez-leur que j'ai des millions à leur laisser ! Parole d'honneur. J'irai faire des pâtes d'Italie à Odessa. Je connais la manière. Il y a, dans mon projet, des millions à gagner. Personne n'y a pensé. Ça ne se gâtera point dans le transport comme le blé ou comme la farine. Eh ! eh ! l'amidon ! il y aura là des millions ! Vous ne mentirez pas, dites-leur des millions, et, quand même elles viendraient par avarice, j'aime mieux être trompé, je les verrai. Je veux mes filles ! je les ai faites ! elles sont à moi ! dit-il en se dressant sur son séant, en montrant à Eugène une tête dont les cheveux blancs étaient épars, et qui menaçait par tout ce qui pouvait exprimer la menace.

— Allons, lui dit Eugène, recouchez-vous, mon bon père Goriot, je vais leur écrire. Aussitôt que Bianchon sera de retour, j'irai si elles ne viennent pas.

— Si elles ne viennent pas ! répéta le vieillard en sanglotant. Mais je serai mort, mort dans un accès de rage, de rage ! La rage me gagne ! En ce moment, je vois ma vie entière. Je suis dupe ! elles ne m'aiment pas, elles ne m'ont jamais aimé ! cela est clair. Si elles ne sont pas venues, elles ne viendront pas. Plus elles auront tardé, moins elles se décideront à me faire cette joie. Je les connais. Elles n'ont jamais su rien deviner de mes chagrins, de mes douleurs, de mes besoins, elles ne devineront pas ma mort ; elles ne sont seulement pas dans le secret de ma tendresse. Oui, je le vois, pour elles, l'habitude de m'ouvrir les entrailles a ôté du prix à tout ce que je faisais. Elles auraient demandé à me crever les yeux, je leur aurais dit : « Crevez-les ! » Je suis trop bête. Elles croient que tous les pères sont comme le leur. Il faut toujours se faire valoir. Leurs enfants me vengeront. Mais c'est dans leur intérêt de venir ici. Prévenez-les donc qu'elles compromettent leur agonie. Elles commettent tous les crimes en un seul. Mais allez donc, dites-leur donc que, ne pas venir, c'est un parricide ! Elles en ont assez commis sans ajouter celui-ci. Criez donc comme moi : « Eh ! Nasie, eh ! Delphine, venez à votre père, qui a été si bon pour vous et qui souffre ! » Rien, personne. Mourrai-je donc comme un chien ? Voilà ma récompense, l'abandon. Ce sont des infâmes, des scélérates ; je les abomine, je les maudis ; je me relèverai, la nuit, de mon cercueil pour les remaudire, car, enfin, ai-je tort ? elles se conduisent bien mal ! hein ? Qu'est-ce que je dis ? Ne m'avez-vous pas averti que Delphine est là ? C'est la meilleure des deux. Vous êtes mon fils, Eugène, vous ! aimez-la, soyez un père pour elle. L'autre est bien malheureuse. Et leurs fortunes ! Ah ! mon Dieu ! J'expire, je souffre un peu trop ! Coupez-moi la tête, laissez-moi seulement le cœur.

— Christophe, allez chercher Bianchon ! s'écria Eugène, épouvanté du caractère que prenaient les plaintes et les cris du vieillard, et ramenez-moi un cabriolet. Je vais aller chercher vos filles, mon bon père Goriot, je vous les ramènerai.

— De force, de force ! Demandez la garde, la ligne, tout ! tout ! dit-il en jetant à Eugène un dernier regard où brilla la raison. Dites au gouvernement, au procureur du roi, qu'on me les amène, je le veux !

— Mais vous les avez maudites.

— Qui est-ce qui a dit cela ! répondit le vieillard stupéfait. Vous savez bien que je les aime, je les adore ! Je suis guéri si je les vois... Allez, mon bon voisin, mon cher enfant, allez, vous êtes bon, je voudrais vous remercier, mais je n'ai rien à vous donner que les bénédictions d'un mourant. Ah ! je voudrais au moins voir Delphine pour lui dire de m'acquitter envers vous. Si l'autre ne peut pas, amenez-moi celle-là. Dites-lui que vous ne l'aimerez plus si elle ne veut pas venir. Elle vous aime tant qu'elle viendra. À boire, les entrailles me brûlent ! Mettez-moi quelque chose sur la tête. La main de mes filles, ça me sauverait, je le sens... Mon Dieu ! qui refera leurs fortunes si je m'en vais ? Je veux aller à Odessa pour elles, à Odessa, y faire des pâtes.

— Buvez ceci, dit Eugène en soulevant le moribond et le prenant dans son bras gauche tandis que de l'autre il tenait une tasse pleine de tisane.

— Vous devez aimer votre père et votre mère, vous ! dit le vieillard en serrant de ses mains défaillantes la main d'Eugène. Comprenez-vous que je vais mourir sans les voir, mes filles ? Avoir soif toujours, et ne jamais boire, voilà comment j'ai vécu depuis dix ans... Mes deux gendres ont tué mes filles. Oui, je n'ai plus eu de filles après qu'elles ont été mariées. Pères, dites aux Chambres de faire une loi sur le mariage ! Enfin, ne mariez pas vos filles si vous les aimez. Le gendre est un scélérat qui gâte tout chez une fille, il souille tout. Plus de mariages ! C'est ce qui nous enlève nos filles, et nous ne les avons plus quand nous mourrons. Faites une loi sur la mort des pères. C'est épouvantable, ceci ! Vengeance ! Ce sont mes gendres qui les empêchent de venir. Tuez-les ! À mort le Restaud, à mort l'Alsacien, ce sont mes assassins ! La mort ou mes filles ! Ah ! c'est fini, je meurs sans elles ! Elles ! Nasie, Fifine, allons, venez donc ! Votre papa sort...

— Mon bon père Goriot, calmez-vous, voyons, restez tranquille, ne vous agitez pas, ne pensez pas.

— Ne pas les voir, voilà l'agonie !

— Vous allez les voir.

— Vrai ! dit le vieillard égaré. Oh ! les voir ! je vais les voir, entendre leur voix. Je mourrai heureux. Eh bien ! oui, je ne demande plus à vivre, je n'y tenais plus, mes peines allaient croissant. Mais les voir, toucher leurs robes, ah ! rien que leurs robes, c'est bien peu ; mais que je sente quelque chose d'elles ! Faites-moi prendre les cheveux... veux...

Il tomba la tête sur l'oreiller comme s'il recevait un coup de massue. Ses mains s'agitèrent sur la couverture comme pour prendre les cheveux de ses filles.

— Je les bénis, dit-il en faisant un effort... bénis.

Il s'affaissa tout à coup. En ce moment Bianchon entra. — J'ai rencontré Christophe, dit-il, il va t'amener une voiture. Puis il regarda le malade, lui souleva de force les paupières, et les deux étudiants lui virent un œil sans chaleur et terne. — Il ne reviendra pas, dit Bianchon, je ne crois pas. Il prit le pouls, le tâta, mit la main sur le cœur du bonhomme.

— La machine va toujours ; mais, dans sa position, c'est un malheur, il vaudrait mieux qu'il mourût !

— Ma foi, oui, dit Rastignac.

— Qu'as-tu donc ? tu es pâle comme la mort.

— Mon ami, je viens d'entendre des cris et des plaintes. Il y a un Dieu ! Oh ! oui ! il y a un Dieu, et il nous a fait un monde meilleur, ou notre terre est un non-sens. Si ce n'avait pas été si tragique, je fondrais en larmes, mais j'ai le cœur et l'estomac horriblement serrés.

— Dis donc, il va falloir bien des choses ; où prendre de l'argent ? Rastignac tira sa montre.

— Tiens, mets-la vite en gage. Je ne veux pas m'arrêter en route, car j'ai peur de perdre une minute, et j'attends Christophe. Je n'ai pas un liard, il faudra payer mon cocher au retour.

Rastignac se précipita dans l'escalier, et partit pour aller rue du Helder, chez madame de Restaud. Pendant le chemin, son imagination, frappée de l'horrible spectacle dont il avait été témoin, échauffa son indignation. Quand il arriva dans l'antichambre et qu'il demanda madame de Restaud, on lui répondit qu'elle n'était pas visible.

— Mais, dit-il au valet de chambre, je viens de la part de son père, qui se meurt.

— Monsieur, nous avons de M. le comte les ordres les plus sévères.

— Si M. de Restaud y est, dites-lui dans quelle circonstance se trouve son beau-père et prévenez-le qu'il faut que je lui parle à l'instant même.

Eugène attendit pendant longtemps.

— Il se meurt peut-être en ce moment, pensait-il.

Le valet de chambre l'introduisit dans le premier salon, où M. de Restaud reçut l'étudiant debout, sans le faire asseoir, devant une cheminée où il n'y avait pas de feu.

— Monsieur le comte, lui dit Rastignac, M. votre beau-père expire en ce moment dans un bouge infâme, sans un liard pour avoir du bois; il est exactement à la mort et demande à voir sa fille....

— Monsieur, lui répondit avec froideur le comte de Restaud, vous avez pu vous apercevoir que j'ai tout perdu tendresse pour M. Goriot. Il a compromis son caractère avec madame de Restaud, il a fait le malheur de ma vie, je vois en lui l'ennemi de mon repos. Qu'il meure, qu'il vive, tout m'est parfaitement indifférent. Voilà quels sont mes sentiments à son égard. Le monde pourra me blâmer, je méprise l'opinion. J'ai maintenant des choses plus importantes à accomplir qu'à m'occuper de ce que penseront de moi des sots ou des indifférents. Quant à madame de Restaud, elle est hors d'état de sortir. D'ailleurs, je ne veux pas qu'elle quitte sa maison. Dites à son père qu'aussitôt qu'elle aura rempli ses devoirs envers moi, envers mon enfant, elle ira le voir. Si elle aime son père, elle peut être libre dans quelques instants....

— Monsieur le comte, il ne m'appartient pas de juger de votre conduite, vous êtes le maître de votre femme, mais je puis compter sur votre loyauté, eh bien! promettez-moi seulement de lui dire que son père n'a pas un jour à vivre, et l'a déjà maudite en ne la voyant pas à son chevet!

— Dites-le-lui vous même, répondit M. de Restaud, frappé des sentiments d'indignation que trahissait l'accent d'Eugène.

Rastignac entra, conduit par le comte, dans le salon où se tenait habituellement la comtesse : il la trouva noyée de larmes, et plongée dans une bergère comme une femme qui voulait mourir. Elle lui fit pitié. Avant de regarder Rastignac, elle jeta sur son mari de craintifs regards, qui annonçaient une prostration complète de ses forces écrasées par une tyrannie morale et physique. Le comte hocha la tête, elle se crut encouragée à parler.

— Monsieur, j'ai tout entendu. Dites à mon père que, s'il connaissait la situation dans laquelle je suis, il me pardonnerait. Je ne comptais pas sur ce supplice, il est au-dessus de mes forces, monsieur, mais je résisterai jusqu'au bout, dit-elle à son mari. Je suis mère. Dites à mon père que je suis irréprochable envers lui, malgré les apparences, cria-t-elle avec désespoir à l'étudiant.

Eugène salua les deux époux, en devinant l'horrible crise dans laquelle était la femme, et se retira stupéfait. Le ton de M. de Restaud lui avait démontré l'inutilité de sa démarche, et il comprit qu'Anastasie n'était plus libre. Il courut chez madame de Nucingen, et la trouva dans son lit.

— Je suis souffrante, mon pauvre ami, lui dit-elle. J'ai pris froid en sortant du bal, j'ai peur d'une fluxion de poitrine, j'attends le médecin....

— Eussiez-vous la mort sur les lèvres, lui dit Eugène en l'interrompant, il faut vous traîner auprès de votre père. Il vous appelle! si vous pouviez entendre le plus léger de ses cris, vous ne vous sentiriez point malade.

— Eugène, mon père n'est peut-être pas aussi mal que vous le dites; mais je serais au désespoir d'avoir le moindre tort à vos yeux, et je me conduirai comme vous le voudrez. Lui, je le sais, il mourrait de chagrin si ma maladie devenait mortelle par suite de cette sortie. Eh bien! j'irai dès que mon médecin sera venu. Ah! pourquoi n'avez-vous plus votre montre? dit-elle en ne voyant plus la chaîne. Eugène rougit. Eugène, si vous l'aviez déjà vendue, perdue.... oh! cela serait bien mal.

L'étudiant se pencha sur le lit de Delphine, et lui dit à l'oreille : — Vous voulez le savoir? eh bien! sachez-le! Votre père n'a pas de quoi s'acheter le linceul dans lequel on le mettra ce soir. Votre montre est en gage, je n'avais plus rien.

Delphine sauta tout à coup hors de son lit, courut à son secrétaire, y prit sa bourse, la tendit à Rastignac. Elle sonna et s'écria : — J'y vais, j'y vais, Eugène. Laissez-moi m'habiller; mais je serais un monstre! Allez, j'arriverai avant vous! Thérèse, cria-t-elle à sa femme de chambre, dites à M. de Nucingen de me parler à l'instant même.

Eugène, heureux de pouvoir annoncer au moribond la présence d'une de ses filles, arriva presque joyeux rue Neuve-Sainte-Geneviève. Il fouilla dans la bourse pour pouvoir payer immédiatement son cocher. La bourse de cette jeune femme, si riche, si élégante, contenait soixante-dix francs. Parvenu en haut de l'escalier, il trouva le père Goriot maintenu par Bianchon, et opéré par le chirurgien de l'hôpital, sous les yeux du médecin. On lui brûlait le dos avec des moxas, dernier remède de la science, remède inutile.

— Les sentez-vous? demandait le médecin.

Le père Goriot, ayant entrevu l'étudiant, répondit. — Elles viennent, n'est-ce pas?

— Il peut s'en tirer, dit le chirurgien, il parle.

— Oui, ré, oud! Eugène, Delphine me suit.

— Allons! dit Bianchon, il parlait de ses filles, après lesquelles il crie comme un homme sur le pal crie, dit-on, à ses l'eau....

— Cessez, dit le médecin au chirurgien, il n'y a plus rien à faire, on ne le sauvera pas.

Bianchon et le chirurgien replacèrent le mourant à plat sur son grabat infect.

— Il faudrait cependant le changer de linge, dit le médecin. Quoiqu'il n'y ait aucun espoir, il faut respecter en lui la nature humaine. Je reviendrai Bianchon, dit-il à l'étudiant. S'il se plaignait encore, mettez-lui de l'opium sur le diaphragme.

Le chirurgien et le médecin sortent.

— Allons, Eugène, du courage, mon fils! dit Bianchon à Rastignac quand ils furent seuls, il s'agit de lui mettre une chemise blanche et de changer son lit. Va dire à Sylvie de monter des draps et de venir nous aider.

Eugène descendit, et trouva madame Vauquer occupée à mettre le couvert avec Sylvie. Aux premiers mots que lui dit Rastignac, la veuve vint à lui, en prenant l'air aigrement doucereux d'une marchande soupçonneuse qui ne voulait ni perdre son argent, ni fâcher le consommateur.

— Mon cher monsieur Eugène, répondit-elle, vous savez tout comme moi que le père Goriot n'a plus le sou. Donner des draps à un homme en train de tortiller de l'œil, c'est les perdre, d'autant qu'il faudra bien en sacrifier un pour le linceul. Ainsi vous me devez déjà cent quarante-quatre francs, mettez quarante francs de draps, et quelques autres petites choses, la chandelle que Sylvie vous donnera, tout cela fait au moins deux cents francs, qu'une pauvre veuve comme moi n'est pas en état de perdre. Dame! soyez juste, monsieur Eugène, j'ai bien assez perdu depuis cinq jours que le guignon s'est logé chez moi. J'aurais donné dix écus pour que ce bonhomme-là fût parti ces jours-ci, comme vous le disiez. Ça frappe mes pensionnaires. Pour un rien, je le ferais porter à l'hôpital. Enfin, mettez-vous à ma place. Mon établissement avant tout, c'est ma vie, à moi.

Eugène remonta rapidement chez le père Goriot.

— Bianchon, l'argent de la montre?

— Il est là sur la table. Il en reste trois cent soixante et quelques francs. J'ai payé sur ce qu'on m'a donné tout ce que nous devions. La reconnaissance du Mont-de-Piété est sous l'argent.

— Tenez, madame, dit Rastignac après avoir dégringolé l'escalier avec horreur, soldez nos comptes. M. Goriot n'a pas longtemps à rester chez vous, et moi...

— Oui, il en sortira les pieds en avant, pauvre bonhomme, dit-elle en comptant deux cents francs, d'un air moitié gai, moitié mélancolique.

— Finissons, dit Rastignac.

— Sylvie, donnez les draps, et allez aider ces messieurs, là-haut.

— Vous n'oublierez pas Sylvie, dit madame Vauquer à l'oreille d'Eugène, voilà deux nuits qu'elle veille.

Dès qu'Eugène eut le dos tourné, la vieille courut à sa cuisinière : — Prends les draps retournés, numéro sept. Par Dieu, c'est toujours assez bon pour un mort, lui dit-elle à l'oreille.

Eugène, qui avait déjà monté quelques marches de l'escalier, n'entendit pas les paroles de la vieille hôtesse.

— Allons, lui dit Bianchon, passons-lui sa chemise. Tiens-le droit. Eugène se mit à la tête du lit, et soutint le moribond, auquel Bianchon enleva sa chemise, et le bonhomme fit un geste comme pour garder quelque chose sur sa poitrine, et poussa des cris plaintifs et inarticulés, à la manière des animaux qui ont une grande douleur à exprimer.

— Oh! oh! dit Bianchon, il veut une petite chaîne de cheveux et un médaillon que nous lui avons ôtés tout à l'heure pour lui poser ses moxas. Pauvre homme! il faut la lui remettre. Elle est sur la cheminée.

Eugène alla prendre une chaîne tressée avec des cheveux blond-cendré, sans doute ceux de madame Goriot. Il lut d'un côté du médaillon : Anastasie; et de l'autre : Delphine. Image de son cœur, qui reposait toujours sur son cœur. Les boucles contenues étaient d'une telle finesse, qu'elles devaient avoir été prises pendant la première enfance des deux filles. Lorsque le médaillon toucha sa poitrine, le vieillard fit un h... prolongé qui annonçait une satisfaction effrayante à voir. C'était un des derniers retentissements de sa sensibilité, qui semblait se retirer au centre inconnu d'où partent et où s'adressent nos sympathies. Son visage convulsé prit une expression de joie maladive. Les deux étudiants, frappés de ce terrible éclat d'une force de sentiment qui survivait à la pensée, laissèrent tomber chacun des larmes chaudes sur le moribond qui jeta un cri de plaisir aigu.

— Nasie! Fifine! dit-il.

— Il vit encore, dit Bianchon.

— À quoi ça lui sert-il? dit Sylvie.

— À souffrir, répondit Rastignac.

Après avoir fait à son camarade un signe pour lui dire de l'imiter, Bianchon s'agenouilla pour passer ses bras sous les jarrets du malade, pendant que Rastignac en faisait autant de l'autre côté du lit, afin de passer les mains sous le dos. Sylvie était là, prête à retirer les draps quand le moribond serait soulevé, afin de les remplacer par ceux qu'elle apportait. Trompé sans doute par les larmes, Goriot usa ses dernières forces pour étendre les mains, rencontra de chaque côté de son lit les têtes des étudiants, les saisit violemment par les cheveux, et l'on entendit faiblement : — Ah! mes anges! Deux mots, deux murmures accentués par l'âme, qui s'envola sur cette parole.

— Pauvre cher homme! dit Sylvie attendrie de cette exclamation où se peignit un sentiment suprême que le plus horrible, le plus involontaire des mensonges exaltait une dernière fois.

Le dernier soupir de ce père devait être un soupir de joie. Ce soupir fut l'expression de toute sa vie, il se trompait encore. Le père Goriot fut pieusement replacé sur son grabat. A compter de ce moment, sa physionomie garda la douloureuse empreinte du combat qui se livrait entre la mort et la vie dans une machine qui n'avait plus cette espèce de conscience cérébrale d'où résulte le sentiment du plaisir et de la douleur pour l'être humain. Ce n'était plus qu'une question de temps pour la destruction.

— Il va rester ainsi quelques heures, et mourra sans que l'on s'en aperçoive, il ne râlera même pas. Le cerveau doit être complétement envahi.

En ce moment on entendit dans l'escalier un pas de jeune femme haletante.

— Elle arrive trop tard, dit Rastignac.

Ce n'était pas Delphine, mais Thérèse, sa femme de chambre.

— Monsieur Eugène, dit-elle, il s'est élevé une scène violente entre monsieur et madame, à propos de l'argent que cette pauvre madame demandait pour son père. Elle s'est évanouie, le médecin est venu, il a fallu la saigner, elle criait : — Mon père se meurt, je veux voir papa! Enfin, des cris à fendre l'âme.

— Assez, Thérèse. Elle viendrait que maintenant ce serait superflu, M. Goriot n'a plus de connaissance.

— Pauvre cher monsieur, est-il mal comme ça! dit Thérèse.

— Vous n'avez plus besoin de moi, faut que j'aille à mon dîner, il est quatre heures et demie, dit Sylvie, qui faillit se heurter sur le haut de l'escalier avec madame de Restaud.

Ce fut une apparition grave et terrible que celle de la comtesse. Elle regarda le lit de mort, mal éclairé par une seule chandelle, et versa des pleurs en apercevant le masque de son père où palpitaient encore les derniers tressaillements de la vie. Bianchon se retira par discrétion.

— Je ne me suis pas échappée assez tôt, dit la comtesse à Rastignac.

L'étudiant fit un signe de tête affirmatif plein de tristesse. Madame de Restaud prit la main de son père, la baisa.

— Pardonnez-moi, mon père! Vous disiez que ma voix vous rappellerait de la tombe; eh bien! revenez un moment à la vie pour bénir votre fille repentante. Entendez-moi. Ceci est affreux! votre bénédiction est la seule que je puisse recevoir ici-bas désormais. Tout le monde me hait, vous seul m'aimez. Mes enfants, eux-mêmes, me haïront. Emmenez-moi avec vous, je vous aimerai, je vous soignerai. Il n'entend plus, je suis folle. Elle tomba sur ses genoux, et contempla ce débris avec une expression de délire. Rien ne manque à mon malheur, dit-elle en regardant Eugène. M. de Trailles est parti, laissant

ici des dettes énormes, et j'ai su qu'il me trompait. Mon mari ne me pardonnera jamais, et je l'ai laissé le maître de ma fortune. J'ai perdu toutes mes illusions. Hélas! pour qui ai-je trahi le seul cœur (elle montra son père) où j'étais adorée! Je l'ai méconnu, je l'ai repoussé, je lui ai fait mille maux, infâme que je suis!

— Il le savait, dit Rastignac.

En ce moment, le père Goriot ouvrit les yeux, mais par l'effet d'une convulsion. Le geste qui révélait l'espoir de la comtesse ne fut pas moins horrible à voir que l'œil du mourant.

— M'entendrait-il? cria la comtesse. Non, se dit-elle en s'asseyant auprès du lit.

Madame de Restaud ayant manifesté le désir de garder son père, Eugène descendit pour prendre un peu de nourriture. Les pensionnaires étaient déjà réunis.

— Eh bien! lui dit le peintre, il paraît que nous allons avoir un petit mortorama là-haut?

— Charles, lui dit Eugène, il me semble que vous devriez plaisanter sur quelque sujet moins lugubre.

— Nous ne pourrons donc plus rire ici, reprit le peintre. Qu'est-ce que cela fait, puisque Bianchon dit que le bonhomme n'a plus sa connaissance?

— Eh bien! reprit l'employé au Muséum, il sera mort comme il a vécu.

— Mon père est mort! cria la comtesse.

A ce cri terrible, Sylvie, Rastignac et Bianchon montèrent, et trouvèrent madame de Restaud évanouie. Après l'avoir fait revenir à elle, ils la transportèrent dans le fiacre qui l'attendait. Eugène la confia aux soins de Thérèse, lui ordonnant de la conduire chez madame de Nucingen.

— Oh! il est bien mort, dit Bianchon en descendant.

— Allons, messieurs, à table, dit madame Vauquer, la soupe va se refroidir.

Les deux étudiants se mirent à côté l'un de l'autre.

— Que faut-il faire maintenant? dit Eugène à Bianchon.

— Mais je lui ai fermé les yeux, et je l'ai convenablement disposé. Quand le médecin de la mairie aura constaté le décès que nous irons déclarer, on le

Rastignac resta seul près du vieillard, assis au pied du lit.... — PAGE 52.

coudra dans un linceul, et on l'enterrera. Que veux-tu qu'il devienne?

— Il ne flairera plus son pain comme ça, dit un pensionnaire en imitant la grimace du bonhomme.

— Sacrebleu! messieurs, dit le répétiteur, laissez donc le père Goriot, et ne nous en faites plus manger. On l'a mis à toute sauce depuis une heure. Un des priviléges de la bonne ville de Paris, c'est qu'on peut y naître, y vivre, y mourir sans que personne fasse attention à vous. Profitons donc des avantages de la civilisation. Il y a trois cents morts aujourd'hui, voulez-vous vous apitoyer sur les hécatombes parisiennes? Que le père Goriot soit crevé, tant mieux pour lui! Si vous l'adorez, allez le garder, et laissez-nous manger tranquillement, nous autres.

— Oh! oui, dit la veuve, tant mieux pour lui qu'il soit mort! Il paraît que le pauvre homme avait bien du désagrément, sa vie durant.

Ce fut toute l'oraison funèbre d'un être qui, pour Eugène, représentait toute la paternité. Les quinze pensionnaires se mirent à cau-er comme à l'ordinaire. Lorsque Eugène et Bianchon eurent mangé, le bruit des fourchettes et des cuillers, les rires de la conversation, les diverses expressions de ces figures gloutonnes et indifférentes, leur insouciance, tout les glaça d'horreur. Ils sortirent pour aller chercher un prêtre qui veillât et priât pendant la nuit près du mort. Il leur fallut mesurer les derniers devoirs à rendre au bonhomme sur le peu d'argent dont ils pourraient disposer. Vers neuf heures du soir, le corps fut placé sur un fond sanglé, entre deux chandelles, dans cette chambre nue, et un prêtre vint s'asseoir auprès de lui. Avant de se coucher, Rastignac, ayant demandé des renseignements à l'ecclésiastique sur le prix du service à faire et sur celui des convois, écrivit un mot au baron de Nucingen et au comte de Restaud en les priant d'envoyer leurs gens d'affaires afin de pourvoir à tous les frais de l'enterrement. Il leur dépêcha Christophe, puis il se coucha et s'endormit accablé de fatigue. Le lendemain matin, Bianchon et Rastignac furent obligés d'aller déclarer eux-mêmes le décès, qui vers midi fut constaté. Deux heures après, aucun des deux gendres n'avait envoyé d'argent, personne ne s'était présenté en leur nom, et Rastignac avait été forcé déjà de payer les frais du prêtre. Sylvie ayant demandé dix francs pour ensevelir le bonhomme et le coudre dans un linceul, Eugène et Bianchon calculèrent que, si les parents du mort ne voulaient se mêler de rien, ils auraient à peine de quoi pourvoir aux frais. L'étudiant en médecine se chargea donc de mettre lui-même le cadavre dans une bière de pauvre qu'il fit apporter de son hôpital, où il l'eut à meilleur marché.

— Fais une farce à ces drôles-là, dit-il à Eugène. Va acheter un terrain, pour cinq ans, au Père-Lachaise, et commande un service de troisième classe à l'église et aux Pompes-Funèbres. Si les gendres et les filles te refusent à te rembourser, tu feras graver sur la tombe : « Ci-gît M. Goriot, père de la comtesse de Restaud et de la baronne de Nucingen, enterré aux frais de deux étudiants. »

Eugène ne suivit le conseil de son ami qu'après avoir été infructueusement chez M. et madame de Nucingen et chez M. et madame de Restaud. Il n'alla pas plus loin que la porte. Chacun des concierges avait des ordres sévères.

— Monsieur et madame, dirent-ils, ne reçoivent personne ; leur père est mort, et ils sont plongés dans la plus vive douleur.

Eugène avait assez l'expérience du monde parisien pour savoir qu'il ne devait pas insister. Son cœur se serra étrangement quand il se vit dans l'impossibilité de parvenir jusqu'à Delphine.

« Vendez une parure, lui écrivit-il chez la concierge, et que votre père soit décemment conduit à sa dernière demeure. »

Il cacheta ce mot, et pria le concierge du baron de le remettre à Thérèse pour sa maîtresse ; mais le concierge le remit au baron de Nucingen, qui le jeta dans le feu. Après avoir fait toutes ses dispositions, Eugène revint vers trois heures à la pension bourgeoise, et ne put retenir une larme quand il aperçut à cette porte bâtarde la bière à peine couverte d'un drap noir, posée sur deux chaises dans cette rue déserte. Un mauvais goupillon, auquel personne n'avait encore touché, trempait dans un plat de cuivre argenté plein d'eau bénite. La porte n'était pas même tendue de noir. C'était la mort des pauvres, qui n'a ni faste, ni suivants, ni amis, ni parents. Bianchon, obligé d'être à son hôpital, avait écrit un mot à Rastignac pour lui rendre compte de ce qu'il avait fait avec l'église. L'interne lui mandait qu'une messe était hors de prix, qu'il fallait se contenter du service moins coûteux des vêpres, et qu'il avait envoyé Christophe avec un mot aux Pompes-Funèbres. Au moment où Eugène achevait de lire le griffonnage de Bianchon, il vit entre les mains de madame Vauquer le médaillon à cercle d'or où étaient les cheveux des deux filles.

— Comment avez-vous osé prendre ça ? lui dit-il.

— Pardi ! fallait-il l'enterrer avec ? répondit Sylvie, c'est en or.

— Certes ! reprit Eugène avec indignation, qu'il emporte au moins avec lui la seule chose qui puisse représenter ses deux filles.

Quand le corbillard vint, Eugène fit remonter la bière, la décloua, et plaça religieusement sur la poitrine du bonhomme une image qui se rapportait à un temps où Delphine et Anastasie étaient jeunes, vierges et pures, et ne raisonnaient pas, comme il l'avait dit dans ses cris d'agonie. Rastignac et Christophe accompagnèrent seuls, avec deux croque-morts, le char qui menait le pauvre homme à Saint-Étienne-du-Mont, église peu distante de la rue Neuve-Sainte-Geneviève. Arrivé là, le corps fut présenté à une petite chapelle basse et sombre, autour de laquelle l'étudiant chercha vainement les deux filles du père Goriot ou leurs maris. Il fut seul avec Christophe, qui se croyait obligé de rendre les derniers devoirs à un homme qui lui avait fait gagner quelques bons pourboires. En attendant les deux prêtres, l'enfant de chœur et le bedeau, Rastignac serra la main de Christophe, sans pouvoir prononcer une parole.

— Oui, monsieur Eugène, dit Christophe, c'était un brave et honnête homme, qui n'a jamais dit une parole plus haut que l'autre, qui ne nuisait à personne et n'a jamais fait de mal.

Les deux prêtres, l'enfant de chœur et le bedeau vinrent et donnèrent tout ce qu'on peut avoir pour soixante-dix francs dans une époque où la religion n'est pas assez riche pour prier gratis. Les gens du clergé chantèrent un psaume, le Libera, le De profundis. Le service dura vingt minutes. Il n'y avait qu'une seule voiture de deuil pour un prêtre et un enfant de chœur, qui consentirent à recevoir avec eux Eugène et Christophe.

— Il n'y a point de suite, dit le prêtre, nous pourrons aller vite, afin de ne pas nous attarder, il est cinq heures et demie.

Cependant, au moment où le corps fut placé dans le corbillard, deux voitures armoriées, mais vides, celle du comte de Restaud et celle du baron de Nucingen, se présentèrent et suivirent le convoi jusqu'au Père-Lachaise. À six heures, le corps du père Goriot fut descendu dans sa fosse, autour de laquelle étaient les gens de ses filles, qui disparurent avec le clergé aussitôt que fut dite la courte prière due au bonhomme pour l'argent de l'étudiant. Quand les deux fossoyeurs eurent jeté quelques pelletées de terre sur la bière pour la cacher, ils

Rastignac, resté seul, fit quelques pas vers le haut du cimetière. —PAGE 58 se relevèrent, et l'un deux, s'adressant à Rastignac, lui demanda leur pourboire. Eugène se fouilla, il n'avait plus rien, et fut forcé d'emprunter vingt sous à Christophe. Ce fait, si léger en lui-même, détermina chez Rastignac un accès d'horrible tristesse. Le jour tombait, il n'y avait plus qu'un crépuscule qui agaçait les nerfs; il regarda la tombe et y ensevelit sa dernière larme de jeune homme, cette larme arrachée par les saintes émotions d'un cœur pur, une de ces larmes qui, de la terre où elles tombent, rejaillissent jusque dans les cieux. Il se croisa les bras et contempla les nuages. Christophe le quitta. Rastignac, resté seul, fit quelques pas vers le haut du cimetière et vit Paris tortueusement couché le long des deux rives de la Seine, où commençaient à briller les lumières. Ses yeux s'attachèrent presque avidement entre la colonne de la place Vendôme et le dôme des Invalides, là où vivait ce beau monde dans lequel il avait voulu pénétrer. Il lança sur cette ruche bourdonnante un regard qui semblait par avance en pomper le miel, et dit ces mots grandioses : — A nous deux maintenant!

Il revint à pied rue d'Artois, et alla dîner chez madame de Nucingen.

Saché, septembre 1834

FIN DU PÈRE GORIOT.

Z. MARCAS

A MONSEIGNEUR LE COMTE GUILLAUME DE WURTEMBERG,

Comme une marque de la respectueuse gratitude de l'Auteur

De Balzac.

Je n'ai jamais vu personne, en comprenant même les hommes remarquables de ce temps, dont l'aspect fût plus saisissant que celui de cet homme : l'étude de sa physionomie inspirait d'abord un sentiment plein de mélancolie, et finissait par donner une sensation presque douloureuse. Il existait une certaine harmonie entre la personne et le nom. Ce Z qui précédait Marcas, qui se voyait sur l'adresse de ses lettres, et qu'il n'oubliait jamais dans sa signature, cette dernière lettre de l'alphabet offrait à l'esprit je ne sais quoi de fatal.

MARCAS! Répétez-vous à vous-même ce nom composé de deux syllabes, n'y trouvez-vous pas une sinistre signification? Ne vous semble-t-il pas que l'homme qui le porte doive être martyrisé? Quoique étrange et sauvage, ce nom a pourtant le droit d'aller à la postérité; il est bien composé, il se prononce facilement, il a cette brièveté voulue pour les noms célèbres. N'est-il pas aussi doux qu'il est bizarre? mais aussi ne vous paraît-il pas inachevé? Je ne voudrais pas prendre sur moi d'affirmer que les noms n'exercent aucune influence sur la destinée. Entre les faits de la vie et le nom des hommes, il est secrètes et d'inexplicables concordances ou des désaccords visibles qui surprennent; souvent des corrélations lointaines, mais efficaces, s'y sont révélées. Notre globe est plein, tout s'y tient. Peut-être reviendra-t-on quelque jour aux sciences occultes.

Ne voyez-vous pas dans la construction du Z une allure contrariée? ne figure-t-elle pas le zigzag aléatoire et fantasque d'une vie tourmentée? Quel vent a soufflé sur cette lettre qui, dans chaque langue où elle est admise, commande à peine à cinquante mots? Marcas s'appelait Zéphirin. Saint Zéphirin est très-vénéré en Bretagne. Marcas était Breton.

Examinez encore ce nom : Z. Marcas! Toute la vie de l'homme est dans l'assemblage fantastique de ces sept lettres. Sept! le plus significatif des nombres cabalistiques. L'homme est mort à trente-cinq ans, ainsi sa vie a été composée de sept lustres. Marcas ! N'avez-vous pas l'idée de quelque chose de précieux qui se brise par une chute, avec ou sans bruit ?

J'achevais mon droit en 1856, à Paris. Je demeurais alors rue Corneille, dans un hôtel entièrement destiné à loger des étudiants, un de ces hôtels où l'escalier tourne au fond, éclairé d'abord par la rue, puis par des jours de souffrance, enfin par un châssis. Il y avait quarante chambres meublées comme se meublent les chambres destinées à des étudiants. Que faut-il à la jeunesse de plus que ce qui s'y trouvait : un lit, quelques chaises, une commode, une glace et une table ? Aussitôt que le ciel est bleu, l'étudiant ouvre sa fenêtre. Mais dans cette rue il n'y a point de voisine à courtiser. En face, l'Odéon, fermé depuis longtemps, oppose au regard ses murs qui commencent à noircir, les petites fenêtres de ses loges et son vaste toit d'ardoises. Je n'étais pas assez riche pour avoir une belle chambre, je ne pouvais même pas avoir une chambre. Juste et moi, nous en partagions une à deux lits, située au cinquième étage.

De ce côté de l'escalier, il n'y avait que notre chambre et une autre petite occupée par Z. Marcas, notre voisin. Juste et moi, nous restâmes environ six mois dans une ignorance complète de ce voisinage. Une vieille femme qui gérait l'hôtel nous avait bien dit que la petite chambre était occupée, mais elle avait ajouté que nous ne serions point troublés, la personne était excessivement tranquille. En effet, pendant six mois, nous ne rencontrâmes point notre voisin et nous n'entendîmes aucun bruit chez lui, malgré le peu d'épaisseur de la cloison qui nous séparait, et qui était une de ces cloisons faites en lattes et enduites en plâtre, si communes dans les maisons de Paris.

Notre chambre, haute de sept pieds, était tendue d'un méchant papier bleu semé de bouquets. Le carreau, mis en couleur, ignorait le lustre qu'y donnent les frotteurs. Nous n'avions devant nos lits qu'un maigre tapis en lisière. La cheminée débouchait trop promptement sur le toit, et fumait tant, que nous fûmes forcés de faire mettre une gueule de loup à nos frais. Nos lits étaient des couchettes en bois peint, semblables à celles des collèges. Il n'y avait jamais sur la cheminée que deux chandeliers de cuivre, avec ou sans chandelles, nos deux pipes, du tabac éparpillé ou en tas, les petits tas de cendre que déposaient les visiteurs ou que nous amassions nous-mêmes en fumant des cigares. Deux rideaux de calicot glissaient sur des tringles à la fenêtre, et de chaque côté de laquelle pendaient deux petits corps de bibliothèque en bois de merisier que connaissent tous ceux qui ont flâné dans le quartier latin, et dont nous mentions le peu de livres nécessaires à nos études. L'encre était toujours dans l'encrier comme de la lave figée dans le cratère d'un volcan. Tout encrier ne peut-il pas, aujourd'hui, devenir un Vésuve ? Les plumes tortillées servaient à nettoyer la cheminée de nos pipes. Contrairement aux lois du crédit, le papier était chez nous encore plus rare que l'argent.

Comment espère-t-on faire rester les jeunes gens dans de pareils hôtels garnis ? Aussi les étudiants étudient-ils dans les cafés, au théâtre, dans les allées du Luxembourg, chez les grisettes, partout, même à l'École de Droit, excepté dans leur horrible chambre, horrible s'il s'agit d'étudier, charmante dès qu'on y babille et qu'on y fume. Mettez une nappe sur cette table, voyez-y le plus improvisé de meilleur restaurateur du quartier, quatre couverts et deux filles faites lithographier cette scène d'intérieur, une dévote ne peut s'empêcher d'y sourire.

Nous ne pensions qu'à nous amuser. La raison de nos désordres était une raison prise dans ce que la politique actuelle a de plus sérieux. Juste et moi, nous n'apercevions aucune place à prendre dans les deux professions que nos parents nous forçaient d'embrasser. Il y a cent avocats, cent médecins pour un. La foule obstrue ces deux voies, qui semblent mener à la fortune et qui sont deux arènes : on s'y tue, on s'y combat, non point à l'arme blanche ni à l'arme à feu, mais par l'intrigue et la calomnie, par d'horribles travaux, par des campagnes dans le domaine de l'intelligence, aussi meurtrières que celles d'Italie furent pour les soldats républicains. Aujourd'hui, où tout est un combat d'intelligence, il faut savoir rester des quarante-huit heures de suite assis dans son fauteuil et devant une table, comme un général restait deux jours sur son cheval. L'affluence des postulants a forcé la médecine à se diviser en catégories : il y a le médecin qui écrit, le médecin qui professe, le médecin politique et le médecin militant : quatre manières différentes d'être médecin, quatre sections déjà pleines. Quant à la cinquième division, celle des docteurs qui vendent des remèdes, il y a concurrence, et l'on s'y bat à coups d'affiches infâmes sur les murs de Paris. Dans tous les tribunaux, il y a presque autant d'avocats que de causes. L'avocat s'est rejeté sur le journalisme, sur la politique, sur la littérature. Enfin l'État, assailli pour les moindres places de la magistrature, a fini par demander une certaine fortune aux solliciteurs. La tête piriforme du fils d'un épicier riche sera préférée à la tête carrée d'un jeune homme de talent sans le sou. En s'évertuant, en déployant toute son énergie, un jeune homme qui part de zéro peut se trouver, au bout de dix ans, au-dessous du point de départ. Aujourd'hui le talent doit avoir le bonheur qui fait réussir l'incapacité, bien plus, s'il manque aux basses conditions qui donnent le succès à la rampante médiocrité, il n'arrivera jamais.

Si nous connaissions parfaitement notre époque, nous nous connaissions aussi nous-mêmes, et nous préférions l'oisiveté des penseurs à une activité sans but, la nonchalance et le plaisir à des travaux inutiles qui eussent lassé notre courage et usé le vif de notre intelligence. Nous avions analysé l'état social en riant, en fumant, en nous promenant. Pour se faire ainsi, nos réflexions, nos discours n'en étaient ni moins sages, ni moins profonds.

Tout en remarquant l'ilotisme auquel est condamnée la jeunesse, nous étions étonnés de la brutale indifférence du pouvoir pour tout ce qui tient à l'intelligence, à la pensée, à la poésie. Quels regards, Juste et moi, nous échangions souvent en lisant les journaux, en apprenant les événements de la politique, en parcourant les débats des Chambres, en discutant la conduite d'une cour dont la volontaire ignorance ne peut se comparer qu'à la platitude des courtisans, à la médiocrité des hommes qui forment une haie autour du nouveau trône, tous sans esprit ni portée, sans gloire ni science, sans influence ni grandeur. Quel éloge de la cour de Charles X, que la cour actuelle, s'il faut que ce soit une cour ! Quelle haine contre le pays dans la naturalisation de vulgaires étrangers sans talent, introduits à la Chambre des Pairs ! Quel déni de justice ! quelle insulte faite aux jeunes illustrations, aux ambitions nées sur le sol ! Nous regardions toutes ces choses comme un spectacle, et nous en gémissions sans prendre un parti sur nous-mêmes.

Juste, que personne n'est venu chercher, et qui ne serait allé chercher personne, était, à vingt-cinq ans, un profond politique, un homme d'une aptitude merveilleuse à saisir les rapports lointains des faits présents ou des faits à venir. Il m'a dit en 1831 ce qui devait arriver et ce qui est arrivé : les assassinats, les conspirations, le règne des juifs, la gêne des mouvements de la France, la disette d'intelligences dans la sphère supérieure, et l'abondance de talents dans les bas-fonds où les plus beaux courages s'éteignent sous les cendres du cigare. Que devenir ? Sa famille le voulait médecin. Être médecin n'était-ce pas attendre pendant vingt ans une clientèle ? Vous savez ce qu'il est devenu ? Non. Eh bien ! il est médecin ; mais il a quitté la France, il est en Asie. En ce moment, il succombe peut-être à la fatigue dans un désert, ou il meurt peut-être sous les coups d'une horde barbare, ou peut-être est-il premier ministre de quelque prince indien. Ma vocation à moi, est l'action. Sorti à vingt ans d'un collège, il ne m'était interdit de devenir militaire autrement qu'en me faisant simple soldat, et, fatigué de la triste perspective que présente l'état d'avocat, j'ai acquis les connaissances nécessaires à un marin. J'imite Juste, je déserte la France, où l'on dépense à se faire faire place le temps et l'énergie nécessaires aux plus hautes créations. Imitez-moi, mes amis, je vais là où l'on dirige à son gré sa destinée.

Ces grandes résolutions ont été prises froidement dans cette petite chambre de l'hôtel de la rue Corneille, tout en allant au bal Musard, courtisant de joyeuses filles, menant une vie folle, insouciante en apparence. Nos résolutions, nos réflexions, ont longtemps flotté. Marcas, notre voisin, fut en quelque sorte le guide qui nous mena sur le bord du précipice ou du torrent, et qui nous fit le mesurer, qui nous montra par avance quelle serait notre destinée si nous nous y laissions choir. Ce fut lui qui nous mit en garde contre les atermoiements que l'on contracte avec la misère et que sanctionne l'espérance, en acceptant des positions précaires d'où l'on lutte, en se laissant aller au mouvement de Paris, cette grande courtisane qui vous prend et vous laisse, vous sourit et vous tourne le dos avec une égale facilité, qui use les plus grandes volontés en des attentes captieuses, et où l'infortune est entretenue par le hasard.

Notre première rencontre avec Marcas nous causa comme un éblouissement. En revenant des Écoles, avant l'heure du dîner, nous montions toujours chez nous et nous y restions un moment, en nous attendant l'un l'autre, pour savoir s'il n'y avait rien de changé dans nos plans pour la soirée. Un jour, à quatre heures, Juste vit Marcas dans l'escalier ; moi, je le trouvai dans la rue. Nous étions alors au mois de novembre, et Marcas n'avait point de manteau ; il portait des souliers à grosses semelles, un pantalon à pieds en cuir de laine, une redingote bleue boutonnée jusqu'au menton, à col carré, ce qui donnait d'autant plus un air militaire à son buste, et il avait une cravate noire. Ce costume n'a rien d'extraordinaire, mais il concordait bien à la tenue de l'homme et à sa physionomie. Ma première impression à son aspect ne fut ni la surprise, ni l'étonnement, ni la tristesse, ni l'intérêt, ni la pitié, mais une curiosité qui tenait de tous ces sentiments. Il allait lentement, d'un pas qui peignait une mélancolie profonde, la tête inclinée en avant et non baissée à la manière de ceux qui se savent coupables. Sa tête, grosse et forte, qui paraissait contenir les trésors nécessaires à un ambitieux du premier ordre, était comme chargée de pensées, elle succombait sous le poids d'une douleur morale, mais il n'y avait pas le moindre indice de remords dans ses traits. Quant à sa figure, elle sera comprise par un mot. Selon un système assez populaire, chaque face humaine a de la ressemblance avec un animal. L'animal de Marcas était le lion. Ses cheveux ressemblaient à une crinière, son nez était court, écrasé, large et fendu au bout comme celui d'un lion, il avait le front partagé comme celui d'un lion par un sillon

puissant, divisé en deux lobes vigoureux. Enfin, ses pommettes ve-
lues que la maigreur des joues rendait d'autant plus saillantes, sa
bouche énorme et ses joues creuses étaient remuées par des plis d'un
dessin fier, et étaient relevées par un coloris plein de tous jaunâtres.
Ce visage presque terrible semblait éclairé par deux lumières, deux
yeux noirs, mais d'une douceur infinie, calmes, profonds, pleins de
pensées. S'il est permis de s'exprimer ainsi, ces yeux étaient humiliés.
Marcas avait peur de regarder, moins pour ceux que pour ceux sur lesquels il allait arrêter son regard fascinateur: il possédait une puissance, et ne voulait pas l'exercer; il ménageait les passants, il tremblait d'être remarqué. Ce n'était pas modestie, mais résignation, non
pas la résignation chrétienne qui implique la charité, mais la résignation conseillée par la raison qui a démontré l'inutilité momentanée des
talents, l'impossibilité de pénétrer et de vivre dans le milieu qui nous
est propre. Ce regard, en certains moments, pouvait lancer la foudre.
De cette bouche devait partir une voix tonnante, elle ressemblait
beaucoup à celle de Mirabeau.

— Je viens de voir dans la rue un fameux homme, dis-je à Juste en
entrant.

— Ce doit être notre voisin, me répondit Juste, qui dépeignit effectivement l'homme que j'avais rencontré. — Un homme qui vit comme
un cloporte devait être ainsi, dit-il en terminant.

— Quelle abaissement et quelle grandeur!

— L'un est en raison de l'autre.

— Combien d'espérances ruinées! combien de projets avortés!

— Sept lieues de ruines! des obélisques, des palais, des tours: les
ruines de Palmyre au désert, me dit Juste en riant.

Nous appelâmes notre voisin les ruines de Palmyre. Quand nous sortîmes pour aller dîner dans le triste restaurant de la rue de la Harpe
où nous étions abonnés, nous demandâmes le nom du numéro 37, et
nous apprîmes alors ce nom prestigieux de Z Marcas. Comme des enfants que nous étions, nous répétâmes plus de cent fois, et avec les
réflexions les plus variées, bouffonnes ou mélancoliques, ce nom dont
la prononciation se prêtait à notre jeu Juste arriva par moments à
jeter le Z comme une fusée à son départ, et, après avoir déployé la
première syllabe du nom brillamment; il peignait une chute par la brièveté sourde avec laquelle il prononçait la dernière.

— Ah çà! où, comment vit-il?

De cette question à l'innocent espionnage que conseille la curiosité,
il n'y avait que l'intervalle voulu pour l'exécution de notre projet. Au
lieu de flâner, nous rentrâmes, munis chacun d'un roman. Et de lire
en écoutant. Nous entendîmes dans le silence absolu de nos mansardes le bruit égal et doux produit par la respiration d'un homme endormi.

— Il dort, dis-je à Juste en remarquant ce fait le premier

— A sept heures, me répondit le docteur.

Tel était le nom que je donnais à Juste, qui m'appelait le garde des
sceaux.

— Il faut être bien malheureux pour dormir autant que doit notre
voisin, dis-je en sautant sur notre commode avec un énorme couteau
dans le manche duquel il y avait un tire-bouchon. Je fis en haut de la
cloison un trou rond, de la grandeur d'une pièce de cinq sous. Je n'a-
vais pas songé qu'il n'y avait pas de lumière, et, quand j'appliquai
l'œil au trou, je ne vis que des ténèbres. Quand vers une heure du
matin, ayant achevé de lire nos romans, nous allions nous déshabiller,
nous entendîmes du bruit chez notre voisin: il se leva, fit détourner une
allumette phosphorique et alluma sa chandelle. Je remontai sur la
commode. Je vis alors Marcas assis à sa table et copiant des pièces de
procédure. Sa chambre était moitié moins grande que la nôtre, le lit
occupait un enfoncement à côté de la porte; car l'espace pris par le
corridor, qui finissait à son bouge. se trouvait en plus chez lui; mais
le terrain sur lequel la maison était bâtie devait être inégal, et le mur
mitoyen se terminait en trapèze à sa mansarde. Il n'avait pas de cheminée, mais un petit poêle en faïence blanche ondée de taches vertes,
et dont le tuyau sortait sur le toit. La fenêtre pratiquée dans le trapèze avait de méchants rideaux roux. Un fauteuil, une table et un
misérable table de nuit, composaient le mobilier. Il mettait son linge
dans un placard. Le papier tendu sur les murs était hideux. Évidemment
on n'avait jamais logé là qu'un domestique jusqu'à ce que Marcas y
fût venu.

— Qu'as-tu? me demanda le docteur en me voyant descendre.

— Vois toi-même! lui répondis-je.

Le lendemain matin, à neuf heures, Marcas était couché. Il avait déjeuné d'un cervelas: nous vîmes sur une assiette, parmi les miettes de
pain, les restes de cet aliment qui nous était bien connu. Marcas dormait. Il ne s'éveilla que vers onze heures. Il se remit à la copie faite
pendant la nuit, et qui était sur la table. En descendant, nous demandâmes quel était le prix de cette chambre, nous apprîmes qu'elle coûtait quinze francs par mois. En quelques jours, nous connûmes parfaitement le genre d'existence de Z. Marcas Il faisait des expéditions, à
tant le rôle sans doute. pour le compte d'un entrepreneur d'écritures

qui demeurait dans la cour de la Sainte-Chapelle; il travaillait pendant
la moitié de la nuit: après avoir dormi de six à dix heures, il recommençait en se levant, écrivait jusqu'à trois heures; il sortait alors pour
porter ses copies avant le dîner, et allait manger rue Michel-le-Comte,
chez Mizerai, à raison de neuf sous par repas, puis il revenait se coucher à six heures. Il nous fut prouvé que Marcas ne prononçait pas
quinze phrases dans un mois; il ne parlait à personne, il ne se disait
pas un mot à lui-même dans son horrible mansarde.

— Décidément, les ruines de Palmyre sont terriblement silencieuses!
s'écria Juste.

Ce silence chez un homme dont les dehors étaient si imposants avait
quelque chose de profondément significatif. Quelquefois, en nous rencontrant avec lui, nous échangions des regards pleins de pensées de
part et d'autre, mais qui ne furent suivis d'aucun protocole. Insensiblement, cet homme devint l'objet d'une intime admiration, sans que
nous pussions nous en expliquer la cause. Était-ce ces mœurs secrètement simples, cette régularité monastique, cette frugalité de solitaire,
ce travail de travailleur, mais qui permettait à la pensée de rester neutre ou de
s'exercer, et qui accusait l'attente de quelque événement heureux, ou
quelque parti pris sur la vie? Après nous être longtemps promenés
dans les ruines de Palmyre, nous les oubliâmes, nous étions si jeunes!
Puis vint le carnaval, ce carnaval parisien qui, désormais, effacera
l'ancien carnaval de Venise, et qui, dans quelques années, attirera
l'Europe à Paris, si le malencontreux préfets de police ne s'y opposent. On devrait tolérer le jeu pendant le carnaval; mais les plus moralistes qui ont fait supprimer le jeu sont des calculateurs imbéciles
qui ne rétabliront cette plaie nécessaire que quand il sera prouvé que
la France laisse des millions en Allemagne.

Ce joyeux carnaval amena, comme chez tous les étudiants, une
grande misère. Nous nous étions défaits des objets de luxe, nous avions
vendu nos doubles habits, nos doubles bottes, nos doubles gilets, tout
ce que nous avions en double, excepté notre ami. Nous mangions du
pain et de la charcuterie, nous marchions avec précaution, nous nous
étions mis à travailler, nous devions deux mois à l'hôtel, et nous étions
certains d'avoir chez le portier chacun une note composée de plus de
soixante ou quatre-vingts lignes dont le total allait à quarante ou cinquante francs. Nous n'étions plus ni brusques ni joyeux en traversant
le palier carré qui se trouve au bas de l'escalier, nous le franchissions
souvent d'un bond en sautant de la dernière marche dans la rue. Le
jour où le tabac manqua pour nos pipes, nous nous aperçûmes que
nous mangions, depuis quelques jours, notre pain sans aucune espèce
de beurre. La tristesse fut immense.

— Plus de tabac! dit le docteur.

— Plus de manteau! dit le garde des sceaux.

— Ah! drôles, vous vous êtes vêtus en postillons de Longjumeau!
vous avez voulu vous mettre en frais d'élégance, souper le matin et déjeuner le soir chez Véry, quelquefois au Rocher de Cancale! Au pain sec,
messieurs! Vous devriez, dis-je en grossissant ma voix, vous coucher
sous vos lits, vous êtes indignes de vous coucher dessus...

— Oui, mais, garde des sceaux, plus de tabac! dit Juste.

— Il est temps d'écrire à nos tantes, à nos mères, à nos sœurs, que
nous n'avons plus de linge, que les courses dans Paris useraient du
fil de fer tricoté. Nous résoudrions un beau problème de chimie en
changeant le linge en argent.

— Il nous faut vivre jusqu'à la réponse.

— Eh bien! je vais aller contracter un emprunt chez ceux de mes
amis qui n'auront pas épuisé leurs capitaux.

— Que trouveras-tu?

— Tiens, dix francs! répondis-je avec orgueil.

Marcas avait tout entendu; il était midi, il frappa à notre porte et
nous dit: — Messieurs, voici du tabac: vous me le rendrez à la première occasion.

Nous restâmes frappés, non de l'offre, qui fut acceptée, mais de la
richesse, de la profondeur et de la plénitude de cet organe, qui ne peut
se comparer qu'à la quatrième corde du violon de Paganini. Marcas
disparut sans attendre nos remercîments. Nous nous regardâmes, Juste
et moi, dans le plus grand silence. Être secouru par quelqu'un évidemment plus pauvre que nous! Juste se mit à écrire à toutes ses familles, et j'allai négocier l'emprunt. Je trouvai vingt francs chez un
compatriote. Dans ces malheureux bon temps, le jeu vivait encore, et,
dans ses veines dures comme les gangues du Brésil, les jeunes gens
couraient, en risquant peu de chose, la chance de gagner quelques
pièces d'or. Le compatriote avait du tabac turc rapporté de Constantinople par un marin; je m'en donnai tout autant que nous en avions
reçu de Z. Marcas. Je rapportai la riche cargaison au port, et nous
allâmes rendre triomphalement au voisin une voluptueuse, une blonde
perruque de tabac turc à la place de son tabac de caporal.

— Vous n'avez voulu me rien devoir, dit-il; vous me rendez de l'or
pour du cuivre, vous êtes des enfants... de bons enfants...

Ces trois phrases, dites sur des tons différents, furent diversement
accentuées. Les mots n'étaient rien, mais l'accent... ah! l'accent nous

faisait amis de dix ans. Marcas avait caché ses copies en nous entendant venir ; nous comprîmes qu'il eût été indiscret de lui parler de ses moyens d'existence, et nous fûmes honteux alors de l'avoir espionné. Son armoire était ouverte, il n'y avait que deux chemises, une cravate blanche et un rasoir. Le rasoir me fit frémir. Un miroir qui pouvait valoir cent sous était accroché auprès de la croisée. Les gestes simples et rares de cet homme avaient une sorte de grandeur sauvage. Nous nous regardâmes, le docteur et moi, comme pour savoir ce que nous devions répondre. Juste, me voyant interdit, demanda plaisamment à Marcas : — Monsieur cultive la littérature ?

— Je m'en suis bien gardé ! répondit Marcas, je ne serais pas si riche.

— Je croyais, lui dis-je, que la poésie pouvait seule, par le temps qui court, loger un homme aussi mal que nous.

Ma réflexion fit sourire Marcas, et ce sourire donna de la grâce à sa face jaune.

— L'ambition n'est pas moins sévère pour ceux qui ne réussissent pas, dit-il. Aussi, vous qui commencez la vie, allez dans les sentiers battus ! ne pensez pas à devenir supérieurs, vous seriez perdus !

— Vous nous conseillez de rester ce que nous sommes ? dit en souriant le docteur.

La jeunesse a dans sa plaisanterie une grâce si communicative et si enfantine, que la phrase de Juste fit encore sourire Marcas.

— Quels événements ont pu vous donner cette horrible philosophie ? lui dis-je.

— J'ai encore une fois oublié que le hasard est le résultat d'une immense équation dont nous ne connaissons pas toutes les racines. Quand on part du zéro pour arriver à l'unité, les chances sont incalculables. Pour les ambitieux, Paris est une immense roulette, et tous les jeunes gens croient avoir une victorieuse martingale.

Il nous présenta le tabac que je lui avais donné pour nous inviter à fumer avec lui : le docteur alla prendre nos pipes, Marcas chargea la sienne, puis il vint s'asseoir chez nous y apportant le tabac : il n'avait chez lui qu'une chaise et son fauteuil. Léger comme un écureuil, Juste descendit et reparut avec un garçon apportant trois bouteilles de vin de Bordeaux, du fromage de Brie et du pain.

— Bon ! dis-je en moi-même et sans me tromper d'un sou, quinze francs !

En effet, Juste posa gravement cent sous sur la cheminée.

Il est des différences incommensurables entre l'homme social et l'homme qui vit au plus près de la nature. Une fois pris, Toussaint Louverture est mort sans proférer une parole. Napoléon, une fois sur son rocher, a babillé comme une pie ; il a voulu s'expliquer. Z. Marcas commit, mais à notre profit seulement, la même faute. Le silence et toute sa majesté ne se trouvent que chez le sauvage. Il n'est pas de criminel qui, ayant pu laisser tomber ses secrets avec sa tête dans le panier rouge, n'éprouve le besoin purement social de les dire à quelqu'un. Non, je me trompe. Nous avons vu l'un des Iroquois du faubourg Saint-Marceau mettant la nature parisienne à la hauteur de la nature sauvage : un homme, un républicain, un conspirateur, un Français, un vieillard, a surpassé tout ce que nous connaissions de la fermeté nègre, et tout ce que Cooper a prêté aux peaux rouges de dédain et de calme au milieu de leurs défaites. Morey, ce Guatimozin de la Montagne, a gardé une attitude inouïe dans les annales de la justice européenne. Voici ce que nous dit Marcas pendant cette matinée, en entremêlant son récit de tartines graissées de fromage et humectées de verres de vin. Tout le tabac y passa. Parfois les fiacres qui traversaient la place de l'Odéon, les omnibus qui la labouraient, jetèrent leurs sourds roulements, comme pour attester que Paris était toujours là.

Sa famille était de Vitré, son père et sa mère vivaient sur quinze cents francs de rente. Il avait fait gratuitement ses études dans un séminaire, mais s'était refusé à devenir prêtre ; il avait senti en lui-même le foyer d'une excessive ambition, et il était venu à pied à Paris, à l'âge de vingt ans, riche de deux cents francs. Il avait fait son droit, tout en travaillant chez un avoué, où il était devenu premier clerc. Il était docteur en droit, il possédait l'ancienne et la nouvelle législation, il pouvait remonter aux plus célèbres avocats. Il savait le droit des gens et connaissait tous les traités européens, les coutumes internationales. Il avait étudié les hommes et les choses dans cinq capitales : Londres, Berlin, Vienne, Pétersbourg et Constantinople. Nul mieux que lui ne connaissait les précédents de la Chambre. Il avait fait pendant cinq ans la Chambres pour une feuille quotidienne. Il improvisait, il parlait admirablement, et pouvait parler longtemps de cette voix gracieuse, profonde, qui nous avait frappés dans l'âme. Il nous prouva, par le récit de sa vie, qu'il était grand orateur, orateur concis, grave, et néanmoins d'une éloquence pénétrante : il tenait de Berryer pour la chaleur, pour les mouvements sympathiques aux masses ; il tenait de M. Thiers pour la finesse, pour l'habileté ; mais il eût été moins diffus, moins embarrassé de conclure : il comptait parvenir brusquement au pouvoir sans s'être engagé par des doctrines d'abord nécessaires à un homme d'opposition, et qui plus tard gênent l'homme d'État.

Marcas avait appris tout ce qu'un véritable homme d'État doit savoir ; aussi son étonnement fut-il excessif quand il eut occasion de vérifier la profonde ignorance des gens parvenus en France aux affaires publiques. Si chez lui la vocation lui avait conseillé l'étude, la nature s'était montrée prodigue, car elle lui avait accordé ce qui ne peut s'acquérir : une pénétration vive, l'empire sur soi-même, la dextérité de l'esprit, la rapidité du jugement, la décision, et, ce qui est le génie de ces hommes, la fertilité des moyens.

Quand il se crut suffisamment armé, Marcas trouva la France en proie aux divisions intestines nées du triomphe de la branche d'Orléans sur la branche aînée. Évidemment le terrain des luttes politiques est changé. La guerre civile ne peut plus durer longtemps, elle ne se fera plus dans les provinces. En France, il n'y aura plus qu'un combat de courte durée, au siège même du gouvernement, et qui terminera la guerre morale que des intelligences d'élite auront faite auparavant. Cet état de choses durera tant que la France aura son singulier gouvernement, qui n'a d'analogie avec celui d'aucun pays, car il n'y a pas plus de parité entre le gouvernement anglais et le nôtre qu'entre les deux territoires. La place de Marcas était donc dans la presse politique. Pauvre et ne pouvant se faire élire, il devait se manifester subitement. Il se résolut au sacrifice le plus coûteux pour un homme supérieur, à se subordonner à quelque député riche et ambitieux pour lequel il travailla. Nouveau Bonaparte, il chercha son Barras ; Colbert espérait trouver Mazarin. Il rendit des services immenses ; il les rendit, la-dessus il ne se drapait point, il ne se faisait pas grand, il ne criait point à l'ingratitude, il les rendit dans l'espoir que son homme le mettrait en position d'être élu député : Marcas ne souhaitait pas autre chose que le prêt nécessaire à l'acquisition d'une maison à Paris, afin de satisfaire aux exigences de la loi. Il ne voulait que son cheval.

En trois ans, Marcas créa l'une des cinquante prétendues capacités politiques qui sont les riquettes avec lesquelles deux mains sournoises se renvoient les portefeuilles, absolument comme un directeur de marionnettes heurte l'un contre l'autre le commissaire et Polichinelle dans son théâtre en plein vent, en espérant toujours faire sa recette. Cet homme n'existe que par Marcas ; mais il a précisément assez d'esprit pour apprécier la valeur de son teinturier, pour savoir que Marcas, une fois arrivé, restera comme un homme nécessaire, tandis que lui serait déposé dans les colonies du Luxembourg. Il résolut donc de mettre des obstacles invincibles à l'avancement de son directeur, et cacha cette pensée sous les formules d'un dévouement absolu. Comme tous les hommes petits, il sut dissimuler à merveille ; puis il gagna du champ dans la carrière de l'ingratitude, car il devait tuer Marcas pour n'être pas tué par lui. Ces deux hommes, si unis en apparence, se haïssaient. L'homme d'État fit partie d'un ministère, Marcas demeura dans l'opposition pour empêcher qu'on n'attaquât son ministre, à qui, par un tour de force, il fit obtenir les éloges de l'opposition. Pour se dispenser de récompenser son lieutenant, l'homme d'État objecta l'impossibilité de placer brusquement et sans d'habiles ménagements un homme de l'opposition. Marcas avait compté sur une place pour obtenir par un mariage l'éligibilité tant désirée. Il avait trente-deux ans, et il prévoyait la dissolution de la Chambre. Après avoir pris le ministre en flagrant délit de mauvaise foi, il le renversa, ou du moins contribua beaucoup à sa chute, et le roula dans la fange.

Tout ministre tombé doit, pour revenir au pouvoir, se montrer redoutable ; cet homme, que la faconde royale avait enivré, qui s'était cru ministre pour longtemps, reconnut ses torts ; en les avouant, il rendit un léger service d'argent à Marcas, qui s'était endetté pendant cette lutte. Il soutint le journal auquel travaillait Marcas, et lui en fit donner la direction. Tout en méprisant cet homme, Marcas, qui recevait en quelque sorte des arrhes, consentit à paraître faire cause commune avec le ministre tombé. Sans démasquer encore toutes les batteries de sa supériorité, Marcas s'avança plus que la première fois, il montra la moitié de son savoir-faire ; le ministère ne dura que quatre-vingts jours, il fut dévoré. Marcas, mis en rapport avec quelques députés, les avait maniés comme pâte, en laissant chez tous une haute idée de ses talents. Son mannequin fit de nouveau partie d'un ministère, et le journal devint ministériel. Le ministre réunit ce journal à un autre uniquement pour annuler Marcas, qui, dans cette fusion, dut céder la place à un concurrent riche et insolent, dont le nom était connu et qui avait déjà le pied à l'étrier. Marcas retomba dans la plus profonde misère ; son altier protégé savait bien en quel abîme il le plongeait. Où aller ? Les journaux ministériels, avertis sous main, ne voulaient pas de lui. Les journaux de l'opposition répugnaient à l'admettre dans leurs comptoirs. Marcas ne pouvait passer ni chez les républicains ni chez les légitimistes, deux partis dont le triomphe est le renversement de la chose actuelle.

— Les ambitieux aiment l'actualité, nous dit-il en souriant.

Il vécut de quelques articles relatifs à des entreprises commerciales. Il travailla dans une des encyclopédies que la spéculation et non la science a tenté de produire. Enfin, on fonda un journal qui ne devait vivre que deux ans, mais qui rechercha la rédaction de Marcas : dès lors, il renoua connaissance avec les ennemis du ministre. il put en trer dans la partie qui voulait la chute du ministère et, une fois que son pic put jouer, l'administration fut renversée.

Le journal de Marcas était mort depuis six mois il n'avait pu trouver de place nulle part, on le laissait passer pour un homme dangereux, la calomnie mordait sur lui : il venait de tuer une immense opération financière et industrielle par quelques articles et par un pamphlet. On le savait l'organe d'un banquier qui, disait-on, l'avait richement payé, et de qui sans doute il attendait quelques complaisances en retour de son dévouement. Dégoûté des hommes et des choses, lassé par une lutte de cinq années. Marcas, regardé plutôt comme un *condottiere* que comme un grand capitaine, accablé par la nécessité de gagner du pain, ce qui l'empêchait de gagner du terrain, désolé de l'influence des écus sur la pensée, en proie à la forme profonde misère, s'était retiré dans sa mansarde, en gagnant trente sous par jour, la somme strictement nécessaire à ses besoins. La méditation avait étendu comme des déserts autour de lui. Il lisait les journaux pour être au courant des événements. Pozzo di Borgo fut ainsi pendant quelque temps. Sans doute Marcas méditait le plan d'une attaque sérieuse, il s'habituait peut-être à la dissimulation et se punissait de ses fautes par un silence pythagorique. Il ne nous donna pas les raisons de sa conduite.

Il est impossible de vous raconter les scènes de haute comédie qui sont cachées sous cette synthèse algébrique de sa vie. les factions inutiles faites au pied de la fortune qui s'envolait, les longues chasses à travers les broussailles parisiennes, les courses du solliciteur haletant, les tentatives essayées sur des imbéciles, les projets élevés qui avortaient par l'influence d'une femme inepte, les conférences avec des boutiquiers qui voulaient que leurs fonds leur rapportassent et des loges, et la pairie, et de gros intérêts ; les espoirs arrivés au faîte, et qui tombaient à fond sur des brisants. les merveilles opérées dans le rapprochement d'intérêts contraires et qui se séparent après avoir bien marché pendant une semaine ; les déplaisirs mille fois répétés de voir un sot décoré de la légion d'honneur, et préféré comme un commis, préféré à l'homme de talent puis ce que Marcas appelait les stratagèmes de la bêtise : on frappe sur un homme, il paraît convaincu, il hoche la tête, tout va s'arranger ; le lendemain, cette gomme élastique, un moment comprimée, a repris pendant la nuit sa consistance, elle s'est même gonflée, et tout est à recommencer ; vous retravaillez jusqu'à ce que vous ayez reconnu que vous n'avez pas affaire à un homme, mais à du mastic qui se sèche au soleil.

Ces mille déconvenues, ces immenses pertes de force humaine versée sur des points stériles, la difficulté d'opérer le bien, l'incroyable facilité de faire le mal ; deux grandes parties jouées, deux fois gagnées, deux fois perdues ; la haine d'un homme d'État, tête de bois à masque peint, à fausse chevelure, mais en qui l'on croyait : toutes ces grandes et ces petites choses avaient non pas découragé, mais abattu momentanément Marcas. Dans les jours où l'argent était entré chez lui, ses mains ne l'avaient pas retenu, il s'était donné le céleste plaisir de tout envoyer à sa famille, à ses sœurs, à ses frères, à son vieux père. Lui, semblable à Napoléon tombé, n'avait besoin que de trente sous par jour, et tout homme d'énergie peut toujours gagner trente sous dans sa journée à Paris.

Quand Marcas nous eut achevé le récit de sa vie, qui fut entremêlé de réflexions, coupé de maximes et d'observations qui dénotaient le grand politique, il suffit de quelques interrogations, de quelques réponses mutuelles sur la marche des choses en France et en Europe, pour qu'il nous fût démontré que Marcas était un véritable homme d'État : car les hommes peuvent être promptement et facilement jugés dès qu'ils consentent à venir sur le terrain des difficultés il y a chez les hommes supérieurs des *Shibolet*, et nous étions de la tribu des lévites modernes. sans être encore dans le temple. Comme je vous l'ai dit, notre vie frivole couvrait les desseins que Juste a exécutés pour sa part et ceux que je vais mettre à fin.

Après nos propos échangés, nous sortîmes tous les trois, et nous allâmes, en attendant l'heure du dîner, nous promener, malgré le froid, dans le jardin du Luxembourg. Pendant cette promenade, l'entretien, toujours grave, roula sur les points douloureux de la situation politique. Chacun de nous y apporta sa phrase, son observation ou son mot, sa plaisanterie ou sa maxime. Il n'était plus exclusivement question de la vie à proportions colossales que venait de nous peindre Marcas, le soldat des luttes politiques. Ce fut, non plus l'horrible monologue du navigateur échoué dans la mansarde de l'hôtel Corneille, mais un dialogue où deux jeunes gens instruits, ayant jugé leur époque, cherchaient sous la conduite d'un homme de talent à éclairer leur propre avenir.

— Pourquoi, lui demanda Juste, n'avez-vous pas attendu patiemment une occasion, à l'heure du dîner, n'avez-vous pas imité le seul homme qui ait su se produire depuis la révolution de juillet en se tenant toujours au-dessus du flot ?

— Ne vous ai-je pas dit que nous ne connaissons pas toutes les racines du hasard ? Carrel était dans une position identique à celle de cet orateur. Ce sombre jeune homme, cet esprit amer, portait tout un gouvernement dans sa tête : celui dont vous me parlez n'a que l'idée

de monter en croupe derrière chaque événement ; des deux. Carrel était l'homme fort, eh bien ! l'un devient ministre, Carrel reste journaliste : l'homme incomplet, mais subtil, existe, Carrel meurt Je vous ferai observer que cet homme a mis quinze ans à faire son chemin, et n'a fait encore que du chemin ; il peut être pris et broyé entre deux charrettes sur la grande route. Il n'a pas de maison ; il n'a pas, comme Metternich, le palais de la faveur, ou, comme Villèle, le toit protecteur d'une majorité compacte. Je ne crois pas que, dans dix ans, la forme actuelle subsiste. Ainsi, en me supposant un si triste bonheur, je ne suis plus à temps ; car, pour ne pas être balayé dans le mouvement que je prévois, je devrais déjà avoir pris une position supérieure.

— Quel mouvement ? dit Juste.

— Août 1830, répondit Marcas d'un ton solennel en étendant la main vers Paris, août fait par la jeunesse qui a lié la javelle, fait par l'intelligence qui a mûri la moisson, a oublié la part de la jeunesse et de l'intelligence. La jeunesse éclatera comme la chaudière d'une machine à vapeur. La jeunesse n'a pas d'issue en France, elle y amasse une avalanche de capacités méconnues, d'ambitions légitimes et inquiètes ; elle se marie peu ; les familles ne savent que faire de leurs enfants ; quel sera le bruit qui ébranlera ces masses, je ne sais ; mais elles se précipiteront dans l'état de choses actuel et le bouleverseront Il est des lois de fluctuation qui régissent les générations, et que l'empire romain avait méconnues quand les barbares arrivèrent. Aujourd'hui, les barbares sont des intelligences. Les lois du trop plein agissent en ce moment lentement, sourdement au milieu de nous. Le gouvernement est le grand coupable ; il méconnaît les deux puissances auxquelles il doit tout ; il s'est laissé les mains par les absurdités du contrat ; il est tout préparé comme une victime. Louis XIV, Napoléon, l'Angleterre, étaient et sont avides de jeunesse intelligente. En France, la jeunesse est condamnée par la légalité nouvelle, par les conditions mauvaises du principe électif, par les vices de la constitution ministérielle. En examinant la composition de la Chambre élective, vous n'y trouvez point de député de trente ans : la jeunesse de Richelieu et celle de Mazarin, la jeunesse de Turenne et celle de Colbert, la jeunesse de Pitt et celle de Saint-Just, celle de Napoléon et celle du prince de Metternich, n'y trouveraient point de place. Burke, Sheridan, Fox, ne pourraient s'y asseoir. On aurait pu mettre la majorité politique à vingt et un ans et dégrever l'éligibilité de toute espèce de condition, les départements n'auraient élu que les députés actuels, des gens sans aucun talent politique, incapables de parler sans estropier la grammaire, et parmi lesquels, en dix ans, il s'est à peine rencontré un homme d'État. On devine les motifs d'une circonstance à venir, mais on ne peut pas prévoir la circonstance elle-même. En ce moment, on pousse la jeunesse entière à se faire républicaine, parce qu'elle voudra voir dans la République son émancipation. Elle se souviendra des jeunes représentants du peuple et des jeunes généraux ! L'imprudence du gouvernement est comparable à une avarice.

Cette journée eut du retentissement dans notre existence, Marcas nous affermit dans nos résolutions de quitter la France, où les supériorités jeunes, pleines d'activité, se trouvent écrasées sous le poids des médiocrités parvenues, envieuses et insatiables. Nous dînâmes ensemble rue de la Harpe De nous à lui, déormais, il y eut la plus respectueuse affection : de lui sur nous, la protection la plus active dans la sphère des idées. Cet homme savait tout, il avait tout approfondi. Il étudia pour nous le globe politique, et chercha le pays où les chances étaient à la fois les plus nombreuses et les plus favorables à la réussite de nos plans. Il nous marquait les points vers lesquels devaient tendre nos études : il nous fit hâter, en nous expliquant la valeur du temps, en nous faisant comprendre que l'émigration aurait lieu, que son effet serait d'enlever à la France la crème de son énergie, de ses jeunes esprits, que ces intelligences nécessairement habiles choisiraient les meilleures places, et qu'il s'agissait d'y arriver les premiers Nous veillâmes dès lors assez souvent à la lueur d'une lampe Ce généreux maître nous écrivit quelques mémoires, deux pour Juste et trois pour moi, qui sont d'admirables instructions, de ces renseignements que l'expérience peut seule donner, de ces jalons que le génie seul sait planter. Il y a dans ces pages parfumées de tabac, pleines de caractères d'une caligraphie presque hiéroglyphique, des indications de fortune, des prédictions à coup sûr. Il s'y trouve des présomptions sur certains points de l'Amérique et de l'Asie, qui, depuis et avant que Juste et moi n'ayons pu partir, se sont réalisées.

Marcas était, comme nous d'ailleurs, arrivé à la plus complète misère : il gagnait bien sa vie journalière, mais il n'avait ni linge, ni habits, ni chaussure. Il ne se faisait pas meilleur qu'il n'était, il avait rêvé le luxe en rêvant l'exercice du pouvoir. Aussi ne se reconnaissait-il pas pour la Marcas vrai Sa forme, l'abandonnait au caprice de la vie réelle. Il vivait par le souffle de son ambition, il rêvait la vengeance et se gourmandait lui-même de descendre à un sentiment si creux Le véritable homme d'État doit être surtout indifférent aux passions vulgaires ; il doit, comme le savant, ne se passionner que pour les choses de sa science. Ce fut dans ces jours de misère que Marcas nous parut grand et même terrible, il y avait quelque chose

d'effrayant dans son regard, qui contemplait un monde de plus que ce-
ni qui frappe les yeux des hommes ordinaires. Il était pour nous un
objet d'étude et d'étonnement, car la jeunesse (qui ne nous ne l'a pas
éprouvé?), la jeunesse ressent un vif besoin d'admiration; elle aime à
s'attacher, elle est naturellement portée à se subordonner aux hommes
qu'elle croit supérieurs, comme elle se dévoue aux grandes choses.
Notre étonnement était surtout excité par son indifférence en fait de
sentiment; la femme n'avait jamais troublé sa vie. Quand nous parlâmes de cet éternel sujet de conversation entre Français, il nous dit
simplement : — Les robes coûtent trop cher! Il vit le regard que Juste
et moi nous avions échangé, et il reprit alors — Oui, trop cher! la
femme qu'on achète, et c'est la moins coûteuse, veut beaucoup d'argent; celle qui se donne prend tout notre temps! La femme éteint
toute activité, toute ambition. Napoléon l'avait réduite à ce qu'elle
doit être. Sous ce rapport, il a été grand, il n'a pas donné dans les
ruineuses fantaisies de Louis XIV et de Louis XV; mais il a néanmoins
aimé secrètement.

Nous découvrîmes que, semblable à Pitt, qui s'était donné l'Angleterre pour femme, Marcas portait la France dans son cœur; il nous était
idolâtre : il n'y avait pas une seule de ses pensées qui ne fût pour le
pays. Sa rage de tenir dans ses mains le remède au mal dont la vivacité l'attristait, et de ne pouvoir l'appliquer, le rongeait incessamment,
mais cette rage était encore augmentée par l'état d'infériorité de la
France vis-à-vis de la Russie et de l'Angleterre. La France au troisième rang! Ce cri revenait toujours dans ses conversations. La maladie
in ustine du pays avait passé dans ses entrailles. Il qualifiait de taqui-
neries de portier les luttes de la cour avec la Chambre, et que révélaient tant de changements, tant d'agitations incessantes, qui nuisent
à la prospérité du pays.

— On nous donne la paix en escomptant l'avenir, disait-il.

Un soir, Juste et moi nous étions occupés et plongés dans le plus
profond silence. Marcas s'était relevé pour travailler à ses copies, car
il avait refusé nos services malgré nos plus vives instances. Nous nous
étions offerts à copier, chacun à tour de rôle, sa tâche, afin qu'il n'eût
à faire que le tiers de son insipide travail; il s'était fâché, nous n'a-
vions plus insisté. Nous entendîmes un bruit de bottes fines dans notre corridor, et nous dressâmes la tête en nous regardant. On frappe
à la porte de Marcas, qui laissait toujours la clef à la serrure. Nous
entendons dire, à notre grand homme : — Entrez! puis : — Vous ici,
monsieur ?

— Moi-même, répondit l'ancien ministre, le Dioclétien du martyr
inconnu.

Notre voisin et lui se parlèrent pendant quelque temps à voix basse.
Tout à coup Marcas, dont la voix s'était fait entendre rarement,
comme il arrive dans une conférence où le demandeur commence par
exposer les faits, éclata soudain à une proposition qui nous fut inconnue.

— Vous vous moqueriez de moi, dit-il, si je vous croyais. Les jésuites ont passé, mais le jésuitisme est éternel. Vous n'avez de bonne
foi ni dans votre machiavélisme ni dans votre générosité. Vous savez
compter, vous : mais on ne sait sur quoi compter avec vous. Votre
cour est composée de chouettes qui ont peur de la lumière, de vieillards qui tremblent devant la jeunesse ou qui l'inquiètent pas.
Le gouvernement se modèle sur la cour. Vous êtes allé chercher les
restes de l'empire, comme la restauration avait enrôlé les voltigeurs
de Louis XIV. On a pris jusqu'à présent les reculades de la peur et de
la lâcheté pour les manœuvres de l'habileté; mais les dangers viendront, et la jeunesse surgira comme en 1790. Elle a fait les belles
choses de ce temps-là. En ce moment, vous changez de ministres
comme un malade change de place dans son lit. Ces oscillations révèlent la décrépitude de votre gouvernement. Vous avez un système
de filouterie politique qui sera retourné contre vous, car la France se
lassera de ces escobarderies. Elle ne vous dira pas qu'elle est lasse,
jamais on ne sait comment on périt, le pourquoi est la tâche de l'historien : mais vous périrez certes pour ne pas avoir demandé à la jeunesse de la France ses forces et son énergie, ses dévouements et son
amour; pour avoir pris en haine les gens capables, pour ne pas les
avoir triés avec amour dans cette noble génération, pour avoir choisi
en toute chose la médiocrité. Vous venez me demander mon appui;
mais vous appartenez à cette masse décrépite qui tombe et rend hideuse, qui tremble, qui se recroqueville et qui veut rapetisser la
France parce qu'elle se rapetisse. Ma forte nature, mes idées, seraient
pour vous l'équivalent d'un poison : vous m'avez joué deux fois, deux
fois je vous ai renversé, vous le savez. Nous unir pour la troisième
fois, ce doit être quelque chose de sérieux. Je me tuerais si je me
laissais duper, car je désespérerais de moi-même : le coupable ne serait pas vous, mais moi.

Nous entendîmes alors les paroles les plus humbles, l'adjuration la plus
chaude de ne pas priver le pays de talents supérieurs. On parla de patrie;
Marcas fit un ouh! significatif : il se moqua de son prétendu
pétron. L'homme d'État devint plus explicite; il reconnut la supériorité de son ancien conseiller, il s'engageait à le mettre en mesure de

demeurer dans l'administration, de devenir député; puis il lui proposa une place éminente, en lui disant que désormais, lui, le ministre,
se subordonnerait à celui dont il ne pouvait plus qu'être le lieutenant.
Il était dans la nouvelle combinaison ministérielle, et ne voulait pas
revenir au pouvoir sans que Marcas eût une place convenable à son
mérite; il avait parlé de cette condition, Marcas avait été compris
comme une nécessité.

Marcas refusa.

— Je n'ai jamais été mis à même de tenir mes engagements, voici
une occasion d'être fidèle à mes promesses, et vous la manquez.

Marcas ne répondit pas à cette dernière phrase. Les bottes firent
leur bruit dans le corridor, et le bruit s'éloigna vers l'escalier.

— Marcas! Marcas! criâmes-nous tous deux en nous précipitant
dans sa chambre, pourquoi refuser? Il était de bonne foi. Ses conditions sont honorables. D'ailleurs, vous verrez les ministres.

En un clin d'œil nous dîmes cent raisons à Marcas. L'accent du futur
ministre était vrai; sans le voir nous avions jugé qu'il ne mentait pas.

— Je suis sans habit, nous répondit Marcas.

— Comptez sur nous, lui dit Juste en me regardant.

Marcas eut le courage de se fier à nous, un éclair jaillit de ses
yeux, il passa la main dans ses cheveux, se découvrit le front par un
de ces gestes qui révèlent une croyance au bonheur, et quand il eut,
pour ainsi dire, dévoilé sa face, nous aperçûmes un homme qui nous
était parfaitement inconnu : Marcas sublime, Marcas au pouvoir, l'esprit dans son élément, l'oiseau rendu à l'air, le poisson revenu dans
l'eau, le cheval galopant dans son steppe. Ce fut passager; le front se
rembrunit, il eut comme une vision de sa destinée. Le Doute boiteux
suivit de près l'Espérance aux blanches ailes. Nous le laissâmes.

— Ah çà! dis-je au docteur, nous avons promis, mais comment
faire?

— Pensons-y en nous endormant, me répondit Juste, et demain
matin nous nous communiquerons nos idées.

Le lendemain matin nous allâmes faire un tour au Luxembourg.

Nous avions eu le temps de songer à l'événement de la veille et nous
étions-nous surpris l'un que l'autre du peu d'entregent de Marcas dans
les petites misères de la vie, lui que rien n'embarrassait dans la solution des problèmes les plus élevés de la politique rationnelle ou de la
politique matérielle. Mais ces natures élevées sont toutes susceptibles
de se heurter à des grains de sable, de rater les plus belles entreprises,
faute de mille francs. C'est l'histoire de Napoléon qui, manquant de
bottes, n'est pas parti pour les Indes.

— Qu'as-tu trouvé? me dit Juste.

— Eh bien! j'ai trouvé le moyen d'avoir à crédit un habillement
complet.

— Chez qui?

— Chez Humann.

— Comment?

— Humann, mon cher, ne va jamais chez ses pratiques, les pratiques vont chez lui, en sorte qu'il ne sait pas si je suis riche il sait seulement que je suis élégant et qu'il me porte les habits qu'il me faut,
je vais lui dire qu'il m'est tombé de la province un oncle dont l'indifférence en matière d'habillement m'a fait tout tuffui dans les meilleures sociétés où je cherche à me marier : il ne serait pas Humann,
s'il avait sa facture avant trois mois.

Le docteur trouva cette idée excellente dans un vaudeville, mais
détestable dans la réalité de la vie, et il douta du succès. Mais, je vous
le jure, Humann habilla Marcas, et, en artiste qu'il est, il sut l'habiller
comme un homme politique doit être habillé.

Juste offrit deux cents francs en or à Marcas, le produit de deux
montres achetées à crédit et engagées au Mont-de-Piété. Moi je n'a-
vais rien dit de six chemises, de tout ce qui était nécessaire en fait de
linge, et qui ne me coûta que le plaisir de les demander à la première
demoiselle d'une lingère avec qui j'avais musardé pendant le carnaval. Marcas accepta tout sans nous remercier plus qu'il ne le devait.
Il s'enquit seulement des moyens par lesquels nous nous étions mis en
possession de ces richesses, et nous le fîmes rire pour la dernière fois.
Nous regardions notre Marcas, comme des armateurs qui ont épuisé
tout leur crédit et toutes leurs ressources pour équiper un bâtiment,
doivent le regarder mettant à la voile.

Ici Charles se tut, il parut oppressé par ses souvenirs.

— Eh bien! lui cria-t-on, qu'est-il arrivé?

— Je vais vous dire en deux mots, car ce n'est pas un roman,
mais une histoire. Nous ne vîmes plus Marcas : le ministère dura trois
mois, il tomba à la fin de la session. Marcas nous revint un sou, épuisé
de travail. Il avait sondé le cratère du pouvoir, il en revenait avec un
commencement de fièvre nerveuse. La maladie fit des progrès rapides,
nous le soignâmes. Juste, au début, amena le médecin en chef de
l'hôpital où il était entré comme interne. Moi, qui habitais alors la
chambre tout seul, je fus la plus attentive des garde-malades; mais les
soins, mais la science, tout fut inutile. Dans le mois de janvier 1838,
Marcas sentit lui-même qu'il n'avait plus que quelques jours à vivre.

L'homme d'État, à qui pendant six mois il avait servi d'âme, ne vint pas le voir, n'envoya même pas savoir de ses nouvelles. Marcas nous manifesta le plus profond mépris pour le gouvernement ; il nous parut douter des destinées de la France, et ce doute avait causé sa maladie. Il avait cru voir la trahison au cœur du pouvoir, non pas une trahison palpable, saisissable, résultant de faits, mais une trahison produite par un système, par une sujétion des intérêts nationaux à un égoïsme. Il suffisait de sa croyance en l'abaissement du pays pour que la maladie s'aggravât. J'ai été témoin des propositions qui lui furent faites par un des chefs du système opposé qu'il avait combattu. Sa haine pour ceux qu'il avait tenté de servir était si violente, qu'il eût consenti joyeusement à entrer dans la coalition qui commençait à se former entre les ambitieux chez lesquels il existait au moins une idée,

celle de secouer le joug de la cour. Mais Marcas répondit au négociateur le mot de l'Hôtel-de-Ville : « Il est trop tard ! »

Marcas ne laissa pas de quoi se faire enterrer ; Juste et moi nous eûmes bien de la peine à lui éviter la honte du char des pauvres, et nous suivîmes tous deux, seuls, le corbillard de Z. Marcas, qui fut jeté dans la fosse commune, au cimetière de Mont-Parnasse.

Nous nous regardâmes tous tristement en écoutant ce récit, le dernier de ceux que nous fit Charles Rabourdin, la veille du jour où il s'embarqua sur un brick, au Havre, pour les îles de la Malaisie ; car nous connaissions plus d'un Marcas, plus d'une victime de ce dévouement politique, récompensé par la trahison ou par l'oubli.

Aux Jardies, mai 1840

FIN DE Z. MARCAS.

Z. Marcas.

COMÉDIE HUMAINE

ŒUVRES ILLUSTRÉES
DE
BALZAC.

CÉSAR BIROTTEAU

CÉLESTIN NANTEUIL

Dess. Tony Johannot, Bertall, E. Lampsonius,
H. Monnier, etc.

Grav. par les meilleurs
Artistes.

A MONSIEUR
ALPHONSE DE LAMARTINE,
son admirateur
DE BALZAC.

Durant les nuits d'hiver, le bruit ne cesse dans la rue Saint-Honoré que pendant un instant; les maraîchers y continuent, en allant à la Halle, le mouvement qu'ont fait les voitures qui reviennent du spectacle ou du bal. Au milieu de ce point d'orgue qui, dans la grande symphonie du tapage parisien, se rencontre vers une heure du matin, la femme de M. César Birotteau, marchand parfumeur établi près de la place Vendôme, fut réveillée en sursaut par un épouvantable rêve. La parfumeuse s'était vue double, elle s'était apparu à elle-même en haillons, tournant d'une main sèche et ridée le bec de cane de sa propre boutique, où elle se trouvait à la fois et sur le seuil de la porte et sur son fauteuil dans le comptoir; elle se demandait l'aumône, elle s'entendait parler à la porte et au comptoir. Elle voulut saisir son mari et posa la main sur une place froide. Sa peur devint

La recommandation d'un apothicaire de Tours le fit entrer chez M. Ragon,
parfumeur. — PAGE 5.

alors tellement intense qu'elle ne put remuer son cou, qui se pétrifia : les parois de son gosier se collèrent, la voix lui manqua; elle resta clouée sur son séant, les yeux agrandis et fixes, les cheveux douloureusement affectés, les oreilles pleines de sons étranges, le cœur contracté, mais palpitant, enfin tout à la fois en sueur et glacée au milieu d'une alcôve dont les deux battants étaient ouverts. La peur est un sentiment morbifique à demi, qui presse si violemment la machine humaine, que les facultés y sont soudainement portées soit au plus haut degré de leur puissance, soit au dernier de la désorganisation. La physiologie a été pendant longtemps surprise de ce phénomène, qui renverse ses systèmes et bouleverse ses conjectures, quoiqu'il soit tout simplement un foudroiement opéré à l'intérieur, mais, comme tous les accidents électriques, bizarre et capricieux dans ses modes. Cette explication deviendra vulgaire le jour où les savants auront reconnu le rôle immense que joue l'électricité dans la pensée humaine.

Madame Birotteau subit alors quelques-unes des souffrances en quelque sorte lumineuses que procurent ces terribles décharges de la volonté répandue ou concentrée par un mécanisme inconnu. Ainsi pendant un laps de temps, fort court en l'appréciant à la mesure de nos montres, mais incommensurable au compte de ses rapides impressions, cette pauvre femme eut le monstrueux pouvoir d'émettre plus d'idées, de faire surgir plus de souvenirs que dans l'état ordinaire de ses facultés elle n'en aurait conçu pendant une journée. La poignante histoire de ce monologue peut se résumer en quelques mots absurdes, contradictoires et dénués de sens comme il le fut.

— Il n'existe aucune raison qui puisse faire sortir Birotteau de mon lit! Il a mangé tant de veau que peut-être est-il indisposé! Mais s'il était malade, il m'aurait éveillée. Depuis dix-neuf ans que nous couchons ensemble dans ce lit, dans cette même maison, jamais il ne lui est arrivé de quitter sa place sans me le dire, pauvre mouton! Il n'a découché que pour passer la nuit au corps-de-garde. S'est-il couché ce soir avec moi? Mais oui, mon Dieu, suis-je bête!

Elle jeta les yeux sur le lit, et vit le bonnet de nuit de son mari qui conservait la forme presque conique de la tête.

— Il est donc mort! Se serait-il tué? Pourquoi? reprit-elle. Depuis deux ans qu'ils l'ont nommé adjoint au maire, il est *tout je ne sais comment.* Le mettre dans les fonctions publiques, n'est-ce pas, foi d'honnête femme, à faire pitié? Ses affaires vont bien, il m'a donné un châle. Elles vont mal peut-être? Bah! je le saurais. Sait-on jamais ce qu'un homme a dans son sac? ni une femme non plus? ça n'est pas un mal. Mais n'avons-nous pas vendu pour cinq mille francs aujourd'hui? D'ailleurs, un adjoint ne peut pas se faire mourir soi-même, il connaît trop les lois. Où donc est-il?

Elle ne pouvait ni tourner le cou, ni avancer la main pour tirer un cordon de sonnette qui aurait mis en mouvement une cuisinière, trois commis et un garçon de magasin. En proie au cauchemar qui continuait dans son état de veille, elle oubliait sa fille paisiblement endormie dans une chambre contiguë à la sienne, où porte donnait au pied de son lit. Enfin elle cria : Birotteau! et ne reçut aucune réponse. Elle croyait avoir crié le nom, et ne l'avait prononcé que mentalement.

— Aurait-il une maîtresse? Il est trop bête, reprit-elle. D'ailleurs, il m'aime trop pour cela. N'a-t-il pas dit à madame Roguin qu'il ne m'avait jamais fait d'infidélité, même en pensée. C'est la probité venue sur terre, cet homme-là. Si quelqu'un mérite le paradis, n'est-ce pas lui? De quoi peut-il s'accuser à son confesseur? il lui dit des *nunu.* Pour un royaliste qu'il est, sans savoir pourquoi, par exemple, il ne fait guère bien mousser sa religion. Pauvre chat! il va dès huit heures en cachette à la messe, comme s'il allait dans une maison de plaisir. Il craint Dieu, pour Dieu même : l'enfer ne le concerne guère. Comment aurait-il une maîtresse? il quitte si peu ma jupe, qu'il m'en ennuie. Il m'aime mieux que ses yeux, il s'aveuglerait pour moi. Pendant dix-neuf ans, il n'a jamais proféré de parole plus haut que l'autre, parlant à sa personne. Sa fille ne passe qu'après moi. Mais Césarine est là, Césarine! Césarine! Il n'a jamais eu de pensée qu'il ne me l'ait dite. Il avait bien raison, quand il venait au PETIT MATELOT, de prétendre que je ne le connaîtrais qu'à l'user. Et plus là!... voilà de l'extraordinaire.

Elle tourna péniblement la tête et regarda furtivement à travers sa chambre, alors pleine de ces pittoresques effets de nuit qui font le désespoir du langage, et semblent appartenir exclusivement au pinceau des peintres de genre. Par quels mots rendre les effroyables zigzags que produisent les ombres portées, les apparences fantastiques des rideaux bombés, les jeux de la lumière mouvante que projette la veilleuse dans les plis du calicot rouge, les flammes que vomit une patère dont le centre rutilant ressemble à l'œil d'un voleur, l'apparition d'une robe agenouillée, enfin toutes les bizarreries qui effraient l'imagination au moment où elle n'a de puissance que pour percevoir des douleurs et pour les agrandir. Madame Birotteau crut voir une forte lumière dans la pièce qui précédait sa chambre, et pensa tout à coup au feu; mais, en apercevant un foulard rouge, qui lui parut être une mare de sang répandu, les voleurs l'occupèrent exclusivement, surtout quand elle voulut trouver les traces d'une lutte dans la manière dont les meubles étaient placés. Au souvenir de la somme qui était en caisse, une généreuse crainte éteignit les froides ardeurs du cauchemar; elle s'élança tout effarée, en chemise, au milieu de sa chambre, pour secourir son mari, qu'elle supposait aux prises avec des assassins.

— Birotteau! Birotteau! cria-t-elle enfin d'une voix pleine d'angoisses.

Elle trouva le marchand parfumeur au milieu de la pièce voisine, une aune à la main et mesurant l'air, mais si mal enveloppé dans sa robe de chambre d'indienne verte, à pois couleur chocolat, que le froid lui rougissait les jambes sans qu'il le sentît, tant il était préoccupé.

Quand César se retourna pour dire à sa femme : — Eh bien! que veux-tu, Constance? son air, comme celui des hommes distraits par des calculs, fut si exorbitamment niais, que madame Birotteau se mit à rire.

— Mon Dieu! César, es-tu original comme ça! dit-elle. Pourquoi me laisses-tu seule sans me prévenir? J'ai manqué mourir de peur, je

ne savais quoi m'imaginer. Que fais-tu donc là, ouvert à tous vents? Tu vas t'enrhumer comme un loup. M'entends-tu, Birotteau?

— Oui, ma femme, me voilà, répondit le parfumeur en rentrant dans la chambre.

— Allons, arrive donc te chauffer, et dis-moi quelle lubie tu as, reprit madame Birotteau en écartant les cendres du feu, qu'elle s'empressa de rallumer. Je suis gelée. Étais-je bête de me lever en chemise! Mais j'ai vraiment cru qu'on t'assassinait.

Le marchand posa son bougeoir sur la cheminée, s'enveloppa dans sa robe de chambre, et alla chercher machinalement à sa femme un jupon de flanelle.

— Tiens, mimi, couvre-toi donc, dit-il. Vingt-deux sur dix-huit, reprit-il en continuant son monologue; nous pouvons avoir un superbe salon.

— Ah çà! Birotteau, te voilà donc en train de devenir fou? rêves-tu?

— Non, ma femme, je calcule.

— Pour faire tes bêtises, tu devrais bien au moins attendre le jour, s'écria-t-elle en rattachant son jupon sous la camisole pour aller ouvrir la porte de la chambre où couchait sa fille.

— Césarine dort, dit-elle, elle ne nous entendra point. Voyons, Birotteau, parle donc. Qu'as-tu?

— Nous pouvons donner le bal.

— Donner le bal! nous? Foi d'honnête femme, tu rêves, mon cher ami.

— Je ne rêve point, ma belle biche blanche. Écoute! il faut toujours faire ce qu'on doit relativement à la position où l'on se trouve. Le gouvernement m'a mis en évidence, j'appartiens au gouvernement; nous sommes obligés d'en étudier l'esprit et d'en favoriser les intentions en les développant. Le duc de Richelieu vient de faire cesser l'occupation de la France. Selon M. de la Billardière, les fonctionnaires qui représentent la ville de Paris doivent se faire un devoir, chacun dans la sphère de ses influences, de célébrer la libération du territoire. Témoignons un vrai patriotisme qui fera rougir celui des soi-disant libéraux, ces damnés intrigants, hein? Crois-tu que je n'aime pas mon pays? Je veux montrer aux libéraux, à mes ennemis, qu'aimer le roi, c'est aimer la France.

— Tu crois donc avoir des ennemis, mon pauvre Birotteau?

— Mais, oui, ma femme, nous avons des ennemis. Et la moitié de nos amis dans le quartier sont nos ennemis. Ils disent tous : — Birotteau a la chance, Birotteau est un homme de rien, le voilà cependant adjoint, tout lui réussit. Eh bien! ils vont être encore joliment attrapés. Apprends la première que je suis chevalier de la Légion d'honneur : le roi a signé hier l'ordonnance.

— Oh! alors, dit madame Birotteau tout émue, faut donner le bal, mon bon ami. Mais qu'as-tu donc fait pour avoir la croix?

— Quand hier M. de la Billardière m'a dit cette nouvelle, reprit Birotteau embarrassé, je me suis aussi demandé, comme toi, quels étaient mes titres; mais, en revenant, j'ai fini par les reconnaître et par approuver le gouvernement. D'abord, je suis royaliste, j'ai été blessé à Saint-Roch en vendémiaire, n'est-ce pas quelque chose que d'avoir porté les armes dans ce temps-là pour la bonne cause? Puis, selon quelques négociants, je me suis acquitté de mes fonctions consulaires à la satisfaction générale. Enfin, je suis adjoint, le roi accorde quatre croix au corps municipal de la ville de Paris. Examen fait des personnes qui, parmi les adjoints, pouvaient être décorées, le préfet m'a porté le premier sur la liste. Le roi doit d'abord me connaître : grâce au vieux Ragon, je lui fournis la seule poudre dont il veuille faire usage; nous possédons seuls la recette de la poudre de la feue reine, pauvre chère auguste victime! Le maire m'a vivement appuyé. Que veux-tu? Si le roi me donne la croix sans que je la lui demande, il me semble que je ne puis pas la refuser sans lui manquer à tous égards. Ai-je voulu être adjoint? Aussi, ma femme, puisque nous avons le vent en poupe, comme dit ton oncle Pillerault quand il est dans ses gaietés, suis-je décidé à mettre chez nous tout d'accord avec notre haute fortune. Si je puis être quelque chose, je me risquerai à devenir ce que le bon Dieu voudra que je sois, sous-préfet, si tel est mon destin. Ma femme, tu commets une grave erreur en croyant qu'un citoyen a payé sa dette à son pays après avoir débité pendant vingt ans des parfumeries à ceux qui venaient en chercher. Si l'État réclame le concours de nos lumières, nous les lui devons, comme nous lui devons l'impôt mobilier, les portes et fenêtres, *et cætera.* As-tu donc envie de toujours rester dans ton comptoir? Il y a, Dieu merci, bien assez longtemps que tu y séjournes. Le bal sera notre fête à nous. Adieu le détail pour toi, s'entend. Je brûle notre enseigne de la Reine des Roses, j'efface notre tableau CÉSAR BIROTTEAU, MARCHAND PARFUMEUR, SUCCESSEUR DE RAGON, et mets tout bonnement *Parfumeries* en grosses lettres d'or. Je place à l'entresol le bureau, la caisse, et un joli cabinet pour toi. Je fais mon magasin de l'arrière-boutique, de la salle à manger et de la cuisine actuelles. Je loue le premier étage de la maison voisine, où j'ouvre une porte dans le mur. Je retourne l'escalier, afin d'aller de plain-pied d'une maison à l'autre. Nous aurons alors un grand appartement meublé *aux oiseaux!* Oui, je renouvelle la chambre, je te ménage un boudoir, et donne une jolie chambre à Césarine. La demoiselle de comptoir que tu prendras, notre premier commis et ta femme de chambre (oui, madame, vous en aurez une!) logeront au second. Au troisième, il y aura la cuisine, la cuisinière et le garçon de peine. Le quatrième sera notre magasin général de bouteilles, cristaux et porcelaines. L'atelier de nos ouvrières dans le grenier! Les passants ne verront plus coller les étiquettes, faire des sacs, trier des flacons, boucher des fioles. Bon pour la rue Saint-Denis, mais rue Saint-Honoré, fi donc! mauvais genre. Notre magasin doit être cossu comme un salon. Dis donc, sommes-nous les seuls parfumeurs qui soient dans les honneurs? N'y a-t-il pas des vinaigriers, des marchands de moutarde qui commandent la garde nationale, et qui sont très-bien vus au château! Imitons-les, étendons notre commerce, et en même temps poussons-nous dans les hautes sociétés.

— Tiens, Birotteau, sais-tu ce que je pense en t'écoutant? Eh bien! tu me fais l'effet d'un homme qui cherche midi à quatorze heures. Souviens-toi de ce que je t'ai conseillé quand il a été question de te nommer maire : ta tranquillité avant tout! « Tu es fait, t'ai-je dit, pour être en évidence, comme mon bras pour faire une aile de moulin. Les grandeurs seraient ta perte. » Tu ne m'as pas écouté, la voilà venue, notre perte. Pour jouer un rôle politique, il faut de l'argent, en avons-nous? Comment, tu veux brûler ton enseigne, qui a coûté six cents francs, et renoncer à la Reine des Roses, à ta vraie gloire? Laisse donc les autres être des ambitieux. Qui met la main à un bûcher en retire de la flamme, est-ce vrai? la politique brûle aujourd'hui. Nous avons cent bons mille francs, écus, placés en dehors de notre commerce, de notre fabrique, et de nos marchandises! Si tu veux augmenter ta fortune, agis aujourd'hui comme en 1793 : les rentes sont à soixante-douze francs, achète des rentes. Tu auras dix mille livres de revenu, sans que ce placement nuise à nos affaires. Profite de ce revirement pour marier notre fille. Vends notre fonds et allons dans ton pays. Comment, pendant quinze ans, tu m'as parlé que d'acheter les Trésorières, ce joli petit bien près de Chinon, où il y a des eaux, des prés, des bois, des vignes, deux métairies, qui rapporte mille écus, dont l'habitation nous plaît à tous deux, que nous pouvons avoir encore pour soixante mille francs, et monsieur veut aujourd'hui devenir quelque chose dans le gouvernement? Souviens-toi donc de ce que nous sommes, des parfumeurs. Il y a seize ans, avant que tu n'eusses inventé la DOUBLE PÂTE DES SULTANES et l'EAU CARMINATIVE, si l'on était venu te dire : « Vous allez avoir l'argent nécessaire pour acheter les Trésorières, » ne te serais-tu pas trouvé mal de joie? Eh bien! tu peux acquérir cette propriété, dont tu avais tant envie, que tu m'ouvrais la bouche de ça, maintenant tu parles de dépenser en bêtise un argent gagné à la sueur de notre front, je peux dire le nôtre, j'ai toujours été assise dans ce comptoir par tous les temps comme un pauvre chien dans sa niche. Ne vaut-il pas mieux avoir un pied-à-terre chez ta fille, devenue la femme d'un notaire de Paris, et vivre huit mois de l'année à Chinon, que de commencer ici à faire de cinq sous six blancs, et de six blancs rien Attends la hausse des fonds publics, tu donneras huit mille livres de rente à la fille, nous en garderons deux mille pour nous, le produit de notre fonds nous permettra d'avoir les Trésorières. Là, dans ton pays, mon bon petit chat, en emportant notre mobilier, qui vaut gros, nous serons comme des princes, tandis qu'ici il faut au moins un million pour faire figure.

— Voilà où je t'attendais, ma femme, dit César Birotteau. Je ne suis pas assez bête encore (quoique tu me croies bien bête, toi!) pour ne pas avoir pensé à tout. Écoute-moi bien, Alexandre Crottat nous va comme un gant pour gendre, et il aura l'étude de Roguin; mais crois-tu qu'il se contente de cent mille francs de dot (une supposition que nous donnions tout notre avoir liquide pour notre chère fille, et c'est mon avis. J'aimerais mieux n'avoir du pain sec pour le reste de mes jours, et la voir heureuse comme une reine, enfin la femme d'un notaire de Paris, comme tu dis). Eh bien! cent mille francs ou même huit mille livres de rente ne sont rien pour acheter l'étude à Roguin. Ce petit Xandrot, comme nous l'appelons, nous croit, ainsi que tout le monde, bien plus riches que nous le sommes. Si son père, ce gros fermier qui est avare comme un colimaçon, ne vend pas pour cent mille francs de terres, Xandrot ne sera pas notaire, car l'étude à Roguin vaut quatre ou cinq cent mille francs. Si Crottat n'en donne pas moitié comptant, comment se tirera-t-il d'affaire? Césarine doit avoir deux cent mille francs de dot; et je veux nous retirer bons bourgeois de Paris avec quinze mille livres de rentes. Hein! si je te faisais voir ça clair comme le jour, n'aurais-tu pas la margoulette fermée?

— Ah! si tu as le Pérou..

— Oui, j'ai, ma biche. Oui, dit-il en prenant sa femme par la taille et la frappant à petits coups, ému par une joie qui anima tous ses traits. Je n'ai point voulu te parler de cette affaire avant qu'elle ne fût cuite; mais, ma foi, demain tu la termineras peut-être. Voici : Roguin m'a proposé une spéculation si sûre, qu'il s'y met avec Ragon, avec ton oncle Pillerault et deux autres de ses clients. Nous allons acheter aux environs de la Madeleine des terrains que, suivant les calculs de Roguin, nous aurons pour le quart de la valeur à laquelle ils doivent ar-

river d'ici à trois ans, époque à laquelle, les baux étant expirés, nous deviendrons maîtres d'exploiter. Nous sommes tous six par portions convenues. Moi je fournis trois cent mille francs, afin d'y être pour trois huitièmes. Si quelqu'un de nous a besoin d'argent, Roguin lui en trouvera sur sa part en l'hypothéquant. Pour tenir la queue de la poêle, et savoir comment frira le poisson, j'ai voulu être propriétaire en nom pour la moitié qui sera commune entre Pillerault, le bonhomme Ragon et moi. Roguin sera sous le nom d'un M. Charles Claparon, notre copropriétaire, qui donnera, comme moi, une contre-lettre à ses associés. Les actes d'acquisition se font par promesses de vente sous seing privé jusqu'à ce que nous soyons maîtres de tous les terrains. Roguin examinera quels sont les contrats qui devront être réalisés, car il n'est pas sûr que nous puissions nous dispenser de l'enregistrement et en rejeter les droits sur ceux à qui nous vendrons en détail, mais ce serait trop long à t'expliquer. Les terrains payés, nous n'aurons qu'à nous croiser les bras, et dans trois ans d'ici nous serons riches d'un million. Césarine aura vingt ans, notre fonds sera vendu, nous irons alors à la grâce de Dieu modestement vers les grandeurs.

— Eh bien! où prendras-tu donc tes trois cent mille francs? dit madame Birotteau.

— Tu n'entends rien aux affaires, ma chatte aimée. Je donnerai les cent mille francs qui sont chez Roguin, j'emprunterai quarante mille francs sur les bâtiments et les jardins où sont nos fabriques, dans le faubourg du Temple, nous avons vingt mille francs en portefeuille; en tout, cent soixante mille francs. Reste cent quarante mille autres, pour lesquels je souscrirai des effets à l'ordre de M. Charles Claparon, banquier; il en donnera la valeur, moins l'escompte. Voilà nos cent mille écus payés : qui a terme ne doit rien. Quand les effets arriveront à échéance, nous les acquitterons avec nos gains. Si nous ne pouvions plus les solder, Roguin me remettrait des fonds à cinq pour cent, hypothéqués sur ma part de terrain. Mais les emprunts seront inutiles : j'ai découvert une essence pour faire pousser les cheveux, une Huile comagen! Livingston m'a posé là-bas une presse hydraulique pour fabriquer mon huile avec des noisettes, qui, sous cette forte pression, rendront aussitôt toute leur huile. Dans un an, suivant mes probabilités, j'aurai gagné cent mille francs, à moins. Je médite une affiche qui commencera par : A bas les perruques! dont l'effet sera prodigieux. Tu ne t'aperçois pas de mes insomnies, toi! Voilà trois mois que le succès de l'Huile de Macassar m'empêche de dormir. Je veux couler Macassar!

— Voilà donc les beaux projets que tu roules dans ta caboche depuis deux mois, sans vouloir m'en rien dire. Je viens de me voir en mendiante à ma propre porte, quel avis du ciel! Dans quelque temps, il ne nous restera que les yeux pour pleurer. Jamais tu ne feras ça moi vivante, entends-tu, César! Il se trouve là-dessous quelques manigances que tu n'aperçois pas, tu es trop probe et trop loyal pour soupçonner des friponneries chez les autres. Pourquoi vient-on t'offrir des millions? Tu te dépouilles de toutes tes valeurs, tu t'avances au delà de tes moyens, et si ton huile ne prend pas, si l'on ne trouve pas d'argent, si la valeur des terrains ne se réalise pas, avec quoi payeras-tu tes billets? est-ce avec les coques de tes noisettes? Pour te placer plus haut dans la société, tu ne veux plus être en nom, tu veux ôter l'enseigne de la Reine des Roses, et tu vas faire encore les salamandres d'affiches et de prospectus qui montreront César Birotteau au coin de toutes les bornes et au-dessus de toutes les planches, aux endroits où l'on bâtit.

— Oh! tu n'y es pas. J'aurai une succursale sous le nom de Popinot, dans quelque maison autour de la rue des Lombards, où je mettrai le petit Anselme. J'acquitterai ainsi la dette de la reconnaissance envers M. et madame Ragon, en établissant leur neveu, qui pourra faire fortune. Ces pauvres Ragonins m'ont l'air d'avoir été bien grêlés depuis quelque temps.

— Tiens, ces gens-là veulent ton argent.

— Mais quelles gens donc me veut-on? Est-ce ton oncle Pillerault qui nous aime comme ses petits boyaux et dîne avec nous tous les dimanches? Est-ce ce bon vieux Ragon, notre prédécesseur, qui a vingt-quarante ans de probité devant lui, avec qui nous faisons notre boston? Enfin serait-ce Roguin, un notaire de Paris, un homme de cinquante-sept ans, avec qui nous faisons boston? Un notaire de Paris, ce serait la fleur des pois, si les honnêtes gens ne se valaient pas tous le même prix. Au besoin, mes associés m'aideraient! Où donc est le complot, ma biche blanche? Tiens, il faut que je te dise ton fait! Foi d'honnête homme, je suis sur le cœur.

Tu as toujours été défiante comme une chatte! Aussitôt que nous avons eu pour deux sous à nous dans la boutique, tu croyais que les chalands étaient des voleurs.

Il faut me mettre à tes genoux, afin de te supplier de te laisser enrichir! Pour une fille de Paris, tu n'as guère d'ambition! Sans tes craintes perpétuelles, il n'y aurait pas eu d'homme plus heureux que moi!

Si je t'avais écouté, je n'aurais jamais fait ni la Pâte des Sultanes, ni l'Eau carminative. Notre boutique nous a fait vivre, mais ces deux découvertes et nos savons nous ont donné les cent soixante mille francs que nous possédons clair et net!

Sans mon génie, car j'ai du talent comme parfumeur, nous serions de petits détaillants, nous tirerions le diable par la queue pour *joindre les deux bouts*, et je ne serais pas un des notables négociants qui concourent à l'élection des juges au tribunal de commerce, je n'aurais été ni juge ni adjoint. Sais-tu ce que je serais? un boutiquier comme a été le père Ragon, soit dit sans l'offenser, car je respecte les boutiques, le plus beau de notre nez en est fait!

Après avoir vendu de la parfumerie pendant quarante ans, nous posséderions, comme lui, trois mille livres de rente; et au prix où sont les choses, dont la valeur a doublé, nous aurions, comme eux, à peine de quoi vivre. (De jour en jour, ce vieux ménage-là me serre le cœur davantage. Il faudra que j'y voie clair, et je saurai le fin mot par Popinot, demain!)

Si j'avais suivi tes conseils, toi qui as le bonheur inquiet et qui te demandes ici si tu auras demain ce que tu tiens aujourd'hui, je n'aurais pas de crédit, je n'aurais pas la croix de la Légion d'honneur, et je ne serais pas en passe d'être un homme politique. Oui, tu as beau branler la tête, si notre affaire se réalise, je puis devenir député de Paris. Ah! je ne me nomme pas César pour rien, tout m'a réussi.

C'est inimaginable! au dehors chacun m'accorde de la capacité; mais ici, la seule personne à laquelle je veux tant plaire que je sue sang et eau pour la rendre heureuse, est précisément celle qui me prend pour une bête.

Ces phrases, quoique scindées par des repos éloquents, et lancées comme des balles, ainsi que font tous ceux qui se posent dans une attitude récriminatoire, exprimaient un attachement si profond, si soutenu, que madame Birotteau fut intérieurement attendrie; mais elle se servit, comme toutes les femmes, de l'amour qu'elle inspirait pour avoir gain de cause.

— Eh bien! Birotteau, dit-elle, si tu m'aimes, laisse-moi donc être heureuse à mon goût. Ni toi, ni moi, n'avons reçu d'éducation; nous ne savons point parler, ni faire un *serviteu* à la manière des gens du monde, comment veut-on que nous réussissions dans les places du gouvernement? Je serai heureuse aux Trésorières, moi! J'ai toujours aimé les bêtes et les petits oiseaux, je passerai très-bien ma vie à prendre soin des poulets, à faire la fermière. Vendons notre fonds, marions Césarine, et laisse ton *Imogène*. Nous viendrons passer les hivers à Paris chez notre gendre, nous serions heureux, rien, ni dans la politique ni dans le commerce, ne pourra changer notre manière d'être. Pourquoi vouloir écraser les autres? Notre fortune actuelle ne nous suffit-elle pas? Quand tu seras millionnaire, dîneras-tu deux fois? as-tu besoin d'une autre femme que moi? Vois mon oncle Pillerault! il s'est sagement contenté de son petit avoir, et sa vie s'emploie à de bonnes œuvres. A-t-il besoin de beaux meubles, lui? Je suis sûre que tu m'as commandé le mobilier: j'ai vu venir Braschon ici, ce n'était pas pour acheter de la parfumerie.

— Eh bien! oui, ma belle, tes meubles sont ordonnés, nos travaux vont être commencés demain et dirigés par un architecte que m'a recommandé M. de la Billardière.

— Mon Dieu! s'écria-t-elle, ayez pitié de nous!

— Mais tu n'es pas raisonnable, ma biche. Est-ce à trente-sept ans, fraîche et jolie comme tu l'es, que tu peux aller t'enterrer à Chinon? Moi, Dieu merci, je n'ai que trente-neuf ans. Le hasard m'ouvre une belle carrière, j'y entre. En m'y conduisant avec prudence, je puis faire une maison honorable dans la bourgeoisie de Paris, comme cela se pratiquait jadis, fonder les Birotteau, comme il y a des Keller, des Jules Desmarets, des Roguin, des Cochin, des Guillaume, des Lebas, des Nucingen, des Saillard, des Popinot, des Matifat, qui marquent ou qui ont marqué dans leurs quartiers. Allons donc! Si cette affaire-là n'était pas sûre comme de l'or en barres...

— Sûre!

— Oui, sûre. Voilà deux mois que je la chiffre. Sans en avoir l'air, je prends des informations sur les constructions, au bureau de la ville, chez des architectes et chez des entrepreneurs. M. Rohault, le jeune architecte qui va remanier notre appartement, est désespéré de ne pas avoir d'argent pour se mettre dans notre spéculation.

— Il y aura des constructions à faire, il vous y pousse pour vous gruger.

— Peut-on attraper des gens comme Pillerault, comme Charles Claparon et Roguin? Le gain est sûr comme celui de la Pâte des Sultanes, vois-tu?

— Mais, mon cher ami, qu'a donc besoin Roguin de spéculer, s'il a sa charge payée et sa fortune faite? Je le vois quelquefois passer plus soucieux qu'un ministre d'État, avec un regard en dessous que je n'aime pas: il cache des soucis. Sa figure est devenue, depuis cinq ans, celle d'un vieux débauché. Qui te dit qu'il ne lèvera pas le pied quand il aura vos fonds en main? Cela s'est vu. Le connaissons-nous bien? Il a beaucoup quinze ans été notre ami, c'est vrai, mais je ne me mettrais pas au feu pour lui. Tiens, il est punais et ne vit pas avec sa femme, il doit avoir des maîtresses qu'il paye et qui le ruinent; je ne trouve pas d'autre cause à sa tristesse. Quand je fais ma toilette, je le regarde à travers les persiennes, je le vois rentrant à pied chez lui, le matin, revenant d'où? personne ne le sait. Il me fait l'effet d'un ho.. me qui a un ménage en ville, qui dépense de son côté, madame du sien. Est-ce la

vie d'un notaire? S'ils gagnent cinquante mille francs et qu'ils en mangent soixante, en vingt ans on voit la fin de sa fortune, on se trouve nus comme de petits saint Jean; mais, comme on s'est habitué à brûler, on dévalise ses amis sans pitié: charité bien ordonnée commence par soi-même. Il est intime avec ce petit gueux de du Tillet, notre ancien commis, je ne vois rien de bon dans cette amitié. S'il n'a pas su juger du Tillet, il est bien aveugle; s'il le connaît, pourquoi le choie-t-il tant? tu me diras que sa femme aime du Tillet; eh bien! je n'attends rien de bon d'un homme qui n'a pas d'honneur à l'égard de sa femme. Enfin les possesseurs actuels de ces terrains sont donc bien bêtes de donner pour cent sous ce qui vaut cent francs? Si tu rencontrais un enfant qui ne sût pas ce que vaut un louis, ne lui en dirais-tu pas la valeur? Votre affaire me fait l'effet d'un vol, à moi, soit dit sans t'offenser.

— Mon Dieu! que les femmes sont quelquefois drôles, et comme elles brouillent toutes les idées! Si Roguin n'était rien dans l'affaire, tu me dirais: Tiens, tiens, César, tu fais une affaire où Roguin n'est pas; elle ne vaut rien. A cette heure, il est là comme une garantie, et tu me dis...

— Non, c'est un M. Claparon.

— Mais un notaire ne peut pas être en nom dans une spéculation.

— Pourquoi fait-il alors une chose que lui interdit la loi? Que me répondras-tu, toi qui me connais si bien la loi?

— Laisse-moi donc continuer. Roguin s'y met, et tu me dis que l'affaire ne vaut rien! Est-ce raisonnable? Tu me dis encore : Il fait une chose contre la loi. Mais il s'y mettra ostensiblement s'il le faut. Tu me dis maintenant : Il est riche. Ne peut-on pas m'en dire autant à moi? Ragon et Pillerault seraient-ils bien venus à me dire : Pourquoi faites-vous cette affaire, vous qui avez de l'argent comme un marchand de cochons?

— Les commerçants ne sont pas dans la position des notaires, dit madame Birotteau.

— Enfin, ma conscience est bien intacte, dit César en continuant. Les gens qui vendent, vendent par nécessité; nous ne les volons pas plus qu'on ne vole ceux à qui on achète des rentes à soixante-quinze. Aujourd'hui, nous acquérons les terrains à leur prix d'aujourd'hui; dans deux ans, ce sera différent, comme pour les rentes. Sachez, Constance-Barbe-Joséphine Pillerault, que vous ne prendrez jamais César Birotteau à faire une action qui soit contre la plus rigide probité, ni contre la loi, ni contre l'a conscience, ni contre la délicatesse. Un homme établi depuis dix-huit ans être soupçonné d'improbité dans son ménage!

— Allons, calme-toi, César! Une femme qui vit avec toi depuis ce temps connaît le fond de ton âme. Tu es le maître, après tout. Cette fortune, tu l'as gagnée, n'est-ce pas? elle est à toi, tu peux la dépenser. Nous serions réduits à la dernière misère, et moi ni ta fille nous ne te ferions un seul reproche. Mais écoute : quand tu inventais la Pâte des Sultanes et ton Eau carminative, que risquais-tu? des cinq à six mille francs. Aujourd'hui, tu mets toute ta fortune sur un coup de cartes, tu n'es pas seul à le jouer, tu as des associés qui peuvent se montrer plus fins que toi. Donne ton bal, refais le ton appartement, fais dix mille francs de dépense, c'est inutile, ce n'est pas ruineux. Quant à ton affaire de la Madeleine, je m'y oppose formellement. Tu es parfumeur, sois parfumeur, et non pas revendeur de terrains. Nous avons un instinct qui ne nous trompe pas, nous autres femmes! Je t'ai prévenu, maintenant agis à ta tête. Tu as été juge au tribunal de commerce, tu connais les lois, tu as bien mené ta barque, je te suivrai, César! Mais je tremblerai jusqu'à ce que je voie notre fortune solidement assise, je deviendrai bien mariée. Dieu veuille que mon rêve ne soit pas une prophétie!

Cette soumission contraria Birotteau, qui employa l'innocente ruse à laquelle il avait recours en semblable occasion.

— Écoute, Constance, je n'ai pas encore donné ma parole, mais c'est tout comme.

— Oh! César, tout est dit, n'en parlons plus. L'honneur passe avant la fortune. Allons, couche-toi, mon cher ami, nous n'avons plus de bois. D'ailleurs, nous serons toujours mieux au lit pour causer, si cela t'amuse. Oh! le vilain rêve! Mon Dieu! se voir soi-même! Mais c'est affreux! Césarine et moi, nous allons joliment faire des neuvaines pour le succès de tes terrains.

— Sans doute l'aide de Dieu n'y nuit en rien, dit gravement Birotteau. Mais l'Essence de noisettes est aussi une puissance, ma femme! J'ai fait cette découverte comme autrefois celle de la Double Pâte des Sultanes, par hasard : la première fois en ouvrant un livre, cette fois en regardant la gravure d'Héro et Léandre. Tu sais, une femme qui verse de l'huile sur la tête de son amant, est-ce gentil? Les spéculations les plus sûres sont celles qui reposent sur la vanité, sur l'amour-propre, l'envie de paraître. Ces sentiments-là ne meurent jamais.

— Hélas! je le vois bien.

— A un certain âge, les hommes feraient les cent coups pour avoir des cheveux, quand ils n'en ont pas. Depuis quelque temps, les coiffeurs me disent qu'ils ne vendent pas seulement le *Macassar*, mais toutes les drogues bonnes à teindre les cheveux, ou qui passent pour les faire pousser. Depuis la paix, les hommes sont bien plus auprès des femmes, et elles n'aiment pas les chauves, hé! hé! mimi! La demande de cet article-là s'explique donc par la situation politique. Une composition qui vous entretiendrait les cheveux en bonne santé se vendrait comme du pain, d'autant que cette Essence sera sans doute approuvée par l'Académie des Sciences. Mon bon M. Vauquelin m'aidera peut-être encore. J'irai demain lui soumettre mon idée, en lui offrant la gravure que j'ai fini par trouver après deux ans de recherches en Allemagne. Il s'occupe précisément de l'analyse des cheveux. Chiffreville, son associé pour sa fabrique de produits chimiques, me l'a dit. Si ma découverte s'accorde avec les siennes, mon Essence serait achetée par les deux sexes. Mon idée est une fortune, je le répète. Mon Dieu, je n'en dors pas. Eh! par bonheur, le petit Popinot a les plus beaux cheveux du monde. Avec une demoiselle de comptoir qui aurait des cheveux longs à tomber jusqu'à terre et qui dirait, si la chose est possible sans offenser Dieu ni le prochain, que l'Huile comagène (car ce sera décidément une huile) y est pour quelque chose, les têtes des grisons se jetteraient là-dessus comme la pauvreté sur le monde. Dis donc, mignonne, où est ton bal? Je ne suis pas méchant, mais je voudrais bien rencontrer ce petit drôle de du Tillet, qui fait le gros avec sa fortune, et qui m'évite toujours à la Bourse. Il sait que je connais un trait de lui qui n'est pas beau. Peut-être ai-je été trop bon avec lui. Est-ce drôle, ma femme, qu'on soit toujours puni de ses bonnes actions, ici-bas, s'entend! Je me suis conduit comme un père envers lui, tu ne sais pas tout ce que j'ai fait pour lui.

— Tu me donnes la chair de poule rien que de m'en parler. Si tu avais su ce qu'il voulait faire de toi, tu n'aurais pas gardé le secret sur le vol des trois mille francs, car j'ai deviné la manière dont l'affaire s'est arrangée. Si tu l'avais envoyé en police correctionnelle, peut-être aurais-tu rendu service à bien du monde.

— Que prétendait-il donc faire de moi?

— Rien. Si tu étais en train de m'écouter ce soir, je te donnerais un bon conseil, Birotteau, et te laisser tou du Tillet.

— Ne trouverait-on pas extraordinaire de voir exclu de chez moi un commis que j'ai cautionné pour les premiers vingt mille francs avec lesquels il a commencé les affaires? Va, laisons le bien pour le bien. D'ailleurs, du Tillet s'est peut-être amendé.

— Il faudra mettre tout ce dessus de-sous ici.

— Que dis-tu donc avec ton ceci dessus dessous? Mais tout sera rangé comme un papier de musique. Tu as donc oublié ce que je viens de te dire relativement à l'escalier et à ma location dans la maison voisine que j'ai arrangée avec le marchand de parapluies, Cayron? Nous devons aller ensemble demain chez M. Molineux, son propriétaire, car j'ai demain des affaires autant qu'en a un ministre...

— Tu m'as tourné la cervelle avec tes projets, lui dit Constance, je m'y brouille. D'ailleurs, Birotteau, je dors.

— Bonjour, répondit le mari. Écoute donc, je te dis bonjour parce que nous sommes au matin, mimi. Ça y voilà partie, cette chère enfant! Va, tu seras riche sime, ou je perdrai mon nom de César.

Quelques instants après, Constance et César ronflaient paisiblement.

Un coup d'œil rapidement jeté sur la vie antérieure de ce ménage confirmera les idées que doit suggérer l'anuée de altération des deux principaux personnages de cette scène. En peignant les mœurs des détaillants, cette esquisse expliquera d'ailleurs par quels singuliers hasards César Birotteau se trouvait adjoint et parfumeur, ancien officier de la garde nationale et chevalier de la Légion d'honneur. En éclairant la profondeur de son caractère et les ressorts de sa grandeur, on pourra comprendre comment les accidents commerciaux que surmontent les têtes fortes deviennent d'irréparables catastrophes pour de petits esprits. Les événements ne sont jamais absolus, leurs résultats dépendent entièrement des individus : le malheur est un marchepied pour le génie, une piscine pour le chrétien, un trésor pour l'homme habile, pour les faibles un abîme.

Un closier des environs de Chinon, nommé Jacques Birotteau, épousa la femme de chambre d'une dame chez laquelle il faisait les vignes; il eut trois garçons, sa femme mourut en couches du dernier, et le pauvre homme ne lui survécut pas longtemps. La maîtresse affectionnait sa femme de chambre; elle fit élever avec ses fils l'aîné des enfants de son closier, nommé François, et le plaça dans un séminaire. Ordonné prêtre, François Birotteau se cacha pendant la révolution et mena la vie errante des prêtres non assermentés, traqués comme des bêtes fauves, et pour le moins guillotinés. Au moment où commence cette histoire, il se trouvait vicaire de la cathédrale de Tours, et n'avait quitté qu'une seule fois cette ville, pour venir voir son frère César. Le mouvement de Paris étourdit si fort le bon prêtre, qu'il n'osait sortir de sa chambre; il nommait les cabriolets des petits fiacres, et s'étonnait de tout. Après une semaine de séjour, il revint à Tours, en se promettant de ne jamais retourner dans la capitale.

Le deuxième fils du vigneron, Jean Birotteau, pris par la milice, gagna promptement le grade de capitaine pendant les premières guerres de la révolution. A la bataille de la Trébia, Macdonald demanda des hommes de bonne volonté pour emporter une batterie, le capitaine Jean Birotteau s'avança avec sa compagnie et fut tué. La destinée des Birotteau voulait sans doute qu'ils fussent opprimés par les hommes ou par les événements partout où ils se planteraient.

Le dernier enfant est le héros de cette scène. Lorsqu'à l'âge de quatorze ans César sut lire, écrire et compter, il quitta le pays, vint à pied à Paris chercher fortune avec un louis dans sa poche. La recommandation d'un apothicaire de Tours le fit entrer, en qualité de garçon de magasin, chez M. et madame Ragon, marchands parfumeurs. César possédait alors une paire de souliers ferrés, une culotte et des bas bleus, son gilet à fleurs, une veste de paysan, trois grosses chemises de bonne toile et son gourdin de route. Si ses cheveux étaient coupés comme le sont ceux des enfants de chœur, il avait les reins solides du Tourangeau, s'il se laissait aller parfois à la paresse en vigueur dans le pays, elle était compensée par le désir de faire fortune; s'il manquait d'esprit et d'instruction, il avait une rectitude instinctive et des sentiments délicats qu'il tenait de sa mère, créature qui, suivant l'expression tourangelle, était un cœur d'or. César eut la nourriture, six francs de gages par mois, et fut couché sur un grabat, au grenier, près de la cuisinière. Les commis, qui lui apprirent à faire les emballages et les commissions, à balayer le magasin et la rue, se moquèrent de lui tout en le façonnant au service, par suite des mœurs boutiquières, où la plaisanterie entre comme principal élément d'instruction. M. et madame Ragon lui parlèrent comme à un chien. Personne ne prit garde à sa fatigue, quoique le soir ses pieds meurtris par le pavé lui fissent un mal horrible et que ses épaules fussent brisées. Cette rude application du chacun pour soi, l'évangile de toutes les capitales, lui fit trouver la vie de Paris fort dure. Le soir, il pleurait en pensant à la Touraine, où le paysan travaille sans cesse, où le maçon pose sa pierre en douze temps, où la paresse est sagement mêlée au labeur; mais il s'endormait sans avoir le temps de penser à s'enfuir, car il avait des courses pour la matinée et obéissait à son devoir avec l'instinct d'un chien de garde. Si par hasard il se plaignait, le premier commis souriait d'un air jovial :

— Ah! mon garçon, disait-il, tout n'est pas rose à la Reine des Roses, et les alouettes n'y tombent pas toutes rôties; faut d'abord courir après, puis les prendre, enfin, faut avoir de quoi les accommoder.

La cuisinière, grosse Picarde, prenait les meilleurs morceaux pour elle, et n'adressait la parole à César que pour se plaindre de M. ou de madame Ragon, qui ne lui laissaient rien à voler. Vers la fin du premier mois, cette fille, obligée de garder la maison un dimanche, entama la conversation avec César. Ursule décrassée semblait charmante au pauvre garçon de peine, qui, sans le hasard, allait échouer sur le premier écueil caché dans sa carrière. Comme tous les êtres dénués de protection, il aima la première femme qui lui jetait un regard aimable. La cuisinière prit César sous sa protection, et il s'ensuivit de secrètes amours que les commis raillèrent impitoyablement. Deux ans après, la cuisinière quitta très-heureusement César pour un jeune réfractaire de son pays caché à Paris, un Picard de vingt ans, riche de quelques arpents de terre, qui se laissa épouser par Ursule.

Pendant ces deux années, la cuisinière avait bien nourri son petit César, lui avait expliqué plusieurs mystères de la vie parisienne en la lui faisant examiner d'en bas, et lui avait inculqué par jalousie une profonde horreur pour les lieux dont les dangers ne lui paraissaient pas inconnus. En 1792, les pieds de César trahi s'étaient accoutumés au pavé, ses épaules aux caisses, et son esprit à ce qu'il nommait les bourdes de Paris. Aussi, quand Ursule l'abandonna, fut-il promptement consolé, car elle n'avait réalisé aucune de ses idées instinctives sur les sentiments. Lascive et bourrue, pateline et pillarde, égoïste et buveuse, elle froissait la candeur de Birotteau sans lui offrir aucune riche perspective. Parfois, le pauvre enfant se voyait avec douleur lié par les nœuds les plus forts pour les cœurs naïfs à une créature avec laquelle il ne sympathisait pas. Au moment où il devint maître de son cœur, il avait grandi et atteint l'âge de seize ans. Son esprit, développé par Ursule et par les plaisanteries des commis, lui fit étudier le commerce d'un regard où l'intelligence se cachait sous la simplesse; il observa les chalands, demanda dans les moments perdus des explications sur les marchandises dont il retint les diversités et les places; il connut un beau jour les articles, les prix et les chiffres mieux que ne les connaissaient les nouveaux venus; M. et madame Ragon s'habituèrent dès lors à l'employer.

Le jour de la terrible réquisition de l'an II fit presque nette chez le citoyen Ragon, César Birotteau, promu second commis, profita de la circonstance pour obtenir cinquante livres d'appointements par mois, et s'assit à la table des Ragon avec une jouissance ineffable. Le second commis de la Reine des roses, déjà riche de six cents francs, eut une chambre où il put convenablement serrer des meubles longtemps convoités les nippes qu'il s'était amassées. Les jours de décadi, mis comme les jeunes gens de l'époque à qui la mode ordonnait d'affecter des manières brutales, il se doux et modeste parut au moins leur égal, et il franchit ainsi les barrières qu'en d'autres temps la domestité eût mises entre la bourgeoisie et lui. Vers la fin de cette année, sa probité le fit placer à la caisse. L'imposante citoyenne Ragon veillait au linge du commis, et les deux marchands se familiarisèrent avec lui.

En vendémiaire 1794, César, qui possédait cent louis d'or, les échangea contre six mille francs d'assignats, acheta des rentes à trente francs, les paya la veille du jour où l'échelle de dépréciation eut cours à la Bourse, et serra son inscription avec un indicible bonheur. Dès ce jour, il suivit le mouvement des fonds et des affaires publiques avec des anxiétés secrètes qui le faisaient palpiter au récit des revers ou des succès qui marquèrent cette période de notre histoire. M. Ragon, ancien parfumeur de Sa Majesté la reine Marie-Antoinette, confia dans ces moments critiques son attachement pour les tyrans déchus à César Birotteau. Cette confidence fut une des circonstances capitales de la vie de César. Les conversations du soir, quand la boutique était close, la rue calme et la caisse faite, fanatisèrent le Tourangeau qui, en devenant royaliste, obéissait à ses sentiments innés. Le narré des vertueuses actions de Louis XVI, les anecdotes par lesquelles les deux époux exaltaient les mérites de la reine, échauffèrent l'imagination de César. L'horrible sort de ces deux têtes couronnées, tranchées à quelques pas de la boutique, révolta son cœur sensible et lui donna de la haine pour un système de gouvernement à qui le sang innocent ne coûtait rien à répandre. L'intérêt commercial lui montrait la mort du négoce dans le maximum et dans les orages politiques, toujours ennemis des affaires. En vrai parfumeur, il haïssait d'ailleurs une révolution qui mettait tout le monde à la Titus et supprimait la poudre. La tranquillité que procure le pouvoir absolu pouvant seule donner la vie à l'argent, il se fanatisa pour la royauté. Quand M. Ragon le vit en bonne disposition, il le nomma son premier commis et l'initia au secret de la boutique de la Reine des Roses dont quelques chalands étaient les plus actifs, les plus dévoués émissaires des Bourbons, et où se faisait la correspondance de l'Ouest avec Paris. Entraîné par la chaleur du jeune âge, exalté par ses rapports avec les Georges, les la Billardière, les Montauran, les Bauvan, les Longuy, les Manda, les Bernier, les du Guénic et les Fontaine, César se jeta dans la conspiration que les royalistes et les terroristes réunis dirigèrent au 13 vendémiaire contre la Convention expirante.

César eut l'honneur de lutter contre Napoléon sur les marches de Saint-Roch, et fut blessé dès le commencement de l'affaire. Chacun sait l'issue de cette tentative. Si l'aide de camp de Barras sortit de son obscurité, Birotteau fut sauvé par la sienne. Quelques amis transportèrent le belliqueux premier commis à la Reine des Roses, où il resta caché dans le grenier, pansé par madame Ragon, et heureusement oublié. César Birotteau n'avait eu qu'un éclair de courage militaire. Pendant le mois que dura sa convalescence, il fit de solides réflexions sur l'alliance ridicule de la politique et de la parfumerie. S'il resta royaliste, il résolut d'être purement et simplement un parfumeur royaliste, sans jamais plus se compromettre, et s'adonna corps et âme à sa partie.

Au 18 brumaire, M. et madame Ragon, désespérant de la cause royale, se décidèrent à quitter la parfumerie, à vivre en bons bourgeois, sans plus se mêler de politique. Pour recouvrer le prix de leur fonds, il leur fallait rencontrer un homme qui eût plus de probité que d'ambition, plus de gros bon sens que de capacité. Ragon proposa donc l'affaire à son premier commis. Birotteau, maître à vingt ans de mille francs de rente dans les fonds publics, hésita. Son ambition consistait à vivre auprès de Chinon quand il se serait fait quinze cents francs de rente, et que le premier consul aurait consolidé la dette publique en se consolidant aux Tuileries. Pourquoi risquer son honnêteté et simple indépendance dans les chances commerciales? se disait-il. Il n'avait jamais cru gagner une fortune si considérable, due à ces chances auxquelles on ne se livre que pendant la jeunesse; il songeait alors à épouser en Touraine une femme aussi riche que lui pour pouvoir acheter et cultiver les Trésories, petit bien que, depuis l'âge de raison, il avait convoité, qu'il rêvait d'augmenter, où il se ferait mille écus de rente, où il mènerait une vie heureusement obscure. Il allait refuser quand l'amour changea tout à coup ses résolutions en décuplant le chiffre de son ambition.

Depuis la trahison d'Ursule, César était resté sage, autant par crainte des dangers que l'on court à Paris en amour que par suite de ses travaux. Quand les passions sont sans aliment, elles se changent en besoin: le mariage devient alors, pour les gens de la classe moyenne, une idée fixe: car ils n'ont cette manière de conquérir et de s'approprier leur femme. César Birotteau en était là. Tout roulait sur le premier commis dans le magasin de la Reine des Roses; il n'avait pas un moment à donner au plaisir. Dans une semblable vie les besoins sont encore plus impérieux: aussi la rencontre d'une belle fille, à laquelle un commis libertin eût à peine songé, devait-elle produire le plus grand effet sur le sage César. Par un beau jour de juin, en entrant par le pont Marie dans l'île Saint-Louis, il vit une jeune fille debout sur la porte d'une boutique située à l'encoignure du quai d'Anjou. Constance Pillerault était la première demoiselle d'un magasin de nouveautés nommé le Petit Matelot, le premier des magasins qui depuis se sont établis dans Paris avec plus ou moins d'enseignes peintes, banderolles flottantes, montres pleines de châles en balançoire, cravates arrangées comme des châteaux de cartes, et mille autres séductions commerciales, prix fixes, bandelettes, affiches, illusions et effets d'optique portés à un tel degré de perfectionnement, que les devantures de boutiques sont devenues des poèmes commerciaux. Le bas prix de tous les objets dits Nouveautés qui se trouvaient au Petit Ma-

telot lui donna une vogue inouïe dans l'endroit de Paris le moins favorable à la vogue et au commerce. Cette première demoiselle était alors citée pour sa beauté, comme depuis le furent la belle Limonadière du café des Mille Colonnes et plusieurs autres pauvres créatures qui ont fait lever plus de jeunes et de vieux nez aux carreaux des modistes, des limonadiers et des magasins, qu'il n'y a de pavés dans les rues de Paris. Le premier commis de la Reine des Roses, logé entre Saint-Roch et la rue de la Sourdière, exclusivement occupé de parfumerie, ne soupçonnait pas l'existence du Petit Matelot; car les petits commerces de Paris sont assez étrangers les uns aux autres. César fut si vigoureusement féru par la beauté de Constance qu'il entra furieusement au Petit Matelot pour y acheter six chemises de toile, dont il débattit longtemps le prix, en se faisant déplier des volumes de toiles, non plus ni moins qu'une Anglaise en humeur de marchander (shoping). La première demoiselle daigna s'occuper de César en s'apercevant, à quelques symptômes communs de toutes les femmes, qu'il venait bien plus pour la marchande que pour la marchandise. Il dicta son nom et son adresse à la demoiselle, qui fut très-indifférente à l'admiration du chaland après l'emplette. Le pauvre commis avait eu peu de chose à faire pour gagner les bonnes grâces d'Ursule, il était demeuré naïf comme un mouton; l'amour l'envahissait encore davantage, il n'osa pas dire un mot, et fut d'ailleurs trop ébloui pour remarquer l'insouciance qui succédait une de cette sereine marchande.

Pendant huit jours il alla tous les soirs faire faction devant le Petit Matelot, quêtant un regard comme un chien quête un os ou la porte d'une cuisine, insoucieux des moqueries que se permettaient les commis et les demoiselles, se dérangeant avec humilité pour les acheteurs ou les passants, attentifs aux petites révolutions de la boutique. Quelques jours après il entra de nouveau dans le paradis où était son ange, moins pour y acheter des mouchoirs que pour lui communiquer une idée lumineuse.

— Si vous aviez besoin de parfumeries, mademoiselle, je vous en fournirais bien tout de même, dit-il en la payant.

Constance Pillerault recevait journellement de brillantes propositions où il n'était jamais question de mariage; et, quoique son cœur fût aussi pur que son front était blanc, ce ne fut qu'après six mois de marches et de contremarches, où César signala son infatigable amour, qu'elle daigna recevoir les soins de César, mais sans vouloir se prononcer: prudence commandée par le nombre infini de ses serviteurs, marchands de vins en gros, riches limonadiers et autres qui lui faisaient les yeux doux. L'amant s'appuyait sur le tuteur de Constance, M. Claude-Joseph Pillerault, alors marchand quincailler sur le quai de la Ferraille, qu'il avait fini par découvrir en ce fil navré de l'espionnage souterrain qui distingue le véritable amour. La rapidité de ce récit oblige à passer sous silence les joies de l'amour parisien fait avec innocence, à faire les prodigalités particulières aux commis : melons apportés dans la primeur, fins dîners chez Venua suivis du spectacle, parties de campagne en fiacre le dimanche. Sans être joli garçon, César n'avait rien dans sa personne qui s'opposât à ce qu'il fût aimé. La vie de César et son séjour dans un magasin sombre avaient bien par étendre la vivacité de son teint de paysan. Son abondante chevelure noire, son encolure de cheval normand, ses gros membres, son air simple et probe, tout contribuait à disposer favorablement en sa faveur. L'oncle Pillerault, chargé de veiller au bonheur de la fille de son frère, avait pris des renseignements : il sanctionna les intentions du Tourangeau. En 1800, au joli mois de mai, mademoiselle Pillerault consentit à épouser César Birotteau, qui s'évanouit de joie au moment où, sous un tilleul, à Sceaux, Constance-Barbe-Joséphine l'accepta pour époux.

— Ma petite, dit M. Pillerault, tu acquiers un bon mari. Il a le cœur chaud et des sentiments d'honneur : c'est franc comme l'osier et sage comme un Enfant-Jésus, enfin le roi des hommes.

Constance abdiqua franchement les brillantes destinées auxquelles, comme toutes les filles de boutique, elle avait parfois rêvé : elle voulut être une honnête femme, une bonne mère de famille, et prit la vie suivant le religieux programme de la classe moyenne. Ce rôle allait d'ailleurs bien mieux à ses idées que les dangereuses vanités qui séduisent tant de jeunes imaginations parisiennes. D'une intelligence étroite, Constance offrait le type de la petite bourgeoise dont les travaux ne vont pas sans un peu d'humeur, qui commence par refuser ce qu'elle désire et se fâche quand elle est prise au mot, dont l'inquiète activité se porte sur la cuisine et sur la caisse, sur les affaires les plus graves et sur les reprises invisibles à faire au linge, qui aime en grondant, ne conçoit que les idées les plus simples, la petite monnaie de l'esprit, raisonne sur tout, a peur de tout, calcule tout et pense toujours à l'avenir. Sa beauté froide, mais candide, son air touchant, sa fraîcheur, empêchèrent Birotteau de songer à des défauts compensés d'ailleurs par cette délicate probité naturelle aux femmes, par un ordre excessif, par le fanatisme du travail et par le génie de la vente. Constance avait alors dix-huit ans et possédait onze mille francs. César, à qui l'amour inspira la plus excessive ambition, acheta le fonds de la Reine des Roses et le transporta près de la place Vendôme, dans une belle maison. Âgé de vingt et un ans seulement, marié à une belle femme adorée, possesseur d'un établissement dont il avait payé le prix aux trois quarts, il dut voir et vit l'avenir en beau, surtout en mesurant le chemin fait depuis son point de départ. Roguin, notaire des Ragon le rédacteur du contrat de mariage, donna de sages conseils au nouveau parfumeur en l'empêchant d'achever le payement du fonds avec la dot de sa femme.

— Gardez-donc des fonds pour faire quelques bonnes entreprises, mon garçon, lui avait-il dit.

Birotteau regarda le notaire avec admiration, prit l'habitude de le consulter, et s'en fit un ami Comme Ragon et Pillerault, il eut tant de foi dans le notariat, qu'il se livrait alors à Roguin sans se permettre un soupçon. Grâce à ce conseil, César, muni des onze mille francs de l'oncle pour commencer les affaires, n'eût pas alors échangé son avoir contre celui du premier consul, quelque brillant que parût être l'avoir de Napoléon. D'abord, Birotteau n'eut qu'une cuisinière, il se logea dans l'entresol situé au-dessus de sa boutique, espèce de bouge assez bien décoré par un tapissier, et où les nouveaux mariés entamèrent une éternelle lune de miel. Madame César apparut comme une merveille dans son comptoir. Sa beauté célèbre eut une énorme influence sur la vente; il ne fut question que de la belle madame Birotteau parmi les élégants de l'Empire. Si César fut accusé de royalisme, le monde rendit justice à sa probité; si quelques marchands voisins envièrent son bonheur, il passa pour un homme digne. Le coup de feu qu'il avait reçu sur les marches de Saint-Roch lui donna la réputation d'un homme mêlé aux secrets de la politique et celle d'un homme courageux, quoiqu'il n'eût aucun courage militaire au cœur et nulle idée politique dans la cervelle. Sur ces données, les honnêtes gens de l'arrondissement le nommèrent capitaine de la garde nationale, mais il fut cassé par Napoléon, qui, selon Birotteau, lui gardait rancune de leur rencontre en vendémiaire. César eut alors à bon marché un vernis de persécution qui le rendit intéressant aux yeux des opposants, et lui fit acquérir une certaine importance.

Voici quel fut le sort de ce ménage constamment heureux par les sentiments, agité seulement par les anxiétés commerciales.

Pendant la première année, César Birotteau mit sa femme au fait de la vente et du détail de la parfumerie, métier auquel elle s'entendit admirablement bien; elle semblait avoir été créée et mise au monde pour gruger les chalands. Cette année finie, l'inventaire épouvanta l'ambitieux parfumeur: tous frais prélevés, en vingt ans à peine aurait-il gagné le modeste capital de cent mille francs, auquel il avait chiffré son bonheur. Il résolut alors d'arriver à la fortune plus rapidement, et voulut d'abord joindre la fabrication au détail. Contre l'avis de sa femme, il loua une baraque et des terrains au faubourg du Temple, et y fit peindre en gros caractères : FABRIQUE DE CÉSAR BIROTTEAU. Il débaucha de Grasse un ouvrier avec lequel il commença de compte à demi quelques fabrications de savon, d'essences et d'eau de Cologne. Son association avec cet ouvrier ne dura que six mois, et se termina par des pertes qu'il supporta seul. Sans se décourager, Birotteau voulut obtenir un résultat à tout prix, uniquement pour ne pas être grondé par sa femme, à laquelle il avoua plus tard qu'en ce temps de désespoir la tête lui bouillait comme une marmite, et que plusieurs fois, n'était ses sentiments religieux, il se serait jeté dans la Seine. Désolé de quelques expériences infructueuses, il errait un jour le long des boulevards en revenant dîner, car le flâneur parisien est aussi souvent un homme au désespoir qu'un oisif. Parmi quelques livres à six sous étalés dans une boîte, son œil tomba saisi par ce titre jauni et poudreux : Abdeker ou l'Art de conserver la Beauté. Il prit ce prétendu livre arabe, espèce de roman fait par un médecin du siècle précédent, et tomba sur une page où il s'agissait de parfums. Appuyé sur un arbre du boulevard pour feuilleter le livre, il lut une note où l'auteur expliquait la nature du derme et de l'épiderme, et démontrait que telle pâte ou tel savon produisait un effet souvent contraire à celui qu'on en attendait, si la pâte et le savon donnaient du ton à la peau qui voulait être relâchée, ou relâchaient la peau qui exigeait des toniques. Birotteau vit dans ce livre une réelle fortune. Néanmoins, peu confiant dans ses lumières, il alla chez un chimiste célèbre, Vauquelin, auquel il demanda tout naïvement les moyens de composer un double cosmétique qui produisît des effets appropriés aux diverses natures de l'épiderme humain. Les vrais savants, ces hommes si réellement grands en ce qu'ils n'obtiennent jamais de leur vivant le renom par lequel leurs immenses travaux inconnus devraient être payés, sont presque tous serviables et souriant aux pauvres d'esprit. Vauquelin protégea le parfumeur, lui permit de se dire l'inventeur d'une pâte pour blanchir les mains et dont il lui indiqua la composition. Birotteau appela ce cosmétique la Double Pâte des Sultanes. Afin de compléter l'œuvre, il appliqua le procédé de la pâte pour les mains à une eau pour le teint, qu'il nomma l'Eau carminative. Il imita dans sa partie le système du Petit Matelot, et déploya, le premier d'entre les parfumeurs, ce luxe d'affiches, d'annonces et de moyens de publication que l'on nomme, peut-être injustement, charlatanisme.

La Pâte des Sultanes et l'Eau carminative se produisirent dans l'univers galant et commercial par des affiches coloriées, en tête desquelles étaient ces mots : Approuvées par l'Institut! Cette formule, employée pour la première fois, eut un effet magique. Non seulement la France, mais le continent, fut pavoisé d'affiches jaunes, rouges, bleues, par le

souverain de la Reine des Roses, qui tenait, fournissait et fabriquait, à des prix modérés, tout ce qui concernait sa partie. A une époque où l'on ne parlait que de l'Orient, nommer un cosmétique quelconque Pâte des Sultanes, en devinant la magie exercée par ces mots dans un pays où tout homme tient autant à être sultan que la femme à devenir sultane, était une inspiration qui pouvait venir à un homme ordinaire comme à un homme d'esprit; mais le public jugeant toujours les résultats, Birotteau passa d'autant plus pour un homme supérieur, commercialement parlant, qu'il rédigea lui-même un prospectus dont la ridicule phraséologie fut un élément de succès : en France, on ne rit que des choses et des hommes dont on s'occupe, et personne ne s'occupe de ce qui ne réussit point. Quoique Birotteau n'eût pas joué sa bêtise, on lui donna le talent de savoir faire la bête à propos. Il s'est retrouvé, non sans peine, un exemplaire de ce prospectus dans la maison Popinot et compagnie, droguistes, rue des Lombards. Cette pièce curieuse est au nombre de celles que, dans un cercle plus élevé, les historiens intitulent *pièces justificatives.* La voici donc :

DOUBLE PÂTE DES SULTANES ET EAU CARMINATIVE

DE CÉSAR BIROTTEAU,

DÉCOUVERTE MERVEILLEUSE

APPROUVÉE PAR L'INSTITUT DE FRANCE

Depuis longtemps une pâte pour les mains et une eau pour le visage, donnant un résultat supérieur à celui obtenu par l'Eau de Cologne dans l'œuvre de la toilette, étaient généralement désirées par les deux sexes en Europe. Après avoir consacré de longues veilles à l'étude du derme et de l'épiderme chez les deux sexes, qui, l'un comme l'autre, attachent avec raison le plus grand prix à la douceur, à la souplesse, au brillant, au velouté de la peau, le sieur Birotteau, parfumeur avantageusement connu dans la capitale et à l'étranger, a découvert une Pâte et une Eau à juste titre nommées, dès leur apparition, merveilleuses par les élégants et par les élégantes de Paris. En effet, cette Pâte et cette Eau possèdent d'étonnantes propriétés pour agir sur la peau, sans la rider prématurément, effet immanquable des drogues employées inconsidérément jusqu'à ce jour et inventées par d'ignorantes cupidités. Cette découverte repose sur la division des tempéraments qui se rangent en deux grandes classes indiquées par la couleur de la Pâte et de l'Eau, lesquelles sont roses pour le derme et l'épiderme des personnes de constitution lymphatique, et blanches pour ceux des personnes qui jouissent d'un tempérament sanguin.

Cette Pâte est nommée *Pâte des Sultanes,* parce que cette découverte avait déjà été faite pour le sérail par un médecin arabe. Elle a été approuvée par l'Institut sur le rapport de notre illustre chimiste Vauquelin, ainsi que l'Eau établie sur les principes qui ont dicté la composition de la Pâte.

Cette précieuse Pâte, qui exhale les plus doux parfums, fait disparaître les taches de rousseur les plus rebelles, blanchit les épidermes les plus récalcitrants, et dissipe les sueurs de la main dont se plaignent les femmes non moins que les hommes.

L'Eau carminative enlève ces légers boutons qui, dans certains moments, surviennent inopinément aux femmes et contrarient leurs projets pour le bal; elle rafraîchit et ravive les couleurs en ouvrant ou fermant les pores selon les exigences du tempérament; elle est si connue déjà pour arrêter les outrages du temps, que beaucoup de dames l'ont, par reconnaissance, nommée *l'Amie de la Beauté.*

L'Eau de Cologne est purement et simplement un parfum banal sans efficacité spéciale, tandis que la *Double Pâte des Sultanes* et l'*Eau carminative* sont deux compositions opérantes, d'une puissance motrice agissant sans danger sur les qualités internes et les secondant; leurs odeurs essentiellement balsamiques et d'un esprit divertissant réjouissent le cœur et le cerveau admirablement, charment les idées et les réveillent; elles sont aussi étonnantes par leur mérite que par leur simplicité; enfin, c'est un attrait de plus offert aux femmes, et un moyen de séduction que les hommes peuvent acquérir.

L'usage journalier de l'Eau dissipe les cuissons occasionnées par le feu du rasoir; elle préserve également les lèvres de la gerçure et les maintient rouges; elle efface naturellement à la longue les taches de rousseur et finit par redonner du ton aux chairs. Ces effets annoncent toujours dans l'homme un équilibre parfait entre les humeurs, ce qui tend à délivrer les personnes qui en sont sujettes à la migraine de cette horrible maladie. Enfin, l'*Eau carminative,* qui peut être employée par les femmes dans toutes leurs toilettes, prévient les affections cutanées en ne gênant pas la transpiration des tissus, tout en leur communiquant un velouté persistant.

S'adresser, franc de port, à M. César Birotteau, successeur de Ragon, ancien parfumeur de la reine Marie-Antoinette, à la Reine des Roses, rue Saint-Honoré, à Paris, près la place Vendôme.

Le prix du pain de Pâte est de trois livres, et celui de la bouteille est de six livres.

M. César Birotteau, pour éviter toutes les contrefaçons, prévient le public que la Pâte est enveloppée d'un papier portant sa signature, et que les bouteilles ont un cachet incrusté dans le verre.

Le succès fut dû, sans que César s'en doutât, à Constance, qui lui conseilla d'envoyer l'Eau carminative et la Pâte des Sultanes par caisses à tous les parfumeurs de France et de l'étranger, en leur offrant un gain de trente pour cent, s'ils voulaient prendre ces deux articles par *grosses*. La Pâte et l'Eau valaient mieux en réalité que les cosmétiques analogues, et séduisaient les ignorants par la distinction établie entre les tempéraments : les cinq cents parfumeurs de France, alléchés par le gain, achetèrent annuellement chez Birotteau chacun plus de trois cents grosses de Pâte et d'Eau, consommation qui lui produisit des bénéfices restreints quant à l'article, énormes par la quantité. César put alors acheter les bicoques et les terrains du faubourg du Temple, il y bâtit de vastes fabriques, et décora magnifiquement son magasin de la Reine des Roses; son ménage éprouva les petits bonheurs de l'aisance, et sa femme ne trembla plus autant.

François Birotteau.

En 1810, madame César prévit une hausse dans les loyers, elle poussa son mari à se faire principal locataire de la maison où ils occupaient la boutique et l'entresol, et à mettre leur appartement au premier étage. Une circonstance heureuse décida Constance à fermer les yeux sur les folies que Birotteau fit pour elle dans son appartement. Le parfumeur venait d'être élu juge au tribunal de commerce. Sa probité, sa délicatesse connue, et la considération dont il jouissait lui valurent cette dignité, qui le classa désormais parmi les notables commerçants de Paris. Pour augmenter ses connaissances, il se leva dès cinq heures du matin, lut les répertoires de jurisprudence et les livres qui traitaient des litiges commerciaux. Son sentiment du juste, sa rectitude, son bon vouloir, qualités essentielles dans l'appréciation des difficultés soumises aux sentences consulaires, le rendirent un des juges les plus estimés. Ses défauts contribuèrent également à sa réputation. En sentant son infériorité, César subordonnait volontiers ses lumières à celles de ses collègues, flattés d'être si curieusement écoutés par lui : les uns recherchèrent la silencieuse approbation d'un homme censé profond, en sa qualité d'écouteur; les autres, enchantés de sa modestie et de sa douceur, le vantèrent. Les justiciables louèrent sa bienveillance, son esprit conciliateur, et il fut souvent pris pour arbitre dans les contestations où son bon sens lui suggérait une justice de cadi. Pendant le temps que durèrent ses fonctions, il sut se composer un langage farci de lieux communs, semé d'axiomes et de calculs traduits en phrases arrondies, qui, doucement débitées, sonnaient aux oreilles des gens superficiels comme de l'éloquence. Il plut ainsi à cette majorité naturellement médiocre, à perpétuité condamnée aux travaux, aux vues de terre à terre. César perdit tant de temps au tribunal, que sa femme le contraignit à refuser désormais ce coûteux honneur.

Vers 1813, grâce à sa constante union, et après avoir vulgairement cheminé dans la vie, ce ménage vit commencer une ère de prospérité que rien ne semblait devoir interrompre. M. et madame Ragon, leurs prédécesseurs, leur oncle Pillerault, Roguin le notaire, les Matifat, droguistes de la rue des Lombards, fournisseurs de la Reine des Roses, Joseph Lebas, marchand drapier, successeur des Guillaume, au *Chat qui pelote*, une des lumières de la rue Saint-Denis, le juge Popinot, frère de madame Ragon, Chiffreville, de la maison Protez et Chiffreville, M. et madame Cochin, employés au Trésor et commanditaires des Matifat, l'abbé Loraux, confesseur et directeur des gens pieux de cette coterie, et quelques autres personnes, composaient le cercle de leurs amis. Malgré les sentiments royalistes de Birotteau, l'opinion publique était alors en sa faveur, il passait pour être très-riche, quoiqu'il ne possédât encore que cent mille francs en dehors de son commerce. La régularité de ses affaires, son exactitude, son habitude de ne rien devoir, de ne jamais escompter son papier, et de prendre, au contraire, des valeurs sûres à ceux auxquels il pouvait être utile, son obligeance, lui méritaient un crédit énorme. Il avait d'ailleurs réellement gagné beaucoup d'argent; mais ses constructions et ses fabriques en avaient beaucoup absorbé. Puis sa maison lui coûtait près de vingt mille francs par an. Enfin l'éducation de Césarine, fille unique idolâtrée par Constance autant que par lui, nécessitait de fortes dépenses. Ni le mari ni la femme ne regardaient à l'argent quand il s'agissait de faire plaisir à leur fille, dont ils n'avaient pas voulu se séparer. Imaginez les jouissances du pauvre paysan parvenu, quand il entendait sa charmante Césarine répétant au piano une sonate de Steibelt ou chantant une romance; quand il la voyait écrire correctement la langue française, lire Racine père et fils, lui en expliquer les beautés, dessiner un paysage ou faire une sépia ! revivre dans une fleur si belle, si pure, qui n'avait pas encore quitté la tige maternelle, un ange enfin dont les grâces naissantes, dont les premiers développements avaient été passionnément suivis, admirés ! une fille unique, incapable de mépriser son père ou de se moquer d'un défaut d'instruction, tant elle était vraiment *jeune fille*. En venant à Paris, César savait lire, écrire et compter, mais son instruction en était restée là, sa vie laborieuse l'avait empêché d'acquérir des idées et des connaissances étrangères au commerce de la parfumerie. Mêlé constamment à des gens à qui les sciences, les lettres étaient indifférentes, et dont l'instruction n'embrassait que des spécialités; n'ayant pas de temps pour se livrer à des études élevées, le parfumeur devint un homme pratique. Il épousa forcément le langage, les erreurs, les opinions du bourgeois de Paris, qui admire Molière, Voltaire et Rousseau sur parole, qui achète leurs œuvres sans les lire; qui soutient que l'on doit dire *ormoire*, parce que les femmes serraient dans ces meubles leur or et leurs robes, autrefois presque toujours en moire, et que l'on a dit par corruption *armoire*. Pottier, Talma, mademoiselle Mars, étaient dix fois millionnaires, et ne vivaient pas comme les autres humains : le grand tragédien mangeait de la chair crue, mademoiselle Mars faisait parfois fricasser des perles, pour imiter une célèbre actrice égyptienne. L'empereur avait dans ses gilets des poches en cuir pour pouvoir prendre son tabac par poignées, il montait à cheval, au grand galop, l'escalier de l'orangerie de Versailles. Les écrivains, les artistes mouraient à l'hôpital par suite de leurs originalités; ils étaient tous athées, il fallait bien se garder de les recevoir chez soi. Joseph Lebas citait avec effroi l'histoire du mariage de sa belle-sœur Augustine avec le peintre Sommervieux. Les astronomes vivaient d'araignées. Ces points lumineux de leurs connaissances en langue française, en art dramatique, en politique, en littérature, en science, expliquent la portée de ces intelligences bourgeoises. Un poète, qui passe rue des Lombards peut, en y sentant quelques parfums, rêver l'Asie; il admire les danseuses dans une chaumière en respirant du *vétiver*; frappé par l'éclat de la cochenille, il y retrouve les poèmes brahmaniques, les religions et leurs castes; en se heurtant contre l'ivoire brut, il monte sur le dos des éléphants, dans une cage de mousseline, et y fait l'amour comme le roi de Lahore. Mais le petit commerçant ignore d'où viennent et où croissent les produits sur lesquels il opère. Birotteau, parfumeur, ne savait pas un iota d'histoire naturelle ni de chimie. En regardant Vauquelin comme un grand homme, il le considérait comme une exception, il était de la force de cet épicier retiré, qui résumait ainsi une discussion sur la manière de faire venir le thé : — Le thé ne vient que de deux manières, *par caravane* ou *par le Havre*, dit-il d'un air finaud. Selon Birotteau, l'aloès et l'opium ne se trouvaient que rue des Lombards. L'eau de rose, prétendue de Constantinople, se faisait, comme l'eau de Cologne, à Paris. Ces noms de lieux étaient des bourdes inventées pour plaire aux Français, qui ne peuvent supporter les choses de leur pays. Un marchand français devait dire sa découverte anglaise, afin de lui donner de la vogue, *comme en Angleterre un droguiste* attribue la sienne à la France. Néanmoins, César ne pouvait jamais être entièrement sot ni bête : la probité, la bonté jetaient sur les actes de sa vie un reflet qui les rendait respectables, car une belle action fait accepter toutes les ignorances possibles. Son constant succès lui donna de l'assurance. A Paris, l'assurance est acceptée pour le pouvoir dont elle est le signe. L'ayant apprécié durant les trois premières années de leur mariage, sa femme fut en proie à des transes continuelles : elle représentait dans cette union la partie sagace et prévoyante, le doute, l'opposition, la crainte, comme César y représentait l'audace, l'ambition, l'action, le bonheur inouï de la fatalité. Malgré les apparences, le marchand était trembleur, tandis que sa femme avait, en réalité, de la patience et du courage. Ainsi un homme pusillanime, médiocre, sans instruction, sans idées, sans connaissances, sans caractère, et qui ne devait point réussir sur la place la plus glissante du monde, arriva, par son esprit de conduite, par le sentiment du juste, par la bonté d'une âme vraiment chrétienne, par amour pour la seule femme qu'il eût possédée, à passer pour un homme remarquable, courageux et plein de résolution. Le public ne voyait que les résultats. Hors Pillerault et le juge Popinot, les personnes de sa société, ne le voyant que superficiellement, ne pouvaient le juger ; d'ailleurs, les vingt ou trente amis qui se réunissaient entre eux disaient les mêmes niaiseries, répétaient les mêmes lieux communs, se regardaient tous comme des gens supérieurs dans leur partie. Les femmes faisaient assaut de bons dîners et de toilettes ; chacune d'elles avait tout dit en disant un mot de mépris sur son mari ; madame Birotteau seule avait le bon sens de traiter le sien avec honneur et respect en public : elle voyait en lui l'homme qui, malgré ses secrètes incapacités, avait gagné leur fortune, et partageait la considération. Seulement, elle se demandait parfois ce qu'était le monde, si tous les hommes prétendus supérieurs ressemblaient à son mari. Sa conduite ne contribuait pas peu à maintenir l'estime respectueuse accordée au marchand dans un pays où les femmes sont assez portées à déconsidérer leurs maris et à s'en plaindre.

Les premiers jours de l'année 1814, si fatale à la France impériale,

furent signalés chez eux par deux événements peu marquants dans tout autre ménage, mais de nature à impressionner des âmes simples comme celles de César et de sa femme, qui, en jetant les yeux sur leur passé, n'y trouvaient que des émotions douces. Ils avaient pris pour premier commis un jeune homme de vingt-deux ans, nommé Ferdinand du Tillet ; ce garçon, qui sortait d'une maison de parfumerie où l'on avait refusé de l'intéresser dans les bénéfices, et qui passait pour un génie, se remua beaucoup pour entrer à la Reine des Roses, dont les êtres, les forces et les mœurs intérieures lui étaient connus. Birotteau l'accueillit et lui donna mille francs d'appointements, avec l'intention d'en faire son successeur. Ferdinand eut sur les destinées de cette famille une si grande influence, qu'il est nécessaire d'en dire quelques mots.

D'abord, il se nommait simplement Ferdinand, sans nom de famille. Cette anonymie lui parut un immense avantage au moment où Napoléon pressa les familles pour y trouver des soldats. Il était cependant né quelque part, par le fait de quelque cruelle et voluptueuse fantaisie. Voici le peu de renseignements recueillis sur son état civil. En 1793, une pauvre fille du Tillet, petit endroit situé près des Andelys, était venue accoucher nuitamment dans le jardin du desservant de l'église du Tillet, et s'alla noyer après avoir frappé aux volets. Le bon prêtre recueillit l'enfant, lui donna le nom du saint inscrit au calendrier ce jour-là, le nourrit et l'éleva comme son enfant. Le curé mourut en 1804, sans laisser une succession assez opulente pour suffire à l'éducation qu'il avait commencée. Ferdinand, jeté dans Paris, y mena une existence de flibustier dont les hasards pouvaient le mener à l'échafaud ou à la fortune, au barreau, dans l'armée, au commerce, à la domesticité. Ferdinand, obligé de vivre en vrai Figaro, devint commis-voyageur, puis commis parfumeur à Paris, où il revint après avoir parcouru la France, étudié le monde, et pris son parti d'y réussir à tout prix. En 1813, il jugea nécessaire de constater son âge et de se donner un état civil, en requérant au tribunal des Andelys un jugement qui fît passer son acte de baptême des registres du presbytère sur ceux de la mairie, et il y obtint une rectification en demandant qu'on y insérât le

Le capitaine Jean Birotteau s'avança avec sa compagnie et fut tué — PAGE 5.

nom de du Tillet, sous lequel il s'était fait connaître, autorisé par le fait de son exposition dans la commune. Sans père ni mère, sans autre tuteur que le procureur impérial, seul dans le monde, ne devant de comptes à personne, il traita la société de Turc à More en la trouvant marâtre : il ne connut d'autre guide que son intérêt, et tous les moyens de fortune lui semblèrent bons. Ce Normand, armé de capacités dangereuses, joignait à ses désirs de parvenir les âpres défauts reprochés, à tort ou à raison, aux natifs de sa province. Des manières patelines faisaient passer son esprit chicanier, car il était le plus rude ferrailleur judiciaire ; mais, s'il contestait audacieusement le droit d'autrui, il ne cédait rien sur le sien ; il prenait son adversaire par le temps, il le lassait par une inflexible volonté. Son principal mérite consistait en celui des Scapins de la vieille comédie : il possédait leur fertilité de ressources, leur adresse à côtoyer l'injuste, leur démangeaison de prendre ce qui était bon à garder. Enfin il comptait appliquer à son indigence le mot que l'abbé Terray disait au nom de l'Etat, quitte à devenir plus tard honnête homme. Il avait une activité passionnée, une intrépidité militaire à demander à tout le monde une bonne comme une mauvaise action, en justifiant sa demande par la théorie de l'intérêt personnel. Il méprisait trop les hommes en les croyant tous corruptibles, il était trop peu délicat sur le choix des moyens en les trouvant tous bons ; il regardait trop fixement le succès et l'argent comme l'absolution du mécanisme moral pour ne pas réussir tôt ou tard. Un pareil homme, placé entre le bagne et des millions, devait être vindicatif, absolu, rapide dans ses déterminations, mais dissimulé comme un Cromwell qui voulait couper la tête à la Probité. Sa profondeur était cachée sous un esprit railleur et léger. Simple commis parfumeur, il ne mettait point de bornes à son ambition ; il avait embrassé la société par un coup d'œil haineux en se disant : — Tu seras à moi ! et il s'était juré à lui-même de ne se marier qu'à quarante ans. Il se tint parole.

Au physique, Ferdinand était un jeune homme élancé, de taille agréable et de manières mixtes qui lui permettaient de prendre au besoin le diapason de toutes les sociétés. Sa figure charmante plaisait à la première vue ; mais plus tard, en le pratiquant, on y surprenait des expressions étranges qui se peignent à la surface des gens mal avec eux-mêmes, ou dont la conscience grogne à certaines heures. Son teint très-ardent sous la peau molle des Normands, avait une couleur aigre. Le regard de ses yeux vairons doublés d'une feuille d'argent était fuyant, mais terrible quand il l'arrêtait droit sur sa victime. Sa voix semblait éteinte comme celle d'un homme qui a longtemps parlé. Ses lèvres minces ne manquaient pas de grâce ; mais son nez pointu, son front légèrement bombé trahissaient un défaut de race. Enfin ses cheveux, d'une coloration semblable à celle des cheveux teints en noir, indiquaient un métis social qui tirait son esprit d'un grand seigneur libertin, sa bassesse d'une paysanne séduite, ses connaissances d'une éducation inachevée, et ses vices de son état d'abandon.

Birotteau apprit avec le plus profond étonnement que son commis sortait très-élégamment mis, rentrait tort tard, allait au bal chez des banquiers ou chez des notaires. Ces mœurs déplurent à César : dans ses idées, les commis devaient étudier les livres de leur maison, et penser exclusivement à leur partie. Le parfumeur se choqua de niaiseries, il reprocha doucement à du Tillet de porter du linge trop fin, d'avoir des cartes sur lesquelles son nom était gravé ainsi : F. du TILLET mode, dans sa jurisprudence commerciale, qui appartenait exclusivement aux gens du monde. Ferdinand avait voulu chez cet Orgon dans les intentions de Tartufe : il fit la cour à madame César, tenta de la séduire, et jugea son patron comme elle le jugeait elle-même, mais avec une effrayante promptitude. Quoique discret, réservé, ne disant que ce qu'il voulait dire, du Tillet dévoila ses opinions sur les hommes et la vie de manière à épouvanter une femme timorée qui partageait les religions de son mari, et regardait comme un crime de causer le plus léger tort au prochain. Malgré l'adresse dont usa madame Birotteau, du Tillet devina le mépris qu'il inspirait. Constance, à qui Ferdinand avait écrit quelques lettres d'amour, aperçut bientôt un changement dans les manières de son commis, qui prit avec elle des airs avantageux, pour faire croire à leur bonne intelligence. Sans instruire son mari de ses raisons secrètes, elle lui conseilla de renvoyer Ferdinand. Birotteau se trouva d'accord à sa femme en ce point. Le renvoi du commis fut résolu. Trois jours avant de le congédier, par un samedi soir, Birotteau fit le compte mensuel de sa caisse, et y trouva trois mille francs de moins. Sa consternation fut affreuse, moins pour la perte que pour les soupçons qui planaient sur trois commis, une cuisinière, un garçon de magasin et des ouvriers attitrés. A qui s'en prendre ? au dame Birotteau ne quittait point le comptoir. Le commis chargé de la caisse était un neveu de M. Ragon, nommé Popinot, jeune homme de dix-neuf ans, logé chez eux, la probité même. Ses chiffres en désaccord avec la somme en caisse, accusaient le déficit et indiquaient que la soustraction avait été faite après la balance. Les deux époux résolurent de se taire et de surveiller la maison. Le lendemain dimanche, ils recevaient leurs amis ; les familles qui composaient cette espèce de coterie se festoyaient à tour de rôle. En jouant à la bouillotte, Roguin le notaire mit sur le tapis de vieux louis que madame César avait reçus quelques jours auparavant d'une nouvelle mariée, madame d'Espard.

— Vous avez volé un tronc, dit en riant le parfumeur.

Roguin dit avoir gagné cet argent chez un banquier à du Tillet, qui confirma la réponse du notaire sans rougir. Le parfumeur, lui, devint pourpre. La soirée finie, au moment où Ferdinand allait se coucher, Birotteau l'emmena dans le magasin, sous prétexte de parler affaire.

— Du Tillet, lui dit le brave homme, il manque trois mille francs à ma caisse, et je ne puis soupçonner personne ; la circonstance des vieux louis semble être trop contre vous pour que je ne vous en parle point ; aussi ne nous coucherons-nous pas sans avoir trouvé l'erreur, car, après tout, ce ne peut être qu'une erreur ; vous pouvez bien avoir pris quelque chose en compte sur vos appointements.

Du Tillet dit effectivement avoir pris les louis. Le parfumeur alla ouvrir son grand livre ; le compte de son commis ne se trouvait pas encore débité.

— J'étais pressé, je devais faire écrire la somme par Popinot, dit Ferdinand.

— C'est juste, dit Birotteau, bouleversé par la froide insouciance du Normand, qui connaissait bien les braves gens chez lesquels il était venu dans l'intention d'y faire fortune.

Le parfumeur et son commis passèrent la nuit en vérifications que le digne marchand savait inutiles. En allant et venant, César glissa trois billets de banque de mille francs dans la caisse en les collant contre la bande du tiroir, puis il feignit d'être accablé de fatigue, parut dormir et ronfla. Du Tillet le réveilla triomphalement, et affirma une joie excessive d'avoir éclairci l'erreur. Le lendemain, Birotteau gronda publiquement le petit Popinot, sa femme, et se mit en colère à propos de leur négligence. Quinze jours après, Ferdinand du Tillet entra chez un agent de change. La parfumerie ne lui convenait pas, dit-il, il voulait étudier la banque. En sortant de chez Birotteau, du Tillet parla de madame César de manière à faire croire que son patron l'avait renvoyé par jalousie. Quelques mois après, du Tillet vint voir son ancien patron, et réclama de lui sa caution pour vingt mille francs, afin de compléter les garanties qu'on lui demandait dans une affaire qui le mettait sur le chemin de la fortune. En remarquant la surprise que Birotteau manifesta de cette effronterie, du Tillet fronça le sourcil, et lui demanda s'il n'avait pas confiance en lui. Matifat et deux négociants en affaires avec Birotteau remarquèrent l'indignation du parfumeur, qui réprima sa colère en leur présence. Du Tillet était peut-être redevenu honnête homme : sa faute pouvait avoir été causée par une maîtresse au désespoir ou par une tentative au jeu, la réprobation publique d'un honnête homme allait jeter dans une voie de crimes et de malheurs un homme encore jeune et peut-être sur la voie du repentir. Cet ange périt à la plume et fit un aval sur les billets de du Tillet, en lui disant qu'il rendait de grand cœur ce léger service à un garçon qui lui avait été très utile. Le sang lui montait au visage en faisant ce mensonge officieux. Du Tillet ne sourit pas le regard de cet homme, et lui voua sans doute en ce moment cette haine sans trêve que les anges des ténèbres ont conçue contre les anges de lumière. Du Tillet tint si bien le balancier en dansant sur la corde roide des spéculations financières, qu'il resta toujours élégant et riche en apparence avant d'être en réalité. Dès qu'il eut un cabriolet, il ne le quitta plus ; il se maintint dans la sphère élevée des gens qui mêlent les plaisirs aux affaires, en faisant du loyer de l'Opéra la succursale de la Bourse, les Turcarets de l'époque. Grâce à madame Roguin, qu'il connut chez Birotteau, il se répandit promptement parmi les gens de finance les plus haut placés. En ce moment, Ferdinand du Tillet était arrivé à une prospérité qu'on avait rien de mensonger. Au mieux avec la maison Nucingen, où Roguin l'avait fait admettre, il s'était lié promptement avec les frères Keller, avec la haute banque. Personne ne savait d'où lui venaient les immenses capitaux qu'il faisait mouvoir, mais chacun attribuait son bonheur à son intelligence et à sa probité.

La restauration fit un personnage de César, à qui naturellement le tourbillon des crises politiques ôta la mémoire de ses deux accidents domestiques. L'immutabilité de ses opinions royalistes, auxquelles il était devenu fort indifférent depuis sa blessure, mais dans lesquelles il avait persisté par décorum, le souvenir de son dévouement en tant que légumière, lui valurent de hautes protections, précisément parce qu'il les demanda rien. Il fut nommé chef de bataillon dans la garde nationale, quoiqu'il fût incapable de répéter le moindre mot de commandement. En 1815, Napoléon, toujours ennemi de Birotteau, le destitua. Durant les cent jours, Birotteau devint la bête noire des libéraux de son quartier ; car en 1815 seulement commencèrent les scissions politiques entre les négociants, jusqu'alors unanimes dans leurs vœux de tranquillité dont leurs affaires avaient besoin. A la seconde restauration, le gouvernement royal nomma le corps municipal. Le préfet voulut nommer Birotteau maire. Grâce à sa femme, le parfumeur accepta seulement la place d'adjoint, qui le mettait moins en évidence. Cette modestie augmenta beaucoup l'estime qu'on lui portait généralement, et lui valut l'amitié du maire, M. Flamet de la Billardière. Birotteau, qui l'avait vu à la Reine des Roses au temps où la boutique servait d'entrepôt aux conspirations royalistes, le désigna lui-même au préfet de la Seine, qui le consulta sur le choix à faire. M. et madame Birotteau ne furent jamais oubliés dans les invitations du maire. Enfin, madame César quêta souvent à Saint-Roch, en belle et bonne compagnie. La Billardière seconda chaudement Birotteau quand il fut question de distribuer au corps municipal les croix accordées, en appuyant sur sa blessure reçue à Saint-Roch, sur son attachement aux Bourbons et sur la considération dont il jouissait. Le ministère qui voulait, tout en prodiguant la croix de la Légion d'honneur, abattre l'œuvre de Napoléon, se faire des créatures et rallier aux Bourbons les différents commerces, les hommes d'art et de science, comprit donc Birotteau dans la prochaine promotion. Cette faveur, en harmonie avec l'éclat que jetait Birotteau dans son arrondissement, le plaçait dans une situation où durent s'agrandir les idées d'un homme à qui jusqu'alors tout avait réussi. La nouvelle que le maire lui avait donnée de sa promotion fut le dernier argument qui décida le parfumeur à se lancer dans l'opération qu'il venait d'exposer à sa femme, afin de quitter au plus vite la parfumerie, et s'élever aux régions de la haute bourgeoisie de Paris.

César avait alors quarante ans. Les travaux auxquels il se livrait dans sa fabrique lui avaient donné quelques rides prématurées, et avaient légèrement argenté la longue chevelure touffue que la pression de son chapeau lustrait circulairement. Son front, où, par la manière dont ils étaient plantés, ses cheveux dessinaient cinq pointes, annonçait la simplicité de sa vie. Ses gros sourcils n'effrayaient point, car ses yeux bleus s'harmonisaient par leur limpide regard toujours franc à son front d'honnête homme. Son nez cassé à la naissance et gros du bout lui donnait l'air étonné des gobe-mouches de Paris. Ses lèvres étaient très-lippues, et son grand menton tombait droit. Sa figure, fortement colorée, à contours carrés, offrait, par la disposition des rides, par l'ensemble de la physionomie, le caractère ingénuement rusé du paysan. La force générale du corps, la grosseur des membres, la carrure du dos, la largeur des pieds, tout dénotait d'ailleurs le villageois transplanté dans Paris. Ses mains larges et poilues, les grasses phalanges de ses doigts ridés, ses grands ongles carrés eussent attesté son origine, s'il n'en était pas resté des vestiges dans toute sa personne. Il avait sur les lèvres le sourire de bienveillance que prennent les marchands quand vous entrez chez eux; mais ce sourire commercial était l'image de son contentement intérieur et peignait l'état de son âme douce. Sa défiance ne dépassait jamais les affaires, sa ruse le quittait sur le seuil de la Bourse ou quand il fermait son grand livre. Le soupçon était pour lui ce qu'étaient ses factures imprimées, une nécessité de la vente elle-même. Sa figure offrait une sorte d'assurance comique, de fatuité mêlée de bonhomie qui le rendait original à voir en lui évitant une ressemblance trop complète avec la plate figure du bourgeois parisien. Sans cet air de naïve admiration et de foi en sa personne, il eût imprimé trop de respect; il se rapprochait ainsi des hommes en payant sa quote-part de ridicule. Habituellement en parlant il se croisait les mains derrière le dos. Quand il croyait avoir dit quelque chose de galant ou de saillant, il se levait imperceptiblement sur la pointe des pieds, à deux reprises, et retombait sur ses talons lourdement, comme pour appuyer sur sa phrase. Au fort d'une discussion, ou le voyait quelquefois tourner sur lui-même brusquement, faire quelques pas comme s'il allait chercher des objections et revenir sur son adversaire par un mouvement brusque. Il n'interrompait jamais, et se trouvait souvent victime de cette exacte observation des convenances; car les autres s'arrachaient la parole, et le bon homme quittait la place sans avoir pu dire un mot. Sa grande expérience des affaires commerciales lui avait donné des habitudes taxées de manies par quelques personnes. Si quelque billet n'était pas payé, il l'envoyait à l'huissier, et ne s'en occupait plus que pour recevoir le capital, l'intérêt et les frais, l'huissier devait poursuivre jusqu'à ce que le négociant fût en faillite. César cessait alors toute poursuite, ne comparaissait à aucune assemblée de créanciers, et saluait ses titres. Ce système et son implacable mépris pour les faillis lui venaient de M. Ragon, qui, dans le cours de sa vie commerciale, avait fini par apercevoir une si grande perte de temps dans les affaires litigieuses, qu'il regardait le maigre et incertain dividende donné par les concordats comme amplement regagné par l'emploi du temps qu'on ne perdait point à aller, venir, faire des démarches et courir après les excuses de l'improbité.

— Si le failli est honnête homme et se refait, il vous payera, disait M. Ragon. S'il reste sans le sou et qu'il soit purement malheureux, pourquoi le tourmenter? si c'est un fripon, vous n'aurez jamais rien. Votre sévérité vous fait passer pour intraitable; et, comme il est impossible de transiger avec vous tant que l'on peut payer, c'est tout ce qu'on paye.

César arrivait à un rendez-vous à l'heure dite, mais, dix minutes après, il n'y avait plus une inflexibilité que lui-même plié; aussi son exactitude rendait-elle exacts les gens qui traitaient avec lui.

Le costume qu'il avait adopté concordait à ses mœurs et à sa physionomie. Aucune puissance ne l'eût fait renoncer aux cravates de mousseline blanche, dont les coins, brodés par sa femme ou sa fille, lui pendaient sous le cou. Son gilet de piqué blanc boutonné carrément descendait très-bas sur son abdomen assez proéminent, car il avait un léger embonpoint. Il portait un pantalon bleu, des bas de soie noire et des souliers à rubans, dont les nœuds se défaisaient souvent. Sa redingote de vert olive trop large, et son chapeau à grands bords lui donnaient l'air d'un quaker. Quand il s'habillait pour les soirées du dimanche, il mettait une culotte de soie, des souliers à boucles d'or, et son infaillible gilet carré, dont les deux bouts s'entr'ouvraient alors, afin de montrer le haut de son jabot plissé. Son habit de drap marron était à grands collets et à longues basques. Il conserva, jusqu'en 1819, deux chaînes de montre qui pendaient parallèlement; mais il ne mettait la seconde que quand il s'habillait.

Tel était César Birotteau, digne homme à qui les mystères qui président à la naissance des hommes avaient refusé la faculté de juger l'ensemble de la politique et de la vie, de s'élever au dessus du niveau social sous lequel vit la classe moyenne qui suivait en toute chose les errements de la routine. Toutes ses opinions lui avaient été communiquées, et il les appliquait sans examen. Aveugle mais bon, peu spiri-

tuel, mais profondément religieux, il avait un cœur pur. Dans ce cœur brillait un seul amour, la lumière et la force de sa vie: car son désir d'élévation, le peu de connaissances qu'il avait acquises, tout venait de son affection pour sa femme et pour sa fille.

Quant à madame César, alors âgée de trente-sept ans, elle ressemblait si parfaitement à la Vénus de Milo, que tous ceux qui la connaissaient virent son portrait dans cette belle statue quand le duc de Rivière l'envoya. En quelques mois, les chagrins passèrent si promptement leurs teintes jaunes sur son éblouissante blancheur, creusèrent et noircirent si cruellement le cercle bleuâtre où jouaient ses beaux yeux verts, qu'elle eut l'air d'une vieille madone: car elle conserva toujours, au milieu de ses ruines, une douce candeur, un regard pur quoique triste, et il fut impossible de ne pas la trouver toujours belle femme, d'un maintien sage et plein de décence. Au bal prémédité par César, elle devait jouir d'ailleurs d'un dernier éclat de beauté qui fut remarqué.

Toute existence a son apogée, une époque pendant laquelle les causes agissent et sont en rapport exact avec les résultats. Ce midi de la vie, où les forces vives s'équilibrent et se produisent dans tout leur éclat, est non seulement commun aux êtres organisés, mais encore aux cités, aux nations, aux idées, aux institutions, aux commerces, aux entreprises qui, semblables aux races nobles et aux dynasties, naissent, s'élèvent et tombent. D'où vient la rigueur avec laquelle ce thème de croissance et de décroissance s'applique à tout ce qui s'organise ici-bas? car la mort elle-même a, dans les temps de fléau, son progrès, son ralentissement, sa recrudescence et son sommeil. Notre globe lui-même est peut-être une fusée un peu plus durable que les autres. L'histoire, en redisant les causes de la grandeur et de la décadence de tout ce qui fut ici-bas, pourrait avertir l'homme du moment où il doit arrêter le jeu de toutes ses facultés; mais ni les conquérants, ni les acteurs, ni les femmes, ni les auteurs, n'en écoutent la voix salutaire.

César Birotteau, qui devait se considérer comme étant à l'apogée de sa fortune, prenait ce temps d'arrêt comme un nouveau point de départ. Il ne savait pas, et d'ailleurs ni les nations ni les rois n'ont tenté d'écrire en caractères ineffaçables la cause de ces renversements dont l'histoire est grosse, dont tant de maisons souveraines ou commerciales offrent de si grands exemples. Pourquoi de nouvelles pyramides ne rappelleraient-elles pas incessamment ce principe qui doit dominer la politique des nations aussi bien que celle des particuliers: Quand l'effet produit n'est plus en rapport direct ni en proportion égale avec sa cause, la désorganisation commence? Mais ces monuments existent partout, ce sont les traditions et les pierres qui nous parlent du passé, qui consacrent les caprices de l'indomptable Destin, dont la main efface nos songes et nous prouve que les plus grands événements se résument dans une idée. Troie et Napoléon ne sont que des poèmes. Puisse cette histoire être le poème des vicissitudes bourgeoises auxquelles nulle voix n'a songé, tant elles semblent dénuées de grandeur, tandis qu'elles sont au même titre immenses: il ne s'agit pas d'un seul homme ici, mais de tout un peuple de douleurs.

En s'endormant, César craignit que le lendemain sa femme ne lui fît quelques objections péremptoires, et s'ordonna de se lever de grand matin pour tout résoudre. Au petit jour, il sortit donc sans bruit, laissa sa femme au lit, s'habilla lestement et descendit au magasin, au moment où le garçon en ôtait les volets numérotés. Birotteau, se voyant seul, attendit le lever de ses commis, et se mit sur le pas de sa porte en examinant comment son garçon de peine nommé Raguet s'acquittait de ses fonctions, et Birotteau s'y connaissait! Malgré le froid, le temps était superbe.

— Popinot, va prendre ton chapeau, mets tes souliers, fais descendre M. Célestin, nous allons causer tous deux aux Tuileries, dit-il en voyant descendre Anselme.

Popinot, cet admirable contre-pied du Tillet, et qu'un de ces heureux hasards qui font croire à la Providence avait mis auprès de César, joue ici un si grand rôle dans cette histoire, qu'il est nécessaire de le profiler ici. Madame Ragon était une demoiselle Popinot. Elle avait deux frères. L'un, le plus jeune de la famille, se trouvait alors juge suppléant au tribunal de première instance de la Seine. L'aîné avait entrepris le commerce des laines brutes, y avait mangé sa fortune, et mourut lui-sant à la charge des Ragon et de son frère le juge, qui n'avait pas d'enfants; son fils unique, déjà privé d'une mère morte en couches. Pour donner un état à son neveu, madame Ragon l'avait mis dans la parfumerie en espérant le voir succéder à Birotteau. Anselme Popinot était petit et pied-bot, infirmité que le hasard a donnée à lord Byron, à Walter Scott, à M. de Talleyrand, pour ne pas décourager ceux qui en sont affligés. Il avait le teint éclatant et plein de taches de rousseur qui distinguent les gens dont les cheveux sont rouges; mais son front pur, ses yeux de la couleur des agates gris-veiné, sa jolie bouche, sa blancheur et la grâce d'une jeunesse pudique, la timidité que lui inspirait son vice de conformation réveillaient à son profit des sentiments protecteurs: on aime les faibles. Popinot intéressait. Le petit Popinot, tout le monde l'appelait ainsi, tenait à une famille essentiellement religieuse, où les vertus étaient intelligentes, où la vie va était modeste et pleine de belles actions. Aussi l'enfant, élevé par son oncle le juge, offrait-il en lui la réunion des qualités qui rendent la jeunesse si belle : sage et affectueux, un peu honteux, mais plein d'ardeur, doux comme un mouton, mais courageux au travail, dévoué, sobre, il était doué de toutes les vertus d'un chrétien des premiers temps de l'Église.

En entendant parler d'une promenade aux Tuileries, la proposition la plus excentrique que pût faire à cette heure son imposant patron, Popinot crut qu'il voulait lui parler d'établissement : le commis pensa soudain à Césarine, la véritable reine des Roses, l'enseigne vivante de la maison, et de laquelle il s'éprit le jour même où, deux mois avant du Tillet, il était entré chez Birotteau. En montant l'escalier, il fut donc obligé de s'arrêter, son cœur se gonflait trop, ses artères battaient trop violemment ; il descendit bientôt suivi de Célestin, le premier commis de Birotteau. Anselme et son patron cheminèrent sans mot dire vers les Tuileries. Popinot avait alors vingt et un ans, Birotteau s'était marié à cet âge, Anselme ne voyait donc aucun empêchement à son mariage avec Césarine, quoique la fortune du parfumeur et la beauté de sa fille fussent d'immenses obstacles à la réussite de vœux si ambitieux ; mais l'amour procède par les élans de l'espérance, et, plus ils sont insensés, plus il y ajoute foi ; aussi, plus sa maitresse se trouvait loin de lui, plus ses désirs étaient-ils vifs. Heureux enfant qui, par un temps où tout se nivelle, où tous les chapeaux se ressemblent, réussissait à créer des distances entre la fille d'un parfumeur et lui, rejeton d'une vieille famille parisienne ! Malgré ses doutes, ses inquiétudes, il était heureux : il dînait tous les jours auprès de Césarine ! Puis, en s'appliquant aux affaires de la maison, il y mettait un zèle, une ardeur qui dépouillaient le travail de toute amertume ; en faisant tout au nom de Césarine, il n'était jamais fatigué. Chez un jeune homme de vingt ans, l'amour se repaît de dévouement.

— Ce sera un négociant, il parviendra, disait de lui César à madame Ragon en vantant l'activité d'Anselme au milieu des *mises* de la fabrique, en louant son aptitude à comprendre les finesses de l'art, en rappelant l'âpreté de son travail dans les moments où les expéditions donnaient, et où, les manches retroussées, les bras nus, le boiteux emballait et clouait à lui seul plus de caisses que les autres commis. Les prétentions connues et avouées d'Alexandre Crottat premier clerc de Roguin, la fortune du son père, riche fermier de la Brie, formaient des obstacles bien grands au triomphe de l'orphelin ; mais ces difficultés n'éteignaient point encore les plus âpres à vaincre : Popinot ensevelissait au fond de son cœur de tristes secrets qui agrandissaient l'intervalle mis entre Césarine et lui. Le fortune des Ragon, sur laquelle il aurait pu compter, était compromise, l'orphelin avait le bonheur de les aider à vivre en leur apportant ses maigres appointements. Cependant il y croyait au succès ! Il avait plusieurs fois saisi quelques regards jetés avec un apparent orgueil sur lui par Césarine ; au fond de ses yeux bleus, il osait lire une secrète pensée pleine de caressantes espérances. Il allait donc, travaillé par son espoir du moment, tremblant, silencieux, ému, comme pourrait l'être en semblable occurrence tous les jeunes gens pour qui la vie est un bourgeon.

— Popinot, lui dit le brave marchand, ta tante va-t-elle bien ?

— Oui, monsieur.

— Cependant elle me paraît soucieuse depuis quelque temps, y aurait-il quelque chose qui clocherait chez elle ? Écoute-moi, garçon, faut pas trop faire le mystérieux avec moi, je suis quasi de la famille, voilà vingt-cinq ans que je connais ton oncle Ragon. Je suis entré chez lui en gros souliers ferrés, arrivant de mon village. Quoique l'endroit s'appelle les *Trésorières*, j'avais pour toute fortune un louis d'or que m'avait donné ma marraine, feu madame la marquise d'Uxelles, une parente à M le duc et madame la duchesse de Lenoncourt, qui sont de nos pratiques. Aussi je prie tous les dimanches pour elle et pour toute sa famille : j'envoie en Touraine à sa nièce, madame de Mortsauf, toutes ses parfumeries. Ils me vient toujours des pratiques par eux, comme, par exemple, monsieur de Vandenesse, qui prend pour douze cents francs par an. On ne serait pas reconnaissant par bon cœur, on devrait l'être par calcul : mais je te veux du bien sans arrière-pensée et pour toi.

— Ah ! monsieur, vous aviez, si vous me permettez de vous le dire, une fière caboche !

— Non, mon garçon, non, cela ne suffit point. Je ne dis pas que ma caboche n'en vaille pas une autre ; mais j'avais de la probité, *mordicus* ! mais j'ai eu de la conduite, mais je n'ai jamais aimé que ma femme. L'amour est un fameux *véhicule*, un mot heureux qu'a employé hier M. de Villèle à la tribune.

— L'amour ! dit Popinot. Oh ! monsieur, est-ce que...

— Tiens, tiens, voilà le père Roguin qui vient à pied par le haut de la place Louis XV, à huit heures. Qu'est-ce que le bonhomme fait donc là ? se dit César en oubliant Anselme Popinot et l'huile de noisette.

Les suppositions sur sa femme lui revinrent à la mémoire, et, au lieu d'entrer dans le jardin des Tuileries, Birotteau s'avança vers le notaire pour le rencontrer. Anselme suivit son patron à distance, sans pouvoir s'expliquer le subit intérêt qu'il prenait à une chose en apparence si peu importante ; mais très-heureux des encouragements qu'il trou-

vait dans le dire de César sur ses souliers ferrés, son louis d'or et l'amour.

Roguin, grand et gros homme bourgeonné, le front très-découvert, à cheveux noirs, ne manquait pas jadis de physionomie ; il avait été audacieux et jeune, car de petit clerc il était devenu notaire ; mais, en ce moment, son visage offrait, aux yeux d'un habile observateur, les tiraillements, les fatigues de plaisirs cherchés. Lorsqu'un homme se plonge dans la fange des excès, il est difficile que sa figure ne soit pas fangeuse en quelque endroit : aussi les contours des rides, la chaleur du teint étaient-ils, chez Roguin, sans noblesse ; au lieu de cette lueur pure qui flambe sous les tissus des hommes contenus et leur imprime une fleur de santé, l'on entrevoyait chez lui l'impureté d'un sang fouetté par des efforts contre lesquels regimbe le corps. Son nez était ignoblement retroussé, comme celui des gens chez lesquels les humeurs, en prenant la route de cet organe, produisent une infirmité secrète qu'une vertueuse reine de France croyait naïvement être un malheur commun à l'espèce, n'ayant jamais approché d'autre homme que le roi d'assez près pour reconnaître son erreur. En prisant beaucoup de tabac d'Espagne, Roguin avait cru dissimuler son incommodité, il en avait augmenté les inconvénients, qui furent la principale cause de ses malheurs. N'est-ce pas une flatterie sociale un peu trop prolongée que de toujours peindre les hommes sous de fausses couleurs, et de ne pas révéler quelques-uns des vrais principes de leurs vicissitudes, souvent causées par la maladie ? Le mal physique, considéré dans ses ravages moraux, examiné dans ses influences sur le mécanisme de la vie, a peut-être été jusqu'ici trop négligé par les historiens des mœurs. Madame César avait bien deviné le secret du ménage Des la première nuit de ses noces, la charmante fille unique du banquier Chevrel avait conçu pour le pauvre notaire une insurmontable antipathie, et voulut aussitôt requérir le divorce. Trop heureux d'avoir une femme riche de cinq cent mille francs sans compter les espérances, Roguin avait supplié sa femme de ne pas intenter une action en divorce, en la laissant libre et se soumettant à toutes les conséquences d'un pareil pacte. Madame Roguin, devenue souveraine maitresse, se conduisit avec son mari comme une courtisane avec un vieil amant. Roguin trouva bientôt sa femme trop chère, et, comme beaucoup de maris parisiens, il eut un second ménage en ville. D'abord coûteuse dans de sages bornes, cette dépense fut médiocre. Primitivement, Roguin rencontra, sans grands frais, des grisettes très-heureuses de sa protection : mais, depuis trois ans, il était rongé par une de ces indomptables passions qui envahissent les hommes entre cinquante et soixante ans, et que justifiait l'une des plus magnifiques créatures de ce temps, connue dans les fastes de la prostitution sous le sobriquet de la belle Hollandaise, car elle allait retomber dans ce gouffre où sa maladie l'illustra. Elle avait été jadis amenée de Bruges à Paris par un des clients de Roguin, qui, forcé de partir par suite des événements politiques, lui en fit présent en 1815. Le notaire avait acheté pour sa belle une petite maison aux Champs-Élysées, l'avait richement meublée et s'était laissé entraîner à satisfaire les coûteux caprices de cette femme, dont les profusions absorbèrent sa fortune. L'air sombre empreint sur la physionomie de Roguin, et qui se dissipa quand il vit son client, tenait à des événements mystérieux où se trouvaient les secrets de la fortune si rapidement faite par du Tillet. Le plus forme par du Tillet changea des le premier dimanche où il put observer chez son patron la situation respective de M. et madame Roguin. Il était venu moins pour séduire madame César que pour se faire offrir la main de Césarine en dédommagement d'une passion rentrée, et il eut d'autant moins de peine à renoncer à ce mariage, qu'il avait cru César riche et le trouvait pauvre. Il espionna le notaire, s'insinua dans sa confiance, se fit présenter chez la belle Hollandaise, y étudia dans quels termes elle était avec Roguin, et apprit qu'elle menaçait de remercier son amant s'il lui rognait son luxe. La belle Hollandaise était de ces femmes folles qui ne s'inquiètent jamais d'où vient l'argent ni comment il s'acquiert, et qui donneraient une fête avec les écus d'un parricide. Elle ne pensait jamais le lendemain à la veille. Pour elle, l'avenir était son après-dîner, et la fin du mois l'éternité, même quand elle avait des mémoires à payer. Charmé de rencontrer un premier levier, du Tillet commença par faire aimer à la belle Hollandaise qu'elle aimât Roguin pour trente mille francs par an au lieu de cinquante mille, service que les vieillards passionnés oublient rarement. Après un souper très-aviné, Roguin s'ouvrit à du Tillet sur sa crise financière. Ses immeubles étant absorbés par l'hypothèque légale de sa femme, il avait été conduit par sa passion à prendre dans les fonds de ses clients une somme déjà supérieure à la moitié de sa charge Quand le reste serait dévoré, il informé Roguin se brûlerait la cervelle, car il croyait diminuer l'horreur de la faillite en imposant la pitié publique. Du Tillet aperçut une fortune rapide et sûre qui brilla comme un éclair dans la nuit de l'ivresse, il rassura Roguin et le paya de sa confiance en lui faisant tirer ses pistolets en l'air

— En se hasardant ainsi, lui dit-il, un homme de votre portée ne doit pas se conduire comme un sot et marcher à tâtons, mais opérer hardiment.

Il lui conseilla de prendre dès à présent une forte somme, de la lui confier pour être jouée avec audace dans une partie quelconque, à la Bourse, ou dans quelque spéculation choisie entre les mille qui enreprenaient alors. En cas de gain, ils fonderaient à eux deux une maison de banque où l'on tirerait parti des dépôts, et dont les bénéfices lui serviraient à contenter sa passion. Si la chance tournait contre eux, Roguin irait vivre à l'étranger au lieu de se tuer, parce que son du Tillet lui serait fidèle jusqu'au dernier sou. C'était une corde à portée de main pour un homme qui se noyait, et Roguin ne s'aperçut pas que le commis parfumeur la lui passait autour du cou. Maître du secret de Roguin, du Tillet s'en servit pour établir à la fois son pouvoir sur la femme, sur la maîtresse et sur le mari. Prévenue d'un désastre qu'elle était loin de soupçonner, madame Roguin accepta les soins de du Tillet, qui sortit alors de chez le parfumeur, sûr de son avenir. Il n'eut pas de peine à convaincre la maîtresse de risquer une somme, afin de ne jamais être obligée de recourir à la prostitution s'il lui arrivait quelque malheur. La femme régla ses affaires, amassa promptement un petit capital, et le remit à un homme en qui son mari se fiait, car le notaire donna d'abord cent mille francs à son complice. Placé près de madame Roguin de manière à transformer les intérêts de cette belle femme en affection, du Tillet sut lui inspirer la plus violente passion. Ses trois commanditaires lui constituèrent naturellement une part; mais, mécontent de cette part, il eut l'audace, en les faisant jouer à la Bourse, de s'entendre avec un adversaire qui lui révélait le montant des pertes supposées, qu'il joua pour ses clients et pour lui-même. Aussitôt qu'il eut cinquante mille francs, il fut sûr de faire une grande fortune; il porta le coup d'œil d'aigle qui le caractérise sur les phases où se trouvait alors la France; il joua la baisse pendant la campagne de France, et la hausse au retour des Bourbons. Deux mois après la rentrée de Louis XVIII, madame Roguin possédait deux cent mille francs, et du Tillet cent mille écus. Le notaire, aux yeux de qui ce jeune homme était un ange, avait rétabli l'équilibre dans ses affaires. La belle Hollandaise dissipait tout, elle était la proie d'un infâme cancer, nommé Maxime de Trailles, ancien page de l'empereur. Du Tillet découvrit le véritable nom de cette fille en faisant un acte avec elle. Elle se nommait Sarah Gobseck. Frappé de la coïncidence de ce nom avec celui d'un usurier dont il avait entendu parler, il alla chez ce vieil escompteur, la providence des enfants de famille, afin de reconnaître jusqu'où pourrait aller sur lui le crédit de sa parente. Le Brutus des usuriers fut implacable pour sa petite-nièce, mais du Tillet sut lui plaire en se posant comme le banquier de Sarah, et comme ayant des fonds à faire mouvoir. La nature normande et la nature usurière se convinrent l'une à l'autre. Gobseck avait justement avoir besoin d'un homme jeune et habile pour surveiller une petite opération à l'étranger.

Un auditeur au conseil d'État, surpris par le retour des Bourbons, avait eu l'idée, pour se bien mettre en cour, d'aller en Allemagne racheter les titres des dettes contractées par les princes pendant leur émigration. Il offrait les bénéfices de cette affaire, pour lui purement politique, à ceux qui lui donneraient les fonds nécessaires. L'usurier ne voulait lâcher les sommes qu'au fur et à mesure de l'achat des créances, et les faire examiner par un fin représentant. Les usuriers ne se fient à personne, ils veulent des garanties; auprès d'eux, l'occasion est tout : de glace quand ils n'ont pas besoin d'un homme, ils sont patelins et disposés à la bienfaisance quand leur utilité s'y trouve. Du Tillet connaissait le rôle immense sourdement joué à la place de Paris par les Werbrust et Gigonnet, escompteurs du commerce des rues Saint-Denis et Saint-Martin, par Palma, banquier du faubourg Poissonnière, presque toujours intéressés avec Gobseck. Il offrit donc une caution pécuniaire en se faisant accorder un intérêt et en exigeant que ces messieurs employassent dans leur commerce d'argent les fonds qu'il leur déposerait; il se préparait ainsi des appuis. Il accompagna M. Clément Chardin des Lupeaulx dans un voyage en Allemagne qui dura pendant les Cent-Jours, et revint à la seconde restauration, ayant plus augmenté les éléments de sa fortune que sa fortune elle-même. Il était entré dans les secrets des plus habiles calculateurs de Paris. Il avait conquis l'amitié de l'homme qu'il était le surveillant, car cet habile escamoteur lui avait mis à nu les ressorts et la jurisprudence de la haute politique. Du Tillet était un de ces esprits qui entendent à demi-mot, il acheva de former pendant ce voyage. À son retour, il retrouva madame Roguin fidèle. Quant au pauvre notaire, il attendait Ferdinand avec autant d'impatience que n'en témoignait sa femme, la belle Hollandaise l'avait de nouveau ruiné. Du Tillet questionna la belle Hollandaise, et ne retrouva pas une dépense équivalente aux sommes dissipées. Du Tillet découvrit alors le secret que Sarah Gobseck lui avait si soigneusement caché, sa folle passion pour Maxime de Trailles, dont les débuts dans sa carrière de vices et de débauches annonçaient ce qu'il fut, un de ces garnements politiques nécessaires à tout bon gouvernement, et que le jeu rendait insatiable. En faisant cette découverte, Du Tillet comprit l'insensibilité de Gobseck pour sa petite-nièce. Dans ces conjonctures, le banquier du Tillet, car il devint banquier, conseilla fortement à Roguin de garder une poire pour la soif, en embarquant ses clients les plus riches dans une affaire où il pourrait se réserver de fortes sommes, après s'être contraint à faillir en recommançant le jeu de la Banque. Après des hauts et des bas, profitables seulement à du Tillet et à madame Roguin, la belle Hollandaise entendit enfin sonner l'heure de sa déconfiture. Son agonie fut alors exploitée par son meilleur ami. Du Tillet inventa la spéculation relative aux terrains situés autour de la

Madeleine. Naturellement les cent mille francs déposés par Birotteau chez Roguin, en attendant un placement, furent remis à du Tillet qui, voulant perdre le parfumeur, fit comprendre à Roguin qu'il courait moins de danger à prendre dans ses filets ses amis intimes. — Un ami, lui dit-il, conserve des ménagements jusque dans sa colère. Peu de personnes savent aujourd'hui combien peu valait à cette époque une toise de terrain à la Madeleine, mais ces terrains allaient nécessairement être vendus au-dessus de leur valeur momentanée à cause de l'obligation où l'on serait d'aller trouver des propriétaires qui profiteraient de l'occasion; or du Tillet voulait être à portée de recueillir les bénéfices sans supporter les pertes d'une spéculation à long terme. En d'autres termes, son plan consistait à tuer l'affaire pour s'adjuger un cadavre qu'il savait pouvoir raviver. En semblable occurrence, les Gobseck, les Palma, les Werbrust et Gigonnet se prêtaient mutuellement la main; mais du Tillet n'était pas assez intime avec eux pour leur demander leur aide : d'ailleurs il voulait si bien cacher son bras tout en conduisant l'affaire, qu'il pût recueillir les profits du vol sans en avoir la honte; il sentit donc la nécessité d'avoir à lui l'un de ces manuequins vivants nommés dans la langue commerciale hommes de paille. Son joueur supposé de la Bourse lui parut propre à devenir son âme damnée, et il entreprit sur les droits divins en créant un homme. D'un ancien commis-voyageur, sans moyens ni capacité, excepté celle de parler indéfiniment sur toute espèce de sujet et ne disant rien, sans sou ni maille, mais pouvant comprendre un rôle et le jouer sans compromettre la pièce; plein de l'honneur le plus rare, c'est-à-dire capable de garder un secret et de se laisser déshonorer au profit du son commettant, du Tillet fit un banquier qui montait et dirigeait les plus grandes entreprises, le chef de la maison Claparon. La destinée de Charles Claparon était d'être un jour livré aux juifs et aux pharisiens, si les affaires lancées par du Tillet exigeaient une faillite, et Claparon le savait. Mais, pour un pauvre diable qui se promenait mélancoliquement sur les boulevards avec un avenir de quarante sous dans sa poche quand son camarade du Tillet le rencontra, les petites parts qui devaient lui être abandonnées dans chaque affaire furent un Eldorado. Ainsi son amitié, son plan dévouement pour du Tillet, corroborés d'une reconnaissance irréfléchie, excités par les besoins d'une vie libertine et décousue, lui faisaient dire amen à tout. Puis, après avoir vendu son honneur, il le voyait risquer avec tant de prudence, qu'il finit par s'attacher à son ancien camarade, comme un chien à son maître. Claparon était un caniche fort laid, mais toujours prêt à faire le saut de Curtius. Dans la combinaison actuelle, il devait représenter une moitié des acquéreurs des terrains, comme César Birotteau représentait l'autre. Les valeurs que Claparon recevrait de Birotteau seraient escomptées par un des usuriers de qui du Tillet pouvait emprunter le nom, pour précipiter Birotteau dans les abîmes d'une faillite, quand Roguin lui enlèverait ses fonds. Les syndics de la faillite agiraient au gré des inspirations de du Tillet, possesseur des écus donnés par le parfumeur sous différents noms, feraient liciter les terrains et les achèteraient pour la moitié de leur valeur en payant avec les fonds de Roguin et le dividende de la faillite. Le notaire trempait dans ce plan en croyant avoir une bonne part des précieuses dépouilles du parfumeur et de ses cointéressés; mais l'homme à la discrétion duquel il se livrait devait se faire et se fit la part du lion. Roguin, ne pouvant poursuivre du Tillet devant aucun tribunal, fut heureux de l'os à ronger qui lui fut jeté, de mois en mois, au fond de la Suisse où il trouva des beautés au rabais. Les circonstances, et non une méditation d'auteur tragique inventant une intrigue, avaient engendré cet horrible plan. La haine sans désir de vengeance est un grain tombé sur du granit; la vengeance vouée à César, par du Tillet, était donc un des mouvements les plus naturels, ou il faut nier la querelle des anges maudits et des anges de lumière. Du Tillet ne pouvait, sans de grands inconvénients, assassiner le seul homme dans Paris qui le savait coupable d'un vol domestique, mais il pouvait le jeter dans la boue et l'annihiler au point de rendre son témoignage impossible. Pendant longtemps sa vengeance avait germé dans son cœur sans fleurir, car les gens les plus haineux font à Paris très-peu de plans, la vie y est trop rapide, trop remuée; il y a trop d'accidents imprévus; mais aussi ces perpétuelles oscillations, en ne permettant pas la préméditation, servent une pensée fixe au fond du cœur qui guette leurs chances fluviatiles. Quand Roguin avait fait sa confidence à du Tillet, le commis y entrevit vaguement la possibilité de détruire César, et il ne s'était pas trompé. Sur le point de quitter son idole, le notaire buvait le reste de son philtre dans la coupe cassée, il allait tous les jours aux Champs-Élysées, et revenait chez lui de grand matin. Ainsi la défiante madame César avait raison. Dès qu'un homme se résout à jouer le rôle que du Tillet avait donné à Roguin, il acquiert les talents du plus grand comédien, il a la vue d'un lynx et la pénétration d'un voyant, il sait magnétiser sa dupe, aussi le notaire avait-il aperçu Birotteau longtemps avant que Birotteau ne le vit, et, quand le parfumeur le regarda, il lui tendait déjà la main de loin.

— Je viens d'aller recevoir le testament d'un grand personnage qui n'a pas huit jours à vivre, dit-il de l'air le plus naturel du monde; mais l'on m'a traité comme un médecin de village, on m'a envoyé chercher en voiture, et je reviens à pied.

Ces paroles dissipèrent un léger nuage de défiance qui avait obscurci le front du parfumeur, et que Roguin entrevit ; aussi le notaire se garda-t-il bien de parler de l'affaire des terrains le premier, car il voulait porter le dernier coup à sa victime.

— Après les testaments, les contrats de mariage, dit Birotteau, voilà la vie. Et à propos de cela, quand épousons-nous la Madeleine? Eh ! eh ! papa Roguin, ajouta-t-il en lui tapant sur le ventre.

Entre hommes la prétention des plus chastes bourgeois est de paraître égrillards.

— Mais si ce n'est pas aujourd'hui, répondit le notaire d'un air diplomatique, ce ne sera jamais. Nous craignons que l'affaire ne s'ébruite, je suis déjà vivement pressé par deux de mes plus riches clients qui veulent se mettre dans cette spéculation. Aussi est-ce à prendre ou à laisser. Passé midi, je dresserai les actes et vous n'aurez la faculté d'y être que jusqu'à une heure. Adieu. Je vais précisément lire les minutes que Xandrot a dû me dégrossir pendant cette nuit.

— Eh bien ! c'est fait, vous avez ma parole, dit Birotteau en courant après le notaire et lui frappant dans la main. Prenez les cent mille francs qui devaient servir à la dot de ma fille.

— Bien, dit Roguin en s'éloignant.

Pendant l'instant que Birotteau mit à revenir auprès du petit Popinot, il éprouva dans ses entrailles une chaleur violente, son diaphragme se contracta, ses oreilles tintèrent.

— Qu'avez-vous, monsieur ? lui demanda le commis en voyant à son maître le visage pâle.

— Ah ! mon garçon, je viens de conclure par un seul mot une grande affaire, personne n'est maître de ses émotions en pareil cas. D'ailleurs, tu n'y es pas étranger. Aussi, t'ai-je amené ici pour y causer plus à l'aise, personne ne nous écoutera. Ta tante est gênée, à quoi donc a-t-elle perdu son argent? dis-le-moi.

— Monsieur, mon oncle et ma tante avaient leurs fonds chez M. de Nucingen, ils ont été forcés de prendre en remboursement des actions dans les mines de Worstchin, qui ne donnent pas encore de dividende, et il est assez difficile à leur âge de vivre d'espérance.

— Mais avec quoi vivent-ils ?

— Ils m'ont fait le plaisir d'accepter mes appointements.

— Bien, bien, Anselme, dit le parfumeur en laissant une larme qui roula dans ses yeux, tu es digne de l'attachement que je te porte. Aussi vas-tu recevoir une haute récompense de ton application à mes affaires.

En disant ces paroles, le négociant grandissait autant à ses propres yeux qu'à ceux de Popinot ; il y mit cette bourgeoise et naïve emphase, expression de sa supériorité postiche.

— Quoi! vous auriez deviné ma passion pour...

— Pour qui ? dit le parfumeur.

— Pour mademoiselle Césarine.

— Ah ! garçon, tu es bien hardi, s'écria Birotteau. Mais garde bien ton secret, je te promets de l'oublier, et tu sortiras de chez moi demain. Je ne t'en veux pas ; à ta place, diable ! diable ! j'en aurais fait tout autant. Elle est si belle !

— Ah ! monsieur, dit le commis, qui sentait sa chemise mouillée tant il se tressutait.

— Mon garçon, cette affaire n'est pas l'affaire d'un jour : Césarine est sa maîtresse, et sa mère a ses idées. Ainsi rentre en toi-même, essuie tes yeux, tiens ton cœur en bride, et n'en parlons jamais. Je ne rougirais pas de te l'avoir pour gendre : neveu de M. Popinot, juge au tribunal de première instance, neveu du Ragon, tu as le droit de faire ton chemin tout comme un autre ; mais il y a des mais, des car, des si ! Quel diable de chien me lâches-tu dans une conversation d'affaire ! Tiens, assieds-toi sur cette chaise, et que l'amoureux lasse place au commis. Popinot, es-tu homme de cœur ? dit-il en regardant son commis. Te sens-tu le courage de lutter avec plus fort que toi, de te battre corps à corps?

— Oui, monsieur.

— De soutenir un combat long, dangereux..

— De quoi s'agit-il ?

— De couler l'huile de Macassar ! dit Birotteau, se dressant en pied comme un héros de Plutarque. Ne nous abusons pas, l'ennemi est fort, bien campé, redoutable. L'huile de Macassar a été rondement mené. La conception est habile. Les fioles carrées ont l'originalité de la forme. Pour mon projet, j'ai pensé à faire les fioles triangulaires ; mais je préférerais, après de mûrs réflexions, de petites bouteilles de verre mince chissées en roseau, elles auraient un air mystérieux, et le consommateur aime tout ce qui l'intrigue.

— C'est coûteux, dit Popinot. Il faudrait tout établir au meilleur marché possible, afin de faire de fortes remises aux détaillants.

— Bien, mon garçon, voilà les vrais principes. Songes-y bien, l'huile de Macassar se défendra ! elle est spécieuse, elle a un nom séduisant. Il la présente comme une importation étrangère, et nous aurons le malheur d'être de notre pays ! Voyons, Popinot, te sens-tu de force à tuer Macassar ? D'abord tu l'emporteras dans les expéditions d'outre-mer : il paraît que Macassar est réellement aux Indes, il est plus naturel alors d'envoyer le produit français aux Indiens que de leur renvoyer ce qu'ils sont censés nous fournir. A toi les pacotilleurs ! Mais il faut lutter à l'étranger, lutter dans les départements ! Or, l'huile

de Macassar a été bien affichée, il ne faut pas se déguiser sa puissance, elle est poussée, le public la connaît.

— Je la coulerai ! s'écria Popinot l'œil en feu.

— Avec quoi ? lui dit Birotteau. Voilà bien l'ardeur des jeunes gens. Écoute-moi donc jusqu'au bout.

Anselme se mit comme un soldat au port d'armes devant un maréchal de France.

— J'ai inventé, Popinot, une huile pour exciter la pousse des cheveux, raviver le cuir chevelu, maintenir la couleur des chevelures mâles et femelles. Cette essence n'aura pas moins de succès que ma pâte et mon eau ; mais je ne veux pas exploiter ce secret par moi-même, je pense à me retirer du commerce. C'est toi, mon enfant, qui lanceras mon huile comagène (du mot coma, mot latin qui signifie cheveux, comme l'a dit M. Alibert, médecin du roi. Ce mot se trouve dans la tragédie de Bérénice, où Racine a mis un roi de Comagène, amant de cette belle reine si célèbre par sa chevelure, lequel amant, sans doute par flatterie, a donné ce nom à son royaume ' Comme ces grands génies ont de l'esprit ! ils descendent aux plus petits détails).

Le petit Popinot garda son sérieux en écoutant cette parenthèse saugrenue, évidemment dite pour lui, qui avait de l'instruction.

— Anselme, j'ai jeté les yeux sur toi pour fonder une maison de commerce de haute droguerie, dit Birotteau. Je serai ton associé secret, je te baillerai les premiers fonds. Après l'huile comagène, nous essayerons de l'essence de vanille, de l'esprit de menthe. Enfin, nous aborderons la droguerie en la révolutionnant, en vendant ses produits concentrés au lieu de les vendre en nature. Ambitieux jeune homme, es-tu content ?

Anselme ne pouvait répondre, tant il était oppressé, mais ses yeux pleins de larmes répondirent pour lui. Cette offre lui semblait dictée par une indulgente paternité qui lui disait : Mérite Césarine en devenant riche et considéré.

— Monsieur, répondit-il enfin en prenant l'émotion de Birotteau pour de l'étonnement, non aussi je réussirai !

— Voilà comme j'étais, s'écria le parfumeur, je n'ai pas dit un autre mot. Si tu n'as pas ma fille, tu auras toujours une fortune. Eh bien ! garçon, qu'est-ce que tu prends ?

— Laissez-moi espérer qu'en acquérant l'une j'obtiendrai l'autre.

— Je ne puis t'empêcher d'espérer, mon ami, dit Birotteau, touché par le ton d'Anselme.

— Eh bien ! monsieur, puis-je dès aujourd'hui prendre mes mesures pour trouver une boutique afin de commencer au plus tôt ?

— Oui, mon enfant. Demain nous irons nous enfermer tous deux à la fabrique. Avant d'aller dans le quartier de la rue des Lombards, tu passeras chez Livingston, pour savoir si ma presse hydraulique pourra fonctionner demain. Le soir, nous irons, à l'heure du dîner, chez l'illustre et bon M. Vauquelin pour le consulter. Ce savant s'est occupé tout récemment de la composition des cheveux, il a recherché quelle était leur substance colorante, d'où elle provenait quelle était la contexture des cheveux. Tout est là, Popinot. Tu sauras mon secret, et il ne s'agira plus que de l'exploiter avec intelligence. Avant d'aller chez Livingston, passe chez Pieri Bénard. Mon enfant, le désintéressement de M. Vauquelin est une des grandes douleurs de ma vie il est impossible de lui rien faire accepter. Heureusement, j'ai su par Chiffreville qu'il voulait une Vierge de Dresde, gravée par un certain Muller, et, après deux ans de correspondance en Allemagne, Bénard a fini par la trouver sur papier de Chine, avant la lettre : elle coûte quinze cents francs, mon garçon. Aujourd'hui, notre bienfaiteur la verra dans son antichambre en nous reconduisant, car elle doit être encadrée, tu t'en assureras. Nous nous rappellerons ainsi à son souvenir, ma femme et et moi, car quant à la reconnaissance, voilà seize ans que nous prions Dieu, tous les jours pour lui. Moi je ne l'oublierai jamais ; mais, Popinot, enfoncés dans la science, ces savants oublient tout, femmes, amis, obligés. Nous autres, notre peu d'intelligence nous permet au moins d'avoir le cœur chaud. Ça console de ne pas être un grand homme. Ces messieurs de l'Institut, c'est tout cerveau, tu verras, vous ne les rencontrez jamais dans une église. M. Vauquelin est toujours dans son cabinet ou dans son laboratoire, j'aime à croire qu'il pense à Dieu en analysant ses ouvrages Voilà qui est entendu : je te ferai les fonds, je te laisserai la possession de mon secret, nous serons de moitié, sans qu'il soit besoin d'acte. Vienne le succès ! nous arrangerons nos flûtes. Cours, mon garçon, moi je vais à mes affaires. Écoute donc, Popinot, je donnerai dans vingt jours un grand bal, fais-toi faire un habit, viens-y comme un commerçant déjà casé...

Ce dernier trait de bonté émut tellement Popinot, qu'il saisit la grosse main de César et la baisa. Le bonhomme avait flatté l'amoureux par cette confidence, et les gens épris sont capables de tout.

— Pauvre garçon, dit Birotteau en le voyant courir à travers les Tuileries, si Césarine l'aimait ! mais il est louche, il a les cheveux de la couleur d'un bassin, et les jeunes filles sont si singulières, je ne crois guère que Césarine... Et puis sa mère veut la voir la femme d'un notaire. Alexandre Crottat la fera riche. La richesse rend tout supportable, tandis qu'il n'y a pas de bonheur qui ne succombe à la misère. Enfin, j'ai résolu de laisser ma fille maîtresse d'elle-même jusqu'à concurrence d'une folie.

Le voisin de Birotteau était un petit marchand de parapluies, d'ombrelles et de cannes, nommé Cayron, Languedocien qui faisait de mauvaises affaires, et que Birotteau avait obligé déjà plusieurs fois. Cayron ne demandait pas mieux que de se restreindre à sa boutique et de céder au riche parfumeur les deux pièces du premier étage, en diminuant d'autant son bail.

— Eh bien! voisin, lui dit familièrement Birotteau en entrant chez le marchand de parapluies, ma femme consent à l'augmentation de notre local! Si vous voulez, nous irons chez M. Molineux à onze heures.

— Mon cher monsieur Birotteau, reprit le marchand de parapluies, je ne vous ai jamais rien demandé pour cette cession, mais vous savez qu'un bon commerçant doit faire argent de tout.

— Diable! diable! répondit le parfumeur, je n'ai pas des mille et des cents. J'ignore si mon architecte, que j'attends, trouvera la chose praticable. Avant de conclure, m'a-t-il dit, sachons si vos planchers sont de niveau. Puis il faut que M. Molineux consente à laisser percer le mur, et le mur est-il mitoyen? Enfin, j'ai à faire retourner chez moi l'escalier, pour changer le palier afin d'établir le plain-pied. Voilà bien des frais, je ne veux pas me ruiner.

— Oh! monsieur, dit le Méridional, quand vous serez ruiné, le soleil sera venu coucher avec la terre, et ils auront fait des petits!

Birotteau se caressa le menton en se soulevant sur la pointe des pieds et retombant sur ses talons.

— D'ailleurs, reprit Cayron, je ne vous demande pas autre chose que de me prendre ces valeurs-là ..

Et il lui présenta un petit bordereau de cinq mille francs composé de seize billets.

— Ah! dit le parfumeur en feuilletant les effets, de petites broches, deux mois, trois mois ...

— Prenez-les-moi à six pour cent seulement, dit le marchand d'un air humble.

— Est-ce que je fais l'usure? dit le parfumeur d'un air de reproche.

— Mon Dieu, monsieur, je suis allé chez votre ancien commis du Tillet, il n'en voulait à aucun prix, sans doute pour savoir ce que je consentirais à perdre.

— Je ne connais pas ces signatures-là, dit le parfumeur.

— Mais nous avons de si drôles de noms dans les cannes et les parapluies, c'est des colporteurs!

— Eh bien! je ne dis pas que je prenne tout, mais je m'arrangerai toujours des plus courts.

— Pour mille francs qui se trouvent à quatre mois, ne me laissez pas courir après les sangsues qui nous tirent le plus clair de nos bénéfices, laissez-moi tout, monsieur. J'ai si peu recours à l'escompte, je n'ai nul crédit, voilà ce qui nous tue, nous autres petits détaillants.

— Allons, j'accepte vos effets, Célestin fera le compte. A onze heures, soyez prêt. Voici mon architecte, M. Grindot, ajouta le parfumeur en voyant venir le jeune homme avec lequel il avait pris la veille rendez-vous chez M. de la Billardière. Contre la coutume des gens de talent, vous êtes exact, monsieur, lui dit César en déployant ses grâces commerciales les plus distinguées. Si l'exactitude, suivant un mot du roi, homme d'esprit autant que grand politique, est la politesse des rois, elle est aussi la fortune des négociants. Le temps, le temps est de l'or, surtout pour vous, artistes. L'architecture est la réunion de tous les arts, je me suis laissé dire cela. Ne passons point par la boutique, ajouta-t-il en montrant la fausse porte cochère de sa maison.

Quatre ans auparavant, M. Grindot avait remporté le grand prix d'architecture, il revenait de Rome après un séjour de trois ans aux frais de l'État. En Italie, le jeune artiste songeait à l'art, à Paris il songeait à la fortune. Le gouvernement peut seul donner les millions nécessaires à un architecte pour édifier sa gloire; en revenant de Rome, il est si naturel de se croire Fontaine ou Percier, que tout architecte ambitieux incline au ministérialisme: le pensionnaire libéral, devenu royaliste, tâchait donc de se faire protéger par les gens influents. Quand un grand prix se conduit ainsi, ses camarades l'appellent un intrigant. Le jeune architecte avait deux partis à prendre: servir le parfumeur ou le mettre à contribution. Mais Birotteau l'adjoint, Birotteau le futur possesseur par moitié des terrains de la Madeleine, autour de laquelle tôt ou tard il se battrait un beau quartier, était homme à ménager. Grindot immola donc le gain présent aux bénéfices à venir. Il écouta patiemment les plans, les redites, les idées d'un de ces bourgeois, cible constante des traits, des plaisanteries de l'artiste, éternel objet de ses mépris, et suivit le parfumeur en hochant la tête aux idées qu'il en recevait. Quand le parfumeur eut bien tout expliqué, le jeune architecte essaya de lui résumer à lui-même son plan.

— Vous avez trois croisées de face sur la rue, plus la croisée perdue sur l'escalier et prise par le palier. Vous ajoutez à ces quatre croisées les deux qui sont de niveau dans la maison voisine en retournant l'escalier pour aller de plain-pied dans l'appartement, du côté de la rue.

— Vous m'avez parfaitement compris, dit le parfumeur étonné.

— Pour réaliser votre plan, il faut éclairer par en haut le nouvel escalier, et ménager une loge de portier sous le socle.

— Un socle...

— Oui, c'est la partie sur laquelle reposera...

— Je comprends, monsieur.

— Quant à votre appartement, laissez-moi carte blanche pour le distribuer et le décorer. Je veux le rendre digne...

— Digne! Vous avez dit le mot, monsieur.

— Quel temps me donnez-vous pour opérer ce changement de décor?

— Vingt jours.

— Quelle somme voulez-vous jeter à la tête des ouvriers? dit Grindot.

— Mais à quelle somme pourront monter ces réparations?

— Un architecte chiffre une construction neuve à un centime près, répondit le jeune homme; mais comme je ne sais pas ce que c'est que d'enfiler un bourgeois, ... pardon! monsieur, le mot m'est échappé; je dois vous prévenir qu'il est impossible de chiffrer des réparations et des rhabillages. A peine en huit jours arriverais-je à faire un devis approximatif. Accordez-moi votre confiance: vous aurez un charmant escalier éclairé par le haut, orné d'un joli vestibule sur la rue, et sous le socle...

— Toujours ce socle...

— Ne vous inquiétez pas, je trouverai la place d'une petite loge de portier. Vos appartements seront étudiés, restaurés avec amour. Oui, monsieur, je vois l'art et non la fortune! Avant tout, ne dois-je pas faire parler de moi pour arriver? Selon moi, le meilleur moyen est de ne pas tripoter avec les fournisseurs, de réaliser de beaux effets à bon marché.

— Avec de pareilles idées, jeune homme, dit Birotteau d'un ton protecteur, vous réussirez.

— Ainsi, reprit Grindot, traitez directement avec vos maçons, peintres, serruriers, charpentiers, menuisiers. Moi je me charge de régler leurs mémoires. Accordez-moi seulement deux mille francs d'honoraires, ce sera de l'argent bien placé. Laissez-moi maître des lieux demain à midi et indiquez-moi vos ouvriers.

— A quoi peut se monter la dépense à vue de nez? dit Birotteau.

— A douze mille francs, dit Grindot. Mais je ne compte pas le mobilier, car vous le renouvelez sans doute. Vous me donnerez l'adresse de votre tapissier, afin que je m'entende avec lui pour assortir les couleurs, afin d'arriver à un ensemble de bon goût.

— M. Braschon, rue Saint-Antoine, a mes ordres, dit le parfumeur en prenant un air ducal.

L'architecte écrivit l'adresse sur un de ces petits souvenirs qui viennent toujours d'une jolie femme.

— Allons, dit Birotteau, je me fie à vous, monsieur. Seulement, attendez que j'aie arrangé la cession du bail des deux chambres voisines et obtenu la permission d'ouvrir le mur.

— Prévenez-moi par un billet ce soir, dit l'architecte. Je dois passer la nuit à faire mes plans, et nous préférons encore travailler pour les bourgeois à travailler pour le roi de Prusse, c'est-à-dire pour nous. Je vais toujours prendre les mesures, les hauteurs, la dimension des tableaux, la portée des fenêtres...

— Nous arriverons au jour dit, reprit Birotteau, sans quoi, rien.

— Il le faudra bien, dit l'architecte, les ouvriers passeront les nuits, on emploiera des procédés pour sécher les peintures; mais ne vous laissez pas enfoncer par les entrepreneurs, demandez-leur toujours le prix d'avance, et constatez vos conventions.

— Paris est le seul endroit du monde où l'on puisse frapper de pareils coups de baguette, dit Birotteau en se laissant aller à une gasconnade asiatique digne des Mille et une Nuits. Vous me ferez l'honneur de venir à mon bal, monsieur. Les hommes à talent n'ont pas tous le dédain dont on accable le commerce, et vous y verrez sans doute un savant du premier ordre, M. Vauquelin, de l'Institut! puis M. de la Billardière, M. le comte de Fontaine, M. Lebas, juge et le président du tribunal de commerce: des magistrats: M. le comte de Granville, de la cour royale, et M. Popinot, du tribunal de première instance, M. Camusot, du tribunal de commerce, et M. Cardot, son beau-père... Enfin peut-être M. le duc de Lenoncourt, premier gentilhomme de la chambre du roi. Je réunis quelques amis autant... pour célébrer la délivrance du territoire... que pour fêter ma... promotion dans l'ordre de la Légion-d'honneur...

Grindot fit un geste singulier.

— Peut-être... me suis-je rendu digne de cette insigne... et... royale faveur en siégeant au tribunal consulaire et en combattant pour les Bourbons sur les marches de Saint-Roch au 13 vendémiaire, où je fus blessé par Napoléon. Ces titres...

Constance, vêtue en main, sortit de la chambre à coucher de Césarine, où elle s'était habillée; son premier coup d'œil arrêta net la verve de son mari, qui cherchait à formuler une phrase normale pour apprendre avec modestie les grandeurs prochaines.

— Tiens, mimi, voici M. de Grindot, jeune homme distingué d'autre part, et possesseur d'un grand talent. Monsieur est l'architecte que nous a recommandé M. de la Billardière pour diriger nos petits travaux ici.

Le parfumeur se cacha de sa femme pour faire un signe à l'architecte, en mettant un doigt sur ses lèvres au mot petit, et l'artiste comprit.

— Constance, monsieur va prendre les mesures, les hauteurs ; laisse-le faire, ma bonne, dit Birotteau, qui s'esquiva dans la rue.

— Cela sera-t-il bien cher ? dit Constance à l'architecte.

— Non, madame, six mille francs, à vue de nez...

— A vue de nez ! s'écria madame Birotteau. Monsieur, je vous en prie, ne commencez rien sans un devis et des marchés signés. Je connais les façons de messieurs les entrepreneurs : six mille veut dire vingt mille. Nous ne sommes pas en position de faire des folies. Je vous en prie, monsieur, quoique mon mari soit bien le maître chez lui, laissez-lui le temps de réfléchir.

— Madame, M. l'adjoint m'a dit de lui livrer les lieux dans vingt jours ; et, si nous tardons, vous seriez exposée à entamer la dépense sans obtenir le résultat.

— Il y a dépenses et dépenses, dit la belle parfumeuse.

— Eh ! madame, croyez-vous qu'il soit bien glorieux pour un architecte qui veut élever des monuments de décorer un appartement ? Je ne descends à ce détail que pour obliger M. de la Billardière, et, si je vous effraye... Il fit un mouvement de retraite.

— Bien, bien, monsieur, dit Constance en rentrant dans sa chambre, où elle se jeta la tête sur l'épaule de Césarine. Ah ! ma fille, ton père se ruine ! Il a pris un architecte qui a des moustaches, une royale, et qui parle de construire des monuments ! Il va jeter la maison par les fenêtres pour nous bâtir un Louvre. César n'est jamais en retard pour une folie : il m'a parlé de son projet cette nuit, il l'exécute ce matin.

— Bah ! maman, laisse faire à papa, le bon Dieu l'a toujours protégé, dit Césarine en embrassant sa mère et se mettant au piano pour montrer à l'architecte que la fille d'un parfumeur n'était pas étrangère aux beaux-arts.

Quand l'architecte entra dans la chambre à coucher, il fut surpris de la beauté de Césarine, et resta presque interdit. Sortie de sa chambrette en déshabillé du matin, Césarine, fraîche et rose comme une jeune fille est rose et fraîche à dix-huit ans, blonde et mince, les yeux bleus, offrait au regard de l'artiste cette élasticité, si rare à Paris, qui fait rebondir les chairs les plus délicates, et nuance d'une couleur adorée par les peintres le bleu des veines dont le réseau palpite dans les clairs du teint. Quoique vivant dans la lymphatique atmosphère d'une boutique parisienne où l'air se renouvelle difficilement, où le soleil pénètre peu, ses mœurs lui donnaient les bénéfices de la vie en plein air d'une Transtévérine de Rome. D'abondants cheveux, plantés comme ceux de son père et relevés de manière à laisser voir un cou bien attaché, ruisselaient en boucles soignées, comme les soignent toutes les demoiselles de magasin à qui le désir d'être remarquées a inspiré les minuties les plus anglaises en fait de toilette. La beauté de Césarine n'était ni la beauté d'une lady, ni celle des duchesses françaises, mais la ronde et rousse beauté des Flamandes de Rubens. Elle avait le nez retroussé de son père, mais rendu spirituel par la finesse du modelé, semblable à celui des nez essentiellement français, si bien *réussis* chez Largillière. Sa peau, comme une étoffe pleine et forte, annonçait la vitalité d'une vierge. Elle avait le beau front de sa mère, mais éclairci par la sérénité d'une fille sans soucis. Ses yeux bleus, noyés dans un riche fluide, exprimaient la grâce tendre d'une blonde heureuse. Si le bonheur ôtait à sa tête cette poésie que les peintres veulent absolument donner à leurs compositions en les faisant un peu trop pensives, la vague mélancolie physique dont sont atteintes les jeunes filles qui n'ont jamais quitté l'aile maternelle lui imprimait alors une sorte d'idéal. Malgré la finesse de ses formes, elle était fortement constituée : ses pieds accusaient l'origine paysanne de son père, car elle péchait par un défaut de race, et peut-être aussi par la rougeur de ses mains, signature d'une vie purement bourgeoise. Elle devait arriver tôt ou tard à l'embonpoint. En voyant venir quelques jeunes femmes élégantes, elle avait fini par attraper le sentiment de la toilette, quelques airs de tête, une manière de parler, de se mouvoir, qui jouaient la femme comme il faut et tournaient la cervelle à tous les jeunes gens, aux commis, auxquels elle paraissait très-distinguée. Popinot s'était juré de ne jamais avoir d'autre femme que Césarine. Cette blonde fluide, qu'un regard semblait traverser, prête à fondre en pleurs pour un mot de reproche, pouvait seule lui rendre le sentiment de la supériorité masculine. Cette charmante fille inspirait l'amour sans laisser le temps d'examiner si elle avait assez d'esprit pour le rendre durable ; mais à quoi bon ce qu'on nomme à Paris l'*esprit*, dans une classe où l'élément principal du bonheur est le bon sens et la vertu ? Au moral, Césarine était sa mère un peu perfectionnée par les superfluités de l'éducation : elle aimait la *musique*, dessinait au crayon noir la *Vierge à la Chaise*, lisait les œuvres de mesdames Cottin et Riccoboni, Bernardin de Saint-Pierre, Fénelon, Racine. Elle ne paraissait jamais auprès de sa mère, dans le comptoir, que quelques moments avant de se mettre à table, ou pour la remplacer en de rares occasions. Son père et sa mère, comme tous ces parvenus empressés de cultiver l'ingratitude de leurs enfants en les mettant au-dessus d'eux, se plaisaient à déifier Césarine, qui heureu-

La Restauration fit un personnage de César Birotteau. — PAGE 10

sement, avait les vertus de la bourgeoisie et n'abusait pas de leur faiblesse.

Madame Birotteau suivait l'architecte d'un air inquiet et solliciteur, en regardant avec terreur et *montrant* à sa fille les mouvements bizarres du mètre, la canne des architectes et des entrepreneurs, avec laquelle Grindot prenait ses mesures. Elle trouvait à ces coups de baguette un air conjurateur de fort mauvais augure ; elle aurait voulu les murs moins hauts, les pièces moins grandes, et n'osait questionner le jeune homme sur les effets de cette sorcellerie.

— Soyez tranquille, madame, dit l'artiste en souriant, je n'emporterai rien.

Césarine ne put s'empêcher de rire.

— Monsieur, dit Constance d'une voix suppliante en ne remarquant même pas le quiproquo de l'architecte, allez à l'économie, et, plus tard, nous pourrons vous *récompenser*.

Avant d'aller chez M. Molineux, le propriétaire de la maison voisine, César voulut prendre chez Roguin l'acte sous signature privée qu'Alexandre Crottat avait dû lui préparer pour cette cession de bail. En sortant, Birotteau vit du Tillet à la fenêtre du cabinet de Roguin. Quoique la liaison de son ancien commis avec la femme du notaire rendît assez naturelle la rencontre de du Tillet à l'heure où se faisaient les traités relatifs aux terrains, Birotteau s'en inquiéta, malgré son extrême confiance. L'air animé de du Tillet annonçait une discussion.

— Serait-il dans l'affaire? se demanda-t-il par suite de sa prudence commerciale. Le soupçon passa comme un éclair dans son âme. Il se retourna, vit madame Roguin, et la présence du banquier ne lui parut plus alors si suspecte. — Cependant, si Constance avait raison? se dit-il. Suis-je bête d'écouter des idées de femme! J'en parlerai d'ailleurs à mon oncle ce matin. De la cour Batave, où demeure ce monsieur Molineux, à la rue des Bourdonnais, il n'y a qu'un saut.

Un défiant observateur, un commerçant qui dans sa carrière aurait rencontré quelques fripons, eût été sauvé; mais les antécédents de Birotteau, l'incapacité de son esprit peu propre à remonter la chaîne des inductions par lesquelles un homme supérieur arrive aux causes, tout le perdit. Il trouva le marchand de parapluies en grande tenue, et s'en allait avec lui chez le propriétaire, quand Virginie, sa cuisinière, le saisit par le bras.

— Monsieur, madame ne veut pas que vous alliez plus loin...

— Allons, s'écria Birotteau, encore des idées de femme!

— ... Sans prendre votre tasse de café qui vous attend.

— Ah! c'est vrai. Mon voisin, dit Birotteau à Cayron, j'ai tant de choses en tête que je ne m'écoute pas mon estomac. Faites-moi le plaisir d'aller en avant, nous nous retrouverons à la porte de M. Molineux, à moins que vous ne montiez pour lui expliquer l'affaire, nous perdrons ainsi moins de temps.

M. Molineux était un petit rentier grotesque, qui n'existe qu'à Paris, comme un certain lichen ne croît qu'en Islande. Cette comparaison est d'autant plus juste, que cet homme appartenait à une nature mixte, à un règne animo-végétal qu'un nouveau Mercier pourrait composer des cryptogames qui poussent, fleurissent ou meurent sur, dans ou sous les murs plâtreux de différentes maisons étranges et malsaines où ces êtres viennent de préférence. Au premier aspect, cette plante humaine, ombellifère, vu la casquette bleue tubulée qui la couronnait, à tige entourée d'un pantalon verdâtre, à racines bulbeuses enveloppées de chaussons en lisière, offrait une physionomie blanchâtre et plate qui certes ne révélait rien de vénéneux. Dans ce produit bizarre, vous eussiez reconnu l'actionnaire par excellence, croyant à toutes les nouvelles que la presse périodique baptise de son encre, et qui a tout dit en disant: Lisez le journal! le bourgeois, essentiellement ami de l'ordre, et toujours en révolte morale avec le pouvoir, créature faible en masse et féroce en détail, insensible comme un huissier quand il s'agit de son droit, et donnant du mouron frais aux oiseaux ou des arêtes de poisson à son chat, interrompant une quittance de loyer pour seriner un canari, défiant

comme un geôlier, mais apportant son argent pour une mauvaise affaire, et tâchant alors de se rattraper par une crasse avarice. La malfaisance de cette fleur hybride ne se révélait en effet que par l'usage; pour être éprouvée, sa nauséabonde amertume voulait la coction d'un commerce quelconque où ses intérêts se trouvaient mêlés à ceux des hommes. Comme tous les Parisiens, Molineux éprouvait un besoin de domination, il souhaitait cette part de souveraineté plus ou moins considérable exercée par chacun et même par un portier, sur plus ou moins de victimes, femme, enfant, locataire, commis, cheval, chien ou singe, auxquels on rend par ricochet les mortifications reçues dans la sphère supérieure où l'on aspire. Ce petit vieillard ennuyeux n'avait ni femme, ni enfant, ni neveu, ni nièce; il rudoyait trop sa femme de ménage pour en faire un souffre-douleur, car elle évitait tout contact en accomplissant rigoureusement son service. Ses appétits de tyrannie étaient donc trompés; pour les satisfaire, il avait patiemment étudié les lois sur le contrat de louage et sur le mur mitoyen; il avait approfondi la jurisprudence qui régit les maisons à Paris dans les infiniment petits détails des tenants, aboutissants, servitudes, impôts, charges, balayages, tentures à la Fête-Dieu, tuyaux de descente, éclairage, saillies sur la voie publique, et voisinage d'établissements insalubres. Ses moyens et son activité, tout son esprit passait à maintenir son état de propriétaire au grand complet de guerre; il en avait fait un amusement, et son amusement tournait en monomanie. Il aimait à protéger les citoyens contre les envahissements de l'illégalité; mais les sujets de plainte étaient rares, sa passion avait donc fini par embrasser ses locataires. Un locataire devenait son ennemi, son inférieur, son sujet, son feudataire; il croyait avoir droit à ses respects, et regardait comme un homme grossier celui qui passait sans rien dire auprès de lui dans les escaliers. Il écrivait lui-même ses quittances, et les envoyait à midi le jour de l'échéance. Le contribuable en retard recevait un commandement à heure fixe. Puis la saisie, les frais, toute la cavalerie judiciaire allait aussitôt, avec la rapidité de ce que l'exécuteur des hautes œuvres appelle *la mécanique*. Molineux n'accordait ni terme, ni délai, son cœur avait un calus à l'endroit du loyer.

— Je vous prêterai de l'argent si vous en avez besoin, disait-il à un homme solvable, mais payez-moi mon loyer; tout retard entraîne une perte d'intérêts dont la loi ne nous indemnise pas.

Après un long examen des fantaisies capitolantes des locataires qui n'offraient rien de normal, qui se succédaient en renversant les institutions de leurs devanciers, ni plus ni moins que les dynasties, il s'était octroyé une chatte, mais il l'observait religieusement. Ainsi, le bonhomme ne réparait rien, aucune cheminée ne fumait, ses escaliers étaient propres, ses plafonds blancs, ses corniches irréprochables, les parquets inflexibles sur leurs lambourdes, les peintures satisfaisantes, la serrurerie n'avait jamais que trois ans, aucune vitre ne manquait, les fêlures n'existaient pas, il ne voyait de cassure au carrelage que quand on quittait les lieux, et il se faisait assister pour les recevoir d'un serrurier, d'un peintre-vitrier, gens, disait-il, fort accommodants.

Claude Pillerault tenait à ses droits, à la liberté, aux fruits de la révolution — PAGE 20

Le preneur était d'ailleurs libre d'améliorer ; mais si l'imprudent restaurait son appartement, le petit Molineux pensait nuit et jour à la manière de le déloger pour réoccuper l'appartement fraîchement décoré; il le guettait, l'attendait et entamait la sé ie de ses mauvais procédés. Toutes les finesses de la législation parisienne sur les baux, il les connaissait. Processif, écrivailleur, il minutait des lettres douces et polies à ses locataires ; mais au fond de son style comme sous sa mine fade et prévenante se cachait l'âme de Shylock. Il lui fallait toujours six mois d'avance, imputables sur le dernier terme du bail, et le cortège des épineuses conditions qu'il avait inventées. Il vérifiait si les lieux étaient garnis de meubles suffisants pour répondre du loyer. Avait-il un nouveau locataire, il le soumettait à la police de ses renseignements, car il ne voulait pas certains états, le plus léger marteau l'effrayait. Puis, quand il fallait passer bail, il gardait l'acte et l'épelait pendant huit jours en craignant un et cætera de notaire. Sorti de ses idées de propriétaire, Jean-Baptiste Molineux paraissait bon, serviable ; il jouait au boston sans se plaindre d'avoir été soutenu mal à propos ; il riait de ce qui fait rire les bourgeois, parlait de ce dont ils parlent, des actes arbitraires des boulangers, qui avaient la scélératesse de vendre à faux poids; de la connivence de la police, des héroïques dix-sept députés de la gauche. Il lisait le bon sens du curé Meslier et allait à la messe, faute de pouvoir choisir entre le déisme et le christianisme ; mais il ne rendait point le pain bénit et plaidait alors pour se soustraire aux prétentions envahissantes du clergé. L'infatigable pétitionnaire écrivait à cet égard des lettres aux journaux que les journaux n'inséraient pas et laissaient sans réponse. Enfin il ressemblait à un estimable bourgeois qui met solennellement au feu sa bûche de Noël, tire les rois, invente des poissons d'avril, fait tous les boulevards quand le temps est beau, va voir patiner, et se rend à deux heures sur la terrasse de la place Louis XV les jours de feu d'artifice, avec du pain dans sa poche, pour être aux premières loges.

La cour Batave, où demeurait ce petit vieillard, est le produit d'une de ces spéculations bizarres qu'on ne peut plus s'expliquer que qu'elles sont exécutées. Cette construction claustrale, à arcades et galeries intérieures, bâtie en pierres de taille, ornée d'une fontaine au fond une fontaine altérée qui ouvre sa gueule de lion moins pour donner de l'eau que pour en demander à tous les passants fut sans doute inventée pour doter le quartier Saint-Denis d'une sorte de Palais-Royal. Ce monument, malsain, enterré sur ses quatre lignes par de hautes maisons, n'a de vie et de mouvement que pendant le jour, il est le centre des passages obscurs qui s'y donnent rendez-vous et joignent le quartier des halles au quartier Saint-Martin par la fameuse rue Quincampoix, sentiers humides, où les gens pressés gagnent des rhumatismes ; mais la nuit, aucun lieu de Paris n'est plus désert, vous diriez les catacombes du commerce. Il y a là plusieurs cloaques industriels, très-peu de Bataves et beaucoup d'épiciers. Naturellement les appartements de ce palais marchand n'ont d'autre vue que celle de la cour commune où donnent toutes les fenêtres, en sorte que les loyers sont d'un prix minime. M. Molineux demeurait dans un des angles, au sixième étage, par raison de santé : l'air y était pur qu'à soixante-dix pieds au-dessus du sol. Là, ce bon propriétaire jouissait de l'aspect enchanteur des moulins de Montmartre en se promenant dans les chenaux où il cultivait des fleurs, nonobstant les ordonnances de police relatives aux jardins suspendus de la moderne Babylone. Son appartement était composé de quatre pièces, non compris ses précieuses anglaises situées à l'étage supérieur : il en avait la clef, elles lui appartenaient, il les avait établies, il était en règle à cet égard. En entrant, une indécente nudité révélait aussitôt l'avarice de cet homme : dans l'antichambre, six chaises de paille, un poêle en faïence, et sur les murs tendus de papier vert-bouteille, quatre gravures achetées à des ventes ; dans la salle à manger, deux buffets, deux cages pleines d'oiseaux, une table couverte d'une toile cirée, un baromètre, une porte-fenêtre donnant sur les jardins suspendus et des chaises d'acajou foncées de crin; le salon avait de petits rideaux en vieille étoffe de soie verte, un meuble en velours d'Utrecht vert à bois peint en blanc. Quant à la chambre de ce vieux célibataire, elle offrait des meubles du temps de Louis XV, défigurés par un trop long usage et sur lesquels une femme vêtue de blanc aurait eu peur de se salir. Sa cheminée était ornée d'une pendule à deux colonnes entre lesquelles tenait un cadran qui servait de piédestal à une Pallas brandissant sa lance ; un mythe ! Le carreau était encombré de plats pleins de restes destinés aux chats, et sur lesquels on craignait de mettre le pied. Au-dessus d'une commode en bois de rose un portrait au pastel (Molineux dans sa jeunesse). Puis des livres, des tables où se voyaient d'ignobles cartons verts; sur une console, des serins empaillés ; enfin un lit d'une froideur qui en eût remontré à une carmélite.

César Birotteau fut enchanté de l'exquise politesse de Molineux, qu'il trouva en robe de chambre de molleton gris, surveillant son lait, posé sur un petit réchaud en tôle dans le coin de sa cheminée, et son eau de marc qui bouillait dans un petit pot de terre brune, et qu'il versait à petites doses sur sa cafetière. Pour ne pas déranger son propriétaire, le marchand de parapluies avait été ouvrir la porte à Birotteau. Molineux avait en vénération les maires et les adjoints de la ville de Paris, qu'il appelait ses officiers municipaux. A l'aspect du

magistrat, il se leva, resta debout, la casquette à la main, tant que le grand Birotteau ne fut pas assis.

— Non, monsieur, oui, monsieur, ah ! mon cher, si j'avais su avoir l'honneur de posséder au sein de mes modestes pénates un membre du corps municipal de Paris, croyez alors que je me serais fait un devoir de me rendre chez vous, quoique votre propriétaire ou — sur le point — de le — devenir. Birotteau fit un geste pour le prier de remettre sa casquette. — Je n'en ferai rien, je ne me couvrirai pas que vous ne soyez assis, et couvert si vous êtes enrhumé ; ma chambre est un peu froide, la modicité de mes revenus ne me permet pas... A vos souhaits, monsieur l'adjoint.

Birotteau avait éternué en cherchant ses actes. Il les présenta, non sans dire, pour éviter tout retard, que M. Roguin, notaire, les avait rédigés à ses frais.

— Je ne conteste pas les lumières de M. Roguin, vieux nom bien connu dans le notariat parisien; mais j'ai mes petites habitudes, je fais mes affaires moi-même, manie assez excusable, et mon notaire est...

— Mais notre affaire est si simple ! dit le parfumeur, habitué aux promptes décisions des commerçants.

— Si simple ! s'écria Molineux. Rien n'est simple en matière de location. Ah ! vous n'êtes pas propriétaire, monsieur, et vous n'en êtes que plus heureux. Si vous saviez jusqu'où les locataires poussent l'ingratitude, et à combien de précautions nous sommes obligés ! Tenez, monsieur, j'ai un locataire..

Molineux raconta pendant un quart d'heure comment M. Gendrin, dessinateur, avait trompé la surveillance de son portier, rue Saint-Honoré. M. Gendrin avait fait des infamies dignes d'un Marat, des dessins obscènes que la police tolérait, attendu la connivence de la police ! Ce Gendrin, artiste profondément immoral, rentrait avec des femmes de mauvaise vie, et rendait l'escalier impraticable ! plaisanterie bien digne d'un homme qui dessinait des caricatures contre le gouvernement. Et pourquoi ces méfaits ?.. parce qu'on lui demandait son loyer le quinze ! Gendrin et Molineux allaient plaider, car, tout en ne payant pas, l'artiste prétendait rester dans son appartement vide. Molineux recevait des lettres anonymes où Gendrin, sans doute, le menaçait d'un assassinat, le soir, dans les détours qui mènent à la cour Batave.

— Au point, monsieur, dit-il en continuant, que M. le préfet de police, à qui j'ai confié mon embarras.. (j'ai profité de la circonstance pour lui toucher quelques mots sur les modifications à introduire dans les lois qui régissent la matière), m'a autorisé à porter des pistolets pour ma sûreté personnelle.

Le petit vieillard se leva pour aller chercher ses pistolets.

— Les voilà, monsieur ! s'écria-t-il.

— Mais, monsieur, vous n'avez rien à craindre de semblable de ma part, dit Birotteau, regardant Cayron, auquel il sourit en lui jetant un regard où se peignait un sentiment de pitié pour un pareil homme.

Ce regard, Molineux le surprit, il fut blessé de rencontrer une semblable expression chez un officier municipal, qui devait protéger ses administrés. A tout autre, il l'aurait pardonnée, mais il ne la pardonna pas à Birotteau.

— Monsieur, reprit-il d'un air sec, un juge consulaire des plus estimés, un adjoint, un honorable commerçant, ne descend pas à ces petitesses, car ce sont des petitesses ! Mais, dans l'espèce, il y a un percement à faire consentir par votre propriétaire, monsieur le comte de Grandville, des conventions à stipuler pour le rétablissement du mur à fin de bail ; enfin, les loyers sont considérablement bas, ils se relèveront, la place Vendôme gagnera, elle gagne ! la rue de Castiglione va se bâtir ! Je me lie... je me lie ...

— Finissons, dit Birotteau stupéfait, que voulez-vous ? je connais assez les affaires pour deviner que vos raisons se tairont devant la raison supérieure, l'argent ! Eh bien ! que vous faut-il ?

— Rien que de juste, monsieur l'adjoint. Combien avez-vous de temps à faire de votre bail ?

— Sept ans, répondit Birotteau.

— Dans sept ans, que me vaudra pas mon premier ? reprit Molineux. Que me loueront pas ces chambres garnies dans ce quartier-là ! plus de deux cents francs par mois, peut-être ! Je me lie, je me lie par un bail. Nous porterons donc le loyer à quinze cents francs. A ce prix, je consens à faire distraction de ces deux chambres du loyer de M. Cayron que voilà, dit-il en jetant un regard louche au marchand, je vous les donne à bail pour sept années consécutives. Le percement sera à votre charge, sous la condition de me rapporter l'approbation et désistement de tous droits de M. le comte de Grandville. Vous aurez la responsabilité des événements de ce petit percement, vous ne serez point tenu de rétablir le mur pour ce qui me concerne, et vous me donnerez, comptant indemnité, cinq cents francs dès à présent ; car on ne sait ni qui vit ni qui meurt, je ne veux courir après personne pour refaire le mur.

— Ces conditions me semblent à peu près justes, dit Birotteau.

— Puis, dit Molineux, vous me compterez sept cent cinquante francs, hic et nunc, imputables sur les six derniers mois de la jouissance, le bail en portera quittance. Oh ! j'accepterai de petits effets, causés valeur en loyers, pour ne pas perdre ma garantie, à telle date qu'il vous plaira. Je suis rond et court en affaires. Nous stipulerons que vous fermerez la porte sur mon escalier, où vous n'aurez aucun droit d'entrée... à vos frais... en maçonnerie. Rassurez-vous, je ne demanderai point d'indemnité pour le rétablissement à la fin du bail ; je la regarde comme comprise dans les cinq cents francs. Monsieur, vous me trouverez toujours juste.

— Nous autres commerçants ne sommes pas si pointilleux, dit le parfumeur, il n'y aurait point d'affaire possible avec de telles formalités.

— Oh ! dans le commerce, c'est bien différent, et surtout dans la parfumerie, où tout va comme un gant, dit le petit vieillard avec un sourire aigre. Mais, monsieur, en matière de location, à Paris, rien n'est indifférent. Tenez, j'ai eu un locataire, rue Montorgueil...

— Monsieur, dit Birotteau, je serais désespéré de retarder votre déjeuner : voilà les actes, rectifiez-les, tout ce que vous me demandez est entendu ; signons demain, échangeons aujourd'hui nos paroles, car demain mon architecte doit être maître des lieux.

— Monsieur, reprit Molineux en regardant le marchand de parapluies, il y a le terme échu. M. Cayron ne veut pas le payer, nous le joindrons aux petits effets pour que le bail aille de janvier en janvier. Ce sera plus régulier.

— Soit, dit Birotteau.

— Le sou pour livre au portier...

— Mais, dit Birotteau, vous me privez de l'escalier, de l'entrée, il n'est pas juste...

— Oh ! vous êtes locataire, dit d'une voix péremptoire le petit Molineux, à cheval sur le principe, vous devez les impositions des portes et fenêtres, et votre part dans les charges. Quand cela sera entendu, monsieur, il n'y a plus aucune difficulté. Vous vous agrandissez beaucoup, monsieur, les affaires vont bien ?

— Oui, dit Birotteau. Mais le motif est autre. Je réunis quelques amis autant pour célébrer la délivrance du territoire que pour fêter ma promotion dans l'ordre de la Légion d'honneur.

— Ah ! ah ! dit Molineux, une récompense bien méritée !

— Oui, dit Birotteau. Peut-être ne suis-je rendu digne de cette insigne et royale faveur en siégeant au tribunal consulaire, et en combattant pour les Bourbons sur les marches de Saint-Roch, au 13 vendémiaire, où je fus blessé par Napoléon, ces titres...

— Valent ceux de nos braves soldats de l'ancienne armée. Le ruban est rouge, parce qu'il est trempé dans le sang répandu.

A ces mots, pris du Constitutionnel, Birotteau ne put s'empêcher d'inviter le petit Molineux, qui se confondit en remerciements, et se sentit prêt à lui pardonner son dédain. Le vieillard reconduisit son nouveau locataire jusqu'au bas de l'escalier en l'accablant de politesses. Quand Birotteau fut au milieu de la cour Batave avec Cayron, il regarda son voisin d'un air goguenard.

— Je ne croyais pas qu'il pût exister des gens si infirmes ! dit-il en retenant sur ses lèvres le mot bête.

— Ah ! monsieur, dit Cayron, tout le monde n'a pas vos talents.

Birotteau pouvait se croire un homme supérieur en présence de M. Molineux : la réponse du marchand de parapluies le fit sourire agréablement, et il le salua d'une façon royale.

— Je suis à la Halle, se dit Birotteau, faisons l'affaire des noisettes.

Après une heure de recherches, Birotteau, renvoyé chez lui des dames de la Halle à la rue des Lombards, où se consommaient les noisettes pour les dragées, apprit que le fruit sec dont se sont les amis les Matifat que le fruit sec n'était tenu en gros que par une certaine madame Angélique Madou, demeurant rue Perrin-Gasselin, seule maison où se trouvassent la véritable aveline de Provence et la vraie noisette blanche des Alpes.

La rue Perrin-Gasselin est un des sentiers du labyrinthe entrement enfermé par le quai, les rues Saint-Denis, de la Ferronnerie et la rue de la Monnaie, et qui est comme les entrailles de la ville. Il y grouille un nombre infini de marchandises hétérogènes et mêlées, puantes et coquettes, le hareng et la mousseline, la soie et les miels, les beurres et les tulles, surtout de petits commerces dont Paris ne se doute pas plus que la plupart des hommes ne se doutent de ce qui se cuit dans leur pancréas, et qui avaient alors pour sangsue un certain Bidault dit Gigonnet escompteur, demeurant rue Greneta. Là, d'anciennes écuries sont habitées par des tonnes d'huile, les remises contiennent des myriades de bas de coton qui se tient le gros des denrées vendues en détail aux halles. Madame Madou, ancienne revendeuse de marée, jetée il y a dix ans dans le commerce des fruits secs par un ancien propriétaire de son fonds, et qui avait longtemps alimenté les commérages de la Halle, était une beauté virile et provocante, alors disparue dans un excessif embonpoint. Elle habitait le rez-de-chaussée d'une maison jaune en ruines, mais maintenue à chaque étage par des croix en fer. Elle avait réussi à se défaire de ses concurrents, et à convertir son commerce en monopole ; malgré quelques légers défauts d'éducation, son héritier pouvait donc le continuer de routine, allant et venant dans ses magasins qui occupaient des remises, des écuries et d'anciens ateliers où elle combattait les insectes avec succès. Elle n'avait ni comptoir, ni caisse, ni livres ; elle ne savait ni lire ni écrire, et répondait par des coups de poing à une lettre, en la regardant comme une insulte. Au demeurant bonne femme, haute en couleur, ayant sur la tête un foulard par-dessus son bonnet, se conciliant par son verbe d'ophicléide l'estime des charretiers qui lui apportaient ses marchandises et avec lesquels ses castilles finissaient par une bouteille de petit blanc. Elle ne pouvait avoir aucune difficulté avec les cultivateurs qui lui expédiaient ses fruits, ils correspondaient et avec de l'argent comptant, seule manière de s'entendre entre eux, et la mère Madou les allait voir pendant la belle saison. Birotteau aperçut cette sauvage marchande au milieu de sacs de noisettes, de marrons et de noix.

— Bonjour, ma chère dame, dit Birotteau d'un air léger.

— Ta chère, dit-elle. Eh ! mon fils, tu me connais donc pour avoir eu des rapports agréables ? Est-ce que nous avons gardé des rois ensemble ?

— Je suis parfumeur et de plus adjoint au maire du deuxième arrondissement de Paris, ainsi, comme magistrat et consommateur, j'ai droit à ce que vous preniez un autre ton avec moi.

— Je me marie quand je veux, dit la virago, je ne consomme rien à la mairie et ne fatigue pas les adjoints. Quant à ma pratique, a m'adore, et je leux parle à mon idée. S'ils ne sont pas contents, ils vont se faire enfiler ailleurs.

— Voilà les effets du monopole, se dit B Birotteau.

— Popole ! c'est mon filleul, il aura fait des sottises ; venez-vous pour lui, mon respectable magistrat ? dit-elle en adoucissant sa voix.

— Non, j'ai eu l'honneur de vous dire que je venais en qualité de consommateur.

— Eh bien ! comment te nommes-tu, mon gars ? Je t'ai pas core vu venir.

— Avec ce ton-là, vous devez vendre vos noisettes à bon marché ? dit Birotteau qui se nomma et donna ses qualités.

— Ah ! vous êtes le fameux Birotteau qui a une belle femme ! Et combien en voulez-vous de ces sucres de noisettes, mon cher amour ?

— Six mille pesant.

— C'est tout ce que j'en ai, dit la marchande en parlant comme une flûte enrouée. Mon cher monsieur, vous n'êtes pas dans les fainéants pour marier les filles et les parfumer ! Que Dieu vous bénisse, vous avez de l'occupation. Excusez du peu ! Vous allez être une fière pratique, et vous serez inscrit dans le cœur de la femme que j'aime le mieux au monde, la chère madame Madou.

— Combien vos noisettes ?

— Pour vous, mon bourgeois, vingt-cinq francs le cent, si vous prenez le tout.

— Vingt-cinq francs, dit Birotteau, quinze cents francs ! Et il m'en faudra peut-être des cent milliers par an.

— Mais voyez donc la belle marchandise, cueillie sans souliers ! dit-elle en plongeant son bras rouge dans un sac d'avelines. Et pas creuse ! mon cher monsieur. Pensez donc que les épiciers vendent leurs mendiants vingt-quatre sous la livre, et que sur quatre livres ils mettent plus d'une livre de noisettes en dedans. Faut-il que je perde sur ma marchandise pour vous plaire ? Vous êtes gentil, mais vous ne me plaisez pas core assez pour ça ! Si vous en faut tant, on pourra faire marché à vingt francs, car faut pas renvoyer un adjoint, ça porterait malheur aux mariés ! Tâtez donc la belle marchandise, et lourde ! Il ne faut pas les cinquante à la livre ! c'est plein le ver n'y est pas !

— Allons, envoyez-moi six milliers pour deux mille francs et à quatre-vingt-dix jours, rue du Faubourg-du-Temple, à ma fabrique, demain de grand matin.

— On sera pressé comme une mariée. Eh bien ! adieu, monsieur le maire, sans rancune. Mais si ça vous était égal, dit-elle en suivant Birotteau dans la cour, j'aime mieux vos effets à quarante jours, car je vous fais trop bon marché, je ne peux pas core perdre l'escompte ! Avec ça qu'il a le cœur tendre, le père Gigonnet, il nous suce l'âme comme une araignée sirote une mouche.

— Eh bien ! oui, à cinquante jours. Mais nous peserons par cent livres, afin de ne pas avoir de creuses. Sans cela, rien ne fait.

— Ah ! le chien, il s'y connaît, dit madame Madou. On ne peut pas lui refaire le poil. C'est ces gueux de la rue des Lombards qui lui ont dit ça ! ces gros loups-là s'entendent tous pour dévorer les pauvres agneaux.

L'agneau avait cinq pieds de haut et trois pieds de tour, elle ressemblait à une borne habillée en cotonnade à raies, et sans ceinture.

Le parfumeur, perdu dans ses combinaisons, méditait en allant le long de la rue Saint-Honoré sur son duel avec l'huile de Macassar, il raisonnait ses étiquettes, la forme des bouteilles, calculait la contexture du bouchon, la couleur des affiches. Et l'on dit qu'il n'y a pas de poésie dans le commerce ! Newton ne fit pas plus de calculs pour son célèbre binome que Birotteau n'en faisait pour l'Essence comagène, car l'Huile redevint Essence, il allait d'une expression à l'autre sans en connaître la valeur. Toutes les combinaisons se pressaient dans sa tête, et il prenait cette activité dans le vide pour la substantielle action de l'intelligence. Dans sa préoccupation, il dépassa la rue des Bourdonnais et fut obligé de revenir sur ses pas en se rappelant son oncle.

Claude-Joseph Pillerault, autrefois marchand quincaillier à l'enseigne de la Cloche-d'Or, était une de ces physionomies belles en ce qu'elles sont : costume et mœurs, intelligence et cœur, langage et pensée, tout s'l armoniait en lui. Seul et unique parent de madame Birotteau, Pillerault avait concentré toutes ses affections sur elle et sur Césarine, après avoir perdu, dans le cours de sa carrière commerciale, sa femme et son fils, puis un enfant adoptif, le fils de sa cuisinière. Ces pertes cruelles l'avaient jeté dans un stoïcisme chrétien, belle doctrine qui animait sa vie et colorait ses derniers jours d'une teinte à la fois chaude et froide comme celle qui dore les couchers du soleil en hiver. Sa tête maigre et creusée, d'un ton sévère, où l'ocre et le bistre étaient harmonieusement fondus, offrait une frappante analogie avec celle que les peintres donnent au Temps; mais en le vulgarisant, les habitudes de la vie commerciale avaient amoindri chez lui le caractère monumental et rébarbatif exagéré par les peintres, les statuaires et les fondeurs de pendules. De taille moyenne, Pillerault était plutôt trapu que gras, la nature l'avait taillé pour le travail et la longévité, sa carrure accusait une forte charpente, car il était d'un tempérament sec, sans émotion d'épiderme; mais non pas insensible. Pillerault, peu démonstratif, ainsi que l'indiquaient son attitude calme et sa figure arrêtée, avait une sensibilité tout intérieur, sans phrase ni emphase. Son œil, à prunelle verte mélangée de points noirs, était remarquable par une inaltérable lucidité. Son front, ridé par des lignes droites et jauni par le temps, était petit, serré, dur, couvert par des cheveux d'un gris argenté, tenus courts et comme feutrés. Sa bouche fine annonçait la prudence et non l'avarice. La vivacité de l'œil révélait une vie contenue. Enfin la probité, le sentiment du devoir une modestie vraie, lui faisaient comme une auréole en donnant à sa figure le relief d'une belle santé. Pendant soixante ans il avait mené la vie dure et sobre d'un travailleur acharné. Son histoire ressemblait à celle de César, moins les circonstances heureuses. Il avait été commis jusqu'à trente-deux ans, ses fonds étaient engagés dans son commerce au moment où César employait ses économies en rentes; enfin, il avait subi le maximum, ses pioches et ses fers avaient été mis en réquisition. Son caractère sage et réservé, sa prévoyance et sa réflexion mathématique avaient agi sur sa *manière de travailler*. La plupart de ses affaires s'étaient conclues sur parole, et il avait rarement eu des difficultés. Observateur comme tous les gens méditatifs, il étudiait les gens en les laissant causer: il refusait alors souvent des marchés avantageux pris par ses voisins, qui plus tard s'en repentaient en se disant que Pillerault flairait les fripons. Il préférait les gains minimes et sûrs à ces coups audacieux qui mettent en question de grosses sommes. Il tenait les plaques de cheminée, les grils, les chenets grossiers, les chaudrons en fonte et en fer, les houes et les fournitures de paysan. Cette partie assez ingrate exigeait un travail mécanique excessif. Le gain n'était pas en raison du labeur, il y avait peu de bénéfice sur ces matières lourdes, difficiles à remuer à emmagasiner. Aussi avait-il cloué bien des caisses, fait bien des emballages, déballé, reçu bien des voitures. Aucune fortune n'était ni plus noblement ni plus laborieusement gagnée, ni plus honorable que la sienne. Il n'avait jamais surfait, ni jamais couru après les affaires. Dans les derniers jours, on le voyait fumant sa pipe devant sa porte, regardant les passants et voyant travailler ses commis. En 1814, époque à laquelle il se retira, sa fortune consistant d'abord en soixante-dix mille francs qu'il plaça sur le grand-livre, et dont il eut cinq mille et quelques cents francs de rente; puis en quarante mille francs, payables en cinq ans sans intérêt, prix de son fonds, vendu à l'un de ses commis. Pendant trente-trois ans, en faisant annuellement pour cent mille francs d'affaires, il avait gagné sept pour cent de cette somme, et sa vie en absorbait cinq. Tel fut son bilan. Ses voisins, peu envieux de cette médiocrité, louaient sa sagesse sans la comprendre. Au coin de la rue de la Monnaie et de la rue Saint-Honoré se trouve le café David, où quelques vieux négociants allaient, comme Pillerault, prendre leur café le soir. Là, parfois, l'adoption du fils de sa cuisinière avait été le sujet de quelques plaisanteries, de celles qu'on adresse à un homme respecté, car il inspirait une estime respectueuse, sans l'avoir cherchée, la sienne lui suffisait. Aussi, quand il perdit ce pauvre jeune homme, y eut-il plus de deux cents personnes au convoi, qui allèrent jusqu'au cimetière. En ce temps, il fut héroïque. Sa douleur, contenue comme celle de tous les hommes forts sans faste, augmenta la sympathie du quartier pour ce *brave homme*, mot prononcé pour Pillerault avec un accent qui en étendait le sens et l'ennoblissait.

La sobriété de Claude Pillerault, devenue habitude, ne put se plier aux plaisirs d'une vie oisive, quand, au sortir du commerce, il rentra dans ce repos qui affaisse tant le bourgeois parisien; il continua son genre d'existence et anima sa vieillesse par des convictions politiques qui, disons-le, étaient celles de l'extrême gauche. Pillerault appartenait à cette partie ouvrière agrégée par la révolution à la bourgeoisie. La seule tache de son caractère était l'importance qu'il attachait à sa conquête: il tenait à ses droits, à la liberté, aux fruits de la révolution; il croyait son aisance et sa consistance politique compromises par les jésuites dont les libéraux annonçaient le secret pouvoir, menacées par les idées que le *Constitutionnel* prêtait à Monsieur. Il était d'ailleurs conséquent avec sa vie, avec ses idées: il n'y avait rien d'étroit dans sa politique, il n'injuriait point ses adversaires, il avait peur des courtisans, il croyait aux vertus républicaines: il imaginait Manuel pur de tout excès, le général Foy grand homme Casimir Périer

sans ambition, Lafayette un prophète politique, Courier bon homme. Il avait enfin de nobles chimères. Ce beau vieillard vivait de la vie de famille, il allait chez les Ragon et chez sa nièce, chez le juge Popinot, chez Joseph Lebas et chez les Matifat. Personnellement quinze cents francs faisaient raison de tous ses besoins. Quant au reste de ses revenus, il l'employait à de bonnes œuvres, en présents à sa petite nièce: il donnait à dîner quatre fois par an à ses amis chez Roland, rue du Hasard, et les menait au spectacle. Il jouait le rôle de ces vieux garçons sur qui les femmes mariées tirent des lettres de change à vue pour leurs fantaisies: une partie de campagne, l'Opéra, les Montagnes-Beaujon. Pillerault était alors heureux du plaisir qu'il donnait, il jouissait dans le cœur des autres. Après avoir vendu son fonds, il n'avait pas voulu quitter le quartier où étaient ses habitudes, et il avait pris rue des Bourdonnais un petit appartement de trois pièces au quatrième dans une vieille maison.

De même que les mœurs de Molineux se peignaient dans son étrange mobilier, de même la vie pure et simple de Pillerault était révélée par les dispositions intérieures de son appartement, composé d'une antichambre, d'un salon et d'une chambre. Aux dimensions près, c'était la cellule du chartreux. L'antichambre, au carreau rouge et frotté, n'avait qu'une fenêtre ornée de rideaux en percale à bordures rouges, des chaises d'acajou garnies de basane rouge et à clous dorés; les murs étaient tendus d'un papier vert-olive et décorés du Serment des Américains, du portrait de Bonaparte en premier consul, et de la bataille d'Austerlitz. Le salon, sans doute arrangé par le tapissier, avait un meuble jaune à rosaces, un tapis, la garniture de cheminée en bronze sans dorures, un devant de cheminée peint, une console avec un vase à fleurs sous verre, une table ronde à tapis sur laquelle était un porte-liqueurs. Le neuf de cette pièce annonçait assez un sacrifice fait aux usages du monde par le vieux quincaillier, qui recevait rarement Dans sa chambre, simple comme celle d'un religieux ou d'un vieux soldat, les deux hommes qui apprécient le mieux la vie, un crucifix à bénitier placé dans son alcôve frappait les regards. Cette profession de foi chez un républicain stoïque émouvait profondément. Une vieille femme venait faire son ménage, mais son respect pour les femmes était si grand, qu'il ne lui laissait pas cirer ses souliers, nettoyés par abonnement avec un décrotteur. Son costume était simple et invariable. Il portait habituellement une redingote et un pantalon de drap bleu, un gilet de rouennerie, une cravate blanche, et des souliers très couverts; les jours fériés, il mettait un habit à boutons de métal. Ses habitudes pour son lever, son déjeuner, ses sorties, son dîner, ses soirées et son retour au logis étaient marquées au coin de la plus stricte exactitude, car la régularité des mœurs fait la longue vie et la santé. Il n'était jamais question de politique entre César, les Ragon, l'abbé Loraux et lui, car les gens de cette société se connaissaient trop pour en venir à des attaques sur le terrain du prosélytisme Comme son neveu et comme les Ragon, il avait une grande confiance en Rogain. Pour lui, le notaire de Paris était toujours un être vénérable, une image vivante de la probité Dans l'affaire des terrains, Pillerault s'était livré à un contre-examen qui motivait la hardiesse avec laquelle César avait combattu les pressentiments de sa femme.

Le parfumeur monta les soixante-dix-huit marches qui menaient à la petite porte brune de l'appartement de son oncle, en pensant que ce vieillard devait être bien vert pour toujours les monter sans se plaindre. Il trouva la redingote et le pantalon étendus sur le portemanteau placé à l'extérieur; madame Vaillant les brossait et frottant pendant que ce vrai philosophe, enveloppé dans une redingote en molleton gris, déjeunait au coin du son feu, en lisant les débats parlementaires dans le *Constitutionnel* ou *Journal du Commerce*.

— Mon oncle, dit César, l'affaire est conclue, on va dresser les actes Si vous aviez cependant quelques craintes ou des regrets, il est encore temps de rompre.

— Pourquoi romprais-je? l'affaire est bonne, mais longue à réaliser, comme toutes les affaires sûres. Mes cinquante mille francs sont à la Banque, j'ai touché hier les derniers cinq mille francs de mon fonds. Quant aux Ragon ils y mettent toute leur fortune.

— Eh bien! comment vivent-ils?

— Enfin, sois tranquille, ils vivent.

— Mon oncle, je vous ai compris, dit Birotteau vivement ému et serrant les mains du vieillard austère.

— Comment se fera l'affaire? dit brusquement Pillerault.

— J'y serai pour trois huitièmes, vous et les Ragon pour un huitième; je vous crédierai sur mes livres jusqu'à ce qu'on ait décidé la question des actes notariés.

— Bon! mon garçon, tu es donc bien riche, pour jeter là trois cent mille francs? Il me semble que tu hasardes beaucoup en dehors de ton commerce, n'en souffrira-t-il pas? Enfin cela se regarde. Si tu éprouvais un échec, voilà les rentes à quatre-vingts, je pourrais vendre deux mille francs de mes consolidés. Prends-y garde, mon garçon, si tu avais recours à moi, ce serait la fortune de la fille à laquelle tu toucherais là.

— Mon oncle, comme vous dites simplement les plus belles choses! vous me remuez le cœur.

— Le général Foy me le remuait bien autrement tout à l'heure! Enfin, va, conclus : les terrains ne s'envoleront pas, ils seront à nous pour moitié; quand il faudrait attendre six ans, nous aurons toujours quelques intérêts, il y a des chantiers qui donnent des loyers, on ne peut donc rien perdre. Il n'y a qu'une chance, encore est-elle impossible. Roguin n'emportera pas nos fonds...

— Ma femme me le disait pourtant cette nuit, elle craint.

— Roguin emporter nos fonds, dit Pillerault en riant, et pourquoi?

— Il a, dit-elle, trop de sentiment dans le nez, et, comme tous les hommes qui ne peuvent pas avoir de femmes, il est enragé pour...

Après avoir laissé échapper un sourire d'incrédulité, Pillerault alla déchirer d'un livret un petit papier, écrivit la somme, et signa.

— Tiens, voilà sur la Banque un bon de cent mille francs pour Ragon et pour moi. Ces pauvres gens ont pourtant vendu à ton mauvais drôle de du Tillet leurs quinze actions dans les mines de Wortschin pour compléter la somme. De braves gens dans la peine, cela serre le cœur. Et des gens si dignes, si nobles, la fleur de la vieille bourgeoisie enfin! Leur frère Popinot, le juge, n'en sait rien; ils se cachent de lui pour ne pas l'empêcher de se livrer à sa bienfaisance. Des gens qui ont travaillé, comme moi, pendant trente ans!

— Dieu veuille donc que l'huile comagène réussisse, s'écria Birotteau; j'en serai doublement heureux. Adieu, mon oncle, vous viendrez dîner dimanche avec les Ragon, Roguin et M. Claparon; car nous signerons tous après-demain : c'est demain vendredi, je ne veux faire d'af...

— Tu donnes donc dans ces superstitions-là?

— Mon oncle, je ne croirai jamais que le jour où le fils de Dieu fut mis à mort par les hommes est un jour heureux. On interrompt bien toutes les affaires pour le 21 janvier.

— A dimanche, dit brusquement Pillerault.

— Sans ses opinions politiques, se dit Birotteau en redescendant l'escalier, je ne sais pas s'il aurait son pareil ici-bas, mon oncle. Qu'est-ce que lui fait la politique? il serait si bien en n'y songeant pas du tout. Son entêtement prouve qu'il n'y a pas d'homme parfait.

— Déjà trois heures, dit César en entrant chez lui.

— Monsieur, vous prenez ces valeurs-là? lui demanda Célestin en montrant les broches du marchand de parapluies.

— Oui, à six, sans commission.— Ma femme, apprête tout pour ma toilette, je vais chez M. Vauquelin, tu sais pourquoi. Une cravate blanche surtout.

Birotteau donna quelques ordres à ses commis; il ne vit pas Popinot, devina que son futur associé s'habillait, et remonta promptement dans sa chambre, où il trouva la Vierge de Dresde magnifiquement encadrée, selon ses ordres.

— Eh bien! c'est gentil, dit-il à sa fille.

— Mais, papa, dis donc que c'est beau, sans quoi l'on se moquerait de toi.

— Voyez-vous, cette fille qui gronde son père. Eh bien! pour mon goût, j'aime autant Héro et Leandre. La Vierge est un sujet religieux qui peut aller dans une chapelle; mais Héro et Leandre, ah! je l'acheterai; car le flacon d'huile m'a donné des idées...

— Mais, papa, je ne te comprends pas.

— Virginie, un fiacre! cria César d'une voix retentissante quand il eut fait sa barbe, et que le timide Popinot parut en traînant le pied à cause de Césarine.

L'amoureux ne s'était pas encore aperçu que son infirmité n'existait plus pour sa maîtresse. Délicieuse preuve d'amour que les gens à qui le hasard inflige un vice corporel quelconque peuvent seuls recueillir.

— Monsieur, dit-il, la presse pourra manœuvrer demain.

— Eh bien! qu'as-tu, Popinot? demanda César en voyant rougir Anselme.

— Monsieur, c'est le bonheur d'avoir trouvé une boutique, arrière-boutique, cuisine et des chambres dessus et des magasins pour douze cents francs par an, rue des Cinq-Diamants.

— Il faut obtenir un bail de dix-huit ans, dit Birotteau. Mais allons chez M. Vauquelin, nous causerons en route.

César et Popinot montèrent en fiacre aux yeux des commis étonnés de ces exorbitantes toilettes et d'une voiture anormale, ignorants qu'ils étaient des grandes choses méditées par le maître de la Reine des Roses.

— Nous allons donc savoir la vérité sur les noisettes, se dit le parfumeur.

— Des noisettes? dit Popinot.

— Tu as mon secret, Popinot, dit le parfumeur; j'ai lâché le mot noisette, tout est là. L'huile de noisette est la seule qui ait de l'action sur les cheveux; aucune maison de parfumerie n'y a pensé. En voyant la gravure d'Héro et de Leandre, je me suis dit : Si les anciens usaient tant d'huile pour leurs cheveux, ils avaient une raison quelconque; car les anciens sont les anciens! malgré les prétentions des modernes, je suis de l'avis de Boileau sur les anciens. Je suis parti de là pour arriver à l'huile de noisette, grâce au petit Bianchon, l'élève en médecine, ton parent; il m'a dit qu'à l'école ses camarades employaient l'huile de noisette pour activer la croissance de leurs moustaches et

favoris. Il ne nous manque plus que la sanction de l'illustre M. Vauquelin. Éclairés par lui, nous ne tromperons pas le public. Tout à l'heure j'étais à la Halle, chez une marchande de noisettes, pour avoir la matière première; dans un instant, je serai chez l'un des plus grands savants de France pour en tirer la quintessence. Les proverbes ne sont pas sots, les extrêmes se touchent. Vois, mon garçon! le commerce est l'intermédiaire des productions végétales et de la science. Angélique Madou récolte, M. Vauquelin extrait, et nous vendons une essence. Les noisettes valent cinq sous la livre, M. Vauquelin va centupler leur valeur, et nous rendrons service peut-être à l'humanité; car si la vanité cause de grands tourments à l'homme, un bon cosmétique est alors un bienfait.

La religieuse admiration avec laquelle Popinot écoutait le père de sa Césarine stimula l'éloquence de Birotteau, qui se permit les phrases les plus sauvages qu'un bourgeois puisse inventer.

— Sois respectueux, Anselme, dit-il en entrant dans la rue où demeurait Vauquelin, nous allons pénétrer dans le sanctuaire de la science. Mets la Vierge en évidence, sans affectation, dans la salle à manger, sur une chaise. Pourvu que je ne m'entortille pas dans ce que je veux dire, s'écria naïvement Birotteau. Popinot, cet homme me fait une impression chimique, sa voix me chauffe les entrailles et me cause même une légère colique. Il est mon bienfaiteur, et, dans quelques instants, Anselme, il sera le tien.

Ces paroles donnèrent froid à Popinot, qui posa ses pieds comme s'il eût marché sur des œufs, et regarda d'un air inquiet les murailles. M. Vauquelin était dans son cabinet, on lui annonça Birotteau. L'académicien savait le parfumeur adjoint au maire et très en faveur, il le reçut.

— Vous ne m'oubliez donc pas dans vos grandeurs? dit le savant; mais de chimiste à parfumeur, il n'y a que la main.

— Hélas! monsieur, de votre génie à la simplicité d'un bon homme comme moi, il y a l'immensité. Je vous dois ce que vous appelez mes grandeurs, et je ne l'oublierai ni dans ce monde, ni dans l'autre.

— Oh! dans l'autre, dit-on, nous serons tous égaux, les rois et les savetiers.

— C'est-à-dire les rois et les savetiers qui se seront sainement conduits, dit Birotteau.

— C'est votre fils, dit Vauquelin en regardant le petit Popinot, hébété de ne rien voir d'extraordinaire dans le cabinet où il croyait trouver des monstruosités, de gigantesques machines, des métaux volants, des substances animées.

— Non, monsieur, mais un jeune homme que j'aime, et qui vient implorer une bonté égale à votre talent, n'est-elle pas infinie, dit-il d'un air fin. Nous venons vous consulter une seconde fois, à seize ans de distance, sur une matière importante, sur laquelle je suis ignorant comme un parfumeur.

— Voyons, qu'est-ce?

— Je sais que les cheveux occupent vos veilles, et que vous vous livrez à leur analyse. Pendant que vous y pensiez pour la gloire, j'y pensais pour le commerce.

— Cher monsieur Birotteau, que voulez-vous de moi? l'analyse des cheveux? Il prit un petit papier. Je vais lire à l'Académie des sciences un mémoire sur ce sujet. Les cheveux sont formés d'une quantité assez grande de mucus, d'une petite quantité d'huile blanche, de beaucoup d'huile noire verdâtre, de fer, de quelques atomes d'oxyde de manganèse, de phosphate de chaux, d'une très-petite quantité de carbonate de chaux, de silice et de beaucoup de soufre. Les différentes proportions de ces matières font les différentes couleurs des cheveux. Ainsi, les rouges ont beaucoup plus d'huile noire verdâtre que les autres.

César et Popinot ouvraient des yeux d'une grandeur risible.

— Neuf choses! s'écria Birotteau. Comment! il se trouve dans un cheveu des métaux et des huiles? il faut que ce soit vous, un homme que je vénère, qui me le dise pour que je le croie. Est-ce extraordinaire! Dieu est grand, monsieur Vauquelin.

— Le cheveu est produit par un organe folliculaire, reprit le grand chimiste, une espèce de poche ouverte à ses deux extrémités, par l'une, elle tient à des nerfs et à des vaisseaux; par l'autre, sort le cheveu. Selon quelques-uns de nos savants confrères, et parmi eux M. de Blainville, le cheveu serait une partie morte expulsée de cette poche ou crypte que remplit une matière pulpeuse.

— C'est comme qui dirait de la sueur en bâton, s'écria Popinot, à qui le parfumeur donna un petit coup de pied dans le talon.

Vauquelin sourit à l'idée de Popinot.

— Il a des moyens, n'est-ce pas? dit alors César en regardant Popinot. Mais, monsieur, si les cheveux sont mort-nés, il est impossible de les faire vivre, nous sommes perdus! le prospectus est absurde: vous ne savez pas comme le public est drôle, on ne peut pas venir lui dire...

— Qu'il a un fumier sur la tête, dit Popinot voulant encore faire rire Vauquelin.

— Des catacombes aériennes, lui répondit le chimiste en continuant la plaisanterie.

— Et mes noisettes qui sont achetées ! s'écria Birotteau sensible à la perte commerciale. Mais pourquoi vend-on des ?...

— Rassurez-vous, dit Vauquelin en souriant, je vois qu'il s'agit de quelque secret pour empêcher les cheveux de tomber ou de blanchir. Écoutez voilà mon opinion sur la matière après tous mes travaux.

Popinot dressa les oreilles comme un lièvre effrayé.

— La décoloration de cette substance morte ou vive est, selon moi, produite par l'interruption de la sécrétion des matières colorantes, ce qui expliquerait comment dans les climats froids le poil des animaux à belles fourrures pâlit et blanchit pendant l'hiver.

— Hein ? Popinot.

— Il est évident, reprit Vauquelin, que l'altération des chevelures est due à des changements subis dans la température ambiante ..

— Ambiante, Popinot ! retiens, retiens ! cria César.

— Oui, dit Vauquelin, au froid et au chaud alternatifs, ou à des phénomènes intérieurs qui produisent le même effet. Ainsi probablement les migraines et autres affections céphalalgiques absorbent, dissipent ou déplacent les fluides générateurs. L'intérieur regarde les médecins. Quant à l'extérieur, arrivent vos cosmétiques.

— Eh bien ! monsieur, dit Birotteau, vous me rendez la vie. J'ai songé à vendre de l'huile de noisette, en pensant que les anciens faisaient usage d'huile pour leurs cheveux, et les anciens sont les anciens, je suis de l'avis de Boileau. Pourquoi les athlètes oignaient-ils ?...

— L'huile d'olive vaut l'huile de noisette, dit Vauquelin, qui n'écoutait pas Birotteau. Toute huile est bonne pour préserver le bulbe des impressions nuisibles aux substances qu'il contient au travail, mais nous dirions en dissolution, s'il s'agissait de chimie. Peut-être avez-vous raison ! l'huile de noisette possède, m'a dit Dupuytren, un stimulant. Je chercherai à connaître les différences qui existent entre les huiles de faine, de colza, d'olive, de noix, etc.

— Je ne me suis donc pas trompé ! dit Birotteau triomphalement, je me suis rencontré avec un grand homme. Macassar est enfoncé ! Macassar, monsieur, est un cosmétique donné, c'est-à-dire vendu et vendu cher, pour faire pousser les cheveux.

— Cher monsieur Birotteau, dit Vauquelin, il n'est pas venu deux onces d'huile de Macassar en Europe. L'huile de Macassar n'a pas la moindre action sur les cheveux, mais les Malaises l'achètent au poids de l'or à cause de son influence conservatrice sur les cheveux, sans savoir que l'huile de baleine est tout aussi bonne. Aucune puissance ni chimique ni divine..

— Oh ! divine... ne dites pas cela, monsieur Vauquelin.

— Mais, cher monsieur, la première loi que Dieu suive est d'être conséquent avec lui-même : sans unité, pas de puissance...

— Ah ! vu comme ça...

— Aucune puissance ne peut donc faire pousser de cheveux à des chauves, de même que vous ne teindrez jamais sans danger les cheveux rouges ou blancs ; mais en usant l'emploi de l'huile, vous ne commettrez aucune erreur, aucun mensonge, et je pense que ceux qui s'en serviront pourront conserver leurs cheveux.

— Croyez-vous que l'Académie royale des sciences voudrait approuver ?...

— Oh ! il n'y a pas là la moindre découverte, dit Vauquelin. D'ailleurs, les charlatans ont tant abusé du nom de l'Académie que vous n'en seriez pas plus avancé. Ma conscience se refuse à regarder l'huile de noisette comme un prodige.

— Quelle serait la meilleure manière de l'extraire ? par la décoction ou par la pression ? dit Birotteau.

— Par la pression entre deux plaques chaudes, l'huile sera plus abondante ; mais obtenue par la pression entre deux plaques froides, elle sera de meilleure qualité. Il faut l'appliquer, dit Vauquelin avec bonté, sur la peau même et non s'en frotter les cheveux, autrement l'effet serait manqué.

— Retiens bien ceci, Popinot, dit Birotteau dans un enthousiasme qui lui enflamma le visage. Vous voyez, monsieur, un jeune homme qui comptera ce jour parmi les plus beaux de sa vie. Il vous connaissait, vous vénérait, sans vous avoir vu. Ah ! il est souvent question de vous chez moi, le nom qui est toujours dans les cœurs arrive souvent sur les lèvres. Nous prions, ma fille et moi, pour vous, tous les jours, comme on le doit pour son bienfaiteur.

— C'est trop pour si peu, dit Vauquelin gêné par la verbeuse reconnaissance du parfumeur.

— Ta, ta, ta ! fit Birotteau, vous ne pouvez pas nous empêcher de vous aimer, vous qui n'acceptez rien de nous. Vous êtes comme le soleil, vous jetez la lumière, et ceux que vous éclairez ne peuvent rien vous rendre.

Le savant sourit et se leva, le parfumeur et Popinot se levèrent aussi.

— Regarde, Anselme, regarde bien ce cabinet. Vous permettez, monsieur ? ces moments sont si précieux, il ne reviendra peut-être plus ici.

— Eh bien ! êtes-vous content des affaires ? dit Vauquelin à Birotteau, car enfin nous sommes deux gens de commerce...

— Assez bien, monsieur, dit Birotteau se retirant vers la salle à manger, où le suivit Birotteau. Mais pour lancer cette huile sous le nom d'Essence Comagène, il faut de grands fonds.

— Essence et Comagène sont deux mots qui hurlent. Appelez votre

cosmétique Huile de Birotteau. Si vous ne voulez pas mettre votre nom en évidence, prenez-en un autre. Mais voilà la Vierge de Dresde. Ah ! monsieur Birotteau, vous voulez que nous nous quittions brouillés.

— Monsieur Vauquelin, dit le parfumeur en prenant les mains du chimiste, cette rareté n'a de prix que par la persistance que j'ai mise à la chercher, il a fallu faire fouiller toute l'Allemagne pour la trouver sur papier de Chine ou avant la lettre, je savais que vous la désiriez, vos occupations ne vous permettaient pas de vous la procurer, je me suis fait votre commis-voyageur ; agréez donc, non une méchante gravure, mais des soins, une sollicitude, des pas et démarches qui prouvent un dévouement absolu. J'aurais voulu que vous souhaitassiez quelques substances qu'il fallût aller chercher au fond des précipices, et venir vous dire : Les voilà ! Ne me refusez pas. Nous avons tant de chances pour être oubliés, laissez-moi me mettre moi, ma femme, ma fille et le gendre que j'aurai, tous sous vos yeux. Vous vous direz en voyant la Vierge : Il y a de bonnes gens qui pensent à moi.

— J'accepte, dit Vauquelin.

Popinot et Birotteau s'essuyèrent les yeux, tant ils furent émus de l'accent de ce mot que l'académicien à ce mot.

— Voulez-vous combler votre bonté ? dit le parfumeur.

— Qu'est-ce ? fit Vauquelin.

— Je réunis quelques amis... Il se souleva sur les talons, en prenant néanmoins un air humble... Autant pour célébrer la délivrance du territoire, que pour fêter ma nomination dans l'ordre de la Légion d'honneur...

— Ah ! dit Vauquelin étonné.

— Peut-être me suis-je rendu digne de cette insigne et royale faveur en siégeant au tribunal consulaire et en combattant pour les Bourbons sur les marches de Saint-Roch au treize vendémiaire, où je fus blessé par Napoléon. Ma femme donne un bal dimanche dans vingt jours, venez-y, monsieur. Faites-nous l'honneur de dîner avec nous ce jour-là. Pour moi, ce sera recevoir deux fois la croix. Je vous écrirai bien à l'avance.

— Eh bien ! oui, dit Vauquelin.

— Mon cœur se gonfle de plaisir, s'écria le parfumeur dans la rue. Il viendra chez moi. J'ai peur d'avoir oublié ce qu'il a dit sur les cheveux, tu t'en souviens, Popinot ?

— Oui, monsieur, et dans vingt ans je m'en souviendrais encore.

— Ce grand homme ! quel regard et quelle pénétration ! dit Birotteau. Ah ! il n'en a fait ni une ni deux, il a deviné nos pensées, et nous a donné le moyen d'abattre l'huile de Macassar. Ah ! rien ne peut faire pousser les cheveux, Macassar, tu mens ! Popinot, nous tenons une fortune. Ainsi, demain, à sept heures, soyons à la fabrique, les noisettes viendront et nous ferons de l'huile, car il a beau dire que toute huile est bonne, nous serions perdus si le public le savait. S'il n'entrait pas dans notre huile un peu de noisette et de parfum, sous quel prétexte pourrions-nous la vendre trois ou quatre francs les quatre onces ?

— Vous allez être décoré, monsieur, dit Popinot. Quelle gloire pour...

— Pour le commerce, n'est-ce pas, mon enfant ?

L'air triomphant de César Birotteau sûr d'une fortune, fut remarqué par ses commis, qui se firent des signes entre eux, car la course en fiacre, la tenue du caissier et du patron les avaient jetés dans les romans les plus bizarres. Le contentement mutuel de César et d'Anselme trahi par des regards diplomatiquement échangés, le coup d'œil plein d'espérance que Popinot jeta par deux fois à Césarine annonçaient quelque événement grave et confirmaient les conjectures des commis. Dans cette vie occupée et quasi claustrale, les plus petits accidents prenaient l'intérêt que donne un prisonnier à ceux de sa prison. L'attitude de madame César, qui répondait aux regards olympiens de son mari par des airs de doute, accusait une nouvelle entreprise, car en temps ordinaire madame César aurait été contente, elle que les succès du détail rendaient joyeuse. La recette de la journée se montait à six mille francs : on était venu payer quelques mémoires arriérés.

La salle à manger et la cuisine éclairée par une petite cour, et séparée de la salle à manger par un couloir où débouchait l'escalier pratiqué dans un coin de l'arrière boutique, se trouvait à l'entresol, où jadis était l'appartement de César et de Constance, et la salle à manger où s'était écoulée la lune de miel avait-elle l'air d'un petit salon. Durant le dîner, Raguet, le garçon de confiance, gardait le magasin ; mais au dessert les commis redescendaient au magasin, et laissaient César, sa femme et sa fille achever leur dîner au coin du feu. Cette habitude venait des Ragon, chez qui les anciens us et coutumes du commerce, toujours en vigueur, maintenaient entre eux et les commis l'énorme distance que jadis existait entre les maîtres et les apprentis. Césarine ou Constance apprêtait alors au parfumeur sa tasse de café, qu'il prenait assis dans une bergère au coin du feu. Pendant cette heure César mettait sa femme au fait des petits événements de la journée, il racontait ce qu'il avait vu dans Paris, ce qui se passait au faubourg du Temple, les difficultés de la fabrication.

— Ma femme, dit-il quand les commis furent descendus, voilà certes une des plus importantes journées de notre vie ! Les noisettes achetées, la presse hydraulique prête à manœuvrer demain, l'affaire des terrains conclue. Tiens, serre donc ce bon sur la Banque, dit-il en lui remettant le mandat de Pillerault La restauration de l'appartement décidée, notre appartement augmenté. Mon Dieu! j'ai vu, Cour Batave, un homme bien singulier! Et il raconta M. Molineux.

— Je vois, lui répondit sa femme en l'interrompant au milieu d'une tirade que tu t'es endetté de deux cent mille francs?

— C'est vrai, ma femme, dit le parfumeur avec une fausse humilité. Comment payerons-nous cela, bon Dieu? car il faut compter pour rien les terrains de la Madeleine destinés à devenir un jour le plus beau quartier de Paris.

— Un jour, César.

— Hélas! dit-il en continuant sa plaisanterie, mes trois huitièmes ne me vaudront un million que dans six ans. Et comment payer deux cent mille francs? reprit César en lui dit un geste d'effroi. Eh bien! nous les payerons cependant avec cela, dit-il en tirant de sa poche une noisette prise chez madame Madou, et précisément gardée.

Il montra la noisette entre ses deux doigts à Césarine et à Constance. Sa femme ne dit rien, mais Césarine intriguée dit en servant le café à son père : — Ah ça! papa, tu ris?

Le parfumeur, aussi bien que ses commis, avait surpris pendant le dîner les regards jetés par Popinot à Césarine; il voulut éclaircir ses soupçons.

— Eh bien! fifille, cette noisette est cause d'une révolution au logis Il y aura, dès ce soir, quelqu'un de moins sous notre toit.

Césarine regarda son père en ayant l'air de dire : Que m'importe!

— Popinot s'en va.

Quoique César fût un pauvre observateur et qu'il eût préparé sa dernière phrase autant pour tendre un piège à sa fille que pour arriver à sa création de la maison A. P. PINOT ET COMPAGNIE, sa tendresse paternelle lui fit deviner les sentiments confus qui sortirent du cœur de sa fille, fleururent en roses rouges sur ses joues, sur son front, et colorèrent ses yeux qu'elle baissa. César crut alors à quelques paroles échangées entre Césarine et Popinot Il n'en était rien : ces deux enfants s'entendaient, comme tous les amants timides, sans s'être dit un mot.

Quelques moralistes pensent que l'amour est la passion la plus involontaire, la plus désintéressée, la moins calculatrice de toutes, excepté toutefois l'amour maternel. Cette opinion comporte une erreur grossière : si la plupart des hommes ignorent les raisons qui font aimer, toute sympathie physique ou morale n'en est pas moins basée sur des calculs faits par l'esprit, le sentiment ou la brutalité. L'amour est une passion essentiellement égoïste. Qui dit égoïsme, dit profond calcul. Aussi, pour tout esprit frappé seulement des résultats, peut-il sembler, au premier abord, invraisemblable ou singulier de voir une belle fille comme Césarine éprise d'un pauvre enfant boiteux et à cheveux rouges. Néanmoins, ce phénomène est en harmonie avec l'arithmétique des sentiments bourgeois. L'expliquer sera rendre compte de ces mariages toujours observés avec une constante surprise et qui se font entre de grandes, de belles femmes et de petits hommes, entre de petites, de laides créatures et de beaux garçons. Tout homme atteint d'un défaut de conformation quelconque, les pieds bots, la claudication, les diverses gibbosités, l'excessive laideur, les taches de vin répandues sur la joue, les temmes de vigne, l'infirmité de Roguin et autres monstruosités indépendantes de la volonté des fondateurs, n'a que deux partis à prendre : ou se rendre redoutable ou devenir d'une exquise bonté; à lui seul est permis de flotter entre les moyens termes habituels à la plupart des hommes. Dans le premier cas, il y a talent, génie ou force : un homme n'inspire la terreur que par la puissance du mal, le respect que par le génie, la peur que par beaucoup d'esprit. Dans le second cas, il se fait adorer, il se prête admirablement aux tyrannies féminines, et sait mieux aimer qu'aiment les gens d'une irréprochable corporence.

Élevé chez des gens vertueux, par les Ragon, modèle de la plus honorable bourgeoisie, et par son oncle le juge Popinot, Anselme avait été conduit, par une candeur et par ses sentiments religieux, à racheter son léger vice corporel par la perfection de son caractère. Frappé de cette tendance qui la jeunesse si attrayante, Constance et César avaient souvent fait l'éloge d'Anselme devant Césarine; mais puis d'ailleurs, ils étaient grands, par l'âme et comprenaient bien les choses du cœur Ces éloges trouvèrent de l'écho chez une jeune fille qui, malgré son innocence, lut dans les yeux si purs d'Anselme un sentiment violent, toujours flatteur. quels que soient l'âge, le rang et la tournure de l'amant. Le petit Popinot devait avoir beaucoup plus de raison qu'un bel homme d'aimer une femme. Si sa femme était belle, il en serait fou jusqu'à son dernier jour, son amour lui donnerait de l'ambition, il se tuerait pour rendre sa femme heureuse, il la laisserait maîtresse au logis, il irait au-devant de la domination. Aussi pensait Césarine involontairement et pas aussi crûment, elle entrevoyait à vol d'oiseau les moissons de l'amour, et raisonnant par comparaison : le bonheur de sa mère était devant ses yeux, elle ne souhaitait pas d'autre vie, son instinct lui montrait dans Anselme un autre César perfectionné par l'éducation, elle le laissait maître, elle le voyait Popinot maire d'un arrondissement, et se plaisait à se peindre quelque un jour sa paroisse comme sa mère à Saint-Roch. Elle avait fini par ne plus s'apercevoir de la différence qui distinguait la jambe gauche de la jambe

droite chez Popinot. elle eût été capable de dire : Mais boite-t-il? Elle aimait cette prunelle si limpide, et s'était plu à voir l'effet que produisait son regard sur ces yeux qui brillaient aussitôt d'un feu pudique et se baissaient mélancoliquement. Le premier clerc de Roguin, doué de cette précoce expérience due à l'habitude des affaires, Alexandre Crottat, avait un air moitié cynique, moitié bonasse, qui révoltait Césarine, déjà révoltée par les lieux communs de sa conversation. Le silence de Popinot trahissait un esprit doux, elle aimait le sourire à demi mélancolique que lui inspiraient d'insignifiantes vulgarités; les niaiseries qui le faisaient sourire excitaient toujours quelque répulsion chez elle, ils souriaient ou se contristaient ensemble. Cette supériorité n'empêchait pas Anselme de se précipiter à l'ouvrage, et son intangible ardeur plaisait à Césarine, car elle devinait les autres commis disaient : « Césarine épousera le premier clerc de M. Roguin, » Anselme pauvre, boiteux et à cheveux roux, ne désespérait pas d'obtenir sa main. Une grande espérance prouve un grand amour.

— Où va-t-il? demanda Césarine à son père en essayant de prendre un air indifférent.

— Il s'établit rue des Cinq-Diamants, et ma foi! à la grâce de Dieu, dit Birotteau dont l'exclamation ne fut comprise ni par sa femme, ni par sa fille.

Quand Birotteau rencontrait une difficulté morale, il faisait comme les insectes devant un obstacle, il se jetait à gauche ou à droite; il changea donc de conversation et se promettant de causer de Césarine avec sa femme.

— J'ai raconté tes craintes et tes idées sur Roguin à ton oncle, il s'est mis à rire, dit-il à Constance.

— Tu ne dois jamais révéler ce que nous nous disons entre nous, s'écria Constance Ce pauvre Roguin est peut-être le plus honnête homme du monde, il a cinquante-huit ans, et ne pense plus sans doute...

Elle s'arrêta court en voyant Césarine attentive, et la montra par un coup d'œil à César.

— J'ai donc bien fait de conclure, dit Birotteau.

— Mais tu es le maître, répondit-elle.

César prit sa femme par les mains et la baisa au front. Cette réponse était toujours chez elle un consentement tacite aux projets de son mari.

— Allons, s'écria le parfumeur en descendant à son magasin et parlant à ses commis, la boutique se fermera à dix heures. Messieurs, un coup de main! Il s'agit de transporter pendant la nuit tous les meubles du premier au second ! Il faut mettre, comme on dit, les petits pots dans les grands, afin de laisser demain à mon architecte les coudées franches.

— Popinot est sorti sans permission, dit César en ne le voyant pas. Eh! mais, il ne couche pas ici, je l'oubliais. Il est allé, pensa-t-il, ou rédiger les idées de M. Vauquelin, ou louer sa boutique.

— Nous connaissons la cause de ce déménagement, dit Célestin en parlant au nom des deux autres commis, et de Raguet, groupés derrière lui. Nous sera-t-il permis de féliciter monsieur d'un honneur qui rejaillit sur toute la boutique... Popinot nous a dit que monsieur...

— Eh bien! mes enfants, que voulez-vous! l'on m'a décoré. Aussi, non-seulement à cause de la délivrance du territoire, mais encore pour fêter ma promotion dans la Légion-d'honneur, réunissons-nous mes amis. Je me suis peut-être rendu digne de cette insigne et royale faveur en siégeant au tribunal consulaire et en combattant pour la cause royale que j'ai défendue... à votre âge, sur les marches de Saint-Roch, au treize vendémiaire; et, ma foi, Napoléon, dit l'empereur, m'a blessé! J'ai été blessé à la cuisse encore, et madame Ragon m'a pansé Ayez du courage, vous serez récompensés! Voilà, mes enfants, comme un malheur n'est jamais perdu.

— On ne se battra plus dans les rues, dit Célestin.

— Il faut l'espérer, dit César, qui partit de là pour faire une mercuriale à ses commis, et il la termina par une invitation.

La perspective d'un bal anima les trois commis, Raguet et Virginie d'une ardeur qui leur donna de la dextérité de bons équilibristes. Tous allaient et venaient chargés par les escaliers sans rien casser ni rien renverser. À deux heures du matin, le déménagement était opéré. César et sa femme coucher ni au second étage La chambre de Popinot devint celle de Célestin et du second commis. Le troisième étage fut un garde-meuble provisoire.

Possédé de cette magnétique ardeur que produit l'affluence du fluide nerveux et qui fait du diaphragme un brasier chez les gens ambitieux ou amoureux agités par de grands desseins, Popinot si doux et si tranquille avait piaffé comme un cheval de race avant la course, dans la boutique, au sortir de table.

— Qu'as-tu donc? lui dit Célestin.

— Quelle journée! il est, je m'établis, lui dit-il à l'oreille, et M. César est décoré.

— Vous êtes bien heureux, le patron vous aide, s'écria Célestin.

Popinot ne répondit pas, il disparut poussé comme par un vent furieux, le vent du succès!

— Oh! heureux, dit à son voisin qui vérifiait des étiquettes un commis occupé à mettre des gants par douzaines, le patron s'est aperçu des yeux que Popinot fait à mademoiselle Césarine, et comme il est très-fin, le patron, s'il se débarrasse d'Anselme, il serait difficile de le refuser, rapport à ses parents. Celestin prend cette rouerie pour de la générosité.

Anselme Popinot descendait la rue Saint-Honoré et courait rue des Deux-écus, pour s'emparer d'un jeune homme que sa *seconde vue* commerciale lui désignait comme le principal instrument de sa fortune. Le juge Popinot avait rendu service au plus habile commis-voyageur de Paris, à celui que sa triomphante loquèle et son . civité firent plus tard surnommer l'illustre. Voué spécialement à la chapellerie et à l'*Article Paris*, ce roi des voyageurs se nommait encore purement et simplement Gaudissart. A vingt-deux ans, il se signalait déjà par la puissance de son magnétisme commercial. Alors fluet, l'œil joyeux, le visage expressif, une mémoire infatigable, le coup d'œil habile à saisir les goûts de chacun, il méritait d'être ce qu'il fut depuis, le roi des commis-voyageurs, le *Français* par excellence. Quelques jours auparavant, Popinot avait rencontré Gaudissart, qui s'était dit sur le point de partir; l'espoir de le trouver encore à Paris venait donc de lancer l'amoureux sur la rue des Deux-écus, où il apprit que le voyageur avait retenu sa place aux Messageries. Pour faire ses adieux à sa chère capitale, Gaudissart était allé voir une pièce nouvelle au Vaudeville; Popinot résolut de l'attendre. Courtier le placement de l'huile de noisette à ce précieux metteur en œuvre des inventions marchandes, déjà choyé par les plus riches maisons, n'était-ce pas tirer une lettre de change sur la fortune. Popinot possédait Gaudissart. Le commis-voyageur, si savant dans l'art d'entortiller les gens les plus rebelles, les petits marchands de province, s'était laissé entortiller dans la première conspiration tramée contre les Bourbons après les Cent-Jours. Gaudissart, à qui le grand air était indispensable, se vit en prison sous le poids d'une accusation capitale. Le juge Popinot, chargé de l'instruction, avait mis Gaudissart hors de cause en reconnaissant que son imprudente sottise l'avait seule compromis dans cette affaire. Avec un juge désireux de plaire au pouvoir ou d'un royalisme exalté, le malheureux commis allait à l'échafaud. Gaudissart, qui croyait devoir la vie au juge d'instruction, nourrissait un profond désespoir de ne pouvoir porter à son sauveur qu'une stérile reconnaissance. Ne devant pas remercier un juge d'avoir rendu la justice, il était allé chez les Ragon se déclarer homme-lige des Popinot. En attendant, Popinot alla naturellement revoir sa maison de la rue des Cinq-Diamants, demander l'adresse du propriétaire, afin de traiter du bail. En errant dans le dédale obscur de la grande Halle, et pensant aux moyens d'organiser un rapide succès, Popinot saisit, rue Aubry-le-Boucher, une occasion unique et de bon augure avec laquelle il comptait régaler César le lendemain. En faction à la porte de l'hôtel du Commerce, au bout de la rue des Deux-écus, vers minuit, Popinot entendit, dans le lointain de la rue de Grenelle, un vaudeville final chanté par Gaudissart avec accompagnement de canne significativement traînée sur les pavés.

— Monsieur, dit Anselme en débouchant de la porte et se montrant soudain, deux mots!

— Onze, si vous voulez, dit le commis-voyageur en levant sa canne plombée sur l'agresseur.

— Je suis Popinot, dit le pauvre Anselme.

— Suffit, dit Gaudissart en le reconnaissant. Que vous faut-il? de l'argent? absent par congé, mais on en trouvera. Mon bras pour un duel? tout à vous, des pieds à l'occiput. Et il chanta :

    Voilà, voilà
    Le vrai soldat français!

— Venez causer avec moi dix minutes, non pas dans votre chambre, on pourrait nous écouter, mais sur le quai de l'Horloge, à cette heure il n'y a personne, dit Popinot, il s'agit de quelque chose de plus important.

— Ça chauffe donc, marchons!

En dix minutes, Gaudissart, maître des secrets de Popinot, en avait reconnu l'importance.

    Paraissez, parfumeurs, coiffeurs et débitants!

s'écria Gaudissart en singeant Lafon dans le rôle du Cid Je vais empaumer tous les boutiquiers de France et de Navarre. Oh! une idée! J'allais partir, je reste, et vais prendre les commissions de la parfumerie parisienne.

— Et pourquoi?

— Pour étrangler vos rivaux, innocent! En ayant leurs commissions, je puis faire boire de l'huile à leurs pratiques en y mettant, en ne parlant et en ne m'occupant que de la vôtre. Un fameux tour de voyageur! Ah! ah! nous sommes les diplomates du commerce. Fameux! Quant à votre prospectus, je m'en charge. J'ai pour ami d'enfance Andoche Finot, le fils du chapelier de la rue du Coq, le vieux qui m'a lancé dans le voyage pour la chapellerie. Andoche, qui a beaucoup

d'esprit, il a pris celui de toutes les têtes que coiffait son père, il est dans la littérature, il fait les petits théâtres au *Courrier des Spectacles*. Son père, vieux chien plein de raisons pour ne pas aimer l'esprit, ne croit pas à l'esprit : impossible de lui prouver que l'esprit se vend, qu'on fait fortune dans l'esprit. En fait d'esprit, il ne connaît que les trois-six. Le vieux Finot prend le petit Finot par famine. Andoche, homme capable, mon ami d'ailleurs, et je ne fraye avec les sots que commercialement, Finot fait les devises pour le Fidèle Berger, qui paye, tandis que les journaux où il se donne un mal de galérien le nourrissent de couleuvres. Sont-ils jaloux dans cette partie-là! C'est comme dans l'*article Paris*. Finot avait une superbe comédie en un acte pour mademoiselle Mars, la plus fameuse des fameuses, ah! en voilà une que j'aime! Eh bien! pour se voir jouer, il a été forcé de la porter à la Gaîté. Andoche connaît le prospectus, il entre dans les idées du marchand, il n'est pas fier, il limousinera notre prospectus *gratis*. Mon Dieu! avec un bol de punch et des gâteaux on le régalera, car, Popinot, pas de farces : je voyagerai sans commission ni frais, vos concurrents payeront, je les dindonnerai Entendons-nous bien. Pour moi ce succès est une affaire d'honneur. Ma récompense est d'être garçon de noces à votre mariage! J'irai en Italie, en Allemagne, en Angleterre! J'emporte avec moi des affiches en toutes les langues, je les fais apposer partout, dans les villages, à la porte des églises, à tous les bons endroits que je connais dans les villes de province! Elle brillera, elle s'allumera, cette huile, elle sera sur toutes les têtes. Ah! votre mariage ne sera pas un mariage en détrempe, mais un mariage à la barigoule! Vous aurez votre Césarine ou je me m'appellerai pas l'*illustre* ! nom que m'a donné le père Finot, pour avoir fait réussir ses chapeaux gris. En vendant votre huile, je reste dans ma partie, la tête humaine; l'huile et le chapeau sont connus pour conserver la chevelure publique.

Le sieur Ragon était un petit homme de cinq pieds au plus, à figure de casse-noisette.., et souriant toujours. — PAGE 26

Popinot revint chez sa tante, où il devait aller coucher, dans une telle fièvre, causée par sa prévision du succès, que les rues lui semblaient être des ruisseaux d'huile. Il dormit peu, rêva que ses cheveux poussaient follement, et vit deux anges qui lui déroulaient, comme dans les mélodrames, une rubrique où était écrit : *Huile césarienne*. Il se réveilla, se souvenant de ce rêve, et résolut de nommer ainsi l'huile de noisette, en considérant cette fantaisie du sommeil comme un ordre céleste.

César et Popinot furent dans leur atelier, au faubourg du Temple, bien avant l'arrivée des noisettes. En attendant les porteurs de madame Madou, Popinot raconta triomphalement son traité d'alliance avec Gaudissart.

— Nous avons l'illustre Gaudissart, nous sommes millionnaires! s'écria le parfumeur en tendant la main à son caissier de l'air que dut prendre Louis XIV en accueillant le maréchal de Villars au retour de Denain.

— Nous avons bien autre chose encore, dit l'heureux commis en sortant de sa poche un bouteille à forme écrasée en façon de citrouille et à côtes: j'ai trouvé dix mille flacons semblables à ce modèle, tout fabriqués, tout prêts, à quatre sous et six mois de terme.

— Anselme, dit Birotteau contemplant la forme mirifique du flacon, hier (il prit un ton grave), dans les Tuileries, oui, pas plus tard qu'hier, tu disais: Je réussirai. Moi, je dis aujourd'hui: Tu réussiras! Quatre sous! six mois de terme! une forme originale! Macassar branle dans le manche; quelle botte portée à l'huile de Macassar! Ai-je bien fait de m'emparer des seules noisettes qui soient à Paris! où donc as-tu trouvé ces flacons?

— J'attendais l'heure de parler à Gaudissart, et je flânais...

— Comme moi jadis! s'écria Birotteau.

— En descendant la rue Aubry-le-Boucher, j'aperçois chez un verrier en gros, un marchand de verres bombés et de cages, qui a des magasins immenses, j'aperçois ce flacon.. Ah! il m'a crevé les yeux comme une lumière subite; une voix m'a crié: Voilà ton affaire!

— Né commerçant! Il aura ma fille, dit César en grommelant.

— J'entre, et je vois des milliers de ces flacons dans des caisses.

— Tu t'en informes?

— Vous ne me croyez pas si gniolle! s'écria douloureusement Anselme.

— Né commerçant, répéta Birotteau.

— Je demande des cages à mettre des petits Jésus de cire. Tout en marchandant les cages, je blâme la forme de ces flacons. Conduit à une confession générale, mon marchand avoue de fil en aiguille que Faille et Bouchot, qui ont manqué dernièrement, allaient entreprendre un cosmétique et voulaient des flacons de forme étrange; il se méfiait d'eux, il exige moitié comptant: Faille et Bouchot, dans l'espoir de réussir, lâchent l'argent, la faillite éclate pendant la fabrication, les syndics, sommés de payer, venaient de transiger avec lui en laissant les flacons et l'argent touché, comme indemnité d'une fabrication prétendue ridicule et sans placement possible. Les flacons coûtent huit sous, il serait heureux de les donner à quatre. Dieu sait combien de temps il aurait en magasin une forme qui n'est pas de vente — Voulez-vous vous engager à en fournir par dix mille à quatre sous? je puis vous débarrasser de vos flacons, je suis commis chez M. Birotteau. Et je l'entame, et je le mène, et je domine mon homme, et je le chauffe, et il est à nous.

— Quatre sous! dit Birotteau. Sais-tu que nous pouvons mettre l'huile à trois francs et gagner trente sous en laissant vingt à nos détaillants?

— L'huile césarienne! cria Popinot.

— L'huile césarienne?... Ah! monsieur l'amoureux, vous voulez flatter le père et la fille. Eh bien! soit, va pour l'huile césarienne! les Césars avaient le monde, ils devaient avoir de fameux cheveux!

— César était chauve, dit Popinot.

— Parce qu'il ne s'est pas servi de notre huile, on le dira! À trois francs l'huile césarienne, l'huile de Macassar coûte le double. Gaudissart est là, nous aurons cent mille francs dans l'année, car nous imposons toutes les têtes qui se respectent de douze flacons par an, dix-huit francs! Soit dix-huit mille têtes, cent quatre-vingt mille francs. Nous sommes millionnaires.

Les noisettes livrées, Raguet les ouvriers, Popinot, César, en épluchèrent une quantité suffisante, et il y eut avant quatre heures quelques livres d'huile. Popinot alla présenter le produit à Vauquelin, qui lui fit présent à Popinot d'une formule pour mêler l'essence de noisette à des corps oléagineux moins chers, et la parfumer. Popinot se mit aussitôt en instance pour obtenir un brevet d'invention et de perfectionnement. Le dévoué Gaudissart prêta l'argent pour le droit fiscal à Popinot, qui avait l'ambition de payer sa moitié dans les frais d'établissement.

La prospérité porte avec elle une ivresse à laquelle les hommes inférieurs ne résistent jamais. Cette exaltation eut un résultat facile à prévoir. Grindot vint, il présenta le croquis colorié d'une délicieuse vue intérieure du futur appartement orné de ses meubles. Birotteau, séduit, consentit à tout. Aussitôt les maçons donnèrent les coups de pic qui firent gémir la maison et Constance. Son peintre en bâtiments, M. Lourdois, un fort riche entrepreneur qui s'engageait à ne rien négliger, parlait de dorures pour le salon. En entendant ce mot, Constance intervint.

— Monsieur Lourdois, dit-elle, vous avez trente mille livres de rente, vous habitez une maison à vous, vous pouvez y faire ce que vous voulez; mais nous autres...

— Madame, le commerce doit briller et ne pas se laisser écraser par l'aristocratie. Voilà d'ailleurs M. Birotteau dans le gouvernement, il est en évidence...

— Oui, mais il est encore en boutique, dit Constance devant ses commis et les cinq personnes qui l'écoutaient; ni moi, ni lui, ni ses amis, ni ses ennemis, ne l'oublieront.

Allez, esclaves, dit-il aux marmitons en se drapant, voilà de l'or. — PAGE 28.

Birotteau se souleva sur la pointe des pieds en retombant sur ses talons à plusieurs reprises, les mains croisées derrière lui.

— Ma femme a raison, dit-il. Nous serons modestes dans la prospérité. D'ailleurs, tant qu'un homme est dans le commerce, il doit être sage en ses dépenses, réservé dans son luxe; la loi lui en fait une obligation, il ne doit pas se livrer à des dépenses excessives. Si l'agrandissement de mon local et sa décoration dépassaient les bornes, il serait imprudent à moi de les excéder, vous-même vous me blâmeriez, Lourdois. Le quartier a les yeux sur moi, les gens qui réussissent ont des jaloux, des envieux! Ah! vous saurez cela bientôt, jeune homme, dit-il à Grindot; s'ils nous calomnient, ne leur donnez pas au moins lieu de médire.

— Ni la calomnie, ni la médisance ne peuvent vous atteindre, dit Lourdois; vous êtes dans une position hors ligne, et vous avez une si grande habitude du commerce, que vous savez raisonner vos entreprises : **vous êtes un malin** — C'est vrai, j'ai quelque expérience des affaires : vous savez pourquoi notre agrandissement ? Si je mets un fort dédit relativement à l'exactitude, c'est que...

— Non.

— Eh bien ! ma femme et moi nous réunissons quelques amis, autant pour célébrer la délivrance du territoire que pour fêter ma promotion dans l'ordre de la Légion d'honneur.

— Comment ! comment ! dit Lourdois, ils vous ont donné la croix ?

— Oui ; peut-être me suis-je rendu digne de cette insigne et royale faveur en siégeant au tribunal consulaire et en combattant pour la cause royale au 13 vendémiaire, à Saint-Roch, où je fus blessé par Napoléon. Venez avec votre femme et votre demoiselle...

— Enchanté de l'honneur que vous daignez me faire, dit le libéral Lourdois. Mais j'ai le cœur, papa Birotteau ; vous voulez être sûr que je ne vous manquerai pas de parole, et voilà pourquoi vous m'invitez. Eh bien ! je prendrai mes plus habiles ouvriers, nous ferons un feu d'enfer pour sécher les peintures ; nous avons des procédés dessiccatifs, car il ne faut pas danser dans un brouillard exhalé par le plâtre. On vernira pour ôter toute odeur.

Trois jours après, le commerce du quartier était en émoi par l'annonce du bal que préparait Birotteau. Chacun pouvait d'ailleurs voir les étais extérieurs nécessités par le changement rapide de l'escalier, les tuyaux carrés en bois par où tombaient les décombres dans des tombereaux qui stationnaient. Les ouvriers pressés qui travaillaient aux flambeaux, car il y eut des ouvriers de jour et des ouvriers de nuit, faisaient arrêter les oisifs, les curieux dans la rue, et les commérages s'appuyaient sur ces préparatifs pour annoncer d'énormes somptuosités.

Le dimanche indiqué pour la conclusion de l'affaire, M. et madame Ragon, l'oncle Pillerault, vinrent sur les quatre heures, après vêpres. Vu les démolitions, disait César, il ne put inviter ce jour-là que Charles Claparon, Crottat et Roguin. Le notaire apporta le *Journal des Débats*, où M. de la Billardière avait fait insérer l'article suivant :

« Nous apprenons que la délivrance du territoire sera fêtée avec « enthousiasme dans toute la France, mais à Paris les membres du « corps municipal ont senti que le moment était venu de rendre à la « capitale cette splendeur qui, par un sentiment de convenance, avait « cessé pendant l'occupation étrangère. Chacun des maires et des ad-« joints se propose de donner un bal : l'hiver promet donc d'être très-« brillant ; ce mouvement national sera suivi. Parmi toutes les fêtes « qui se préparent, il est beaucoup question du bal de M. Birotteau, « nommé chevalier de la Légion d'honneur, et si connu par son dé-« vouement à la cause royale. M. Birotteau, blessé à l'affaire de Saint-« Roch, au treize vendémiaire, et l'un des juges consulaires les plus « estimés, a doublement mérité cette faveur. »

— Comme on écrit bien aujourd'hui ! s'écria César. L'on parle de nous dans le journal, dit-il à Pillerault.

— Eh bien ! après ? lui répondit son oncle, à qui le *Journal des Débats* était particulièrement antipathique.

— Cet article nous fera peut-être vendre de la Pâte des Sultanes et de l'Eau carminative, dit tout bas madame César à madame Ragon sans partager l'ivresse de son mari.

Madame Ragon, grande femme sèche et ridée, au nez pincé, aux lèvres minces, avait un faux air d'une marquise de l'ancienne cour. Le tour de ses yeux attendri par une assez grande circonférence, comme ceux des vieilles femmes qui ont éprouvé des chagrins. Sa contenance, sévère et digne, quoique affable, imprimait le respect. Elle avait d'ailleurs en elle ce je ne sais quoi d'étrange qui saisit sans exciter le rire, et que sa mise, ses façons expliquaient : elle portait des mitaines, elle marchait en tout temps avec une canne à canne, semblable à celle dont se servait la reine Marie-Antoinette à Trianon ; sa robe, dont la couleur favorite était ce brun-pâle nommé feuille-morte, s'étalait aux hanches par des plis inimitables, et dont les douairières d'autrefois ont emporté le secret. Elle conservait la mantille noire garnie de dentelles noires à grandes mailles carrées ; ses bonnets, de forme antique, avaient des agréments qui rappelaient les déchiquetures des vieux cadres sculptés à jour. Elle prenait du tabac avec cette exquise propreté et en faisant ces gestes dont peuvent se souvenir les jeunes gens qui ont eu le bonheur de voir leurs grand'tantes et leurs grand'mères remettre solennellement des boîtes d'or auprès d'elles sur une table, en secouant les grains de tabac égarés sur leur fichu.

Le sieur Ragon était un petit homme de cinq pieds au plus, à figure de casse-noisette, où l'on ne voyait que des yeux, deux pommettes aiguës, un nez et un menton ; sans dents, mangeant la moitié de ses mots, d'une conversation pluviale, galant, prétentieux et souriant toujours du sourire qu'il prenait jadis pour recevoir les belles dames que différents hasards amenaient jadis à la porte de sa boutique. La poudre dessinait sur son crâne une neigeuse demi-lune bien tassée, flanquée de deux ailerons, que séparait une petite queue serrée par un ruban. Il portait l'habit bleu-barbeau, le gilet blanc, la culotte et les bas de soie, des souliers à boucles d'or, des gants de soie noire. Le trait le plus saillant de son caractère était d'aller par les rues tenant son cha-

peau à la main. Il avait l'air d'un messager de la chambre des pairs, d'un huissier du cabinet du roi, d'un de ces gens qui sont placés auprès d'un pouvoir quelconque de manière à recevoir son reflet tout en restant fort peu de chose.

— Eh bien ! Birotteau, dit-il d'un air magistral, te repens-tu, mon garçon, de nous avoir écoutés dans ce temps-là ? Avons-nous jamais douté de la reconnaissance de nos bien-aimés souverains ?

— Vous devez être bien heureuse, ma chère petite, dit madame Ragon à madame Birotteau.

— Mais oui, répondit la belle parfumeuse toujours sous le charme de cette ombrelle à canne, de ces bonnets à papillon, des manches justes et du grand fichu *à la Julie* que portait madame Ragon.

— Césarine est charmante. Venez ici, la belle enfant, dit madame Ragon de sa voix de tête et d'un air protecteur.

— Ferons-nous les affaires avant le dîner ? dit l'oncle Pillerault.

— Nous attendons M. Claparon, dit Roguin, je l'ai laissé s'habillant.

— Monsieur Roguin, dit César, vous l'avez bien prévenu que nous dînions dans un méchant petit entresol ?

— Il le trouvait superbe il y a seize ans, dit Constance en murmurant.

— Au milieu des décombres et parmi les ouvriers.

— Bah ! vous allez voir un bon enfant qui n'est pas difficile, dit Roguin.

— J'ai mis Raguet en faction dans la boutique, on ne passe plus par notre porte, vous avez vu tout démoli, dit César au notaire.

— Pourquoi n'avez-vous pas amené votre neveu ? dit Pillerault à madame Ragon.

— Le verrons-nous ? demanda Césarine.

— Non, mon cœur, dit madame Ragon. Anselme travaille, le cher enfant, à se tuer. Cette rue sans air et sans soleil, cette puante rue des Cinq-Diamants m'effraye ; le ruisseau est toujours bleu, vert ou noir. J'ai peur qu'il n'y périsse. Mais quand les jeunes gens ont quelque chose en tête ! dit-elle à Césarine en faisant un geste qui expliquait le mot *tête* par le mot *cœur*.

— Il a donc passé son bail ? demanda César.

— D'hier et par-devant notaire, reprit Ragon. Il a obtenu dix-huit ans, mais on exige six mois d'avance.

— Eh bien ! monsieur Ragon, êtes-vous content de moi ? fit le parfumeur. Je lui ai donné là le secret d'une découverte... enfin !

— Nous vous savons par cœur, César, dit le petit Ragon en prenant les mains de César et les lui pressant avec une religieuse amitié.

Roguin n'était pas sans inquiétude sur l'entrée en scène de Claparon, dont les mœurs et le ton pouvaient effrayer de vertueux bourgeois : il jugea donc nécessaire de préparer les esprits.

— Vous allez voir, dit-il à Ragon, à Pillerault et aux dames, un original qui cache ses moyens sous un mauvais ton effrayant ; car, d'une position très-inférieure, il s'est fait jour par son talent. Il prendra sans doute les belles manières à force de voir les banquiers. Vous le rencontrerez peut-être sur le boulevard ou dans un café, godaillant, débraillé, jouant au billard : il a l'air du plus grand flandrin. Eh bien ! non, il étudie et pense alors à remuer l'industrie par de nouvelles conceptions.

— Je comprends cela, dit Birotteau, j'ai trouvé mes meilleures idées en flânant, n'est-ce pas, ma biche ?

— Claparon, reprit Roguin, regagne alors pendant la nuit le temps employé à chercher, à combiner ses affaires pendant le jour. Tous ces gens à grand talent ont une vie bizarre, inexplicable. Eh bien ! à travers ce décousu, j'en suis témoin, il arrive à son but : il a fini par faire céder tous nos propriétaires, ils ne voulaient pas, ils se doutaient de quelque chose, il les a mystifiés, il les a lassés, il est allé les voir tous les jours, et nous les tenons, le coup, les maîtres du terrain.

Un singulier *broum ! broum !* particulier aux buveurs de petits verres d'eau-de-vie et de liqueurs fortes annonça le personnage le plus bizarre de cette histoire, et l'arbitre visible des destinées futures de César. Le parfumeur se précipita dans le petit escalier obscur, autant pour dire à Raguet de fermer la boutique que pour faire à Claparon ses excuses de le recevoir dans la salle à manger.

— Comment donc ! mais on est très-bien là pour *chiquer les leg..*, pour chiffrer, veux-je dire, les affaires.

Malgré les habiles préparations de Roguin, M. et madame Ragon, ces bourgeois de bon ton, l'observateur Pillerault, Césarine et son oncle furent d'abord assez désagréablement affectés par ce prétendu banquier de la haute volée.

À l'âge de vingt-huit ans environ, cet ancien commis voyageur ne possédait pas un cheveu sur la tête, et portait un perruque frisée en tire-bouchons. Cette coiffure exige une fraîcheur de vierge une transparence lactée, les plus charmantes grâces féminines ; elle faisait donc ressortir ignoblement un visage bourgeonné, brun-rouge, échauffé comme celui d'un conducteur de diligence, et dont les rides prématurées exprimaient par les grimaces de leurs plis profonds et plaqués une vie libertine et dont les malheurs étaient encore attestés par le mauvais état des dents et les points noirs semés dans une peau rugueuse. Claparon avait l'air d'un comédien de province qui sait tous les rôles, fait la parade, sur la joue duquel le rouge ne tient plus, éteinte par ses fatigues, les lèvres pâteuses, la langue toujours alerte, même pendant l'ivresse, le regard sans pudeur, enfin compromettant par ses gestes. Cette figure, allumée par la joyeuse flamberie du punch, démentait la gravité des affaires. Aussi fallut-il à Claparon de longues études mimiques avant de parvenir à se composer un maintien en harmonie avec son importance postiche. Du Tillet avait assisté à la toilette de Claparon, comme un directeur de spectacle inquiet du début de son principal acteur, car il tremblait que les habitudes grossières de cette vie insoucieuse ne vinssent à éclater à la surface du banquier.

— Parle le moins possible, lui avait-il dit. Jamais un banquier ne bavarde : il agit, pense, médite, écoute et pèse. Ainsi, pour avoir bien l'air d'un banquier, ne dis rien ou dis des choses insignifiantes. Éteins ton œil égrillard et rends-le grave, au risque de le rendre bête. En politique, sois pour le gouvernement, et jette toi dans les généralités, comme : Le budget est lourd. Il n'y a pas de transactions possibles entre les partis. Les libéraux sont dangereux. Les Bourbons doivent éviter tout conflit. Le libéralisme est le manteau d'intérêts coalisés. Les Bourbons nous ménagent une ère de prospérité, soutenons-les, si nous ne les aimons pas. La France a fait assez d'expériences politiques, etc. Ne te vautre pas sur toutes les tables, songe que tu as à conserver la dignité d'un millionnaire. Ne renifle pas ton tabac comme fait un invalide ; joue avec ta tabatière, regarde souvent à tes pieds ou au plafond avant de répondre, enfin donne-toi l'air profond. Surtout défais-toi de ta malheureuse habitude de toucher à tout. Dans le monde, un banquier doit paraître las de toucher ! Ah çà ! tu passes les nuits, les chiffres te rendent brute, il faut rassembler tant d'éléments pour lancer une affaire ! tant d'études ! Surtout, dis beaucoup de mal des affaires. Les affaires sont lourdes, pesantes, difficiles, épineuses. Ne sors pas de là et ne spécifie rien. Ne va pas, à table, chanter tes tances de Béranger, et ne bois pas trop. Si tu te grises, tu perds ton avenir. Roguin te surveillera ; tu vas te trouver avec des gens moraux, des bourgeois vertueux, ne les effraye pas en lâchant quelques-uns de tes principes d'estaminet.

Cette mercuriale avait produit sur l'esprit de Charles Claparon un effet pareil à celui que produisaient sur sa personne ses habits neufs. Ce joyeux sans-souci, l'ami de tout le monde, habitué à ses vêtements débraillés, commodes, et dans lesquels son corps n'était pas plus gêné que son esprit dans son langage, maintenu dans des habits dont le tailleur avait fait attendre et qu'il essayait, roide comme un piquet, inquiet de ses mouvements comme de ses phrases, retirant sa main imprudemment avancée sur un flacon ou sur une boîte, de même qu'il s'arrêtait au milieu d'une phrase, se signala donc par un désaccord risible à l'observation de Pillerault. Sa figure rouge, sa perruque à tire-bouchons égrillards démentaient sa tenue, comme ses pensées combattaient en lui. Mais les bons bourgeois finirent par prendre ces continuelles dissonances pour de la préoccupation.

— Il a tant d'affaires, disait Ragon.
— Les affaires lui donnent peu d'éducation, dit madame Ragon à Césarine.

M. Roguin entendit le mot et se mit un doigt sur les lèvres.
— Il est riche, habile et d'une excessive probité, dit-il en se baissant vers madame Ragon.
— On peut lui passer quelque chose en faveur de ces qualités-là, dit Pillerault à Ragon.
— Lisons les actes avant le dîner, dit Roguin. nous sommes seuls.

Madame Ragon, Césarine et Constance laissèrent les contractants, Pillerault, Ragon, César, Roguin et Claparon, écouter la lecture que fit Alexandre Crottat. César signa, au profit d'un client de Roguin, une obligation de quarante mille francs, hypothéqués sur les fabriques situés dans le faubourg du Temple ; il remit à Roguin le bon de Pillerault sur la Banque, donna sans reçu les quarante mille francs d'effets de son portefeuille et les cent quarante mille francs de billets à l'ordre de Claparon.

— Je n'ai point de reçu à vous donner, dit Claparon, vous agissez de votre côté chez M. Roguin comme du nôtre. Nos vendeurs recevront chez lui leur prix en argent, je ne m'engage pas à autre chose qu'à vous faire trouver le complément de votre part avec vos cent quarante mille francs d'effets.
— C'est juste, dit Pillerault.
— Eh bien ! messieurs, rappelons les dames, car il fait froid sans elles dit Claparon en regardant Roguin comme pour avoir la plaisanterie n'était pas trop forte. Mesdames ! Oh ! mademoiselle est sans doute votre demoiselle, dit Claparon en se tenant droit et regardant Birotteau, eh bien ! vous n'êtes pas maladroit. Aucune des roses que vous avez distillées ne peut lui être comparée, et peut-être est-ce parce que vous avez distillé des roses que...
— Ma foi, dit Roguin en interrompant, j'avoue ma faim.
— Eh bien ! dînons, dit Birotteau.
— Nous allons dîner par-devant notaire, dit Claparon en se rengorgeant.
— Vous faites beaucoup d'affaires, dit Pillerault en se mettant à table auprès de Claparon avec intention.
— Excessivement, par grosses, répondit le banquier ; mais elles sont lourdes, épineuses, il y a les canaux ! Oh ! les canaux ! Vous ne vous

figurez pas combien les canaux nous occupent ! et cela se comprend. Le gouvernement veut des canaux. Le canal est un besoin qui se fait généralement sentir dans les départements et qui concerne tous les commerces, vous savez ! Les fleuves, a dit Pascal, sont des chemins qui marchent. Il faut donc des marchés. Les marchés dépendent de la terrasse, car il y a d'effroyables terrassements, le terrassement regarde la classe pauvre, de là les emprunts qui en définitive sont rendus aux pauvres ! Voltaire a dit : Canaux, canards, canaille ! Mais le gouvernement a ses ingénieurs qui l'éclairent ; il est difficile de ne s'entendre avec eux, à moins de s'entendre avec eux, car la Chambre !... Oh ! monsieur, la Chambre nous donne un mal ! elle ne veut pas comprendre la question politique cachée sous la question financière. Il y a mauvaise foi de part et d'autre. Croirez-vous une chose ? Les Keller, eh bien ! François Keller est un orateur, il attaque le gouvernement à propos de fonds, à propos de canaux. Rentré chez lui, mon gaillard nous trouve avec nos propositions, elles sont favorables, il faut s'arranger avec ce gouvernement dito, tout à l'heure insolemment attaqué. L'intérêt de l'orateur et celui du banquier se choquent, nous sommes entre deux feux ! Vous comprenez maintenant comment les affaires deviennent épineuses. il faut satisfaire tant de monde : les commis, les chambres, les antichambres, les ministres...

— Les ministres ?... dit Pillerault, qui voulait absolument pénétrer ce coassocié.
— Oui, monsieur, les ministres.
— Eh bien ! les journaux ont donc raison, dit Pillerault.
— Voilà mon oncle dans la politique, dit Birotteau, M. Claparon lui fait bouillir du lait.
— Encore des satanés farceurs, dit Claparon, que ces journaux. Monsieur, les journaux nous embrouillent tout : ils nous servent bien quelquefois, mais ils me font passer de cruelles nuits ; j'aimerais mieux les passer autrement ; enfin, j'ai les yeux perdus à force de lire et de calculer.
— Revenons aux ministres, dit Pillerault espérant des révélations.
— Les ministres ont des exigences purement gouvernementales. Mais qu'est-ce que je mange là, de l'ambrosie ? dit Claparon s'interrompant. Voilà de ces sauces qu'on ne mange que dans les maisons bourgeoises, jamais les gargotiers.

A ce mot, les fleurs du bonnet de madame Ragon sautèrent comme des béliers. Claparon comprit que le mot était ignoble, et voulut se rattraper.
— Dans la haute banque, dit-il, on appelle gargotiers les chefs de cabarets élégants Véry, les Frères Provençaux. Eh bien ! ni ces infâmes gargotiers. ni nos savants cuisiniers ne nous donnent de sauces moelleuses ; les uns font de l'eau claire acidulée par le citron, les autres font de la chimie.

Le dîner se passa tout entier en attaques de Pillerault, qui cherchait à sonder cet homme et qui ne rencontrait que le vide ; il le regarda comme un homme dangereux.
— Tout va bien, dit Roguin à l'oreille de Charles Claparon.
— Ah ! je me déshabillerai sans doute ce soir, répondit Claparon, qui étouffait.
— Monsieur, lui dit Birotteau, si nous sommes obligés de faire de la salle à manger le salon, c'est que nous réunissons dans dix-huit jours quelques amis pour célébrer la délivrance du territoire. .
— Bien, monsieur ; moi, je suis aussi l'homme du gouvernement. J'appartiens, par mes opinions, au statu quo du grand homme qui dirige les destinées de la maison d'Autriche. un fameux gaillard ! Conserver pour acquérir, et surtout acquérir pour conserver... Voilà le fond de mes opinions, qui ont l'honneur d'être celles du prince de Metternich.
— Que pour fêter ma promotion dans l'ordre de la Légion d'honneur, reprit César.
— Mais, oui, je sais. Qui donc m'a parlé de cela ? les Keller ou Nucingen ?

Roguin, surpris de tant d'aplomb, fit un geste admiratif.
— Eh non ! c'est à la Chambre.
— A la Chambre, par M. de la Billardière ? demanda César.
— Précisément.
— Il est charmant, dit César à son oncle.
— Il lâche des phrases, des phrases, dit Pillerault, des phrases où l'on se noie.
— Peut-être me suis-je rendu digne de cette faveur... reprit Birotteau.
— Par vos travaux en parfumerie, les Bourbons savent récompenser tous les mérites. Ah ! tenons-nous-en à ces généreux princes légitimes, à qui nous allons devoir de grandes prospérités inouïes... Car, croyez-le bien, la Restauration sent qu'elle doit jouter avec l'Empire ; elle fera des conquêtes en pleine paix, vous verrez des conquêtes !...
— Monsieur nous fera sans doute l'honneur d'assister à notre bal ? dit madame Birotteau.
— Pour passer une soirée avec vous, madame, je manquerais à gagner des millions.
— Il est décidément bien bavard, dit César à son oncle.

Tandis que la gloire de la parfumerie, à son déclin, allait jeter ses de miers feux, un astre se levait faiblement à l'horizon commercial. Le petit Popinot posait à cette heure même les fondements de sa fortune, rue des Cinq-Diamants. La rue des Cinq-Diamants, petite rue étroite, où les voitures chargées passent à grand'peine, donne rue des Lombards d'un bout, et de l'autre rue Aubry-le-Boucher, en face la rue Quincampoix, rue illustre du vieux Paris, où l'histoire de France en a tant illustré. Malgré ce désavantage, la réunion des marchands de drogueries la rend précieuse, et, sous ce rapport, Popinot n'avait pas mal choisi ; mais sa maison, la seconde du côté de la rue des Lombards, était si sombre, que, par certaines journées, il y fallait de la lumière en plein jour. Il avait pris possession, la veille au soir, des lieux les plus noirs et les plus dégoûtants. Son prédécesseur, marchand de mélasse et de sucre brut, avait laissé les stigmates de son commerce sur les murs, dans la cour et dans les magasins. Figurez-vous une grande et spacieuse boutique à grosses portes ferrées peintes en vert-dragon, à longues bandes de fer apparentes, ornées de clous dont les têtes ressemblaient à des champignons, garnie de grilles treillissées en fil de fer, renflées par en bas comme celles des anciens boulangers, enfin dallée en grandes pierres blanches, la plupart cassées. Les murs jaunes et nus comme ceux d'un corps de garde. Après venaient une arrière-boutique et une cuisine, éclairées sur la cour ; enfin, un second magasin en retour, qui jadis devait avoir été une écurie. On montait, par un escalier intérieur pratiqué dans l'arrière-boutique, à deux chambres éclairées sur la rue, où Popinot comptait mettre sa caisse, son cabinet et ses livres. Au-dessus des magasins étaient trois chambres étroites adossées au mur mitoyen, ayant vue sur la cour, et où il se proposait de demeurer. Trois chambres délabrées, qui n'avaient d'autre aspect que celui de la cour irrégulière, sombre, entourée de murailles, où l'humidité, par le temps le plus sec, leur donnait l'air d'être fraîchement badigeonnées ; une cour, entre les pavés de laquelle il se trouvait une crasse noire et puante, laissée par le séjour des mélasses et des sucres bruts. Une seule de ces chambres avait une cheminée, toutes étaient sans papier et carrelées en carreaux. Depuis le matin, Gaudissart et Popinot, aidés d'un ouvrier colleur que le commis-voyageur avait déniché, tendaient eux-mêmes un papier à quinze sous dans cette horrible chambre, peinte à la colle par l'ouvrier. Un lit de collégien à couchette de bois rouge, une mauvaise table de nuit, une commode antique, une table, deux fauteuils et six chaises, donnés par le juge Popinot à son neveu, composaient l'ameublement. Gaudissart avait mis sur la cheminée un trumeau garni d'une méchante glace, achetée d'occasion. Vers huit heures du soir, assis devant la cheminée, où brillait une falourde allumée, les deux amis allaient entamer le reste de leur déjeuner.

— Arrière le gigot froid ! ceci ne convient pas à une pendaison de crémaillère, cria Gaudissart.

— Mais, dit Popinot en faisant sonner dans son gousset les vingt francs qu'il gardait pour payer le prospectus, je...

— Je... dit Gaudissart en mettant une pièce de quarante francs sur son œil.

Un coup de marteau retentit alors dans la cour, naturellement solitaire et sonore du dimanche, jour où les industriels se dissipent et abandonnent leurs laboratoires.

— Voilà le fidèle de la rue de la Poterie. Moi, reprit l'illustre Gaudissart, j'ai, moi, non pas je !

En effet, un garçon, suivi de deux marmitons, apporta dans trois mannes un dîner orné de six bouteilles de vin choisies avec discernement.

— Mais comment ferons-nous pour manger tant de choses ? dit Popinot.

— Et l'homme de lettres ! s'écria Gaudissart. Finot connaît les pompes et les vanités, il va venir, enfant naïf ! muni d'un prospectus ébouriffant. Le mot est joli, hein ! Les prospectus ont toujours soif : il faut arroser les graines si l'on veut des fleurs. Allez, esclaves, dit-il aux marmitons en se drapant, voilà de l'or.

Il leur donna dix sous par un geste digne de Napoléon, son idole.

— Merci, monsieur Gaudissart, répondirent les marmitons, plus heureux de la plaisanterie que de l'argent.

— Toi, mon fils, dit-il au garçon qui restait pour servir, il est une portière, elle gît dans les profondeurs d'un antre où parfois elle cuisine, comme jadis Nausicaa faisait la lessive, par pur délassement. Rends-toi près d'elle, implore sa candeur, jeune homme, à la chaleur de ces plats. Dis-lui qu'elle sera bénie, et surtout respectée, très-respectée par Félix Gaudissart, fils de Jean-François Gaudissart, petit-fils des Gaudissart, vils prolétaires fort anciens, ses aïeux. Marche, et fais que tout soit bon, sinon je te flanque un Ut majeur dans ton Saint-Luc !

Un autre coup de marteau retentit.

— Voilà le spirituel Andoche, dit Gaudissart.

Un gros garçon assez joufflu, de taille moyenne, et qui, des pieds à la tête, ressemblait au fils d'un chapelier, à traits ronds, où la finesse était ensevelie sous un air gourmé, se montra soudain. Sa figure, attristée comme celle d'un homme ennuyé de misère, prit une expression d'hilarité quand il vit la table mise et les bouteilles. Au cri de Gaudissart, son pâle œil bleu pétilla, sa grosse tête, creusée par sa

figure kalmouque, alla de droite à gauche, et il salua Popinot d'une manière étrange, sans servilité ni respect, comme un homme qui ne se sent pas à sa place, et ne fait aucune concession. Il commençait alors à reconnaître en lui-même qu'il ne possédait aucun talent littéraire : il pensait à rester dans la littérature en exploiteur, à y monter sur l'épaule des gens spirituels, à y faire des affaires au lieu d'y faire des œuvres mal payées. En ce moment, il avait épuisé l'humilité des démarches et l'humiliation des tentatives ; il allait, comme les gens de haute portée financière, se retourner et devenir impertinent par parti pris. Mais il lui fallait une première mise de fonds, Gaudissart la lui avait montrée à toucher dans la mise en scène de l'huile Popinot.

— Vous traiterez pour son compte avec les journaux, mais ne le rouez pas, autrement nous aurions un duel à mort ; donnez-lui-en pour son argent !

Popinot regarda l'auteur d'un air inquiet ; les gens vraiment commerciaux considèrent un auteur avec un sentiment où il entre de la terreur, de la compassion et de la curiosité. Quoique Popinot eût été bien élevé, les habitudes de ses parents, leurs idées, les soins bêtifiants d'une boutique et d'une caisse avaient modifié son intelligence en la pliant aux us et coutumes de sa profession, phénomène que l'on peut observer en remarquant les métamorphoses subies à dix ans de distance par cent camarades sortis à peu près semblables du collège ou de la pension. Andoche accepta ce saisissement comme une profonde admiration.

— Eh bien ! avant le dîner, coulons à fond le prospectus, nous pourrons boire sans arrière-pensée, dit Gaudissart. Après le dîner, on lit mal, la langue aussi digère.

— Monsieur, dit Popinot, un prospectus est souvent toute une fortune.

— Et souvent, dit Andoche, la fortune n'est qu'un prospectus.

— Ah ! très-joli, dit Gaudissart. Ce farceur d'Andoche a de l'esprit comme les quarante.

— Comme cent, dit Popinot, stupéfait de cette idée.

L'impatient Gaudissart prit le manuscrit, et lut à haute voix et avec emphase : Huile céphalique !

— J'aimerais mieux Huile césarienne, dit Popinot.

— Mon ami, dit Gaudissart, tu ne connais pas les gens de province : il y a une opération chirurgicale qui porte ce nom-là, et ils sont si bêtes, qu'ils croiraient ton huile propre à faciliter les accouchements ; et de là pour les ramener aux cheveux, il y aurait trop de tirage.

— Sans vouloir défendre mon mot, dit l'auteur, je vous ferai observer que Huile céphalique veut dire huile pour la tête, et résume vos idées.

— Voyons ? dit Popinot impatient.

Voici le prospectus tel que le commerce le reçoit par milliers encore aujourd'hui. (Autre pièce justificative.)

MÉDAILLE D'OR A L'EXPOSITION DE 1819.

HUILE CÉPHALIQUE.

BREVETS D'INVENTION ET DE PERFECTIONNEMENT.

Nul cosmétique ne peut faire croître les cheveux, de même que nulle préparation chimique ne les teint sans danger pour le siége de l'intelligence. La science a déclaré récemment que les cheveux étaient une substance morte, et que nul agent ne peut les empêcher de tomber ni de blanchir. Pour prévenir la xérasie et la calvitie, il suffit de préserver le bulbe d'où ils sortent de toute influence extérieure atmosphérique, et de maintenir à la tête la chaleur qui lui est propre. L'Huile céphalique, basée sur ces principes établis par l'Académie des sciences, produit cet important résultat, auquel se tenaient les anciens, les Romains, les Grecs et les nations du Nord auxquelles la chevelure était précieuse. Des recherches savantes ont démontré que les nobles, qui se distinguaient autrefois à la longueur de leurs cheveux, n'employaient pas d'autre moyen ; seulement leur procédé, habilement retrouvé par A. Popinot, inventeur de l'Huile céphalique, avait été perdu.

Conserver au lieu de chercher à provoquer une stimulation impossible ou nuisible sur le derme qui contient les bulbes, telle est donc la destination de l'Huile céphalique. En effet, cette huile, qui s'oppose à l'exfoliation des pellicules, qui exhale une odeur suave, et qui, par les substances dont elle est composée, dans lesquelles entre comme principal élément l'essence de noisette, empêche toute action de l'air extérieur sur les têtes, prévient ainsi les rhumes, le coryza et toutes les affections douloureuses de l'encéphale en ne laissant sa température intérieure. De cette manière, les bulbes qui contiennent les liqueurs génératrices des cheveux ne sont jamais saisies ni par le froid, ni par le chaud. La chevelure, ce produit magnifique, à laquelle hommes et femmes attachent tant de prix, conserve alors, jusque dans l'âge avancé de la personne qui se sert de l'*Huile céphalique*, ce brillant, cette finesse, ce lustre qui rendent si charmantes les têtes des enfants. La manière de s'en servir est jointe à chaque flacon et lui sert d'enveloppe.

MANIÈRE DE SE SERVIR DE L'HUILE CÉPHALIQUE.

Il est tout à fait inutile d'oindre les cheveux ; ce n'est pas seulement un préjugé ridicule, mais encore une habitude gênante, en ce sens que le cosmétique laisse partout sa trace. Il suffit tous les matins de tremper une petite éponge fine dans l'huile, de se faire écarter les cheveux avec le peigne, d'imbiber les cheveux à leur racine de raie en raie, de manière à ce que la peau reçoive une légère couche, après avoir préalablement nettoyé la tête avec la brosse et le peigne.

Cette huile se vend par flacon, portant la signature de l'inventeur pour empêcher toute contrefaçon, et du prix de *trois francs*, chez A. Popinot, rue des Cinq-Diamants, quartier des Lombards, à Paris.

On est prié d'écrire franco.

Nota. La maison A. Popinot tient également les huiles de la droguerie, comme néroli, huile d'aspic, huile d'amande douce, huile de cacao, huile de café, de rien et autres.

— Mon cher ami, dit l'illustre Gaudissart à Finot, c'est parfaitement écrit. Saquerlotte, comme nous abordons la haute science ! nous ne tortillons pas, nous allons droit au fait. Ah ! je vous lais mes sincères compliments, voilà de la littérature utile.

— Le beau prospectus ! dit Popinot enthousiasmé.

— Un prospectus dont le premier mot tue Macassar, dit Gaudissart en se levant et en prononçant les paroles suivantes qu'il scanda par des gestes parlementaires : On — ne — fait — pas — pousser les cheveux ! On — ne — les — teint pas — sans danger ! Ah ! ah ! là est le succès. La science moderne d'accord avec les habitudes des anciens. On peut s'entendre avec les vieux et avec les jeunes. Vous avez affaire à un vieillard : « Ah ! ah ! monsieur, les anciens, les Grecs, les Romains, avaient raison et ne sont pas aussi bêtes qu'on veut le faire croire ! » Vous traitez avec un jeune homme : « Mon cher garçon, encore une découverte due aux progrès des lumières, nous progressons. Que ne doit-on pas attendre de la vapeur, des télégraphes et autres ! Cette huile est le résultat d'un rapport de M. Vauquelin ! » Si nous imprimions un passage du mémoire de M. Vauquelin à l'Académie des sciences, confirmant nos assertions, hein ! Fameux ! Allons, Finot, à table ! Chiquons les légumes ! Sablons le champagne au succès de notre jeune ami !

— J'ai pensé, dit l'auteur modestement, que l'époque du prospectus léger et badin était passée ; nous entrons dans la période de la science, il faut un air doctoral, un ton d'autorité pour s'imposer au public.

— Nous chaufferons cette huile-là, les pieds me démangent et la langue aussi. J'ai les commissions de ceux-ci qui font les cheveux, aucun ne donne plus de trente pour cent ; il faut lâcher quarante pour cent de remise, je réponds de cent mille bouteilles en six mois. J'attaquerai les pharmaciens, les épiciers, les coiffeurs ! et en leur donnant quarante pour cent, tous enfariront le public.

Les trois jeunes gens mangeaient comme des lions, buvaient comme des Suisses, et se grisaient du futur succès de l'*Huile céphalique*.

— Cette huile porte à la tête, dit Finot en souriant.

Gaudissart épuisa les différentes séries de calembours sur les mots huile, cheveux, tête, etc. Au milieu des rires homériques des trois amis, et au dessert, malgré les toasts et les souhaits de bonheur réciproques, un coup de marteau retentit et fut entendu.

— C'est mon oncle ! Il est capable de venir me voir, s'écria Popinot.

— Un oncle ? dit Finot, et nous n'avons pas de verre !

— L'oncle de mon ami Popinot est un juge d'instruction, dit Gaudissart à Finot ; il ne s'agit pas de le mystifier, il m'a sauvé la vie. Ah ! quand on s'est trouvé dans la passe où j'étais, en face de l'échafaud, ou : « Konick, et adieu les cheveux ! » fit-il en imitant le fatal couteau par un geste, on se souvient du vertueux magistrat auquel on doit d'avoir conservé la rigole par où passe le vin de Champagne ! On s'en souvient ivre mort. Vous ne savez pas, Finot, si vous n'aurez pas besoin de M. Popinot. Saquerlotte ! il faut des saluts, et des six à la livre encore.

Le vertueux juge d'instruction demandait en effet son neveu à la portière. En reconnaissant la voix, Anselme descendit un chandelier à la main pour éclairer.

— Je vous salue, messieurs, dit le magistrat.

L'illustre Gaudissart s'inclina profondément ; Finot examina le juge d'un œil ivre et le trouva passablement ganache.

— Il n'y a pas de luxe, dit gravement le juge en regardant la chambre ; mais, mon enfant, pour être quelque chose de grand il faut savoir commencer par la terre.

— Quel homme profond ! dit Gaudissart à Finot.

— Une pensée d'article, dit le journaliste.

— Ah ! vous voilà, monsieur, dit le juge en reconnaissant le commis-voyageur. Et que faites-vous ici ?

— Monsieur, je veux contribuer de tous mes petits moyens à la fortune de votre cher neveu. Nous venons de méditer sur le prospectus de son huile, et vous voyez en monsieur l'auteur de ce prospectus, qui nous paraît un des plus beaux morceaux de cette littérature de perruques. Le juge regarda Finot. — Monsieur, dit Gaudissart, est M. Andoche Finot, un des jeunes hommes les plus distingués de la littérature, qui fait dans les journaux du gouvernement la haute politique et les petits théâtres, un ministre en chemin d'être auteur.

Finot tirait Gaudissart par le pan de sa redingote.

— Bien, mes enfants, dit le juge à qui ces paroles expliquèrent l'aspect de la table où se voyaient les restes d'un régal bien excusable. — Mon ami, dit le juge à Popinot, habille-toi, nous irons ce soir chez M. Birotteau. Je lui dois une visite. Vous signerez votre acte de société, que j'ai soigneusement examiné. Comme vous aurez la fabrique de votre huile dans les terrains du faubourg du Temple, je pense qu'il doit te faire bail de l'atelier, il peut avoir des représentants, les choses bien en règle évitent les discussions. Ces murs me paraissent humides, Anselme, mets des nattes de paille à l'endroit de ton lit.

— Permettez, monsieur le juge d'instruction, dit Gaudissart avec la patelinerie d'un courtisan, nous avons collé nous-mêmes les papiers aujourd'hui, et... ils... ne sont pas... secs.

— De l'économie ! bien, dit le juge.

— Écoutez, dit Gaudissart à l'oreille de Finot, mon ami Popinot est un jeune homme vertueux, il va chez son oncle, allons achever la soirée chez ma tante.

Le journaliste montra la doublure de la poche de son gilet. Popinot vit le geste, il glissa vingt francs à l'auteur de son prospectus. Le juge avait un fiacre au bout de la rue, il emmena son neveu chez Birotteau. Pillerault, M. et madame Ragon, Roguin faisaient un boston, et Césarine brodait un fichu, quand le juge Popinot et Anselme se montrèrent. Roguin, le vis-à-vis de madame Ragon, auprès de laquelle se tenait Césarine, remarqua le plaisir de la jeune fille quand elle vit entrer Anselme ; et par un signe il la montra rouge comme une grenade à son premier clerc.

— Ce sera donc la journée aux actes ? dit le parfumeur quand après les salutations le juge lui eut dit le motif de sa visite.

César, Anselme et le juge allèrent au second, dans la chambre provisoire du parfumeur, pour signer le bail et l'acte de société dressé par le magistrat. Le bail fut consenti pour dix-huit années afin de le faire concorder à celui de la rue des Cinq Diamants, circonstance minime en apparence, mais qui plus tard servit les intérêts de Birotteau. Quand César et le juge revinrent à l'entresol, le magistrat, étonné du bouleversement général et de la présence des ouvriers un dimanche chez un homme aussi religieux que le parfumeur, en demanda la cause, et le parfumeur l'attendait là.

— Quoique vous ne soyez pas mondain, monsieur, vous ne trouverez pas mauvais que nous célébrions la délivrance du territoire. Ce n'est pas tout, si je réunis quelques amis, c'est aussi pour fêter ma promotion dans l'ordre de la Légion d'honneur.

— Ah ! fit le juge, qui n'était pas décoré.

— Peut-être me suis-je rendu digne de cette insigne et royale faveur en siégeant au... oh ! consulaire. Et on combattant pour les Bourbons sur les marches...

— Oui, dit le juge.

— De Saint-Roch, au treize vendémiaire, où je fus blessé par Napoléon.

— Volontiers, dit le juge. Si ma femme n'est pas souffrante, je l'amènerai.

— Xandrot, dit Roguin sur le pas de la porte à son clerc, ne pense en aucune manière à épouser Césarine, et dans six semaines tu verras que je t'ai donné un bon conseil.

— Pourquoi ? dit Crottat.

— Birotteau, mon cher, va dépenser cent mille francs pour son bal, il engage sa fortune dans cette affaire de terrains malgré mes conseils. Dans six semaines ces gens-là n'auront pas de pain. Épouse mademoiselle Lourdois, la fille du peintre en bâtiments, elle a trois cent mille francs de dot, je te l'ai ménagé en plus-aller ! Si tu me comptes seulement cent mille francs en achetant ma charge, tu peux l'avoir demain.

Les magnificences du bal que préparait le parfumeur, annoncées par les journaux à l'Europe, étaient autrement annoncées dans le commerce par les rumeurs auxquelles donnaient lieu les travaux de jour et de nuit. Ici l'on disait que César avait loué trois maisons, là l'on faisait dorer ses salons, plus loin le repas devait offrir des plats inventés pour la circonstance ; par là, les négociants, disait-on, n'y seraient pas invités, la fête était donnée pour les gens du gouvernement, par ici, le parfumeur était sévèrement blâmé de son ambition, et l'on se moquait de ses prétentions politiques, on niait sa blessure ! Le bal engendrait plus d'une intrigue dans le deuxième arrondissement, les amis étaient tranquilles, mais les exigences des simples connaissances étaient énormes. Toute faveur amène des courtisans. Il y eut bon nombre de gens à qui leur invitation coûta plus d'une démarche. Les Birotteau furent effrayés par le nombre des amis qu'ils ne se connaissaient point. Cet empressement effrayait madame Birotteau, son air devenaît chaque jour de plus en plus sombre à l'approche de cette solennité. D'abord, elle avouait à César qu'elle ne saurait jamais quelle contenance tenir, elle s'épouvantait des innombrables détails d'une pareille fête : où tro ver l'argenterie, la verrerie les rafraichissements, la vaisselle, le service ? Et qui donc surveillerait tout ? Elle priait Birotteau de se mettre à la porte des appartements et de ne laisser entrer que les invités, elle avait entendu raconter d'étranges choses sur les gens qui venaient à des bals bourgeois en se réclamant d'amis qu'ils ne pouvaient nommer. Quand, dix jours auparavant, Braschon, Grindot, Lourdois et Chaffaroux, l'entrepreneur en bâtiment, eurent affirmé que l'appartement serait prêt pour le fameux dimanche du dix-sept décembre, il y eut une conférence risible le soir, après dîner, dans le modeste petit salon de l'entresol, entre César, sa femme et sa fille, pour composer la liste des invités et faire les invitations, que le matin un imprimeur avait envoyées imprimées en belle anglaise, sur papier rose, et suivant la formule du code de la civilité puerile et honnête.

— Ah çà ! n'oublions personne, dit Birotteau.

— Si nous oublions quelqu'un, dit Constance, il ne s'oubliera pas. Madame Derville, qui ne nous avait jamais fait de visite, est débarquée hier au soir en quatre bateaux.

— Elle était bien jolie, dit Césarine, elle m'a plu.

— Cependant avant son mariage elle était encore moins que moi, dit Constance, elle travaillait en linge, rue Montmartre, elle a fait des chemises à feu la marraine, la princesse d'Uxelles, que le duc de Lenoncourt... Invitera-is-tu les deux MM. de Vandenesse, M. de Marsay, M. de Ronquerolles, M. d'Aiglemont, enfin tes pratiques ? Tu es fou, les grandeurs te tournent la tête.

— Oui, mais M. le comte de Fontaine et sa famille. Hein ? celui-là venait sous le nom de Grand-Jacques, avec le Gars, que le marquis de Montauran, et M de la Billardière, qui s'appelait le Nantais, a la Reine-des-Roses, avant la grande affaire du treize vendémiaire. C'était alors des poignées de mains ! Mon cher Birotteau, du courage ! faites-vous tuer comme nous pour la bonne cause ! Nous sommes d'anciens camarades de conspirations.

— Mets-le, dit Constance ; car, si M. de la Billardière et son fils viennent, il faut qu'ils trouvent à qui parler.

— Ecris, Césarine, dit Birotteau.

Primo, M le préfet de la Seine il viendra ou ne viendra pas, mais il commande le corps municipal : à tout seigneur tout honneur !

M. de la Billardière et son fils, maire. Mets le chiffre des invités au au bout.

Mon collègue M. Granet l'adjoint et sa femme. Elle est bien laide, mais c'est égal, on ne peut pas s'en dispenser.

M. Curel de l'Abranchet, le colonel de la garde nationale, sa femme et ses deux filles. Voilà ce que je nomme les autorités. Viennent les gros bonnets !

M. le comte et madame la comtesse de Fontaine, et leur fille mademoiselle Emilie de Fontaine.

— Une impertinente qui me fait sortir de ma boutique pour lui parler à la portière de sa voiture, quel que soit le temps, dit madame César. Si elle vient, ce sera pour se moquer de nous.

— Alors elle viendra peut-être, dit César, qui voulait absolument du monde. Continue.

M. le comte et madame la comtesse de Grandville, mon propriétaire, la plus fameuse caboche de la Cour royale, dit Derville.

— Ah çà ! M. de la Billardière me fait recevoir chevalier demain par M. le comte de Lacépède lui-même. Il est convenable que je coule une invitation pour bal et dîner au grand chancelier.

M Vauquelin Mets au dîner, Césarine. Et, pour ne pas les oublier, tous les Chiffre vi là et les Protez.

M et madame Popinot, juge au Tribunal de la Seine

M et madame Thirion, huissier du cabinet du roi, les amis des Ragon.

— César, n'oublie pas le petit Horace Bianchon, le neveu de M. Popinot et cousin d'Anselme.

— Ah bouche ! Césarine a bien mis un quatre au bout des Popinot. M. et madame Rabourdin, le chef de bureau de M. de la Billardière.

M. Cochin, du même ministere, sa femme et leur fils, les commanditaires des Matifat, et M., madame et mademoiselle Matifat, puisque nous y sommes.

— Les Matifat, dit Césarine, ont fait des démarches pour M. et madame Colleville, M. et madame Thurier, leurs amis, et les Saillard.

— Nous verrons, dit César.

Notre agent de change, M. et madame Jules Desmarets.

— Ce sera la plus belle du bal, celle-là, dit Césarine ; elle me plaît, oh ! mais plus que toute autre.

Derville et sa femme.

— Mets donc M. et madame Coquelin, les successeurs de mon oncle Pillerault, dit Constance. Ils comptent si bien en être, que cette pauvre petite femme fait faire par ma couturière une superbe robe de bal : pardessous de satin blanc, robe de tulle brodée en fleurs de chicorée. Encore un peu, elle aurait pris une robe lamée comme pour aller à la cour. Si nous manquions à cela, nous aurions eu eux des ennemis acharnés.

— Mets, Césarine ; nous devons honorer le commerce, nous en sommes.

M. et madame Roguin.

— Maman, madame Roguin mettra sa rivière, tous ses diamants et sa robe de Malines.

— M. et madame Lebas, dit César.

Puis M. le président du tribunal de commerce, sa femme et ses deux filles. Je les oubliais dans les autorités.

M et madame Lourdois et leur fille.

M. Claparon, banquier, M. du Tillet, M. Grindot, M. Molineux, Pillerault et son propriétaire, M. et madame Camusot, les riches marchands de soie, avec leurs deux fils, celui de l'Ecole polytechnique et l'avocat, qui va être nommé juge. M. Cardot et ses enfants. Tiens ! et les Guillaume, rue du Colombier, le beau-père de Lebas, deux vieilles gens qui feront tapisserie : Alexandre Crottat, Célestin...

— Papa, n'oubliez pas M. Andoche Finot et M. Gaudissart, deux jeunes gens qui sont très-utiles à M. Anselme.

— Gaudissart ? il a été pris de justice. Mais c'est égal ; il part dans quelques jours et va voyager pour notre huile, mets ! Quant au sieur Andoche Finot, comment nous est-il ?

— M. Anselme dit qu'il deviendra un personnage, il a de l'esprit comme Voltaire.

— Un auteur ? tous athées.

— Mettez-le, papa ; il n'y a pas déjà tant de danseurs. D'ailleurs, le beau prospectus de votre huile est de lui.

— Il croit à notre huile, dit César, mets-le, chère enfant.

— Je mets aussi mes protégés, dit Césarine

— Mets M. Mitral, mon huissier ; M. Haudry, notre médecin, pour la forme, il ne viendra pas.

— Il viendra faire sa partie, dit Césarine.

— Ah çà ! j'espère, César, que tu inviteras au dîner M. l'abbé Loraux ?

— Je lui ai déjà écrit, dit César.

— Oh ! n'oublions pas la belle-sœur de Lebas, madame Augustine de Sommervieux, dit Césarine. Pauvre petite femme ! elle est bien souffrante, elle se meurt de chagrin, nous a dit Lebas.

— Voilà ce que c'est que d'épouser des artistes ! s'écria le parfumeur. Regarde donc pour moi s'endort, dit-il tout bas à sa fille. Là, là, bien le bonsoir, madame César.

— Eh bien ! dit César à Césarine, et la robe de ta mère ?

— Oui, papa, tout sera prêt. Maman croit n'avoir qu'une robe de crêpe de Chine, comme la mienne ; la couturière est sûre de ne pas avoir besoin de l'essayer.

— Combien de personnes ? dit César à haute voix en voyant sa femme rouvrir ses paupières.

— Cent neuf avec les commis, dit Césarine.

— Où mettrons-nous tout ce monde-là ? dit madame Birotteau. Mais enfin après ce dimanche-là, reprit-elle naïvement, il y aura un lundi.

Rien ne peut se faire simplement chez les gens qui montent d'un étage social à l'autre. Ni madame Birotteau, ni personne ne pouvait s'introduire sous aucun prétexte au premier étage. César avait promis à Raguet, son garçon de magasin, un habillement neuf pour le jour du bal, s'il faisait bonne garde et s'il exécutait bien sa consigne. Birotteau, comme l'empereur Napoléon à Compiègne lors de la restauration du château pour son mariage avec Marie-Louise d'Autriche, voulait ne rien voir partiellement, il voulait jouir de la surprise. Ces deux anciens adversaires se rencontrèrent encore une fois, à leur insu, non sur un champ de bataille, mais sur le terrain de la vanité bourgeoise. M. Grindot devait donc prendre César par la main, et lui montrer l'appartement, comme un cicerone montre une galerie à un curieux. Chacun dans la maison avait d'ailleurs inventé sa surprise. Césarine, la chère enfant, avait employé tout son petit trésor, cent louis, à acheter des livres à son père. M. Grindot lui avait un matin confié qu'il y aurait deux corps de bibliothèque dans la chambre de son père, la quelle formait cabinet, une surprise d'architecte. Césarine avait jeté toutes ses économies de jeune fille au comptoir d'un libraire, pour offrir à son père : Bossuet, Racine, Voltaire, Jean-Jacques Rousseau, Montesquieu, Molière, Buffon, Fénelon, Delille, Bernardin de Saint-Pierre, La Fontaine, Corneille, Pascal, La Harpe, enfin cette bibliothèque vulgaire qui se trouve partout et que son père ne lirait jamais. Il devait y avoir un terrible mémoire de reliure. L'inexact et célèbre artiste Thouvenin avait promis de livrer les volumes le seize à midi. Césarine avait confié son embarras à son oncle Pillerault, et l'oncle s'était chargé du mémoire. La surprise de César à sa femme était une robe de velours cerise garnie de dentelles, dont il venait de parler à sa fille, sa complice. La surprise de madame Birotteau pour le nouveau chevalier consistait dans une paire de boucles d'or et un solitaire en épingle. Enfin il y avait pour toute la famille la surprise de l'appartement, laquelle devait être suivie dans la quinzaine de la grande surprise des mémoires à payer.

César pesa mûrement quelles invitations devaient être faites en personne, et quelles portées par Roguet, le soir. Il prit un fiacre, y mit sa femme enfaîché d'un chapeau à plumes et du dernier châle donné, le cachemire qu'elle avait désiré pendant quinze ans. Les parfumeurs, en grande tenue, s'acquittèrent de vingt-deux visites dans une matinée.

César avait fait grâce à sa femme des difficultés que présentait au logis la confection bourgeoise des différents comestibles exigés par la splendeur de la fête. Un traité diplomatique avait eu lieu entre l'illustre Chevet et Birotteau. Chevet fournissait une superbe argenterie, qui rapporte autant qu'une terre par sa location. Il fournissait le dîner, les vins, les gens de service commandés par un maître d'hôtel d'aspect convenable, tous responsables de leurs faits et gestes. Chevet demandait la cuisine et la salle à manger de l'entresol pour y établir son quartier-général; il devait ne pas désemparer pour servir un dîner de vingt personnes à six heures, et à une heure du matin un magnifique ambigu. Birotteau s'était entendu avec le café de Foy pour les glaces frappées en fruit, servies sur de jolies tasses, cuillers en vermeil, plateaux d'argent. Tanrade, autre illustration, fournissait les rafraîchissements.

— Sois tranquille, dit César à sa femme, en la voyant un peu trop inquiète l'avant-veille, Chevet, Tanrade et le café de Foy occuperont l'entresol, Virginie gardera le second, la boutique sera bien fermée. Nous n'aurons plus qu'à nous carrer au premier.

Le seize à deux heures, M. de la Billardière vint prendre César pour le mener à la chancellerie de la Légion d'honneur, où il devait être reçu chevalier par M. le comte de Lacépède avec une dizaine d'autres chevaliers. Le maire trouva le parfumeur les larmes aux yeux : sa femme venait de lui faire la surprise des boucles d'or et du solitaire.

— Il est bien doux d'être aimé ainsi, dit-il en montant en fiacre en présence de ses commis attroupés, de Césarine et de Constance, qui regardaient César en culotte de soie noire, en bas de soie, et le nouvel habit bleu barbeau sur lequel allait briller le ruban qui, selon Molineux, était trempé dans le sang.

Quand César rentra pour dîner, il était pâle de joie, il regardait sa croix dans toutes les glaces, et, dans sa première ivresse, il ne se contenta pas du ruban, il fut glorieux, sans fausse modestie.

— Ma femme, dit-il, le grand chancelier est un homme charmant; il a, sur un mot de la Billardière, accepté mon invitation. Il vient avec M. Vauquelin. M. de Lacépède est un grand homme, oui, autant que M. Vauquelin; il a fait quarante volumes ! Mais aussi est-ce un auteur pair de France. N'oublions pas de lui dire : Votre Seigneurie, ou monsieur le comte.

— Mais mange donc, lui dit sa femme. Il est pire qu'un enfant, ton père, dit Constance à Césarine.

— Comme cela fait bien à la boutonnière, dit Césarine. On te portera les armes. Nous sortirons ensemble.

— On me portera les armes partout où il y aura des factionnaires.

En ce moment, Grindot descendit avec Braschon. Après dîner, monsieur, madame et mademoiselle pouvaient jouir du coup d'œil des appartements, le premier garçon de Braschon achevait d'y clouer quelques patères, et trois hommes allumaient les bougies.

— Il faut cent vingt bougies, dit Braschon.

— Un mémoire de deux cents francs chez Trudon, dit madame César dont les plaintes furent arrêtées par un regard du chevalier Birotteau.

— Votre fête sera magnifique, dit Braschon.

César ne comprit pas ce que voulait dire le riche tapissier de la rue Saint-Antoine, Braschon lui onze tentatives inutiles pour être invité, lui, sa femme, sa fille, sa belle-mère et sa tante. Braschon devint l'ennemi de Birotteau.

Birotteau se dit en lui-même : — Déjà les flatteurs ! L'abbé Loraux m'a bien engagé à ne pas donner dans leurs pièges et à rester modeste. Je me souviendrai de mon origine.

La répétition générale commença. César, sa femme et Césarine sortirent de la boutique et entrèrent entre eux par la rue du Château. La porte de la boutique avait été refaite dans un grand style, à deux vantaux, divisés en panneaux égaux et carrés, au milieu desquels se trouvait un ornement architectural de fonte coulée et peinte. Cette porte, devenue si commune à Paris, était alors dans toute sa nouveauté. Au fond du vestibule, se voyait l'escalier divisé en deux rampes droites entre lesquelles se trouvait le socle dont s'inquiétait Birotteau, et qui formait une espèce de boîte où l'on pouvait loger une vieille femme. Le vestibule dallé en marbre blanc et noir, peint en marbre, était éclairé par une lampe antique à quatre becs. L'architecte avait uni la richesse à la simplicité. Un étroit tapis rouge relevait la blancheur des marches de l'escalier en liais poli à la pierre ponce. Un premier palier donnait une entrée à l'entresol. La porte des appartements était dans le genre de celle sur la rue, mais en menuiserie.

— Quelle grâce ! dit Césarine. Et cependant il n'y a rien qui saisisse l'œil.

— Précisément, mademoiselle, la grâce vient de proportions exactes,

entre les stylobates, les plinthes, les corniches et les ornements; puis je n'ai rien doré, les couleurs sont sobres et n'offrent point de tons éclatants.

— C'est une science, dit Césarine.

Tous entrèrent alors dans une antichambre de bon goût, parquetée, spacieuse, simplement décorée. Puis venait un salon à trois croisées sur la rue, blanc et rouge, à corniche élégamment profilées, à peintures fines, où rien ne papillottait. Sur une cheminée en marbre blanc à colonnes était une garniture choisie avec goût, elle n'offrait rien de ridicule, et concordait aux autres détails. Là régnait enfin cette suave harmonie que les artistes seuls savent établir en poursuivant un système de décoration jusque dans les plus petits accessoires, et que les bourgeois ignorent, mais qui les surprend. Un lustre à vingt-quatre bougies faisait resplendir les draperies de soie rouge, le parquet avait un air agaçant qui provoqua Césarine à danser. Un boudoir vert et blanc donnait passage dans le cabinet de César.

— J'ai mis là un lit, dit Grindot en dépliant les portes d'une alcôve habilement cachée entre les deux bibliothèques. Vous ou madame vous pouvez être malade, et alors chacun a sa chambre.

— Mais cette bibliothèque garnie de livres reliés. Oh ! ma femme ! ma femme ! dit César.

— Non, ceci est la surprise de Césarine.

— Pardonnez à l'émotion d'un père, dit-il à l'architecte en embrassant sa fille.

— Mais faites, faites donc, monsieur, dit Grindot. Vous êtes chez vous.

Dans ce cabinet dominaient les couleurs brunes, relevées par des agréments verts, car les plus habiles transitions de l'harmonie liaient toutes les pièces de l'appartement l'une à l'autre. Ainsi la couleur qui faisait le fond d'une pièce servait à l'agrément de l'autre, et vice versa. La gravure d'Héro et Léandre brillait sur un panneau dans le cabinet de César.

— Toi, tu payeras tout cela, dit gaiement Birotteau.

— Cette belle estampe vous est donnée par M. Anselme, dit Césarine.

Anselme aussi s'était permis une surprise.

— Pauvre enfant ! il a fait comme moi pour M. Vauquelin.

La chambre de madame Birotteau venait ensuite. L'architecte y avait déployé des magnificences de nature à plaire aux braves gens qu'il voulait empaumer, car il avait tenu parole en effectuant cette restauration. La chambre était tendue en soie bleue, avec des ornements blancs, le meuble était en casimir blanc avec des agréments bleus. Sur la cheminée en marbre blanc, la pendule représentait la Vénus accroupie sur un beau bloc de marbre; un joli tapis en moquette, et d'un dessin turc, unissait cette pièce à la chambre de Césarine, tendue en Perse et fort coquette; un piano, une jolie armoire à glace, un petit lit chaste à rideaux simples, et tous les petits meubles qu'aiment les jeunes personnes. La salle à manger était derrière la chambre de Birotteau et celle de sa femme, on y entrait par l'escalier, elle avait été traitée dans le genre de Louis XIV, avec la pendule de Boule, les buffets de cuivre et d'écaille, les murs tendus en étoffe à clous dorés. La joie de ces trois personnes ne saurait se décrire, surtout quand, en revenant dans sa chambre, madame Birotteau trouva sur son lit la robe de velours cerise garnie de dentelle que lui offrait son mari, et que Virginie y avait apportée en revenant sur la pointe des pieds.

— Monsieur, cet appartement vous fera beaucoup d'honneur, dit Constance à Grindot. Nous aurons cent et quelques personnes demain soir, et vous recueillerez les éloges de tout le monde.

— Je vous recommanderai, dit César. Vous verrez la fête du commerce, et vous serez connu dans une seule soirée plus que si vous aviez bâti cent maisons.

Constance émue ne pensait plus à la dépense ni à critiquer son mari. Voici pourquoi. Le matin, en apportant Héro et Léandre, Anselme Popinot, à qui Constance accordait une haute intelligence et de grands moyens, lui avait affirmé le succès de l'huile céphalique auquel il travaillait avec un acharnement sans exemple. L'amoureux avait promis que, malgré la roideur du châle auquel s'élèveraient les toiles de Birotteau, ces six mois ces dépenses seraient couvertes par sa part dans les bénéfices donnés par l'huile. Après avoir tremblé pendant dix-neuf ans, il était si doux de se livrer un seul jour à la joie, que Constance promit à sa fille de n'empoisonner le bonheur de son mari par aucune réflexion. Quand, vers onze heures, M. Grindot les quitta, elle se jeta donc au cou de son mari et versa quelques pleurs de contentement en disant : — César ! ah ! tu me rends bien folle et bien heureuse.

— Pourvu que cela dure, n'est-ce pas ? dit en souriant César.

— Cela durera, je n'ai plus de crainte, dit madame Birotteau.

— À la bonne heure, dit le parfumeur, tu m'apprécies enfin.

Les gens assez grands pour reconnaître leurs faiblesses avoueront qu'une pauvre orpheline qui, six mois des devenus auparavant, était première demoiselle à l'Petit Matelot, à Saint-Louis, qu'un pauvre paysan, venu à Paris avec un bâton à la main, à pied, en souliers ferrés, devaient être flattés, heureux, de donner une pareille fête pour de si louables motifs.

— Mon Dieu, je perdrais bien cent francs, dit César, pour qu'il nous vint une visite.

— Voilà M. l'abbé Loraux, dit Virginie.

L'abbé Loraux se montra. Ce prêtre était alors vicaire de Saint-Sulpice. Jamais la puissance de l'âme ne se révéla mieux qu'en ce saint prêtre, dont le commerce laissa de profondes empreintes dans la mémoire de tous ceux qui le connurent. Son visage rechigné, laid jusqu'à repousser la confiance, avait été rendu sublime par l'exercice des vertus catholiques : il y brillait par avance une splendeur céleste. Une candeur infusée dans le sang reliait ses traits disgracieux, et le feu de la charité purifiait les lignes incorrectes par un phénomène contraire à celui qui, chez Claparon, avait tout animalisé, dégradé. Dans ses rides se jouaient les grâces des trois belles vertus humaines, l'espérance, la foi, la charité. Sa parole était douce, lente et pénétrante. Son costume était celui des prêtres de Paris, il se permettait la redingote d'un brun marron. Aucune ambition ne s'était glissée en ce cœur pur, que les anges durent apporter à Dieu dans sa primitive innocence. Il fallut la douce violence de la fille de Louis XVI pour faire accepter une cure de Paris, encore une des plus modestes, à l'abbé Loraux. Il regarda d'un œil inquiet toutes ces magnificences, sourit à ces trois commerçants enchantés, et hocha sa tête blanchie.

— Mes enfants, leur dit-il mon rôle n'est pas d'assister à des fêtes, mais de consoler les affligés. Je viens remercier M. César, vous féliciter. Je ne veux venir ici que pour une seule fête, pour le mariage de cette belle enfant.

Après un quart d'heure, l'abbé se retira, sans que la parfumeur ni sa femme osassent lui montrer les appartements. Cette apparition grave jeta quelques gouttes froides dans la joie bouillante de César. Chacun se coucha dans son luxe, en prenant possession des bons jolis petits meubles qu'il avait souhaités. Césarine déshabilla sa mère devant une toilette à glace en marbre blanc. César s'était donné quelques superfluités dont il voulut user aussitôt. Tous s'endormirent

C'est mon oncle ! Il est capable de venir me voir, s'écria Popinot — PAGE 29

en se représentant par avance les joies du lendemain. Après être allées à la messe et avoir vu leurs vêpres, Césarine et sa mère s'habillèrent sur les quatre heures, après avoir livré l'entresol au bras séculier des gens de Chevet. Jamais toilette n'alla mieux à madame César que cette robe de velours cerise, garnie en dentelles, à manches courtes ornées de jockeys : ses beaux bras, encore frais et jeunes, sa poitrine étincelante de blancheur, son col, ses épaules d'un si joli dessin, étaient rehaussés par cette riche étoffe et par cette magnifique couleur. Le naïf contentement que toute femme éprouve à se voir dans toute sa puissance donna je ne sais quelle suavité au profil grec de la parfumeuse, dont la beauté parut dans toute sa finesse de camée. Césarine, habillée en crêpe blanc, avait une couronne de roses blanches sur la tête, une rose à son côté ; une écharpe lui couvrait chastement les épaules et le corsage ; elle rendit Popinot fou.

— Ces gens-là nous écrasent, dit madame Roguin à son mari en parcourant l'appartement. La notairesse était furieuse de ne pas être aussi belle que madame César, car toute femme sait toujours en elle-même à quoi s'en tenir sur la supériorité ou l'infériorité d'une rivale.

— Bah ! ça ne durera pas longtemps, et bientôt tu éclabousseras la pauvre femme en la rencontrant à pied dans les rues, et ruinée ! dit Roguin bas à sa femme.

Vauquelin fut d'une grâce parfaite ; il vint avec M. de Lacépède, son collègue de l'Institut, qui l'était allé prendre en voiture. En voyant la resplendissante parfumeuse, les deux savants tombèrent dans le compliment scientifique.

— Vous avez, madame, un secret que la science ignore, pour rester ainsi jeune et belle, dit le chimiste.

— Vous êtes ici un peu chez vous, monsieur l'académicien, dit Birotteau. Oui, monsieur le comte, reprit-il en se tournant vers le grand chancelier de la Légion d'honneur, je dois ma fortune à M. Vauquelin. J'ai l'honneur de présenter à Votre Seigneurie M. le président du tribunal de commerce. C'est M. le comte de Lacépède, pair de France, un des grands hommes de la France ; il a écrit quarante volumes, dit-il à Joseph Lebas, qui accompagnait le président du tribunal.

Les convives furent exacts. Le dîner fut ce que sont les dîners de commerçants, extrêmement gai, plein de bonhomie, historié par de grosses plaisanteries qui font toujours rire. L'excellence des mets, la bonté des vins furent appréciées. Quand la société rentra dans les salons pour prendre le café, il était neuf heures et demie. Quelques fiacres avaient amené déjà d'impatientes danseuses. Une heure après, le salon fut plein, et le bal prit un air de raout. M. de Lacépède et M. Vauquelin s'en allèrent, au grand désespoir de Birotteau, qui les suivit jusque sur l'escalier en les suppliant de rester, mais en vain. Il réussit à maintenir M. Popinot le juge et M. de la Billardière. A l'exception de trois femmes qui représentaient l'Aristocratie, la Finance et l'Administration : mademoiselle de Fontaine, madame Jules, madame Rabourdin, et dont l'éclatante beauté, la mise et les manières tranchaient au milieu de cette réunion, les autres femmes offraient à l'œil des toilettes lourdes, solides, ce je ne sais quoi de cossu qui donne aux masses bourgeoises un aspect commun, que la légèreté, la grâce de ces trois femmes faisaient cruellement ressortir. La bourgeoisie de la rue Saint-Denis s'étalait majestueusement en se montrant dans toute la plénitude de ses droits de spirituelle sottise. C'était bien cette bourgeoisie qui habille ses enfants en lancier ou en garde national, qui achète Victoires et Conquêtes, le Soldat laboureur, admire le Convoi du pauvre, se réjouit le jour de garde, va le dimanche dans une maison de campagne à soi, s'inquiète d'avoir l'air distingué, rêve aux honneurs municipaux ; cette bourgeoisie jalouse de tout, et néanmoins bonne, serviable, dévouée, sensible, compatissante, souscrivant pour les enfants du général Foy, pour les Grecs dont elle ignore les pirateries, pour le Champ-d'Asile au moment où il n'existe plus, dupe de ses vertus et bafouée pour ses défauts par une société qui ne la vaut pas, car elle a du cœur précisément parce qu'elle ignore les convenances ; cette vertueuse bour-

geoisie qui élève des filles candides rompues au travail, pleines de qualités que le contact des classes supérieures diminue aussitôt qu'elle les y lance, sans esprit parmi lesquelles le bonhomme Chrysale aurait pris sa femme, enfin, une bourgeoisie admirablement représentée par les Matifat, les droguistes de la rue des Lombards, dont la maison fournissait la Reine des Roses depuis soixante ans. Madame Matifat, qui avait voulu se donner un air digne, dansait coiffée d'un turban et vêtue d'une lourde robe ponceau lamée d'or, toilette en harmonie avec un air fier, un nez romain et les splendeurs d'un teint cramoisi. Monsieur Matifat, si superbe à une revue de garde nationale, où l'on apercevait à cinquante pas son ventre rondelet sur lequel brillaient sa chaîne et son paquet de breloques, était dominé par cette Catherine II de comptoir. Gros et court, harnaché de besicles, maintenant le col de sa chemise à la hauteur du cervelet, il se faisait remarquer par sa voix de basse-taille et par la richesse de son vocabulaire. Jamais il ne disait Corneille, mais le sublime Corneille! Racine était le doux Racine Voltaire! oh! Voltaire, le second dans tous les genres, plus d'esprit que de génie, mais néanmoins homme de génie! Rousseau, esprit ombrageux, homme doué d'orgueil et qui a fini par se pendre. Il contait lourdement les anecdotes vulgaires sur Piron, qui passe pour un homme prodigieux dans la bourgeoisie. Matifat, passionné pour les acteurs, avait une légère tendance à l'obscénité. Parfois madame Matifat, en le voyant prêt à conter, lui disait : « Mon gros, fais attention à ce que tu vas nous dire. » Elle le nommait familièrement son gros. Cette volumineuse reine des drogues fit perdre à mademoiselle de Fontaine sa contenance aristocratique, l'orgueilleuse fille ne put s'empêcher de sourire en lui entendant dire à Matifat :
— Ne te jette pas sur les glaces, mon gros! c'est mauvais genre.

Il est plus difficile d'expliquer la différence qui distingue le grand monde de la bourgeoisie qu'il ne l'est à la bourgeoisie de l'effacer. Ces femmes, gênées dans leurs toilettes, se savaient endimanchées, et laissaient voir naïvement une joie qui prouvait que le bal était une rareté dans leur vie occupée ; tandis que les trois femmes qui exprimaient chacune une sphère du monde étaient alors comme elles devaient être le lendemain, elles n'avaient pas l'air de s'être habillées exprès, elles ne se contemplaient pas dans les merveilles inaccoutumées de leurs parures, ne s'inquiétaient pas de leur effet, tout avait été accompli devant leur glace e les avait mis la dernière main à l'œuvre de leur toilette de bal ; leurs figures ne révélaient rien d'excessif, elles dansaient avec la grâce et le laisser-aller que des génies inconnus ont donnés à quelques statues antiques. Les autres, au contraire, marquées au sceau du travail, gardaient leurs poses vulgaires et s'amusaient trop ; leurs regards étaient inconsidérément curieux, leurs voix ne conservaient point ce léger murmure qui donne aux conversations du bal un piquant inimitable ; elles n'avaient pas surtout le sérieux impertinent qui contient l'épigramme en germe, ni cette tranquille attitude à laquelle se reconnaissent les gens habitués à conserver un grand empire sur eux-mêmes. Aussi madame Rabourdin, madame Jules et mademoiselle de

Fontaine, qui s'étaient promis une joie infinie de ce bal de parfumeur, se dessinaient-elles sur toute la bourgeoisie par leurs grâces molles, par le goût exquis de leurs toilettes et par leur jeu, comme trois premiers sujets de l'Opéra se détachent sur la lourde cavalerie des comparses. Elles étaient observées d'un œil hébété, jaloux. Madame Roguin, Constance et Césarine formaient comme un lien qui rattachait les figures commerciales à ces trois types du grand monde. Comme dans tous les bals, il vint un moment d'animation où les torrents de lumière, la joie, la musique et l'entrain de la danse causèrent une ivresse qui fit disparaître ces nuances dans le *crescendo* du *tutti*. Le bal allait devenir bruyant, mademoiselle de Fontaine voulut se retirer ; mais quand elle chercha le bras du vénérable Vendéen, Birotteau, sa femme et sa fille accoururent pour empêcher la désertion de toute l'aristocratie de leur assemblée.

— Il y a dans cet appartement un parfum de bon goût qui vraiment m'étonne, dit l'impertinente fille au parfumeur, et je vous en fais mon compliment.

Birotteau était si bien enivré par les félicitations publiques qu'il ne comprit pas ; mais sa femme rougit et ne sut que répondre.

— Voilà une fête nationale qui vous honore, lui disait le royaliste M. Camusot, le marchand de soieries de la rue des Bourdonnais.

— J'ai vu rarement un si beau bal, disait M. de la Billardière, à qui un mensonge officieux ne coûtait rien.

Birotteau prenait tous les compliments au sérieux.

— Quel ravissant coup d'œil! et le bon orchestre! Nous donnerez-vous souvent des bals? lui disait madame Lebas.

— Quel charmant appartement! c'est de votre goût? lui disait madame Desmarets.

Birotteau osa mentir en lui laissant croire qu'il en était l'ordonnateur. Césarine, qui devait être invitée pour toutes les contredanses, connut combien il y avait de délicatesse chez Anselme.

— Si je n'écoutais que mon désir, lui dit-il à l'oreille, en sortant de table, je vous prierais de me faire la faveur d'une contredanse ; mais mon bonheur coûterait trop cher à notre mutuel amour-propre.

Césarine, qui trouvait que les hommes marchaient sans grâces

Bal chez Birotteau

quand ils étaient droits sur leurs jambes, voulut ouvrir le bal avec Popinot. Popinot, enhardi par sa tante, qui lui avait dit d'oser, osa parler de son amour à cette charmante fille pendant la contredanse, mais en se servant de détours que prennent les amants timides.
— Ma fortune dépend de vous, mademoiselle.
— Et comment ?
— Il n'y a qu'un espoir qui puisse me la faire faire.
— Espérez.
— Savez-vous bien tout ce que vous venez de dire en un seul mot? reprit Popinot.
— Espérez la fortune, dit Césarine avec un sourire malicieux.
— Gaudissart! Gaudissart! dit après la contredanse Anselme à son ami un peu las avec une force herculéenne, réussis, ou je me brûle la cervelle. Réussir, c'est épouser Césarine, elle me l'a dit, et vois comme elle est belle !

— Oui, elle est joliment ficelée, dit Gaudissart, et riche. Nous allons la frire dans l'huile.

La bonne intelligence de mademoiselle Lourdois et d'Alexandre Crottat, successeur désigné de Roguin, fut remarquée par madame Birotteau, qui ne renonça pas sans de vives peines à faire de sa fille la femme d'un notaire de Paris. L'oncle Pillerault, qui avait échangé un salut avec le petit Molineux, alla s'établir dans un fauteuil auprès de la bibliothèque : il regarda les joueurs, écouta les conversations, et vint de temps en temps voir à la porte les corbeilles de fleurs agitées que formaient les têtes des danseuses au moulinet. Sa contenance était celle d'un vrai philosophe. Les hommes étaient affreux, à l'exception de du Tillet, qui avait déjà les manières du monde ; du jeune la Billardière, petit fashionable en herbe ; de M. Jules Desmarets et de personnages officiels. Mais, parmi toutes les figures plus ou moins comiques auxquelles cette assemblée devait son caractère, il s'en trouvait une particulièrement effacée comme une pièce de cent sous républicaine, mais que le vêtement rendait curieuse. On a deviné le tyranneau de la cour Batave, paré de linge fin jauni dans l'armoire, exhibant aux regards un jabot à dentelle de succession attaché par un camée bleuâtre en épingle, portant une culotte courte en soie noire qui trahissait les fuseaux sur lesquels il avait la hardiesse de se reposer. César lui montra triomphalement les quatre pièces créées par l'architecte au premier de sa maison.

— Eh ! eh ! c'est affaire à vous, monsieur, lui dit Molineux. Mon premier est garni vaudra plus de mille écus.

Birotteau répondit par une plaisanterie, mais il fut atteint comme d'un coup d'épingle par l'accent avec lequel le petit vieillard avait prononcé cette phrase.

— Je rentrerai bientôt dans mon premier, cet homme se ruine ! tel était le sens du mot vaudra que lança Molineux comme un coup de griffe.

La figure pâlotte, l'œil assassin du propriétaire, frappèrent du Tillet, dont l'attention avait été d'abord excitée par une chaîne de montre qui soutenait une livre de diverses breloques sonnantes, et par un habit vert mélangé de blanc, à collet bizarrement retroussé, qui donnaient au vieillard l'air d'un serpent à sonnettes. Le banquier vint donc interroger ce petit usurier pour savoir par quel hasard il se gaudissait.

— Là, monsieur, dit Molineux en mettant un pied dans le boudoir, je suis dans la propriété de M. le comte de Grandville ; mais ici, dit-il en montrant l'autre, je suis dans la mienne ; car je suis le propriétaire de cette maison.

Molineux se prêtait si complaisamment à qui l'écoutait, que, charmé de l'air attentif de du Tillet, il se dessina, raconta ses habitudes, les insolences du sieur Gendrin, et ses arrangements avec le parfumeur, sans lesquels le bal n'aurait pas eu lieu.

— Ah ! M. César vous a réglé ses loyers, dit du Tillet, rien n'est plus contraire à ses habitudes.

— Oh ! je l'ai demandé, je suis si bon pour mes locataires !

— Si le père Birotteau fait faillite, se dit du Tillet, ce petit drôle sera certes un excellent syndic. Sa pointillerie est précieuse ; il doit, comme Domitien, s'amuser à tuer les mouches quand il est seul chez lui.

Du Tillet alla se mettre au jeu, où Claparon était déjà par son ordre. Il avait pensé que, sous le garde-vue d'un flambeau de bouillotte, son semblant de banquier échapperait à tout examen. Leur contenance en face l'un de l'autre fut si bien celle de deux étrangers, que l'homme le plus soupçonneux n'aurait pu rien découvrir qui décelât leur intelligence. Gaudissart, qui savait la fortune de Claparon, n'osa point l'aborder en recevant du riche commis-voyageur le regard solennellement froid d'un parvenu qui ne veut pas être salué par un camarade. Ce bal, comme une fusée brillante, s'éteignit à cinq heures du matin. Vers cette heure, des cent et quelques fiacres qui remplissaient la rue Saint-Honoré, il en restait environ quarante. A cette heure, on dansait la boulangère et les cotillons, plus tard détrônés par le galop anglais. Du Tillet, Roguin, le comte de Grandville, Jules Desmarets, jouaient à la bouillotte ; du Tillet gagnait trois mille francs. Les lueurs du jour arrivèrent, firent pâlir les bougies, et les joueurs assistèrent à la dernière contredanse. Dans ces maisons bourgeoises, cette joie suprême ne s'accomplit pas sans quelques énormités. Les personnages imposants sont partis, l'ivresse du mouvement, la chaleur communicative de l'air, les esprits cachés dans les boissons les plus innocentes, ont amolli les callosités des vieilles femmes qui, par complaisance, entrent dans les quadrilles et se prêtent à la folie d'un moment. Les hommes sont échauffés, les cheveux défrisés s'allongent sur les visages et leur donnent de grotesques expressions qui provoquent le rire ; les jeunes femmes deviennent légères, quelques fleurs sont tombées de leurs coiffures. Le Momus bourgeois apparaît suivi de ses farces ! Les rires éclatent, chacun se livre à la plaisanterie en pensant que le lendemain le travail reprendra ses droits. Matifat dansait avec un chapeau de femme sur la tête. Célestin se livrait à des charges. Quelques dames frappaient dans leurs mains avec exagération quand l'ordonnait la figure de cette interminable contredanse.

— Comme ils s'amusent ! disait l'heureux Birotteau.

— Pourvu qu'ils ne cassent rien, dit Constance à son oncle.

— Vous avez donné le plus magnifique bal que j'aie vu, et j'en ai vu beaucoup, dit du Tillet à son ancien patron en le saluant.

Dans l'œuvre des huit symphonies de Beethoven, il est une fantaisie, grande comme un poème, qui domine le final de la symphonie en ut mineur. Quand, après les lentes préparations du sublime magicien si bien compris par Habeneck, un geste du chef d'orchestre enthousiaste lève la riche toile de cette décoration, en appelant de son archet l'éblouissant revers lequel éclate les puissances musicales ont convergé ; les poetes dont le cœur palpite alors comprendront que le bal de Birotteau produisait dans sa vie l'effet que produit sur leurs âmes ce fécond motif, auquel la symphonie en ut doit peut-être sa suprématie sur ses brillantes sœurs. Une fée radieuse s'élance en levant sa baguette ; on entend le bruissement des rideaux de soie que pour que des anges relèvent. Des portes d'or sculptées comme celles du baptistère florentin tournent sur leurs gonds de diamant. L'œil s'abîme en des vues splendides, il embrasse une enfilade de palais merveilleux d'où glissent des êtres d'une nature supérieure. L'encens des prospérités fume, l'autel du bonheur flambe, un air parfumé circule ! Des êtres au sourire divin, vêtus de tuniques blanches bordées de bleu, passent légèrement sous vos yeux en vous montrant des figures surhumaines de beauté, des formes d'une délicatesse infinie. Les amours voltigent en répandant les flammes de leurs torches ! Vous vous sentez aimé, vous êtes heureux d'un bonheur que vous aspirez sans le comprendre en vous baignant dans les flots de cette harmonie qui ruisselle et verse à chacun l'ambroisie qu'il s'est choisie. Vous êtes atteint au cœur dans vos secrètes espérances, qui se réalisent pour un moment. Après vous avoir promené dans les cieux, l'enchanteur, par la profonde et mystérieuse transition des basses, vous replonge dans le marais des réalités froides, pour vous en sortir quand il vous a donné soif de ses divines mélodies et que votre âme crie : Encore ! L'histoire psychique du point le plus brillant de ce beau finale est celle des émotions prodiguées par cette fête à Constance et à César. Collinet avait composé de son galoubet le finale de leur symphonie commerciale. Fatigués, mais heureux, les trois Birotteau s'endormirent au matin dans les bruissements de cette fête, qui, en constructions, réparations, ameublements, consommations, toilettes et bibliothèque remboursée à Césarine, allait, sans que César s'en doutât, à soixante mille francs. Voilà ce que coûtait le fatal ruban rouge mis par le roi à la boutonnière d'un parfumeur. S'il arrivait un malheur à César Birotteau, cette dépense folle suffisait pour le rendre justiciable de la police correctionnelle. Un négociant est dans le cas de la banqueroute simple s'il fait des dépenses jugées excessives. Il est peut-être plus horrible d'aller à la sixième chambre pour de niaises bagatelles ou des maladresses, qu'en cour d'assises pour une immense fraude. Aux yeux de certaines gens, il vaut mieux être criminel que sot.

CÉSAR AUX PRISES AVEC LE MALHEUR

Huit jours après cette fête, dernière flammèche du feu de paille d'une prospérité de dix-huit années près de s'éteindre, César regardait les passants à travers les glaces de sa boutique, en songeant à l'étendue de ses affaires, qu'il trouvait lourdes ! Jusqu'alors, tout avait été simple dans sa vie : il fabriquait et vendait, ou achetait pour revendre. Aujourd'hui, l'affaire des terrains, son intérêt dans la maison A. POPINOT ET COMPAGNIE, le remboursement de cent soixante mille francs jetés sur la place, ou qui allaient nécessiter ou des trafics d'effets qui déplairaient à sa femme, ou des succès inouïs chez Popinot, effrayaient ce pauvre homme par la multiplicité des idées : il se sentait dans la main plus de pelotons de fil qu'il n'en pouvait tenir. Comment Anselme gouvernerait-il sa barque ? Birotteau traitait Popinot comme un professeur de rhétorique traite un élève, il se défiait de ses moyens, et regrettait de n'être pas derrière lui. Le coup de pied qu'il lui avait allongé pour le faire taire chez Vauquelin explique les craintes que le jeune négociant inspirait au parfumeur. Birotteau se gardait bien de se laisser deviner par sa femme, par sa fille ou par son commis ; mais il était alors comme un simple canotier de la Seine à qui, par hasard, un ministre aurait donné le commandement d'une frégate. Ces pensées formaient comme un brouillard dans son intelligence peu propre à la méditation, et il restait debout, cherchant à y voir clair. En ce moment apparut dans le vague une figure pour laquelle il éprouvait une violente antipathie, et qui était celle de son deuxième propriétaire, le petit Molineux. Tout le monde a fait de ces rêves pleins d'événements qui reviennent une vie entière, et où revient souvent un être fantastique chargé de mauvaises commissions, le traître de la pièce. Molineux semblait à Birotteau chargé par le hasard d'un rôle analogue dans sa vie : cette figure avait grimacé diaboliquement au milieu de la fête en en regardant les somptuosités d'un œil haineux. En le revoyant,

César se souvint d'autant plus des impressions que lui avait causées ce petit *pingre*, un mot de son vocabulaire, que Molineux lui fit éprouver une nouvelle répulsion en se montrant soudain au milieu de sa rêverie.

— Monsieur, dit le petit homme de sa voix atrocement anodine, nous avons bâclé si lestement les choses que vous avez oublié d'approuver l'écriture sur notre petit sous-seing.

Birotteau prit le bail pour réparer l'oubli. L'architecte entra, salua le parfumeur et tourna d'un air diplomatique autour de lui.

— Monsieur, lui dit-il enfin à l'oreille, vous savez combien les commencements d'un métier sont difficiles; vous êtes content de moi, vous m'obligeriez beaucoup en me comptant mes honoraires.

Birotteau, qui s'était dégarni en donnant son portefeuille et son argent comptant, dit à Célestin de faire un effet de deux mille francs à trois mois d'échéance, et de préparer une quittance.

— J'ai été bien heureux que vous prissiez à votre compte le terme du voisin, dit Molineux d'un air sournoisement goguenard. Mon portier est venu me prévenir ce matin que le juge de paix apposait les scellés par suite de la disparition du sieur Cairou.

— Pourvu que je ne sois pas pincé de cinq mille francs, pensa Birotteau.

— Il passait pour très-bien faire ses affaires, dit Lourdois, qui venait d'entrer pour remettre son mémoire au parfumeur.

— Un commerçant n'est à l'abri des revers que quand il est retiré, dit le petit Molineux en pliant son acte avec une minutieuse régularité.

L'architecte examina ce petit vieux avec le plaisir que tout artiste éprouve en voyant une caricature qui confirme ses opinions sur les bourgeois.

— Quand on a la tête sous un parapluie, on pense généralement qu'elle est à couvert s'il pleut, dit l'architecte.

Molineux étudia beaucoup plus les moustaches et la royale que la figure de l'architecte en le regardant, et le méprisa tout autant que M. Grindot le méprisait. Puis il resta pour lui donner un coup de griffe en sortant. À force de vivre avec ses chats, Molineux avait dans sa manière comme dans ses yeux quelque chose de la race féline.

En ce moment Ragon et Pillerault entrèrent.

— Nous avons parlé de notre affaire au juge, dit Ragon à l'oreille de César : il prétend que, dans une spéculation de ce genre, il nous faudrait une quittance des vendeurs et réaliser les actes, afin d'être tous réellement propriétaires indivis.

— Ah! vous faites l'affaire de la Madeleine, dit Lourdois, on en parle, il y aura des maisons à construire!

Le peintre, qui venait se faire promptement régler, trouva son intérêt à ne pas presser le parfumeur.

— Je vous ai remis mon mémoire à cause de la fin de l'année, dit-il à l'oreille de César, je n'ai besoin de rien.

— Eh! bien, qu'as-tu, César? dit Pillerault en remarquant la surprise de son neveu, qui, stupéfait par la vue du mémoire, ne répondait ni à Ragon ni à Lourdois.

— Ah! une vétille, j'ai pris cinq mille francs d'effets au marchand de parapluies mon voisin, qui fait faillite. S'il m'avait donné des valeurs mauvaises, je serais gobé comme un imbécile.

— Il y a pourtant longtemps que je vous l'ai dit, s'écria Ragon : celui qui se noie s'accrocherait à la jambe de son père pour se sauver, et il le noie avec lui. J'en ai tant observé, de faillites! on n'est pas précisément fripon au commencement du désastre, mais on le devient par nécessité.

— C'est vrai, dit Pillerault.

— Ah! si j'arrive jamais à la Chambre des Députés, ou si j'ai quelque influence dans le gouvernement... dit Birotteau se dressant sur ses pointes et retombant sur ses talons.

— Que feriez-vous? dit Lourdois, car vous êtes un sage.

Molineux, que toute discussion sur le droit intéressait, resta dans la boutique, où l'enfant l'attention des autres fenêt attend, Pillerault et Ragon, qui connaissaient les opinions de César, l'écoutèrent néanmoins aussi gravement que les trois étrangers.

— Je voudrais, dit le parfumeur, un tribunal de juges inamovibles avec un ministère public jugeant le criminel. Après une instruction, pendant laquelle un juge remplirait immédiatement les fonctions actuelles des agents, syndics et juges-commissaires, le négociant serait déclaré *failli réhabilitable* ou *banqueroutier*. Failli réhabilitable, il serait tenu de tout payer; il serait alors le gardien de ses biens, de ceux de sa femme; car ses droits, ses héritages, tout appartiendrait à ses créanciers; il gérerait pour leur compte et sous une surveillance; enfin, il continuerait ses affaires en signant toutefois : *un tel, failli*, jusqu'au parfait remboursement. Banqueroutier, il serait condamné, comme autrefois, au pilori dans la salle de la Bourse, exposé pendant deux heures, coiffé du bonnet vert. Ses biens, ceux de sa femme et ses droits seraient acquis aux créanciers, et il serait banni du royaume.

— Le commerce serait un peu plus sûr, dit Lourdois, et l'on regarderait à deux fois avant de faire des opérations.

— La loi actuelle n'est point suivie, dit César exaspéré; sur cent négociants, il y en a plus de cinquante qui sont de soixante-quinze

pour cent au-dessous de leurs affaires, ou qui vendent leurs marchandises à vingt-cinq pour cent au-dessous du prix d'inventaire, et qui ruinent ainsi le commerce.

— Monsieur est dans le vrai, dit Molineux, la loi actuelle laisse trop de latitude. Il faut ou l'abandon total ou l'infamie.

— Eh! diantre, dit César, un négociant, au train dont vont les choses, va devenir un voleur patenté. Avec sa signature, il peut puiser dans la caisse de tout le monde.

— Vous n'êtes pas tendre, monsieur Birotteau, dit Lourdois.

— Il a raison, dit le vieux Ragon.

— Tous les faillis sont suspects, dit César, exaspéré par cette petite perte qui lui sonnait aux oreilles comme le premier cri de l'*hallali* à celles d'un cerf.

En ce moment le maître d'hôtel apporta la facture de Chevet. Puis un patronné de Félix, un garçon du café de Foy, la clarinette de Collinet, arrivèrent avec les mémoires de leurs maisons.

— Le quart d'heure de Rabelais, dit Ragon en souriant.

— Ma foi, vous avez donné une belle fête, dit Lourdois.

— Je suis occupé, dit César à tous les garçons, qui laissèrent les factures.

— Monsieur Grindot, dit Lourdois en voyant l'architecte pliant un effet que signa Birotteau, vous vérifierez et réglerez mon mémoire, il n'y a qu'à le toiser, tous les prix sont convenus par vous au nom de M. Birotteau.

Pillerault regarda Lourdois et Grindot.

— Des prix convenus d'architecte à entrepreneur, dit l'oncle à l'oreille du neveu, tu es volé.

Grindot sortit, Molineux le suivit et l'aborda d'un air mystérieux.

— Monsieur, lui dit-il, vous m'avez écouté, mais vous ne m'avez pas entendu, je vous souhaite un parapluie.

La peur saisit Grindot. Plus un bénéfice est illégal, plus l'homme y tient; le cœur humain est ainsi fait. L'artiste avait en effet étudié l'appartement avec amour, il y avait mis toute sa science et son temps, il s'y était donné du mal pour dix mille francs et se trouvait la dupe de son amour-propre, les entrepreneurs eurent peu de peine à le séduire. L'argument irrésistible et la menace bien comprise de le desservir en le calomniant furent moins puissants encore que l'observation faite par Lourdois sur l'affaire des terrains de la Madeleine : Birotteau ne comptait pas y bâtir une seule maison, il spéculait seulement sur le prix des terrains. Les architectes et les entrepreneurs sont entre eux comme un auteur avec les acteurs, ils dépendent les uns des autres. Grindot, chargé par Birotteau de stipuler les prix, fut pour les gens du métier contre les bourgeois. Aussi trois gros entrepreneurs, Lourdois, Chaffaroux et Thorein le charpentier, le proclamèrent-ils *un de ces bons enfants avec lesquels il y a du plaisir à travailler*. Grindot devina que les mémoires sur lesquels il avait une part seraient payés, comme ses honoraires, en effets, et le petit vieillard venait de lui donner des doutes sur leur payement. Grindot allait être impitoyable, à la manière des artistes, les gens les plus cruels à l'encontre des bourgeois.

Vers la fin de décembre, César eut pour soixante mille francs de mémoires. Félix, le café de Foy, Tanrade et les petits créanciers qu'on doit payer comptant avaient envoyé trois fois chez le parfumeur. Dans le commerce, ces niaiseries nuisent plus qu'un malheur, elles l'annoncent. Les pertes connues sont définies, la main l'annonce connaît pas de bornes. Birotteau vit sa caisse dégarnie. La peur saisit alors le parfumeur, à qui jamais pareille chose n'était arrivée durant sa vie commerciale. Comme tous les gens qui n'ont jamais eu à lutter pendant longtemps contre la misère et qui sont faibles, cette circonstance vulgaire dans la vie de la plupart des marchands de Paris porta le trouble dans la cervelle de César. Le parfumeur donna l'ordre à Célestin d'envoyer les factures les plus pratiques; mais, avant de mettre à exécution, le premier commis se fit répéter cet ordre inouï. Les clients, mot de la noble terme alors appliqué par les détaillants à leurs pratiques et dont César se servait malgré sa femme, qui avait fini par lui dire : — « Nomme-les comme tu voudras, pourvu qu'ils payent! » ses clients donc étaient des personnes riches avec lesquelles il n'y avait jamais de pertes à essuyer, qui payaient à leur fantaisie, et chez lesquelles César avait souvent cinquante ou soixante mille francs. Le second commis prit le livre des factures et se mit à copier les plus fortes. César redoutait sa femme. Pour ne pas lui laisser voir l'abattement que lui causait le *simoon* du malheur, il voulut sortir.

— Bonjour, monsieur, dit Grindot en entrant avec cet air dégagé que prennent des personnes riches avec lesquelles ils se prétendent absolument étrangers. Je ne puis trouver aucune espèce de monnaie avec votre papier, je suis obligé de vous prier de me l'échanger contre des écus ou..., je suis l'homme le plus malheureux de cette démarche, mais je ne sais pas parler aux usuriers, je ne voudrais pas colporter votre signature, je suis assez de commerce pour comprendre que ce serait l'avilir; il est donc dans votre intérêt de...

— Monsieur, dit Birotteau stupéfait, plus bas, s'il vous plaît, vous me surprenez étrangement.

Lourdois entra.

— Lourdois, dit Birotteau souriant, comprenez-vous?...

Birotteau s'arrêta. Le pauvre homme allait prier Lourdois de prendre l'effet de Grindot en se moquant de l'architecte avec la bonne foi du négociant sûr de lui-même : il aperçut un nuage sur le front de Lourdois, il frémit de son imprudence. Cette innocente raillerie était la mort d'un crédit soupçonné. En pareil cas, un riche négociant reprend son billet, et il ne l'offre pas. Birotteau se sentait la tête agitée comme s'il eût regardé le fond d'un abîme taillé à pic.

— Mon cher monsieur Birotteau, dit Lourdois en l'emmenant au fond du magasin, mon mémoire est toisé, réglé, vérifié, je vous prie de me tenir l'argent prêt demain. Je marie ma fille au petit Crottat, il lui faut de l'argent, les notaires ne négocient point, d'ailleurs on n'a jamais vu ma signature.

— Envoyez après-demain, dit fièrement Birotteau qui compta sur les payements de ses mémoires. Et vous aussi, monsieur, dit-il à l'architecte.

— Et pourquoi pas tout de suite? dit l'architecte.

— J'ai la paye de mes ouvriers au faubourg, dit César qui n'avait jamais menti.

Il prit son chapeau pour sortir avec eux. Mais le maçon, Thorein et Chaffaroux l'arrêtèrent au moment où il fermait la porte.

— Monsieur, lui dit Chaffaroux, nous avons bien besoin d'argent.

— Eh! je n'ai pas les mines du Pérou, dit César impatienté qui s'en alla vivement à cent pas d'eux. — Il y a quelque chose là-dessous. Maudit bal! tout le monde vous croit des millions. Néanmoins l'air de Lourdois n'était pas naturel, pensa-t-il, il y a quelque anguille sous roche.

Il marchait dans la rue Saint-Honoré sans direction, en se sentant comme dissous, et se heurta contre Alexandre au coin d'une rue, comme un bélier ou comme un mathématicien absorbé par la solution d'un problème en aurait heurté un autre.

— Ah! monsieur, dit le futur notaire, une question : Roguin a-t-il donné vos quatre cent mille francs à M. Claparon?

— L'affaire s'est faite devant vous, M. Claparon ne m'en a fait aucun reçu... mes valeurs étaient à... négocier... Roguin a pu lui remettre... mes deux cent quarante mille francs d'écus... nous devons... il a été dit qu'on réaliserait définitivement les actes de vente. M. Popinot le juge prétend... La quittance... Mais... Pourquoi cette question?

— Pourquoi puis-je vous faire une semblable question? Pour savoir si vos deux cent quarante mille francs sont chez Claparon ou chez Roguin. Roguin était lié depuis si longtemps avec vous, il aurait pu par délicatesse les avoir remis à Claparon, et vous l'échappiez belle! mais suis-je bête! il les emporte avec l'argent de M. Claparon, qui heureusement n'avait encore envoyé que cent mille francs. Roguin est en fuite, il a reçu de moi cent mille francs sur sa charge, dont je n'ai pas la quittance. Je les lui ai donnés comme je vous confierais ma bourse. Vos vendeurs n'ont pas reçu un liard, ils sortent de chez moi. L'argent de votre emprunt sur vos terrains n'existait ni pour vous ni pour votre prêteur, Roguin l'avait dévoré comme vos cent mille francs... qu'il... n'avait plus depuis longtemps... Ainsi vos cent derniers mille francs sont pris, je me souviens d'être allé les toucher à la Banque. Les pupilles de César se dilatèrent si démesurément, qu'il ne vit plus qu'une flamme rouge — Vos cent mille francs sur la Banque, mes cent mille francs sur sa charge, cent mille francs à M. Claparon, voilà trois cent mille francs de siffles, sans les vols qui vont se découvrir. On désespère de madame Roguin, M. du Tillet a passé la nuit près d'elle. Il l'a échappé belle, lui! Roguin l'a tourmenté pendant un mois pour le fourrer dans cette affaire des terrains, et heureusement il avait tous ses fonds dans une spéculation avec la maison Nucingen. Roguin a écrit à sa femme une lettre épouvantable! je viens de la lire. Il tripotait les fonds de ses clients depuis cinq ans, et pourquoi? pour une maîtresse, la belle Hollandaise: il l'a quittée quinze jours avant de faire un coup. Cette gaspillense était sans un liard, on a vendu ses meubles, elle avait signé des lettres de change. Afin d'échapper aux poursuites, elle s'était réfugiée dans une maison du Palais-Royal où elle a été assassinée hier au soir par un capitaine. Elle a été bientôt punie par Dieu, elle qui certes a dévoré la fortune de Roguin. Il y a des femmes pour qui rien n'est sacré, dévorer une charge de notaire! Madame Roguin n'aura de fortune qu'en usant de son hypothèque légale, tous les biens du gueux sont grevés au delà de leur valeur. La charge est vendue quatre cent mille francs! Moi qui croyais faire une bonne affaire, et qui commence par payer l'étude cent mille francs de plus, je n'ai pas de quittance, il y a des faits de charge qui vont absorber charge et cautionnement, les créanciers croiront que je suis son compère si je parle de mes cent mille francs, et, quand on débute, il faut prendre garde à sa réputation. Vous aurez à peine trente pour cent. A mon âge, faire un pareil bouillon ! Un homme de cinquante-neuf ans payer une femme!... le vieux drôle! Il y a vingt jours qu'il m'a dit de ne pas épouser Césarine, vous deviez être bientôt sans pain, le monstre!

Alexandre aurait pu parler pendant longtemps, Birotteau était debout, pétrifié. Autant de phrases, autant de coups de massue. Il n'entendait plus qu'un bruit de cloches mortuaires, de même qu'il avait commencé par ne plus voir que le feu de son incendie. Alexandre

Crottat, qui croyait le digne parfumeur fort et capable, fut épouvanté par sa pâleur et par son immobilité. Le successeur de Roguin ne savait pas que le notaire emportait plus que la fortune de César. L'idée du suicide immédiat passa par la tête de cet homme si profondément religieux. Le suicide est dans ce cas un moyen de fuir mille morts, il semble logique de n'en accepter qu'une. Alexandre Crottat donna le bras à César et voulut le faire marcher, ce fut impossible : ses jambes se dérobaient sous lui comme s'il eût été ivre.

— Qu'avez-vous donc? dit Crottat. Mon brave monsieur César, un peu de courage! ce n'est pas la mort d'un homme! D'ailleurs, vous retrouverez quarante mille francs, votre prêteur n'avait pas cette somme, elle ne vous a pas été délivrée, il y a lieu à plaider la rescision du contrat.

— Mon bal, ma croix, deux cent mille francs d'effets sur la place, rien en caisse. Les Ragon, Pillerault... Et ma femme qui voyait clair!

Une pluie de paroles confuses qui réveillaient des masses d'idées accablantes et des souffrances inouïes tomba comme une grêle en hachant toutes les fleurs du parterre de la Reine des Roses.

— Je voudrais qu'on me coupât la tête, dit enfin Birotteau, elle me gêne par sa masse, elle ne me sert à rien...

— Pauvre père Birotteau! dit Alexandre, mais vous êtes donc en péril?

— Péril!

— Eh bien! du courage, luttez.

— Luttez! répéta le parfumeur.

— Du Tillet a été votre commis, il a une fière tête, il vous aidera.

— Du Tillet!

— Allons, venez!

— Mon Dieu! je ne voudrais pas rentrer chez moi comme je suis, dit Birotteau. Vous qui êtes mon ami, s'il y a des amis, vous qui m'avez inspiré de l'intérêt et qui dîniez chez moi, au nom de ma femme, promenez-moi en fiacre, Xandrot, accompagnez-moi. Le notaire désigné mit avec beaucoup de peine dans un fiacre la machine inerte qui avait nom César; — Xandrot, dit-il d'une voix troublée par les larmes, car en ce moment les larmes tombèrent de ses yeux et desserrèrent un peu le bandeau de fer qui lui cerclait le crâne, passons chez moi, parlez pour moi à Célestin. Mon ami, dites-lui qu'il y va de ma vie et de celle de ma femme. Que sous aucun prétexte personne ne jase de la disparition de Roguin. Faites descendre Césarine et priez-la d'empêcher qu'on ne parle de cette affaire à sa mère ; elle doit se défier de nos meilleurs amis, Pillerault, les Ragon, tout le monde.

Le changement de la voix de Birotteau frappa vivement Crottat, qui comprit l'importance de cette recommandation. La rue Saint-Honoré menait chez le magistrat ; il remplit les intentions du parfumeur que Célestin et Césarine virent avec effroi sans voix, pâle et comme hébété au fond du fiacre.

— Gardez-moi le secret sur cette affaire, dit le parfumeur.

— Ah! se dit Xandrot, il revient! je le croyais perdu.

La conférence d'Alexandre Crottat et du magistrat dura longtemps : on envoya chercher le président de la chambre des notaires, on transporta partout César comme un paquet, il ne bougeait pas et ne disait mot. Vers sept heures du soir, Alexandre Crottat ramena le parfumeur chez lui. L'idée de comparaître devant Constance rendit du ton à César. Le jeune notaire eut la charité de le précéder pour prévenir madame Birotteau que son mari venait d'avoir une espèce de coup de sang.

— Il a les idées troubles, dit-il en faisant un geste employé pour peindre l'embrouillement du cerveau, il faudrait peut-être le saigner ou lui mettre des sangsues.

— Cela devait arriver, dit Constance à mille lieues d'un désastre, il n'a pas pris sa médecine de précaution à l'entrée de l'hiver, et il se donne depuis deux mois un mal de galérien, comme s'il n'avait pas son pain gagné.

César fut supplié par sa femme et par sa fille de se mettre au lit, et l'on envoya chercher le vieux docteur Haudry, médecin de Birotteau. Le vieux Haudry était un médecin de l'école de Molière, grand praticien et ami des anciennes formules de l'apothicairerie, droguant ses malades ni plus ni moins qu'un médicastre, tout consultant qu'il était. Il vint, étudia le facies de César, ordonna l'application immédiate de synapismes à la plante des pieds : il voyait les symptômes d'une congestion cérébrale.

— Qui a pu lui causer cela? dit Constance.

— Le temps humide, répondit le docteur, à qui Césarine vint dire un mot.

Il y a souvent obligation pour les médecins de lâcher sciemment des niaiseries afin de sauver l'honneur ou la vie des gens bien portants qui sont autour du malade. Le vieux docteur avait vu tant de choses, qu'il comprit à demi-mot. Césarine le suivit sur l'escalier en lui demandant une règle de conduite.

— Du calme et du silence, puis nous risquerons des fortifiants quand la tête sera dégagée.

Madame César passa deux jours au chevet du lit de son mari, qui lui parut souvent avoir le délire. Mis dans la belle chambre bleue de sa femme, il disait des choses incompréhensibles pour Constance, à l'aspect des draperies, des meubles et de ses coûteuses magnificences.

— Il est fou, disait-elle à Césarine en un moment où César s'était dressé sur son séant, et citait d'une voix solennelle les articles du Code de commerce par bribes.

— Si les dépenses sont jugées excessives, ôtez les draperies !

Après trois terribles jours, pendant lesquels la raison de César fut en danger, la nature forte du paysan tourangeau triompha ; sa tête fut dégagée : M. Haudry lui fit prendre des cordiaux, une nourriture énergique, et, après une tasse de café donnée à temps, le négociant fut sur ses pieds. Constance fatiguée prit la place de son mari.

— Pauvre femme ! dit César quand il la vit endormie.

— Allons, papa, du courage ! Vous êtes un homme si supérieur que vous triompherez. Ce ne sera rien. M. Anselme vous aidera.

Césarine dit d'une voix douce ces vagues paroles que la tendresse adoucit encore, et qui rendent le courage aux plus abattus, comme les chants d'une mère endorment les douleurs d'un enfant tourmenté par la dentition.

— Oui, mon enfant, je vais lutter ; mais pas un mot à qui que ce soit au monde, ni à Popinot qui nous aime, ni à ton oncle Pillerault. Je vais d'abord écrire à mon frère : il est, je crois, chanoine, vicaire d'une cathédrale ; il ne dépense rien, il doit avoir de l'argent. A mille écus d'économies par an depuis vingt ans, il doit avoir cent mille francs. En province, les prêtres ont du crédit.

Césarine, empressée d'apporter à son père une petite table et tout ce qu'il fallait pour écrire, lui donna le reste des invitations imprimées sur papier rose pour le bal.

— Brûle tout ça ! cria le négociant. Le diable seul a pu m'inspirer de donner ce bal. Si je succombe, j'aurai l'air d'un fripon. Allons, pas de phrases.

LETTRE DE CÉSAR A FRANÇOIS BIROTTEAU.

« Mon cher frère,

« Je me trouve dans une crise commerciale si difficile, que je te supplie de m'envoyer tout l'argent dont tu pourras disposer, fallût-il même en emprunter.

« Tout à toi,   CÉSAR.

« Ta nièce Césarine, qui me voit écrire cette lettre pendant que ma pauvre femme dort, se recommande à toi et t'envoie ses tendresses. »

Ce post-scriptum fut ajouté à la prière de Césarine, qui porta la lettre à Raguet.

— Mon père, dit-elle en remontant, voici M. Lebas qui veut vous parler.

— M. Lebas, s'écria César effrayé, comme si son désastre le rendait criminel, un juge !

— Mon cher monsieur Birotteau, je prends trop d'intérêt à vous, dit le gros marchand drapier en entrant, nous nous connaissons depuis trop longtemps, nous avons été tous deux juges la première fois ensemble, pour ne pas vous dire que Gigonnet, un usurier, a des effets de vous passés à son ordre, sans garantie, par la maison Claparon. Ces deux mots sont non-seulement un affront, mais encore la mort de votre crédit

— M. Claparon désire vous parler, dit Célestin en se montrant, dois-je le faire monter ?

— Nous allons savoir la cause de cette insulte, dit Lebas.

— Monsieur, dit le parfumeur à Claparon en le voyant entrer, voici M. Lebas, juge au tribunal de commerce et mon ami...

— Ah ! monsieur est M. Lebas, dit Claparon en interrompant, je suis enchanté de la circonstance, monsieur Lebas du tribunal, il y a tant de Lebas, sans compter les hauts et les bas...

— Il a vu, reprit Birotteau en interrompant le bavard, les effets que je vous ai remis, et que, dites-vous, on circuleraient pas. Il les a vus avec ces mots : sans garantie.

— Eh bien ! dit Claparon, ils ne circuleront pas en effet, ils sont entre les mains d'un homme avec qui je fais beaucoup d'affaires, le père Bidault. Voilà pourquoi j'ai mis sans garantie. S'ils avaient dû circuler, vous les auriez faits à son ordre directement. Monsieur le juge va comprendre ma situation. Que représentent ces effets ? un prix d'immeuble payé par qui ? par Birotteau. Pourquoi voulez-vous que je garantisse Birotteau par ma signature ? Nous devons payer chacun de notre côté notre part de crédit prix. Or, n'est-ce pas assez d'être solidaires vis-à-vis de nos vendeurs ? Chez moi la règle commerciale est inflexible : je ne donne pas plus inutilement ma garantie que je ne donne quittance d'une somme à recevoir. Je suppose tout. Qui signe paye. Je ne veux pas être exposé à payer trois fois.

— Trois fois ! dit Birotteau.

— Oui, monsieur, reprit Claparon. Déjà j'ai garanti Birotteau à nos vendeurs, pourquoi le garantirais-je encore au banquier ? Les circonstances où nous sommes sont dures, Roguin m'emporte cent mille

francs. Ainsi, déjà ma moitié de terrains me coûte cinq cent mille au lieu de quatre cent mille francs. Roguin emporte deux cent quarante mille francs à Birotteau. Que feriez-vous à ma place, monsieur Lebas ? Mettez-vous dans ma peau. Je n'ai pas l'honneur d'être connu de vous, plus que je ne connais M. Birotteau. Suivez bien. Nous faisons une affaire ensemble par moitié. Vous apportez tout l'argent de votre part, moi je règle la mienne en mes valeurs ; je vous les offre, vous vous chargez, par une excessive complaisance, de les convertir en argent. Vous apprenez que Claparon, banquier, riche, considéré, j'accepte toutes les vertus du monde, que le vertueux Claparon se trouve dans une faillite pour six millions à rembourser ; irez-vous, en ce moment-là même, mettre votre signature pour garantir la mienne ? Vous seriez fou ! Eh bien ! monsieur Lebas, Birotteau est dans le cas où je suppose Claparon. Ne voyez-vous pas que je puis alors payer aux acquéreurs comme solidaire, être tenu de rembourser encore la part de Birotteau jusqu'à concurrence de ses effets, si je les garantissais, et sans avoir...

— A qui ? demanda le parfumeur en interrompant.

— Et sans avoir sa moitié de terrains, dit Claparon sans tenir compte de l'interruption, car je n'aurais aucun privilége ; il faudrait donc encore l'acheter ! Donc je puis payer trois fois.

— Rembourser à qui ? demandait toujours Birotteau.

— Mais au tiers-porteur, si j'endossais et qu'il vous arrivât un malheur.

— Je ne manquerai pas, monsieur, dit Birotteau.

— Bien, dit Claparon. Vous avez été juge, vous êtes habile commerçant, vous savez que l'on doit tout prévoir, ne vous étonnez donc pas que je fasse mon métier.

— M. Claparon a raison, dit Joseph Lebas.

— J'ai raison, reprit Claparon, raison commercialement. Mais cette affaire est territoriale. Or, que dois-je recevoir, moi ? de l'argent, car il me faudra donner de l'argent à nos vendeurs. Laissons de côté les deux cent quarante mille francs que M. Birotteau trouvera, j'en suis sûr, dit Claparon en regardant Lebas. Je venais vous demander la bagatelle de vingt-cinq mille francs, dit-il en regardant Birotteau.

— Vingt-cinq mille francs ! s'écria César en se sentant de la glace au lieu de sang dans les veines. Mais, monsieur, à quel titre ?

— Eh ! mon cher monsieur, nous sommes obligés de réaliser les ventes par-devant notaire. Or, relativement au prix, nous pouvons nous entendre entre nous ; mais avec le fisc, votre serviteur ! Le fisc ne s'amuse pas à dire des paroles oiseuses, il fait crédit de la main à la poche, et nous avons à lui cracher quarante-quatre mille francs de droits cette semaine. J'étais loin de m'attendre à des reproches en venant ici, car, pensant que ces vingt-cinq mille francs pouvaient vous gêner, j'avais à vous annoncer que, par le plus grand des hasards, je vous ai sauvé...

— Quoi ? dit Birotteau en faisant entendre ce cri de détresse auquel aucun homme ne se trompe.

— Une misère ! les vingt-cinq mille francs d'effets sur divers que Roguin m'avait remis à négocier, je vous en ai crédité sur l'enregistrement et les frais dont je vous enverrai le compte ; il y a la petite négociation à déduire, vous me redevez six ou sept mille francs.

— Tout cela me semble parfaitement juste, dit Lebas. A la place de monsieur, qui me paraît très-bien entendre les affaires, j'agirais de même envers lui.

— M. Birotteau ne mourra pas de cela, dit Claparon, il faut plus d'un coup pour tuer un vieux loup ; j'ai vu des loups avec des balles dans la tête courir comme... et, pardieu, comme des loups.

— Qui peut prévoir une scélératesse semblable à celle de Roguin ? dit Lebas autant effrayé du silence de César que d'une si énorme spéculation entreprise à la parfumerie.

— Il a vu qu'il ne fallait que je donnasse quittance de quatre cent mille francs à monsieur, dit Claparon, et j'étais fumé. J'avais remis cent mille francs à Roguin la veille. Notre confiance mutuelle m'a sauvé. Que les fonds fussent ou fussent chez moi jusqu'au jour des contrats définitifs, la chose nous semblait à tous indifférente.

— Il aurait mieux valu que chacun gardât son argent à la Banque jusqu'au moment de payer, dit Lebas.

— Roguin était la Banque pour moi, dit César. Mais il est dans l'affaire, reprit-il en regardant Claparon.

— Oui, mais à un quart, sur parole, répondit Claparon. Après la sottise de lui laisser emporter mon argent, il y en a une plus pommée, ce serait de lui envoyer mes cent mille francs, et deux cent mille autres pour sa part, alors nous verrons. Mais il se gardera bien de les envoyer pour une affaire qui demande cinq ans de pot-bouille avant de donner un premier potage. Si, comme on le dit, que trois cent mille francs, il lui faut bien quinze mille francs de rente pour vivre convenablement à l'étranger.

— Le bandit !

— Eh ! mon Dieu, une passion a conduit là Roguin, dit Claparon. Quel est le vieillard qui peut répondre de ne pas se laisser dominer, emporter par sa dernière fantaisie ? Personne de nous, qui sommes sages, ne sait comment il finira. Un dernier amour, eh ! c'est le plus violent. Et si *nous* sommes *gobés*, n'est-ce pas notre faute ? Comment ne nous sommes-nous pas défiés d'un notaire qui se mettait dans une spéculation ! Tout notaire, tout agent de change, tout courtier faisant une affaire est suspect. La faillite est pour eux une banqueroute frauduleuse, ils iraient en cour d'assises, ils préfèrent alors aller dans une cour étrangère. Je ne ferai plus pareille école. Eh bien ! nous sommes assez faibles pour ne pas faire condamner par contumace des gens chez qui nous sommes allés dîner, qui nous ont donné de beaux bals, des gens du monde enfin ! Personne ne se plaint, on a tort.

— Grand tort, dit Birotteau : la loi sur les faillites et sur les déconfitures est à refaire.

— Si vous aviez besoin de moi, dit Lebas à Birotteau, je suis tout à vous.

— Monsieur n'a besoin de personne, dit l'infatigable bavard chez qui du Tillet avait lâché les écluses après y avoir mis l'eau, car Claparon répétait une leçon qui lui avait été très-habilement soufflée par du Tillet. Son affaire est claire : la faillite de Roguin donnera cinquante pour cent de dividende, à ce que le petit Crottat m'a dit. Outre ce dividende, M. Birotteau retrouve quarante mille francs que son prêteur n'avait pas ; puis il peut emprunter sur ses propriétés. Or, nous n'avons à payer deux cent mille francs à nos vendeurs que dans quatre mois. D'ici-là, M. Birotteau payera ses effets, car monsieur ne devait pas compter sur ce que Roguin a emporté pour les acquitter. Mais quand même M. Birotteau serait un peu serré... eh bien ! avec quelques circulations, il arrivera.

Le parfumeur avait repris courage en entendant Claparon analyser son affaire, et la résumer en lui traçant pour ainsi dire son plan de conduite. Aussi, sa contenance devint-elle ferme et décidée, et crut-il une grande idée des moyens de cet ancien voyageur. Du Tillet avait jugé à propos de se faire croire victime de Roguin par Claparon. Il avait remis cent mille francs à Claparon pour les donner à Roguin, qui les lui avait rendus. Claparon, inquiet, jouait son rôle au naturel, il disait à quiconque voulait l'entendre que Roguin lui coûtait cent mille francs. Du Tillet n'avait pas jugé Claparon assez fort, il lui croyait encore trop de principes d'honneur et de délicatesse pour lui confier ses plans dans toute leur étendue, et il le savait incapable de les deviner.

— Si notre premier ami n'est pas notre première dupe, nous n'en trouverions pas une seconde, dit-il à Claparon le jour où, recevant des reproches de son proxénète commercial, il le brisa comme un instrument usé.

M. Lebas et Claparon s'en allèrent ensemble.

— Je puis m'en tirer, se dit Birotteau. Mon passif en effets à payer s'élève à deux cent trente-cinq mille francs, à savoir soixante-quinze mille francs pour ma maison, et cent soixante-quinze mille francs pour les terrains. Or, pour suffire à ces payements, j'ai le dividende Roguin, qui sera peut-être de cent mille francs, je puis faire abandonner l'emprunt sur mes terrains, en tout cent quarante. Il s'agit de gagner cent mille francs avec l'huile céphalique, et d'atteindre, avec quelques billets de service, ou par un crédit chez un banquier, le moment où j'aurai réparé la perte, et où les terrains arriveront à leur plus-value.

Une fois que dans le malheur un homme peut se faire un roman d'espérance par une suite de raisonnements plus ou moins justes avec lesquels il bourre son oreiller pour y reposer sa tête, il est souvent sauvé. Beaucoup de gens ont pris la confiance que donne l'illusion pour de l'énergie, et peut-être l'espoir est-il la moitié du courage. Aussi la religion catholique en a-t-elle fait une vertu. L'espérance n'a-t-elle pas soutenu beaucoup de faibles, en leur donnant le temps d'attendre les hasards de la vie ? Résolu d'aller chez l'oncle de sa femme exposer sa situation avant de chercher des secours ailleurs, Birotteau ne descendit pas la rue Saint-Honoré jusqu'à la rue des Bourdonnais sans éprouver des angoisses ignorées et qui l'agitèrent si violemment qu'il crut sa santé dérangée. Il avait le feu dans les entrailles. En effet, les gens qui sentent leur diaphragme souffrant là, de même que les gens qui perçoivent par la tête ressentent des douleurs cérébrales. Dans les grandes crises, le physique est atteint là où le tempérament a mis pour l'individu le siège de la vie : les faibles ont la colique, Napoléon s'endort. Avant de monter à l'assaut d'une confiance en passant par-dessus toutes les barrières de la fierté, les gens d'honneur doivent avoir senti plus d'une fois au cœur l'éperon de la nécessité, cette dure cavalière ! Aussi Birotteau s'était-il laissé éperonner pendant deux jours avant de venir chez son oncle, il ne se décida même que pour des raisons de famille : en tout état de cause, il devait expliquer sa situation au sévère quincailler. Néanmoins, en arrivant à la porte, il ressentit cette intime défaillance que tout enfant a éprouvé en entrant chez un dentiste, mais ce défaut de cœur embrassait la vie dans son entier, au lieu d'embrasser une douleur passagère. Birotteau monta lentement. Il trouva le vieillard lisant le *Constitutionnel* au coin de son feu, devant la petite table ronde où était son frugal déjeuner : un petit pain, du beurre, du fromage de Brie et une tasse de café.

— Voilà le vrai sage, se dit Birotteau en enviant la vie de son oncle.

— Eh bien ! lui dit Pillerault en ôtant ses besicles, j'ai su hier au café David l'affaire de Roguin, l'assassinat de la belle Hollandaise sa

maîtresse ! J'espère que, prévenu par nous, qui voulions être propriétaires réels, tu es allé prendre quittance de Claparon.

— Hélas ! mon oncle, tout est là, vous avez mis le doigt sur la plaie. Non.

— Ah ! bouffre, tu es ruiné, dit Pillerault en laissant tomber son journal, que Birotteau ramassa, quoique ce fût le *Constitutionnel*.

Pillerault fut si violemment frappé par ses réflexions, que sa figure de médaille et de style sévère se bronza comme le métal sous un coup de balancier : il demeura fixe, regarda sans la voir la muraille d'en face au travers de ses vitres, en écoutant le long discours de Birotteau. Évidemment il entendait et jugeait, il pesait le pour et le contre avec l'inflexibilité d'un Minos qui avait passé le Styx du commerce en quittant le quai des Morfondus pour son petit troisième étage.

— Eh bien ! mon oncle ? dit Birotteau, qui attendait une réponse, après avoir conclu par une prière de vendre pour soixante mille francs de rentes.

— Eh bien ! mon pauvre neveu, je ne le puis pas, tu es trop fortement compromis. Ces braves gens ont vendu par mon conseil leurs actions dans les mines de Vortschin : je me crois obligé, en cas de perte, non de leur rendre le capital, mais de les secourir, de secourir ma nièce et Césarine. Il vous faudra peut-être du pain à tous, vous le trouverez chez moi...

— Du pain ! mon oncle ?

— Eh bien ! oui, du pain. Vois donc les choses comme elles sont : tu ne t'en tireras pas. De cinq mille six cents francs de rentes, je pourrai distraire quatre mille francs pour les partager entre vous et les Ragon. Ton malheur arrivé, je connais Constance, elle travaillera comme une perdue, elle se refusera tout, et toi aussi, César !

— Tout n'est pas désespéré, mon oncle.

— Je ne vois pas comme toi.

— Je vous prouverai le contraire.

— Rien ne me fera plus de plaisir.

Birotteau quitta Pillerault sans rien répondre. Il était venu chercher des consolations et du courage, il recevait un second coup moins fort à la vérité que le premier ; mais, au lieu de porter sur la tête, il frappait au cœur : le cœur était toute la vie de ce pauvre homme. Il revint après avoir descendu quelques marches.

— Monsieur, dit-il d'une voix froide, Constance ne sait rien, gardez-moi le secret au moins, et priez les Ragon de ne pas m'ôter chez moi la tranquillité dont j'ai besoin pour lutter contre le malheur.

Pillerault fit un signe de consentement.

— Du courage, César, ajouta-t-il, je te vois fâché contre moi, mais plus tard tu me rendras justice en pensant à ta femme et à ta fille.

Découragé par l'opinion de son oncle, auquel il reconnaissait une lucidité particulière, César tomba de toute la hauteur de son espoir dans les marais fangeux de l'incertitude. Quand, dans ces horribles crises commerciales, un homme n'a pas une âme trempée comme celle de Pillerault, il devient le jouet des événements : il suit les idées d'autrui, les siennes, comme un voyageur court après des feux follets. Il se laisse emporter par le tourbillon au lieu de se coucher sans le regarder quand il passe, ou de s'élever pour en suivre la direction en y échappant. Au milieu de sa douleur, Birotteau se souvint du procès relatif à son emprunt. Il alla rue Vivienne, chez Derville, son avoué, pour commencer au plus tôt la procédure, dans le cas où l'avoué verrait quelque chance de faire annuler le contrat. Le parfumeur trouva Derville enveloppé dans sa robe de chambre en molleton blanc, au coin de son feu, calme et posé, comme tous les avoués rompus aux plus terribles confidences. Birotteau remarqua pour la première fois cette froideur nécessaire, qui glace l'homme passionné, blessé, pris par la fièvre de l'intérêt en danger, et douloureusement atteint dans sa vie, dans son honneur, dans sa femme et ses enfants, comme l'était Birotteau racontant son malheur.

— S'il est prouvé, lui dit Derville après l'avoir écouté, que le prêteur ne possédait plus chez Roguin la somme que Roguin vous faisait lui prêter, comme il n'y a pas eu délivrance d'espèces, il y a lieu à rescision : le prêteur aura son recours sur le cautionnement, comme vous pour vos cent mille francs. Je réponds alors du procès autant qu'on peut en répondre, et il n'y a pas de procès gagné d'avance.

L'avis d'un si fort jurisconsulte rendit un peu de courage au parfumeur, qui pria Derville d'obtenir jugement dans la quinzaine. L'avoué répondit que peut-être il aurait avant trois mois le jugement qui annulerait le contrat.

— Dans trois mois ! dit le parfumeur, qui croyait avoir trouvé des ressources.

— Mais, tout en obtenant une prompte mise au rôle, nous ne pouvons pas mettre votre adversaire à votre pas : il usera des délais de la procédure, les avocats ne sont pas toujours là ; qui sait si votre partie adverse ne se laissera pas condamner par défaut ? On ne marche pas comme on veut, mon cher maître ! dit Derville en souriant.

— Mais au tribunal de commerce ? dit Birotteau.

— Oh ! dit l'avoué, les juges consulaires et les juges de première instance sont deux sortes de juges. Vous autres, vous sabrez les affaires ! Au palais nous avons des formes. La forme est protectrice du droit. Aimeriez-vous un jugement à brûle-pourpoint qui vous ferait perdre vos quarante mille francs? Eh bien ! votre adversaire, qui va voir cette somme compromise, se défendra. Les délais sont les chevaux de frise judiciaires.

— Vous avez raison dit Birotteau, qui salua Derville et sortit la mort dans le cœur.

— Ils ont tous raison. De l'argent ! de l'argent ! criait le parfumeur par les rues en se parlant à lui-même, comme font tous les gens affairés de ce turbulent et bouillonnant Paris, qu'un poete moderne nomme une cuve En le voyant entrer, celui de ses commis qui allait partout présentant les mémoires lui dit que, vu l'approche du jour de l'an, chacun rendait l'acquit de la facture et la gardait.

— Il n'y a donc d'argent nulle part? dit le parfumeur à haute voix dans la boutique.

Il se mordit les lèvres, ses commis avaient tous levé la tête vers lui.

Cinq jours se passèrent ainsi, cinq jours pendant lesquels Braschon, Lourdois, Thorein, Grindot, Chaffaroux, tous les créanciers non réglés, passerent par les phases caméléonesques que subit le créancier avant d'arriver de l'état paisible ou le met la confiance aux couleurs sanguinolentes de la Bellone commerciale. A Paris, la période astringente de la defiance est aussi rapide à venir que le mouvement expansif de la confiance est lent à se décider : une fois tombé dans le systeme restrictif des craintes et des précautions commerciales, le créancier arrive à des lâchetés sinistres qui le mettent au-dessous du débiteur. D'une politesse doucereuse, les créanciers passerent au rouge de l'impatience, aux petillements sombres des importunites, aux éclats du désappointement au froid bleu d'un parti pris, et à la noire insolence de l'assignation préparée. Braschon, ce riche tapissier du faubourg Saint-Antoine qui n'avait pas été invité au bal, sonna la charge en créancier blessé dans son amour-propre : il voulait être payé dans les vingt-quatre heures; il exigeait des garanties, non des dépots de meubles, mais une hypotheque inscrite sur les quarante mille francs sur les terrains du faubourg. Malgré la violence de leurs réclamations, ils laisserent encore quelques intervalles de repos pendant lesquels Birotteau respirait. Au lieu de vaincre ces premiers tiraillements d'une position difficile par une resolution forte, César usa son intelligence à empêcher que sa femme, la seule personne qui pût le conseiller, ne les connût. Il faisait sentinelle sur le seuil de sa porte, autour de sa boutique. Il avait mis Célestin dans le secret de la gene momentanée, et Célestin examinait son patron d'un regard aussi curieux qu'étonné : à ses yeux, César s'amoindrissait, comme s'amoindissent dans les désastres les hommes habitués au succes et dont toute la force consiste dans l'acquis que donne la routine aux moyens intelligentes. Sans avoir l'énergique capacité nécessaire pour se defendre sur tant de points menacés à la fois, César eut cependant le courage d'envisager sa position. Pour la fin du mois de décembre et le quinze janvier, il lui fallait, tant pour sa maison que pour ses échéances, ses loyers et ses obligations au comptant, une somme de soixante mille francs; dont trente mille pour le trente décembre; toutes ses ressources en donnaient à peine vingt mille; il lui manquait donc dix mille francs. Pour lui, rien ne parut désespéré, car il ne voyait déjà plus que le moment présent, comme les aventuriers qui vivent au jour le jour. Avant que le bruit de sa gene ne devint public, il résolut donc de tenter ce qui lui paraissait un grand coup, en s'adressant au fameux François Keller, banquier, orateur et philanthrope, celebre par sa bienfaisance et par son desir d'être utile au commerce parisien, en vue d'être toujours à la Chambre un des deputés de Paris. Le banquier était libéral, Birotteau était royaliste; mais le parfumeur le jugea d'après son cœur, et trouva dans la difference des opinions un motif de plus pour obtenir un compte. Au cas ou des valeurs seraient nécessaires, il ne doutait pas du dévouement de Popinot, auquel il comptait demander une trentaine de mille francs d'effets, qui aideraient à prendre fin de son époque, offert en garantie aux créanciers les plus altérés. Le parfumeur expansif, qui disait sur l'oreiller à sa chere Constance les moindres emotions de son existence, qui y puisait du courage, qui y cherchait les lumieres de la contradiction, ne pouvait s'entretenir de sa situation ni avec son premier commis, ni avec son oncle, ni avec sa femme. Ces idees lui pesalent doublement. Mais il aimait mieux souffrir que de jeter ce brasier dans l'âme de sa femme. Le généreux homme voulait lui raconter le danger quand il serait passé. Peut-être reculait-il devant cette horrible confidence. La peur que lui inspirait sa femme lui donnait du courage. Il allait tous les matins entendre une messe basse à Saint-Roch, et il prenait Dieu pour confident.

— Si, en rentrant de Saint-Roch chez moi, je ne trouve pas de soldat, ma demande réussira. Ce sera la reponse de Dieu, se disait-il après avoir prié Dieu de le secourir.

Et il était heureux de ne pas rencontrer de soldat Cependant il avait le cœur trop oppressé, il lui fallut un autre cœur il où pût gémir. Césarine, à laquelle il s'était déjà confié lors de la fatale nouvelle, eut tout son secret. Il y eut entre eux des regards jetes à la derobée, des regards pleins de desespoir et d'espoir etouffes, des invocations lancées avec une mutuelle ardeur, des demandes et des réponses sympathiques, des lueurs d'âme à âme Birotteau se faisait gai jovial pour sa femme.

Constance faisait-elle une question, bah ! tout allait bien. Popinot, auquel César ne pensait pas, r. réussissait ! l'huile s'enlevait ! les effets Claparon seraient payés, il n'y avait rien à craindre. Cette fausse joie était effrayante. Quand sa femme était endormie dans ce lit somptueux, Birotteau se dressait sur son séant, il tombait dans la contemplation de son malheur. Césarine arrivait parfois alors en chemise, un chale sur ses blanches épaules, pieds nus.

— Papa, je t'entends, tu pleures, disait-elle en pleurant elle-même.

Birotteau fut dans un tel état de torpeur apres avoir écrit la lettre par laquelle il demandait un rendez-vous au grand François Keller, que sa fille l'emmena dans Paris. Il aperçut seulement alors dans les rues d'énormes affiches rouges, et ses regards furent frappés par ces mots : HUILE CÉPHALIQUE.

Pendant les catastrophes occidentales de la Reine des Roses, la maison A. Popinot se levait radieuse dans les flammes orientales du succès. Conseillé par Gaudissart et par Finot, Anselme avait lancé son huile avec audace. Deux mille affiches avaient été mises depuis trois jours aux endroits les plus apparents de Paris. Personne ne pouvait éviter de se trouver face à face avec l'huile céphalique et de lire une phrase concise, inventée par Finot, sur l'impossibilité de faire pousser les cheveux et sur le danger de les teindre, accompagnée de la citation du Mémoire lu à l'Académie des sciences par Vauquelin; un vrai certificat de vie pour les cheveux morts promis à ceux qui useraient de l'Huile céphalique. Tous les coiffeurs de Paris, les perruquiers, les parfumeurs, avaient décoré leurs portes de cadres dorés, contenant un bel imprimé sur papier vélin, en tête duquel brillait la gravure d'Héro et de Léandre réduite, avec cette assertion en épigraphe : Les anciens peuples de l'antiquité conservaient leurs chevelures par l'emploi de l'Huile céphalique.

— Il a inventé les cadres permanents, l'annonce éternelle ! se dit Birotteau, qui demeura stupéfait en regardant la devanture de la Cloche-d'Argent.

— Tu n'as donc pas vu chez toi, lui dit sa fille, un cadre que M. Anselme est venu lui-même apporter, en deposant à Célestin trois cents bouteilles d'huile?

— Non ! dit-il.

— Célestin en a déjà vendu cinquante à des passants, et soixante à des pratiques !

— Ah ! dit César.

Le parfumeur, étourdi par les mille cloches que la misere tinte aux oreilles de ses victimes, vivait dans un mouvement vertigineux ; la veille, Popinot l'avait attendu pendant une heure, et s'en était allé apres avoir causé avec Constance et Césarine, qui lui dirent que César était absorbé par sa grande affaire.

— Ah ! oui, l'affaire des terrains.

Heureusement Popinot qui, depuis un mois, n'était pas sorti de la rue des Cinq-Diamants, passant les nuits et travaillant les dimanches à la fabrique, n'avait vu ni les Ragon, ni Pillerault, ni son oncle le juge. Il ne dormait que deux heures ; le pauvre enfant ! il n'avait que deux commis; et, au train dont allaient les choses, il lui en faudrait bientôt quatre. En commerce, l'occasion c'est tout. Qui n'enfourche pas le succes en se tenant aux crins manque sa fortune. Popinot se disait qu'il serait bien reçu quand, apres six mois, il dirait à sa tante et à son oncle : « Je suis sauvé, ma fortune est faite ! » bien reçu de Birotteau quand il lui apporterait trente ou quarante mille francs pour sa part, apres six mois. Il ignorait donc la huile de Rogun, les desastres et la gene de César, il ne put dire aucune parole indiscrete à madame Birotteau. Popinot promit à Finot cinq cents francs par grand journal, et il y en avait dix ! trois cents francs par journal secondaire, et il y en avait dix autres ! s'il y était parlé, trois fois par mois, de l'huile céphalique Finot vit trois mille francs pour lui dans ces trois mille francs, son premier enjeu à jeter sur le grand et immense tapis vert de la spéculation ! Il s'était donc élancé comme un lion sur ses amis, sur ses connaissances ; il habitait alors les bureaux de rédaction, il se glissait au chevet du lit de tous les redacteurs, le matin, et il arpentait les foyers de tous les théatres. — Pense à mon huile, cher ami, je n'y suis pour rien, affaire de camaraderie, tu sais! Gaudissant, un bon vivant. Telle était la premiere et la derniere phrase de tous ses discours. Il assaillit le bas de toutes colonnes financieres aux journaux, où il fit des articles en en laissant l'argent aux redacteurs. Rusé comme un figurant qui veut passer acteur, alerte comme un saute-ruisseau qui gagne soixante francs par mois, il écrivit des lettres captieuses, flatta tous les amour-propres, il rendit d'immondes services aux redacteurs en chef, afin d'obtenir ses articles. Argent, diners, platitudes, tout servit son activité passionnée. Il corrompit avec des billets de spectacle les ouvriers qui, vers minuit, mettent les colonnes de plomb en prenant quelques articles dans les petits faits, toujours prêts, les en cas du journal. Finot se trouvait alors à l'imprimerie, occupé comme il l'était à un article à lui dicter. Ami de tout le monde, il fit triompher l'Huile céphalique à la Pâte de Regnauld, de la Mixture brésilienne, de toutes les inventions qui, les premieres, eurent le génie de comprendre l'influence du journalisme et l'effet de piston produit sur le public par un article mille fois réitéré. Dans ce temps d'innocence, beaucoup de journalistes étaient comme les bœufs, ils ignoraient leurs forces, ils s'occupaient d'actrices, de Florine, de Tullie; de danseuses, des Mariette, etc. Ils régentaient tout, et ne ramassaient rien. Les prétentions d'Andoche ne concernaient ni une actrice à faire applaudir, ni une pièce à faire jouer, ni ses vaudevilles a faire recevoir, ni des articles à faire payer; au contraire, il offrait de l'argent en temps utile, un déjeuner à propos; il n'y eut donc pas un journal qui ne parlât de l'Huile céphalique, de sa concordance avec les analyses de Vauquelin, qui ne se moquât de ceux qui croient que l'on peut faire pousser les cheveux, qui ne proclamât le danger de les teindre. Ces articles réjouissaient l'âme de Gaudissart, qui s'armait de journaux pour détruire les préjugés, et faisait sur la province ce que depuis les spéculateurs ont nommé, d'après lui, *la charge à fond de train.* Dans ce temps-là, les journaux de Paris dominaient les départements *encore sans organes*, les malheureux! Les journaux y étaient donc sérieusement étudiés, depuis le titre jusqu'au nom de l'imprimeur, ligue où pouvaient se cacher les ironies de l'opinion persécutée. Gaudissart, appuyé sur la presse, eut d'éclatants succès des les premières villes où donna sa langue. Tous les boutiquiers de province voulaient des cadres et des imprimés à gravure d'Hero et Léandre. Finot dirigea contre l'Huile de Macassar cette charmante plaisanterie qui faisait tant rire aux Funambules, quand Pierrot prend un vieux balai de crin dont on ne voit que les trous, y met de l'huile de Macassar, et rend ainsi le balai forestierement touffu. Cette scène ironique excitait un rire universel. Plus tard, Finot racontait gaiement que, sans ces mille écus, il serait mort de misère et de douleur. Pour lui, mille écus étaient une fortune. Dans cette campagne, il devina, lui, le premier, le pouvoir de l'annonce, dont il fit un si grand et si savant usage. Trois mois après, il fut rédacteur en chef d'un petit journal, qu'il finit par acheter et qui fut la base de sa fortune. De même que la charge à fond de train faite par l'illustre Gaudissart, le Murat des voyageurs, sur les départements et les frontières, fit triompher commercialement la maison A. Popinot, de même elle triompha dans l'opinion, grâce au fanélique assaut livré aux journaux et qui produisit cette vive publicité également obtenue par la Mixture brésilienne et la Pâte de Regnauld. A son début, cette prise d'assaut de l'opinion publique engendra trois succès, trois fortunes, et valut l'invasion des mille ambitions descendues depuis en bataillons épais dans l'arène des journaux, où elles créèrent les annonces payées, immense révolution! En ce moment, la maison *A. Popinot et compagnie* se pavanait sur les murs et dans toutes les devantures. Incapable de mesurer la portée d'une pareille publicité, Birotteau se contenta de dire à Césarine : « Ce petit Popinot marche sur mes traces! » sans comprendre la différence des temps, sans apprécier la puissance des nouveaux moyens d'exécution dont la rapidité, l'étendue, embrassaient beaucoup plus promptement qu'autrefois le monde commercial. Birotteau n'avait pas mis le pied à sa fabrique depuis son bal : il ignorait le mouvement et l'activité que Popinot y déployait. Anselme avait pris tous les ouvriers de Birotteau, et y couchait; il

Une femme, la femme de François Keller, ouvrit une porte. — PAGE 42

voyait Césarine assise sur toutes les caisses, couchée dans toutes les expéditions, imprimée sur toutes les factures; il se disait : Elle sera ma femme! quand, la chemise retroussée jusqu'aux coudes, habit bas, il enfonçait rageusement les clous d'une caisse, à défaut de ses commis en course.

Le lendemain, après avoir étudié pendant toute la nuit tout ce qu'il devait dire et ne pas dire à l'un des grands hommes de la haute banque. César arriva rue du Houssaye, et n'aborda pas, sans d'horribles palpitations, l'hôtel du banquier libéral qui appartenait à cette opinion accusée, à si juste titre de vouloir le renversement des Bourbons. Le parfumeur, comme tous les gens du petit commerce parisien, ignorait les mœurs et les hommes de la haute banque. A Paris, la haute banque et le commerce, il est des maisons secondaires, intermédiaire utile à la Banque, elle y trouve une garantie de plus Constance et Birotteau, qui ne s'étaient jamais avancés au delà de leurs moyens, dont la caisse n'avait jamais été à sec et qui gardaient leurs effets en portefeuille, n'avaient jamais en recours à ces maisons de second ordre; ils étaie t, à plus forte raison, inconnus dans les hautes régions de la Banque. Peut-être est-ce une faute de ne pas se fonder un crédit même inutile; les avis sont partagés sur ce point. Quoi qu'il en soit, Birotteau regrettait beaucoup de ne pas avoir émis sa signature. Mais, connu comme adjoint et comme homme politique, il crut n'avoir qu'à se nommer et entrer; il ignorait l'affluence quasi-royale qui distinguait l'audience de ce banquier. Introduit dans le salon qui précédait le cabinet de l'homme célèbre a tant de titres, Birotteau s'y vit au milieu d'une société nombreuse composée de députés, écrivains, journalistes, agents de change, hauts commerçants, gens d'affaires, ingénieurs, surtout de familiers qui traversaient les groupes et frappaient d'une façon particulière à la porte du cabinet, où ils entraient par privilège. — Que suis-je au milieu de cette machine? se dit Birotteau, tout étourdi par le mouvement de cette force intellectuelle qui se maintentionnait le pain quotidien de l'opposition, où se répétaient les rôles de la grande tragi-comédie jouée par la gauche. Il entendait discuter à sa droite la question de l'emprunt pour l'achèvement des principales lignes de canaux proposé par la direction des ponts et chaussées, et il s'agissait de millions! A sa gauche, des journalistes à la curée de l'amour-propre du banquier s'entretenaient de la séance d'hier et de l'improvisation du patron. Durant deux heures d'attente, Birotteau aperçut trois fois le banquier politique, reconduisant à trois pas au delà de son cabinet des hommes considérables. François Keller alla jusqu'à l'antichambre pour le dernier, le général Foy. — Je suis perdu! se dit Birotteau, dont le cœur se serra.

Quand le banquier revenait à son cabinet, la troupe des courtisans, des amis, des intéressés, l'assaillait comme des chiens qui poursuivent une jolie chienne. Quelques hardis roquets se glissaient malgré lui dans le sanctuaire. Les conférences duraient cinq minutes, dix minutes, un quart d'heure. Les uns s'en allaient contrits, les autres affichaient un air satisfait ou prenaient des airs importants. Le temps s'écoulait, Birotteau regardait avec anxiété la pendule. Personne ne faisait la moindre attention à cette douleur cachée qui gémissait sur un fauteuil doré au coin de la cheminée, à la porte de ce cabinet où résidait la panacée universelle, le crédit! César pensait douloureusement qu'il avait été un moment chez lui roi, comme cet homme était roi tous les matins, et il mesurait la profondeur de l'abîme où il était tombé. Amère pensée! Combien de larmes rentrées durant cette heure passée là! Combien de fois Birotteau supplia Dieu de lui rendre cet homme favorable: car il lui trouvait, sous une grosse enveloppe de bonhomie populaire, une insolence, une tyrannie colérique, une brutale envie de dominer qui épouvantait son âme douce. Enfin, quand il n'y eut plus que dix ou douze personnes, Birotteau se résolut, quand la porte extérieure du cabinet grognerait, de se dresser, de se mettre au niveau du grand orateur en lui disant: — Je suis Birotteau! Le grenadier qui s'élança le premier dans la redoute de la Moskowa ne déploya pas plus de courage que le parfumeur n'en rassembla pour se livrer à cette manœuvre.

— Après tout, je suis son adjoint, se dit-il en se levant pour décliner son nom.

La physionomie de François Keller devint accorte, il voulut évidemment être aimable, il regarda le ruban rouge du parfumeur, se recula, ouvrit la porte de son cabinet, lui montra le chemin, et resta pendant quelque temps à causer avec deux personnes qui s'élancèrent de l'escalier avec la violence d'une trombe.

— Decazes veut vous parler, dit l'une des deux.

— Il s'agit de tuer le pavillon Marsan: le roi voit clair, il vient à nous, s'écria l'autre.

— Nous irons ensemble à la Chambre, dit le banquier en rentrant dans l'attitude de la grenouille qui veut imiter le bœuf.

— Comment peut-il penser aux affaires de banque? se demanda Birotteau tout bouleversé. Le soleil de la supériorité scintillait, éblouissait le parfumeur comme la lumière aveugle les insectes qui veulent un jour doux ou les demi-ténèbres d'une belle nuit. Sur une immense table il apercevait le budget, les mille imprimés de la chambre, les volumes du *Moniteur* ouverts, consultés et marqués pour jeter à la tête d'un ministre ses

Adolphe Keller jeta sur Birotteau par-dessus ses lunettes le regard... — PAGE 42

précédentes paroles oubliées et lui faire chanter la palinodie aux applaudissements d'une foule niaise, incapable de comprendre que les événements modifient tout. Sur une autre table, des cartons entassés, les mémoires, les projets, les mille renseignements confiés à un homme dans la caisse duquel toutes les industries naissantes essayaient de puiser. Le luxe royal de ce cabinet plein de tableaux, de statues, d'œuvres d'art; l'encombrement de la cheminée, l'entassement des intérêts nationaux ou étrangers annoncés comme des ballots, tout frappait Birotteau, l'amoindrissait, augmentait sa terreur et lui glaçait le sang. Sur le bureau de François Keller gisaient des liasses d'effets, de lettres de change, de circulaires commerciales. Keller s'assit et se mit à signer rapidement les lettres qui n'exigeaient aucun examen.

— Monsieur, à quoi dois-je l'honneur de votre visite? lui dit-il.

A ces mots, prononcés pour lui seul par cette voix qui parlait à l'Eu-

rope, pendant que cette main avide allait sur le papier, le pauvre parfumeur eut comme un fer chaud dans le ventre. Il prit un air agréable que le banquier voyait prendre depuis dix ans à ceux qui avaient à l'entortiller d'une affaire importante pour eux seuls, et qui déjà lui donnait barre sur eux. François Keller jeta donc à César un regard qui lui traversa la tête, un regard napoléonien. L'imitation du regard de Napoléon était un léger ridicule que se permettaient alors quelques parvenus qui n'ont même pas été le billon de leur empereur. Ce regard tomba sur Birotteau, homme de la droite, séide du pouvoir, élément d'élection monarchique, comme un plomb de douanier qui marque une marchandise.

— Monsieur, je ne veux pas abuser de vos moments, je serai court. Je viens pour une affaire purement commerciale, vous demander si je puis obtenir un crédit chez vous. Ancien juge au tribunal de commerce et connu à la Banque, vous comprenez que, si j'avais un portefeuille plein, je n'aurais qu'à m'adresser là où vous êtes régent. J'ai eu l'honneur de siéger au tribunal avec M. le baron Thibon, chef du comité d'escompte, et il ne me refuserait certes pas. Mais je n'ai jamais usé de mon crédit ni de ma signature; ma signature est vierge, et vous savez combien alors une négociation présente de difficultés...

Keller agita la tête, et Birotteau prit ce mouvement pour un mouvement d'impatience.

— Monsieur, voici le fait, reprit-il. Je me suis engagé dans une affaire territoriale, en dehors de mon commerce...

François Keller, qui signait toujours et lisait, sans avoir l'air d'écouter César, tourna la tête et lui fit un signe d'adhésion qui l'encouragea. Birotteau crut son affaire en bon chemin, et respira.

— Allez, je vous entends, lui dit Keller avec bonhomie.

— Je suis acquéreur pour moitié des terrains situés autour de la Madeleine.

— Oui, j'ai entendu parler chez Nucingen de cette immense affaire engagée par la maison Claparon.

— Eh bien! reprit le parfumeur, un crédit de cent mille francs, garanti par ma moitié dans cette affaire, ou par mes propriétés bâties, suffirait à me conduire au moment où je réaliserai des bénéfices que doit donner probablement une conception de pure parfumerie. S'il était nécessaire, je vous couvrirais par des effets d'une nouvelle maison, la maison Popinot, une jeune maison qui...

Keller parut se soucier fort peu de la maison Popinot, et Birotteau comprit qu'il s'engageait dans une mauvaise voie: il s'arrêta, puis, effrayé du silence, il reprit: — Quant aux intérêts, nous...

— Oui, oui, dit le banquier, la chose peut s'arranger, ne doutez pas de mon désir de vous être agréable. Occupé comme je le suis, j'ai les finances européennes sur les bras, et la Chambre prend une de mes moments, vous ne serez pas étonné d'apprendre que je laisse étudier une foule d'affaires à mes bureaux. Allez voir, en bas, mon frère Adolphe, expliquez-lui la nature de vos garanties; s'il approuve l'opération, vous reviendrez avec lui demain ou après-demain à l'heure où j'examine à fond les affaires, à cinq heures du matin. Nous serons heureux et fiers d'avoir obtenu votre confiance, vous êtes un de ces royalistes conséquents dont on peut être l'ennemi politique, mais dont l'estime est flatteuse...

— Monsieur, dit le parfumeur exalté par cette phrase de tribune, je suis aussi digne de l'honneur que vous me faites que de l'insigne et royale faveur... Je l'ai méritée en siégeant au tribunal consulaire et en combattant...

— Oui, reprit le banquier, la réputation dont vous jouissez est un passe-port, monsieur Birotteau. Vous ne devez proposer que des affaires faisables, vous pouvez compter sur notre concours.

Une femme, la femme de Keller, une demoiselle de Gondreville, ouvrit une porte que Birotteau n'avait pas vue.

— Mon ami, j'espère te voir avant la Chambre, dit-elle.

— Il est deux heures, s'écria le banquier, la bataille est entamée. Excusez-moi, monsieur, il s'agit de culbuter un ministère... Voyez mon frère. — Il reconduisit le parfumeur jusqu'à la porte du salon et dit à l'un de ses gens : — Menez monsieur chez M. Adolphe.

A travers le labyrinthe d'escaliers où le guidait un homme en livrée vers un cabinet moins somptueux que celui du chef de la maison, mais plus utile, le parfumeur, à cheval sur un si, la plus douce monture de l'espérance, se caressait le menton en trouvant de très-bon augure les flatteries que Birotteau n'avait pas vue. Il regrettait qu'un ennemi des Bourbons fût si gracieux, si capable, si grand orateur. Plein de ces illusions, il entra dans un cabinet nu, froid, meublé de deux secrétaires à cylindre, de mesquins fauteuils, orné de rideaux très-négligés et d'un maigre tapis. Ce cabinet était à l'autre ce qu'est une cuisine à la salle à manger, la fabrique à la boutique. Là s'éventraient les affaires de banque et de commerce, s'analysaient les entreprises et s'arrachaient les prélèvements de la banque sur tous les bénéfices des industries jugées profitables. Là se combinaient ces coups audacieux par lesquels les Keller se signalèrent dans le haut commerce, et par lesquels ils se créaient pendant quelques jours un monopole rapidement exploité. Là s'étudiaient les défauts de la législation, et se stipulaient sans honte ce que la Bourse nomme *les parts à goinfre*, commissions exigées pour les moindres services, comme d'appuyer une entreprise de leur nom et de la créditer. Là s'ourdissaient ces tromperies fleuretées de l'égalité qui consistent à commanditer sans engagement des entreprises douteuses, afin d'en attendre le succès et de les tuer pour s'emparer en redemandant les capitaux dans un moment critique : horrible manœuvre dont tant d'actionnaires ont été victimes. Les deux frères s'étaient distribué leurs rôles. En haut, François, homme brillant et politique, se conduisait en roi, distribuait les grâces et les promesses, se rendait agréable à tous. Avec lui tout était facile ; il engageait noblement les affaires, il grisait les nouveaux débarqués et les spéculateurs de fraîche date avec le vin de sa faveur et sa capiteuse parole, en leur développant leurs propres idées. En bas, Adolphe excusait son frère sur ses préoccupations politiques, et il passait habilement le râteau sur le tapis ; il était le frère compromis, l'homme difficile. Il fallait donc avoir deux paroles pour conclure avec cette maison perfide. Souvent le gracieux oui du cabinet somptueux devenait un non sec dans le cabinet d'Adolphe. Cette suspensive manœuvre permettait la réflexion, et servait souvent à amuser d'inhabiles concurrents. Là s'ourdissait chez lui, très-raide, et sa gaieté fut de bon aloi. Le frère du banquier causait alors avec le fameux Palma, le conseiller intime de la maison Keller, qui se retira à l'apparition du parfumeur. Quand Birotteau se fut expliqué, Adolphe le plus fin des deux frères, un visa loup-cervier, à l'œil aigu, aux lèvres minces, au teint aigre, jeta sur Birotteau, par-dessus ses lunettes et en baissant la tête, un regard qu'il faut appeler le regard du banquier, et qui tient de celui des vautours et des avoués : il est avide et indifférent, clair et obscur, éclatant et sombre.

— Veuillez m'envoyer les actes sur lesquels repose l'affaire de la Madeleine, dit-il. Là gît la garantie du compte, il faut les examiner avant de vous l'ouvrir et de discuter les intérêts. Si l'affaire est bonne, nous pourrons, pour ne pas vous grever, nous contenter d'une part dans les bénéfices de l'escompte.

— Allons, se dit Birotteau en revenant chez lui, je vois ce dont il s'agit. Comme le castor poursuivi, je dois me débarrasser d'une partie de ma peau. Il vaut mieux se laisser tondre que de mourir.

Il remonta ce jour-là chez lui, très-riant, et sa gaieté fut de bon aloi.

— Je suis sauvé, dit-il à Césarine, j'aurai un crédit chez les Keller.

Le vingt-neuf décembre seulement, Birotteau put trouver dans le cabinet d'Adolphe Keller. La première fois que le parfumeur revint, Adolphe était allé visiter une terre à six lieues de Paris que le grand orateur voulait acheter. La seconde fois, les deux Keller étaient en affaire pour la matinée : il s'agissait de soumissionner un emprunt proposé aux Chambres, ils priaient M Birotteau de revenir le vendredi suivant. Ces délais tuaient le parfumeur. Mais enfin ce vendredi se leva. Birotteau se trouva dans le cabinet, assis au coin de la cheminée, au jour de la fenêtre, avec Adolphe Keller à l'autre coin.

— C'est bien, monsieur, lui dit le banquier en lui montrant les actes, mais qu'avez-vous payé sur les prix des terrains ?

— Cent quarante mille francs.

— Argent ?

— Effets.

— Sont-ils payés ?

— Ils sont à échoir.

— Mais si vous avez surpayé les terrains, eu égard à leur valeur actuelle, où serait notre garantie ? elle ne reposerait que sur la bonne opinion que vous inspirez et sur la considération dont vous jouissez. Les affaires ne reposent pas sur les sentiments. Si vous aviez payé deux cent mille francs, en supposant qu'il y ait cent mille francs de donnés en trop pour s'emparer des terrains, nous aurions bien alors une garantie de cent mille francs pour répondre de cent mille francs escomptés. Le résultat pour nous serait d'être propriétaires de votre part en payant à votre place, il faut alors savoir si l'affaire est bonne. Attendre cinq ans pour doubler ses fonds, il vaut mieux les faire valoir en banque. Il y a tant d'événements ! Vous voulez faire une circulation pour payer des billets à échoir, manœuvre dangereuse ! on recule pour mieux sauter. L'affaire ne nous va pas.

Cette phrase frappa Birotteau comme si le bourreau lui avait mis sur l'épaule son fer à marquer, il perdit la tête.

— Voyons, dit Adolphe, mon frère vous porte un vif intérêt, il m'a parlé de vous. Examinons vos affaires, dit-il en jetant au parfumeur un regard de courtisane pressée de payer son terme.

Birotteau devint Molineux, dont il s'était moqué si supérieurement. Amusé par le banquier, qui se complut à dévider la bobine des pensées de ce pauvre homme, et qui s'entendait à interroger un négociant comme le juge Popinot à faire causer un criminel, César raconta ses entreprises : il mit en scène la Double Pâte des Sultans, l'Eau carminative, l'affaire Roguin, son procès à propos de son emprunt hypothécaire dont il n'avait rien reçu. En voyant l'air souriant et réfléchi de Keller, à ses hochements de tête, Birotteau se disait : « Il m'écoute ! je l'intéresse ! j'aurai mon crédit ! » Adolphe Keller riait de Birotteau comme le parfumeur avait ri de Molineux. Entraîné par la loquacité particulière aux gens qui se laissent griser par le malheur, César montra le vrai Birotteau : il donna sa mesure en proposant comme garantie l'Huile céphalique et la maison Popinot, son dernier enjeu. Le bonhomme, promené par un faux espoir, se laissa sonder, examiner par Adolphe Keller, qui reconnut dans le parfumeur une ganache royaliste près de faire faillite. Enchanté de voir faillir un adjoint au maire de leur arrondissement ; un homme décoré de la veille, un homme du pouvoir, Adolphe dit alors nettement à Birotteau qu'il ne pouvait ni lui ouvrir un compte ni rien dire en sa faveur à son frère François, le grand orateur. Si François se laissait aller à d'imbéciles générosités en secourant les gens d'une opinion contraire à la sienne et ses ennemis politiques, lui Adolphe, s'opposerait de tout son pouvoir à ce qu'il fît un métier de dupe, et l'empêcherait de tendre la main à un vieil adversaire de Napoléon, un blessé de Saint-Roch. Birotteau exaspéré voulut dire quelque chose de l'avidité de la haute banque, de sa dureté, de sa fausse philanthropie ; mais il fut pris d'une si violente douleur, qu'il put à peine balbutier quelques phrases sur l'institution de la Banque de France et les Keller puissants.

— Mais, dit Adolphe Keller, la Banque ne fera jamais un escompte qu'un simple banquier refuse.

— La Banque, dit Birotteau, m'a toujours paru manquer à sa destination quand elle s'applaudit, en présentant le compte de ses bénéfices, de n'avoir perdu que cent ou deux cent mille francs avec le commerce parisien, elle en est la tutrice.

Adolphe se prit à sourire en se levant par un geste d'homme ennuyé.

— Si la Banque se mêlait de commanditer les gens embarrassés sur la place la plus friponne et la plus glissante du monde financier, elle déposerait son bilan au bout d'un an. Elle a déjà beaucoup de peine à se défendre contre les circulations et les fausses valeurs, que serait-ce s'il fallait étudier les affaires de ceux qui voudraient se faire aider par elle !

— Où trouver dix mille francs qui me manquent pour demain, samedi TRENTE ! se disait Birotteau en traversant la cour.

Suivant la coutume, on paye le *trente* quand le trente et un est un jour férié.

En atteignant la porte cochère, les yeux baignés de larmes, il vit à peine un beau cheval anglais en sueur qui arrêta net à la porte un des plus jolis cabriolets qui roulassent en ce moment sur le pavé de Paris. Il aurait bien voulu être écrasé par ce cabriolet, il serait mort par accident, et le désordre de ses affaires eût été mis sur le compte de cet événement. Il ne reconnut pas du Tillet qui, svelte et dans une élégante mise du matin, jeta les guides à son domestique et une couverture sur le dos en sueur de son cheval pur sang.

— Et par quel hasard ici ? dit du Tillet à son ancien patron.

Du Tillet le savait bien, les Keller avaient demandé des renseignements à Claparon qui, s'en référant à du Tillet, avait démoli la vieille réputation du parfumeur. Quoique subitement rentrées les larmes du pauvre négociant parlaient énergiquement.

— Seriez-vous venu demander quelques services à ces arabes, dit du Tillet, ces égorgeurs du commerce, qui ont fait des tours infâmes, haussé les indigos après les avoir accaparés, baissé le riz pour forcer les détenteurs à vendre le leur à bas prix afin de tout avoir et tenir le marché, qui n'ont ni foi, ni loi, ni âme? Vous ne savez donc pas ce dont ils sont capables? Le Havre, Bordeaux et Marseille vous en diront de belles sur leur compte. La politique leur sert à couvrir bien des choses, allez! Aussi les exploité-je sans scrupule! Promenons-nous, mon cher Birotteau! Joseph! promenez mon cheval, il a trop chaud. Diable! c'est un capital que mille écus. Et il se dirigea vers le boulevard. — Voyons, mon cher patron, car vous avez été mon patron, avez-vous besoin d'argent? Ils vous ont demandé des garanties, les misérables. Moi je vous connais, je vous offre de l'argent sur vos simples effets. J'ai fait honorablement ma fortune avec des peines inouïes, je suis allé la chercher en Allemagne, allez! Je puis vous le dire aujourd'hui : j'ai acheté les créances sur le roi à soixante pour cent de remise, alors votre caution m'a été bien utile, et j'ai de la reconnaissance, moi! Si vous avez besoin de dix mille francs, ils sont à vous.

— Quoi, du Tillet, s'écria César, est-ce vrai, ne vous jouez-vous pas de moi? Oui, je suis un peu gêné, mais ce n'est rien.

— Je le sais, l'affaire de Roguin, répondit du Tillet. Eh! j'y suis de dix mille francs qu'il m'a empruntés pour s'en aller; mais madame Roguin me les rendra sur ses reprises. Je lui ai conseillé de ne pas faire la sottise de donner sa fortune pour payer des dettes faites pour une fille. Ce serait bon si elle acquittait tout, mais comment favoriser certains créanciers au détriment des autres? Vous n'êtes pas un Roguin, je vous connais, dit du Tillet, vous vous brûleriez la cervelle plutôt que de me faire perdre un sou. Venez, nous voilà rue du Mont-Blanc, montez chez moi.

Le parvenu prit plaisir à faire passer son ancien patron par ses appartements au lieu de le mener dans ses bureaux, et il le conduisit lentement afin de lui faire voir une belle et somptueuse salle à manger, garnie de tableaux achetés en Allemagne, deux salons d'une élégance et d'un luxe que du Tillet n'avait encore admirés que chez le duc de Lenoncourt. Ses yeux furent éblouis par des dorures, des œuvres d'art, des bagatelles folles, des vases précieux, par mille détails qui faisaient pâlir le luxe de l'appartement de Birotteau; et, sachant le prix de sa folie, il se disait : Il a donc des millions!

Il entra dans une chambre à coucher, auprès de laquelle celle de madame Birotteau lui parut être du troisième étage d'une comparse est à l'hôtel d'un premier sujet de l'Opéra. Le plafond était en satin violet rehaussé par des plis de satin blanc. Une descente de lit en hermine se dessinait sur les couleurs violacées d'un tapis du Levant. Les meubles, les accessoires, offraient des formes recherchées et d'une recherche extravagante. Le parfumeur s'arrêta devant une ravissante pendule de l'Amour et Psyché, qui venait d'être faite pour un banquier célèbre, et dont du Tillet avait obtenu le seul exemplaire qui existât avec celui de son confrère. Enfin ils arrivèrent à un cabinet de petit-maître élégant, coquet, sentant plus l'amour que la finance. Madame Roguin avait sans doute offert, pour reconnaître les soins donnés à sa fortune, un coupon en or sculpté, des serre-papiers en malachite garnis de ciselures, tous les coûteux colifichets d'un luxe effréné. Le tapis était un tapis belge d'une étonnante richesse. Du Tillet fit asseoir au coin de sa cheminée le pauvre parfumeur ébloui, surpris, confondu.

— Voulez-vous déjeuner avec moi?

Il sonna. Vint un valet de chambre mieux mis que Birotteau.

— Dites à M. Legras de monter, puis allez dire à Joseph de rentrer ici, vous le trouverez à la porte de la maison Keller, vous entrerez dire chez Adolphe Keller qu'au lieu de le voir je l'attendrai jusqu'à l'heure de la Bourse. Faites-moi servir et tôt!

Ces phrases stupéfièrent le parfumeur.

— Il fait venir ce redoutable Adolphe Keller, il le siffle comme un chien! lui, du Tillet?

Un tigre, gros comme le poing, vint déplier une table que Birotteau n'avait pas cru tant elle était mince, et y apporta un pâté de foie gras, une bouteille de vin de Bordeaux, toutes les choses recherchées qui n'apparaissaient chez Birotteau que deux fois par trimestre, aux grands jours. Du Tillet jouissait. Sa haine contre le seul homme qui eût le droit de le mépriser s'épanouissait si chaudement, que Birotteau lui fit éprouver la sensation profonde que causerait le spectacle d'un mouton se débattant entre les dents d'un tigre. Il lui passa par le cœur une idée généreuse; il se demanda si sa vengeance n'était pas accomplie, et flottait entre les conseils de la clémence réveillée et ceux de la haine assoupie.

— Je puis anéantir commercialement cet homme, pensait-il; j'ai droit de vie et de mort sur lui, car il m'a roué, sa femme qui m'a chassé dont la main m'a paru dans un temps toute ma fortune. J'ai son argent, contentons-nous de le laisser nager au bout de la corde que je tiendrai.

Les honnêtes gens manquent de tact, ils n'ont aucune mesure dans le bien, parce que, pour eux, tout est sans détour ni arrière-pensée : Birotteau consomma son malheur, il irrita le tigre, il le perça au cœur sans le savoir, il le rendit implacable par un mot, par un éloge, par une expression vertueuse, par la bonhomie même de la probité. Quand le caissier vint, du Tillet lui montra César.

— Monsieur Legras, apportez-moi dix mille francs et un billet de cette somme fait à mon ordre et à quatre-vingt-dix-jours par monsieur, qui est M. Birotteau, vous savez son adresse?

Du Tillet servit du pâté, versa un verre de vin de Bordeaux au parfumeur, qui, se voyant sauvé, se livrait à des rires convulsifs; il caressait sa chaîne de montre, ne mettait une bouchée dans sa bouche que quand son ancien commis lui disait : — Vous ne mangez pas? Il dévoilait ainsi la profondeur de l'abîme où la main de du Tillet l'avait plongé, d'où elle le retirait, où elle pouvait le replonger. Lorsque le caissier revint, qu'après avoir signé l'effet César sentit les dix billets de banque dans sa poche, il ne se contint plus. Un instant auparavant, son quartier, la Banque, allaient savoir qu'il ne payait pas, et il lui fallait avouer sa ruine à sa femme; maintenant, tout était réparé! Le bonheur de la délivrance égalait en intensité les tortures de la défaite, ses yeux s'humectèrent malgré lui.

— Qu'avez-vous donc, mon cher patron? dit du Tillet. Ne feriez-vous pas pour moi demain ce que je fais aujourd'hui pour vous? N'est-ce pas simple comme bonjour?

— Du Tillet, dit avec emphase et gravité le bonhomme en se levant et prenant la main de son ancien commis, je te rends toute mon estime.

— Comment l'avais-je perdue? dit du Tillet, si vigoureusement atteint au sein de sa prospérité, qu'il rougit.

— Perdue... pas précisément, dit le parfumeur, foudroyé par sa bêtise; on m'avait dit de ces choses sur votre liaison avec madame Roguin. Diable! prendre la femme d'un autre...

— Tu bats la breloque, mon vieux, pensa du Tillet en se servant d'un mot de son premier métier. En se disant cette phrase, il revenait à son projet d'abattre cette vertu, de la fouler aux pieds, de rendre méprisable, sur la place de Paris, l'homme vertueux et honorable par lequel il avait été pris la main dans le sac. Toutes les haines, politiques ou privées, de femme à femme, d'homme à homme, n'ont pas d'autre fait qu'une semblable surprise. On ne se hait pas pour des intérêts compromis, pour une blessure, ni même pour un soufflet; tout est réparable! Mais avoir été saisi en flagrant délit de lâcheté, le duel qui s'ensuit entre le criminel et le témoin du crime ne se termine que par la mort de l'un ou de l'autre.

— Oh! madame Roguin, dit railleusement du Tillet; mais n'est-ce pas, au contraire, une plume dans le bonnet d'un jeune homme? Je vous comprends, mon cher patron : on vous aura dit qu'elle m'avait prêté de l'argent. Eh bien! au contraire, je lui rétablis sa fortune, étrangement compromise dans les affaires de son mari. L'origine de ma fortune est pure, je viens de vous la dire. Je n'avais rien, vous le savez! Les jeunes gens se trouvent parfois dans d'affreuses nécessités. On peut se laisser aller au sein de la misère. Mais si l'on a fait, comme la république, des emprunts forcés, eh bien! on les rend, on est alors plus probe que la France.

— C'est cela, dit Birotteau. Mon enfant... Dieu... N'est-ce pas Voltaire qui a dit :

Il fit du repentir la vertu des mortels.

— Pourvu, reprit du Tillet, encore assassiné par cette citation, pourvu qu'on n'emporte pas la fortune de son voisin, lâchement, bassement, comme, par exemple, si vous veniez à faire faillite avant trois mois, et que mes dix mille francs fussent flambés...

— Moi, faire faillite, dit Birotteau, qui avait bu trois verres de vin, et que le plaisir grisait. On connaît mes opinions sur la faillite! La faillite est la mort d'un commerçant, je mourrais!

— À votre santé, dit du Tillet.

— À ta prospérité, repartit le parfumeur. Pourquoi ne vous fournissez-vous pas chez moi?

— Ma foi, dit du Tillet, je l'avoue, j'ai peur de madame César, elle me fait toujours une impression! et, si vous n'étiez pas mon patron, ma foi! je...

— Ah! tu n'es pas le premier qui la trouve belle, et beaucoup l'ont désirée, mais elle m'aime! Eh bien! du Tillet, reprit Birotteau, mon ami, ne faites pas les choses à demi.

— Comment?

Birotteau expliqua l'affaire des terrains à du Tillet, qui ouvrit de grands yeux, et complimenta le parfumeur sur sa pénétration, sur sa prévision, en vantant l'affaire.

— Eh bien! je suis bien aise de ton approbation, vous passez pour une des bonnes têtes de la Banque, du Tillet! Cher enfant, vous pouvez m'y procurer un crédit afin d'attendre les produits de l'Huile céphalique.

— Je puis vous adresser à la maison Nucingen, répondit du Tillet en se promettant de faire danser toutes les figures de la contredanse des faillis à sa victime.

Ferdinand se mit à son bureau pour écrire la lettre suivante :

« A MONSIEUR LE BARON DE NUCINGEN.

A Paris

« Mon cher baron,

« Le porteur de cette lettre est M. César Birotteau, adjoint au maire du deuxième arrondissement, et l'un des industriels les plus renommés de la parfumerie parisienne; il désire entrer en relation avec vous. Faites de confiance tout ce qu'il veut vous demander; en l'obligeant, vous obligez

« Votre ami

« F. DU TILLET. »

Du Tillet ne mit pas de point sur l'i de son nom. Pour ceux avec lesquels il faisait des affaires, cette erreur volontaire était un signe de convention. Les recommandations les plus vives, les chaudes et favorables instances de sa lettre ne signifiaient rien alors. Cette lettre, où les points d'exclamation suppliaient, où du Tillet se mettait à genoux, était arrachée par des considérations puissantes; il n'avait pas pu la refuser; elle devait être regardée comme non avenue. En voyant l'i sans point, son ami donnait alors de l'eau bénite de cour au solliciteur. Beaucoup de gens du monde, et des plus considérables, sont joués ainsi comme des enfants par les gens d'affaires, par les banquiers, par les avocats, qui tous ont une double signature, l'une morte, l'autre vivante. Les plus fins y sont pris. Pour reconnaître cette ruse, il faut avoir éprouvé le double effet d'une lettre chaude et d'une lettre froide.

— Vous me savez, du Tillet! se dit-il en lisant cette lettre.

— Mon Dieu! dit du Tillet, allez demander de l'argent, Nucingen en lisant mon billet vous en donnera tant que vous en voudrez. Malheureusement mes fonds sont engagés pour quelques jours; sans cela, je ne vous enverrais pas chez le prince de la haute banque, car les Keller ne sont que des pygmées auprès du baron de Nucingen : il eût été Law, s'il n'était pas Nucingen. Avec ma lettre vous serez en mesure le quinze janvier, et nous verrons après. Nucingen et moi nous sommes les meilleurs amis du monde, il ne voudrait pas me désobliger pour un million.

— C'est comme un aval, se dit en lui-même Birotteau, qui s'en alla pénétré de reconnaissance pour du Tillet. Eh bien! se disait-il, un bienfait n'est jamais perdu! Et il philosophait à perte de vue. Une pensée aigrissait son bonheur. Il avait bien pendant quelques jours empêché sa femme de mettre le nez dans les livres, il avait rejeté la caisse sur le dos de Célestin en l'aidant, il avait pu vouloir que sa femme et sa fille eussent la jouissance du bel appartement qu'il leur avait arrangé, meublé; mais, ces premiers petits bonheurs épuisés, madame Birotteau serait morte plutôt que de renoncer à voir par elle-même les détails de sa maison, à tenir, suivant son expression, la queue de la poêle. Birotteau se trouvait au bout de son latin; il avait usé tous ses artifices pour lui dérober la connaissance des symptômes de sa gêne. Constance avait fortement improuvé l'envoi des mémoires, elle avait grondé les commis, accusé Célestin de vouloir ruiner sa maison, croyant que Célestin seul avait eu cette idée. Célestin s'était laissé gronder par ordre de Birotteau. Madame César, aux yeux des commis, gouvernait la maison du parfumeur, car il est possible de tromper le public, mais non les gens de sa maison sur celui qui a la supériorité réelle dans un ménage. Birotteau devait avouer sa situation à sa femme, car le compte avec du Tillet allait vouloir une justification. Au retour, Birotteau ne vit pas sans frémir Constance à son comptoir, vérifiant le livre d'échéances et faisant sans doute le compte de caisse.

— Avec quoi payeras-tu demain? lui dit-elle à l'oreille quand il s'assit à côté d'elle.

— Avec de l'argent, répondit-il en tirant ses billets de banque et en faisant signe à Célestin de les prendre.

— Mais d'où viennent-ils?

— Je te conterai cela ce soir. Célestin, inscrivez, fin mars, un billet de dix mille francs, ordre du Tillet.

— Du Tillet! répéta Constance frappée de terreur.

— Je vais aller voir Popinot, dit César. C'est mal à moi de ne pas encore être allé le visiter chez lui. Vend-on de son huile?

— Les trois cents bouteilles qu'il nous a données sont parties!

— Birotteau, ne sors pas, j'ai à te parler, lui dit Constance en prenant César par le bras et l'entraînant dans sa chambre avec une précipitation qui dans toute autre circonstance eût fait rire. — Du Tillet, dit-elle quand elle fut seule avec son mari, et après s'être assurée qu'il n'y avait que Césarine avec elle, du Tillet qui nous a volé mille écus! Tu fais des affaires avec du Tillet, un monstre... qui voulait me séduire, lui dit-elle à l'oreille.

— Folie de jeunesse, dit Birotteau, devenu tout à coup esprit fort.

— Écoute, Birotteau, tu te déranges, tu ne vas plus à la fabrique. Il y a quelque chose, je le sens! Tu vas me le dire, je veux tout savoir.

— Eh bien! dit Birotteau, nous avons failli être ruinés, nous l'étions même encore ce matin, mais tout est réparé.

Et il raconta l'horrible histoire de sa quinzaine.

— Voilà donc la cause de ta maladie, s'écria Constance.

— Oui, maman, s'écria Césarine. Va, mon père a été bien courageux. Tout ce que je souhaite est d'être aimée comme il t'aime. Il ne pensait qu'à ta douleur.

— Mon rêve est accompli, dit la pauvre femme en se laissant tomber sur sa causeuse au coin de son feu, pâle, blème, épouvantée. J'avais prévu tout. Je te le dis dans cette fatale nuit, dans notre ancienne chambre que tu as démolie, il ne nous restera que les yeux pour pleurer. Ma pauvre Césarine! je...

— Allons, te voilà! s'écria Birotteau. Ne vas-tu pas m'ôter le courage dont j'ai besoin?

— Pardon, mon ami, dit Constance en prenant la main de César et la lui serrant avec une tendresse qui alla jusqu'au cœur du pauvre homme. J'ai tort, voilà le malheur venu, je serai muette, résignée et pleine de force. Non, tu n'entendras jamais une plainte. Elle se jeta dans les bras de César, et y dit en pleurant : Courage, mon ami, courage. J'en aurais pour deux s'il en était besoin.

— Mon huile, ma femme, mon huile nous sauvera.

— Que Dieu nous protège! dit Constance.

— Anselme ne secourra-t-il donc pas mon père? dit Césarine.

— Je vais le voir, s'écria César, trop ému par l'accent déchirant de sa femme, qui ne lui était pas connue tout entière même dans dix-neuf ans. Constance, n'aie plus aucune crainte. Tiens, lis la lettre de du Tillet à M. de Nucingen, nous sommes sûrs d'un crédit. J'aurai d'ici là gagné mon procès. D'ailleurs, ajouta-t-il en faisant un mensonge nécessaire, nous avons notre oncle Pillerault, il ne s'agit que d'avoir du courage.

— S'il ne s'agissait que de cela, dit Constance en souriant.

Birotteau, soulagé d'un grand poids, marcha comme un homme mis en liberté, quoiqu'il éprouvât en lui-même l'indéfinissable épuisement qui suit les luttes morales excessives ou se dépense plus de fluide nerveux, plus de volonté, qu'on ne doit en émettre journellement, et l'on prend pour ainsi dire sur le capital d'existence. Birotteau était déjà vieilli.

La maison A. Popinot, rue des Cinq-Diamants, avait bien changé depuis un mois. La boutique était repeinte. Les casiers, rechampis et pleins de bouteilles, réjouissaient l'œil de tout commerçant qui connaît les symptômes de la prospérité. Le plancher de la boutique était encombré de papier d'emballage, le magasin contenait de petits tonneaux de différentes huiles dont la commission avait été conquise à Popinot par le dévoué Gaudissart. Les livres et la comptabilité, la caisse, étaient au-dessus de la boutique et de l'arrière-boutique. Une vieille cuisinière faisait le ménage de trois commis et de Popinot. Popinot habitait le coin de sa boutique, dans un comptoir fermé par un vitrage et se montrait avec un tablier de serge, de doubles manches en toile verte, la plume à l'oreille, quand il n'était pas plongé dans un tas de papiers, comme au moment où vint Birotteau, et où il dépouillait son courrier, plein de traites et de lettres de commande. A ces mots : Eh bien! mon garçon, dits par son ancien patron, il leva la tête, ferma sa cabane à clef, et vint d'un air joyeux, le bout du nez rouge, car il n'y avait pas de feu dans sa boutique, dont la porte restait ouverte.

— Je craignais que vous ne vinssiez jamais, répondit Popinot d'un air respectueux.

Les commis accoururent voir le grand homme de la parfumerie, l'adjoint décoré, l'associé de leur patron. Ces muets hommages flattèrent le parfumeur. Birotteau, naguère si petit chez les Keller, éprouva le besoin de les imiter : il se caressa le menton, sursauta vaniteusement à l'aide de ses talons, en disant ses banalités.

— Eh bien! mon ami, se lève-t-on de bonne heure? lui demanda-t-il.

— Non, l'on se couche pas toujours, dit Popinot, il faut se cramponner au succès...

— Eh bien! que disais-je? mon huile est une fortune.

— Oui, monsieur, mais les moyens d'exécution y sont pour quelque chose : je vous ai bien monté votre diamant.

— Au fait, dit le parfumeur, où en sommes-nous? Y a-t-il des bénéfices?

— Au bout de vingt jours, s'écria Popinot, y pensez-vous? L'ami Gaudissart n'est en route que depuis treize jours, et a pris une chaise de poste sans me le dire. Oh! il est bien dévoué, nous devons beaucoup à mon oncle! Les journaux, dit-il à l'oreille de Birotteau, nous coûteront douze mille francs.

— Les journaux! s'écria l'adjoint.

— Vous ne les avez donc pas lus?

— Non.

— Vous ne savez rien alors, dit Popinot.

— Vingt mille francs d'affiches, cadres et impressions; cent mille bouteilles achetées, tout est sacrifié en ce moment. La fabrication se fait sur une grande échelle. Si vous aviez mis le pied au faubourg où j'ai souvent passé les nuits, vous auriez vu un petit casse-noisette de mon invention qui n'est pas piqué des vers. Pour mon compte, j'ai fait ces cinq derniers jours dix mille francs rien qu'en commissions sur les huiles de droguerie.

— Quelle bonne tête! dit Birotteau en posant sa main sur les cheveux du petit Popinot et les remuant comme si Popinot était un bambin. Je l'ai deviné. Plusieurs personnes entrèrent. — A dimanche, nous dinons chez ta tante Ragon, dit Birotteau, qui laissa Popinot à ses affaires en voyant que la chair fraiche qu'il était venu sentir n'était pas découpée. — Est-ce extraordinaire! Un commis deviendra négociant en vingt-quatre heures, pensait Birotteau, qui ne revenait pas plus du bonheur et de l'aplomb de Popinot que du luxe de du Tillet. Anselme vous a pris un petit air pincé, quand je lui ai mis la main sur la tête, comme s'il était déjà François Keller.

Birotteau n'avait pas songé que les commis le regardaient, et qu'un maître de maison a sa dignité à conserver chez lui. Là, comme chez du Tillet, le bonhomme avait fait une sottise par bonté de cœur, en, faute de retenir un sentiment vrai, bourgeoisement exprimé, César aurait blessé tout autre homme qu'Anselme.

Ce diner du dimanche chez les Ragon devait être la dernière joie des dix-neuf années heureuses du ménage de Birotteau, joie complète d'ailleurs. Ragon demeurait rue du Petit-Bourbon-Saint-Sulpice, à un deuxième étage, dans une antique maison de digne apparence, dans un vieil appartement à trumeaux où les bergeries en paniers et où paissaient les moutons de ce dix-huitième siècle dont les Ragon représentaient si bien la bourgeoisie grave et sérieuse, à mœurs comiques, à idées respectueuses envers la noblesse, dévoué au souverain et à l'Église. Les meubles, les pendules, la vaisselle, tout était patriarcal, à formes neuves par leur vieillesse même. Le salon, tendu de vieux damas, orné de rideaux en brocatelle, offrait des duchesses, des Mouton du jour, un superbe Popinot, échevin de Sancerre, peint par Latour, le père de madame Ragon, un bonhomme excellent en peinture, et qui souriait comme un parvenu dans sa gloire. Au logis, madame Ragon se complétait par un petit chien anglais de la race de ceux de Charles II, qui laissait un merveilleux effet sur son petit sofa dur, à formes rococo, qui, certes, n'avait jamais joué le rôle du sofa de Crébillon. Parmi toutes leurs vertus, les Ragon se recommandaient par la conservation de vieux vins arrivés à un parfait dépouillement, et par la possession de quelques liqueurs de madame Anfoux, que des gens entêtés voulurent pour aimer sans espoir, disait-on, la belle madame Ragon lui avaient rapportées des îles. Aussi leurs petits diners étaient-ils prisés! Une vieille cuisinière, Jeannette, servait les deux vieillards avec un aveugle dévouement, elle aurait volé des fruits pour leur faire des confitures! Loin de porter son argent aux caisses d'épargne, elle le mettait sagement à la loterie, espérant apporter un jour le gros lot à ses maîtres. Le dimanche où ses maîtres avaient du monde, elle était, malgré ses soixante ans, à la cuisine pour surveiller les plats, à la table pour servir avec une agilité qui eût rendu des points à mademoiselle Mars dans son rôle de Suzanne du Mariage de Figaro. Les invités étaient le juge Popinot, l'oncle Pillerault, Anselme, les trois Birotteau, les trois Matifat et l'abbé Loraux. Madame Matifat, naguère coiffée en turban pour danser, vint en robe de velours bleu, gros bas de coton et souliers de peau de chèvre, les gants de chamois bordés de peluche verte et un chapeau double de rose, orné d'oreilles d'ours. Ces dix personnes furent réunies à cinq heures. Les vieux Ragon suppliaient leurs convives d'être exacts. Quand on les invitait, on avait soin de les faire diner à cette heure, car ces estomacs de soixante-dix ans ne se pliaient point aux nouvelles heures prises par le bon ton. Césarine savait que madame Ragon la placerait à côté d'Anselme : toutes les femmes, même les dévotes et les sottes, s'entendent en fait d'amour. La fille du parfumeur s'était donc mise de manière à tourner la tête à Popinot. Sa mère, qui avait renoncé, non sans douleur, au notaire, auquel jus 'il dans le rôle d'un prince héréditaire, contribua, non sans d'amères réflexions, à cette toilette. Constance descendit le pudique fichu de gaze pour découvrir un peu les épaules de Césarine et laisser voir l'attachement du col, qui lui donnait une remarquable élégance. Le corsage à la grecque, croisé de gauche à droite, à cinq plis, pouvait s'entr'ouvrir et montrer de délicieuses rondeurs. La robe mérinos gris de plomb et falbalas bordés d'agréments verts lui dessinait si nettement la taille, qui ne parut jamais si fine ni si souple. Ses oreilles étaient ornées de pendeloques d'un travail achevé ; ses cheveux relevés à la chinoise permettaient au regard d'embrasser les suaves fraicheurs d'une peau nuancée de veines, où la vie la plus pure éclatait aux endroits mats. Enfin, Césarine était si coquettement belle, que madame Matifat ne put s'empêcher de le trouver, sans s'apercevoir que la mère et la fille avaient compris la nécessité d'ensorceler le petit Popinot. Birotteau ni sa femme, ni madame Matifat, ne troublèrent la douce conversation que les deux enfants enflammés par l'amour tinrent à voix basse dans une embrasure de croisée où le froid déployait ses bises fenestrales. D'ailleurs, la conversation des grandes personnes s'anima quand le juge Popinot laissa tomber un mot sur la fuite de Roguin, en faisant observer que c'était le second notaire qui manquait, et que pareil crime était jadis inconnu. Madame Ragon, au mot de Roguin, avait poussé le pied de son frère, Pillerault avait couvert la voix du juge, et tous deux lui montraient madame Birotteau.

— Je sais tout, dit Constance d'une voix à la fois douce et peinée.

— Eh bien! dit madame Matifat à Birotteau, qui baissait humblement la tête, combien vous emporte-t-il? s'il fallait écouter les bavardages, vous seriez ruiné.

— Il avait à moi deux cent mille francs. Quant aux quarante qu'il m'a fait imaginairement prêter par un de ses clients dont l'argent était dissipé, nous sommes en procès.

— Vous verrez juger cette semaine, dit Popinot. J'ai pensé que vous ne m'en voudriez pas d'expliquer votre situation à M. le président ; il a ordonné la communication des papiers de Roguin dans la Chambre du conseil, afin d'examiner depuis quelle époque les fonds du prêteur étaient détournés et les preuves du fait allégué par Derville, qui a plaidé lui-même pour vous éviter des frais.

— Gagnerons-nous ? dit madame Birotteau.

— Je ne sais, répondit Popinot. Quoique j'appartienne à la Chambre où l'affaire est portée, je m'abstiendrai de délibérer quand même on m'appellerait.

— Mais peut-il y avoir du doute sur un procès si simple ? dit Pillerault. L'acte ne doit-il pas faire mention de la livraison des espèces, et les notaires déclarer les avoir vu remettre par le prêteur à l'emprunteur ? Roguin irait aux galères s'il était sous la main de la justice.

— Selon moi, répondit le juge, le prêteur doit se pourvoir contre Roguin sur le prix de la charge et du cautionnement ; mais en des affaires encore plus claires, quelquefois, à la Cour royale, les conseillers se trouvent six contre six.

— Comment, mademoiselle, M. Roguin s'est enfui ? dit Popinot entendant enfin ce que se disait. M. César ne m'en a rien dit, moi qui donnerais mon sang pour lui...

Césarine comprit que toute la famille tenait dans ce pour lui, car si l'innocente fille eût méconnu l'accent, elle ne pouvait se tromper au regard qui l'enveloppa d'une flamme pourpre.

— Je le savais bien, et je le lui disais, mais il a tout caché à ma mère et ne s'est confié qu'à moi.

— Vous lui avez parlé de moi dans cette circonstance ? dit Popinot ; vous lisez dans mon cœur, mais y lisez-vous tout ?

— Peut-être.

— Je suis bien heureux, dit Popinot. Si vous voulez m'ôter toute crainte, dans un an je serai si riche que votre père ne me recevra plus si mal quand je lui parlerai de notre mariage. Je ne vais plus dormir que quelques heures par nuit...

— Ne vous faites pas mal, dit Césarine avec un accent inimitable en jetant à Popinot un regard où se lisait toute sa pensée.

— Ma femme, dit César en sortant de table, je crois que ces jeunes gens s'aiment.

— Eh bien! tant mieux, dit Constance d'un son de voix grave, ma fille serait la femme d'un homme de tête et plein d'honneur. Le talent est la plus belle dot d'un prétendu.

Elle se hâta de quitter le salon et d'aller dans la chambre de madame Ragon. César avait dit pendant le diner quelques phrases qui avaient fait sourire Pillerault et le juge, tant elles accusaient d'ignorance, et qui rappelaient à cette malheureuse femme combien peu son pauvre mari se trouvait peu de force à lutter contre le malheur. Constance avait des larmes sur le cœur, elle se défiait instinctivement de du Tillet, car toutes les mères savent le Timeo Danaos, et dona ferentes, sans savoir le latin. Elle pleura dans les bras de sa fille et de madame Ragon sans vouloir avouer la cause de sa peine.

— C'est nerveux, dit-elle.

Le reste de la soirée fut donné aux cartes par les vieilles gens, et par les jeunes à ces délicieux petits jeux dits innocents, parce qu'ils couvrent les innocentes malices des amours bourgeois. Les Matifat se mêlèrent des petits jeux.

— César, dit Constance en revenant, vas dès le trois chez M. le baron de Nucingen, afin d'être sûr de ton échéance du quinze longtemps à l'avance. S'il arrivait quelque anicroche, est-ce du jour au lendemain que tu trouverais des ressources?

— J'irai, ma femme, répondit César, qui serra la main de Constance et celle de sa fille en ajoutant : Mes chères biches blanches, je vous ai donné de tristes étrennes !

Dans l'obscurité du fiacre, ces deux femmes, qui ne pouvaient voir le pauvre parfumeur, sentirent des larmes tombées chaudes sur leurs mains.

— Espère, mon ami, dit Constance.

— Tout ira bien, papa, M. Anselme Popinot m'a dit qu'il verserait son sang pour toi.

— Pour moi, reprit César, et pour la famille, n'est-ce pas ? dit-il en prenant un air gai.

Césarine serra la main de son père, de manière à lui dire qu'Anselme était son fiancé.

Pendant les trois premiers jours de l'année, il fut envoyé deux cents cartes chez Birotteau. Cette affluence d'amitiés fausses, ces témoignages de faveur, sont horribles pour les gens qui se voient entrainés par le courant du malheur. Birotteau se présenta trois fois vainement à l'hôtel du fameux banquier royaliste, le baron de Nucingen. Le commencement de l'année lui offrait les fêtes justifiaient l'absence du financier. La dernière fois, le parfumeur pénétra jusqu'au cabinet du banquier, où le premier commis lui dit que M. de Nucingen, rentré à cinq heures du matin d'un bal donné par les Keller, ne pouvait être visible à neuf heures et demie. Birotteau sut intéresser à ses affaires le premier commis, auprès duquel il resta près d'une demi-heure à causer. Dans la journée, ce ministre de la maison Nucingen lui écrivit que le baron le recevrait le lendemain, 12, à midi. Quoique chaque heure apportât une goutte d'absinthe, la journée passa avec une effrayante rapidité. Le parfumeur vint en fiacre et se fit arrêter à un pas de l'hôtel, dont la cour était encombrée de voitures. Le pauvre honnête homme eut le cœur bien serré à l'aspect des splendeurs de cette maison célèbre.

— Il a pourtant liquidé deux fois, se dit-il en montant le superbe escalier garni de fleurs, en traversant les somptueux appartements par lesquels la baronne Delphine de Nucingen s'était rendue célèbre. La baronne avait la prétention de rivaliser les plus riches maisons du faubourg Saint-Germain, où elle n'était pas encore admise. Le baron déjeunait avec sa femme. Malgré le nombre de gens qui l'attendaient dans ses bureaux, il dit que les amis de du Tillet pouvaient entrer à toute heure. Birotteau tressaillit d'espérance en voyant le changement qu'avait produit le mot du baron sur la figure d'abord insolente du valet de chambre.

— Bartonnez-moi, ma tchaire, dit le baron à sa femme, se levant et faisant une petite inclination de tête à Birotteau, né meinnesir ête eine ponne rouyaliste hai l'ami drai ciudeme te ti Dilet. Taillurs, monsir hai adjonnd ti tussieme arrontussement et tonne les palles d'ine mauliseence hassiatique, ti feras sans titte son gonnaissance allec pléssir.

— Mais je serais très-flatté d'aller prendre des leçons chez madame Birotteau, car Ferdinand... (Allons, pensa le parfumeur, elle le nomme Ferdinand tout court) nous a parle de ce bal avec une admiration d'autant plus précieuse qu'il p'admire rien. Ferdinand est un critique severe, tout devait être parfait. En donnerez-vous bientôt un autre? demanda-t-elle de l'air le plus aimable.

— Madame, de pauvres gens comme nous s'amusent rarement, répondit le parfumeur en ignorant si c'était raillerie ou compliment banal.

— Meinnesir Crintod a tiriché la rezdoration te fos habbardements? dit le baron.

— Ah! Griodot! un joli petit architecte qui revient de Rome, dit Delphine de Nucingen, j'en raffole, il me fait des dessins délicieux sur mon album.

Aucun conspirateur gehené par le questionnaire à Venise, ne fut plus mal dans les brodequins de la torture que Birotteau ne l'était dans ses vêtements. Il trouvait un air goguenard à tous les mots.

— Nis tonnons essi à bêtts palles, dit le baron en jetant un regard inquisitif sur le parfumeur. Vis foyez ke tit lai monte san melle!

— Monsieur Birotteau veut-il déjeuner sans ceremonie avec nous? dit Delphine en montant à table somptueusement servie.

— Madame la baronne, je suis venu pour affaires et suis...

— Vis! dit le baron. Montame, bermeddez-vis te barler t'iffires?

Delphine fit un petit mouvement d'assentiment en disant au baron:

— Allez-vous acheter de la parfumerie? Le baron haussa les épaules et se retourna vers César au désespoir.

— Ti Dilet breind lei plu filfve ciudéred a vus, dit-il.

— Enfin, pensa le pauvre négociant, nous arrivons à la question.

— Alec sa leddre, vis allez tan mã messon eine grétid ki n'ai limidé ké bar lais pornes te ma brohre lorieine...

Le baume exhilarant que contenait l'eau présentée par l'ange à Agar dans le désert devait ressembler à la rosée que répandirent dans les veines du parfumeur ces paroles semi-françaises. Le fin baron, pour avoir des motifs de revenir sur des paroles bien données et mal entendues, avait gardé l'horrible prononciation des juifs polonais qui se flattent de parler français.

— Et visse aurez eine gomde gouraud. Foici gommend nis brocé-terous, dit avec une bonhomie alsacienne le bon, le vénérable et grand financier.

Birotteau ne douta plus de rien, il était commerçant et savait que ceux qui ne sont pas disposés à obliger n'entrent jamais dans les détails de l'exécution.

— Che ne vis abbrendrai bas qu'aux crants gomme aux betits, la Panque temante trosses zignadiures. Tonc fous terez tis iffits à l'ortre te notre ami ti Dilet, et chi les enferrai leu ebour même allec ma zi-gnadire à la Panque, et fis aurez à quadre bites le mondant tis iffits que vis aurez siscrits lei medin, ai au daux de la Panque. Tcheu me feux ni qhemmission, ni haissegomde, rienne, gar ch'aurai lé bonhie te vis ëdre acréaple... Mais che mede eine gontission! dit il en effleurant son nez de son index gauche par un mouvement d'une inimitable finesse.

— Monsieur le baron, elle est accordée d'avance, dit Birotteau, qui crut à quelque prélèvement dans ses benéfices.

— Eine gontission à laquelle chaddame lei plis grant brisse, barce que che feusse le montaine ti Nichinguenne breune, gomme ille la titte, tei leizons le montame Pirôdôt.

— Monsieur le baron, ne vous moquez pas de moi, je vous en supplie!

— Meinnesire Pirôdôt, dit le financier d'un air sérieux, resde gonfeni, fis nisse inféderez à fodre brochaïn pal. Mon femme est chalousse,

Ile feut foir fos habbardements, tond on li ha titte eine pienne tchoneralile.

— Monsieur le baron!

— Oh! si vis nis refoussez, boind de gomde! vis êdes en eraut fafure. Vi! che sais ké visse affiez te bréfet te la Seine ki a ti fenir.

— Monsieur le baron!

— Vis affiez la Pillartière, ein chendilhomme ortinaire te la champre, pon Fenteheine gomme vis ki fis edes faite plesser... ò quand de Cheint Rogque.

— Au 13 vendémiaire, monsieur le baron!

— Visse affiez meinnesire te Lasse-et-belle, meinnesire Fauqueleine te l'Agatemi...

— Monsieur le baron!

— Hé! terteïfle, ne zoyez pas si motesde, monsir l'adjouinde, ché abbris ké le roa affait tite ké fodre palle...

— Le roi! dit Birotteau qui n'en put savoir davantage.

Il entra familierement un jeune homme dans l'appartement, et dont le pas, reconnu de loin par la belle Delphine de Nucingen, l'avait fait vivement rougir.

— Ponchour, mon cher te Marsay! dit le baron de Nucingen, brenez ma blace! il y a, m'a-t-on tite, ein monte fu tans mais pourreaux. Che sais bour qui! les mines te Wortschinne tonnent deux gabitaux de rendes! Vi, chai ressi les gomdes! Visse affiez cend mille litres de rende te plis, matame ti Nichimkeine. Vi pirrez acheder tis ettindires ei ettes papiaulles pour edre choli, gomme zi vis en affiez pesouin.

— Grand Dieu! les Ragon ont vendu leurs actions! s'écria Birotteau.

— Qu'est-ce que ces messieurs? demanda le jeune élégant en souriant.

— Foilà, dit M. de Nucingen en se retournant, car il atteignait déjà la porte, elle me semple que ces ber-onnes... te Marsay, cezi ai meunnesire Pirôdôt, fodre barfumeur, ki tonne tes palles t'eine mannifisse sensse hassiatique, ai ke lei roa ha tégorai...

De Marsay prit son lorignon, et dit: — Ah! c'est vrai, je pensais que cette figure ne m'était pas inconnue. Vous allez donc parfumer vos affaires de quelque vertueux cosmétique, les huiler...

— Ai piou, ces Bakkons, reprit le baron en faisant une grimace d'homme mecontent, étaient eine gomde chaise moi, che tes ai faforissé t'eine fordue, et ils n'ont pas vis l'addentre ein chour te plis.

— Monsieur le baron! s'écria Birotteau.

Le bonhomme trouvait son affaire extrêmement obscure, et, sans saluer la baronne ni de Marsay, il courut après le banquier. M. de Nucingen était la première marche de l'escalier, le parfumeur l'atteignit au bas quand il entrait dans ses bureaux. En ouvrant la porte, M. de Nucingen vit un geste désespéré de cette pauvre creature qui se sentait enfoncer dans un gouffre, et lui dit: Eh pien! c'esde au-denti! foyesse ti Dilet, ai hattanchez tit affec li. Birotteau crut que de Marsay pouvait avoir de l'empire sur le baron, il remonta l'es-caher avec la rapidité d'une hirondelle, se glissa dans la salle à manger où la baronne et de Marsay devaient encore se trouver: il avait laissé Delphine attendant son café à la creme. Il vit bien le café servi, mais la baronne et le jeune élégant avaient disparu. Le valet de chambre sourit à l'inquiétude du parfumeur, qui descendit lentement les escaliers. César courut chez du Tillet, qui était, lui dit-on, à la campagne, chez madame Roguin. Le parfumeur prit un cabriolet et paya pour être conduit aussi promptement que par la poste à Nogent-sur-Marne. A Nogent-sur-Marne, le concierge lui apprit que monsir et madame etaient repartis à Paris. Birotteau revint brisé. Lorsqu'il raconta sa tournée à sa femme et à sa fille, il fut stupéfait de trouver sa Constance, ordinairement perchée comme un oiseau de malheur sur la moindre asperité commerciale, lui donner les plus douces consolations et lui affirmer que tout irait bien.

Le lendemain, Birotteau se trouva dès sept heures dans la rue de du Tillet, au petit jour, en faction. Il pria le portier de du Tillet de le mettre en rapport avec le valet de chambre de du Tillet en glissant dix francs au portier. César obtint la faveur de parler au valet de chambre de du Tillet, lui demanda de l'introduire auprès de du Tillet aussitôt que du Tillet serait visible, et lui glissa deux pièces d'or dans la main du valet de chambre de du Tillet. Ces petits sacrifices et ces grandes humiliations, communes aux courtisans et aux solliciteurs, lui permirent d'arriver à son but. A huit heures et demie, au moment où son ancien commis passait une robe de chambre et se coiffait des idées confuses du réveil, baillait, se detortillait, demandant pardon à son ancien patron, Birotteau se trouva face à face avec le tigre affamé de vengeance dans lequel il voyait son seul ami.

— Faites, faites! disait Birotteau.

— Que voulez-vous, mon bon César? dit du Tillet.

César livra, non sans d'affreuses palpitations, la réponse et les exigences du baron de Nucingen à l'inattention de du Tillet, qui l'entendait en cherchant son souffler, en grondant son valet de chambre sur la maladresse avec laquelle il allumait son feu. Le valet de chambre écoutait, César ne l'apercevait pas, mais il le vit enfin, s'arrêta confus, et reprit au coup d'éperon que lui donna du Tillet. Allez, allez, je vous écoute, dit le banquier distrait. Le bonhomme avait sa chemise mouillée. Sa sueur se glaça quand du Tillet dirigea son regard fixe sur lui, lui laissa voir ses prunelles d'argent tigrées par quelques fils d'or, en le perçant jusqu'au cœur par une lueur diabolique.

— Mon cher patron, la Banque a refusé des effets de vous passés par la maison Claparon à Gigonnet, *sans garantie*; est-ce ma faute? Comment vous, vieux juge consulaire, faites-vous de pareilles boulettes? Je suis avant tout banquier. Je vous donnerai mon argent, mais je ne saurais exposer ma signature à recevoir un refus de la Banque; je n'existe que par le crédit, nous en sommes tous là. Voulez-vous de l'argent?

— Pouvez-vous me donner tout ce dont j'ai besoin?

— Cela dépend de la somme à payer! Combien vous faut-il?

— Trente mille francs.

— Beaucoup de tuyaux de cheminées sur la tête, fit du Tillet en éclatant de rire.

En entendant ce rire, le parfumeur, abusé par le luxe de du Tillet, voulut y voir le rire d'un homme pour qui la somme était peu de chose, il respira.

Du Tillet sonna.

— Faites monter mon caissier.

— Il n'est pas arrivé, monsieur, répondit le valet de chambre.

— Ces drôles-là se moquent de moi! il est huit heures et demie, on doit avoir fait pour un million d'affaires à cette heure-ci.

Cinq minutes après, M. Legras monta.

— Qu'avons-nous en caisse?

— Vingt mille francs seulement. Monsieur a donné l'ordre d'acheter pour trente mille francs de rente au comptant, payables le quinze.

— C'est vrai! je dors encore.

Le caissier regarda Birotteau d'un air louche et sortit.

— Si la vérité était bannie de la terre, elle confierait son dernier mot à un caissier, dit du Tillet. N'avez-vous pas un intérêt chez le petit Popinot qui vient de s'établir? dit-il après une horrible pause, pendant laquelle la sueur emperla le front du parfumeur.

— Oui, dit naïvement Birotteau, croyez-vous que vous pourriez m'escompter sa signature pour une somme importante?

— Apportez-moi cinquante mille francs de ses acceptations, je vous les ferai faire à un taux raisonnable chez un certain Gobseck, très-doux quand il a beaucoup de fonds à placer, et il en a.

Birotteau revint chez lui navré, sans s'apercevoir que les banquiers se le renvoyaient comme un volant aux raquettes; mais Constance avait déjà deviné que tout crédit était impossible. Si déjà trois banquiers avaient refusé, tous devaient s'être questionnés sur un homme aussi en vue que l'adjoint, et conséquemment la Banque de France n'était plus une ressource.

— Essaye de renouveler, dit Constance, et va chez M. Claparon, ton associé, enfin chez tous ceux à qui tu as remis les effets du 13, et propose des renouvellements. Il sera toujours temps de revenir chez les escompteurs avec du papier Popinot.

— Demain le 13, dit Birotteau tout à fait abattu.

Suivant l'expression de son prospectus, il jouissait de ce tempérament sanguin qui consomme énormément par les émotions ou par la pensée, et qui veut absolument du sommeil pour réparer ses pertes. César une l'amena dans le salon et lui joua pour le récréer le *Songe de Rousseau*, très joli morceau d'Hérold. Constance travaillait auprès de lui. Le pauvre homme se laissa aller la tête sur une ottomane, et, toutes les fois qu'il levait les yeux sur elle, il la voyait un doux sourire sur les lèvres; il s'endormit ainsi.

— Pauvre homme! dit Constance, à quelles tortures il est réservé, pourvu qu'il y résiste!

— Eh! qu'as-tu, maman? dit Césarine en voyant sa mère en pleurs.

— Chère fille, je suis sur le point d'une faillite. Si ton père est obligé de déposer son bilan, il faudra n'implorer la pitié de personne. Mon enfant, sois préparée à devenir une simple fille de magasin. Si je te vois prendre ton parti courageusement, j'aurai la force de recommencer la vie. Je connais ton père, il ne soustraira pas un denier, j'abandonnerai mes droits, on vendra tout ce que nous possédons. Toi, mon enfant, porte demain les bijoux et ta garde-robe chez ton oncle Pillerault, car tu n'es obligée à rien.

Césarine fut saisie d'un effroi sans bornes en entendant ces paroles dites avec une simplicité religieuse. Elle forma le projet d'aller trouver Anselme, mais sa délicatesse l'en empêcha.

Le lendemain, à neuf heures, Birotteau se trouvait rue de Provence, en proie à des anxiétés tout autres que celles par lesquelles il avait passé. Demander un crédit est une action toute simple en commerce. Tous les jours en entreprenant une affaire, il le veut; mais demander des renouvellements est, dans la jurisprudence commerciale, ce que la police correctionnelle est à la cour d'assises, un premier pas vers la faillite, comme le délit mène au crime. Le secret de votre impuissance et de votre gêne est en d'autres mains que les vôtres. Un négociant est aux pieds et poings liés à la disposition d'un autre négociant, et la charité n'est pas une vertu pratiquée à la Bourse. Le parfumeur, qui jadis levait un œil si ardent de confiance en allant dans Paris, maintenant affaibli par les

doutes, hésitait à entrer chez le banquier Claparon: il commençait à comprendre que chez les banquiers le cœur n'est qu'un viscère. Claparon lui semblait si brutal dans sa grosse joie, et il avait reconnu chez lui tant de mauvais ton, qu'il tremblait de l'aborder.

— Il est plus près du peuple, il aura peut-être plus d'âme!

Tel fut le premier mot accusateur que la rage de sa position lui dicta. César puisa sa dernière dose de courage au fond de son âme, et monta l'escalier d'un méchant petit entresol, aux fenêtres duquel il avait guigné des rideaux verts jaunis par le soleil. Il lut sur la porte le mot *Bureaux* gravé en noir sur un ovale en cuivre; il frappa, personne ne répondit, il entra. Ces lieux plus que modestes sentaient la misère, l'avarice ou la négligence. Aucun employé ne se montra derrière les grillages en laiton placés à hauteur d'appui sur des boiseries de bois blanc non peint qui servaient d'enceinte à des tables et à des pupitres en bois noirci. Ces bureaux déserts étaient encombrés d'écritoires où l'encre moisissait, de plumes ébouriffées comme des gamins, tortillées en formes de soleils; enfin, couverts de cartons, de papiers, d'imprimés, sans doute inutiles. Le parquet du passage ressemblait à celui d'un parloir de pension, tant il était râpé, sale et humide. La seconde pièce, dont la porte ornée du mot Caisse, s'harmoniait avec les sinistres facéties du premier bureau. Dans un coin il se trouvait une grande cage en bois de chêne treillissée en fil de cuivre, à chatière mobile, garnie d'une énorme malle en fer, sans doute abandonnée aux cabrioles des rats. Cette cage, dont la porte était ouverte, contenait encore un bureau fantastique, un son fauteuil ignoble, troué, vert, à fond percé, dont le crin s'échappait comme la perruque du patron, en mille tire-bouchons égrillards. Cette pièce, évidemment autrefois le salon de l'appartement avant qu'il ne fût converti en bureau de banque, offrait pour principal ornement une table ronde revêtue d'un tapis en drap vert autour de laquelle étaient de vieilles chaises en maroquin noir et à clous dédorés. La cheminée, assez élégante, ne présentait à l'œil aucune des morsures noires que laisse le feu, sa plaque était propre, sa glace injuriée par les mouches avait un air mesquin, d'accord avec une pendule en bois d'acajou qui provenait de la vente de quelque vieux notaire et qui ennuyait le regard attristé déjà par deux flambeaux sans bougie et par une poussière gluante. Le papier de tenture, gris de souris, bordé de rose, annonçait par des teintes fuligineuses le séjour malsain de quelques fumeurs. Rien ne ressemblait davantage au salon banal que les journaux appellent Cabinet de rédaction. Birotteau, craignant d'être indiscret, frappa trois coups brefs à la porte opposée à celle par laquelle il était entré.

— Entrez! cria Claparon, dont la tonalité révéla la distance que sa voix avait à parcourir et le vide de cette pièce où le parfumeur entendait pétiller un bon feu, mais où le banquier n'était pas.

Cette chambre lui servait en effet de cabinet particulier. Entre la fastueuse audience de Keller et la singulière insouciance de ce prétendu grand industriel, il y avait toute la différence qui existe entre Versailles et le wigwam d'un chef de Hurons. Le parfumeur avait vu les grandeurs de la banque, il allait en voir les gamineries. Couché dans une sorte de bouge oblong pratiqué derrière le cabinet, et où les habitudes d'une vie insoucieuse avaient abîmé, perdu, confondu, déchiré, encrassé, ruiné, tout un mobilier à peu près élégant dans sa primeur, Claparon, à l'aspect de Birotteau, s'enveloppa dans sa robe de chambre crasseuse, déposa sa pipe, et tira les rideaux du lit avec une rapidité qui fit suspecter ses mœurs par l'innocent parfumeur.

— Asseyez-vous, monsieur, dit le banquier.

Claparon, sans perruque, la tête enveloppée dans un foulard mis de travers, parut d'autant plus hideux à Birotteau, que la robe de chambre s'entr'ouvrant laissa voir une espèce de maillot en laine blanche tricotée, rendue brune par un usage infiniment trop prolongé.

— Voulez-vous déjeuner avec moi? dit Claparon en se rappelant le bal du parfumeur et voulant autant prendre sa revanche que lui donner le prétexte d'une invitation.

En effet, une table ronde débarrassée à la hâte de ses papiers accusait une jolie compagnie en montrant un pâté, des huîtres, du vin blanc, et les vulgaires rognons sautés au vin de Champagne figés dans leur sauce. Devant le foyer à charbon de terre, le feu dorait une omelette aux truffes. Enfin deux couverts et leurs serviettes tachées par le souper de la veille eussent éclairé l'innocence la plus pure. En homme qui se croyait habile, Claparon insista malgré les refus de Birotteau.

— Je devais avoir quelqu'un, mais ce quelqu'un s'est dégagé, s'écria le rusé voyageur de manière à se faire entendre d'une personne qui se serait ensevelie dans ses couvertures.

— Monsieur, dit Birotteau, je viens uniquement pour affaire, et je ne vous tiendrai pas longtemps.

— Je suis accablé, répondit Claparon en montrant un secrétaire à cylindre et des tables encombrées de papiers, on ne me laisse pas un pauvre moment à moi. Je ne reçois que le samedi; mais pour vous, cher monsieur, on y est toujours! Je ne trouve plus le temps d'aimer ni de flâner, je perds le sentiment des affaires, qui pour reprendre son vif veut une oisiveté savamment calculée. On ne me voit plus sur les boulevards occupé à ne rien faire. Bah! les affaires m'ennuient, je ne veux plus entendre parler d'affaires, j'ai assez d'argent et n'aurai jamais assez de bonheur. Ma foi, je veux voyager, voir l'Italie! Oh chère Italie! belle encore au milieu de ses revers, adorable terre où je rencontrerai sans doute une Italienne molle et majestueuse! J'ai toujours aimé les Italiennes! Avez-vous jamais eu une Italienne à vous? Non. Eh bien! venez avec moi en Italie. Nous verrons Venise, séjour des doges, et bien mal tombée aux mains inintelligentes de l'Autriche, où les arts sont inconnus! Bah! laissons les affaires, les canaux, les emprunts et les gouvernements tranquilles. Je suis bon prince quand j'ai le gousset garni. Tonnerre! voyageons.

— Un seul mot, monsieur, et je vous laisse, dit Birotteau. Vous avez passé mes effets à M. Bidault?

— Vous voulez dire Gigonnet? ce bon petit Gigonnet, un homme coulant..... comme un nœud.

— Oui, reprit César. Je voudrais... et en ceci je compte sur votre honneur et votre délicatesse...

Claparon s'inclina.

— Je voudrais pouvoir renouveler...

— Impossible, répondit nettement le banquier, je ne suis pas seul dans l'affaire. Nous sommes réunis en conseil, une vraie chambre, mais où l'on s'entend comme des larrons en foire. Ah! diable! nous délibérons. Les terrains de la Madeleine ne sont rien, nous opérons ailleurs. Eh! cher monsieur, si nous ne nous étions pas engagés dans les Champs-Elysées, autour de la Bourse qui va s'achever, dans le quartier Saint-Lazare et à Tivoli, nous ne serions pas, comme dit le gros Nucingen, dans les *iffirs*. Qu'est-ce que c'est donc que la Madeleine? une petite souillon d'affaire. Prrr! nous ne *ca*-*rottons* pas, mon brave, dit-il en frappant sur le ventre de Birotteau et lui serrant la taille. Allons, voyons, déjeunez, nous causerons, reprit Claparon afin d'adoucir son refus.

— Volontiers, dit Birotteau. Tant pis pour le convive, pensa le parfumeur en méditant de griser Claparon afin d'apprendre quels étaient ses vrais associés dans une affaire qui commençait à lui paraître ténébreuse.

— Bon! Victoire! cria le banquier.

A ce cri parut une vraie Léonarde attifée comme une marchande de poisson.

— Dites à mes commis que je n'y suis pour personne, pas même pour Nucingen, les Keller, Gigonnet et autres!

— Il n'y a que M. Lempereur de venu.

— Il recevra le beau monde, dit Claparon. Le fretin ne passera pas la première pièce. On dira que je médite un coup... de vin de Champagne!

Griser un ancien commis voyageur est la chose impossible. César avait pris la verve du mauvais ton pour les symptômes de l'ivresse, quand il essaya de confesser son associé.

— Cet infâme Roguin est toujours avec vous, dit Birotteau, ne devriez-vous pas lui écrire d'aider un ami qu'il a compromis, un

homme avec lequel il dînait tous les dimanches et qu'il connaît depuis vingt ans?

— Roguin?.... un sot! sa part est à nous. Ne soyez pas triste, mon brave, tout ira bien. Payez le quinze, et la première fois nous verrons. Quand je dis nous verrons... (un verre de vin!) les fonds ne me concernent en aucune manière. Ah! vous ne payeriez pas, je ne vous ferais point la mine, je ne suis dans l'affaire que pour une commission sur les achats et pour un droit sur les réalisations, moyennant quoi je manœuvre les propriétaires... Comprenez-vous? vous avez des associés solides, aussi n'ai-je pas peur, mon cher monsieur. Aujourd'hui les affaires se divisent! Une affaire exige le concours de tant de capacités! Mettez-vous avec nous dans les affaires. Ne carottez pas avec des pots de pommade et des peignes : mauvais! mauvais! Tondez le public, entrez dans la spéculation.

— La spéculation! dit le parfumeur, quel est ce commerce?

— C'est le commerce abstrait, reprit Claparon, un commerce qui restera secret pendant une dizaine d'années encore, au dire du grand Nucingen, le Napoléon de la finance, et par lequel un homme embrasse les totalités des chiffres, écrème les revenus avant qu'ils n'existent, une conception gigantesque, une façon de mettre l'espérance en coupes réglées, enfin une nouvelle cabale! Nous ne sommes encore que dix ou douze têtes fortes initiées aux secrets cabalistiques de ces magnifiques combinaisons.

César ouvrait les yeux et les oreilles en essayant de comprendre cette phraséologie composite.

— Ecoutez, dit Claparon après une pause, de semblables coups veulent des hommes. Il y a l'homme à idées qui n'a pas le sou, comme tous les gens à idées. Ces gens-là pensent et dépensent, sans faire attention à rien. Figurez-vous un cochon qui vague dans un bois à truffes! Il est suivi par un gaillard, l'homme d'argent, qui attend le grognement excité par la trouvaille. Quand l'homme à idées a rencontré quelque bonne affaire, l'homme d'argent lui donne alors une tape sur l'épaule et lui dit : Qu'est-ce que c'est que ça? Vous vous mettez dans la gueule d'un four, mon brave, vous n'avez pas les reins assez forts;

Courage, mon ami, courage, j'en ai aussi pour deux, s'il est besoin. — PAGE 44.

voilà mille francs, et laissez-moi mettre en scène cette affaire. Bon! le banquier convoque les industriels. Mes amis, à l'ouvrage! des prospectus! la blague à mort! On prend des cors de chasse et on crie à son de trompe : Cent mille francs pour cinq sous! ou cinq sous pour cent mille francs, des mines d'or, des mines de charbon. Enfin tout l'*estrouffe* du commerce. On achète l'avis des hommes de science ou d'art, la parade se déploie, le public entre, il en a pour son argent, et la recette est dans nos mains. Le cochon est chambré sous son toit avec des pommes de terre, et les autres se chafriolent dans les billets de banque. Voilà, mon cher monsieur. Entrez dans les affaires. Que voulez-vous être? cochon, dindon, paillasse ou millionnaire? Réfléchissez à ceci : je vous ai formulé la théorie des emprunts modernes. Venez me voir, vous trouverez un bon garçon toujours jovial. La jovialité française, grave et légère tout à la fois, ne nuit pas aux affaires, au contraire! Des hommes qui trinquent sont bien faits pour se com-

DÉPÔT LÉGAL
Seine

prendre! Allons! encore un verre de vin de Champagne; il est soigné, allez! Ce vin est envoyé par un homme d'Epernay même, à qui j'en ai bien fait vendre, et à bon prix. (J'étais dans les vins.) Il se montre reconnaissant et se souvient de moi dans ma prospérité. C'est rare.

Birotteau, surpris de la légèreté, de l'insouciance de cet homme à qui tout le monde accordait une profondeur étonnante et de la capacité, n'osait plus le questionner. Dans l'excitation brouillonne où l'avait mis le vin de Champagne, il se souvint cependant d'un nom qu'avait prononcé du Tillet, et demanda quel était et où demeurait M. Gobseck, banquier.

— En seriez-vous là, mon cher monsieur? dit Claparon. Gobseck est banquier comme le bourreau de Paris est médecin. Son premier mot est le cinquante pour cent. Il est de l'école d'Harpagon : il tient à votre disposition des serins des Canaries, des boas empaillés, des fourrures en été, du nankin en hiver. Et quelles valeurs lui présenteriez-vous? Pour prendre votre papier nu, il faudrait lui déposer votre femme, votre fille, votre parapluie, tout, jusqu'à votre carton à chapeau, vos socques (vous donnez dans le socque articulé), pelles, pincettes et le bois que vous avez dans vos caves : Gobseck, Gobseck! vertu du malheur! qui vous a indiqué cette guillotine financière?

— Monsieur du Tillet.

— Ah! le drôle, je le reconnais. Nous avons été jadis amis: et si nous sommes brouillés à ne pas nous saluer, croyez que ma répulsion est fondée: il m'a laissé lire au fond de son âme de boue, et il m'a mis mal à mon aise pendant le beau bal que vous nous avez donné. Je ne puis pas le sentir avec son air fat. Parce qu'il a une notairesse! J'aurai des marquises, moi, quand je voudrai, et il n'aura jamais mon estime, lui! Ah! mon estime est une princesse qui ne le gênera jamais dans son lit. Vous êtes un farceur, dites donc, gros père, nous flanquer un bal et deux mois après demander des renouvellements! Vous pouvez aller très-loin. Faisons des affaires ensemble. Vous avez une réputation, elle me servira. Oh! du Tillet était né pour comprendre Gobseck. Du Tillet finira mal sur la place. On le dit le *mouton* de ce vieux Gobseck. Il ne peut pas aller loin. Gobseck est

Claparon, sans perruque et la tête enveloppée d'un foulard mis de travers. — PAGE 47.

dans le coin de sa toile, tapi comme une vieille araignée qui a fait le tour du monde. Tôt ou tard, zut! l'usurier le sifflera comme moi ce verre de vin. Tant mieux! Du Tillet m'a joué un tour... oh! un tour pendable.

Après une heure et demie employée à des bavardages qui n'avaient aucun sens, Birotteau voulut partir en voyant l'ancien commis voyageur prêt à lui raconter l'aventure d'un représentant au commerce à Marseille, amoureux d'une actrice qui jouait le rôle de la BELLE ARSÈNE et que le parterre royaliste sifflait.

— Il se lève, dit Claparon, et se dresse dans sa loge: Artè qui l'a siblée... eu!... Si c'est oune femme, je l'amprise; si c'est oune homme, nous le verrons; si c'est ni l'un ni l'autre, que le troun di Diou le cure!... Savez-vous comment a fini l'aventure?

— Adieu, monsieur, dit Birotteau.

— Vous aurez à venir me voir, lui dit alors Claparon. La première

broche *Cayron* nous est revenue avec protêt et je suis endosseur, j'ai remboursé. Je vais envoyer chez vous, car les affaires avant tout.

Birotteau se sentit atteint aussi avant dans le cœur par cette froide et grimacière obligeance que par la dureté de Keller et par la raillerie allemande de Nucingen. La familiarité de cet homme et ses grotesques confidences allumées par le vin de Champagne avaient flétri l'âme de l'honnête parfumeur, qui crut sortir d'un mauvais lieu financier. Il descendit l'escalier, se trouva dans les rues, sans savoir où il allait. Il continua les boulevards, atteignit la rue Saint-Denis, se souvint de Molineux, et se dirigea vers la cour Batave. Il monta l'escalier sale et tortueux que naguère il avait monté chez Molineux, et se souvint de la mesquine âpreté de Molineux, et il émit d'avoir à l'implorer. Comme lors de la première visite du parfumeur, le propriétaire était au coin de son feu, mais digérant son déjeuner; Birotteau lui formula sa demande.

— Renouveler un effet de douze cents francs? dit Molineux en exprimant une railleuse incrédulité. Vous n'en êtes pas là, monsieur. Si vous n'avez pas douze cents francs pour payer mon billet, vous renverrez donc ma quittance de loyer impayée? Ah! j'en serais fâché, je n'ai pas la moindre politesse en fait d'argent, mes loyers sont mes revenus. Sans cela, avec quoi payerais-je ce que je dois? Un commerçant ne désapprouve pas ce principe salutaire. L'argent ne connaît personne, il n'a pas d'oreilles, l'argent, il n'a pas de cœur, l'argent. L'hiver est rude, voilà le bois renchéri. Si vous ne payez pas le quinze, je sèze un petit commandement à midi. Bah! le bonhomme Mitral, votre huissier, est le mien, il vous enverra son commandement sous enveloppe avec tous les égards dus à votre haute position.

— Monsieur, je n'ai jamais reçu d'assignation pour mon compte, dit Birotteau.

— Il y a commencement à tout, dit Molineux.

Consterné par la dureté du vieillard, le parfumeur fut abattu, il entendit le glas de la faillite tintant à ses oreilles. Chaque tintement réveillait l'idée des choses que sa jurisprudence impitoyable lui avait suggérées. Les opinions se dessinaient en traits de feu sur la molle substance de son cerveau.

— A propos, dit Molineux, vous avez oublié de mettre sur vos effets *valeur reçue en loyers.* ce qui peut conserver mon privilège.

— Ma position me défend de rien faire au détriment de mes créanciers, dit le parfumeur hébété par la vue du précipice entr'ouvert.

— Bon, monsieur, très-bien: je croyais avoir tout appris en matière de location avec messieurs les locataires. J'apprends par vous à ne jamais recevoir d'effets en payement. Ah! je plaiderai, car votre réponse dit assez que vous manquerez à votre signature. L'espèce intéresse tous les propriétaires de Paris.

Birotteau sortit dégoûté de la vie. Il est dans la nature de ces âmes tendres et molles de se rebuter à un premier refus, de même qu'un premier succès les encourage. César n'espéra plus que dans le dévouement du petit Popinot, auquel il pensa naturellement en se trouvant au marché des Innocents.

— Le pauvre enfant! qui m'eût dit cela, quand, il y a six semaines, aux Tuileries, je le lançais?

Il était environ quatre heures, moment où les magistrats quittent le palais. Par hasard, le juge d'instruction était venu voir son neveu. Ce juge, l'un des esprits les plus perspicaces en fait de morale, avait une seconde vue qui lui permettait de voir les intentions secrètes, de reconnaître le sens des actions humaines les plus indifférentes, les germes d'un crime, les racines d'un délit : il regarda Birotteau sans que Birotteau s'en doutât. Le parfumeur, contrarié de trouver l'oncle auprès du neveu, lui parut gêné, embarrassé, préoccupé, pensif. Le petit Popinot, toujours affairé, la plume à l'oreille, fut, comme toujours, à plat ventre devant le père de sa Césarine. Les phrases banales dites par César à son associé parurent au juge être les paravents d'une demande importante. Au lieu de partir, le rusé magistrat resta chez son neveu malgré son neveu, car il avait calculé que le parfumeur essayerait de se débarrasser de lui en se retirant lui-même. Quand Birotteau partit, le juge s'en alla, mais il remarqua Birotteau flânant dans la partie de la rue des Cinq-Diamants qui mène à la rue Aubry-le-Boucher. Cette minime circonstance lui donna des soupçons sur les intentions de César, il sortit alors rue des Lombards, et, quand il eut vu le parfumeur rentré chez Anselme, il y revint promptement.

— Mon cher Popinot, avant de laisser César à son associé, je viens te demander un service.

— Que faut-il faire? dit Popinot avec une généreuse ardeur.

— Ah! tu me sauves la vie! s'écria le bonhomme heureux de cette chaleur de cœur qui se semblait au milieu des glaces où il voyageait depuis vingt-cinq jours. Il faudrait me régler cinquante mille francs en compte sur ma portion de bénéfices; nous nous entendrions pour le payement.

Popinot regarda fixement César, César baissa les yeux. En ce moment, le juge reparut.

— Mon enfant... Ah! pardon, monsieur Birotteau! Mon enfant, j'ai oublié de te dire...

Et, par le geste impérieux de magistrat, le juge attira son neveu dans la rue, où il le força, quoique en veste et tête nue, à l'écouter en marchant vers la rue des Lombards.

— Mon neveu, ton ancien patron pourrait se trouver dans des affaires tellement embarrassées, qu'il lui fallût en venir à déposer son bilan. Avant d'arriver là, les hommes qui comptent quarante ans de probité, les hommes les plus vertueux, dans le désir de conserver leur honneur, imitent les joueurs les plus enragés, ils sont capables de tout : ils vendent leurs femmes, trafiquent de leurs filles, compromettent leurs meilleurs amis, mettent en gage ce qui leur appartient pas; ils vont au jeu, deviennent comédiens, menteurs; ils savent pleurer. Enfin j'ai vu les choses les plus extraordinaires. Toi même qui as été témoin de la bonhomie de Roguin, à qui l'on aurait donné le bon Dieu sans confession. Je n'applique pas ces conclusions rigoureuses à M. Birotteau, je le crois honnête; mais s'il te demandait de faire quoi que ce soit qui fût contraire aux lois du commerce, comme de souscrire des effets de complaisance et de te lancer dans un système de circulations, qui, selon moi, est un commencement de friponnerie, car c'est la fausse monnaie du papier, promets-moi de ne rien signer sans me consulter. Songe que si tu aimes sa fille il ne faut pas, dans l'intérêt même de ta passion, détruire ton avenir. Si M. Birotteau doit tomber, à quoi bon tomber vous deux? N'est-ce pas vous priver l'un et l'autre de toutes les chances de ta maison de commerce, qui sera son refuge?

— Merci, mon oncle : à bon entendeur salut, dit Popinot, à qui la naïve exclamation de son patron lui fut alors expliquée.

Le marchand d'huiles fines et autres rentra dans sa sombre boutique, le front soucieux. Birotteau remarqua ce changement.

— Faites-moi l'honneur de monter dans ma chambre, nous y serons mieux qu'ici. Les commis, quoique très-occupés, pourraient nous entendre.

Birotteau suivit Popinot, en proie aux anxiétés du condamné entre la cassation de son arrêt ou le rejet de son pourvoi.

— Mon cher bienfaiteur, dit Anselme, vous ne doutez pas de mon dévouement, il est aveugle. Permettez-moi seulement de vous demander si cette somme vous sauve entièrement, et si ce n'est pas seulement un retard à quelque catastrophe, et alors à quoi bon m'entraîner? Il vous faut des billets à quatre-vingt-dix jours. Eh bien! dans trois mois, il me sera certes impossible de les payer.

Birotteau, pâle et solennel, se leva, regarda Popinot.

Popinot épouvanté s'écria : — Je les ferai si vous voulez.

— Ingrat! dit le parfumeur, qui usa du reste de ses forces pour jeter ce mot au front d'Anselme comme une image d'infamie.

Birotteau marcha vers la porte et sortit. Popinot, revenu de la sensation que ce mot terrible produisit sur lui, se jeta dans l'escalier, courut dans la rue, mais il ne trouva point le parfumeur. L'amant de Césarine entendit toujours ce formidable arrêt, il eut constamment sous les yeux la figure décomposée du pauvre César; il vécut enfin, comme Hamlet, avec un épouvantable spectre à ses côtés.

Birotteau tourna dans les rues de ce quartier comme un homme ivre. Cependant il finit par se trouver sur le quai, le suivit et alla jusqu'à Sèvres, où il passa la nuit dans une auberge, insensé de douleur. Sa femme effrayée n'osa le faire chercher nulle part. En semblable occurrence, une alarme imprudemment donnée est fatale. La sage Constance immola ses inquiétudes à la réputation commerciale; elle attendit pendant toute la nuit, entremêlant ses prières aux alarmes. César était-il mort? Était-il allé faire quelque course en dehors de Paris, à la piste d'un dernier espoir? Le lendemain matin, elle se conduisit comme si elle connaissait les raisons de cette absence, mais elle manda son oncle et le pria d'aller à la Morgue, en voyant qu'à cinq heures Birotteau n'était pas revenu. Pendant ce temps, la courageuse créature était à son comptoir, sa fille brodait auprès d'elle. Toutes deux, le visage composé, ni triste ni souriant, répondaient au public. Quand Pillerault revint, il revint accompagné de César. Au retour de la Bourse, il l'avait rencontré dans le Palais-Royal, hésitant à monter au jeu. Ce jour était le quatorze. À dîner, César ne put manger : son estomac, trop violemment contracté, rejetait les aliments. L'après-dîner fut encore horrible. Le négociant éprouva, pour la centième fois, une de ces atteintes alternatives d'espoir et de désespoir qui, en faisant monter à l'âme toute la gamme des sensations joyeuses et la précipitant à la dernière des sensations de la douleur, usent ces natures faibles. Derville, avoué de Birotteau, vint et s'élança dans le salon splendide où madame César retenait de tout son pouvoir son pauvre mari, qui voulait aller se coucher au cinquième étage : « pour ne pas voir les monuments de sa folie! » disait-il.

— Le procès est gagné, dit Derville.

À ces mots la physionomie de César se détendit, mais sa joie effraya l'oncle Pillerault et Derville. Les femmes sortirent épouvantées pour aller pleurer dans la chambre de Césarine.

— Je puis emprunter alors! s'écria le parfumeur.

— Ce serait imprudent, dit Derville, ils interjettent appel, la Cour peut réformer le jugement; mais en un mois nous aurons arrêt.

— Un mois!

César tomba dans un assoupissement dont personne ne tenta de le tirer. Cette espèce de catalepsie retournée, pendant laquelle le corps vivait et souffrait, tandis que les fonctions de l'intelligence étaient suspendues, ce répit donné par le hasard fut regardé comme un bienfait de Dieu par Constance, par Césarine, par Pillerault et Derville, qui jugèrent bien Birotteau put ainsi supporter les déchirantes émotions de la nuit. Il était dans une bergère au coin de la cheminée; à l'autre se tenait sa femme, qui l'observait attentivement, un doux sourire sur les lèvres, un de ces sourires qui prouvent que les femmes sont plus près que les hommes de la nature angélique, en ce qu'elles savent mêler une tendresse infinie à la plus entière compassion, secret qui n'appartient qu'aux anges aperçus dans quelques rêves providentiellement semés à de longs intervalles dans la vie humaine. Césarine assise sur un petit tabouret était aux pieds de sa mère, et, frôlant de temps en temps avec sa chevelure les mains de son père en lui faisant une caresse où elle essayait de mettre ses idées que dans les crises la voix rend impuissante.

Assis dans son fauteuil comme le chancelier de l'Hospital est dans le sien au péristyle de la Chambre des députés, Pillerault, ce philosophe prêt à tout, montrait sur sa figure crispée cette intelligence gravée au front des sphinx égyptiens, et causait avec Derville à voix basse. Constance avait pris d'avis de consulter l'avoué, dont la discrétion n'était pas à suspecter; ayant son bilan écrit dans sa tête, elle avait exposé sa situation à l'oreille de Derville. Après une conférence d'une heure environ, tenue sous les yeux du parfumeur hébété, l'avoué hocha la tête en regardant Pillerault.

— Madame, dit l'avoué avec l'horrible sang-froid des gens d'affaires, il faut déposer. En supposant que, par un artifice quelconque, vous arriviez à payer demain, vous devez solder au moins trois cent mille francs avant de pouvoir emprunter sur tous vos terrains. À un pas de cinq cent cinquante mille francs vous opposez un actif très-beau, très-productif, mais si peu réalisable, vous succomberez dans un temps donné. Mon avis est qu'il vaut mieux sauter par la fenêtre que de se laisser rouler dans les escaliers.

— C'est mon avis aussi, mon enfant, dit Pillerault.

Derville fut reconduit par madame César et par Pillerault.

— Pauvre père! dit Césarine qui se leva doucement pour mettre un baiser sur le front de César. Anselme n'a donc rien pu? demanda-t-elle quand son oncle et sa mère revinrent.

— Ingrat! s'écria César frappé par ce nom dans le seul endroit vivant de son souvenir, comme une touche de piano dont le marteau va frapper sa corde.

Depuis le moment où ce mot lui fut jeté comme un anathème, le petit Popinot n'avait pas eu un moment de sommeil, ni un instant de tranquillité. Le malheureux enfant maudissait son oncle, il était allé le trouver. Pour faire capituler cette vieille expérience judiciaire, il avait déployé l'éloquence de l'amour, espérant séduire l'homme sur qui les paroles humaines glissent comme l'eau sur une toile, un juge!

— Commercialement parlant, lui dit-il, l'usage permet à l'associé gérant de régler une certaine somme à l'associé commanditaire par anticipation sur les bénéfices, et notre société doit en réaliser. Tout examen fait de mes affaires, je me sens les reins assez forts pour payer quarante mille francs en trois mois ! La probité de M. César permet de croire que ces quarante mille francs vont être employés à solder ses billets. Ainsi les créanciers, s'il y a faillite, n'auront aucun reproche à nous adresser ! D'ailleurs, mon oncle, j'aime mieux perdre quarante mille francs que de perdre Césarine. Au moment où je vous parle, elle est sans doute instruite de mon refus et va me mésestimer. J'ai promis de donner mon sang pour mon bienfaiteur ! Je suis dans le cas d'un jeune matelot qui doit sombrer en tenant la main de son capitaine, du soldat qui doit périr avec son général.

— Bon cœur et mauvais négociant, tu ne perdras pas mon estime, dit le juge en serrant la main de son neveu. J'ai beaucoup pensé à ceci, reprit-il. Je sais que tu es amoureux fou de Césarine, je crois que tu peux satisfaire aux lois du cœur et aux lois du commerce.

— Ah ! mon oncle, si vous en avez trouvé le moyen, vous me sauvez l'honneur.

— Avance à Birotteau cinquante mille francs en faisant un acte de réméré relatif à ses intérêts dans votre huile, qui est devenue comme une propriété : je te rédigerai l'acte.

Anselme embrassa son oncle, retourna chez lui, fit pour cinquante mille francs d'effets, et courut de la rue des Cinq-Diamants à la place Vendôme ; en sorte qu'au moment où Césarine, sa mère et leur oncle Pillerault regardaient le parfumeur, surpris du ton sépulcral avec lequel il avait prononcé ce mot : lugral ! en réponse à la question de sa fille, la porte du salon s'ouvrit et Popinot parut.

— Mon bien-aimé patron, dit-il en s'essuyant le front baigné de sueur, voilà ce que vous m'avez demandé. Il tendit les billets.

— Oui, j'ai bien étudié ma position, n'ayez aucune peur, je payerai, sauvez, sauvez votre honneur !

— J'étais bien sûre de lui ! s'écria Césarine en saisissant la main de Popinot et la serrant avec une force convulsive.

Madame César embrassa Popinot, le parfumeur se dressa comme un juste entendant la trompette du jugement dernier, il sortait comme d'une tombe. Puis il avança la main par un mouvement frénétique pour saisir les cinquante mille papiers timbrés.

— Un instant, dit le terrible oncle Pillerault en arrachant les billets de Popinot, un instant !

Les quatre personnages qui composaient cette famille, César et sa femme, Césarine et Popinot, étourdis par l'action de leur oncle et par son accent, le regardèrent avec terreur déchirant les billets et les jetant dans le feu qui les consuma, sans qu'aucun d'eux les arrêtât au passage.

— Mon oncle !
— Mon oncle !
— Mon oncle !
— Monsieur !

Ce fut quatre voix, quatre cœurs en un seul, une effrayante unanimité. L'oncle prit le petit Popinot par le cou, le serra sur son cœur et le baisa au front.

— Tu es digne de l'adoration de tous ceux qui ont du cœur, lui dit-il. Si tu aimais ma fille, eût-elle un million, n'eusses-tu rien que ça (il montra les cendres noires des billets), et qu'elle t'aimât, vous seriez mariés dans quinze jours. Ton patron, dit-il en désignant César, est fou. Mon neveu, reprit le grave Pillerault en s'adressant au parfumeur, mon neveu, plus d'illusions : on doit faire les affaires avec des écus et non avec des sentiments. Ceci est sublime, mais inutile. J'ai passé deux heures à la Bourse, tu n'as pas pour deux liards de crédit ; tout le monde parlait de ton désastre, de renouvellements refusés, de tes tentatives auprès de plusieurs banquiers, de tes refus essuyés, six étages montés pour aller trouver un propriétaire bavard comme une pie qui t'a renouvelé douze cents francs, tout a donné pour cacher ta gêne. On va jusqu'à dire que tu n'avais rien chez Roguin. Selon tes ennemis, Roguin est un prétexte. Un de mes amis, chargé de tout apprendre, est venu me confirmer ces soupçons : chacun pressent l'émission des effets Popinot ; tu l'as établi tout exprès pour en faire une planche à billets. Enfin, toutes les calomnies et les médisances que s'attire un homme qui veut monter un bâton de plus à l'échelle sociale roulent à cette heure dans le commerce. Tu colporterais vainement pendant huit jours tes cinquante mille billets de Popinot sur tous les comptoirs ; tu essuierais d'humiliants refus : personne n'en voudrait, on ne prouve le nombre auquel tu les émets, et l'on s'attend à te voir sacrifiant ce pauvre enfant pour ton salut. Tu aurais détruit en pure perte le crédit de la maison Popinot. Sais-tu ce que le plus hardi des escompteurs te donnerait de ces cinquante mille francs ? Vingt mille, vingt mille, entends-tu ? En commerce, il est des instants où il faut tenir devant le monde trois jours sans manger, comme si l'on avait une indigestion, et le quatrième est admis au garde-manger du crédit. Tu ne peux pas vivre ces trois jours, tout est là. Mon pauvre neveu, du courage, il faut déposer ton bilan. Voici Popinot, me voilà, nous allons, aussitôt tes commis couchés, travailler ensemble afin de t'éviter ces angoisses.

— Mon oncle ! dit le parfumeur en joignant les mains.

— César, veux-tu donc arriver à un bilan honteux où il n'y ait pas d'actif ? Ton intérêt chez Popinot te sauve l'honneur.

César, éclairé par ce fatal et dernier jet de lumière, vit enfin l'affreuse vérité dans toute son étendue, il retomba sur sa bergère, de là sur ses genoux, sa raison s'égara, il redevint enfant ; sa femme le crut mourant, elle s'agenouilla pour le relever, mais elle s'unit à lui quand elle lui vit joindre les mains, lever les yeux et réciter avec une componction résignée en présence de son oncle, de sa fille et de Popinot, la sublime prière des catholiques.

— « Notre Père qui êtes aux cieux, que votre nom soit sanctifié, que « votre règne arrive, que votre sainte volonté soit faite dans la terre « comme au ciel, DONNEZ-NOUS NOTRE PAIN QUOTIDIEN, et pardonnez-« nous nos offenses comme nous pardonnons à ceux qui nous ont of-« fensés. Ainsi soit-il. »

Des larmes vinrent aux yeux du stoïque Pillerault. Césarine, accablée, en larmes, avait la tête penchée sur l'épaule de Popinot, pâle et roide comme une statue.

— Descendons, dit l'ancien négociant au jeune homme en lui prenant le bras.

À onze heures et demie, ils laissèrent César aux soins de sa femme et de sa fille. En ce moment Célestin, le premier commis, qui durant ce secret orage avait dirigé la maison, monta dans les appartements et entra au salon. En entendant son pas, Césarine courut lui ouvrir pour qu'il ne vît pas l'abattement du maître.

— Parmi les lettres de ce soir, dit-il, il y en avait une venue de Tours, dont l'adresse était mal mise, ce qui a produit du retard. J'ai pensé qu'elle est du frère de monsieur, et ne l'ai pas ouverte.

— Mon père, cria Césarine, une lettre de mon oncle de Tours.

— Ah ! je suis sauvé, cria César. Mon frère ! mon frère ! dit-il en baisant la lettre.

RÉPONSE DE FRANÇOIS À CÉSAR BIROTTEAU.

Tours, 17 courant.

« Mon bien-aimé frère, ta lettre m'a causé la plus vive affliction. Après l'avoir lue, je suis allé offrir à Dieu le saint sacrifice de la messe à ton intention, en l'intercédant par le sang que son Fils, notre divin Rédempteur, a répandu pour nous, de jeter sur tes peines un regard miséricordieux. Au moment où j'ai prononcé mon oraison Pro meo fratre Cæsare, j'ai eu tes yeux pleins de larmes en pensant à toi, de qui, par malheur, je suis séparé dans les jours où je dois avoir besoin des secours de l'amitié fraternelle. Mais j'ai songé que le sage et vénérable M. Pillerault me remplacera sans doute. Mon cher César, n'oublie pas au milieu de tes chagrins que cette vie est une vie d'épreuves et de passage ; qu'un jour nous serons récompensés d'avoir souffert pour le saint nom de Dieu, pour la sainte Église, pour avoir observé les maximes de l'Évangile et pratiqué la vertu ; autrement les choses de ce monde n'auraient point de sens. Je te redis ces maximes en sachant combien tu es pieux et bon, parce que'il peut arriver aux personnes qui, comme toi, sont jetées dans les orages du monde et lancées sur la mer périlleuse des intérêts humains, de se permettre des blasphèmes dans leurs adversités, emportés qu'ils sont par la douleur. Ne maudis ni les hommes qui te blesseront, ni Dieu qui mêle son sang gré de l'amertume à ta vie. Ne regarde pas la terre, au contraire, lève toujours les yeux au ciel : de là viennent des consolations pour les faibles, là sont les richesses des pauvres, là sont les terreurs du riche... »

— Mais, Birotteau, lui dit sa femme, passe donc cela, et vois s'il nous envoie quelque chose.

— Nous la relirons souvent, reprit le marchand en essuyant ses larmes et en trouvant la lettre d'où sortait un mandat sur le trésor royal. J'étais bien sûr de lui, pauvre frère, dit Birotteau en saisissant le mandat « ..... Je suis allé chez madame de Listomère, reprit-il en lisant et s'interrompant coupé par les pleurs, et, sans lui dire le motif de ma demande, je l'ai priée de me prêter tout ce dont elle pouvait disposer en ma faveur, afin de grossir le fruit de mes économies. Sa générosité m'a permis de compléter une somme de mille francs je te l'adresse par un mandat du receveur général de Tours sur le Trésor. »

— La belle avance ! dit Constance en regardant Césarine.

« En retranchant quelques superfluités dans ma vie, je pourrai rendre en trois ans à madame de Listomère les quatre cents francs qu'elle m'a prêtés. Ainsi ne t'en inquiète pas, mon cher César. Je t'envoie tout ce que je possède dans le monde, en souhaitant que cette somme puisse aider à une heureuse conclusion de tes embarras commerciaux, qui sans doute ne seront que momentanés. Je connais ta délicatesse, et veux aller au-devant des objections. Ne songe ni à me savoir aucun intérêt de cette somme, ni à me la rendre dans un jour de prospérité qui ne tardera pas à se lever pour toi, si Dieu daigne entendre les prières que je lui adresserai journellement. D'après ta dernière, reçue il y a deux ans, je te croyais riche, et pensais pouvoir disposer de mes économies en faveur des pauvres ; mais maintenant tout ce qui m'appartient. Quand tu auras surmonté ce grain passager de ta navigation, garde encore cette somme pour ma nièce Césarine, afin que, lors de son établissement, elle puisse l'employer à quelque bagatelle qui lui rappelle un vieil oncle dont les mains se lèveront toujours au ciel pour demander à Dieu de répandre ses bénédictions sur elle et sur tous ceux qui lui seront chers. Enfin, mon cher César, songe que je suis un pauvre prêtre qui va à la grâce de Dieu comme les alouettes des champs, marchant dans mon sentier, sans bruit, tâchant d'obéir aux commandements de notre divin Sauveur, et à qui conséquemment il faut peu de chose. Ainsi, n'aie pas le moindre scrupule dans la circonstance difficile où tu te trouves, et pense à moi comme à quelqu'un qui t'aime tendrement. Notre excellent abbé Chapeloud, auquel je n'ai point dit ta situation, et qui sait que je t'écris, m'a chargé de te transmettre les plus aimables choses pour toutes les personnes de la famille, et te souhaite la continuation de tes prospérités. Adieu, cher et bien-aimé frère, je fais des vœux pour que, dans les conjonctures où tu te trouves, Dieu te fasse la grâce de te conserver en bonne santé, toi, ta femme et ta fille ; je vous souhaite à tous patience et courage en vos adversités.

« FRANÇOIS BIROTTEAU,
« Prêtre, vicaire de l'église cathédrale et paroissiale de Saint-Gatien de Tours »

— Mille francs ! dit madame Birotteau furieuse. — Serre-les, dit gravement César, il n'a que cela. D'ailleurs ils sont à notre fille, et doivent nous faire vivre sans rien demander à nos créanciers. — Ils croiront que tu leur as soustrait des sommes importantes. — Je leur montrerai la lettre. — Ils diront que c'est une frime. — Mon Dieu, mon Dieu ! cria Birotteau terrifié. J'ai pensé cela de pauvres gens qui sans doute étaient dans la situation où je me trouve.

Trop inquiètes de l'état où se trouvait César, la mère et la fille travaillèrent à l'aiguille auprès de lui, dans un profond silence. A deux heures du matin, Popinot ouvrit doucement la porte du salon et fit signe à madame César de descendre. En la voyant, son oncle ôta ses besicles.

— Mon enfant, il y a de l'espoir, lui dit-il, tout n'est pas perdu ; mais ton mari ne résisterait pas aux alternatives des négociations à faire, et qu'Anselme et moi nous allons tenter. Ne quitte pas ton magasin demain, et prends toutes les adresses des billets ; nous avons jusqu'à quatre heures. Voici mon idée. Ni M. Ragon ni moi ne sommes à craindre. Supposez maintenant que vos cent mille francs déposés chez Roguin aient été remis aux acquéreurs, vous les auriez ou plus que vous ne les avez aujourd'hui. Vous êtes en présence de cent quarante mille francs souscrits à Claparon, que vous deviez toujours payer en tout état de cause ; ainsi ce n'est pas la banqueroute de Roguin qui vous ruine. Je vois pour faire face à vos obligations quarante mille francs à emprunter tôt ou tard sur vos fabriques et soixante mille francs d'effets Popinot. On peut donc lutter, car après vous pourrez emprunter sur les terrains de la Madeleine si votre principal créancier consent à vous aider, je ne regarderai pas à ma fortune, je vendrai mes rentes, je serai sans pain. Popinot sera entre la vie et la mort ; quant à vous, vous serez à la merci du plus petit événement commercial. Mais l'huile rendra sans doute de grands bénéfices. Popinot et moi nous venons de nous consulter, nous vous soutiendrons dans cette lutte. Ah ! je mangerai bien gaîment mon pain sec si le succès dépend de l'horizon. Mais tout dépend de Gigonnet et des associés Claparon. Popinot et moi nous irons chez Gigonnet de sept à huit heures, et nous saurons à quoi nous en tenir sur leurs intentions.

Constance se jeta tout éperdue dans les bras de son oncle, sans autre voix que des larmes et des sanglots. Ni Popinot ni Pillerault ne pouvaient savoir que Bidault dit Gigonnet, et Claparon étaient du Tillet sous une double forme, que du Tillet voulait lire dans les Petites-Affiches ce terrible article :

« Jugement du tribunal de commerce qui déclare le sieur César Birotteau, marchand parfumeur, demeurant à Paris, rue Saint-Honoré, n° 597, en état de faillite, en fixe provisoirement l'ouverture au 16 janvier 1819. Juge commissaire, M. Gobenheim-Keller. Agent, M. Molineux. »

Anselme et Pillerault étudièrent jusqu'au jour les affaires de César. A huit heures du matin, ces deux héroïques amis, l'un vieux soldat, l'autre sous-lieutenant d'hier, qui ne devaient jamais connaître que par procuration les terribles angoisses de ceux qui avaient monté l'escalier de Bidault dit Gigonnet, s'acheminèrent sans se dire un mot vers la rue Grenétat. Ils souffraient. A plusieurs reprises, Pillerault passa sa main sur son front.

La rue Grenétat est une rue où toutes les maisons, envahies par une multitude de commerces, offrent un aspect repoussant ; les constructions y ont un caractère horrible, l'ignoble malpropreté des fabriques y domine. Le vieux Gigonnet habitait le troisième étage d'une maison dont les fenêtres étaient à bascule et à petit carreaux sales. Son escalier descendait jusque sur la rue. Sa portière était logée à l'entresol, dans une cage qui ne tirait son jour que de l'escalier et d'une échappée sur la rue. Excepté Gigonnet, tous les locataires exerçaient un état. Il venait, il sortait continuellement des ouvriers. Les marches étaient donc revêtues d'une couche de boue dure ou molle, au gré de l'atmosphère, et où séjournaient des immondices. Sur ce fétide escalier, chaque palier offrait aux yeux les noms du fabricant écrits en or sur une tôle peinte en rouge et vernie, avec des

échantillons de ses chefs-d'œuvre. La plupart du temps, les portes ouvertes laissaient voir la bizarre union du ménage et de la fabrique ; il s'en échappait des cris et des grognements inouïs, des chants, des sifflements qui rappelaient l'heure de quatre heures chez les animaux du Jardin des Plantes. Au premier se faisaient, dans un taudis infect, les plus belles bretelles de l'article Paris. Au second se confectionnaient, au milieu des plus sales ordures, les plus élégants cartonnages qui parent au jour de l'an les montres de Susse. Gigonnet mourut riche de dix-huit cent mille francs dans le troisième de cette maison, sans qu'aucune considération eût pu l'en faire sortir, malgré l'offre de madame Saillard, sa nièce, de lui donner un appartement dans un hôtel de la place Royale.

— Du courage ! dit Pillerault en tirant le pied de biche pendu par un cordon à la porte grise et propre de Gigonnet.

Gigonnet vint ouvrir lui-même, et les deux parrains du parfumeur, en lice dans le champ des faillites, traversèrent une première chambre correcte et froide, sans rideaux aux croisées. Tous trois s'assirent dans la seconde, où se tenait l'escompteur devant un foyer plein de cendres au milieu desquelles le bois se défendait contre le feu. Popinot eut l'âme glacée par le cartous verts de l'usurier, par la rigidité monastique de ce cabinet aéré comme une cave ; il regarda d'un air hébété le petit papier bleuâtre semé de fleurs tricolores collé sur les murs depuis vingt-cinq ans, et reporta ses yeux attristés sur la cheminée ornée d'une pendule en forme de lyre, et de vases oblongs en bleu de Sèvres richement montés en cuivre doré. Cette épave, ramassée par Gigonnet dans le naufrage de Versailles où la populace brisa tout, venait du boudoir de la reine : elle était accompagnée de deux chandeliers du plus misérable modèle en fer battu.

— Je sais que vous ne pouvez pas venir pour vous, dit Gigonnet, mais pour le grand Birotteau. Eh bien ! qu'y a-t-il, mes amis ?

— Je sais qu'on ne vous apprend rien, ainsi nous serons brefs, dit Pillerault : vous avez des effets ordre Claparon ? — Oui. — Voulez-vous échanger les cinquante premiers mille contre des effets de M. Popinot que voici, moyennant escompte, bien entendu ?

Gigonnet ôta sa terrible casquette verte qui semblait née avec lui, montra son crâne couleur beurre frais dénué de cheveux, fit sa grimace voltairienne et dit : — Vous voulez me payer en huile pour les cheveux, quéque j'en ferais ? — Quand vous plaisantez, il n'y a qu'à tirer ses greignes, dit Pillerault. — Vous parlez comme un sage que vous êtes, lui dit Gigonnet avec un sourire flatteur. — Eh bien ! si j'endossais les effets de M. Popinot ? dit Pillerault, en faisant un dernier effort. — Vous êtes de l'or en barre, monsieur Pillerault, mais je n'ai pas besoin d'or, il me faut seulement mon argent.

Pillerault et Popinot saluèrent et sortirent. Au bas de l'escalier, les jambes de Popinot tremblaient encore sous lui.

— Est-ce un homme ? dit-il à Pillerault. — On le prétend, fit le vieillard. Souviens-toi toujours de cette courte séance, Anselme ! Tu viens de voir la banque sans la mascarade de ses formes agréables. Les événements imprévus sont la vis du pressoir, nous sommes le raisin, et les banquiers sont les tonneaux. L'affaire des terrains est sans doute bonne, Gigonnet veut étrangler César pour se revêtir de sa peau : tout est dit, il n'y a plus de remède. Voilà la banque, n'y recours jamais.

Après cette affreuse matinée où, pour la première fois, madame Birotteau prit les adresses de ceux qui venaient chercher leur argent et renvoya le garçon de la Banque sans le payer, à onze heures, cette courageuse femme, heureuse d'avoir sauvé ces douleurs à son mari, vit revenir Anselme et Pillerault qu'elle attendait en proie à de croissantes anxiétés : elle lut sa sentence sur leurs visages. Le dépôt était inévitable.

— Il va mourir de douleur, dit la pauvre femme. — Je le lui souhaite, dit gravement Pillerault ; mais il est si religieux que, dans les circonstances actuelles, son directeur, l'abbé Loraux, peut seul le sauver.

Pillerault, Popinot et Constance, attendirent qu'un commis fût allé chercher l'abbé Loraux avant de présenter le bilan que Célestin préparait à la signature de César. Les commis étaient au désespoir, ils aimaient leur patron. A quatre heures, le bon prêtre arriva, Constance lui mit au fait du malheur qui fondait sur eux, et l'abbé monta comme un soldat monte à la brèche.

— Je sais pourquoi vous venez, s'écria Birotteau. — Mon fils, dit le prêtre, vos sentiments de résignation à la volonté divine me sont depuis longtemps connus : mais il s'agit de les appliquer : ayez toujours les yeux sur la croix, ne cessez de la regarder en pensant aux humiliations dont le Sauveur des hommes fut abreuvé, combien sa passion fut cruelle, vous pourrez supporter ainsi les mortifications que Dieu vous envoie — Mon frère l'abbé m'avait déjà préparé, dit César en lui montrant la lettre qu'il avait relue et qu'il tendait à son confesseur. — Vous avez un bon frère, dit M. Loraux, une épouse vertueuse et douce, une tendre fille, deux vrais amis, votre oncle et le cher Anselme, deux créanciers indulgents, les Ragon, ces bons cœurs verseront incessamment du baume sur vos blessures et vous aideront à porter votre croix. Promettez-moi d'avoir la fermeté d'un martyr, d'envisager le coup sans défaillir.

L'abbé toussa pour prévenir Pillerault, qui était dans le salon.

— Ma résignation est sans bornes, dit César avec calme. Le déshonneur est venu, je songe à la réparation.

La voix du pauvre parfumeur et son air surprirent Césarine et le prêtre. Cependant rien n'était plus naturel. Tous les hommes supportent mieux un malheur connu, défini, que les cruelles alternatives d'un sort qui, d'un instant à l'autre, apporte ou la joie excessive ou l'extrême douleur.

— J'ai rêvé pendant vingt-deux ans, je me réveille aujourd'hui mon gourdin à la main, dit César, redevenu paysan tourangeau.

En entendant ces mots, Pillerault serra son neveu dans ses bras. César aperçut sa femme, Anselme et Célestin. Les papiers que tenait le premier commis étaient bien significatifs. César contempla tranquillement ce groupe, où tous les regards étaient tristes, mais amis.

— Un moment! dit-il en détachant sa croix, qu'il tendit à l'abbé Loraux. Vous me la rendrez quand je pourrai la porter sans honte. Célestin, ajouta-t-il en s'adressant à son commis, écrivez ma démission d'adjoint. M. l'abbé vous dictera la lettre, vous la daterez du 14, et la ferez porter chez M. de la Billardière par Raguet.

Célestin et l'abbé Loraux descendirent. Pendant environ un quart d'heure, un profond silence régna dans le cabinet de César. Sa fermeté surprenait sa famille. Célestin et l'abbé revinrent, César signa sa démission. Quand l'oncle Pillerault lui présenta le bilan, le pauvre homme ne put réprimer un horrible mouvement nerveux.

— Mon Dieu! ayez pitié de moi, dit-il en signant la terrible pièce, et la tendant à Célestin.

— Monsieur, dit alors Anselme Popinot, sur le front nuageux duquel il passa un lumineux éclair, madame, faites-moi l'honneur de m'accorder la main de mademoiselle Césarine.

A cette phrase, tous les assistants eurent des larmes aux yeux, excepté César, qui se leva, prit la main d'Anselme, et, d'une voix creuse, lui dit : — Mon enfant, tu n'épouseras jamais la fille d'un failli.

Anselme regarda fixement Birotteau, et lui dit : — Monsieur, vous engagez-vous, en présence de toute votre famille, à consentir à notre mariage, si mademoiselle m'agrée pour mari, le jour où vous serez relevé de votre faillite?

Il y eut un moment de silence pendant lequel chacun fut ému par les sensations qui se peignirent sur le visage affaissé du parfumeur.

— Oui, dit-il enfin.

Anselme fit un indicible geste pour prendre la main de Césarine, qui la lui tendit, et il la baisa.

— Vous consentez aussi? demanda-t-il à Césarine.

— Oui, dit elle.

— Je suis donc enfin de la famille, j'ai le droit de m'occuper de ses affaires, dit-il avec une expression bizarre.

Anselme sortit précipitamment pour ne pas montrer une joie qui contrastait trop avec la douleur de son patron. Anselme n'était pas précisément heureux de la faillite, mais l'amour est si absolu, si égoïste! Césarine elle-même sentait en son cœur une émotion qui contrariait son amère tristesse.

— Puisque nous y sommes, dit Pillerault à l'oreille de Césarine, frappons tous les coups.

Madame Birotteau laissa échapper un signe de douleur et non d'assentiment.

— Mon neveu, dit Pillerault en s'adressant à César, que comptes-tu faire?

— Continuer le commerce.

— Ce n'est pas mon avis, dit Pillerault. Liquide et distribue ton actif à tes créanciers, ne reparais plus sur la place de Paris. Je me suis souvent supposé dans une position analogue à la tienne... (Ah! il faut tout prévoir dans le commerce!) le négociant qui ne pense pas à la faillite est comme un général qui compterait à n'être jamais battu, il n'est négociant qu'à demi.) Moi, je n'aurais jamais continué. Comment! toujours rougir devant des hommes à qui j'aurais fait tort, recevoir leurs regards défiants et leurs tacites reproches? Je conçois la guillotine!... un instant, et tout est fini. Mais avoir une tête qui renaît, et la sentir couper tous les jours, est un supplice auquel je me serais soustrait. Beaucoup de gens reprennent les affaires comme si rien ne leur était arrivé, tant mieux! ils sont plus forts que Claude-Joseph Pillerault. Si vous faites au comptant, et vous y êtes obligé, on dit que vous avez su vous ménager des ressources; si vous êtes sans le sou, vous ne pouvez jamais vous relever. Bonsoir! Abandonne ton actif, laisse vendre ton fonds, et fais autre chose.

— Mais quoi? dit César.

— Eh! dit Pillerault, cherche une place. N'as-tu pas des protections? Le duc et la duchesse de Lenoncourt, madame de Mortsauf, M. de Vandenesse; écris-leur, vois-les, ils te caseront dans la maison du roi avec quelque millier d'écus; ta femme en gagnera bien autant,

ta fille peut-être aussi. La position n'est pas désespérée. A vous trois, vous réunirez près de dix mille francs par an. En dix ans, tu peux payer cent mille francs, car tu ne prendras rien sur ce que vous gagnerez : tes deux femmes auront quinze cents francs chez moi pour leurs dépenses, et, quant à toi, nous verrons!

Constance, et non César, médita ces sages paroles. Pillerault se dirigea vers la Bourse, qui se tenait alors sous une construction provisoire en planches et en pans de bois, formant une salle ronde où l'on entrait par la rue Feydeau. La faillite du parfumeur en vue et bientôt déclarée, excitait une rumeur générale dans le haut commerce alors constitutionnel. Les commerçants libéraux voyaient dans la fête de Birotteau une audacieuse entreprise sur leurs sentiments. Les gens de l'opposition voulaient avoir le monopole de l'amour du pays. Permis aux royalistes d'aimer le roi, mais aimer la patrie était le privilège de la gauche : le peuple lui appartient. Le pouvoir avait eu tort de se réjouir, par ses organes, d'un événement dont les libéraux voulaient l'exploitation exclusive. La chute d'un protégé du château, d'un ministériel, d'un royaliste incorrigible, qui, le 13 vendémiaire, insultait la liberté en se battant contre la glorieuse révolution française, cette chute excitait les cancans et les applaudissements de la Bourse. Pillerault voulait connaître, étudier l'opinion. Il trouva, dans la fête des groupes les plus animés, du Tillet, Gobenheim-Keller, Nucingen, le vieux Guillaume et son gendre Joseph Lebas, Claparon, Gigonnet, Mongenod, Camusot, Gobseck, Adolphe Keller, Palma, Chiffreville, Matifat, Grindot et Lourdois.

— Eh bien! quelle prudence ne faut-il pas, dit Gobenheim à du Tillet, il n'a tenu qu'à un fil que mes beaux-pères n'accordassent un crédit à Birotteau!

— Moi, j'y suis de dix mille francs qu'il m'a demandés il y a quinze jours, je les lui ai donnés sur sa simple signature, dit du Tillet. Mais il m'a jadis obligé, je les perdrai sans regret.

— Il a fait comme tous les autres, votre neveu, dit Lourdois à Pillerault, il a donné des fêtes! Qu'un fripon essaye de jeter de la poudre aux yeux pour stimuler la confiance, je le conçois; mais un homme qui passait pour la crème des honnêtes gens recourir aux rouerics de ce vieux charlatanisme, auquel nous prenons toujours!

— Comme des bêtes, dit Gobseck.

— N'ayez confiance qu'à ceux qui vivent dans des bouges, comme Claparon, dit Gigonnet.

— Hé pien, dit le gros baron Nucingen à du Tillet, fous afez fouli meu chouer eine tire hau m'enfoyant Pirodtôt. Che ne sais bas birquoi, dit-il se tournant vers Gobenheim, le manufacturier, et n'a bas enfoyé brendre chez moi zinguande mille francs, chez lui les aurais remise.

— Oh! non, dit Joseph Lebas, monsieur le baron. Vous deviez bien savoir que la Banque avait refusé son papier, vous l'avez fait rejeter dans le comité d'escompte. L'affaire de ce pauvre homme, pour qui je professe encore une haute estime, offre des circonstances singulières.

La main de Pillerault serrait celle de Joseph Lebas.

— Il est impossible, en effet, dit Mongenod, d'expliquer ce qui arrive, à moins de croire qu'il y ait, caché derrière Gigonnet, des banquiers qui veulent tuer l'affaire de la Madeleine.

— Il lui arrive ce qui arrivera toujours à ceux qui sortent de leur spécialité, dit Claparon en interrompant Mongenod. S'il avait monté lui-même son Huile céphalique au lieu de venir nous renchérir les terrains dans Paris en se jetant dessus, il aurait perdu ses cent mille francs chez Roguin, mais il n'aurait pas failli. Il va travailler sous le nom de Popinot.

— Attention à Popinot! dit Gigonnet.

Roguin, selon cette masse de négociants, était l'infortuné Roguin, le parfumeur était ce pauvre Birotteau. L'un semblait excusé par une grande passion, l'autre semblait plus coupable à cause de ses prétentions. En quittant la Bourse, Gigonnet passa la rue Perrin-Gasselin avant de revenir rue Grenétat, et vint chez madame Madou, la marchande de fruits secs.

— Ma grosse mère, lui dit-il avec sa cruelle bonhomie, eh bien! comment va notre petit commerce?

— A la douce, dit respectueusement madame Madou en présentant son unique fauteuil à l'usurier avec une affectueuse servilité qu'elle n'avait que pour son le cher défunt.

La mère Madou, qui jetait à terre un charretier récalcitrant ou trop badin, qui n'eût pas craint d'aller à l'assaut des Tuileries au dix octobre, qui goguenardait les meilleures pratiques, capable enfin de porter sans trembler la parole au roi au nom des dames de la Halle, Angélique Madou recevait Gigonnet avec un profond respect. Sans force en sa présence, elle frissonnait sous son regard âpre. Les gens du peuple trembleront encore longtemps devant le bourreau : Gigonnet était le bourreau du commerce. A la Halle, nul pouvoir n'est plus respecté que celui de l'homme qui fait le cours de l'argent. Les autres institutions humaines ne sont rien auprès. La justice elle-même se traduit aux yeux de la Halle par le commissaire, personnage avec lequel elle se familiarise. Mais l'usure assise derrière ses cartons verts, l'usure implorée la crainte dans le cœur, dessèche la plaisanterie, altère le gosier, abat la fierté du regard et rend le peuple respectueux.

— Est-ce que vous avez quelque chose à me demander? dit elle
— Un rien, une misère, tenez-vous prête à rembourser les effets Birotteau, le bonhomme a fait faillite, tout devient exigible, je vous enverrai le compte demain matin.

Les yeux de madame Madou se concentrèrent d'abord comme ceux d'une chatte, puis vomirent des flammes.

— Ah! le gueux! ah! le scélérat! il est venu lui-même ici me dire qu'il était adjoint, me monter des couleurs! Matigot, ça va comme ça, le commerce! Il n'y a plus de foi chez les maires, le gouvernement nous trompe. Attendez, je vais aller me faire payer, moi...

— Eh! dans ces affaires-là, chacun s'en tire comme il peut, chère enfant! dit Gigonnet en levant sa jambe par ce petit mouvement sec semblable à celui d'un chat qui veut passer un endroit mouillé, et auquel il devait son nom. Il y a de gros bonnets qui pensent à retirer leur épingle du jeu.

— Bon! bon! je vais retirer ma noisette. Marie-Jeanne! mes socques et mon cachemire de poil de lapin : et vite, ou je te réchauffe la joue par une giroflée à cinq feuilles.

— Ça va s'échauffer dans le haut de la rue, se dit Gigonnet en se frottant les mains. Du Tillet sera content, il y aura du scandale dans le quartier. Je ne sais pas ce que lui a fait ce pauvre diable de parfumeur, moi j'en ai pitié comme d'un chien qui se casse la patte. Ce n'est pas un homme, il n'est pas de force

Madame Madou déboucha, comme une insurrection, du faubourg Saint-Antoine, sur les sept heures du soir à la porte du pauvre Birotteau, qu'elle ouvrit avec une excessive violence, car la marche avait encore animé ses esprits.

— Tas de vermine, il me faut mon argent, je veux mon argent! Vous me donnerez mon argent, ou je vais emporter des sachets, des brin-borious de satin, des éventails, enfin de la marchandise pour mes deux mille francs! A-t-on jamais vu des maires voler les administrés! Si vous ne me payez pas, je l'envoie aux galères, je vais chez le procureur du roi, le tremblement de la justice ira son train! Enfin, je ne sors pas d'ici sans ma monnaie.

Elle fit mine de lever les glaces d'une armoire où étaient des objets précieux.

— La Madou prend, dit à voix basse Célestin à son voisin.

La marchande entendit le mot, dans ces paroxysmes de passion les organes s'oblitèrent ou se perfectionnent selon les constitutions, elle appliqua sur l'oreille de Célestin la plus vigoureuse tape qui se fût donnée dans un magasin de parfumerie.

— Apprends à respecter les femmes, mon ange, dit-elle, et à ne pas chiffonner le nom de ceux que tu voles.

— Madame, dit madame Birotteau sortant de l'arrière-boutique où se trouvait par hasard son mari, que l'oncle Pillerault voulait emmener, et qui, pour obéir à la loi, poussait l'humilité jusqu'à vouloir se laisser mettre en prison; madame, au nom du ciel, n'ameutez pas les passants.

— Eh! qu'ils entrent, dit la femme, je leur y dirai la chose, histoire de rire! Oui, ma marchandise et mes écus ramassés à la sueur de mon front servent à donner vos bals. Enfin, vous allez vêtue comme une reine de France avec la laine que vous prenez à des pauvres igneaux comme moi! Jésus! ça me brûlerait les épaules, à moi, du bien volé, je n'ai que du poil de lapin sur ma carcasse, mais il est à moi! Brigands de voleurs, mon argent, ou...

Elle sauta sur une jolie boîte en marqueterie où étaient de précieux objets de toilette.

— Laissez cela, madame, dit César en se montrant, rien ici n'est à moi, tout appartient à mes créanciers. Je n'ai plus que ma personne, et si vous voulez vous en emparer, me mettre en prison, je vous donne ma parole d'honneur (une larme sortit de ses yeux) que j'attendrai votre huissier et ses recors...

Le ton et le geste en harmonie avec l'action firent tomber la colère de madame Madou.

— Mes fonds ont été emportés par un notaire, et je suis innocent des désastres que je cause, reprit César; mais vous serez payée avec le temps, dussé-je mourir à la peine et travailler comme un manœuvre, à la Halle, en prenant l'état de porteur. — Allons, vous êtes un brave homme, dit la femme de la Halle. Pardon de mes paroles, madame; mais faut donc que je me jette à l'eau, car Gigonnet va me poursuivre, et je n'ai que des valeurs à dix mois pour rembourser vos damnés billets. — Venez me trouver demain matin, dit Pillerault en se montrant, je vous arrangerai votre affaire à cinq pour cent, chez un de mes amis. — Quien! c'est le brave père Pillerault. Eh! mais, il est votre oncle, dit-elle à Constance. Allons, vous êtes d'honnêtes gens, je ne perdrai rien, est-ce pas? A demain, vieux, dit-elle à l'ancien quincailler.

César voulut absolument demeurer au milieu de ses ruines, en disant qu'il s'expliquerait ainsi avec tous ses créanciers. Malgré les supplications de sa nièce, l'oncle Pillerault approuva César, et le fit remonter chez lui. Le rusé vieillard courut chez M Haudry, lui expliqua la position de Birotteau, obtint une ordonnance pour une potion somnifère, l'alla commander, et revint passer la soirée chez son neveu. De concert avec Césarine, il contraignit César à boire comme eux. Le narcotique endormit le parfumeur, qui se réveilla, quatorze heures après, dans la chambre de son oncle Pillerault, rue des Bourdonnais, emprisonné par le vieillard, qui couchait, lui, sur un lit de sangle dans son salon. Quand Constance entendit rouler le fiacre dans lequel son oncle Pillerault emmenait César, son courage l'abandonna. Souvent nos forces sont stimulées par la nécessité de soutenir un être plus faible que nous. La pauvre femme pleura de se trouver seule chez elle avec sa fille, comme elle aurait pleuré César mort.

— Maman, dit Césarine en s'asseyant sur les genoux de sa mère, et la caressant avec ces grâces chattes que les femmes ne déploient bien qu'entre elles, tu m'as dit que si je prenais bravement mon parti, tu trouverais de la force contre l'adversité. Ne pleure donc pas, ma chère mère. Je suis prête à entrer dans quelque magasin, et je ne penserai plus à ce que nous étions. Je serai comme toi dans ta jeunesse, une première demoiselle, et tu n'entendras jamais une plainte ni un regret. J'ai une espérance. N'as-tu pas entendu M. Popinot? — Le cher enfant, il ne sera pas mon gendre .. — Oh! maman... — Il sera véritablement mon fils. — Le malheur, dit Césarine en embrassant sa mère, a cela de bon qu'il nous apprend à connaître nos vrais amis.

Césarine finit par adoucir le chagrin de la pauvre femme en jouant auprès d'elle le rôle d'une mère. Le lendemain matin, Constance alla chez le duc de Lenoncourt, un des premiers gentilshommes de la chambre du roi, et y laissa une lettre par laquelle elle lui demandait une audience à une certaine heure de la journée. Dans l'intervalle, elle vint chez M. de la Billardière, lui exposa la situation où la fuite du notaire mettait César, le pria de l'appuyer auprès du duc, et de parler pour elle, ayant peur de mal s'expliquer. Elle voulait une place pour Birotteau. Birotteau serait le caissier le plus probe, s'il y avait à distinguer dans la probité.

— Le roi vient de nommer le comte de Fontaine à une direction générale dans le ministère de sa maison, il n'y a pas de temps à perdre.

A deux heures, la Billardière et madame César montaient le grand escalier de l'hôtel de Lenoncourt, rue Saint-Dominique, et furent introduits chez celui de ces gentilshommes que le roi préférait, si tant est que le roi Louis XVIII ait eu des préférences. Le gracieux accueil de ce grand seigneur, qui appartenait au petit nombre des vrais gentilshommes que le siècle précédent a légués à celui-ci, donna de l'espoir à madame César. La femme du parfumeur se montra grande et simple dans la douleur. La douleur ennoblit les personnes les plus vulgaires, car elle a sa grandeur, et pour en recevoir du lustre il suffit d'être vrai. Constance était une femme essentiellement vraie. Il s'agissait de parler au roi promptement. Au milieu de la conférence, on annonça M. de Vandenesse, et le duc s'écria : — Voilà votre sauveur! Madame Birotteau n'étant pas inconnue à ce jeune homme, venu chez elle une ou deux fois pour y demander de ces bagatelles souvent aussi importantes que de grandes choses. Le duc expliqua les intentions de la Billardière. En apprenant le malheur qui accablait le filleul de la marquise d'Uxelles, Vandenesse alla sur-le-champ avec la Billardière chez le comte de Fontaine, en priant madame Birotteau de l'attendre. M. le comte de Fontaine était, comme la Billardière, un de ces braves gentilshommes de province, héros presque inconnus qui firent la Vendée. Birotteau ne lui était pas étranger, il l'avait vu jadis à la Reine des Roses. Les gens qui avaient répandu leur sang pour la cause royale jouissaient à cette époque de privilèges que le roi tenait secrets pour ne pas effaroucher les libéraux. M. de Fontaine, un des favoris de Louis XVIII, passait pour être dans toute sa confidence. Non seulement le comte promit positivement une place, mais il vint chez le duc de Lenoncourt, alors de service, pour le prier de lui obtenir un moment d'audience dans une soirée, et de demander pour la Billardière une audience de Monsieur, qui aimait particulièrement cet ancien diplomate vendéen. Le soir même, M. le comte de Fontaine alla des Tuileries chez madame Birotteau lui annoncer que son mari serait, après son concordat, officiellement nommé à une place de deux mille cinq cents francs à la caisse d'amortissement, tous les services de la maison du roi se trouvant alors chargés de nobles surnuméraires auxquels on avait pris des engagements. Ce succès n'était qu'une partie de la tâche de madame Birotteau. La pauvre femme alla rue Saint-Denis, au Chat qui pelote, trouver Joseph Lebas. Pendant cette course, elle rencontra dans un brillant équipage madame Roguin, qui sans doute faisait des emplettes. Ses yeux et ceux de la belle notaresse se croisèrent. La honte que la femme heureuse ne put réprimer en voyant la femme ruinée donna du courage à Constance.

— Jamais je ne roulerai carrosse avec le bien d'autrui, se dit-elle.

Bien reçue par Joseph Lebas, elle le pria de procurer à sa fille une place dans une maison de commerce respectable. Lebas ne promit rien; mais huit jours après Césarine eut la table, le logement et mille écus dans la plus riche maison de nouveautés de Paris, qui fondait un nouvel établissement dans le quartier des Italiens. La caisse et la surveillance du magasin étaient confiées à la fille du parfumeur, qui, placée au-dessus de la première demoiselle, remplaçait le maître et la maîtresse de la maison. Quant à madame César elle alla le jour même chez Popinot lui demander de tenir chez lui la caisse, les écritures et le ménage. Popinot comprit que sa maison était la seule où la femme du parfumeur pourrait trouver les respects qui lui étaient dus et une position sans infériorité. Le noble enfant lui donna trois mille francs par an, la nourriture, son logement, qu'il fit arranger, et prit pour lui la mansarde d'un commis. Ainsi la belle parfumeuse, après avoir joui pendant un mois des somptuosités de son appartement, dut habiter l'effroyable chambre ayant vue sur la cour obscure et humide, où Gaudissart, Anselme et Finot avaient inauguré l'huile céphalique.

Quand Molineux, nommé agent par le tribunal de commerce, vint prendre possession de l'actif de César Birotteau, Constance, aidée par Célestin, vérifia l'inventaire avec lui. Puis la mère et la fille sortirent, à pied, dans une mise simple, et allèrent chez leur oncle Pillerault sans retourner la tête, après avoir demeuré dans cette maison le tiers de leur vie. Elles cheminèrent en silence vers la rue des Bourdonnais, où elles dînèrent avec César pour la première fois depuis leur séparation. Ce fut un triste dîner. Chacun avait eu le temps de faire ses réflexions, de mesurer l'étendue de ses obligations et de sonder son courage. Tous trois étaient comme des matelots prêts à lutter avec le mauvais temps, sans se dissimuler le danger. Birotteau reprit courage en apprenant avec quelle sollicitude de grands personnages lui avaient arrangé son sort; mais il pleura quand il sut ce qu'allait devenir sa fille. Puis, il tendit sa main à sa femme en voyant le courage avec lequel elle recommençait la vie. L'oncle Pillerault eut pour la dernière fois de sa vie les yeux mouillés à l'aspect du touchant tableau de ces trois êtres unis, confondus dans un embrassement au milieu duquel Birotteau, le plus faible des trois, le plus abattu, leva la main en disant : Espérons !

— Pour économiser, dit l'oncle, tu logeras avec moi, garde ma chambre et partage mon pain. Il y a longtemps que je m'ennuie d'être seul, tu me remplaceras ma pauvre enfant que j'ai perdu. D'ici, tu n'auras qu'un pas pour aller, rue de l'Oratoire, à la caisse. — Dieu de bonté ! s'écria Birotteau, au fort de l'orage une étoile me guide.

En se résignant, le malheureux consomma son malheur. La chute de Birotteau se trouvait dès lors accomplie, il y donna son consentement, il redevenait actif.

Après avoir déposé son bilan, un commerçant ne devrait plus s'occuper que de trouver une oasis en France ou à l'étranger pour y vivre sans se mêler de rien, comme un enfant qu'il est : la loi le déclare mineur et incapable de tout acte légal, civil et civique. Mais il n'en est rien. Avant de reparaître, il attend un sauf-conduit, que nul agent ni juge-commissaire ni créancier n'ont refusé, car s'il était rencontré sans cet exeat, il serait mis en prison, tandis que, muni de cette sauvegarde, il se promène en parlementaire dans le camp ennemi, non par curiosité, mais pour déjouer les mauvaises intentions de la loi relativement aux faillis. L'effet de toute loi qui touche à la fortune privée est de développer prodigieusement les fourberies de l'esprit. La pensée des faillis, comme de tous ceux dont les intérêts sont contrariés par une loi quelconque, est de l'annuler à leur égard. La situation de mort civil, où le failli reste comme une chrysalide, dure trois mois environ, temps exigé par les formalités avant d'arriver au congrès où se signe entre les créanciers et le débiteur un traité de paix, transaction appelée concordat. Ce mot indique assez que la concorde règne après la tempête soulevée entre les intérêts violemment contrariés.

Sur le vu du bilan, le tribunal de commerce nomme aussitôt un juge-commissaire qui veille aux intérêts de la masse des créanciers inconnus et doit aussi protéger le failli contre les entreprises vexatoires de ses créanciers irrités : double rôle qui serait magnifique à jouer, si les juges-commissaires en avaient le temps. Ce juge-commissaire investit un agent du droit de mettre la main sur les fonds, les valeurs, les marchandises, en vérifiant l'actif porté dans le bilan; enfin le greffe indique une convocation de tous les créanciers, laquelle se fait au son de trompe des annonces dans les journaux. Les créanciers faux ou vrais sont tenus d'accourir et de se réunir afin de nommer des syndics provisoires qui remplacent l'agent, se chaussent avec les souliers du failli, deviennent par une fiction de la loi le failli lui-même, et peuvent tout liquider, tout vendre, transiger sur tout, enfin fondre la cloche au profit des créanciers, si le failli ne s'y oppose pas. La plupart des faillites parisiennes s'arrêtent aux syndics provisoires, et voici pourquoi :

La nomination d'un ou plusieurs syndics définitifs est un des actes les plus passionnés auxquels puissent se livrer des créanciers altérés de vengeance, joués, bafoués, turlupinés, attrapés, dindonnés, volés et trompés. Quoiqu'en général des créanciers soient roulés, volés, dindonnés, attrapés, turlupinés, bafoués et joués, il n'existe pas à Paris de passion commerciale qui vive quatre-vingt-dix jours. En négoce, les effets de commerce savent seuls se dresser, altérés de payement, à trois mois. À quatre-vingt-dix jours tous les créanciers, exténués de fatigue par les marches et contre-marches qu'exige une faillite, dorment auprès de leurs excellentes petites femmes. Ceci peut aider les étrangers à comprendre combien en France le provisoire est définitif : sur mille syndics provisoires, il n'en est pas cinq qui deviennent définitifs. La raison de cette abjuration des haines publiques par la faillite va se concevoir. Mais il devient nécessaire d'expliquer aux gens qui n'ont pas le bonheur d'être négociants la drame d'une faillite, afin de faire comprendre comment il constitue à Paris une des plus monstrueuses plaisanteries légales, et comment la faillite de César allait être une énorme exception.

Ce beau drame commercial a trois actes distincts : l'acte de l'agent, l'acte des syndics, l'acte du concordat. Comme toutes les pièces de théâtre qui offre un double spectacle : il a sa mise en scène pour le public et ses moyens cachés, il y a la représentation vue du parterre et la représentation vue des coulisses. Dans les coulisses sont le failli et son agréé, l'avoué des commerçants, les syndics et l'agent, enfin le juge-commissaire. Personne hors Paris ne sait, et personne à Paris n'ignore qu'un juge au tribunal de commerce est le plus étrange magistrat qu'une société se soit permis de créer. Ce juge peut craindre à tout moment sa justice pour lui-même. Paris a vu le président de son tribunal être une force de l'ordre se déposer son bulletin. Au lieu d'être un vieux négociant retiré des affaires et pour qui cette magistrature serait la récompense d'une vie pure, ce juge est un commerçant surchargé d'énormes entreprises, à la tête d'une immense maison. La condition sine quâ non de l'élection de ce juge tenu de juger les avalanches de procès commerciaux qui roulent incessamment dans la capitale, est d'avoir beaucoup de peine à conduire ses propres affaires. Ce tribunal de commerce, au lieu d'être institue comme une utile transition d'où le négociant s'élèverait sans ridicule aux régions de la noblesse, se compose de négociants en exercice, qui peuvent souffrir de leurs sentences en rencontrant leurs parties mécontentes, comme Birotteau rencontrait du Tillet.

Le juge-commissaire est donc nécessairement un personnage devant lequel il dit beaucoup de paroles, qui les écoute en pensant à ses affaires et s'en remet de la chose publique aux syndics et à l'agréé, sauf quelques cas étranges et bizarres, où les vols le surprennent avec des circonstances curieuses, et lui font dire que les créanciers ou le débiteur sont des gens habiles. Ce personnage, placé dans le drame, comme un buste royal dans une salle d'audience, se voit le matin, entre cinq et sept heures, à son chantier, s'il est marchand de bois; dans sa boutique, si, comme jadis Birotteau, il est parfumeur, ou le soir après dîner, entre la poire et le fromage, d'ailleurs toujours horriblement pressé. Aussi ce personnage est généralement muet. Rendons justice à la loi : la législation, faite à la hâte qui régit la matière a lié les mains au juge-commissaire et, dans plusieurs circonstances, il consacre des fraudes sans le pouvoir empêcher, comme vous l'allez voir.

L'agent, au lieu d'être l'homme des créanciers, peut devenir l'homme du débiteur. Chacun espère pouvoir grossir sa part en se faisant avantager par le failli, auquel on compte toujours des trésors cachés. L'agent peut s'utiliser des deux côtés, soit en n'incendiant pas les affaires du failli, soit en attrapant quelque chose pour les gens influents : il ménage donc la chèvre et le chou. Souvent un agent habile a fait rapporter le jugement, en rachetant les créances et en relevant le négociant, qui rebondit alors comme une balle élastique. L'agent se tourne vers le râtelier le mieux garni, soit qu'il faille couvrir les plus forts créanciers et découvrir le débiteur, soit qu'il faille immoler les créanciers à l'avenir du négociant. Ainsi, l'acte de l'agent est l'acte décisif. Cet homme, ainsi que l'agréé, joue la grande utilité d'un certain pièce dont l'un comme l'autre, ils n'acceptent leur rôle que sûrs de leurs honoraires. Sur une moyenne de mille faillites, l'agent est neuf cent cinquante fois l'homme du failli. À l'époque où cette histoire eut lieu, presque toujours les agréés venaient trouver le juge-commissaire et le lui présentaient un agent à nommer; le leur, un homme à qui les affaires du négociant étaient connues et qui savait concilier les intérêts de la masse et ceux de l'homme honorable tombé dans le malheur. Depuis quelques années, les juges habiles se font indiquer l'agent que l'on désire, afin de ne pas le prendre, et tâchent d'en nommer un quasi-vertueux.

Pendant cet acte se présentent les créanciers, faux ou vrais, pour désigner les syndics provisoires, qui sont, comme il est dit, définitifs. Dans cette assemblée électorale, ont droit de voter ceux auxquels il est dû cinquante sous comme les créanciers de cinquante mille francs : les voix se comptent et ne se pèsent pas. Cette assemblée, où se trouvent les faux électeurs introduits par le failli les seuls qui ne manquent jamais à l'élection, proposent pour candidats les créanciers parmi lesquels le juge-commissaire, président sans pouvoir, est tenu de choisir les syndics. Ainsi, le juge-commissaire prend presque toujours de la main du failli ceux qu'il lui convient d'avoir : autre abus qui rend cette catastrophe un des plus burlesques drames que la justice puisse protéger. L'homme honorable tombé dans le malheur, maître du terrain, légalise alors le vol qu'il a médité. Généralement le petit commerce de Paris est pur de tout blâme. Quand un boutiquier arrive au dépôt de son bilan, le pauvre honnête homme a vendu le châle de sa femme, a engagé son argenterie, a fait flèche de tout bois et a succombé les mains vides, ruiné, sans argent même pour l'agréé, qui se soucie fort peu de lui.

La loi veut que le concordat, qui remet au négociant une partie de sa dette et lui rend ses affaires, soit voté par une certaine majorité de sommes et de personnes. Ce grand œuvre exige une habile diplomatie dirigée au milieu des intérêts contraires qui se croisent et se heurtent, par le failli, par ses syndics et son agréé. La manœuvre habituelle, vulgaire, consiste à offrir, à la portion de créanciers qui fait la majorité voulue par la loi, des primes à payer par le débiteur en outre des dividendes consentis au concordat. A cette immense fraude, il n'est aucun remède. Les trente tribunaux de commerce ne sont succédé les uns aux autres le connaissent pour l'avoir pratiquée. Eclairés par un long usage, ils ont fini dernièrement par se décider à annuler les effets entachés de fraude, et, comme les faillis ont intérêt à se plaindre de cette *extorsion*, les juges espèrent moraliser ainsi la faillite, mais ils arriveront à la rendre encore plus immorale : les créanciers inventeront quelques actes encore plus coquins, que les juges flétriront comme juges, et dont ils profiteront comme négociants.

Anselme retourna chez lui, fit pour cinquante mille francs de billets.
— PAGE 51.

Une autre manœuvre extrêmement en usage, à laquelle on doit l'expression de *créancier sérieux et légitime*, consiste à créer des créanciers, comme du Tillet avait créé une maison de banque, et à d'introduire une certaine quantité de Claparons, sous la peau desquels se cache le failli, qui, dès lors, diminue d'autant le dividende des créanciers véritables, et se crée ainsi des ressources pour l'avenir, tout en se ménageant la quantité de voix et de sommes nécessaires pour obtenir son concordat. Les *créanciers gais et illégitimes* sont comme de faux électeurs introduits dans le collège électoral. Que peut faire le créancier *sérieux et légitime* contre les *créanciers gais et illégitimes*? s'en débarrasser en les attaquant! Bien. Pour chasser l'intrus, le créancier *sérieux et légitime* doit abandonner ses affaires, charger un

agréé de sa cause, lequel agréé, n'y gagnant presque rien, préfère *diriger* des faillites et mène peu rondement ce procillou. Pour débusquer le créancier *gai*, besoin est d'entrer dans le dédale des opérations, de remonter à des époques éloignées, fouiller les livres, obtenir par autorité de justice l'apport de ceux du faux *créancier*, découvrir l'invraisemblance de la fiction, la démontrer aux juges du tribunal, plaider, aller, venir, chauffer beaucoup de cœurs froids; puis, faire ce métier de don Quichotte à l'endroit de chaque créancier *illégitime et gai*, lequel, s'il vient à être convaincu de *gaieté*, se retire en saluant les juges, et dit : — Excusez-moi, vous vous trompez, je suis *très-sérieux*. Le tout sans préjudice des droits du failli, qui peut mener le don Quichotte en cour royale. Durant ce temps, les affaires du don Quichotte vont mal, il est susceptible de déposer son bilan.

Morale : Le débiteur nomme ses syndics, vérifie ses créances et arrange son concordat lui-même.

D'après ces données, qui ne devine les intrigues, tours de Sganarelle, inventions de Frontin, mensonges de Mascarille et sacs vides de Scapin que développent ces deux systèmes? Il n'existe pas de faillite où il ne s'en engendre assez pour fournir la matière des quatorze volumes de *Clarisse Harlove* à l'auteur qui voudrait les décrire. Un seul exemple suffira. L'illustre Gobseck, le maître des Palma, des Gigonnet, des Werbrust, des Keller et des Nucingen, s'étant trouvé dans une faillite où il se proposait de rudement mener un négociant qui l'avait su rouer, reçut en effets à échoir, après le concordat, la somme qui, jointe à celle des dividendes, formait l'intégralité de sa créance. Gobseck détermina l'acceptation d'un concordat qui consacrait soixante-quinze pour cent de remise au failli. Voilà les créanciers joués au profit de Gobseck. Mais le négociant avait signé les effets illicites de sa raison sociale en faillite; il put appliquer à ces effets la déduction de soixante-quinze pour cent. Gobseck, le grand Gobseck, reçut à peine cinquante pour cent. Il saluait toujours son débiteur avec un respect ironique.

Toutes les opérations engagées par un failli dix jours avant sa faillite pouvant être incriminées, quelques hommes prudents ont soin d'entamer certaines affaires avec un certain nombre de créanciers dont l'intérêt est, comme celui du failli, d'arriver à un prompt concordat. Des créanciers très-fins vont trouver des créanciers très-niais ou très-occupés, leur peignent la faillite en laid et leur achètent leurs créances la moitié de ce qu'elles vaudront à la liquidation, et retrouvent alors leur argent par le dividende de leurs créances, et la moitié, le tiers ou le quart gagné sur les créances achetées.

La faillite est la fermeture plus ou moins hermétique d'une maison où le pillage a laissé quelques sacs d'argent. Heureux le négociant qui se glisse par la fenêtre, par le toit, par les caves, par un trou, qui prend un sac et grossit sa part! Dans cette déroute, où se crie le sauve-qui-peut de la Bérésina, tout est illégal et légal, faux et vrai, honnête et déshonnête. Un homme est admiré s'il *se couvre*. Se couvrir est s'emparer de quelques valeurs au détriment des autres créanciers. La France a retenti des débats d'une immense faillite éclose dans une ville où siégeait une cour royale, et où les magistrats en comptes courants avec les faillis s'étaient cousu des manteaux en caoutchouc si pesants, que le manteau de la justice en fut troué. Force fut, pour cause de suspicion légitime, de déférer le jugement de la faillite dans une autre cour. Il n'y avait ni juge-commissaire, ni agent, ni cour souveraine possible dans l'endroit où la banqueroute éclata.

Cet effroyable gâchis commercial est si bien apprécié à Paris, qu'à moins d'être intéressé dans la faillite pour une somme capitale, tout négociant, quelque peu affairé qu'il soit, accepte la faillite comme un sinistre sans assureurs, passe la perte au compte des « *profits et pertes*, » et ne commet pas la sottise de dépenser son temps; il continue à brasser ses affaires. Quant au petit commerçant, harcelé par ses fins de mois, occupé à suivre le char de sa fortune, un procès effrayant de durée et coûteux à entamer l'épouvante; il renonce à voir clair, imite le gros négociant, et baisse la tête en réalisant sa perte.

Les gros négociants ne déposent plus leur bilan, ils liquident à l'amiable : les créanciers donnent quittance en prenant ce qu'on leur offre. On évite alors le déshonneur, les délais judiciaires, les honoraires d'agréés, les dépréciations de marchandises. Chacun croit que la faillite donnerait moins que la liquidation. Il y a plus de liquidations que de faillites à Paris.

L'acte des syndics est destiné à prouver que tout syndic est incorruptible, qu'il n'y a jamais entre eux et le failli la moindre collusion. Le parterre, qui a été plus ou moins syndic, sait que tout syndic est un créancier *couvert*. Il écoute, il croit ce qu'il veut, et arrive à la journée du concordat, après trois mois employés à vérifier les créances passives et les créances actives. Les syndics provisoires font alors à l'assemblée un petit rapport dont voici la formule générale :

« Messieurs, il nous était dû à tous en bloc un million; nous avons dépecé notre homme comme une frégate coulée : les clous, les fers, les bois, les cuivres, ont donné trois cent mille francs. Nous avons donc trente pour cent de nos créances. Heureux d'avoir trouvé cette somme quand notre débiteur pouvait ne nous laisser que cent mille francs, nous le déclarons un Aristide, nous lui votons des primes d'encouragement, des couronnes, et proposons de lui laisser son actif, en lui accordant dix ou douze ans pour nous payer cinquante pour cent qu'il daigne nous promettre. Voici le concordat, passez au bureau, signez-le ! »

A ce discours, les heureux négociants se félicitent et s'embrassent. Après l'homologation de ce concordat, le failli redevient négociant comme devant : on lui rend son actif, il recommence ses affaires, sans être privé du droit de faire faillite des dividendes promis, arrière-petite faillite qui se voit souvent, comme un enfant mis au jour par une mère neuf mois après le mariage de sa fille.

Si le concordat ne prend pas, les créanciers nomment alors des syndics définitifs, prennent des mesures exorbitantes en s'associant pour exploiter les biens, le commerce de leur débiteur, saisissant tout ce qu'il aura, la succession de son père, de sa mère, de sa tante, etc. Cette rigoureuse mesure s'exécute au moyen d'un contrat d'union.

Il y a donc deux faillites : la faillite du négociant qui veut ressaisir les affaires, et la faillite du négociant qui, tombé dans l'eau, se contente d'aller au fond de la rivière. Pillerault connaissait bien cette différence. Il était, selon lui, comme selon Ragon, aussi difficile de sortir pur de la première que de sortir riche de la seconde. Après avoir conseillé l'abandon général, il alla s'adresser au plus honnête agréé de la place pour le faire exécuter en liquidant la faillite et remettant les valeurs à la disposition des créanciers. La loi veut que les créanciers donnent, pendant la durée de ce drame, des aliments au failli et à sa famille. Pillerault fit savoir au juge-commissaire qu'il pourvoirait aux besoins de sa nièce et de son neveu.

Tout avait été combiné par du Tillet pour rendre la faillite une agonie constante à son ancien patron. Voici comment. Le temps est si précieux à Paris que généralement, dans les faillites, de deux syndics, un seul s'occupe des affaires. L'autre est pour la forme : il approuve, comme le second notaire dans les actes notariés. Le syndic agissant se repose assez souvent sur l'agréé. Par ce moyen, à Paris, les faillites du premier genre se mènent si rondement que, dans les délais voulus par la loi, tout est bâclé, ficelé, servi, arrangé ! En cent jours, le juge-commissaire peut dire comme le ministre : L'ordre règne à Varsovie.

Du Tillet voulait la mort commerciale du parfumeur. Aussi le nom des syndics nommés par l'influence de du Tillet fut-il significatif pour Pillerault. M. Bidault, dit Gigonnet, principal créancier, devait ne s'occuper de rien ; Molineux, le petit vieillard tracassier qui ne perdait rien, devait s'occuper de tout. Du Tillet avait jeté à ce petit chacal ce noble cadavre commercial à tourmenter en le dévorant.

Après l'assemblée où les créanciers nommèrent le syndicat, le petit Molineux rentra chez lui honoré, dit-il, des suffrages de ses concitoyens, heureux d'avoir Birotteau à régenter, comme un enfant d'avoir à tracasser un insecte. Le propriétaire à cheval sur la loi pria du Tillet de l'aider de ses lumières, et il acheta le Code de commerce. Heureusement Joseph Lebas, prévenu par Pillerault, avait tout d'abord obtenu du président de commettre un juge-commissaire sagace et bienveillant. Gobenheim-Keller, que du Tillet avait espéré avoir, se trouva remplacé par M. Camusot, juge suppléant, le riche marchand de soieries libéral, propriétaire de la maison où demeurait Pillerault, et homme honorable.

Une des plus horribles scènes de la vie de César fut sa conférence obligée avec le petit Molineux, cet être qu'il regardait comme si nul et qui, par une fiction de la loi, était devenu César Birotteau. Il dut aller, accompagné de son oncle, à la cour Batave, monter les six étages et rentrer dans l'horrible appartement de ce vieillard, son tuteur, son quasi-juge, le représentant de la masse de ses créanciers.

— Qu'as-tu ? dit Pillerault à César en entendant une exclamation.
— Ah ! mon oncle, vous ne savez pas quel homme est ce Molineux !
— Il y a quinze ans que je le vois de temps en temps au café David, où il joue le soir aux dominos, aussi t'ai-je accompagné.

M. Molineux fut d'une politesse excessive pour Pillerault et d'une dédaigneuse condescendance pour son failli ; le petit vieillard avait médité sa conduite, étudié les nuances de son maintien, préparé ses idées.

— Quels renseignements voulez-vous ? dit Pillerault. Il n'existe aucune contestation relativement aux créances.
— Oh ! dit le petit Molineux, les créances sont en règle, tout est vérifié. Les créanciers sont sérieux et légitimes ! Mais la loi, monsieur, la loi ! Les dépenses du failli sont en disproportion avec sa fortune... Il conste que le bal...
— Auquel vous avez assisté, dit Pillerault en l'interrompant. — A coûté près de soixante mille francs, ou que cette somme a été dépensée en cette occasion, l'actif du failli n'allait pas alors à plus de cent et quelques mille francs... il y a lieu de déférer le failli au juge extraordinaire sous l'inculpation de banqueroute simple.
— Est-ce votre avis ? dit Pillerault en voyant l'abattement où ce mot jeta Birotteau. — Monsieur, je distingue : le sieur Birotteau était officier municipal...
— Vous ne nous avez pas fait venir apparemment pour nous expliquer que nous allons être traduits en police correctionnelle ? dit Pillerault. Tout le café David rirait ce soir de votre conduite.

Le confesseur attacha le ruban rouge à la boutonnière de Birotteau. — PAGE 60.

L'opinion du café David parut effaroucher beaucoup le petit vieillard, qui regarda Pillerault d'un air effaré. Le syndic voulait voir Birotteau seul, il s'était promis de se poser en arbitre souverain, en Jupiter. Il comptait effrayer Birotteau par le foudroyant réquisitoire préparé, brandir sur sa tête la hache correctionnelle, jouir de ses alarmes, de ses terreurs, puis s'adoucir en se laissant toucher, et rendre sa victime une âme à jamais reconnaissante. Au lieu de son insecte, il rencontrait le vieux sphinx commercial.

— Monsieur, lui dit-il, il n'y a point à rire. — Pardonnez-moi, répondit Pillerault ; vous traitez assez largement avec M. Claparon ; vous abandonnez les intérêts de la masse afin de faire décider que vous serez privilégié pour vos sommes. Or, je puis, comme créancier, intervenir. Le juge-commissaire est là. — Monsieur, dit Molineux, je suis incorruptible. — Je le sais, dit Pillerault, vous avez tiré seulement, comme on dit, votre épingle du jeu. Vous êtes fin, vous avez agi là comme avec votre locataire. . — Oh! monsieur, dit le syndic redevenant propriétaire comme la chatte métamorphosée en femme court après une souris, mon affaire de la rue Montorgueil n'est pas jugée. Il est survenu ce qu'on appelle un incident. Le locataire est locataire principal. Cet intrigant prétend aujourd'hui qu'ayant donné une année d'avance, et n'ayant plus qu'une année à...

Ici Pillerault jeta sur César un coup d'œil pour lui recommander la plus vive attention.

— Et, l'année étant payée, il peut dégarnir les lieux. Nouveau procès. En effet, je dois conserver mes garanties jusqu'à parfait payement, il peut me devoir des réparations. — Mais, dit Pillerault, la loi ne vous donne de garantie sur les meubles que pour des loyers — Et accessoires! dit Molineux attaqué dans son centre. L'article du Code est interprété par les arrêts rendus sur la matière; il faudrait cependant une rectification législative. J'élabore en ce moment un mémoire à Sa Grandeur le garde des sceaux sur cette lacune de la législation. Il serait digne du gouvernement de s'occuper des intérêts de la propriété; tout est là pour l'État, nous sommes la souche de l'impôt. — Vous êtes bien capable d'éclairer le gouvernement, dit Pillerault, mais en quoi pouvons nous vous éclairer, nous, relativement à nos affaires? — Je veux savoir, dit Molineux avec une emphatique autorité, si M. Birotteau a reçu des sommes de M. Popinot. — Non, monsieur, dit Birotteau.

Il s'ensuivit une discussion sur les intérêts de Birotteau dans la maison Popinot, d'où il résulta que Popinot avait le droit d'être intégralement payé de ses avances, sans entrer dans la faillite pour la moitié des frais d'établissement dus par Birotteau. Le syndic Molineux, manœuvré par Pillerault, revint insensiblement à des formes douces qui prouvaient combien il tenait à l'opinion des habitués du café David. Il finit par donner des consolations à Birotteau et par lui offrir, ainsi qu'à Pillerault, de partager son modeste dîner. Si l'ex-parfumeur était venu seul, il eût peut-être irrité Molineux; mais en cette circonstance comme en quelques autres, le vieux Pillerault fut un ange tutélaire.

Il est un horrible supplice que la loi commerciale impose aux faillis: ils doivent comparaître en personne, entre leurs syndics provisoires et leur juge-commissaire, à l'assemblée où leurs créanciers décident de leur sort. Pour un homme qui se met au-dessus de tout, comme pour le négociant qui cherche une revanche, cette triste cérémonie est peu redoutable. Mais pour un homme comme César Birotteau, cette scène est un supplice qui n'a d'analogie que dans le dernier jour d'un condamné à mort. Pillerault fit tout pour rendre à son neveu cet horrible jour supportable.

Voici quelles furent les opérations de Molineux, consenties par le failli. Le procès relatif aux terrains situés rue du Faubourg-du-Temple fut gagné en cour royale. Les syndics décidèrent de vendre les propriétés, César ne s'y opposa point. Du Tillet, instruit des intentions du gouvernement contenant un canal qui devait joindre Saint-Denis à la haute Seine, en passant par le faubourg du Temple, acheta les terrains pour la somme de soixante-dix mille francs. On abandonna les droits de César dans l'affaire des terrains de la Madeleine à M. Claparon, à la condition qu'il abandonnerait de son côté toute réclamation relative à la moitié due par Birotteau dans les frais d'enregistrement et de passation de contrat, à la charge de payer le prix des terrains en tout honorant, dans la faillite, le dividende qui revenait aux vendeurs. L'intérêt du parfumeur dans la maison Popinot et compagnie fut vendu audit Popinot pour la somme de quarante-huit mille francs. Le fond de la Reine des Roses fut acheté par Célestin Crevel quarante-sept mille francs avec le droit au bail, les marchandises, les meubles, la propriété de la Pâte des Sultanes, celle de l'Eau carminative, et la location pour douze ans de la fabrique, dont les baux furent également vendus. L'actif liquide fut de cent quatre-vingt-quinze mille francs, auxquels les syndics ajoutèrent soixante-dix mille francs produits par les droits de Birotteau dans la liquidation de l'infortuné Roguin. Le total atteignait à deux cent cinquante-cinq mille francs. Le passif montait à quatre cent quarante, il y avait plus de cinquante pour cent.

La faillite est comme une opération chimique, d'où le négociant habile tâche de sortir gras. Birotteau, distillé tout entier dans cette cornue, avait donné un résultat qui rendait du Tillet furieux. Du Tillet croyait à une faillite déshonnête, il voyait une faillite vertueuse. Peu sensible à son gain, car il allait avoir les terrains de la Madeleine sans bourse délier, il aurait voulu le pauvre et vaillant détaillant déshonoré, perdu, vilipendé. Les créanciers, à l'assemblée générale, allaient sans doute porter le parfumeur en triomphe.

À mesure que le courage de Birotteau lui revenait, son oncle, en sage médecin, lui graduait les doses en l'instruisant des opérations de la faillite. Ces mesures violentes étaient autant de coups. Un négociant apprend avec une douleur le dépréciation des choses qui représentent pour lui tant d'argent, tant de soins. Les nouvelles que lui donnait son oncle le pétrifiaient.

— Cinquante-sept mille francs la Reine des Roses! mais le magasin a coûté dix mille francs; mais les appartements coûtaient quarante mille francs; mais les mises de la fabrique, les ustensiles, les formes, les

chaudières, ont coûté trente mille francs; mais à cinquante pour cent de remise, il se trouve pour dix mille francs ma boutique, puisque la Pâte et l'Eau sont une propriété qui vaut une ferme!

Ces jérémiades du pauvre César ruiné n'épouvantaient guère Pillerault. L'ancien négociant les écoutait comme un cheval reçoit une averse à une porte, mais il était effrayé du morne silence que gardait le parfumeur quand il s'agissait de l'assemblée. Pour qui comprend les vanités et les faiblesses qui dans chaque sphère sociale atteignent l'homme, n'était-ce pas un horrible supplice pour ce pauvre homme que de revenir en failli dans le palais de justice commercial où il était entré juge? d'aller recevoir des avanies là où il était allé tant de fois, remercié des services qu'il avait rendus? Lui, Birotteau, dont les opinions inflexibles à l'égard des faillis étaient connues de tout le commerce parisien, lui qui avait dit : « — On est encore honnête homme en déposant son bilan, mais l'on sort fripon d'une assemblée de créanciers! » Son oncle étudia les heures favorables pour le familiariser avec l'idée de comparaître devant ses créanciers assemblés, comme la loi le voulait. Cette obligation tuait Birotteau. Sa muette résignation faisait une vive impression sur Pillerault, qui souvent, la nuit, l'entendait à travers la cloison, s'écriant : — Jamais! jamais! je serai mort avant.

Pillerault, cet homme si fort par la simplicité de sa vie, comprenait la faiblesse. Il résolut d'éviter à Birotteau les angoisses auxquelles il pouvait succomber dans la scène terrible de sa comparution devant les créanciers, assemblée inévitable! La loi, sur ce point, est précise, formelle, exigeante. Le négociant qui refuse de comparaître peut, pour ce seul fait, être traduit en police correctionnelle, sous la prévention de banqueroute simple. Mais si la loi force le failli à se présenter, elle n'a pas le pouvoir d'y faire venir le créancier. Une assemblée de créanciers n'est une cérémonie importante que dans des cas déterminés; par exemple, s'il y a lieu de déposséder un fripon et de faire un contrat d'union, s'il y a dissidence entre les créanciers favorisés et ceux lésés, si le concordat est ultra-voleur et que le failli ait besoin d'une majorité douteuse. Mais dans le cas d'une faillite où tout est réalisé, comme dans le cas d'une faillite où le fripon a tout arrangé, l'assemblée est une formalité.

Pillerault alla prier chaque créancier l'un après l'autre de signer une procuration pour son agréé. Chaque créancier, du Tillet excepté, plaignait sincèrement César après l'avoir abattu, car chacun savait comment se conduisait le parfumeur, combien ses livres étaient réguliers, combien ses affaires étaient claires : tous les créanciers étaient contents de ne voir parmi eux aucun créancier gai. Molineux, d'abord agréé, puis syndic, avait trouvé chez César tout ce que le pauvre homme possédait, même la gravure d'Héro et Léandre donnée par Popinot, ses bijoux personnels, son épingle, ses boucles d'or, ses deux montres, qu'un honnête homme aurait emportées sans col de manquer à la probité. Constance avait laissé son modeste écrin. Cette touchante obéissance à la loi frappa vivement le commerce. Les ennemis de Birotteau présentèrent ces circonstances comme les signes de bêtise; mais les gens sensés les montrèrent sous leur vrai jour, comme un magnifique excès de probité. Deux mois après, l'opinion de la Bourse avait changé. Les gens les plus indifférents avouaient que cette faillite était une des plus rares curiosités commerciales qui se laissent voir sur la place. Aussi les créanciers, sachant qu'ils allaient toucher environ soixante pour cent, firent-ils tout ce que voulut Pillerault. Les agréés sont en très-petit nombre, il arriva donc que plusieurs créanciers eurent le même fondé de pouvoir. Pillerault finit par réduire cette formidable assemblée à trois agréés, à lui-même, à Ragon, aux deux syndics et au juge-commissaire.

Le matin du jour solennel, Pillerault dit à son neveu : — César, tu peux aller sans crainte à ton assemblée aujourd'hui, tu n'y trouveras personne.

M. Ragon voulut accompagner son débiteur. Quand l'ancien maître de la Reine des Roses fit entendre sa petite voix sèche, son ex-successeur pâlit; mais le bon petit vieux lui ouvrit les bras, Birotteau s'y précipita comme un enfant dans les bras de son père, et les deux parfumeurs s'arrosèrent de leurs larmes. Le failli reprit courage en voyant tant d'indulgence et monta en fiacre avec son oncle. À dix heures et demie précises, tous trois arrivèrent dans le cloître Saint-Merry, où dans ce temps se tenait le tribunal de commerce. À cette heure, il n'y avait personne dans la salle des faillites. L'heure et le jour avaient été choisis d'accord avec les syndics et le juge-commissaire. Les agréés étaient là pour le compte de leurs clients. Ainsi rien ne pouvait intimider César Birotteau. Cependant le pauvre homme ne vint pas dans le cabinet de M. Camusot, qui par hasard avait été le sien, sans une profonde émotion, et il frémissait de passer dans la salle des faillites.

— Il fait froid, dit M. Camusot à Birotteau, ces messieurs ne seront pas fâchés de rester ici au lieu d'aller nous geler dans la salle. (Il ne dit pas le mot faillite.) Asseyez vous, messieurs.

Chacun prit un siége, et le juge donna son fauteuil à Birotteau confus. Les agréés et les syndics signèrent.

— Moyennant l'abandon de vos valeurs, dit Camusot à Birotteau, vos créanciers vous font, à l'unanimité, remise du restant de leurs créances; votre concordat est conçu en des termes qui peuvent adoucir votre chagrin ; votre agréé le fera promptement homologuer : vous voilà libre. Tous les juges du tribunal, cher monsieur Birotteau, dit Camusot en lui prenant les mains, sont touchés de votre position sans être surpris de votre courage, et il n'est personne qui n'ait rendu justice à votre probité. Dans le malheur vous avez été digne de ce que vous étiez ici. Voici vingt ans que je suis dans le commerce, et voici la seconde fois que je vois un négociant tombé gagner encore dans l'estime publique.

Birotteau prit les mains du juge, et les lui serra les larmes aux yeux. Camusot lui demanda ce qu'il comptait faire. Birotteau répondit qu'il allait travailler à payer ses créanciers intégralement.

— Si pour consommer cette noble tâche il vous fallait quelques mille francs vous les trouveriez toujours chez moi, dit Camusot, je les donnerai avec bien du plaisir pour être témoin d'un fait assez rare à Paris.

Pillerault, Ragon et Birotteau se retirèrent.

— Eh bien ! ce n'était pas la mer à boire, lui dit Pillerault sur la porte du tribunal. — Je reconnais vos œuvres, monsieur oncle, dit le pauvre homme attendri. — Vous voilà rétabli, nous sommes à deux pas de la rue des Cinq-Diamants, venez voir mon neveu, lui dit Ragon.

Ce fut une cruelle sensation pour laquelle Birotteau devait passer que de voir Constance assise dans un petit bureau à l'entresol bas et sombre situé au-dessus de la boutique, où donnait un tableau montant au tiers de sa fenêtre, interceptant le jour, et sur lequel était écrit : A. POPINOT.

— Voilà l'un des lieutenants d'Alexandre, dit avec la gaieté du malheur Birotteau en montrant le tableau.

Cette gaieté forcée, où se retrouvait naïvement l'inextinguible sentiment de la supériorité que s'était crue Birotteau, causa comme un frisson à Ragon, malgré ses soixante-dix ans ; César vit sa femme descendant à l'opinot des lettres à signer ; il ne put retenir ses larmes, ni empêcher son visage de pâlir.

— Bonjour, mon ami, lui dit-elle d'un air riant. — Je ne te demanderai pas si tu es bien ici, dit César en regardant Popinot. — Comme chez moi, fils, répondit-elle avec un air attendri qui frappa l'ex-négociant.

Birotteau prit Popinot, l'embrassa en disant : — Je viens de perdre à jamais le droit de l'appeler mon fils. — Espérons, dit Popinot. Votre huile marche, grâce à mes efforts dans les journaux, à ceux de Gaudissart, qui a fait la France entière, qui l'a inondée d'affiches, de prospectus, et qui maintenant fait imprimer à Strasbourg des prospectus allemands, et va descendre comme une invasion sur l'Allemagne. Nous avons obtenu le placement de trois mille grosses. — Trois mille grosses ! dit César. — Et j'ai acheté dans le faubourg Saint-Marceau, un terrain pas cher, où l'on construit une fabrique. Je conserverai celle du faubourg du Temple. — Ma femme, dit Birotteau à l'oreille de Constance, avec un peu d'aide, on s'en serait tiré.

César, sa femme et sa fille se comprirent. Ce pauvre employé voulait atteindre à un résultat sinon impossible, du moins gigantesque : au payement intégral de sa dette ! Ces trois êtres, unis par le lien d'une probité féroce, devinrent avares, et se refusèrent tout : un liard leur paraissait sacré. Par calcul, Césarine eut pour son commerce un dévouement de jeune fille. Elle passait les nuits, s'ingéniait pour accroître la prospérité de la maison, trouvant des dessins d'étoffes et déployant un génie commercial inné. Les maîtres étaient obligés de modérer son ardeur au travail, ils la récompensaient par des gratifications ; mais elle refusait les parures et les bijoux que lui proposaient ses patrons. De l'argent ! était son cri. Chaque mois, elle apportait ses appointements, ses petits gains, à son oncle Pillerault. Autant en faisait César, autant madame Birotteau. Tous trois se reconnaissant inhabiles, aucun d'eux ne voulant assumer sur lui la responsabilité du mouvement des fonds, ils avaient remis à Pillerault la direction suprême du placement de leurs économies. Redevenu négociant, l'oncle tirait parti des fonds dans les reports à la Bourse. On apprit plus tard qu'il avait été secondé dans cette œuvre par Jules Desmarets et par Joseph Lebas, empressés l'un et l'autre de lui indiquer les affaires sans risques.

L'ancien parfumeur, qui vivait auprès de son oncle, n'osait le questionner sur l'emploi des sommes acquises par ses travaux et par ceux de sa fille et de sa femme. Il allait tête baissée par les rues, dérobant à tous les regards son visage abattu, décomposé, stupide. César se reprochait le second de drap fin.

— Au moins, disait-il avec un regard angélique à son oncle, je ne mange pas le pain de mes créanciers. Votre pain me semble doux, quoique donné par la pitié que ma gloire vous inspire, en songeant que, grace à cette sainte charité, je ne vole rien sur mes appointements.

Les négociants qui rencontraient l'employé n'y retrouvaient aucun vestige du parfumeur. Les indifférents concevaient une immense idée des chutes humaines à l'aspect de cet homme au visage duquel le chagrin le plus noir avait mis son deuil, qui se montrait bouleversé par ce qui n'avait jamais apparu chez lui, la pensée ! N'est pas détruit qui veut. Les gens légers, sans conscience, à qui tout est indifférent, ne peuvent jamais offrir le spectacle d'un désastre. La religion seule imprime un sceau particulier sur les êtres tombés : ils croient à un avenir, à une Providence ; il est en eux une certaine lueur qui les signale, un air de résignation sainte entremêlée d'espérance qui cause une sorte d'attendrissement : ils savent tout ce qu'ils ont perdu comme un ange exilé pleurant à la porte du ciel. Les faillis ne peuvent se présenter à la Bourse. César, chassé du domaine de la probité, était une image de l'ange soupirant après le pardon. Pendant quatorze mois, plein des religieuses pensées que sa chute lui inspira, Birotteau refusa tout plaisir. Quoique sûr de l'amitié des Ragon, il lui fut impossible de le déterminer à venir dîner chez eux, ni chez les Lebas, ni chez les Matifat, ni chez les Protez et Chiffreville, ni même chez M. Vauquelin, qui tous s'empressèrent d'honorer en César une vertu supérieure. César aimait mieux être seul dans sa chambre que de rencontrer le regard d'un créancier. Les prévenances les plus cordiales de ses amis lui rappelaient amèrement sa position. Constance et Césarine n'allaient alors nulle part. Le dimanche et les fêtes, seuls jours où elles fussent libres, ces deux femmes venaient à l'heure de la messe prendre César et lui tenaient compagnie chez Pillerault après avoir accompli leurs devoirs religieux. Pillerault invitait l'abbé Loraux, dont la parole soutenait César dans sa vie d'épreuves, et ils restaient alors en famille. L'ancien quincaillier avait la fibre de la probité trop sensible pour désapprouver les délicatesses de César. Aussi avait-il songé à augmenter le nombre des personnes au milieu desquelles le failli pouvait se montrer le front blanc et l'œil à hauteur d'homme.

Au mois de mai 1820, cette famille aux prises avec l'adversité fut récompensée de ses efforts par une première fête que lui ménagea l'arbitre de ses destinées. Le dernier dimanche de ce mois était l'anniversaire du consentement donné par Constance à son mariage avec César. Pillerault avait loué, de concert avec les Ragon, une petite maison de campagne à Sceaux, et l'ancien quincaillier voulut y pendre joyeusement la crémaillère.

— César, dit Pillerault à son neveu le samedi soir, demain nous allons à la campagne, et tu y viendras.

César, qui avait une superbe écriture, faisait le soir des copies pour Derville et pour quelques avoués. Or, le dimanche, muni d'une permission curiale, il travaillait comme un nègre.

— Non, répondit-il, M. Derville attend après un compte de tutelle. — Ta femme et ta fille méritent bien une récompense. Tu ne trouveras que tes amis : l'abbé Loraux, les Ragon, Popinot et son oncle. D'ailleurs, je le veux.

César et sa femme, emportés par le tourbillon des affaires, n'étaient jamais revenus à Sceaux, quoique de temps à autre tous deux souhaitassent y retourner pour revoir l'arbre sous lequel s'était presque évanoui le premier commis de la Reine des Roses. Pendant la route que César fit en fiacre avec sa femme et sa fille, et Popinot qui les menait, Constance jeta à son mari des regards d'intelligence sans pouvoir amener sur ses lèvres un sourire. Elle lui dit quelques mots à l'oreille, il agita la tête pour toute réponse. Les douces expressions de cette tendresse, inaltérable mais forcée, au lieu d'éclaircir le visage de César étouffant la joie au cœur de sa fille et d'Anselme, qui leur représentaient la charmante scène d'autrefois.

— Soyez heureux, mes enfants, vous en avez le droit, leur dit le pauvre père d'un ton déchirant. Vous pouvez vous aimer sans arrière-pensée, ajouta-t-il.

Birotteau, en disant ces dernières paroles, avait pris les mains de sa femme, et les baisait avec une sainte et admirable affection qui toucha plus Constance que ne l'eût fait une vive gaieté. Quand ils arrivèrent à la maison où les attendaient Pillerault, les Ragon, l'abbé Loraux et le juge Popinot, ces cinq personnes d'élite eurent un instant les regards et des paroles qui mirent César à son aise, car toutes étaient émues de voir cet homme toujours au lendemain de son malheur.

— Allez vous promener dans les bois d'Aulnay, dit l'oncle Pillerault en mettant la main de César dans celle de Constance, allez-y avec Anselme et Césarine ! vous reviendrez à quatre heures. — Pauvres gens ! nous les gênerons, dit madame Ragon, attendrie par la douleur vraie de son débiteur, il sera bien joyeux tantôt. — C'est le repentir sans la faute, dit l'abbé Loraux. — Il ne pouvait se grandir que par le malheur, dit le juge.

Oublier est le grand secret des existences fortes et créatrices, oublier à la manière de la nature, qui ne se connaît point de passé, qui recommence à toute heure les mystères de ses infatigables enfantements. Les existences faibles, comme était celle de Birotteau, vivent dans les douleurs, au lieu de les changer en apophthegmes d'expérience ; elles s'en saturent, et s'usent en rétrogradant chaque jour dans les malheurs consommés. Quand les deux couples eurent gagné le sentier qui mène aux bois d'Aulnay, posés comme une couronne sur des plus jolis coteaux des environs de Paris, et que la vallée aux Loups se montra dans toute sa coquetterie, la beauté du jour, la grâce du paysage, la première verdure et les délicieux souvenirs de la plus belle journée de sa jeunesse, détendirent les cordes tristes dans l'âme de César : il serra le bras de sa femme contre son cœur palpitant ; son œil ne fut plus vitreux, la lumière du plaisir y éclata.

— Enfin, dit Constance à son mari, je te revois, mon pauvre César. Il me semble que nous nous comportons assez bien pour nous permettre un petit plaisir de temps en temps. — Et le puis-je ? dit le pauvre homme. Ah ! Constance, ton affection est le seul bien qui me reste. Oui, j'ai perdu jusqu'à la confiance que j'avais en moi-même, je n'ai plus de force ; mon seul désir est de vivre assez pour mourir quitte avec la terre. Toi, chère femme, toi qui es ma sagesse et ma prudence, toi qui voyais clair, toi qui es irréprochable, tu peux avoir de la gaieté ; moi seul, entre nous trois, je suis coupable. Il y a dix-huit mois, au milieu de cette fatale fête, je voyais ma Constance, la seule femme que j'aie aimée, plus belle peut-être que ne l'était la jeune personne avec laquelle j'ai couru dans ce sentier il y a vingt ans, comme courent nos enfants !... En vingt mois, j'ai flétri cette beauté, mon orgueil, un orgueil permis et légitime. Je t'aime davantage en te connaissant mieux... Oh ! chère ! dit-il en donnant à ce mot une expression qui atteignit le cœur de sa femme, je voudrais bien t'entendre gronder, au lieu de te voir caresser ma douleur. — Je ne croyais pas, dit-elle, qu'après vingt ans de ménage l'amour d'une femme pour son mari pût s'augmenter.

Ce mot fit oublier pour un moment à César tous ses malheurs, car il avait tant de cœur, que ce mot était une fortune. Il s'avança donc presque joyeux vers leur arbre, qui, par hasard, n'avait pas été abattu. Les deux époux s'y assirent en regardant Anselme et Césarine, qui tournaient sur la même pelouse sans s'en apercevoir, croyant peut-être aller toujours droit devant eux.

— Mademoiselle, disait Anselme, me croyez-vous assez lâche et assez avide pour avoir profité de l'acquisition de la part de votre père dans l'Huile céphalique ? Je lui conserve avec amour sa moitié, je la lui soigne. Avec ses fonds, j'ai fait l'escompte ; s'il y a des effets douteux, je les prends de mon côté. Nous ne pouvons être l'un à l'autre que le lendemain de la réhabilitation de votre père, et j'avance ce jour-là de toute la force que donne l'amour.

L'amant s'était bien gardé de dire ce secret à sa belle-mère. Chez les amants les plus innocents, il y a toujours le désir de paraître grands aux yeux de leurs maîtresses.

— Et sera-ce bientôt ? dit-elle. — Bientôt, dit Popinot d'un ton si pénétrant, que la chaste et pure Césarine tendit son front au cher Anselme, qui y mit un baiser avide et respectueux, tant il y avait de noblesse dans l'action de cette enfant. — Papa, tout va bien, dit-elle à César d'un air fin. Sois gentil, cause, quitte ton air triste.

Quand cette famille si unie rentra dans la maison de Pillerault, César, quoique peu observateur, aperçut chez les Ragon un changement de manières qui décelait quelque événement. L'accueil de madame Ragon fut particulièrement onctueux ; son regard et son accent disaient à César : *Nous sommes payés.*

Au dessert, le notaire de Sceaux se présenta ; l'oncle Pillerault le fit asseoir, et regarda Birotteau, qui commençait à soupçonner une surprise, sans pouvoir en imaginer l'étendue.

— Mon neveu, depuis quatorze mois, les économies de ta femme, de ta fille et les tiennes ont produit quinze mille francs. J'ai reçu trente mille francs pour le dividende de ma créance : nous avons donc quarante-cinq mille francs à donner à tes créanciers. M. Ragon a reçu trente mille francs pour son dividende ; monsieur le notaire de Sceaux t'apporte donc une quittance du payement intégral, intérêts compris, fait à tes amis. Le reste de la somme est chez Crottat, pour Lourdois, la mère Madou, le maçon, le charpentier, et tes créanciers les plus pressés. L'année prochaine, nous verrons. Avec le temps et la patience, on va loin.

La joie de Birotteau ne se décrit pas ; il se jeta dans les bras de son oncle en pleurant.

— Qu'il porte aujourd'hui sa croix, dit Ragon à l'abbé Loraux.

Le confesseur attacha le ruban rouge à la boutonnière de l'employé, qui se regarda pendant la soirée à vingt reprises dans les glaces du salon, en manifestant un plaisir dont auraient ri des gens qui se croient supérieurs, et que les bons bourgeois trouvaient naturel. Le lendemain, Birotteau se rendit chez madame Madou.

— Ah ! vous voilà, bon sujet, dit-elle, je ne vous reconnaissais pas, tant vous avez blanchi. Cependant vous ne pâtissez pas, vous autres : vous avez des places. Moi, je me donne un mal de chien caniche qui tourne une mécanique, et qui mérite le baptême. — Mais, madame... — Eh ! ce n'est pas un reproche, dit-elle, vous avez quittance Madou. — Je viens vous annoncer que je vous payerai chez maître Crottat, notaire, aujourd'hui, le reste de votre créance et les intérêts... — Est-ce vrai ? — Soyez chez lui à onze heures et demie... — En voilà de l'honneur, à la bonne mesure et *les quatre* au cent, dit-elle en admirant avec naïveté Birotteau. Tenez, mon cher monsieur, je fais de bonnes affaires avec votre petit rouge ; il est gentil, il me laisse gagner gros sans chicaner les petits, afin de m'indemniser ; eh bien ! vous donnerai quittance ; gardez votre argent, mon pauvre vieux ! La Madou s'allume, elle est piailleuse, mais elle a de ça, dit-elle en se frappant les plus vo-

lumineux coussins de chair vive qui aient été connus aux halles. — Jamais, dit Birotteau, la loi est précise, je veux vous payer intégralement. — Alors je ne me ferai pas prier longtemps, dit-elle. Et demain, à la Halle, je cornerai votre honneur ; elle est rare, la farce !

Le bonhomme eut la même scène chez le peintre en bâtiments, le beau-père de Crottat, mais avec des variantes Il pleuvait. César laissa son parapluie dans un coin de la porte, et le peintre enrichi, voyant l'eau faire son chemin dans la belle salle à manger où il dé,euait avec sa femme, ne fut pas tendre.

— Allons, que voulez-vous, mon pauvre père Birotteau ? dit-il du ton dur que beaucoup de gens prennent pour parler à des mendiants importuns. — Monsieur, votre gendre ne vous a donc pas dit... — Quoi ? reprit Lourdois impatienté en croyant à quelque demande. — De vous trouver chez lui ce matin, à onze heures et demie, pour me donner quittance du payement intégral de votre créance ?... — Ah ! c'est différent, asseyez-vous donc là, monsieur Birotteau, mangez donc un morceau avec nous... — Faites-nous le plaisir de partager notre déjeuner, dit madame Lourdois. — Ça va donc bien ? lui demanda le gros Lourdois. — Non, monsieur, il a fallu déjeuner tous les jours avec une flûte à mon bureau pour amasser quelque argent ; mais avec le temps j'espère réparer les dommages faits à mon prochain. — Vraiment, dit le peintre en avalant une tartine chargée de paté de foie gras, vous êtes un homme d'honneur. — Et que fait madame Birotteau ? dit madame Lourdois. — Elle tient les livres et la caisse chez M. Anselme Popinot. — Pauvres gens ! dit madame Lourdois à voix basse à son mari. — Si vous aviez besoin de moi, mon cher monsieur Birotteau, venez me voir, dit Lourdois, je pourrais vous aider. . — J'ai besoin de vous à onze heures, monsieur, dit Birotteau, qui se retira.

Ce premier résultat donna du courage au failli, sans lui rendre le repos. Le désir de reconquérir l'honneur agita démesurément sa vie. Il perdit entièrement la fleur qui décorait son visage, ses yeux s'éteignirent et son visage se creusa. Quand d'anciennes connaissances le rencontraient le matin à huit heures, ou le soir à quatre heures, allant à la rue de l'Oratoire ou en revenant, vêtu de la redingote qu'il avait au moment de sa chute et qu'il ménageait comme un pauvre sous-lieutenant ménage son uniforme, les cheveux entièrement blancs, pâle, craintif, quelques-uns l'arrêtaient malgré lui, car son œil était alerte, et se coulait le long des murs à la façon des voleurs.

— On connaît votre conduite, mon ami, disait-on ; tout le monde regrette la rigueur avec laquelle vous traitez vous-même, ainsi que votre fille et votre femme. — Prenez un peu plus de temps, disaient les autres, plaie d'argent n'est pas mortelle. — Non, mais bien la plaie de l'âme, répondit un jour à Matifat le pauvre César affaibli.

Au commencement de l'année 1822, le canal Saint-Martin fut décidé. Les terrains situés dans le faubourg du Temple arrivèrent à des prix fous. Le projet coupa précisément en deux la propriété de du Tillet, autrefois celle de César Birotteau. La compagnie à qui fut concédé le canal accéda à un prix exorbitant si le banquier pouvait livrer son terrain dans un temps donné. Le bail consenti par Popinot empêchait l'affaire. Le banquier vint rue des Cinq Diamants voir le droguiste. Si Popinot était indifférent à du Tillet, le fiancé de Césarine portait à cet homme une haine instinctive. Il ignorait le vol et les infâmes combinaisons connues par l'heureux banquier, mais une voix intérieure lui criait : *C'est un voleur impuni.* Popinot n'eût pas fait la moindre affaire avec lui, sa présence lui était odieuse. En ce moment surtout, il voyait du Tillet s'enrichissant des dépouilles de son ancien patron, car les terrains de la Madeleine commençaient à s'élever à des prix qui présageaient les valeurs exorbitantes auxquelles ils atteignirent en 1827. Aussi, quand le banquier eut expliqué le motif de sa visite, Popinot le regarda-t-il avec une indignation concentrée.

— Je ne veux point vous refuser mon désistement du bail, mais il me faut soixante mille francs, et je ne rabattrai pas un liard. — Soixante mille francs ! s'écria du Tillet en faisant un mouvement de retraite. — J'ai encore quinze ans de bail, je dépenserai par an trois mille francs de plus pour me remplacer ma fabrique. Ainsi, soixante mille francs, ou ne causons pas davantage, dit Popinot en rentrant dans sa boutique où le suivit du Tillet.

La discussion s'échauffa, le nom de Birotteau fut prononcé, madame César descendit et vit du Tillet pour la première fois depuis le fameux bal. Le banquier ne laissa rien manifester de sa surprise à l'aspect des changements qui s'étaient opérés chez son ancienne patronne, et il baissa les yeux, effrayé de son ouvrage.

— Monsieur, dit Popinot à madame César, trouve de vos terrains trois cent mille francs, et il nous refuse soixante mille francs d'indemnité pour notre bail. — Trois mille francs de rente, dit du Tillet avec emphase. — Trois mille francs, répéta madame César d'un ton simple et pénétrant.

Du Tillet pâlit, Popinot regarda madame Birotteau. Il y eut un moment de silence profond qui rendit cette scène encore plus inexplicable pour Anselme.

— Signez-moi votre désistement que j'ai fait préparer par Crottat, dit du Tillet en tirant un papier timbré de sa poche de côté, je vais vous donner un bon sur la banque de soixante mille francs.

Popinot regarda madame César sans dissimuler son profond étonnement, il croyait rêver. Pendant que du Tillet signait son bon sur une table à pupitre élevé, Constance disparut et remonta dans l'entresol. Le droguiste et le banquier échangèrent leurs papiers. Du Tillet sortit en saluant Popinot froidement.

— Enfin, dans quelques mois, dit Popinot, qui regarda du Tillet s'en allant rue des Lombards où son cabriolet était arrêté, grâce à cette singulière affaire, j'aurai ma Césarine. Ma pauvre petite femme ne se brûlera plus le sang à travailler. Comment! un regard de madame César a suffi! Qu'y a-t-il entre elle et ce brigand? Ce qui vient de se passer est bien extraordinaire.

Popinot envoya toucher le bon à la Banque et remonta pour parler à madame Birotteau. Il ne la trouva pas à la caisse, elle était sans doute dans sa chambre. Anselme et Constance vivaient comme vivent un gendre et une belle-mère quand un gendre et une belle-mère se conviennent; il alla donc dans l'appartement de madame César avec l'empressement naturel à un amoureux qui touche au bonheur. Le jeune négociant fut prodigieusement surpris de trouver sa future belle-mère, auprès de laquelle il arriva par un saut de chat, lisant une lettre du Tillet, car Anselme reconnut l'écriture de l'ancien premier commis de Birotteau. Une chandelle allumée, les fantômes noirs et agités de lettres brûlées sur le carreau firent frissonner Popinot, qui, doué d'une vue perçante, avait vu sans le vouloir cette phrase au commencement de la lettre que tenait sa belle-mère :

Je vous adore ! vous le savez, ange de ma vie, et pourquoi...

— Quel ascendant avez-vous donc sur du Tillet, pour lui faire conclure une semblable affaire? dit-il en riant de son rire convulsif que donne un mauvais soupçon réprimé. — Ne parlons pas de cela, dit-elle en laissant voir un horrible trouble. — Oui, répondit Popinot tout étourdi, parlons de la fin de vos peines.

Anselme pirouetta sur ses talons et alla jouer du tambour avec ses doigts sur les vitres, en regardant dans la cour.

— Eh bien! se dit-il, quand elle aurait aimé du Tillet, pourquoi ne me conduirais-je pas en honnête homme? — Qu'avez-vous, mon enfant? dit la pauvre femme. — Le compte des bénéfices nets de l'Huile céphalique se monte à cent quarante-deux mille francs, la moitié est de cent vingt-un, dit brusquement Popinot. Si je retranche de cette somme les quarante-huit mille francs donnés à M. Birotteau, il en reste soixante-treize mille, qui, joints aux soixante mille francs de la cession du bail, *vous* donnent cent trente-trois mille francs.

Madame César écoutait dans des anxiétés de bonheur qui la firent palpiter si violemment, que Popinot entendait les battements du cœur.

— Eh bien! j'ai toujours considéré M. Birotteau comme mon associé, reprit-il, nous pouvons disposer de cette somme pour rembourser ses créanciers. En l'ajoutant à celle des vingt-huit mille francs de vos économies, placés par notre oncle Pillerault, nous avons cent soixante et un mille francs. Notre oncle ne nous refusera pas quittance de ses vingt-cinq mille francs. Aucune puissance humaine ne peut m'empêcher de prêter à mon beau-père, en compte sur les bénéfices de l'année prochaine, la somme nécessaire à parfaire les sommes dues à ses créanciers... Et... il... sera... réhabilité.

— Réhabilité! cria madame César en pliant le genou sur une chaise, joignant les mains et récitant une prière après avoir lâché la lettre. Cher Anselme, dit-elle après s'être signée, cher enfant! Elle le prit par la tête, le baisa au front, sur son cœur, et fit mille folies. — Césarine est bien à toi! ma fille sera donc bien heureuse! Elle sortira de cette maison où elle se tue. — Par amour, dit Popinot. — Oui, répondit la mère en souriant. — Écoutez un petit secret, dit Popinot en regardant la fatale lettre du coin de l'œil. J'ai obligé Célestin pour faciliter l'acquisition de votre fonds, mais j'ai mis une condition à mon obligation. Votre appartement est comme vous l'avez laissé. J'avais une idée, mais je ne croyais pas que le hasard nous favoriserait autant. Célestin est tenu de vous sous-louer votre ancien appartement, où il n'a pas mis le pied dont tous les meubles seront à vous. Je me suis réservé le second étage pour y demeurer avec Césarine, qui ne vous quittera jamais. Après mon mariage, je viendrai passer ici les matinées de huit heures du matin à six heures du soir. Pour vous refaire une fortune, j'achèterai cent mille francs l'intérêt de M. César, et vous aurez ainsi, avec sa place, mille huit cents livres de rentes. Ne serez-vous pas heureuse? — Ne me dites plus rien, Anselme, ou je deviens folle.

L'angélique attitude de madame César et la pureté de ses yeux, l'innocence de son beau front démentaient si magnifiquement les mille idées qui tournoyaient dans la cervelle de l'amoureux, qu'il voulut en finir avec les monstruosités de sa pensée. Une faute était inconciliable avec la vie et les sentiments de la nièce de Pillerault.

— Ma chère mère adorée, dit Anselme, il vient d'entrer malgré moi dans mon âme un horrible soupçon. Si vous voulez me voir heureux, vous le détruirez à l'instant même.

Popinot avança la main sur la lettre et s'en était emparé.

— Sans le vouloir, reprit-il, effrayé de la terreur qui se peignait sur le visage de Constance, j'ai lu les premiers mots de cette lettre écrite par du Tillet. Ces mots coïncident si singulièrement avec l'effet que vous venez de produire en déterminant la prompte adhésion de cet homme à mes folles exigences, que tout homme l'expliquerait comme

le démon me l'explique malgré moi. Votre regard, trois mots ont suffi...

— N'achevez pas, dit madame César en reprenant la lettre et la brûlant aux yeux d'Anselme. Mon enfant, je suis bien cruellement punie d'une faute minime. Sachez donc tout, Anselme : je ne veux pas que le soupçon inspiré par la mère nuise à la fille, et d'ailleurs je puis parler sans avoir à rougir, je dirais à mon mari ce que je vais vous avouer. Du Tillet a voulu me séduire, mon mari fut aussitôt prévenu. du Tillet dut être renvoyé. Le jour où mon mari allait le remercier, il nous a pris trois mille francs!—Ah! je m'en doutais! dit Popinot en exprimant toute sa haine par son accent. — Anselme, votre avenir, votre bonheur, exigent cette confidence; mais elle doit mourir dans votre cœur comme elle était morte dans le mien et dans celui de César. Vous devez vous souvenir de *la gronde* de mon mari à propos d'une erreur de caisse. M. Birotteau, pour éviter un procès et ne pas perdre cet homme, remit sans doute à la caisse trois mille francs, le prix de ce châle de cachemire que je n'ai eu que trois ans après. Voilà mon exclamation expliquée. Hélas! mon cher enfant, je vous avouerai mon enfantillage : du Tillet m'avait écrit trois lettres d'amour, qui le peignaient si bien, dit-elle en soupirant et baissant les yeux, que je les avais gardées... comme curiosité. Je ne les ai pas relues plus d'une fois, mais enfin il était imprudent de les conserver. En revoyant du Tillet, j'y ai songé, je suis montée chez moi pour les brûler, et je regardais la dernière quand vous êtes entré... Voilà tout, mon ami.

Anselme mit un genou en terre et baisa la main de madame César avec une admirable expression qui leur fit venir des larmes aux yeux à l'un et à l'autre. Sa belle-mère le releva, lui tendit les bras et le serra sur son cœur.

Ce jour devait être un jour de joie pour César. Le secrétaire particulier du roi, M. de Vandenesse, vint à son bureau lui parler. Ils sortirent ensemble dans la petite cour de la caisse d'amortissement. — Monsieur Birotteau, dit le vicomte de Vandenesse, vos efforts pour payer vos créanciers ont été par hasard connus du roi. Sa Majesté, touchée d'une conduite si rare dans Paris, que sa vie est insensiblement excité l'admiration. Joseph Lebas, le juge Popinot, Camusot, l'abbé Loraux, Ragon, le chef de la maison importante où était Césarine, Lourdois, M. de La Billardière, en avaient parlé. L'opinion, déjà changée à son égard, le portait aux nues. — Voilà un homme d'honneur! Ce mot avait déjà plusieurs fois retenti à l'oreille de César quand il passait dans la rue, et lui donnait l'émotion qu'éprouve un auteur en entendant dire : Le voilà! Cette belle renommée assassinait du Tillet. Quand César vit les billets de banque envoyés par le souverain, sa première pensée fut de les employer à payer son ancien commis. Le bonhomme alla vue de la Chaussée-d'Antin, en sorte que quand le banquier rentra chez lui de ses courses, il s'y rencontra dans l'escalier avec son ancien patron. — Eh bien! mon pauvre Birotteau! dit-il d'un air patelin. — Pauvre? s'écria fièrement le débiteur. Je suis bien riche. Je poserai ma tête sur mon oreiller ce soir avec la satisfaction de savoir que je vous ai payé.

Cette parole pleine de probité fut une rapide torture pour du Tillet, car malgré l'estime générale il ne s'estimait pas lui-même, une voix inextinguible lui criait : — Cet homme est sublime! — Me payer! quelles affaires faites-vous donc?

Sûr que du Tillet n'irait pas répéter sa confidence, l'ancien parfumeur dit : — Je ne reprendrai jamais les affaires, monsieur. Aucune puissance humaine ne pouvait prévoir ce qui m'est arrivé. Qui sait si je ne serais pas victime d'un autre Roguin? Mais ma conduite a été mise sous les yeux du roi, sa bonté a daigné compatir à mes efforts, et il les a encouragés en m'envoyant à l'instant une somme assez importante qui... — Vous faut-il une quittance? dit du Tillet en l'interrompant, payez-vous?... — Intégralement, et même les intérêts; aussi vais-je vous prier de venir à deux pas d'ici, chez M. Crottat. — Par-devant notaire! dit-il, monsieur, si César, il n'est pas défendu de songer à la réhabilitation, et les actes authentiques sont alors irrécusables... — Allons, dit du Tillet, qui sortit avec Birotteau, allons, il n'y a qu'un pas Mais où prenez-vous tant d'argent? reprit-il. — Je ne le prends pas, dit César, je le gagne à la sueur de mon front. — Vous aurez une somme énorme à la maison Claparon... — Hélas! oui, là est ma plus forte dette, je crois bien mourir à la peine. — Vous ne pourrez jamais le payer, dit durement du Tillet. — Il a raison, pensa Birotteau.

Le pauvre homme, en revenant chez lui, passa par la rue Saint-Honoré, par mégarde, car il faisait toujours un détour pour ne pas voir sa boutique ni les fenêtres de son appartement. Pour la première fois depuis sa chute, il revit cette maison où dix-huit ans de bonheur avaient été effacés par les angoisses de trois mois — J'avais bien cru finir là mes jours, se dit-il en hâtant le pas. Il avait aperçu la nouvelle enseigne :

CÉLESTIN CREVEL,

SUCCESSEUR DE CÉSAR BIROTTEAU.

— J'ai la berlue. N'est ce pas, Césarine? s'écria-t-il en se souvenant d'avoir aperçu une tête blonde à la fenêtre.

Il vit effectivement sa fille, sa femme et Popinot. Les amoureux savaient que Birotteau ne passait jamais devant son ancienne maison. Incapables d'imaginer ce qui lui arrivait, ils étaient venus prendre quelques arrangements relatifs à la fête qu'ils méditaient de donner à César. Cette bizarre apparition étonna si vivement Birotteau, qu'il resta planté sur ses jambes. — Voilà M. Birotteau qui regarde son ancienne maison, dit M. Molineux au marchand établi en face de la Reine des Roses. — Pauvre homme, dit l'ancien voisin du parfumeur, il a donné là un des plus beaux bals... Il y avait deux cents voitures. — J'y étais, il a fait faillite trois mois après, dit Molineux, j'ai été syndic.

Birotteau se sauva, les jambes tremblantes, et accourut chez son oncle Pillerault.

Pillerault, instruit de ce qui s'était passé rue des Cinq-Diamants, pensait que son neveu soutiendrait difficilement le choc d'une joie aussi grande que celle causée par sa réhabilitation, car il était le témoin journalier des vicissitudes morales de ce pauvre homme, toujours en présence de ses inflexibles doctrines relatives aux faillis, et dont toutes les forces étaient employées à toute heure. L'honneur était pour César un mort qui pouvait avoir son jour de Pâques. Cet espoir rendait sa douleur incessamment active. Pillerault prit sur lui de préparer son neveu a recevoir la bonne nouvelle. Quand Birotteau rentra chez son oncle, il le trouva pensant aux moyens d'arriver à son but. Aussi la joie avec laquelle l'employé raconta le témoignage d'intérêt que le roi lui avait donné parut-elle de bon augure à Pillerault, et l'étonnement d'avoir vu Césarine à la Reine des Roses fut-il une excellente entrée en matière.

— Eh bien! César, dit Pillerault, sais-tu d'où cela te vient? De l'impatience qu'a Popinot d'épouser Césarine. Il n'y tient plus, et ne doit pas, pour tes exagérations de probité, laisser passer sa jeunesse à manger du pain sec à la fumée d'un bon dîner. Popinot veut te donner les fonds nécessaires au payement intégral de tes créanciers... — Il achète sa femme, dit Birotteau. — N'est-ce pas honorable de faire réhabiliter son beau-père! — Mais il y aurait lieu à contestation. D'ailleurs... — D'ailleurs, dit l'oncle en jouant la colère, tu peux avoir le droit de t'immoler, mais tu ne saurais immoler ta fille.

Il s'engagea la plus vive discussion, que Pillerault échauffait à dessein. — Eh! si Popinot ne te prêtait rien, s'écria Pillerault, s'il l'avait considéré comme son associé, s'il avait regardé le prix donné à tes créanciers pour la part dans l'Huile comme une avance de bénéfices, afin de ne pas te dépouiller... — J'aurais l'air d'avoir, de concert avec lui, trompé mes créanciers.

Pillerault feignit de se laisser battre par cette raison. Il connaissait assez le cœur humain pour savoir que durant la nuit le digne homme se querellerait avec lui-même sur ce point; et cette discussion intérieure l'accoutumait à l'idée de sa réhabilitation.

— Mais pourquoi, dit-il en dînant, ma femme et ma fille étaient-elles dans mon ancien appartement? — Anselme veut le louer pour s'y loger avec Césarine. Ta femme est son parti. Sans t'en rien dire, ils sont allés faire publier les bans, afin de te forcer à consentir. Popinot dit qu'il aura moins de mérite à épouser Césarine après ta réhabilitation. Tu prends les six mille francs du roi, tu ne veux rien accepter de tes parents ! Moi, je puis te donner quittance de ce qui me revient, me refuserais-tu? — Non, dit César, mais cela ne m'empêchera pas d'économiser pour vous payer, malgré la quittance. — Subtilité que tout cela, dit Pillerault, et sur les choses de probité je dois être cru. Quelle bêtise as-tu dite tout à l'heure? auras-tu trompé tes créanciers quand tu les auras tous payés?

En ce moment, César examina Pillerault, et Pillerault fut ému de voir, après trois années, un plein sourire animant pour la première fois les traits attristés de son pauvre neveu.

— C'est vrai, dit-il, ils seraient payés... Mais c'est vendre ma fille ! — Et je veux être achetée, cria Césarine en apparaissant avec Popinot.

Les deux amants avaient entendu ces derniers mots en entrant sur la pointe du pied dans l'antichambre du petit appartement de leur oncle, et madame Birotteau les suivait. Tous trois avaient couru en voiture chez les créanciers qui restaient à payer, pour les convoquer le soir chez Alexandre Crottat, où se préparaient les quittances. La puissante logique de l'amoureux Popinot triompha des scrupules de César, qui persistait à se dire débiteur, à prétendre qu'il fraudait la loi par une novation. Il fit céder les recherches de sa conscience à un cri de Po-

pinot : — Vous voulez donc tuer votre fille? — Tuer ma fille ! dit César hébété. — Eh bien ! dit Popinot, j'ai le droit de vous faire une donation entre vifs de la somme que consciencieusement je crois être à vous chez moi. Me refuseriez-vous? — Non, dit César. — Eh bien ! allons chez Alexandre Crottat ce soir afin qu'il n'y ait plus à revenir là-dessus, nous y déciderons en même temps notre contrat de mariage.

Une demande en réhabilitation et toutes les pièces à l'appui furent déposées, par les soins de Derville, au parquet du procureur général de la cour royale de Paris.

Pendant le mois que durèrent les formalités et les publications des bans pour le mariage de Césarine et d'Anselme, Birotteau fut agité par des mouvements fébriles. Il était inquiet, il avait peur de ne pas vivre jusqu'au grand jour où l'arrêt serait rendu. Son cœur palpitait sans raison, disait-il. Il se plaignait de douleurs sourdes dans cet organe aussi usé par les émotions de la douleur qu'il était fatigué par cette joie suprême. Les arrêts de réhabilitation sont si rares dans le ressort de la cour royale de Paris qu'il s'en prononce à peine un en dix années. Pour les gens qui prennent au sérieux la société, l'appareil de la justice a je ne sais quoi de grand et de grave. Les institutions dépendent entièrement des sentiments que les hommes y attachent et des grandeurs dont elles sont revêtues par la pensée. Aussi quand il n'y a plus, non pas de religion, mais de croyance chez un peuple, quand l'éducation première y a relâché tous les liens conservateurs en habituant l'enfant à une impitoyable analyse, une nation est-elle dissoute : elle ne fait plus corps que par les ignobles soudures de l'intérêt matériel, par les commandements du culte que crée l'égoïsme bien entendu. Nourri d'idées religieuses, Birotteau acceptait la justice pour ce qu'elle devrait être aux yeux des hommes, une représentation de la société même, une auguste expression de la loi consentie, indépendante de la forme sous laquelle elle se produit : plus le magistrat est vieux, cassé, blanchi, plus solennel est d'ailleurs l'exercice de son sacerdoce, qui veut une étude si profonde des hommes et des choses, qui sacrifie le cœur et l'endurcit à la tutelle d'intérêts palpitants. Ils deviennent rares, les hommes qui ne montent pas sans de vives émotions l'escalier de la cour royale, au vieux Palais de Justice, à Paris, et l'ancien négociant était un de ces hommes. Peu de personnes ont remarqué la solennité majestueuse de cet escalier si bien placé pour produire de l'effet, il se trouve en haut du peristyle extérieur qui orne la cour du Palais, et sa porte est au milieu d'une galerie qui mène d'un bout à l'immense salle des Pas-Perdus, de l'autre à la Sainte Chapelle, deux monuments qui peuvent rendre tout mesquin autour d'eux. L'église de saint Louis est un des plus imposants édifices de Paris, et son abord a je ne sais quoi de sombre et de romantique au fond de cette galerie. La grande salle des Pas-Perdus offre au contraire une échappée pleine de clarté, et il est difficile d'oublier que l'histoire de France se lie à cette salle. Cet escalier doit donc avoir quelque caractère assez grandiose, car il n'est pas trop écrasé par ces deux magnificences; peut-être l'âme y est-elle remuée à l'aspect de la place où s'exécutent les arrêts, vue à travers la riche grille du Palais. L'escalier débouche sur une immense pièce, l'antichambre de celle où la Cour tient les audiences de sa première chambre, et qui forme la salle des Pas-Perdus de la Cour. Jugez quelles émotions dut éprouver le failli, quand il naturellement impressionné par ces accessoires, en montant à la Cour entouré de ses amis, Lebas, le président du tribunal de commerce, Camusot, son juge commissaire, Ragon, son patron; M. l'abbé Loraux, son directeur. Le saint prêtre fit ressortir ces splendeurs humaines par une réflexion qui les rendit encore plus imposantes aux yeux de César. Pillerault, le philosophe pratique, avait imaginé d'exagérer par avance la joie de son neveu pour le soustraire aux dangers des événements imprévus de cette fête. Au moment où l'ancien négociant finissait sa toilette, il avait vu venir ses vrais amis qui tenaient à honneur de l'accompagner à la barre de la Cour. Ce cortège développa chez le brave homme un contentement qui le jeta dans l'exaltation nécessaire pour soutenir le spectacle imposant de la Cour. Birotteau trouva d'autres amis réunis dans la salle des audiences solennelles, où siégeaient une douzaine de conseillers.

Après l'appel des causes, l'avoué de Birotteau fit la demande en quelques mots. Sur un geste du premier président, l'avocat général, invité à donner ses conclusions, se leva. Le procureur général, l'homme qui représente la vindicte publique, allait demander lui-même de rendre l'honneur au négociant qui n'avait fait que l'engager : cérémonie unique, car le condamné ne peut être que gracié. Les gens de cœur peuvent imaginer les émotions de Birotteau quand il entendit M. de Marchangy prononçant un discours dont voici l'abrégé.

« Messieurs, dit l'avocat général, le 16 janvier 1820, Birotteau fut déclaré en état de faillite par un jugement du tribunal de commerce de la Seine. Le dépôt du bilan n'était occasionne ni par l'imprudence de ce commerçant, ni par de fausses spéculations, ni par aucune raison qui pût entacher son honneur. Nous éprouvons le besoin de le dire hautement, son malheur fut causé par un de ces désastres qui se sont renouvelés à la grande douleur de la justice et de la ville de Paris. Il était réservé à notre siècle, où fermentera longtemps encore le mauvais levain des mœurs et des idées révolutionnaires, de voir le notariat de Paris s'écarter des glorieuses traditions des siècles précédents, et produire en quelques années autant de faillites qu'il s'en est rencontré dans deux siècles sous l'ancienne monarchie. La soif de l'or rapidement acquis a gagné les officiers ministériels, ces tuteurs de la fortune publique, ces magistrats intermédiaires ! » Il y eut une tirade sur ce texte où l'avocat général dévoué aux Bourbons trouva moyen d'incriminer les libéraux, les bonapartistes et autres ennemis du trône. L'événement a prouvé que ce magistrat et son chef, M. Bellart, avaient raison dans leurs appréhensions. « La fuite d'un notaire de Paris, qui emportait les fonds déposés chez lui par Birotteau, décida la ruine de l'impétrant, reprit-il. La Cour a rendu, dans cette affaire, un arrêt qui prouve à quel point la confiance des clients de Roguin fut indignement trompée. Un concordat intervint. Nous ferons observer que les opérations ont été remarquables par une pureté qui ne se rencontre en aucune des faillites scandaleuses par lesquelles le commerce de Paris est journellement affligé. « Les créanciers de Birotteau trouvèrent les moindres choses que l'infortuné possédât. Ils ont trouvé, messieurs, ses vêtements, ses bijoux, enfin les choses d'un usage purement personnel, non-seulement à lui, mais à sa femme, à sa fille, et de tout ce qu'ils possédaient, ont-ils consigné tous ses droits pour grossir l'actif. Birotteau, dans cette circonstance, a été digne de la considération qui lui avait valu les fonctions municipales ; il était adjoint au maire du deuxième arrondissement et venait de recevoir la décoration de la Légion d'honneur accordée autant au dévouement du royaliste qui luttait en vendémiaire sur les marches de Saint-Roch, alors teintes de son sang, qu'au magistrat consulaire estimé pour ses lumières, aimé pour son esprit conciliateur, et à la modeste officier municipal qui venait de refuser les honneurs de la mairie en indiquant un plus digne, l'honorable baron de la Billardière, un des nobles Vendéens qu'il avait appris à estimer dans les mauvais jours. »

— Cette phrase est meilleure que la mienne, dit César à l'oreille de son oncle.

« Aussi, les créanciers, trouvant soixante pour cent de leurs créances par l'abandon que ce loyal négociant leur a fait, lui, sa femme et sa fille, de tout ce qu'ils possédaient, ont-ils consigné les expressions de leur estime dans le concordat qui intervint entre eux et leur débiteur, et par lequel ils lui faisaient remise du reste de ses créances. Ces témoignages se recommandent à l'attention de la cour par la manière dont ils sont conçus. » Ici l'avocat général lut les considérants du concordat. « En présence de ces bienveillantes dispositions, messieurs, beaucoup de négociants auraient pu se croire libérés ; ils auraient marché fiers sur la place publique. Loin de là, Birotteau, sans se laisser abattre, forma dans sa conscience le projet d'arriver au jour glorieux qui se lève ici pour lui. Rien ne l'a rebuté. Une place fut accordée par notre bien-aimé souverain pour donner du pain au blessé de Saint-Roch ; le failli en réserva les appointements à ses créanciers sans y rien prendre pour ses besoins, car le dévouement de la famille ne lui a pas manqué... »

Birotteau pressa la main de son oncle en pleurant.

« Sa femme et sa fille versaient au trésor commun les fruits de leur travail ; elles avaient épousé la noble pensée de Birotteau. Chacune d'elles est descendue de la position elle occupait pour en prendre une inférieure. Ces sacrifices, messieurs, doivent être hautement honorés, ils sont les plus difficiles de tous à faire. Voici quelle était la tâche que Birotteau s'était imposée. » Ici l'avocat général lut le résumé du bilan, en désignant les sommes qui furent dues et les noms des créanciers. « Chacune de ces sommes, intérêts compris, a été payée, messieurs, non par des quittances sous signatures privées qui appellent la sévérité de l'enquête, mais par des quittances authentiques par lesquelles la religion de la cour ne saurait être surprise, et qui n'ont pas empêché les magistrats de faire leur devoir en procédant à l'enquête exigée par la loi. Vous rendrez à Birotteau, non pas l'honneur, mais les droits dont il se trouvait privé, en vous y forçant peut-être. De semblables spectacles sont si rares à notre audience que nous ne pouvons nous empêcher de témoigner à l'impétrant combien nous applaudissons à une telle conduite, que déjà d'augustes protections avaient encouragée. » Puis il lut les conclusions formelles en style de Palais.

La cour délibéra sans sortir, et le président se leva pour prononcer l'arrêt. — La cour, dit-il en terminant, me charge d'exprimer à Birotteau la satisfaction qu'elle éprouve à rendre un pareil arrêt. Greffier, appelez la cause suivante.

Birotteau, déjà vêtu du caftan d'honneur que lui passaient les phrases pompeuses de Marchangy, homme assez littéraire, fut foudroyé de plaisir en entendant la phrase solennelle dite par le premier président de la première cour du royaume, et qui accusait des tressaillements dans le cœur de l'impassible justice humaine. Il ne put quitter sa place à la barre ; il y parut cloué, regardant d'un air hébété les magistrats comme des anges qui venaient lui rouvrir les portes de la vie sociale. Son oncle le prit par le bras et l'attira dans la salle. César, qui n'avait pas obéi à Louis XVIII, mit alors machinalement le ruban de la Légion à sa boutonnière, fut aussitôt entouré de ses amis et porté en triomphe jusque dans la voiture.

— Où me conduisez-vous, mes amis ? dit-il à Joseph Lebas, à Pillerault et à Ragon. — Chez vous. — Non, il est trois heures ; je veux entrer à la Bourse et user de mon droit. — A la Bourse, dit Pillerault au cocher en faisant un signe expressif à Lebas, car il observait chez

le réhabilité des symptômes inquiétants ; il craignait de le voir devenir fou.

L'ancien parfumeur entra dans la Bourse, donnant le bras à son oncle et à Lebas, ces deux négociants vénérés. Sa réhabilitation était connue. La première personne qui vit les trois négociants, suivis par le vieux Ragon, fut du Tillet.

— Ah ! mon cher patron, je suis enchanté de savoir que vous vous en soyez tiré. J'ai peut-être contribué, par la facilité avec laquelle je me suis laissé tirer une plume de l'aile par le petit Popinot, à cet heureux dénoûment de vos peines. Je suis content de votre bonheur comme s'il était le mien. — Vous ne pouvez pas l'être autrement, dit Pillerault. Ça ne vous arrivera jamais. — Comment l'entendez-vous, monsieur ? dit du Tillet. — Parbleu ! du bon côté, dit Lebas en souriant de la malice vengeresse de Pillerault, qui, sans rien savoir, regardait cet homme comme un scélérat.

Matifat reconnut César. Aussitôt les négociants les mieux famés entourèrent l'ancien parfumeur et lui firent une ovation boursière ; il reçut les compliments les plus flatteurs, des poignées de main qui réveillaient bien des jalousies, excitaient quelques remords, car sur cent personnes qui se promenaient là trente avaient liquidé. Gigonnet et Gobseck, qui causaient dans un coin, regardèrent le vertueux parfumeur comme les physiciens ont dû regarder le premier gymnote électrique qui leur fut amené. Ce poisson, armé de la puissance d'une bouteille de Leyde, est la plus grande curiosité du règne animal. Après avoir aspiré l'encens de son triomphe, César remonta dans son fiacre et se mit en route pour revenir dans sa maison où se devait signer le contrat de mariage de sa chère Césarine et du dévoué Popinot. Il avait un rire nerveux qui frappa ses trois vieux amis.

Un défaut de la jeunesse est de croire tout le monde fort comme elle est forte, défaut qui tient d'ailleurs à ses qualités : au lieu de voir les hommes et les choses à travers des besicles, elle les colore des reflets de sa flamme, et jette son trop de vie jusque sur les vieilles gens. Comme César et Constance, Popinot conservait dans sa mémoire une fastueuse image du bal donné par Birotteau. Durant ces trois années d'épreuves, Constance et César avaient, sans se le dire, souvent entendu l'orchestre de Collinet, revu l'assemblée fleurie, et goûté cette joie si cruellement punie, comme Adam et Eve durent penser parfois à ce fruit défendu qui donna la mort et la vie à toute leur postérité, car il paraît que la reproduction des anges est un des mystères du ciel. Mais Popinot pouvait songer à cette fête, sans remords, avec délices : Césarine, dans toute sa gloire, s'était promise à lui pauvre ; pendant cette soirée, il avait eu l'assurance d'être aimé pour lui-même ! Aussi, quand il avait acheté l'appartement restauré par Grindot à Célestin en stipulant que tout y resterait intact, quand il avait religieusement conservé les moindres choses appartenant à César et à Constance, rêvait-il de donner un bal, un bal de noces. Il avait préparé cette fête avec amour, en imitant son patron seulement dans les dépenses nécessaires et non dans les folies, les folies devaient faire. Ainsi, le dîner des trois amis servi par Chevet, les convives étaient à peu près les mêmes. L'abbé Loraux remplaçait le grand chancelier de la Légion d'honneur ; le président du tribunal de commerce, Lebas, n'y manquait point. Popinot invita M. Camusot pour le remercier des égards qu'il avait prodigués à Birotteau. M. de Vandenesse et M. de Fontaine vinrent à la place de Roguin et de sa femme. Césarine et Popinot avaient distribué leurs invitations pour le bal avec discernement. Tous deux redoutaient également la publicité d'une noce ; ils avaient évité les froissements qu'y ressentent les cœurs tendres et purs en imaginant de donner le bal pour le jour du contrat. Constance avait retrouvé cette robe cerise dans laquelle, pendant un seul jour, elle avait brillé d'un éclat si fugitif ! Césarine s'était plu à faire une surprise de se montrer dans cette toilette de bal dont il lui avait parlé maintes et maintes fois. Ainsi, l'appartement allait offrir à Birotteau le spectacle enchanteur qu'il avait savouré pendant une seule soirée. Ni Constance, ni Césarine, ni Anselme, n'avaient aperçu de danger pour César dans cette énorme surprise ; ils l'attendaient à quatre heures avec une joie qui faisait faire des enfantillages. Après les émotions inexprimables que venait de lui causer sa rentrée à la Bourse, ce héros de probité commerciale allait avoir le saisissement qui l'attendait rue Saint-Honoré. Lorsqu'en rentrant dans son appartement, il vit au bas de l'escalier, resté neuf, sa femme en robe de velours cerise, Césarine, le comte de Fontaine, le vicomte de Vandenesse, le baron de la Billardière, l'illustre Vauquelin, il se répandit sur ses yeux légère voile, et son oncle Pillerault, qui lui donnait le bras, sentit un frissonnement intérieur.

— C'est trop, dit le philosophe à l'amoureux Anselme, il ne pourra jamais porter tout le vin que tu lui verses.

La joie était si vive dans tous les cœurs, que chacun attribua l'émotion de César et ses trébuchements à quelque ivresse bien naturelle, mais souvent mortelle. En se retrouvant chez lui, en revoyant son salon, ses convives, parmi lesquels étaient des femmes habillées pour le bal, tout à coup le mouvement héroïque du finale de la grande symphonie de Beethoven éclata dans sa tête et dans son cœur. Cette musique idéale rayonna, pétilla sur tous les modes, fit sonner ses clairons dans les méninges de cette cervelle fatiguée, pour laquelle ce devait être la grand finale. Accablé par cette harmonie intérieure, il alla prendre le bras de sa femme et lui dit à l'oreille d'une voix étouffée par un flot de sang contenu : — Je ne suis pas bien ! Constance effrayée le conduisit dans sa chambre, où il ne parvint pas sans peine, où il se précipita dans un fauteuil, disant :—Monsieur Haudry, monsieur Loraux !

L'abbé Loraux vint, suivi des convives et des femmes en habit de bal, qui tous s'arrêtèrent et formèrent un groupe stupéfait. En présence de ce monde fleuri, César serra la main de son confesseur et pencha la tête sur le sein de sa femme agenouillée. Un vaisseau s'était

déjà rompu dans sa poitrine, et, par surcroît, l'anévrisme étranglait sa dernière respiration.

— Voilà la mort du juste, dit l'abbé Loraux d'une voix grave en montrant César par un de ces gestes divins que Rembrandt a su deviner pour son tableau du Christ rappelant Lazare à la vie.

Jésus ordonne à la terre de rendre sa proie, le saint prêtre indiquait au ciel un martyr de la probité commerciale à décorer de la palme éternelle.

Paris, novembre et décembre 1837.

FIN DE CÉSAR BIROTTEAU.

Birotteau réhabilité, en rentrant dans son ancienne maison, vit sa femme Césarine .. —PAGE 63.

COMÉDIE HUMAINE

ŒUVRES ILLUSTRÉES

DE

BALZAC

HISTOIRE

DES TREIZE

Dess. Tony Johannot, Bertall, Daumier, E. Lampsonius, etc.

Gravures par les meilleurs Artistes.

PRÉFACE.

Il s'est rencontré, sous l'Empire et dans Paris, treize hommes également frappés du même sentiment, tous doués d'une assez grande énergie pour être fidèles à la même pensée, assez probes entre eux pour ne point se trahir, alors même que leurs intérêts se trouvaient opposés, assez profondément politiques pour dissimuler les liens sacrés qui les unissaient, assez forts pour se mettre au-dessus de toutes les lois, assez hardis pour tout entreprendre, et assez heureux pour avoir presque toujours réussi dans leurs desseins; ayant couru les plus grands dangers, mais taisant leurs défaites, inaccessibles à la peur, et n'ayant tremblé ni devant le prince, ni devant le bourreau, ni devant l'innocence; s'étant acceptés tous, tels qu'ils étaient, sans tenir compte des préjugés sociaux; criminels sans doute, mais certainement remarquables par quelques-unes des qualités qui font les grands hommes, et ne se recrutant que parmi les hommes d'élite. Enfin, pour que rien ne man-

Là, ce jeune homme qui demeurait, lui, rue de Bourbon trouva... — PAGE 3.

quât à la sombre et mystérieuse poésie de cette histoire, ces treize hommes sont restés inconnus, quoique tous aient réalisé les plus bizarres idées que suggère à l'imagination la fantastique puissance faussement attribuée aux Maufred, aux Faust, aux Melmoth; et tous aujourd'hui sont brisés, dispersés du moins. Ils sont paisiblement rentrés sous le joug des lois civiles, de même que Morgan, l'Achille des pirates, se fit, de ravageur, colon tranquille, et disposa sans remords, à la lueur du foyer domestique, de millions ramassés dans le sang, à la rouge clarté des incendies.

Depuis la mort de Napoléon, un hasard que l'auteur doit taire encore a dissous les liens de cette vie secrète, curieuse, autant que peut l'être le plus noir des romans de madame Radcliffe. La permission assez étrange de raconter à sa guise quelques-unes des aventures arrivées à ces hommes, tout en respectant certaines convenances, ne lui a été que récemment donnée par un de ces héros anonymes auxquels la société tout entière fut occultement soumise, et chez lequel il croit avoir surpris un vague désir de célébrité.

Cet homme, en apparence jeune encore, à cheveux blonds, aux yeux bleus, dont la voix douce et claire semblait annoncer une âme féminine, était pâle de visage et mystérieux dans ses manières, il causait avec amabilité, prétendait n'avoir que quarante ans, et pouvait appartenir aux plus hautes classes sociales. Le nom qu'il avait pris paraissait être un nom supposé ; dans le monde, sa personne était inconnue. Qu'est-il ? On ne sait.

Peut-être en confiant à l'auteur les choses extraordinaires qu'il lui a révélées, l'inconnu voulait-il les voir en quelque sorte reproduites, et jouir des émotions qu'elles feraient naître au cœur de la foule, sentiment analogue à celui qui agitait Macpherson quand le nom d'Ossian, sa créature, s'inscrivait dans tous les langages. Et c'était, certes, pour l'avocat écossais, une des sensations les plus vives, ou les plus rares du moins, que l'homme puisse se donner. N'est-ce pas l'incognito du génie ? Écrire l'*Itinéraire de Paris à Jérusalem*, c'est prendre sa part dans la gloire humaine d'un siècle ; mais doter son pays d'un Homère, n'est-ce pas usurper sur Dieu ?

L'auteur connaît trop les lois de la narration pour ignorer les engagements que cette courte préface lui fait contracter ; mais il connaît assez l'*Histoire des Treize* pour être certain de ne jamais se trouver au-dessous de l'intérêt que doit inspirer ce programme. Des drames dégouttant de sang, des comédies pleines de terreurs, des romans où roulent des têtes secrètement coupées, lui ont été confiés. Si quelque lecteur n'était pas rassasié des horreurs froidement servies au public depuis quelque temps, il pourrait lui révéler de calmes atrocités, de surprenantes tragédies de famille, pour peu que le désir de les savoir lui fût témoigné. Mais il a choisi de préférence les aventures les plus douces, celles où des scènes pures succèdent à l'orage des passions, où la femme est radieuse de vertus et de beauté. Pour l'honneur des Treize, il s'en rencontre de telles dans leur histoire, qui peut-être aura l'honneur d'être mise un jour en pendant de celle des flibustiers, ce peuple à part, si curieusement énergique, si attachant malgré ses crimes.

Un auteur doit dédaigner de convertir son récit, quand ce récit est véritable, en une espèce de joujou à surprise, et de promener, à la manière de quelques romanciers, le lecteur, pendant quatre volumes, de souterrains en souterrains, pour lui montrer un cadavre tout sec, et lui dire, en forme de conclusion, qu'il lui a constamment fait peur d'une porte cachée dans quelque tapisserie, ou d'un mort laissé par mégarde sous les planchers. Malgré son aversion pour les préfaces, l'auteur a dû jeter ces phrases en tête de ce fragment. *Ferragus* est un premier épisode qui tient par d'invisibles liens à l'*Histoire des Treize*, dont la puissance naturellement acquise peut seule expliquer certains ressorts en apparence surnaturels. Quoiqu'il soit permis aux conteurs d'avoir une sorte de coquetterie littéraire en devenant historiens, ils doivent renoncer aux bénéfices que procure l'apparente bizarrerie des titres sur lesquels se fondent aujourd'hui de légers succès. Aussi l'auteur expliquera-t-il succinctement ici les raisons qui l'ont obligé d'accepter des intitulés peu naturels en apparence.

Ferragus, suivant une ancienne coutume, en nom pris par un chef de Dévorants. Le jour de leur élection, ces chefs continuent celle des dynasties dévorantesques dont le nom leur plaît le plus, comme le font les papes à leur avènement, pour les dynasties pontificales. Aussi les Dévorants ont-ils *Trempe-la-Soupe IX, Ferragus XXII, Tutcanus XIII, Masche-Fer IV*, de même que l'Église a ses Clément XIV, Grégoire IX, Jules II, Alexandre VI, etc. Maintenant, que sont les Dévorants ? Dévorants est le nom d'une des tribus de *compagnons* ressortissant jadis de la grande association mystique formée entre les ouvriers de la chrétienté pour rebâtir le temple de Jérusalem. Le *compagnonnage* est encore debout en France, dans le peuple. Ses traditions puissantes sur des têtes peu éclairées et sur des gens qui ne sont point assez instruits pour manquer à leurs serments, pourraient servir à de formidables entreprises, si quelque grossier génie voulait s'emparer de ces diverses sociétés. En effet, là tous les instruments sont presque aveugles ; là, de ville en ville, existe pour les compagnons, depuis un temps immémorial, une *obade*, espèce d'étape tenue par une Mère, vieille femme, bohémienne à demi, n'ayant rien à perdre, sachant tout ce qui se passe dans le pays, et dévouée, par peur ou par une longue habitude, à la tribu qu'elle loge et nourrit en détail. Enfin, ce peuple changeant, mais soumis à d'immuables coutumes, peut avoir des yeux en tous lieux, exécuter partout une volonté sans la juger, car le plus vieux compagnon est encore dans l'âge où l'on croit à quelque chose. D'ailleurs, le corps entier professe des doctrines assez vraies, assez mystérieuses, pour électriser patriotiquement tous les adeptes si elles recevaient le moindre développement. Puis l'attachement des compagnons à leurs lois est si passionné, que les

diverses tribus se livrent entre elles de sanglants combats, afin de défendre quelques questions de principes. Heureusement pour l'ordre public actuel, quand un Dévorant est ambitieux il construit des maisons, fait fortune, et quitte le compagnonage. Il y aurait beaucoup de choses curieuses à dire sur les *compagnons du Devoir*, les rivaux des Dévorants, et sur toutes les différentes sectes d'ouvriers, sur leurs usages et leur fraternité, sur les rapports qui se trouvent entre eux et les francs-maçons, mais ici ces détails seraient déplacés. Seulement, l'auteur ajoutera que, sous l'ancienne monarchie, il n'était pas sans exemple de trouver un Trempe-la-Soupe au service du roi, ayant place pour cent et un ans sur ses galères ; mais de là, dominant toujours sa tribu, consulté religieusement par elle ; puis, s'il quittait sa chiourme, certain de rencontrer aide, secours et respect en tous lieux. Voir son chef aux galères n'est pour la tribu fidèle qu'un de ces malheurs dont la Providence est responsable, mais qui ne dispense pas les Dévorants d'obéir au pouvoir créé par eux, au-dessus d'eux. C'est l'exil momentané de leur roi légitime, toujours roi pour eux. Voici donc le prestige romanesque attaché au nom de Ferragus et à celui de Dévorants complètement dissipé.

Quant aux Treize, l'auteur se sent assez fortement appuyé par les détails de cette histoire presque romanesque, pour abdiquer encore l'un des plus beaux privilèges de romancier dont il y ait exemple, et qui, sur le Châtelet de la littérature, pourrait s'adjuger à haut prix, et imposer le public d'autant de volumes que lui en a donné la *Contemporaine*. Les Treize étaient tous des hommes trempés comme le fut Trelawney, l'ami de lord Byron, et, dit-on, l'original du *Corsaire* ; tous fatalistes, gens de cœur et de poésie, mais ennuyés de la vie plate qu'ils menaient, entraînés vers des jouissances asiatiques par des forces d'autant plus excessives que, longtemps endormies, elles se réveillaient plus furieuses. Un jour, l'un d'eux, après avoir relu *Venise sauvée*, après avoir admiré l'union sublime de Pierre et de Jaffier, vint à songer aux vertus particulières des gens jetés en dehors de l'ordre social, à la probité des bagnes, à la fidélité des voleurs entre eux, aux privilèges de puissance exorbitante que ces hommes savent conquérir en confondant toutes les idées dans une seule volonté. Il trouva l'homme plus grand que les hommes. Il présuma que la société devait appartenir tout entière à des gens distingués qui, à leur esprit naturel, à leurs lumières acquises, à leur fortune, joindraient un fanatisme assez chaud pour fondre en un seul jet ces différentes forces. Dès lors, immense d'action et d'intensité, leur puissance occulte, contre laquelle l'ordre social serait sans défense, y renverserait les obstacles, foudroierait les volontés, et donnerait à chacun d'eux le pouvoir diabolique de tous. Ce monde à part dans le monde, hostile au monde, n'admettant aucune des idées du monde, n'en reconnaissant aucune loi, ne se soumettant qu'à la conscience de sa nécessité, n'obéissant qu'à un dévouement, agissant tout entier pour un seul des associés quand l'un d'eux réclamerait l'assistance de tous ; cette vie de flibustiers en gants jaunes et en carrosse, cette union intime de gens supérieurs, froids et railleurs, souriant et maudissant au milieu d'une société fausse et mesquine, la certitude de tout faire plier sous un caprice, d'ourdir une vengeance avec habileté, de vivre dans treize cœurs, puis le bonheur continu d'avoir un secret de haine en face des hommes, d'être toujours armé contre eux, et de pouvoir se retirer en soi avec une idée de plus que n'en avaient les gens les plus remarquables, cette religion de plaisir et d'égoïsme fanatisa treize hommes qui recommencèrent la société de Jésus au profit du diable. Ce fut horrible et sublime. Puis le pacte tint bien ; puis il dura, précisément parce qu'il paraissait impossible. Il y eut donc dans Paris treize frères qui s'appartenaient et se méconnaissaient tous dans le monde, mais qui se retrouvaient réunis, le soir, comme des conspirateurs, ne se cachant aucune pensée, usant tour à tour d'une fortune semblable à celle du Vieux de la Montagne, ayant les pieds dans tous les salons, les mains dans tous les coffres-forts, les coudes dans la rue, leurs têtes sur tous les oreillers, et, sans scrupules, faisant tout servir à leur fantaisie. Aucun chef ne les commanda, personne ne put s'arroger le pouvoir ; seulement la passion la plus vive, la circonstance la plus exigeante, passait la première. Ce furent treize rois inconnus, mais réellement rois, et plus que rois, des juges et des bourreaux qui, s'étant fait des ailes pour parcourir la société du haut en bas, dédaignèrent d'y être quelque chose, parce qu'ils y pouvaient tout. Si l'auteur apprend les causes de leur abdication, il les dira.

Maintenant, il lui est permis de commencer le récit des trois épisodes qui, dans cette histoire, l'ont plus particulièrement séduit par la senteur parisienne des détails, et par la bizarrerie des contrastes.

Paris, 1831.

I

FERRAGUS, CHEF DES DÉVORANTS.

A HECTOR BERLIOZ.

Il est dans Paris certaines rues déshonorées autant que peut l'être un homme coupable d'infamie; puis il existe des rues nobles, puis des rues simplement honnêtes, puis de jeunes rues sur la moralité desquelles le public ne s'est pas encore formé d'opinion; puis des rues assassines, des rues plus vieilles que de vieilles douairières ne sont vieilles, des rues estimables, des rues toujours propres, des rues toujours sales, des rues ouvrières, travailleuses, mercantiles. Enfin, les rues de Paris ont des qualités humaines, et nous impriment par leur physionomie certaines idées contre lesquelles nous sommes sans défense. Il y a des rues de mauvaise compagnie où vous ne voudriez pas demeurer, et des rues où vous placeriez volontiers votre séjour. Quelques rues, ainsi que la rue Montmartre, ont une belle tête et finissent en queue de poisson. La rue de la Paix est une large rue, une grande rue; mais elle ne réveille aucune des pensées gracieusement nobles qui surprennent une ame impressible au milieu de la rue Royale, et elle manque certainement de la majesté qui règne dans la place Vendôme. Si vous vous promenez dans les rues de l'île Saint-Louis, ne demandez raison de la tristesse nerveuse qui s'empare de vous qu'à la solitude, à l'air morne des maisons et des grands hôtels déserts. Cette île, le cadavre des fermiers généraux, est comme la Venise de Paris. La place de la Bourse est babillarde, active, prostituée; elle n'est belle que par un clair de lune, à deux heures du matin: le jour, c'est un abrégé de Paris; pendant la nuit, c'est comme une rêverie de la Grèce. La rue Traversière-Saint-Honoré n'est-elle pas une rue infame? Il y a de méchantes petites maisons à deux croisées, où, d'étage en étage, se trouvent des vices, des crimes, de la misère. Les rues étroites exposées au nord, où le soleil ne vient que trois ou quatre fois dans l'année, sont de rues assassines qui tuent impunément; la justice d'aujourd'hui ne s'en mêle pas; mais autrefois le parlement eût peut-être mandé le lieutenant de police pour la vituérer à ces causes, et eût au moins rendu quelque arrêt contre la rue, comme jadis il se porta contre les perruques du chapitre de Beauvais. Cependant M. Benoiston de Châteauneuf a prouvé que la mortalité de ces rues était du double supérieure à celle des autres. Pour résumer ces idées par un exemple, la rue Fromenteau n'est-elle pas tout à la fois meurtrière et de mauvaise vie? Ces observations, incompréhensibles au delà de Paris, seront sans doute saisies par ces hommes d'étude et de pensée, de poésie et de plaisir, qui savent récolter, en flânant dans Paris, la masse de jouissances flottantes, à toute heure, entre ses murailles; par ceux pour lesquels Paris est le plus délicieux des monstres: là, jolie femme; plus loin, vieux et pauvre; ici, tout neuf comme la monnaie d'un nouveau règne; dans ce coin, élégant comme une femme à la mode. Monstre complet d'ailleurs! Ses greniers, espèce de tête pleine de science et de génie; ses premiers étages, estomacs heureux; ses boutiques, véritables pieds; de là partent tous les trotteurs, tous les affairés. Eh! quelle vie toujours active a le monstre? A peine le dernier frétillement des dernières voitures de bal cesse-t-il au cœur que déjà ses bras se remuent aux barrières, et il se secoue lentement. Toutes les portes bâillent, tournent sur leurs gonds, comme les membranes d'un grand homard, invisiblement manœuvrées par trente mille hommes ou femmes, dont chacune ou chacun vit dans six pieds carrés, y possède une cuisine, un atelier, un lit, des enfants, un jardin, n'y voit pas clair, et doit tout voir. Insensiblement les articulations craquent, le mouvement se communique, la rue parle. A midi, tout est vivant, les cheminées fument, le monstre mange; puis il rugit, puis ses mille pattes s'agitent. Beau spectacle! Mais, ô Paris! qui n'a pas admiré tes sombres paysages, tes échappées de lumière, tes culs-de-sac profonds et silencieux; qui n'a pas entendu tes murmures, entre minuit et deux heures du matin, ne connaît encore rien de la vraie poésie, ni de tes bizarres et larges contrastes. Il est un petit nombre d'amateurs, de gens qui ne marchent jamais en écervelés, qui dégustent leur Paris, qui en possèdent si bien la physionomie qu'ils y voient une verrue, un bouton, une rougeur. Pour les autres, Paris est toujours cette monstrueuse merveille, étonnant assemblage de mouvements, de machines et de pensées, la ville aux cent mille romans, la tête du monde. Mais, pour ceux-là, Paris est triste ou gai, laid ou beau, vivant ou mort; pour eux, Paris est une créature; chaque homme, chaque fraction de maison est un lobe du tissu cellulaire de cette grande courtisane de laquelle ils connaissent parfaitement la tête, le cœur et les mœurs fantasques. Aussi ceux-là sont-ils les amants de Paris: ils lèvent le nez à tel coin de rue, sûrs d'y trouver le cadran d'une horloge; ils disent à un ami dont la tabatière est vide: Prends par tel passage, il y a un débit de tabac, à gauche, près d'un pâtissier qui a une jolie femme. Voyager dans Paris est, pour ces poètes, un luxe coûteux. Comment ne pas dépenser quelques minutes devant les drames, les désastres, les figures, les pittoresques accidents qui vous assaillent au milieu de cette mouvante reine des cités, vêtue d'affiches, et qui néanmoins n'a pas un coin de propre, tant elle est complaisante aux vices de la nation française! A qui n'est-il pas arrivé de partir, le matin, de son logis pour aller aux extrémités de Paris, sans avoir pu en quitter le centre à l'heure du dîner? Ceux-là sauront excuser ce début vagabond qui, cependant, se résume par une observation éminemment utile et neuve, autant qu'une observation peut être neuve à Paris où il n'y a rien de neuf, pas même la statue posée d'hier, sur laquelle un gamin a déjà mis son nom. Oui donc, il est des rues, ou des fins de rues, il est certaines maisons, inconnues pour la plupart aux personnes du grand monde, dans lesquelles une femme appartenant à ce monde ne saurait aller sans faire penser d'elle les choses les plus cruellement blessantes. Si cette femme est riche, si elle a voiture, si elle se trouve à pied ou déguisée en quelques-uns de ces défilés du pays parisien, elle y compromet sa réputation d'honnête femme. Mais si, par hasard, elle y est venue à neuf heures du soir, les conjectures qu'un observateur peut se permettre deviennent épouvantables par leurs conséquences. Enfin, si cette femme est jeune et jolie, si elle entre dans quelque maison d'une de ces rues, si la maison a une allée longue et sombre, humide et puante; si au fond de l'allée tremblote la lueur pâle d'une lampe, et que sous cette lueur se dessine un horrible visage de vieille femme aux doigts décharnés, en vérité, disons-le, par intérêt pour les jeunes et jolies femmes, cette femme est perdue. Elle est à la merci du premier homme de sa connaissance qui la rencontre dans ces marécages parisiens. Mais il y a telle rue de Paris où cette rencontre peut devenir le drame le plus effroyablement terrible, un drame plein de sang et d'amour, un drame de l'école moderne. Malheureusement, cette conviction, ce dramatique, sera, comme le drame moderne, compris par peu de personnes; et c'est grande pitié que de raconter une histoire à un public qui n'en épouse pas tout le mérite local. Mais qui peut se flatter d'être jamais compris? Nous mourons tous inconnus. C'est le mot des femmes et celui des auteurs.

A huit heures et demie du soir, rue Pagevin, dans un temps où la rue Pagevin n'avait pas un mur ni ne répétait un mot infame, et dans la direction de la rue Soly, la plus étroite et la moins praticable de toutes les rues de Paris, sans en excepter le coin le plus fréquenté de la rue la plus déserte, au commencement du mois de février, il y a de cette aventure environ treize ans, un jeune homme, par l'un de ces hasards qui n'arrivent pas deux fois dans la vie, tournait, à pied, le coin de la rue Pagevin pour entrer dans la rue des Vieux-Augustins, du côté droit, où se trouve précisément la rue Soly. Là, ce jeune homme, qui demeurait, lui, rue de Bourbon, trouva dans la femme, à quelques pas de laquelle il marchait fort insouciamment, de vagues ressemblances avec la plus jolie femme de Paris, une chaste et délicieuse personne de laquelle il était en secret passionnément amoureux, et amoureux sans espoir : elle était mariée. En un moment son cœur bondit, une chaleur intolérable sourdit de son diaphragme et passa dans toutes ses veines, il eut froid dans le dos, et sentit dans sa tête un frémissement superficiel. Il aimait, il était jeune, il connaissait Paris; et sa perspicacité ne lui permettait pas d'ignorer tout ce qu'il y avait d'infamie possible pour une femme élégante, riche, jeune et jolie, à se promener là, d'un pied criminellement furtif. Elle, dans cette crotte, à cette heure ! l'amour que ce jeune homme avait pour cette femme pourra sembler bien romanesque, et d'autant plus même qu'il était officier dans la garde royale. S'il eût été dans l'infanterie, la chose serait encore vraisemblable; mais officier supérieur de cavalerie, il appartenait à l'arme française qui veut le plus de rapidité dans ses conquêtes, qui tire vanité de ses mœurs amoureuses autant que de son costume. Cependant la passion de cet officier était vraie, et à beaucoup de jeunes cœurs elle paraîtra grande. Il aimait cette femme parce qu'elle était vertueuse, il en aimait la vertu, la grâce décente, l'imposante sainteté, comme une femme élégante, riche, jeune et jolie se rencontrent dans Paris des effets de nuit singuliers, bizarres, inconcevables. Ceux-là seulement qui se sont amusés à les observer savent combien la femme y devient fantastique à la brune. Tantôt la créature que vous y suivez, par hasard ou à dessein, vous paraît svelte ; tantôt le bas, s'il est bien blanc, vous fait croire à des jambes fines et élégantes, puis la taille, quoique enveloppée d'un châle, d'une pelisse, se révèle jeune et voluptueuse dans l'ombre; enfin, les clartés incertaines d'une boutique ou d'un réverbère donnent à l'inconnue un éclat fugitif, presque toujours trompeur, qui réveille, allume l'imagination et la lance au delà du vrai. Les sens s'émeuvent alors, tout se colore et s'anime, la femme prend un aspect tout nouveau, son corps s'embellit; par moments ce n'est plus une femme, c'est un démon, un feu follet qui vous entraîne par un ardent magnétisme jusqu'à une maison décente où la pauvre bourgeoise, ayant peur de votre pas menaçant ou de vos bottes retentissantes, vous ferme la porte cochère au nez sans vous regarder. La lueur vacillante que projetait le vitrage d'une boutique de cordonnier illumina soudain, précisément à la chute des reins, la taille de la femme qui se trouvait devant le jeune homme. Ah! certes, elle seule était ainsi cambrée ! Elle seule avait le secret de cette chaste démarche qui met innocemment en relief les beautés des formes les plus attrayantes. C'était et son châle du matin et le chapeau de velours du matin. A son bas de soie gris, pas une mouche, à son soulier pas une éclaboussure. Le châle était bien collé sur le buste; il en dessinait vaguement les délicieux contours, et le jeune homme en avait vu les blanches épaules au bal, il savait tout ce que le châle couvrait de trésors. A la manière dont s'entortille une Parisienne dans son châle, à la manière dont elle lève le pied dans la rue, un homme d'esprit devine le secret de sa course mystérieuse. Il y a je ne sais quoi de frémissant, de léger dans la personne et dans la démarche : la femme semble peser moins, elle va, elle va, ou mieux elle file comme une étoile, et vole emportée par une pensée que trahissent les plis et les jeux de sa robe. Le jeune homme hâta le pas, devança la femme, se retourna pour la voir... Pst! elle avait disparu dans une allée dont la porte à claire-voie et à grelot claquait et sonnait. Le jeune homme revint, et vit cette femme, au fond de l'allée, non sans recevoir l'obséquieux salut d'une vieille portière, un tortueux escalier dont les premières marches étaient fortement éclairées, et madame montait lestement, vivement, comme doit monter une femme impatiente.

— Impatiente de quoi ? se dit le jeune homme, qui se recula pour se coller au espalier le mur de l'autre côté de la rue. Et il regarda, le malheureux, tous les étages de la maison avec l'attention d'un agent de police cherchant son conspirateur.

C'était une de ces maisons comme il y en a des milliers à Paris, maison ignoble, vulgaire, étroite, jaunâtre de ton, à quatre étages et à trois fenêtres. La boutique et l'entresol appartenaient au cordonnier. Les persiennes du premier étage étaient fermées. Où allait madame? Le jeune homme crut entendre les tintements d'une sonnette dans l'appartement du second. Effectivement, une lumière s'agita dans une pièce à deux croisées fortement éclairées, et illumina soudain la troisième dont l'obscurité annonçait une première chambre, sans doute le salon ou la salle à manger de l'appartement. Aussitôt la silhouette d'un chapeau de femme se dessina vaguement, la porte se ferma, la première pièce redevint obscure, puis les deux dernières croisées reprirent leurs teintes rouges. Là, le jeune homme entendit : Gare! et reçut un coup à l'épaule.

— Vous ne faites donc attention à rien, dit une grosse voix. C'était

la voix d'un ouvrier portant une longue planche sur son épaule. Et l'ouvrier passa. Cet ouvrier était l'homme de la Providence, disant à ce curieux : — De quoi te mêles-tu ? Songe à ton service, et laisse les Parisiens à leurs petites affaires.

Le jeune homme se croisa les bras, puis, n'étant vu de personne, il laissa rouler sur ses joues des larmes de rage sans les essuyer. Enfin, la vue des ombres qui se jouaient sur ces deux fenêtres éclairées lui faisait mal, il regarda au hasard dans la partie supérieure de la rue des Vieux-Augustins, et il vit un fiacre arrêté le long d'un mur, à un endroit où il n'y avait ni porte de maison ni lueur de boutique.

Est-ce elle? n'est-ce pas elle? La vie ou la mort pour son amant. Et cet amant attendait. Il resta là pendant un siècle de vingt minutes. Après, la femme descendit, et il reconnut alors celle qu'il aimait secrètement. Néanmoins il voulut douter encore. L'inconnue alla vers le fiacre et y monta.

— La maison sera toujours là, je pourrai toujours la fouiller, se dit le jeune homme, qui suivit la voiture en courant, afin de dissiper ses derniers doutes, et bientôt il n'en conserva plus.

Le fiacre s'arrêta rue de Richelieu, devant la boutique d'un magasin de fleurs, près de la rue de Ménars. La dame descendit, entra dans la boutique, envoya l'argent dû au cocher, et sortit après avoir choisi des marabouts. Des marabouts pour ses cheveux noirs ! Brune, elle avait approché le plumage de sa tête pour en voir l'effet. L'officier croyait entendre la conversation de cette femme avec les fleuristes.

— Madame, rien ne va mieux aux brunes, les brunes ont quelque chose de trop précis dans les contours, et les marabouts prêtent à leur toilette un flou qui leur manque. Madame la duchesse de Langeais dit que cela donne à une femme quelque chose de vague, d'ossianique et de très-comme il faut.

— Bien, envoyez-les-moi promptement.

Puis la dame tourna lestement vers la rue de Ménars, et rentra chez elle. Quand la porte de l'hôtel où elle demeurait fut fermée, le jeune amant, ayant perdu toutes ses espérances, et, double malheur, ses plus chères croyances, alla dans Paris comme un homme ivre, et se trouva bientôt chez lui sans savoir comment il y était venu. Il se jeta dans un fauteuil, resta les pieds sur ses chenets, la tête entre les mains, séchant ses bottes mouillées, les brûlant même. Ce fut un moment affreux, un de ces moments où, dans la vie humaine, le caractère se modifie, et où la conduite du meilleur homme dépend du bonheur ou du malheur de sa première action. Providence ou fatalité, choisissez.

Ce jeune homme appartenait à une bonne famille dont la noblesse n'était pas d'ailleurs très-ancienne, mais il y a si peu d'anciennes familles aujourd'hui, que tous les jeunes gens sont anciens sans conteste. Son aïeul avait acheté une charge de conseiller au parlement de Paris, où il était devenu président. Ses fils, pourvus chacun d'une belle fortune, entrèrent au service, et, par leurs alliances, arrivèrent à la cour. La Révolution avait balayé cette famille, mais il en était resté une vieille douairière entêtée qui n'avait pas voulu émigrer, qui, mise en prison menacée de mourir et sauvée au 9 thermidor, retrouva ses biens. Elle fit revenir en temps utile, vers 1804, son petit-fils Auguste de Maulincour, l'unique rejeton du Charbonnon de Maulincour, qui fut élevé par la bonne douairière avec un triple soin de la part de femme noble et de douairière entêtée. Puis, quand vint la Restauration, le jeune homme, alors âgé de dix-huit ans, entra dans la Maison-Rouge, suivit les princes à Gand, fut fait officier dans les gardes du corps, en sortit pour servir dans la ligne, fut rappelé dans la garde royale, où il se trouvait alors, à vingt-trois ans, chef d'escadron d'un régiment de cavalerie, position superbe, et due à sa grand'mère, qui, malgré son âge, savait très-bien son monde. Cette double biographie est le résumé de l'histoire générale et particulière, sauf les variantes, de toutes les familles qui ont émigré, qui avaient des dettes et des biens, des douairières et de l'entregent. Madame la baronne de Maulincour avait pour ami le vieux vidame de Pamiers, ancien commandeur de l'ordre de Malte. C'était une de ces amitiés éternelles fondées sur des liens sexagénaires, et que rien ne peut plus tuer, parce qu'au fond de ces liaisons il y a toujours des secrets du cœur humain, admirables à deviner quand on en a le temps, mais insipides à expliquer en vingt lignes, et qui feraient le texte d'un ouvrage en quatre volumes, amusant comme peut l'être le Doyen de Killerine, une de ces œuvres dont parlent les jeunes gens, et qu'ils jugent sans les avoir lues. Auguste de Maulincour tenait donc au faubourg Saint-Germain par sa grand'mère et par le vidame, et il lui suffisait de dater de deux siècles pour faire les airs et les opinions de ceux qui prétendent remonter à Clovis. Ce jeune homme pâle, long et fluet, délicat en apparence, homme d'honneur et de vrai courage d'ailleurs, qui se battait en duel sans hésiter pour un oui, pour un non, ne s'était encore trouvé sur aucun champ de bataille, et portait à sa boutonnière la croix de la Légion d'honneur. C'était, vous le voyez, une des fautes vivantes de la Restauration, peut-être la plus pardonnable. La jeunesse de ce temps-là n'a été la jeunesse d'aucune époque : elle s'est rencontrée entre les souvenirs de l'Empire et les souvenirs de l'émigration, entre les vieilles traditions de la cour et les études consciencieuses de la bourgeoisie, entre la religion et les bals costumés, entre deux fois politiques, entre Louis XVIII, qui ne voyait que le présent, et Charles X, qui voyait trop en avant; puis, obligée de respecter la volonté du roi, quoique la royauté se trompât. Cette jeunesse incertaine en tout, aveugle et clairvoyante, ne fut comptée pour rien par des vieillards jaloux de garder les rênes de l'État dans leurs mains débiles, tandis que la monarchie pouvait être sauvée par leur retraite, et par l'accès de cette jeune France de laquelle aujourd'hui les vieux doctrinaires, ces émigrés de la Restauration, se moquent encore. Auguste de Maulincour était une victime des idées qui pesaient alors sur cette jeunesse, et voici comment. Le vidame était encore, à soixante-sept ans, un homme très-spirituel, ayant beaucoup vu, beaucoup vécu, contant bien, homme d'honneur, galant homme, mais qui avait, à l'endroit des femmes, les opinions les plus détestables : il les aimait et les méprisait. Leur honneur, leurs sentiments? Tarare, bagatelles et momeries! Près d'elles, il croyait en elles, le ci-devant *monstre*, il ne les contredisait jamais, et les faisait valoir. Mais, entre amis, quand il en était question, le vidame posait en principe que tromper les femmes, avoir plusieurs intrigues de front, devait être toute l'occupation des jeunes gens, qui se fourvoyaient en voulant se mêler d'autre chose dans l'État. Il est fâcheux d'avoir à esquisser un portrait si suranné. N'a-t-il pas figuré partout? et littérairement, n'est-il pas presque aussi usé que celui d'un grenadier de l'Empire? Mais le vidame eut sur la destinée de M. de Maulincour une influence qu'il était nécessaire de consacrer; il moralisait à sa manière, et voulait le convertir aux doctrines du grand siècle de la galanterie. La douairière, femme tendre et pieuse, assise entre son vidame et Dieu, modèle de grâce et de douceur, mais douée d'une persistance dans le goût qui triomphe de tout à la longue, avait voulu conserver à son petit-fils les belles illusions de la vie, et l'avait élevé dans les meilleurs principes; elle lui donna toutes ses délicatesses, en fit un homme timide, un vrai sot en apparence. La sensibilité de ce garçon, conservée pure, ne s'usa point au dehors, et lui resta si pudique, si chatouilleuse, qu'il était vivement offensé par des actions et des maximes auxquelles le monde n'attachait aucune importance. Honteux de sa susceptibilité, le jeune homme la cachait sous des assurances menteuses, et souffrait en silence, mais se moquait, avec les autres, de choses que seul il admirait. Aussi fut-il trompé, parce que, suivant un caprice assez commun de la destinée, il rencontra dans l'objet de sa première passion, lui, homme de douce mélancolie et spiritualiste en amour, une femme qui avait pris en horreur la sensiblerie allemande. Le jeune homme douta de lui, devint rêveur, et se roula dans ses chagrins, en se plaignant de ne pas être compris. Puis, comme nous désirons d'autant plus violemment les choses qu'il nous est plus difficile de les avoir, il continua d'adorer les femmes avec cette ingénieuse tendresse et ces félines délicatesses dont le secret leur appartient et dont peut-être veulent-elles garder le monopole. En effet, quoique les femmes se plaignent d'être mal aimées par les hommes, elles ont médiocrement de goût pour ceux dont l'âme est à demi féminine. Toute leur supériorité consiste à faire croire aux hommes qu'ils leur sont inférieurs en amour, aussi quittent-elles assez volontiers un amant, quand il est assez inexpérimenté pour leur ravir les craintes dont elles veulent se parer, ces délicieux tourments de la jalousie à faux, ces troubles de l'espoir trompé, ces vaines attentes, enfin tout le cortège de leurs bonnes misères de femme; elles ont en horreur les Grandisson. Qu'y a-t-il de plus contraire à leur nature qu'un amour tranquille et parfait? Elles veulent des émotions, et le bonheur sans orages n'est plus le bonheur pour elles. Les âmes féminines assez puissantes pour mettre l'infini dans l'amour, constituent d'angéliques exceptions, et sont parmi les femmes ce que sont les beaux génies parmi les hommes. Les grandes passions sont rares comme les chefs-d'œuvre. Hors cet amour, il n'y a que des arrangements, des irritations passagères, méprisables, comme tout ce qui est petit.

Au milieu des secrets désastres de son cœur, pendant qu'il cherchait une femme par laquelle il pût être compris, recherche qui, pour le dire en passant, est la grande folie amoureuse de notre époque, Auguste rencontra dans le monde le plus éloigné du sien, dans la seconde sphère du monde d'argent où la haute banque tient le premier rang, une créature parfaite, une de ces femmes qui ont je ne sais quoi de saint et de sacré, qui inspirent tant de respect, que l'amour a besoin de tous les secours d'une longue familiarité pour se déclarer. Auguste se livra donc tout entier aux délices de la plus touchante et de la plus profonde des passions, à un amour purement admirable. Ce fut d'innombrables désirs réprimés, nuances de passion si vagues et si profondes, si fugitives et si frappantes, qu'on ne sait à quoi les comparer; elles ressemblent à des parfums, à des nuages, à des rayons de soleil, à des ombres, à tout ce qui, dans la nature, peut en un moment briller et disparaître, se raviver et mourir, en laissant au cœur de longues émotions. Dans le moment où l'âme est encore assez jeune pour concevoir la mélancolie, les lointaines espérances, et sait trouver dans la femme plus qu'une femme, n'est-ce pas le plus grand bonheur qui puisse échoir à un homme que d'aimer assez pour ressentir plus de joie à toucher un gant blanc, à effleurer des cheveux, à écouter une phrase, à jeter un regard, que la possession la plus fougueuse n'en donne à l'amour heureux? Aussi, les gens rebutés, les

laides, les malheureux, les amants inconnus, les femmes ou les hommes timides, connaissent-ils seuls les trésors que renferme la voix de la personne aimée. En prenant leur source et leur principe dans l'âme même, les vibrations de l'air chargé de feu mettent si violemment les cœurs en rapport, y portent si lucidement la pensée, et sont si peu menteuses, qu'une seule inflexion est souvent tout un dénoûment. Combien d'enchantements ne prodigue pas au cœur d'un poète le timbre harmonieux d'une voix douce? combien d'idées elle y réveille! quelle fraîcheur elle y répand! L'amour est dans la voix avant d'être avoué par le regard. Auguste, poète à la manière des amants (il y a les poètes qui sentent et les poètes qui expriment, les premiers sont les plus heureux), Auguste avait savouré toutes ces joies premières, si larges, si fécondes. *Elle* possédait le plus flatteur organe que la femme la plus artificieuse ait jamais souhaité pour pouvoir tromper à son aise; elle avait cette voix d'argent, qui, douce à l'oreille, n'est éclatante que pour le cœur qu'elle trouble et remue, qu'elle caresse en le bouleversant. Et cette femme allait le soir rue Soly, près la rue Pagevin; et sa furtive apparition dans une infâme maison venait de briser la plus magnifique des passions! La logique du vidame triompha.

— Si elle trahit son mari, nous nous vengerons, dit Auguste.

Il y avait encore de l'amour dans le si... Le doute philosophique de Descartes est une politesse par laquelle il faut toujours honorer la vertu. Dix heures sonnèrent. En ce moment le baron de Maulincour se rappela que cette femme devait aller au bal dans une maison où il avait accès. Sur-le-champ il s'habilla, partit, arriva, *la* chercha d'un air sournois dans les salons. Madame de Nucingen, le voyant si affairé, lui dit : — Vous ne voyez pas madame Jules, mais elle n'est pas encore venue.

— Bonjour, ma chère, dit une voix.

Auguste et madame de Nucingen se retournent. Madame Jules arrivait vêtue de blanc, simple et noble, coiffée précisément avec les marabouts que le jeune baron lui avait vu choisir dans le magasin de fleurs. Cette voix d'amour perça le cœur d'Auguste. S'il avait su conquérir le moindre droit qui lui permît d'être jaloux de cette femme, il aurait pu le pétrifier en lui disant : — Rue Soly ! Mais quand lui, étranger, eût mille fois répété ce mot à l'oreille de madame Jules, elle lui aurait étonnément demandé ce qu'il voulait dire : il la regard d'un air stupide.

Pour les gens méchants et qui rient de tout, c'est peut-être un grand amusement que de connaître le secret d'une femme, de savoir que sa chasteté ment, que sa figure calme cache une pensée profonde, qu'il y a quelque épouvantable drame sous son front pur. Mais il y a certaines âmes qu'un tel spectacle contriste réellement, et beaucoup de ceux qui rient, rentrés chez eux, seuls avec leur conscience, maudissent le monde et méprisent une telle femme. Tel se trouvait Auguste de Maulincour en présence de madame Jules. Situation bizarre! Il n'existait pas entre eux d'autres rapports que ceux qui s'établissent dans le monde entre gens qui échangent quelques mots sept ou huit fois par hiver, et il lui demandait compte d'un bonheur ignoré d'elle, il la jugeait sans lui faire connaître l'accusation.

Beaucoup de jeunes gens se sont trouvés ainsi, rentrant chez eux, désespérés d'avoir rompu pour toujours avec une femme adorée en secret, condamnée, méprisée en eux. C'est des monologues inconnus, dits aux murs d'un réduit solitaire, des orages nés et calmés sans être sortis du fond des cœurs, d'admirables scènes du monde moral, auxquelles il faudrait un peintre! Madame Jules alla s'asseoir, en quittant son mari, qui fit le tour du salon. Quand elle fut assise, elle se trouva comme gênée, et, tout en causant avec sa voisine, elle jetait furtivement un regard sur M. Jules Desmarets, son mari, l'agent de change du baron de Nucingen. Voici l'histoire de ce ménage.

Monsieur Desmarets était, cinq ans avant son mariage, placé chez un agent de change, et n'avait alors pour toute fortune que les maigres appointements d'un commis. Mais c'était un de ces hommes auxquels le malheur apprend hâtivement les choses de la vie, et qui suivent la ligne droite avec la ténacité d'un insecte voulant arriver à son gîte; un de ces jeunes gens têtus qui font les morts devant les obstacles et lassent toutes les patiences par une patience de cloporte. Ainsi, jeune, il avait toutes les vertus républicaines des peuples pauvres : il était sobre, avare de son temps, ennemi des plaisirs. Il attendait. La nature lui avait d'ailleurs donné les immenses avantages d'un extérieur agréable. Son front calme et pur, la coupe de sa figure placide, mais expressive, ses manières simples, tout en lui révélait une existence laborieuse et résignée, cette haute dignité personnelle qui impose, et cette secrète noblesse de cœur qui résiste à toutes les situations. Sa modestie inspirait une sorte de respect à tous ceux qui le connaissaient. Solitaire d'ailleurs au milieu de Paris, il ne voyait le monde que par échappées, pendant le peu de moments qu'il passait dans le salon de son patron, les jours de fête. Chez ce jeune homme, comme chez la plupart des gens qui vivent ainsi, des passions d'une étonnante profondeur; passions trop vastes pour se dépenser jamais dans de petits incidents. Son peu de fortune l'obligeait à une vie austère, et il domptait ses fantaisies par de grands travaux. Après avoir pâli sur les chiffres, il se délassait en essayant avec obstination d'acquérir cet ensemble de connaissances, aujourd'hui nécessaires à tout homme qui veut se faire remarquer dans le monde, dans le commerce, au barreau, dans la politique ou dans les lettres. Le seul écueil que rencontrent ces belles âmes est leur probité même. Voient-ils une pauvre fille, ils s'en amourachent, l'épousent, et usent leur existence à se débattre entre la misère et l'amour. La plus belle ambition s'éteint dans le livre de dépense du ménage. Jules Desmarets donna pleinement dans cet écueil. Un soir, il vit chez son patron une jeune personne de la plus rare beauté. Les malheureux privés d'affection, et qui consument les belles heures de la jeunesse en de longs travaux, ont seul le secret des rapides ravages que fait une passion dans leurs cœurs désertés, méconnus. Ils sont si certains de bien aimer, toutes leurs forces se concentrent si promptement sur la femme de laquelle ils s'éprennent, que, près d'elle, ils reçoivent de délicieuses sensations en n'en donnant souvent aucune. C'est le plus flatteur de tous les égoïsmes pour la femme qui sait deviner cette apparente immobilité de la passion et ces atteintes si profondes qu'il leur faut quelque temps pour reparaître à la surface humaine. Ces pauvres gens, anachorètes au sein de Paris, ont toutes les jouissances des anachorètes, et peuvent parfois succomber à leurs tentations; mais plus souvent trompés, trahis, méconnus, il leur est rarement permis de recueillir les doux fruits de cet amour qui, pour eux, est toujours comme une fleur tombée du ciel. Un sourire de sa femme, une seule inflexion de voix, suffirent à Jules Desmarets pour concevoir une passion sans bornes. Heureusement, le feu concentré de cette passion secrète se révéla naïvement à celle qui l'inspirait. Ces deux êtres s'aimèrent alors religieusement. Pour tout exprimer en un mot, ils se prirent sans honte tous deux par la main, au milieu du monde, comme deux enfants, frère et sœur, qui veulent traverser une foule où chacun leur fait place en les admirant. La jeune personne était dans une de ces circonstances affreuses où l'égoïsme a placé certains enfants. Elle n'avait pas d'état civil, et son nom de *Clémence*, son âge, furent constatés par un acte de notoriété publique. Quant à sa fortune, c'était peu de chose. Jules Desmarets fut l'homme le plus heureux en apprenant ces malheurs. Si Clémence eût appartenu à quelque famille opulente, il aurait désespéré de l'obtenir, mais elle était une pauvre enfant de l'amour, le fruit de quelque terrible passion adultère : ils s'épousèrent. Là, commença pour Jules Desmarets une série d'événements heureux. Chacun envia son bonheur, et les jaloux l'accusèrent dès lors de n'avoir que du bonheur, sans faire la part à ses vertus ni à son courage. Quelques jours après le mariage de sa fille la mère de Clémence, qui, dans le monde, passait pour en être la marraine, dit à Jules Desmarets d'acheter une charge d'agent de change, en promettant de lui procurer tous les capitaux nécessaires. En ce moment ces charges étaient encore à un prix modéré. Le soir, dans le salon même de son agent de change, un riche capitaliste proposa, sur la recommandation de cette dame, à Jules Desmarets, le plus avantageux marché qu'il fût possible de conclure, lui donna autant de fonds qu'il lui en fallait pour exploiter son privilége, et le lendemain l'heureux commis avait acheté la charge de son patron. En quatre ans, Jules Desmarets était devenu l'un des plus riches particuliers de sa compagnie, des cliens considérables vinrent augmenter le nombre de ceux que lui avait légués son prédécesseur. Il inspirait une confiance sans bornes, et il lui était impossible de méconnaître, dans la manière dont les affaires se présentaient à lui, quelque influence occulte due à sa belle-mère ou à une protection secrète qu'il attribuait à la Providence. Au bout de la troisième année, Clémence perdit sa marraine. En ce moment, monsieur Jules, que l'on nommait ainsi pour le distinguer de son frère aîné, qu'il avait établi notaire à Paris, possédait environ deux cent mille livres de rente. Il n'existait pas deux Paris un second exemple du bonheur dont jouissait ce ménage. Depuis cinq ans cet amour exceptionnel n'avait été troublé que par une calomnie dont M. Jules tira la plus éclatante vengeance. Un de ses anciens camarades attribuait à madame Jules la fortune de son mari, qu'il expliquait par une haute protection chèrement achetée. Le calomniateur fut tué en duel. La passion profonde des deux époux, l'un pour l'autre, et qui résistait au mariage, obtenait dans le monde le plus grand succès, quoiqu'elle contrariât plusieurs femmes. Le joli ménage était respecté, chacun le fêtait. L'on aimait sincèrement M. et madame Jules, peut-être parce qu'il n'y a rien de plus doux à voir que des gens heureux; mais ils ne restaient jamais longtemps dans les salons, et s'en sauvaient impatiens de gagner leur nid à tire-d'aile comme deux colombes égarées. Le nid était d'ailleurs un grand et bel hôtel de la rue de Ménars, où le sentiment des arts tempérait le luxe que la gent financière continue à étaler traditionnellement, et où les deux époux recevaient magnifiquement, quoique les obligations du monde leur convinssent peu. Néanmoins, Jules subissait le monde, sachant que, tôt ou tard, une famille en a besoin; mais sa femme et lui s'y trouvaient toujours comme des plantes de serre au milieu d'un orage. Par une délicatesse bien naturelle, Jules avait caché soigneusement à sa femme et la calomnie et la mort du calomniateur qui avait failli troubler leur félicité. Madame Jules était portée, par sa nature artiste et délicate, à aimer le luxe. Malgré la terrible leçon du duel, quelques femmes imprudentes se disaient à l'oreille que madame Jules devait se trouver

souvent gênée. Les vingt mille francs que lui accordait son mari pour sa toilette et pour ses fantaisies ne pouvaient pas, suivant leurs calculs, suffire à ses dépenses. En effet, on la trouvait souvent bien plus élégante chez elle qu'elle ne l'était pour aller dans le monde. Elle aimait à ne se parer que pour son mari, voulant lui prouver ainsi que, pour elle, il était plus que le monde. Amour vrai, amour pur, heureux surtout, autant que le peut être un amour publiquement clandestin. Aussi M. Jules, toujours amant, plus amoureux chaque jour, heureux de tout près de sa femme, même de ses caprices, était-il inquiet de ne pas lui en voir, comme si c'eût été le symptôme de quelque maladie. Auguste de Maulincour avait eu le malheur de se heurter contre cette passion, et de s'éprendre de cette femme à en perdre la tête. Cependant, quoiqu'il portât en son cœur un amour si sublime, il n'était pas ridicule. Il se laissait aller à toutes les exigences des mœurs militaires; mais il avait constamment, même en buvant un verre de vin de Champagne, cet air rêveur, ce silencieux dédain de l'existence, cette figure nébuleuse qu'ont, à divers titres, les gens blasés, les gens peu satisfaits d'une vie creuse, et ceux qui se croient poitrinaires ou se gratifient d'une maladie au cœur. Aimer sans espoir, être dégoûté de la vie, constituent aujourd'hui des positions sociales. Or, la tentative de violer le cœur d'une souveraine donnerait peut-être plus d'espérances qu'un amour follement conçu pour une femme heureuse. Aussi Maulincour avait-il des raisons suffisantes pour rester grave et morne. Une reine a encore la vanité de sa puissance, elle a contre elle son élévation; mais une bourgeoise religieuse est comme un hérisson, comme une huître dans leurs rudes enveloppes.

En ce moment, le jeune officier se trouvait près de sa maîtresse anonyme, qui ne savait certes pas être doublement infidèle. Madame Jules était là, naïvement posée, comme la femme la moins artificieuse du monde, douce, pleine d'une sérénité majestueuse. Quel abîme est donc la nature humaine? Avant d'entamer la conversation, le baron regardait alternativement et cette femme et son mari. Que de réflexions ne fit-il pas? Il recomposa toutes les Nuits d'Young en un moment. Cependant la musique retentissait dans les appartements, la lumière y était versée par mille bougies, c'était un bal de banquier, une de ces fêtes insolentes par lesquelles ce monde d'or mat essayait de narguer les salons d'or moulu où l'on raille la haute compagnie de la faubourg Saint-Germain, sans prévoir qu'un jour la Banque envahirait le Luxembourg et s'assiérait sur le trône. Les conspirations dansaient alors, aussi insoucieuses des futures faillites du pouvoir que des futures faillites de la Banque. Les salons dorés de M. le baron de Nucingen avaient cette animation particulière que le monde de Paris, joyeux en apparence au moins, donne aux fêtes de Paris. Là, les hommes de talents communiquent aux sots leur esprit, et les sots leur communiquent cet air heureux qui les caractérise. Par cet échange, tout s'anime. Mais une fête de Paris ressemble toujours un peu à un feu d'artifice : esprit, coquetterie, plaisir, tout y brille et s'y éteint comme des fusées. Le lendemain, chacun a oublié son esprit, ses coquetteries et son plaisir.

— Eh quoi! se dit Auguste en forme de conclusion, les femmes sont donc telles que les voit le vidame? Certes, toutes celles qui dansent ici sont moins irréprochables que ne le paraît madame Jules, et madame Jules va rue Soly. La rue Soly était sa maladie, le mot seul lui crispait le cœur.

— Madame, vous ne dansez donc jamais? lui demanda-t-il.

— Voici la troisième fois que vous me faites cette question depuis le commencement de l'hiver, dit-elle en souriant.

— Mais vous ne m'avez peut-être jamais répondu.

— Cela est vrai.

— Je savais bien que vous étiez fausse, comme le sont toutes les femmes...

Et madame Jules continua de rire.

— Écoutez, monsieur, si je vous disais la véritable raison, elle vous paraîtrait ridicule. Je ne pense pas qu'il y ait fausseté à ne pas dire des secrets dont le monde a l'habitude de se moquer.

— Tout secret tient, pour être dit, une amitié de laquelle je ne suis sans doute pas digne, madame. Mais vous ne sauriez avoir que de nobles secrets, et me croyez-vous donc capable de plaisanter sur des choses respectables?

— Oui, dit-elle, vous, comme tous les autres, vous riez de nos sentiments les plus purs, vous les calomniez. D'ailleurs, je n'ai pas de secrets. J'ai le droit d'aimer mon mari à la face du monde, je le dis, j'en suis orgueilleuse, et, si vous moquez de moi en apprenant que je ne danse qu'avec lui, j'aurai la plus mauvaise opinion de votre cœur.

— Vous n'avez jamais dansé, depuis votre mariage, qu'avec votre mari?

— Oui, monsieur. Son bras est le seul sur lequel je me sois appuyée, et je n'ai jamais senti le contact d'aucun autre homme.

— Votre médecin ne vous a pas même tâté le pouls?...

— Eh bien! voilà que vous vous moquez.

— Non, madame, je vous admire parce que je vous comprends. Mais vous laissez entendre votre voix, mais vous laissez voir, mais... enfin, vous permettez à nos yeux d'admirer...

— Ah ! voilà mes chagrins, dit-elle en l'interrompant. Oui, j'aurais voulu qu'il fût possible à une femme mariée de vivre avec son mari comme une maîtresse vit avec son amant : car alors...

— Alors, pourquoi étiez-vous, il y a deux heures, à pied, déguisée, rue Soly ?

— Qu'est-ce que c'est que la rue Soly ! lui demanda-t-elle.

Et sa voix si pure ne laissa deviner aucune émotion, et aucun trait ne vacilla dans son visage, et elle ne rougit pas, et elle resta calme.

— Quoi ! vous n'êtes pas montée au second étage d'une maison située rue des Vieux-Augustins, au coin de la rue Soly ? Vous n'aviez pas un fiacre à dix sous, et vous n'êtes pas revenue rue de Richelieu, chez la fleuriste, où vous avez choisi les marabouts qui parent maintenant votre tête ?

— Je ne suis pas sortie de chez moi ce soir.

En mentant ainsi, elle était impassible et rieuse, elle s'éventait ; mais qui eût eu le droit de passer la main sur sa ceinture, au milieu du dos, l'aurait peut-être trouvée humide. En ce moment, Auguste se souvint des leçons du vidame.

— C'était alors une personne qui vous ressemble étrangement, ajouta-t-il d'un air crédule.

— Monsieur, dit-elle, si vous êtes capable de suivre une femme et de surprendre ses secrets, vous me permettrez de vous dire que cela est mal, très-mal, et je vous fais l'honneur de ne pas vous croire.

Le baron s'en alla, se plaça devant la cheminée, et parut pensif. Il baissa la tête, mais son regard était attaché sournoisement sur madame Jules, qui, ne pensant pas au jeu des glaces, jeta sur lui deux ou trois coups d'œil empreints de terreur. Madame Jules fit un signe à son mari, elle en prit le bras en se levant pour se promener dans les salons. Quand elle passa près de M. de Maulincour, celui-ci, qui causait avec un de ses amis, dit à haute voix, comme s'il répondait à une interrogation : — C'est une femme qui ne dormira certes pas tranquillement cette nuit... Madame Jules s'arrêta, lui lança un regard majestueux plein de mépris, et continua sa route, sans savoir qu'un regard de plus, s'il était surpris par son mari, pouvait mettre en question et son bonheur et la vie de deux hommes. Auguste, en proie à la rage qu'il étouffa dans les profondeurs de son âme, sortit bientôt en jurant de pénétrer jusqu'au cœur de cette intrigue. Avant de partir, il chercha madame Jules afin de la revoir encore ; mais elle avait disparu. Quel drame jeté dans cette jeune tête, éminemment romanesque comme toutes celles qui n'ont point connu l'amour dans toute l'étendue qu'il lui donnent ! Il adorait madame Jules sous une nouvelle forme, il l'aimait avec la rage de la jalousie, avec les délirantes angoisses de l'espoir. Infidèle à son mari, cette femme devenait vulgaire. Auguste pouvait se livrer à toutes les félicités de l'amour heureux, et son imagination lui ouvrit alors l'immense carrière des plaisirs de la possession. Enfin, s'il avait perdu l'ange, il se retrouvait le plus délicieux des démons. Il se coucha, faisant mille châteaux en Espagne, justifiant madame Jules par quelque romanesque bienfait auquel il ne croyait pas. Puis il résolut de se vouer entièrement, dès le lendemain, à la recherche des causes, des intérêts, du nœud que cachait ce mystère. C'était un roman à lire, ou mieux un drame à jouer, et dans lequel il avait son rôle.

Une bien belle chose est le métier d'espion, quand on le fait pour son compte et au profit d'une passion. N'est-ce pas se donner les plaisirs du voleur en restant honnête homme ? Mais il faut se résigner à bouillir de colère, à rugir d'impatience, à se glacer les pieds dans la boue, à transir et brûler, à dévorer de fausses espérances. Il faut aller, sur la foi d'une indication, vers un but ignoré, manquer son coup, pester, s'improviser à soi-même des élégies, des dithyrambes, s'exclamer niaisement en passant inoffensif qui vous admire ; puis renverser des bonnes femmes et leurs paniers de pommes, courir, se reposer, rester devant une croisée, faire mille suppositions... Mais c'est la chasse, la chasse dans Paris, la chasse avec tous ses accidents, moins les chiens, le fusil et le tayaut ! Il n'est de comparable à ces scènes que celles de la vie des joueurs. Mais, besoin d'un cœur gros d'amour ou de vengeance pour s'embusquer dans Paris, comme un tigre qui veut sauter sur sa proie, et pour jouir alors de tous les accidents de Paris et d'un quartier, en leur prêtant un intérêt de plus que celui dont ils abondent déjà. Alors, ne faut-il pas avoir une âme multiple ? n'est-ce pas vivre de mille passions, de mille sentiments ensemble ?

Auguste de Maulincour se jeta dans cette ardente existence avec amour, parce qu'il en ressentit tous les malheurs et tous les plaisirs. Il allait déguisé dans Paris, veillait à tous les coins de la rue Pagevin ou de la rue des Vieux-Augustins. Il courait comme un chasseur de la rue de Ménars à la rue Soly, de la rue Soly à la rue de Ménars, sans connaître la vengeance, ni le prix dont seraient ou punis ou récompensés tant de soins, de démarches et de fatigues ! Et, cependant, il n'en était pas encore arrivé à cette impatience qui tord les entrailles et fait suer, il flânait avec espoir, en pensant que madame Jules ne se hasarderait pas pendant les premiers jours à retourner là où elle avait été surprise. Aussi avait-il consacré ces premiers jours à s'initier à tous les secrets de la rue. Novice en ce métier, il n'osait questionner ni le portier, ni le cordonnier de la maison dans laquelle

venait madame Jules : mais il espérait pouvoir se créer un observatoire dans la maison située en face de l'appartement mystérieux. Il étudiait le terrain, il voulait concilier la prudence et l'impatience, son amour et le secret.

Dans les premiers jours du mois de mars, au milieu des plans qu'il méditait pour frapper un grand coup, et en quittant son échiquier après une de ces factions assidues qui ne lui avaient encore rien appris, il s'en retournait vers quatre heures à son hôtel où l'appelait une affaire relative à son service, lorsqu'il fut pris, rue Coquillière, par une de ces belles pluies qui grossissent tout à coup les ruisseaux, et dont chaque goutte fait cloche en tombant sur les flaques d'eau de la voie publique. Un flâneur de Paris est alors obligé de s'arrêter tout court, de se réfugier dans une boutique ou dans un café, s'il est assez riche pour y payer son hospitalité forcée, ou, selon l'urgence, sous une porte cochère, asile des gens pauvres ou mal mis. Comment aucun de nos peintres n'a-t-il pas encore essayé de reproduire la physionomie d'un essaim de Parisiens groupés, par un temps d'orage, sous le porche humide d'une maison ? Où rencontrer un plus riche tableau ? N'y a-t-il pas d'abord le rêveur piéton, le philosophe qui observe avec plaisir, soit les raies faites par la pluie sur le fond grisâtre de l'atmosphère, espèce de ciselures semblables aux jets capricieux des filets de verre, soit les tourbillons d'eau blanche que le vent roule en poussière lumineuse sur les toits, soit les capricieux dégorgements des tuyaux pétillants, écumeux ; enfin mille autres riens admirables, étudiés avec délices par les flâneurs, malgré les coups de balai dont les régale le maître de la loge ? Puis il y a le piéton causeur, qui se plaint et converse avec la portière, quand elle se pose sur son balai comme un grenadier sur son fusil, le piéton indigent, fantasquement collé sur le mur, sans nul souci de ses haillons habitués au contact des rues ; le piéton savant qui étudie, épèle ou lit les affiches sans les achever ; le piéton rieur qui se moque des gens auxquels il arrive malheur dans la rue, qui rit des femmes crottées et fait des mines à ceux ou celles qui sont aux fenêtres ; le piéton silencieux qui regarde à toutes les croisées, à tous les étages ; le piéton industriel, armé d'une sacoche ou muni d'un paquet, traduisant la pluie par profits et pertes, le piéton aimable, qui arrive comme un obus, en disant : Ah ! quel temps, messieurs ! et qui salue tout le monde ; enfin, le vrai bourgeois de Paris, homme à parapluie, expert en averse, qui l'a prévue, sorti malgré l'avis de sa femme, et qui s'est assis sur la chaise du portier. Selon son caractère, chaque membre de cette société fortuite contemple le ciel, s'en va sautillant pour ne pas se crotter, ou parce qu'il est pressé, ou parce qu'il voit des citoyens marchant malgré vent et marée, ou parce que la cour de la maison étant humide et catarrhalement mortelle, la lisière, dit-on proverbe, est pire que le drap. Chacun a ses motifs. Il ne reste que le piéton prudent, l'homme qui, pour se remettre en route, épie quelques espaces bleus à travers les nuages crevassés.

M. de Maulincour se réfugia donc, avec toute une famille de piétons, sous le porche d'une vieille maison dont la cour ressemblait à un grand tuyau de cheminée. Il y avait le long de ces murs plâtreux, salpêtrés et verdâtres, tant de plombs et de conduits, et tant d'étages dans les quatre corps de logis, que vous eussiez dit les cascatelles de Saint-Cloud. L'eau ruisselait de toutes parts, elle bouillonnait, elle sautillait, murmurait, elle était noire, blanche, bleue, verte, elle criait, elle foisonnait sous le balai de la portière, vieille femme édentée, faite aux orages, qui semblait les bénir et qui poussait dans la rue mille débris dont l'inventaire curieux révélait la vie et les habitudes de chaque locataire de la maison. C'était des découpures d'indienne, des feuilles de thé, des pétales de fleurs artificielles, décolorées, manquées ; des épluchures de légumes, des papiers, des fragments de métal. A chaque coup de balai, la vieille femme mettait à nu l'âme du ruisseau, cette fente noire, découpée en cases de damier, après laquelle s'acharnent les portiers. Le pauvre amant examinait ce tableau, l'un des milliers que le mouvant Paris offre chaque jour, mais il l'examinait machinalement en homme absorbé par ses pensées, lorsqu'en levant les yeux il se trouva nez à nez avec un homme qui venait d'entrer.

C'était, en apparence du moins, un mendiant, mais non pas le mendiant de Paris, création sans nom dans les langages humains, non, cet homme formait un type nouveau frappé en dehors de toutes les idées réveillées par le mot de mendiant. L'inconnu ne se distinguait point dans le caractère originairement parisien que nous aussi assez souvent dans les malheureux que Charlet a représentés parfois avec un rare bonheur. À l'air de grossières figures roulées dans la boue, à la voix rauque, au nez rougi et bulbeux, à bouches dépourvues de dents, quoique menaçantes, humbles et terribles, chez lesquelles l'intelligence profonde qui brille dans les yeux semble être un contre-sens. Quelques-uns de ces vagabonds effrontés ont le teint marbré, gercé, veiné, le front couvert de rugosités, les cheveux rares et sales, comme ceux d'une perruque jetée au coin d'une borne. Tous gais dans leur dégradation, et dégradés dans leurs joies, tous marqués du sceau de la débauche jettent leur silence comme un reproche, leur attitude révèle d'effrayantes pensées. Placés entre le crime et l'aumône, ils n'ont plus de remords, et tournent prudemment autour de l'échafaud sans y tomber, innocents au milieu du vice, et vicieux au milieu de leur innocence. Ils font souvent sourire, mais font toujours penser. L'un vous représente la civilisation rabougrie, il comprend tout : l'honneur du bagne, la patrie, la vertu ; puis c'est la malice du crime vulgaire, et les finesses d'un forfait élégant. L'autre est résigné, mime profond, mais stupide. Tous ont des velléités d'ordre et de travail, mais ils sont repoussés dans leur fange par une société qui ne veut pas s'enquérir de ce qu'il peut y avoir de poetes, de grands hommes, de gens intrépides et d'organisations magnifiques parmi les mendiants, ces bohémiens de Paris, peuple souverainement bon et souverainement méchant, comme toutes les masses qui ont souffert ; habitués à supporter des maux inouïs, et qu'une fatale puissance maintient toujours au niveau de la boue. Ils ont tous un rêve, une espérance, un bonheur : le jeu, la loterie ou le vin. Il

Ce Scapin émérite était attaché à son maître.... — PAGE 10.

n'y avait rien de cette vie étrange dans le personnage collé fort insouciamment sur le mur, devant M. de Maulincourt, comme une fantaisie dessinée par un habile artiste derrière quelque toile retournée de son atelier. Cet homme long et sec, dont le visage plombé trahissait une pensée profonde et glaciale, séchait la pitié dans le cœur des curieux, par une attitude pleine d'ironie et par un regard noir qui annonçaient sa prétention de traiter d'égal à égal avec eux. Sa figure était d'un blanc sale, et son crane ridé, dégarni de cheveux, avait une vague ressemblance avec un quartier de granit. Quelques mèches plates et grises, placées de chaque côte de sa tête, descendaient sur le collet de son habit crasseux et boutonné jusqu'au cou. Il ressemblait tout à la fois à Voltaire et à don Quichotte, railleur et mélancolique, plein de mépris, de philosophie, mais à demi aliéné. Il paraissait ne pas avoir de chemise. Sa barbe était longue Sa méchante cravate noire tout usée, déchirée, laissait voir un cou protubérant, fortement

sillonné, composé de veines grosses comme des cordes. Un large cercle brun, meurtri, se dessinait sous chacun de ses yeux. Il semblait avoir au moins soixante ans. Ses mains étaient blanches et propres. Il portait des bottes éculées et percées. Son pantalon bleu, raccommodé en plusieurs endroits, était blanchi par une espèce de duvet qui le rendait ignoble à voir. Soit que ses vêtements mouillés exhalassent une odeur fétide, soit qu'il eût à l'état normal cette senteur de misère qu'ont les taudis parisiens, de même que les bureaux, les sacristies et les hospices ont la leur, goût fétide et rance, dont rien ne saurait donner l'idée, les voisins de cet homme quittèrent leurs places et le laissèrent seul ; il jeta sur eux, puis reporta sur l'officier son regard calme et sans expression, le regard si célèbre de M. de Talleyrand, coup d'œil terne et sans chaleur, espèce de voile impénétrable sous lequel une âme forte cache de profondes émotions et les plus exacts calculs sur les hommes, les choses et les événements. Aucun pli de son visage ne se creusa. Sa bouche et son front furent impassibles ; mais ses yeux s'abaissèrent par un mouvement d'une lenteur noble et presque tragique. Il y eut enfin tout un drame dans le mouvement de ses paupières flétries.

L'aspect de cette figure stoïque fit naître chez M. de Maulincour l'une de ces rêveries vagabondes qui commencent par une interrogation vulgaire et finissent par comprendre tout un monde de pensées. L'orage était passé. M. de Maulincour n'aperçut plus de cet homme que le pan de sa redingote qui frôlait la borne : mais, en quittant sa place pour s'en aller, il trouva sous ses pieds une lettre qui venait de tomber, et devina qu'elle appartenait à l'inconnu, en lui voyant remettre dans sa poche un foulard dont il venait de se servir. L'officier, qui prit la lettre pour la lui rendre, en lut involontairement l'adresse : •

A Monsieur,

Monsieur Ferragusse,

Rue des Grans-Augustains, au coing de la rue Soly.

PARIS.

La lettre ne portait aucun timbre, et l'indication empêcha M. de Maulincour de la restituer, car il y a peu de passions qui ne deviennent improbes à la longue. Le baron eut un pressentiment de l'opportunité de cette trouvaille, et voulut, en gardant la lettre, se donner le droit d'entrer dans la maison mystérieuse pour y venir la rendre à cet homme, ne doutant pas qu'il ne demeurât dans la maison suspecte. Déjà des soupçons, vagues comme les premières lueurs du jour, lui faisaient établir des rapports entre cet homme et madame Jules. Les amants jaloux supposent tout ; et c'est en supposant tout, en choisissant les conjonctures les plus probables des juges, les espions, les amants et les observateurs devinent la vérité qui les intéresse.

— Est-ce à lui la lettre ? est-elle de madame Jules ?

Mille questions ensemble lui furent jetées par son imagination inquiète, mais aux premiers mots il sourit. Voici textuellement, dans la splendeur de sa phrase naïve, dans son orthographe ignoble, cette lettre à laquelle il était impossible de rien ajouter, dont il ne fallait rien retrancher, si ce n'est la lettre même, mais qu'il a été nécessaire de ponctuer en la donnant. Il n'existe dans l'original ni virgules, ni repos indiqué, ni même de points d'exclamation ; fait qui tiendrait à détruire le système des points par lesquels les auteurs modernes ont essayé de peindre les grands désastres de toutes les passions.

« HENRY !

« Dans le nombre des sacrifisses que je m'étais imposée a votre égard ce trouvoit ce lui de ne plus vous donner de mes nouvelles, mais une voix irrésistible mordonne de vous faire connettre vos crimes en vers moi. Je sais d'avance que votre ame en durcie dans le vice ne daignera pas me plaindre. Votre cœur est sourt à la censibilité. Ne l'êt-il pas aux cris de la nature, mais peu importe ; je dois vous apprendre jusqu'à quelle poing vous vous etes rendu coupable et l'orreur de la position où vous m'avez mis. Henry, vous saviez tout ce que j'ai souffert de ma première faute et vous avez pu mé plonger dans le même *malheur* et m'abendonner à mon desespoir et à ma douleur. Oui, je le voue, la croyence que javoit d'être aimée et d'être estimée de vou m'avoit donné le couraje de suporter mon sort. Mais aujourd'hui que me reste-t-il ? ne m'avez vous pas fai perdre tout ce que j'avoit de plus cher, tout ce qui m'attachait à la vie : parans, amis, onneur, réputations, je vous ai tout sacrifiés et il ne me reste que l'oprobe, la honte, et je le dis sans rougire, la misere. Il ne manquai à mon malheur que la sertitude de votre mépris et de votre aine ; maintenant que je l'é, j'orai le couraje que mon projet exige. Mon parti est pris et l'honneur de ma famille le commande : je vais donc mettre un terme à mes souffrançes. Ne faites aucune réflaictions sur mon projet, Henry. Il est affreux, je le sais, mais mon état m'y forsse. Sans secour, sans soutien, sans un ami pour me consoler, puisje vivre ? non. Le sort en a décidé. Ainci, dans deux jours, Henry, dans deux jours Ida ne cera plus digne de votre estime , mais recevez le serment que je vous fais d'avoir ma conscience tranquille, puisque je n'ai jamais sésé d'être digne de votre amitié. O Henry, mon ami, car je ne changerai jamais pour vous, promettez-moi que vous me pardonnerez et que je vais embrasser. Mon amour m'a doumé du courage, il me soutiendra dans la vertu. Mon cœur d'ailleur plain de ton image cera pour moi un préservatife contre la séduction. N'oubliez jamais que mon sort est votre ouvrage, et jugez-vous. Puice le ciel ne pas vous punir de vos crimes, c'est à genoux que je le lui demande votre carrier que je me vait embrasser. Mon amour plus à mes maux que la douleur de vous savoir malheureux. Malgré le dénument où je me trouve, je refuserai tout èspec de secour de vous. Si vous m'aviez aimé, j'orai pu les recevoir comme venent de la mitié, mais un bienfait exité par la *pitié, mon ame le repousse* et je cerois plus lache en le resevent que celui qui me le proposerai. J'ai une grace a vous demander. Je ne sais pas le temps que je dois rester chez madame Meynardie, soyez assez généreux déviter di paroitre devant moi. Vos deux dernier visites mon fait un mal dont je me résentrai longtemps : je ne veux point entrer dans des détailles sur votre conduhite à ce sujet. Vous me haisez, ce mot est gravé dans mon cœur et du glassé détroit. Hélas ! c'est au moment où j'ai besoin de tout mon courage que toutes mes facultes ma bandonnent, Henry, mon ami, avant que j'aie mis une barrier entre nous, donne moi ton dernier preuve de ton estime : écris-moi, réponds moi, dis moi que tu mestime encore quoique ne m'aimant plus. *Molgre que* mes yeux soit toujours dignes de rencontrer les vôtres, je ne solicite pas d'entrevue : je crains tout de ma faiblesse et de mon amour. Mais de grace écrivez moi un mot de suite, il me donnera le courage dont j'ai besoin pour supporter mes adversités. Adieu l'oteur de tous mes maux, mais le seul ami que mon cœur ai choisi et qu'il n'oubliera jamais. Ida. »

Cette vie de jeune fille dont l'amour trompé, les joies funestes, les douleurs, la misere et l'épouvantable résignation étaient résumes en

Il y eut enfin tout un drame dans le mouvement de ses paupières flétries. — PAGE 8.

si peu de mots, ce poeme inconnu, mais essentiellement parisien, écrit dans cette lettre sale, agirent pendant un moment sur M. de Maulincour, qui finit par se demander si cette Ida ne serait pas une parente de madame Jules, et si le rendez-vous du son, duquel il avait été fortuitement témoin, n'était pas nécessité par quelque tentative charitable. Que le vieux pauvre eût séduit Ida... cette séduction tenant du prodige. En se jouant dans le labyrinthe de ses réflexions, qui se croisaient et se détruisaient l'une par l'autre, le baron arriva près de la rue Pagevin, et vit un fiacre arrêté dans le bout de la rue des Vieux-Augustins qui avoisine la rue Montmartre. Tous les fiacres stationnés lui disaient quelque chose. — Y serait-elle ? pensa-t-il. Et son cœur battait par un mouvement chaud et fiévreux. Il poussa la petite porte à grelot, mais en baissant la tête et en obéissant à une sorte de honte, car il entendait une voix secrete qui lui disait : — Pourquoi mets-tu le pied dans ce mystère ?

Il monta quelques marches, et se trouva nez à nez avec la vieille portiere.

— M. Ferragus ?

— Connais pas...

— Comment, M. Ferragus ne demeure pas ici ?

— Nous n'avons pas ca dans la maison.

— Mais, ma boune femme...

— Je ne suis pas une bonne femme, monsieur, je suis concierge.

— Mais, madame, reprit le baron, j'ai une lettre à remettre à M. Ferragus.

— Ah ! si monsieur a une lettre, dit-elle en changeant de ton, la chose est bien différente. Voulez-vous la faire voir, votre lettre ? Auguste montra la lettre pliée. La vieille hocha la tête d'un air de doute, hésita, sembla vouloir quitter sa loge pour aller instruire le mystérieux Ferragus de cet incident imprévu, puis elle dit : — Eh bien ! montez, monsieur. Vous devez savoir où c'est... Sans répondre à cette phrase, par laquelle cette vieille rusée pouvait lui tendre un piège, l'officier grimpa lestement les escaliers, et sonna vivement à la porte du second étage. Son instinct d'amant lui disait : — *Elle est là.*

L'inconnu du porche, le Ferragus ou l'oteur des maux d'Ida, ouvrit lui-même. Il se montra vêtu d'une robe de chambre à fleurs, d'un pantalon de molleton blanc, les pieds chaussés dans de jolies pantoufles en tapisserie, et la tête débarbouillée. Madame Jules, dont la tête dépassait le chambranle de la porte de la seconde piece, palit et tomba sur une chaise.

— Qu'avez-vous, madame ! s'écria l'officier en s'élançant vers elle.

Mais Ferragus étendit le bras et rejeta vivement l'officieux en arriere par un mouvement si sec qu'Auguste crut avoir reçu dans la poitrine un coup de barre de fer.

— Arrere ! monsieur, dit cet homme. Que nous voulez-vous ? Vous rôdez dans le quartier depuis cinq à six jours. Seriez-vous un espion ?

— Etes-vous M. Ferragus ? dit le baron.

— Non, monsieur.

— Néanmoins, reprit Auguste, je dois vous remettre ce papier, que vous avez perdu sous la porte de la maison où nous étions tous deux pendant la pluie.

En parlant et en tendant la lettre à cet homme, le baron ne put s'empêcher de jeter un coup d'œil sur la piece où il recevait Ferragus, il la trouva fort bien décorée, quoique simplement. Il y avait du feu dans la cheminée ; tout aupres était une table servie plus somptueusement que ne le comporterait l'apparente situation de cet homme et la médiocrité de son loyer. Enfin, sur une causeuse de la seconde piece, qu'il lui fut possible de voir, il aperçut un tas d'or, et entendit un bruit qui ne pouvait être produit que par des pleurs de femme.

— Ce papier m'appartient, je vous remercie, dit l'inconnu en se tournant de maniere à faire comprendre au baron qu'il désirait le renvoyer aussitôt.

Trop curieux pour faire attention à l'examen profond dont il était l'objet, Auguste ne vit pas les regards à demi magnétiques par lesquels l'inconnu semblait vouloir le dévorer; mais s'il eût rencontré cet œil de basilic, il aurait compris le danger de sa position. Trop passionné pour penser à lui-même, Auguste salua, descendit, et retourna chez lui, en essayant de trouver un sens dans la réunion de ces trois personnes : Ida, Ferragus et madame Jules; occupation qui, moralement, équivalait à chercher l'arrangement des morceaux de bois bicornus du casse-tête chinois, sans avoir la clef du jeu. Mais madame Jules l'avait vu, madame Jules venait là, madame Jules lui avait menti. Maulincour se proposa d'aller rendre une visite à cette femme le lendemain, elle ne pouvait pas refuser de le voir, il s'était fait son complice, il avait les pieds et les mains dans cette ténébreuse intrigue. Il tranchait déjà du sultan, et pensait à demander impérieusement à madame Jules de lui révéler tous ses secrets.

En ce temps-là, Paris avait la fièvre des constructions. Si Paris est un monstre, il est assurément le plus maniaque des monstres. Il s'éprend de mille fantaisies : tantôt il bâtit comme un grand seigneur qui aime la truelle; puis, il laisse sa truelle et devient militaire, il s'habille de la tête aux pieds en garde national, fait l'exercice et fume; tout à coup, il abandonne les répétitions militaires et jette son cigare· puis il se désole, fait faillite, vend ses meubles sur la place du Châtelet, dépose son bilan, mais quelques jours après, il arrange ses affaires, se met en fête et danse. Un jour il mange du sucre d'orge à pleines mains, à pleines lèvres, hier il achetait du papier Weynen, aujourd'hui le monstre a mal aux dents et s'applique un alexipharmaque sur toutes ses murailles, demain il fera ses provisions de pâte pectorale. Il a ses manies pour le mois, pour la saison, pour l'année, comme ses manies d'un jour. Tue ce moment donc, tout le monde bâtissait et démolissait quelque chose, on ne sait quoi encore. Il y avait très-peu de rues qui ne vissent l'échafaudage à longues perches, garni de planches mises sur des traverses et fixées d'étages en étages dans des boulins : construction frêle, chanlée par les Limousins, mais assujettie par des cordages, toute blanche de plâtre, rarement garantie des atteintes d'une voiture par ce mur de planches, enceinte obligée des monuments qu'on ne bâtit pas. Il y a quelque chose de maritime dans ces mâts, dans ces échelles, dans ces cordages, dans ces cris des maçons. Or, à douze pas de l'hôtel Maulincour, un de ces bâtiments éphémères était élevé devant une maison que l'on construisait en pierres de taille. Le lendemain, au moment où le baron de Maulincour passait en cabriolet devant cet échafaud, en allant chez madame Jules, une pierre de deux pieds carrés, arrivée au sommet des perches, s'échappa de ses liens de corde en tournant sur elle-même, et tomba sur le domestique, qu'elle écrasa derrière le cabriolet. Un cri d'épouvante fit trembler l'échafaudage et les maçons; l'un d'eux, en danger de mort, se tenait avec peine aux longues perches et paraissait avoir été touché par la pierre. La foule s'amassa promptement. Tous les maçons descendirent, criant, jurant et disant que le cabriolet de M. de Maulincour avait causé l'ébranlement à leur grue. Deux pouces de plus, et l'officier avait la tête coiffée par la pierre. Le valet était mort, la voiture était brisée. Ce fut un événement pour le quartier, les journaux le rapportèrent. M. de Maulincour, sûr de n'avoir rien touché, se plaignit. La justice intervint. Enquête faite, il fut prouvé qu'un petit garçon, armé d'une latte, montait la garde et criait aux passants de s'éloigner. L'affaire en resta là. M. de Maulincour en fut pour son domestique, pour sa terreur, et resta dans son lit pendant quelques jours, car l'arrière-train du cabriolet en se brisant lui avait fait des contusions, puis, la secousse nerveuse causée par la surprise lui donna la fièvre. Il n'alla pas chez madame Jules. Dix jours après cet événement, et à sa première sortie, il se rendait au Bois de Boulogne dans son cabriolet restauré, lorsqu'en descendant la rue de Bourgogne, à l'endroit où se trouve l'égout, en face de la Chambre des députés, l'essieu se cassa net par le milieu, et le baron allait si rapidement que cette cassure eut pour effet de faire tendre les deux roues à se rejoindre assez violemment pour lui fracasser la tête, mais il fut préservé de ce danger par la résistance qu'opposa la capote. Néanmoins il reçut une blessure grave au côté. Pour la seconde fois en dix jours il fut rapporté quasi mort chez la douairière éplorée. Ce second accident lui donna quelque défiance et il pensa, mais vaguement, à Ferragus et à madame Jules. Pour éclaircir ses soupçons, il garda l'essieu brisé dans sa chambre, et manda son carrossier. Le carrossier vint, regarda l'essieu, la cassure, et prouva deux choses à M. de Maulincour. D'abord l'essieu ne sortait pas de ses ateliers; il n'en fournissait aucun qu'il n'y gravât grossièrement les initiales de son nom, et il ne pouvait pas expliquer par quels moyens cet essieu avait été substitué à l'autre, puis la cassure de cet essieu suspect avait été ménagée par une chambre, espèce de creux intérieur, par des soufflures et par des pailles très-habilement pratiquées.

— Eh ! monsieur le baron, il a fallu être joliment malin, dit-il, pour arranger un essieu sur ce modèle, on jurerait que c'est naturel...

M. de Maulincour pria son carrossier de ne rien dire de cette aventure, et se tint pour dûment averti. Ces deux tentatives d'assassinat étaient ourdies avec une adresse qui dénotait l'inimitié de gens supérieurs.

— C'est une guerre à mort, se dit-il en s'agitant dans son lit, une guerre de sauvage, une guerre de surprise, d'embuscade, de traîtrise, déclarée au nom de madame Jules. A quel homme appartient-elle donc ? De quel pouvoir dispose donc ce Ferragus !

Enfin M. de Maulincour, quoique brave et militaire, ne put s'empêcher de frémir. Au milieu de toutes les pensées qui l'assaillirent, il y en eut une contre laquelle il se trouva sans défense et sans courage : le poison ne serait-il pas bientôt employé par ses ennemis secrets ? Aussitôt, dominé par des craintes que sa faiblesse momentanée, que la diète et la fièvre augmentaient encore, il fit venir une vieille femme attachée depuis longtemps à sa grand'mere, une femme qui avait pour lui un de ces sentiments à demi maternels, le sublime du commun. Sans s'ouvrir entièrement à elle, il la chargea d'acheter secretement, et chaque jour, dans des endroits différents, les aliments qui lui étaient nécessaires, en lui recommandant de les mettre sous clef, et de les lui apporter elle-même, mais permettre à qui que ce fût de s'en approcher quand elle les lui servirait. Enfin il prit les précautions les plus minutieuses pour se garantir de ce genre de mort. Il se trouvait au lit, seul, malade; il pouvait donc penser à loisir à sa propre défense, le seul besoin assez clairvoyant pour permettre à l'égoïsme humain de ne rien oublier. Mais le malheureux malade avait empoisonné sa vie par la crainte, et, malgré lui, le soupçon teignit toutes les heures de ses sombres nuances. Cependant ces deux leçons d'assassinat lui apprirent une des vertus les plus nécessaires aux hommes politiques, il comprit la haute dissimulation dont il faut user dans le jeu des grands intérêts de la vie. Taire son secret n'est rien, mais se taire à l'avance, mais savoir oublier un fait pendant trente ans, à la manière d'Ali-Pacha, pour assurer une vengeance méditée pendant trente ans, est une belle étude en un pays où il y a peu d'hommes qui sachent dissimuler pendant trente jours. M. de Maulincour ne vivait plus que par madame Jules. Il était perpétuellement occupé à examiner sérieusement les moyens qu'il pouvait employer dans cette lutte inconnue pour triompher d'adversaires inconnus. Sa passion anonyme pour cette femme grandissait de tous ces obstacles. Madame Jules était toujours debout, au milieu de ses pensées et de son cœur, plus attrayante alors par les secrets présumés que par les vertus certaines qui en avaient fait pour lui son idole.

Le malade, voulant reconnaître les positions de l'ennemi, crut pouvoir sans danger initier le vieux vidame aux secrets de sa situation. Le commandeur aimait Auguste comme un père aime les enfants de sa femme, il était fin, dévot, il avait un esprit diplomatique. Il vint donc écouter le baron, hocha la tête, et tous deux tinrent conseil. Le bon vidame ne partagea pas la confiance de son jeune ami, quand Auguste lui dit qu'au temps où ils vivaient, la police et le pouvoir étaient à même de connaître tous les mystères, et que, s'il fallait absolument y recourir, il trouverait en eux de puissants auxiliaires.

Le vieillard lui répondit gravement : — La police, mon cher enfant, est ce qu'il y a de plus inhabile au monde, et le pouvoir ce qu'il y a de plus faible dans les questions individuelles. Ni la police ni le pouvoir ne savent lire au fond des cœurs. Ce qu'on doit raisonnablement leur demander, c'est de rechercher les causes d'un fait. Or, le pouvoir et la police sont éminemment impropres à ce métier : ils manquent essentiellement de cet intérêt personnel qui révèle tout à celui qui a besoin de tout savoir. Aucune puissance humaine ne peut empêcher un assassin ou un empoisonneur d'arriver soit au cœur d'un prince, soit à l'estomac d'un honnête homme. Les passions sont toute la police.

Le commandeur conseilla fortement au baron de s'en aller en Italie, d'Italie en Grèce, de Grèce en Syrie, de Syrie en Asie, et de ne revenir qu'après avoir convaincu ses ennemis secrets du son repentir, et de faire ainsi tacitement sa paix avec eux, sinon, de rester dans son hôtel, même dans sa chambre, où il devait se garantir des atteintes de ce Ferragus. et n'en sortir que pour l'écraser en toute sûreté.

— Il ne faut toucher à son ennemi que pour lui abattre la tête, lui dit-il gravement.

Néanmoins, le vieillard promit à son favori d'employer tout ce que le ciel lui avait départi d'astuce pour, sans compromettre personne, pousser des reconnaissances chez l'ennemi, en rendre bon compte, et préparer la victoire. Le commandeur avait un vieux Figaro retiré, le plus malin singe qui jamais eût pris figure humaine, jadis spirituel comme un diable, faisant tout de son corps un torçat, alerte comme un voleur, fin comme une femme, mais tombé dans la décadence du génie, faute d'occasions, depuis la nouvelle constitution de la société parisienne, qui a mis en réforme les valets de comédie. Ce Scapin émérite était attaché à son maître comme à un être supérieur ; mais le rusé matador ajoutait chaque année aux gages de son ancien prévôt de galanterie une assez forte somme, attention qui en corroborait l'amitié naturelle par les liens de l'intérêt, et valait au vieillard des soins que la maîtresse la plus aimante n'eût pas inventés pour son ami malade. Ce fut cette perle des vieux valets de théâtre, débris du dernier siècle, ministre incorruptible, faute de passions à satisfaire, auquel se fièrent le commandeur et M. de Maulincour.

— M. le baron gâterait tout, dit ce grand homme en livrée appelé au conseil. Que monsieur mange, boive et dorme tranquillement. Je prends tout sur moi.

En effet, huit jours après la conférence, au moment où M. de Maulincour, parfaitement remis de son indisposition, déjeunait avec sa grand'mère et le vidame, Justin entra pour faire son rapport. Puis, avec cette fausse modestie qu'affectent les gens de talent, il dit, lorsque la douairière fut rentrée dans ses appartements : — Ferragus n'est pas le nom de l'ennemi qui poursuit M. le baron. Cet homme, ce diable, s'appelle Gratien, Henri, Victor, Jean-Joseph Bourignard. Le sieur Gratien Bourignard est un ancien entrepreneur de bâtiments, jadis fort riche, et surtout l'un des plus jolis garçons de Paris, un Lovelace capable de séduire Grandisson. Ici s'arrêtent mes renseignements. Il a été simple ouvrier, et les compagnons de l'ordre des Dévorants l'ont, dans le temps, élu pour chef, sous le nom de Ferragus XXIII. La police devrait savoir cela, si la police était instituée pour savoir quelque chose. Cet homme a déménagé, ne demeure plus rue des Vieux-Augustins, et perché maintenant rue Joquelet, madame Jules Desmarets, assez souvent son mari, en allant à la Bourse, la mène rue Vivienne, où elle mène son mari à la Bourse. Le vidame connaît trop bien ces choses-là pour exiger que je lui dise si c'est le mari qui mène sa femme ou la femme qui mène son mari; mais madame Jules est si jolie, que je parierais pour elle. Tout cela est du dernier positif. Mon Bourignard joue souvent au numéro 129. C'est, sous votre respect, monsieur, un farceur qui aime les femmes, et qui vous a ses petites allures comme un homme de condition. Du reste, il gagne souvent, se déguise comme un acteur, se grime comme il veut, et vous a la vie la plus originale du monde. Je ne doute pas qu'il n'ait plusieurs domiciles, car, la plupart du temps, il échappe à ce que monsieur le commandeur nomme les investigations parlementaires. Si monsieur le désire, on put néanmoins s'en délaire honorablement, eu égard à ses habitudes. Il est toujours facile de se débarrasser d'un homme qui aime les femmes. Néanmoins, ce capitaliste parle de déménager et encore. Maintenant, monsieur le vidame et monsieur le baron ont-ils quelque chose à me commander?

— Justin, je suis content de toi, ne va pas trop sans ordre, mais veille ici à tout, de manière que M. le baron n'ait rien à craindre.

— Mon cher enfant, reprit le vidame, reprends ta vie et oublie madame Jules.

— Non, non, dit Auguste, je ne céderai pas la place à Gratien Bourignard, je veux l'avoir pieds et poings liés, et madame Jules aussi.

Le soir, le baron Auguste de Maulincour, récemment promu à un grade supérieur dans une compagnie des gardes du corps, alla au bal, à l'Élysée-Bourbon, chez madame la duchesse de Berri. Là, certes, il ne pouvait y avoir aucun danger à redouter pour lui. Le baron de Maulincour en sortit néanmoins avec une affaire d'honneur à vider, une affaire qu'il était impossible d'arranger. Son adversaire, le marquis de Ronquerolles, avait les plus fortes raisons de se plaindre d'Auguste, et Auguste avait donné lieu par une ancienne liaison avec la sœur de M. de Ronquerolles, la comtesse de Sérizy. Cette dame, qui n'aimait pas la sensiblerie allemande, n'en était que plus exigeante dans les moindres détails de son costume de prude. Par une de ces fatalités inexplicables, Auguste fit une innocente plaisanterie sur madame de Sérizy à propos de laquelle son frère s'offensa. L'explication eut lieu dans un coin, à voix basse. En gens de bonne compagnie, les deux adversaires ne firent point de bruit. Le lendemain seulement, la société du faubourg Saint-Honoré, du faubourg Saint-Germain, et du château, s'entretenait de cette aventure. Madame de Sérizy fut chaudement défendue, et l'on donna tous les torts à Maulincour. D'augustes personnages intervinrent. Des témoins de la plus haute distinction furent imposés à MM. de Maulincour et de Ronquerolles, et toutes les précautions furent prises sur le terrain pour qu'il n'y eût personne de tué. Quand Auguste se trouva devant son adversaire, homme de plaisir, auquel personne ne refusait des sentiments d'honneur, il ne put voir en lui l'instrument de Ferragus, chef des Dévorants, mais il eut une secrète envie d'obéir à d'inexplicables pressentiments en questionnant le marquis.

— Messieurs, dit-il à ses témoins, je ne refuse certes pas d'essuyer le feu de M. de Ronquerolles, mais, auparavant, je déclare que j'ai eu tort, je lui fais ici des excuses qu'il exigera de moi, publiquement même s'il le désire, parce que, quand il s'agit d'une femme, rien ne saurait, je crois, déshonorer un galant homme. J'en appelle donc à sa raison et à sa générosité, n'y a-t-il pas un peu de niaiserie à se battre quand le bon droit peut succomber?...

M. de Ronquerolles n'admit pas cette façon de finir l'affaire, et alors le baron, devenu plus soupçonneux, s'approcha de son adversaire.

— Eh! bien, monsieur le marquis, lui dit-il, engagez-moi, devant ces messieurs, votre foi de gentilhomme à n'apporter dans cette rencontre aucune raison de vengeance autre que celle dont il s'agit publiquement.

— Monsieur, ce n'est pas une question à me faire.

Et M. de Ronquerolles alla se mettre à sa place. Il était convenu,

par avance, que les deux adversaires se contenteraient d'échanger un coup de pistolet. M. de Ronquerolles, malgré la distance déterminée qui semblait devoir rendre la mort de M. de Maulincour très-problématique, ne put pas dire impossible, fit tomber le baron. La balle lui traversa les côtes, à deux doigts au-dessous du cœur, mais heureusement sans de fortes lésions.

— Vous visez trop bien, monsieur, dit l'officier aux gardes, pour avoir voulu venger des passions mortes.

M. de Ronquerolles crut Jules mort, et ne put retenir un sourire sardonique en entendant ces paroles.

— La sœur de Jules César, monsieur, ne doit pas être soupçonnée.

— Toujours madame Jules, répondit Auguste.

Il s'évanouit, sans pouvoir achever une mordante plaisanterie qui expira sur ses lèvres, mais, quoiqu'il perdît beaucoup de sang, sa blessure n'était pas dangereuse. Après une quinzaine de jours pendant lesquels la douairière et le vidame lui prodiguèrent ces soins de vieillard, dont dont une longue expérience de la vie donne seule le secret, un matin sa grand'mère lui porta de rudes coups. Elle lui révéla ses mortelles inquiétudes qui avaient été livrés à ses vœux, ses derniers jours. Elle avait reçu une lettre signée d'un F., dans laquelle l'histoire de l'espionnage auquel s'était abaissé son petit-fils lui était, de point en point, racontée. Dans cette lettre, des actions indignes d'un honnête homme étaient reprochées à M. de Maulincour. Il avait, disait-on, mis une vieille femme rue de Ménars, sur la place de Jacques qui s'y trouve, vieille espionne occupée en apparence à vendre aux cochers l'eau de ses tonneaux, mais en réalité chargée d'épier les démarches de madame Jules Desmarets. Il avait espionné l'homme le plus inoffensif du monde pour en pénétrer tous les secrets, quand, de ces secrets, dépendait la vie ou la mort de trois personnes. Lui seul avait voulu la lutte impitoyable dans laquelle il avait blessé trois fois, il succomberait inévitablement, parce que sa mort avait été jurée, et serait sollicitée par tous les moyens humains. M. de Maulincour ne pourrait même plus éviter son sort en promettant même de laisser la vie mystérieuse de ces trois personnes, parce qu'il était impossible de croire à la parole d'un gentilhomme capable de tomber aussi bas que des agents de police, et pourquoi? pour troubler, sans raison, la vie d'une femme innocente et d'un vieillard respectable. La lettre ne fut rien pour Auguste, en comparaison des tendres reproches que lui fit couper la baronne de Maulincour. Manquer de respect et de confiance envers une femme, l'espionner sans en avoir le droit! Ne devait-on espionner la femme dont on est aimé? Ce fut un torrent de ces excellentes raisons qui ne prouvent jamais rien. Pour la première fois de sa vie, le jeune baron dans une des grandes colères humaines où germent, d'où sortent les actions les plus capitales de la vie.

— Puisque ce duel est un duel à mort, dit-il en forme de conclusion, je dois tuer mon ennemi par tous les moyens que je puis avoir à ma disposition.

Aussitôt le commandeur alla trouver, de la part de M. de Maulincour, le chef de la police particulière de Paris, et, sans mêler ni le nom ni la personne de madame Jules aux fruits de cette aventure, quoiqu'elle en fût le nœud secret, il lui fit part des craintes que donnait à la famille de Maulincour le personnage inconnu assez osé pour jurer la perte d'un officier aux gardes, en face des lois et de la police. L'homme de la police leva de surprise ses lunettes vertes, se moucha plusieurs fois, et offrit du tabac au vidame, qui, par dignité, prétendait ne pas user de tabac, quoiqu'il en eût le nez barbouillé. Puis le sous-chef prit ses notes, et promit que, dans peu de jours, avant d'agir, il rendrait sous peu de jours bon compte à la famille Maulincour de cet ennemi, disant qu'il n'y avait pas de mystères pour la police de Paris. Quelques jours après, le chef vint voir M. le vidame à l'hôtel de Maulincour, et trouva le jeune baron parfaitement remis de sa dernière blessure. Alors, il leur fit, en style administratif, ses remercîments des indications qu'ils avaient eu la bonté de lui donner, en lui apprenant que ce Bourignard était un homme condamné à vingt ans de travaux forcés, mais miraculeusement échappé pendant le transport de la chaîne de Bicêtre à Toulon. Depuis treize ans, la police avait infructueusement essayé de le reprendre, après avoir su qu'il était venu fort insoucieusement habiter Paris, où il avait évité les recherches les plus actives, quoiqu'il fût constamment mêlé à beaucoup d'intrigues ténébreuses. Bref, cet homme, dont la vie offrait les particularités les plus curieuses, allait être certainement sous l'une de ses domiciles, et livré à la justice. Le bureaucrate termina son rapport officieux en disant à M. de Maulincour que s'il attachait assez d'importance à cette affaire pour être témoin de la capture de Bourignard, il pouvait venir le lendemain, à huit heures du matin, rue Sainte-Foi, dans une maison dont il lui donna le numéro. M. de Maulincour se dispensa d'aller chercher cette certitude, s'en fiant, avec le saint respect que la police inspire à Paris, sur la diligence de l'administration. Trois jours après, n'ayant rien lu dans le journal sur cette arrestation, qui cependant devait fournir matière à quelque article curieux, M. de Maulincour conçut des inquiétudes, que dissipa la lettre suivante :

« Monsieur le baron,

« J'ai l'honneur de vous annoncer que vous ne devez plus conserver aucune crainte touchant l'affaire dont il est question. Le nommé Gratien Bourignard, dit Ferragus, est décédé hier, en son domicile, rue Joquelet, n° 7. Les soupçons que nous devions concevoir sur son identité ont pleinement été détruits par les faits. Le médecin de la Préfecture de police a été par nous adjoint à celui de la mairie, et le chef de la police de sûreté a fait toutes les vérifications nécessaires pour parvenir à une pleine certitude. D'ailleurs, la moralité des témoins qui ont signé l'acte de décès, et les attestations de ceux qui ont soigné ledit Bourignard dans ses derniers moments, entre autres celle du respectable vicaire de l'église Bonne-Nouvelle, auquel il a fait ses aveux, au tribunal de la pénitence, car il est mort en chrétien, ne nous ont pas permis de conserver les moindres doutes.

« Agréez, monsieur le baron, etc. »

M. de Maulincour, la douairière et le vidame respirèrent avec un plaisir indicible. La bonne femme embrassa son petit-fils, en laissant échapper une larme, et le quitta pour remercier Dieu par une prière. La chère douairière, qui faisait une neuvaine pour le salut d'Auguste, se crut exaucée.

— Eh bien! dit le commandeur, tu peux maintenant te rendre au bal dont tu parlais, je n'ai plus d'objections à t'opposer.

M. de Maulincour fut d'autant plus empressé d'aller à ce bal, que madame Jules devait s'y trouver. Cette fête était donnée par le préfet de la Seine, chez lequel les deux sociétés de Paris se rencontraient comme sur un terrain neutre. Auguste parcourut les salons sans trouver la femme qui exerçait sur sa vie une si grande influence. Il entra dans un boudoir encore désert, où des tables de jeu attendaient les joueurs, et il s'assit sur un divan, livré aux pensées les plus contradictoires sur madame Jules. Un homme prit alors le jeune officier par le bras, et le baron resta stupéfait en voyant le pauvre de la rue Coquillière, le Ferragus d'Ida, l'habitant de la rue Soly, le Bourignard de Justin, le forçat de la police, le mort de la veille.

— Monsieur, pas un cri, pas un mot, lui dit Bourignard dont il reconnut la voix, mais qui certes eût semblé méconnaissable à tout autre. Il était mis élégamment, portait les insignes de l'ordre de la Toison-d'Or et une plaque à son habit. — Monsieur, reprit-il d'une voix qui sifflait comme celle d'une hyène, vous autorisez toutes mes tentatives en mettant de votre côté la police. Vous périrez, monsieur; il le faut. Aimez-vous madame Jules? Étiez-vous aimé d'elle? de quel droit voulicz-vous troubler son repos, noircir sa vertu?

Quelqu'un survint. Ferragus se leva pour partir.

— Connaissez-vous cet homme? demanda M. de Maulincour en saisissant Ferragus au collet. Mais Ferragus se dégagea lestement, prit M. de Maulincour par les cheveux, et lui secoua railleusement la tête à plusieurs reprises. — Faut-il donc absolument du plomb pour le rendre sage? dit-il.

— Non pas personnellement, répondit de Marsay, le témoin de cette scène, mais je sais que monsieur est M. de Funcal, Portugais fort riche.

M. de Funcal avait disparu. Le baron se mit à sa poursuite sans pouvoir le rejoindre et, quand il arriva sous le péristyle, il vit, dans un brillant équipage, Ferragus qui ricanait en le regardant, et partait au grand trot.

— Monsieur, de grâce, dit Auguste en rentrant dans le salon et en s'adressant à de Marsay, qui se trouvait être de sa connaissance, où M. de Funcal demeure-t-il?

— Je l'ignore, mais on vous le dira sans doute ici.

Le baron, ayant questionné le préfet, apprit que le comte de Funcal demeurait à l'ambassade de Portugal. En ce moment où il croyait encore sentir les doigts glacés de Ferragus dans ses cheveux, il vit madame Jules dans tout l'éclat de sa beauté, fraîche, gracieuse, naïve, resplendissant de cette sainteté féminine dont il s'était épris. Cette créature, infernale pour lui, n'excitait plus chez Auguste que de la haine, et cette haine déborda sanglante, terrible dans ses regards ; il épia le moment de lui parler sans être entendu de personne, et lui dit :

— Madame, voici déjà trois fois que vos *bravi* me manquent...

— Que voulez-vous dire, monsieur? répondit-elle en rougissant. Je sais qu'il vous est arrivé plusieurs accidents fâcheux, auxquels j'ai pris beaucoup de part, mais comment puis-je y être pour quelque chose?

— Vous savez donc qu'il y a des *bravi* dirigés contre moi par l'homme de la rue Soly?

— Monsieur!...

— Madame, maintenant je ne serai pas seul à vous demander compte, non pas de mon bonheur, mais de mon sang...

En ce moment, Jules Desmarets s'approcha.

— Que dites-vous donc à ma femme, monsieur?

— Venez vous en enquérir chez moi, si vous en êtes curieux, monsieur.

Et Maulincour sortit, laissant madame Jules pâle et presque en défaillance.

Il est bien peu de femmes qui ne se soient trouvées, une fois dans leur vie, à propos d'un fait incontestable, en face d'une interrogation précise, aigüe, tranchante, une de ces questions impitoyablement faites par leurs maris, et dont la seule appréhension donne un léger froid, dont le premier mot entre dans le cœur comme y entrerait l'acier d'un poignard. De là cet axiome : *Toute femme ment.* Mensonge officieux, mensonge véniel, mensonge sublime, mensonge horrible, mais obligation de mentir. Puis, cette obligation admise, ne faut-il pas savoir bien mentir? Les femmes mentent admirablement en France. Nos mœurs leur apprennent si bien l'imposture! Enfin, la femme est si naïvement impertinente, si jolie, si gracieuse, si vraie dans le mensonge, elle reconnaît si bien l'utilité pour éviter, dans la vie sociale, les chocs violents auxquels le bonheur ne résisterait pas, qu'il leur est nécessaire comme la ouate ou elles mettent leurs bijoux. Le mensonge devient donc pour elles le fond de la langue, et la vérité n'est plus qu'une exception; elles la disent, comme elles sont vertueuses, par caprice ou par spéculation. Puis, selon leur caractère, certaines femmes rient en mentant; celles-ci pleurent, celles-là deviennent graves; quelques-unes se fâchent. Après avoir commencé dans la vie par feindre de l'insensibilité pour les hommages qui les flattaient le plus, elles finissent souvent par se mentir à elles-mêmes. Qui n'a pas admiré leur apparence de supériorité au moment où elles tremblent pour les mystérieux trésors de leur amour? Qui n'a pas étudié leur aisance, leur facilité, leur liberté d'esprit, dans les plus grands embarras de la vie? Chez elles, rien d'emprunté : la tromperie coule alors comme la neige tombe du ciel. Puis, avec quel art elles découvrent le vrai dans autrui! Avec quelle finesse elles emploient la plus droite logique, à propos de la question passionnée qui leur livre toujours quelque secret de cœur chez un homme assez naïf pour procéder près d'elles par interrogation! Questionner une femme, n'est-ce pas se livrer à elle? n'apprendra-t-elle pas tout ce qu'on veut lui cacher, et ne saura-t-elle pas se taire en parlant? Et quelques hommes ont la prétention de lutter avec la femme de Paris! avec une femme qui sait se mettre au-dessus des coups de poignards, en disant : — *Vous êtes bien curieux! que vous importe? Pourquoi voulez-vous le savoir? Ah! vous êtes jaloux! Et si je ne voulais pas vous répondre?* enfin, avec une femme qui possède cent trente-sept mille manières de dire NON, et d'incommensurables variations pour dire OUI. Le traité du *non* et du *oui* n'est-il pas une des plus belles œuvres diplomatiques, philosophiques, logographiques et morales qui nous restent à faire? Mais, pour accomplir cette œuvre diabolique, ne faudrait-il pas un génie androgyne? aussi ne sera-t-elle jamais tentée. Puis, de tous les ouvrages inédits, celui-là n'est-il pas le plus connu, le mieux pratiqué par les femmes? Avez-vous jamais étudié l'allure, la pose, la *désinvoltura* du mensonge? Examinez. Madame Desmarets était assise dans le coin droit de sa voiture, et son mari dans le coin gauche. Ayant su se remettre de son émotion en sortant du bal, madame Jules affectait une contenance calme. Son mari ne lui avait rien dit, et ne lui disait rien encore. Jules regardait par la portière les pans noirs des maisons silencieuses devant lesquelles il passait; mais tout à coup, comme poussé par une pensée déterminante, en tournant un coin de rue, il examina sa femme, qui semblait avoir froid, malgré la pelisse doublée de fourrure dans laquelle elle était enveloppée; il lui trouva un air pensif, et peut-être était-elle réellement pensive. De toutes les choses qui se communiquent, la réflexion et la gravité sont les plus contagieuses.

— Qu'est-ce que M. de Maulincour a donc pu te dire pour t'affecter si vivement, demanda Jules, et que veut-il donc que j'aille apprendre chez lui?

— Mais il ne pourra rien te dire chez lui que je ne te dise maintenant, répondit-elle.

Puis, avec cette finesse féminine qui déshonore toujours un peu la vertu, madame Jules attendit une autre question. Le mari retourna la tête vers les maisons et continua ses études sur les portes cochères. Une interrogation de plus n'était-elle pas un soupçon, une défiance! Soupçonner une femme est un crime en amour. Jules avait déjà tué un homme sans avoir douté de sa femme. Clémence ne savait pas tout ce qu'il y avait de passion vraie, de réflexions profondes dans le silence de son mari, de même que Jules ignorait le drame admirable qui serrait le cœur de sa Clémence. Et la voiture d'aller dans Paris silencieux, emportant deux époux, deux amants qui s'idolâtraient et qui, doucement appuyés, réunis sur des coussins de soie, étaient néanmoins séparés par un abîme. Dans ces élégants coupés qui reviennent du bal, entre minuit et deux heures du matin, combien de scènes bizarres ne se passe-t-il pas, en s'en tenant aux coupés dont les lanternes éclairent et la rue et la voiture, ceux dont les glaces sont claires, enfin les coupés de l'amour légitime où les couples peuvent se quereller sans avoir peur d'être vus par les passants, parce que l'état civil donne le droit de bouder, de battre, d'embrasser une femme en voiture et ailleurs, partout! Aussi combien de secrets ne se révèle-t-il pas aux fantassins nocturnes, à ces jeunes gens venus au bal en voiture, mais obligés, par quelque cause que ce soit, de s'en aller à pied! C'était la première fois que Jules et Clémence se trouvaient ainsi chacun dans leur coin. Le mari se pressait ordinairement près de sa femme.

— Il fait bien froid, dit madame Jules.

Mais ce mari n'entendit point, il étudiait toutes les enseignes noires au-dessus des boutiques.

— Clémence, dit-il enfin, pardonne-moi la question que je vais t'adresser.

Et il se rapprocha, la saisit par la taille et la ramena près de lui.

— Mon Dieu, nous y voici! pensa la pauvre femme.

— Eh! bien, reprit-elle en allant au-devant de la question, tu veux apprendre ce que me disait M. de Maulincour. Je te le dirai, Jules; mais ce ne sera point sans terreur. Mon Dieu, pouvons-nous avoir des secrets l'un pour l'autre? Depuis un moment, je te vois luttant entre la conscience de notre amour et des craintes vagues; mais notre conscience n'est-elle pas claire, et tes soupçons ne te semblent-ils pas bien ténébreux? Pourquoi ne pas rester dans la clarté qui te plaît? Quand je t'aurai tout raconté, tu désireras en savoir davantage; et cependant, je ne sais moi-même ce que cachent les étranges paroles de cet homme. Eh bien! peut-être y aura-t-il alors entre vous deux quelque fatale affaire. J'aimerais bien mieux que nous oubliassions tous deux ce mauvais moment. Mais, dans tous les cas, jure-moi d'attendre que cette singulière aventure s'explique naturellement. M. de Maulincour m'a déclaré que les trois accidents dont tu as entendu parler : la pierre tombée sur lui, sa chute en cabriolet et son duel à propos de madame de Serizy étaient l'effet d'une conjuration que j'avais tramée contre lui. Puis, il m'a menacée de t'expliquer l'intérêt qui me porterait à l'assassiner. Comprends-tu quelque chose à tout cela? Mon trouble est venu de l'impression que m'ont causée la vue de sa figure empreinte de folie, ses yeux hagards et ses paroles violemment entrecoupées par une émotion intérieure. Je l'ai cru fou. Voilà tout. Maintenant, je ne serais pas femme si je ne m'étais point aperçue que, depuis un an, je suis devenue, comme on dit, la passion de M. de Maulincour. Il ne m'a jamais vue qu'au bal, et ses propos étaient insignifiants, comme tous ceux que l'on tient au bal. Peut-être veut-il nous désunir pour me trouver un jour seule et sans défense. Tu vois bien! Déjà tes sourcils se froncent. Oh! je hais cordialement le monde. Nous sommes si heureux sans lui! pourquoi donc aller chercher? Jules, je t'en supplie, promets-moi d'oublier tout ceci. Demain nous apprendrons sans doute que M. de Maulincour est devenu fou.

— Quelle singulière chose! se dit Jules en descendant de voiture sous le péristyle de son escalier.

Il tendit les bras à sa femme, et tous deux montèrent dans leurs appartements.

Pour développer cette histoire dans toute la vérité de ses détails, pour en suivre le cours dans toutes ses sinuosités, il faut ici divulguer quelques secrets de l'amour, se glisser sous les lambris d'une chambre à coucher, non pas effrontément, mais à la manière de Trilby, n'effaroucher ni Dougal ni Jeannie, n'effaroucher personne, être aussi chaste que veut l'être notre noble langue française, aussi hardi que l'a été le pinceau de Gérard dans son tableau de Daphnis et Chloé. La chambre à coucher de madame Jules était un lieu sacré. Elle, son mari, sa femme de chambre, pouvaient seuls y entrer. L'opulence a de beaux privilèges, et les plus enviables sont ceux qui permettent de développer les sentiments dans toute leur étendue, de les féconder par l'accomplissement de leurs mille caprices, de les environner de cet éclat qui les agrandit, de ces recherches qui les purifient, de ces délicatesses qui les rendent encore plus attrayants. Si vous haïssez les dîners sur l'herbe et les repas mal servis, si vous éprouvez quelque plaisir à voir une nappe damassée éblouissante de blancheur, un couvert de vernieli, des porcelaines d'une exquise pureté, une table bordée d'or, riche de ciselure, éclairée par des bougies diaphanes, puis, sous des globes d'argent armoriés, les miracles de la cuisine la plus recherchée; pour être conséquent, vous devez alors laisser la mansarde en haut des maisons, les grisettes dans la rue, abandonner les mansardes, les grisettes, les parapluies et les socques articulés aux gens qui payent leur dîner avec des cachets, puis, chez eux comprendre l'amour comme un principe qui ne se développe dans toute sa grâce que sur les tapis de la Savonnerie, sous la lueur d'opale d'une lampe marmorine, entre des murailles discrètes et revêtues de soie, devant un foyer doré, dans une chambre sourde au bruit des voisins, de la rue, de tout, par des persiennes, par des volets, par d'ondoyants rideaux. Il vous faut des glaces dans lesquelles les formes se jouent, et qui répètent à l'infini la femme que l'on voudrait multiple, et que l'amour multiplie souvent; puis des divans bien bas, puis un lit qui, semblable à un secret, se laisse deviner sans être montré; puis, dans cette chambre coquette, des fourrures pour les pieds nus, des bougies sous verre au milieu des mousselines drapées, pour être à toute heure de nuit, et des fleurs qui n'entêtent pas, et des toiles dont la finesse eût satisfait Anne d'Autriche. Madame Jules avait réalisé ce délicieux programme, mais ce n'était rien. Toute femme de goût pouvait en faire autant, quoique, néanmoins, il y ait dans l'arrangement de ces choses un cachet de personnalité qui donne à tel ornement, à tel détail, un caractère inimitable. Aujourd'hui plus que jamais règne le fanatisme de l'individualité. Plus nos lois tendront à une impossible égalité, plus nous nous en écarterons par les mœurs. Aussi, les personnes riches commencent-elles, en France, à devenir plus exclusives dans leurs goûts et dans les choses qui leur appartiennent, qu'elles ne l'ont été depuis trente ans. Madame Jules savait à quoi l'engageait ce programme, et avait tout mis chez elle en harmonie avec un luxe qui allait si bien à l'amour. Les *Quinze cents francs et ma Sophie*, ou la passion dans la chaumière, sont des propos d'affamés auxquels le pain bis suffit d'abord, mais qui, devenus gourmets s'ils aiment réellement, finissent par regretter les richesses de la gastronomie. L'amour a le travail et la misère en horreur. Il aime mieux mourir que de vivoter. La plupart des femmes, en rentrant du bal, impatientes de se coucher, jettent autour d'elles leurs robes, leurs fleurs fanées, leurs bouquets dont l'odeur s'est flétrie. Elles laissent leurs petits souliers sous un fauteuil, marchent sur les cothurnes flottants, ôtent leurs peignes, déroulent leurs tresses sans soin d'elles-mêmes. Peu leur importe que leurs maris voient les agrafes, les doubles épingles, les artificieux crochets qui soutenaient les élégants édifices de la coiffure ou de la parure. Plus de mystères, tout tombe alors devant le mari, plus de fard pour le mari. Le corset, la plupart du temps corset plein de précautions, reste là, si la femme de chambre trop endormie oublie de l'emporter. Enfin les bouffants de baleine, les entournures garnies de taffetas gommé, les chiffons menteurs, les cheveux vendus par le coiffeur, toute la fausse femme est là, éparse. *Disjecta membra poetæ*, la poésie artificielle tant admirée par ceux pour qui elle avait été conçue, élaborée, la jolie femme encombre tous les coins. À l'amour d'un mari qui bâille se présente alors une femme vraie qui bâille aussi, qui vient dans un désordre sans élégance, coiffée de nuit avec un bonnet fripé, celui de la veille, celui du lendemain. — Car, après tout, monsieur, si vous voulez un joli bonnet de nuit à chiffonner tous les soirs, augmentez ma pension. Et voilà la vie telle qu'elle est. Une femme est toujours vieille et déplaisante à son mari, mais toujours pimpante, élégante et parée pour l'autre, pour le rival de tous les maris, pour le monde, qui calomnie ou déchire toutes femmes. Inspirée par un amour vrai, car l'amour a, comme les autres êtres, l'instinct de sa conservation, madame Jules agissait tout autrement, et trouvait, dans les constants bénéfices de son bonheur, la force nécessaire d'accomplir ces devoirs minutieux desquels il ne faut jamais se relâcher, parce qu'ils perpétuent l'amour. Ces soins, ces devoirs, ne procèdent-ils pas d'ailleurs d'une dignité personnelle qui sied à ravir? N'est-ce pas des flatteries? n'est-ce pas respecter en soi l'être aimé? Donc madame Jules avait interdit à son mari l'entrée du cabinet où elle quittait sa toilette de bal, et d'où elle sortait vêtue pour la nuit, mystérieusement parée pour les mystérieuses fêtes de son cœur. En venant dans cette chambre, toujours élégante et gracieuse, Jules y voyait une femme coquettement enveloppée dans un élégant peignoir, les cheveux noués simplement tordus en grosses tresses sur sa tête, car, n'en redoutant pas le désordre, elle n'en ravissait à l'amour ni la vue ni le toucher, une femme toujours plus simple, plus belle alors qu'elle ne l'était pour le monde, une femme qui s'était ranimée dans l'eau, et dont tout l'artifice consistait à être plus blanche que ses mousselines, plus fraîche que le plus frais parfum, plus séduisante que la plus habile courtisane, enfin toujours tendre, et partant toujours aimée. Cette admirable entente du métier de femme fut le grand secret de Joséphine pour plaire à Napoléon, comme il avait été jadis celui de Césonie pour Caius Caligula, de Diane de Poitiers pour Henri II. Mais s'il fut largement productif pour des femmes qui comptaient sept ou huit lustres, quelle arme entre les mains de jeunes femmes! Un mari subit alors avec délices tous les bonheurs de sa fidélité.

Or, en rentrant après cette conversation, qui l'avait glacée d'effroi et qui lui donnait encore de bien vives inquiétudes, madame Jules prit un soin particulier de sa toilette de nuit. Elle voulut se faire et se fit ravissante. Elle avait serré la batiste du peignoir, entr'ouvert son corsage, laissé tomber ses cheveux noirs sur ses épaules rebondies, son bain parfumé lui donnait une senteur enivrante, ses pieds nus étaient dans des pantoufles de velours. Forte de ses avantages, elle vint à pas menus, et mit ses mains sur les yeux de Jules, qu'elle trouva mélancolique, en robe de chambre, un coude appuyé sur la cheminée, un pied sur la barre. Elle lui dit alors à l'oreille, en l'échauffant de son haleine, et le mordant du bout des dents : — À quoi pensez-vous, monsieur? Puis le serrant avec adresse, elle l'enveloppa de ses bras, pour l'arracher à ses mauvaises pensées. La femme qui aime a toute l'intelligence de son pouvoir, et, plus elle est vertueuse, plus agissante est sa coquetterie.

— À toi, répondit-il.

— À moi seule?

— Oui!

— Oh! voilà un oui bien hasardé.

Ils se couchèrent. En s'endormant madame Jules se dit : Décidément, M. de Maulincour sera la cause de quelque malheur. Jules est préoccupé, distrait, et garde des pensées qu'il ne m'a pas dites. Il était environ trois heures du matin lorsque madame Jules fut réveillée par un pressentiment qui l'avait frappée au cœur pendant son sommeil. Elle eut une perception à la fois physique et morale de l'absence de son mari. Elle ne sentait plus le bras que Jules lui passait sous la tête, ce bras dans lequel elle dormait heureuse, paisible, depuis cinq années, et qu'elle ne fatiguait jamais. Puis une voix lui avait dit : — Jules souffre, Jules pleure... Elle leva la tête, se mit sur son séant, trouva la place de son mari froide, et l'aperçut assis devant le feu, les pieds sur le garde-cendre, la tête appuyée sur le dos d'un grand fauteuil. Jules avait des larmes sur les joues. La pauvre femme se jeta vivement à bas du lit, et sauta d'un bond sur les genoux de son mari.

— Jules, qu'as-tu? souffres-tu? parle! dis! dis-moi! Parle-moi, si tu m'aimes. En un moment elle lui jeta cent paroles qui exprimaient la tendresse la plus profonde.

Jules se mit aux pieds de sa femme, lui baisa les genoux, les mains, et lui répondit en laissant échapper de nouvelles larmes : — Ma chère Clémence, je suis bien malheureux! Ce n'est pas amour que de se défier de sa maîtresse, et tu es ma maîtresse. Je t'adore en te soupçonnant... Les paroles que cet homme m'a dites ce soir m'ont frappé au cœur, elles y sont restées malgré moi pour me bouleverser. Il y a là-dessous quelque mystère. Enfin, j'en rougis, tes explications ne m'ont pas satisfait. Ma raison me jette des lueurs que mon amour me fait repousser. C'est un affreux combat. Pouvais-je rester là, tenant ta tête en y soupçonnant des pensées qui me seraient inconnues? — Oh! je te crois, je te crois, lui cria-t-il vivement en la voyant sourire avec tristesse, et ouvrir la bouche pour parler. Ne me dis rien, ne me reproche rien. De toi, la moindre parole me tuerait. D'ailleurs pourrais-tu me dire une seule chose que je ne me sois dite depuis trois heures? oui, depuis trois heures, je suis là, te regardant dormir, si belle, admirant ton front si pur et si paisible. Oh! oui, tu m'as toujours dit toutes tes pensées, n'est-ce pas? Je suis seul dans ton âme. En te contemplant, en plongeant mes yeux dans les tiens, j'y vois bien tout. Ta vie est toujours aussi pure que ton regard est clair. Non, il n'y a pas de secret derrière cet œil si transparent. Il se souleva, et la baisa sur les yeux. — Laisse-moi t'avouer, ma chère créature, que depuis cinq ans ce qui grandissait chaque jour mon bonheur, c'est de ne te savoir aucune de ces affections naturelles qui animent toujours un peu sur l'amour. Tu n'avais ni sœur, ni père, ni mère, ta compagne, et je n'étais alors ni au-dessus ni au-dessous de personne dans ton cœur : j'y étais seul. Clémence, répète-moi toutes les douceurs d'âme que tu m'as si souvent dites, ne me gronde pas, console-moi, je suis malheureux. J'ai certes un soupçon odieux à me reprocher, et toi tu n'as rien dans le cœur qui te brûle. Ma bien-aimée, dis, pouvais-je rester ainsi près de toi? Comment deux têtes qui sont si bien unies demeureraient-elles sur le même oreiller quand l'une d'elles souffre et que l'autre est tranquille?.. — A quoi penses-tu donc? s'écria-t-il brusquement en voyant Clémence songeuse, interdite, et qui ne pouvait retenir des larmes.

— Je pense à ma mère, répondit-elle d'un ton grave. Tu ne saurais connaître, Jules, la douleur de la Clémence obligée de se rappeler les adieux mortuaires de sa mère, en entendant ta voix, la plus douce des musiques, et de songer à la solennité des mains glacées d'une mourante, en sentant la caresse des tiennes en un moment où tu m'accables de témoignages de ton délicieux amour. Elle releva son mari, le prit, l'étreignit avec une force nerveuse bien supérieure à celle d'un homme, lui baisa les cheveux et le couvrit de larmes. — Ah! je voudrais être hachée vivante pour toi! Dis-moi bien que je te rends heureux, que je suis pour toi la plus belle des femmes, que je suis mille femmes pour toi. Mais tu es aimé comme nul homme ne le sera jamais. Je ne sais pas ce que veulent dire ces mots devoir et vertu. Jules, je t'aime pour toi, je suis heureuse de t'aimer, et je mourrai toujours mieux jusqu'à mon dernier souffle. J'ai quelque orgueil de mon amour, je me crois destinée à n'éprouver qu'un sentiment dans ma vie. Ce que je vais te dire est affreux, peut-être : je suis contente de ne pas avoir d'enfant, et n'en souhaite point. Je me sens plus épouse que mère. Eh bien! as-tu des craintes? Écoute-moi, mon amour, promets-moi d'oublier, non pas cette heure mêlée de tendresse et de doutes, mais les paroles de cet homme. Jules, je le veux. Promets-moi de ne le point voir, de ne point aller chez lui. J'ai la conviction que si tu fais un pas de plus dans ce dédale, nous roulerons dans un abîme où je périrai, mais en ayant ton nom sur les lèvres et ton cœur dans mon cœur. Pourquoi me mets-tu donc si haut en ton âme, et si bas en réalité? Comment, toi qui fais crédit à tant de gens de leur fortune, tu ne me ferais pas l'aumône d'un soupçon, et, pour la première occasion dans ta vie où tu peux me prouver ta foi sans bornes, tu me détournes du fond de ton cœur! Entre un fou et moi, c'est le fou que tu crois, oh! Jules. Elle s'arrêta, chassa les cheveux qui retombaient sur son front et sur son cou, puis, d'un accent déchirant, elle ajouta : — J'en ai trop dit, un mot devait suffire. Si ton me et ton front conservent un nuage, quelque léger qu'il puisse être, sache-le bien, j'en mourrai!

Elle ne put réprimer un frémissement, et pâlit.

— Oh! je tuerai cet homme, se dit Jules en saisissant sa femme et la portant dans son lit.

— Dormons en paix, mon ange, reprit-il, j'ai tout oublié, je te le jure.

Clémence s'endormit sur cette douce parole, plus doucement répétée. Puis Jules, la regardant endormie, se dit en lui-même : — Elle a raison, quand l'amour est si pur, un soupçon le flétrit. Pour cette âme si fraîche, pour cette fleur si tendre, une flétrissure, oui, ce doit être la mort.

Quand, entre deux êtres pleins d'affection l'un pour l'autre, et dont la vie s'échange à tout moment, un nuage est survenu, quoique ce nuage se dissipe, il laisse dans les âmes quelques traces de son passage. Ou la tendresse devient plus vive, comme la terre est plus belle après la pluie, ou la secousse retentit encore, comme un lointain tonnerre dans un ciel pur, mais il est impossible de se retrouver dans sa vie antérieure, et il faut que l'amour croisse ou qu'il diminue. Au déjeuner, M. et madame Jules eurent l'un pour l'autre de ces soins dans lesquels il entre un peu d'affectation. C'était de ces regards pleins d'une gaieté presque forcée, et qui semblent être l'effort de gens empressés à se tromper eux-mêmes. Jules avait des doutes involontaires, et sa femme avait des craintes certaines. Néanmoins, sûrs l'un de l'autre, ils avaient dormi. Cet état de gêne était-il dû à un défaut de foi, au souvenir de leur scène nocturne? Ils ne le savaient pas eux-mêmes. Mais ils s'étaient aimés, ils s'aimaient trop purement pour que l'impression à la fois cruelle et bienfaisante de cette nuit ne laissât pas quelques traces dans leurs âmes, jaloux tous deux de les faire disparaître et voulant revenir tous les deux le premier l'un à l'autre, ils ne pouvaient s'empêcher de songer à la cause première d'un premier désaccord.

Pour des âmes aimantes, ce n'est pas des chagrins, la peine est loin encore, mais c'est une sorte de deuil difficile à peindre. S'il y a des rapports entre les couleurs et les agitations de l'âme, si, comme l'a dit l'aveugle de Locke, l'écarlate doit produire à la vue les effets produits dans l'ouïe par une fanfare, il peut être permis de comparer à des teintes grises cette mélancolie de contre-coup. Mais l'amour attristé, l'amour auquel il reste un sentiment vrai de son bonheur momentanément troublé, donne des voluptés qui, tenant à la peine et à la joie, sont toutes nouvelles. Jules étudiait la voix de sa femme, il en épiait les regards avec le sentiment jeune qui l'animait dans les premiers moments de sa passion pour elle. Les souvenirs de cinq années tout heureuses, la beauté de Clémence, la naïveté de son amour, effacèrent alors promptement les derniers vestiges d'une intolérable douleur. Ce lendemain était un dimanche, jour où il n'y avait ni bourse, ni affaire, les deux époux passèrent alors la journée ensemble, se mettant plus avant au cœur l'un de l'autre qu'ils n'y avaient jamais été, semblables à deux enfants qui, dans un moment de peur, se serrent, se pressent et se tiennent, s'unissant par instinct. Il y a dans une vie à deux de ces journées complètement heureuses, dues au hasard, et qui ne se rattachent ni à la veille, ni au lendemain, fleurs éphémères!... Jules et Clémence en jouirent délicieusement, comme s'ils eussent pressenti que c'était la dernière journée de leur vie amoureuse. Quel nom donner à cette puissance inconnue qui fait hâter le pas des voyageurs sans que l'orage se soit encore manifesté, qui fait resplendir de vie et de beauté le mourant quelques jours avant sa mort et lui inspire les plus riants projets, qui conseille au savant de hausser sa lampe nocturne au moment où elle s'éteint parfaitement, qui fait craindre à une mère le regard trop profond jeté sur son enfant par un homme perspicace? Nous subissons tous cette influence dans les grandes catastrophes de notre vie, et nous ne l'avons encore ni nommée ni étudiée : c'est plus que le pressentiment, et ce n'est pas encore la vision. Tout alla bien jusqu'au lendemain. Le lundi, Jules Desmarets, obligé d'être à la Bourse à son heure accoutumée, ne sortit pas sans aller, suivant son habitude, demander à sa femme si elle voulait profiter de sa voiture.

— Non, dit-elle, il fait trop mauvais temps pour se promener.

En effet, il pleuvait à verse. Il était environ deux heures et demie quand M. Desmarets se rendit au parquet et au Trésor. A quatre heures, en sortant de la Bourse, il se trouva nez à nez devant M. de Maulincour, qui l'attendait là avec la pertinacité fiévreuse que donnent la haine et la vengeance.

— Monsieur, j'ai des renseignements importants à vous communiquer, dit l'officier en prenant l'agent de change par le bras. Écoutez, je suis un homme trop loyal pour avoir recours à des lettres anonymes qui troubleraient votre repos, je préfère vous parler. Enfin, croyez que s'il ne s'agissait pas de ma vie, je ne m'immiscerais, certes, en aucune manière dans les affaires d'un ménage, quand même je pourrais m'en croire le droit.

— Si ce que vous avez à me dire concerne madame Desmarets, répondit Jules, je vous prierai, monsieur, de vous taire.

— Si je me taisais, monsieur, vous pourriez voir avant peu madame Jules sur les bancs de la cour d'assises, à côté d'un forçat. Faut-il me taire maintenant?

Jules pâlit, mais sa belle figure reprit promptement un calme faux; puis, entraînant l'officier sous les auvents de la Bourse provisoire où ils se trouvaient alors, il lui dit d'une voix que voilait une profonde émotion intérieure : — Monsieur, je vous écouterai; mais il y aura entre nous un duel à mort, si...

— Oh! j'y consens, s'écria M. de Maulincour, j'ai pour vous la plus grande estime. Vous parlez de mort, monsieur ? Vous ignorez sans doute que votre femme m'a peut-être fait empoisonner samedi soir ? Oui, monsieur, depuis avant-hier, il se passe en moi quelque chose d'extraordinaire, mes cheveux me distillent intérieurement à travers le crâne une fièvre et une langueur mortelle, et je sais parfaitement quel homme a touché mes cheveux pendant le bal.

M. de Maulincour raconta, sans en omettre un seul fait, et son amour platonique pour madame Jules, et les détails de l'aventure qui commence cette scène. Tout le monde l'eût écoutée avec autant d'attention que l'agent de change, mais le mari de madame Jules avait le droit d'en être plus étonné que qui que ce fût au monde. Là se déploya son caractère, il fut plus surpris qu'abattu. Devenu juge, et juge d'une femme adorée, il trouva dans son âme la droiture du juge, comme il en prit l'inflexibilité. Amant encore, il songea moins à sa vie brisée qu'à celle de cette femme, il écouta, non sa propre douleur, mais la voix lointaine qui lui criait : Clémence ne saurait mentir ! Pourquoi te trahirait-elle ?

— Monsieur, dit l'officier aux gardes en terminant, certain d'avoir reconnu, samedi soir, dans M. de Funcal, ce Ferragus que la police croit mort, je me suis souvenu sur ses traces un homme intelligent. En revenant chez moi, je me suis souvenu, par un heureux hasard, du nom de madame Meynardie, cité dans la lettre de cette Ida, la maîtresse présumée de mon persécuteur. Muni de ce seul renseignement, mon émissaire me rendra promptement compte de cette épouvantable aventure, car il est plus habile à découvrir la vérité que ne l'est la police elle-même.

— Monsieur, répondit l'agent de change, je ne saurais vous remercier de cette confidence. Vous m'annoncez des preuves, des témoins, je les attendrai. Je poursuivrai courageusement la vérité dans cette affaire étrange, mais vous me permettrez de douter jusqu'à ce que l'évidence des faits me soit prouvée. En tout cas, vous aurez satisfaction, car vous devez comprendre qu'il nous en faut une.

M. Jules revint chez lui.

— Qu'as-tu, Jules? lui dit sa femme, tu es pâle à faire peur.

— Le temps est froid, dit-il en marchant dans un pas lent dans cette chambre où tout parlait de bonheur et d'amour, cette chambre si calme où se préparait une tempête meurtrière.

— Tu n'es pas sorti aujourd'hui? reprit-il machinalement en apparence.

Il fut poussé sans doute à faire cette question par la dernière des mille pensées qui s'étaient secrètement couronnées dans une méditation lucide, quoique précipitamment activée par la jalousie.

— Non, répondit-elle avec un faux accent de candeur.

En ce moment, Jules aperçut dans le cabinet de toilette de sa femme quelques gouttes d'eau sur le chapeau de velours qu'elle mettait le matin. M. Jules était un homme violent, mais aussi plein de délicatesse et, il lui répugna de placer sa femme entre un oui et un démenti. Dans une telle situation, tout doit être fini pour la vie entre certains êtres. Cependant ces gouttes d'eau furent comme une lueur qui lui déchira la cervelle. Il sortit de sa chambre, descendit à la loge, et dit à son concierge, après s'être assuré qu'il y était seul : — Fouquereau, cent écus de rente si tu dis vrai, chassé si tu me trompes, et rien si, n'ayant dit la vérité, tu parles de ma question et de ta réponse.

Il s'arrêta pour bien voir son concierge, qu'il attira sous le jour de la fenêtre, et reprit : Madame est-elle sortie ce matin?

— Madame est sortie à trois heures moins un quart, et je crois l'avoir vue rentrer il y a une demi-heure.

— Cela est vrai, sur ton honneur?

— Oui, monsieur.

— Tu auras la rente que je t'ai promise; mais si tu parles, souviens-toi de ma promesse! alors tu perdrais tout.

Jules revint chez sa femme.

— Clémence, lui dit-il, j'ai besoin de mettre un peu d'ordre dans mes comptes de maison, ne t'offense donc pas de ce que je vais te demander. Ne t'ai-je pas remis quarante mille francs depuis le commencement de l'année?

— Plus, dit-elle. Quarante-sept.

— En trouverais-tu bien l'emploi?

— Mais oui, dit-elle. D'abord, j'avais à payer plusieurs mémoires de l'année dernière...

— Je ne saurai rien ainsi, se dit Jules, je m'y prends mal.

En ce moment le valet de chambre de Jules entra, et lui remit une lettre qu'il ouvrit par contenance; mais il la lut avec avidité lorsqu'il eut jeté les yeux sur la signature.

« Monsieur,

« Dans l'intérêt de votre repos et du nôtre, j'ai pris le parti de vous « écrire sans avoir l'avantage d'être connue de vous; mais ma posi-« tion, mon âge et la crainte de quelque malheur, me forcent à vous « prier d'avoir de l'indulgence dans une conjoncture fâcheuse où se

« trouve notre famille désolée. M. Auguste de Maulincour nous a « donné depuis quelques jours des preuves d'aliénation mentale, et « nous craignons qu'il ne trouble votre bonheur par des chimères « dont il nous a entretenus, M. le commandeur de Pamiers et moi, « pendant un premier accès de fièvre. Nous vous prévenons donc de « sa maladie, sans doute guérissable encore, elle a des effets si graves « et si importants pour l'honneur de notre famille et l'avenir de mon « petit-fils, que je compte sur votre entière discrétion. Si M. le com-« mandeur était venu, monsieur, avant nous vous transporter chez vous, « nous nous serions dispensés de vous écrire; mais je ne doute pas « que vous n'ayez égard à la prière qui vous est faite ici par une « mère de brûler cette lettre.

« Agréez l'assurance de ma parfaite considération.

« Baronne de Maulincour, née de Rieux. »

— Combien de tortures! s'écria Jules.

— Mais que se passe-t-il donc en toi? lui dit sa femme, en témoignant une vive anxiété.

— J'en suis arrivé, répondit Jules, à me demander si c'est toi qui me fais parvenir cet avis pour dissiper mes soupçons, reprit-il en lui jetant la lettre. Ainsi, juge de mes souffrances!

— Le malheureux! dit madame Jules en laissant tomber le papier, je le plains, quoiqu'il me fasse bien du mal.

— Tu sais qu'il m'a parlé?

— Ah! tu es allé le voir malgré ta parole, dit-elle, frappée de terreur.

— Clémence, notre amour est en danger de périr, et nous sommes en dehors de toutes les lois ordinaires de la vie, laissons donc les petites considérations au milieu des grands périls. Écoute, dis-moi pourquoi tu es sortie ce matin. Les femmes se croient le droit de nous faire quelquefois de petits mensonges. Ne se plaisent-elles pas souvent à nous cacher des plaisirs qu'elles nous préparent? Tout à l'heure, tu m'as dit un mot pour un autre sans doute, un non pour un oui.

Il entra dans le cabinet de toilette, et en rapporta le chapeau.

— Tiens, vois! sans vouloir faire ici le Bartholo, ton chapeau t'a trahie. Ces taches ne sont-elles pas des gouttes de pluie? Donc tu es sortie en fiacre, et tu as reçu ces gouttes d'eau, soit en allant chercher une voiture, soit en entrant dans la maison où tu allais, soit en la quittant. Mais une femme peut sortir de chez elle fort innocemment, même après avoir dit à son mari qu'elle ne sortirait pas. Il y a tant de raisons pour changer d'avis! Aller des caprices, n'est-ce pas un de vos droits? Vous n'êtes pas obligées d'être conséquentes avec vous-mêmes. Tu auras oublié quelque chose, un service à rendre, une visite, ou quelque bonne action à faire. Mais rien n'empêche une femme de dire à son mari ce qu'elle a fait. Rougit-on jamais dans le sein d'un ami! Eh bien! ce n'est pas le mari jaloux qui te parle, ma Clémence, c'est l'amant, c'est l'ami, le frère. Il se jeta passionnément à ses pieds. — Parle, non pour te justifier, mais pour calmer d'horribles souffrances. Je sais bien que tu es sortie. Eh bien! qu'as-tu fait? où es-tu allée?

— Oui, je suis sortie, Jules, répondit-elle d'une voix altérée quoique son visage fût calme. Mais ne me demande rien de plus. Attends avec confiance, sans quoi tu te créeras des remords éternels. Jules, mon Jules, la confiance est la vertu de l'amour. Je te l'avoue, en ce moment je suis trop troublée pour te répondre, mais je ne suis point une femme artificielle, et je t'aime, tu le sais.

— Au milieu de tout ce qui peut ébranler la foi d'un homme, en éveiller la jalousie, car je ne suis donc pas le premier dans ton cœur, je ne suis donc pas toi-même... Eh! bien, Clémence, j'aime encore mieux te croire, croire en ta voix, croire en tes yeux! Si tu me trompes, tu mériterais...

— Oh! mille morts, dit-elle en l'interrompant.

— Moi, je ne te cache aucune de mes pensées, et toi, tu...

— Chut! dit-elle, notre bonheur dépend de notre mutuel silence.

— Ah! je veux tout savoir! s'écria-t-il dans un violent accès de rage.

En ce moment, des cris de femme se firent entendre, et les glapissements d'une petite voix aigre arrivèrent de l'antichambre jusqu'aux deux époux.

— J'entrerai, je vous dis! croit-on. Oui, j'entrerai, je veux la voir, je la verrai.

Jules et Clémence se précipitèrent dans le salon, et ils virent bientôt les portes s'ouvrir avec violence. Une jeune femme se montra tout à coup, suivie de deux domestiques, qui dirent à leur maître : — Monsieur, cette femme veut entrer ici malgré nous. Nous lui avons déjà dit que madame n'y était pas. Elle nous a répondu qu'elle savait bien que madame était sortie, mais qu'elle venait de la voir rentrer. Elle nous menace de rester à la porte de l'hôtel jusqu'à ce qu'elle ait parlé à madame.

— Retirez-vous, dit M. Desmarets à ses gens.

— Que voulez-vous? mademoiselle, ajouta-t-il en se tournant vers l'inconnue.

Cette demoiselle était le type d'une femme qui ne se rencontre qu'à Paris. Elle se fait à Paris, comme la boue, comme le pavé de Paris, comme l'eau de Seine se fabrique à Paris, dans de grands réservoirs à travers lesquels l'industrie la filtre dix fois avant de la livrer aux carafes à facettes où elle scintille et claire et pure, de fangeuse qu'elle était. Aussi est-ce une créature véritablement originale. Vingt fois saisie par le crayon du peintre, par le pinceau du caricaturiste, par la plombagine du dessinateur, elle échappe à toutes les analyses, parce qu'elle est insaisissable dans tous ses modes; comme l'est la nature, comme l'est ce fantasque Paris. En effet, elle ne tient au vice que par un rayon, et s'en éloigne par les mille autres points de la circonférence sociale. D'ailleurs, elle ne laisse deviner qu'un trait de son caractère, le seul qui la rende blâmable : ses belles vertus sont cachées, son naïf dévergondage, elle en fait gloire. Incomplétement traduite dans les drames et les livres où elle a été mise en scène avec toutes ses poésies, elle ne sera jamais vraie que dans son grenier, parce qu'elle sera toujours, autre part, ou calomniée ou flattée. Riche, elle se vicie, pauvre, elle est incomprise. Et cela ne saurait être autrement ! Elle a trop de vices et trop de bonnes qualités; elle est trop près d'une asphyxie sublime ou d'un rire flétrissant, elle est trop belle et trop hideuse, elle personnifie trop bien Paris, auquel elle fournit des portières édentées, des laveuses de linge, des balayeuses, des mendiantes, parfois des comtesses impertinentes, des actrices admirées, des cantatrices applaudies; elle a même donné jadis deux quasi-reines à la monarchie. Qui pourrait saisir un tel Protée? Elle est toute la femme, moins que la femme, plus que la femme. De ce vaste portrait, un peintre de mœurs ne peut rendre que certains détails, l'ensemble est l'infini. C'était une grisette de Paris, mais la grisette dans toute sa splendeur; la grisette en fiacre, heureuse, jeune, belle, fraîche, mais grisette, et grisette à griffes, à ciseaux, hardie comme une Espagnole, hargneuse comme une prude anglaise réclamant ses droits conjugaux, coquette comme une grande dame, plus franche et prête à tout; une véritable lionne sortie du petit appartement dont elle avait tant de fois rêvé les rideaux de calicot rouge, le meuble en velours d'Utrecht, la table à thé, le cabaret de porcelaine à sujets peints, la causeuse, le petit tapis de moquette, la pendule d'albâtre et les flambeaux sous verre, la chambre jaune, le mol édredon, bref, toutes les joies de la vie des grisettes : la femme de ménage, ancienne grisette elle-même, mais grisette à moustaches et à chevrons, les parties de spectacle, les marrons à discrétion, les robes de soie et les chapeaux à gâcher; enfin toutes les félicités calculées au comptoir des modistes, moins l'équipage, qui n'apparaît dans les imaginations du comptoir que comme un bâton de maréchal dans les songes du soldat. Oui, cette grisette avait tout cela pour une affection vraie et malgré l'affection vraie, comme quelques autres l'obtiennent souvent pour une heure par jour, espèce d'impôt insouciamment acquitté sous les griffes d'un vieillard. La jeune femme qui se trouvait en présence de M. et madame Jules avait le pied si découvert dans sa chaussure qu'à peine voyait-on un légère ligne noire entre le tapis et son bas blanc. Cette chaussure, dont la caricature pa-

Ferragus prit M. de Maulincourt par les cheveux, et lui secoua rudement la tête. — PAGE 12

risienne rend si bien le trait, est une grâce particulière à la grisette parisienne; mais elle se trahit encore mieux aux yeux de l'observateur par le soin avec lequel ses vêtements adhèrent à ses formes, qu'ils dessinent nettement. Aussi l'inconnue était-elle, pour ne pas perdre l'expression pittoresque créée par le soldat français, ficelée dans une robe verte, à guimpe, qui laissait deviner la beauté de son corsage, alors parfaitement visible; car son châle de cachemire Ternaux, tombant à terre, n'était plus retenu que par les deux bouts qu'elle gardait entortillés à demi dans ses poignets. Elle avait une figure fine, des joues roses, un teint blanc, des yeux gris étincelants, un front bombé, très-proéminent, des cheveux soigneusement lissés qui s'échappaient de son petit chapeau, en grosses boucles sur son cou.

— Je me nomme Ida, monsieur. Et si c'est là madame Jules, à laquelle j'ai l'avantage de parler, je venais pour lui dire tout ce que j'ai sur le cœur contre elle. C'est très-mal, quand on a son affaire faite, et qu'on est dans ses meubles comme vous êtes ici, de vouloir enlever à une pauvre fille un homme avec lequel j'ai contracté un mariage moral, et qui parle de réparer ses torts en m'épousant à la municipalité. Il y a bien assez de jolis jeunes gens dans le monde, pas vrai, monsieur? pour se passer ses fantaisies, sans venir me prendre un homme d'âge, qui fait mon bonheur. Quien, je n'ai pas une belle hôtel, moi, j'ai mon amour! Je hais les bel hommes et l'argent, je suis tout cœur, et...

Madame Jules se tourna vers son mari : — Vous me permettrez, monsieur, de ne pas en entendre davantage, dit-elle en rentrant dans sa chambre.

— Si cette dame est avec vous, j'ai fait des brioches, à ce que je vois, mais tant pire, reprit Ida. Pourquoi vient-elle voir M. Ferragus tous les jours?

— Vous vous trompez, mademoiselle, dit Jules stupéfait. Ma femme est incapable...

— Ah! vous êtes donc mariés vous deusse! dit la grisette en manifestant quelque surprise. C'est alors bien plus mal, monsieur, pas vrai, à une femme qui a le bonheur d'être mariée en légitime mariage, d'avoir des rapports avec un homme comme Henri.

— Mais quoi? Henri, dit M. Jules en prenant Ida et l'entraînant dans une pièce voisine pour que sa femme n'entendît plus rien.

— Eh bien! M. Ferragus...

— Mais il est mort, dit Jules.

— C'te farce! Je suis allée à Franconi avec lui hier au soir, et il m'a ramenée comme cela se doit. D'ailleurs votre dame peut vous en donner des nouvelles. N'est-elle pas allée le voir à trois heures? Je le sais bien : je l'ai attendue dans la rue, rapport à ce qu'un aimable homme, M. Justin, que vous connaissez peut-être, un petit vieux qui a des breloques, et qui porte un corset, m'avait prévenue que j'avais une madame Jules pour rivale. Ce nom-là, monsieur, est bien connu parmi les noms de guerre. Excusez, puisque c'est le vôtre, mais quand madame Jules serait une duchesse de la cour, Ferragus est si riche qu'il peut satisfaire toutes ses fantaisies. Mon affaire est de défendre mon bien, et j'en ai le droit; car moi, je l'aime, Henri! C'est ma *première* inclination, et il y va de mon amour et de mon sort à venir. Je ne crains rien, monsieur; je suis honnête, et je n'ai jamais menti, ni volé le bien de qui que ce soit. Ce serait une impératrice qui serait ma rivale, que j'irais à elle tout droit; et, si elle m'enlevait mon mari futur, je me sens capable de la tuer, tout impératrice qu'elle serait, parce que toutes les belles femmes sont égales, monsieur...

— Assez! assez! dit Jules. Où demeurez-vous?

— Rue de la Corderie-du-Temple, nº 14, monsieur. Ida Gruget, couturière en corsets, pour vous servir, car nous en faisons beaucoup pour les messieurs.

— Et où demeure l'homme que vous nommez Ferragus?

— Mais, monsieur, dit-elle en se pinçant les lèvres, ce n'est d'abord pas un homme. C'est un monsieur plus riche que vous ne l'êtes peut-être. Mais pourquoi est-ce que vous me demandez son adresse quand vous le sait? Il m'a dit de ne point la donner. Est-ce que je suis obligée de vous répondre?... Je ne suis, Dieu merci, ni au confessionnal ni à la police, et je ne dépends que de moi.

— Et si je vous offrais vingt, trente, quarante mille francs pour me dire où demeure M. Ferragus?

— Ah! n, i, ni, mon petit ami, c'est fini! dit-elle en joignant à cette singulière réponse un geste populaire. Il n'y a pas de somme qui me fasse dire cela. J'ai bien l'honneur de vous saluer. Par où s'en va-t-on donc d'ici?

Jules, atterré, laissa partir Ida, sans songer à elle. Le monde entier semblait s'écrouler sous lui; et, au-dessus de lui, le ciel tombait en éclats.

— Monsieur est servi, lui dit son valet de chambre.

Le valet de chambre et le valet d'office attendirent dans la salle à manger pendant environ un quart d'heure sans voir arriver leurs maîtres.

— Madame ne dînera pas, vint dire la femme de chambre.

— Qu'y a-t-il donc, Joséphine? demanda le valet.

— Je ne sais pas, répondit-elle. Madame pleure et va se mettre au lit. Monsieur avait sans doute une inclination en ville, et cela s'est découvert dans un bien mauvais moment, entendez-vous? Je ne répondrais pas de la vie de madame. Tous les hommes sont si gauches! Ils vous font toujours des scènes sans aucune précaution.

— Pas du tout, reprit le valet de chambre à voix basse, c'est, au contraire, madame qui... enfin vous comprenez. Quel temps aurait donc monsieur pour aller en ville, lui qui depuis cinq ans n'a pas couché une seule fois hors de la chambre de madame; qui descend à son cabinet à dix heures, et n'en sort qu'à midi pour déjeuner! Enfin sa vie est connue, elle est régulière, au lieu que madame file presque tous les jours, à trois heures, on ne sait où.

— Et monsieur aussi, dit la femme de chambre en prenant le parti de sa maîtresse.

— Mais il va à la Bourse, monsieur. Voilà pourtant trois fois que je l'avertis qu'il est servi, reprit le valet de chambre après une autre, et c'est comme si l'on parlait à un *terne*.

M. Jules entra. — Où est madame? demanda-t-il.

— Madame va se coucher, elle a la migraine, répondit la femme de chambre en prenant un air important.

M. Jules dit alors avec beaucoup de sang-froid en s'adressant à ses gens: — Vous pouvez desservir, je vais tenir compagnie à madame.

Et il rentra chez sa femme, qu'il trouva pleurant, mais étouffant ses sanglots dans son mouchoir.

— Pourquoi pleurez-vous? lui dit Jules. Vous n'avez à attendre de moi ni violences ni reproches. Pourquoi me vengerais-je? Si vous n'avez pas été fidèle à mon amour, c'est que vous n'en étiez pas digne.

— Pas digne? Ces mots répétés s'entendirent à travers les sanglots, et l'accent avec lequel ils furent prononcés eût attendri tout autre homme que Jules.

— Pour vous tuer, il faudrait aimer plus que je n'aime peut-être, dit-il en continuant; mais je n'en aurais pas le courage, je me tuerais plutôt, moi, vous laissant à votre... bonheur, et à... à qui?

Il n'acheva pas.

— Se tuer! cria Clémence en se jetant aux pieds de Jules et les tenant embrassés.

Mais, lui, voulut se débarrasser de cette étreinte et secoua sa femme en la traînant jusqu'à son lit.

— Laissez-moi, dit-il.

— Non, non, Jules! criait-elle. Si tu ne m'aimes plus, je mourrai. Veux-tu tout savoir?

— Oui.

Il la prit, la serra violemment, s'assit sur le bord du lit, la retint entre ses jambes; puis, regardant d'un œil sec cette belle tête devenue couleur de feu, mais sillonnée de larmes: — Allons, dis, répéta-t-il.

Les sanglots de Clémence recommencèrent.

— Non, c'est un secret de vie et de mort. Si je le disais, je... Non, je ne puis pas. Grâce, Jules!

— Tu me trompes toujours...

— Ah! tu ne me dis plus *vous!* s'écria-t-elle. Oui, Jules, tu peux croire que je te trompe, mais bientôt tu sauras tout.

— Mais ce Ferragus, ce forçat que tu vas voir, cet homme enrichi par des crimes, s'il n'est pas à toi, si tu ne lui appartiens pas...

— Oh! Jules...

— Eh bien! est-ce ton bienfaiteur inconnu; l'homme auquel nous devrions notre fortune, comme on l'a déjà dit?

— Qui a dit cela?

— Un homme que j'ai tué en duel.

— Oh! Dieu! déjà une mort!

— Si ce n'est pas ton protecteur, s'il ne te donne pas de l'or, si c'est toi qui lui en portes, voyons, est-ce ton frère?

— Eh bien! dit-elle, si cela était?

M. Desmarets se croisa les bras.

— Pourquoi me l'aurait-on caché? reprit-il. Vous m'auriez donc trompé, ta mère et toi? D'ailleurs, va-t-on chez son frère tous les jours, ou presque tous les jours, hein?

Sa femme était évanouie à ses pieds.

— Morte! dit-il. Et si j'avais tort?

Jules rentra chez sa femme, qu'il trouva pleurant, mais étouffant ses sanglots... — PAGE 17.

E.L.

Il sauta sur les cordons de sonnette, appela Joséphine et mit Clémence sur le lit.

— J'en mourrai, dit madame Jules en revenant à elle.

— Joséphine, cria M. Desmarets, allez chercher M. Desplein. Puis vous irez après chez mon frère, en le priant de venir le plus tôt possible.

— Pourquoi votre frère? dit Clémence.

Jules était déjà sorti.

Pour la première fois depuis cinq ans, madame Jules se coucha seule dans son lit, et fut contrainte de laisser entrer un médecin dans sa chambre sacrée. Ce fut deux peines bien vives. Desplein trouva madame Jules fort mal, jamais émotion violente n'avait été plus intempestive. Il ne voulut rien préjuger, et remit au lendemain à donner son avis, après avoir ordonné quelques prescriptions qui ne furent point exécutées, les intérêts du cœur ayant fait oublier tous les soins physiques. Vers le matin, Clémence n'avait pas encore dormi. Elle était préoccupée par le sourd murmure d'une conversation qui durait depuis plusieurs heures entre les deux frères; mais l'épaisseur des murs ne laissait arriver à son oreille aucun mot qui pût lui trahir l'objet de cette longue conférence. M. Desmarets, le notaire, s'en alla bientôt. Le calme de la nuit, puis la singulière activité de sens que donne la passion, permirent alors à Clémence d'entendre le cri d'une plume et les mouvements involontaires d'un homme occupé à écrire. Ceux qui passent habituellement les nuits, et qui ont observé les différents effets de l'acoustique par un profond silence, savent que souvent un léger retentissement est facile à percevoir dans les mêmes lieux où des murmures égaux et continus n'avaient rien de distinctible. A quatre heures le bruit cessa. Clémence se leva inquiète et tremblante. Puis, pieds nus, sans peignoir, ne pensant ni à sa moiteur, ni à l'état dans lequel elle se trouvait, la pauvre femme ouvrit heureusement la porte de communication sans la faire crier. Elle vit son mari, une plume à la main, tout endormi dans son fauteuil. Les bougies brûlaient dans les bobèches. Elle s'avança lentement, et lut sur une enveloppe déjà cachetée : CECI EST MON TESTAMENT.

Elle s'agenouilla comme devant une tombe, et baisa la main de son mari, qui s'éveilla soudain.

— Jules, mon ami, l'on accorde quelques jours aux criminels condamnés à mort, dit-elle en le regardant avec des yeux allumés par la fièvre et par l'amour. Ta femme innocente n'en demande que deux. Laisse-moi libre pendant deux jours, et... attends! je mourrai heureuse, du moins tu me regretteras.

— Clémence, je te le accorde.

Et, comme elle baisait les mains de son mari dans une touchante effusion de cœur, Jules, fasciné par ce cri de l'innocence, la prit et la baisa au front, tout honteux de subir encore le pouvoir de cette noble beauté.

Le lendemain, après avoir pris quelques heures de repos, Jules entra dans la chambre de sa femme, obéissant machinalement à sa coutume de ne point sortir sans l'avoir vue. Clémence dormait. Un rayon de lumière passant par les fentes les plus élevées des fenêtres tombait sur le visage de cette femme accablée. Déjà les douleurs avaient altéré son front et la fraîche rougeur de ses lèvres. L'œil d'un amant ne pouvait pas se tromper à l'aspect de quelques marbrures foncées et de la pâleur maladive qui remplaçait et le ton égal des joues et le blancheur mate du teint, deux fonds purs sur lesquels se jouaient si naïvement les sentiments de cette belle âme.

— Elle souffre, se dit Jules. Pauvre Clémence! que Dieu nous protège!

Il la baisa bien doucement sur le front. Elle s'éveilla, vit son mari et comprit tout; mais, ne pouvant parler, elle lui prit la main, et ses yeux se mouillèrent de larmes.

— Je suis innocente, dit-elle en achevant son rêve.

— Tu ne sortiras pas? lui demanda Jules.

— Non, je me sens trop faible pour quitter mon lit.

— Si tu changes d'avis, attends mon retour, dit Jules.

Et il descendit à la loge.

— Fouquereau, vous surveillerez exactement votre porte, je veux connaître les gens qui entreront dans l'hôtel et ceux qui en sort ront.

Puis Jules se jeta dans un fiacre, se fit conduire à l'hôtel de Maulincour, et y demanda le baron.

— Monsieur est malade, lui dit-on.

Jules insista pour entrer, donna son nom; et, à défaut de M. de Maulincour, il voulut voir le vidame ou la douairière. Il attendit pendant quelque temps dans le salon de la vieille baronne, qui vint le trouver, et lui dit que son petit-fils était beaucoup trop indisposé pour le recevoir.

— Je connais, madame, répondit Jules, la nature de sa maladie par la lettre que vous m'avez fait l'honneur de m'écrire, et je vous prie de croire...

— Une lettre à vous, monsieur! de moi! s'écria la douairière en l'interrompant, mais je n'ai point écrit de lettre. Et que m'y fait-on dire, monsieur, dans cette lettre?

— Madame, reprit Jules, ayant l'intention de venir chez M. de

Maulincour aujourd'hui même, et de vous rendre cette lettre, j'ai cru pouvoir la conserver malgré l'injonction qui la termine. La voici.

La douairière sonna pour avoir ses doubles besicles, et, lorsqu'elle eut jeté les yeux sur le papier, elle manifesta la plus grande surprise.

— Monsieur, dit-elle, cette écriture est si parfaitement imitée, que, s'il ne s'agissait pas d'une affaire récente, je m'y tromperais moi-même. Mon petit-fils est malade, il est vrai, monsieur, mais sa raison n'a jamais été le moindrement du monde altérée. Nous sommes le jouet de quelques mauvaises gens; cependant, je ne devine pas dans quel but a été faite cette impertinence... Vous allez voir mon petit-fils, monsieur, et vous reconnaîtrez qu'il est parfaitement sain d'esprit.

Et elle sonna de nouveau pour faire demander au baron s'il pouvait recevoir M. Desmarets.

Jules monta chez Auguste de Maulincour, qu'il trouva dans un fauteuil, assis au coin de-elle, assis du feu, trop faible pour se lever, le salua par un geste mélancolique; le vidame de Pamiers lui tenait compagnie.

— Monsieur le baron, dit Jules, j'ai quelque chose à vous dire d'assez particulier pour désirer que nous soyons seuls.

— Monsieur, répondit Auguste, M. le commandeur sait toute cette affaire, et vous pouvez parler devant lui sans crainte.

— Monsieur le baron, reprit Jules d'une voix grave, vous avez troublé, presque détruit mon bonheur, sans en avoir le droit. Jusqu'au moment où nous verrons qui de nous peut demander ou doit accorder une réparation à l'autre, vous êtes tenu de m'aider à marcher dans la voie ténébreuse où vous m'avez jeté. Je viens donc pour apprendre de vous la demeure actuelle de l'être mystérieux qui exerce sur nos destinées une si fatale influence, et qui semble avoir à ses ordres une puissance surnaturelle. Hier, au moment où je rentrais, après avoir entendu vos aveux, voici la lettre que j'ai reçue.

Et Jules lui présenta la fausse lettre.

— Ce Ferragus, ce Bourignard, ou ce M. de Funcal est un démon, s'écria Maulincour après l'avoir lue. Dans quel affreux dédale ai-je mis le pied? Où vais-je? J'ai eu tort, monsieur, dit-il en regardant Jules; mais la mort est certe, la plus grande des expiations, et ma mort approche. Vous pouvez donc me demander tout ce que vous désirerez, je suis à vos ordres.

— Monsieur, vous devez savoir où demeure l'inconnu, je veux absolument, dût-il m'en coûter toute ma fortune actuelle, pénétrer ce mystère; et, en présence d'un ennemi si cruellement intelligent, les moments sont précieux.

— Justin va vous dire tout, répondit le baron.

A ces mots, le commandeur s'agita sur sa chaise.

Auguste sonna.

— Justin n'est pas à l'hôtel! s'écria le vidame avec une précipitation qui disait beaucoup de choses.

— Eh bien! dit vivement Auguste, nos gens savent où il est, un homme montera vite à cheval pour le chercher. Votre valet est dans Paris, n'est-ce pas? On l'y trouvera.

Le commandeur parut visiblement troublé.

— Justin ne viendra pas, mon ami, dit le vieillard. Il est mort. Je voulais te cacher cet accident, mais...

— Mort! s'écria M. de Maulincour, mort! Et quand? et comment?

— Hier, dans la nuit. Il était allé souper avec d'anciens amis, et s'est enivré sans doute; ses amis, pris de vin comme lui, l'auront laissé se coucher dans la rue, et une grosse voiture lui a passé sur le corps...

— Le forçat ne l'a pas manqué. Du premier coup il l'a tué, dit Auguste. Il n'a pas été si heureux avec moi, il a été obligé de s'y prendre à quatre fois.

Jules devint sombre et pensif.

— Je ne saurai donc rien! s'écria l'agent de change après une longue pause. Votre valet a peut-être été justement puni! N'a-t-il pas outrepassé vos ordres en calomniant madame Desmarets dans l'esprit d'une Ida, dont il a réveillé la jalousie afin de la déchaîner sur nous.

— Ah! monsieur, dans ma colère, je lui avais abandonné madame Jules.

— Monsieur! s'écria le mari vivement irrité.

— Oh! maintenant, monsieur, répond l'officier en réclamant le silence par un geste de main, je suis prêt à tout. Vous me ferez pas plus que ce qui est fait, et la mort ne réparera en quoi ma conscience ne m'ait déjà dit. J'attends ce matin le plus célèbre professeur de toxicologie pour connaître mon sort. Si je suis destiné à de trop grandes souffrances, ma résolution est prise, je me brûlerai la cervelle.

— Vous parlez comme un enfant! s'écria le commandeur épouvanté à le sang-froid avec lequel le baron avait dit ces mots. Votre grand'mère mourrait de chagrin.

— Ainsi, monsieur, dit Jules, il n'existe aucun moyen de connaître en quel endroit de Paris demeure cet homme extraordinaire!

— Je crois, monsieur, répondit le vieillard, avoir entendu dire à ce pauvre Justin que M. de Funcal logeait à l'ambassade de Portugal ou à celle du Brésil. M. de Funcal est un gentilhomme qui appartient aux deux pays. Quant au forçat, il est mort et enterré. Votre persécuteur, quel qu'il soit, me paraît assez puissant pour que vous l'acceptiez sous sa nouvelle forme jusqu'au moment où vous aurez les moyens de le confondre et de l'écraser, mais agissez avec prudence, mon cher monsieur. Si M. de Maulincour avait suivi mes conseils, rien de tout ceci ne serait arrivé.

Jules se retira froidement, mais avec politesse, et ne sut quel parti prendre pour arriver à Ferragus. Au moment où il rentra, son concierge lui dit que madame était sortie pour aller jeter une lettre dans la boîte de la petite poste, qui se trouvait en face de la rue de Ménars. Jules se sentit humilié de reconnaître la prodigieuse intelligence avec laquelle son concierge épousait sa cause, et l'adresse avec laquelle il devinait les moyens de le servir. L'empressement des inférieurs et leur habileté particulière à compromettre les maîtres qui se compromettent lui étaient connus; le danger de les avoir pour complices en quoi que ce soit, il l'avait apprécié, mais il ne put songer à sa dignité per-onnelle qu'au moment où il se trouva si subitement ravalé. Quel triomphe, pour l'esclave incapable de s'élever jusqu'à son maître, de faire tomber le maître jusqu'à lui! Jules fut brusque et dur. Autre faute. Mais il souffrait tant! Sa vie, jusque-là si droite, si pure, devenait tortueuse; et il lui fallait maintenant ruser, mentir. Et Clémence aussi mentait et rusait. Ce moment fut un moment de dégoût. Perdu dans un abîme de pensées amères, il resta machinalement immobile à la porte de son hôtel. Tantôt s'abandonnant à des idées de désespoir, il voulait fuir, quitter la France, en emportant sur son amour toutes les illusions de l'incertitude. Tantôt, ne mettant pas en doute que la lettre jetée à la poste par Clémence ne s'adressât à Ferragus, il cherchait les moyens de surprendre la réponse qu'allait y faire cet être mystérieux. Tantôt il analysait les singuliers hasards de sa vie depuis son mariage, et se demandait si la calomnie dont il avait tiré vengeance n'était pas une vérité. Enfin, revenant à la réponse de Ferragus, il se disait : — Mais cet homme si profondément habile, si logique dans ses moindres actes, qui voit, qui pressent, qui calcule et devine même nos pensées, Ferragus répondra-t-il? Ne doit-il pas employer des moyens en harmonie avec sa puissance? N'enverra-t-il pas sa réponse par quelque habile coquin, ou, peut-être, dans un écrin apporté par un honnête homme qui ne saura pas ce qu'il apporte, ou dans l'enveloppe des souliers qu'une ouvrière viendra livrer fort innocemment à ma femme? Si Clémence et lui s'entendent? Et il se défiait de tout, et il parcourait les champs immenses, la mer sans rivage des suppositions, et, après avoir flotté pendant quelque temps entre mille partis contraires, il se trouva plus fort chez lui que partout ailleurs, et résolut de veiller dans sa maison, comme un formicaleo au fond de sa volute tortueneuse.

— Fouquereau, dit-il à son concierge, je suis sorti pour tous ceux qui viendront me voir. Si quelqu'un veut parler à madame ou lui apporte quelque chose, tu tinteras deux coups. Puis tu me montreras toutes les lettres qui seraient adressées ici, n'importe à qui!

— Ainsi, pensa-t-il en remontant dans son cabinet où se trouvait à l'entresol, je vais au-devant des finesses de maître Ferragus. S'il envoie quelque émissaire assez rusé pour me demander afin de savoir si madame est seule, au moins je ne serai pas joué comme un sot!

Il se colla aux vitres qui, dans son cabinet, donnaient sur la rue, et, par une dernière ruse que lui inspira la jalousie, il résolut de faire monter son premier commis dans sa voiture, et de l'envoyer à la Bourse en son lieu et place, avec une lettre pour un agent de change de ses amis, auquel il expliqua ses achats et ses ventes, en le priant de le remplacer. Il remit ses transactions les plus délicates au lendemain, se moquant de la hausse et de la baisse, et de toutes les dettes européennes. Beau privilège de l'amour! il écrase tout, fait tout pâlir; l'autel, le trône et les grands livres. A trois heures et demie, au moment où la Bourse est dans tout le feu des reports, des fins-courant, des primes, des fermes, etc., M. Jules vit entrer dans son cabinet Fouquereau tout radieux.

— Monsieur, il vient de venir une vieille femme, mais soignée, je dis une fine mouche. Elle a demandé monsieur, a paru contrariée de ne point le trouver, et m'a donné pour madame une lettre que voici.

En proie à une angoisse fiévreuse, Jules décacheta la lettre; mais il tomba bientôt dans son fauteuil tout épuisé. La lettre était un non-sens continuel, et il fallait en avoir la clef pour la lire. Elle avait été écrite en chiffres.

— Va-t'en, Fouquereau. Le concierge sortit. — C'est un mystère plus profond que ne l'est la mer à l'endroit où la sonde s'y perd. Ah! c'est de l'amour! L'amour seul est aussi sagace, aussi ingénieux que l'e t ce correspondant. Mon Dieu! je tuerai Clémence.

En ce moment une idée heureuse jaillit dans sa cervelle avec tant de force, qu'il en fut presque physiquement éclairé. Aux jours de sa laborieu-e misère, avant son mariage, Jules s'était fait un ami véritable, un demi-Pméja. L'excessive délicatesse avec laquelle il avait ménagé les susceptibilités d'un ami pauvre et modeste, le respect dont il l'avait entouré, l'ingénieuse adresse avec laquelle il l'avait noblement forcé de participer à son opulence sans le faire rougir, accrurent leur amitié. Jacquet resta fidèle à Desmarets, malgré sa fortune. Jacquet, homme de probité, travailleur, austere en ses mœurs,

avait fait lentement son chemin dans le ministère qui consomme à la fois le plus de friponnerie et le plus de probité. Employé au ministère des affaires étrangères, il y avait en charge la partie la plus délicate des archives. Jacquet était dans le ministère une espèce de ver luisant qui jetait la lumière à ses heures sur les correspondances secretes, en déchiffrant et classant les dépêches. Placé plus haut que le simple bourgeois, il se trouvait aux affaires étrangères tout ce qu'il y avait de plus élevé dans les rangs subalternes, et vivait obscurément, heureux d'une obscurité qui le mettait à l'abri des revers, satisfait de payer en oboles sa dette à la patrie. Adjoint né de sa mairie, il obtenait, en style de journal, toute la considération qui lui était due. Grace à Jules, sa position s'était améliorée par un bon mariage. Patriote inconnu, ministériel en fait, il se contentait de gém r, au coin du feu, sur la marche du gouvernement. Du reste, Jacquet était dans son ménage un roi débonnaire, un homme à parapluie, qui payait à sa femme une remise dont il ne profitait jamais. Enfin, pour achever la peinture de ce *philosophe sans le savoir*, il n'avait pas encore soupçonné, ne devait même jamais soupçonner tout le parti qu'il pouvait tirer de sa position, en ayant pour ami intime un agent de change, et connaissant tous les matins le secret de l'Etat. Cet homme sublime à la maniere du soldat ignoré qui meurt en sauvant Napoléon par un *qui vi e*, demeurait au ministère.

En dix minutes, Jules se trouva dans le bureau de l'archiviste. Jacquet lui avança une chaise, posa méthodiquement sur sa table son garde-vue en taffetas vert, se frotta les mains, prit sa tabatiere, se leva en faisant craquer ses omoplates, et rehaussa le thorax, et dit : — Par quel hasard ici, *mosieur Desmarets?* Que me veux-tu !

— Jacquet, j'ai besoin de toi pour deviner un secret, un secret de vie et de mort.

— Cela ne concerne pas la politique?

— Ce n'est pas à toi que je le demanderais si je voulais le savoir, dit Jules. Non, c'est une affaire de ménage sur laquelle je réclame de toi le silence le plus profond.

— Claude-Joseph Jacquet, muet par état. Tu ne me connais donc pas? dit-il en riant. C'est ma partie, la discrétion.

Jules lui montra la lettre en lui disant : — Il faut me lire ce billet adressé à ma femme.

— Diable! d able! mauvaise affaire, dit Jacquet en examinant la lettre de la même maniere qu'un usurier examine un effet négociable. Ah! c'est une lettre à grille. Attends.

Il laissa Jules seul dans le cabinet, et revint assez promptement.

— Niaiserie, mon ami! c'est écrit avec une vieille grille dont se servait l'ambassadeur de Portugal, sous M. de Choiseul, lors du renvoi des jésuites. Tiens, voici.

Jacquet superposa un papier à jour, régulièrement découpé comme une de ces dentelles que les confiseurs mettent sur leurs dragées, et Jules put alors facilement lire les phrases qui restèrent à découvert.

« N'aie plus d'inquiétudes, ma chere Clémence, notre bonheur ne sera plus troublé par personne, et ton mari déposera ses soupçons. Je ne puis t'aller vo r. Quelque malade que je sois, il faut avoir le courage de venir, cherche, trouve des forces; tu en puiseras dans ton amour. Mon affection pour toi m'a contraint de subir la plus cruelle des opérations, et il m'est impossible de bouger de mon lit. Quelques moxas m'ont été appliqués hier au soir à la naissance du cou, d'une épaule à l'autre, et il a fallu les laisser brûler assez longtemps. Tu me comprends! Mais je pensais à toi, je n'ai pas trop souffert. Pour dérouter toutes les perquisitions de Maulincour, qui ne nous persécutera plus longtemps, j'ai quitté le toit protecteur de l'ambassade, et suis à l'abri de toutes recherches, rue des Enfants-Rouges, n. 12, chez une vieille femme nommée madame Etienne Gruget, la mere de cette Ida, qui va payer cher sa sotte incartade. Viens-y demain, à neuf heures du matin. Je suis dans une chambre à laquelle on ne parvient que par un escalier infect. Demande M. Camuset. A demain. Je te baise le front, ma chérie. »

Jacquet regarda Jules avec une sorte de terreur honnête, qui comportait une compassion vraie, et dit son mot favori : — Diable! diable! sur deux tons différents.

— Cela te semble clair, n'est-ce pas? dit Jules. Eh bien! il y a dans le fond de mon cœur une voix qui plaide pour ma femme, et qui se fait entendre plus haut que toutes les douleurs de la jalousie. Je subirai jusqu'à demain le plus horrible des supplices; mais enfin, demain, de neuf à dix heures, je saurai tout, et je serai malheureux ou heureux pour la vie. Pense à moi, Jacquet.

— Je serai chez toi demain à neuf heures. Nous irons ensemble, et je t'attendrai, si tu le veux, dans la rue. Tu peux courir des dangers, il faut près de toi quelqu'un de dévoué qui te comprenne à demi-mot et sur lequel tu puisses employer surement. Compte sur moi.

— Même pour m'aider à tuer quelqu'un !

— Diable! diable! dit Jacquet vivement en répétant pour ainsi dire la même note musicale, j'ai deux enfants et une femme...

Jules serra la main de Claude Jacquet et sortit. Mais il revint précipitamment.

— J'oublie la lettre dit-il. Puis ce n'est pas tout, il faut la recacheter.

— Diable! diable! tu l'as ouverte sans en prendre l'empreinte; mais le cachet s'est heureusement assez bien fendu. Va, laisse-la-moi, je te la rapporterai *secundum scripturam.*

— A quelle heure?

— A cinq heures et demie...

— Si je n'étais pas encore rentré, remets-là tout bonnement au concierge, en lui disant de la monter à madame.

— Me veux-tu demain?

— Non. Adieu.

Jules arriva promptement à la place de la Rotonde du Temple, il y laissa son cabriolet, et vint à pied rue des Enfants-Rouges, où il examina la maison de madame Etienne Gruget. Là, devait s'éclaircir le mystère d'où dépendait le sort de tant de personnes; là était Ferragus, et à Ferragus aboutissaient tous les fils de cette intrigue. La réunion de madame Jules, de son mari, de cet homme, n'était-elle pas le nœud gordien de ce drame déjà sanglant, et auquel ne devait pas manquer le glaive qui dénoue les liens les plus fortement serrés?

Cette maison était une de celles qui appartiennent au genre dit *cabajutis.* Ce nom très-significatif est donné par le peuple de Paris à ces maisons composées, pour ainsi dire, de pièces de rapport. C'est presque toujours ou des habitations primitivement séparées, mais réunies par les fantaisies des différents propriétaires qui les ont successivement agrandies; ou des maisons commencées, laissées, reprises, achevées; maisons malheureuses qui ont passé, comme certains peuples, sous plusieurs dynasties de maîtres capricieux. Ni les étages ni les fenêtres *ne sont ensemble,* pour emprunter à la peinture un de ses termes les plus pittoresques; tout y jure, même les ornements extérieurs. Le cabajoutis est à l'architecture parisienne ce que le *capharnaüm* est à l'appartement, un vrai fouillis où l'on a jeté pêle-mêle les choses les plus discordantes.

— Madame Etienne, demanda Jules à la portière.

Cette portière était logée sous la grande porte, dans une de ces espèces de cages à poulets, petite maison de bois montée sur des roulettes, et assez semblable à ces cabinets que la police a construits sur toutes les places de fiacres.

— Hein? fit la portière en quittant le bas qu'elle tricotait.

A Paris, les différents sujets qui concourent à la physionomie d'une portion quelconque de cette monstrueuse cité s'harmonisent admirablement avec le caractère de l'ensemble. Ainsi, portier, concierge ou suisse, quel que soit le nom donné à ce muscle essentiel du monstre parisien, il est toujours conforme au quartier dont il fait partie, et souvent il le résume. Brodé sur toutes les coutures, oisif, le concierge joue sur les rentes dans le faubourg Saint-Germain; le portier a ses aises dans la Chaussée-d'Antin, il lit les journaux dans le quartier de la Bourse, il a un état dans le faubourg Montmartre. La portière est une ancienne prostituée dans le quartier de la prostitution; au Marais, elle a des mœurs, elle est revêche, elle a ses lubies.

En voyant M. Jules, cette portière prit un couteau pour remuer la motte presque éteinte de sa chaufferette; puis elle lui dit : — Vous demandez madame Etienne, est-ce madame Etienne Gruget?

— Oui, dit Jules Desmarets en prenant un air presque fâché.

— Qui travaille en passementerie?

— Oui.

— Eh bien! monsieur, dit-elle en sortant de sa cage, mettant la main sur le bras de M. Jules et le conduisant au bout d'un long boyau voûté comme une cave, vous monterez le second escalier au fond de la cour. Voyez-vous les fenêtres où il y a des *géroflées?* c'est là que reste madame Etienne.

— Merci, madame. Croyez-vous qu'elle soit seule?

— Mais pourquoi donc qu'elle ne serait pas seule, cette femme? elle est veuve.

Jules monta lestement un escalier fort obscur, dont les marches avaient des callosités formées par la boue durcie qu'y laissaient les allants et les venants. Au second étage, il vit trois portes, mais point de *géroflées.* Heureusement, sur l'une de ces portes, la plus huileuse et la plus brune des trois, il lut ces mots écrits à la craie : *Ida viendra ce soir à neuf heures.* — C'est là, se dit Jules. Il tira un vieux cordon de sonnette tout noir, à pied de biche, entendit le bruit étouffé d'une sonnette fêlée et les jappements d'un petit chien asthmatique. La manière dont les sons retentissaient dans l'intérieur lui annonça un appartement encombré de choses qui n'y laissaient pas subsister le moindre écho, trait caractéristique des logements occupés par des ouvriers, par de petits ménages, auxquels la place et l'air manquent. Jules cherchait machinalement les *géroflées,* et finit par les trouver sur l'appui extérieur d'une croisée à coulisse, entre deux plombs empestés. Là, des fleurs; là, un jardin long de deux pieds, large de six pouces; là, un grain de blé; là, toute la vie résumée; mais là aussi toutes les misères de la vie. En face de ces fleurs chétives et des six superbes tuyaux de blé, un rayon de lumière, tombant là du ciel comme par grâce, faisait ressortir la poussière, la graisse, et je ne sais quelle couleur particulière aux taudis parisiens, mille saletés qui encadraient, vieillissaient et tachaient les murs humides, les balustres vermoulus de l'escalier, les châssis disjoints des fenêtres, les portes primitivement rouges. Bientôt une toux de vieille et le pas lourd d'une femme

qui traînait péniblement des chaussons de lisière annoncèrent la mère d'Ida Gruget. Cette vieille ouvrit la porte, sortit sur le palier, leva la tête, et dit : — Ah! c'est M Bocquillon. Mais non. Par exemple, comme vous ressemblez à M. Bocquillon! Vous êtes son frère, peut-être? Qu'y a-t-il pour votre service? Entrez donc, monsieur.

Jules suivit cette femme dans une première pièce où il vit, mais en masse, des cages, des ustensiles de ménage, des fourneaux, des meubles, de petits plats de terre pleins de pâtée ou d'eau pour le chien et les chats, une horloge de bois, des couvertures, des gravures d'Eisen, de vieux fers entassés, mêlés, confondus de manière à produire un tableau véritablement grotesque, le vrai capharnaüm parisien, auquel ne manquaient même pas quelques numéros du *Constitutionnel.*

Jules, dominé par une pensée de prudence, n'écouta pas la veuve Gruget, qui lui disait : — Entrez donc ici, monsieur, vous vous chaufferez.

Craignant d'être entendu par Ferragus, Jules se demandait s'il ne valait pas mieux conclure dans cette première pièce le marché qu'il venait proposer à la vieille. Une poule qui sortit en caquetant d'une soupente le tira de sa méditation secrète. Jules avait pris sa résolution. Il suivit alors la mère d'Ida dans la pièce à feu, où ils furent accompagnés par le petit carlin poussif, personnage muet, qui grimpa sur un vieux tabouret. Madame Gruget avait eu toute la fatuité d'une demi-misère en parlant de chauffer son hôte. Son pot-au-feu cachait complétement deux tisons notablement disjoints. L'écumoire gisait à terre, la queue dans les cendres. Le chambranle de la cheminée, orné d'un Jésus de cire mis sous une cage carrée en verre bordé de papier bleuâtre, était encombré de laines, de bobines et d'outils nécessaires à la passementerie. Jules examina tous les meubles de l'appartement avec une curiosité pleine d'intérêt, et manifesta malgré lui sa secrète satisfaction.

— Eh bien! dites donc, monsieur, est-ce que vous voulez vous arranger de *mes meubles?* lui dit la veuve en s'asseyant sur un fauteuil de canne jaune qui semblait être son quartier général. Elle y gardait à la fois son mouchoir, sa tabatière, son tricot, des légumes épluchés à moitié, des lunettes, un calendrier, des galons de livrée commencés, un jeu de cartes grasses, et deux volumes de romans, tout cela frappé en creux. Ce meuble, sur lequel cette vieille *descendait le fleuve de la vie,* ressemblait au sac encyclopédique que porte une femme en voyage, et où se trouve son ménage en abrégé, depuis le portrait du mari jusqu'à de l'eau de mélisse pour les défaillances, des dragées pour les enfants, et du taffetas anglais pour les coupures.

Jules étudia tout. Il regarda fort attentivement le visage jaune de madame Gruget, ses yeux gris sans sourcils, dénués de cils, sa bouche démeublée, ses rides pleines de tons noirs, son bonnet de tulle roux, à ruches plus rousses encore, ses jupons d'indienne troués, ses pantoufles usées, sa chaufferette brûlée, sa table chargée de plats et de soieries, d'ouvrages en coton, en laine, au milieu desquels s'élevait une bouteille de vin. Puis, il se dit en lui-même : Cette femme a quelque passion, quelques vices cachés, elle est à moi.

— Madame, dit-il à haute voix et en lui faisant un signe d'intelligence, je viens pour vous commander des galons... Puis il baissa la voix. — Je sais, reprit-il, que vous avez chez vous un inconnu qui prend le nom de Camuset. La vieille le regarda soudain, sans donner la moindre marque d'étonnement. — Dites, peut-il nous entendre? Songez qu'il s'agit de votre fortune.

— Monsieur, répondit-elle, parlez sans crainte, je n'ai personne ici. Mais j'aurais quelqu'un là-haut qu'il lui serait bien impossible de vous écouter.

— Ah! la vieille rusée, elle sait répondre en normand, se dit Jules. Nous pourrons nous accorder. — Évitez-vous la peine de mentir, madame, reprit-il. Et d'abord, sachez bien que je ne vous veux point de mal, ni à votre locataire malade de ses moxas, ni à votre fille Ida, couturière en corsets, amie de Ferragus. Vous le voyez, je suis au courant de tout. Rassurez-vous, je ne suis point de la police, et ne désire rien qui puisse offenser votre conscience. Une jeune dame viendra demain ici, de neuf à dix heures, pour causer avec l'ami de votre fille. Je veux être à portée de tout voir, de tout entendre, sans être ni vu ni aperçu par eux. Vous m'en fournirez les moyens, et je reconnaîtrai ce service par une somme de deux mille francs une fois payée, et par six cents francs de rente viagère. Mon notaire préparera, devant vous, ce soir, l'acte; je lui remettrai votre argent, qu'il vous le délivrera demain, après la conférence où je veux assister, et pendant laquelle j'acquerrai des preuves de votre bonne foi.

— Ça pourra-t-il nuire à ma fille, mon cher monsieur? dit-elle en lui jetant des regards de chatte inquiète.

— En rien, madame. Mais, d'ailleurs, il paraît que votre fille se conduit mal envers vous. Aimée par un homme aussi riche, aussi puissant que l'est Ferragus, il devrait lui être facile de vous rendre plus heureuse que vous ne semblez l'être.

— Ah! mon cher monsieur, pas seulement un pauvre billet de spectacle pour l'Ambigu ou la Gaîté où elle va comme elle veut. C'est une indignité! Une fille pour qui j'ai vendu mes couverts d'argent, que je mange maintenant, à mon âge, dedans du métal allemand, pour lui payer son apprentissage, et lui donner un état où elle ferait de l'or, si elle voulait. Car, pour ça, elle tient de moi, elle est adroite comme une fée, c'est une justice à lui rendre. Enfin, elle pourrait bien me repasser ses vieilles robes de soie, moi qu'aime tant à porter de la soie. Non, monsieur, elle va au Cadran-Bleu, diner à cinquante francs par fois, roule en voiture comme une princesse, et se moque de sa mère comme de Colin-Tampon. Dieu de Dieu! qué jeunesse incohérente que celle que nous avons faite, c'est pas notre plus bel éloge. Une mère, monsieur, qu'est bonne mère, car j'ai caché ses inconséquences, et je l'ai toujours eue dans mon giron à m'ôter le pain de la bouche, et lui fourrer tout. Eh bien, non! ca vient, ça vous caline, ça vous dit : — Bonjour, ma mère. Et voilà leux devoirs remplis envers l'auteur de ses jours. Va comme je te pousse. Mais elle aura des enfants un jour ou l'autre, et elle verra ce que c'est que cette mauvaise marchandise-là, qu'on aime tout de même.

— Comment! elle ne fait rien pour vous?

— Ah! rien, non, monsieur, je ne dis pas cela; si elle ne faisait rien, ce serait par trop peu de chose. Elle me paye mon loyer, elle me donne du bois, et trente-six francs par mois... Mais, monsieur, est-ce qu'à mon âge, cinquante-deux ans, avec des yeux qui me tirent le soir, je devrais encore travailler? D'ailleurs, pourquoi ne veut-elle pas de moi? Je lui fais-t-y honte? qu'elle le dise tout de suite. En vérité, faudrait s'enterrer pour des chiens d'enfants qui vous ont oublié rien que le temps de fermer la porte. Elle tira son mouchoir de sa poche, et amena un billet de loterie qui tomba par terre; mais elle le ramassa promptement en disant : — Quien! c'est ma quittance de mes impositions.

Jules devina soudain la cause de la sage parcimonie dont se plaignait la mère, et il n'en fut que plus certain de l'acquiescement de la veuve Gruget au marché proposé.

— Eh bien! madame, dit-il, acceptez alors ce que je vous offre.

— Vous disiez donc, monsieur, deux mille francs de comptant, et six cents francs de viager?

— Madame, j'ai changé d'avis, et vous promets seulement trois cents francs de rente viagère. L'affaire, ainsi faite, me paraît plus convenable à mes intérêts. Mais je vous donnerai cinq mille francs d'argent comptant. N'aimez-vous pas mieux cela?

— Dame, oui, monsieur.

— Vous aurez plus d'aisance, et vous irez à l'Ambigu-Comique, chez Franconi, partout, à votre aise, en fiacre.

— Ah! je n'aime point Franconi, rapport à ce qu'on n'y parle pas. Mais, monsieur, si j'accepte, c'est que ça sera bien avantageux à mon enfant. Je ne serai plus à ses crochets. Pauvre petite, après tout, je ne lui en veux point de ce qu'elle a du plaisir. Monsieur, faut que jeunesse s'amuse! Et donc! si vous m'assureriez que je ne ferai de tort à personne...

— A personne, répéta Jules. Mais, voyons, comment allez-vous vous y prendre?

— Eh bien! monsieur, en donnant ce soir à M. Ferragus une petite infusion de têtes de pavots, il dormira bien, le cher homme! Et il en a bon besoin, rapport à ses souffrances, car il souffre, que c'est une pitié. Mais aussi, demandez-moi ce que c'est que cette invention à un homme sain de se brûler le dos pour s'ôter un tic douloureux qui ne le tourmente que tous les deux ans. Pour en revenir à notre affaire, j'ai la clef de ma voisine, dont le logement est au-dessus du mien, et qui a une pièce, mur mitoyen avec celle où couche M. Ferragus. Elle est à la campagne pour dix jours. Et donc, en faisant faire un trou, pendant la nuit, au mur de séparation, vous les entendrez et les verrez à votre aise. Je suis intime avec un serrurier, un bien aimable homme, qui raconte comme un ange, et fera cela pour moi, ni vu, ni connu.

— Voilà cent francs pour lui, soyez ce soir chez M. Desmarets, un notaire dont voici l'adresse. A neuf heures, l'acte sera prêt, mais... motus.

— Suffit, monsieur, comme vous dites, momus! Au revoir, monsieur.

Jules revint chez lui, presque calmé par la certitude où il était de tout savoir le lendemain. En arrivant, il trouva chez son portier la lettre parfaitement bien recachetée.

— Comment te portes-tu? dit-il à sa femme, malgré l'espèce de froid qui les séparait. Les habitudes de cœur sont si difficiles à quitter!

— Assez bien. Jules, reprit-elle d'une voix coquette, veux-tu diner près de moi?

— Oui, répondit-il en apportant la lettre; tiens, voici ce que Fouquereau m'a remis pour toi.

Clémence, qui était pâle, rougit extrêmement en apercevant la lettre, et cette rougeur subite causa la plus vive douleur à son mari.

— Est-ce de la joie, dit-il en riant, est-ce un effet de l'attente?

— Oh! il y a bien des choses, dit-elle en regardant le cachet.

— Je vous laisse, madame.

Et il descendit dans son cabinet, où il écrivit à son frère ses intentions relatives à la constitution de la rente viagère destinée à la veuve

Gruget. Quand il revint, il trouva son diner préparé sur une petite table, près du lit de Clémence, et Joséphine prête à servir.

— Si j'étais debout, avec quel plaisir je te servirais! dit-elle quand Joséphine les eut laissés seuls. Oh! même à genoux, reprit-elle en passant ses mains pâles dans la chevelure de Jules. Cher noble cœur, tu as été bien gracieux et bien bon pour moi tout à l'heure. Tu m'as fait le plus de bien, par ta confiance, que tous les médecins de la terre ne pourraient m'en faire par leur ordonnance. Ta délicatesse de femme, car tu sais aimer comme une femme, toi... eh bien! elle a répandu dans mon âme je ne sais quel baume qui m'a presque guérie. Il y a trêve, Jules, avance ta tête, que je le baise.

Jules ne put se refuser au plaisir d'embrasser Clémence. Mais ce ne fut pas sans une sorte de remords au cœur, il se trouvait petit devant cette femme, qu'il était toujours tenté de croire innocente. Elle avait une sorte de joie triste. Une chaste espérance brillait sur son visage à travers l'expression de ses chagrins. Ils semblaient également malheureux d'être obligés de se tromper l'un l'autre, et encore une caresse, ils allaient tout s'avouer, ne résistant pas à leurs douleurs.

— Demain soir, Clémence.

— Non, monsieur, demain à midi, vous saurez tout, et vous vous agenouillerez devant votre femme. Oh! non, tu ne t'humilieras pas, non, tu es tout pardonné; non, tu n'as pas de torts. Écoute, hier, tu m'as bien rudement brisée; mais ma vie n'aurait peut-être pas été complète sans cette angoisse, ce sera une ombre qui fera valoir des jours célestes.

— Tu m'ensorcelles! s'écria Jules, et tu me donneras des remords.

— Pauvre ami, la destinée est plus haute que nous, et je ne suis pas complice de ma destinée. Je sortirai demain.

— A quelle heure? demanda Jules.

— A neuf heures et demie.

— Clémence, répondit M. Desmarets, prends bien des précautions, consulte le docteur Desplein et le vieil Haudry.

— Je ne consulterai que mon cœur et mon courage.

— Je te laisse libre, et je viendrai te voir qu'à midi.

— Tu ne me tiendras pas un peu compagnie ce soir? je ne suis plus souffrante...

Après avoir terminé ses affaires, Jules revint près de sa femme, ramené par une attraction invincible. Sa passion était plus forte que toutes ses douleurs.

Le lendemain, vers neuf heures, Jules s'échappa de chez lui, courut à la rue des Enfants-Rouges, monta, et sonna chez la veuve Gruget.

— Ah! vous êtes de parole, exact comme l'aurore. Entrez donc, monsieur, lui dit la vieille passementière en le reconnaissant. Vous ai apprêté une tasse de café à la crème, au cas où... reprit-elle quand la porte fut fermée. Ah! de la vraie crème, un petit pot que j'ai vu traire moi-même à la vacherie que nous avons dans le marché des Enfants-Rouges.

— Merci, madame, non, rien. Menez-moi...

— Bien, bien, mon cher monsieur. Venez par ici.

La veuve conduisit Jules dans une chambre située au dessus de la sienne, et où elle lui montra triomphalement une ouverture grande comme une pièce de quarante sous, pratiquée pendant la nuit à une place correspondant aux rosaces les plus hautes et les plus obscures du papier tendu dans la chambre de Ferragus. Cette ouverture se trouvait dans l'une et l'autre pièce, au-dessus d'une armoire. Les légers dégâts faits par le serrurier n'avaient donc laissé de traces d'aucun côté du mur, et il était fort difficile d'apercevoir dans l'ombre cette espèce de meurtrière. Aussi Jules fut-il obligé, pour se maintenir là, et pour y bien voir, de rester dans une position assez fatigante, en se penchant sur un marchepied que la veuve Gruget avait eu soin d'apporter.

— Il est avec un monsieur, dit la vieille en se retirant.

Jules aperçut en effet un homme occupé à panser un cordon de plaies, produites par une certaine quantité de brûlures pratiquées sur les épaules de Ferragus, dont il reconnut la tête, d'après la description que lui en avait faite M. de Maulincour.

— Quand crois-tu que je serai guéri? demandait-il.

— Je ne sais, répondit l'inconnu; mais, au dire des médecins, il faudra bien encore sept ou huit pansements.

— Eh bien! à ce soir, dit Ferragus en tendant la main à celui qui venait de poser la dernière bande de l'appareil.

— A ce soir, répondit l'inconnu en serrant cordialement la main de Ferragus. Je voudrais te voir quitte de tes souffrances.

— Enfin les papiers de M. de Funcal nous seront remis demain et Henri Bourignard sera mort, reprit Ferragus. Ces fatales lettres qui nous ont coûté si cher n'existent plus. Je redeviendrai donc quelque chose de social, un homme parmi les hommes, et je vaux bien le marin qu'ont mangé les poissons. Dieu sait si c'est pour moi que je me fais comte!

— Pauvre Gratien, toi, notre plus forte tête, notre frère chéri, tu es le Benjamin de la bande, tu le sais.

— Adieu, surveillez bien mon Maulincour

— Sois en paix sur ce point.

— Eh ! marquis, cria le vieux forçat.

— Quoi ?

— Ida est capable de tout, après la scène d'hier au soir. Si elle s'est jetée à l'eau, je ne la repêcherai certes pas, elle gardera bien mieux le secret de mon nom, le seul qu'elle possède, mais surveille-là : car, après tout, c'est une bonne fille.

— Bien.

L'inconnu se retira. Dix minutes après, M. Jules n'entendit pas, sans avoir un frisson de fièvre, le bruissement particulier aux robes de soie, et reconnut presque le bruit des pas de sa femme.

— Eh bien ! mon père ? dit Clémence. Pauvre père, comment allez-vous ? Quel courage !

— Viens, mon enfant, répondit Ferragus en lui tendant la main. Et Clémence lui présenta son front qu'il embrassa.

— Voyons, qu'as-tu, pauvre petite ? Quels chagrins nouveaux...

— Des chagrins, mon père ? mais c'est la mort de votre fille que vous aimez tant. Comme je vous l'écrivais hier, il faut absolument que dans votre tête, si fertile en idées, vous trouviez le moyen de voir mon pauvre Jules, aujourd'hui même. Si vous saviez comme il a été bon pour moi, malgré des soupçons en apparence si légitimes ! Mon père, mon amour c'est ma vie. Voulez-vous me voir mourir ? Ah ! j'ai déjà bien souffert ! et je le sens, ma vie est en danger.

— Te perdre, ma fille, dit Ferragus, te perdre par la curiosité d'un misérable Parisien ! Je brûlerais Paris. Ah ! tu sais ce qu'est un amant, mais tu ne sais pas ce qu'est un père.

— Mon père, vous m'effrayez quand vous me regardez ainsi. Ne mettez pas en balance deux sentiments si différents. J'avais un époux avant de savoir que mon père était vivant...

— Si ton mari a mis, le premier, des baisers sur ton front, répondit Ferragus, moi, le premier, j'y ai mis des larmes... Rassure-toi, Clémence, parle à cœur ouvert. Je t'aime assez pour être heureux de savoir que tu es heureuse, quoique ton père ne soit pas rien dans ton cœur, tandis que tu remplis le sien.

— Mon Dieu, de semblables paroles me font trop de bien ! Vous vous faites aimer davantage, et il me semble que c'est voler quelque chose à Jules. Mais, mon bon père, songez donc qu'il est au désespoir. Que lui dire dans deux heures ?

— Enfant, ai-je donc attendu la lettre pour te sauver du malheur qui te menace ? Et que deviennent ceux qui s'avisent de toucher à ton bonheur, ou de se mettre entre nous ? N'as-tu donc jamais reconnu la seconde Providence qui veille sur toi ? Tu ne sais pas que douze hommes pleins de force et d'intelligence forment un cortège autour de ton amour et de ta vie, prêts à tout pour votre conservation ? Est-ce un père qui risquait la mort en allant te voir aux promenades, ou en venant t'admirer dans ton petit lit chez ta mère, pendant la nuit ? Est-ce un père auquel un souvenir de tes caresses d'enfant a seul donné la force de vivre au moment où un homme d'honneur devait se tuer pour échapper à l'infamie ? Est-ce moi, enfin, moi qui ne respire que par la bouche, moi qui ne vois que par tes yeux, moi qui ne sens que par ton cœur, est-ce moi qui ne saurais pas te défendre avec les ongles de lion, avec l'âme d'un père, mon seul bien, ma vie, ma fille ?... Mais, depuis la mort de cet ange qui fut ta mère, je n'ai rêvé qu'à une seule chose, au bonheur de t'avouer pour ma fille, de te serrer dans mes bras à la face du ciel et de la terre, à tuer le forçat... Il y eut là une légère pause. . . . . . A te donner un père, reprit-il, à pouvoir presser sans honte la main de ton mari, à vivre sans crainte dans vos cœurs, à dire à tout le monde en te voyant : — « Voilà mon enfant ! » enfin, à être père à mon aise !

— O mon père, mon père !

— Après bien des peines, après avoir fouillé le globe, dit Ferragus en continuant, mes amis m'ont trouvé une peau d'homme à endosser. Je vais d'ici à quelques jours, M. de Funcal, un comte portugais. Va, ma chère fille, il y a peu d'hommes qui puissent à mon âge avoir la patience d'apprendre le portugais et l'anglais, que ce diable de marin savait parfaitement.

— Mon cher père !

— Tout a été prévu, et d'ici à quelques jours Sa Majesté Jean VI, roi de Portugal, sera mon complice. Il ne te faut donc plus qu'un peu de patience là où ton père en a eu beaucoup. Mais moi, c'était tout simple. Que ne ferais-je pas pour récompenser ton dévouement pendant ces trois années ! Venir si religieusement consoler ton vieux père, risquer ton bonheur !

— Mon père ! Et Clémence prit les mains de Ferragus, et les baisa.

— Allons, encore un peu de courage, ma Clémence, gardons le fatal secret jusqu'au bout. Ce n'est pas un homme ordinaire que Jules ; mais cependant savons-nous si son grand caractère et son extrême amour ne détermineraient pas une sorte de mésestime pour la fille d'un...

— Oh ! s'écria Clémence, vous avez lu dans le cœur de votre enfant, je n'ai pas d'autre peur, ajouta-t-elle d'un ton déchirant. C'est une pensée qui me glace. Mais, mon père, songez que je lui ai promis la vérité dans deux heures.

— Eh bien ! ma fille, dis-lui qu'il aille à l'ambassade de Portugal, voir le comte de Funcal, ton père ; j'y serai.

— Et M. de Maulincour qui lui a parlé de Ferragus ? Mon Dieu, mon père, tromper, tromper, quel supplice !

— A qui le dis-tu ? Mais encore quelques jours, et il n'existera pas un homme qui puisse me démentir. D'ailleurs, M. de Maulincour doit être hors d'état de se souvenir... Voyons, folle, sèche tes larmes, et songe...

En ce moment, un cri terrible retentit dans la chambre où était M. Jules Desmarets.

— Ma fille, ma pauvre fille !

Cette clameur passa par la légère ouverture pratiquée au-dessus de l'armoire, et frappa de terreur Ferragus et madame Jules.

— Va voir ce que c'est, Clémence.

Clémence descendit avec rapidité le petit escalier, trouva toute grande ouverte la porte de l'appartement de madame Gruget, entendit les cris qui retentissaient dans l'étage supérieur, monta l'escalier, vint, attirée par le bruit des sanglots, jusque dans la chambre fatale, où, avant d'entrer, ces mots parvinrent à son oreille : — C'est vous, monsieur, avec vos imaginations, qui êtes cause de sa mort.

— Taisez-vous, misérable ! disait Jules en mettant son mouchoir sur la bouche de la veuve Gruget, qui cria : — A l'assassin ! au secours !

En ce moment, Clémence entra, vit son mari, poussa un cri et s'enfuit.

— Qui sauvera ma fille ? demanda la veuve Gruget après une longue pause. Vous l'avez assassinée.

— Et comment ? demanda machinalement M. Jules, stupéfait d'avoir été reconnu par sa femme.

— Lisez, monsieur, ça la vieille en fondant en larmes. Y a-t-il des rentes qui puissent consoler de cela !

« Adieu, ma mère ! je te legue tout ce que j'é. Je te demande pardon de mes fotes et du dernier chagrin que je te donne en mettant « fain à mes jours. Henry, que j'aime plus que moi-même, m'a dit « que je faisai son malheure, et puisqu'il m'a repoussé de lui, et que « j'ai perdu toutes mes espérance d'établirement, je vai me noyer. « J'irai au-dessous de Neuilly pour n'être point mise à la Morgue. Si « Henry ne me hait plus après que je m'ai puni par la mor, qu'il me « faire enterrer une povre fille dont le cœur n'a battu que pour lui, « et qu'il me pardonne, car j'ai eu tort de me mélair de ce qui ne me « regardai pas. Pan-ce-lui bien ses mocqs. Come il a souffert ce « povre che. Mais j'orai pour me détruir le couraje qu'il a eu pour se « faire brulai. Fais porter les corsets finis chez mes pratiques. Et « prie Dieu pour votre fille.   IDA. »

— Portez cette lettre à M. de Funcal, celui qui est là. S'il en est encore temps, lui seul peut sauver votre fille.

Et Jules disparut en se sauvant comme un homme qui aurait commis un crime. Ses jambes tremblaient. Son cœur élargi recevait des flots de sang plus chauds, plus copieux qu'en aucun moment de sa vie, et les renvoyait avec une force inaccoutumée. Les idées les plus contradictoires se combattaient dans son esprit, et cependant une pensée les dominait toutes. Il n'avait pas été loyal envers la personne qu'il aimait le plus, et il lui était impossible de transiger avec sa conscience, dont la voix, grossissant en raison du forfait, correspondait aux cris intimes de sa passion, pendant les plus cruelles heures de doute qui l'avaient agité précédemment. Il resta durant une grande partie de la journée errant dans Paris et n'osant pas rentrer chez lui. Cet homme probe tremblait de rencontrer le front irréprochable de cette femme méconnue. Les crimes sont en raison de la pureté des consciences, et le fait qui, pour tel cœur, est à peine une faute dans la vie, prend les proportions d'un crime pour certaines âmes candides. Le mot de candeur n'a-t-il pas en effet une céleste portée ? Et la plus légère souillure empreinte au blanc vêtement d'une vierge n'en fait-elle pas quelque chose d'ignoble, autant que le sont les haillons d'un mendiant ? Entre ces deux choses, la seule différence n'est que celle du malheur à la faute. Dieu ne mesure jamais le repentir, il ne le scinde pas, et il en faut autant pour effacer une tache que pour lui faire oublier toute une vie. Ces réflexions pesaient de tout leur poids sur Jules, car les passions ne pardonnent pas plus que les lois humaines, et elles raisonnent plus juste : ne s'appuient-elles pas sur une conscience à elles, infaillible comme l'est un instinct ? Désespéré, Jules rentra chez lui, pâle, écrasé sous le sentiment de ses torts, mais exprimant, malgré lui, la joie que lui causait l'innocence de sa femme. Il entra chez elle tout palpitant, il la vit couchée, elle avait la fièvre, il vint s'asseoir près du lit, lui prit la main, la baisa, la couvrit de ses larmes.

— Cher ange, lui dit-il, quand ils furent seuls, c'est du repentir.

— Et de quoi ? reprit-elle.

En disant ces paroles, elle inclina la tête sur son oreiller, ferma les yeux et resta immobile, gardant le secret de ses souffrances pour ne pas effrayer son mari : délicatesse de mère, délicatesse d'ange. C'était toute la femme dans un mot. Le silence dura longtemps. Jules, croyant Clémence endormie, alla questionner Joséphine sur l'état de sa maîtresse.

— Madame est rentrée à demi-morte, monsieur. Nous sommes allés chercher M. Haudry.

— Est-il venu ? qu'a-t-il dit ?

— Rien, monsieur. Il n'a pas paru content, a ordonné ne ne laisser personne auprès de madame, excepté la garde, et il a dit qu'il reviendrait pendant la soirée.

M. Jules rentra doucement chez sa femme, se mit dans un fauteuil, et resta devant le lit, immobile, les yeux attachés sur les yeux de Clémence; quand elle soulevait ses paupières, elle le voyait aussitôt, et il s'échappait d'entre ses cils douloureux un regard tendre, plein de passion, exempt de reproche et d'amertume, un regard qui tombait comme un trait de feu sur le cœur de ce mari noblement absous et toujours aimé par cette créature qu'il tuait. La mort était entre eux un pressentiment qui les frappait également. Leurs regards s'unissaient dans une même angoisse, comme leurs cœurs s'unissaient jadis dans un même amour, également senti également partagé. Point de questions, mais d'horribles certitudes. Chez la femme, générosité parfaite; chez le mari, remords affreux; puis, dans les deux âmes, une même vision du dénoûment, un même sentiment de la fatalité.

Il y eut un moment où, croyant sa femme endormie, Jules la baisa doucement au front, et dit après l'avoir longtemps contemplée : — Mon Dieu, laisse-moi cet ange encore assez de temps pour que je m'absolve moi-même de mes torts par une longue adoration... Fille, elle est sublime; femme, quel mot pourrait la qualifier ?

Clémence leva les yeux, ils étaient pleins de larmes.

— Tu me fais mal, dit-elle d'un son de voix faible.

La soirée était avancée, le docteur Haudry vint, et pria le mari de se retirer pendant sa visite. Quand il sortit, Jules ne lui fit pas une seule question, il n'eut besoin que d'un geste.

— Appelez en consultation ceux de mes confrères en qui vous aurez le plus de confiance, je puis avoir tort.

— Mais, docteur, dites-moi la vérité. Je suis homme, je saurai l'entendre; et j'ai d'ailleurs le plus grand intérêt à la connaître pour régler certains comptes...

— Madame Jules est frappée à mort, répondit le médecin. Il y a une maladie morale qui a fait des progrès et qui complique sa situation physique, déjà si dangereuse, mais rendue plus grave encore par des imprudences : se lever pieds nus la nuit; sortir quand je l'avais défendu, sortir hier à pied, au jourd'hui en voiture. Elle a voulu se tuer. Cependant mon arrêt n'est pas irrévocable, il y a de la jeunesse, une force nerveuse étonnante... Il faudrait risquer le tout pour le tout par quelque réactif violent; mais je ne prendrai jamais sur moi de l'ordonner, et de bon même conseiller, je ne m'opposerais à son emploi.

Jules rentra. Pendant onze jours et onze nuits, il resta près du lit de sa femme, ne prenant de sommeil que pendant le jour, la tête appuyée sur le pied de ce lit. Jamais aucun homme ne poussa plus loin que Jules la jalousie des soins et l'ambition du dévoûment. Il ne souffrait pas que l'on rendît le plus léger service à sa femme; il lui tenait toujours la main, semblait ainsi vouloir lui communiquer de la vie. Il y eut des incertitudes, de fausses joies, de bonnes journées, un mieux, des crises, enfin les horribles mutations de la mort qui hésite, qui balance, mais qui frappe. Madame Jules trouva toujours la force de sourire à son mari, elle le plaignait, sachant que bientôt il serait seul. C'était une double agonie, celle de la vie, celle de l'amour; mais la vie s'en allait faible et l'amour allait grandissant. Il y eut une nuit affreuse, celle où Clémence éprouva ce délire qui précède toujours la mort chez les créatures jeunes. Elle parla de son amour heureux, elle parla de sa mère, elle raconta les révélations de sa mère au lit de mort, et les obligations qu'elle lui avait imposées. Elle se débattait, non pas avec la vie, mais avec sa passion qu'elle ne voulait pas quitter.

— Faites, mon Dieu, dit-elle, qu'il ne sache pas que je voudrais le voir mourir avec moi.

Jules, ne pouvant soutenir ce spectacle, était en ce moment dans le salon voisin, où il n'entendit pas des vœux auxquels il eût obéi.

Quand la crise fut passée, madame Jules retrouva des forces. Le lendemain, elle redevint belle, tranquille, elle causa, elle avait de l'espoir, elle se para comme se parent les malades. Puis elle voulut être seule pendant toute la journée, et renvoya son mari par une de ces prières faites avec tant d'instances, qu'on exauce comme on exauce les prières des enfants. D'ailleurs, M. Jules avait besoin de cette journée. Il alla chez M. de Maulincour, afin de réclamer du lui le duel à mort convenu naguère entre eux. Il ne put pas sans de grandes difficultés jusqu'à l'auteur de cette infortune, mais, en apprenant qu'il s'agissait d'une affaire d'honneur, le vidame obéit aux préjugés qui avaient toujours gouverné sa vie, et introduisit Jules auprès du baron. M. Desmarets chercha le baron de Maulincour.

— Oh ! c'est bien lui, dit le commandeur en montrant un homme assis dans un fauteuil au coin du feu.

— Qui, Jules ? dit le mourant d'une voix cassée.

Auguste avait perdu la seule qualité qui nous fasse vivre, la mémoire. A cet aspect, M. Desmarets recula d'horreur. Il ne pouvait reconnaître l'élégant jeune homme dans une chose sans nom en aucun langage, suivant le mot de Bossuet. C'était en effet un cadavre à cheveux blancs; des os à peine couverts par une peau ridée, flétrie, desséchée, des yeux blancs et sans mouvement, une bouche hideusement entr'ouverte, comme le sont celles des fous ou celles des débauchés tués par leurs excès. Aucune trace d'intelligence n'existait plus ni sur le front, ni dans un trait, de même qu'il n'y avait plus, dans sa carnation molle, ni rougeur, ni apparence de circulation sanguine. Enfin, c'était un homme rapetissé, dissous, arrivé à l'état dans lequel sont ces monstres conservés au Muséum, dans les bocaux où ils flottent au milieu de l'alcool. Jules crut voir au-dessus de ce visage la terrible tête de Ferragus, et cette complète vengeance épouvanta sa haine. Le mari se trouva de la pitié dans le cœur pour le douteux débris de ce qui avait été naguère un jeune homme.

— Le duel a eu lieu, dit le commandeur.

— Monsieur a tué bien du monde ! s'écria douloureusement Jules.

— Et des personnes bien chères, ajouta le vieillard. Sa grand'mère meurt de chagrin, et je la suivrai peut-être dans sa tombe.

Le lendemain de cette visite, madame Jules empira d'heure en heure. Elle profita d'un moment de force pour prendre une lettre sous son chevet, la présenta vivement à Jules, et lui fit un signe facile à comprendre. Elle voulait lui donner dans un baiser son dernier souffle de vie; il le prit, et elle mourut. Jules tomba demi-mort et fut emporté chez son frère. Là, comme il déplorait, au milieu des larmes et de son délire, l'absence qu'il avait faite la veille, son frère lui apprit que cette séparation était vivement désirée par Clémence, qui n'avait pas voulu le terrible témoin de l'appareil religieux, si terrible aux imaginations tendres, et que l'Eglise déploie en conférant aux moribonds les derniers sacrements.

— Tu n'y aurais pas résisté, lui dit son frère. Je n'ai pu moi-même soutenir ce spectacle, et tous les gens fondaient en larmes. Clémence était comme une sainte. Elle avait pris de la force pour nous faire ses adieux, et cette voix, entendue pour la dernière fois, déchirait le cœur. Quand elle a demandé pardon des chagrins involontaires qu'elle pouvait avoir donnés à ceux qui l'avaient servie, il y a eu un cri mêlé de sanglots, un cri...

— Assez, dit Jules, assez.

Il voulut être seul pour lire les dernières pensées de cette femme que le monde avait admirée, et qui avait passé comme une fleur.

« Mon bien-aimé, ceci est mon testament. Pourquoi ne ferait-on pas des testaments pour les trésors du cœur, comme pour les autres biens ? Mon amour n'était-ce pas tout mon bien ? Je veux ici m'occuper que de mon amour : il fut toute la fortune de ta Clémence, et tout ce qu'elle peut te laisser en mourant. Jules, je suis encore aimée, je meurs heureuse. Les médecins expliquent ma mort à leur manière, moi seule en connais la véritable cause. Je te la dirai, quelque peine qu'elle puisse te faire. Je ne voudrais pas emporter dans un cœur tout à toi quelque secret qui ne te fût pas dit, alors que je meurs victime d'une discrétion nécessaire.

« Jules, j'ai été nourrie, élevée dans la plus profonde solitude, loin des vices et des mensonges du monde, par l'aimable femme que tu as connue. La société rend justice à ses qualités de convention, par lesquelles une femme plaît à la société, mais moi, j'ai secrètement joui d'une âme chaste et d'honnête, et j'ai pu choisir la mère qui faisait de mon enfance une joie sans amertume, en sachant bien pourquoi je la chérissais. N'était-ce pas aimer doublement ? Oui, je l'aimais, je la craignais, je la respectais, et rien ne me pesait au cœur, ni le respect, ni la crainte. J'étais tout pour elle, elle était tout pour moi. Pendant dix-neuf années, pleinement heureuses, insouciantes, mon âme, solitaire au milieu du monde qui grondait autour de moi, n'a réfléchi que la plus pure image. La mère de ma mère, et mon cœur n'a battu que pour elle ou pour elle. J'étais scrupuleusement pieuse, et me plaisais à demeurer pure devant Dieu. Ma mère cultivait en moi tous les sentiments nobles et fiers. Ah ! j'ai plaisir à te l'avouer, Jules, je sais maintenant que j'ai été jeune fille, et suis venue à toi vierge de cœur. Quand je suis sortie de cette profonde solitude, quand, pour la première fois, j'ai lissé mes cheveux en les ornant d'une couronne de fleurs d'amandier; quand j'ai complaisamment ajouté quelques nœuds de satin à ma robe blanche, en songeant au monde que j'allais voir, et que j'étais curieuse de voir; eh bien ! Jules, cette innocente et modeste coquetterie a été faite pour toi, car, à mon entrée dans le monde, je t'ai vu toi le premier. Ta figure, je l'ai remarquée, elle tranchait sur toutes les autres; ta personne m'a plu, ta voix et tes manières m'ont inspiré de favorables pressentiments; et, quand tu es venu, que tu m'as parlé, la rougeur de mon front, que ta voix a tremblé, ce moment m'a donné des souvenirs dont je palpite encore en t'écrivant au jourd'hui, que j'y songe pour la dernière fois. Notre amour a été d'abord la plus vive des sympathies, mais il fut bientôt mutuellement deviné; puis, aussitôt partagé, comme depuis nous en avons également ressenti les innombrables plaisirs. Dès lors, ma mère ne fut plus qu'en second dans mon cœur. Je le lui disais, et elle souriait, l'adorable femme ! Puis, j'ai été à toi, toute à toi. Voilà ma vie, toute ma vie, mon cher époux. Et voici ce qui me reste à te dire. Un soir, quelques jours avant sa mort, ma mère m'a révélé le secret de sa vie, non sans verser des larmes brûlantes. Je t'ai bien mieux aimé, quand j'appris, avant le prêtre chargé d'absoudre ma mère, qu'il existait des passions condamnées par le monde et par l'Église.

Cette femme a quelque passion, quelques vices cachés. — PAGE 20.

Mais, certes, Dieu ne doit pas être sévère quand elles sont le péché d'âmes aussi tendres que l'était celle de ma mère; seulement, cet ange ne pouvait se résoudre au repentir. Elle aimait bien, Jules, elle était tout amour. Aussi ai-je prié tous les jours pour elle, sans la juger. Alors je connus la cause de sa vive tendresse maternelle; alors je sus qu'il y avait dans Paris un homme de qui j'étais toute la vie, tout l'amour; que la fortune était son ouvrage et qu'il l'aimait; qu'il était exilé de la société, qu'il portait un nom flétri, qu'il en était plus malheureux pour moi, pour nous, que pour lui-même. Ma mère était toute sa consolation, et ma mère mourait, je promis de la remplacer. Dans toute l'ardeur d'une âme dont rien n'avait faussé les sentiments, je ne vis que le bonheur d'adoucir l'amertume qui chagrinait les derniers moments de ma mère, et je m'engageai donc à continuer cette œuvre de charité secrète, la charité du cœur. La première fois que j'aperçus mon père, ce fut auprès du lit où ma mère venait d'expirer; quand il releva ses yeux pleins de larmes, ce fut pour retrouver en moi toutes ses espérances mortes. J'avais juré, non pas de mentir, mais de garder le silence, et ma silence, quelle femme l'aurait rompu? Là est ma faute, Jules, une faute expiée par la mort. J'ai douté de toi. Mais la crainte est si naturelle à la femme, et surtout à la femme qui sait tout ce qu'elle peut perdre. J'ai tremblé pour mon amour. Le secret de mon père me parut être la mort de mon bonheur, et plus

j'aimais, plus j'avais peur. Je n'osais avouer ce sentiment à mon père; c'eût été le blesser, et dans sa situation, toute blessure était vive. Mais lui, sans me le dire, il partageait mes craintes. Ce cœur tout paternel tremblait pour mon bonheur autant que je tremblais moi-même, et n'osait parler, obéissant à la même délicatesse qui me rendait muette. Oui, Jules, j'ai cru que tu pourrais un jour ne plus aimer la fille de Gratien, autant que tu aimais ta Clémence. Sans cette profonde terreur, t'aurais-je caché quelque chose, à toi qui étais même tout entier dans ce repli de mon cœur? Le jour où cet odieux, ce malheureux officier t'a parlé, j'ai été forcée de mentir. Ce jour j'ai pour la seconde fois de ma vie connu la douleur, et cette douleur a été croissante jusqu'en ce moment où je t'entretiens pour la dernière fois. Qu'importe maintenant la situation de mon père? Tu sais tout. J'aurais, à l'aide de mon amour, vaincu la maladie, supporté toutes les souffrances, mais je ne saurais étouffer la voix du doute. N'est-il pas possible que mon origine altère la pureté de ton amour, l'affaiblisse, le diminue? Cette crainte, rien ne peut la détruire en moi. Telle est, Jules, la cause de ma mort. Je ne saurais vivre en redoutant un mot, un regard; un mot que tu ne diras peut-être jamais, un regard qui ne t'échappera point; mais que veux-tu? je les crains. Je meurs aimée, voilà ma consolation. J'ai su que, depuis quatre ans, mon père et ses amis ont presque remué le monde, pour mentir au monde. Afin de me donner un état, ils ont acheté un mort, une réputation, une fortune, tout cela pour faire revivre un vivant, tout cela pour toi, pour nous. Nous ne devions rien en savoir. Eh bien! ma mort épargnera sans doute ce mensonge à mon père, il mourra de ma mort. Adieu donc, Jules, mon cœur est ici tout entier. T'exprimer mon amour dans l'innocence de sa terreur, n'est-ce pas te laisser toute mon âme? Je n'aurais pas eu la force de te parler, j'ai eu celle de t'écrire. Je viens de confesser à Dieu les fautes de ma vie; j'ai bien promis de ne plus m'occuper que du roi des cieux; mais je n'ai pu résister au plaisir de me confesser aussi à celui qui, pour moi, est tout sur la terre. Hélas! qui ne me le pardonnerait, ce dernier soupir, entre la vie qui fut et la vie qui va être? Adieu donc, mon Jules aimé; je vais à Dieu, près de qui l'amour est toujours sans nuages, près de qui tu viendras un jour. Là, sous son trône, réunis à jamais, nous pourrons nous aimer pendant les siècles. Cet espoir peut seul me consoler. Si je suis digne d'être là par avance, de là, je te suivrai dans ta vie, mon âme t'accompagnera, t'enveloppera, car tu resteras encore ici-bas, toi. Même donc une vie sainte pour venir sûrement près de moi. Tu peux faire tant de bien sur cette terre! N'est-ce pas une mission angélique pour un être souffrant que de répandre la joie autour de lui, de donner ce qu'il n'a pas? Je te laisse aux malheureux. Il n'y a que leurs sourires et leurs larmes dont je ne serai point jalouse. Nous trouverons un grand charme à ces douces bienfaisances. Ne pourrons-nous pas vivre encore ensemble, si tu veux mêler mon nom, ta Clémence, à ces belles œuvres? Après avoir aimé comme nous aimions, il n'y a plus que Dieu, Jules. Dieu ne ment pas, Dieu ne trompe pas. N'adore plus que lui, je le veux. Cultive-le bien dans tous ceux qui souffrent, soulage les membres endoloris de son église. Adieu, chère âme que j'ai remplie, je te connais : tu n'aimeras pas deux fois. Je vais donc expirer heureuse par la pensée qui rend toutes les femmes heureuses. Oui, ma tombe sera ton cœur. Après cette enfance que je t'ai contée, ma vie ne s'est-elle pas écoulée dans ton cœur? Morte, tu ne m'en chasseras jamais. Je suis fière de cette vie unique! Tu ne m'auras connue que dans la fleur de la jeunesse, je te laisse des regrets sans désenchantement. Jules, c'est une mort bien heureuse.

« Toi qui m'as si bien comprise, permets-moi de te recommander, chose superflue sans doute, l'accomplissement d'une fantaisie de femme, le vœu d'une jalousie dont nous sommes l'objet. Je te prie de brûler tout ce qui nous aura appartenu, de détruire notre chambre, d'anéantir tout ce qui peut être un souvenir de notre amour.

« Encore une fois, adieu, le dernier adieu, plein d'amour, comme le sera ma dernière pensée et mon dernier souffle. »

Quand Jules eut achevé cette lettre, il lui vint au cœur une de ces frénésies dont il est impossible de rendre les effroyables crises. Toutes les douleurs sont individuelles, leurs effets ne sont soumis à aucune règle fixe : certains hommes se bouchent les oreilles pour ne plus rien entendre; quelques femmes ferment les yeux pour ne plus rien voir; puis, il se rencontre de grandes et magnifiques âmes qui se jettent dans la douleur comme dans un abîme. En fait de désespoir, tout est vrai. Jules s'échappa de chez son frère, revint chez lui, voulant passer la nuit près de sa femme, et voir jusqu'au dernier moment cette créature céleste. Tout en marchant avec l'insouciance de la vie que connaissent les gens arrivés au dernier degré de malheur, il concevait comment, dans l'Asie, les rois ordonnaient aux époux de ne point se survivre. Il voulait mourir. Il n'était pas encore accablé, il était dans la fièvre de la douleur. Il arriva sans obstacles, monta dans cette chambre sacrée; il y vit sa Clémence sur le lit de mort, belle comme une sainte, les cheveux en bandeau, les mains jointes, ensevelie déjà dans son linceul. Des cierges éclairaient un prêtre en prières, Joséphine pleurant dans un coin, agenouillée, puis, près du lit, deux hommes. L'un était Ferragus. Il se tenait debout, immobile, et contemplait sa fille d'un œil sec; sa tête, vous l'eussiez prise pour du bronze : il ne vit pas Jules. L'autre était Jacquet, Jacquet pour lequel madame Jules avait été constamment bonne. Jacquet avait pour elle une de ces respectueuses amitiés qui réjouissent le cœur sans troubles, qui sont une passion douce, l'amour mises ses désirs et ses orages; et il était venu religieusement payer sa dette de larmes, dire de longs adieux à la femme de son ami, baiser pour la première fois le front glacé d'une créature dont il avait tacitement fait sa sœur. Là tout était silencieux. Ce n'était ni la mort terrible comme elle l'est dans l'église, ni la pompeuse mort qui traverse les rues; non, c'était la mort se glissant sous le toit domestique, la mort touchante; c'était les pompes du cœur, les pleurs dérobés à tous les yeux. Jules s'assit près de Jacquet, dont il pressa la main, et, sans se dire un mot, tous les personnages de cette scène restèrent ainsi jusqu'au matin. Quand le jour fit pâlir les cierges, Jacquet, prévoyant les scènes douloureuses qui allaient se succéder, emmena Jules dans la chambre voisine. En ce moment le mari regarda le père, et Ferragus regarda Jules. Ces deux douleurs s'interrogèrent, se sondèrent, s'entendirent par ce regard. Un éclair de fureur brilla passagèrement dans les yeux de Ferragus.

— C'est toi qui l'as tuée, pensait-il.

— Pourquoi s'être défié de moi? paraissait répondre l'époux.

Cette scène fut semblable à celle qui se passerait entre deux tigres reconnaissant l'inutilité d'une lutte, après s'être examinés pendant un moment d'hésitation, sans même rugir.

— Jacquet, dit Jules, tu as veillé à tout?

— A tout répondit le chef de bureau, mais partout me prévenait un homme, qui partout ordonnait et payait.

— Il m'arrache sa fille! s'écria le mari dans un violent accès de désespoir.

Il s'élança dans la chambre de sa femme; mais le père n'y était plus. Clémence avait été mise dans un cercueil de plomb, et des ouvriers s'apprêtaient à en souder le couvercle. Jules rentra tout épouvanté de ce spectacle, et le bruit du marteau dont se servaient ces hommes le fit machinalement fondre en larmes.

— Jacquet, dit-il, il m'est resté de cette nuit terrible une idée, une seule, mais une idée que je veux réaliser à tout prix. Je ne veux pas que Clémence demeure dans un cimetière de Paris. Je veux la brûler, recueillir ses cendres et la garder. Ne me dis pas un mot sur cette affaire, mais arrange-toi pour qu'elle réussisse. Je vais me renfermer dans *sa* chambre, et j'y resterai jusqu'au moment de mon départ. Toi seul entreras ici pour me rendre compte de tes démarches... Va, n'épargne rien.

Pendant cette matinée, madame Jules, après avoir été exposée dans une chapelle ardente, à la porte de son hôtel, fut amenée à Saint-Roch. L'église était entièrement tendue de noir. L'espèce de luxe déployé pour ce service avait attiré du monde; car, à Paris, tout fait spectacle, même la douleur la plus vraie. Il y a des gens qui se mettent aux fenêtres pour voir comment pleure un fils en suivant le corps de sa mère, comme il y en a qui veulent être commodément placés pour voir comment tombe une tête. Aucun peuple du monde n'a eu des yeux plus voraces. Mais les curieux furent particulièrement surpris en apercevant les six chapelles latérales de Saint-Roch également tendues de noir. Deux hommes en deuil assistaient à une messe mortuaire dans chacune de ces chapelles. On ne vit au chœur, pour toute assistance, que M. Desmarets le notaire et Jacquet; puis, en

dehors de l'enceinte, les domestiques. Il y avait, pour les flâneurs ecclésiastiques, quelque chose d'inexplicable dans une telle pompe et si peu de parenté. Jules n'avait voulu d'aucun indifférent à cette cérémonie. La grand'messe fut célébrée avec la sombre magnificence des messes funèbres. Outre les desservants ordinaires de Saint-Roch, il s'y trouvait treize prêtres venus de diverses paroisses. Aussi jamais peut-être le *Dies iræ* ne produisit-il sur des chrétiens de hasard, fortuitement rassemblés par la curiosité, mais avides d'émotions, un effet plus profond, plus nerveusement glacial que le fut l'impression produite par cette hymne, au moment où huit voix de chantres arrachées accompagnées par celles des prêtres et les voix des enfants de chœur l'entonnèrent alternativement. Des six chapelles latérales, douze voix aiguës voix d'enfants s'élevèrent aigres de douleur, et s'y mêlèrent lamentablement. De toutes les parties de l'église l'effroi sourdait; partout, les cris d'angoisse répondaient aux cris de terreur. Cette effrayante musique accusait des douleurs inconnues au monde, et des amitiés secrètes qui pleuraient la morte. Jamais, en aucune religion humaine, les frayeurs de l'âme, violemment arrachée du corps et tempétueusement agitée en présence de la foudroyante majesté de Dieu, n'ont été rendues avec autant de vigueur. Devant cette clameur des clameurs, doivent s'humilier les artistes et leurs compositions les plus passionnées. Non rien ne peut lutter avec ce chant qui résume les passions humaines et leur donne une vie galvanique au delà du cercueil, en les amenant palpitantes encore devant le Dieu vivant et vengeur. Ces cris de l'enfance, unis aux sons de voix graves, et qui comprennent alors, dans ce cantique de la mort, la vie humaine avec tous ses développements, en rappelant les souffrances du berceau, en se grossissant de toutes les peines des autres âges avec les larges accents des hommes, avec les chevrotements des vieillards et des prêtres; toute cette stridente harmonie pleine de foudres et d'éclairs ne parle-t-elle pas aux imaginations les plus intrépides, aux cœurs les plus glacés, et même aux philosophes! En l'entendant, il semble que Dieu tonne. Les voûtes d'aucune église ne sont froides; elles tremblent, elles parlent, elles versent la peur par toute la puissance de leurs échos. Vous croyez voir d'innombrables morts se levant et tendant les mains. Ce n'est plus ni un père, ni une femme, ni un enfant, sous un drap noir, c'est l'humanité sortant de sa poudre. Il est impossible de juger la religion catholique, apostolique et romaine, tant que l'on n'a pas éprouvé la plus profonde des douleurs, en pleurant la personne adorée qui gît sous le cénotaphe; tant que l'on n'a pas senti toutes les émotions qui vous emplissent alors le cœur traduites par cette hymne du désespoir, par ces cris qui écrasent les âmes, par cet effroi religieux qui grandit de strophe en strophe, qui tournoie vers le ciel, et qui épouvante, qui rapetisse, qui élève l'âme et vous laisse un sentiment de l'éternité dans la conscience, au moment où le dernier vers s'achève. Vous avez été aux prises avec la grande idée de l'infini, et alors tout se tait dans l'église. Il ne s'y dit pas une parole; les incrédules eux-mêmes *ne savent pas ce qu'ils ont*. Le génie espagnol a pu seul inventer ces majestés inouïes pour la plus inouïe des douleurs. Quand la suprême cérémonie fut achevée, douze hommes en deuil sortirent des six chapelles, et vinrent écouter autour du cercueil le chant d'espérance que l'Église fait entendre à l'âme chrétienne avant d'aller en ensevelir la forme humaine. Puis chacun de ces hommes monta dans une voiture drapée; Jacquet et M. Desmarets prirent la

Il s'appuyait contre un arbre quand le cochonnet s'arrêtait. — PAGE 28.

treizième: les serviteurs suivirent à pied. Une heure après les douze inconnus étaient au sommet du c metière nommé populairement le Père-Lachaise tous en cer le autour d'une fosse où le cercueil avait été descendu, devant une foule curieuse accourue de tous les points de ce jardin public. Puis après de courtes prières, le prêtre jeta quelques grains de terre sur la dépouille de cette femme; et les fossoyeurs, ayant demandé leur pourboire, s'empressèrent de combler la fosse pour aller à une autre.

Ici semble finir le récit de cette histoire; mais peut-être serait-elle incomplète si après avoir donné un léger croquis de la vie parisienne si après en avoir suivi les capricieuses ondulations les effets de la mort y étaient oubliés. La mort, dans Paris ne ressemble à la mort dans aucune capitale et peu de personnes connaissent les débats d'une douleur vraie aux prises avec la civilisation avec l'administration parisienne. D'ailleurs, peut-être M. Jules et Ferragus XXIII intéressent-ils assez pour que le dénoûment de leur vie soit deinué de froideur. Enfin beaucoup de gens aiment à se rendre compte de tout. et voudraient. ainsi que l'a d t le plus ingénieux de nos critiques savoir par quel procédé ch mique l'huile brûle dans la lampe d'Akid n. Jacquet, homme administratif s'adressa naturellement à l'autorité pour en obtenir la permission d'exhumer le corps de madame Jules et de le brûler. Il alla parler au préfet de police sous la protection de qui dorment les morts. Ce fonctionna re voulut une pétition. Il fallut acheter une feuille de papier timbré, donner à la douleur une forme administrative, il fallut se servir de l'argot bureaucratique pour exprimer les vœux d'un homme accablé auquel les paroles manquaient, il fallut traduire froidement et mettre en marge l'obj et de la demande :

> Le pétitionnaire
> sollic te l'inc mération
> de sa femme.

Voyant cela, le chef chargé de faire un rapport au conseiller d'État, préfet de police, dit, en fisant cette apostille, où l'obj et de la demande était, comme il l'avait recommandé, clairement exprimé : — Mais, c'est une question grave! mon rapport ne peut être prêt que dans huit jours.

Jules, auquel Jacquet fut forcé de parler de ce délai, comprit ce qu'il avait entendu dire à Ferragus : Brûler Paris. Rien ne lui semblait plus naturel que d'anéantir ce réceptacle de monstruosités. — Mais, dit-il à Jacquet, il faut aller au ministère de l'intérieur, et lui faire parler par son ministre.

Jacquet se rendit au ministère de l'intérieur, y demanda une audience qu'il obtint, mais à quinze jours de date. Jacquet était un homme persistant. Il chemina donc de bureau en bureau, et parvint au secrétaire particulier du ministre, auquel il fit parler par le secrétaire particulier du ministre des affaires étrangères. Ces hautes protections aidant, il eut, pour le lendemain, une audience furtive, pour laquelle s'étant précautionné d'un mot de l'autocrate des affaires étrangères, écrit au pacha de l'intérieur, Jacquet espéra enlever l'affaire d'assaut. Il prépara des raisonnements, des réponses péremptoires, des en cas; mais tout échoua.

— Cela ne me regarde pas, dit le ministre. La chose concerne le préfet de police. D'ailleurs il n'y a pas de loi qui donne aux maris la propriété des corps de leurs femmes, ni aux pères celle de leurs enfants. C'est grave! Puis il y a des considérations d'utilité publique qui veulent que ceci soit examiné. Les intérêts de la ville de Paris peuvent en souffrir. Enfin, si l'affaire dépendait immédiatement de moi, je ne pourrais pas me décider hic et nunc, il me faudrait un rapport.

Le rapport est dans l'administration actuelle ce que sont les limbes dans le christianisme. Jacquet connaissait la manie du rapport, et il n'avait pas attendu cette occasion pour gémir sur ce ridicule de la bureaucratie. Il savait que, depuis l'envahissement des affaires par le rapport, révolution administrative consommée en 1804, il ne s'était pas rencontré de ministre qui eût paru sur lui d'avoir une opinion, de décider la moindre chose, sans que cette opinion, cette chose eût été vannée, criblée, épluchée par les gate-papier, les porte-grattoir et les sublimes intelligences de ses bureaux. Jacquet (il était un de ces hommes dignes d'avoir Plutarque pour biographie) reconnut qu'il s'était trompé dans la marche de cette affaire, et l'avait rendue impossible en voulant procéder légalement. Il fallait simplement transporter madame Jules à l'une des terres de Desmarets, et, là, sous la complaisante autorité d'un maire de village, satisfaire la douleur de son ami. La légalité constitutionnelle et administrative n'enfante rien; c'est un monstre infécond pour les peuples, pour les rois et pour les intérêts privés; mais les peuples ne savent épeler que les principes écrits avec du sang; or, les malheurs de la légalité seront toujours pacifiques; elle aplatit une nation, voilà tout. Jacquet, homme de liberté, revint alors en songeant aux bienfaits de l'arbitraire, car l'homme ne juge les lois qu'à la lueur de ses passions. Puis, quand Jacquet se vit en présence de Jules, force lui fut de le tromper, et le

malheureux, saisi par une fièvre violente, resta pendant deux jours au lit. Le ministre parla, le soir même, dans un d ner ministériel, de la fantaisie qu'avait un Parisien de faire brûler sa femme à la manière des Romains. Les cercles de Paris s'occupèrent alors un moment des funérailles antiques. Les choses anciennes devenant à la mode, quelques personnes trouvèrent qu'il serait beau de rétablir, pour les grands personnages, le bûcher funéraire. Cette opinion eut ses détracteurs et ses défenseurs. Les uns disaient qu'il y avait trop de grands hommes, et que cette coutume ferait renchérir le bois de chauffage, que chez un peuple aussi ambulatoire dans ses volontés que l'était le Français, il serait ridicule de voir à chaque terme un Longchamp d'ancêtres promenés dans leurs urnes; puis, que, si les urnes avaient de la valeur, il y avait chance de les trouver à l'encan, saisies, pleines de respectables cendres, par les créanciers, gens habitués à ne rien respecter. Les autres répondaient qu'il y aurait plus de sécurité qu'au Père-Lachaise pour les aïeux à être ainsi casés, car, dans un temps donné, la ville de Paris serait contrainte d'ordonner une Saint-Barthélemi contre ses morts qui envahissaient la campagne et menaçaient d'entreprendre un jour sur les terres de la Brie. Ce fut enfin une de ces futiles et spirituelles discussions de Paris, qui trop souvent creusent des plaies bien profondes. Heureusement pour Jules, il ignora les conversations, les bons mots, les pointes que sa douleur fournissait à Paris. Le préfet de police fut choqué de ce que M. Jacquet avait employé le ministre pour éviter les lenteurs, la sagesse de la haute voirie. L'exhumation de madame Jules était une question de voirie. Donc le bureau de police travaillait à répondre vertement à la pétition, car il suffit d'une demande pour que l'administration soit sai-ie; or, une fois saisie, les choses vont loin, avec elle. L'administration peut mener toutes les questions jusqu'au conseil d'État, autre machine d f cile à remuer. Le second jour, Jacquet fit comprendre à son ami qu'il fallait renoncer à son projet; que, dans une ville où le nombre des larmes brodées sur les draps noirs était tarifé, où les lois admettaient sept classes d'enterrements, où l'on vendait au poids de l'argent la terre des morts, où la douleur était exploitée, tenue en partie double, où les prières de l'église se payaient cher, où la fabrique intervenait pour réclamer le prix de quelques filets de vo x ajoutées au Dies iræ, tout ce qui sortait de l'ornière administrativement tracée à la douleur était impossible.

— C'eût été, dit Jules, un bonheur dans ma misère, j'avais formé le projet de mourir loin d'ici, et désirais tenir Clémen e entre mes bras dans la tombe! Je ne savais pas que la bureaucratie pût allonger ses ongles jusque dans nos cercueils.

Puis il voulut aller voir s'il y avait près de sa femme un peu de place pour lui. Les deux amis se rend rent donc au cimeti re. Arrivés là, ils trouvèrent, comme à la porte des spectacles ou à l'entrée des musées, comme dans la cour des diligences, des cicerони qui s'offrirent à les guider dans le dédale du P re-Lachaise. Il leur était impossible, à l'un comme à l'autre, de savoir où gisait Clémence. Affreuse angoisse! Ils allèrent consulter le portier du cimetière. Les morts ont un concierge, et il y a des heures auxquelles les morts ne sont pas visibles. Il faudrait renuer tous les règlements de la terre et la basse police pour obtenir le droit de venir pleurer à la nuit, dans le silence et la solitude, sur la tombe où git un être aimé. Il y a con igne pour l'hiver, con igne pour l'été. Certes, de tous les portiers de Paris, celui du Père-Lachaise est le plus heureux. D'abord, il n'a point de cordon à tirer; puis, au lieu d'une loge, il a une maison, un établissement qui n'est pas tout à fait un ministère, quoiqu'il y ait un très-grand nombre d'administrés et plusieurs employés, que ce gouverneur des morts ait un traitement et dispo e d'un pouvoir immense dont personne ne peut se plaindre : il fait de l'arbitraire à son aise. Sa loge n'est pas non plus une maison de commerce, quoiqu'il ait des bureaux, une comptabilité, des recettes, des dépenses et des profits. Cet homme n'est ni un suisse, ni un concierge, ni un portier; la porte qui reçoit les morts est toujours béante; puis, quoiqu'il ait des monuments à conserver, ce n'est pas un conservateur, enfin c'est une indéfinissable anomalie, autorité qui participe de tout et qui n'est rien, autorité placée, comme la mort dont elle vit, en dehors de tout. Néanmoins cet homme exceptionnel relève de la ville de Paris, être chimérique comme le vaisseau qui lui sert d'emblème, être de raison mue par mille pattes rarement unanimes dans leurs mouvements, en sorte que ses employés sont presque inamovibles. Ce gardien du cimetière est donc le concierge arrivé à l'état de fonctionnaire non soluble par la dissolution. Sa place n'est d'ailleurs pas une sinécure : il ne laisse inhumer personne sans permis, il doit compte de ses morts, il indique dans ce vaste champ les six pieds carrés où vous mettrez quelque jour tout ce que vous aimez, tout ce que vous haïssez, une maîtresse, un cou-in. Oui, sachez-le bien, tous les sentiments de Paris viennent aboutir à cette loge, et s'y administrativent. Cet homme a des registres pour coucher ses morts, ils sont dans leur tombe et dans ses cartons. Il a sous lui des gardiens, des jardiniers, des fossoyeurs, des aides. Il est un personnage. Les gens en pleurs ne lui parlent pas tout d'abord. Il ne comparaît que dans les cas graves : un mort pris pour un autre, un mort assassiné, une exhumation, un mort qui renaît. Le buste du roi régnant est dans sa salle, et il garde peut-être les anciens bustes royaux, impériaux, quasi-royaux dans quelque armoire, espèce de petit Père-Lachaise pour les révolutions. En'n, c'est un homme public, un excellent homme, bon père et bon époux, épitaphe à part. Mais tant de sentiments divers ont passé devant lui sous forme de corbillard; mais il a tant vu de larmes, les vraies, les fausses; mais il a vu la douleur sous tant de faces, et sur tant de faces, il a vu six millions de douleurs éternelles! Pour lui, la douleur n'est plus qu'une pierre de onze lignes d'épaisseur et de quatre pieds de haut sur vingt-deux pouces de large. Quant aux regrets, ce sont les ennuis de sa charge, il ne déjeune ni ne dîne jamais sans essuyer la pluie d'une inconsolable affliction. Il est bon et tendre pour toutes les autres affections: il pleurera sur quelque héros de drame, sur M. Germeuil de l'Auberge des Adrets, l'homme à la culotte beurre frais, assassiné par Macaire; mais son cœur s'est ossifié à l'endroit des véritables morts. Les morts sont des chiffres pour lui; son état est d'organiser la mort. Puis enfin il se rencontre trois fois par siècle une situation où son rôle devient sublime, et alors il est sublime à toute heure... en temps de peste.

Quand Jacquet l'aborda, ce monarque absolu rentrait assez en colère.

— J'avais dit, s'écria-t-il, d'arroser les fleurs depuis la rue Masséna jusqu'à la place Regnault de Saint-Jean-d'Angély! Vous vous êtes moqué de cela, vous autres. Sac à papier! si les parents s'avisent de venir aujourd'hui qu'il fait beau, ils s'en prendront à moi: ils crieront comme des brûlés, ils diront des horreurs de nous et nous calomnieront...

— Monsieur, lui dit Jacquet, nous désirerions savoir où a été inhumée madame Jules.

— Madame Jules, qui? demanda-t-il. Depuis huit jours, nous avons eu trois madame Jules...

— Ah! dit-il en s'interrompant et regardant la porte, voici le convoi du colonel de Maulincour, allez chercher le permis... Un beau convoi, ma foi! Il a suivi de près sa grand'mère. Il y a des familles où ils dégringolent comme par gageure. Ça vous a un si mauvais sang, ces Parisiens.

— Monsieur, lui dit Jacquet en lui frappant sur le bras, la personne dont je vous parle est madame Jules Desmarets, la femme de l'agent de change.

— Ah! je sais, répondit-il en regardant Jacquet. N'était-ce pas un convoi où il y avait treize voitures de deuil, un seul parent dans chacune des douze premières? C'était si drôle qui ça nous a frappé...

— Monsieur, prenez garde. M. Jules est avec moi, il peut vous entendre, et ce que vous dites n'est pas convenable.

— Pardon, monsieur, vous avez raison. Excusez, je vous prenais pour des héritiers. — Monsieur, reprit-il en consultant son registre, madame Jules est rue du maréchal Lefebvre, allée n° 4, entre mademoiselle Raucourt, de la Comédie-Française, et M. Moreau-Malvin, un fort boucher, pour lequel il y a un tombeau de marbre blanc de commandé, qui sera vraiment un des plus beaux de notre cimetière.

— Monsieur, dit Jacquet en interrompant le concierge, nous ne sommes pas plus avancés...

— C'est vrai, répondit-il en regardant tout autour de lui.

— Jean, cria-t-il à un homme qu'il aperçut, conduisez ces messieurs à la fosse de madame Jules, la femme d'un agent de change! Vous savez, près de mademoiselle Raucourt, la tombe où il y a un buste.

Et les deux amis marchèrent sous la conduite de l'un des gardiens; mais ils ne parvinrent pas à la route escarpée qui menait à l'allée supérieure du cimetière sans avoir essuyé plus de vingt propositions que des entrepreneurs de marbrerie, de serrurerie et de sculpture vinrent leur faire avec une grâce mielleuse.

— Si monsieur voulait faire construire quelque chose, nous pourrions l'arranger à bien bon marché...

Jacquet fut assez heureux pour éviter à son ami ces paroles épouvantables pour des cœurs saignants, et ils arrivèrent au lieu du repos. En voyant cette terre fraîchement remuée, et où des maçons avaient eu'n mis des fiches afin de marquer la place des dés de pierre nécessaires au serrurier pour poser sa grille, Jules s'appuya sur l'épaule de Jacquet, et se soulevant par intervalles, pour jeter de longs regards sur ce coin d'argile où il fallait laisser les dépouilles de l'être par lequel il vivait encore.

— Comme elle est mal! dit-il.

— Mais elle n'est pas là, lui répondit Jacquet, elle est dans ta mémoire. Allons, viens, quitte cet odieux cimetière, où les morts sont parés comme les femmes au bal.

— Si nous l'ôtions de là?

— Est-ce possible?

— Tout est possible! s'écria Jules. Il y a de la place.

— Je viendrai ici demain, dit-il après une pause. Il y a de la place.

Jacquet réussit à l'emmener de cette enceinte divisée comme un damier par des grilles en bronze, par d'élégants compartiments où étaient enfermés des tombeaux tous enrichis de palmes, d'inscrip-

tions, de larmes aussi froides que les pierres dont s'étaient servis des gens désolés pour faire seuls, fier leurs regrets et leurs armes. Il y a la de bons mots gravés en noir, des épigrammes contre les curieux, des concetti, des adieux spirituels, des rendez-vous pris où il ne se trouve jamais qu'une personne, des biographies prétentieuses, du clinquant, des guenilles, des paillettes. Ici des thyrses, là, des fers de lance; plus loin, des urnes égyptiennes; çà et là, quelques canons; partout, les emblèmes de mille professions, enfin tous les styles; du mauresque, du grec, du gothique, des frises, des oves, des peintures, des urnes, des génies, des temples, beaucoup d'immortelles fanées et de rosiers morts. C'est une infâme comédie! c'est encore tout Paris avec ses rues, ses enseignes, ses industries, ses hôtels, mais Paris en raccourci, réduit aux petites dimensions des ombres, des larves, des morts, un genre humain qui n'a plus rien de grand que sa vanité. Puis Jules aperçut à ses pieds, dans la longue vallée de la Seine, entre les coteaux de Vaugirard, de Meudon, entre ceux de Belleville et de Montmartre, le véritable Paris, enveloppé de ses fumées, produit par ses fumées, et que la lumière du soleil rendait alors diaphane. Il embrassa d'un coup d'œil furtif ces quarante mille maisons, et dit, en montrant l'espace compris entre la colonne de la place Vendôme et la coupole d'or des Invalides: — Elle m'a été enlevée là, par la funeste curiosité de ce monde qui s'agite et se presse, pour se presser et s'agiter.

À quatre lieues de là, sur les bords de la Seine, dans un modeste village assis au penchant de l'une des collines qui dépendent de cette longue enceinte montueuse au milieu de laquelle le grand Paris se remue, comme un enfant dans son berceau, il se passait une scène de mort et de deuil, mais dégagée de toutes les pompes parisiennes, sans accompagnement de torches ni de cierges, ni de voitures drapées, sans prières catholiques, la mort toute simple. Voici le fait. Le corps d'une jeune fille était venu mutuellement échouer sur la berge, dans la vase et les joncs de la Seine. Des tireurs de sable, qui allaient à l'ouvrage, l'aperçurent en montant dans leur frêle bateau. — Tiens! cinquante francs de gagnés, dit l'un d'eux. — C'est vrai, dit l'autre. Et ils abordèrent auprès de la morte. — C'est une bien belle fille. — Allons faire notre déclaration. Et les deux tireurs de sable, après avoir couvert le corps de leurs vestes, allèrent chez le maire du village, qui fut assez embarrassé d'avoir à faire le procès-verbal nécessité par cette trouvaille.

Le bruit de cet événement se répandit avec la promptitude télégraphique particulière aux pays où les communications sociales n'ont aucune interruption, et où les médisances, les bavardages, les calomnies, le conte social dont se repaît le monde ne laisse point de lacune d'une borne à une autre. Aussitôt des gens qui vinrent à la mairie tirèrent le maire de tout embarras. Ils convertirent le procès-verbal en un simple acte de décès. Par leurs soins, le corps de la fille fut reconnu pour être celui de la demoiselle Ida Gruget, couturière en corsets, demeurant rue de la Corderie-du-Temple, n° 14. La police judiciaire intervint, la veuve Gruget, mère de la défunte, arriva, munie de la dernière lettre de sa fille. Au milieu des gémissements de la mère, un médecin constata l'asphyxie par l'invasion du sang noir dans le système pulmonaire, et tout fut dit. Les enquêtes faites, les renseignements donnés, le soir, à six heures, l'autorité permit d'inhumer la grisette. Le curé du lieu refusa de la recevoir à l'église et de prier pour elle. Ida Gruget fut alors en-sevelie dans un linceul par une vieille paysanne, et mise dans une bière vulgaire, faite en planches de sapin, puis portée au cimetière par quatre hommes, et suivie de quelques paysannes curieuses, qui se racontaient cette mort en la commentant avec une surprise mêlée de commisération. La veuve Gruget fut charitablement retenue par une vieille dame, qui l'empêcha de se joindre au triste convoi de sa fille. Un homme à triples fonctions, sonneur, bedeau, fossoyeur de la paroisse, avait fait une fosse dans le cimetière du village, cimetière d'un demi-arpent, situé derrière l'église, une église bien connue, église classique, ornée d'une tour carrée à toit pointu couvert en ardoise, soutenue à l'extérieur par des contreforts anguleux. Derrière le rond décrit par le chœur, se trouvait le cimetière, entouré de murs en ruines, champ plein de monticules, ni marbres, ni visiteurs, mais certes sur chaque sillon des pleurs et des regrets véritables qui manquaient à la Gruget. Elle fut jetée dans un coin parmi les ronces et les hautes herbes. Quand la bière fut descendue dans ce champ si poétique par sa simplicité, le fossoyeur se trouva bientôt seul, à la nuit tombante. En comblant cette fosse, il s'arrêtait par intervalles pour regarder dans le chemin, par-dessus le mur; il y eut un moment où la main appuyée sur sa pioche, il examina la Seine, qui lui avait amené ce corps.

— Pauvre fille! s'écria un homme survenu là tout à coup.

— Vous m'avez fait peur, monsieur! dit le fossoyeur.

— Y a-t-il eu un service pour celle que vous enterrez là?

— Non, monsieur, M. le curé n'a pas voulu. Voilà la première personne enterrée ici sans être de la paroisse. Ici tout le monde se connaît. Est-ce que monsieur?... Tiens, il est parti.

Quelques jours s'étaient écoulés, lorsqu'un homme vêtu de noir se présenta chez M. Jules, et, sans vouloir lui parler, remit dans la chambre de sa femme une grande urne de porphyre, sur laquelle il lut ces mots :

INVITA LEGE,
CONJUGI MŒRENTI
FILIOLÆ CINERES
RESTITUIT,
AMICIS XII JUVANTIBUS,
MORIBUNDUS PATER.

— Quel homme ! dit Jules en fondant en larmes. Huit jours suffirent à l'agent de change pour obéir à tous les désirs de sa femme, et pour mettre ordre à ses affaires ; il vendit sa charge au frère de Martin Faleix, et partit de Paris au moment où l'administration discutait encore s'il était licite à un citoyen de disposer du corps de sa femme.

Qui n'a pas rencontré sur les boulevards de Paris, au détour d'une rue ou sous les arcades du Palais-Royal, enfin en quelque lieu du monde où le hasard veuille le présenter, un être, un homme ou femme, à l'aspect duquel mille pensées confuses naissent en l'esprit ! A son aspect, nous sommes subitement intéressés ou par des traits dont la conformation bizarre annonce une vie agitée, ou par l'ensemble curieux que présentent les gestes, l'air, la démarche et les vêtements, ou par quelque regard profond, ou par d'autres *je ne sais quoi* qui saisissent fortement et tout à coup, sans que nous nous expliquions bien précisément la cause de notre émotion. Puis, le lendemain, d'autres pensées, d'autres images parisiennes emportent ce rêve passager. Mais si nous rencontrons encore le même personnage, soit passant à heure fixe, comme un employé de mairie, qui appartient au mariage pendant huit heures, soit errant dans les promenades, comme ces gens qui semblent être un mobilier acquis aux rues de Paris, et que l'on retrouve dans les lieux publics, aux premières représentations ou chez les restaurateurs, dont ils sont le plus bel ornement, alors cette créature s'inféode à votre souvenir, et y reste comme un premier volume de roman dont la fin nous échappe. Nous sommes tentés d'interroger cet inconnu, et de lui dire :—Qui êtes-vous ? Pourquoi flânez-vous ? De quel droit avez-vous un col plissé, une canne à pomme d'ivoire, un gilet passé ? Pourquoi ces lunettes bleues à doubles verres, ou pourquoi conservez-vous la cravate des *muscadins ?* Parmi ces créations errantes, les unes appartiennent à l'espèce des dieux Termes ; elles ne disent rien à l'âme ; *elles sont là,* voilà tout ; pourquoi, personne ne le sait ; c'est de ces figures semblables à celles qui servent de type aux sculpteurs pour les quatre Saisons, pour le Commerce et l'Abondance. Quelques autres, anciens avoués, vieux négociants, antiques généraux, s'en vont, marchent et paraissent toujours arrêtées. Semblables à des arbres qui se trouvent à moitié déracinés au bord d'un fleuve, elles ne semblent jamais faire partie du torrent de Paris, ni de sa foule jeune et active. Il est impossible de savoir si l'on a oublié de les enterrer, ou si elles se sont échappées du cercueil ; elles sont arrivées à un état quasi fossile. Un de ces *Melmoth* parisiens était venu se mêler depuis quelques jours parmi la population sage et recueillie qui, lorsque le ciel est beau, meuble infailliblement l'espace enfermé entre la grille sud du Luxembourg et la grille nord de l'Observatoire, espace sans genre, espace neutre dans Paris. En effet, là Paris n'est plus ; et là, Paris est encore. Ce lieu tient à la fois de la place, de la rue, du boulevard, de la fortification, du jardin, de l'avenue, de la route, de la province, de la capitale ; certes, il y a de tout cela ; mais ce n'est rien de tout cela : c'est un désert. Autour de ce lieu sans nom, s'élèvent les Enfants-Trouvés, la Bourbe, l'hôpital Cochin, les Capucins, l'hospice la Rochefoucault, les Sourds-Muets, l'hôpital du Val-de-Grâce ; enfin, tous les vices et tous les malheurs de Paris ont là leur

asile ; et, pour que rien ne manquât à cette enceinte philanthropique, la science y étudie les marées et les longitudes ; M. de Châteaubriand y a mis l'infirmerie Marie-Thérèse, et les Carmélites y ont fondé un couvent. Les grandes situations de la vie sont représentées par les cloches qui sonnent incessamment dans ce désert, et pour la mère qui accouche, et pour l'enfant qui naît, et pour le vice qui succombe, et pour l'ouvrier qui meurt, et pour la vierge qui prie, et pour le vieillard qui a froid, et pour le génie qui se trompe. Puis, à deux pas est le cimetière du Montparnasse, qui attire d'heure en heure les chétifs convois du faubourg Saint-Marceau. Cette esplanade, d'où l'on domine Paris, a été conquise par les joueurs de boules, vieilles figures grises, pleines de bonhomie, braves gens qui continuent nos ancêtres, et dont les physionomies ne peuvent être comparées qu'à celles de leur public, à la galerie mouvante qui les suit. L'homme devenu depuis quelques jours l'habitant de ce quartier désert assistait assidûment aux parties de boules, et pouvait, certes, passer pour la créature la plus saillante de ces groupes, qui, s'il était permis d'assimiler les Parisiens aux différentes classes de la zoologie, appartiendraient au genre des mollusques. Ce nouveau venu marchait sympathiquement avec le *cochonnet,* petite boule qui sert de point de mire, et constitue l'intérêt de la partie ; il s'appuyait contre un arbre quand le cochonnet s'arrêtait ; puis, avec la même attention qu'un chien en prête aux gestes de son maître, il regardait les boules volant dans l'air ou roulant à terre. Vous l'eussiez pris pour le génie fantastique du cochonnet. Il ne disait rien, et les joueurs de boules, les hommes les plus fanatiques qui se soient rencontrés parmi les sectaires de quelque religion que ce soit, ne lui avaient jamais demandé compte de ce silence obstiné ; seulement quelques esprits forts le croyaient sourd et muet. Dans les occasions où il fallait déterminer les différentes distances qui se trouvaient entre les boules et le cochonnet, la canne de l'inconnu devenait la mesure infaillible, les joueurs venaient alors la prendre dans les mains glacées de ce vieillard, sans lui emprunter par un mot, sans même lui faire un signe d'amitié. Le prêt de sa canne était comme une servitude à laquelle il avait négativement consenti. Quand il survenait une averse, il restait près du cochonnet, esclave des boules, gardien de la partie commencée. La pluie ne le surprenait pas plus que le beau temps, et il était, comme les joueurs, une espèce intermédiaire entre le Parisien qui a le moins d'intelligence, et l'animal qui en a le plus. D'ailleurs pâle et flétri, sans soin de lui-même, distrait, il venait souvent nu-tête, montrant ses cheveux blanchis et son crâne carré, jaune, dégarni, semblable au genou qui perce le pantalon d'un pauvre. Il était béant, sans idées dans le regard, sans appui précis dans la démarche ; il ne souriait jamais, ne levait jamais les yeux au ciel, et les tenait habituellement baissés vers la terre, et semblait toujours y chercher quelque chose. A quatre heures, une vieille femme venait le prendre pour le ramener on ne sait où, en le traînant à la remorque par le bras, comme une jeune fille tire une chèvre capricieuse qui veut brouter encore quand il faut venir à l'étable. Ce vieillard était quelque chose d'horrible à voir.

Dans l'après-midi, Jules, seul dans une calèche de voyage, lestement menée par la rue de l'Est, déboucha sur l'esplanade de l'Observatoire au moment où ce vieillard, appuyé sur un arbre, se laissait prendre sa canne au milieu des vociférations de quelques joueurs pacifiquement irrités. Jules, croyant reconnaître cette figure, voulut s'arrêter, et sa voiture s'arrêta précisément. En effet, le postillon, serré par des charrettes, ne demanda point passage aux joueurs de boules insurgés, il avait trop de respect pour les émeutes ; le postillon,

— C'est lui, dit Jules en découvrant enfin ce débris humain Ferragus XXIII, chef des Dévorants. Comme il l'aimait ! ajouta-t-il après une pause. Marchez-donc, postillon ! cria-t-il.

Paris, février 1833.

II

LA DUCHESSE DE LANGEAIS.

A FRANTZ LISTZ.

Il existe, dans une ville espagnole située sur une île de la Méditer-ranée, un couvent de carmélites déchaussées où la règle de l'ordre institué par sainte Thérèse s'est conservée dans la rigueur primitive de la réformation due à cette illustre femme. Ce fait est vrai, quelque extraordinaire qu'il puisse paraître. Quoique les maisons religieuses de la Péninsule et celles du continent aient été presque toutes détruites ou bouleversées par les éclats de la révolution française et des guerres napoléoniennes, cette île ayant été constamment protégée par la marine anglaise, son riche couvent et ses paisibles habitants se trouvèrent à l'abri des troubles et des spoliations générales. Les tempêtes de tout genre qui agitèrent les quinze premières années du dix-neuvième siècle se brisèrent donc devant ce rocher, peu distant des côtes de l'Andalousie. Si le nom de l'empereur vint bruire jusque sur cette plage, il est douteux que son fantastique cortége de gloire et les flamboyantes majestés de sa vie météorique aient été comprises par les saintes filles agenouillées dans ce cloître. Une rigidité conventuelle que rien n'avait altérée recommandait cet asile dans toutes les mémoires du monde catholique. Aussi, la pureté de sa règle y attira-t-elle, des points les plus éloignés de l'Europe, de tristes femmes dont l'âme, dépouillée de tous les liens humains, soupirait après ce long suicide accompli dans le sein de Dieu. Nul couvent n'était d'ailleurs plus favorable au détachement complet des choses d'ici-bas, exigé par la vie religieuse. Cependant il se voit sur le continent un grand nombre de ces maisons magnifiquement bâties au gré de leur destination. Quelques-unes sont ensevelies au fond des vallées les plus solitaires; d'autres suspendues au-dessus des montagnes les plus escarpées, ou jetées au bord des précipices; partout l'homme a cherché les poésies de l'infini, la solennelle horreur du silence; partout il a voulu se mettre au plus près de Dieu : il l'a quêté sur les cimes, au fond des abîmes, au bord des falaises, et il l'a trouvé partout. Mais nulle autre part que sur ce rocher à demi européen, africain à demi, ne pouvaient se rencontrer autant d'harmonies différentes qui toutes concourussent à si bien élever l'âme, à en égaliser les impressions les plus douloureuses, à en attiédir les plus vives, à faire aux peines de la vie un lit profond. Ce monastère a été construit à l'extrémité de l'île, au point culminant du rocher, qui, par un effet de la grande révolution du globe, est cassé net du côté de la mer, où, sur tous les points, il présente les vives arêtes de ses tables légèrement rongées à la hauteur de l'eau, mais infranchissables. Ce roc est protégé de toute atteinte par des écueils dangereux qui se prolongent au loin, et dans lesquels se joue le flot brillant de la Méditerranée. Il faut donc être en mer pour apercevoir les quatre corps du bâtiment carré, dont la forme, la hauteur, les ouvertures ont été minutieusement prescrites par les lois monastiques. Du côté de la ville, l'église masque entièrement les solides constructions du cloître, dont les toits sont couverts de larges dalles qui les rendent invulnérables aux coups de vent, aux orages et à l'action du soleil. L'église, due aux libéralités d'une famille espagnole, couronne la ville. La façade hardie, élégante, donne une grande et belle physionomie à cette petite cité maritime. N'est-ce pas un spectacle empreint de toutes nos sublimités terrestres que l'aspect d'une ville dont les toits pressés, presque tous disposés en amphithéâtre devant un joli port, sont surmontés d'un magnifique portail à triglyphe gothique, à campaniles, à tours menues, à flèches découpées? La religion dominant la vie, en en offrant sans cesse aux hommes la fin et les moyens, image tout espagnole d'ailleurs! Jetez ce paysage au milieu de la Méditerranée, sous un ciel brûlant; accompagnez-le de quelques palmiers, de plusieurs arbres rabougris, mais vivaces, qui mêlaient leurs vertes frondaisons agitées aux feuillages sculptés de l'architecture immobile. Voyez les franges de la mer blanchissant les récifs, et s'oppo-

sant au bleu saphir des eaux; admirez les galeries, les terrasses bâties en haut de chaque maison et où les habitants viennent respirer l'air du soir parmi les fleurs, entre la cime des arbres de leurs petits jardins. Puis, dans le port, quelques voiles. Enfin, par la sérénité d'une nuit qui commence, écoutez la musique des orgues, le chant des offices, et les sons admirables des cloches en pleine mer. Partout du bruit et du calme; mais plus souvent le calme partout. Intérieurement, l'église se partageait en trois nefs sombres et mystérieuses. La furie des vents ayant sans doute interdit à l'architecte de construire latéralement ces arcs-boutants qui ornent presque partout les cathédrales, et entre lesquels sont pratiquées des chapelles, les murs qui flanquaient les deux petites nefs et soutenaient ce vaisseau n'y répandaient aucune lumière. Ces fortes murailles présentaient à l'extérieur l'aspect de leurs masses grisâtres, appuyées, de distance en distance, sur d'énormes contreforts. La grande nef et ses deux petites galeries latérales étaient donc uniquement éclairées par la rose à vitraux coloriés, attachée avec un art miraculeux au-dessus du portail, dont l'exposition favorable avait permis le luxe des dentelles de pierre et des beautés particulières à l'ordre improprement nommé gothique. La plus grande portion de ces trois nefs était livrée aux habitants de la ville, qui venaient y entendre la messe et les offices. Devant le chœur, se trouvait une grille derrière laquelle pendait un rideau brun à plis nombreux, légèrement entr'ouvert au milieu, de manière à ne laisser voir que l'officiant et l'autel. La grille était séparée, à intervalles égaux, par des piliers qui soutenaient une tribune intérieure et les orgues. Cette construction, en harmonie avec les ornements de l'église, figurait extérieurement, en bois sculpté, les colonnettes des galeries supportées par les piliers de la grande nef. Il eût donc été impossible à un curieux assez hardi pour monter sur l'étroite balustrade de ces galeries de voir dans le chœur autre chose que les longues fenêtres octogones et coloriées qui s'élevaient par rangs égaux, autour du maître-autel.

Lors de l'expédition française faite en Espagne pour rétablir l'autorité du roi Ferdinand VII, et après la prise de Cadix, un général français, venu dans cette île pour y faire reconnaître le gouvernement royal, y prolongea son séjour, dans le but de voir ce couvent, et trouva moyen de s'y introduire. L'entreprise était certes délicate. Mais un homme de passion, un homme dont la vie n'avait été, pour ainsi dire, qu'une suite de poésies en action, et qui avait toujours fait des romans au lieu d'en écrire, un homme d'exécution surtout, devait être tenté par une chose en apparence impossible. S'ouvrir légalement les portes d'un couvent de femmes, à peine le pape ou l'archevêque métropolitain l'eussent-ils permis. Employer la ruse ou la force? en cas d'indiscrétion, n'était-ce pas perdre son état, toute sa fortune militaire, et manquer le but? Le duc d'Angoulême était encore en Espagne, et de toutes les fautes que pouvait impunément commettre un homme aimé par le généralissime, celle-là seule l'eût trouvé sans pitié. Ce général avait sollicité sa mission afin de satisfaire une secrète curiosité, quoique jamais curiosité n'ait été plus désespérée. Mais cette dernière tentative était une affaire de conscience. La maison de ces carmélites était le seul couvent espagnol qui eût échappé à ses recherches. Pendant la traversée, qui ne dura pas une heure, il s'éleva dans son âme un pressentiment favorable à ses espérances. Puis, quoique du couvent il n'eût vu que les murailles, que de ces religieuses il n'eût pas même aperçu les robes, et qu'il n'eût écouté que les chants de la Liturgie, il rencontra sous ces murailles et dans ces chants de légers indices qui justifièrent son frêle espoir. Enfin, quelque légers que fussent les soupçons si bizarrement réveillés, jamais passion humaine ne fut plus violemment intéressée que ne l'était alors la curiosité du général. Mais il n'y a point de petits événements pour le cœur; il grandit tout; il met dans les mêmes balances la chute d'un empire de quatorze ans et la chute d'un gant de femme, et presque toujours le gant y pèse plus que l'empire. Or, voici les faits dans toute leur simplicité positive. Après les faits viendront les émotions.

Une heure après que le général eut abordé cet îlot, l'autorité royale y fut rétablie. Quelques Espagnols constitutionnels, qui s'y étaient nuitamment réfugiés après la prise de Cadix, s'embarquèrent sur un bâtiment que le général leur permit de fréter pour s'en aller à Londres. Il n'y eut donc là ni résistance ni réaction. Cette petite Restauration insulaire n'allait pas sans une messe à laquelle durent assister les deux compagnies commandées pour l'expédition. Or, ne connaissant pas la rigueur de la clôture chez les carmélites déchaussées, le général avait espéré pouvoir obtenir, dans l'église, quelques renseignements sur les religieuses enfermées dans le couvent dont une d'elles peut-être lui était plus chère que la vie et plus précieuse que l'honneur. Ses espérances furent d'abord cruellement déçues. La messe fut, à la vérité, célébrée avec pompe. En faveur de la solennité, les rideaux qui cachaient habituellement le chœur furent ouverts et en laissèrent voir les richesses, les précieux tableaux et les chasses ornées de pierreries, dont l'éclat effaçait celui des nombreux ex-voto d'or et d'argent attachés par les marins de ce port aux piliers de la grande nef. Les religieuses s'étaient toutes réfugiées dans la tribune de l'orgue. Cependant, malgré ce premier échec, durant la messe d'actions de grâces, se développa largement le drame le plus secrètement intéressant qui jamais ait fait battre un cœur d'homme. La sœur qui touchait l'orgue excita un si vif enthousiasme, qu'aucun des militaires ne regretta d'être venu à l'office. Les soldats même y trouvèrent du plaisir et tous les officiers furent dans le ravissement. Quant au général il resta calme et froid en apparence. Les sensations que lui causèrent les différents morceaux exécutés par la religieuse sont du petit nombre de choses dont l'expression est interdite à la parole, et la rend impuissante mais qui, semblables à la mort, à Dieu, à l'éternité ne peuvent s'apprécier que dans le léger point de contact qu'elles ont avec les hommes. Par un singulier hasard, la musique des orgues paraissait appartenir à l'école de Rossini, le compositeur qui a transporté le plus de passion humaine dans l'art musical et dont les œuvres inspireront quelque jour, par leur nombre et leur étendue un respect homérique. Parmi les partitions dues à ce beau génie, la religieuse semblait avoir plus particulièrement étudié celle du _Mosè_, sans doute parce que le sentiment de la musique sacrée s'y trouve exprimé au plus haut degré. Peut-être ces deux esprits, l'un si glorieusement européen, l'autre inconnu, s'étaient-ils rencontrés dans l'intuition d'une même poésie. Cette opinion était celle de deux officiers, vrais _dilettanti_, qui regrettaient sans doute en Espagne le théâtre Favart. Enfin, au _Te Deum_, il fut impossible de ne pas reconnaître une âme française dans le caractère que prit soudain la musique. Le triomphe du roi très-chrétien excitait évidemment la joie la plus vive au fond du cœur de cette religieuse. Certes elle était française. Bientôt le sentiment de la patrie éclata, jaillit comme une gerbe de lumière dans une replique des orgues où la sœur introduisit des motifs qui respirèrent toute la délicatesse du goût parisien, et auxquels se mêlèrent vaguement les pensées de nos plus beaux airs nationaux. Des mains espagnoles n'eussent pas mis, à ce gracieux hommage fait aux armes victorieuses, la chaleur qui acheva de déceler l'origine de la musicienne.

— Il y a donc de la France partout? dit un soldat.

Le général était sorti pendant le _Te Deum_, il lui avait été impossible de l'écouter. Le jeu de la musicienne lui dénonçait une femme aimée avec ivresse et qui s'était si profondément ensevelie au cœur de la religion et si soigneusement dérobée aux regards du monde, qu'elle avait échappé jusqu'alors à des recherches obstinées adroitement faites par des hommes qui disposaient et d'un grand pouvoir et d'une intelligence supérieure. Le soupçon réveillé dans le cœur du général fut presque justifié par le vague rappel d'un air délicieux de mélancolie, l'air de _Fleuve du Tage_, romance française dont souvent il avait entendu jouer le prélude dans un boudoir de Paris à la personne qu'il aimait, et dont cette religieuse venait alors de se servir pour exprimer, au milieu de la joie des triomphateurs, les regrets d'une exilée. Terrible sensation! Espérer la résurrection d'un amour perdu, le retrouver encore perdu, l'entrevoir mystérieusement, après cinq années pendant lesquelles la passion s'était irritée dans le vide, et agrandie par l'inutilité des tentatives faites pour la satisfaire!

Qui dans sa vie, n'a pas une fois au moins bouleversé son chez-soi, ses papiers, sa maison, fouillé sa mémoire avec impatience en cherchant un objet précieux, et ressenti l'ineffable plaisir de le trouver après un jour ou deux consumés en recherches vaines, après avoir espéré, désespéré de le rencontrer; après avoir dépensé les irritations les plus vives de l'âme pour ce rien important qui causait presque une passion? Eh bien! étudez cette espèce de rage sur cinq années, mettez une femme au cœur, un amour, à la place de ce rien; transportez la passion dans les plus hautes régions du sentiment; puis supposez un homme ardent, un homme à cœur et à face de lion, un de ces hommes à crinière qui imposent et communiquent

à ceux qui les envisagent une respectueuse terreur! Peut-être comprendrez-vous alors la brusque sortie du général pendant le _Te Deum_, au moment où le prélude d'une romance jadis écoutée avec délices par lui, sous des lambris dorés, vibra sous la nef de cette église marine.

Il descendit la rue montueuse qui conduisait à cette église, et ne s'arrêta qu'au moment où les sons graves de l'orgue ne parvinrent plus à son oreille. Incapable de songer à autre chose qu'à son amour, dont la volcanique éruption lui brûlait le cœur le général français ne s'aperçut de la fin du _Te Deum_ qu'au moment où l'assistance espagnole descendit par flots. Il sentit que sa conduite ou son attitude pouvaient paraître ridicules, et revint prendre sa place à la tête du cortège, en disant à l'alcade et au gouverneur de la ville qu'une subite indisposition l'avait obligé d'aller prendre l'air. Puis afin de pouvoir rester dans l'île, il songea soudain à tirer parti de ce prétexte d'abord insoucieusement donné. Objectant l'aggravation de son malaise, il refusa de présider le repas offert par les autorités insulaires aux officiers français; il se mit au lit et fit écrire au major général pour lui annoncer sa passagère maladie qui le forçait de remettre à un colonel le commandement des troupes. Cette ruse si vulgaire, mais si naturelle, le rendit libre de tout soin pendant le temps nécessaire à l'accomplissement de ses projets. En homme essentiellement catholique et monarchique il s'informa de l'état des offices et affecta le plus grand attachement aux pratiques religieuses, piété qui, en Espagne ne devait surprendre personne.

Le lendemain même, pendant le départ de ses soldats le général se rendit au couvent pour assister aux vêpres. Il trouva l'église désertée par les habitants, qui malgré leur dévotion étaient allés voir sur le port l'embarcation des troupes. Le Français heureux de se trouver seul dans l'église, eut soin d'en faire retentir les voûtes sonores du bruit de ses éperons; il y marcha bruyamment il toussa, il se parla tout haut à lui-même pour apprendre aux religieuses, et surtout à la musicienne, que, si les Français partaient il en restait un. Ce singulier avis fut-il entendu, compris?... le général le crut. Au _Magnificat_, les orgues semblèrent lui faire une réponse qui lui fut apportée par les vibrations de l'air. L'âme de la religieuse vola vers lui sur les ailes de ses notes, et s'émut dans le mouvement de sons. La musique éclata dans toute sa puissance; elle échauffa l'église. Ce chant de joie, consacré par la sublime liturgie de la chrétienté romaine pour exprimer l'exaltation de l'âme en présence des splendeurs du Dieu toujours vivant, devint l'expression d'un cœur presque effrayé de son bonheur, en présence des splendeurs d'un périssable amour qui durait encore et venait l'agiter au delà de la tombe religieuse où s'ensevelissent les femmes pour renaître épouses du Christ.

L'orgue est certes le plus grand, le plus audacieux, le plus magnifique de tous les instruments créés par le génie humain. Il est un orchestre entier auquel une main habile peut tout demander il peut tout exprimer. N'est-ce pas, en quelque sorte, un piédestal sur lequel l'âme se pose pour s'élancer dans les espaces lorsque dans son vol, elle essaye de tracer mille tableaux, de peindre la vie de parcourir l'infini qui sépare le ciel de la terre? Plus un poète en écoute les gigantesques harmonies, mieux il conçoit qu'entre les hommes agenouillés et le Dieu caché par les éblouissants rayons du sanctuaire les cent voix de ce chœur terrestre peuvent seules combler les distances, et sont le seul truchement assez fort pour transmettre au ciel les prières humaines dans l'omnipotence de leurs modes, dans la diversité de leurs mélancolies avec les teintes de leurs méditatives extases, avec les jets impétueux de leurs repentirs et les mille fantaisies de toutes les croyances. Oui sous ces longues voûtes, les mélodies enfantées par le génie des choses saintes trouvent des grandeurs inouïes dont elles se parent et se fortifient. Là, le jour affaibli, le silence profond, les chants qui alternent avec le tonnerre des orgues font à Dieu comme un voile à travers lequel rayonnent ses lumineux attributs. Toutes ces richesses sacrées semblèrent être jetées comme un grain d'encens sur le frêle autel de l'Amour à la face du trône éternel d'un Dieu jaloux et vengeur. En effet, la joie de la religieuse n'eut pas ce caractère de grandeur et de gravité qui doit s'harmonier avec les solennités du _Magnificat_; elle lui donna de riches, de gracieux développements dont les différents rhythmes accusaient une gaieté humaine. Ses motifs eurent le brillant des roulades d'une cantatrice qui tâche d'exprimer l'amour, et ses chants sautillèrent comme l'oiseau près de sa compagne. Puis, par moments, elle s'élançait par bonds dans le passé pour y folâtrer, pour y pleurer tour à tour. Son mode changeant avait quelque chose de désordonné comme l'agitation de la femme heureuse du retour de son amant. Puis, après les fugues flexibles du délire et les effets merveilleux de cette reconnaissance fantastique, l'âme qui parlait ainsi fit un retour sur elle-même. La musicienne, passant du majeur au mineur, sut instruire son auditeur de sa situation présente. Soudain elle lui raconta ses longues mélancolies et lui dépeignit sa lente maladie morale. Elle avait aboli chaque jour un sens, retranché chaque nuit quelque pensée, réduit graduellement son cœur en cendres. Après quelques molles ondulations, sa musique prit, de teinte en teinte, une couleur de tristesse profonde. Bientôt les échos versèrent les chagrins à torrents. Enfin, tout à coup, les hautes notes firent détonner un concert de voix angéliques, comme pour annoncer à l'amant perdu, mais non pas oublié que la réunion des deux âmes ne se ferait plus que dans les cieux : touchante espérance! Vint l'*Amen*. Là, plus de joie ni de larmes dans les airs; ni mélancolie, ni regrets. L'*Amen* fut un retour à Dieu; ce dernier accord fut grave, solennel, terrible. La musicienne déploya tous les crêpes de la religieuse, et, après les derniers grondements des basses, qui firent frémir les audi eurs jusque dans leurs cheveux, elle sembla s'être replongée dans la tombe d'où elle était partie. Quand les airs eurent, par degrés, cessé leurs vibrations oscillatoires, vous eussiez dit que l'église, jusque-là lumineuse, rentrait dans une profonde obscurité.

Le général avait été rapidement emporté par la course de ce vigoureux génie, et l'avait suivi dans les régions qu'il venait de parcourir. Il comprenait, dans toute leur étendue, les images dont abonda cette brûlante symphonie, et pour lui ces accords allaient bien loin. Pour lui comme pour la sœur, ce poème était l'avenir, le présent et le passé. La musique, même celle du théâtre, n'est-elle pas, pour les âmes tendres et poétiques, pour les cœurs souffrants et blessés, un texte qu'elles développent au gré de leurs souvenirs? S'il faut un cœur de poète pour mettre un musicien, ne faut-il pas de la poé ie et de l'amour pour écouter, pour comprendre les grandes œuvres musicales? La religion, l'amour et la musique ne sont-ils pas la triple expression d'un même fait, le besoin d'expansion dont est travaillée toute âme noble? Ces trois poésies vont toutes à Dieu, qui dénoue toutes les émotions terrestres. Aussi cette sainte trinité humaine participe-t-elle des grandeurs infinies de Dieu, que nous ne configurons jamais sans l'entourer des feux de l'amour, des sistres d'or de la musique, de lumière et d'harmonie. N'est-il pas le principe et la fin de nos œuvres?

Le Français devina que, dans ce désert, sur ce rocher entouré par la mer, la religieuse s'était emparée de la musique pour y jeter le surplus de passion qui la dévorait. Était-ce un hommage fait à Dieu de son amour était-ce le triomphe de l'amour sur Dieu? questions difficiles à décider. Mais, certes, le général ne put douter qu'il ne retrouvât un cœur en proie au monde une passion tout aussi brûlante que l'était la sienne. Les vêpres finies, il revint chez l'alcade, où il était logé. Restant d'abord en proie aux mille jouissances que prodigue une satisfaction longtemps attendue, péniblement cherchée, il ne vit rien au delà. Il était toujours aimé. La solitude avait grandi l'amour dans ce cœur, autant que l'amour avait été grandi dans le sien par les barrières successivement franchies et mises par cette femme entre elle et lui. Cet épanouissement de l'âme eut sa durée naturelle. Puis vint le désir de revoir cette femme, de la disputer à Dieu, de la lui ravir, projet téméraire qui plut à cet homme audacieux. Après le repas, il se coucha pour éviter les questions, pour rester seul, pour pouvoir penser sans trouble et resta plongé dans les méditations les plus profondes, jusqu'au lendemain matin. Il ne se leva que pour aller à la messe. Il vint à l'église, il se plaça près de la grille; son front touchait le rideau; il aurait voulu le déchirer, mais il n'était pas seul : son hôte l'avait accompagné par politesse, et la moindre imprudence pouvait compromettre l'avenir de sa passion, et ruiner les nouvelles espérances. Les orgues se firent entendre mais n'étaient plus touchées par les mêmes mains. La musicienne des deux jours précédents ne tenait plus le clavier. Tout fut pâle et froid pour le général. Sa maîtresse était-elle accablée par les mêmes émotions sous lesquelles succombait presque un vigoureux cœur d'homme? Avait-elle si bien partagé, compris un amour fidèle et désiré qu'elle en fût mourante sur son lit dans sa cellule? Au moment où mille réflexions de ce genre s'élevaient dans l'esprit du Français, il entendit résonner près de lui la voix de la personne qu'il adorait, il en reconnut le timbre clair. Cette voix, légèrement altérée par un tremblement qui lui donnait toutes les grâces que prête aux jeunes filles leur timidité pudique, tranchait sur la masse du chant, comme celle d'une *prima donna* sur l'harmonie d'un finale. Elle faisait à l'âme l'effet que produit aux yeux un filet d'argent ou d'or dans une frise obscure. C'était donc bien elle! Toujours Parisienne, elle n'avait pas dépouillé sa coquetterie, quoiqu'elle eût quitté les parures du monde pour le bandeau, pour la dure étamine des carmélites. Après avoir signé son amour la veille, au milieu des louanges adressées au Seigneur, elle semblait lui dire amant : — Oui, c'est moi, je suis là, j'aime toujours, mais je suis à l'abri de l'amour. Tu m'entendras, mon âme t'enveloppera, et je resterai sous le linceul brun de ce chœur d'où nul pouvoir ne saurait m'arracher. Tu ne me verras pas.

— C'est bien elle! se dit le général en relevant son front, en le dégageant de ses mains, sur lesquelles il l'avait appuyé, car il n'avait pu d'abord soutenir l'écrasante émotion qui s'éleva comme un tourbillon dans son cœur quand cette voix vibra sous les arceaux, accompagnée par le murmure des vagues. L'orage était au dehors, et le calme dans le sanctuaire. Cette voix si riche continuait à déployer toutes ses câlineries, elle arrivait comme un baume sur le cœur embrasé de cet amant, elle fleurissait dans l'air, qu'on désirait mieux aspirer pour y reprendre les émanations d'une âme exhalée avec

amour dans les paroles de la prière. L'alcade vint rejoindre son hôte, il le trouva fondant en larmes à l'élévation, qui fut chantée par la religieuse, et l'emmena chez lui. Surpris de rencontrer tant de dévotion dans un militaire français, l'alcade avait invité à souper le confesseur du couvent et il en prévint le général, auquel jamais nouvelle n'avait fait autant de plaisir. Pendant le souper, le confesseur fut l'objet des attentions du Français dont le respect intéressé confirma les Espagnols dans la haute opinion qu'ils avaient prise de sa piété. Il demanda gravement le nombre des religieuses, des détails sur les revenus du couvent et sur ses richesses, en homme qui paraissait vouloir entretenir poliment le bon vieux prêtre des choses dont il devait être le plus occupé. Puis il s'informa de la vie que menaient ces saintes filles. Pouvaient-elles sortir? les voyait-on?

— Seigneur, dit le vénérable ecclésiastique, la règle est sévère. S'il faut une permission de notre saint père pour qu'une femme vienne dans une maison de Saint-Bruno, ici même rigueur. Il est impossible à un homme d'entrer dans un couvent de carmélites déchaussées à moins qu'il ne soit prêtre et attaché par l'archevêque au service de la maison. Aucune religieuse ne sort. Cependant LA GRANDE SAINTE (la mère Thérèse) a souvent quitté sa cellule. Le visiteur ou les mères supérieures peuvent seules permettre à une religieuse, avec l'autorisation de l'archevêque de voir des étrangers, surtout en cas de maladie. Or nous sommes un chef d'ordre, et nous avons conséquemment une mère supérieure au couvent. Nous avons, entre autres étrangères, une Française, la sœur Thérèse, celle qui dirige la musique de la chapelle.

— Ah! répondit le général en feignant la surprise. Elle a dû être satisfaite du triomphe des armes de la maison de Bourbon?

— Je leur ai dit l'objet de la messe, elles sont toujours un peu curieuses.

— Mais la sœur Thérèse peut avoir des intérêts en France, elle voudrait peut-être y faire savoir quelque chose, en demander des nouvelles?

— Je ne le crois pas, elle se serait adressée à moi pour en savoir.

— En qualité de compatriote, dit le général, je serais bien curieux de la voir... Si cela est possible si la supérieure y consent, si...

— A la grille, et même en présence de la révérende mère, une entrevue serait impossible pour qui que ce soit; mais en faveur d'un libérateur du trône catholique et de la sainte religion, malgré la rigidité de la mère la règle peut dormir un moment, dit le confesseur en clignant les yeux. J'en parlerai.

— Quel âge a la sœur Thérèse? demanda l'amant, qui n'osa pas questionner le prêtre sur la beauté de la religieuse.

— Elle n'a plus d'âge, répondit le bonhomme avec une simplicité qui fit frémir le général.

Le lendemain matin, avant la sieste, le confesseur vint annoncer au Français que la sœur Thérèse et la mère consentaient à le recevoir à la grille du parloir avant l'heure des vêpres. Après la sieste, pendant que, elle le général dévora le temps en allant se promener sur le port, par la chaleur du midi le prêtre revint le chercher, et l'introduisit dans le couvent: il le guida sous une galerie qui longeait le cimetière, où dans laquelle quelques fontaines, arbres verts et des arceaux multipliés entretenaient une fraîcheur en harmonie avec le silence du lieu. Parvenus au fond de cette longue galerie, le prêtre laissa entrer son compagnon dans une salle partagée en deux parties par une grille couverte d'un rideau brun. Dans la partie en quelque sorte publique, où le confesseur laissa le général, régnait, le long du mur un banc de bois; quelques chaises également en bois se trouvaient près de la grille. Le plafond était composé de solives saillantes, en chêne vert, et sans nul ornement. Le jour ne venait dans cette salle que par deux fenêtres situées dans la partie affectée aux religieuses, en sorte que cette faible lumière, mal réfléchie par un bois à teintes brunes, suffisait à peine éclairer le grand Christ noir, le portrait de sainte Thérèse et un tableau de la Vierge qui décoraient les parois grises du parloir. Les sentiments du général prirent donc, malgré leur violence, une couleur mélancolique. Il devint calme dans ce calme domestique. Quelque chose de grand comme la tombe le saisit sous ces frais piliers. N'était-ce pas son silence éternel, sa paix profonde ses idées d'infini? Puis, la quiétude et la pensée fixe du cloître, cette pensée qui se glisse dans l'air, dans le clair-obscur, dans tout ce qui, n'étant tracée nulle part est encore agrandie par l'imagination ce grand mot : *la paix dans le Seigneur*, entre là, de vive force, dans l'âme la moins religieuse. Les couvents d'hommes se conçoivent peu, l'homme y semble faible : il est né pour agir, pour accomplir une vie de travail à laquelle il se soustrait dans sa cellule. Mais dans un monastère de femmes, combien de vigueur virile et de touchante faiblesse! Un homme peut être poussé par mille sentiments au fond d'une abbaye et s'y jette comme dans un précipice, mais la femme n'y vient jamais qu'entraînée par un seul sentiment : elle ne s'y dénature pas, elle épouse Dieu. Vous pouvez dire aux religieux : Pourquoi n'avez-vous pas lutté? Mais la réclusion d'une femme est toujours une lutte sublime? Enfin, le général trouva ce parloir muet et ce couvent perdu dans la mer tout pleins de lui. L'amour arrive rarement à la solennité; mais l'amour encore fidèle au sein de Dieu, n'était-ce pas quelque chose de solennel, et plus qu'un homme n'avait le droit d'espérer au dix-neuvième siècle, par les mœurs qui courent? Les grandeurs infinies de cette situation pouvaient agir sur l'âme du général, il était précisément assez élevé pour oublier la politique, les honneurs, l'Espagne, le monde de Paris, et monter jusqu'à la hauteur de ce dénoûment grandiose. D'ailleurs, quoi de plus véritablement tragique? Combien de sentiments dans la situation des deux amants seuls réunis au milieu de la mer sur un banc de granit, mais séparés par une idée, par une barrière infranchissable! Voyez l'homme se disant : — Triompherai-je de Dieu dans ce cœur? Un léger bruit fit tressaillir cet homme, le rideau brun se tira; puis il vit dans la lumière une femme debout, mais dont la figure lui était cachée par le prolongement du voile plié sur la tête : suivant la règle de la maison, elle était vêtue de cette robe dont la couleur est devenue proverbiale, Le général ne put apercevoir les pieds nus de la religieuse, qui lui en auraient attesté l'effrayante maigreur; cependant, malgré les plis nombreux de la robe grossière qui couvrait et ne paraissait plus cette femme, il devina que les larmes, la prière, la passion, la vie solitaire, l'avaient déjà desséchée.

La main glacée d'une femme, celle de la supérieure sans doute, tenait encore le rideau; et le général, ayant examiné le témoin nécessaire de cet entretien, rencontra le regard noir et profond d'une vieille religieuse, presque centenaire, regard clair et jeune, qui démentait les rides nombreuses par lesquelles le pâle visage de cette femme était sillonné.

— Madame la duchesse, demanda-t-il d'une voix fortement émue à la religieuse qui baissait la tête, votre compagne entend-elle le français?

— Il n'y a pas de duchesse ici, répondit la religieuse. Vous êtes devant la sœur Thérèse. La femme, celle que vous nommez ma compagne, est ma mère en Dieu, ma supérieure ici-bas.

Ces paroles, si humblement prononcées par la voix qui jadis s'harmoniait avec le luxe et l'élégance au milieu desquels avait vécu cette femme, reine de la mode à Paris, par une bouche dont le langage était

Le général n'avait pu soutenir l'écrasante émotion qui s'éleva... dans son cœur. — PAGE 31.

jadis si léger, si moqueur, frappèrent le général comme l'eût fait un coup de foudre.

— Ma sainte mère ne parle que le latin et l'espagnol, ajouta-t-elle.

— Je ne sais ni l'un ni l'autre. Ma chère Antoinette, excusez-moi près d'elle.

En entendant son nom doucement prononcé par un homme naguère si dur pour elle, la religieuse éprouva une vive émotion intérieure que trahirent les légers tremblements de son voile, sur lequel la lumière tombait en plein.

— Mon frère, dit-elle en portant sa manche sous son voile pour s'essuyer les yeux peut-être, je me nomme la sœur Thérèse...

Puis elle se tourna vers la mère, et lui dit, en espagnol, ces paroles que le général entendait parfaitement; il en savait assez pour le comprendre, et peut-être aussi pour le parler :

— Ma chère mère, ce cavalier vous présente ses respects, et vous

prie de l'excuser de ne pouvoir les mettre lui-même à vos pieds; mais il ne sait aucune des deux langues que vous parlez...

La vieille inclina la tête lentement, sa physionomie prit une expression de douceur angélique, rehaussée néanmoins par le sentiment de sa puissance et de sa dignité.

— Tu connais ce cavalier? lui demanda la mère en lui jetant un regard pénétrant.

— Oui, ma mère.

— Rentre dans ta cellule, ma fille! dit la supérieure d'un ton impérieux.

Le général s'effaça vivement derrière le rideau, pour ne pas laisser deviner sur son visage les émotions terribles qui l'agitaient; et, dans l'ombre, il croyait voir encore les yeux perçants de la supérieure. Cette femme, maîtresse de la fragile et passagère félicité dont la conquête coûtait tant de soins, lui avait fait peur, et il tremblait, lui qu'une triple rangée de canons n'avait jamais effrayé. La duchesse marchait vers la porte, mais elle se retourna :

— Ma mère, dit-elle d'un ton de voix horriblement calme, ce Français est un de mes frères.

— Reste donc, ma fille! répondit la vieille femme après une pause.

Cet admirable jésuitisme accusait tant d'amour et de regrets, qu'un homme moins fortement organisé que ne l'était le général se serait senti défaillir en éprouvant de si vifs plaisirs au milieu d'un immense péril, pour lui tout nouveau. De quelle valeur étaient donc les mots, les regards, les gestes dans une scène où l'amour devait échapper à des yeux de lynx, à des griffes de tigre! La sœur Thérèse revint.

— Vous voyez, mon frère, ce que j'ose faire pour vous entretenir un moment de votre salut, et des vœux que mon âme adresse pour vous chaque jour au ciel. Je commets un péché mortel. J'ai menti. Combien de jours de pénitence pour effacer ce mensonge! mais ce sera souffrir pour vous. Vous ne savez pas, mon frère, quel bonheur est d'aimer dans le ciel, de pouvoir s'avouer ses sentiments alors que la religion les a transportés dans les régions les plus hautes, et qu'il nous est permis de ne plus regarder qu'à l'âme. Si les doctrines, si l'esprit de la sainte à laquelle nous devons cet asile ne m'avaient pas enlevée loin des misères terrestres, et ravie bien loin de la sphère où elle est, mais certes au-dessus du monde, je ne vous eusse pas revu. Mais je puis vous voir, vous entendre, et demeurer calme...

— Eh bien! Antoinette, s'écria le général en l'interrompant à ces mots, faites que je vous voie, vous que j'aime maintenant avec ivresse, éperdument, comme vous avez voulu être aimée par moi.

— Ne m'appelez pas Antoinette, et vous en supplie. Les souvenirs du passé me font mal. Ne voyez ici que la sœur Thérèse, une créature confiante en la miséricorde divine. Et, ajouta-t-elle après une pause, modérez-vous, mon frère. Notre mère nous séparerait impitoyablement, si votre visage trahissait des passions mondaines, ou si vos yeux laissaient tomber des pleurs.

Le général inclina la tête comme pour se recueillir. Quand il leva les yeux sur la grille, il aperçut, entre deux barreaux, la figure amaigrie, pâle, mais ardente encore de la religieuse. Son teint, où jadis fleurissaient tous les enchantements de la jeunesse, où l'heureuse opposition d'un blanc mat contrastait avec les couleurs de la rose du Bengale, avait pris le ton chaud d'une coupe de porcelaine sous laquelle est enfermée une faible lumière. La belle chevelure dont cette femme était si fière avait été rasée. Un bandeau ceignait son front et enveloppait son visage. Ses yeux, entourés d'une meurtrissure due aux austérités de cette vie, lançaient, par moments, des rayons fiévreux, et leur calme habituel n'était qu'un voile. Enfin, de cette femme il ne restait que l'âme.

— Ah! vous quitterez ce tombeau, vous qui êtes devenue ma vie! Vous m'apparteniez, et n'étiez pas libre de vous donner, même à Dieu. Ne m'avez-vous pas promis de sacrifier tout au moindre de mes commandements? Maintenant vous me trouverez peut-être digne de cette promesse, quand vous saurez ce que j'ai fait pour vous. Je vous ai cherchée dans le monde entier. Depuis cinq ans, vous êtes ma pensée de tous les instants, l'occupation de ma vie. Mes amis, des amis bien puissants, vous le savez, m'ont aidé de toute leur force à fouiller les couvents de France, d'Italie, d'Espagne, de Sicile, de l'Amérique. Mon amour s'allumait plus vif à chaque recherche vaine; j'ai souvent fait de longs voyages sur un faux espoir, j'ai dépensé ma vie et les plus larges battements de mon cœur autour des murailles muettes de plusieurs cloîtres. Je ne vous parle pas d'une fidélité sans bornes, qu'est-ce? un rien en comparaison des vœux infinis de mon amour. Si vous avez été vraie jadis dans vos remords, vous ne devez pas hésiter à me suivre aujourd'hui.

— Vous oubliez que je ne suis pas libre.

— Le duc est mort, répondit-il vivement.

La sœur Thérèse rougit.

— Que le ciel lui soit ouvert, dit-elle avec une vive émotion; il a été généreux pour moi. Mais je ne parlais pas de ces liens, une de mes fautes a été de vouloir les briser tous sans scrupule pour vous.

— Vous parlez de vos vœux, s'écria le général en fronçant les sourcils. Je ne croyais pas que quelque chose pesât au cœur plus que votre amour. Mais n'en parlons pas, Antoinette, j'obtiendrai du Saint-Père un bref qui deliera vos serments. J'irai certes à Rome, j'implorerai toutes les puissances de la terre; et si Dieu pouvait descendre, je le...

— Ne blasphémez pas.

— Ne vous inquiétez donc pas de Dieu! Ah! j'aimerais bien mieux savoir que vous franchiriez pour moi ces murs, que, ce soir même, vous vous jetteriez dans une barque au bas des rochers. Nous irions être heureux je ne sais où, au bout du monde! Et, près de moi, vous reviendriez à la vie, à la santé, sous les ailes de l'Amour.

— Ne parlez pas ainsi, reprit la sœur Thérèse, vous ignorez ce que vous êtes devenu pour moi. Je vous aime bien mieux que je ne vous ai jamais aimé. Je prie Dieu tous les jours pour vous, et je ne vous vois plus avec les yeux du corps. Si vous connaissiez, Armand, le bonheur de pouvoir se livrer sans honte à une amitié pure que

Le rideau brun se tira, puis il vit dans la lumière une femme debout, mais dont la figure.. .. — PAGE 32.

Dieu protège! Vous ignorez combien je suis heureuse d'appeler les bénédictions du ciel sur vous. Je ne prie jamais pour moi: Dieu fera de moi suivant ses volontés. Mais vous, je voudrais, au prix de mon éternité, avoir quelque certitude que vous êtes heureux en ce monde, et que vous serez heureux en l'autre, pendant tous les siècles. Ma vie éternelle est tout ce que le malheur m'a laissé à vous offrir. Maintenant, je suis vieillie dans les larmes, je ne suis plus ni jeune ni belle, d'ailleurs vous mépriseriez une religieuse devenue femme, qu'aucun sentiment, même l'amour maternel, n'absoudrait pas.. Que me direz-vous qui puisse balancer les innombrables réflexions accumulées dans mon cœur depuis cinq années, et qui l'ont changé, creusé, flétri? J'aurais dû le donner moins triste à Dieu!

— Ce que je dirai, ma chère Antoinette! je dirai que je t'aime, que l'affection, l'amour, l'amour vrai, le bonheur de vivre dans un cœur tout à nous, entièrement à nous, sans réserve, est si rare et si difficile à rencontrer, que j'ai douté de toi, que je t'ai soumise à de rudes épreuves; mais aujourd'hui je t'aime de toutes les puissances de mon âme: si tu me suis dans la retraite, je n'entendrai plus d'autre voix que la tienne, je ne verrai plus d'autre visage que le tien...

— Silence, Armand! Vous abrégez le seul instant pendant lequel il nous sera permis de nous voir ici-bas.

— Antoinette, veux-tu me suivre?

— Mais je ne vous quitte pas. Je vis dans votre cœur, mais autrement que par un intérêt de plaisir mondain, de vanité, de jouissance égoïste; je vis ici pour vous, pâle et flétrie, dans le sein de Dieu! S'il est juste, vous serez heureux...

— Phrases que tout cela! Et si je te veux pâle et flétrie? Et si je ne puis être heureux qu'en te possédant? Tu connaîtras donc toujours des devoirs en présence de ton amant? Il n'est donc jamais au-dessus de tout dans ton cœur? Naguère, tu lui préférais la société, toi, je ne sais quoi; maintenant, c'est Dieu, c'est mon salut. Dans la sœur Thérèse, je reconnais toujours la duchesse ignorante des plaisirs de l'amour, et toujours insensible sous les apparences de la sensibilité. Tu ne m'aimes pas, tu n'as jamais aimé...

— Ah! mon frère...

— Tu ne veux pas quitter cette tombe, tu aimes mon âme, dis-tu? Eh bien! tu la perdras à jamais, cette âme, je la tuerai...

— Ma mère, cria la sœur Thérèse en espagnol, je vous ai menti, cet homme est mon amant!

Aussitôt le rideau tomba. Le général, demeuré stupide, entendit à peine les portes intérieures se fermant avec violence.

— Ah! elle m'aime encore! s'écria-t-il en comprenant tout ce qu'il y avait de sublime dans le cri de la religieuse. Il faut l'enlever d'ici...

Le général quitta l'île, revint au quartier général, il allégua des raisons de santé, demanda un congé et retourna promptement en France.

Voici maintenant l'aventure qui avait déterminé la situation respective où se trouvaient alors les deux personnages de cette scène.

Ce que l'on nomme en France le faubourg Saint-Germain n'est ni un quartier, ni une secte, ni une institution, ni rien qui se puisse nettement exprimer. La place Royale, le faubourg Saint-Honoré, la Chaussée-d'Antin, possèdent également des hôtels où se respire l'air du faubourg Saint-Germain. Ainsi, déjà tout le faubourg n'est pas dans le faubourg. Des personnes nées fort loin de son influence peuvent la ressentir et s'agréger à ce monde, tandis que certaines autres qui y sont nées peuvent en être à jamais bannies. Les manières, le parler, en un mot la tradition du faubourg Saint-Germain est à Paris, depuis environ quarante ans, ce que la cour y était jadis, ce qu'était l'hôtel Saint-Paul dans le quatorzième siècle, le Louvre au quinzième, le Palais, l'hôtel Rambouillet, la place Royale au seizième, puis Versailles au dix-septième et au dix-huitième siècle. A toutes les phases de l'histoire, le Paris de la haute classe et de la noblesse a eu son centre, comme le Paris vulgaire aura toujours le sien. Cette singularité périodique offre une ample matière aux réflexions de ceux qui veulent observer ou peindre les différentes zones sociales ; et peut-être ne doit-on pas en rechercher les causes seulement pour justifier le caractère de cette aventure, mais aussi pour servir à de graves intérêts, plus vivaces dans l'avenir que dans le présent, si toutefois l'expérience n'est pas un non-sens pour les partis comme pour la jeunesse. Les grands seigneurs et les gens riches, qui singeront toujours les grands seigneurs, ont, à toutes les époques, éloigné leurs maisons des endroits très-habités. Si le duc d'Uzès se bâtit, sous le règne de Louis XIV, le bel hôtel à la porte duquel il mit la fontaine de la rue Montmartre, acte de bienfaisance qui le rendit, outre ses vertus, l'objet d'une vénération si populaire que le quartier suivit en masse son convoi ce coin de Paris était alors désert. Mais aussitôt que les fortifications s'abattirent, que les marais situés au delà des boulevards s'emplirent de maisons, la famille d'Uzès quitta ce bel hôtel habité de nos jours par un banquier. Puis la noblesse, compromise au milieu des boutiques, abandonna la place Royale, les alentours du centre parisien, et passa la rivière afin de pouvoir respirer à son aise dans le faubourg Saint-Germain où déjà des palais s'étaient élevé autour de l'hôtel bâti par Louis XIV au duc du Maine, le Benjamin de ses légitimés. Pour les gens habitués aux splendeurs de la vie, est-il en effet rien de plus ignoble que le tumulte, la boue, les cris, la mauvaise odeur, l'étroitesse des rues populeuses ? Les habitudes d'un quartier marchand ou manufacturier ne sont-elles pas constamment en désaccord avec les habitudes des grands ? Le commerce et le travail se couchent au moment où l'aristocratie songe à dîner, les uns s'agitent bruyamment quand l'autre se repose, leurs calculs ne se rencontrent jamais, les uns sont la recette, et l'autre est la dépense. De là des mœurs diamétralement opposées. Cette observation n'a rien de dédaigneux. Une aristocratie est en quelque sorte la pensée d'une société, comme la bourgeoisie et les prolétaires en sont l'organisme et l'action. De là des sièges différents pour ces forces, et, de leur antagonisme, vient une antipathie apparente que produit la diversité de mouvements faits néanmoins dans un but commun. Ces discordances sociales résultent si logiquement de toute charte constitutionnelle, que le libéral le plus disposé à s'en plaindre, comme d'un attentat envers les sublimes idées sous lesquelles les ambitieux des classes inférieures cachent leurs desseins, trouverait prodigieusement ridicule à M. le prince de Montmorency de demeurer rue Saint-Martin, au coin de la rue qui porte son nom, ou à M. le duc de Fitz-James, le descendant de la race royale écossaise, d'avoir son hôtel rue Marie-Stuart, au coin de la rue Montorgueil. *Sint ut sunt, aut non sint*, ces belles paroles pontificales peuvent servir de devise aux grands de tous les pays. Ce fait, patent à chaque époque, et toujours accepté par le peuple, porte en lui des raisons d'État : il est à la fois un effet et une cause, un principe et une loi. Les masses ont un bon sens qu'elles ne désertent qu'au moment où les gens de mauvaise foi les passionnent. Ce bon sens repose sur des vérités d'un ordre général, vraies à Moscou comme à Londres, vraies à Genève comme à Calcutta. Partout, lorsque vous rassemblerez des familles d'inégale fortune sur un espace donné, vous verrez se former des cercles supérieurs, des patriciens, des première, seconde et troisième société. L'égalité sera peut-être un *droit*, mais aucune puissance humaine ne saura le convertir en *fait*. Il serait bien utile pour le bonheur de la France d'y populariser cette pensée. Aux masses les moins intelligentes se révèlent encore les bienfaits de l'harmonie politique. L'harmonie est la poésie de l'ordre, et les peuples ont un vif besoin d'ordre. La concordance des choses entre elles, l'unité, pour tout dire en un mot, n'est-elle pas la plus simple expression de l'ordre ? L'architecture, la musique, la poésie, tout dans la France s'appuie, plus qu'en aucun autre pays, sur ce principe, qui d'ailleurs est écrit au fond de son clair et net langage, et la langue sera toujours la plus infaillible formule d'une nation. Aussi, voyez-vous le peuple y adoptant les airs les plus poétiques, les mieux modulés s'attachant aux idées les plus simples, aimant les motifs incisifs qui contiennent le plus de pensées. La France est le seul pays où quelque petite phrase puisse faire une grande révolution. Les masses ne s'y sont jamais révoltées que pour essayer de mettre d'accord les hommes, les choses et les principes. Or, nulle autre nation ne sent mieux la pensée d'unité qui doit exister dans la vie aristocratique, peut-être parce qu'aucune autre n'a mieux compris les nécessités politiques : l'his-

toire ne la trouvera jamais en arrière. La France est souvent trompée, mais comme une femme l'est, par des idées généreuses, par des sentiments chaleureux dont la portée échappe d'abord au calcul.

Ainsi déjà, pour premier trait caractéristique, le faubourg Saint-Germain a la splendeur de ses hôtels, ses grands jardins, leur silence, jadis en harmonie avec la magnificence de ses fortunes territoriales. Cet espace mis entre une classe et toute une capitale n'est-il pas une consécration matérielle des distances morales qui doivent les séparer ? Dans toutes les créations, la tête a sa place marquée. Si par hasard une nation fait tomber son chef à ses pieds, elle s'aperçoit tôt ou tard qu'elle s'est suicidée. Comme les nations ne veulent pas mourir, elles travaillent alors à se refaire une tête. Quand la nation n'en a plus la force, elle périt, comme ont péri Rome, Venise et tant d'autres. La distinction introduite par la différence des mœurs entre les autres sphères d'activité sociale et la sphère supérieure implique nécessairement une valeur réelle, capitale, chez les sommités aristocratiques. Dès qu'en tout État, sous quelque forme qu'affecte le *gouvernement*, les patriciens manquent à leurs conditions de supériorité complète, ils deviennent sans force, et le peuple les renverse aussitôt. Le peuple veut toujours les voir aux mains, au cœur et à la tête, la fortune, le pouvoir et l'action, la parole, l'intelligence et la gloire. Sans cette triple puissance, tout privilège s'évanouit. Les peuples, comme les femmes, aiment la force en quiconque les gouverne, et leur amour ne va pas sans le respect, ils n'accordent point leur obéissance à qui ne l'impose pas. Une aristocratie mésestimée est comme un roi fainéant, un mari en jupon elle est nulle avant de n'être rien. Ainsi, la séparation des grands, leurs mœurs tranchées, en un mot, le costume général des castes patriciennes est tout à la fois le symbole d'une puissance réelle, et les raisons de leur mort quand elles ont perdu la puissance. Le faubourg Saint-Germain s'est laissé momentanément abattre pour n'avoir pas voulu reconnaître les obligations de son existence qu'il lui était encore facile de perpétuer. Il devait avoir la bonne foi de voir à temps, comme le vit l'aristocratie anglaise, que les institutions ont leurs années climatériques où les mêmes mots n'ont plus les mêmes significations, où les idées prennent d'autres vêtements, et où les conditions de la vie politique changent totalement de forme, sans que le fond soit essentiellement altéré. Ces idées veulent des développements qui appartiennent essentiellement à cette aventure, dans laquelle ils entrent, et comme définition des causes, et comme explication des faits.

Le grandiose des châteaux et des palais aristocratiques, le luxe de leurs détails, la somptuosité constante des ameublements, l'aire dans laquelle s'y meut sans gêne, et sans éprouver de froissement, l'heureux propriétaire, riche avant de naître, puis l'habitude de ne jamais descendre au calcul des intérêts journaliers et mesquins de l'existence, le temps dont il dispose, l'instruction supérieure qu'il peut prématurément acquérir ; enfin les traditions patriciennes qui lui donnent des forces sociales que ses adversaires compensent à peine par des études, par une volonté, par une vocation tenaces tout devrait élever l'âme de l'homme, qui, dès le jeune âge, possède de tels privilèges, lui imprimer en haut respect de lui-même dont la moindre conséquence est une noblesse de cœur en harmonie avec la noblesse du nom. Cela est vrai pour quelques familles. Çà et là, dans le faubourg Saint-Germain, se rencontrent de beaux caractères, exceptions qui prouvent contre l'égoïsme général qui a causé la perte de ce monde à part. Ces avantages sont acquis à l'aristocratie française, comme à toutes les efflorescences patriciennes qui se produiront à la surface des nations aussi longtemps qu'elles assiéront leur existence sur le *domaine*, le domaine-sol comme le domaine-argent, seule base solide d'une société régulière, mais ces avantages ne demeurent aux patriciens de toute sorte qu'autant qu'ils maintiennent les conditions auxquelles le peuple les leur laisse. C'est des espèces de fiefs moraux dont la tenure oblige envers le souverain et ici le souverain est certes aujourd'hui le peuple. Les temps sont changés, et aussi les armes. Le banneret, à qui suffisait jadis de porter la cotte de maille, le haubert, de bien manier la lance et de montrer son pennon, doit aujourd'hui faire preuve d'intelligence ce là où il n'était besoin que d'un grand cœur, il faut, de nos jours, un large crâne. L'art, la science et l'argent forment le triangle social où s'inscrit l'écu du pouvoir, et d'où doit procéder la moderne aristocratie. Un beau théorème vaut un grand nom. Les Fugger modernes sont princes de fait. Un grand artiste est réellement un oligarque, il représente tout un siècle, et devient presque toujours une loi. Ainsi le talent de la parole, les machines à haute pression de l'écrivain, le génie du poète, la constance du commerçant, la volonté de l'homme d'État qui concentre en lui mille qualités éblouissantes, le glaive du général, ces conquêtes personnelles faites par un seul sur toute la société pour lui imposer, la classe aristocratique doit s'efforcer d'en avoir aujourd'hui le monopole, comme jadis elle avait celui de la force matérielle. Pour rester à la tête d'un pays, ne faut-il pas être toujours digne de la conduire, en être l'âme et l'esprit, pour en faire agir les mains ? Comment mener un peuple sans avoir les puissances qui font le commandement ? Que serait le bâton des maréchaux sans la force intrinsèque du capitaine qui le tient à la main ? Le faubourg

Saint-Germain a joué avec des bâtons, en croyant qu'ils étaient tout le pouvoir. Il avait renversé les termes de la proposition qui commande son existence. Au lieu de jeter les insignes qui choquaient le peuple et de garder secrètement la force, il a laissé saisir la force à la bourgeoisie, s'est cramponné fatalement aux insignes, et a constamment oublié les lois que lui imposait sa faiblesse numérique. Une aristocratie, qui personnellement fait à peine le millième d'une société, doit aujourd'hui comme jadis, y multiplier ses moyens d'action pour y opposer, dans les grandes crises, un poids égal à celui des masses populaires. De nos jours, les moyens d'action doivent être des forces réelles, et non des souvenirs historiques. Malheureusement, en France, la noblesse encore grosse de son ancienne puissance évanouie, avait contre elle une sorte de présomption dont il était difficile qu'elle se défendît. Peut-être est-ce un défaut national. Le Français, plus que tout autre homme, ne conclut jamais au-dessous de lui, il va du degré sur lequel il se trouve au degré supérieur; il plaint rarement les malheureux au-dessus desquels il s'élève, il gémit toujours de voir tant d'heureux au-dessus de lui. Quoiqu'il ait beaucoup de cœur, il préfère trop souvent écouter son esprit. Cet instinct national qui fait toujours aller les Français en avant, cette vanité qui ronge leurs fortunes et les régit aussi absolument que le principe d'économie régit les Hollandais, a dominé depuis trois siècles la noblesse, qui, sous ce rapport, fut éminemment française. L'homme du faubourg Saint-Germain a toujours conclu de sa supériorité matérielle en faveur de sa supériorité intellectuelle. Tout, en France, l'en a convaincu, parce que depuis l'établissement du faubourg Saint-Germain, révolution aristocratique commencée le jour où la monarchie quitta Versailles, le faubourg Saint-Germain s'est, sauf quelques lacunes, toujours appuyé, sur le pouvoir, qui sera toujours en France plus ou moins faubourg Saint-Germain : de là sa défaite en 1830. À cette époque, il était comme une armée opérant sans avoir de base. Il n'avait point profité de la paix pour s'implanter dans le cœur de la nation. Il péchait par un défaut d'instruction et par un manque total de vue sur l'ensemble de ses intérêts. Il tuait un avenir certain, au profit d'un présent douteux. Voici peut-être la raison de cette fausse politique. La distance physique et morale que ces supériorités s'efforçaient de maintenir entre elles et le reste de la nation a fatalement eu pour tout résultat, depuis quarante ans, d'entretenir dans la haute classe le sentiment personnel en tuant le patriotisme de caste. Jadis, alors que la noblesse française était grande, riche et puissante, les gentilshommes savaient, dans le danger, se choisir des chefs et leur obéir. Devenus moindres, ils se sont montrés indisciplinables; et, comme dans le Bas-Empire, chacun d'eux voulait être empereur; en se voyant tous égaux par leur faiblesse, ils se crurent tous supérieurs. Chaque famille ruinée par la révolution, ruinée par le partage égal des biens, ne pensa qu'à elle, au lieu de penser à la grande famille aristocratique, et il semblait que si toutes s'enrichissaient, le parti serait fort. Erreur. L'argent aussi n'est qu'un signe de la puissance. Composée de personnes qui conservaient les hautes traditions de bonne politesse, d'élégance vraie, de beau langage, de pruderie et d'orgueil nobiliaires, en harmonie avec leurs existences, occupations mesquines quand elles sont devenues le principal d'une vie de laquelle elles ne doivent être que l'accessoire, toutes ces familles avaient une certaine valeur intrinsèque, qui, mise en superficie, ne leur laisse qu'une valeur nominale. Aucune de ces familles n'a eu le courage de se dire : Sommes-nous assez fortes pour porter le pouvoir? Elles se sont jetées dessus comme firent les avocats en 1830. Au lieu de se montrer protecteur comme un grand, le faubourg Saint-Germain fut avide comme un parvenu. Du jour où il fut prouvé à la nation la plus intelligente du monde que la noblesse restaurée organisait le pouvoir et le budget à son profit, ce jour, elle fut mortellement malade. Elle voulait être une aristocratie quand elle ne pouvait plus être qu'une oligarchie, deux systèmes bien différents, et que comprendra tout homme assez habile pour lire attentivement les noms patronymiques des lords de la chambre haute. Certes, le gouvernement royal eut de bonnes intentions, mais il oubliait constamment qu'il faut tout faire vouloir au peuple, même son bonheur, et que la France, femme capricieuse, veut être heureuse ou battue à son gré. S'il y avait eu beaucoup de ducs de Laval, dont la modestie les rendit digne de son nom, le trône de la branche aînée serait devenu autant solide que l'est celui de la maison de Hanovre. En 1814, mais surtout en 1820, la noblesse française avait à dominer l'époque la plus instruite, la bourgeoisie la plus aristocratique, le pays le plus femelle du monde. Le faubourg Saint-Germain pouvait bien facilement conduire et amuser une classe moyenne, ivre de distinctions, amoureuse d'art et de science. Mais les mesquins meneurs de cette grande époque intelligentielle haïssaient tous l'art et la science. Ils ne surent même pas présenter la religion, dont ils avaient besoin, sous les poétiques couleurs qui l'eussent fait aimer. Quand Lamartine, Lamennais, Montalembert et quelques autres écrivains de talent doraient de poésie, renovaient ou agrandissaient les idées religieuses, tous ceux qui gâchaient le gouvernement faisaient sentir l'amertume de la religion. Jamais nation ne fut plus complaisante, elle était alors comme une femme fatiguée qui devient facile; jamais pouvoir ne fit alors plus de maladresses : la France et la femme aiment mieux les fautes. Pour se réintégrer, pour fonder un grand gouvernement oligarchique, la noblesse du faubourg devait se fouiller avec bonne foi afin de trouver en elle-même la monnaie de Napoléon, s'éventrer pour demander au creux de ses entrailles un Richelieu constitutionnel; si ce génie n'était pas en elle, aller le chercher jusque dans le froid grenier où il pouvait être en train de mourir, et se l'assimiler, comme la chambre des lords anglais s'assimile constamment les aristocrates de hasard. Puis, ordonner à cet homme d'être implacable, de retrancher les branches pourries, de recéper l'arbre aristocratique. Mais d'abord, le grand système du torysme anglais était trop immense pour de petites têtes; et son importation demandait trop de temps aux Français, pour lesquels une réussite lente vaut un fiasco. D'ailleurs, loin d'avoir cette politique rédemptrice qui va chercher la force là où Dieu l'a mise, ces grandes petites gens haïssaient toute force qui ne venait pas d'eux; enfin, loin de se rajeunir, le faubourg Saint-Germain s'est avachi. L'étiquette, institution de seconde nécessité, pouvait être maintenue si elle n'eût paru que dans les grandes occasions; mais l'étiquette devint une lutte quotidienne, et, au lieu d'être une question d'art ou de magnificence, elle devint une question de pouvoir. S'il manqua d'abord au trône un de ces conseillers aussi grands que les circonstances étaient grandes, l'aristocratie manqua surtout de la connaissance de ses intérêts généraux, qui aurait pu suppléer à tout. Elle s'arrêta devant le mariage de M. de Talleyrand, le seul homme qui eût une de ces têtes métalliques où se forgent à neuf les systèmes politiques par lesquels revivent glorieusement les nations. Le faubourg se moqua des ministres qui n'étaient pas gentilshommes, et ne donnait pas de gentilshommes assez supérieurs pour être ministres, il pouvait rendre des services véritables au pays en ennoblissant les justices de paix, en fertilisant le sol, en construisant des routes et des canaux, en se faisant puissance territoriale agissante : mais il vendait ses terres pour jouer à la Bourse. Il pouvait priver la bourgeoisie des hommes d'action et de talent dont l'ambition minait le pouvoir, en leur ouvrant ses rangs, il a préféré les combattre et sans armes, car il n'avait plus qu'en tradition ce qu'il possédait jadis en réalité. Pour le malheur de cette noblesse, il lui restait précisément assez de ces diverses fortunes pour soutenir sa morgue. Contente de ses souvenirs, aucune de ces familles ne songea sérieusement à faire prendre des armes à ses aînés parmi le faisceau que le dix-huitième siècle jetait sur la place publique. La jeunesse, exclue des affaires, dansait chez Madame, au lieu de continuer à Paris, par l'influence de talents jeunes, consciencieux, innocents de l'Empire et de la République, l'œuvre que les chefs de chaque famille auraient commencée dans les départements en conquérant la reconnaissance de leurs titres par de continuels plaidoyers en faveur des intérêts locaux, en s'y conformant à l'esprit du siècle, en refondant la caste au goût du temps. Concentrée dans son faubourg Saint-Germain, où vivait l'esprit des anciennes oppositions féodales mêlé à celui de l'ancienne cour, l'aristocratie, mal unie au château des Tuileries, fut plus facile à vaincre, n'existant que sur un point et surtout aussi mal constituée qu'elle l'était dans la Chambre des pairs. Tissue dans le pays, elle devenait indestructible, acculée dans son faubourg, adossée au château étendue dans le budget, il suffisait d'un coup de hache pour trancher le fil de sa vie agonisante, et la plate figure d'un petit avocat s'avança pour donner ce coup de hache. Malgré l'admirable discours de M. Royer-Collard, l'hérédité de la pairie et ses majorats tombèrent sous les pasquinades d'un homme qui se vantait d'avoir adroitement disputé quelques têtes au bourreau, mais qui tuait maladroitement de grandes institutions. Il se trouve là des exemples et des enseignements pour l'avenir. Si l'oligarchie française n'avait pas une vie future, il y aurait je ne sais quelle cruante triste et bien ordonnée après un décès, et alors il ne faudrait plus que penser à son sarcophage, mais, si le scalpel des chirurgiens est dur à sentir, il rend parfois la vie aux mourants. Le faubourg Saint-Germain peut se trouver plus puissant, persécuté, qu'il ne l'était, triomphant, s'il veut avoir un chef et un système.

Maintenant il est facile de résumer cet aperçu semi-politique. Ce défaut de vues larges et ce vaste ensemble de petites fautes; l'envie de rétablir de hautes fortunes dont chacun se préoccupait; un besoin réel de religion pour soutenir la politique, une soif de plaisir, qui nuisait à l'esprit religieux et nécessita des hypocrisies; les résistances partielles de quelques esprits élevés qui voyaient juste et que contrarièrent les rivalités de cour, la noblesse de province, souvent plus pure de race que la noblesse de cour, mais qui, trop souvent froissée, se désaffectionna, toutes ces causes se réunirent pour donner au faubourg Saint-Germain les mœurs les plus discordantes. Il ne fut ni compacte dans son système, ni conséquent dans ses actes, ni complètement moral, ni franchement licencieux, ni corrompu ni corrupteur, il n'abandonna pas entièrement les questions qui lui nuisaient et n'adopta pas les idées qui l'eussent sauvé. Enfin, quelque débiles que fussent les personnes, le parti s'était néanmoins armé de tous les grands principes qui font la vie des nations. Or, pour périr dans sa force, que faut-il être? Il fut difficile dans le choix des personnes présentées ; il eut du bon goût, du mépris élégant, mais sa chute n'eut certes rien d'éclatant ni de chevaleresque. L'émigration de 89 accusait encore des sentiments en 1830, l'émigration à l'intérieur n'accuse plus que des intérêts. Quelques hommes illustres dans les lettres, les triomphes de la tribune. M. de Talleyrand dans les congrès, la conquête d'Alger, et plusieurs noms redevenus historiques sur les champs de bataille, montrent à l'aristocratie française les moyens qui lui restent de se nationaliser et de faire encore reconnaître ses titres, si toutefois elle daigne. Chez les êtres organisés il se fait un travail d'harmonie intime. Un homme est-il paresseux, la paresse se trahit en chacun de ses mouvements. De même, la physionomie d'une classe d'hommes se conforme à l'esprit général, à l'âme qui en anime le corps. Sous la Restauration, la femme du faubourg Saint-Germain ne déploya ni la fière hardiesse que les dames de la cour portaient jadis dans leurs écarts, ni la modeste grandeur des tardives vertus par lesquelles elles expiaient leurs fautes, et qui répandaient autour d'elles un si vif éclat. Elle n'eut rien de bien léger, rien de bien grave. Ses passions, sauf quelques exceptions, furent hypocrites ; elle transigea pour ainsi dire avec leurs jouissances. Quelques-unes de ces familles menèrent la vie bourgeoise de la duchesse d'Orléans, dont le lit conjugal se montrait si ridiculement aux visiteurs du Palais-Royal. deux ou trois à peine continuèrent les mœurs de la Régence, et inspirèrent une sorte de dégoût à des femmes plus habiles. Cette nouvelle grande dame n'eut aucune influence sur les mœurs : elle pouvait néanmoins beaucoup ; elle pouvait, en desespoir de cause, offrir le spectacle imposant des femmes de l'aristocratie anglaise ; mais elle hésita niaisement entre d'anciennes traditions, fut dévote de force, et cacha tout, même ses belles qualités. Aucune de ces Françaises ne put créer de salon où les sommités sociales vinssent prendre des leçons de goût et d'élégance. Leur voix, jadis si imposante en littérature, cette vivante expression des sociétés, y fut tout à fait nulle. Or, quand une littérature n'a pas de système général, elle ne fait pas corps et se dissout avec son siècle. Lorsque, dans un temps quelconque, il se trouve au milieu d'une nation un peuple à part ainsi constitué, l'historien y rencontre presque toujours une figure principale qui résume les vertus et les défauts de la masse à laquelle elle appartient : Coligny chez les huguenots, le coadjuteur au sein de la Fronde, le maréchal de Richelieu sous Louis XV, Danton dans la Terreur. Cette identité de physionomie entre un homme et son cortège historique est dans la nature des choses. Pour mener un parti ne faut-il pas concorder à ses idées, pour briller dans une époque ne faut-il pas la représenter ? De cette obligation constante où se trouve la tête sage et prudente des partis d'obéir aux préjugés et aux folies des masses qui en font la queue dérivent les actions que reprochent certains historiens aux chefs de parti, quand, à distance des terribles ébullitions populaires, ils jugent à froid les passions les plus nécessaires à la conduite des grandes luttes séculaires. Ce qui est vrai dans la comédie historique des siècles est également vrai dans la sphère plus étroite des scènes particulières du drame national appelé les Mœurs.

Au commencement de la vie éphémère que mena le faubourg Saint-Germain pendant la Restauration, et à laquelle, si les considérations précédentes sont vraies, il ne suit pas donner de consistance, une jeune femme fut passagèrement le type le plus complet de la nature à la fois supérieure et faible, grande et petite, de sa caste. C'était une femme artificiellement instruite, réellement ignorante : pleine de sentiments élevés, mais manquant d'une pensée qui les coordonnât, dépensant les plus riches trésors de l'âme à obéir aux convenances ; prête à braver la société, mais hésitant et arrivant à l'artifice par suite de ses scrupules ; ayant plus d'entêtement que de caractère, plus d'engouement que d'enthousiasme, plus de tête que de cœur ; souverainement femme et souverainement coquette, Parisienne surtout, aimant l'éclat, les fêtes ; ne réfléchissant pas, ou réfléchissant trop tard, d'une imprudence qui arrivait presque à la poésie ; insolente à ravir, mais humble au fond du cœur ; affichant la force comme un roseau bien droit, mais, comme ce roseau, prête à fléchir sous une main puissante, parlant beaucoup de la religion, mais ne l'aimant pas, et cependant prête à l'accepter comme un dénoûment. Comment expliquer une créature véritablement multiple, susceptible d'héroïsme, et oubliant d'être héroïque pour dire une méchanceté ; jeune et suave, moins vieille de cœur que vieillie par les maximes de ceux qui l'entouraient, et comprenant leur philosophie égoïste sans l'avoir appliquée, ayant tous les vices du courtisan et toutes les noblesses de la femme adolescente ; se défiant de tout, et néanmoins se laissant parfois aller à tout croire ? Ne serait-ce pas toujours un portrait inachevé que celui de cette femme en qui les teintes les plus chatoyantes se heurtaient, mais en produisant une confusion poétique, parce qu'il y avait une lumière divine, un éclat de jeunesse qui donnait à ces traits confus une sorte d'ensemble ? La grâce lui servait d'unité. Rien n'était joué. Ces passions, ces demipassions, cette velléité de grandeur, cette réalité de petitesse, ces sentiments froids et ces élans chaleureux étaient naturels et ressortaient de sa situation autant que de celle de l'aristocratie à laquelle elle appartenait. Elle se comprenait toute seule et se mettait orgueil-

leusement au-dessus du monde, à l'abri de son nom. Il y avait du moi de Médée dans sa vie, comme dans celle de l'aristocratie, qui se mourait sans vouloir ni se mettre sur son séant, ni tendre la main à quelque médecin politique, ni toucher, ni être touchée, tant elle se sentait faible ou déjà poussière. La duchesse de Langeais, ainsi se nommait-elle, était mariée depuis environ quatre ans quand la Restauration fut consommée, c'est-à-dire en 1816, époque à laquelle Louis XVIII, éclairé par la révolution des Cent-Jours, comprit sa situation et son siècle, malgré son entourage, qui, néanmoins, triompha plus tard de ce Louis XI moins la hache, lorsqu'il fut abattu par la maladie. La duchesse de Langeais était une Navarreins, famille ducale qui, depuis Louis XIV, avait pour principe de ne point abdiquer son titre dans ses alliances. Les filles de cette maison devaient avoir tôt ou tard, de même que leur mère, un tabouret à la cour. A l'âge de dix-huit ans, Antoinette de Navarreins sortit de la profonde retraite où elle avait vécu pour épouser le fils aîné du duc de Langeais. Les deux familles étaient alors éloignées du monde ; mais l'invasion de la France faisait présumer aux royalistes le retour des Bourbons comme la seule conclusion possible aux malheurs de la guerre. Les ducs de Navarreins et de Langeais, restés fidèles aux Bourbons, avaient noblement résisté à toutes les séductions de la gloire impériale, dans les circonstances où ils se trouvaient lors de cette union, ils durent naturellement obéir à la vieille politique de leurs familles. Mademoiselle Antoinette de Navarreins épousa donc, belle et pauvre, M. le marquis de Langeais, dont le père mourut quelques mois après ce mariage. Au retour des Bourbons, les deux familles reprirent leur rang, leurs charges, leurs dignités à la cour, et rentrèrent dans le mouvement social, en dehors duquel elles s'étaient tenues jusqu'alors. Elles devinrent les plus éclatantes sommités de ce nouveau monde politique. Dans ces temps de lâchetés et de fausses conversions, la conscience publique se plut à reconnaître en ces deux familles la fidélité sans tache, l'accord entre la vie privée et le caractère politique, auxquels tous les partis rendent involontairement hommage. Mais, par un malheur assez commun dans les temps de transaction, les personnes les plus pures et qui, par l'élévation de leurs vues, la sagesse de leurs principes, auraient fait croire en France à la générosité d'une politique neuve et hardie, furent écartées des affaires, qui tombèrent entre les mains de gens intéressés à porter les principes à l'extrême, pour faire preuve de dévouement. Les familles de Langeais et de Navarreins restèrent dans la haute sphère de la cour, condamnées aux devoirs de l'étiquette ainsi qu'aux reproches et aux moqueries du libéralisme, accusées de se gorger d'honneurs et de richesses, tandis que leur patrimoine ne s'augmenta point, et que les libéralités de la liste civile se consumèrent en frais de représentation, nécessaires à toute monarchie européenne, fût-elle même républicaine. En 1818, M. le duc de Langeais commandait une division militaire, et la duchesse avait, près d'une princesse, une place qui l'autorisait à demeurer à Paris, loin de son mari, sans scandale. Le duc avait, outre son commandement, une charge à la cour, où il venait, en laissant, pendant son quartier, le commandement à un maréchal de camp. Le duc et la duchesse vivaient donc entièrement séparés, de fait et de cœur, à l'insu du monde. Ce mariage de convention avait eu le sort assez habituel de ces pactes de famille. Les deux caractères les plus antipathiques du monde s'étaient trouvés en présence, s'étaient froissés secrètement, secrètement blessés, désunis à jamais. Puis, chacun d'eux avait obéi à sa nature et aux convenances. Le duc de Langeais, esprit aussi méthodique que pouvait l'être le chevalier de Folard, se livra méthodiquement à ses goûts, à ses plaisirs, et laissa sa femme libre de suivre les siens, après avoir reconnu chez elle un esprit éminemment orgueilleux, un cœur froid, une grande soumission aux usages du monde, une loyauté jeune, et qui devait rester pure sous les yeux des grands parents, à la lumière d'une cour prude et religieuse. Il fit donc à froid le grand seigneur du siècle précédent, abandonnant à elle-même une femme de vingt-deux ans, offensée gravement, et qui avait dans le caractère une épouvantable qualité, celle de ne jamais pardonner une offense quand toutes ses vanités de femme, quand son amour-propre, ses vertus peut-être, avaient été méconnus, blessés occultement. Quand un outrage est public, une femme aime à l'oublier, elle a des chances pour se grandir, elle est femme dans sa clémence ; mais les femmes n'absolvent jamais de secrètes offenses, parce qu'elles n'aiment ni les lâchetés, ni les vertus, ni les amours secrètes.

Telle était la position, inconnue du monde, dans laquelle se trouvait madame la duchesse de Langeais, et à laquelle ne réfléchissait pas cette femme lorsque les fêtes données à l'occasion du mariage du duc de Berri. En ce moment, la cour et le faubourg Saint-Germain sortirent de leur atonie et de leur réserve. Là, commença réellement cette splendeur inouïe qui abusa le gouvernement de la Restauration. En ce moment, la duchesse de Langeais, soit calcul, soit vanité, ne paraissait jamais dans le monde sans être entourée de trois ou quatre femmes aussi distinguées par leur nom que par leur fortune. Reine de la mode, elle avait ses dames d'atours, qui reproduisaient ailleurs ses manières et son esprit. Elle les avait habilement choisies parmi quelques personnes qui n'étaient encore ni dans l'intimité de la cour, ni dans le cœur du faubourg Saint-Germain, et qui avaient néanmoins la prétention d'y arriver; simples dominations qui voulaient s'élever jusqu'aux environs du trône et se mêler aux séraphiques puissances de la haute sphère nommée le petit château. Ainsi posée, la duchesse de Langeais était plus forte, elle dominait mieux, elle était plus en sûreté. Ses dames la défendaient contre la calomnie, et l'aidaient à jouer le détestable rôle de femme à la mode. Elle pouvait à son aise se moquer des hommes, des passions, les exciter, recueillir les hommages dont se nourrit toute nature féminine, et rester maîtresse d'elle-même. A Paris et dans la plus haute compagnie, la femme est toujours femme; elle vit d'encens, de flatteries, d'honneurs. La plus réelle beauté, la figure la plus admirable, n'est rien si elle n'est admirée : un amant, des flagorneries, sont les attestations de sa puissance. Qu'est un pouvoir inconnu? Rien. Supposez la plus jolie femme seule dans le coin d'un salon, elle y est triste. Quand une de ces créatures se trouve au sein des magnificences sociales, elle veut donc régner sur tous les cœurs, souvent faute de pouvoir être souveraine heureuse dans un seul. Ces toilettes, ces apprêts, ces coquetteries, étaient faites pour les plus pauvres êtres qui se soient rencontrés, des fats sans esprit, des hommes dont le mérite consistait dans une jolie figure, et pour lesquels toutes les femmes se compromettaient sans profit, de véritables idoles de bois doré qui, malgré quelques exceptions, n'avaient ni les antécédents des petits-maîtres du temps de la Fronde, ni la bonne grosse valeur des héros de l'Empire, ni l'esprit et les manières de leurs grands-pères, mais qui voulaient être gratis quelque chose d'approchant, qui étaient braves comme l'est la jeunesse française, habiles sans doute s'ils eussent été mis à l'épreuve, et qui ne pouvaient rien être par le règne des vieillards usés qui les tenaient en lisière. Ce fut une époque froide, mesquine et sans poésie. Peut-être faut-il beaucoup de temps à une restauration pour devenir une monarchie.

Depuis dix-huit mois, la duchesse de Langeais menait cette vie creuse, exclusivement remplie par le bal, par les visites faites pour le bal par des triomphes sans objet, par des passions éphémères, nées et mortes pendant une soirée. Quand elle arrivait dans un salon, les regards se concentraient sur elle, elle moissonnait des mots flatteurs, quelques expressions passionnées qu'elle encourageait du geste, du regard, et qui ne pouvait jamais aller plus loin que l'épiderme. Son ton, ses manières, tout en elle faisait autorité. Elle vivait dans une sorte de fièvre de vanité, de perpétuelle jouissance qui l'étourdissait. Elle allait assez loin en conversation, elle écoutait tout, et se dépravait, pour ainsi dire, à la surface du cœur. Revenue chez elle, elle rougissait souvent de ce dont elle avait ri, de telle histoire scandaleuse dont les détails l'aidaient à discuter les théories de l'amour qu'elle ne connaissait pas, et les subtiles distinctions de la passion moderne, que de complaisantes hypocrites lui commentaient; car les femmes, sachant se tout dire entre elles, en perdent plus que n'en corrompent les hommes. Il y eut un moment où elle comprit que la créature aimée était la seule dont la beauté, dont l'esprit pût être universellement reconnu. Que prouve un mari? Que, jeune fille, une femme était ou richement dotée, ou bien élevée, avait une mère adroite, ou satisfaisait aux ambitions de l'homme, mais un amant est le constant programme de ses perfections personnelles. Madame de Langeais apprit, jeune encore, qu'une femme pouvait se laisser aimer ostensiblement sans être complice de l'amour, sans l'approuver, sans le contenter autrement que par les plus maigres redevances de l'amour, et plus d'une Sainte-n'y-touche lui révéla les moyens de jouer ces dangereuses comédies. La duchesse eut donc sa cour, et le nombre de ceux qui l'adoraient ou la courtisaient fut une garantie de sa vertu. Elle était coquette, aimable, séduisante jusqu'à la fin de la fête, du bal, de la soirée, puis, le rideau tombé, elle se retrouvait seule, froide, insouciante, et néanmoins revivait le lendemain pour d'autres émotions également superficielles. Il y avait deux ou trois jeunes gens complétement abusés qui l'aimaient véritablement, et dont elle se moquait avec une parfaite insensibilité. Elle se disait : — Je suis aimée, il m'aime! Cette certitude lui suffisait. Semblable à l'avare satisfait de savoir que ses caprices peuvent être exaucés, elle n'allait peut-être même plus jusqu'au désir.

Un soir elle se trouva chez une de ses amies intimes, madame la vicomtesse de Fontaine, une de ses humbles rivales qui la haïssaient cordialement et l'accompagnaient toujours : espèce d'amitié armée dont chacun se défie, et où les confidences sont habilement discrètes, quelquefois perfides. Après avoir distribué de petits saluts protecteurs, affectueux ou dédaigneux de l'air naturel à la femme qui connaît toute la valeur de ses sourires, ses yeux tombèrent sur un homme qui lui était complétement inconnu, mais dont la physionomie large et grave la surprit. Elle sentit en le voyant une émotion assez semblable à celle de la peur.

— Ma chère, demanda-t-elle à madame de Maufrigneuse, quel est ce nouveau venu?

— Un homme dont vous avez sans doute entendu parler, le marquis de Montriveau.

— Ah! c'est lui.

Elle prit son lorgnon, et l'examina fort impertinemment, comme elle eût fait d'un portrait qui reçoit des regards et n'en rend pas.

— Présentez-le-moi donc, il doit être amusant.

— Personne n'est plus ennuyeux ni plus sombre, ma chère, mais il est à la mode.

M. Armand de Montriveau se trouvait en ce moment, sans le savoir, l'objet d'une curiosité générale et le méritait plus qu'aucune de ces idoles passagères dont Paris a besoin et dont il s'amourache pour quelques jours, afin de satisfaire cette passion d'engouement et d'enthousiasme factice dont il est périodiquement travaillé. Armand de Montriveau était le fils unique du général de Montriveau, un de ces ci-devant qui servirent noblement la République, et qui périt tué près de Joubert, à Novi. L'orphelin avait été placé, par les soins de Bonaparte, à l'école de Châlons, et mis, ainsi que plusieurs autres fils de généraux morts sur le champ de bataille, sous la protection de la République française. Après être sorti de cette école sans aucune espèce de fortune, il entra dans l'artillerie, et n'était encore que chef de bataillon lors du désastre de Fontainebleau. L'arme à laquelle appartenait Armand de Montriveau lui avait offert peu de chances d'avancement. D'abord le nombre des officiers y est plus limité que dans les autres corps de l'armée; puis, les opinions libérales et presque républicaines que professait l'artillerie et les craintes inspirées à l'empereur par une réunion d'hommes savants accoutumés à réfléchir, s'opposaient à la fortune militaire de la plupart d'entre eux. Aussi, contrairement aux lois ordinaires, les officiers parvenus au généralat ne furent-ils pas toujours les sujets les plus remarquables de l'arme, parce que, médiocres, ils donnaient peu de craintes. L'artillerie faisait un corps à part dans l'armée, et n'appartenait à Napoléon que sur les champs de bataille. A ces causes générales, qui peuvent expliquer les retards éprouvés dans sa carrière par Armand de Montriveau, il s'en joignait d'autres inhérentes à sa nature et à son caractère. Seul dans le monde, jeté dès l'âge de vingt ans à travers cette tempête d'hommes au sein de laquelle vécut Napoléon, et n'ayant aucun intérêt en dehors de lui-même, prêt à périr chaque jour, il s'était habitué à n'exister que par une estime intérieure et par le sentiment du devoir accompli. Il était habituellement silencieux comme le sont tous les hommes timides, mais sa timidité ne venait point d'un défaut de courage, c'était une sorte de pudeur qui lui interdisait toute démonstration vaniteuse. Son intrépidité sur les champs de bataille n'était point fanfaronne. Il y voyait tout, pouvait donner tranquillement un bon avis à ses camarades, et allait au-devant des boulets tout en se baissant à propos pour les éviter. Il était bon, mais sa contenance le faisait passer pour hautain et sévère. D'une rigueur mathématique en toute chose, il n'admettait aucune composition hypocrite ni avec les devoirs d'une position, ni avec les conséquences d'un fait. Il ne se prêtait à rien de honteux, ne demandait jamais rien pour lui, enfin, c'était un de ces grands hommes inconnus assez philosophes pour mépriser la gloire, et qui vivent sans s'attacher à la vie, parce qu'ils ne trouvent pas à y développer leur force ou leurs sentiments dans toute leur étendue. Il était craint, estimé, peu aimé. Les hommes nous permettent bien de nous élever au-dessus d'eux, mais ils ne nous pardonnent jamais de ne pas descendre aussi bas qu'eux. Aussi le sentiment qu'ils accordent aux grands caractères ne va-t-il pas sans un peu de haine et de crainte. Trop d'honneur est pour eux une censure tacite qu'ils ne pardonnent ni aux vivants ni aux morts. Après les adieux de Fontainebleau, Montriveau, quoique noble et titré, fut mis en demi-solde. Sa probité antique effraya le ministre de la guerre, où son attachement aux serments faits à l'aigle impériale était connu. Lors des Cent-Jours il fut nommé colonel de la garde et resta sur le champ de bataille de Waterloo. Ses blessures l'ayant retenu en Belgique, il ne se trouva pas à l'armée de la Loire, mais le gouvernement royal ne voulut pas reconnaître les grades donnés pendant les Cent-Jours, et Armand de Montriveau quitta la France. Entraîné par son génie entreprenant, par cette hauteur de pensée que, toujours, les hasards de la guerre avaient satisfaite, et passionné par sa rectitude instinctive pour les projets d'une grande utilité, le général Montriveau s'embarqua dans le dessein d'explorer la Haute-Égypte et les parties inconnues de l'Afrique, la contrée du centre surtout, qui excitent aujourd'hui tant d'intérêt parmi les savants. Son expédition scientifique fut longue et malheureuse. Il avait recueilli des notes précieuses destinées à résoudre les problèmes géographiques ou industriels si ardemment cherchés, et il était parvenu, non sans avoir surmonté bien des obstacles, jusqu'au cœur de l'Afrique, quand il tomba par trahison au pouvoir d'une tribu sauvage. Il fut dépouillé de tout, mis en esclavage et promené pendant deux années à travers les déserts, menacé de mort à tout moment et plus maltraité que ne l'est un animal dont s'amusent d'impitoyables enfants. Sa force de corps et sa constance d'âme lui firent supporter toutes les horreurs de sa captivité; mais il épuisa presque toute son énergie dans son évasion, qui fut miraculeuse. Il atteignit la colonie française du Sénégal, demi-mort, en haillons, et n'ayant plus que d'informes souvenirs. Les immenses sacrifices de son voyage, l'étude des dialectes de l'Afrique, ses découvertes et ses observations, tout fut perdu. Un seul fait fera comprendre ses souffrances. Pendant quelques jours les enfants du scheik de la tribu dont il était l'esclave s'amusèrent à prendre sa tête pour but dans un jeu qui consistait à jeter d'assez loin des osselets de cheval, et à les y faire tenir. Montriveau revint à Paris vers le milieu de l'année 1818, il s'y trouva ruiné, sans protecteurs, et n'en voulant pas. Il serait mort vingt fois avant de solliciter quoi que ce fût, même la reconnaissance de ses droits acquis. L'adversité, ses douleurs, avaient développé son énergie jusque dans les petites choses, et l'habitude de conserver sa dignité d'homme en face de cet être moral que nous nommons la conscience, donnait pour lui du prix aux actes en apparence les plus indifférents. Cependant ses rapports avec les principaux savants de Paris et quelques militaires instruits firent connaître et son mérite et ses aventures. Les particularités de son évasion et de sa captivité, celles de son voyage, attestaient tant de sang-froid, d'esprit et de courage, qu'il acquit, sans le savoir, cette célébrité passagère dont les salons de Paris sont si prodigues, mais qui demande des efforts inouïs aux artistes quand ils veulent la perpétuer. Vers la fin de cette année, sa position changea subitement. De pauvre, il devint riche, ou du moins il eut extérieurement tous les avantages de la richesse. Le gouvernement royal, qui cherchait à s'attacher les hommes de mérite afin de donner de la force à l'armée, fit alors quelques concessions aux anciens officiers dont la loyauté et le caractère connu offraient des garanties de fidélité. M. de Montriveau fut rétabli sur les cadres, dans son grade, reçut sa solde arriérée et fut admis dans la garde royale. Ces faveurs arrivèrent successivement au marquis de Montriveau sans qu'il eût fait la moindre demande. Des amis lui épargnèrent les démarches personnelles auxquelles il se serait refusé. Puis, contrairement à ses habitudes, qui se modifièrent tout à coup, il alla dans le monde, où il fut accueilli favorablement, et où il rencontra partout les témoignages d'une haute estime. Il semblait avoir trouvé quelque dénoûment pour sa vie; mais chez lui tout se passait en l'homme, il n'y avait rien d'extérieur. Il portait dans la société une figure grave et recueillie, silencieuse et froide. Il y eut beaucoup de succès, précisément parce qu'il tranchait fortement sur la masse des physionomies communes qui meublent les salons de Paris, où il fut effectivement tout neuf. Sa parole avait la concision du langage des gens solitaires ou des sauvages. Sa timidité fut prise pour de la hauteur et plut beaucoup. Il était quelque chose d'étrange et de grand, et les femmes furent d'autant plus généralement éprises de ce caractère original, qu'il échappait à leurs adroites flatteries, à ce manége par lequel elles circonviennent les hommes les plus puissants, et corrodent les esprits les plus inflexibles. M. de Montriveau ne comprenait rien à ces petites singeries parisiennes, et son âme ne pouvait répondre qu'aux soudes vibrations des beaux sentiments. Il eût promptement été laissé là, sans la poésie qui résultait de ses aventures et de sa vie, sans les prôneurs qui le vantaient à son insu, sans le triomphe d'amour-propre qui attendait la femme dont il s'occuperait. Aussi la curiosité de la duchesse de Langeais était-elle vive autant que naturelle. Par un effet du hasard, cet homme l'avait intéressée la veille, car elle avait entendu raconter la veille une des scènes qui, dans le voyage de M. de Montriveau, produisaient le plus d'impression sur les mobiles imaginations de femme. Dans une excursion vers les sources du Nil, M. de Montriveau eut avec un de ses guides le débat le plus extraordinaire que se connaisse dans les annales des voyages. Il avait un désert à traverser et ne pouvait aller qu'à pied au lieu qu'il voulait explorer. Un seul guide était capable de l'y mener. Jusqu'alors aucun voyageur n'avait pu pénétrer dans cette partie de la contrée, où l'intrépide officier présumait devoir trouver la solution de plusieurs problèmes scientifiques. Malgré les représentations que lui firent et les vieillards du pays et son guide, il entreprit ce terrible voyage. S'armant de tout son courage, aiguisé déjà par l'annonce d'horribles difficultés à vaincre, il partit au matin. Après avoir marché pendant une journée entière, il se coucha le soir sur le sable, éprouvant une fatigue inconnue, causée par la mobilité du sol, qui semblait à chaque pas fuir sous lui. Cependant il savait que le lendemain il lui faudrait, dès l'aurore, se remettre en route, mais son guide lui avait promis de lui faire atteindre, vers le milieu du jour, le but de son voyage. Cette promesse lui donna du courage, lui fit retrouver des forces, et, malgré ses souffrances, il continua sa route en maudissant un peu la science; mais, honteux de se plaindre devant son guide, il garda le secret de ses peines. Il avait déjà marché pendant le tiers du jour lorsque, sentant ses forces épuisées et ses pieds ensanglantés par la marche, il demanda s'il arriverait bientôt. — Dans une heure, lui dit le guide. Armand trouva dans son âme pour une heure de force et continua. L'heure s'écoula sans qu'il aperçut, même à l'horizon, horizon de sables aussi vaste que l'est celui de la pleine mer, les palmiers et les montagnes dont les cimes devaient annoncer le terme de son voyage. Il s'arrêta, menaça le guide, refusa d'aller plus loin, lui reprocha d'être son meurtrier, de l'avoir trompé, puis des larmes de rage et de fatigue roulèrent sur ses joues enflammées; il était courbé par la douleur renaissante de la marche, et son gosier lui semblait coagulé par la soif du désert. Le guide, immobile, écoutait ses plaintes d'un air ironique, tout en étudiant, avec l'apparente

indifférence des Orientaux, les imperceptibles accidents de ce sable presque noirâtre comme est l'or bruni. — Je me suis trompé, reprit-il froidement. Il y a trop longtemps que j'ai fait ce chemin pour que je puisse en reconnaître les traces; nous y sommes bien, mais il faut encore marcher pendant deux heures. — Cet homme a raison, pensa M. de Montriveau. Puis il se remit en route, suivant avec peine l'Africain impitoyable, auquel il semblait lié par un fil, comme un condamné l'est invisiblement au bourreau. Mais les deux heures se passent, le Français a dépensé ses dernières gouttes d'énergie, et l'horizon est pur, et il n'y voit ni palmiers ni montagnes. Il ne trouve plus ni cris ni gémissements, il se couche alors sur le sable pour mourir mais ses regards eussent épouvanté l'homme le plus intrépide, il semblait annoncer qu'il ne voulait pas mourir seul. Son guide, comme un vrai démon, lui répondait par un coup d'œil calme, empreint de puissance, et le laissait étendu, en ayant soin de se tenir à une distance qui lui permît d'échapper au désespoir de sa victime. Enfin, M. de Montriveau trouva quelques forces pour une dernière imprécation. Le guide se rapprocha de lui, le regarda fixement, lui imposa silence et lui dit : — N'as-tu pas voulu, malgré nous, aller là où je te mène? Tu me reproches de te tromper, si je ne l'avais pas fait, tu ne serais pas venu jusqu'ici. Veux-tu la vérité? la voici : Nous avons encore cinq heures de marche, et nous ne pouvons plus retourner sur nos pas. Sonde ton cœur; si tu n'as pas assez de courage, voici mon poignard. Surpris par cette effroyable entente de la douleur et de la force humaine, M. de Montriveau ne voulut pas se trouver au-dessous d'un barbare, et, puisant dans son orgueil d'Européen une nouvelle dose de courage, il se releva pour suivre son guide. Les cinq heures étaient expirées, M. de Montriveau n'apercevait rien encore, il tourna vers le guide un œil mourant, mais alors le Nubien le prit sur ses épaules, l'éleva de quelques pieds, et lui fit voir à une centaine de pas un lac entouré de verdure et d'une admirable forêt, qu'illuminaient les feux du soleil couchant. Ils étaient arrivés à quelque distance d'une espèce de banc de granit immense, sous lequel ce paysage sublime se trouvait comme enseveli. Armand crut renaître, et son guide, ce géant d'intelligence et de courage, acheva son œuvre de dévouement en le portant à travers les sentiers chauds et polis à peine tracés sur le granit. Il voyait d'un côté l'enfer des sables, et de l'autre le paradis terrestre de la plus belle oasis qui fût en ces déserts.

La duchesse, déjà frappée par l'aspect de ce poétique personnage, le fut encore bien plus en apprenant qu'elle voyait en lui le marquis de Montriveau, de qui elle avait rêvé pendant la nuit. S'être trouvé dans les sables brûlants du désert avec lui, l'avoir eu pour compagnon de cauchemar, n'était-ce pas chez une femme de cette nature un délicieux présage d'amusement? Jamais homme n'eut mieux qu'Armand la physionomie de son caractère, ne pouvait plus justement intriguer les regards. Sa tête, grosse et carrée, avait pour principal trait caractéristique une énorme et abondante chevelure noire qui lui enveloppait la figure de manière à rappeler parfaitement le général Kléber, auquel il ressemblait par la vigueur de son front, par la coupe de son visage, par l'audace tranquille des yeux, et par l'espèce de fougue qu'exprimaient ses traits saillants. Il était petit, large de buste, musculeux comme un lion. Quand il marchait, sa pose, sa démarche, le moindre geste, trahissait et je ne sais quelle sécurité de force qui imposait, et quelque chose de despotique. Il paraissait savoir que rien ne pouvait s'opposer à sa volonté, peut-être parce qu'il ne voulait rien que de juste. Néanmoins, semblable à tous les gens réellement forts, il était doux dans son parler, simple dans ses manières, et naturellement bon. Seulement toutes ces belles qualités semblaient devoir disparaître dans les circonstances graves où l'homme devient implacable dans ses sentiments, fixe dans ses résolutions, terrible dans ses actions. Un observateur aurait pu voir dans la commissure de ses lèvres un retroussement habituel qui annonçait des penchants vers l'ironie.

La duchesse de Langeais, sachant de quel prix passager était la conquête de cet homme, résolut, pendant le peu de temps que mit la duchesse de Maufrigneuse à l'aller prendre pour le lui présenter, d'en faire un de ses amants, de lui donner le pas sur tous les autres, de l'attacher à sa personne, et de déployer pour lui toutes ses coquetteries. Ce fut une fantaisie, pur caprice de duchesse auquel Lope de Véga ou Calderon a fait le Chien du jardinier. Elle voulut que cet homme ne fût à aucune femme, et n'imagina pas d'être à lui. La duchesse de Langeais avait reçu de la nature les qualités nécessaires pour jouer les rôles de coquette, et son éducation les avait encore perfectionnées. Les femmes avaient raison de l'envier, et les hommes de l'aimer. Il ne lui manquait rien de ce qui peut inspirer l'amour, de ce qui le justifie et de ce qui le perpétue. Son genre de beauté, ses manières, son parler, sa pose, s'accordaient pour la douer d'une coquetterie naturelle qui, chez une femme, semble être la conscience de son pouvoir. Elle était bien faite, et décomposait peut-être ses mouvements avec trop de complaisance, seule affectation qu'on lui pût reprocher. Tout en elle s'harmoniait, depuis le plus petit geste jusqu'à la tournure particulière de ses phrases, jusqu'à la manière hypocrite dont elle jetait son regard. Le caractère prédominaut de sa physionomie était une noblesse élégante, que ne démentissait pas la mobilité toute française de sa personne. Cette attitude incessamment changeante avait un prodigieux attrait pour les hommes. Elle paraissait devoir être la plus délicieuse des maîtresses en déposant son corset et l'attirail de sa représentation. En effet, toutes les joies de l'amour existaient en germe dans la liberté de ses regards expressifs, dans les câlineries de sa voix, dans la grâce de ses paroles. Elle faisait voir qu'il y avait en elle une noble courtisane, que démentaient vainement les religions de la duchesse. Qui s'asseyait près d'elle, pendant une soirée, la trouvait tour à tour gaie, mélancolique, sans qu'elle eût l'air de jouer ni la mélancolie ni la gaieté. Elle savait être à son gré affable, méprisante, ou impertinente, ou confiante. Elle semblait bonne et l'était. Dans sa situation, rien ne l'obligeait à descendre à la méchanceté. Par moments, elle se montrait tour à tour sans défiance et rusée, tendre à émouvoir, puis dure et sèche à briser le cœur. Mais pour la bien peindre ne faudrait-il pas accumuler toutes les antithèses féminines, en un mot, elle était ce qu'elle voulait être ou paraître. Sa figure un peu trop longue avait de la grâce, quelque chose de fin, de menu qui rappelait les figures du moyen âge. Son teint était pâle, légèrement rosé. Tout en elle péchait, pour ainsi dire, par un excès de délicatesse.

M. de Montriveau se laissa complaisamment présenter à la duchesse de Langeais, qui, suivant l'habitude des personnes auxquelles un goût exquis fait éviter les banalités, l'accueillit sans l'accabler ni de questions ni de compliments, mais avec une sorte de grâce respectueuse qui devait flatter un homme supérieur, car la supériorité suppose chez un homme un peu de ce tact qui fait deviner aux femmes tous ce qui est sentiment. Si elle manifesta quelque curiosité, ce fut par ses regards; si elle complimenta, ce fut par ses manières; et elle déploya cette chatterie de paroles, cette fine envie de plaire qu'elle savait montrer mieux que personne. Mais toute sa conversation ne fut en quelque sorte que le corps de la lettre, il devait y avoir un post-scriptum où la pensée principale allait être dite. Quand, après une demi-heure de causeries insignifiantes, et dans lesquelles l'accent, les sourires, donnaient seuls de la valeur aux mots, M. de Montriveau parut vouloir discrètement se retirer, la duchesse le retint par un geste expressif.

— Monsieur, lui dit-elle, je ne sais si le peu d'instants pendant lesquels j'ai eu le plaisir de causer avec vous vous a offert assez d'attrait pour qu'il me soit permis de vous inviter à venir chez moi, j'ai peur qu'il n'y ait beaucoup d'égoisme à vouloir vous y posséder. Si j'étais assez heureuse pour que vous vous y plaisiez, vous me trouveriez toujours le soir jusqu'à dix heures.

Ces phrases furent dites d'un ton si coquet, que M. de Montriveau ne pouvait se défendre d'accepter l'invitation. Quand il se rejeta dans les groupes d'hommes qui se tenaient à quelque distance des femmes, plusieurs de ses amis le félicitèrent, moitié sérieusement, moitié plaisamment, sur l'accueil extraordinaire que lui avait fait la duchesse de Langeais. Cette difficile, cette illustre conquête, était décidément faite, et la gloire en avait été réservée à l'artillerie de la garde. Il est facile d'imaginer les bonnes et mauvaises plaisanteries que ce thème, une fois admis, suggéra dans un de ces salons parisiens où l'on aime tant à s'amuser, et où les railleries ont si peu de durée que chacun s'empresse d'en tirer toute la fleur.

Ces niaiseries flattèrent à son insu le général. De la place où il s'était mis, ses regards furent attirés par mille réflexions indécises vers la duchesse, et il ne put s'empêcher de s'avouer à lui-même que, de toutes les femmes dont la beauté avait séduit ses yeux, nulle ne lui avait offert une plus délicieuse expression des vertus, des défauts, des harmonies que l'imagination la plus juvénile puisse vouloir en France à une maîtresse. Quel homme, en quelque rang que le sort l'ait placé, n'a pas senti dans son âme une jouissance indéfinissable en rencontrant, chez une femme qu'il choisit, même rêveusement, pour sienne, les triples perfections morales, physiques et sociales qui lui permettent de toujours voir en elle tous ses souhaits accomplis? Si ce n'est pas une cause d'amour, cette flatteuse réunion est certes un des plus grands véhicules du sentiment. Sans la vanité, disait un profond moraliste du siècle dernier, l'amour est un convalescent. Il y a certes, pour l'homme comme pour la femme, un trésor de plaisirs dans la supériorité de la personne aimée. N'est-ce pas beaucoup, pour ne pas dire tout, de savoir que notre amour-propre ne souffrira jamais en elle, qu'elle est assez noble pour ne jamais recevoir les blessures d'un coup d'œil méprisant, assez riche pour être entourée d'un éclat égal à celui dont s'environnent même les rois éphémères de la finance, assez spirituelle pour ne jamais être humiliée par une fine plaisanterie, et assez belle pour être la rivale de tout son sexe? Ces réflexions, un homme les fait en un clin d'œil. Mais si elles lui inspirent un présent en même temps, dans l'avenir de sa précoce passion, les changeantes délices de la grâce, l'ingénuité d'une âme vierge, les mille plis du vêtement des coquettes, les dangers de l'amour, n'est-ce pas à remuer la queue de la chienne le plus froid? Voici dans quelle situation se trouvait en ce moment M. de Montriveau, relativement à la femme, et le passé de sa vie garantissait en quelque sorte la bizarrerie du fait. Jeté jeune dans l'ouragan des guerres françaises, ayant toujours vécu sur les champs de bataille, il ne connaissait de la femme que ce qu'un voyageur pressé, qui va d'auberge en auberge, peut connaître d'un pays. Peut-être aurait-il pu dire de sa vie ce que Voltaire disait à quatre-vingts ans de la sienne, et n'avait-il pas trente-sept sottises à se reprocher? Il était à son âge, aussi neuf en amour que l'est un jeune homme qui vient de lire Faublas en cachette. De la femme, il savait tout, mais de l'amour, il ne savait rien, et sa virginité de sentiment lui faisait naître des désirs tout nouveaux. Quelques hommes, emportés par les travaux auxquels les ont condamnés la misère ou l'ambition, l'art ou la science, comme M. de Montriveau avait été emporté par le cours de la guerre et les événements de sa vie, connaissent cette singulière situation, et l'avouent rarement. A Paris, tous les hommes doivent avoir aimé. Aucune femme n'y veut de ce dont aucune n'a voulu. De la crainte d'être pris pour un sot, procèdent les mensonges de la fatuité générale en France, où passer pour un sot, c'est ne pas être du pays. En ce moment, M. de Montriveau fut à la fois saisi par un violent désir, un désir grandi dans la chaleur des déserts, et par un mouvement de cœur dont il n'avait pas encore connu la bouillante étreinte. Aussi fort qu'il était violent, cet homme sut réprimer ses émotions; mais, tout en causant de choses indifférentes, il se retira en lui-même, et se jura d'avoir cette femme, seule pensée par laquelle il pouvait entrer dans l'amour. Son désir devint un serment fait à la manière des Arabes avec lesquels il avait vécu, et pour lesquels un serment est un contrat passé entre eux et toute leur destinée, qu'ils subordonnent à la réussite de l'entreprise consacrée par le serment et dans laquelle ils ne comptent même plus leur mort que comme un moyen de plus pour le succès. Un jeune homme se serait dit : — Je voudrais bien avoir la duchesse de Langeais pour maîtresse! Un autre : — Celui qui sera aimé de la duchesse de Langeais sera un bien heureux coquin! Mais le général se dit : — J'aurai pour maîtresse madame de Langeais. Quand un homme vierge de cœur, et pour qui l'amour devient une religion, conçoit une semblable pensée, il ne sait pas dans quel enfer il vient de mettre le pied.

M. de Montriveau s'échappa brusquement du salon, et revint chez lui dévoré par les premiers accès de sa première fièvre amoureuse. Si, vers le milieu de l'âge, un homme garde encore les croyances, les illusions, les franchises, l'impétuosité de l'enfance, son premier geste est pour ainsi dire d'avancer la main pour s'emparer de ce qu'il désire; puis, quand il a sondé les distances presque impossibles à franchir qui l'en séparent, il est saisi, comme les enfants, d'une sorte d'étonnement ou d'impatience qui communique de la valeur à l'objet souhaité, il tremble ou il pleure. Aussi le lendemain, après les plus orageuses réflexions qui lui eussent bouleversé l'âme, Armand de Montriveau se trouva-t-il sous le joug de ses sens, que concentra la passion d'un amour vrai. Cette femme si cavalièrement traitée la veille était devenue le lendemain le plus saint, le plus redouté des pouvoirs. Elle fut dès lors pour lui le monde et la vie. Le seul souvenir des plus légères émotions qu'elle lui avait données faisait pâlir ses plus grandes joies, ses plus vives douleurs jadis ressenties. Les révolutions les plus rapides ne troublent que les intérêts de l'homme, tandis qu'une passion en renverse les sentiments. Or, pour ceux qui vivent plus par le sentiment que par l'idée, pour ceux qui ont plus d'âme et de sang que d'esprit et de lymphe, un amour réel produit un changement complet d'existence. D'un seul trait, par une seule réflexion, Armand de Montriveau effaça donc toute sa vie passée. Après s'être vingt fois demandé, comme un enfant : — Irai-je? N'irai-je pas? il s'habilla, vint à l'hôtel de Langeais vers huit heures du soir, et fut admis auprès de la femme, non pas de la femme, mais de l'idole qu'il avait vue la veille, aux lumières, comme une fraîche et pure jeune fille vêtue de gaze, de blondes et de voiles. Il arrivait impétueusement pour lui déclarer son amour, comme s'il s'agissait du premier coup de canon sur un champ de bataille. Pauvre écolier! Il trouva sa vaporeuse sylphide enveloppée d'un peignoir de cachemire bien habilement bouillonnée, languissamment couchée sur le divan d'un obscur boudoir. Madame de Langeais ne se leva même pas, elle ne montra que sa tête, dont les cheveux déliés en désordre, quoique retenus dans un voile. Puis d'une main qui, dans le clair-obscur produit par la tremblotante lueur d'une seule bougie placée loin d'elle, parut aux yeux de Montriveau blanche comme une main de marbre, elle lui fit signe de s'asseoir, et lui dit d'une voix aussi douce que l'était la lueur : — Si ce n'eût pas été vous, monsieur le marquis, si c'eût été un ami avec lequel j'eusse pu agir sans façon, ou un indifférent qui m'eût légèrement intéressée, je vous aurais renvoyé. Vous me voyez affreusement souffrante.

Armand se dit en lui-même : — Je vais m'en aller.

— Mais, reprit-elle en lui lançant un regard dont l'ingénu militaire attribua le feu à la fièvre, je ne sais si c'est un pressentiment de votre bonne visite ou l'empressement de laquelle je suis; on ne peut pas plus sensible, depuis un instant je sentais ma tête se dégager de ses vapeurs.

— Je puis donc rester? lui dit Montriveau.

— Ah! je serais bien fâchée de vous voir partir. Je me disais déjà ce matin que je ne devais pas avoir fait sur vous la moindre impression, que vous aviez sans doute pris mon invitation pour une de ces phrases banales prodiguées au hasard par les Parisiennes, et je pardonnais d'avance à votre ingratitude. Un homme qui arrive des déserts n'est pas tenu de savoir combien notre faubourg est exclusif dans ses amitiés.

La duchesse de Langeais avait reçu de la nature les qualités nécessaires pour jouer les rôles de coquette. — PAGE 38

Ces gracieuses paroles, à demi murmurées, tombèrent une à une, et furent comme chargées du sentiment joyeux qui paraissait les dicter. La duchesse voulait avoir tous les bénéfices de sa migraine, et sa spéculation eut un plein succès. Le pauvre militaire souffrait réellement de la fausse souffrance de cette femme. Comme Crillon entendant le récit de la passion de Jésus-Christ, il était prêt à tirer son épée contre les vapeurs. Eh ! comment alors oser parler à cette malade de l'amour qu'elle inspirait ? Armand comprenait déjà qu'il était ridicule de tirer son amour à brûle-pourpoint sur une femme si supérieure. Il entendait par une seule pensée toutes les délicatesses du sentiment et les exigences de l'âme. Aimer, n'est-ce pas savoir bien plaider, mendier, attendre ? Cet amour ressenti, ne fallait-il pas le prouver ? Il se trouva la langue immobile, glacée par les convenances du noble faubourg, par la majesté de la migraine, et par les timidités de l'amour vrai. Mais nul pouvoir au monde ne put voiler les regards de ses yeux, dans lesquels éclataient la chaleur, l'infini du désert, des yeux calmes comme ceux des panthères, et sur lesquels ses paupières ne s'abaissaient que rarement. Elle aima beaucoup ce regard fixe qui baignait de lumière et d'amour.

— Madame la duchesse, répondit-il, je craindrais de vous mal dire la reconnaissance que m'inspirent vos bontés. En ce moment je ne souhaite qu'une seule chose, le pouvoir de dissiper vos souffrances.

— Permettez que je me débarrasse de ceci, j'ai maintenant trop chaud, dit-elle en faisant sauter par un mouvement plein de grâce le coussin qui lui couvrait les pieds, qu'elle laissa voir dans toute leur clarté.

— Madame, en Asie, vos pieds vaudraient presque dix mille sequins.

— Compliment de voyageur, dit-elle en souriant.

Cette spirituelle personne prit plaisir à jeter le rude Montriveau dans une conversation pleine de bêtises, de lieux communs et de non-sens, où il manœuvra, militairement parlant, comme eût fait le prince Charles aux prises avec Napoléon. Elle s'amusa malicieusement à reconnaître l'étendue de cette passion commencée, d'après le nombre de sottises arrachées à ce débutant, qu'elle amenait à petits pas dans un labyrinthe inextricable où elle voulait le laisser honteux de lui-même. Elle débuta donc par se moquer de cet homme, à qui elle se plaisait néanmoins à faire oublier le temps. La longueur d'une première visite est souvent une flatterie, mais Armand n'en fut pas complice. Le célèbre voyageur était dans ce boudoir depuis une heure, causant de tout, n'ayant rien dit, sentant qu'il n'était qu'un instrument dont jouait cette femme, quand elle se dérangea, s'assit, se mit sur le cou le voile qu'elle avait sur la tête, s'accouda, lui fit les honneurs d'une complète guérison, et sonna pour faire allumer les bougies du boudoir. À l'inaction absolue dans laquelle elle était restée, succédèrent les mouvements les plus gracieux. Elle se tourna vers M. de Montriveau, et lui dit, en réponse à une confidence qu'elle venait de lui arracher et qui parut la vivement intéresser : — Vous voulez vous moquer de moi en tâchant de me donner à penser que vous n'avez jamais aimé. Voilà la grande prétention des hommes auprès de nous. Nous les croyons. Pure politesse ! Ne savons-nous pas à quoi nous en tenir là-dessus par nous-mêmes ? Où est l'homme qui n'a pas rencontré dans sa vie une seule occasion d'être amoureux ? Mais vous aimez à nous tromper, et nous vous laissons faire, pauvres sottes que nous sommes, parce que encore des hommages rendus à la supériorité de nos sentiments, qui sont tout pureté.

Cette dernière phrase fut prononcée avec un accent plein de hauteur et de fierté qui fit de cet amant novice une balle jetée au fond d'un abîme, et de la duchesse un ange revolant vers son ciel particulier.

— Diantre ! s'écriait en lui-même Armand de Montriveau, comment s'y prendre pour dire à cette créature sauvage que je l'aime ?

Il l'avait déjà lu vingt fois, ou plutôt la duchesse l'avait vingt fois lu dans ses regards, et voyant, dans la passion de cet homme vraiment grand, un amusement pour elle, un intérêt à mettre dans sa vie sans intérêt. Elle se préparait donc déjà fort habilement à élever autour d'elle une certaine quantité de redoutes qu'elle lui donnerait à emporter avant de lui permettre l'entrée de son cœur. Jouet de ses caprices, Montriveau devait rester stationnaire tout en sautant de difficultés en difficultés, comme un de ces insectes tourmenté par un enfant saute d'un doigt sur un autre en croyant avancer, tandis que son malicieux bourreau le laisse au même point. Néanmoins, la duchesse reconnut avec un bonheur inexprimable que cet homme de caractère ne mentait pas à sa parole. Armand n'avait, en effet, jamais aimé. Il allait se retirer mécontent de lui, plus mécontent d'elle encore, mais elle ne savait avec quelle joie une bouderie qu'elle savait pouvoir dissiper par un mot, d'un regard, d'un geste.

— Viendrez-vous demain soir ? lui dit-elle. Je vais au bal, je vous attendrai jusqu'à dix heures.

Le lendemain Montriveau passa la plus grande partie de la journée assis à la fenêtre de son cabinet, et occupé à fumer une quantité indéterminée de cigares. Il put atteindre ainsi l'heure de s'habiller et d'aller à l'hôtel de Langeais. C'eût été grande pitié pour l'un de ceux qui connaissaient la magnifique valeur de cet homme, de le voir devenu si petit, si tremblant, de savoir cette pensée, dont les rayons pouvaient embrasser des mondes, se rétrécir aux proportions du boudoir d'une petite maîtresse. Mais il se sentait lui-même déjà si déchu dans son bonheur, que, pour sauver sa vie, il n'aurait pas confié son amour à l'un de ses amis intimes. Dans la pudeur qui s'empare d'un homme quand il aime, n'y a-t-il pas toujours un peu de honte, et ne serait-ce pas sa petitesse qui fait l'orgueil de la femme ? Enfin ne serait-ce pas une foule de motifs de ce genre, mais que les femmes ne s'expliquent pas, qui les portent presque toutes à trahir les premières le mystère de leur amour, mystère dont elles se fatiguent peut-être ?

— Monsieur, dit le valet de chambre, madame la duchesse n'est pas visible, elle s'habille, et vous prie de l'attendre ici.

Armand se promena dans le salon en étudiant le goût répandu dans les moindres détails. Il admira madame de Langeais, en admirant les choses qui venaient d'elle et en trahissant ses habitudes, avant qu'il pût en saisir la personne et les idées. Après une heure environ, la duchesse sortit de sa chambre sans faire de bruit. Montriveau se retourna, la vit marchant avec la légèreté d'une ombre, et tressaillit. Elle vint à lui, sans lui dire bourgeoisement : — Comment me trouvez-vous ? Elle était sûre d'elle, et son regard fixe disait : — Je me suis ainsi parée pour vous plaire. Une vieille fée, marraine de quelque princesse méconnue, avait seule pu tourner autour du cou de cette coquette personne le nuage d'une gaze dont les plis avaient des tons vifs que soutenait encore l'éclat d'une peau satinée. La duchesse était éblouissante. Le bleu clair de sa robe, dont les ornements se répétaient dans les fleurs de sa coiffure, semblait donner, par la richesse de la couleur, un corps à ses formes frêles devenues tout aériennes ; car, en glissant avec rapidité vers Armand, elle fit voler les deux bouts de l'écharpe qui pendait à ses côtés, et le brave soldat ne put alors s'empêcher de la comparer aux jolis insectes bleus qui voltigent au-dessus des eaux, parmi les fleurs, avec lesquelles ils paraissent se confondre.

— Je vous ai fait attendre, dit-elle de la voix que savent prendre les femmes pour l'homme auquel elles veulent plaire.

— J'attendrais patiemment une éternité, si je savais trouver la Divinité belle comme vous l'êtes ; mais ce n'est pas un compliment que de vous parler de votre beauté, vous ne pouvez plus être sensible qu'à l'adoration. Laissez-moi donc seulement baiser votre écharpe.

— Ah, fi ! dit-elle en faisant un geste d'orgueil. je vous estime assez pour vous offrir ma main.

Et elle lui tendit à baiser sa main encore humide. Une main de femme, au moment où elle sort de son bain de senteur, conserve je ne sais quelle fraîcheur douillette, une mollesse veloutée dont la chatouilleuse impression va des lèvres à l'âme. Aussi, chez un homme épris qui a dans les sens autant de volupté qu'il a d'amour au cœur, ce baiser, chaste en apparence, peut-il exciter de redoutables orages.

— Me la tendrez-vous toujours ainsi ? dit humblement le général en baisant avec respect cette main dangereuse.

— Oui, mais nous en resterons là, dit-elle en souriant.

Elle s'assit et parut fort maladroite à mettre ses gants, en voulant en faire glisser la peau d'abord trop étroite le long de ses doigts, et regarder en même temps M. de Montriveau, qui admirait alternativement la duchesse et la grâce de ses gestes réitérés.

— Ah ! c'est bien, dit-elle, vous avez été exact, j'aime l'exactitude. Sa Majesté dit qu'elle est la politesse des rois ; mais, selon moi, de vous à nous, je la crois la plus respectueuse des flatteries. Eh ! n'est-ce pas ? Dites donc.

Puis elle le guigna de nouveau pour lui exprimer une amitié décevante, en le trouvant muet de bonheur, et tout heureux de ces riens. Ah ! la duchesse entendait à merveille son métier de femme. elle savait admirablement rehausser un homme à mesure qu'il se rapetissait, et le récompenser par de creuses flatteries à chaque pas qu'il faisait pour descendre aux niaiseries de la sentimentalité.

— Vous n'oublierez jamais de venir à neuf heures.

— Oui, mais irez-vous donc au bal tous les soirs ?

— Le sais-je ? répondit-elle en haussant les épaules par un petit geste enfantin comme pour avouer qu'elle était toute caprice et qu'un amant devait la prendre ainsi. — D'ailleurs, reprit-elle, que vous importe ? vous m'y conduirez.

— Pour ce soir, dit-il, ce serait difficile, je ne suis pas mis convenablement.

— Il me semble, répondit-elle en le regardant avec fierté, que si quelqu'un doit souffrir de votre mise. c'est moi. Mais sachez, monsieur le voyageur, que l'homme dont j'accepte le bras est toujours au-dessus de la mode, personne n'oserait le critiquer. Je vois que vous ne connaissez pas le monde. je vous en aime davantage.

Et elle le jetait déjà dans les petitesses du monde, en tâchant de l'initier aux vanités d'une femme à la mode.

— Si elle veut faire une sottise pour moi. se dit en lui-même Armand, je serais bien niais de l'en empêcher. Elle m'aime sans doute, et, certes, elle ne méprise pas le monde plus que je ne le méprise moi-même ; ainsi va pour le bal !

La duchesse pensait sans doute qu'en voyant le général la suivre au bal en bottes et en cravate noire, personne n'hésiterait à le croire passionnément amoureux d'elle. Heureux de voir la reine du monde élégant vouloir se compromettre pour lui, le général eut de l'esprit en avant de l'espérance. Sûr de plaire, il déploya ses idées et ses sentiments, sans ressentir la contrainte qui avait gêné le cœur. Cette conversation substantielle, animée, remplie par ces premières confidences aussi douces à dire qu'à entendre, séduisit-elle madame de Langeais, ou avait-elle imaginé cette ravissante coquetterie ; mais elle regarda malicieusement la pendule quand minuit sonna.

— Ah ! vous me faites manquer le bal ! dit-elle en exprimant de la surprise et du dépit de s'être oubliée. Puis, elle se justifia le changement de ses jouissances par un sourire qui fit bondir le cœur d'Armand.

— J'avais bien promis à madame de Beauséant, ajouta-t-elle. Ils m'attendent tous.

— Eh bien ! allez.

— Non. continuez, dit-elle. Je reste. Vos aventures en Orient me charment. Racontez-moi bien toute votre vie. J'aime à participer aux souffrances ressenties par un homme de courage. car je les ressens, vrai ! Elle jouait avec son écharpe, la tordait, la déchirait par des mouvements d'impatience qui semblaient accuser un mécontentement intérieur et de profondes réflexions. — Nous ne valons rien, nous autres, reprit-elle. Ah ! nous sommes d'indignes personnes, égoïstes, frivoles. Nous ne savons que nous amuser à force d'amusements. Aucune de nous ne comprend le rôle de sa vie. Autrefois, en France, les femmes étaient des lumières bienfaisantes, elles vivaient pour soulager ceux qui pleurent, encourager les grandes vertus, récompenser les artistes et en animer la vie par de nobles pensées. Si le monde est devenu si petit, à nous la faute. Vous me faites haïr ce monde et le bal. Non, je ne vous sacrifie pas grand'chose. Elle acheva de détruire son écharpe, comme un enfant qui, jouant avec une fleur, finit par en arracher tous les pétales ; elle la roula, la jeta loin d'elle, et put ainsi montrer son cou de cygne. Elle sonna. — Je ne sortirai pas. dit-elle à son valet de chambre.

Puis elle reporta timidement ses longs yeux bleus vers Armand, de manière à lui faire accepter, par la crainte qu'ils exprimaient, cet ordre pour un aveu, pour une première, pour une grande faveur. — Vous avez eu de la peine ? dit-elle après une pause pleine de pensées et avec cet attendrissement qui souvent est dans la voix des femmes sans être dans le cœur.

Quand elle arrivait dans un salon, les regards se concentraient sur elle. — PAGE 37.

— Non, répondit Armand. Jusqu'aujourd'hui, je ne savais pas ce qu'était le bonheur.

— Vous le savez donc ? dit-elle en le regardant en dessous d'un air hypocrite et rusé.

— Mais, pour moi désormais, le bonheur, n'est-ce pas de vous voir, de vous entendre... Jusqu'à présent je n'avais que souffert, et maintenant je comprends que je puis être malheureux...

— Assez, assez, dit-elle, allez-vous-en, il est minuit, respectons les convenances. Je ne suis pas allée au bal, vous étiez là. Ne faisons pas causer. Adieu. Je ne sais ce que je dirai, mais la migraine est bonne personne et ne nous donne jamais de démentis.

— Y a-t-il bal demain? demanda-t-il.

— Vous vous y accoutumeriez, je crois. Eh bien ! oui, demain nous irons encore au bal.

Armand s'en alla l'homme le plus heureux du monde, et vint tous les soirs chez madame de Langeais à l'heure qui, par une sorte de convention tacite, lui fut réservée. Il serait fastidieux et ce serait pour une multitude de jeunes gens qui ont de ces beaux souvenirs une redondance que de faire marcher ce récit pas à pas, comme marchait le poème de ces conversations secrètes dont le cours avance ou retarde au gré d'une femme par une querelle de mots quand le sentiment va trop vite, par une plainte sur les sentiments quand les mots ne répondent plus à sa pensée. Aussi, pour marquer le progrès de cet ouvrage à la Pénélope, peut-être faudrait-il s'en tenir aux expressions matérielles du sentiment. Ainsi, quelques jours après la première rencontre de la duchesse et d'Armand de Montriveau, l'assidu général avait conquis en toute propriété le droit de baiser les insatiables mains de sa maîtresse. Partout où allait madame de Langeais, se voyait inévitablement M. de Montriveau, que certaines personnes nommèrent, en plaisantant, le *planton de la duchesse*. Déjà la position d'Armand lui avait fait des envieux, des jaloux, des ennemis. Madame de Langeais avait atteint à son but. Le marquis se confondait parmi ses nombreux admirateurs, et lui servait à humilier ceux qui se vantaient d'être dans ses bonnes grâces, en lui donnant publiquement le pas sur tous les autres.

— Décidément, disait madame de Sérizy, M. de Montriveau est l'homme que la duchesse distingue le plus.

Qui ne sait pas ce que veut dire, à Paris, *être distingué par une femme ?* Les choses étaient ainsi parfaitement en règle. Ce qu'on se plaisait à raconter du général le rendit si redoutable, que les jeunes gens habiles abdiquèrent tacitement leurs prétentions sur la duchesse, et ne restèrent dans sa sphère que pour exploiter l'importance qu'ils y prenaient, pour se servir de son nom, de sa personne, pour s'arranger au mieux avec certaines puissances du second ordre, enchantées d'enlever un amant à madame de Langeais. La duchesse avait l'œil assez perspicace pour apercevoir ces désertions et ces traités dont son orgueil ne lui permettait pas d'être la dupe. Alors elle savait, disait M. le prince de Talleyrand, qui l'aimait beaucoup, tirer un regain de vengeance par un mot à deux tranchants dont elle frappait ses épousailles *morganatiques*. Sa dédaigneuse raillerie ne contribuait pas médiocrement à la faire craindre et passer pour une personne excessivement spirituelle. Elle consolidait ainsi sa réputation de vertu, tout en s'amusant des secrets d'autrui, sans laisser pénétrer les siens. Néanmoins, après deux mois d'assiduités, elle eut, au fond de l'âme, une sorte de peur vague en voyant que M. de Montriveau ne comprenait rien aux finesses de la coquetterie Faubourg-Saint-Germanesque, et prenait au sérieux les mignardises parisiennes. — Celui-là, ma chère duchesse, lui avait dit le vieux vidame de Pamiers, est cousin-germain des aigles, vous ne l'apprivoiserez pas, et il vous emportera dans son aire, si vous n'y prenez garde. Le lendemain du soir où le vieux et rusé vieillard lui avait dit ce mot, dans lequel madame de Langeais craignit de trouver une prophétie, elle essaya de se faire haïr, et se montra dure, exigeante, nerveuse, détestable, pour Armand, qui la désarma par une douceur angélique. Cette femme connaissait si peu la bonté des grands caractères, qu'elle fut pénétrée de gracieuses plaisanteries par lesquelles ses plaintes furent d'abord accueillies. Elle cherchait une querelle et trouva des preuves d'affection. Alors elle persista.

— En quoi, lui dit Armand, un homme qui vous idolâtre a-t-il pu vous déplaire ?

— Vous ne me déplaisez pas, répondit-elle en devenant tout à coup douce et soumise ; mais pourquoi voulez-vous me compromettre ? Vous ne devez être qu'un *ami* pour moi. Ne le savez-vous pas ? Je voudrais vous voir l'instinct, les délicatesses de l'amitié vraie, afin de ne perdre ni votre estime, ni les plaisirs que je ressens près de vous.

— N'être que votre *ami* ? s'écria M. de Montriveau, à la tête de qui ce terrible mot donna des secousses électriques. Sur la foi des heures douces que vous m'accordez, je m'endors et m'éveille dans votre cœur ; et aujourd'hui, sans motif, vous vous plaisez gratuitement à tuer les espérances secrètes qui me font vivre. Voulez-vous, après m'avoir fait promettre tant de constance, et avoir montré tant d'horreur pour les femmes qui n'ont que des caprices, me faire entendre que, semblable à toutes les femmes de Paris, vous avez des passions, et point d'amour ? Pourquoi donc m'avez-vous demandé ma vie, et pourquoi l'avez-vous acceptée ?

— J'ai eu tort, mon ami. Oui, une femme a tort de se laisser aller à de tels enivrements quand elle ne peut ni ne doit les récompenser.

— Je comprends, vous n'avez été que légèrement coquette, et...

— Coquette ? je hais la coquetterie. Être coquette, Armand, mais c'est se promettre à plusieurs hommes et ne pas se donner. Se donner à tous est du libertinage. Voilà ce que j'ai cru comprendre de nos mœurs. Mais se faire mélancolique avec les humoristes, gaie avec les insouciants, politique avec les ambitieux, écouter avec une apparente admiration les bavards, s'occuper de guerre avec les militaires, être passionnée pour le bien du pays avec les philanthropes, accorder à chacun sa petite dose de flatterie, cela me paraît aussi nécessaire que de mettre des fleurs dans nos cheveux, des diamants, des gants et des vêtements. Le discours est la partie morale de la toilette, il se prend et se quitte avec la toque à plumes. Nommez-vous ceci coquetterie ? Mais je ne vous ai jamais traité comme je traite tout le monde. Avec vous, mon ami, je suis vraie. Je n'ai pas toujours partagé vos idées, et, quand vous m'avez convaincue, après une discussion, ne m'en avez-vous pas vue tout heureuse ? Enfin, je vous aime, mais seulement comme il est permis à une femme religieuse et pure d'aimer. J'ai fait des réflexions. Je suis mariée, Armand. Si la manière dont je vis avec M. de Langeais me laisse la disposition de mon cœur, les lois, les convenances, m'ont ôté le droit de disposer de ma personne. En quelque rang qu'elle soit placée une femme déshonorée se voit chassée du monde, et je ne connais encore aucun exemple d'un homme qui ait su ce à quoi l'engageaient alors ses sacrifices. Bien mieux, la rupture que chacun prévoit entre madame de Beauséant et M. d'Ajuda, qui, dit-on, épouse mademoiselle de Rochefide, m'a prouvé que ces mêmes sacrifices sont presque toujours les causes de votre abandon. Si vous m'aimiez sincèrement, vous cesseriez de me voir pendant quelque temps ! Moi je dépouillerai pour vous toute vanité, n'est-ce pas quelque chose ? Que ne dit-on pas d'une femme à laquelle aucun homme ne s'attache ? Ah ! elle est sans cœur, sans esprit, sans âme, sans charme surtout ! Oh ! les coquettes ne me feront grâce de rien, elles me raviront les qualités qu'elles sont blessées de trouver en moi. Si ma réputation me reste, que m'importe de voir contester mes avantages par des rivales ? elles n'en hériteront certes pas. Allons, mon ami, donnez quelque chose à qui vous sacrifie tant ! Venez moins souvent, je ne vous en aimerai pas moins.

— Ah ! répondit Montriveau avec la profonde ironie d'un cœur blessé, l'amour, selon les écrivassiers, ne se repaît que d'illusions. Rien n'est plus vrai, je le vois, il faut que je m'imagine être aimé. Mais tenez, il est des pensées comme des blessures dont on ne revient pas : vous étiez une de mes dernières croyances, et je m'aperçois en ce moment que tout est faux ici-bas.

Elle se prit à sourire.

— Oui, reprit Montriveau d'une voix altérée, votre foi catholique à laquelle vous voulez me convertir est un mensonge que les hommes se font, l'espérance est un mensonge appuyé sur l'avenir, l'orgueil est un mensonge de nous à nous, la pitié, la sagesse, la terreur, sont des calculs mensongers. Mon bonheur sera donc aussi quelque mensonge, il faut que je m'attrape moi-même et consente à toujours donner un louis contre un écu. Si vous pouvez si facilement vous dispenser de me voir, si vous ne m'avouez ni pour ami, ni pour amant, vous ne m'aimez pas ! Et moi, pauvre fou, je me dis cela, je le sais, et je l'aime.

— Mais, mon Dieu, mon pauvre Armand, vous vous emportez.

— Je m'emporte ?

— Oui, vous croyez que tout est en question, parce que je vous parle de prudence.

Au fond, elle était enchantée de la colère qui débordait dans les yeux de son amant. En ce moment, elle le tourmentait, mais elle le jugeait, et remarquait les moindres altérations de sa physionomie. Si le général avait eu le malheur de se montrer généreux sans discussion, comme il arrive quelquefois à certaines âmes candides, il eût été forbanni pour toujours, atteint et convaincu de ne pas savoir aimer. La plupart des femmes veulent se sentir le moral violé. N'est-ce pas une de leurs flatteries de ne jamais céder qu'à la force ? Mais Armand n'était pas assez instruit pour apercevoir le piège habilement préparé par la duchesse. Les hommes forts qui aiment ont tant d'enfance dans l'âme !

— Si vous ne voulez que conserver les apparences, dit-il avec naïveté, je suis prêt à...

— Ne conserver que les apparences ! s'écria-t-elle en l'interrompant, mais quelles idées vous faites-vous donc de moi ? Vous ai-je donné le moindre droit de penser que je puisse être à vous ?

— Ah çà, de quoi parlons-nous donc ? demanda Montriveau.

— Mais, monsieur, vous m'effrayez. Non, pardon, merci, reprit-elle d'un ton froid, merci, Armand : vous m'avertissez à temps d'une imprudence bien involontaire, croyez-le, mon ami. Vous savez souffrir, dites-vous ? Moi aussi, je saurai souffrir. Nous cesserons de nous voir ; puis, quand l'un et l'autre nous aurons su recouvrer un peu de calme, eh bien! nous aviserons à nous arranger un bonheur approuvé par le monde. Je suis jeune, Armand, un homme sans délicatesse ferait faire bien des sottises et des étourderies à une femme de vingt-quatre ans. Mais, vous! vous serez mon ami, promettez-le-moi.

— La femme de vingt-quatre ans, répondit-il, sait calculer. Il s'assit sur le divan du boudoir, et resta la tête appuyée dans ses mains.

— M'aimez-vous, madame? demanda-t-il en relevant la tête et lui montrant un visage plein de résolution. Dites hardiment : oui ou non.

La duchesse fut plus épouvantée de cette interrogation qu'elle ne l'aurait été d'une menace de mort, ruse vulgaire dont s'effrayent peu de femmes au dix-neuvième siècle, en ne voyant plus les hommes porter l'épée au côté; mais n'y a-t-il pas des effets de cils, de sourcils, des contractions dans le regard, des tremblements de lèvres, qui communiquent la terreur qu'ils expriment si vivement, si magnétiquement?

— Ah! dit-elle, si j'étais libre, si...

— Eh! n'est-ce que votre mari qui nous gêne? s'écria joyeusement le général en se promenant à grands pas dans le boudoir. Ma chère Antoinette, je possède un pouvoir plus absolu que ne l'est celui de l'autocrate de toutes les Russies. Je m'entends avec la fatalité; je puis, socialement parlant, l'avancer ou la retarder à ma fantaisie, comme on fait d'une montre. Diriger la fatalité, dans notre machine politique, n'est-ce pas tout simplement en connaître les rouages? Dans peu, vous serez libre, souvenez-vous alors de votre promesse.

— Armand, s'écria-t-elle, que voulez-vous dire? Grand Dieu! croyez-vous que je puisse être le gain d'un crime? voulez-vous ma mort? Mais vous n'avez donc pas du tout de religion? Moi, je crains Dieu. Quoique M. de Langeais m'ait donné le droit de le haïr, je ne lui souhaite aucun mal.

M. de Montriveau, qui battait machinalement la retraite avec ses doigts sur le marbre de la cheminée, se contenta de regarder la duchesse d'un air calme.

— Mon ami, dit-elle en continuant, respectez-le. Il ne m'aime pas, il n'est pas bon pour moi, mais j'ai des devoirs à remplir envers lui. Pour éviter les malheurs dont vous le menacez, que ne ferais-je pas?

Écoutez, reprit-elle après une pause, je ne vous parlerai plus de séparation, vous viendrez ici comme par le passé, je vous donnerai toujours mon front à baiser; si je vous le refusais quelquefois, c'était pure coquetterie, en vérité. Mais, entendons-nous, dit-elle en le voyant s'approcher. Vous me permettrez d'augmenter le nombre de mes poursuivants, d'en recevoir dans la matinée encore plus que par le passé : je veux redoubler de légèreté, je veux vous traiter fort mal en apparence, feindre une rupture; vous viendrez un peu moins souvent; et puis, après...

En disant ces mots, elle se laissa prendre par la taille, parut sentir, ainsi pressée par Montriveau, le plaisir excessif que trouvent la plupart des femmes à cette émotion, dans laquelle tous les plaisirs de l'amour semblent promis; puis, elle désirait sans doute se faire faire quelque confidence, car elle se haussa sur la pointe des pieds pour apporter son front sous les lèvres brûlantes d'Armand.

— Après, reprit Montriveau, vous ne me parlerez plus de votre mari : vous n'y devez plus penser.

Madame de Langeais garda le silence.

— Au moins, dit-elle après une pause expressive, vous ferez tout ce que je voudrai, sans gronder, sans être mauvais, dites, mon ami? N'avez-vous pas voulu m'effrayer? Allons, avouez-le!... Vous êtes trop bon pour jamais concevoir de criminelles pensées. Mais auriez-vous donc des secrets que je ne connusse point? Comment pouvez-vous donc maîtriser le sort?

— Au moment où vous confirmez le don que vous m'avez déjà fait de votre cœur, je suis trop heureux pour bien savoir ce que je vous répondrais. J'ai confiance en vous, Antoinette, je n'aurai ni soupçons, ni fausses jalousies. Mais, si le hasard vous rendait libre, nous sommes unis...

— Le hasard, Armand, dit-elle en faisant un de ces jolis gestes de tête qui semblent pleins de choses et que ces sortes de femmes jettent à la légère, comme une cantatrice joue sa voix. Le pur hasard, reprit-elle. Sachez-le bien : s'il arrivait, par votre faute, quelque malheur à M. de Langeais, je ne serais jamais à vous.

Ils se séparèrent contents l'un et l'autre. La duchesse avait fait un pacte qui lui permettait de prouver au monde, par ses paroles et ses actions, que M. de Montriveau n'était point son amant. Quant à lui, la rusée se promettait bien de le lasser en ne lui accordant d'autres faveurs que celles surprises dans les petites luttes dont elle arrêtait le cours à son gré. Elle savait si joliment le lendemain révoquer les concessions consenties la veille, elle était si sérieusement déterminée à rester physiquement vertueuse, qu'elle ne voyait aucun danger pour elle à des préliminaires redoutables seulement aux femmes bien éprises. Enfin, une duchesse séparée de son mari offrait peu de chose à l'amour, en lui sacrifiant un mariage annulé depuis longtemps. De son côté, Montriveau, tout heureux d'obtenir la plus vague de ces promesses, et d'écarter à jamais les objections qu'une épouse puise dans la foi conjugale pour se refuser à l'amour, s'applaudissait d'avoir

conquis encore un peu plus de terrain. Aussi, pendant quelque temps, abusa-t-il des droits d'usufruit qui lui avaient été si difficilement octroyés. Plus enfant qu'il ne l'avait jamais été, cet homme se laissait aller à tous les enfantillages qui font du premier amour la fleur de la vie. Il redevenait petit en répandant et son âme et toutes les forces trompées que lui communiquait sa passion sur les mains de cette femme, sur ses cheveux blonds, dont il baisait les boucles floconneuses, sur ce front éclatant qu'il voyait pur. Inondée d'amour, vaincue par les effluves magnétiques d'un sentiment si chaud, la duchesse hésitait à faire naître la querelle qui devait les séparer à jamais. Elle était plus femme qu'elle ne le croyait, cette chétive créature, en essayant de concilier les exigences de la religion avec les vivaces émotions de vanité, avec les semblants de plaisir dont s'affolent les Parisiennes. Chaque dimanche elle entendait la messe, ne manquait pas un office; puis, le soir, elle se plongeait dans les enivrantes voluptés que procurent des désirs sans cesse réprimés. Armand et madame de Langeais ressemblaient à ces fakirs de l'Inde qui sont récompensés de leur chasteté par les tentations qu'elle leur donne. Peut-être aussi, la duchesse avait-elle fini par résoudre l'amour dans ces caresses fraternelles, qui eussent paru sans doute innocentes à tout le monde, mais auxquelles les hardiesses de sa pensée prêtaient d'excessives dépravations. Comment expliquer autrement le mystère incompréhensible de ses perpétuelles fluctuations? Tous les matins elle se proposait de fermer sa porte au marquis de Montriveau, puis, tous les soirs, à l'heure dite, elle se laissait charmer par lui. Après une molle défense, elle se faisait moins méchante; sa conversation devenait douce, onctueuse, deux amants pouvaient seuls être ainsi. La duchesse déployait son esprit le plus scintillant, ses coquetteries les plus entraînantes; puis, quand elle avait irrité l'âme et les sens de son amant, s'il la voulait saisir, elle voulait bien se laisser briser et tordre par lui, mais elle avait son nec plus ultrà de passion; et, quand il en arrivait là, elle se fâchait toujours si, maîtrise par sa fougue, il faisait mine d'en franchir les barrières. Aucune femme n'ose se refuser sans motif à l'amour; rien n'est plus naturel que d'y céder; aussi madame de Langeais s'entoura-t-elle bientôt d'une seconde ligne de fortifications plus difficile à emporter que ne l'avait été la première. Elle évoqua les terreurs de la religion. Jamais le Père de l'Église le plus éloquent ne plaida mieux la cause de Dieu, jamais les vengeances du Très-Haut ne furent mieux justifiées que par la voix de la duchesse. Elle n'employait ni phrases de sermon, ni amplifications de rhétorique. Non, elle avait son pathos à elle. À la plus ardente supplique d'Armand elle répondait par un regard mouillé de larmes, par un geste qui peignait une affreuse plénitude de sentiments; elle le faisait taire en lui demandant grâce; un mot de plus, elle ne voulait pas l'entendre, elle succomberait, et la mort lui semblait préférable à un bonheur criminel.

— N'est-ce donc rien que de désobéir à Dieu? lui disait-elle en retrouvant une voix affaiblie par les combats intérieurs sur lesquels cette jolie comédienne paraissait prendre difficilement un empire passager. Les hommes, je vous les sacrifierais volontiers, mais vous êtes bien égoïste de me demander tout mon avenir pour un moment de plaisir. Allons! voyons, n'êtes-vous pas heureux? ajoutait-elle en lui tendant la main et se montrant à lui dans un négligé qui certes offrait à son amant des consolations dont il se payait toujours.

Si, pour retenir un homme dont l'ardente passion lui donnait des émotions inaccoutumées, ou si, par faiblesse, elle se laissait ravir quelque baiser rapide, aussitôt elle feignait la peur, elle rougissait et bannissait Armand de son canapé au moment où le canapé devenait dangereux pour elle.

— Vos plaisirs sont des péchés que j'expie, Armand; ils me coûtent des pénitences, des remords! s'écriait-elle.

Quand Montriveau se voyait à deux chaises de cette jupe aristocratique, il se prenait à blasphémer, il maugréait Dieu. La duchesse se fâchait alors.

— Mais, madame, disait-elle sèchement, je ne comprends pas pourquoi vous refusez de croire en Dieu, car il est impossible de croire aux hommes. Taisez-vous, ne parlez pas ainsi; vous avez l'âme trop grande pour épouser les sottises du libéralisme, qui a la prétention de tuer Dieu.

Les discussions théologiques et politiques lui servaient de douches pour calmer Montriveau, qui ne savait plus revenir à l'amour quand elle excitait sa colère, en le jetant à mille lieues de ce boudoir dans les théories de l'absolutisme, qu'elle défendait à merveille. Peu de femmes osent se faire démocrates, elles sont alors trop en contradiction avec leur despotisme en fait de sentiments. Mais souvent aussi le général secouait sa crinière, laissait la politique, grondait comme un lion, se battait les flancs, s'élançait sur sa proie, revenait terrible d'amour à sa maîtresse, incapable de porter longtemps son cœur et sa pensée en flagrance. Si cette femme se sentait piquée par une fantaisie assez incitante pour la compromettre, elle savait alors sortir de son boudoir : elle quittait l'air chargé de désirs qu'elle y respirait, venait dans son salon, s'y mettait au piano, chantait les airs les plus délicats de la musique moderne, et trompait ainsi l'amour des sens, qui parfois ne lui faisait pas grâce, mais qu'elle avait la force de vaincre. En ces moments, elle était sublime aux yeux d'Armand : elle ne feignait pas, elle était vraie, et le pauvre amant se croyait aimé. Cette résistance égoïste la lui faisait prendre pour une sainte et vertueuse créature, et il se résignait, et il parlait d'amour platonique, le général d'artillerie ! Quand elle eut assez joué de la religion dans son intérêt personnel, madame de Langeais en joua dans celui d'Armand : elle voulut le ramener à des sentiments chrétiens, elle lui refit le génie du christianisme à l'usage des militaires. Montriveau s'impatienta, trouva son joug pesant. Oh ! alors, par esprit de contradiction, elle lui cassa la tête de Dieu pour voir si Dieu la débarrasserait d'un homme qui allait à son but avec une constance dont elle commençait à s'effrayer. D'ailleurs, elle se plaisait à prolonger toute querelle qui paraissait éterniser la lutte morale, après laquelle venait une lutte matérielle bien autrement dangereuse.

Mais si l'opposition faite au nom des lois du mariage représente *l'époque civile* de cette guerre sentimentale, celle-ci en constituerait *l'époque religieuse*, et elle eut, comme la précédente, une crise après laquelle sa rigueur devait décroître. Un soir, Armand, venu fortuitement de très-bonne heure, trouva M. l'abbé Gondrand, directeur de la conscience de madame de Langeais, établi dans un fauteuil au coin de la cheminée, comme un homme en train de digérer son dîner et les jolis péchés de sa pénitente. La vue de cet homme au teint frais et reposé, dont le front était calme, la bouche ascétique, le regard malicieusement inquisiteur, qui avait dans son maintien une véritable noblesse ecclésiastique, et déjà dans son vêtement le violet épiscopal, rembrunit singulièrement le visage de Montriveau, qui ne salua personne et resta silencieux. Sorti de son amour, le général ne manquait pas de tact, il devina donc, en échangeant quelques regards avec le futur évêque, que cet homme était le promoteur des difficultés dont s'armait pour lui l'amour de la duchesse. Qu'un ambitieux abbé bricollât et retînt le bonheur d'un homme trempé comme l'était Montriveau, cette pensée bouillonna sur sa face, lui crispa les doigts, le fit lever, marcher, piétiner, puis, quand il revenait à sa place, avec l'intention de faire un éclat, un seul regard de la duchesse suffisait à le calmer. Madame de Langeais, nullement embarrassée du noir silence de son amant, par lequel tout autre femme eût été gênée, continuait à converser fort spirituellement avec M. Gondrand sur la nécessité de rétablir la religion dans son ancienne splendeur. Elle exprimait mieux que ne le faisait l'abbé pourquoi l'Église devait être un pouvoir à la fois temporel et spirituel, et regrettait que la Chambre des pairs n'eût pas encore son *banc des évêques*, comme la Chambre des lords avait le sien. Néanmoins l'abbé, sachant que le carême lui permettrait de prendre sa revanche, céda la place au général et sortit. A peine la duchesse se leva-t-elle pour rendre à son directeur l'humble révérence qu'elle en reçut, tant elle était intriguée par l'attitude de Montriveau.

— Qu'avez-vous, mon ami ?

— Mais j'ai votre abbé sur l'estomac.

— Pourquoi ne preniez-vous pas un livre ? lui dit-elle sans se soucier d'être ou non entendue par l'abbé qui fermait la porte.

Montriveau resta muet pendant un moment, car la duchesse accompagna ce mot d'un geste qui en relevait encore la profonde impertinence.

— Ma chère Antoinette, je vous remercie de donner à l'amour le pas sur l'Église ; mais, de grâce, souffrez que je vous adresse une question.

— Ah ! vous m'interrogez. Je le veux bien, reprit-elle. N'êtes-vous pas mon ami ? je puis, certes, vous montrer le fond de mon cœur, vous n'y verrez qu'une image.

— Parlez-vous de cet homme de notre amour ?

— Il est mon confesseur.

— Sait-il que je vous aime ?

— Monsieur de Montriveau, vous ne prétendez pas, je pense, pénétrer les secrets de ma confession ?

— Ainsi cet homme connaît toutes nos querelles et mon amour pour vous...

— Un homme, monsieur ! dites Dieu.

— Dieu ! Dieu ! je dois être seul dans votre cœur. Mais laissez Dieu tranquille là où il est, pour l'amour de lui et de moi. Madame, vous n'irez plus à confesse, ou...

— Où ? dit-elle en souriant.

— Ou je ne reviendrai plus ici.

— Partez, Armand. Adieu, adieu pour jamais.

Elle se leva et s'en alla dans son boudoir, sans jeter un seul regard à Montriveau, qui resta debout, la main appuyée sur une chaise. Combien de temps resta-t-il ainsi, jamais il ne le sut lui-même. L'âme a le pouvoir inconnu d'étendre comme de resserrer l'espace. Il ouvrit la porte du boudoir, il y faisait nuit. Une voix faible devint forte pour dire aigrement : — Je n'ai pas sonné. D'ailleurs pourquoi donc entrer sans ordre ? Suzette, laissez-moi.

— Tu souffres donc ? s'écria Montriveau.

— Levez-vous, monsieur, reprit-elle en sonnant, et sortez d'ici, au moins pour un moment.

— Madame la duchesse demande de la lumière, dit-il au valet de chambre, qui vint dans le boudoir y allumer les bougies.

Quand les deux amants furent seuls, madame de Langeais demeura couchée sur son divan, muette, immobile, absolument comme si Montriveau n'eût pas été là.

— Chère, dit-il avec un accent de douleur et de bonté sublime, j'ai tort. Je ne te voudrais certes pas sans religion...

— Il est heureux, répliqua-t-elle sans le regarder et d'une voix dure, que vous reconnaissiez la nécessité de la conscience. Je vous remercie pour Dieu.

Ici le général, abattu par l'inclémence de cette femme, qui savait devenir à volonté une étrangère ou une sœur pour lui, fit, vers la porte, un pas de désespoir, et allait l'abandonner à jamais sans lui dire un seul mot. Il souffrait, et la duchesse riait en elle-même des souffrances causées par une torture morale bien plus cruelle que ne l'était jadis la torture judiciaire. Mais cet homme n'était pas maître de s'en aller. En toute espèce de crise, une femme est en quelque sorte grosse d'une certaine quantité de paroles, et quand elle ne les a pas dites, elle éprouve la sensation que donne la vue d'une chose incomplète. Madame de Langeais, qui n'avait pas tout dit, reprit la parole.

— Nous n'avons pas les mêmes convictions, général, j'en suis peinée. Il serait affreux pour la femme de ne pas croire à une religion qui permet d'aimer au-delà du tombeau. Je mets à part les sentiments chrétiens, vous ne les comprenez pas. Laissez-moi vous parler seulement des convenances. Voulez-vous interdire à une femme de la cour la *sainte table* quand il est reçu de s'en approcher à Pâques ? mais il faut pourtant bien savoir faire quelque chose pour son parti. Les libéraux ne tueront pas, malgré leur désir, le sentiment religieux. La religion sera toujours une nécessité politique. Vous chargeriez-vous de gouverner un peuple de raisonneurs ? Napoléon ne l'osant pas, il persécutait les idéologues. Pour empêcher les peuples de raisonner, il faut leur imposer des sentiments. Acceptons donc la religion catholique avec toutes ses conséquences. Si nous voulons que la France aille à la messe, ne devons-nous pas commencer par y aller nous-mêmes ? La religion, Armand, est, vous le voyez, le lien des principes conservateurs qui permettent aux riches de vivre tranquilles. La religion est intimement liée à la propriété. Il est certes plus beau de conduire les peuples par des idées morales que par des échafauds, comme au temps de la Terreur, seul moyen que votre détestable révolution ait inventé pour se faire obéir. Le prêtre et le roi, mais c'est vous, c'est moi, c'est la princesse ma voisine, c'est en un mot tous les intérêts des honnêtes gens personnifiés. Allons, mon ami, veuillez donc être de votre parti, vous qui pourriez en devenir le Sylla, si vous aviez la moindre ambition. J'ignore la politique, moi, j'en raisonne par sentiment, mais j'en sais néanmoins assez pour deviner que la société serait renversée si l'on en faisait mettre à tout moment les bases en question...

— Si votre cour, si votre gouvernement pensent ainsi, vous me faites pitié, dit Montriveau. La Restauration, madame, doit se dire comme Catherine de Médicis, quand elle crut la bataille de Dreux perdue : — Eh bien ! nous irons au prêche ! Or, 1815 est votre bataille de Dreux. Comme le trône de ce temps-là, vous l'avez gagnée en fait, mais perdue en droit. Le protestantisme politique est victorieux dans les esprits. Si vous ne voulez pas faire votre édit de Nantes, ou si, le faisant, vous le révoquez, si vous êtes un jour atteints et convaincus de ne plus vouloir de la Charte, qui n'est qu'un gage donné au maintien des intérêts révolutionnaires, la Révolution se relèvera terrible, et ne vous donnera qu'un seul coup, ce n'est pas elle qui sortira de France, elle y est le sol même. Les hommes se laissent tuer, mais non les intérêts... Eh ! mon Dieu, que nous font la France, le trône, la légitimité, le monde entier ? Ce sont des billevesées auprès de mon bonheur. Régnez, soyez renversés, peu m'importe. Où suis-je donc ?

— Mon ami, vous êtes dans le boudoir de madame la duchesse de Langeais.

— Non, non, plus de duchesse, plus de Langeais, je suis près de ma chère Antoinette !

— Voulez-vous me faire le plaisir de rester où vous êtes, dit-elle en riant et le repoussant, mais sans violence.

— Vous ne m'avez donc jamais aimé ? dit-il avec une rage qui jaillit de ses yeux par des éclairs.

— Non, mon ami.

Ce non valait un oui.

— Je suis un grand sot, reprit-il en baisant la main de cette terrible reine redevenue femme.

— Antoinette, reprit-il, s'appuyant la tête sur ses pieds, tu es trop chastement tendre pour dire nos bonheurs à qui que ce soit au monde.

— Ah ! vous êtes un grand fou, dit-elle en se levant par un mouvement gracieux quoique vif. Et, sans ajouter une parole, elle courut dans le salon.

— Qu'a-t-elle donc ? demanda le général, qui ne savait pas deviner la puissance des commotions que sa tête brûlante avait électriquement communiquées des pieds à la tête de sa maîtresse.

Au moment où il arrivait furieux dans le salon, il y entendit de célestes accords. La duchesse était à son piano. Les hommes de science ou de poésie, qui peuvent à la fois comprendre et jouir sans que la réflexion nuise à leurs plaisirs, sentent que l'alphabet et la phraséologie musicale sont les instruments intimes du musicien, comme le bois ou le cuivre sont ceux de l'exécutant. Pour eux, il existe une musique à part au fond de la double expression de ce sensuel langage des âmes. *Andiamo mio ben* peut arracher des larmes de joie ou faire rire de pitié, selon la cantatrice. Souvent, çà et là, dans le monde, une jeune fille expirant sous le poids d'une peine inconnue, un homme dont l'âme vibre sous les pincements d'une passion, prennent un thème musical et s'entendent avec le ciel, ou se parlent à eux-mêmes dans quelque sublime mélodie, espèce de poème perdu. Or, le général écoutait en ce moment une de ces poésies inconnues autant que peut l'être la plainte solitaire d'un oiseau mort sans compagne dans une forêt vierge.

— Mon Dieu, que jouez-vous donc là ! dit-il d'une voix émue.

— Le prélude d'une romance appelée, je crois, *Fleuve du Tage.*

— Je ne savais pas ce que pouvait être une musique de piano, reprit-il.

— Eh ! mon ami, dit-elle en lui jetant pour la première fois un regard de femme amoureuse, vous ne savez pas non plus que je vous aime, que vous me faites horriblement souffrir, et qu'il faut bien que je me plaigne sans trop me faire comprendre, autrement je serais à vous... Mais vous ne voyez rien.

— Et vous ne voulez pas me rendre heureux !

— Armand, je mourrais de douleur le lendemain.

Le général sortit brusquement, mais, quand il se trouva dans la rue, il essuya deux larmes qu'il avait eu la force de contenir dans ses yeux.

La religion dura trois mois. Ce terme expiré, la duchesse, ennuyée de ses redites, livra Dieu pieds et poings liés à son amant. Peut-être craignait-elle, à force de parler d'éternité, de perpétuer l'amour du général en ce monde et dans l'autre. Pour l'honneur de cette femme, il est nécessaire de la croire vierge, même de cœur; autrement elle serait trop horrible. Encore bien loin de cet âge où mutuellement l'homme et la femme se trouvent trop près de l'avenir pour perdre du temps et se chicaner leurs jouissances, elle en était, sans doute, non pas à son premier amour, mais à ses premiers plaisirs. Faute de pouvoir comparer le bien au mal, faute de souffrances qui lui eussent appris la valeur des trésors jetés à ses pieds, elle s'en jouait. Ne connaissant pas les éclatantes délices de la lumière, elle se complaisait à rester dans les ténèbres. Armand, qui commençait à entrevoir cette bizarre situation, espérait dans la première parole de la nature. Il pensait, tous les soirs, en sortant de chez madame de Langeais, qu'une femme n'acceptait pas pendant sept mois les soins d'un homme et les preuves d'amour les plus tendres, les plus délicates, ne s'abandonnait pas aux exigences superficielles d'une passion pour la tromper en un moment, et attendait patiemment la saison du soleil, ne doutant pas qu'il n'en recueillît les fruits dans leur primeur. Il avait parfaitement conçu les scrupules de la femme mariée et les scrupules religieux. Il était même joyeux de ces combats. Il trouvait la duchesse pudique là où elle n'était qu'horriblement coquette, et il ne l'aurait pas voulue autrement. Il aimait donc à lui voir inventer des obstacles, n'en triomphait-il pas graduellement ? Et chaque triomphe n'augmentait-il pas la faible somme des privautés amoureuses longtemps défendues, puis concédées par elle avec tous les semblants de l'amour ? Mais il avait si bien dégusté les menues et processives conquêtes dont se repaissent les amants timides, qu'elles étaient devenues des habitudes pour lui. En fait d'obstacles, il n'avait donc plus que ses propres terreurs à vaincre, car il ne voyait plus le bonheur d'autre empêchement que les caprices de celle qui se laissait appeler *Antoinette.* Il résolut alors de vouloir plus, de vouloir tout. Embarrassé comme un amant jeune encore qui n'ose pas croire à l'abaissement de son idole, il hésita longtemps et connut ces terribles réactions de cœur, ces volontés bien arrêtées qu'un mot anéantit, ces décisions prises qui expirent au seuil d'une porte. Il se méprisait de ne pas avoir la force de dire un mot, et ne le disait pas. Néanmoins un soir il procéda par une sombre mélancolie à la demande farouche de ses droits illégalement légitimes. La duchesse n'attendit pas la requête de son esclave pour en deviner le désir. Un désir d'homme est-il jamais secret ? Les femmes n'ont-elles pas toutes la science infuse de certains bouleversements de physionomie ?

— Eh quoi ! voulez-vous cesser d'être mon ami ? dit-elle en l'interrompant au premier mot et lui jetant des regards embellis par une divine rougeur qui coula comme un sang nouveau sur son teint diaphane. Pour me récompenser de mes générosités, vous voulez me déshonorer. Réfléchissez donc un peu. Moi, j'ai beaucoup réfléchi, je pense toujours à vous. Il existe une probité de femme à laquelle nous ne devons, pas plus manquer que vous ne me devez faillir à l'honneur. Moi, je ne sais pas tromper. Si je suis à vous, je ne pourrai plus être en

aucune manière la femme de M. de Langeais. Vous exigez donc le sacrifice de ma position, de mon rang, de ma vie, pour un douteux amour qui n'a pas eu sept mois de patience. Comment ! déjà vous voudriez me ravir la libre disposition de moi-même. Non, non, ne me parlez plus ainsi. Non, ne me dites rien. Je ne veux pas, je ne peux pas vous entendre. Là, madame de Langeais prit sa coiffure à deux mains pour reporter en arrière les touffes de boucles qui lui échauffaient le front, et parut très-animée. — Vous venez chez une faible créature avec des calculs bien arrêtés, en vous disant : Elle me parlera de son mari pendant un certain temps, puis de Dieu, puis des suites inévitables de l'amour; mais j'userai, j'abuserai de l'influence que j'aurai conquise; je me rendrai nécessaire, j'aurai pour moi les liens de l'habitude, les arrangements tout faits par le public; enfin, quand le monde aura fini par accepter notre liaison, je serai le maître de cette femme. Soyez franc, ce sont là vos pensées.. Ah ! vous calculez, et vous dites aimer, fi ! Vous êtes amoureux, ah ! je le crois bien ! Vous me désirez, et voulez m'avoir pour maîtresse, voilà tout. Eh bien ! non, *la duchesse de Langeais* ne sera cnndra pas jusquelà. Que de naïves bourgeoises soient les dupes de vos faussetés; moi, je ne le serai jamais. Rien ne m'assure de votre amour. Vous me parlez de ma beauté, je puis devenir laide en six mois, comme la chère princesse ma voisine. Vous êtes ravi de mon esprit, de ma grâce; mon Dieu, vous vous y accoutumerez comme au plaisir. Ne vous êtes-vous pas habitué depuis quelques mois aux faveurs que j'ai eu la faiblesse de vous accorder ? Quand je serai perdue, un jour, vous ne me donnerez d'autre raison de votre changement que le mot décisif : Je n'aime plus. Rang, fortune, honneur, toute la duchesse de Langeais se sera engloutie dans une espérance trompée. J'aurai des enfants qui attesteront ma honte, et... mais, reprit-elle en laissant échapper un geste d'impatience, je suis trop bonne de vous expliquer ce que vous savez mieux que moi. Allons ! restons-en là. Je suis trop heureuse de pouvoir encore briser les liens que vous croyez si forts. Y a-t-il donc quelque chose de si héroïque à être venu à l'hôtel de Langeais passer tous les soirs quelques instants auprès d'une femme dont le babil vous plaisait, de laquelle vous vous amusiez comme d'un joujou ? Mais quelques jeunes fats arrivent chez moi, de trois heures à cinq heures, aussi régulièrement que vous venez le soir. Ceux-là sont donc bien généreux. Je me moque d'eux, ils supportent assez tranquillement mes boutades, mes impertinences, et me font rire, tandis que vous, à qui j'accorde les plus précieux trésors de mon âme, vous voulez me perdre, et me causez mille ennuis. Taisez-vous, assez, assez, dit-elle en le voyant prêt à parler, vous n'avez ni cœur, ni âme, ni délicatesse. Je sais ce que vous voulez me dire. Eh bien ! oui. J'aime mieux passer à vos yeux pour une femme froide, insensible, sans dévouement, sans cœur même, que de passer aux yeux du monde pour une femme ordinaire, que d'être condamnée à des peines éternelles après avoir été condamnée à vos prétendus plaisirs, qui vous lasseront certainement. Votre égoïste amour ne vaut pas tant de sacrifices...

Ces paroles représentaient imparfaitement celles que fredonna la duchesse avec la vive prolixité d'une serinette. Certes, elle put parler longtemps, mais le pauvre Armand n'opposait pour toute réponse à ce torrent de notes flûtées qu'un silence plein de sentiments horribles. Pour la première fois, il entrevoyait la coquetterie de cette femme, et devinait instinctivement que l'amour dévoué, l'amour partagé, ne calculait pas, ne raisonnait pas ainsi chez une femme vraie. Puis il éprouvait une sorte de honte en se souvenant d'avoir involontairement fait les calculs dont les odieuses pensées lui étaient reprochées. Puis, en s'examinant avec une bonne foi tout angélique, il ne trouvait que de l'égoïsme dans ses paroles, dans ses idées, dans ses réponses conçues et non exprimées. Il se donnait tort, et, dans son désespoir, il eut l'envie de se précipiter par la fenêtre. Le mot le tuait. Que dire, en effet, à une femme qui ne croit pas à l'amour ? — « Laissez-moi vous prouver combien je vous aime. » Toujours *moi.* Montriveau ne savait pas, comme en ces sortes de circonstances le savent les héros de boudoir, imiter le rude logicien marchant devant les pyrrhoniens, qui niaient le mouvement. Cet homme audacieux manquait précisément de l'audace habituelle aux amants qui connaissent les formules de l'algèbre féminine. Si tant de femmes, et même les plus vertueuses, sont la proie des gens habiles en amour auxquels le vulgaire donne un méchant nom, peut-être est-ce parce qu'ils sont de grands *prouveurs,* et que l'amour veut, malgré sa délicieuse poésie de sentiment, un peu plus de géométrie qu'on ne le pense. Or, la duchesse et Montriveau se ressemblaient en ce point qu'ils étaient également inexperts en amour. Elle en connaissait très-peu la théorie, elle en ignorait la pratique, ne sentait rien et réfléchissait à tout. Montriveau connaissait peu de pratique, ignorait la théorie, et sentait trop pour réfléchir. Tous deux subissaient donc le malheur de cette situation bizarre. En ce moment suprême, ses myriades de pensées pouvaient se réduire à celle-ci : « Laissez-vous posséder. » Phrase horriblement égoïste pour une femme chez qui ces mots n'apportaient aucun souvenir et ne réveillaient aucune image. Néanmoins, il fallait répondre. Quoiqu'il eût le sang fouetté par ces petites phrases en forme de flèches, bien aiguës, bien froides,

bien acérées, décochées coup sur coup, Montriveau devait aussi cacher sa rage, pour ne pas tout perdre par une extravagance.

— Madame la duchesse, je suis au désespoir que Dieu n'ait pas
inventé pour la femme une autre façon de confirmer le don de son
cœur que d'y ajouter celui de sa personne. Le haut prix que vous
attachez à vous-même me montre que je ne dois pas en attacher un
moindre. Si vous me donnez votre âme et tous vos sentiments,
comme vous me le dites, qu'importe donc le reste ? D'ailleurs, si mon
bonheur vous est un si pénible sacrifice, n'en parlons plus. Seulement, vous pardonnerez à un homme de cœur de se trouver humilié
en se voyant pris pour un épagneul.

Le ton de cette dernière phrase eût peut-être effrayé d'autres
femmes ; mais quand une de ces porte-jupes s'est mise au-dessus de
tout en se laissant diviniser, aucun pouvoir ici-bas n'est orgueilleux
comme elle sait être orgueilleuse.

— Monsieur le marquis, je suis au désespoir que Dieu n'ait pas
inventé pour l'homme la plus noble façon de confirmer le don de
son cœur que la manifestation de désirs prodigieusement vulgaires.
Si, en donnant notre personne, nous devenons esclaves, un homme
ne s'engage à rien en nous acceptant. Qui m'assurera que je serai
toujours aimée ? L'amour que je déploierai à tout moment pour vous
mieux attacher à moi serait peut-être une raison d'être abandonnée.
Je ne veux pas faire une seconde édition de madame de Beauséant.
Sait-on jamais ce qui vous retient près de nous ? Notre constante
froideur est le secret de la constante passion de quelques-uns d'entre
vous : à d'autres, il faut un dévouement perpétuel, une adoration de
tous les moments : à ceux-ci, la douceur ; à ceux-là, le despotisme.
Aucune femme n'a encore pu bien déchiffrer vos cœurs. Il y eut une
pause, après laquelle elle changea de ton. — Enfin, mon ami, vous
ne pouvez pas empêcher une femme de trembler à cette question :
Serai-je aimée toujours ? Quelque dures qu'elles soient, mes paroles
me sont dictées par la crainte de vous perdre. Mon Dieu ! ce n'est
pas moi, cher, qui parle, mais la raison, et comment s'en trouve-t-il
chez une personne aussi folle que je le suis ? En vérité, je n'en sais
rien.

Entendre cette réponse commencée par la plus déchirante ironie,
et terminée par les accents les plus mélodieux dont une femme se
soit servie pour peindre l'amour dans son ingénuité, n'était-ce pas
aller en un moment du martyre au ciel ? Montriveau pâlit, et tomba
pour la première fois de sa vie aux genoux d'une femme. Il baisa le
bas de la robe de la duchesse, les pieds, les genoux ; mais pour
l'honneur du faubourg Saint-Germain, il est nécessaire de ne pas
révéler les mystères de ses boudoirs, où l'on voulait tout de l'amour,
moins ce qui pouvait attester l'amour.

— Chère Antoinette, s'écria Montriveau dans le délire où le plongea l'entier abandon de la duchesse, qui se crut généreuse en se laissant adorer ; oui, tu as raison, je ne veux pas que tu conserves de
doutes. En ce moment, je tremble aussi d'être quitté par l'ange de
ma vie, et je voudrais inventer pour nous des liens indissolubles.

— Ah ! dit-elle tout bas, je vois, j'ai donc raison.

— Laisse-moi finir, reprit Armand, je vais d'un seul mot dissiper
toutes les craintes. Écoute, si je t'abandonnais, je mériterais mille
morts. Sois toute à moi, je te donnerai le droit de me tuer si je te
trahissais. J'écrirai moi-même une lettre par laquelle je déclarerai
certains motifs qui me contraindraient à me tuer, enfin, j'y mettrai
mes dernières dispositions. Tu posséderas ce testament qui légitime-
rait ma mort, et pourras ainsi te venger sans avoir rien à craindre
de Dieu ni des hommes.

— Ai-je besoin de cette lettre ? Si j'avais perdu ton amour, que
me ferait la vie ? Si je voulais te tuer, ne saurais-je pas te suivre ?
Non, je te remercie de l'idée, mais je ne veux pas de la lettre. Ne
pourrais-je pas croire que tu m'es fidèle par crainte, ou le juger
d'une infidélité ne pourrait-il pas être un attrait pour celui qui livre
ainsi sa vie ? Armand, ce que je te demande est seul difficile à faire.

— Et que veux-tu donc ?

— Ton obéissance et ma liberté.

— Mon Dieu ! s'écria-t-il, je suis comme un enfant.

— Un enfant volontaire et bien gâté, dit-elle en caressant l'épaisse
chevelure de cette tête qu'elle garda sur ses genoux. Oh ! oui, bien
plus aimé qu'il ne le croit, et cependant bien désobéissant. Pourquoi
ne pas rester ainsi ? pourquoi ne pas me sacrifier des désirs qui m'of-
fensent ? pourquoi ne pas accepter ce que j'accorde, si c'est tout ce
que je puis honnêtement octroyer ? N'êtes-vous donc pas heureux ?

— Oh ! oui, dit-il, je suis heureux quand je n'ai point de doutes.
Antoinette, en amour, douter, n'est-ce pas mourir ?

Et il se montra tout à coup ce qu'il était et ce que sont tous les
hommes sous le feu des désirs, éloquent, insinuant. Après avoir
goûté les plaisirs permis sans doute par un secret et jésuitique ou-
kase, la duchesse éprouva ces émotions cérébrales dont l'habitude
lui avait rendu l'amour d'Armand nécessaire autant que l'étaient le
monde, le bal et l'Opéra. Se voir adorée par un homme dont la supériorité, le caractère, inspiraient de l'effroi en faire un enfant, jouer,
comme Poppée, avec un Néron, beaucoup de femmes, comme firent
les épouses d'Henri VIII, ont payé ce périlleux bonheur de tout le

sang de leurs veines. Eh bien ! pressentiment bizarre ! en lui livrant
les jolis cheveux blanchement blonds dans lesquels il aimait à promener ses doigts, en sentant la petite main de cet homme vraiment
grand la presser, en jouant elle-même avec les touffes noires de sa
chevelure, dans ce boudoir où elle régnait, la duchesse se disait :
— Cet homme est capable de me tuer, s'il s'aperçoit que je m'amuse
de lui.

M. de Montriveau resta jusqu'à deux heures du matin près de sa
maîtresse, qui, dès ce moment, ne lui parut plus ni une duchesse, ni
une Navarreins : Antoinette avait poussé le déguisement jusqu'à paraître femme. Pendant cette délicieuse soirée, la plus douce préface
que jamais Parisienne ait faite pour ce que le monde appelle une
faute, il fut permis au général de voir en elle, malgré les minauderies d'une pudeur jouée, toute la beauté des jeunes filles. Il put penser avec quelque raison que tant de querelles capricieuses formaient
des voiles avec lesquels une âme céleste s'était vêtue, et qu'il fallait
lever un à un, comme ceux dont elle enveloppait son adorable personne. La duchesse fut pour lui la plus naïve, la plus ingénue des
maîtresses, et il en fit la femme de son choix ; il s'en alla tout heureux de l'avoir enfin amenée à lui donner tant de gages d'amour,
qu'il lui semblait impossible de ne pas être désormais, pour elle, un
époux secret dont le choix était approuvé par Dieu. Dans cette pensée, avec la candeur de ceux qui sentent toutes les obligations de
l'amour en savourant les plaisirs, Armand revint chez lui lentement. Il suivit les quais, afin de voir le plus grand espace possible
de ciel, il voulait élargir le firmament et la nature en se trouvant le
cœur agrandi. Ses poumons lui paraissaient aspirer plus d'air qu'ils
n'en prenaient la veille. En marchant, il s'interrogeait, et se promettait d'aimer si religieusement cette femme qu'elle pût trouver tous
les jours une absolution de ses fautes sociales dans un constant bonheur. Douces agitations d'une vie pleine ! Les hommes qui ont assez
de force pour teindre leur âme d'un sentiment unique ressentent des
jouissances infinies en contemplant par échappées toute une vie incessamment ardente, comme certains religieux pouvaient contempler
la lumière divine dans leurs extases. Sans cette croyance en sa perpétuité, l'amour ne serait rien ; la constance le grandit. Ce fut ainsi
qu'en s'en allant en proie à son bonheur, Montriveau comprenait la
passion. — Nous sommes donc l'un à l'autre à jamais ! Cette pensée
était pour cet homme un talisman qui réalisait les vœux de sa vie. Il
ne se demandait pas si la duchesse changerait, si cet amour durerait non, il avait la foi, l'une des vertus sans laquelle il n'y a pas
d'avenir chrétien, mais qui peut-être est encore plus nécessaire aux
sociétés. Pour la première fois, il concevait la vie par les sentiments,
lui qui n'avait encore vécu que par l'action la plus exorbitante des
forces humaines, le dévouement quasi-corporel du soldat.

Le lendemain, M. de Montriveau se rendit de bonne heure au faubourg Saint-Germain. Il avait un rendez-vous dans une maison voisine
de l'hôtel de Langeais, où, quand ses affaires furent faites, il alla
comme on va chez soi. Le général marchait alors de compagnie avec
un homme pour lequel il paraissait avoir une sorte d'aversion quand
il le rencontrait dans les salons. Cet homme était le marquis de Ronquerolles, dont la réputation devint si grande dans les boudoirs de
Paris, homme d'esprit, de talent, homme de courage surtout, et qui
donnait le ton à toute la jeunesse de Paris, un galant homme dont
les succès et l'expérience étaient également enviés, et auquel ne
manquaient ni la fortune, ni la naissance, qui ajoutent à Paris tant
de lustre aux qualités des gens à la mode.

— Où vas-tu ? dit M. de Ronquerolles à Montriveau.

— Chez madame de Langeais.

— Ah ! c'est vrai, j'oubliais que tu t'es laissé prendre à sa glu. Tu
perds chez elle un amour que tu pourrais bien mieux employer ailleurs. J'avais à te donner dans la Banque dix femmes qui valent mille
fois mieux que cette comtesse titrée, qui fait avec sa tête ce que
d'autres femmes plus franches font...

— Que dis-tu là ? mon cher, dit Armand en interrompant Ronquerolles, la duchesse est un ange de candeur.

Ronquerolles se prit à rire.

— Puisque tu en es là, mon cher, dit-il, je dois t'éclairer. Un
seul mot, entre nous, il est sans conséquence. La duchesse t'appartient-elle ? En ce cas, je n'aurai rien à dire. Allons, fais-moi tes confidences. Il s'agit de ne pas perdre ton temps à greffer la belle âme
sur une nature ingrate qui doit laisser avorter les espérances de ta
culture.

Quand Armand eut naïvement fait une espèce d'état de situation
dans lequel il mentionna minutieusement les droits qu'il avait si peu
blement obtenus, Ronquerolles partit d'un éclat de rire si cruel, qu'à
tout autre il aurait coûté la vie. Mais à voir de quelle manière ces
deux êtres se regardaient et se parlaient seuls au coin d'un mur,
aussi loin des hommes qu'ils eussent pu l'être au milieu d'un désert
il était facile de présumer qu'une amitié sans bornes les unissait et
qu'un certain intérêt bien ne les pouvait brouiller.

— Mon cher Armand, pourquoi ne m'as-tu pas dit que tu l'embar-
rassais de la duchesse ? je t'aurais donné quelques conseils qui t'auraient fait mener à bien cette intrigue. Apprends d'abord que les

femmes de notre faubourg aiment, comme toutes les autres à se baigner dans l'amour, mais elles veulent posséder sans être possédées. Elles ont transigé avec la nature. La jurisprudence de la paroisse leur a presque tout permis, moins le péché positif. Les friandises dont te régale ta jolie duchesse sont des péchés véniels dont elle se lave dans les eaux de la pénitence. Mais si tu avais l'impertinence de vouloir sérieusement le grand péché mortel auquel tu dois naturellement attacher la plus haute importance, tu verrais avec quel profond dédain la porte du boudoir et de l'hôtel te serait incontinent fermée. La tendre Antoinette aurait tout oublié, tu serais moins que zéro pour elle. Tes baisers, mon cher ami, seraient essuyés avec l'indifférence qu'une femme met aux choses de sa toilette. La duchesse épongerait l'amour sur ses joues comme elle en ôte le rouge. Nous connaissons ces sortes de femmes, la Parisienne pure. As-tu jamais vu dans les rues une grisette trottant menu? sa tête vaut un tableau : joli bonnet, joues fraîches, cheveux coquets, fin sourire, le reste est à peine soigné. N'en est-ce pas bien le portrait? Voilà la Parisienne, elle sait que sa tête seule sera vue, à sa tête, tous les soins, les parures, les vanités. Eh bien! ta duchesse est tout tête, elle ne sent que par sa tête, elle a un cœur dans la tête, une voix de tête, elle est friande par la tête. Nous nommons cette pauvre chose une Laïs intellectuelle. Tu es joué comme un enfant. Si tu en doutes, tu en auras la preuve ce soir, ce matin, à l'instant. Monte chez elle, essaye de demander, de vouloir impérieusement ce que l'on te refuse, quand même tu t'y prendrais comme feu M. le maréchal de Richelieu, néant au placet.

Armand était hébété.

— La désires-tu au point d'en être devenu sot?

— Je la veux à tout prix! s'écria Montriveau désespéré.

— Eh bien! écoute. Sois aussi implacable qu'elle le sera, tâche de l'humilier, de piquer sa vanité ; d'intéresser non pas le cœur, non pas l'âme, mais les nerfs et la lymphe de cette femme à la fois nerveuse et lymphatique. Si tu peux lui faire naître un désir, tu es sauvé. Mais quitte les belles idées d'enfant. Si, l'ayant pressée dans tes serres d'aigle, tu cèdes, si tu recules, si l'une de tes sourcils remue, si elle croit pouvoir encore te dominer, elle glissera de tes griffes comme un poisson et s'échappera pour ne plus se laisser prendre. Sois inflexible comme la loi. N'aie pas plus de charité qu'en a le bourreau, frappe! Quand tu auras frappé, frappe encore. Frappe toujours, comme si tu donnais le knout. Les duchesses sont dures, mon cher Armand, et ces natures de femme ne s'amollissent que sous les coups, la souffrance leur donne un cœur, et c'est œuvre de charité que de les frapper. Frappe donc sans cesse. Ah! quand la douleur aura bien attendri ces nerfs, ramolli ces fibres que tu crois douces et molles, fait battre un cœur sec, qui, à ce jeu, reprendra de l'élasticité quand la cervelle aura cédé, la passion entrera peut-être dans les ressorts métalliques de cette machine à larmes, à manières, à évanouissements, à phrases fondantes ; et tu verras le plus magnifique des incendies, si toutefois la cheminée prend feu. Ce système d'acier femelle aura le rouge du fer dans la forge! une chaleur plus durable que tout autre, et cette incandescence deviendra peut-être de l'amour. Néanmoins, j'en doute. Puis, la duchesse vaut-elle tant de peines? Entre nous, elle aurait besoin d'être préalablement formée par un homme comme moi, j'en ferais une femme charmante, elle a de la race, tandis qu'à vous deux, vous en resterez à l'A B C de l'amour. Mais tu aimes, et tu ne partagerais pas en ce moment mes idées sur cette matière. — Bien du plaisir, mes enfants, ajouta Ronquerolles en riant et après une pause. Je me suis prononcé, moi, en faveur des femmes faciles, au moins, elles sont tendres, elles aiment au naturel, et non avec les assaisonnements sociaux. Mon pauvre garçon, une femme qui se chicane, qui ne veut qu'inspirer de l'amour, eh mais, il faut en avoir une comme on a un cheval de luxe, voir dans le combat du confessionnal contre le canapé, ou du blâme contre le rouge, une partie de la reine contre le fou, des scrupules et le plaisir, une partie d'échecs fort divertissante à jouer. Un homme tant soit peu roué, qui sait le jeu, donne le mat en trois coups à volonté. Si j'entreprenais une femme de ce genre, je me donnerais pour but de...

Il dit un mot à l'oreille d'Armand et le quitta brusquement pour ne pas entendre de réponse.

Quant à Montriveau, d'un bond il sauta dans la cour de l'hôtel de Langeais, monta chez la duchesse ; et, sans se faire annoncer, il entra chez elle, dans sa chambre à coucher.

— Mais cela ne se fait pas, dit-elle en croisant à la hâte son peignoir. Armand, vous êtes un homme abominable. Allons, laissez-moi, je vous prie. Sortez, sortez donc. Attendez-moi dans le salon. Allez.

— Chère ange, lui dit-il, un époux n'a-t-il donc aucun privilège?

— Mais c'est d'un goût détestable, monsieur, soit à un époux, soit à un mari, de surprendre ainsi sa femme.

Il vint à elle, la prit, la serra dans ses bras : — Pardonne, ma chère Antoinette, mais mille soupçons mauvais me travaillent le cœur.

— Des soupçons, fi! Ah! fi, fi donc!

— Des soupçons presque justifiés. Si tu m'aimais, me ferais-tu cette querelle? N'aurais-tu pas été contente de me voir? n'aurais-tu pas senti je ne sais quel mouvement au cœur? Mais moi qui ne suis pas femme, j'éprouve des tressaillements intimes au seul son de ta voix. L'envie de te sauter au cou m'a souvent pris au milieu d'un bal.

— Ah! si vous avez des soupçons tant que je ne vous aurai pas sauté au cou devant tout le monde, je crois que je serais soupçonnée pendant toute ma vie, mais, auprès de vous, Othello n'est qu'un enfant!

— Ah! dit-il au désespoir, je ne suis pas aimé.

— Du moins, en ce moment, convenez que vous n'êtes pas aimable.

— J'en suis donc encore à vous plaire?

— Ah! je le crois. Allons, dit-elle d'un petit air impératif, sortez, laissez-moi. Je ne suis pas comme vous, moi : je veux toujours vous plaire...

Jamais aucune femme ne sut, mieux que madame de Langeais, mettre tant de grâce dans son impertinence, et n'est-ce pas à rendre furieux l'homme le plus froid? En ce moment ses yeux, le son de sa voix, son attitude, attestèrent une sorte de liberté parfaite qui n'est jamais chez la femme aimante, quand elle se trouve en présence de celui dont la seule vue doit la faire palpiter. Désabusé par les avis du marquis de Ronquerolles, encore aidé par cette rapide intus-susception dont sont doués momentanément les êtres les moins sagaces par la passion, mais qui se trouve si complète chez les hommes forts, Armand devina la terrible vérité que trahissait l'aisance de la duchesse, et son cœur se gonfla d'un orage comme un lac prêt à se soulever.

— Si tu disais vrai hier, sois à moi, ma chère Antoinette, s'écria-t-il, je veux...

— D'abord, dit-elle en le repoussant avec force et calme, lorsqu'il la vit s'avancer, ne me compromettez pas. Ma femme de chambre pourrait vous entendre. Respectez-moi, je vous prie. Votre familiarité est très-bonne, le soir, dans mon boudoir, mais ici, point. Puis, que signifie votre je veux? Je veux! Personne ne m'a dit encore ce mot. Il me semble très-ridicule, parfaitement ridicule.

— Vous ne me céderiez rien sur ce point? dit-il.

— Ah! vous nommez un point, la libre disposition de nous-mêmes : un point très-capital, en effet, et vous me permettrez d'être, en ce point, tout à fait la maîtresse.

— Et si je viens en vos promesses, me l'exigerez-vous?

— Ah! vous me prouveriez que j'aurais eu le plus grand tort de vous faire la plus légère promesse, je ne serais pas assez sotte pour la tenir, et je vous prierais de me laisser tranquille.

Montriveau pâlit, voulut s'élancer, la duchesse sonna, la femme de chambre parut, et cette femme lui dit en souriant avec une grâce moqueuse : — Ayez la bonté de revenir quand je serai visible.

Armand de Montriveau sentit alors la dureté de cette femme froide et tranchante autant que l'acier, elle était écrasante de mépris. En un moment, elle avait brisé les liens qui n'étaient forts que pour son amant. La duchesse avait lu sur le front d'Armand les exigences secrètes de cette visite, et avait jugé que l'instant était venu de faire sentir à ce soldat impérial que les duchesses pouvaient bien se prêter à l'amour, mais que leur conquête était plus difficile à faire que ne l'avait été celle de l'Europe.

— Madame, dit Armand, je n'ai pas le temps d'attendre. Je suis, vous l'avez dit vous-même, un enfant gâté. Quand je voudrai sérieusement ce dont nous parlions tout à l'heure, je l'aurai.

— Vous l'aurez? dit-elle d'un air de hauteur auquel se mêla quelque surprise.

— Je l'aurai.

— Ah! vous me feriez bien plaisir de le vouloir. Pour la curiosité du fait, je serais charmée de savoir comment vous vous y prendriez...

— Je suis enchanté, répondit Montriveau en riant de façon à effrayer la duchesse, de mettre un intérêt dans votre existence. Me permettrez-vous de venir vous chercher pour aller au bal ce soir?

— Je vous rends mille grâces. M. de Marsay vous a prévenu, j'ai promis.

Montriveau salua gravement et se retira.

— Ronquerolles avait donc raison, pensa-t-il, nous allons jouer maintenant une partie d'échecs.

Dès lors il cacha ses émotions sous un calme complet. Aucun homme n'est assez fort pour pouvoir supporter ces changements, qui font passer rapidement l'âme du plus grand bien à des malheurs suprêmes. N'avait-il donc aperçu la vie heureuse que pour mieux sentir le vide de son existence précédente? Ce fut un terrible orage, mais il savait souffrir, et reçut l'assaut de ses pensées tumultueuses, comme un rocher de granit reçoit les lames de l'Océan courroucé.

— Je n'ai rien pu lui dire ; en sa présence, je n'ai plus d'esprit. Elle ne sait pas à quel point elle est vile et méprisable. Personne n'a osé mettre cette créature en face d'elle-même. Elle a sans doute joué bien des hommes, je les vengerai tous.

Pour la première fois peut-être, dans un cœur d'homme, l'amour et la vengeance se mêlèrent si également, qu'il était impossible à Montriveau lui-même de savoir qui de l'amour, qui de la vengeance l'emporterait. Il se trouva le soir même au bal où devait être la duchesse de Langeais, et désespéra presque d'atteindre cette femme à laquelle il fut tenté d'attribuer quelque chose de démoniaque : elle se montra pour lui gracieuse et pleine d'agréables sourires, elle ne voulait pas sans doute laisser croire au monde qu'elle s'était compromise avec M. de Montriveau. Une mutuelle bouderie trahit l'amour. Mais que la duchesse ne changeât rien à ses manières, alors que le marquis était sombre et chagrin, n'était-ce pas faire voir qu'Armand n'avait rien obtenu d'elle? Le monde sait bien deviner le malheur des hommes dédaignés, et ne le confond point avec les brouilles que certaines femmes ordonnent à leurs amants d'affecter dans l'espoir de cacher un mutuel amour. Et chacun se moqua de Montriveau, qui, n'ayant pas consulté son cornac, resta rêveur, souffrant, tandis que M. de Ronquerolles lui eût prescrit peut-être de compromettre la duchesse en répondant à ses fausses amitiés par des démonstrations passionnées. Armand de Montriveau quitta le bal ayant horreur de la nature humaine, et croyant encore à peine à de si complètes perversités.

— S'il n'y a pas de bourreaux pour de semblables crimes, dit-il en regardant les croisées lumineuses des salons où dansaient, causaient et riaient les plus séduisantes femmes de Paris, je le prendrai par le chignon du cou, madame la duchesse, et t'y ferai sentir un fer plus mordant que ne l'est le couteau de la Grève. Acier contre acier, nous verrons quel cœur sera plus tranchant.

Pendant une semaine environ, madame de Langeais espéra revoir le marquis de Montriveau; mais Armand se contenta d'envoyer tous les matins sa carte à l'hôtel de Langeais. Chaque fois que cette carte était remise à la duchesse, elle ne pouvait s'empêcher de tressaillir, frappée par de sinistres pensées, mais indistinctes comme l'est un pressentiment de malheur. En lisant ce nom, tantôt elle croyait sentir dans ses cheveux la main puissante de cet homme implacable, tantôt ce nom lui pronostiquait des vengeances que son mobile esprit lui faisait atroces. Elle l'avait trop bien étudié pour ne pas le craindre. Serait-elle assassinée? Cet homme à cou de taureau l'éventrerait-il

Le général marchait alors de compagnie avec un homme pour lequel il paraissait avoir ... — PAGE 46.

en la lançant au-dessus de sa tête? la foulerait-il aux pieds? Quand, où, comment la saisirait-il? la ferait-il bien souffrir, et quel genre de souffrance méditait-il de lui imposer? Elle se repentait. A certaines heures, s'il était venu, elle se serait jetée dans ses bras avec un complet abandon. Chaque soir, en s'endormant, elle revoyait la physionomie de Montriveau sous un aspect différent. Tantôt son sourire amer; tantôt la contraction jupitérienne de ses sourcils, son regard de lion, ou quelque hautain mouvement d'épaules, le lui faisaient terrible. Le lendemain, la carte lui semblait couverte de sang. Elle vivait agitée par ce nom, plus qu'elle ne l'avait été par l'amant fougueux, opiniâtre, exigeant. Puis ses appréhensions grandissaient encore dans le silence, elle était obligée de se préparer, sans secours étranger, à une lutte horrible dont il ne lui était pas permis de parler. Cette âme, fière et dure, était plus sensible aux titillations de la haine qu'elle ne l'avait été naguère aux caresses de l'amour. Ah! si

le général avait pu voir sa maîtresse au moment où elle amassait les plis de son front entre ses sourcils, en se plongeant dans d'amères pensées, au fond de ce boudoir où il avait savouré tant de joies, peut-être eût-il conçu de grandes espérances. La fierté n'est-elle pas un des sentiments humains qui ne peuvent enfanter que de nobles actions? Quoique madame de Langeais gardât le secret de ses pensées, il est permis de supposer que M. de Montriveau ne lui était plus indifférent. N'est-ce pas une immense conquête pour un homme que d'occuper une femme? Chez elle, il doit nécessairement se faire un progrès dans un sens ou dans l'autre. Mettez une créature féminine sous les pieds d'un cheval furieux, en face de quelque animal terrible, elle tombera, certes, sur les genoux, elle attendra la mort; mais si la bête est clémente et ne la tue pas entièrement, elle aimera le cheval, le lion, le taureau, elle en parlera tout à l'aise. La duchesse se sentait sous les pieds du lion : elle tremblait, elle ne haïssait pas. Ces deux personnes, si singulièrement posées l'une en face de l'autre, se rencontrèrent trois fois dans le monde durant cette semaine. Chaque fois, en réponse à de coquettes interrogations, la duchesse reçut d'Armand des saluts respectueux et des sourires empreints d'une ironie si cruelle, qu'ils confirmaient toutes les appréhensions inspirées le matin par la carte de visite. La vie n'est que ce que nous la font les sentiments : les sentiments avaient creusé des abîmes entre ces deux personnes.

La comtesse de Sérizy, sœur du marquis de Ronquerolles, donnait au commencement de la semaine suivante un grand bal auquel devait venir madame de Langeais. La première figure que vit la duchesse en entrant fut celle d'Armand; Armand l'attendait cette fois, elle le pensa du moins. Tous deux échangèrent un regard. Une sueur froide sortit soudain de tous les pores de cette femme. Elle avait cru Montriveau capable de quelque vengeance inouïe, proportionnée à leur état; cette vengeance était trouvée, elle était prête, elle était chaude, elle bouillonnait. Les yeux de cet amant trahi lui lancèrent les éclairs de la foudre et son visage rayonnait de haine heureuse. Aussi, malgré la volonté qu'avait la duchesse d'exprimer la froideur et l'impertinence, son regard resta-t-il morne. Elle alla se placer près de la comtesse de Sérizy, qui ne put s'empêcher de lui dire : — Qu'avez-vous, ma chère Antoinette? Vous êtes à faire peur.

— Une contredanse va me remettre, répondit-elle en donnant la main à un jeune homme qui s'avançait.

Madame de Langeais se mit à valser avec une sorte de fureur et d'emportement que redoubla le regard pesant de Montriveau. Il resta debout en avant de ceux qui s'amusaient à voir les valseurs. Chaque fois que sa maîtresse passait devant lui, ses yeux plongeaient sur cette tête tournoyante, comme ceux d'un tigre sûr de sa proie. La valse finie, la duchesse vint s'asseoir près de la comtesse, et le marquis ne cessa de la regarder en s'entretenant avec un inconnu.

— Monsieur, lui disait-il, l'une des choses qui m'ont le plus frappé dans ce voyage...

La duchesse était tout oreilles.

— ... Est la phrase que prononce le gardien de Westminster en vous montrant la hache avec laquelle un homme masqué trancha, dit-on, la tête de Charles Ier en mémoire du roi qui les dit à un curieux.

— Que dit-il? demanda madame de Sérizy.

— *Ne touchez pas a la hache*, répondit Montriveau d'un son de voix où il y avait de la menace.

— En vérité, monsieur le marquis, dit la duchesse de Langeais, vous regardez mon cou d'un air si mélodramatique en répétant cette vieille histoire, comme de tous ceux qui vont à Londres, qu'il me semble vous voir une hache à la main.

Ces derniers mots furent prononcés en riant, quoiqu'une sueur froide eût saisi la duchesse.

— Mais cette histoire est, par circonstance, très-neuve, répondit-il.

— Comment cela? je vous prie, de grâce, en quoi?

— En ce que, madame, vous avez touché à la hache, lui dit Montriveau à voix basse.

— Quelle ravissante prophétie! reprit-elle en souriant avec une grâce affectée. Et quand doit tomber ma tête?

— Je ne souhaite pas de voir tomber votre jolie tête, madame. Je crains seulement pour vous quelque grand malheur. Si l'on vous tondait, ne regretteriez-vous pas ces cheveux si mignonnement blonds, et dont vous tirez si bien parti?...

— Mais il est des personnes auxquelles les femmes aiment à faire de ces sacrifices, et souvent même à des hommes qui ne savent pas leur faire crédit d'un mouvement d'humeur.

— D'accord. Eh bien! si tout à coup, par un procédé chimique, un plaisant vous enlevait votre beauté, vous mettait à cent ans, quand vous n'en avez pour nous que dix-huit.

— Mais, monsieur, dit-elle en l'interrompant, la petite-vérole est notre bataille de Waterloo. Le lendemain nous connaissons ceux qui nous aiment véritablement.

— Vous ne regretteriez pas cette délicieuse figure qui...

— Ah! beaucoup; mais moins pour moi que pour celui dont elle ferait la joie. Cependant, si j'étais sincèrement aimée, toujours, bien, que m'importerait la beauté? Qu'en dites-vous, Clara?

— C'est une spéculation dangereuse, répondit madame de Sérizy.

— Pourrait-on demander à sa majesté le roi des sorciers, reprit madame de Langeais, quand j'ai commis la faute de toucher à la hache, moi qui ne suis pas encore allée à Londres...

— *Non so*, fit-il en laissant échapper un rire moqueur.

— Et quand commencera le supplice?

Là, Montriveau tira froidement sa montre et vérifia l'heure avec une conviction réellement effrayante.

— Il vous arrivera un malheur dans la journée.

— Je ne suis pas un enfant qu'on puisse facilement épouvanter, ou plutôt je suis un enfant qui ne connaît pas le danger, dit la duchesse, et vais danser sans crainte au bord de l'abîme.

— Je suis enchanté, madame, de vous savoir tant de caractère, répondit-il en la voyant aller prendre sa place à un quadrille.

Malgré son apparent dédain pour les noires prédictions d'Armand, la duchesse était en proie à une véritable terreur. A peine l'oppression morale et presque physique sous laquelle la tenait son amant cessa-t-elle lorsqu'il quitta le bal. Néanmoins, après avoir joui pendant un moment du plaisir de respirer à son aise, elle se surprit à regretter les émotions de la peur, tant la nature femelle est avide de sensations extrêmes. Ce regret n'était pas de l'amour, mais il appartenait certes aux sentiments qui le préparent. Puis, comme si la duchesse eût de nouveau ressenti l'effet que M. de Montriveau lui avait fait éprouver, elle se rappela l'air de conviction avec lequel il venait de regarder l'heure, et, saisie d'épouvante, elle se retira. Il était alors environ minuit. Celui de ses gens qui l'attendait lui mit sa pelisse et marcha devant elle pour faire avancer sa voiture; puis, quand elle y fut assise, elle tomba dans une rêverie assez naturelle, provoquée par la prédiction de M. de Montriveau. Arrivée dans sa cour, elle entra dans un vestibule presque semblable à celui de son hôtel; mais tout à coup elle ne reconnut pas son escalier; puis au moment où elle se retourna pour appeler ses gens, plusieurs hommes l'assaillirent avec rapidité, lui jetèrent un mouchoir sur la bouche, lui lièrent les mains, les pieds, et l'enlevèrent. Elle jeta de grands cris.

— Madame, nous avons ordre de vous tuer si vous criez, lui dit-on à l'oreille.

La frayeur de la duchesse fut si grande, qu'elle ne put jamais s'expliquer par où ni comment elle fut transportée. Quand elle reprit ses sens, elle se trouva les pieds et les poings liés, avec des cordes de soie, couchée sur le canapé d'une chambre de garçon. Elle ne put retenir un cri en rencontrant les yeux d'Armand de Montriveau, qui, tranquillement assis dans un fauteuil, et enveloppé dans sa robe de chambre, fumait un cigare.

— Ne criez pas, madame, dit-il en s'ôtant froidement son cigare de la bouche, j'ai la migraine. D'ailleurs je vais vous délier. Mais écoutez bien ce que j'ai l'honneur de vous dire. Il dénoua délicatement les cordes qui serraient les pieds de la duchesse. — A quoi vous serviraient vos cris? personne ne peut les entendre. Vous êtes trop bien élevée pour faire des grimaces inutiles. Si vous ne vous teniez pas tranquille, si vous vouliez lutter avec moi, je vous attacherais de nouveau les pieds et les mains. Je crois que, tout bien considéré, vous vous respecterez assez pour demeurer sur ce canapé, comme si vous étiez chez vous, sur le vôtre... froide encore, si vous voulez... Vous m'avez fait répandre, sur ce canapé, bien des pleurs que je cachais à tous les yeux.

Pendant que Montriveau lui parlait, la duchesse jeta autour d'elle ce regard de femme, regard furtif qui sait tout voir en paraissant distrait. Elle aima beaucoup cette chambre, assez semblable à la cellule d'un moine. L'âme et la pensée de l'homme y planaient. Aucun ornement n'altérait la peinture grise des parois vides. A terre un tapis vert. Un canapé noir, une table couverte de papiers, deux

La frayeur de la duchesse fut si grande qu'elle ne put jamais s'expliquer par où ni.....

grands fauteuils, une commode ornée d'un réveil, un lit très-bas sur lequel était jeté un drap rouge bordé d'une grecque noire, annonçaient par leur contexture les habitudes d'une vie réduite à sa plus simple expression. Un triple flambeau, posé sur la cheminée, rappelait, par sa forme égyptienne, l'immensité des déserts où cet homme avait longtemps erré. A côté du lit, entre le pied que d'énormes pattes de sphinx faisaient deviner sous les plis de l'étoffe et l'un des murs latéraux de la chambre, se trouvait une porte cachée par un rideau vert à franges rouges et noires que de gros anneaux rattachaient sur une hampe. La porte par laquelle les inconnus étaient entrés avait une portière pareille, mais relevée par une embrasse. Au dernier regard que la duchesse jeta sur les deux rideaux pour les comparer, elle s'aperçut que la porte voisine du lit était ouverte, et que des lueurs rougeâtres allumées dans l'autre pièce se dessinaient sous l'effilé d'en bas. Sa curiosité fut naturellement excitée par cette lumière triste, qui lui permit à peine de distinguer dans les ténèbres quelques formes bizarres ; mais, en ce moment, elle ne songea pas que son danger pût venir de là, et voulut satisfaire un plus ardent intérêt.

— Monsieur, est-ce une indiscrétion de vous demander ce que vous comptez faire de moi ? dit-elle avec une impertinence et une moquerie perçante.

La duchesse croyait deviner un amour excessif dans les paroles de Montriveau. D'ailleurs, pour enlever une femme, ne faut-il pas l'adorer ?

— Rien du tout, madame, répondit-il en soufflant avec grâce sa dernière bouffée de tabac. Vous êtes ici pour peu de temps. Je veux d'abord vous expliquer ce que vous êtes, et ce que je suis. Quand vous vous tortillez sur votre divan, dans votre boudoir, je ne trouve pas de mots pour mes idées. Puis chez vous, à la moindre pensée qui vous déplait, vous tirez le cordon de votre sonnette, vous criez bien fort et mettez votre amant à la porte comme s'il était le dernier des misérables. Ici, j'ai l'esprit libre. Ici, personne ne peut me jeter à la porte. Ici, vous serez ma victime pour quelques instants, et vous aurez l'extrême bonté de m'écouter. Ne craignez rien. Je ne vous ai pas enlevée pour vous dire des injures, pour obtenir de vous par violence ce que je n'ai pas su mériter, ce que vous n'avez pas voulu m'octroyer de bonne grâce. Ce serait une indignité. Vous concevez peut-être le viol moi, je ne le conçois pas.

Il lança, par un mouvement sec, son cigare au feu.

— Madame, la fumée vous incommode sans doute !

Aussitôt il se leva, prit dans le foyer une cassolette chaude, y brûla des parfums, et purifia l'air. L'étonnement de la duchesse ne pouvait se comparer qu'à son humiliation. Elle était au pouvoir de cet homme, et cet homme ne voulait pas abuser de son pouvoir. Ces yeux jadis si flamboyants d'amour, elle les voyait calmes et fixes comme des étoiles. Elle trembla. Puis la terreur qu'Armand lui inspirait fut augmentée par une de ces sensations pétrifiantes, analogues aux agitations sans mouvement ressenties dans le cauchemar. Elle resta clouée par la peur, en croyant voir à la lueur placée derrière le rideau prendre l'intensité sous les aspirations d'un soufflet. Tout à coup les reflets devenus plus vifs avaient illuminé trois panneaux masqués. Cet aspect horrible s'évanouit si promptement qu'elle le prit pour une fantaisie d'optique.

— Madame, reprit Armand en la contemplant avec une méprisante froideur, une minute, une seule, me suffira pour vous atteindre dans tous les moments de votre vie, la seule éternité dont je puisse disposer, moi. Je ne suis pas Dieu. Écoutez-moi bien, dit-il, en faisant une pause pour donner de la solennité à son discours. L'amour viendra toujours à vos souhaits ; vous avez sur les hommes un pouvoir sans bornes ; mais souvenez-vous qu'un jour vous avez appelé l'amour : il est venu pur et candide, autant qu'il peut l'être sur cette terre, aussi respectueux qu'il était violent, caressant, comme l'est l'amour d'une femme dévouée, ou comme l'est celui d'une mère pour son enfant ; enfin, si grand, qu'il était une folie. Vous vous êtes jouée de cet amour, vous avez commis un crime. Le droit de toute femme est de se refuser à un amour qu'elle sent ne pouvoir partager. L'homme qui aime sans se faire aimer ne saurait être plaint, et n'a pas le droit de se plaindre. Mais, madame la duchesse, attirer à soi, en feignant le sentiment, un malheureux privé de toute affection, lui faire comprendre le bonheur dans toute sa plénitude, pour le lui ravir, lui voler son avenir de félicité ; le tuer non-seulement aujourd'hui, mais dans l'éternité de sa vie, en empoisonnant toutes ses heures et toutes ses pensées, voilà ce que je nomme un épouvantable crime !

— Monsieur...

— Je ne puis encore vous permettre de me répondre. Écoutez-moi donc toujours. D'ailleurs, j'ai des droits sur vous ; mais je ne veux que de ceux du juge sur le criminel, afin de réveiller votre conscience. Si vous n'aviez plus de conscience, je ne vous blâmerais point ; mais vous êtes si jeune ! vous devez vous sentir encore de la vie au cœur, j'aime à le penser. Si je vous crois assez dépravée pour commettre un crime impuni par les lois, je ne vous fais pas assez

dégradée pour ne pas comprendre la portée de mes paroles. Je reprends.

En ce moment, la duchesse entendit le bruit sourd d'un soufflet, avec lequel les inconnus qu'elle venait d'entrevoir attisaient sans doute le feu dont la clarté se projeta sur le rideau ; mais le regard fulgurant de Montriveau la contraignit à rester palpitante et les yeux fixes devant lui. Quelle que fût sa curiosité, le feu des paroles d'Armand l'intéressait plus encore que la voix de ce feu mystérieux.

— Madame, dit-il après une pause, lorsque, dans Paris, le bourreau devra mettre la main sur un pauvre assassin, et le coucher sur la planche où la loi veut qu'un assassin soit couché pour perdre la tête... vous savez, les journaux en préviennent les riches et les pauvres afin de dire aux uns de dormir tranquilles, et aux autres de veiller pour vivre, oh bien ! vous qui êtes religieuse, et même un peu dévote, allez faire dire des messes pour cet homme : vous êtes de la famille, mais vous êtes de la branche aînée. Celle-là peut trôner en paix, exister heureuse et sans soucis. Poussé par la misère ou par la colère, votre frère de bagne n'a tué qu'un homme et vous, vous avez tué le bonheur d'un homme, sa plus belle vie, ses plus chères croyances. L'autre a tout naïvement attendu sa victime, il l'a tuée malgré lui par peur de l'échafaud ; mais vous, vous avez entassé tous les forfaits de la faiblesse contre une force innocente pour lui perdre la tête ; vous avez appâté le cœur de votre patient pour en mieux dévorer le cœur, vous l'avez appâté de caresses ; vous n'en avez omis aucune de celles qui pouvaient lui faire supposer, rêver, désirer les délices de l'amour. Vous lui avez demandé mille sacrifices pour les refuser tous. Vous lui avez bien fait voir la lumière avant de lui crever les yeux. Admirable courage ! De telles infamies sont un luxe que ne comprennent pas ces bourgeoises desquelles vous vous moquez. Elles savent se donner et pardonner ; elles savent aimer et souffrir. Elles nous rendent petits par la grandeur de leurs dévouements. A mesure que l'on monte en haut de la société, il s'y trouve autant de boue qu'il y en a par le bas, seulement elle s'y durcit et se dore. Oui, pour rencontrer la perfection dans l'ignoble, il faut une belle éducation, un grand nom, une jolie femme, une duchesse. Pour tomber au-dessous de tout, il fallait être au-dessus de tout. Je vous dis mal ce que je pense, je souffre encore trop des blessures que vous m'avez faites ; mais ne croyez pas que je me plaigne ! Non. Mes paroles ne sont l'expression d'aucune espérance personnelle, et ne contiennent aucune amertume. Sachez-le bien, madame, je vous pardonne, et ce pardon est assez entier pour que vous ne vous plaigniez point d'être venue le chercher malgré vous... Seulement, vous pourriez abuser d'autres cœurs aussi enfants que l'est le mien, et je dois leur épargner des douleurs. Vous m'avez donc inspiré une pensée de justice. Expiez votre faute ici-bas, Dieu vous pardonnera peut-être, je le souhaite ; mais il est implacable, et vous frappera.

A ces mots, les yeux de cette femme abattue, déchirée, se remplirent de pleurs.

— Pourquoi pleurez-vous ? Restez fidèle à votre nature. Vous avez contemplé sans émotion les tortures du cœur que vous brisiez. Assez, madame, consolez-vous. Je ne puis plus souffrir. D'autres vous diront que vous leur avez donné la vie, moi je vous dirai avec délices que vous m'avez donné le néant. Peut-être devinez-vous que je ne m'appartiens pas, que je dois vivre pour mes amis, et qu'alors j'aurai la froideur de la mort et les chagrins de la vie à supporter ensemble. Auriez-vous tant de bonté ? Seriez-vous comme les tigres du désert, qui font d'abord la plaie, et puis la lèchent ?

La duchesse fondait en larmes.

— Épargnez-vous donc ces pleurs, madame. Si j'y croyais, ce serait pour m'en défier. Est-ce où n'est-ce pas un de vos artifices ? Après tous ceux que vous avez employés, comment penser qu'il peut y avoir en vous quelque chose de vrai ? Rien de vous n'a désormais la puissance de m'émouvoir. J'ai tout dit.

Madame de Langeais se leva par un mouvement à la fois plein de noblesse et d'humilité.

— Vous êtes en droit de me traiter durement, dit-elle en tendant à cet homme une main qu'il ne prit pas, vos paroles ne sont pas assez dures encore, et je mérite cette punition.

Moi, vous punir, madame ! mais punir, n'est-ce pas aimer ? N'attendez de moi rien qui ressemble à un sentiment. Je pourrais me faire, dans ma propre cause, accusateur et juge, arrêt et bourreau, mais non. J'accomplirai tout à l'heure un devoir, et nullement un désir de vengeance. La plus cruelle vengeance est, selon moi, le dédain d'une vengeance possible. Qui sait ! je serai peut-être le ministre de vos plaisirs. Désormais, en portant élégamment la triste livrée dont la société revêt les criminels, peut-être serez-vous forcée à voir leur probité. Et alors vous aimerez !

La duchesse écoutait avec une soumission qui n'était plus jouée ni coquettement calculée, elle ne prit la parole qu'après un intervalle de silence.

— Armand, dit-elle, il me semble qu'en résistant à l'amour, j'obéissais à toutes les pudeurs de la femme et ce n'est pas de vous que j'eusse attendu de tels reproches. Vous vous armez de toutes mes faiblesses pour m'en faire des crimes. Comment n'avez-vous pas supposé que je pusse être entraînée au delà de mes devoirs ; par toutes les curiosités de l'amour, et que le lendemain je fusse fâchée désolée d'être allée trop loin ? Hélas ! c'était pécher par ignorance. Il y avait, je vous le jure, autant de bonne foi dans mes fautes que dans mes remords. Mes duretés trahissaient bien plus d'amour que n'en accusaient mes complaisances. Et d'ailleurs, de quoi vous plaignez-vous ? Le don de mon cœur ne vous a pas suffi, vous avez exigé brutalement ma personne.

— Brutalement ! s'écria M. de Montriveau. Mais il se dit à lui-même : — Je suis perdu, si je me laisse prendre à des disputes de mots.

— Oui, vous êtes arrivé chez moi comme chez une de ces mauvaises femmes, sans le respect, sans aucune des attentions de l'amour. N'avais-je pas le droit de réfléchir ? Eh bien ! j'ai réfléchi. L'inconvenance de votre conduite est excusable : l'amour en est le principe. Laissez-moi le croire et vous justifier à moi-même. Eh bien ! Armand, au moment même où ce soir vous me prédisiez le malheur, moi je croyais à notre bonheur. Oui, j'avais confiance en ce caractère noble et fier dont vous m'avez donné tant de preuves... Et j'étais toute à toi, ajouta-t-elle en se penchant à l'oreille de Montriveau. Oui, j'avais je ne sais quel désir de rendre heureux un homme si violemment éprouvé par l'adversité. Maître pour maître, je voulais un homme grand. Plus je me sentais haut, moins je voulais descendre. Confiante en toi, je voyais toute une vie d'amour au moment où tu me montrais la mort... La force ne va pas sans la bonté. Mon ami, tu es trop fort pour ne faire méchant contre une pauvre femme qui t'aime. Si j'ai eu des torts, ne puis-je donc obtenir un pardon ? ne puis-je le réparer ? Le repentir est la grâce de l'amour, je veux être bien gracieuse pour toi. Comment moi seule ne pouvais-je partager avec toutes les femmes ces incertitudes, ces craintes, ces timidités qu'il est si naturel d'éprouver quand on se lie pour la vie, et que vous brisez si facilement ces sortes de liens ! Ces bourgeoises auxquelles vous me comparez se donnent, mais elles combattent. Eh bien ! j'ai combattu, mais me voilà... — Mon Dieu ! il ne m'écoute pas ! s'écria-t-elle en s'interrompant. Elle se tordit les mains en criant : — Mais je l'aime ! mais je suis à toi ! Elle tomba aux genoux d'Armand. — A toi ! à toi, mon unique, mon seul maître !

— Madame, dit Armand en voulant la relever, Antoinette ne peut plus sauver la duchesse de Langeais. Je ne crois plus ni à l'une ni à l'autre. Vous vous donneriez aujourd'hui, vous pourriez refuser et peut-être demain. Aucune puissance ni dans les cieux ni sur la terre ne saurait me garantir la fidélité de votre amour. Les gages en étaient dans le passé, nous n'avons plus de passé.

En ce moment, une lueur brilla si vivement, que la duchesse ne put s'empêcher de tourner la tête vers la portière, et revit distinctement les trois hommes masqués.

— Armand, dit-elle, je ne voudrais pas vous mésestimer. Comment se trouve-t-il là des hommes ? Que préparez-vous donc contre moi ?

— Ces hommes sont aussi discrets que je le serai moi-même sur ce qui va se passer ici, dit-il. Ne voyez en eux que mes bras et mon cœur. L'un d'eux est un chirurgien...

— Un chirurgien, dit-elle, Armand, mon ami, l'incertitude est la plus cruelle des douleurs. Parlez donc, dites-moi si vous voulez ma vie : je vous la donnerai, vous ne la prendrez pas...

— Vous ne m'avez donc pas compris ? répliqua Montriveau. Ne vous ai-je pas parlé de justice ? Je vais, ajouta-t-il froidement, en prenant un morceau d'acier qui était sur la table, pour faire cesser vos appréhensions, vous expliquer ce que j'ai décidé de vous.

Il lui montra une croix de Lorraine adaptée au bout d'une tige d'acier.

— Deux de mes amis font rougir en ce moment une croix dont voici le modèle. Nous vous l'appliquerons au front, là, entre les deux yeux, pour que vous ne puissiez pas la cacher par quelques diamants, et vous soustraire ainsi aux interrogations du monde. Vous aurez enfin sur le front la marque infamante appliquée à l'épaule de vos frères les forçats. La souffrance est peu de chose, mais je craignais quelque crise nerveuse ou de la résistance...

— De la résistance ! dit-elle en frappant de joie dans ses mains, non, non, je voudrais maintenant voir ici la terre entière. Ah ! mon Armand, marque, marque vite ta créature comme une pauvre petite chose à toi ! Tu demandais des gages à mon amour, mais les voilà tous dans un seul. Ah ! je ne vois que clémence et pardon, que bonheur éternel à ta vengeance... Quand tu m'auras ainsi désigné comme une femme pour la tienne, quand tu auras une âme serve qui portera ton chiffre rouge, eh bien ! tu ne pourras jamais m'abandonner, tu seras à jamais à moi. En m'isolant sur la terre, tu me chargeas de mon bonheur, sous peine d'être un lâche, et je te sais noble, grand ! Mais la femme qui aime se marque toujours elle-même. Venez, messieurs, entrez et marquez, marquez la duchesse de Langeais. Elle est à jamais à M. de Montriveau. Entrez vite, et tous, mon front brûle plus que votre fer !

Armand se retourna vivement pour ne pas voir la duchesse palpitante, agenouillée. Il dit un mot qui fit disparaître ses trois amis. Les femmes habituées à la vie des salons connaissent le jeu des glaces.

Aussi la duchesse, intéressée à bien lire dans le cœur d'Armand, était tout yeux. Armand, qui ne se défiait pas de son miroir, laissa voir deux larmes rapidement essuyées. Tout l'avenir de la duchesse était dans ces deux larmes. Quand il revint pour relever madame de Langeais, il la trouva debout, elle se croyait aimée. Aussi, dut-elle vivement palpiter en entendant Montriveau lui dire avec cette fermeté qu'elle savait si bien prendre jadis quand elle se jouait de lui : — Je vous fais grâce, madame. Vous pouvez me croire, cette scène sera comme si elle n'eût jamais été. Mais ici, disons-nous adieu. J'aime à penser que vous avez été franche sur votre canapé dans vos coquetteries, franche ici dans votre effusion de cœur. Adieu. Je ne me sens plus la foi. Vous me tourmenteriez encore, vous seriez toujours duchesse. Et... mais adieu, nous ne nous comprendrons jamais. Que souhaitez-vous maintenant ? dit-il en prenant l'air d'un maître de cérémonies. Rentrer chez vous, ou revenir au bal de madame de Sérizy ? J'ai employé tout mon pouvoir à laisser votre réputation intacte. Ni vos gens, ni le monde, ne peuvent rien savoir de ce qui s'est passé entre nous depuis un quart d'heure. Vos gens vous croient au bal ; votre voiture n'a pas quitté la cour de madame de Sérizy, votre coupé peut se trouver aussi dans celle de votre hôtel. Où voulez-vous être ?

— Quel est votre avis, Armand ?

— Il n'y a plus d'Armand, madame la duchesse. Nous sommes étrangers l'un à l'autre.

— Menez-moi donc au bal, dit-elle, curieuse encore de mettre à l'épreuve le pouvoir d'Armand. Rejetez dans l'enfer du monde une créature qui y souffrait, et qui doit continuer d'y souffrir, si pour elle il n'est plus de bonheur. Oh ! mon ami, je vous aime pourtant comme aiment vos bourgeoises. Je vous aime à vous sauter au cou dans le bal, devant tout le monde, si vous le demandiez. Ce monde horrible, il ne m'a pas corrompue. Va, je suis jeune et viens de me rajeunir encore. Oui, je suis une enfant, ton enfant, tu viens de me créer. Oh ! ne me bannis pas de mon Éden !

Armand fit un geste.

— Ah ! si je sors, laisse-moi donc emporter d'ici quelque chose, un rien ! ceci, pour le mettre ce soir sur mon cœur, dit-elle en s'emparant du bonnet d'Armand, qu'elle roula dans son mouchoir...

Non, reprit-elle, je ne suis pas de ce monde de femmes dépravées, tu ne les connais pas, et alors tu ne peux m'apprécier, sache-le donc ! quelques-unes se donnent pour des écus : d'autres sont sensibles aux présents, tout y est infâme. Ah ! je voudrais être une simple bourgeoise, une ouvrière, si tu aimais mieux une femme en qui le dévouement s'allie aux grandeurs humaines. Ah ! mon Armand, il est parmi nous de nobles, de grandes, de chastes, de pures femmes, et alors elles sont délicieuses. Je voudrais posséder toutes les noblesses pour te les sacrifier toutes ; le malheur m'a faite duchesse, je voudrais être née près du trône, il ne me manquerait rien à te sacrifier. Je serais grisette pour toi et reine pour les autres.

Il écoutait en humectant ses cigares.

— Quand vous voudrez partir, dit-il, vous me préviendrez...

— Mais je voudrais rester...

— Autre chose, ça ! dit-il.

— Tiens, il était mal arrangé, celui-là ! s'écria-t-elle en s'emparant d'un cigare, et y dévorant ce que les lèvres d'Armand y avaient laissé.

— Tu fumerais ? lui dit-il.

— Oh ! que ne ferais-je pas pour te plaire !

— Eh bien ! allez-vous-en, madame !

— J'obéis, répondit-elle en pleurant.

— Il faut vous couvrir la figure pour ne point voir les chemins par lesquels vous allez passer.

— Me voilà prête, Armand, dit-elle en se bandant les yeux.

— Y voyez-vous ?

— Non.

Il se mit doucement à ses genoux.

— Ah ! je t'entends, dit-elle en laissant échapper un geste plein de gentillesse en croyant que cette feinte rigueur allait cesser.

Il voulut lui baiser les lèvres, elle s'avança.

— Vous y voyez, madame !

— Mais je suis un peu curieuse.

— Vous me trompez donc toujours ?

— Ah ! dit-elle avec la rage de la grandeur méconnue, ôtez ce mouchoir et conduisez-moi, monsieur, il n'ouvrirai pas les yeux.

Armand, sûr de la probité et en entendant le cri, guida la duchesse, qui, fidèle à sa parole, se tint noblement aveugle, mais, en la tenant paternellement par la main pour la faire tantôt monter, tantôt descendre, Montriveau étudia les vives palpitations qui agitaient le cœur de cette femme si promptement envahie par un amour vrai. Madame de Langeais, heureuse de pouvoir lui parler ainsi, se plut à lui tout dire, mais il demeura inflexible, et quand la main de la duchesse l'interrogeait, la sienne restait muette. Enfin, après avoir cheminé pendant quelque temps ensemble, Armand lui dit d'avancer, elle avança, et s'aperçut qu'il empêchait la robe d'effleurer les parois d'une ouverture sans doute étroite. Madame de Langeais fut touchée de ce soin, il trahissait encore un peu d'amour; mais ce fut en quelque sorte l'adieu de Montriveau, car il la quitta sans lui dire un mot. En se sentant dans une chaude atmosphère, la duchesse ouvrit les yeux. Elle se vit seule devant la cheminée du boudoir de la comtesse de Sérizy. Son premier soin fut de réparer le désordre de sa toilette, elle eut promptement rajusté sa robe et rétabli la poésie de sa coiffure.

— Eh bien ! ma chère Antoinette, nous vous cherchons partout, dit la comtesse en ouvrant la porte du boudoir.

— Je viens respirer ici, dit-elle, il fait dans les salons une chaleur insupportable.

— L'on vous croyait partie, mais mon frère Ronquerolles m'a dit avoir vu vos gens qui vous attendent.

— Je suis brisée, ma chère, laissez-moi un moment me reposer ici.

Et la duchesse s'assit sur le divan de son amie.

— Qu'avez-vous donc ? vous êtes toute tremblante.

Le marquis de Ronquerolles entra.

— J'ai peur, madame la duchesse, qu'il ne vous arrive quelque accident. Je viens de voir votre cocher gris comme les vingt-deux cantons.

La duchesse ne répondit pas, elle regardait la cheminée, les glaces, en y cherchant les traces de son passage; puis elle éprouvait une sensation extraordinaire à se voir au milieu des joies du bal après la terrible scène qui venait de donner à sa vie un autre cours. Elle se prit à trembler violemment.

— J'ai les nerfs agacés par la prédiction que m'a faite ici M. de Montriveau. Quoique ce soit une plaisanterie, je vais aller voir si sa tâche de Londres me troublera jusque dans mon sommeil. Adieu donc, chère Adieu, monsieur le marquis.

Elle traversa les salons, où elle fut arrêtée par des complimenteurs qui lui firent pitié. Elle trouva le monde petit en s'en trouvant la reine, elle si humiliée, si petite. D'ailleurs, qu'étaient les hommes devant celui qu'elle aimait véritablement et dont le caractère avait repris les proportions gigantesques momentanément amoindries par elle, mais qu'alors elle grandissait peut-être outre mesure ? Elle ne put s'empêcher de regarder celui de ses gens qui l'avait accompagnée, et le vit tout endormi.

— Vous n'êtes pas sorti d'ici ? lui demanda-t-elle.

— Non, madame.

En montant dans son carrosse, elle aperçut effectivement son cocher dans un état d'ivresse dont elle se fût effrayée en toute autre circonstance; mais les grandes secousses de la vie ôtent à la crainte ses aliments vulgaires. D'ailleurs elle arriva sans accident chez elle; mais elle s'y trouva changée et en proie à des sentiments tout nouveaux. Pour elle, il n'y avait plus qu'un homme dans le monde. C'est-à-dire que pour lui seul elle désirait désormais avoir quelque valeur. Si les physiologistes peuvent promptement définir l'amour en s'en tenant aux lois de la nature, les moralistes sont bien plus embarrassés de l'expliquer quand ils veulent le considérer dans tous les développements que lui a donnés la société. Néanmoins il existe, malgré les hérésies des mille sectes qui divisent l'église amoureuse, une ligne droite et tranchée qui partage nettement leurs doctrines, une ligne que les discussions ne courberont jamais, et dont l'inflexible application explique la crise dans laquelle, comme presque toutes les femmes, la duchesse de Langeais était plongée. Elle n'aimait pas encore, elle avait une passion.

L'amour et la passion sont deux différents états de l'âme que poètes et gens du monde, philosophes et niais, confondent continuellement. L'amour comporte une mutualité de sentiments, une certitude de jouissances que rien n'altère, et un trop constant échange de plaisirs, une trop complète adhérence entre les cœurs pour ne pas exclure la jalousie. La possession est alors un moyen et non un but ; une infidélité fait souffrir, mais ne détache pas, l'âme n'est ni plus ni moins ardente ou troublée, elle est incessamment heureuse; enfin le désir étendu par un souffle divin d'un bout à l'autre sur l'immensité du temps nous le teint d'une même couleur : la vie est bleue comme l'est un ciel pur. La passion est le pressentiment de l'amour et de son infini auquel aspirent toutes les âmes souffrantes. La passion est un espoir qui peut-être sera trompé. Passion signifie à la fois souffrance et transition, la passion cesse quand l'espérance est morte. Hommes et femmes peuvent, sans se déshonorer, concevoir plusieurs passions ; il est si naturel de s'élancer vers le bonheur ! mais il n'est dans la vie qu'un seul amour. Toutes les discussions, écrites ou verbales, faites sur les sentiments, peuvent donc être résumées par ces deux questions : Est-ce une passion ? Est-ce l'amour ? L'amour n'existant pas sans la connaissance intime des plaisirs qui le perpétuent, la duchesse était donc sous le joug d'une passion ; aussi en éprouvait-elle les dévorantes agitations, les involontaires calculs, les desséchants désirs, enfin tout ce qu'exprime le mot *passion* : elle souffrit. Au milieu des troubles de son âme, il se rencontrait des tourbillons soulevés par sa vanité, par son amour-propre, par son orgueil ou par sa fierté : toutes ces variétés de l'égoïsme se tiennent. Elle avait dit

à un homme : Je t'aime, je suis à toi ! La duchesse de Langeais pouvait-elle avoir inutilement proféré ces paroles ? Elle devait ou être aimée ou abdiquer son rôle social. Sentant alors la solitude de son lit voluptueux où la volupté n'avait pas encore mis ses pieds chauds, elle s'y roulait, s'y tordait en se répétant : — Je veux être aimée ! Et la foi qu'elle avait encore en elle lui donnait l'espoir de réussir. La duchesse était piquée, la vaniteuse Parisienne était humiliée, la femme vraie entrevoyait le bonheur, et son imagination, vengeresse du temps perdu pour la nature, se plaisait à lui faire flamber les feux inextinguibles du plaisir. Elle atteignait presque aux sensations de l'amour ; car, dans le doute d'être aimée qui la poignait, elle se trouvait heureuse de se dire à elle-même : — Je l'aime ! Le monde et Dieu, elle avait envie de les fouler à ses pieds. Montriveau était maintenant sa religion. Elle passa la journée du lendemain dans un état de stupeur morale mêlé d'agitations corporelles que rien ne pourrait exprimer. Elle déchira autant de lettres qu'elle en écrivit, et fit mille suppositions impossibles. A l'heure où Montriveau venait jadis, elle voulut croire qu'il arriverait, et prit plaisir à l'attendre. Sa vie se concentra dans le seul sens de l'ouïe. Elle fermait parfois les yeux et s'efforçait d'écouter à travers les espaces. Puis elle souhaitait le pouvoir d'anéantir tout obstacle entre elle et son amant afin d'obtenir ce silence absolu qui permet de percevoir le bruit à d'énormes distances. Dans ce recueillement, les pulsations de sa pendule lui furent odieuses, elles étaient une sorte de bavardage sinistre qu'elle arrêta. Minuit sonna dans le salon.

— Mon Dieu ! se dit-elle, le voir ici, ce serait le bonheur. Et cependant il y venait naguère, amené par le désir. Sa voix remplissait ce boudoir. Et maintenant, rien !

Et se souvenant des scènes de coquetterie qu'elle avait jouées, et qui le lui avaient ravi, les larmes du désespoir coulèrent de ses yeux pendant longtemps.

— Madame la duchesse, lui dit sa femme de chambre, ne sait peut-être pas qu'il est deux heures du matin, j'ai cru que madame était indisposée.

— Oui, je vais me coucher, mais rappelez-vous. Suzette, dit madame de Langeais en essuyant ses larmes, de ne jamais entrer chez moi sans ordre, et je ne vous le dirai pas une seconde fois.

Pendant une semaine, madame de Langeais alla dans toutes les maisons où elle espérait rencontrer M. de Montriveau. Contrairement à ses habitudes, elle arrivait de bonne heure et se retirait tard ; elle ne dansait plus, elle jouait. Tentatives inutiles ! elle ne put parvenir à voir Armand, de qui elle n'osait plus prononcer le nom. Cependant un soir, dans un moment de désespérance, elle dit à madame de Sérizy, avec autant d'insouciance qu'il lui fut possible d'en affecter :

— Vous êtes donc brouillée avec M. de Montriveau ? je ne le vois plus chez vous.

— Mais il ne vient donc plus ici ? répondit la comtesse en riant. D'ailleurs, on ne l'aperçoit plus nulle part, il est sans doute occupé de quelque femme.

— Je croyais, reprit la duchesse avec douceur, que le marquis de Ronquerolles était un de ses amis...

— Je n'ai jamais entendu dire à mon frère qu'il le connût.

Madame de Langeais ne répondit rien. Madame de Sérizy crut pouvoir alors impunément fouetter une amitié discrète qui lui avait été si longtemps amère, et reprit la parole.

— Vous le regrettez donc, ce triste personnage. J'en ai ouï dire des choses monstrueuses : blessez-le, il ne revient jamais, ne pardonne rien, aimez-le, il vous met à la chaîne. A tout ce que je disais de lui, l'un de ceux qui le portent aux nues me répondait toujours par un mot : *Il sait aimer !* On ne cesse de me répéter : Montriveau quittera tout pour son ami, c'est une âme immense. Ah bah ! la société ne demande pas des âmes si grandes. Les hommes de ce caractère sont très-bien chez eux, qu'ils y restent, et qu'ils nous laissent à nos bonnes petitesses. Qu'en dites-vous, Antoinette ?

Malgré son habitude du monde, la duchesse parut agitée, mais elle dit néanmoins avec un naturel qui trompa son amie : — Je suis fâchée de ne plus le voir, je prenais à lui beaucoup d'intérêt, et lui vouais une sincère amitié. Dussiez-vous me trouver ridicule, chère amie, j'aime les grandes âmes. Se donner à un sot, n'est-ce pas avouer clairement que l'on n'a que des sens ?

Madame de Sérizy n'avait jamais *distingué* que des gens vulgaires, et se trouvait en ce moment aimée par un bel homme, le marquis d'Aiglemont.

La comtesse abrégea sa visite, croyez-le. Puis madame de Langeais voyant une espérance dans la retraite absolue d'Armand, elle lui écrivit aussitôt une lettre humble et douce qui devait le ramener chez elle, s'il aimait encore. Elle fit porter le lendemain sa lettre par son valet de chambre, et, quand il fut de retour, elle lui demanda s'il l'avait remise à Montriveau lui-même, et, quand il répondit oui, elle ne put retenir un mouvement de joie. Armand était à Paris, il y restait seul, chez lui, sans aller dans le monde ! Elle était donc aimée. Pendant toute la journée elle attendit une réponse, et la réponse ne vint pas. Au milieu des crises renaissantes que lui donna l'impatience, Antoinette se justifia ce retard : Armand était embarrassé, la réponse viendrait par la poste; mais, le soir, elle ne pouvait plus s'abuser. Journée affreuse, mêlée de souffrances qui plaisent, de palpitations qui écrasent, excès de cœur qui usent la vie. Le lendemain elle envoya chez Armand chercher une réponse.

— M. le marquis a fait dire qu'il viendrait chez madame la duchesse, répondit Julien.

Elle se sauva afin de ne pas laisser voir son bonheur, elle alla tomber sur son canapé pour y dévorer ses premières émotions.

— Il va venir ! Cette pensée lui déchira l'âme. Malheur, en effet, aux êtres pour lesquels l'attente n'est pas la plus horrible des tempêtes et la fécondation des plus doux plaisirs ! ceux-là n'ont point eu en eux cette flamme qui réveille les images des choses, et double la nature en nous attachant autant à l'essence pure des objets qu'à leur réalité. En amour, attendre n'est-ce pas incessamment épuiser une espérance certaine, se livrer au fléau terrible de la passion, heureuse sans les désenchantements de la vérité ! Emanation constante de force et de désirs, l'attente ne serait-elle pas à l'âme humaine ce que sont à certaines fleurs leurs exhalations parfumées ? Nous avons bientôt laissé les éclatantes et stériles couleurs du choréopsis ou des tulipes, et nous revenons sans cesse aspirer les délicieuses pensées de l'oranger ou du volkameria, deux fleurs que leurs patries ont involontairement comparées à de jeunes fiancées pleines d'amour, belles de leur passé, belles de leur avenir.

La duchesse s'instruisait des plaisirs de sa nouvelle vie en sentant avec une sorte d'ivresse les flagellations de l'amour ; puis, en changeant de sentiments, elle trouva d'autres destinations et un meilleur sens aux choses de la vie. En se précipitant dans son cabinet de toilette, elle comprit ce que sont les recherches de la parure, les soins corporels les plus minutieux, quand ils sont commandés par l'amour et non par la vanité ; déjà, ces apprêts lui aidèrent à supporter la longueur du temps. Sa toilette finie, elle retomba dans les excessives agitations, dans les foudroiements nerveux de cette horrible puissance qui met en fermentation toutes les idées, et qui n'est peut-être qu'une maladie dont on aime les souffrances. La duchesse était prête à deux heures de l'après-midi ; M. de Montriveau n'était pas encore arrivé à onze heures et demie du soir. Expliquer les angoisses de cette femme, qui pouvait passer pour l'enfant gâté de la civilisation, ce serait vouloir dire combien le cœur peut concentrer de poésies dans une pensée, vouloir peser la force exhalée par l'âme au bruit d'une sonnette, ou estimer ce que consomme de vie l'abattement causé par une voiture dont le roulement continue sans s'arrêter.

— Se jouerait-il de moi ? dit-elle en écoutant sonner minuit.

Elle pâlit, ses dents se heurtèrent, et elle se frappa les mains en bondissant dans ce boudoir, où jadis, pensait-elle, il apparaissait sans être appelé. Mais elle se résigna. Ne l'avait-elle pas fait pâlir et bondir sous les piquantes flèches de son ironie ? Madame de Langeais comprit l'horreur de la destinée des femmes, qui, privées de tous les moyens d'action que possèdent les hommes, doivent attendre quand elles aiment. Aller au-devant de son aimé est une faute que peu d'hommes savent pardonner. La plupart d'entre eux voient une dégradation dans cette céleste flatterie ; mais Armand avait une grande âme, et devait faire partie du petit nombre d'hommes qui savent acquitter par un éternel amour un tel excès d'amour.

— Eh bien ! j'irai, dit-elle en se tournant dans son lit sans pouvoir y trouver le sommeil, j'irai vers lui, je lui tendrai la main sans me fatiguer de la lui tendre. Un homme d'élite voit dans chacun des pas que lui fait une femme vers lui des promesses d'amour et de constance. Oui, les anges doivent descendre des cieux pour venir aux hommes, et je veux être un ange pour lui.

Le lendemain elle écrivit un de ces billets où excelle l'esprit des dix mille Sévignés que compte maintenant Paris. Cependant, savoir se plaindre sans s'abaisser, voler à plein de ses deux ailes sans traîner humblement, gronder sans offenser, se révolter avec grâce, pardonner sans compromettre la dignité personnelle, tout dire et ne rien avouer, il fallait être la duchesse de Langeais et avoir été élevée par madame de Blamont-Chauvry, pour écrire ce délicieux billet. Julien partit. Julien était, comme tous les valets de chambre, la victime des marches et contre-marches de l'amour.

— Que vous a répondu M. de Montriveau ? dit-elle aussi indifféremment qu'elle le put à Julien quand il vint lui rendre compte de sa mission.

— M. le marquis m'a prié de dire à madame la duchesse que c'était bien.

Affreuse réaction de l'âme sur elle-même ! recevoir devant de curieux témoins la question du cœur, et ne pas murmurer, et se voir forcée au silence. Une des mille douleurs du riche !

Pendant vingt-deux jours madame de Langeais écrivit à M. de Montriveau sans obtenir de réponse. Elle avait fini par se dire malade pour se dispenser de ses devoirs, soit envers la princesse à laquelle elle était attachée, soit envers le monde. Elle ne recevait plus que son père, le duc de Navarreins, sa tante, la princesse de Blamont-Chauvry, le vieux vidame de Pamiers, son grand-oncle maternel, et l'oncle de son mari, le duc de Grandlieu. Ces personnes crurent facilement à la maladie de madame de Langeais, en la trouvant de jour en jour plus

abattue, plus pâle, plus amaigrie. Les vagues ardeurs d'un amour réel, les irritations de l'orgueil blessé, la constante piqûre du seul mépris qui pût l'atteindre, ses élancements vers des plaisirs perpétuellement souhaités, perpétuellement trahis, enfin, toutes ses forces inutilement excitées, minaient sa double nature. Elle payait l'arriéré de sa vie trompée. Elle sortit enfin pour assister à une revue où devait se trouver M. de Montriveau. Placée sur le balcon des Tuileries, avec la famille royale, la duchesse eut une de ces fêtes dont l'âme garde un long souvenir. Elle apparut sublime de langueur, et tous les yeux la saluèrent avec admiration. Elle échangea quelques regards avec Montriveau, dont la présence la rendait si belle. Le général défila presque à ses pieds dans toute la splendeur de ce costume militaire dont l'effet sur l'imagination féminine est avoué même par les plus prudes personnes. Pour une femme bien éprise, qui n'avait pas vu son amant depuis deux mois, ce rapide moment ne dut-il pas ressembler à cette phase de nos rêves où, fugitivement, notre vue embrasse une nature sans horizon ? Aussi, les femmes ou les jeunes gens peuvent-ils seuls imaginer l'avidité stupide et délirante du regard de Montriveau. Quant aux hommes, si, pendant leur jeunesse, ils ont éprouvé, dans le paroxysme de leurs premières passions, ces phénomènes de la puissance nerveuse, plus tard il les oublient si complètement, qu'ils arrivent à nier ces luxuriantes extases, le seul nom possible de ces magnifiques intuitions. L'extase religieuse est la folie de la pensée dégagée de ses liens corporels, tandis que, dans l'extase amoureuse, se confondent, s'unissent et s'embrasent les forces de nos deux natures. Quand une femme est en proie aux tyrannies furieuses sous lesquelles ployait madame de Langeais, les résolutions définitives se succèdent si rapidement, qu'il est impossible d'en rendre compte. Les pensées naissent alors les unes des autres, et courent dans l'âme comme ces nuages emportés par le vent sur un fond grisâtre qui voile le soleil. Dès lors, les faits disent tout. Voici donc les faits. Le lendemain de la revue, madame de Langeais envoya sa voiture et sa livrée attendre à la porte du marquis de Montriveau depuis huit heures du matin jusqu'à trois heures après midi. Armand demeurait rue de Seine, à quelques pas de la Chambre des pairs, où il devait y avoir une séance ce jour-là. Mais, longtemps avant que les pairs ne se rendissent à leur palais, quelques personnes aperçurent la voiture et la livrée de la duchesse. Un jeune officier dédaigné par madame de Langeais, et recueilli par madame de Sérizy, le baron de Maulincour, fut le premier qui reconnut les gens. Il alla sur-le-champ chez sa maîtresse lui raconter sous le secret cette étrange folie. Aussitôt, cette nouvelle fut télégraphiquement portée à la connaissance de toutes les coteries du faubourg Saint-Germain, parvint au château, à l'Élysée-Bourbon, devint le bruit du jour, le sujet de tous les entretiens, depuis midi jusqu'au soir. Presque toutes les femmes niaient le fait, mais de manière à le faire croire, et les hommes le croyaient en témoignant à madame de Langeais le plus indulgent intérêt.

— Ce sauvage de Montriveau a un caractère de bronze, il aura sans doute exigé cet éclat, disaient les uns en rejetant la faute sur Armand.

— Eh bien ! disaient les autres, madame de Langeais a commis la plus noble des imprudences ! En face de tout Paris, renoncer, pour son amant, au monde, à son rang, à sa fortune, à la considération, est un coup d'État féminin beau comme le coup de couteau de ce perruquier qui a tant ému Canning à la cour d'assises. Pas une des femmes qui blâment la duchesse ne ferait cette déclaration digne de l'ancien temps. Madame de Langeais est une femme héroïque de s'afficher ainsi franchement elle-même. Maintenant, elle ne peut plus aimer que Montriveau. N'y a-t-il pas quelque grandeur chez une femme à dire : Je n'aurai qu'une passion ?

— Que va donc devenir la société, monsieur, si vous honorez ainsi le vice, sans respect pour la vertu ? dit la femme du procureur général, la comtesse de Grandville.

Pendant que le château, le faubourg et la Chaussée-d'Antin s'entretenaient du naufrage de cette aristocratique vertu, d'empressés jeunes gens couraient à cheval s'assurer, en voyant la voiture dans la rue de Seine, que la duchesse était bien réellement chez M. de Montriveau, qui n'avait pas couché chez lui, se promenait aux Tuileries avec M. de Marsay. Puis, les grands parents de madame de Langeais se visitaient les uns les autres en se donnant rendez-vous chez elle pour se semondre et aviser aux moyens d'arrêter le scandale causé par sa conduite. A trois heures, M. le duc de Navarreins, le vidame de Pamiers, la vieille princesse de Blamont-Chauvry et le duc de Grandlieu se trouvaient réunis dans le salon de madame de Langeais, et l'y attendaient. A eux, comme à plusieurs curieux, on leur avait dit que leur maîtresse était sortie. La duchesse n'avait excepté personne de la consigne. Ces quatre personnages, illustres dans la sphère aristocratique dont l'almanach de Gotha consacre annuellement les révolutions et les prétentions héréditaires, veulent une rapide esquisse sans laquelle cette peinture sociale serait incomplète.

La princesse de Blamont-Chauvry était, dans le monde féminin le plus poétique débris du règne de Louis XV, au surnom duquel, du raut sa belle jeunesse, elle avait, dit-on, contribué pour sa quote-part. De ses anciens agréments, il ne lui restait qu'un nez remarquablement saillant, mince, recourbé comme une lame turque, et principal ornement d'une figure semblable à un vieux gant blanc, puis quelques cheveux crépés et poudrés, des mules à talons, le bonnet de dentelles à coques, des mitaines noires et des *parfaits contentements*. Mais, pour lui rendre entièrement justice, il est nécessaire d'ajouter qu'elle avait une si haute idée de ses ruines, qu'elle se décolletait le soir, portait des gants longs, et se teignait encore les joues avec le rouge classique de Martin. Dans ses rides une amabilité redoutable, un feu prodigieux dans ses yeux, une dignité profonde dans toute sa personne, sur sa langue un esprit à triple dard, dans sa tête une mémoire infaillible, faisaient de cette vieille femme une véritable puissance. Elle avait dans le parchemin de sa cervelle tout celui du cabinet des chartes et connaissait les alliances des maisons princières, ducales et comtales de l'Europe, à savoir où étaient les derniers germains de Charlemagne. Aussi nulle usurpation de titre ne pouvait-elle lui échapper. Les jeunes gens qui voulaient être bien vus, les ambitieux, les jeunes femmes, lui rendaient de constants hommages. Son salon faisait autorité dans le faubourg Saint-Germain. Les mots de ce Talleyrand femelle restaient comme des arrêts. Certaines personnes venaient prendre chez elle des avis sur l'étiquette ou les usages, et y chercher des leçons de bon goût. Certes, nulle vieille femme ne savait comme elle empocher sa tabatière; et elle avait, en s'asseyant ou en se croisant les jambes, des mouvements de jupe d'une précision, d'une grâce qui désespéraient les jeunes femmes les plus élégantes. Sa voix lui était demeurée dans la tête pendant le tiers de sa vie, mais elle n'avait pu l'empêcher de descendre dans les membranes du nez, ce qui la rendait étrangement significative. De sa grande fortune il lui restait cent cinquante mille *livres* en bois, généreusement rendus par Napoléon. Ainsi, biens et personne, tout en elle était considérable. Cette curieuse antique était dans une bergère au coin de la cheminée et causait avec le vidame de Pamiers, autre ruine contemporaine. Ce vieux seigneur, ancien commandeur de l'Ordre de Malte, était un homme grand, long et fluet, dont le col était toujours serré de manière à lui comprimer les joues qui débordaient légèrement la cravate et à lui maintenir la tête haute; attitude pleine de suffisance chez certaines gens, mais justifiée chez lui par un esprit voltairien. Ses yeux à fleur de tête semblaient tout voir et avaient effectivement tout vu. Il mettait du coton dans ses oreilles. Enfin sa personne offrait dans l'ensemble un modèle parfait des lignes aristocratiques, lignes menues et frêles, souples et agréables, qui, semblables à celles du serpent, peuvent à volonté se courber, se dresser, devenir coulantes ou roides.

Le duc de Navarreins se promenait de long en large dans le salon avec M. le duc de Grandlieu. Ces deux étaient des hommes âgés de cinquante-cinq ans, encore verts, gros et courts, bien nourris, le teint un peu rouge, les yeux fatigués, les lèvres inférieures déjà pendantes. Sans le ton exquis de leur langage, sans l'affable politesse de leurs manières, sans leur aisance qui pouvait tout à coup se changer en impertinence, un observateur superficiel aurait pu les prendre pour des banquiers. Mais toute erreur devait cesser en écoutant leur conversation armée de précautions avec ceux qu'ils redoutaient, sèche ou vide avec leurs égaux, perfide pour les inférieurs, que les gens de cour ou les hommes d'État savent apprivoiser par de verbeuses délicatesses et blesser par un mot inattendu. Tels étaient les représentants de cette grande noblesse qui voulait mourir ou rester tout entière, qui méritait autant d'éloge que de blâme, et sera toujours imparfaitement jugée jusqu'à ce qu'un poète l'ait montrée heureuse d'obéir au roi en expirant sous la hache de Richelieu, et méprisant la guillotine de 89 comme une sale vengeance.

Ces quatre personnages se distinguaient tous par une voix grêle, particulièrement en harmonie avec leurs idées et leur maintien. D'ailleurs, la plus parfaite égalité régnait entre eux. L'habitude prise par eux à la cour de cacher leurs émotions les empêchait sans doute de manifester le déplaisir que leur causait l'incartade de leur jeune parente.

Pour empêcher les critiques de taxer de puérilité le commencement de la scène suivante, peut-être est-il nécessaire de faire observer ici que Locke, se trouvant dans la compagnie de seigneurs anglais renommés pour leur esprit, distingués autant par leurs manières que par leur consistance politique, s'amusa méchamment à sténographier leur conversation par un procédé particulier, et les fit éclater de rire en la leur lisant, afin de savoir d'eux ce qu'on en pouvait tirer. En effet, les classes élevées en tout pays ont un jargon de clinquant qui, lavé dans les cendres littéraires ou philosophiques, donne infiniment peu d'or au creuset. À tous les étages de la société, sauf quelques salons parisiens, l'observateur retrouve les mêmes ridicules que différencie seulement la transparence ou l'épaisseur du vernis. Ainsi, les conversations substantielles sont l'exception sociale, et le béotianisme défraye habituellement les diverses zones du monde. Si forcément on parle beaucoup dans les hautes sphères, on y pense peu. Penser est une fatigue, et les riches aiment à voir couler la vie sans grand effort. Aussi est-ce en comparant le fond des plaisanteries par échelons, depuis le gamin de Paris jusqu'au pair de France, que l'observateur comprend le mot de M. de Talleyrand : Les *manières sont tout*, traduction élégante de cet axiome judiciaire : *La forme emporte le fond*. Aux yeux du poète, l'avantage restera aux classes inférieures, qui ne manquent jamais à donner un rude cachet de poésie à leurs pensées. Cette observation fera peut-être aussi comprendre l'infertilité des salons, leur vide, leur peu de profondeur, et la répugnance que les gens supérieurs éprouvent à faire le méchant commerce d'y échanger leurs pensées.

Le duc s'arrêta soudain, comme s'il concevait une idée lumineuse, et dit à son voisin : — Vous avez donc vendu Thorothon ?

— Non, il est malade. J'ai bien peur de le perdre, et j'en serais désolé, c'est un cheval excellent à la chasse. Savez-vous comment va la duchesse de Marigny ?

— Non, je n'y suis pas allé ce matin. Je sortais pour la voir, quand vous êtes venu me parler d'Antoinette. Mais elle avait été fort mal hier, l'on en désespérait, elle a été administrée.

— Sa mort changera la position de votre cousin.

— En rien, elle a fait ses partages de son vivant et s'était réservé une pension que lui paye sa nièce, madame de Soulanges, à laquelle elle a donné sa terre de Guébriant à rente viagère.

— Ce sera une grande perte pour la société. Elle était bonne femme. Sa famille aura de moins une personne dont les conseils et l'expérience avaient de la portée. Entre nous soit dit, elle était le chef de la maison. Son fils, Marigny, est un aimable homme : il a du trait, il sait causer. Il est agréable, très-agréable ; oh ! pour agréable, il l'est sans contredit, mais... aucun esprit de conduite. Eh bien ! c'est extraordinaire, il est très-fin. L'autre jour, il dînait au Cercle avec tous ces richards de la Chaussée-d'Antin, et votre oncle (qui va toujours y faire sa partie) le voit. Étonné de le rencontrer là, il lui demande s'il est du Cercle. — « Oui, je ne vais plus dans le monde, je vis avec les banquiers. » Vous savez pourquoi ? dit le marquis en jetant au duc un fin sourire.

— Non.

— Il est amouraché d'une nouvelle mariée, cette petite madame Keller, la fille de Grandville, une femme que l'on dit fort à la mode dans ce monde-là.

— Mais Antoinette ne s'ennuie pas, à ce qu'il paraît, dit le vieux vidame.

— L'affection que je porte à cette petite femme me fait prendre en ce moment un singulier passe-temps, lui répondit la princesse en empochant sa tabatière.

— Ma chère tante, dit le duc en s'arrêtant, je suis désespéré. Il n'y avait qu'un homme de Bonaparte capable d'exiger d'une femme comme il faut de semblables inconvenances. Entre nous soit dit, Antoinette aurait dû choisir mieux.

— Mon cher, répondit la princesse, les Montriveau sont anciens et fort bien alliés, ils tiennent à toute la haute noblesse de Bourgogne. Si les Rivaudoult d'Arschoot, de la branche Dulmen, finissaient en Gallicie, les Montriveau succéderaient aux biens et aux titres d'Arschoot, ils en héritent par leur bisaïeul.

— Vous en êtes sûre ?...

— Je le sais mieux que ne le savait le père de celui-ci, que je voyais beaucoup et à qui je l'ai appris. Quoique chevalier des ordres, il s'en moqua ; c'était un encyclopédiste. Mais son frère en a bien profité dans l'émigration. J'ai ouï dire que ses parents du Nord avaient été parfaits pour lui...

— Oui, certes. Le comte de Montriveau est mort à Pétersbourg, où je l'ai rencontré, dit le vidame. C'était un gros homme qui avait une incroyable passion pour les huîtres.

— Combien en mangeait-il donc ? dit le duc de Grandlieu.

— Tous les jours douzaines.

— Sans être incommodé ?

— Pas le moins du monde.

— Oh ! mais c'est extraordinaire ! Ce goût ne lui a donné ni la pierre, ni la goutte, ni aucune incommodité ?

— Non, il s'est parfaitement porté, et il est mort par accident.

— Par accident ! La nature lui avait dit de manger des huîtres, elles lui étaient probablement nécessaires ; car, jusqu'à un certain point, nos goûts prédominants sont des conditions de notre existence.

— Je suis de votre avis, dit la princesse en souriant.

— Madame : vous entendez toujours malicieusement les choses, dit le marquis.

— Je veux seulement vous faire comprendre que ces choses seraient très-mal entendues par une jeune femme, répondit-elle. Elle s'interrompit pour dire : — Mais ma nièce ! mon neveu !

— Chère tante, dit M. de Navarreins, je ne peux pas encore croire qu'elle soit allée chez M. de Montriveau.

— Bah ! fit la princesse.

— Quelle est votre idée, madame ? demanda le marquis.

— Si la duchesse était naïve, je le croirais...

— Mais une femme qui aime devient naïve, mon pauvre vidame. Vous vieillissez donc ?

— Enfin, que faire ? dit le duc.

— Si ma chère nièce est sage, répondit la princesse, elle ira ce soir à la cour, puisque, par bonheur, nous sommes un lundi, jour de réception. vous verrez à la bien entourer et à démentir ce bruit ridicule. Il y a mille moyens d'expliquer les choses. et, si le marquis de Montriveau est un galant homme, il s'y prêtera. Nous ferons entendre raison à ces enfants-là...

— Mais il est difficile de rompre en visière à M. de Montriveau, chère tante, c'est un élève de Bonaparte, et il a une position. Comment donc ! c'est un seigneur du jour, il a un commandement important dans la garde, où il est très-utile. Il n'a pas la moindre ambition. Au premier mot qui lui déplairait, il est homme à dire au roi : — Voilà ma démission, laissez-moi tranquille.

— Comment pense-t-il donc ?

— Très-mal.

— Vraiment, dit la princesse, le roi reste ce qu'il a toujours été, un jacobin fleurdelisé.

— Oh ! un peu modéré, dit le vidame.

— Non, je le connais de longue date. L'homme qui disait à sa femme, le jour où elle assista au premier grand couvert : « Voilà nos gens ! » en lui montrant la cour, ne pouvait être qu'un noir scélérat. Je retrouve parfaitement monsieur dans le roi. Le mauvais frère qui votait si mal dans son bureau de l'Assemblée constituante doit pactiser avec les libéraux, les laisser parler, discuter. Ce cagot de philosophie sera tout aussi dangereux pour son cadet qu'il l'a été pour l'aîné, car je ne sais si son successeur pourra se tirer des embarras qu'il se plaît à lui créer ce gros homme de petit esprit, d'ailleurs, il l'exècre, et serait heureux de se dire en mourant : Il ne régnera pas longtemps.

— Ma tante, c'est le roi, j'ai l'honneur de lui appartenir, et...

— Mais, mon cher, votre charge vous ôte-t-elle votre franc-parler ! Vous êtes d'aussi bonne maison que les Bourbons. Si les Guise avaient eu un peu plus de résolution, Sa Majesté serait un pauvre sire aujourd'hui. Je m'en vais de ce monde à temps, la noblesse est morte. Oui, tout est perdu pour vous, mes enfants, dit-elle en regardant le vidame. Est-ce que la conduite de ma nièce devrait occuper la ville ? Elle a eu tort, je ne l'approuve pas, un scandale inutile est une faute, aussi douté-je encore de ce manque aux convenances, je l'ai élevée, et je sais que...

En ce moment la duchesse sortit de son boudoir. Elle avait reconnu la voix de sa tante et entendu prononcer le nom de Montriveau. Elle était dans un déshabillé du matin, et, quand elle se montra, M. de Grandlieu, qui regardait insoucianment par la croisée, vit revenir la voiture de sa nièce sans elle.

— Ma chère fille, lui dit le duc en lui prenant la tête et l'embrassant au front, tu ne sais donc pas ce qui se passe ?

— Que se passe-t-il d'extraordinaire, cher père ?

— Mais tout Paris te croit chez M. de Montriveau.

— Ma chère Antoinette, tu n'es pas sortie, n'est-ce pas ? dit la princesse en lui tendant la main, que la duchesse baisa avec une respectueuse affection.

— Non, chère mère, je ne suis pas sortie. Et, dit-elle en se retournant pour saluer le vidame et le marquis, j'ai voulu que tout Paris me crût chez M. de Montriveau.

Le duc leva les mains au ciel, se les frappa désespérément et se croisa les bras.

— Mais vous ne savez donc pas ce qui résultera de ce coup de tête ? dit-il enfin.

La vieille princesse s'était subitement dressée sur ses talons, et regardait la duchesse qui se prit à rougir et baissa les yeux. Madame de Chauvry l'attira doucement et lui dit : — Laissez-moi vous baiser, mon petit ange. Puis elle l'embrassa sur le front fort affectueusement, lui serra la main et reprit en souriant : — Nous ne sommes plus sous les Valois, ma chère fille. Vous avez compromis votre mari, votre état dans le monde. cependant nous allons aviser à tout réparer.

— Mais, ma chère tante, je ne veux rien réparer. Je désire que tout Paris sache ou dise que j'étais ce matin chez M. de Montriveau. Détruire cette croyance, quelque fausse qu'elle soit, est me nuire étrangement.

— Ma fille, vous voulez donc vous perdre, et affliger votre famille ?

— Mon père, ma famille, en me sacrifiant à des intérêts, m'a, sans le vouloir, condamnée à d'irréparables malheurs. Vous pouvez me blâmer d'y chercher des adoucissements, mais certes vous me plaindrez.

— Donnez-vous donc mille peines pour établir convenablement des filles ! dit en murmurant M. de Navarreins au vidame.

— Chère petite, dit la princesse en secouant les grains de tabac tombés sur sa robe, soyez heureuse si vous pouvez, il ne s'agit pas de troubler votre bonheur, mais de l'accorder avec les usages. Nous savons tous, ici, que le mariage est une défectueuse institution tempérée par l'amour. Mais est-il besoin, en prenant un amant, de faire son lit sur le Carrousel ? Voyons, ayez un peu de raison, écoutez-nous.

— J'écoute.

— Madame la duchesse, dit le duc de Grandlieu, si les oncles étaient obligés de garder leurs nièces, ils auraient un état dans le monde la société leur devrait des honneurs, des récompenses, des traitements comme elle en donne aux gens du roi. Aussi ne suis-je pas venu pour vous parler de mon neveu, mais de vos intérêts. Calculons un peu. Si vous tenez à faire un éclat, je connais le sire, je ne l'aime guère. Langeais est assez avare, personnel en diable, il se séparera de vous, gardera votre fortune, vous laissera pauvre, et conséquemment sans considération. Les cent mille livres de rente que vous avez héritées dernièrement de votre grand tante maternelle payeront les plaisirs de ses maîtresses, et vous serez liée, garrottée par les lois, obligée de dire amen à ces arrangements-là. Que M. de Montriveau vous quitte ! Mon Dieu, chère nièce, ne nous colérons point, un homme ne vous abandonnera pas jeune et belle ; cependant nous avons vu tant de jolies femmes délaissées, même parmi les princesses, que vous me permettrez une supposition presque impossible. Je veux le croire. alors que deviendrez-vous sans mari ? Ménagez donc le vôtre au même titre que vous soignez votre beauté, qui est, après tout, le parachute des femmes, aussi bien qu'un mari. Je vous fais toujours heureuse et aimée, je ne tiens compte d'aucun événement malheureux. Cela étant, par bonheur ou par malheur vous aurez des enfants. Qu'en ferez-vous ? Des Montriveau ? — Eh bien ! ils ne succéderont point à toute la fortune de leur père. Vous voudrez leur donner toute la vôtre et lui toute la sienne. Mon Dieu, rien n'est plus naturel. Vous trouverez les lois contre vous. Combien avons-nous vu de procès faits par les héritiers légitimes aux enfants de l'amour ! J'en entends retentir dans tous les tribunaux du monde. Aurez-vous recours à quelque fidéicommis ? si la personne en qui vous mettez votre confiance vous trompe, à la vérité la justice humaine n'en saura rien ; mais vos enfants seront ruinés. Choisissez donc bien ! Voyez en quelle perplexité vous êtes. De toute manière vos enfants seront nécessairement sacrifiés à vos fantaisies de votre cœur et privés de leur état. Mon Dieu, tant qu'ils seront petits, ils seront charmants, mais ils vous reprocheront un jour d'avoir songé plus à vous qu'à eux. Nous savons tout cela, nous autres vieux gentilshommes. Les enfants deviennent des hommes, et les hommes sont ingrats. N'ai-je pas entendu le jeune de Horn, en Allemagne, disant après souper : — Si ma mère avait été honnête femme, je serais prince régnant. Mais ce SI, nous l'avons passé notre vie à l'entendre dire aux roturiers, et il a fait la révolution. Quand les hommes ne peuvent accuser ni leur père, ni leur mère, ils s'en prennent à Dieu de leur mauvais sort. En somme, chère enfant, nous sommes ici pour vous éclairer. Eh bien ! je me résume par un mot que vous devez méditer : une femme ne doit jamais donner raison à son mari.

— Mon oncle, j'ai calculé tant que je n'aimais pas. Alors je voyais, comme vous, des intérêts là où il n'y a plus pour moi que des sentiments, dit la duchesse.

— Mais, ma chère petite, la vie est tout simplement une complication d'intérêts et de sentiments, lui répliqua le vidame, et, pour être heureux, surtout dans la position où vous êtes, il faut tâcher d'accorder ses sentiments avec ses intérêts. Qu'une grisette fasse l'amour à sa fantaisie, cela se conçoit, mais vous avez une jolie fortune, une famille, un titre, une place à la cour, et vous ne devez pas les jeter par la fenêtre. Pour tout concilier, que venons-nous vous demander ? De tourner habilement le dol des convenances au lieu de la violer. Eh ! mon Dieu, j'ai bientôt quatre-vingts ans, je ne me souviens pas d'avoir rencontré, sous aucun régime, un amour qui valût le prix dont vous vouliez payer celui de cet heureux jeune homme.

La duchesse imposa silence au vidame par un regard, et, si Montriveau l'avait pu voir, il aurait tout pardonné ..

— Ceci serait d'un bel effet au théâtre, dit le duc de Grandlieu, et ne signifie rien quand il s'agit de vos paraphernaux, de votre position et de votre indépendance. Vous n'êtes pas reconnaissante, ma chère nièce. Vous ne trouverez pas beaucoup de familles où les parents soient assez courageux pour apporter les enseignements de l'expérience et faire entendre le langage de la raison à de jeunes têtes folles. Renoncez à votre salut en deux minutes, s'il vous plaît de vous damner, d'accord ! Mais réfléchissez bien quand il s'agit de renoncer à vos rentes. Je ne connais pas de confesseur qui nous absolve de la misère. me croie le droit de vous parler ainsi, car, si vous vous perdez, moi seul je pourrai vous offrir un asile. Je suis presque l'oncle de Langeais, et moi seul aurai raison de lui donnant tort.

— Ma fille, dit le duc de Navarreins en se réveillant d'une douloureuse méditation, puisque vous parlez de sentiments, laissez-moi vous faire observer qu'une femme qui porte votre nom doit avoir des sentiments autres que ceux des gens du commun. Vous voulez donc donner gain de cause aux libéraux, à ces jésuites de Robespierre qui s'efforcent de honnir la noblesse. Il est certaines choses qu'une Navarreins ne saurait faire sans manquer à toute sa maison. Vous ne seriez pas seule déshonorée.

— Allons, dit la princesse, voilà le déshonneur. Mes enfants, ne faites pas tant de bruit pour la promenade d'une voiture vide, et laissez-moi seule avec Antoinette. Vous viendrez dîner avec moi tous trois. Je me charge d'arranger convenablement les choses. Vous n'y entendez rien, vous autres hommes, vous mettez déjà de l'aigreur dans vos paroles, et je ne veux pas vous voir brouillés avec ma chère fille. Faites-moi donc le plaisir de vous en aller.

Les trois gentilshommes devinèrent sans doute les intentions de la princesse, ils saluèrent leurs parentes ; et M. de Navarreins vint embrasser sa fille au front, en lui disant : — Allons, chère enfant, sois sage. Si tu veux, il en est encore temps.

— Est-ce que nous ne pourrions pas trouver dans la famille quelque bon garçon qui chercherait dispute à ce Montriveau ? dit le vidame en descendant les escaliers.

— Mon bijou, dit la princesse en faisant signe à son élève de s'asseoir sur une petite chaise basse, près d'elle, quand elles furent seules ; je ne sais rien de plus calomnié dans ce bas monde que Dieu et le dix-huitième siècle, car, en me remémorant les choses de ma jeunesse, je ne m'y rappelle pas qu'une seule duchesse ait foulé aux pieds les convenances comme vous venez de le faire. Les romanciers et les écrivailleurs ont déshonoré le règne de Louis XV, ne les croyez pas. La Dubarry, ma chère, valait bien la veuve Scarron, et elle était meilleure personne. Dans mon temps, une femme savait, au milieu de ses galanteries, garder sa dignité. Les indiscrétions nous ont perdues. De là vient tout le mal. Les philosophes, ces gens de rien que nous mettions dans nos salons, ont eu l'inconvenance et l'ingratitude, pour prix de nos bontés, de faire l'inventaire de nos cœurs, de nous décrier en masse, en détail, et de déblatérer contre le siècle. Le peuple, qui est très-mal placé pour juger quoi que ce soit, a vu le fond des choses, sans en voir la forme. Mais dans ce temps-là, mon cœur, les hommes et les femmes ont été tout aussi remarquables qu'aux autres époques de la monarchie. Pas un de vos Werther, aucune de vos notabilités, comme ça s'appelle, pas un de vos hommes en gants jaunes et dont les pantalons dissimulent la pauvreté de leurs jambes, ne traverserait l'Europe, déguisé en colporteur, pour aller s'enfermer, au risque de la vie et en bravant les poignards du duc de Modène, dans le cabinet de toilette de la fille du régent. Aucun de vos petits poitrinaires à lunettes d'écaille ne se cacherait comme Lauzun, durant six semaines, dans une armoire, pour donner du courage à sa maîtresse pendant qu'elle accouchait. Il y avait plus de passion dans le petit doigt de M. de Jaucourt que dans toute votre race de disputailleurs qui laissent les femmes pour des amendements ! Trouvez-moi donc aujourd'hui des pages qui se fassent hacher et ensevelir sous un plancher pour venir baiser le doigt ganté d'une Konismark ? Aujourd'hui, vraiment, il semblerait que les rôles soient changés, et que les femmes doivent se dévouer pour les hommes. Ces messieurs valent moins et s'estiment davantage. Croyez-moi, ma chère, toutes ces aventures qui sont devenues publiques et dont on s'arme aujourd'hui pour assassiner notre bon Louis XV, étaient d'abord secrètes. Sans un tas de poétrians, de rimailleurs, de moralistes qui entretenaient nos femmes de chambre et en écrivaient les calomnies, notre époque aurait eu littérairement des mœurs. Je justifie le siècle et non

sa lisière. Peut-être y a-t-il eu cent femmes de qualités perdues ; mais les drôles en ont mis un millier, ainsi que font les gazetiers quand ils évaluent les morts du parti battu. D'ailleurs, je ne sais pas ce que la Révolution et l'Empire peuvent nous reprocher : ces temps-là ont été licencieux, sans esprit, grossiers, fi ! tout cela me révolte. Ce sont les mauvais lieux de notre histoire ! Ce préambule, ma chère enfant, reprit-elle après une pause, est pour arriver à te dire que si Montriveau te plaît, tu es bien la maîtresse de l'aimer à ton aise, et tant que tu pourras. Je sais, moi, par expérience (à moins de t'enfermer, mais on n'enferme plus aujourd'hui), que tu feras ce qui te plaira ; et c'est ce que j'aurais fait à ton âge. Seulement, mon cher bijou, je n'aurais pas abdiqué le droit de faire des ducs de Langeais. Ainsi comporte-toi décemment. Le vidame a raison, aucun homme ne vaut un seul des sacrifices par lesquels nous sommes assez folles pour payer leur amour. Mets-toi donc dans la position de pouvoir, si tu avais le malheur d'en être à te repentir, te trouver encore la femme de M. de Langeais. Quand tu seras vieille, tu seras bien aise d'entendre la messe à la cour et non dans un couvent de province, voilà toute la question. Une imprudence, c'est une pension, une vie errante, être à la merci de son amant ; c'est l'ennui causé par les impertinences des femmes qui vaudront moins que toi, précisément parce qu'elles auront été tres-ignoblement adroites. Il vaudrait cent fois mieux aller chez Montriveau, le soir, en fiacre, déguisée, que d'y envoyer ta voiture en plein jour. Tu es une petite sotte, ma chère enfant ! Ta voiture a flatté sa vanité, ta personne lui aurait pris le cœur. Je t'ai dit ce qui est juste et vrai, mais je ne t'en veux pas, moi. Tu es de deux siècles en arrière avec ta fausse grandeur. Allons, laisse-nous arranger tes affaires, dire que le Montriveau aura grisé tes gens, pour satisfaire son amour-propre et te compromettre.

— Au nom du ciel, ma tante, s'écria la duchesse en bondissant, ne le calomniez pas !

— Oh ! chère enfant, dit la princesse, dont les yeux s'animèrent, je voudrais te voir des illusions qui ne te fussent pas funestes, mais toute illusion doit cesser. Tu m'attendrirais, n'était mon âge. Allons,

Est-ce que nous ne pourrions pas trouver dans la famille quelque bon garçon qui...

ne fais de chagrin à personne, ni à lui, ni à nous. Je me charge de contenter tout le monde ; mais promets-moi de ne pas te permettre désormais une seule démarche sans me consulter. Conte-moi tout, je te mènerai peut-être à bien.

— Ma tante, je vous promets...
— De me dire tout...
— Oui, tout... tout ce qui pourra se dire.
— Mais, mon cœur, c'est précisément ce qui ne pourra pas se dire que je veux savoir. Entendons-nous bien. Allons, laisse-moi appuyer mes lèvres sèches sur ton beau front. Non, laisse-moi faire, je te défends de baiser mes os. Les vieillards ont une politesse à eux... Allons, conduis-moi jusqu'à mon carrosse, dit-elle après avoir embrassé sa nièce.

— Chère tante, je puis donc aller chez lui déguisée ?
— Mais, oui, ça peut toujours se nier, dit la vieille.

La duchesse n'avait clairement perçu que cette idée dans le sermon que la princesse venait de lui faire. Quand madame de Chauvry fut assise dans le coin de sa voiture, madame de Langeais lui dit un gracieux adieu, et remonta chez elle tout heureuse.

— Ma personne lui aurait pris le cœur; elle a raison, ma tante. Un homme ne doit pas refuser une jolie femme, quand elle sait se bien offrir.

Le soir, au cercle de madame la duchesse de Berri, le duc de Navarreins, M. de Pamiers, M. de Marsay, M. de Grandlieu, le duc de Maufrigneuse démentirent victorieusement les bruits offensants qui couraient sur la duchesse de Langeais. Tant d'officiers et de personnes attestèrent avoir vu Montriveau se promenant aux Tuileries pendant la matinée, que cette sotte histoire fut mise sur le compte du hasard, qui prend tout ce qu'on lui donne. Aussi le lendemain la réputation de la duchesse devint-elle, malgré la station de sa voiture, nette et claire comme l'armet de Mambrin après avoir été fourbi par Sancho. Seulement, à deux heures, au bois de Boulogne, M. de Ronquerolles, passant à côté de Montriveau dans une allée déserte, lui dit en souriant : — Elle va bien, ta duchesse ! — Encore et toujours, ajouta-t-il en appliquant un coup de cravache significatif à sa jument, qui fila comme un boulet.

Deux jours après son éclat inutile, madame de Langeais écrivit à M. de Montriveau une lettre qui resta sans réponse comme les précédentes. Cette fois elle avait pris ses mesures, et corrompu Auguste, le valet de chambre d'Armand. Aussi, le soir, à huit heures, fut-elle introduite chez Armand, dans une chambre tout autre que celle où s'était passée la scène demeurée secrète. La duchesse apprit que le général ne rentrerait pas. Avait-il deux domiciles? Le valet ne voulut pas répondre. Madame de Langeais avait acheté la clef de cette chambre, et non toute la probité de cet homme. Restée seule, elle vit ses quatorze lettres posées sur un vieux guéridon; elles n'étaient ni froissées, ni décachetées; elles n'avaient pas été lues. A cet aspect, elle tomba sur un fauteuil, et perdit pendant un moment toute connaissance. En se réveillant, elle aperçut Auguste, qui lui faisait respirer du vinaigre.

— Une voiture, vite, dit-elle.

La voiture venue, elle descendit avec une rapidité convulsive, revint chez elle, se mit au lit, et fit défendre sa porte. Elle resta vingt-quatre heures couchée, ne laissant approcher d'elle que sa femme de chambre, qui lui apporta quelques tasses d'infusion de feuilles d'oranger. Suzette entendit sa maîtresse faisant quelques plaintes, et surprit des larmes dans ses yeux éclatants mais cernés. Le surlendemain, après avoir médité dans les larmes du désespoir le parti qu'elle voulait prendre, madame de Langeais eut une conférence avec son homme d'affaires, et le chargea sans doute de quelques préparatifs. Puis elle envoya chercher le vieux vidame de Pamiers. En attendant le commandeur, elle écrivit à M. de Montriveau. Le vidame fut exact. Il trouva sa jeune cousine pâle, abattue, mais résignée. Il était environ deux heures après-midi. Jamais cette divine créature n'avait été plus poétique qu'elle ne l'était alors dans les langueurs de son agonie.

Le vidame fut exact.

— Mon cher cousin, dit-elle au vidame, vos quatre-vingts ans vous valent ce rendez-vous. Oh ! ne souriez pas, je vous en supplie, devant une pauvre femme au comble du malheur. Vous êtes un galant homme, et les aventures de votre jeunesse vous ont, j'aime à le croire, inspiré quelque indulgence pour les femmes.

— Pas la moindre, dit-il.

— Vraiment !

— Elles sont heureuses de tout, reprit-il.

— Ah ! Eh bien ! vous êtes au cœur de ma famille ; vous serez peut-être le dernier parent, le dernier ami de qui j'aurai serré la main ; je puis donc réclamer de vous un bon office. Rendez-moi, mon cher vidame, un service que je ne saurais demander à mon père, ni à mon oncle Grandlieu, ni à aucune femme. Vous devez me comprendre. Je vous supplie de m'obéir, et d'oublier que vous m'avez obéi, quelle que soit l'issue de vos démarches. Il s'agit d'aller, muni de cette lettre, chez M. de Montriveau, de le voir, de la lui montrer, de lui demander, comme vous savez d'homme à homme demander les choses, car vous avez entre vous une probité, des sentiments que vous oubliez avec nous, de lui demander s'il voudra bien la lire, non pas en votre présence, les hommes se cachent certaines émotions. Je vous autorise, pour le décider, et si vous le jugez nécessaire, à lui dire qu'il s'en va de ma vie ou de ma mort. S'il daigne...

— Daigne ! fit le commandeur.

— S'il daigne la lire, reprit avec dignité la duchesse, faites-lui une dernière observation. Vous le verrez à cinq heures, il dîne à cette heure, chez lui aujourd'hui, je le sais; eh bien ! il doit, pour toute réponse, venir me voir. Si trois heures après, s'il à huit heures, il n'est pas sorti, tout sera dit. La duchesse de Langeais aura disparu de ce monde. Je ne serai pas morte, cher, non; mais aucun pouvoir humain ne me retrouvera sur cette terre. Venez dîner avec moi, j'aurai du moins un ami pour m'assister dans mes dernières angoisses. Oui, ce soir, mon cher cousin, ma vie sera décidée; et, quoi qu'il arrive, elle ne peut être que cruellement ardente. Allez, silence, je ne veux rien entendre qui ressemble soit à des observations, soit à des avis. — Causons, rions, dit-elle en lui tendant une main qu'il baisa. Soyons comme deux vieillards philosophes qui savent jouir de la vie jusqu'au moment de leur mort. Je me parerai, je serai bien coquette pour vous. Vous serez peut-être le dernier homme qui aura vu la duchesse de Langeais.

Le vidame ne répondit rien, il salua, prit la lettre et fit la commission. Il revint à cinq heures, trouva sa cousine mise avec recherche, délicieuse enfin. Le salon était paré de fleurs comme pour une fête. Le repas fut exquis. Pour ce vieillard, la duchesse fit jouer tous les brillants de son esprit, et se montra plus attrayante qu'elle ne l'avait jamais été. Le commandeur voulut d'abord voir une plaisanterie de jeune femme dans tous ces apprêts; mais, de temps à autre, la fausse magie des séductions déployées par sa cousine pâlissait. Tantôt, il la surprenait à tressaillir émue par une sorte de terreur soudaine; et tantôt elle semblait écouter dans le silence.

Alors, s'il lui disait : — Qu'avez-vous?
— Chut ! répondait-elle.

A sept heures elle le quitta, revint promptement, mais habillée comme aurait pu l'être sa femme de chambre pour un voyage. Elle réclama le bras du vieillard, qu'elle voulut pour compagnon, se jeta dans une voiture de louage, et tous deux furent, vers les huit heures moins un quart, à la porte de M. de Montriveau.

Armand, lui, pendant ce temps, avait médité la lettre suivante :

« Mon ami, j'ai passé quelques moments chez vous, à votre insu; j'y ai repris mes lettres. Oh ! Armand, de vous à moi, ce ne peut être indifférence, et la haine procède autrement. Si vous m'aimez, cessez un jeu cruel, vous me tueriez. Plus tard, vous en seriez au désespoir, en apprenant combien vous êtes aimé. Si je vous ai malheureusement compris, si vous n'avez pour moi que de l'aversion, l'aversion comporte et mépris et dégoût. alors, tout espoir m'abandonne : les hommes ne reviennent pas de ces deux sentiments. Quelque terrible qu'elle puisse être, cette pensée apportera des consolations à ma longue douleur. Vous n'aurez pas de regrets un jour. Des regrets ! ah ! mon Armand, que je les ignore. Si je vous en causais un seul !... Non, je ne veux pas vous dire quels ravages il ferait en moi. Je vivrais et ne pourrais plus être votre femme. Après m'être entièrement donnée à vous en pensée, à qui donc me donner?... à Dieu. Oui, les yeux que vous avez aimés pendant un moment, ne verront plus aucun visage d'homme; et puisse la gloire de Dieu les fermer ! Je n'entendrai plus de voix humaine, après avoir entendu la vôtre, si douce d'abord, si terrible hier, car je suis toujours au lendemain de votre vengeance; puisse donc la parole de Dieu me consumer ! Entre sa colère et la vôtre, mon ami, il n'y aura pour moi que larmes et que prières. Vous vous demanderez peut-être pourquoi vous écrire ? Hélas ! ne m'en voulez pas de conserver une lueur d'espérance, de jeter encore un soupir sur la vie heureuse avant de la quitter pour un jamais. Je suis dans une horrible situation. J'ai toute la sérénité que communique à l'âme une grande résolution, et sens encore les derniers grondements de l'orage. Dans cette terrible aventure qui m'a tant attachée à vous, Armand, vous allez du désert à l'oasis, mené par un bon guide. Eh bien ! moi, je me traîne de l'oasis au désert, et vous m'ôtes un guide sans pitié. Néanmoins, vous seul, mon ami, pouvez comprendre la mélancolie des derniers regards que je jette au bonheur, et vous êtes le seul auquel je puisse me plaindre sans rougir. Si vous m'exaucez, je serai heureuse. si vous êtes inexorable, j'expierai mes torts. Enfin, n'est-il pas naturel à une femme de vouloir rester dans la mémoire de son aimé, revêtue de tous les sentiments nobles ? Oh ! seul cher à moi ! laissez votre créature s'ensevelir avec la croyance que vous la trouverez grande. Vos sévérités m'ont fait réfléchir; et depuis que je vous aime bien, je me suis trouvée moins coupable que vous ne le pensez. Écoutez donc ma justification, je vous la dois ; et vous, qui êtes tout pour moi dans le monde, vous me devez au moins un instant de justice.

« J'ai su, par mes propres douleurs, combien mes coquetteries vous ont fait souffrir ; mais alors, j'étais dans une complète ignorance de l'amour. Vous êtes, vous, dans le secret de ces tortures, et vous me les imposez. Pendant les huit premiers mois que vous m'avez accordés, vous ne vous êtes point fait aimer. Pourquoi, mon ami ? Je ne sais pas plus vous le dire que je ne puis vous expliquer pourquoi je vous aime. Ah ! certes, j'étais flattée de me voir l'objet de vos discours passionnés, de recevoir vos regards de feu ; mais vous me laissiez froide et sans désirs. Non, je n'étais point femme, je ne concevais ni le dévouement ni le bonheur de notre sexe. A qui la faute ? Ne m'auriez-vous pas méprisée, si je m'étais livrée sans entraînement ? Peut-être est-ce le sublime de notre sexe, de se donner sans recevoir aucun plaisir ; peut-être n'y a-t-il aucun mérite à s'abandonner à des jouissances connues et ardemment désirées ? Hélas ! mon ami, je puis vous le dire, ces pensées me sont venues quand j'étais si coquette pour vous ; mais je vous trouvais déjà si grand, que je ne vous aurais pas voulu petit. Peut-être par là ai-je deviné votre belle âme ? Quel mot viens-je d'écrire ? Ah ! j'ai repris chez vous toutes mes lettres, je les jette au feu ! Elles brûlent. Tu ne sauras jamais ce qu'elles accusaient d'amour, de passion, de folie... Je me tais, Armand, je m'arrête, je ne veux plus rien vous dire de mes sentiments. Si mes vœux n'ont pas été entendus d'âme à âme, je ne pourrais donc plus, moi aussi, moi la femme, ne devoir votre amour qu'à votre pitié. Je veux être irrésistiblement ou laissée impitoyablement. Si vous refusez de lire cette lettre, elle sera brûlée. Si, l'ayant lue, vous n'êtes pas trois heures après, pour toujours mon seul époux, je n'aurai point de honte à vous le savoir entre les mains ; la fierté de mon désespoir garantira ma mémoire de toute injure, et ma fin sera digne de mon amour. Vous-même, ne me rencontrant plus sur cette terre, quoique vivante, vous ne penserez pas sans frémir à une femme qui, dans trois heures, ne respirera plus que pour vous accabler de sa tendresse, à une femme consumée par un amour sans espoir, et fidèle, non pas à des plaisirs partagés, mais à des sentiments méconnus. La duchesse de la Vallière pleurait un bonheur perdu, sa puissance évanouie, tandis que la duchesse de Langeais sera heureuse de ses pleurs et restera pour vous un pouvoir.

Oui, vous me regretterez. Je sens bien que je n'étais pas de ce monde, et vous remercie de me l'avoir prouvé. Adieu, vous ne toucherez point à ma hache ; la vôtre était celle du bourreau, la mienne est celle de Dieu, la vôtre tue, et la mienne sauve. Votre amour était mortel, il ne savait supporter ni le dédain ni la raillerie, le mien peut tout endurer sans faiblir, il est immortellement vivace. Ah ! j'éprouve une joie sombre à vous écraser, vous qui vous croyez si grand, à vous humilier par le sourire calme et protecteur des anges faibles qui prennent, en se couchant aux pieds de Dieu, le droit et la force de veiller en son nom sur les hommes. Vous n'avez eu que de passagers désirs ; tandis que la pauvre religieuse vous éclairera sans cesse de ses ardentes prières, et vous couvrira toujours des ailes de l'amour divin. Je pressens votre réponse, Armand, et vous donne rendez-vous... dans le ciel. Ami, la force et la faiblesse y sont également admises, toutes deux sont des souffrances. Cette pensée apaise les agitations de ma dernière épreuve. Me voilà si calme, que je craindrais de ne plus t'aimer, si ce n'était pour toi que je quitte le monde.

« ANTOINETTE »

— Mon cher cousin, dit la duchesse en arrivant à la maison de Montriveau, faites-moi la grâce de demander à la porte s'il est chez lui.

Le commandeur, obéissant à la manière des hommes du dix-huitième siècle, descendit, et revint dire à sa cousine un oui qui lui donna le frisson. A ce mot, elle prit le commandeur, lui serra la main, se laissa baiser par lui sur les deux joues, et le pria de s'en aller sans l'espionner ni vouloir la protéger.

Mais les passants ? dit-il.

— Personne ne peut me manquer de respect, répondit-elle.

Ce fut le dernier mot de la femme à la mode et de la duchesse. Le commandeur s'en alla. Madame de Langeais resta sur le seuil de cette porte en s'enveloppant de son manteau, et attendit que huit heures sonnassent. L'heure expira. Cette malheureuse femme se donna dix minutes, un quart d'heure, enfin, elle voulut voir une nouvelle humiliation dans ce retard, et la foi l'abandonna. Elle ne put retenir cette exclamation : — O mon Dieu ! puis quitta ce funeste seuil. Ce fut le premier mot de la carmélite.

Montriveau avait une conférence avec quelques amis, il les pressa de finir, mais sa pendule retardait, et il ne sortit pour aller à l'hôtel de Langeais qu'au moment où la duchesse, emportée par une rage froide, fuyait à pied dans les rues de Paris. Elle pleura quand elle atteignit le boulevard d'Enfer. Là, pour la dernière fois, elle regarda Paris fumeux, bruyant, couvert de la rouge atmosphère produite par ses lumières ; puis elle monta dans une voiture de place, et sortit de cette ville pour n'y jamais rentrer. Quand le marquis de Montriveau vint à l'hôtel de Langeais, il n'y trouva point sa maîtresse, et se crut joué. Il courut alors chez le vidame, et y fut reçu au moment où le bonhomme passait sa robe de chambre en pensant au bonheur de sa jolie parente. Montriveau lui jeta ce regard terrible dont la commotion électrique frappait également les hommes et les femmes.

— Monsieur, vous seriez-vous prêté à quelque cruelle plaisanterie ? s'écria-t-il. Je viens de chez madame de Langeais, et ses gens la disent sortie.

— Il est sans doute arrivé, par votre faute, un grand malheur, répondit le vidame. J'ai laissé la duchesse à votre porte...

— A quelle heure ?

— A huit heures moins un quart.

— Je vous salue, dit Montriveau qui revint précipitamment chez lui pour demander à son portier s'il n'avait pas vu dans la soirée une dame à la porte.

— Oui, monsieur, une belle femme qui paraissait avoir bien du désagrément. Elle pleurait comme une Madeleine, sans faire de bruit, et se tenait droit comme un piquet. Enfin, elle a dit un : O mon Dieu ! en s'en allant, qui nous a, sous votre respect, crevé le cœur à mon épouse et à moi, qu'elle ne s'en est point aperçue.

Ce peu de mots fit pâlir cet homme si ferme, il écrivit quelques lignes à M. de Ronquerolles, chez lequel il envoya sur-le-champ, et remonta dans son appartement.

Vers minuit, le marquis de Ronquerolles arriva.

— Qu'as-tu, mon bon ami ? dit-il en voyant le général.

Armand lui donna la lettre de la duchesse à lire.

— Eh bien ? lui demanda Ronquerolles.

— Elle était à ma porte à huit heures. Et à huit heures un quart elle a disparu. Je l'ai perdue, et je l'aime ! Ah ! si ma vie m'appartenait, je me serais déjà fait sauter la cervelle !

— Bah ! bah ! dit Ronquerolles, calme-toi. Les duchesses ne s'envolent pas comme des bergeronnettes. Elle ne fera pas plus de trois lieues à l'heure ; demain, nous en ferons six, nous autres.

Ah peste ! reprit-il, madame de Langeais n'est pas une femme ordinaire. Nous serons tous à cheval demain. Dans la journée, nous saurons par la police où elle est allée. Il faut tout voir, ces anges-là n'ont pas d'ailes. Qu'elle soit en route ou cachée dans Paris, nous la trouverons. N'avons-nous pas le télégraphe pour l'arrêter sans la suivre ? Tu seras heureux. Mais, mon cher frère, tu as commis la faute dont sont plus ou moins coupables les hommes de ton énergie. Ils jugent les autres âmes d'après la leur, et ne savent pas où casse l'humanité quand ils en tendent les cordes. Que ne me disais-tu donc un mot tantôt? Je t'aurais dit : — Sois exact.

— A demain, donc, ajouta-t-il en serrant la main de Montriveau, qui restait muet. Dors, si tu peux.

Mais les plus immenses ressources dont jamais hommes d'État, souverains, ministres, banquiers, enfin dont tout pouvoir humain se soit socialement investi, furent en vain déployées. Ni Montriveau ni ses amis ne purent trouver la trace de la duchesse. Elle s'était évidemment cloîtrée. Montriveau résolut de fouiller ou de faire fouiller tous les couvents du monde. Il lui fallait la duchesse, quand même il en aurait coûté la vie à toute une ville. Pour rendre justice à cet homme extraordinaire, il est nécessaire de dire sa fureur passionnée se leva également ardente chaque jour, et dura cinq années. En 1829 seulement, le duc de Navarreins apprit, par hasard, que sa fille était partie pour l'Espagne, comme femme de chambre de lady Julia Hopwood, et qu'elle avait quitté cette dame à Cadix, sans que lady Julia se fût aperçue que mademoiselle Caroline était l'illustre duchesse dont la disparition occupait la haute société parisienne.

Les sentiments qui animèrent les deux amants quand ils se retrouvèrent à la grille des Carmélites et en présence d'une mère supérieure doivent être maintenant compris dans toute leur étendue, et leur violence, réveillée de part et d'autre, expliquera sans doute le dénoûment de cette aventure.

Donc, en 1823, le duc de Langeais mort, sa femme était libre. Antoinette de Navarreins vivait, consumée par l'amour, sur un banc de la Méditerranée ; mais le pape pouvait casser les vœux de la sœur Thérèse. Le bonheur acheté par tant d'amour pouvait éclore pour les deux amants. Ces pensées firent voler Montriveau de Cadix à Marseille, de Marseille à Paris. Quelques mois après son arrivée en France, un brick de commerce armé en guerre partit du port de Marseille et fit route pour l'Espagne. Ce bâtiment était frété par plusieurs hommes de distinction, presque tous Français qui, épris de belle passion pour l'Orient, voulaient en visiter les contrées. Les grandes connaissances de Montriveau sur les mœurs des pays en faisaient un précieux compagnon de voyage pour ces personnes, qui le prièrent d'être des leurs, et il y consentit. Le ministre de la guerre le nomma lieutenant-général et le mit au comité d'artillerie pour lui faciliter cette partie de plaisir.

Le brick s'arrêta, vingt-quatre heures après son départ, au nordouest d'une île ou il en vue des côtes d'Espagne. Le bâtiment avait été choisi assez fin de carène, assez léger de mâture pour qu'il pût sans danger s'ancrer à une demi-lieue environ des récifs qui, de ce côté, défendaient sûrement l'abordage de l'île. Si des barques ou des habitants apercevaient le brick dans ce mouillage, ils ne pouvaient d'abord en concevoir aucune inquiétude. Puis il fut facile d'en justifier aussitôt le stationnement. Avant d'arriver en vue de l'île, Montriveau fit arborer le pavillon des États-Unis. Les matelots engagés pour le service du bâtiment étaient américains et ne parlaient que la langue anglaise. L'un des compagnons de M. de Montriveau les embarqua tous sur une chaloupe et les amena dans une auberge de la petite ville, où il les maintint à leur bonheur d'ivresse qui ne leur laissa pas la langue libre. Puis il dit que le brick était monté par des chercheurs de trésors, gens connus aux États-Unis pour leur fanatisme, et dont un des écrivains de ce pays a écrit l'histoire. Ainsi la présence du vaisseau dans les récifs fut suffisamment expliquée. Les armateurs et les passagers y cherchaient, dit-il prétendu contre-maître du bâtiment, les débris d'un galion échoué en 1778 avec les trésors envoyés du Mexique. Les aubergistes et les autorités du pays n'en demandèrent pas davantage.

Armand et les amis dévoués qui le secondaient dans sa difficile entreprise pensèrent tout d'abord que ni la ruse ni la force ne pouvaient faire réussir la délivrance et l'enlèvement de la sœur Thérèse du côté de la petite ville. Alors, d'un commun accord, ces hommes d'audace résolurent d'attaquer le taureau par les cornes. Ils voulurent se frayer un chemin jusqu'au couvent par les lieux mêmes où tout accès y semblait impraticable, et de vaincre la nature, comme le général Lamarque l'avait vaincue à l'assaut de Caprée. En cette circonstance, les tables de granit taillées à pic, au bout de l'île, leur offraient moins de prise que celles de Caprée n'en avaient offert à Montriveau, qui fut de cette incroyable expédition, et les nonnes lui semblaient plus redoutables que ne le fut sir Hudson-Lowe. Enlever la duchesse avec fracas couvrait ces hommes de honte. Autant aurait valu faire le siège de la ville, du couvent, et ne pas laisser un seul témoin de leur victoire, à la manière des pirates. Pour eux cette entreprise n'avait donc que deux faces. Ou quelque incendie, quelque fait d'armes qui effrayât l'Europe en y laissant ignorer la raison du crime, ou quelque enlèvement aérien, mystérieux, qui persuadât aux nonnes que le diable leur avait rendu visite. Ce dernier parti triompha dans le conseil secret tenu à Paris avant le départ. Puis, tout avait été prévu pour le succès d'une entreprise qui offrait à ces hommes blasés des plaisirs de Paris un véritable amusement.

Une espèce de pirogue d'une excessive légèreté, fabriquée à Marseille d'après un modèle malais, permit de naviguer dans les récifs jusqu'à l'endroit où ils cessaient d'être praticables. Deux cordes en fil de fer, tendues parallèlement à une distance de quelques pieds sur des inclinaisons inverses, et sur lesquelles devaient glisser des paniers également en fil de fer, servirent de pont, comme en Chine, pour aller d'un rocher à l'autre. Les écueils furent ainsi unis les uns aux autres par un système de cordes et de paniers qui ressemblaient à ces fils sur lesquels voyagent certaines araignées, et par lesquels elles enveloppent un arbre, œuvre d'instinct que les Chinois, ce peuple essentiellement imitateur, a copiée le premier, historiquement parlant. Ni les lames ni les caprices de la mer ne pouvaient déranger ces fragiles constructions. Les cordes avaient assez de jeu pour offrir aux fureurs des vagues cette courbure étudiée par un ingénieur, feu Cachin, l'immortel créateur du port de Cherbourg, ligne savante au delà de laquelle cesse le pouvoir de l'eau courroucée ; courbe établie d'après une loi dérobée aux secrets de la nature par le génie de l'observation, qui est presque tout le génie humain.

Les compagnons de M. de Montriveau étaient seuls sur ce vaisseau. Les yeux de l'homme ne pouvaient arriver jusqu'à eux. Les meilleures longues-vues braquées du haut des tillacs par les marins des bâtiments n'eussent à leur passage laissé découvrir ni les cordes perdues dans les récifs ni les hommes cachés dans les rochers. Après onze jours de travaux préparatoires, ces treize démons humains arrivèrent au pied du promontoire élevé d'une trentaine de toises au-dessus de la mer, bloc aussi difficile à gravir par des hommes qu'il peut l'être à une souris de grimper sur les contours polis du ventre en porcelaine d'un vase uni. Cette table de granit était heureusement fendue. Sa fissure, dont les deux lèvres avaient la roideur de la ligne droite, permit d'y attacher, à un pied de distance, de gros coins de bois dans lesquels ces hardis travailleurs enfoncèrent des crampons de fer. Ces crampons, préparés à l'avance, étaient terminés par une palette trouée sur laquelle ils fixèrent une marche faite avec une planche de sapin extrêmement légère qui venait s'adapter aux entailles d'un mât aussi haut que le promontoire, et qui fut assujetti dans le roc au bas de la grève. Avec une habileté digne de ces hommes d'exécution, l'un d'eux, profond mathématicien, avait calculé l'angle nécessaire pour écarter graduellement les marches au haut et en bas du mât, de manière à placer dans son milieu le point à partir duquel les marches de la partie supérieure gagnaient en éventail le haut du rocher, figure également représentée, mais en sens inverse, par les marches d'en bas. Cet escalier, d'une légèreté miraculeuse et d'une solidité parfaite, coûta vingt-deux jours de travail. Un briquet phosphorique, une nuit et le ressac de la mer suffisaient à en faire disparaître éternellement les traces. Ainsi nulle indiscrétion n'était possible, et nulle recherche contre les violateurs du couvent ne pouvait avoir de succès.

Sur le haut du rocher se trouvait une plate-forme, bordée de tous côtés par le précipice taillé à pic. Les treize inconnus, en examinant le terrain avec leurs lunettes du haut de la hune, s'étaient assurés que, malgré quelques aspérités, ils pourraient facilement arriver aux jardins du couvent, dont les arbres suffisamment touffus offriraient de sûrs abris. Là, sans doute, ils devaient ultérieurement décider par quels moyens se consommerait le rapt de la religieuse. Après de si grands efforts, ils ne voulurent pas compromettre le succès de leur entreprise en risquant d'être aperçus, et furent obligés d'attendre que le dernier quartier de la lune expirât.

Montriveau resta, pendant deux nuits, enveloppé dans son manteau, couché sur le roc. Les chants du soir et ceux du matin lui causèrent d'inexprimables délices. Il alla jusqu'au mur, pour pouvoir entendre la musique des orgues, et s'efforça de distinguer une voix dans cette masse de voix. Mais, malgré le silence, l'espace ne laissait parvenir à ses oreilles que les effets confus de la musique. C'était de suaves harmonies où les défauts de l'exécution ne se faisaient plus sentir, et d'où la pure pensée de l'art se dégageait en se communiquant à l'âme, sans lui demander ni les efforts de l'attention ni les fatigues de l'entendement. Terribles souvenirs pour Armand, dont l'amour refleurissait tout entier dans cette brise de musique, où il voulut trouver d'aériennes promesses de bonheur. Le lendemain de la dernière nuit, il descendit avant le lever du soleil, après être resté durant plusieurs heures les yeux attachés sur la fenêtre d'une cellule sans grille. Les grilles n'étaient pas nécessaires au-dessus de ces abîmes. Il y avait vu de la lumière pendant toute la nuit. Par cet instinct du cœur, qui trompe aussi souvent qu'il dit vrai, lui avait crié : — Elle est là !

— Elle est certainement là, et demain je l'aurai, se dit-il en mêlant de joyeuses pensées aux tintements d'une cloche qui sonnait lentement. Étrange bizarrerie du cœur ! il aimait avec plus de passion la religieuse dépérie dans les élancements de l'amour, consumée par les larmes, les jeûnes, les veilles et la prière, la femme de vingt-neuf ans fortement éprouvée, qu'il n'avait aimé la jeune fille légère, la femme de vingt-quatre ans, la sylphide. Mais les hommes d'âme vigoureuse n'ont-ils pas un penchant vers ces sublimes expressions que de nobles malheurs ou d'impétueux mouvements de pensées ont gravées sur le visage d'une femme? La beauté d'une femme endolorie n'est-elle pas la plus attachante de toutes pour les hommes qui se sentent au cœur un trésor inépuisable de consolations et de tendresses à répandre sur une créature gracieuse de faiblesse et forte par le sentiment. La beauté fraîche, colorée, unie, le *joli* en un mot, est l'attrait vulgaire auquel se prend la médiocrité. Montriveau devait aimer ces visages où l'amour se réveille au milieu des plis de la douleur et des ruines de la mélancolie. Un amant ne fait-il pas alors saillir, à la voix de ses puissants désirs, un être tout nouveau, jeune, palpitant, qui brise pour lui seul une enveloppe belle pour lui, détruite pour le monde. Ne possède-t-il pas deux femmes : celle qui se présente aux autres pâle, décolorée, triste ; puis celle du cœur que personne ne voit, un ange qui comprend la vie par le sentiment, et ne paraît dans toute sa gloire que pour les solennités de l'amour? Avant de quitter son poste, le général entendit de faibles accords qui partaient de cette cellule, douces voix pleines de tendresse. En revenant sous le rocher au bas duquel se tenaient ses amis, il leur dit en quelques mots, empreints de cette passion communicative quoique discrète dont les hommes respectent toujours l'expression grandiose, que jamais, en sa vie, il n'avait éprouvé de si captivantes félicités.

Le lendemain soir, onze compagnons dévoués se hissèrent dans l'ombre en haut de ces rochers, ayant chacun sur eux un poignard, une provision de chocolat, et tous les instruments que comporte le métier des voleurs. Arrivés au mur d'enceinte, ils le franchirent au moyen d'échelles qu'ils avaient fabriquées, et se trouvèrent dans le cimetière du couvent. Montriveau reconnut la longue galerie voûtée par laquelle il était venu naguère au parloir, et les fenêtres de cette salle. Sur-le-champ, son plan fut fait et adopté. S'ouvrir un passage par la fenêtre de ce parloir qui en éclairait la partie affectée aux carmélites, pénétrer dans les corridors, voir si les noms étaient inscrits sur chaque cellule, aller à celle de la sœur Thérèse, y surprendre et bâillonner la religieuse pendant son sommeil, la lier et l'enlever, toutes ces parties du programme étaient faciles pour des hommes qui, à l'audace, à l'adresse des forçats, joignaient les connaissances particulières aux gens du monde, et auxquels il était indifférent de donner un coup de poignard pour acheter le silence.

La grille de la fenêtre fut sciée en deux heures. Trois hommes se mirent en faction au dehors, et deux autres restèrent dans le parloir. Le reste, pieds nus, se posta de distance en distance à travers le cloître ou s'engagea Montriveau, caché derrière un jeune homme, le plus adroit d'entre eux, Henri de Marsay, qui, par prudence, s'était vêtu d'un costume de carmélite absolument semblable à celui du couvent. L'horloge sonna trois heures quand la fausse religieuse et Montriveau parvinrent au dortoir. Ils eurent bientôt reconnu la situation des cellules. Puis, n'entendant aucun bruit, ils lurent, à l'aide d'une lanterne sourde, les noms heureusement écrits sur chaque porte, et accompagnés de ces devises mystiques, de ces portraits de saints ou de saintes

que chaque religieuse inscrit en forme d'épigraphe sur le nouveau rôle de sa vie, et où elle révèle sa dernière pensée. Arrivé à la cellule de la sœur Thérèse, Montriveau lut cette inscription : *Sub invocatione sanctæ matris Theresæ!* La devise était : *Adoremus in æternum.* Tout à coup son compagnon lui mit la main sur l'épaule, et lui fit voir une vive lueur qui éclairait les dalles du corridor par la fente de la porte. En ce moment, M. de Ronquerolles les rejoignit.

— Toutes les religieuses sont à l'église et commencent l'office des morts, dit-il.

— Je reste, répondit Montriveau ; repliez-vous dans le parloir, et fermez la porte de ce corridor.

Il entra vivement en se faisant précéder de la fausse religieuse, qui rabattit son voile. Ils virent alors, dans l'antichambre de la cellule, la duchesse morte, posée à terre sur la planche de son lit, et éclairée par deux cierges. Ni Montriveau ni de Marsay ne dirent une parole, ne jetèrent un cri ; mais ils se regardèrent. Puis le général fit un geste qui voulait dire : — Emportons-la.

— Sauvez-vous, cria Ronquerolles, la procession des religieuses se met en marche, vous allez être surpris.

Avec la rapidité magique que communique aux mouvements un extrême désir, la morte fut apportée dans le parloir, passée par la fenêtre et transportée au pied des murs, au moment où l'abbesse, suivie des religieuses, arrivait pour prendre le corps de la sœur Thérèse. La sœur chargée de garder la morte avait eu l'imprudence de fouiller dans sa chambre pour en connaître les secrets, et s'était si fort occupée à cette recherche qu'elle n'entendit rien et sortait alors épouvantée de ne plus trouver le corps. Avant que ces femmes stupéfiées n'eussent la pensée de faire des recherches, la duchesse avait été descendue par une corde en bas des rochers, et les compagnons de Montriveau avaient détruit toute trace de passage. A neuf heures du matin, nulle trace n'existait ni de l'escalier ni des ponts de cordes, le corps de la sœur Thérèse était à bord, le brick vint au port embarquer ses matelots, et disparut dans la journée. Montriveau resta seul dans sa cabine avec Antoinette de Navarreins, dont, pendant quelques heures, le visage resplendit complaisamment pour lui des sublimes beautés dues au calme particulier que prête la mort à nos dépouilles mortelles.

— Ah çà! dit Ronquerolles à Montriveau quand celui-ci reparut sur le tillac, c'était une femme, maintenant ce n'est rien. Attachons un boulet à chacun de ses pieds, jetons-la dans la mer, et n'y pense plus que comme nous pensons à un livre lu pendant notre enfance.

— Oui, dit Montriveau, car ce n'est plus qu'un poème.

— Te voilà sage. Désormais aie des passions, mais de l'amour, il faut savoir le bien placer, et il n'y a que le dernier amour d'une femme qui satisfasse le premier amour d'un homme.

Genève, au Pré-Lévêque, 26 janvier 1834.

III

LA FILLE AUX YEUX D'OR.

A EUGÈNE DELACROIX, PEINTRE.

Un des spectacles où se rencontre le plus d'épouvantement est certes l'aspect général de la population parisienne, peuple horrible à voir, have, jaune, tanné. Paris n'est-il pas un vaste champ incessamment remué par une tempête d'intérêts sous laquelle tourbillonne une moisson d'hommes que la mort fauche plus souvent qu'ailleurs et qui renaissent toujours aussi serrés, dont les visages contournés, tordus, rendent par tous les pores l'esprit, les désirs, les poisons dont sont engrossés leurs cerveaux; non pas des visages, mais bien des masques : masques de faiblesse, masques de force, masques de misère,

masques de joie, masques d'hypocrisie; tous exténués, tous empreints des signes ineffaçables d'une haletante avidité! Que veulent-ils? De l'or, ou du plaisir?

Quelques observations sur l'âme de Paris peuvent expliquer les causes de sa physionomie cadavéreuse, qui n'a que deux âges, ou la jeunesse ou la caducité : jeunesse blafarde et sans couleur, caducité fardée qui veut paraître jeune. En voyant ce peuple exhumé, les étrangers, qui ne sont pas tenus de réfléchir, éprouvent tout d'abord un mouvement de dégoût pour cette capitale, vaste atelier de jouissances, d'où bientôt eux-mêmes ils ne peuvent sortir, et restent à s'y déformer volontiers. Peu de mots suffiront pour justifier physiologiquement la teinte presque infernale des figures parisiennes, car ce n'est pas seulement par plaisanterie que Paris a été nommé un enfer. Tenez ce mot pour vrai. Là, tout fume, tout brûle, tout brille, tout bouillonne, tout flambe, s'évapore, s'éteint, se rallume, étincelle, pétille et se consume. Jamais vie en aucun pays ne fut plus ardente, ni plus cuisante. Cette nature sociale toujours en fusion semble se dire après chaque œuvre finie : — A une autre! comme se le dit la nature elle-même. Comme la nature, cette nature sociale s'occupe d'insectes, de fleurs d'un jour, de bagatelles, d'éphémères, et jette aussi feu et flamme par son éternel cratère. Peut-être avant d'analyser les causes qui font une physionomie spéciale à chaque tribu de cette nation intelligente et mouvante, doit-on signaler la cause générale qui en décolore, blêmit, bleuit et brunit plus ou moins les individus.

A force de s'intéresser à tout, le Parisien finit par ne s'intéresser à rien. Aucun sentiment ne dominant sur sa face usée par le frottement, elle devient grise comme le plâtre des maisons qui a reçu toute espèce de poussière et de fumée. En effet, indifférent la veille à ce dont il s'enivrera le lendemain, le Parisien vit en enfant, quel que soit son âge. Il murmure de tout, se console de tout, se moque de tout, oublie tout, veut tout, goûte à tout, prend tout avec passion, quitte tout avec insouciance : ses rois, ses conquêtes, sa gloire, son idole, qu'elle soit de bronze ou de verre, comme il jette ses bas, ses chapeaux, et sa fortune. A Paris, aucun sentiment ne résiste au jet des choses, et leur courant oblige à une lutte qui détend les passions : l'amour y est un désir, et la haine une velléité; il n'y a là de vrai parent que le billet de mille francs, d'autre ami que le mont-de-piété. Ce laisser-aller général porte ses fruits ; et, dans le salon comme dans la rue, personne n'y est de trop, personne n'y est absolument utile, ni absolument nuisible : les sots et les fripons, comme les gens d'esprit ou de probité. Tout y est toléré, le gouvernement et la guillotine, la religion et le choléra. Vous convenez toujours à ce monde, vous n'y manquez jamais. Qui donc domine en ce pays sans mœurs, sans croyance, sans aucun sentiment, mais d'où partent et où aboutissent tous les sentiments, toutes les croyances et toutes les mœurs? L'or et le plaisir. Prenez ces deux mots comme une lumière et parcourez cette grande cage de plâtre, cette ruche à ruisseaux noirs, et suivez-y les serpenteaux de cette pensée qui l'agite, la soulève, la travaille. Voyez. Examinez d'abord le monde qui n'a rien.

L'ouvrier, le prolétaire, l'homme qui remue ses pieds, ses mains, sa langue, son dos, son seul bras, ses cinq doigts pour vivre, eh bien ! celui-là qui, le premier, devrait économiser le principe de sa vie, il outre-passe ses forces, attelle sa femme à quelque machine, use son enfant et le cloue à un rouage. Le fabricant, le je ne sais quel fil secondaire dont le branle agite ce peuple qui, de ses mains sales, tourne et dore les porcelaines, coud les habits et les robes, amincit le fer, amenuise le bois, tisse l'acier, solidifie le chanvre et le fil, satine les bronzes, festonne le cristal, imite les fleurs, brode la laine, dresse les chevaux, tresse les harnais et les galons, découpe le cuivre, peint les voitures, arrondit les vieux ormeaux, vaporise le coton, souffle les tulles, corrode le diamant, polit les métaux, transforme en feuilles le marbre, lèche les cailloux, toilette la pensée, colore, blanchit et noircit tout, eh bien ! ce sous-chef est venu promettre à ce monde de sueur et de volonté, d'étude et de patience, un salaire excessif, soit au nom des caprices de la ville, soit à la voix du monstre nommé Spéculation. Alors ces quadrumanes se sont mis à veiller, pâtir, travailler, jurer, jeûner, marcher, tous se sont excédés pour gagner cet or qui les fascine. Puis, insouciants de l'avenir, avides de jouissances, comptant sur leurs bras comme le peintre sur sa palette, ils jettent, grands seigneurs d'un jour, leur argent le lundi dans les cabarets qui font une ceinture de boue à la ville, enceinte de la plus impudique des Vénus, incessamment pliée et dépliée, où se perd comme au jeu la fortune périodique de ce peuple, aussi féroce au plaisir qu'il est tranquille au travail. Pendant cinq jours donc, aucun repos pour cette partie agissante de Paris! Elle se livre à des mouvements qui la font se gauchir, se grossir, maigrir, pâlir, jaillir en mille jets de volonté créatrice. Puis son plaisir, son repos est une lassante débauche, brune de peau, noire de tapes, blême d'ivresse, ou jaune d'indigestion, qui ne dure que deux jours, mais qui vole le pain de l'avenir, la soupe de la semaine, les robes de la femme, les langes de l'enfant tous en haillons. Ces hommes, nés sans doute pour être beaux, car toute créature a sa beauté relative, se sont enrégimentés, dès l'enfance, sous le commandement de la force, sous le règne du marteau, des cisailles, de la filature, et se sont promptement vulcanisés. Vulcain, avec sa laideur et sa force, n'est-il pas l'emblème de cette laide et forte nation, sublime d'intelligence mécanique, patiente à ses heures, terrible un jour par siècle, inflammable comme la poudre, et préparée à l'incendie révolutionnaire par l'eau-de-vie, enfin assez spirituelle pour prendre feu sur un mot captieux qui signifie toujours pour elle : or et plaisir ! En comprenant tous ceux qui tendent la main pour une aumône, pour de légitimes salaires ou pour les cinq francs accordés à tous les genres de prostitution parisienne, enfin pour tout argent bien ou mal gagné, ce peuple compte trois cent

mille individus. Sans les cabarets, le gouvernement ne serait-il pas renversé tous les mardis ? Heureusement le mardi, ce peuple est engourdi, cuve son plaisir, n'a plus le sou, et retourne au travail, au pain sec, stimulé par un besoin de procréation matérielle qui, pour lui, devient une habitude. Néanmoins ce peuple a ses phénomènes de vertu, ses hommes complets, ses Napoléons inconnus, qui sont le type de ses forces portées à la plus haute expression, et résument sa portée sociale dans une existence où la pensée et le mouvement se combinent moins pour y jeter la joie que pour y régulariser l'action de la douleur.

Le hasard a fait un ouvrier économe, le hasard l'a gratifié d'une pensée, il a pu jeter les yeux sur l'avenir, il a rencontré une femme, il s'est trouvé père, et, après quelques années de privations dures, il entreprend un petit commerce de mercerie, loue une boutique. Si la maladie et le vice ne l'arrêtent pas en voie, s'il a prospéré, voici le croquis de cette vie normale.

Et, d'abord, saluez ce roi du mouvement parisien, qui s'est soumis le temps et l'espace. Oui, saluez cette créature composée de salpêtre et de gaz qui donne des enfants à la France pendant ses nuits laborieuses, et remultiplie pendant le jour son individu pour le service, la gloire et le plaisir de ses concitoyens. Cet homme résout le problème de suffire, à la fois, à une femme aimable, à son ménage, au Constitutionnel, à son bureau, à la garde nationale, à l'Opéra, à Dieu ; mais pour transformer en écus le Constitutionnel, le bureau, l'Opéra, la garde nationale, la femme et Dieu. Enfin, saluez un irréprochable cumulard. Levé tous les jours à cinq heures, il a franchi comme un oiseau l'espace qui sépare son domicile de la rue Montmartre. Qu'il vente ou tonne, pleuve ou neige, il est au Constitutionnel et y attend la charge de journaux dont il a soumissionné la distribution. Il reçoit ce pain politique avec avidité, le prend et le porte. A neuf heures, il est au sein de son ménage, débite un calembour à sa femme, lui dérobe un gros baiser, déguste une tasse de café ou gronde ses enfants. A dix heures moins un quart, il apparaît à la mairie. Là, posé sur un fauteuil, comme un perroquet sur son bâton, chauffé par la ville de Paris, il inscrit jusqu'à quatre heures, les faire donner une larme ou un sourire, les décès et les naissances de tout un arrondissement. Le bonheur, le malheur du quartier passent par le bec de sa plume, comme l'esprit du Constitutionnel voyageait naguère sur ses épaules. Rien ne lui pèse! Il va toujours droit devant lui, prend son patriotisme tout fait dans le journal, ne contredit personne, crie ou applaudit avec tout le monde, et vit en hirondelle. A deux pas de sa paroisse, il peut, en cas d'une cérémonie importante, laisser sa place à un surnuméraire, et aller chanter un requiem au lutrin de l'église, dont il est, le dimanche et les jours de fête, le plus bel ornement, la voix la plus imposante, où il tord avec énergie sa large bouche en faisant tonner un joyeux Amen. Il est chantre. Libéré à quatre heures de son service officiel, il apparaît pour répandre la joie et la gaieté au sein de la boutique la plus célèbre qui soit en la Cité. Heureuse est sa femme, il n'a pas le temps d'être jaloux ; il est plutôt homme d'action que de sentiment. Aussi, dès qu'il arrive, agace-t-il les demoiselles de comptoir, dont les yeux vifs attirent force chalands, se gaudit au sein des parures, des fichus, de la mousseline façonnée par ces habiles ouvrières, ou, plus souvent encore, avant de dîner, il sert une pratique, copie une page du journal ou porte chez l'huissier quelque effet en retard. A six heures, tous les deux jours, il est fidèle à son poste. Immovible basse-taille des chœurs, il se trouve à l'Opéra, prêt à devenir soldat, Arabe, prisonnier, sauvage, paysan, ombre, patte de chameau, lion, diable, génie, esclave, eunuque noir ou blanc, toujours expert à produire de la joie, de la douleur, de la pitié, de l'étonnement, à pousser d'invariables cris, à se taire, à chasser, à se battre, à représenter Rome ou l'Égypte, mais toujours, in petto, mercier. A minuit, il redevient bon mari, homme, tendre père, il se glisse dans le lit conjugal, l'imagination encore pleine des formes décevantes des nymphes de l'Opéra, et fait ainsi tourner au profit de l'amour conjugal les dépravations du monde et les voluptueux ronds de jambe de la Taglioni. Enfin, s'il dort, il dort vite, et dépêche son sommeil comme il a dépêché sa vie. N'est-ce pas le mouvement fait homme, l'espace incarné, le protée de la civilisation ? Cet homme résume tout : histoire, littérature, politique, gouvernement, religion, art militaire. N'est-ce pas une encyclopédie vivante, un atlas grotesque, sans cesse en marche comme Paris et qui jamais ne repose ? En lui tout est jambes. Aucune physionomie ne saurait se conserver pure en de tels travaux. Peut-être l'ouvrier qui meurt vieux à trente ans, l'estomac tanné par les doses progressives de son eau-de-vie, sera-t-il trouvé, au dire de quelques philosophes bien rentés, plus heureux que ne l'est le mercier. L'un périt d'un seul coup et l'autre en détail. De ses huit industries, de ses épaules, de son gosier, de ses mains, de sa femme et de son commerce, celui-ci retire, comme d'autant de fermes, des enfants, quelque mille francs et le plus laborieux bonheur qui ait jamais récréé cœur d'homme. Cette fortune et ces enfants, ou les enfants qui résument tout pour lui, deviennent la proie du monde supérieur, auquel il porte ses écus et sa fille, ou son fils élevé au collège, qui, plus instruit que ne l'est son père, jette plus haut ses regards ambitieux. Souvent le cadet d'un petit détaillant veut être quelque chose dans l'État.

Cette ambition introduit la pensée dans la seconde des sphères parisiennes. Montez donc un étage et allez à l'entresol ; ou descendez du grenier et restez au quatrième, enfin pénétrez dans le monde qui a quelque chose : là, même résultat. Les commerçants en gros et leurs garçons, les employés, les gens de la petite banque et de grande probité, les fripons, les âmes damnées, les premiers et les derniers commis, les clercs de l'huissier, de l'avoué, du notaire, enfin les membres agissants, pensants, spéculants de cette petite bourgeoisie qui triture les intérêts de Paris et veille à son grain, accapare les denrées, emmagasine les produits fabriqués par les prolétaires, ectaque les fruits du Midi, les poissons de l'Océan, les vins de toute côte aimée du soleil ; qui étend les mains sur l'Orient, y prend les châles dédaignés par les Turcs et les Russes, va récolter jusque dans les Indes, se couche pour attendre la vente, aspire après le bénéfice, escompte les effets, roule et encaisse toutes les valeurs, emballe en détail Paris tout entier, la voiture, guette les fantaisies de l'enfance, épie les caprices et les vices de l'âge mûr, en pressure les maladies ; eh bien ! sans boire de l'eau-de-vie comme l'ouvrier, ni sans aller se vautrer dans la fange des barrières, tous excèdent aussi leurs forces ; tendent outre mesure leur corps et leur moral, l'un par l'autre se dessèchent de désirs, s'abîment de courses précipitées. Chez eux, la torsion physique s'accomplit sous le fouet des intérêts, sous le fléau des ambitions qui tourmentent les mondes élevés de cette monstrueuse cité, comme celle des prolétaires s'est accomplie sous le cruel balancier des élaborations matérielles incessamment désirées par le despotisme du je le veux aristocrate. Là donc aussi, pour obéir à ce maître universel le plaisir ou l'or, il faut dévorer le temps. passer le temps, trouver plus de vingt-quatre heures dans le jour et la nuit, s'énerver, se tuer, vendre trente ans de vieillesse pour deux ans d'un repos maladif. Seulement, l'ouvrier meurt à l'hôpital, quand son dernier terme de rabougrissement s'est opéré, tandis que le petit bourgeois persiste à vivre et vit, mais crétinisé : vous le rencontrez la face usée, plate, vieille, sans lueur aux yeux, sans fermeté dans la jambe, se traînant d'un air hébété sur le boulevard, la ceinture de sa Vénus, de sa ville chérie. Que voulait le bourgeois ? le briquet du garde national, un immuable pot-au-feu, une place décente au Père-Lachaise, et pour sa vieillesse un peu d'or légitimement gagné. Son lundi, à lui, est le dimanche ; son repos est la promenade en voiture de remise, la partie de campagne, pendant laquelle femme et enfants avalent joyeusement de la poussière ou se rôtissent au soleil ; sa barrière est le restaurateur dont le vénéneux dîner a du renom, ou quelque bal de famille où l'on étouffe jusqu'à minuit. Certains niais s'étonnent de la Saint-Guy dont sont atteints les monades que le microscope fait apercevoir dans une goutte d'eau : mais que dirait le Gargantua de Rabelais, figure d'une sublime audace incomprise, que dirait ce géant, tombé des sphères célestes, s'il s'amusait à contempler le mouvement de cette seconde vie parisienne, dont voici l'une des formules ? Avez-vous vu ces petites baraques, froides en été, sans autre foyer qu'une chaufferette en hiver, placées sous la vaste calotte de cuivre qui coiffe la halle au blé ? Madame est la dès le matin, elle est factrice aux halles et gagne à ce métier douze mille francs par an, dit-on. Monsieur, quand madame se lève, passe dans un sombre cabinet, où il prête à la petite semaine, aux commerçants de son quartier. À neuf heures, il se trouve au bureau des passeports, dont il est un des sous-chefs. Le soir, il est à la caisse du Théâtre-Italien, ou de tout autre théâtre qu'il vous plaira choisir. Les enfants sont mis en nourrice, en reviennent pour aller au collège ou dans un pensionnat. Monsieur et madame demeurent à un troisième étage, n'ont qu'une cuisinière, donnent des bals dans un salon de douze pieds sur huit, et éclairé de deux quinquets ; mais ils donnent cent cinquante mille francs à leur fille, et se reposent à cinquante ans, âge auquel ils commencent à paraître aux troisièmes loges à l'Opéra, dans un fiacre à Longchamps, ou en toilette fanée, tous les jours de soleil, sur les boulevards, l'espalier de ces fructifications. Estimés dans le quartier, aimés du gouvernement, alliés à la haute bourgeoisie, Monsieur obtient à soixante-cinq ans la croix de la Légion d'honneur, et le père de son gendre, maire d'un arrondissement, l'invite à ses fêtes. Ces travaux de toute une vie profitent donc à deux enfants que cette petite bourgeoisie tend fatalement à élever jusqu'à la haute. Chaque sphère jette ainsi tout son frai dans la sphère supérieure. Le fils du riche épicier se fait notaire, le fils du marchand de bois devient magistrat. Pas une dent ne manque à mordre sa rainure, et tout stimule le mouvement ascensionnel de l'argent.

Nous voici donc amenés au troisième cercle de cet enfer, qui, peut-être un jour, aura son DANTE. Dans ce troisième cercle social, espèce de ventre parisien, où se digèrent les intérêts de la ville et où ils se condensent sous la forme dite affaires, se remue et s'agite, par un âcre et fielleux mouvement intestinal, la foule des avoués, médecins, notaires, avocats, gens d'affaires, banquiers, gros commerçants, spéculateurs, magistrats. Là, se rencontrent encore plus de causes pour la destruction physique et morale que partout ailleurs. Ces gens

vivent, presque tous, en d'infectes études, en des salles d'audience empestées, dans de petits cabinets grillés, passent le jour courbés sous le poids des affaires, se lèvent dès l'aurore pour être en mesure, pour ne pas se laisser dévaliser, pour tout gagner ou pour ne rien perdre, pour saisir un homme ou son argent, pour emmancher ou démancher une affaire, pour tirer parti d'une circonstance fugitive, pour faire pendre ou acquitter un homme. Ils réagissent sur les chevaux, ils les crèvent, les surmènent, leur vieillissent, aussi à eux, les jambes avant le temps. Le temps est leur tyran, il leur manque, il leur échappe ; ils ne peuvent ni l'étendre, ni le resserrer. Quelle âme peut rester grande, pure, morale, généreuse, et conséquemment quelle figure demeure belle dans le dépravant exercice d'un métier qui force à supporter le poids des misères publiques, à les analyser, les peser, les estimer, les mettre en coupe réglée ? Ces gens-là déposent leur cœur, où ?... je ne sais ; mais ils le laissent quelque part, quand ils en ont un, avant de descendre tous les matins au fond des peines qui poignent les familles. Pour eux, point de mystères, ils voient l'envers de la société, dont ils sont les confesseurs, et la méprisent. Or, quoi qu'ils fassent, à force de se mesurer avec la corruption, ils en ont horreur et s'attristent ; ou par lassitude, par transaction secrète, ils l'épousent ; enfin, nécessairement, ils se blasent sur tous les sentiments, eux que les lois, les hommes, les institutions, font voler comme des choucas sur les cadavres encore chauds. À toute heure, l'homme d'argent pèse les vivants, l'homme des contrats pèse les morts, l'homme de loi pèse la conscience. Obligés de parler sans cesse, tous remplacent l'idée par la parole, le sentiment par la phrase, et leur âme devient un larynx. Ils s'usent et se démoralisent. Ni le grand négociant, ni le juge, ni l'avocat, ne conservent leur sens droit : ils ne sentent plus, ils appliquent les règles que faussent les espèces. Emportés par leur existence torrentueuse, ils ne sont ni époux, ni pères, ni amants ; ils glissent à la ramasse sur les choses de la vie, et vivent à toute heure, poussés par les affaires de la grande cité. Quand ils rentrent chez eux, ils sont requis d'aller au bal à l'Opéra, dans les fêtes, où ils vont se faire des clients, des connaissances, des protecteurs. Tous mangent démesurément, jouent, veillent, et leurs figures s'arrondissent, s'aplatissent, se rougissent. À de si terribles dépenses de forces intellectuelles, à des contractions morales si multipliées, ils opposent non pas le plaisir, il est trop pâle et ne produit aucun contraste, mais la débauche, débauche secrète, effrayante, car ils peuvent disposer de tout, et font la morale de la société. Leur stupidité réelle se cache sous une science spéciale. Ils savent leur métier, mais ils ignorent tout ce qui n'en est pas. Alors, pour sauver leur amour-propre, ils mettent tout en question, critiquent à tort et à travers, paraissent douteurs et sont gobe-mouches en réalité, noient leur esprit dans leurs interminables discussions. Presque tous adoptent commodément les préjugés sociaux, littéraires ou politiques pour se dispenser d'avoir une opinion, de même qu'ils mettent leurs consciences à l'abri du Code, ou du tribunal de commerce. Partis de bonne heure pour être des hommes remarquables, ils deviennent médiocres, et rampent sur les sommités du monde. Aussi leurs figures offrent-elles cette pâleur aigre, ces colorations fausses, ces yeux ternis, cernés, ces bouches bavardes et sensuelles où l'observateur reconnaît les symptômes de l'abâtardissement de la pensée et sa rotation dans le cirque d'une spécialité qui tue les facultés génératrices du cerveau, le don de voir en grand, de généraliser et de déduire. Ils se ratatinent presque tous dans la fournaise des affaires. Aussi jamais un homme qui s'est laissé prendre dans les conquassations ou dans l'engrenage de ces immenses machines ne peut-il devenir grand. S'il est médecin, ou il a peu fait la médecine, ou il est une exception, un Bichat qui meurt jeune. Si grand négociant il reste quelque chose, il est presque Jacques Cœur. Robespierre exerça-t-il ? Danton était un paresseux qui attendait. Mais qui d'ailleurs a jamais envie les figures de Danton et de Robespierre, quelque superbes qu'elles fussent être ? Ces affairés par excellence attirent à eux l'argent et l'entassent pour s'allier aux familles aristocratiques. Si l'ambition de l'ouvrier est celle du petit bourgeois, ici, mêmes passions encore. À Paris, la vanité résume toutes les passions. Le type de cette classe serait soit le bourgeois ambitieux, qui, après une vie d'angoisses et de manœuvres continuelles, passe au conseil d'État comme une fourmi passe par une fente ; soit quelque rédacteur du journal, roué d'intrigues, que le roi fait pair de France, peut-être pour se venger de la noblesse ; soit quelque notaire devenu maire de son arrondissement, tous gens laminés par les affaires et qui, s'ils arrivent à leur but, y arrivent tués. En France, l'usage est d'introniser la perruque. Napoléon, Louis XIV, les grands rois seuls ont toujours voulu des jeunes gens pour mener leurs desseins.

Au-dessus de cette sphère vit le monde artiste. Mais là encore les visages marqués du sceau de l'originalité sont noblement brisés, mais brisés, fatigués, sinueux. Excédés par un besoin de produire, dépassés par leurs coûteuses fantaisies, lassés par un génie dévorant, affamés de plaisir, les artistes de Paris veulent tous regagner par d'excessifs travaux les lacunes laissées par la paresse, et cherchent vainement à concilier le monde et la gloire, l'argent et l'art. En commençant, l'artiste est sans cesse haletant sous le créancier ; ses besoins enfantent les dettes, et ses dettes lui demandent ses nuits. Après le travail, le plaisir. Le comédien joue jusqu'à minuit, étudie le matin, répète à midi, le sculpteur plie sous sa statue; le journaliste est une pensée en marche comme le soldat en guerre; le peintre en vogue est accablé d'ouvrage, le peintre sans occupation se ronge les entrailles s'il se sent homme de génie. La concurrence, les rivalités, les calomnies, assassinent ces talents. Les uns, désespérés, roulent dans les abîmes du vice; les autres meurent jeunes et ignorés pour s'être escompté trop tôt leur avenir. Peu de ces figures, primitivement sublimes, restent belles. D'ailleurs la beauté flamboyante de leurs têtes demeure incomprise. Un visage d'artiste est toujours exorbitant, il se trouve toujours en dessus ou en dessous des lignes convenues pour ce que les imbéciles nomment le beau idéal. Quelle puissance les détruit? la passion. Toute passion à Paris se résout par deux termes: or et plaisir.

Maintenant, ne respirez-vous pas! ne sentez-vous pas l'air et l'espace purifiés? Ici ni travaux ni peines. La tournoyante volute de l'or a gagné les sommités. Du fond des soupiraux où commencent ses ri goles, du fond des boutiques où l'arrêtent de chétifs bataudeaux, du sein des comptoirs et des grandes officines où il se laisse mettre en barres, l'or, sous forme de dots ou de successions, amené par la main des jeunes filles ou par les mains osseuses du vieillard, jaillit vers la gent aristocratique où il va reluire, s'étaler, ruisseler. Mais, avant de quitter les quatre terrains sur lesquels s'appuie la haute propriété parisienne, ne faut-il pas, après les causes morales dites, déduire les causes physiques, et faire observer une peste, pour ainsi dire sous-jacente, qui constamment agit sur les visages du portier, du boutiquier, de l'ouvrier; signaler une délétère influence dont la corruption égale celle des administrateurs parisiens qui la laissent complaisamment subsister! Si l'air des maisons où vivent la plupart des bourgeois est infect, si l'atmosphère des rues crache des miasmes cruels où des arrière-boutiques où l'air se raréfie rende cette pestilence, la quarante mille maisons de cette grande ville baignent leurs pieds dans les immondices que le pouvoir n'a pas encore voulu sérieusement enceindre de murs en béton qui pussent empêcher la plus fétide boue de filtrer à travers le sol, d'y empoisonner les puits, et de continuer souterrainement à Lutèce son nom célèbre. La moitié de Paris couche dans les exhalaisons putrides des cours, des rues et des basses œuvres. Mais abordons les grands salons aérés et dorés, les hôtels à jardins, le monde riche, oisif, heureux, renté. Les figures y sont étiolées et rongées par la vanité. Là rien de réel. Chercher le plaisir, n'est-ce pas trouver l'ennui? Les gens du monde ont de bonne heure fourbu leur nature. N'étant occupés qu'à se fabriquer de la joie, ils ont promptement abusé de leurs sens, comme l'ouvrier abuse de l'eau-de-vie. Le plaisir est comme certaines substances médicales: pour obtenir constamment les mêmes effets, il faut doubler les do ses, et la mort ou l'abrutissement est contenu dans la dernière. Toutes les classes inférieures sont tapies devant les riches et en guettent les goûts pour en faire des vices et les exploiter. Comment résister aux habiles séductions qui se tramen en ce pays? Aussi Paris a-t-il ses thériakis, pour qui le jeu, la gastrolatrie ou la courtisane sont un opium. Aussi voyez-vous de bonne heure à ces gens-là des goûts et non des passions, des fantaisies romanesques et des amours filasses. Là règne l'impuissance; là plus d'idées, elles ont passé comme l'énergie dans les singeries du boudoir et dans les singeries féminines. Il y a des blancs-becs de quarante ans, de vieux docteurs de seize ans. Les riches rencontrent à Paris de l'esprit tout fait, la science toute mâchée, des opinions toutes formulées qui les dispensent d'avoir esprit, science ou opinion. Dans ce monde, la déraison est égale à la faiblesse et au libertinage. On y est avare de temps à force de perdre. N'y cherchez pas plus d'affections que d'idées. Les embrassades couvrent une profonde indifférence, et la politesse un mépris continuel. On n'y aime jamais autrui. Des saillies sans profondeur, beaucoup d'indiscrétions, des commérages, par-dessus tout des lieux communs, tel est le fond de leur langage, mais ces malheureux heureux prétendent qu'ils ne se rassemblent pas pour dire et faire des maximes à la façon de la Rochefoucauld; comme s'il n'existait pas un milieu trouvé par le dix-huitième siècle, entre le trop-plein et le vide absolu. Si quelques hommes valides osent avoir une vie fine et légère, elle est incomprise, bientôt fatigués de donner sans recevoir, ils restent chez eux et laissent régner les sots sur leur terrain. Cette vie creuse, cette attente continuelle d'un plaisir qui n'arrive jamais, cet ennui permanent, cette inanité d'esprit, de cœur et de cervelle, cette lassitude du grand raoût parisien se reproduisent sur les traits, et confectionnent ces visages de carton, ces rides prématurées, cette physionomie des riches où grimace l'impuissance, où se reflète l'or, et d'où l'intelligence a fui.

Cette vue du Paris moral prouve que le Paris physique ne saurait être autrement qu'il n'est. Cette ville à diadème est une reine qui, toujours grosse, a des envies irrésistiblement furieuses. Paris est la tête du globe, un cerveau qui crève de génie et conduit la civilisation humaine, un grand homme, un artiste incessamment créateur, un politique à seconde vue qui doit nécessairement avoir les rides du cerveau, les vices du grand homme, les fantaisies de l'artiste et les

blasements du politique. Sa physionomie sous-entend la germination du bien et du mal, le combat et la victoire; la bataille morale de 89, dont les trompettes retentissent encore dans tous les coins du monde, et aussi l'abattement de 1814. Cette ville ne peut donc pas être plus morale, ni plus cordiale, ni plus propre que ne l'est la chaudière motrice de ces magnifiques pyroscaphes que vous admirez fendant les ondes! Paris n'est-il pas un sublime vaisseau chargé d'intelligence? Oui, ses armes sont un de ces oracles que se permet quelquefois la fatalité. La VILLE DE PARIS a son grand mât tout de bronze, sculpté de victoires, et pour vigie Napoléon. Cette nauf a bien son tangage et son roulis, mais elle sillonne le monde, y fait feu par les cent bouches de ses tribunes, laboure les mers scientifiques, y vogue à pleines voiles, crie du haut de ses huniers par la voix de ses savants et de ses artistes: — « En avant, marchez! suivez-moi! » Elle porte un équipage immense qui se plaît à la pavoiser de nouvelles banderoles. Ce sont mousses et gamins riant dans les cordages; lest de lourde bourgeoisie; ouvriers et matelots goudronnés; dans ses cabines, les heureux passagers; d'élégants midshipmen fument leurs cigares, penchés sur le bastingage; puis, sur le tillac, ses soldats, novateurs ou ambitieux, vont aborder à tous les rivages, et, tout en y répandant de vives lueurs, demandant de la gloire, qui est un plaisir, ou des amours qui veulent de l'or.

Donc le mouvement exorbitant des prolétaires, donc la dépravation d'intérêts qui broient les deux bourgeoisies, donc les cruautés de la pensée artiste, et les excès du plaisir incessamment cherché par les grands, expliquent la laideur normale de la physionomie parisienne. En Orient seulement, la race humaine offre un buste magnifique; mais il est un effet du calme constant affecté par ces profonds philosophes à longue pipe, à petites jambes, à torses carrés, qui méprisent le mouvement et l'ont en horreur, tandis qu'à Paris, petits, moyens et grands courent, sautent et cabriolent, fouettés par une impitoyable déesse, la nécessité: nécessité d'argent, de gloire ou d'amusement. Aussi quelque visage frais, reposé, gracieux, vraiment jeune, y est-il le plus extraordinaire des exceptions: il s'y rencontre rarement. Si vous en voyez un, assurément il appartient à un ecclésiastique jeune et fervent, ou à quelque bon abbé quadragénaire, à triple menton; à une jeune personne de mœurs pures, comme il s'en élève dans certaines familles bourgeoises; à une mère de vingt ans, encore pleine d'illusions et qui allaite son premier né; à un jeune homme frais débarqué de province, et confié à une douairière dévote qui le laisse sans un sou; ou peut-être à quelque garçon de boutique, qui se couche à minuit, bien fatigué d'avoir plié ou déplié du calicot, et qui se lève à sept heures pour arranger l'étalage; ou souvent à un homme de science ou de génie qui vit monastiquement en bonne fortune avec une belle idée, qui demeure sobre, patient et chaste; ou à quelque sot, content de lui-même, se nourrissant de bêtise, crevant de santé, toujours occupé de se sourire à lui-même; ou à l'heureuse et molle espèce de flâneurs, les seuls gens réellement heureux à Paris, et qui en dégustent à chaque heure les mouvantes poésies. Néanmoins, il est à Paris une portion d'êtres privilégiés auxquels profite ce mouvement excessif des fabrications, des intérêts, des affaires, des arts et de l'or. Ces êtres sont les femmes. Quoiqu'elles aient aussi mille causes secrètes qui là, plus qu'ailleurs, détruisent leur physionomie, il se rencontre, dans le monde féminin, de petites peuplades heureuses qui vivent à l'orientale, et peuvent conserver leur beauté; mais ces femmes se montrent rarement à pied dans les rues, elles demeurent cachées, comme des plantes rares qui ne déploient leurs pétales qu'à certaines heures, et qui constituent de véritables exceptions exotiques. Cependant Paris est essentiellement aussi le pays des contrastes. Si les sentiments vrais y sont rares, il se rencontre aussi, là comme ailleurs, de nobles amitiés, des dévouements sans bornes. Sur ce champ de bataille des intérêts et des passions, de même qu'au milieu de ces sociétés en marche où triomphe l'égoïsme, où chacun est obligé de se défendre lui seul, et que nous appelons les armées, il semble que les sentiments se plaisent à être complets quand ils se montrent, et sont sublimes par juxtaposition. Ainsi des figures. A Paris, parfois, dans la haute aristocratie, se voient clair-semés quelques ravissants visages de jeunes gens, fruits d'une éducation et de mœurs tout exceptionnelles. A la juvénile beauté du sang anglais ils unissent la fermeté des traits méridionaux, l'esprit français, la pureté de la forme. Le feu de leurs yeux, un délicieux rouge de lèvres, le noir lustré de leur chevelure fine, un teint blanc, une coupe de visage distinguée, les rendent de belles fleurs humaines, magnifiques à voir sur la masse des autres physionomies, ternies, vieillottes, crochues, grimaçantes. Aussi, les femmes admirent-elles aussitôt ces jeunes gens avec ce plaisir avide que prennent les hommes à regarder une jolie personne, décente, gracieuse, décorée de toutes les virginités dont notre imagination se plaît à embellir la fille parfaite. Si ce coup d'œil rapidement jeté sur la population de Paris a fait concevoir la rareté d'une figure raphaélesque, et l'admiration passionnée qu'elle y doit inspirer à première vue, le principal intérêt de notre histoire se trouvera justifié. *Quod erat demonstrandum*, ce qui était à démontrer, s'il est permis d'appliquer les formules de la scolastique à la science des mœurs.

Or, par une de ces belles matinées de printemps, où les feuilles ne sont pas vertes encore, quoique dépliées ; où le soleil commence à faire flamber les toits et où le ciel est bleu ; où la population parisienne sort de ses alvéoles, vient bourdonner sur les boulevards, coule, comme un serpent aux mille couleurs, par la rue de la Paix vers les Tuileries, en saluant les pompes de l'hyménée que recommence la campagne ; dans une de ces joyeuses journées donc, un jeune homme, beau comme était le jour de ce jour-là, mis avec goût, aisé dans ses manières (disons le secret), un enfant de l'amour, le fils naturel de lord Dudley et de la célèbre marquise de Vordac, se promenait dans la grande allée des Tuileries. Cet Adonis, nommé Henri de Marsay, naquit en France, où lord Dudley vint marier la jeune personne, déjà mère d'Henri, à un vieux gentilhomme appelé M. de Marsay. Ce papillon déteint et presque éteint reconnut l'enfant pour sien, moyennant l'usufruit d'une rente de cent mille francs définitivement attribuée à son fils putatif : folie qui ne coûta pas fort cher à lord Dudley : les rentes françaises valaient alors dix - sept francs cinquante centimes. Le vieux gentilhomme mourut sans avoir connu sa femme. Madame de Marsay épousa depuis le marquis de Vordac ; mais, avant de devenir marquise, elle s'inquiéta peu de son enfant et de lord Dudley. D'abord, la guerre déclarée entre la France et l'Angleterre avait séparé les deux amants, et la fidélité *quand même* n'était pas et ne sera guère de mode à Paris. Puis les succès de la femme élégante, jolie, universellement adorée, étourdirent dans la Parisienne le sentiment maternel. Lord Dudley ne fut pas plus soigneux de sa progéniture que ne l'était la mère. La prompte infidélité d'une jeune fille ardemment aimée lui donna peut - être une sorte d'aversion pour tout ce qui venait d'elle. D'ailleurs, peut-être aussi, les pères n'aiment-ils que les enfants avec lesquels ils ont fait une ample connaissance ; croyance sociale de la plus haute importance pour le repos des familles, et que doivent entretenir tous les célibataires, en prouvant que la paternité est un sentiment élevé en serre - chaude par la femme, par les mœurs et les lois.

Le pauvre Henri de Marsay ne rencontra de père que dans celui des deux qui n'était pas obligé de l'être. La paternité de M. de Marsay fut naturellement très-incomplète. Les enfants n'ont, dans l'ordre naturel, de père que pendant peu de moments ; et le gentilhomme imita la nature. Le bonhomme n'eût pas vendu son nom, s'il n'avait point eu de vices. Alors il mangea sans remords dans les tripots, et but ailleurs le peu de semestres que payait aux rentiers le trésor national. Puis il livra l'enfant à une vieille sœur, une demoiselle de Marsay, qui en eut grand soin, et lui donna, sur la maigre pension allouée par son frère, un précepteur, un abbé sans sou ni maille, qui toisa l'avenir du jeune homme et résolut de se payer, sur les cent mille livres de rente, des soins donnés à son pupille, qu'il prit en affection. Ce précepteur se trouvait par hasard être un vrai prêtre, un de ces ecclésiastiques taillés pour devenir cardinaux en France ou Borgia sous la tiare. Il apprit en trois ans à l'enfant ce qu'on lui

eût appris en dix ans au collège. Puis ce grand homme, nommé l'abbé de Maronis, acheva l'éducation de son élève en lui faisant étudier la civilisation sous toutes ses faces : il le nourrit de son expérience, le traîna fort peu dans les églises, alors fermées ; le promena quelquefois dans les coulisses, plus souvent chez les courtisanes ; il lui démonta les sentiments humains pièce à pièce ; lui enseigna la politique au cœur des salons où elle se rôtissait alors ; il lui numérota les machines du gouvernement, et tenta, par amitié pour une belle nature délaissée, mais riche en espérance, de remplacer virilement la mère : l'Église n'est-elle pas la mère des orphelins ? L'élève répondit à tant de soins. Ce digne homme mourut évêque en 1812, avec la satisfaction d'avoir laissé sous le ciel un enfant dont le cœur et l'esprit étaient, à seize ans, si bien façonnés, qu'il pouvait jouer sous jambe un homme de quarante. Qui se serait attendu à rencontrer un cœur de bronze, une cervelle alcoolisée, sous les dehors les plus séduisants que les vieux peintres, ces artistes naïfs, aient donné au serpent dans le paradis terrestre ? Ce n'est rien encore. De plus, le bon diable violet avait fait faire à son enfant de prédilection certaines connaissances dans la haute société de Paris qui pouvaient équivaloir comme produit, entre les mains du jeune homme, à cent autres mille livres de rente. Enfin, ce prêtre, vicieux mais politique, incrédule mais savant, perfide mais aimable, faible en apparence, mais aussi vigoureux de tête que de corps, fut si réellement utile à son élève, si complaisant à ses vices, si bon calculateur de toute espèce de force, si profond quand il fallait faire quelque décompte humain, si jeune à table, à Frascati, à... je ne sais où, que le reconnaissant Henri de Marsay ne s'attendrissait plus guère, en 1814, qu'en voyant le portrait de son cher évêque, seule chose mobilière qu'il ait pu lui léguer ce prélat, admirable type des hommes dont le génie sauvera l'Église catholique, apostolique et romaine, compromise en ce moment par la faiblesse de ses recrues et par la vieillesse de ses pontifes ; mais si veut l'Église. La guerre continentale empêcha le jeune de Marsay de connaître son vrai père, dont il

L'abbé de Maronis et Henri de Marsay, son jeune élève.

est douteux qu'il sût le nom. Enfant abandonné, il ne connut pas davantage madame de Marsay. Naturellement il regretta fort peu son père putatif. Quant à mademoiselle de Marsay, sa seule mère, il lui fit élever dans le cimetière du Père-Lachaise, lorsqu'elle mourut, un fort joli petit tombeau. Monseigneur de Maronis avait garanti à ce vieux bonnet à coques l'une des meilleures places dans le ciel, en sorte que, la voyant heureuse de mourir, Henri lui donna des larmes égoïstes, il se mit à la pleurer pour lui-même. Voyant cette douleur, l'abbé sécha les larmes de son élève, en lui faisant observer que la bonne fille prenait bien dégoûtamment son tabac, et devenait si laide, si sourde, si ennuyeuse, qu'il devait lui être reconnaissant de sa mort. L'évêque avait fait émanciper son élève en 1811. Puis, quand la mère de M. de Marsay se remaria, le prêtre choisit, dans un conseil de famille, un de ces honnêtes acéphales triés par lui sur le volet du confessionnal, et le chargea d'administrer la fortune dont il appliquait bien les revenus au besoin de la communauté, mais dont il voulait conserver le capital.

Vers la fin de 1814, Henri de Marsay n'avait donc sur terre aucun sentiment obligatoire et se trouvait libre autant que l'oiseau sans campagne. Quoiqu'il eût vingt-deux ans accomplis, il paraissait en avoir à peine dix-sept. Généralement, les plus difficiles de ses rivaux le regardaient comme le plus joli garçon de Paris. De son père, lord Dudley, il avait pris les yeux bleus les plus amoureusement décevants ; de sa mère, les cheveux noirs les plus touffus ; de tous deux, un sang pur, une peau de jeune fille, un air doux et modeste, une taille fine et aristocratique, de fort belles mains. Pour une femme, le voir, c'était en être folle ; vous savez ? concevoir un de ces désirs qui mordent le cœur, mais qui s'oublient par impossibilité de le satisfaire, parce que la femme est vulgairement à Paris sans ténacité. Peu d'entre elles se disent, à la manière des hommes, le : JE MAINTIENDRAI de la maison d'Orange. Sous cette fraîcheur de vie, et malgré l'eau limpide de ses yeux, Henri avait un courage de lion, une adresse de singe. Il coupait une balle à dix pas dans la lame d'un couteau ; montait à cheval de manière à réaliser la fable du centaure ; conduisait avec grâce une voiture à grandes guides ; était leste comme Chérubin et tranquille comme un mouton ; mais il savait battre un homme du faubourg au terrible jeu de la savate ou du bâton ; puis il touchait du piano de manière à pouvoir se faire artiste s'il tombait dans le malheur, et possédait une voix qui lui aurait valu de Barbaja cinquante mille francs par saison. Hélas ! toutes ces belles qualités, ces jolis défauts, étaient ternis par un épouvantable vice : il ne croyait ni aux hommes ni aux femmes, ni à Dieu ni au diable. La capricieuse nature avait commencé à le douer ; un prêtre l'avait achevé.

Pour rendre cette aventure compréhensible, il est nécessaire d'ajouter ici que lord Dudley trouva naturellement beaucoup de femmes disposées à tirer quelques exemplaires d'un si délicieux portrait. Son second chef-d'œuvre en ce genre fut une jeune fille nommée Euphémie, née d'une dame espagnole, élevée à la Havane, ramenée à Madrid avec une jeune créole des Antilles, avec les goûts ruineux des colonies ; mais heureusement mariée à un vieux et puissamment riche seigneur espagnol, don Hijos, marquis de San-Réal, qui, depuis l'occupation de l'Espagne par les troupes françaises, était venu habiter Paris, et demeurait rue Saint-Lazare. Autant par insouciance que par respect pour l'innocence du jeune âge, lord Dudley ne donna point avis à ses enfants des parentés qu'il leur créait partout. Ceci est un léger inconvénient de la civilisation, elle a tant d'avantages, il faut lui passer ses malheurs en faveur de ses bienfaits. Lord Dudley, pour n'en plus parler, vint, en 1816, se réfugier à Paris, afin d'éviter les poursuites de la justice anglaise qui, de l'Orient, ne protège que la marchandise. Le lord voyageur demanda quel était ce beau jeune homme en le voyant Henri. Puis, en l'entendant nommer : — Ah ! c'est mon fils. Quel malheur ! dit-il.

Telle était l'histoire du jeune homme qui, vers le milieu du mois

d'avril, en 1815, parcourait nonchalamment la grande allée des Tuileries, à la manière de tous les animaux qui, connaissant leurs forces, marchent dans leur paix et leur majesté ; les bourgeoises se retournaient tout naïvement pour le revoir, les femmes ne se retournaient point, elles l'attendaient au retour, et gravaient dans leur mémoire, pour s'en souvenir à propos, cette suave figure qui n'eût pas déparé le corps de la plus belle d'entre elles.

— Que fais-tu donc ici le dimanche ? dit à Henri le marquis de Ronquerolles en passant.

— Il y a du poisson dans la nasse, répondit le jeune homme.

Cet échange de pensées se fit au moyen de deux regards significatifs et sans que ni Ronquerolles ni de Marsay eussent l'air de se connaître. Le jeune homme examinait les promeneurs avec cette promptitude de coup d'œil et d'ouïe particulière au Parisien qui paraît, au premier aspect, ne rien voir et ne rien entendre, mais qui voit et entend tout. En ce moment, un jeune homme vint à lui, lui prit familièrement le bras, en lui disant : — Comment cela va-t-il, mon bon de Marsay ?

— Mais très-bien, lui répondit de Marsay de cet air affectueux en apparence, mais qui, entre les jeunes gens parisiens, ne prouve rien, ni pour le présent ni pour l'avenir.

En effet, les jeunes gens de Paris ne ressemblent aux jeunes gens d'aucune autre ville. Ils se divisent en deux classes : le jeune homme qui a quelque chose, et le jeune homme qui n'a rien ; ou le jeune homme qui pense et celui qui dépense. Mais, entendez-le bien, il ne s'agit ici que de ces indigènes qui mènent à Paris le train délicieux d'une vie élégante. Il y existe bien quelques autres jeunes gens, mais ceux-là sont des enfants qui conçoivent très-tard l'existence parisienne et en restent les dupes. Ils ne spéculent pas, ils étudient, ils piochent, disent les autres. Enfin, il s'y voit encore certains jeunes gens, riches ou pauvres, qui embrassent des carrières et les suivent tout uniment ; ils sont un peu l'Émile de Rousseau, de la chair à citoyen, et n'apparaissent jamais dans le monde. Les diplomates les nomment impoliment des niais. Niais ou non, ils augmentent le nombre

Le facteur et Laurent au cabaret. — PAGE 67.

de ces gens médiocres sous le poids desquels plie la France. Ils sont toujours là ; toujours prêts à gâcher les affaires publiques ou particulières, avec la plate truelle de la médiocrité, en se targuant de leur impuissance qu'ils nomment mœurs et probité. Ces espèces de prix d'excellence sociaux infestent l'administration, l'armée, la magistrature, les chambres, la cour. Ils amoindrissent, aplatissent le pays, et constituent en quelque sorte dans le corps politique une lymphe qui le surcharge et le rend mollasse. Ces honnêtes personnes nomment les gens de talent immoraux, ou fripons. Si ces fripons font payer leurs services, du moins ils servent ; tandis que ceux-là nuisent et sont respectés par la foule ; mais, heureusement pour la France, la jeunesse élégante les stigmatise sans cesse du nom de ganaches.

Donc, au premier coup d'œil, il est naturel de croire très-distinctes les deux espèces de jeunes gens qui mènent une vie élégante ; aimable corporation à laquelle appartenait Henri de Marsay. Mais les observateurs qui ne s'arrêtent pas à la superficie des choses sont bientôt convaincus que les différences sont purement morales, et que rien n'est trompeur comme l'est cette jolie écorce. Néanmoins, tous prennent également, parlent sur tout le monde, parlent, à tort et à travers, des choses, des hommes, de littérature, de beaux-arts; ont toujours à la bouche le *Pitt et Cobourg* de chaque année; interrompent une conversation par un calembour, tournent en ridicule la science et le savant; méprisent tout ce qu'ils ne connaissent pas ou tout ce qu'ils craignent; puis se mettent au-dessus de tout, en s'instituant juges suprêmes de tout. Tous mystifieraient leurs pères, et seraient prêts à verser dans le sein de leurs mères des larmes de crocodile; mais généralement ils ne croient à rien, médisent des femmes, ou jouent la modestie, et obéissent, en réalité, à une mauvaise courtisane, ou à quelque vieille femme. Tous sont également cariés jusqu'aux os par le calcul, par la dépravation, par une brutale envie de parvenir, et, s'ils sont menacés de la pierre, en les sondant on la leur trouverait à tous au cœur. A l'état normal, ils ont les plus jolis dehors, mettent l'amitié à tout propos en jeu, sont également entraînants. Le même persiflage domine leurs changeants jargons; ils visent à la bizarrerie dans leurs toilettes, font gloire de répéter les bêtises de tel ou tel acteur en vogue, et débutent avec qui que ce soit par le mépris ou l'impertinence pour avoir en quelque sorte la première manche à ce jeu; mais malheur à qui ne sait pas se laisser crever un œil pour leur en crever deux. Ils paraissent également indifférents aux malheurs de la patrie et à ses fléaux. Ils ressemblent enfin bien tous à la jolie écume blanche qui couronne le flot des tempêtes. Ils s'habillent, dînent, dansent, s'amusent le jour de la bataille de Waterloo, pendant le choléra, ou pendant une révolution. Enfin, ils font bien tous la même dépense. mais ici commence le parallèle. De cette fortune flottante et agréablement gaspillée, les uns ont le capital et les autres l'attendent; ils ont les mêmes tailleurs, mais les factures de ceux-là sont à solder. Puis, si les uns, semblables à des cribles, reçoivent toutes espèces d'idées sans en garder aucune; ceux-la les comparent et s'assimilent toutes les bonnes. Si ceux-ci croient savoir quelque chose, ne savent rien et comprennent tout; prêtent tout à ceux qui n'ont besoin de rien et n'offrent rien à ceux qui ont besoin de quelque chose, ceux-là étudient secrètement les pensées d'autrui, et placent leur argent aussi bien que leurs folies à gros intérêts. Les uns n'ont plus d'impressions fidèles, parce que leur âme, comme une glace dépolie par l'usage, ne réfléchit plus aucune image; les autres économisent leurs sens et leur vie tout en paraissant la jeter, comme ceux-là, par les fenêtres. Les premiers, sur la foi d'une espérance, se dévouent sans conviction à un système qui a le vent et remonte le courant, mais ils sautent sur une autre embarcation politique, quand la première va en dérive, les seconds toisent l'avenir, le sondent, et voient dans la fidélité politique ce que les Anglais voient dans la probité commerciale; un élément de succès. Mais, là où le jeune homme qui a quelque chose fait un calembour ou dit un bon mot sur le revirement du trône, celui qui n'a rien fait un calcul public, ou une bassesse secrète, et parvient tout en donnant des poignées de main à ses amis. Les uns ne croient jamais de facultés à autrui, prennent toutes leurs idées pour neuves, comme si le monde était fait de la veille, ils ont une confiance illimité en eux, et n'ont pas d'ennemi plus cruel que leur personne. Mais les autres sont armés d'une défiance continuelle des hommes qu'ils estiment à leur valeur, et sont assez profonds pour avoir une pensée de plus que leurs amis qu'ils exploitent, alors le soir, quand leur tête est sur l'oreiller, ils pèsent les hommes comme un avare pèse ses pièces d'or. Les uns se fâchent d'une impertinence sans portée et se laissent plaisanter par les diplomates qui les font poser devant eux en tirant le fil principal de ces pantins, l'amour-propre. tandis que les autres se font respecter et choisissent leurs victimes et leurs protecteurs. Alors, un jour, ceux qui n'avaient rien, ont quelque chose. et ceux qui avaient quelque chose, n'ont rien. Ceux-ci regardent leurs camarades parvenus à une position comme des sournois, des mauvais cœurs, mais aussi comme des hommes forts. — Il est très-fort!... est l'immense éloge décerné à ceux qui sont arrivés, *quibuscumque viis*, à la politique, à une femme ou à une fortune. Parmi eux, se rencontrent certains jeunes gens qui jouent ce rôle en le commençant avec des dettes et, naturellement, ils sont plus dangereux que ceux qui le jouent sans avoir un sou.

Le jeune homme qui s'intitulait ami de Henri de Marsay était un étourdi, arrivé de province et auquel les jeunes gens, alors à la mode, apprenaient l'art d'écorner proprement une succession, mais il avait un dernier gâteau à manger dans son pays, un établissement certain. C'était tout simplement un héritier passé sans transition de ses maigres cent francs par mois à toute la fortune paternelle, et qui, s'il n'avait pas assez d'esprit pour s'apercevoir que l'on se moquait de lui, savait assez de calcul pour s'arrêter aux deux tiers de son capital. Il venait découvrir à Paris, moyennant quelques billets de mille francs, la valeur exacte des harnais, l'art de ne pas trop respecter ses gants, y prendre de savantes méditations sur les gages à donner aux gens, et chercher quel forfait était le plus avantageux à conclure avec eux; il tenait beaucoup à pouvoir parler en bons termes de ses

chevaux, de son chien des Pyrénées, à reconnaître d'après la mise, le marcher, le brodequin, à quelle espèce appartenait une femme, étudier l'écarté, retenir quelques mots à la mode, et conquérir, par son séjour dans le monde parisien l'autorité nécessaire pour importer plus tard en province le goût du thé, l'argenterie à forme anglaise, et se donner le droit de tout mépriser autour de lui pendant le reste de ses jours. De Marsay l'avait pris en amitié pour s'en servir dans le monde, comme un hardi spéculateur se sert d'un commis de confiance. L'amitié fausse ou vraie de de Marsay était une position sociale pour Paul de Manerville, qui, de son côté, se croyait fort en exploitant à sa manière son ami intime. Il vivait dans le reflet de son ami, se mettait constamment sous son parapluie, en chaussait les bottes, se dorait de ses rayons. En posant près de Henri, ou même en marchant à ses côtés, il avait l'air de dire : — Ne nous insultez pas, nous sommes de vrais tigres. Et se donner le droit de lui jamais rien demander. Il le craignait, et sa crainte, quoique imperceptible, réagissait sur les autres, et servait de Marsay. — C'est un fier homme que de Marsay, disait Paul. Ah, ah, vous verrez, il sera ce qu'il voudra être. Je ne m'étonnerais pas de le trouver un jour ministre des affaires étrangères. Rien ne lui résiste. Puis il faisait de de Marsay ce que le caporal Trim faisait de son bonnet, un enjeu perpétuel. Demandez à de Marsay, et vous verrez !

Ou bien : — L'autre jour, nous chassions, de Marsay et moi, il ne voulait pas me croire, j'ai sauté un buisson sans bouger de mon cheval !

Ou bien : — Nous étions, de Marsay et moi, chez des femmes, et, ma parole d'honneur, j'étais, etc.

Ainsi Paul de Manerville ne pouvait se classer que dans la grande, l'illustre et puissante famille des niais qui arrivent. Il devait être un jour député. Pour le moment, il n'était même pas un jeune homme, Son ami de Marsay le définissait ainsi : — Vous me demandez ce que c'est que Paul. Mais Paul ?... C'est Paul de Manerville.

— Je m'étonne, mon bon, dit-il à de Marsay, que vous soyez là, le dimanche.

— J'allais te faire la même question.

— Une intrigue ?

— Une intrigue.

— Bah !

— Je puis bien te dire cela à toi, sans compromettre ma passion. Puis une femme qui vient le dimanche aux Tuileries n'a pas de valeur, aristocratiquement parlant.

— Ah ! oh !

— Tais-toi donc, ou je ne te dis plus rien. Tu ris trop haut, tu vas faire croire que nous avons trop déjeuné. Jeudi dernier, ici, sur la terrasse des Feuillants, je me promenais sans penser à rien du tout. Mais en arrivant à la grille de la rue de Castiglione par laquelle je comptais m'en aller, je me trouve nez à nez avec une femme, ou plutôt avec une jeune personne, qui, si elle ne m'a pas sauté au cou, fut arrêtée, je crois, moins par le respect humain que par un de ces étonnements profonds qui coupent bras et jambes, descendent le long de l'épine dorsale et s'arrêtent dans la plante des pieds pour vous attacher au sol. J'ai souvent produit des effets de ce genre, espèce de magnétisme animal qui devient très-puissant lorsque les rapports sont respectivement crochus. Mais, mon cher, ce n'était ni une stupéfaction, ni une fille vulgaire. Moralement parlant, sa figure semblait dire : — Quoi, te voilà, mon idéal, l'être de mes pensées, de mes rêves du soir et du matin. Comment es-tu là ? pourquoi ce matin ? pourquoi pas hier ? Prends-moi, je suis à toi, *et cætera* ! — Bon, me dis-je en moi-même, encore une! Je l'examine donc. Ah! mon cher, physiquement parlant, l'inconnue est la personne la plus adorablement femme que j'aie jamais rencontrée. Elle appartient à cette variété féminine que les Romains nommaient *fulva, flava*, la femme de feu. Et d'abord, ce qui m'a le plus frappé, ce dont je suis encore épris, ce sont deux yeux jaunes comme ceux des tigres; un jaune d'or qui brille, de l'or vivant, de l'or qui pense, de l'or qui aime et veut absolument venir dans votre gousset !

— Nous ne connaissons que ça, mon cher ! s'écria Paul. Elle vient quelquefois ici, c'est la *Fille aux yeux d'or* Nous lui avons donné ce nom-là. C'est une jeune personne d'environ vingt-deux ans, et j'ai vue ici quand les Bourbons y étaient, mais avec une femme qui vaut cent mille fois mieux qu'elle.

— Tais-toi, Paul ! Il est impossible à quelque femme que ce soit de surpasser cette fille semblable à une chatte qui veut venir frôler vos jambes, une fille blanche à cheveux cendrés, délicate en apparence, mais qui doit avoir des fils cotonneux sur la troisième phalange de ses doigts, et le long des joues un duvet blanc dont la ligne, lumineuse par un beau jour, commence aux oreilles et se perd sur le cou.

— Ah ! l'autre ! mon cher de Marsay. Elle vous a des yeux noirs qui n'ont jamais pleuré, mais qui brûlent; des sourcils noirs qui se rejoignent et lui donnent un air de dureté démentie par le réseau plissé de ses lèvres, sur lesquelles un baiser ne reste pas, des lèvres ardentes et fraîches ; un teint mauresque auquel un homme se chauffe comme au soleil ; mais, ma parole d'honneur, elle te ressemble...

— Tu la flattes !

— Une taille cambrée, la taille élancée d'une corvette construite pour faire la course, et qui se rue sur le vaisseau marchand avec une impétuosité française, le mord et le coule bas en deux temps.

— Enfin, mon cher, que me fait celle que je n'ai point vue ! reprit de Marsay. Depuis que j'étudie les femmes, mon inconnue est la seule dont le sein vierge, les formes ardentes et voluptueuses m'aient réalisé la seule femme que j'aie rêvée, moi ! Elle est l'original de la délirante peinture, appelée *la femme caressant sa chimère*, la plus chaude, la plus infernale inspiration du génie antique ; une sainte poésie prostituée par ceux qui l'ont copiée pour les fresques et les mosaïques ; pour un tas de bourgeois qui ne voient dans ce camée qu'une breloque, et la mettent à leurs clefs de montre, tandis que c'est toute la femme, un abîme de plaisirs où l'on roule sans en trouver la fin, tandis que c'est une femme idéale qui se voit quelquefois en réalité dans l'Espagne, dans l'Italie, presque jamais en France. Eh bien ! j'ai revu cette fille aux yeux d'or, cette femme caressant sa chimère, je l'ai revue ici, vendredi. Je pressentais que le lendemain elle reviendrait à la même heure. Je ne me trompais point. Je me suis plu à la suivre sans qu'elle me vît, à étudier cette démarche indolente de la femme inoccupée, mais dans les mouvements de laquelle [se devine la volupté qui dort. Eh bien ! elle s'est retournée, elle m'a vu, m'a de nouveau adoré, a de nouveau tressailli, frissonné. Alors j'ai remarqué la véritable *duègne* espagnole qui la garde, une hyène à laquelle un jaloux a mis une robe, quelque diablesse bien payée pour garder cette suave créature... Oh ! alors la duègne m'a rendu plus qu'amoureux, je suis devenu curieux. Samedi personne. Me voilà, aujourd'hui, attendant cette fille dont je suis la chimère, et ne demandant pas mieux que de me poser comme le monstre de la fresque.

— La voilà, dit Paul, tout le monde se retourne pour la voir.

L'inconnue rougit, ses yeux scintillèrent en apercevant Henri, elle les ferma et passa.

— Tu dis qu'elle te remarque ? s'écria plaisamment Paul de Manerville.

La duègne regarda fixement et avec attention les deux jeunes gens. Quand l'inconnue et Henri se rencontrèrent de nouveau, la jeune fille le frôla, et de sa main serra la main du jeune homme. Puis elle se retourna, sourit avec passion, mais la duègne l'entraînait fort vite, vers la grille de la rue Castiglione. Les deux amis suivirent la jeune fille en admirant la torsion magnifique de ce cou auquel la tête se joignait par une combinaison de lignes vigoureuses, et d'où se relevaient avec force quelques rouleaux de petits cheveux. La fille aux yeux d'or avait ce pied bien attaché, mince, recourbé, qui offre tant d'attraits aux imaginations friandes. Aussi était-elle élégamment chaussée, et portait-elle une robe courte. Pendant ce trajet elle se retourna de moments en moments pour revoir Henri, et parut suivre à regret la vieille, dont elle semblait être tout à la fois la maîtresse et l'esclave : elle pouvait la faire rouer de coups, mais non la faire renvoyer. Tout cela se voyait. Les deux amis arrivèrent à la grille. Deux valets en livrée déplaçaient le marchepied d'un coupé de bon goût, chargé d'armoiries. La fille aux yeux d'or y monta la première, prit le côté où elle devait être vue quand la voiture se retournerait, mit sa main sur la portière, et agita son mouchoir, à l'insu de la duègne, en se moquant du qu'en dira-t-on des curieux et disant à Henri publiquement à coups de mouchoir : Suivez-moi.

— As-tu jamais vu mieux jeter le mouchoir ? dit Henri à Paul de Manerville.

Puis, apercevant un fiacre prêt à s'en aller après avoir amené du monde, il fit signe au cocher de rester.

— Suivez ce coupé, voyez dans quelle rue, dans quelle maison il entra, vous aurez dix francs. Adieu, Paul.

Le fiacre suivit le coupé. Le coupé rentra rue Saint-Lazare, dans un des plus beaux hôtels de ce quartier.

De Marsay n'était pas un étourdi. Tout autre jeune homme aurait obéi au désir de prendre aussitôt quelques renseignements sur une fille qui réalisait si bien les idées les plus lumineuses exprimées sur les femmes par la poésie orientale, mais, trop adroit pour compromettre ainsi l'avenir de cette bonne fortune, il avait dit à son fiacre de continuer la rue Saint-Lazare, et de la ramener à son hôtel. Le lendemain, son premier valet de chambre, nommé Laurent, garçon rusé comme un Frontin de l'ancienne comédie, attendit, aux environs de la maison habitée par l'inconnu, l'heure à laquelle se distribuent les lettres. Afin de pouvoir espionner à son aise et rôder autour de l'hôtel, il avait, suivant la coutume des gens de police qui veulent se bien déguiser, acheté sur place la défroque d'un Auvergnat et essayait d'en prendre la physionomie. Quand le facteur, qui pour cette matinée faisait le service de la rue Saint-Lazare, vint à passer, Laurent feignit d'être un commissionnaire en peine de se rappeler le nom d'une personne à laquelle il devait remettre un paquet, et consulta le facteur. Trompé d'abord par les apparences, ce personnage si pittoresque au milieu de la civilisation parisienne lui apprit que l'hôtel où demeu-

rait la *Fille aux yeux d'or* appartenait à Don Hijos, marquis de San-Réal, grand d'Espagne. Naturellement l'Auvergnat n'avait pas affaire au marquis.

— Mon paquet, dit-il, est pour la marquise.

— Elle est absente, répondit le facteur. Ses lettres sont retournées sur Londres.

— La marquise n'est donc pas une jeune fille qui...

— Ah ! dit le facteur en interrompant le valet de chambre et le regardant avec attention, tu es un commissionnaire comme je danse.

Laurent montra quelques pièces d'or au fonctionnaire à claquette, qui se mit à sourire.

— Tenez, voici le nom de votre gibier, dit-il en prenant dans sa boîte de cuir une lettre qui portait le timbre de Londres et sur laquelle cette adresse :

A mademoiselle

Paquita Valdès,

Rue Saint-Lazare, hôtel de San-Réal.

Paris.

était écrite en caractères allongés et menus qui annonçaient une main de femme.

— Seriez-vous cruel à une bouteille de vin de Chablis, accompagnée d'un filet sauté aux champignons, et précédée de quelques douzaines d'huîtres ? dit Laurent qui voulait conquérir la précieuse amitié du facteur.

— A neuf heures et demie, après mon service. Où ?

— Au coin de la rue de la Chaussée-d'Antin et de la rue Neuve-des-Mathurins, au puits sans vin, dit Laurent.

— Écoutez, l'ami, dit le facteur en rejoignant le valet de chambre, une heure après cette rencontre, si votre maître est amoureux de cette fille, il s'inflige un fameux travail ! Je doute que vous réussissiez à la voir. Depuis dix ans que je suis facteur à Paris, j'ai pu y remarquer bien des systèmes de portes ! mais je puis bien dire, sans crainte d'être démenti par aucun de mes camarades, qu'il n'y a pas une porte aussi mystérieuse que l'est celle de M. de San-Réal. Personne ne peut pénétrer dans ce logis je ne sais quel mot d'ordre, et remarquez qu'il a été choisi exprès entre cour et jardin pour éviter toute communication avec d'autres maisons. Le suisse est un vieil Espagnol qui ne dit jamais un mot de français mais qui vous dévisage les gens, comme ferait Vidocq, pour savoir s'ils ne sont pas des voleurs. Si ce premier guichetier pouvait se laisser tromper par un amant, par un voleur ou par vous, sans comparaison, eh bien ! vous rencontreriez dans la première salle, qui est fermée par une porte vitrée, un majordome entouré de laquais, un vieux farceur encore plus sauvage et plus bourru que ne l'est le suisse. Si quelqu'un franchit la porte cochère, mon majordome sort, vous attend sous le péristyle et le lui fait subir un interrogatoire comme à un criminel. Ça m'est arrivé, à moi, simple facteur. Il me prenait pour un *hémisphère* déguisé, dit-il en riant de son coq-à-l'âne. Quant aux gens, n'en espérez rien tirer, je les crois muets, personne dans le quartier ne connaît la couleur de leurs paroles ; je ne sais pas ce qu'on leur donne de gages pour ne point parler et pour ne point boire, le fait est qu'ils sont inabordables, soit qu'ils aient peur d'être fusillés, soit qu'ils aient une somme énorme à perdre en cas d'indiscrétion. Si votre maître aime assez mademoiselle Paquita Valdès pour surmonter tous ces obstacles, il ne triomphera certes pas de dona Concha Marialva, la duègne qui l'accompagne et qui la mettrait sous les jupes plutôt que de la quitter. Ces deux femmes ont l'air d'être cousues ensemble.

— Ce que vous me dites, estimable facteur, reprit Laurent après avoir dégusté le vin, me confirme ce que je viens d'apprendre. Foi d'honnête homme, j'ai cru que l'on se moquait de moi. La fruitière d'en face m'a dit qu'on lâchait pendant la nuit, dans les jardins, des chiens dont la nourriture est suspendue à des poteaux, de manière qu'ils ne puissent pas y atteindre. Ces damnés animaux croient alors que les gens susceptibles d'entrer en viennent à leur manger, et les mettraient en pièces. Vous me direz qu'on peut leur jeter des boulettes, mais il paraît qu'ils sont dressés à ne rien manger que de la main du concierge.

— Le portier de M. le baron de Nucingen, dont le jardin touche par en haut à celui de l'hôtel San-Réal, me l'a dit effectivement, reprit le facteur.

— Bon, mon maître le connaît, se dit Laurent. Savez-vous, reprit-il en guignant le facteur, que j'appartiens à un maître qui est un fier homme, et, s'il se mettait en tête de baiser la plante des pieds d'une impératrice, il faudrait bien qu'elle en passât par là ? S'il avait besoin de vous, ce que je vous souhaite, car il est généreux, pourriez-vous compter sur vous ?

— Dame, monsieur Laurent, je me nomme Moinot. Mon nom s'écrit absolument comme un moineau : M-o-i-n-o-t, not, Moinot.

— Effectivement, dit Laurent.

— Je demeure rue des Trois-Frères, n° 11, au cinième, reprit Moinot ; j'ai une femme et quatre enfants. Si ce que vous voudrez de moi ne dépasse pas les possibilités de la conscience et mes devoirs administratifs, vous comprenez ! je suis le vôtre.

— Vous êtes un brave homme, lui dit Laurent en lui serrant la main.

— Paquita Valdès est sans doute la maîtresse du marquis de San-Réal, l'ami du roi Ferdinand. Un vieux cadavre espagnol de quatre-vingts ans est seul capable de prendre des précautions semblables, dit Henri quand son valet de chambre lui eut raconté le résultat de ses recherches.

— Monsieur, dit Laurent, à moins d'y arriver en ballon, personne ne peut entrer dans cet hôtel-là.

— Tu es une bête ! Est-il donc nécessaire d'entrer dans l'hôtel pour avoir Paquita, du moment où Paquita peut en sortir ?

— Mais, monsieur, et la duègne ?

— On la chambrera pour quelques jours, ta duègne.

— Alors, nous aurons Paquita ! dit Laurent en se frottant les mains.

— Drôle ! répondit Henri, je te condamne à la Concha si tu pousses l'insolence jusqu'à parler ainsi d'une femme avant que je l'aie eue. Pense à m'habiller, je vais sortir.

Henri resta pendant un moment plongé dans de joyeuses réflexions. Disons-le à la louange des femmes, il obtenait toutes celles qu'il daignait désirer. Et que faudrait-il donc penser d'une femme sans amant, qui aurait su résister à un jeune homme armé de la beauté qui est l'esprit du corps, armé de l'esprit qui est une grâce de l'âme, armé de la force morale et de la fortune, qui sont les deux seules puissances réelles ? Mais en triomphant aussi facilement, de Marsay devait s'ennuyer de ses triomphes ; aussi, depuis environ deux ans s'ennuyait-il beaucoup. En plongeant au fond des voluptés, il en rapportait plus de gravier que de perles. Donc il en était venu, comme les souverains, à implorer du hasard quelque obstacle à vaincre, quelque entreprise qui demandât le déploiement de ses forces morales et physiques inactives. Quoique Paquita Valdès lui présentât le merveilleux assemblage des perfections dont il n'avait encore joui qu'en détail, l'attrait de la passion était presque nul chez lui. Une satiété constante avait affaibli dans son cœur le sentiment de l'amour. Comme les vieillards et les gens blasés, il n'avait plus que des caprices extravagants, des goûts ruineux, des fantaisies qui, satisfaites, ne lui laissaient aucun bon souvenir au cœur. Chez les jeunes gens, l'amour est le plus beau des sentiments, il fait fleurir la vie dans l'âme, il épanouit par sa puissance solaire les plus belles inspirations et leurs grandes pensées : les prémices en toute chose ont une délicieuse saveur. Chez les hommes, l'amour devient une passion : la force mène à l'abus. Chez les vieillards, il se tourne au vice : l'impuissance conduit à l'extrême. Henri était à la fois vieillard, homme et jeune. Pour lui rendre les émotions d'un véritable amour, il lui fallait comme à Lovelace une Clarisse Harlowe. Sans le reflet magique de cette perle introuvable, il ne pouvait plus avoir que, soit des passions aiguisées par quelque vanité parisienne, soit des partis pris avec lui-même de faire arriver telle femme à tel degré de corruption, soit des aventures qui stimulassent sa curiosité. Le rapport de Laurent, son valet de chambre, venait de donner un prix énorme à la *Fille aux yeux d'or*. Il s'agissait de livrer bataille à quelque ennemi secret, qui paraissait aussi dangereux qu'habile ; et, pour remporter la victoire, toutes les forces dont Henri pouvait disposer n'étaient pas inutiles. Il allait jouer cette éternelle vieille comédie qui sera toujours neuve, et dont les personnages sont un vieillard, une jeune fille et un amoureux : don Hijos, Paquita, de Marsay. Si Laurent valait Figaro, la duègne paraissait incorruptible. Ainsi, la pièce vivante était plus fortement nouée par le hasard qu'elle ne l'avait jamais été par aucun auteur dramatique ! Mais aussi le hasard n'est-il pas un homme de génie ?

— Il va falloir jouer serré, se dit Henri.

— Eh bien ! lui dit Paul de Manerville en entrant, où en sommes-nous ? Je viens déjeuner avec toi.

— Soit, dit Henri. Tu ne te choqueras pas si je fais ma toilette devant toi ?

— Quelle plaisanterie !

— Nous prenons tant de choses des Anglais en ce moment que nous pourrions devenir hypocrites et prudes comme eux, dit Henri.

Laurent avait apporté devant son maître tant d'ustensiles, tant de meubles différents, et si jolies choses, que Paul ne put s'empêcher de dire : — Mais, tu vas en avoir pour deux heures ?

— Non ! dit Henri, deux heures et demie.

— Eh bien ! puisque nous sommes entre nous et que nous pouvons tout nous dire, explique-moi pourquoi un homme supérieur autant que tu l'es, car tu es supérieur, affecte d'outrer une fatuité qui ne doit pas être naturelle en lui. Pourquoi passer deux heures et demie à s'étriller, quand il suffit d'entrer un quart d'heure dans un bain, de se peigner en deux temps, et de se vêtir ? Là, dis-moi ton système.

— Il faut que je t'aime bien, mon gros balourd, pour te confier de si hautes pensées, dit le jeune homme, qui se faisait en ce moment brosser les pieds avec une brosse douce frottée de savon anglais.

— Mais je t'aime avec le plus sincère attachement, répondit Paul de Manerville, et je t'aime en te trouvant supérieur à moi...

— Tu as dû remarquer, si toutefois tu es capable d'observer un fait moral, que la femme aime le fat, reprit de Marsay sans répondre autrement que par un regard à la déclaration de Paul. Sais-tu pourquoi les femmes aiment les fats ? Mon ami, les fats sont les seuls hommes qui aient soin d'eux-mêmes. Or, avoir trop soin de soi, n'est-ce pas dire qu'on soigne en soi-même le bien d'autrui ? L'homme qui ne s'appartient pas est précisément l'homme dont les femmes sont friandes. L'amour est essentiellement voleur. Je ne te parle pas de cet excès de propreté dont elles raffolent. Trouves-en une qui se soit passionnée pour un *sans-soin*, fût-ce un homme remarquable ? Si le fait a eu lieu, nous devons le mettre sur le compte des envies de femme grosse, ces idées folles qui passent par la tête à tout le monde. Au contraire, j'ai vu des gens fort remarquables plantés net pour cause de leur incurie. Un fat qui s'occupe de sa personne s'occupe d'une niaiserie, de petites choses. Et qu'est-ce que la femme ? Une petite chose, un ensemble de niaiseries. Avec deux mots dits en l'air, ne la fait-on pas travailler pendant quatre heures ? Elle est sûre que le fat s'occupera d'elle, puisqu'il ne pense pas à de grandes choses. Elle ne sera jamais négligée pour la gloire, l'ambition, la politique, l'art, ces grandes filles publiques qui, pour elle, sont des rivales. Puis les fats ont le courage de se couvrir de ridicule pour plaire à la femme, et son cœur est plein de reconnaissance pour l'homme ridicule par amour. Enfin, un fat ne peut-être fat que s'il a raison de l'être. C'est les femmes qui nous donnent ce grade-là. Le fat est le colonel de l'amour, il a des bonnes fortunes, il a son régiment de femmes à commander ! Mon cher ! à Paris, tout se sait, et un homme ne peut pas y être fat *gratis*. Toi qui n'as qu'une femme et qui peut-être as raison de n'en avoir qu'une, essaye de faire le fat... tu ne deviendras même pas ridicule, tu seras mort. Tu deviendrais un préjugé à deux pattes, un de ces hommes condamnés inévitablement à faire une seule et même chose. Tu signifierais *sottise* comme M. de la Fayette signifie Amérique ; M. de Talleyrand, diplomatie, Désaugiers, chanson, M. de Ségur, romance. S'ils sortent de leur genre, on ne croit plus à la valeur de ce qu'ils font. Voilà comme nous sommes en France, toujours souverainement injustes ! M. de Talleyrand est peut-être un grand financier, M. de la Fayette un tyran, et Désaugiers un administrateur. Tu aurais quarante femmes l'année suivante, on ne t'en accorderait pas publiquement une seule. Ainsi donc la fatuité, mon ami Paul, est le signe d'un incontestable pouvoir conquis sur le peuple femelle. Un homme aimé par plusieurs femmes passe pour avoir des qualités supérieures ; et alors c'est à qui l'aura, le malheureux ! Mais crois-tu que ce ne soit rien aussi que d'avoir le droit d'arriver dans un salon, d'y regarder tout le monde du haut de sa cravate, ou à travers un lorgnon, et de pouvoir mépriser l'homme le plus supérieur s'il porte un gilet arriéré ? Laurent, tu me fais mal ! Après déjeuner, Paul, nous irons aux Tuileries voir l'adorable *Fille aux yeux d'or*.

Quand, après avoir fait un excellent repas, les deux jeunes gens eurent arpenté la terrasse des Feuillants et la grande allée des Tuileries, ils ne rencontrèrent nulle part la sublime Paquita Valdès, pour le compte de laquelle se trouvaient cinquante des plus élégants jeunes gens de Paris, tous musqués, haut cravatés, bottés, éperonnaillés, cravachant, marchant, parlant, riant, et se donnant à tous les diables.

— Messe blanche, dit Henri, mais il m'est venu la plus excellente idée du monde. Cette fille reçoit des lettres de Londres, il faut acheter ou griser le facteur, décacheter une lettre, naturellement la lire, y glisser un petit billet doux, et la recacheter. Le vieux tyran, *crudel tiranno*, doit sans doute connaître la personne qui écrit les lettres venant de Londres et ne s'en défie plus.

Le lendemain, de Marsay vint encore se promener au soleil sur la terrasse des Feuillants, et y vit Paquita Valdès : déjà pour lui la passion l'avait embellie. Il s'affola sérieusement de ces yeux dont les rayons semblaient avoir la nature de ceux que lance le soleil et dont l'ardeur résumait celle de ce corps parfait où tout était volupté. De Marsay brûlait du désir de frôler la robe de cette séduisante fille quand ils se rencontraient dans leur promenade ; mais ses tentatives étaient toujours vaines. En un moment où il avait dépassé la duègne et Paquita, pour pouvoir se trouver du côté de la *Fille aux yeux d'or* quand il se retournerait, Paquita, non moins impatiente, s'avança vivement, et de Marsay se sentit presser la main par elle d'une façon tout à la fois si rapide et si passionnément significative, qu'il crut avoir reçu le choc d'une étincelle électrique. En un instant toutes ces émotions de jeunesse lui sourdirent au cœur. Quand les deux amants se regardèrent, Paquita parut honteuse ; elle baissa les yeux pour ne pas revoir les yeux d'Henri, mais son regard se coula par en dessous pour regarder les pieds et la taille de celui que les femmes nommaient avant la révolution *leur vainqueur*.

— J'aurai décidément cette fille pour maîtresse, se dit Henri.

En le suivant au bout de la terrasse, du côté de la place Louis XV, il aperçut le vieux marquis de San-Réal qui se promenait appuyé sur le bras de son valet de chambre, en marchant avec toute la précaution d'un goutteux et d'un cacochyme. Dona Concha, qui se défiait d'Henri, fit passer Paquita entre elle et le vieillard.

— Oh toi! se dit de Marsay en jetant un regard de mépris sur la duègne, si l'on ne peut pas te faire capituler, avec un peu d'opium l'on t'endormira. Nous connaissons la mythologie et la fable d'Argus.

Avant de monter en voiture, la *Fille aux yeux d'or* échangea avec son amant quelques regards dont l'expression n'était pas douteuse et dont Henri fut ravi; mais la duègne en surprit un, et dit vivement quelques mots à Paquita, qui se jeta dans le coupé d'un air désespéré. Pendant quelques jours Paquita ne vint plus aux Tuileries. Laurent, qui, par ordre de son maître, alla faire le guet autour de l'hôtel, apprit par les voisins que ni les deux femmes ni le vieux marquis n'étaient sortis depuis le jour où la duègne avait surpris un regard entre la jeune fille commise à sa garde et Henri. Le lien si faible qui unissait les deux amants était donc déjà rompu.

Quelques jours après, sans que personne sût par quels moyens, de Marsay était arrivé à son but, il avait un cachet et de la cire absolument semblables au cachet et à la cire qui cachetaient les lettres envoyées de Londres à mademoiselle Valdès, du papier pareil à celui dont se servait le correspondant, puis, tous les ustensiles et les fers nécessaires pour y apposer les timbres des postes anglaise et française. Il avait écrit la lettre suivante, à laquelle il donna toutes les façons d'une lettre envoyée de Londres :

« Chère Paquita, je n'essayerai pas de vous peindre, par des paroles, « la passion que vous m'avez inspirée. Si, pour mon bonheur, vous « la partagez, sachez que j'ai trouvé les moyens de correspondre « avec vous. Je me nomme Adolphe de Gouges, et demeure rue de « l'Université, n° 54. Si vous êtes trop surveillée pour m'écrire, si « vous n'avez ni papier ni plumes, je le saurai par votre silence. « Donc, si demain, de huit heures du matin à dix heures du soir, « vous n'avez pas jeté de lettre par-dessus le mur de votre jardin « dans celui du baron de Nucingen, où l'on attendra pendant toute « la journée, un homme qui m'est entièrement dévoué vous glissera « par-dessus le mur, au bout d'une corde, deux flacons, à dix heures « du matin, le lendemain. Soyez à vous promener vers ce moment-« là. L'un des deux flacons contiendra de l'opium pour endormir « votre Argus, il suffira de lui en donner six gouttes. L'autre con-« tiendra de l'encre. Le flacon à l'encre est taillé, l'autre est uni. « Tous deux sont assez plats pour que vous puissiez les cacher « dans votre corset. Tout ce que j'ai fait déjà pour pouvoir corres-« pondre avec vous doit vous dire combien je vous aime. Si vous en « doutiez, je vous avoue que, pour obtenir un rendez-vous d'une « heure, je donnerais ma vie. »

— Elles croient cela pourtant, ces pauvres créatures! se dit de Marsay, mais elles ont raison. Que penserions-nous d'une femme qui ne se laisserait pas séduire par une lettre d'amour accompagnée de circonstances si probantes?

Cette lettre fut remise par le sieur Moinot, facteur, le lendemain, vers huit heures du matin, au concierge de l'hôtel San-Réal.

Pour se rapprocher du champ de bataille, de Marsay était venu déjeuner chez Paul, qui demeurait rue de la Pépinière. A deux heures, au moment où les deux amis se contaient en riant la déconfiture d'un jeune homme qui avait voulu mener le train de la vie élégante sans une fortune assise, et qu'ils lui cherchaient une fin, le cocher d'Henri vint chercher son maître jusque chez Paul, et lui présenta un personnage mystérieux, qui voulait absolument lui parler à lui-même. Ce personnage était un mulâtre dont Talma se serait certes inspiré pour jouer Othello s'il l'avait rencontré. Jamais figure africaine n'exprima mieux la grandeur dans la vengeance, la rapidité du soupçon, la promptitude dans l'exécution d'une pensée, la force du Maure et son irréflexion d'enfant. Ses yeux noirs avaient la fixité des yeux d'un oiseau de proie, et ils étaient enchâssés, comme ceux d'un vautour, par une membrane bleuâtre dénuée de cils. Son front, petit et bas, avait quelque chose de menaçant. Évidemment cet homme était sous le joug d'une seule et même pensée. Son bras nerveux ne lui appartenait pas. Il était suivi d'un homme que toutes les imaginations, depuis celles qui grelottent au Groenland jusqu'à celles qui suent à la Nouvelle-Angleterre, se peindront d'après cette phrase : *c'était un homme malheureux.* A ce mot, tout le monde le devinera, se le représentera d'après les idées particulières à chaque pays. Mais qui se figurera son visage blanc, ridé, rouge aux extrémités, et sa barbe longue? qui verra sa cravate jaunasse en corde, son col de chemise gras, son chapeau tout usé, sa redingote verdâtre, son pantalon piteux, son gilet recroquevillé, son épingle en faux or, ses souliers crottés, dont les rubans avaient traversé la boue? qui le comprendra dans toute l'immensité de sa misère présente et passée? Qui? le Parisien seulement. L'homme malheureux de Paris c'est l'homme malheureux complet, car il trouve encore de la joie pour savoir combien il est malheureux. Le mulâtre semblait être un bourreau de Louis XI tenant un homme à pendre.

— Qu'est-ce qui nous a péché ces deux drôles-là? dit Henri.

— Pantoufle! il y en a un qui me donne le frisson, répondit Paul.

— Qui es-tu, toi qui as l'air d'être le plus chrétien des deux? dit Henri en regardant l'homme malheureux.

Le mulâtre resta les yeux attachés sur ces deux jeunes gens, en homme qui n'entendait rien, et qui cherchait néanmoins à deviner quelque chose d'après les gestes et le mouvement des lèvres.

— Je suis écrivain public et interprète. Je demeure au Palais de Justice et me nomme Poincet.

— Bon! Et celui-là? dit Henri à Poincet en montrant le mulâtre.

— Je ne sais pas; il ne parle qu'une espèce de patois espagnol, et m'a emmené ici pour pouvoir s'entendre avec vous.

Le mulâtre tira de sa poche la lettre écrite à Paquita par Henri, et la lui remit; Henri la jeta dans le feu.

— Eh bien! voilà qui commence à se dessiner, se dit en lui-même Henri. Paul, laisse-nous seuls un moment.

— Je lui ai traduit cette lettre, reprit l'interprète lorsqu'ils furent seuls. Quand elle fut traduite, il a été je ne sais où. Puis il est revenu me chercher pour m'amener ici en me promettant deux louis.

— Qu'as-tu à me dire, Chinois? demanda Henri.

— Je ne lui ai pas dit *Chinois*, dit l'interprète en attendant la réponse du mulâtre.

— Il dit, monsieur, reprit l'interprète après avoir écouté l'inconnu, qu'il faut que vous vous trouviez demain soir, à dix heures et demie, sur le boulevard Montmartre, auprès du café. Vous y verrez une voiture, dans laquelle vous monterez en disant à celui qui sera prêt à ouvrir la portière le mot *cortejo*, un mot espagnol qui veut dire *amant*, ajouta Poincet en jetant un regard de félicitation à Henri.

— Bien!

Le mulâtre voulut donner deux louis; mais de Marsay ne le souffrit pas et récompensa l'interprète: pendant qu'il le payait, le mulâtre proféra quelques paroles.

— Que dit-il?

— Il me prévient, répondit l'homme malheureux, que, si je fais une seule indiscrétion, il m'étranglera. Il est gentil, et il a l'air tout à fait en être capable.

— J'en suis sûr, répondit Henri. Il le ferait comme il le dit.

— Il ajoute, reprit l'interprète, que la personne dont il est l'envoyé vous supplie, pour vous et pour elle, de mettre la plus grande prudence dans vos actions, parce que les poignards levés sur vos têtes tomberaient dans vos cœurs, sans qu'aucune puissance humaine pût vous en garantir.

— Il a dit cela! Tant mieux, ce sera plus amusant. — Mais tu peux entrer, Paul! cria-t-il à son ami.

Le mulâtre, qui n'avait pas cessé de regarder l'amant de Paquita Valdès avec une attention magnétique, s'en alla suivi de l'interprète.

— Enfin, voici donc une aventure bien romanesque, se dit Henri quand Paul revint. A force de participer à quelques-unes, j'ai fini par rencontrer dans ce Paris une intrigue accompagnée de circonstances graves, de périls majeurs. Ah! diantre, combien le danger rend la femme hardie! Gêner une femme, la vouloir contraindre, n'est-ce pas lui donner le droit et le courage de franchir en un moment des barrières qu'elle mettrait des années à sauter? Gentille créature, va, saute. Mourir? pauvre enfant! Des poignards? imagination de femmes! Elles sentent toutes le besoin de faire valoir leur petite plaisanterie. D'ailleurs on y pensera, Paquita! on y pensera, ma fille! Le diable m'emporte, maintenant que je sais que cette belle fille, ce chef-d'œuvre de la nature est à moi, l'aventure a perdu de son piquant.

Malgré cette parole légère, le jeune homme avait reparu chez Henri. Pour attendre jusqu'au lendemain sans souffrances, il eut recours à d'exorbitants plaisirs : il joua, dîna, soupa avec ses amis; il but comme un enfant, mangea comme un Allemand, et gagna dix ou douze mille francs. Il sortit du Rocher de Cancale à deux heures du matin, dormit comme un enfant, se réveilla le lendemain frais et rose, s'habilla pour aller aux Tuileries, en se proposant de monter à cheval après avoir vu Paquita pour gagner de l'appétit et mieux dîner, afin de pouvoir brûler le temps.

A l'heure dite, Henri fut sur le boulevard, vit la voiture et donna le mot d'ordre à un homme qui lui parut être le mulâtre. En entendant ce mot, l'homme ouvrit la portière et déplia vivement le marchepied. Henri fut si rapidement emporté dans Paris, et ses pensées lui laissèrent si peu la faculté de faire attention aux rues par lesquelles il passait, qu'il ne sut pas où la voiture s'arrêta. Le mulâtre l'introduisit dans une maison où l'escalier se trouvait près de la porte cochère. Cet escalier était sombre, aussi bien que le palier sur lequel Henri fut obligé d'attendre pendant le temps que le mulâtre mit à ouvrir la porte d'un appartement humide, nauséabond, sans lumière, et dont les pièces, à peine éclairées par la bougie que son guide trouva dans l'antichambre, lui parurent vides et mal meublées, comme le sont celles d'une maison dont les habitants sont en voyage. Il reconnut cette sensation que lui procurait la lecture d'un de ces romans d'Anne Radcliffe où le héros traverse les salles froides, sombres, inhabitées, de quelque lieu triste et désert. Enfin le mulâtre ouvrit la porte d'un salon. L'état des vieux meubles et des draperies passées dont cette pièce était ornée la faisait ressembler au salon d'un mauvais lieu. C'était la même prétention à l'élégance et le même assemblage de choses de mauvais goût, de poussière et de crasse. Sur un canapé couvert en velours d'Utrecht rouge, au coin d'une cheminée qui fumait, et dont le feu était enterré dans les cendres, se tenait une vieille femme assez mal vêtue, coiffée d'un de ces turbans que savent inventer les femmes anglaises quand elles arrivent à un certain âge, et qui auraient infiniment de succès en Chine, où le beau idéal des artistes est la monstruosité. Ce salon, cette vieille femme, ce foyer froid, tout eût glacé l'amour, si Paquita n'avait pas été là sur une causeuse dans un voluptueux peignoir, libre de jeter ses regards d'or et de flamme, libre de montrer son pied recourbé, libre de ses mouvements lumineux. Cette première entrevue fut ce que sont tous les premiers rendez-vous que se donnent des personnes passionnées qui ont rapidement franchi les distances et qui se désirent ardemment, sans néanmoins se connaître. Il est impossible qu'il ne se rencontre pas d'abord quelques discordances dans cette situation, gênante jusqu'au moment où les âmes se sont mises au même ton. Si le désir donne de la hardiesse à l'homme et le dispose à ne rien ménager ; sous peine de ne pas être femme, la maîtresse, quelque extrême que soit son amour, est effrayée de se trouver si promptement arrivée au but et face à face avec la nécessité de se donner, qui pour beaucoup de femmes équivaut à une chute dans un abîme, au fond duquel elles ne savent pas ce qu'elles trouveront. La froideur involontaire de cette femme contraste avec sa passion avouée et réagit nécessairement sur l'amant le plus épris. Ces idées, qui souvent flottent comme des vapeurs à l'entour des âmes, y déterminent donc une sorte de maladie passagère. Dans le doux voyage que deux êtres entreprennent à travers les belles contrées de l'amour, ce moment est comme une lande à traverser, une lande sans bruyères, alternativement humide et chaude, pleine de sables ardents, coupée par des marais, et qui mène aux riants bocages vêtus de roses où se déploient l'amour et son cortège de plaisirs sur des tapis de fine verdure. Souvent l'homme spirituel se trouve doué d'un rire bête qui lui sert de réponse à tout, son esprit est comme engourdi sous la glaciale compression de ses désirs. Il ne serait pas impossible que deux êtres également beaux, spirituels et passionnés, parlassent d'abord des lieux communs les plus niais, jusqu'à ce que le hasard, un mot, le tremblement d'un certain regard, la communication d'une étincelle, leur ait fait rencontrer l'heureuse transition qui les amène dans le sentier fleuri où l'on ne marche pas, mais où l'on roule sans néanmoins descendre. Cet état de l'âme est en raison de la violence des sentiments. Deux êtres qui s'aiment faiblement n'éprouvent rien de pareil. L'effet de cette crise peut encore se comparer à celui que produit l'ardeur d'un ciel pur. La nature semble au premier aspect couverte d'un voile de gaze, l'azur du firmament paraît noir, l'extrême lumière ressemble à des ténèbres. Chez Henri, comme chez l'Espagnole, il se rencontrait une égale violence ; et cette loi de la statique en vertu de laquelle deux forces identiques s'annulent en se rencontrant pourrait être vraie aussi dans le règne moral. Puis l'embarras de ce moment fut singulièrement augmenté par la présence de la vieille momie. L'amour s'effraye ou s'égaye de tout, pour lui tout a un sens, tout lui est présage heureux ou funeste. Cette femme décrépite était là comme un dénoûment possible, et figurait l'horrible queue de poisson par laquelle les symboliques génies de la Grèce ont terminé les Chimères et les Sirènes, si séduisantes, si décevantes par le corsage, comme le sont toutes les passions au début. Quoique Henri fût, non pas un esprit fort, ce mot est toujours une raillerie, mais un homme d'une puissance extraordinaire, un homme aussi grand qu'on peut l'être sans croyance, l'ensemble de toutes ces circonstances le frappa. D'ailleurs les hommes les plus forts sont naturellement les plus impressionnés, et conséquemment les plus superstitieux, si toutefois l'on peut appeler superstition le préjugé du premier mouvement, qui sans doute est l'aperçu du résultat dans les causes cachées à d'autres yeux, mais perceptibles aux leurs. L'Espagnole profitait de ce moment de stupeur pour se laisser aller à l'extase de cette adoration infinie qui saisit le cœur d'une femme quand elle aime véritablement et qu'elle se trouve en présence d'une idole vainement espérée. Ses yeux étaient tout joie, tout bonheur, et il s'en échappait des étincelles. Elle était sous le charme, et s'enivrait sans crainte d'une félicité longtemps rêvée. Elle parut alors si merveilleusement belle à Henri, que toute cette fantasmagorie de haillons, de vieillesse, de draperies rouges usées, de paillassons verts devant les fauteuils, de carreau rouge mal frotté, de luxe infirme et souffrant disparut aussitôt. Le salon s'illumina, il ne vit plus qu'à travers un nuage la terrible harpie, fixe, muette sur son canapé rouge, et dont les yeux jaunes trahissaient les sentiments serviles que le malheur inspire ou que cause un vice sous l'esclavage duquel on est tombé comme sous un tyran qui vous abrutit sous les flagellations de son despotisme. Ses yeux avaient l'éclat froid de ceux d'un tigre en cage qui sait son impuissance et se trouve obligé de dévorer ses envies de destruction.

— Quelle est cette femme ? dit Henri à Paquita.

Mais Paquita ne répondit pas. Elle fit signe qu'elle n'entendait pas le français, et demanda à Henri s'il parlait anglais. De Marsay répéta sa question en anglais.

— C'est la seule femme à laquelle je puisse me fier, quoiqu'elle m'ait déjà vendue, dit Paquita tranquillement. Mon cher Adolphe, c'est ma mère, une esclave achetée en Géorgie pour sa rare beauté, mais dont il reste peu de chose aujourd'hui. Elle ne parle que sa langue maternelle.

L'attitude de cette femme et son envie de deviner, par les mouvements de sa fille et d'Henri, ce qui se passait entre eux furent expliqués soudain au jeune homme, que cette explication mit à l'aise.

— Paquita, lui dit-il, nous ne serons donc pas libres ?

— Jamais ! dit-elle d'un air triste. Nous avons même peu de jours à nous.

Elle baissa les yeux, regarda sa main, et compta de sa main droite sur les doigts de sa main gauche, en montrant ainsi les plus belles mains qu'Henri eût jamais vues.

— Un, deux, trois…

Elle compta jusqu'à douze.

— Oui, dit-elle, nous avons douze jours.

— Et après ?

— Après, dit-elle en restant absorbée comme une femme faible devant la hache du bourreau et tuée d'avance par une crainte qui la dépouillait de cette magnifique énergie que la nature semblait ne lui avoir départie que pour agrandir les voluptés et pour convertir en poëmes sans fin les plaisirs les plus grossiers. — Après, répéta-t-elle. Ses yeux devinrent fixes ; elle parut contempler un objet éloigné, menaçant. — Je ne sais pas, dit-elle.

— Cette fille est folle, se dit Henri, qui tomba lui-même en des réflexions étranges.

Paquita lui parut occupée de quelque chose qui n'était pas lui, comme une femme également contrainte et par le remords et par la passion. Peut-être avait-elle dans le cœur un autre amour qu'elle oubliait et se rappelait tour à tour. En un moment, Henri fut assailli de mille pensées contradictoires. Pour lui cette fille devint un mystère ; mais, en la contemplant avec la savante attention de l'homme blasé, affamé de voluptés nouvelles, comme le roi d'Orient qui demandait qu'on lui créât un plaisir, soif horrible, dont les grandes âmes sont saisies, Henri reconnaissait dans Paquita la plus riche organisation que la nature se fût complu à composer pour l'amour. Le jeu présumé de cette machine, l'âme mise à part, eût effrayé tout autre homme que de Marsay, mais il fut fasciné par cette riche moisson de plaisirs promis, par cette constante variété dans le bonheur, le rêve de tout homme, et que toute femme aimante ambitionne aussi. Il fut affolé par l'infini rendu palpable et transporté dans les plus excessives jouissances de la créature. Il vit tout cela dans cette fille plus distinctement qu'il ne l'avait encore vu, car elle se laissait complaisamment voir, heureuse d'être admirée. L'admiration de Marsay devint une rage secrète, et il la dévoila tout entière en lançant un regard que comprit l'Espagnole, comme si elle était habituée à en recevoir de semblables.

— Si tu ne devais pas être à moi seul, je te tuerais ! s'écria-t-il.

En entendant ce mot, Paquita se voila le visage de ses mains et s'écria naïvement : — Sainte Vierge, où me suis-je fourrée !

Elle se leva, s'alla jeter sur le canapé rouge, se plongea la tête dans les haillons qui couvraient le sein de sa mère, et y pleura. La vieille reçut sa fille sans sortir de son immobilité, sans lui rien témoigner. La mère possédait au plus haut degré cette gravité des peuplades sauvages, cette impassibilité de la statuaire sur laquelle échoue l'observation. Aimait-elle, n'aimait-elle pas sa fille ? Nulle réponse. Sous ce masque couvaient tous les sentiments humains, les bons et les mauvais, et l'on pouvait tout attendre de cette créature. Son regard allait lentement des beaux cheveux de sa fille, qui la couvraient comme une mantille, à la figure d'Henri, qu'elle observait avec une inexprimable curiosité. Elle semblait se demander par quel sortilége il était là, par quel caprice la nature avait fait un homme si séduisant.

— Ces femmes se moquent de moi ! se dit Henri.

En ce moment, Paquita leva la tête, jeta sur lui un de ces regards qui vont jusqu'à l'âme et la brûlent. Elle lui parut si belle, qu'il se jura de posséder ce trésor de beauté.

— Ma Paquita, sois à moi !

— Tu veux me tuer ? dit-elle peureuse, palpitante, inquiète, mais ramenée à lui par une force inexplicable.

— Te tuer, moi ! dit-il en souriant.

Paquita jeta un cri d'effroi, dit un mot à la vieille, qui prit d'autorité la main d'Henri, celle de sa fille, les regarda longtemps, les leur rendit en hochant la tête d'une façon horriblement significative.

— Sois à moi ce soir, à l'instant, suis-moi, ne me quitte pas, je le veux, Paquita ! m'aimes-tu ? viens !

En un moment, il lui dit mille paroles insensées avec la rapidité d'un torrent qui bondit entre des rochers, et répète le même son, sous mille formes différentes.

— C'est la même voix! dit Paquita mélancoliquement, sans que de Marsay pût l'entendre, et... la même ardeur, ajouta-t-elle.

— Eh bien! oui, dit-elle avec un abandon de passion que rien ne saurait exprimer. Oui, mais pas ce soir. Ce soir, Adolphe, j'ai donné trop peu d'opium à la *Concha*, elle pourrait se réveiller, je serais perdue. En ce moment, toute la maison me croit endormie dans ma chambre. Dans deux jours, sois au même endroit, dis le même mot au même homme. Cet homme est mon père nourricier, Christemio m'adore et mourrait pour moi dans les tourments sans qu'on lui arrachât une parole contre moi. Adieu, dit-elle en saisissant Henri par le corps et s'entortillant autour de lui comme un serpent.

Elle le pressa de tous les côtés à la fois, lui apporta sa tête sous la sienne, lui présenta ses lèvres, et prit un baiser qui leur donna de tels vertiges à tous deux, que de Marsay crut que la terre s'ouvrait, et que Paquita cria : — « Va-t'en! » d'une voix qui annonçait assez combien elle était peu maîtresse d'elle-même. Mais elle le garda tout en lui criant toujours : « Va-t'en! » et le mena lentement jusqu'à l'escalier.

Là, le mulâtre, dont les yeux blancs s'allumèrent à la vue de Paquita, prit le flambeau des mains de son idole, et conduisit Henri jusqu'à la rue. Il laissa le flambeau sous la voûte, ouvrit la portière, remit Henri dans la voiture, et le déposa sur le boulevard des Italiens avec une rapidité merveilleuse. Les chevaux semblaient avoir l'enfer dans le corps.

Cette scène fut comme un songe pour de Marsay, mais un de ces songes qui, tout en s'évanouissant, laissent dans l'âme un sentiment de volupté surnaturelle, après laquelle un homme court pendant le reste de sa vie. Un seul baiser avait suffi. Aucun rendez-vous ne s'était passé d'une manière plus décente, ni plus chaste, ni plus froide peut-être, dans un lieu plus horrible par les détails, devant une plus hideuse divinité; car cette mère était restée dans l'imagination d'Henri comme quelque chose d'infernal, d'accroupi, de cadavéreux, de vicieux, de sauvagement féroce, que la fantaisie des peintres et des poètes n'avait pas encore deviné. En effet, jamais rendez-vous n'avait plus irrité ses sens, n'avait révélé de voluptés plus hardies, n'avait mieux fait jaillir l'amour de son centre pour se répandre comme une atmosphère autour d'un homme. Ce fut quelque chose de sombre, de mystérieux, de doux, de tendre, de contraint et d'expansif, un accouplement de l'horrible et du céleste, du paradis et de l'enfer, qui rendit de Marsay comme ivre. Il ne fut plus lui-même, et il était assez grand cependant pour pouvoir résister aux enivrements du plaisir.

Pour bien comprendre sa conduite au dénoûment de cette histoire, il est nécessaire d'expliquer comment son âme s'était élargie à l'âge où les jeunes gens se rapetissent ordinairement en se mêlant aux femmes ou en s'en occupant trop. Il avait grandi par un concours de circonstances secrètes qui l'investissaient d'un immense pouvoir inconnu. Ce jeune homme avait en main un sceptre plus puissant que ne l'est celui des rois modernes presque tous bridés par les lois dans leurs moindres volontés. De Marsay exerçait le pouvoir autocratique du despote oriental. Mais ce pouvoir, si stupidement mis en œuvre dans l'Asie par des hommes abrutis, était décuplé par l'intelligence européenne, par l'esprit français, plus vif, plus acéré que tous les instruments intelligents. Henri pouvait ce qu'il voulait dans l'intérêt de ses plaisirs et de ses vanités. Cette invisible action sur le monde social l'avait revêtu d'une majesté réelle, mais secrète, sans emphase et repliée sur lui-même. Il avait de lui, non pas l'opinion que Louis XIV pouvait avoir de soi, mais celle que le plus orgueilleux des kalifes, des Pharaons, des Xerxès, qui se croyaient de race divine, avaient d'eux-mêmes, quand ils imitaient Dieu en se voilant à leurs sujets, sous prétexte que leurs regards donnaient la mort. Ainsi, sans avoir aucun remords d'être à la fois juge et partie, de Marsay condamnait froidement à mort l'homme ou la femme qui l'avait offensé sérieusement. Quoique souvent prononcé presque légèrement, l'arrêt était irrévocable. Une erreur était un malheur semblable à celui que cause la foudre en tombant sur une Parisienne heureuse dans quelque fiacre, au lieu d'écraser le vieux cocher qui la conduit à un rendez-vous. Aussi la plaisanterie amère et profonde qui distinguait la conversation de ce jeune homme causait-elle assez généralement de l'effroi; personne ne se sentait l'envie de le choquer. Les femmes aiment prodigieusement ces gens qui se nomment pachas eux-mêmes, qui semblent accompagnés de lions, de bourreaux, et marchent dans un appareil de terreur. Il en résulte chez ces hommes une sécurité d'action, une certitude de pouvoir, une fierté de regard, une conscience léonine qui réalise pour les femmes le type de force qu'elles rêvent toutes. Ainsi était de Marsay.

Heureux en ce moment de son avenir, il redevint jeune et flexible, et ne songeait qu'à aimer en allant se coucher. Il rêva de la *fille aux yeux d'or*, comme rêvent les jeunes gens passionnés. Ce fut des images monstrueuses, des bizarreries insaisissables, pleines de lumière, et qui révèlent les mondes invisibles, mais d'une manière toujours incomplète, car un voile interposé change les conditions de l'optique. Le lendemain et le surlendemain, il disparut sans que l'on pût savoir où il était allé. Sa puissance ne lui appartenait qu'à de

certaines conditions, et, heureusement pour lui, pendant ces deux jours, il fut simple soldat au service du démon, dont il tenait sa talismanique existence. Mais à l'heure dite, le soir, sur le boulevard, il attendit la voiture qui ne se fit pas attendre. Le mulâtre s'approcha d'Henri, pour lui dire en français une phrase qu'il paraissait avoir apprise par cœur : — Si vous voulez venir, m'a-t-elle dit, il faut consentir à vous laisser bander les yeux.

Et Christemio montra un foulard de soie blanche.

— Non! dit Henri, dont la toute-puissance se révolta soudain. Et il voulut monter. Le mulâtre lui fit un signe, la voiture partit.

— Oui! cria de Marsay, furieux de perdre un bonheur qu'il s'était promis. D'ailleurs, il voyant l'impossibilité de capituler avec un esclave dont l'obéissance était aveugle autant que celle d'un bourreau. Puis, était-ce sur cet instrument passif que devait tomber sa colère?

Le mulâtre siffla, la voiture revint. Henri monta précipitamment. Déjà quelques curieux s'amassaient niaisement sur le boulevard. Henri était fort, il voulut se jouer du mulâtre. Lorsque la voiture partit au grand trot, il lui saisit les mains pour s'emparer de lui, et pouvoir garder, en domptant son surveillant, l'exercice de ses facultés, afin de savoir où il allait. Tentative inutile. Les yeux du mulâtre étincelèrent dans l'ombre. Cet homme poussa des cris que la fureur faisait expirer dans sa gorge, se dégagea, rejeta de Marsay par une main de fer, et le cloua, pour ainsi dire, au fond de la voiture, puis, de sa main libre, il tira un poignard triangulaire, en sifflant. Le cocher entendit le sifflement, et s'arrêta. Henri était sans armes, il fut forcé de plier, il tendit la tête vers le foulard. Ce geste de soumission apaisa Christemio, qui lui banda les yeux avec un respect et un soin qui témoignaient une sorte de vénération pour la personne de l'homme aimé par son idole. Mais, avant de prendre cette précaution, il avait serré son poignard avec défiance dans sa poche de côté, et se boutonna jusqu'au menton.

— Il m'aurait tué, ce Chinois-là! se dit de Marsay.

La voiture roula de nouveau rapidement. Il restait une ressource à un jeune homme qui connaissait aussi bien Paris que le connaissait Henri. Pour savoir où il allait, il lui suffisait de se recueillir, de compter, par le nombre des ruisseaux franchis, les rues devant lesquelles ou passerait sur les boulevards, tant que la voiture continuerait d'aller droit. Il pouvait ainsi reconnaître par quelle rue latérale la voiture se dirigerait, soit vers la Seine, soit vers les hauteurs de Montmartre, et deviner le nom ou la position de la rue où un guide le ferait arrêter. Mais l'émotion violente que lui avait causée sa lutte, la fureur où le mettait sa dignité compromise, les idées de vengeance auxquelles il se livrait, les suppositions que lui suggérait le soin minutieux que prenait cette fille mystérieuse pour le faire arriver à elle, tout l'empêcha d'avoir cette attention d'aveugle, nécessaire à la concentration de son intelligence, et à la parfaite perspicacité du souvenir. Le trajet dura une demi-heure. Quand la voiture s'arrêta, elle n'était plus sur le pavé. Le mulâtre et le cocher prirent Henri à bras le corps, l'enlevèrent, le mirent sur une espèce de civière, et le transportèrent à travers un jardin, dont il sentit les fleurs et l'odeur particulière aux arbres et à la verdure. Le silence qui y régnait était si profond, qu'il put distinguer le bruit que faisaient quelques gouttes d'eau en tombant des feuilles humides. Les deux hommes le montèrent dans un escalier, le firent lever, le conduisirent à travers plusieurs pièces, en le guidant par les mains, et le laissèrent dans une chambre dont l'atmosphère était parfumée, et dont il sentit sous ses pieds le tapis épais. Une main de femme le poussa sur un divan et lui dénoua le foulard. Henri vit Paquita devant lui, mais Paquita dans sa gloire de femme voluptueuse.

La moitié du boudoir où se trouvait Henri décrivait une ligne circulaire mollement gracieuse, qui s'opposait à l'autre partie parfaitement carrée, au milieu de laquelle brillait une cheminée en marbre blanc et or. Il était entré par une porte latérale que cachait une riche portière en tapisserie, et qui faisait face à une fenêtre. Le fer-à-cheval était orné d'un véritable divan turc, c'est-à-dire un matelas posé par terre, mais un matelas large comme un lit, un divan de cinquante pieds de tour, en cachemire blanc, relevé par des bouffettes en soie noire et ponceau, disposées en losanges. Le dossier de cet immense lit s'élevait de plusieurs pouces au-dessus des nombreux coussins qui l'enrichissaient encore par le goût de leurs agréments. Ce boudoir était tendu d'une étoffe rouge, sur laquelle était posée une mousseline des Indes, cannelée comme l'est une colonne corinthienne, par des tuyaux alternativement creux et ronds, arrêtés en haut et en bas dans une bande d'étoffe couleur ponceau sur laquelle étaient dessinées des arabesques noires. Sous la mousseline, le ponceau devenait rose, couleur amoureuse que répétaient les rideaux de la fenêtre, qui étaient en mousseline des Indes doublée de taffetas rose, et ornée de franges ponceau mélangé de noir. Six bras en vermeil, supportant chacun deux bougies, étaient attachés sur la tenture à d'égales distances pour éclairer le divan. Le plafond, au milieu duquel pendait un lustre en vermeil mat, étincelait de blancheur, et la corniche était dorée. Le tapis ressemblait à un châle d'Orient, il en offrait les dessins et rappelait les poésies de la Perse, où des mains d'esclaves l'avaient travaillé. Les meubles étaient couverts en cachemire blanc,

rehaussé par des agréments noirs et ponceau. La pendule, les candélabres, tout était en marbre blanc et or. La seule table qu'il y eût
avait un cachemire pour tapis. D'élégantes jardinières contenaient
des roses de toutes les espèces, des fleurs ou blanches ou rouges.
Enfin, le moindre détail semblait avoir été l'objet d'un soin pris avec
amour. Jamais la richesse ne s'était plus coquettement cachée pour
devenir de l'élégance, pour exprimer la grâce, pour inspirer la volupté. Là tout aurait réchauffé l'être le plus froid. Les chatoiements
de la tenture, dont la couleur changeait suivant la direction du regard, en devenant ou toute blanche, ou toute rose, s'accordaient
avec les effets de la lumière, qui s'infusait dans les diaphanes tuyaux
de la mousseline, en produisant de nuageuses apparences. L'âme a je
ne sais quel attachement pour le blanc, l'amour se plaît dans le rouge,
et l'or flatte les passions, il a la puissance de réaliser leurs fantaisies.
Ainsi tout ce que l'homme a de vague et de mystérieux en lui-même,
toutes ses affinités inex-
pliquées, se trouvaient
caressées dans leurs
sympathies involontai-
res. Il y avait dans cette
harmonie parfaite un
concert de couleurs au-
quel l'âme répondait par
des idées voluptueuses,
indécises, flottantes.

Ce fut au milieu d'une
vaporeuse atmosphère
chargée de parfums ex-
quis, que Paquita, vêtue
d'un peignoir blanc, les
pieds nus, des fleurs d'o-
ranger dans ses cheveux
noirs, apparut à Henri
agenouillée devant lui,
l'adorant comme le dieu
de ce temple où il avait
daigné venir. Quoique
de Marsay eût l'habitude
de voir les recherches
du luxe parisien, il fut
surpris à l'aspect de
cette coquille, sembla-
ble à celle où naquit
Vénus. Soit effet du con-
traste entre les ténèbres
d'où il sortait et la lu-
mière qui baignait son
âme, soit par une com-
paraison rapidement fai-
te entre cette scène et
celle de la première en-
trevue, il éprouva une
de ces sensations déli-
cates que donne la vraie
poésie. En apercevant,
au milieu de ce réduit
éclos par la baguette
d'une fée, le chef-d'œu-
vre de la création, cette
fille dont le teint chau-
dement coloré, dont la
peau douce, mais légè-
rement dorée par les re-
flets du rouge et par
l'effusion de je ne sais
quelle vapeur d'amour
étincelait comme si elle
eût réfléchi les rayons
des lumières et des cou-

Deux hommes le conduisirent à travers plusieurs pièces... —PAGE 71.

leurs, sa colère, ses désirs de vengeance, sa vanité blessée, tout
tomba. Comme un aigle qui fond sur sa proie, il la prit à plein corps,
l'assit sur ses genoux, et sentit, avec une indicible ivresse, la voluptueuse pression de cette fille dont les beautés si grassement dévelop-
pées l'enveloppèrent doucement.

— Viens, Paquita! dit-il à voix basse.

— Parle! parle sans crainte, lui dit-elle. Cette retraite a été construite pour l'amour. Aucun son ne s'en échappe, tant on y veut
ambitieusement garder les accents et les musiques de la voix aimée.
Quelque forts que soient des cris, ils ne sauraient être entendus au
delà de cette enceinte. On y peut assassiner quelqu'un, ses plaintes y
seraient vaines comme s'il était au milieu du grand désert.

— Qui donc a si bien compris la jalousie et ses besoins?

— Ne me questionne jamais là-dessus, répondit-elle en défaisant,

avec une incroyable gentillesse de geste, la cravate du jeune homme,
sans doute pour en bien voir le cou.

— Oui, voilà ce cou que j'aime tant! dit-elle. Veux-tu me plaire?

Cette interrogation, que l'accent rendait presque lascive, tira de
Marsay de la rêverie où l'avait plongé la despotique réponse par laquelle Paquita lui avait interdit toute recherche sur l'être inconnu
qui planait comme une ombre au-dessus d'eux.

— Et si je voulais savoir qui règne ici?

Paquita le regarda en tremblant.

— Ce n'est donc pas moi, dit-il en se levant et se débarrassant de
cette fille qui tomba la tête en arrière. Je veux être seul, là où je suis.

— Frappant! frappant! dit la pauvre esclave en proie à la terreur.

— Pour qui me prends-tu donc? Répondras-tu?

Paquita se leva doucement, les yeux en pleurs, alla prendre dans
un des deux meubles d'ébène un poignard, et l'offrit à Henri par un
geste de soumission qui
aurait attendri un tigre.

— Donne-moi une fête
comme en donnent les
hommes quand ils ai-
ment, dit-elle, et, pen-
dant que je dormirai,
tue-moi, car je ne sau-
rais te répondre. Écou-
te: Je suis attachée com-
me un pauvre animal à
son piquet; je suis éton-
née d'avoir pu jeter un
pont sur l'abîme qui nous
sépare. Enivre-moi, puis
tue-moi. Oh! non, non,
dit-elle en joignant les
mains, ne me tue pas!
j'aime la vie! La vie est
si belle pour moi! Si je
suis esclave, je suis reine
aussi. Je pourrais t'abu-
ser par des paroles, te
dire que je n'aime que
toi, te le prouver, pro-
fiter de mon empire mo-
mentané pour te dire:
— Prends-moi comme
on goûte en passant le
parfum d'une fleur dans
le jardin d'un roi. Puis,
après avoir déployé l'é-
loquence rusée de la
femme et les ailes du
plaisir, après avoir dés-
altéré ma soif, je pour-
rais te faire jeter dans
un puits où personne ne
te trouverait, et qui a
été construit pour satis-
faire la vengeance sans
avoir à redouter celle
de la justice, un puits
plein de chaux qui s'al-
lumerait pour te consu-
mer sans qu'on retrou-
vât une parcelle de ton
être. Tu resterais dans
mon cœur, à moi pour
toujours.

Henri regarda cette
fille sans trembler, et
ce regard sans peur la
combla de joie.

— Non, je ne le ferai pas! tu n'es pas tombé ici dans un piège,
mais dans un cœur de femme qui t'adore, et c'est moi qui serai jetée
dans le puits.

— Tout cela me paraît prodigieusement drôle, lui dit de Marsay
en l'examinant. Mais tu me parais une bonne fille, une nature bizarre; tu es, foi d'honnête homme, une charade vivante dont le mot
me semble bien difficile à trouver.

Paquita ne comprit rien à ce que disait le jeune homme; elle le regarda doucement en ouvrant des yeux qui ne pouvaient jamais être
bêtes, tant il s'y peignait de volupté.

— Tiens, mon amour, dit-elle en revenant à sa première idée,
veux-tu me plaire?

— Je ferai tout ce que tu voudras, et même ce que tu ne voudras
pas, répondit en riant de Marsay, qui retrouva son aisance de fat en

prenant la résolution de se laisser aller au cours de sa bonne fortune sans regarder ni en arrière ni en avant. Puis peut-être comptait-il sur sa puissance et sur son savoir-faire d'homme à bonnes fortunes pour dominer quelques heures plus tard cette fille, et en apprendre tous les secrets.

— Eh bien! lui dit-elle, laisse-moi t'arranger à mon goût.

— Mets-moi donc à ton goût, dit Henri.

Paquita joyeuse alla prendre dans un des deux meubles une robe de velours rouge, dont elle habilla de Marsay, puis elle le coiffa d'un bonnet de femme et l'entortilla d'un châle. En se livrant à ses folies, faites avec une innocence d'enfant, elle riait d'un rire convulsif, et ressemblait à un oiseau battant des ailes; mais elle ne voyait rien au delà.

S'il est impossible de peindre les délices inouïes que rencontrèrent ces deux belles créatures faites par le ciel dans un moment où il était en joie, il est peut-être nécessaire de traduire métaphysiquement les impressions extraordinaires et presque fantastiques du jeune homme. Ce que les gens qui se trouvent dans la situation sociale où était de Marsay et qui vivent comme il vivait, savent le mieux reconnaître, est l'innocence d'une fille. Mais, chose étrange! si la *Fille aux yeux d'or* était vierge, elle n'était certes pas innocente. L'union si bizarre du mystérieux et du réel, de l'ombre et de la lumière, de l'horrible et du beau, du plaisir et du danger, du paradis et de l'enfer, qui s'était déjà rencontrée dans cette aventure, se continuait dans l'être capricieux et sublime dont se jouait de Marsay. Tout ce que la volupté la plus raffinée a de plus savant, tout ce que pouvait connaître Henri de cette poésie des sens que l'on nomme l'amour, fut dépassé par les trésors que déroula cette fille dont les yeux jaillissants ne mentirent à aucune des promesses qu'ils faisaient. Ce fut un poème oriental, où rayonnait le soleil que Saadi, Hafiz ont mis dans leurs bondissantes strophes. Seulement, ni le rhythme de Saadi, ni celui de Pindare, n'auraient exprimé l'extase pleine de confusion et la stupeur dont cette délicieuse fille fut saisie quand cessa l'erreur dans laquelle une main de fer la faisait vivre.

— Morte! dit-elle, je suis morte! Adolphe, emmène-moi donc au bout de la terre, dans une île où personne ne nous sache. Que notre fuite ne laisse pas de traces! Nous serions suivis dans l'enfer. Dieu! voici le jour. Sauve-toi. Te reverrai-je jamais? Oui, demain, je veux te revoir, dussé-je, pour avoir ce bonheur, donner la mort à tous mes surveillants. A demain.

Elle le serra dans ses bras par une étreinte où il y avait la terreur de la mort. Puis elle poussa un ressort qui devait répondre à une sonnette, et supplia de Marsay de se laisser bander les yeux.

— Et si je ne voulais plus, et si je voulais rester ici?

— Tu causerais plus promptement ma mort, dit-elle; car maintenant je suis sûre de mourir pour toi.

Henri se laissa faire. Il se rencontre en l'homme qui vient de se

Il alluma un cigare à la lanterne d'une bonne femme... — PAGE 73

gorger de plaisir une pente à l'oubli, je ne sais quelle ingratitude, un désir de liberté, une fantaisie d'aller se promener, une teinte de mépris et peut-être de dégoût pour son idole, il se rencontre enfin d'inexplicables sentiments qui le rendent infâme et ignoble. La certitude de cette affection confuse, mais réelle chez les âmes qui ne sont ni éclairées par cette lumière céleste, ni parfumées de ce baume saint d'où nous vient la pertinacité du sentiment, a dicté sans doute à Rousseau les aventures de milord Edouard, par lesquelles sont terminées les lettres de la *Nouvelle Héloïse*. Si Rousseau s'est évidemment inspiré de l'œuvre de Richardson, il s'en est éloigné par mille détails qui laissent son monument magnifiquement original. La certitude de cette affection confuse, il l'a recommandé à la postérité par de grandes idées qu'il est difficile de dégager par l'analyse, quand, dans la jeunesse, on lit cet ouvrage avec le dessein d'y trouver la chaude peinture du plus physique de nos sentiments, tandis que les écrivains sérieux et philosophes n'en emploient jamais les images que comme la conséquence ou la nécessité d'une vaste pensée; et les aventures de milord Edouard sont une des idées les plus européennement délicates de cette œuvre.

Henri se trouvait donc sous l'empire de ce sentiment confus que ne connaît pas le véritable amour. Il fallait en quelque sorte le persuasif arrêt des comparaisons et l'attrait irrésistible des souvenirs pour le ramener à une femme. L'amour vrai règne surtout par la mémoire. La femme qui ne s'est pas gravée dans l'âme ni par l'excès du plaisir, ni par la force du sentiment, celle-là peut-elle jamais être aimée? A l'insu d'Henri, Paquita s'était établie chez lui par ces deux moyens. Mais en ce moment, tout entier à la fatigue du bonheur, cette délicieuse mélancolie du corps, il ne pouvait guère s'analyser le cœur en reprenant sur ses lèvres le goût des plus vives voluptés qu'il eût encore égrappées. Il se trouva sur le boulevard Montmartre au petit jour, regarda stupidement l'équipage qui s'enfuyait, tira deux cigares de sa poche, en alluma un à la lanterne d'une bonne femme qui vendait de l'eau-de-vie et du café aux ouvriers, aux gamins, aux maraîchers, à toute cette population parisienne qui commence sa vie avant le jour; puis il s'en alla, fumant son cigare, et mettant ses mains dans les poches de son pantalon avec une insouciance vraiment déshonorante.

— La bonne chose qu'un cigare! Voilà ce dont un homme ne se lassera jamais, se dit-il.

Cette *Fille aux yeux d'or* dont raffolait à cette époque toute la jeunesse élégante de Paris, il y songeait à peine! L'idée de la mort exprimée à travers les plaisirs, et dont il avait à plusieurs reprises rembruni le front de cette belle créature qui tenait aux houris de l'Asie par sa mère, à l'Europe par son éducation, aux tropiques par sa naissance, lui semblait être une de ces tromperies par lesquelles toutes les femmes essayent de se rendre intéressantes.

— Elle est de la Havane, du pays le plus espagnol qu'il y ait dans le Nouveau-Monde; elle a donc mieux aimé jouer la terreur que de me jeter au nez de la souffrance, de la difficulté, de la coquetterie ou le devoir, comme font les Parisiennes. Par ses yeux d'or, j'ai bien envie de dormir.

Il vit un cabriolet de place qui stationnait au coin de Frascati, en attendant quelques joueurs; il le réveilla, se fit conduire chez lui, se coucha, et s'endormit du sommeil des mauvais sujets, lequel, par une bizarrerie dont aucun chansonnier n'a encore tiré parti, se trouve être aussi profond que celui de l'innocence. Peut-être est-ce un effet de cet axiome proverbial, *les extrêmes se touchent.*

Vers midi, de Marsay se détira les bras en se réveillant, et sentit les atteintes d'une de ces faims canines que tous les vieux soldats peuvent se souvenir d'avoir éprouvée au lendemain de la victoire. Aussi vit-il devant lui Paul de Manerville avec plaisir, car rien n'est alors plus agréable que de manger en compagnie.

— Eh bien! lui dit son ami, nous imaginons tous que tu t'étais enfermé depuis dix jours avec la *Fille aux yeux d'or!*

La *Fille aux yeux d'or!* je n'y pense plus. Ma foi! j'ai bien d'autres chats à fouetter.

— Ah! tu fais le discret.

— Pourquoi pas? dit en riant de Marsay. Mon cher, la discrétion est le plus habile des calculs. Écoute... Mais non, je ne te dirai pas un mot. Tu ne m'apprends jamais rien, je ne suis pas disposé à donner en pure perte les trésors de ma politique. La vie est un fleuve qui sert à faire du commerce. Par tout ce qu'il y a de plus sacré sur la terre, par les cigares, je ne suis pas un professeur d'économie sociale mise à la portée des niais. Déjeunons. Il est moins coûteux de te donner une omelette au thon que de te prodiguer ma cervelle.

— Tu comptes avec tes amis?

— Mon cher, dit Henri qui se refusait rarement à une ironie, comme il pourrait t'arriver cependant tout comme à un autre d'avoir besoin de discrétion, et que je t'aime beaucoup... Oui, je t'aime! Ma parole d'honneur, s'il ne fallait qu'un billet de mille francs pour t'empêcher de te brûler la cervelle, tu le trouverais ici, car nous n'avons encore rien hypothéqué là-bas, hein, Paul? Si je te battais demain, je mesurerais la distance et chargerais les pistolets, afin que tu sois tué dans les règles. Enfin, si une personne autre que moi s'avisait de dire du mal de toi en ton absence, il faudrait se mesurer avec un rude gentilhomme qui se trouve dans ma peau, voilà ce que j'appelle une amitié à toute épreuve. Eh bien! quand tu auras besoin de discrétion, mon petit, apprends qu'il existe deux espèces de discrétions : discrétion active et discrétion négative. La discrétion négative est celle des sots qui emploient le silence, la negation, l'air renfrogné, la discrétion des portes fermées, véritable impuissance! La discrétion active procède par affirmation. Si, au Cercle, je disais : — Foi d'honnête homme, la *Fille aux yeux d'or* ne valait pas ce qu'elle m'a coûté! tout le monde, quand je serais parti, s'écrierait : — Avez-vous entendu ce fat de de Marsay qui voudrait nous faire accroire qu'il a déjà eu la *Fille aux yeux d'or?* il voudrait ainsi se débarrasser de ses rivaux, il n'est pas maladroit. Mais cette ruse est vulgaire et dangereuse. Quelque grosse que soit la sottise qui nous échappe, il se rencontre toujours des niais pour y croire. La meilleure des discrétions est celle dont usent les femmes adroites quand elles veulent donner le change à leurs maris. Elle consiste à compromettre une femme à laquelle nous ne tenons pas, ou que nous n'aimons pas, ou que nous n'avons pas, pour conserver l'honneur de celle que nous aimons assez pour la respecter. C'est ce que j'appelle la *femme-écran.* — Ah! voici Laurent. Que nous apportes-tu?

— Des huîtres d'Ostende, monsieur le comte...

— Tu sauras quelque jour, Paul, combien il est amusant de se jouer du monde en lui dérobant le secret de nos affections. J'éprouve un immense plaisir d'échapper à la stupide juridiction de la masse, qui ne sait jamais ni ce qu'elle veut ni ce qu'on lui fait vouloir, qui prend le moyen pour le résultat, qui tour à tour adore et maudit, élève et détruit! Quel bonheur de lui imposer des émotions et de n'en pas recevoir, de la dompter, de ne jamais lui obéir! Si l'on peut être fier de quelque chose, n'est-ce pas d'un pouvoir acquis par soi-même, dont nous sommes à la fois la cause, l'effet, le principe et le résultat? Eh bien! aucun homme ne sait qu'il aime, ni ce que je veux. Peut-être saura-t-on qui j'ai aimé, ce que j'aurai voulu, comme on sait les drames accomplis, mais laisser voir dans mon jeu!... faiblesse, duperie. Je ne connais rien de plus méprisable que la force jouée par l'adresse. Je m'initie tout en riant au métier d'ambassadeur, si toutefois la diplomatie est aussi difficile que l'est la vie! J'en doute. As-tu de l'ambition? veux-tu devenir quelque chose?

— Mais, Henri, tu te moques de moi, comme si je n'étais pas assez médiocre pour arriver à tout.

— Bien! Paul. Si tu continues à te moquer de toi-même, tu pourras bientôt te moquer de tout le monde.

En déjeunant, de Marsay commença, quand il en fut à fumer ses cigares, à voir les événements de sa nuit sous un singulier jour. Comme beaucoup de grands esprits, sa perspicacité n'était pas spontanée, il n'entrait pas tout à coup au fond des choses. Comme chez toutes les natures douées de la faculté de vivre beaucoup dans le présent, d'en exprimer, pour ainsi dire le jus et le dévorer, sa seconde vue avait besoin d'une espèce de sommeil pour s'identifier aux

causes. Le cardinal de Richelieu était ainsi, ce qui n'excluait pas en lui le don de prévoyance nécessaire à la conception des grandes choses. De Marsay se trouvait dans toutes ces conditions, mais il n'usa d'abord de ses armes qu'au profit de ses plaisirs, et ne devint l'un des hommes politiques les plus profonds du temps actuel que quand il se fut saturé des plaisirs auxquels pense tout d'abord un jeune homme lorsqu'il a de l'or et le pouvoir. L'homme se bronze ainsi : il use la femme, pour que la femme ne puisse pas l'user.

En ce moment donc, de Marsay s'aperçut qu'il avait été joué par la *Fille aux yeux d'or*, en voyant dans son ensemble cette nuit dont les plaisirs n'avaient que graduellement ruisselé pour finir par s'épancher à torrents. Il put alors lire dans cette page si brillante d'effet, en deviner le sens caché. L'innocence purement physique de Paquita, l'étonnement de sa joie, quelques mots d'abord obscurs et maintenant clairs, échappé au milieu de la joie, tout lui prouva qu'il avait posé pour une autre personne. Comme aucune des corruptions sociales ne lui était inconnue, qu'il professait au sujet de tous les caprices une parfaite indifférence, et les croyait justifiés par cela même qu'ils se pouvaient satisfaire, il ne s'effaroucha pas du vice, il le connaissait comme on connaît un ami, mais il fut blessé de lui avoir servi de pature. Si ses présomptions étaient justes, il avait été outragé dans le vif de son être. Ce seul soupçon le mit en fureur, il laissa éclater le rugissement du tigre dont une gazelle se serait moquée, le cri d'un tigre qui joignait à la force de la bête l'intelligence du démon.

— Eh bien! qu'as-tu donc? lui dit Paul.

— Rien!

— Je ne voudrais pas, si l'on te demandait si tu as quelque chose contre moi, que tu répondisses un *rien* semblable, il faudrait sans doute nous battre le lendemain.

— Je ne me bats plus, dit de Marsay.

— Ceci me semble encore plus tragique. Tu assassines donc?

— Tu travestis les mots. J'exécute.

— Mon cher ami, dit Paul, tes plaisanteries sont bien poussées au noir, ce matin.

— Que veux-tu? la volupté mène à la férocité. Pourquoi? je n'en sais rien, et je ne suis pas assez curieux pour en chercher la cause.

— Ces cigares sont excellents. Donne du thé à ton ami. — Sais-tu, Paul, que je mène une vie de brute? Il serait bien temps de se choisir une destinée, d'employer ses forces à quelque chose qui valût la peine de vivre. La vie est une singulière comédie. Je suis effrayé, je ris de l'inconséquence de notre ordre social. Le gouvernement fait trancher la tête à de pauvres diables qui ont tué un homme, et il patente des créatures qui peuvent, médicalement parlant, expédier une douzaine de jeunes gens par hiver. La morale est sans force contre une douzaine de vices qui détruisent la société, et que rien ne peut punir.

— Encore une tasse! — Ma parole d'honneur! l'homme est un bouffon qui danse sur un précipice. On nous parle de l'immoralité des *Liaisons dangereuses*, et de je ne sais quel autre livre qui a un nom de femme de chambre; mais il existe un livre horrible, sale, épouvantable, corrupteur, toujours ouvert, qu'on ne fermera jamais, le grand livre du monde, sans compter un autre livre mille fois plus dangereux, qui se compose de tout ce qui se dit à l'oreille, entre hommes, ou se murmure entre femmes, le soir, au bal.

— Henri, il se passe en toi quelque chose d'extraordinaire, et cela se voit malgré ta discrétion active.

— Oui! tiens, il faut que je tue le temps jusqu'à ce soir. Allons au jeu. Peut-être aurai-je le bonheur de perdre.

De Marsay se leva, prit une poignée de billets de banque, les roula dans sa boîte à cigares, s'habilla et profita de la voiture de Paul pour aller au Salon des étrangers, où, jusqu'au dîner, il consuma le temps dans ces émouvantes alternatives de perte et de gain, qui sont la dernière ressource des organisations fortes, quand elles sont contraintes de s'exercer dans le vide. Le soir il vint au rendez-vous, et se laissa complaisamment bander les yeux. Puis, avec cette ferme volonté que les hommes vraiment forts ont seuls la faculté de concentrer, il porta son attention et appliqua son intelligence à deviner par quelles rues passait la voiture. Il eut une sorte de certitude d'être mené vers Saint-Lazare, et d'être arrêté à la petite porte du jardin de l'hôtel San-Réal. Quand il passa, comme la première fois, cette porte et qu'il fut mis sur un brancard porté sans doute par le mulâtre et par le cocher, il comprit, en entendant crier le sable sous leurs pieds, pourquoi l'on prenait de si minutieuses précautions. Il aurait pu, s'il avait été libre, ou s'il avait marché, cueillir une branche d'arbuste, regarder la nature du sable qui se serait attaché à ses bottes; tandis que, transporté pour ainsi dire aériennement dans un hôtel inaccessible, sa bonne fortune devait être ce qu'elle avait été jusqu'alors, un rêve. Mais, pour le désespoir de l'homme, il ne peut rien faire que d'imparfait, soit en bien, soit en mal. Toutes ses œuvres intellectuelles ou physiques sont toutes empreintes d'une marque de destruction. Il avait plu légèrement, la terre était humide. Pendant la nuit certaines odeurs végétales sont beaucoup plus fortes que pendant le jour; Henri sentit donc les parfums du réséda le long de l'allée par laquelle il était convoyé. Cette indication devait l'éclairer dans les recherches qu'il se promettait de faire pour reconnaître l'hôtel où se trouvait le boudoir de Paquita. Il étudia de même les détours que ses porteurs firent dans la maison, et crut pouvoir se les rappeler. Il se vit comme la veille sur l'ottomane, devant Paquita qui lui défaisait son bandeau ; mais il la vit pâle et changée. Elle avait pleuré. Agenouillée comme un ange en prière, mais comme un ange triste et profondément mélancolique, la pauvre fille ne ressemblait plus à la curieuse, à l'impatiente, à la bondissante créature qui avait pris de Marsay sur ses ailes pour le transporter dans le septième ciel de l'amour. Il y avait quelque chose de si vrai dans ce désespoir voilé par le plaisir, que le terrible de Marsay sentit en lui-même une admiration pour ce nouveau chef-d'œuvre de la nature, et oublia momentanément l'intérêt principal de ce rendez-vous.

— Qu'as-tu donc, ma Paquita ?

— Mon ami, dit-elle, emmène-moi, cette nuit même. Jette-moi quelque part où l'on ne puisse pas dire en me voyant : Voici Paquita ; où personne ne réponde : Il y a ici une fille au regard doré, qui a de longs cheveux. Là je te donnerai des plaisirs tant que tu voudras en recevoir de moi. Puis, quand tu ne m'aimeras plus, tu me laisseras, je ne me plaindrai pas, je ne dirai rien ; et mon abandon ne devra te causer aucun remords, car un jour passé près de toi, un seul jour pendant lequel je t'aurai regardé, m'aura valu toute une vie. Mais si je reste ici, je suis perdue.

— Je ne puis pas quitter Paris, ma petite, répondit Henri. Je ne m'appartiens pas, je suis lié par un serment au sort de plusieurs personnes qui sont à moi comme je suis à elles. Mais je puis te faire dans Paris un asile où nul pouvoir humain n'arrivera.

— Non, dit-elle, tu oublies le pouvoir féminin.

Jamais phrase prononcée par une voix humaine n'exprima plus complètement la terreur.

— Qui pourrait donc arriver à toi, si je me mets entre toi et le monde ?

— Le poison ! dit-elle. Déjà dona Concha te soupçonne. Et, reprit-elle en laissant couler des larmes qui brillèrent le long de ses joues, il est bien facile de voir que je ne suis plus la même. Eh bien ! si tu m'abandonnes à la fureur du monstre qui me dévorera, que ta sainte volonté soit faite ! Mais viens, fais qu'il y ait toutes les voluptés de la vie dans notre amour. D'ailleurs, je supplierai, je pleurerai, je crierai, je me défendrai, je me sauverai peut-être.

— Qui donc imploreras-tu ? dit-il.

— Silence ! reprit Paquita. Si j'obtiens ma grâce, ce sera peut-être à cause de ma discrétion.

— Donne-moi ma robe, dit insidieusement Henri.

— Non, non, répondit-elle vivement, reste ce que tu es, un de ces anges qu'on m'avait appris à haïr, et dans lesquels je ne voyais que des monstres, tandis que vous êtes ce qu'il y a de plus beau sous le ciel, dit-elle en caressant les cheveux d'Henri. Tu ignores à quel point je suis idiote. Je n'ai rien appris. Depuis l'âge de douze ans, je suis enfermée sans avoir vu personne. Je ne sais ni lire ni écrire, je ne parle que l'anglais et l'espagnol.

— Comment se fait-il donc que tu reçoives des lettres de Londres ?

— Mes lettres ! tiens, les voici ! dit-elle en allant prendre quelques papiers dans un long vase du Japon.

Elle tendit à de Marsay des lettres où le jeune homme vit avec surprise des figures bizarres semblables à celles des rébus, tracées avec du sang, et qui exprimaient des phrases pleines de passion.

— Mais, s'écria-t-il en admirant ces hiéroglyphes créés par une habile jalousie, tu es sous la puissance d'un infernal génie ?

— Infernal, répéta-t-elle.

— Mais comment donc as-tu pu sortir...

— Ah ! dit-elle, de là vient ma perte. J'ai mis dona Concha entre la peur d'une mort immédiate et une colère à venir. J'avais une curiosité de démon, je voulais rompre ce cercle d'airain que l'on avait décrit entre la création et moi, je voulais voir ce que c'était que les jeunes gens, car je ne connais d'hommes que de Marsay et Christemio. Notre cocher et le valet qui nous accompagne sont des vieillards.

— Mais, tu n'étais pas toujours enfermée ? Ta santé voulait...

— Ah ! reprit-elle, nous nous promenions, mais pendant la nuit et dans la campagne, au bord de la Seine, loin du monde.

— N'es-tu pas fière d'être aimée ainsi ?

— Non, dit-elle, plus ! Quoique bien remplie, cette vie cachée n'est que ténèbres en comparaison de la lumière.

— Qu'appelles-tu la lumière ?

— Toi, mon bel Adolphe ! toi, pour qui je donnerais ma vie. Toutes les choses de passion que l'on m'a dites et que j'inspirais, je les ressens pour toi ! Pendant certains moments je ne comprenais rien à l'existence, mais maintenant je sais comment nous aimons, et jusqu'à présent j'étais aimée seulement, moi je n'aimais pas. Je quitterais tout pour toi, emmène-moi. Si tu le veux, prends-moi comme un jouet, mais laisse-moi près de toi jusqu'à ce que tu me brises.

— Tu n'auras pas de regret ?

— Pas un seul ! dit-elle en laissant lire dans ses yeux, dont la teinte d'or resta pure et claire.

— Suis-je le préféré ? se dit en lui-même Henri, qui, s'il entrevoyait

la vérité, se trouvait alors disposé à pardonner l'offense en faveur d'un amour si naïf. — Je verrai bien, pensa-t-il.

Si Paquita ne lui devait aucun compte du passé, le moindre souvenir devenait un crime à ses yeux. Il eut donc la triste force d'avoir une pensée à lui, de juger sa maîtresse, de l'étudier tout en s'abandonnant aux plaisirs les plus entraînants que jamais Péri descendue des cieux ait trouvés pour son bien-aimé. Paquita semblait avoir été créée pour l'amour, avec un soin spécial de la nature. D'une nuit à l'autre, son génie de femme avait fait les plus rapides progrès. Quelle que fût la puissance de ce jeune homme, et son insouciance en fait de plaisirs, malgré sa satiété de la veille, il trouva dans la *Fille aux yeux d'or* ce sérail que sait créer la femme aimante et à laquelle un homme ne renonce jamais. Paquita répondait à cette passion que sentent tous les hommes vraiment grands pour l'infini, passion mystérieuse si dramatiquement exprimée dans Faust, si poétiquement traduite dans Manfred, et qui poussait Don Juan à fouiller le cœur des femmes, en espérant y trouver cette pensée sans bornes à la recherche de laquelle se mettent tant de chasseurs de spectres, que les savants croient entrevoir dans la science, et que les mystiques trouvent en Dieu seul. L'espérance d'avoir enfin l'être idéal avec lequel la lutte pouvait être constante sans fatigue, ravit de Marsay qui, pour la première fois, depuis longtemps, ouvrit son cœur. Ses nerfs se détendirent, sa froideur se fondit dans l'atmosphère de cette âme brûlante, ses doctrines tranchantes s'envolèrent, et le bonheur lui colora son existence, comme l'était ce boudoir blanc et rose. En sentant l'aiguillon d'une volupté supérieure, il fut entraîné par delà des limites dans lesquelles il avait jusqu'alors enfermé la passion. Il ne voulut pas être dépassé par cette fille, qu'un amour en quelque sorte artificiel avait formée par avance aux besoins de son âme, et alors il trouva, dans cette vanité qui pousse l'homme à rester en tout vainqueur, des forces pour dompter cette fille ; mais aussi, jeté par delà cette ligne où l'âme est maîtresse d'elle-même, se perdit dans ces limbes délicieuses que le vulgaire nomme si niaisement les espaces imaginaires. Il fut tendre, bon et communicatif. Il rendit Paquita presque folle.

— Pourquoi n'irions-nous pas à Sorrente, à Nice, à Chiavari, passer toute notre vie ainsi ? Veux-tu ? disait-il à Paquita d'une voix pénétrante.

— As-tu donc jamais besoin de me dire : — Veux-tu ? s'écria-t-elle. Ai-je une volonté ? Je ne suis quelque chose hors de toi qu'afin d'être un plaisir pour toi. Si tu veux choisir une retraite digne de nous, l'Asie est le seul pays où l'amour puisse déployer ses ailes...

— Tu as raison, reprit Henri. Allons aux Indes, là où le printemps est éternel, où la terre n'a jamais que des fleurs, où l'homme peut déployer l'appareil des souverains, sans qu'on en glose comme dans les sots pays où l'on veut réaliser la plate chimère de l'égalité. Allons dans la contrée où l'on vit au milieu d'un peuple d'esclaves, où le soleil illumine toujours un palais qui reste blanc, où l'on sème des parfums dans l'air, où les oiseaux chantent l'amour, et où l'on meurt quand on ne peut plus aimer...

— Et où l'on meurt ensemble ! dit Paquita. Mais ne partons pas demain, partons à l'instant, emmenons Christemio.

— Ma foi, le plaisir est le plus beau dénoûment de la vie. Allons en Asie, mais pour partir, enfant ! il faut beaucoup d'or, et pour avoir de l'or, il faut arranger ses affaires.

Elle ne comprenait rien à ces idées.

— De l'or, il y en a ici haut comme ça ! dit-elle en levant la main.

— Il n'est pas à moi.

— Qu'est-ce que cela fait ? reprit-elle, si nous en avons besoin, prenons-le.

— Il ne t'appartient pas.

— Appartenir ! répéta-t-elle. Ne m'as-tu pas prise ? Quand nous l'aurons pris, il nous appartiendra. .

Il se mit à rire.

— Pauvre innocente ! tu ne sais rien des choses de ce monde.

— Non, mais voilà ce que je sais, s'écria-t-elle en attirant Henri sur elle.

Au moment même où de Marsay oubliait tout, et concevait le désir de s'approprier à jamais cette créature, il reçut au milieu de sa joie un coup de poignard qui traversa de part en part son cœur mortifié pour la première fois. Paquita, qui l'avait élevé vigoureusement en l'air comme pour le contempler, s'était écriée : — Oh ! Mariquita !

— Mariquita ! cria le jeune homme en rugissant, je sais maintenant tout ce dont je voulais encore douter.

Il sauta sur le meuble où était renfermé le long poignard. Heureusement pour elle et pour lui, l'armoire était fermée. Sa rage s'accrut de cet obstacle ; mais il recouvra sa tranquillité, alla prendre sa cravate et s'avança vers elle d'un air si férocement significatif, que, sans connaître de quel crime elle était coupable, Paquita comprit néanmoins qu'il s'agissait pour elle de mourir. Alors elle s'élança d'un seul bond au bout de la chambre pour éviter le nœud fatal que de Marsay voulait lui passer autour du cou. Il y eut un combat. De part et d'autre la souplesse, l'agilité, la vigueur furent égales. Pour finir la lutte, Paquita jeta dans les jambes de son amant un coussin qui le fit tomber, et profita du répit que lui laissa cet avantage pour pousser la détente du ressort auquel répondait un avertissement. Le mulâtre arriva brusquement. En un clin d'œil Christemio sauta sur de Marsay, le terrassa, lui mit le pied sur la poitrine, le talon tourné vers la gorge. De Marsay comprit que s'il se débattait il était à l'instant écrasé sur un seul signe de Paquita.

— Pourquoi voulais-tu me tuer, mon amour ? lui dit-elle.

De Marsay ne répondit pas.

— En quoi t'ai-je déplu ? lui dit-elle. Parle, expliquons-nous.

Henri garda l'attitude flegmatique de l'homme fort qui se sent vaincu : contenance froide, silencieuse, tout anglaise, qui annonçait la conscience de sa dignité par une résignation momentanée. D'ailleurs il avait déjà pensé, malgré l'emportement de sa colère, qu'il était peu prudent de se commettre avec la justice en tuant cette fille à l'improviste et sans en avoir préparé le meurtre de manière à s'assurer l'impunité.

— Mon bien-aimé, reprit Paquita, parle-moi ; ne me laisse pas sans un adieu d'amour ! Je ne voudrais pas garder dans mon cœur l'effroi que tu viens d'y mettre. Parleras-tu ? dit-elle en frappant du pied avec colère.

De Marsay lui jeta pour réponse un regard qui signifiait si bien : *tu mourras !* que Paquita se précipita sur lui.

— Eh bien ! veux-tu me tuer ? Si ma mort peut te faire plaisir, tue-moi !

Elle fit un signe à Christemio, qui leva son pied de dessus le jeune homme et s'en alla sans laisser voir sur sa figure qu'il portât un jugement bon ou mauvais sur Paquita.

— Voilà un homme ! se dit de Marsay en montrant le mulâtre par un geste sombre. Il n'y a de dévouement que le dévouement qui obéit à l'amitié sans la juger. Tu as en cet homme un véritable ami.

— Je te le donnerai si tu veux, répondit-elle ; il te servira avec le même dévouement qu'il a pour moi si je le lui recommande.

Elle attendit un mot de réponse, et reprit avec un accent plein de tendresse : — Adolphe, dis-moi donc une bonne parole. Voici bientôt le jour.

Henri ne répondit pas. Ce jeune homme avait une triste qualité, car on regarde comme une grande chose tout ce qui ressemble à de la force, et souvent les hommes divinisent des extravagances. Henri ne savait pas pardonner. Le savoir-revenir, qui certes est une des graces de l'âme, était un non-sens pour lui. La férocité des hommes du Nord, dont le sang anglais est assez fortement teint, lui avait été transmise par son père. Il était inébranlable dans ses bons comme dans ses mauvais sentiments. L'exclamation de Paquita fut d'autant plus horrible pour lui qu'il avait été détrôné du plus doux triomphe qui eût jamais agrandi sa vanité d'homme. L'espérance, l'amour et tous les sentiments s'étaient exaltés chez lui, tout avait flambé dans son cœur et dans son intelligence ; puis ces flambeaux, allumés pour éclairer sa vie, avaient été soufflés par un vent froid. Paquita, stupéfaite, n'eut dans sa douleur que la force de donner le signal du départ.

— Ceci est inutile, dit-elle en jetant le bandeau. S'il ne m'aime plus, s'il me hait, tout est fini.

Elle attendit un regard, ne l'obtint pas, et tomba demi-morte. Le mulâtre jeta sur Henri un coup d'œil si épouvantablement significatif qu'il fit trembler, pour la première fois de sa vie, ce jeune homme, à qui personne ne refusait le don d'une rare intrépidité. — « Si tu ne l'aimes pas bien, si tu lui fais la moindre peine, je te tuerai. » Tel était le sens de ce rapide regard. De Marsay fut conduit avec des soins presque serviles le long d'un corridor éclairé par des jours de souffrance, et au bout duquel il sortit par une porte secrète dans un escalier dérobé qui conduisait au jardin de l'hôtel San-Réal. Le mulâtre le fit marcher précautionneusement le long d'une allée de tilleuls qui aboutissait à une petite porte donnant sur une rue déserte à cette époque. De Marsay remarqua bien tout, la voiture l'attendait ; cette fois le mulâtre ne l'accompagna point ; et, au moment où Henri mit la tête à la portière pour revoir les jardins et l'hôtel, il rencontra les yeux blancs de Christemio, avec lequel il échangea un regard. De part et d'autre ce fut une provocation, un défi, l'annonce d'une guerre de sauvages, d'un duel où cessaient les lois ordinaires, où la trahison ou la perfidie était un moyen admis. Christemio savait qu'Henri avait juré la mort de Paquita. Henri savait que Christemio voulait le tuer avant qu'il ne tuât Paquita. Tous deux s'entendirent à merveille.

— L'aventure se complique d'une façon assez intéressante, se dit Henri.

— Où monsieur va-t-il ? lui demanda le cocher.

De Marsay se fit conduire chez Paul de Manerville.

Pendant plus d'une semaine Henri fut absent de chez lui, sans que personne ne pût savoir ni ce qu'il fit pendant ce temps, ni dans quel endroit il demeura. Cette retraite le sauva de la fureur du mulâtre, et causa la perte de la pauvre créature qui avait mis toute son espérance dans celui qu'elle aimait comme jamais aucune créature n'aima sur cette terre.

Le dernier jour de cette semaine, vers onze heures du soir, Henri vint en voiture à la petite porte du jardin de l'hôtel San-Réal. Trois hommes l'accompagnaient. Le cocher était évidemment un de ses amis, car il se leva droit sur son siège, en homme qui voulait, comme

une sentinelle attentive, écouter le moindre bruit. L'un des trois autres se tint en dehors de la porte, dans la rue ; le second resta debout dans le jardin, appuyé sur le mur ; le dernier, qui tenait à la main un trousseau de clefs, accompagna de Marsay.

— Henri, lui dit son compagnon, nous sommes trahis.

— Par qui, mon bon Ferragus ?

— Ils ne dorment pas tous, répondit le chef des Dévorants : il faut absolument que quelqu'un de la maison n'ait ni bu ni mangé. Tiens, vois cette lumière.

— Nous avons le plan de la maison, d'où vient-elle ?

— Je n'ai pas besoin du plan pour le savoir, répondit Ferragus ; elle vient de la chambre de la marquise.

— Ah ! cria de Marsay. Elle sera sans doute arrivée de Londres aujourd'hui. Cette femme m'aura pris jusqu'à ma vengeance ! Mais, si elle m'a devancé, mon bon Gratien, nous la livrerons à la justice.

— Ecoute donc ! l'affaire est faite, dit Ferragus à Henri.

Les deux amis prêtèrent l'oreille et entendirent des cris affaiblis qui eussent attendri des tigres.

— Ta marquise n'a pas pensé que les sons sortiraient par le tuyau de la cheminée, dit le chef des Dévorants avec le rire d'un critique enchanté de découvrir une faute dans une belle œuvre.

— Nous seuls savons tout prévoir, dit Henri. Attends-moi, je veux aller voir comment cela se passe là-haut, afin d'apprendre la manière dont se traitent leurs querelles de ménage. Par le nom de Dieu, je crois qu'elle la fait cuire à petit feu.

De Marsay grimpa lestement l'escalier qu'il connaissait et reconnut le chemin du boudoir. Quand il en ouvrit la porte, il eut le frissonnement involontaire que cause à l'homme la plus déterminée la vue du sang répandu. Le spectacle qui s'offrit à ses regards eut d'ailleurs pour lui plus d'une cause d'étonnement. La marquise était femme : elle avait calculé sa vengeance avec cette perfection de perfidie qui distingue les animaux faibles. Elle avait dissimulé sa colère pour s'assurer du crime avant de le punir.

— Trop tard, mon bien-aimé ! dit Paquita mourante, dont les yeux pâles se tournèrent vers de Marsay.

La *fille aux yeux d'or* expirait noyée dans le sang. Tous les flambeaux allumés, un parfum délicat qui se faisait sentir, certain désordre où l'œil d'un homme à bonnes fortunes devait reconnaître des folies communes à toutes les passions, annonçaient que la marquise avait savamment questionné la coupable. Cet appartement blanc, où le sang paraissait si bien, trahissait un long combat. Les mains de Paquita étaient empreintes sur les coussins. Partout elle s'était accrochée à la vie, partout elle s'était défendue, et partout elle avait été frappée. Des lambeaux entiers de la tenture cannelée étaient arrachés par ses mains ensanglantées, qui sans doute avaient lutté longtemps. Paquita devait avoir essayé d'escalader le plafond, ses pieds nus étaient marqués le long du dossier du divan, sur lequel elle avait sans doute couru. Son corps, déchiqueté à coups de poignard par son bourreau, disait avec quel acharnement elle avait disputé une vie qu'Henri lui rendait si chère. Elle gisait à terre, et avait, en mourant, mordu les muscles du cou-de-pied de madame de San-Réal, qui gardait à la main son poignard trempé de sang. La marquise avait les cheveux arrachés, elle était couverte de morsures, dont plusieurs saignaient, et sa robe déchirée la laissait voir à demi nue, les seins égratignés. Elle était sublime ainsi. Sa tête avide et furieuse respirait l'odeur du sang. Sa bouche haletante restait entr'ouverte, et ses narines ne suffisaient pas à ses aspirations. Certains animaux, mis en fureur, fondent sur leur ennemi, le mettent à mort, et, tranquilles dans leur victoire, semblent avoir tout oublié. Il en est d'autres qui tournent autour de leur victime, qui la gardent en craignant qu'on ne la leur vienne enlever, et qui, semblables à l'Achille d'Homère, font neuf fois le tour de Troie en traînant leur ennemi par les pieds. Ainsi était la marquise. Elle ne vit pas Henri. D'abord, elle se savait trop bien seule pour craindre des témoins ; puis, elle était trop enivrée de sang chaud, trop animée par la lutte, trop exaltée pour apercevoir tout Paris entier, si Paris avait formé un cirque autour d'elle. Elle n'aurait pas senti la foudre. Elle n'avait même pas entendu le dernier soupir de Paquita, et croyait qu'elle pouvait encore être écoutée par la morte.

— Meurs sans confession ! lui disait-elle ; va en enfer, monstre d'ingratitude, ne sois plus à personne qu'au démon. Pour le sang que tu lui as donné, tu me dois tout le tien ! Meurs, meurs, souffre mille morts, j'ai été trop bonne, je n'ai mis qu'un moment à te tuer, j'aurais voulu te faire éprouver toutes les douleurs que tu me lègues. Je vivrai, moi ! je vivrai malheureuse, je suis réduite à ne plus aimer que Dieu !

Elle la contempla.

— Elle est morte ! se dit-elle après une pause, en faisant un violent retour sur elle-même. Morte ! ah ! j'en mourrai de douleur !

La marquise voulut s'aller jeter sur le divan, accablée par un désespoir qui lui ôtait la voix, et ce mouvement lui permit alors de voir Henri de Marsay.

— Qui es-tu ? lui dit-elle en courant à lui le poignard levé.

Henri lui arrêta le bras, et ils purent ainsi se contempler tous deux face à face. Une surprise horrible leur fit couler à tous deux un sang glacé dans les veines, et ils tremblèrent sur leurs jambes comme des chevaux effrayés. En effet, deux Ménechmes ne se seraient pas mieux ressemblé. Ils dirent ensemble le même mot : — Lord Dudley doit être votre père?

Chacun d'eux baissa la tête affirmativement.

— Elle était fidèle au sang, dit Henri en montrant Paquita.

— Elle était aussi peu coupable qu'il est possible, reprit Margarita-Euphémia Porrabéril, qui se jeta sur le corps de Paquita, en poussant un cri de désespoir. — Pauvre fille! oh! je voudrais te ranimer! J'ai eu tort, pardonne-moi, Paquita! Tu es morte, et je vis, moi! Je suis la plus malheureuse.

En ce moment apparut l'horrible figure de la mère de Paquita.

— Tu vas me dire que tu ne l'avais pas vendue pour que je la tuasse, s'écria la marquise. Je sais pourquoi tu sors de ta tanière. Je te la payerai deux fois. Tais-toi.

Elle alla prendre un sac d'or dans le meuble d'ébène et le jeta dédaigneusement aux pieds de cette vieille femme. Le son de l'or eut le pouvoir de dessiner un sourire sur l'immobile physionomie de la Géorgienne.

J'arrive à temps pour toi, ma sœur, dit Henri. La justice va te demander...

— Rien, répondit la marquise. Une seule personne pouvait demander compte de cette fille. Christemio est mort.

— Et cette mère, demanda Henri en montrant la vieille, ne te rançonnera-t-elle pas toujours?

— Elle est d'un pays où les femmes ne sont pas des êtres, mais des choses dont on fait ce qu'on veut, que l'on vend, que l'on achète, que l'on tue, enfin dont on se sert pour ses caprices, comme vous vous servez ici de vos meubles. D'ailleurs, elle a une passion qui fait capituler toutes les autres, et qui aurait anéanti son amour maternel, si elle avait aimé sa fille; une passion...

— Laquelle? dit vivement Henri en interrompant sa sœur.

— Le jeu, dont Dieu te garde! répondit la marquise.

— Mais par qui vas-tu te faire aider, dit Henri, en montrant la *fille aux yeux d'or*, pour enlever les traces de cette fantaisie, que la justice ne te passerait pas?

— J'ai sa mère, répondit la marquise, en montrant la vieille Géorgienne, à qui elle fit signe de rester.

— Nous nous reverrons, dit Henri, qui songeait à l'inquiétude de ses amis et sentait la nécessité de partir.

— Non, mon frère, dit-elle, nous ne nous reverrons jamais. Je retourne en Espagne, pour m'aller mettre au couvent de *los Dolores*.

— Tu es encore trop jeune, trop belle, dit Henri, en la prenant dans ses bras et lui donnant un baiser.

— Adieu, dit-elle, rien ne console d'avoir perdu ce qui nous a paru être l'infini.

Huit jours après, Paul de Manerville rencontra de Marsay aux Tuileries, sur la terrasse des Feuillants.

— Eh! bien, qu'est donc devenue notre belle FILLE AUX YEUX D'OR, grand scélérat?

— Elle est morte.

— De quoi?

— De la poitrine.

Paris, mars 1834, — avril 1835.

FIN DE L'HISTOIRE DES TREIZE.

GAUDISSART II.

A MADAME LA PRINCESSE DE BELGIOJOSO,

NÉE TRIVULCE.

Savoir vendre, pouvoir vendre, et vendre! Le public ne se doute pas de tout ce que Paris doit de grandeurs à ces trois faces du même problème. L'éclat de magasins aussi riches que les salons de la noblesse avant 1789, la splendeur des cafés, qui souvent efface, et très-facilement, celle du néo-Versailles, le poème des étalages, détruit tous les soirs, reconstruit tous les matins; l'élégance et la grâce des jeunes gens en communication avec les acheteuses, les piquantes physionomies et les toilettes des jeunes filles qui doivent attirer les acheteurs; et enfin, récemment, les profondeurs, les espaces immenses et le luxe babylonien des galeries où les marchands monopolisent les spécialités en les réunissant, tout ceci n'est rien!... Il ne s'agit encore que de plaire à l'organe le plus avide et le plus blasé qui se soit développé chez l'homme depuis la société romaine, et dont l'exigence est devenue sans bornes, grâce aux efforts de la civilisation la plus raffinée. Cet organe, c'est *l'œil des Parisiens!*... Cet œil consomme des feux d'artifice de cent mille francs, des palais de deux kilomètres de longueur sur soixante pieds de hauteur en verres multicolores, des féeries à quatorze théâtres tous les soirs, des panoramas renaissants, de continuelles expositions de chefs-d'œuvre, des mondes de douleurs et des univers de joie en promenade sur les boulevards ou errant par les rues; des encyclopédies de guenilles au carnaval, vingt ouvrages illustrés par an, mille caricatures, dix mille vignettes, lithographies et gravures. Cet œil lampe pour quinze mille francs de gaz tous les soirs; enfin, pour le satisfaire, la ville de Paris dépense annuellement quelques millions en points de vues et en plantations. Et ceci n'est rien encore!... ce n'est que le côté matériel de la question. Oui, c'est, selon nous, peu de chose en comparaison des efforts de l'intelligence, des ruses, dignes de Molière, employées par les soixante mille commis et les quarante mille demoiselles qui s'acharnent à la bourse des acheteurs, comme les milliers d'abeilles aux morceaux de pain qui flottent sur les eaux de la Seine.

Le Gaudissart sur place est au moins égal en capacité, en esprit, en raillerie, en philosophie, à l'illustre commis-voyageur devenu le type de cette tribu. Sorti de son magasin, de sa partie, il est comme un ballon sans son gaz; il ne doit ses facultés qu'à son milieu de marchandises, comme l'acteur n'est sublime que sur son théâtre. Quoique, relativement aux autres commis-marchands de l'Europe, le commis français ait plus d'instruction qu'eux, qu'il puisse au besoin parler asphalte, bal Mabile, polka, littérature, livres illustrés, chemins de fer, politique, chambres et révolution, il est excessivement sot quand il quitte son tremplin, son aune et ses grâces de commande, mais là, sur la corde roide du comptoir, la parole aux lèvres, l'œil à la pratique, le châle à la main, il éclipse le grand Talleyrand, il a plus d'esprit que Désaugiers, il a plus de finesse que Cléopâtre, il vaut Monrose doublé de Molière. Chez lui, Talleyrand eût joué Gaudissart, mais, dans son magasin, Gaudissart aurait joué Talleyrand.

Expliquons ce paradoxe par un fait.

Deux jolies duchesses babillaient aux côtés de cet illustre prince, elles voulaient un bracelet. On attendait, de chez le plus célèbre bijoutier de Paris, un commis et des bracelets. Un Gaudissart arrive muni de trois bracelets, trois merveilles, entre lesquelles les deux femmes hésitent. Choisir! c'est l'éclair de l'intelligence. Hésitez-vous?... tout est dit, vous vous trompez. Le goût n'a pas deux inspirations. Enfin, après dix minutes, le prince est consulté; il voit les deux duchesses aux prises avec les mille facettes de l'incertitude entre les deux plus distingués de ces bijoux, car, de prime abord, il y en eut un d'écarté. Le prince ne quitte pas sa lecture, il ne regarde pas les bracelets, il examine le commis. — Lequel choisiriez-vous pour votre bonne amie? lui demande-t-il. Le jeune homme montre un des deux bijoux. — En ce cas, prenez l'autre, vous ferez le bonheur de deux femmes, dit le plus fin des diplomates modernes, et vous, jeune homme, rendez en mon nom votre bonne amie heureuse. Les deux jolies femmes sourient, et le commis se retire aussi flatté du présent que le prince vient de lui faire que de la bonne opinion qu'il a de lui.

Une femme descend de son brillant équipage, arrêté rue Vivienne, devant un de ces somptueux magasins où l'on vend des châles, elle est accompagnée d'une autre femme. Les femmes sont presque toujours deux pour ces sortes d'expéditions. Toutes, en semblable occurrence, se promènent dans dix magasins avant de se décider, et, dans l'intervalle de l'un à l'autre, elles se moquent de la petite comédie que leur jouent les commis. Examinons qui fait le mieux son personnage, ou de l'acheteuse ou du vendeur? qui des deux l'emporte dans ce petit vaudeville?

Quand il s'agit de peindre le plus grand fait du commerce parisien, la vente! on doit produire un type en y résumant la question. Or, en ceci, le châle ou la chatelaine de mille écus causeront plus d'émotions que la pièce de batiste, que la robe de trois cents francs. Mais, ô étrangers des deux mondes! si toutefois vous lisez cette physiologie de la facture, sachez que cette scène se joue dans les magasins de nouveautés pour un barège à deux francs ou pour de la mousseline imprimée, à quatre francs le mètre!

Comment vous défieriez-vous, princesses ou bourgeoises, de ce joli tout jeune homme, à la joue veloutée et colorée comme une pêche, aux yeux candides, vêtu presque aussi bien que votre... votre... cousin, et doué d'une voix douce comme la toison qu'il vous déplie? Il y en a trois ou quatre ainsi.

L'un à l'œil noir, à la mine décidée, qui vous dit : « Voilà! » d'un air impérial.

L'autre aux yeux bleus, aux formes timides, aux phrases soumises, et dont on dit : — « Pauvre enfant! il n'est pas né pour le commerce!... »

Celui-ci, châtain clair, l'œil jaune et rieur, à la phrase plaisante, et doué d'une activité, d'une gaieté méridionales.

Celui-là, rouge fauve, à barbe en éventail, roide comme un communiste, sévère, imposant, à cravate fatale, à discours brefs.

Ces différentes espèces de commis, qui répondent aux principaux caractères de femmes, sont les bras de leur maître, un gros bonhomme à figure épanouie, à front demi-chauve, à ventre de député ministériel, quelquefois décoré de la Légion d'honneur pour avoir maintenu la supériorité du métier français, offrant des lignes d'une rondeur satisfaisante, ayant femme, enfants, maison de campagne, et son compte à la Banque. Ce personnage descend dans l'arène à la façon du *deus ex machina*, quand l'intrigue trop embrouillée exige un dénoûment subit.

Ainsi les femmes sont environnées de bonhomie, de jeunesse, de

gracieusetés, de sourires, de plaisanteries, de ce que l'humanité civilisée offre de plus simple, de décevant, le tout arrangé par nuances pour tous les goûts.

Un mot sur les effets naturels d'optique, d'architecture, de décor, un mot court, décisif, terrible ; un mot, qui est de l'histoire faite sur place.

Le livre où vous lisez cette page instructive se vend rue de Richelieu, 76, dans une élégante boutique, blanc et or, vêtue de velours rouge, qui possédait une pièce en entresol où le jour vient en plein de la rue de Ménars, et vient, comme une peinture, franc, pur, net, toujours égal à lui-même. Quel flâneur n'a pas admiré le Persan, ce roi d'Asie qui se carre à l'angle de la rue de la Bourse et de la rue de Richelieu, chargé de dire *urbi et orbi :* — « Je règne plus tranquillement ici qu'à Lahore. » Dans cinq cents ans, cette sculpture au coin de deux rues pourrait, sans cette immortelle analyse, occuper les archéologues, faire écrire des volumes in-quarto avec figures, comme celui de M. Quatremère sur le Jupiter Olympien, et où l'on démontrerait que Napoléon a été un peu Sophi dans quelque contrée d'Orient avant d'être empereur des Français. Eh bien! ce riche magasin a fait le siège de ce manufacturier, il s'en est emparé. La COMÉDIE HUMAINE a cédé la place à la comédie des cachemires. Le Persan a sacrifié quelques diamants de sa couronne pour obtenir ce jour si nécessaire. Ce rayon de soleil augmente la vente de cent pour cent, à cause de son influence sur le jeu des couleurs ; il met en relief toutes les séductions des châles, c'est une lumière irrésistible, c'est un rayon d'or! Sur ce fait, jugez de la mise en scène de tous les magasins de Paris.

Revenons à ces jeunes gens, à ce quadragénaire décoré, reçu par le roi des Français à sa table, à ce premier commis à barbe rousse, à l'air autocratique. Ces Gaudissarts émérites se sont mesurés avec mille caprices par semaine, ils connaissent toutes les vibrations de la corde-cachemire dans le cœur des femmes. Quand une lorette, une dame respectable, une jeune mère de famille, une lionne, une duchesse, une bonne bourgeoise, une danseuse effrontée, une innocente demoiselle, une trop innocente étrangère se présentent, chacune d'elles est aussitôt analysée par ces sept ou huit hommes qui l'ont étudiée au moment où elle a mis la main sur le bec de cane de la boutique, et qui stationnent aux fenêtres, au comptoir, à la porte, à un angle, au milieu du magasin, en ayant l'air de penser aux joies d'un dimanche échevelé, en les examinant, en se demandant même: — À quoi peuvent-ils penser? La bourse d'une femme, ses désirs, ses intentions, sa fantaisie, sont mieux fouillés alors en un moment que les douaniers ne fouillent une voiture suspecte à la frontière en sept quarts d'heure. Ces intelligents gaillards, sérieux comme des pères nobles, ont tout vu : le détail de la mise, une invisible empreinte de boue à la bottine, une passe arriérée, un ruban de chapeau sale ou mal choisi, la coupe et la façon de la robe, le neuf des gants, la robe coupée par les intelligents ciseaux de Victorine IV, le bijou de Froment-Meurice, la babiole à la mode, enfin tout ce qui peut dans une femme trahir sa qualité, sa fortune, son caractère. Frémissez! Jamais ce sanhédrin de Gaudissarts, présidé par le patron, ne se trompe. Puis les idées de chacun sont transmises de l'un à l'autre avec une rapidité télégraphique par des regards, par des tics nerveux, des sourires, des mouvements de lèvres, que, les observant, vous diriez de l'éclairage soudain de la grande avenue des Champs-Élysées, où le gaz vole de candélabre en candélabre comme cette idée allume les prunelles de commis en commis.

Et aussitôt, si c'est une Anglaise, le Gaudissart sombre, mystérieux et fatal s'avance, comme un personnage romanesque de lord Byron.

Si c'est une bourgeoise, on lui détache le plus âgé des commis ; il lui montre cent châles en un quart d'heure, il la grise de couleurs, de dessins ; il lui déplie autant de châles que le milan décrit de tours sur un lapin, et, au bout d'une demi-heure, étourdie, et ne sachant que choisir, la digne bourgeoise, flattée dans toutes ses idées, s'en remet au commis qui la place entre les deux marteaux et le dilemme et les égales séductions de deux châles. — Celui-ci, madame, est très-avantageux, il est vert-pomme, la couleur à la mode mais de mode change, tandis que celui-ci (le noir ou le blanc dont la vente est urgente), vous n'en verrez pas la fin, et il peut aller avec toutes les toilettes.

Ceci est l'*a, b, c,* du métier.

— Vous ne sauriez croire combien il faut d'éloquence dans cette chienne de partie, disait dernièrement le premier Gaudissart de l'établissement en parlant à deux de ses amis, Duronceret et Bixiou, venus pour acheter un châle, et en se fiant à lui. Tenez, vous êtes des artistes discrets, ou plutôt vous pouvez parler des ruses de notre patron, qui, certainement, est l'homme le plus fort que j'aie vu. Je ne parle pas comme fabricant, M. Fritot est le premier ; mais comme vendeur, il a inventé le châle-Sélim, *un châle impossible à vendre*, et que nous vendons toujours. Nous gardons dans une boîte de cèdre, très-simple, mais doublée de satin, un châle de cinq à six cents francs, un des châles envoyés par Sélim à l'empereur Napoléon. Ce châle, c'est notre garde impériale, on le fait avancer en désespoir de cause : *il se vend et ne meurt pas.*

En ce moment, une Anglaise déboucha de sa voiture de louage et se montra dans le beau idéal de ce flegme particulier à l'Angleterre et à tous ses produits prétendus animés. Vous eussiez dit de la statue du Commandeur marchant par certains soubresauts d'une disgrace fabriquée à Londres dans toutes les familles avec un soin national.

— L'Anglaise, dit-il à l'oreille de Bixiou, c'est notre bataille de Waterloo. Nous avons des femmes qui nous glissent des mains comme des anguilles, on les rattrape sur l'escalier ; des lorettes qui nous *blaguent*, on rit avec elles, on les tient par le crédit ; des étrangères indéchiffrables chez qui l'on porte plusieurs châles et avec lesquelles on s'entend en leur débitant des flatteries ; mais l'Anglaise, c'est s'attaquer au bronze de la statue de Louis XIV... Ces femmes-là se font une occupation, un plaisir de marchander... Elles nous font *poser*, quoi !...

Le commis romanesque s'était avancé.

— Madame souhaite-t-elle son châle des Indes ou de France, dans les hauts prix, ou...

— Je verrai (*véraie*).

— Quelle somme madame y consacre-t-elle ?

— Je verrai (*véraie*).

En se retournant pour prendre les châles et les étaler sur un portemanteau, le commis jeta sur ses collègues un regard significatif, (Quelle scie !) accompagné d'un imperceptible mouvement d'épaules.

— Voici nos plus belles qualités en rouge des Indes, en bleu, en jaune-orange ; tous sont de dix mille francs... Voici ceux de cinq mille et ceux de trois mille.

L'Anglaise, d'une indifférence morne, lorgna d'abord tout autour d'elle avant de lorgner les trois exhibitions, sans donner signe d'approbation ou d'improbation.

— Avez-vous d'autres ? demanda-t-elle (*havai-vou-d'hôte?*).

— Oui, madame ; mais madame n'est peut-être pas bien décidée à prendre un châle ?

— Oh ! (*hâu*) très-décidée (*trei-deycidai*).

Et le commis alla chercher des châles d'un prix inférieur ; mais il les étala solennellement, comme des choses dont on semble dire ainsi : — Attention à ces magnificences.

— Ceux-ci sont beaucoup plus chers, dit-il, ils n'ont pas été portés, ils sont venus par courriers et sont achetés directement aux fabricants de Lahore.

— Oh ! je comprends, dit-elle, ils me conviennent beaucoup mieux (*mieunx*).

Le commis resta sérieux, malgré son irritation intérieure, qui gagnait Duronceret et Bixiou. L'Anglaise, toujours froide comme du cresson, semblait heureuse de son flegme.

— Quel prix ? dit-elle en montrant un châle bleu céleste couvert d'oiseaux nichés dans les pagodes.

— Sept mille francs.

Elle prit le châle, s'en enveloppa, se regarda dans la glace, et dit en le rendant : — (*No, jé n'aime pouint*).

Un grand quart d'heure passa dans des essais infructueux.

— Nous n'avons plus rien, madame, dit le commis en regardant son patron.

— Madame est difficile comme toutes les personnes de goût, dit le chef de l'établissement en s'avançant avec ces graces boutiquières où le pré éminent et le patelin se mélangeaient agréablement.

L'Anglaise prit son lorgnon et toisa le fabricant de la tête aux pieds, sans vouloir comprendre que cet homme était éligible et dînait aux Tuileries.

— Il ne me reste qu'un seul châle, mais je ne le montre jamais, reprit-il, personne ne l'a trouvé de son goût, il est très-bizarre ; et, ce matin, je me proposais de le donner à ma femme ; nous l'avons depuis 1805, il vient de l'impératrice Joséphine.

— Voyons, monsieur.

— Allez le chercher ! dit le patron à un commis, il est chez moi...

— Je serais beaucoup (*bocop*) très-satisfaite de le voir, répondit l'Anglaise.

Cette réponse fut comme un triomphe, car cette femme splénique paraissait sur le point de s'en aller. Elle faisait semblant de ne voir que les châles, tandis qu'elle regardait les commis et les deux acheteurs avec hypocrisie, en abritant sa prunelle par la monture de son lorgnon.

— Il a coûté soixante mille francs en Turquie, madame.

— Oh ! (*Hâu !*)

— C'est un des sept châles envoyés par Sélim, avant sa catastrophe, à l'empereur Napoléon. L'impératrice Joséphine, une créole, comme milady le sait, très-capricieuse, le céda contre un de ceux apportés par l'ambassadeur turc et que mon prédécesseur avait acheté, mais je n'en ai jamais trouvé le prix, car, en France, nos *dames* ne sont pas assez riches, ce n'est pas comme en Angleterre... Ce châle vaut sept mille francs, qui, certes, en représentent quatorze ou quinze par les intérêts composés...

— Composé, de quoi ? dit l'Anglaise. (*Komppôsai dé quod ?*)

— Voici, madame.

Et le patron, en prenant des précautions que les démonstrateurs du *Grune-gewelbe* de Dresde eussent admirées, ouvrit avec une clef minime une boîte carrée en bois de cedre dont la forme et la simplicité firent une profonde impression sur l'Anglaise. De cette boîte, doublée en satin noir, il sortit un châle d'environ quinze cents francs, d'un jaune d'or, à dessins noirs, dont l'éclat n'était surpassé que par la bizarrerie des inventions indiennes.

— Splendid ! dit l'Anglaise, il est vraiment beau... Voilà mon idéal (*idéo!*) de châle, *it is réry magnificent...*

Le reste fut perdu dans la pose de madame qu'elle prit pour montrer ses yeux sans chaleur, qu'elle croyait beaux.

— L'empereur Napoléon l'aimait beaucoup, il s'en est servi...

— *Bocop*, répéta-t-elle.

Elle prit le châle, le drapa sur elle, s'examina. Le patron reprit le châle, vint au jour le chiffonner, le mania, le fit reluire, il en joua comme Liszt joue du piano.

— C'est *very fine, beautiful, sweet !* dit l'Anglaise de l'air le plus tranquille.

Duronceret, Bixiou, les commis, échangèrent des regards de plaisir qui signifiaient : « Le châle est vendu. »

— Eh bien ! madame ? demanda le négociant en voyant l'Anglaise absorbée dans une sorte de contemplation infiniment trop prolongée.

— Décidément, dit-elle, j'aime mieux une *vôteure !...*

Un même soubresaut anima les commis silencieux et attentifs, comme si quelque fluide électrique les eût touchés.

— J'en ai une bien belle, madame, répondit tranquillement le patron, elle me vient d'une princesse russe, la princesse de Narzicoff, qui me l'a laissée en payement de fournitures ; si madame voulait la voir, elle en serait émerveillée, elle est neuve, elle n'a pas roulé dix jours, il n'y en a pas de pareille à Paris.

La stupéfaction des commis fut contenue par leur profonde admiration.

— Je veux bien, répondit-elle.

— Que madame garde sur elle le châle, dit le négociant, elle en verra l'effet en voiture.

Le négociant alla prendre ses gants et son chapeau.

— Comment cela va-t-il finir ?... dit le premier commis en voyant son patron offrant sa main à l'Anglaise et s'en allant avec elle dans la calèche de louage.

Ceci, pour Duronceret et Bixiou, prit l'attrait d'une fin de roman, outre l'intérêt particulier de toutes les luttes, même minimes, entre l'Angleterre et la France. Vingt minutes après, le patron revint.

— Allez hôtel Lawson, voici la carte : *Mistriss Noswell.* Portez la facture que je vais vous donner, il y a six mille francs à recevoir.

— Et comment avez-vous fait ? dit Duronceret en saluant ce roi de la facture.

— Eh ! monsieur, j'ai reconnu cette nature de femme excentrique : elle aime à être remarquée. Quand elle a vu que tout le monde regardait sa voiture, elle m'a dit : — Décidément gardez votre voiture, monsieur, je prends le châle. Pendant que M. Bigorneau, dit-il en montrant le commis romanesque lui dépliait des châles, j'examinais ma femme, elle vous lorgnait pour savoir quelle idée vous aviez d'elle, elle s'occupait beaucoup plus de vous que des châles. Les Anglaises ont un dégoût particulier (car on ne peut pas dire un goût), elles ne savent pas ce qu'elles veulent, et se déterminent à prendre une chose marchandée plutôt par une circonstance fortuite que par vouloir. J'ai reconnu l'une de ces femmes ennuyées de leurs maris, de leurs marmots, vertueuses à regret, quêtant des émotions, et toujours posées en saules pleureurs...

Voilà littéralement ce que dit le chef de l'établissement.

Ceci prouve que dans un négociant de tout autre pays il n'y a qu'un négociant; tandis qu'en France, et surtout à Paris, il y a un homme sorti d'un collége royal, instruit, aimant ou les arts, ou la pêche, ou le théâtre, ou dévoré du désir d'être le successeur de M. Cunin-Gridaine, ou colonel de la garde nationale, ou membre du conseil général de la Seine, ou juge au tribunal de commerce.

— Monsieur Adolphe, dit la femme du fabricant à son petit commis blond, allez commander une boîte de cèdre chez le tabletier.

— Et, dit le commis en reconduisant Duronceret et Bixiou, qui avaient choisi un châle pour madame Schontz, nous allons voir parmi nos vieux châles celui qui peut jouer le rôle du châle-Sélim.

Paris, novembre 1844.

FIN DE GAUDISSART II.

Ces différentes espèces de commis sont les bras de leur maître — PAGE 78.

ŒUVRES ILLUSTRÉES
DE
BALZAC

LA
MAISON NUCINGEN

Dess. Tony Johannot, Bertall, Daumier, E. Lampsonius, etc.

Grav. par les meilleurs Artistes.

A
MADAME ZULMA CARAUD.
—

N'est-ce pas à vous, madame, dont la haute et probe intelligence est comme un trésor pour vos amis, à vous qui êtes à la fois pour moi tout un public et la plus indulgente des sœurs, que je dois dédier cette œuvre? daignez l'accepter comme témoignage d'une amitié dont je suis fier. Vous et quelques âmes, belles comme la vôtre, comprendront ma pensée en lisant la *Maison Nucingen* accolée à *César Birotteau*. Dans ce contraste n'y a-t-il pas tout un enseignement social?

DE BALZAC.

Vous savez combien sont minces les cloisons qui séparent les cabinets particuliers dans les plus élégants cabarets de Paris. Chez Véry, par exemple, le plus grand salon est coupé en deux par une cloison en; s'ôte et se remet à volonté. La scène n'était pas là, mais dans un bon endroit qu'il ne me convient pas de nommer. Nous étions deux; je dirai donc comme le Prud'homme de

Henri Monnier : « Je ne voudrais pas la compromettre. » Nous caressions les friandises d'un dîner exquis à plusieurs titres, dans un petit salon où nous parlions à voix basse, après avoir reconnu le peu d'épaisseur de la cloison. Nous avions atteint au moment du rôti sans avoir eu de voisins dans la pièce contiguë à la nôtre, où nous n'entendions que les pétillements du feu. Huit heures sonnèrent, il se fit un grand bruit de pieds, il y eut des paroles échangées, les garçons apportèrent des bougies. Il nous fut démontré que le salon voisin était occupé. En reconnaissant les voix, je sus à quels personnages nous avions affaire. C'était quatre des plus hardis cormorans éclos dans l'écume qui couronne les flots incessamment renouvelés de la génération présente; aimables garçons dont l'existence est problématique, à qui l'on ne connaît ni rentes ni domaines, et qui vivent bien. Ces spirituels *condottieri* de l'industrie moderne, devenue la plus cruelle des guerres, laissent les inquiétudes à leurs créanciers, gardent les plaisirs pour eux, et n'ont de souci que de leur costume. D'ailleurs braves à fumer, comme Jean Bart, leur cigare sur une

Il s'entama donc une intime conversation. — PAGE 2.

tonne de poudre, peut-être pour ne pas faillir à leur rôle ; plus moqueurs que les petits journaux, moqueurs à se moquer d'eux-mêmes ; perspicaces et incrédules, fureteurs d'affaires, avides et prodigues, envieux d'autrui, mais contents d'eux-mêmes ; profonds politiques par saillies, analysant tout, devinant tout, ils n'avaient pas encore pu se faire jour dans le monde où ils voulaient se produire. Un seul des quatre est parvenu, mais seulement au pied de l'échelle. Ce n'est rien que d'avoir de l'argent, et un parvenu ne sait tout ce qui lui manque que d'après six mois de flatteries. Peu parleur, froid, gourmé, sans esprit, ce parvenu, nommé Andoche Finot, a eu le cœur de se mettre à plat ventre devant ceux qui pouvaient le servir, et la finesse d'être insolent avec ceux dont il n'avait plus besoin. Semblable à l'un des grotesques du ballet de Gustave, il est marquis par derrière et vilain par devant. Ce prélat industriel entretient un caudataire, Émile Blondet, rédacteur de journaux, homme de beaucoup d'esprit, mais décousu, brillant, capable, paresseux, se sachant exploité, se laissant faire, perfide comme il est bon par caprices ; un de ces hommes que l'on aime et que l'on n'estime pas. Fin comme une soubrette de comédie, incapable de refuser sa plume à qui la lui demande, et son cœur à qui le lui emprunte, Émile est le plus séduisant de ces hommes-filles de qui le plus fantasque de nos gens d'esprit a dit : « Je les aime mieux en souliers de satin qu'en bottes. » Le troisième, nommé Couture, se maintient par la spéculation. Il ente affaire sur affaire, le succès de l'une couvre l'insuccès de l'autre. Aussi vit-il à fleur d'eau, soutenu par la force nerveuse de son jeu, par une coupe roide et audacieuse. Il nage de ci, de là, cherchant dans l'immense mer des intérêts parisiens un îlot assez contestable pour pouvoir s'y loger. Évidemment, il n'est pas à sa place. Quant au dernier, le plus malicieux des quatre, son nom suffira : Bixiou ! Hélas ! ce n'est plus le Bixiou de 1825, mais celui de 1836, le misanthrope bouffon, à qui l'on connaît le plus de verve et de mordant, un diable enragé d'avoir dépensé tant d'esprit en pure perte, furieux de ne pas avoir ramassé son épave dans la dernière révolution, donnant son coup de pied à chacun en vrai Pierrot des Funambules, sachant son époque et les aventures scandaleuses sur le bout de son doigt, les ornant de ses inventions drôlatiques, sautant sur toutes les épaules comme un clown, et tâchant d'y laisser une marque à la façon du bourreau.

Après avoir satisfait aux premières exigences de la gourmandise, nos voisins arrivèrent où nous en étions de notre dîner, au dessert : et, grâce à notre coite tenue, ils se crurent seuls. À la fumée des cigares, à l'aide du vin de Champagne, à travers les amusements gastronomiques du dessert, il s'entama donc une intime conversation. Empreinte de cet esprit glacial qui roidit les sentiments les plus élastiques, arrête les inspirations les plus généreuses, et donne au rire quelque chose d'aigu, cette causerie pleine de l'âcre ironie qui change la gaieté en ricanerie, accusa l'épuisement d'âmes livrées à elles-mêmes, sans autre but que la satisfaction de l'égoïsme, fruit de la paix où nous vivons. Ce pamphlet contre l'homme que Diderot n'osa pas publier, le *Neveu de Rameau*, ce livre débraillé tout exprès pour montrer les plaies, est seul comparable au pamphlet dit sans aucune arrière-pensée, où le mot ne respecta même point ce que le penseur discute encore, où l'on ne construisit qu'avec des ruines, où l'on nia tout, où l'on n'admira que ce que le scepticisme adopte : l'omnipotence, l'omniscience, l'omniconvenance de l'argent. Après avoir tiraillé dans le cercle des personnes de connaissance, la médisance se mit à fusiller les amis intimes. Un signe suffit pour expliquer le désir que j'avais de rester et d'écouter au moment où Bixiou prit la parole comme on va le voir. Nous entendîmes alors une de ces terribles improvisations qui valent à cet artiste sa réputation auprès de quelques esprits blasés ; et, quoique souvent interrompue, prise et reprise, elle fut sténographiée par ma mémoire. Opinions et forme, tout y est en dehors des conditions littéraires. Mais c'est ce que cela fut : un pot-pourri de choses sinistres qui peint notre temps, auquel l'on ne devrait raconter que de semblables histoires, et j'en laisse d'ailleurs la responsabilité au narrateur principal. La pantomime, les gestes, en rapport avec les fréquents changements de voix par lesquels Bixiou peignait les interlocuteurs mis en scène, devaient être parfaits, car ses trois auditeurs laissaient échapper des exclamations approbatives et des interjections de contentement.

— Et Rastignac t'a refusé ? dit Blondet à Finot.

— Net.

— Mais l'as-tu menacé des journaux ? demanda Bixiou.

— Il s'est mis à rire, répondit Finot.

— Rastignac est l'héritier direct de feu de Marsay, il fera son chemin en politique comme dans le monde, dit Blondet.

— Mais comment a-t-il fait sa fortune ? demanda Couture. Il était en 1819 avec l'illustre Bianchon, dans une misérable pension du quartier latin ; sa famille mangeait des hannetons rôtis et buvait le vin du cru, pour pouvoir lui envoyer cent francs par mois : le domaine de son père ne valait pas mille écus, il avait deux sœurs et un frère sur les bras, et maintenant...

— Maintenant, il a quarante mille livres de rentes, reprit Finot,

chacune de ses sœurs a été richement dotée, noblement mariée, et il a laissé l'usufruit du domaine à sa mère...

— En 1827, dit Blondet, je l'ai encore vu sans le sou.

— Oh ! en 1827, dit Bixiou.

— Eh bien ! reprit Finot, aujourd'hui nous le voyons en passe de devenir ministre, pair de France et tout ce qu'il voudra être ! Il a depuis trois ans fini convenablement avec Delphine, il ne se mariera qu'à bonnes enseignes, et il peut épouser une fille noble, lui ! Le gars a eu le bon esprit de s'attacher à une femme riche.

— Mes amis, tenez-lui compte des circonstances atténuantes, dit Blondet, il est tombé dans les pattes d'un homme habile en sortant des griffes de la misère.

— Tu connais bien Nucingen, dit Bixiou ; dans les premiers temps, Delphine et Rastignac le trouvaient *bon* ; une femme semblait être, pour lui, dans sa maison, un joujou, un ornement. Et voilà ce qui, pour moi, rend cet homme carré de base comme de hauteur, Nucingen ne se cache pas pour dire que sa femme est la représentation de sa fortune, *une chose* indispensable, mais secondaire dans la vie à haute pression des hommes politiques et des grands financiers. Il a dit, devant moi, que Bonaparte avait été bête comme un bourgeois dans ses premières relations avec Joséphine, et qu'après avoir eu le courage de la prendre comme un marchepied, il avait été ridicule en voulant faire d'elle une compagne.

— Tout homme supérieur doit avoir, sur les femmes, les opinions de l'Orient, dit Blondet.

— Le baron a fondu les doctrines orientales et occidentales en une charmante doctrine parisienne. Il avait en horreur de Marsay, qui n'était pas maniable, mais Rastignac lui a plu beaucoup et il l'a exploité sans que Rastignac s'en doutât : il lui a laissé toutes les charges de son ménage. Rastignac a endossé tous les caprices de Delphine, il la menait au bois, il l'accompagnait au spectacle. Ce grand petit homme politique d'aujourd'hui a longtemps passé sa vie à lire et à écrire de jolis billets. Dans les commencements, Eugène était grondé pour des riens, il s'égayait avec Delphine quand elle était gaie, s'attristait quand elle était triste, il supportait le poids de ses migraines, de ses confidences, il lui donnait tout son temps, ses heures, sa précieuse jeunesse pour combler le vide de l'oisiveté de cette Parisienne. Delphine et lui tenaient de grands conseils sur les parures qui allaient le mieux, il essuyait le feu des colères et la bordée des boutades, tandis que, par compensation, elle se faisait charmante pour le baron. Le baron riait à part lui ; puis, quand il voyait Rastignac pliant sous le poids de ses charges, il avait l'*air de soupçonner quelque chose*, et reliait les deux amants par une peur commune.

— Je conçois qu'une femme riche ait fait vivre et vivre honorablement Rastignac ; mais où a-t-il pris sa fortune ? demanda Couture. Une fortune aussi considérable que la sienne aujourd'hui, se prend quelque part, et personne ne l'a jamais accusé d'avoir inventé une bonne affaire ?

— Il a hérité, dit Finot.

— De qui ? dit Blondet.

— Des sots qu'il a rencontrés, reprit Couture.

— Il n'a pas tout pris, mes petits amours, dit Bixiou.

        ... Remettez-vous d'une alarme si chaude :
        Nous vivons dans un temps très-ami de la fraude.

Je vais vous raconter l'origine de sa fortune. D'abord, hommage au talent ! Notre ami n'est pas un gars, comme dit Finot, un gentleman qui sait le jeu, qui connaît les cartes à la galerie respecte. Rastignac a tout l'esprit qu'il faut avoir dans un moment donné, comme un militaire qui ne place son courage qu'à quatre-vingt-dix jours, trois signatures et des garanties. Il paraîtra cassant, briseraison, sans unité dans les idées, sans constance dans ses projets, sans opinion fixe ; mais, s'il se présente une affaire sérieuse, une combinaison à suivre, il ne s'éparpillera pas, comme Blondet que voilà ! et qui discute alors pour le compte du voisin, Rastignac se concentre, se ramasse, étudie le point où il faut charger, et il charge à fond de train. Avec la valeur de Murat, il enfonce les carrés, les actionnaires, les fondateurs et la boutique ; quand la charge a fait son trou, il rentre dans sa vie molle et insouciante, il redevient l'homme du midi, le voluptueux, le diseur de riens, l'inoccupé Rastignac, qui peut se lever à midi, parce qu'il ne s'est pas couché au moment de la crise.

— Voilà qui va bien, mais arrive donc à sa fortune, dit Finot.

— Bixiou ne nous fera qu'une charge, reprit Blondet. La fortune de Rastignac, c'est Delphine de Nucingen, femme remarquable, et qui joint l'audace à la prévision.

— T'a-t-elle prêté de l'argent ? demanda Bixiou.

Un rire général éclata.

— Vous vous trempez sur elle, dit Couture à Blondet, son esprit consiste à dire des mots plus ou moins piquants, à aimer Rastignac avec une fidélité gênante, à lui obéir aveuglément, une femme tout à fait italienne.

— Argent à part, dit aigrement Andoche Finot.

— Allons, allons, reprit Bixiou d'une voix pateline, après ce que nous venons de dire, osez-vous encore reprocher à ce pauvre Rastignac d'avoir vécu aux dépens de la maison Nucingen, d'avoir été mis dans ses meubles ni plus ni moins que la Torpille jadis par notre ami des Lupeaulx ! vous tomberiez dans la vulgarité de la rue Saint-Denis. D'abord, abstraitement parlant, comme dit Royer-Collard, la question peut soutenir *la critique de la raison pure*; quant à celle de la raison impure...

— Le voilà lancé ! dit Finot à Blondet.

— Mais, s'écria Blondet, il a raison. La question est très-ancienne, elle fut le grand mot du fameux duel à mort entre la Châteigneraie et Jarnac. Jarnac était accusé d'être en bons termes avec sa belle-mère, qui fournissait au faste du trop aimé gendre. Quand un fait est si vrai, il ne doit pas être dit. Par dévouement pour le roi Henri II, qui s'était permis cette médisance, la Châteigneraie la prit sur son compte; de là ce duel qui a enrichi la langue française de l'expression : *coup de Jarnac*.

— Ah ! l'expression vient de si loin, elle est donc noble? dit Finot.

— Tu pouvais ignorer cela en ta qualité d'ancien propriétaire de journaux et revues, dit Blondet.

— Il est des femmes, reprit gravement Bixiou, il est aussi des hommes qui peuvent scinder leur existence, et n'en donner qu'une partie (remarquez que je vous phrase mon opinion d'après la formule humanitaire). Pour ces personnes, tout intérêt matériel est en dehors des sentiments; elles donnent leur vie, leur temps, leur honneur à une femme, et trouvent qu'il n'est pas comme il faut de gaspiller entre soi du papier de soie où l'on grave : *La loi punit de mort le contrefacteur*. Par réciprocité, ces gens n'acceptent rien d'une femme. Oui, tout devient déshonorant s'il y a fusion des intérêts comme il y a fusion des âmes. Cette doctrine se professe, elle s'applique rarement...

— Eh ! dit Blondet, quelles vétilles ! Le maréchal de Richelieu, qui se connaissait en galanterie, fit une pension de mille louis à madame de La Popelinière, après l'aventure de la plaque de cheminée. Agnès Sorel apporta tout naïvement au roi Charles VII sa fortune, et le roi la prit. Jacques Cœur a entretenu la couronne de France, qui s'est laissé faire, et fut ingrate comme la femme.

— Messieurs, dit Bixiou, l'amour qui ne comporte pas un indissoluble amitié me semble un libertinage momentané. Qu'est-ce que qu'un entier abandon où l'on se réserve quelque chose? Entre ces deux doctrines, aussi opposées et aussi profondément immorales l'une que l'autre, il n'y a pas de conciliation possible. Selon moi, les gens qui craignent une liaison complète ont sans doute la croyance que peut finir, et adieu l'illusion ! La passion qui ne se croit pas éternelle est hideuse. (Ceci dit du Fénelon tout pur.) Aussi, ceux à qui le monde est connu, les observateurs, les gens comme il faut, les hommes bien gantés et bien cravatés, qui ne rougissent pas d'épouser une femme pour sa fortune, proclament-ils comme indispensable une complète scission des intérêts et des sentiments. Les autres sont des fous qui aiment, qui se croient seuls dans le monde avec leur maîtresse ! Pour eux, les millions sont de la boue ; le gant, le camélia porté par l'idole vaut des millions. Si vous ne retrouvez jamais chez eux le vil métal dissipé, vous trouvez des débris de fleurs cachés dans de jolies boîtes de cèdre ! Ils ne se distinguent plus l'un de l'autre. Pour eux, il n'y a plus de mot. Toi, roideur, laisse le verbe incarné. Que voulez-vous ? Empécherez-vous cette maladie secrète du cœur? Il y a des niais qui aiment sans aucune espèce de calcul, et il y a des sages qui calculent en aimant.

— Bixiou me semble sublime ! s'écria Blondet. Qu'en dit Finot ?

— Partout ailleurs, répondit Finot en se posant dans sa cravate, je dirais comme les gentlemen; mais ici je pense...

— Comme les infâmes mauvais sujets avec lesquels tu as l'honneur d'être, reprit Bixiou.

— Ma foi, oui, dit Finot.

— Et toi ? dit Bixiou à Couture.

— Niaiseries ! s'écria Couture. Une femme qui ne fait pas de son corps un marchepied, pour faire arriver au but l'homme qu'elle distingue, est une femme qui n'a de cœur que pour elle.

— Et toi, Blondet?

— Moi, je pratique.

— Eh bien ! reprit Bixiou de sa voix la plus mordante, Rastignac n'était pas de votre avis. Prendre et ne pas rendre est horrible et même un peu léger, mais prendre pour avoir le droit d'imiter le

Seigneur, en rendant le centuple, est un acte chevaleresque. Ainsi pensait Rastignac. Rastignac était profondément humilié de sa communauté d'intérêts avec Delphine de Nucingen, je puis parler de ses regrets, je l'ai vu les larmes aux yeux déplorant sa position. Oui, il en pleurait véritablement!... après souper. Eh bien ! selon vous...

— Ah çà ! tu te moques de nous, dit Finot.

— Pas le moins du monde. Il s'agit de Rastignac, dont la douleur serait, selon vous, une preuve de sa corruption, car alors il aimait beaucoup moins Delphine ! Mais que voulez-vous? le pauvre garçon avait cette épine au cœur. C'est un gentilhomme profondément dépravé, voyez-vous, et nous sommes de vertueux artistes. Donc, Rastignac voulait enrichir Delphine, lui pauvre, elle riche ! Le croiriez-vous?... il y est parvenu. Rastignac, qui se serait battu comme Jarnac, passa dès lors à l'opinion de Henri II, en vertu de son grand mot : Il n'y a pas de vertu absolue, mais des circonstances. Ceci tient à l'histoire de sa fortune.

— Tu devrais bien nous entamer ton conte au lieu de nous induire à nous calomnier nous-mêmes, dit Blondet avec une gracieuse bonhomie.

— Ah ! ah ! mon petit, lui dit Bixiou en lui donnant le baptême d'une petite tape sur l'occiput, tu te rattrapes au vin de Champagne.

— Eh ! par le saint nom de l'actionnaire, dit Couture, raconte-nous ton histoire !

— J'y étais d'un cran, repartit Bixiou; mais avec ton juron, tu me mets au dénoûment.

— Il y a donc des actionnaires dans l'histoire ? demanda Finot.

— Richissimes comme les tiens, répondit Bixiou.

— Il me semble, dit Finot d'un ton gourmé, que tu dois des égards à un bon enfant chez qui tu trouves dans l'occasion un billet de cinq cents...

— Garçon ! cria Bixiou.

— Que veux-tu au garçon ? lui dit Blondet.

— Faire rendre à Finot ses cinq cents francs, afin de dégager ma langue et déchirer ma reconnaissance.

— Dis ton histoire, reprit Finot en feignant de rire.

— Vous êtes témoins, dit Bixiou, que je n'appartiens pas à cet impertinent qui croit que mon silence ne vaut que cinq cents francs ! tu ne seras jamais ministre, si tu ne sais pas juger les consciences. Eh bien ! oui, dit-il d'une voix câline, mon bon Finot, je dirai l'histoire sans personnalités, et nous serons quittes.

— Il va nous démontrer, dit en souriant Blondet, que Nucingen a fait la fortune de Rastignac.

— Tu n'en es pas si loin que tu le penses, reprit Bixiou. Vous ne connaissez pas ce qu'est Nucingen, financièrement parlant.

— Tu ne sais seulement pas, dit Blondet, un mot de ses débuts !

— Je ne l'ai connu que chez lui, dit Bixiou, mais nous pourrions nous être vus autrefois sur la grand'route.

— La prospérité de la maison Nucingen est un des phénomènes les plus extraordinaires de notre époque, reprit Blondet. En 1804, Nucingen était peu connu. Les banquiers d'alors auraient tremblé de savoir sur la place cent mille écus de ses acceptations. Ce grand financier sent alors son infériorité. Comment se faire connaître? Il suspend ses payements. Bon ! Son nom, restreint à Strasbourg et au quartier Poissonnière, retentit sur toutes les places ! il désintéresse son monde avec des valeurs mortes, et reprend ses payements : aussitôt son papier se fait dans toute la France. Par une circonstance inouïe, les valeurs revivent, reprennent faveur, donnent des bénéfices. Le Nucingen est très-recherché. L'année 1815 arrive, mon gars réunit ses capitaux, achète des fonds avant la bataille de Waterloo, suspend ses payements au moment de la crise, liquide avec des actions dans les mines de Wortschin qu'il s'était procurées à vingt pour cent au-dessous de la valeur à laquelle il les émettrait lui-même ! oui, messieurs ! Il prend à Grandet cent cinquante mille bouteilles de vin de Champagne pour se couvrir, en prévoyant la faillite de ce vertueux père du comte d'Aubrion actuel, et autant à Duberghe en vin de Bordeaux. Ces trois cent mille bouteilles *acceptées*, acceptées, mon cher, à trente sous, il les a fait boire aux alliés, à six francs, au Palais-Royal, de 1817 à 1819. Le papier de la maison Nucingen et son nom devinrent européens. Cet illustre baron s'est élevé sur l'abîme où d'autres auraient sombré. Deux fois, sa liquidation a produit d'immenses avantages à ses créanciers : il a voulu les rouer, impossible ! Il passe pour le plus honnête homme du monde. A la troisième suspension, le papier de la maison Nucingen se fera en Asie, au Mexique, en Australasie, chez les sauvages. Ouvrard est le seul qui ait deviné cet Alsacien, fils de quelque juif converti par ambition : « Quand Nucingen lâche son or, disait-il, croyez qu'il saisit des diamants. »

— Son compère du Tillet le vaut bien, dit Finot. Songez donc que du Tillet est un homme qui, en fait de naissance, n'en a que ce qui nous est indispensable pour exister, et que ce gars, qui n'avait pas un liard en 1814, est devenu ce que vous voyez ; mais ce qu'aucun de nous (je ne parle pas de toi, Couture) n'a su faire, il a eu des amis au lieu d'avoir des ennemis. Enfin, il a si bien caché ses antécédents, qu'il a fallu fouiller des égouts pour le trouver commis chez un parfumeur de la rue Saint-Honoré, pas plus tard qu'en 1811.

— Ta! ta! ta! reprit Bixiou, ne comparez jamais à Nucingen un petit *carotteur* comme du Tillet, un chacal qui réussit par son odorat, qui devine les cadavres et arrive le premier pour avoir le meilleur os. Voyez d'ailleurs ces deux hommes : l'un a la mine aigue des chats, il est maigre, élancé; l'autre est cubique, il est gras, il est lourd comme un sac, immobile comme un diplomate. Nucingen a la main épaisse et un regard de loup-cervier qui ne s'anime jamais ; sa profondeur n'est pas en avant, mais en arrière : il est impénétrable, on ne le voit jamais venir, tandis que la finesse de du Tillet ressemble, comme le disait Napoléon de je ne sais qui, à du coton filé trop fin, il casse.

— Je ne vois à Nucingen d'autre avantage sur du Tillet que d'avoir le bon sens de deviner qu'un financier ne doit être que baron, tandis que du Tillet veut se faire nommer comte en Italie, dit Blondet.

— Blondet!... un mot, mon enfant, reprit Couture. D'abord Nucingen a osé dire qu'il n'y a que des apparences d'honnête homme ; puis, pour le bien connaître, il faut être dans les affaires. Chez lui, la banque est un très-petit département : il y a les fournitures du gouvernement, les vins, les laines, les indigos, enfin tout ce qui donne matière à un gain quelconque. Son génie embrasse tout. Cet éléphant de la finance vendrait des députés au ministère, et les Grecs aux Turcs. Pour lui le commerce serait, dirait Cousin, la totalité des variétés, l'unité des spécialités. La banque, envisagée ainsi, devient toute une politique, elle exige une tête puissante, et porte alors un homme bien trempé au-dessus des lois de la probité dans lesquelles il se trouve à l'étroit.

— Tu as raison, mon fils, dit Blondet. Mais nous seuls, nous comprenons que c'est alors la guerre portée dans le monde de l'argent. Le banquier est un conquérant qui sacrifie des masses pour arriver à des résultats cachés, ses soldats sont les intérêts des particuliers. Il a ses stratagèmes à combiner, ses embuscades à tendre, ses partisans à lancer, ses villes à prendre. La plupart de ces hommes sont si contigus à la politique, qu'ils finissent par s'en mêler, et leurs fortunes y succombent. La maison Necker s'y est perdue, le fameux Samuel Bernard s'y est presque ruiné. Dans chaque siècle, il se trouve un banquier de fortune colossale qui ne laisse ni fortune ni successeur. Les frères Pâris, qui contribuèrent à abattre Law, et Law lui-même, auprès de qui tous ceux qui inventent des sociétés par actions sont des pygmées, Bouret, Beaujon, tous ont disparu sans se faire représenter par une famille. Comme le temps, la banque dévore ses enfants. Pour pouvoir subsister, le banquier doit devenir noble, fonder une dynastie comme les prêteurs de Charles-Quint, les Fugger, créés princes de Babenhausen, et qui existent encore... dans l'Almanach de Gotha. La banque cherche la noblesse par instinct de conservation, et sans le savoir peut-être. Jacques Cœur a fait une grande maison noble, celle de Noirmoutier, éteinte sous Louis XIII. Quelle énergie chez cet homme, ruiné pour avoir fait un roi légitime ! Il est mort prince d'une ile de l'Archipel où il a bâti une magnifique cathédrale.

— Ah! si vous faites des cours d'histoire, nous sortons du temps actuel, où le trône est destitué du droit de conférer la noblesse, où l'on fait des barons et des comtes à huis-clos, quelle pitié ! dit Finot.

— Tu regrettes la savonnette à vilain, dit Bixiou, tu as raison. Je reviens à nos moutons. Connaissez-vous Beaudenord ? Non, non, non. Bon. Voyez comme tout passe ! Le pauvre garçon était la fleur du dandysme il y a dix ans. Mais il a été si bien absorbé, que vous ne le connaissez pas plus que Finot ne connaissait tout à l'heure l'origine du coup de Jarnac (c'est pour la phrase et non pour te taquiner que je dis cela, Finot!). A la vérité, il appartenait au faubourg Saint-Germain. Eh bien ! Beaudenord est le premier pigeon que je vais vous mettre en scène. D'abord, il se nommait Godefroid de Beaudenord. Ni Finot, ni Blondet, ni Couture, ni moi, nous ne méconnaîtrons un pareil avantage. Le gars ne souffrait point dans son amour-propre en entendant appeler ses gens au sortir d'un bal, quand trente jolies femmes encapuchonnées et flanquées de leurs maris et de leurs adorateurs attendaient leurs voitures. Puis il jouissait de tous les membres que Dieu a donnés à l'homme : sain et entier, ni taie sur un œil, ni faux toupet, ni faux mollets ; ses jambes ne rentraient point en dedans, ne sortaient point en dehors ; genoux sans engorgement, épine dorsale droite, taille mince, main blanche et jolie, cheveux noirs ; teint ni rose comme celui d'un garçon épicier, ni trop brun comme celui d'un Calabrois. Enfin, chose essentielle ! Beaudenord n'était pas trop joli homme, comme le sont ceux de nos amis qui ont l'air de faire état de leur beauté, de ne pas avoir autre chose : mais ne revenons pas là-dessus, nous l'avons dit, c'est infâme ! Il tirait bien le pistolet, montait fort agréablement à cheval, il s'était battu pour une vétille, et n'avait pas tué son adversaire. Savez-vous que pour faire connaître de quoi se compose un bonheur entier, pur, sans mélange,

au dix-neuvième siècle, à Paris, et un bonheur de jeune homme de vingt-six ans, il faut entrer dans les infiniment petites choses de la vie ? Le bottier avait attrapé le pied de Beaudenord et le chaussait bien, son tailleur aimait à l'habiller. Godefroid ne grasseyait pas, ne gasconnait pas, ne normandisait pas, il parlait purement et correctement, et mettait fort bien sa cravate, comme Finot. Cousin par alliance du marquis d'Aiglemont, son tuteur (il était orphelin de père et de mère, autre bonheur!), il pouvait aller et allait chez les banquiers, sans que le faubourg Saint-Germain lui reprochât de les hanter, car heureusement un jeune homme a le droit de faire du plaisir son unique loi, de courir où l'on s'amuse, et de fuir les recoins sombres où fleurit le chagrin. Enfin il avait été vacciné (tu me comprends, Blondet), il aurait pu se trouver très-malheureux. Eh ! eh ! le bonheur a le malheur de paraître signifier quelque chose d'absolu, apparence qui induit tant de niais à demander : « Qu'est-ce que le bonheur ? » Une femme de beaucoup d'esprit disait : « Le bonheur est où on le met. »

— Elle proclamait une triste vérité, dit Blondet.

— Et morale, ajouta Finot.

— Archi-morale! LE BONHEUR, comme LA VERTU, comme LE MAL, expriment quelque chose de relatif, répondit Blondet. Ainsi la Fontaine espérait que, par la suite des temps, les damnés s'habitueraient à leur position, et finiraient par être dans l'enfer comme les poissons dans l'eau.

— Les épiciers connaissent tous les mots de la Fontaine! dit Finot.

— Le bonheur d'un homme de vingt-six ans qui vit à Paris n'est pas le bonheur d'un homme de vingt-six ans qui vit à Blois, dit Blondet, sans entendre l'interruption. Ceux qui partent de là pour déblatérer contre l'instabilité des opinions sont des fourbes ou des ignorants. La médecine moderne, dont le plus beau titre de gloire est d'avoir, de 1799 à 1837, passé de l'état conjectural à l'état de science positive, et ce par l'influence de la grande école analyste de Paris, a démontré que, dans une certaine période, l'homme s'est complètement renouvelé...

— A la manière du couteau de Jeannot, et vous le croyez toujours le même, reprit Bixiou. Il y a donc plusieurs losanges dans cet habit d'Arlequin que nous nommons le bonheur ; eh bien ! le costume de mon Godefroid n'avait ni trous ni taches. Un jeune homme de vingtsix ans, qui serait heureux en amour, c'est-à-dire aimé, non à cause de sa florissante jeunesse, non pour son esprit, non pour sa tournure, mais irrésistiblement, pas même à cause de l'amour en lui-même, mais quand même cet amour serait abstrait, pour revenir au mot de Royer-Collard, ce susdit jeune homme pourrait fort bien ne pas avoir un liard dans sa bourse que l'objet aimant lui aurait brodé, il pourrait devoir son loyer à son propriétaire, ses bottes à son bottier déjà nommé, ses habits au tailleur qui finirait, comme la France, par se désaffectionner. Enfin, il pourrait être pauvre ! La misère gâte le bonheur du jeune homme qui n'a pas nos opinions transcendantes sur la fusion des intérêts. Je ne sais rien de plus fatigant que d'être moralement très-heureux et matériellement très-malheureux. N'est-ce pas avoir une jambe glacée comme la mienne par le vent coulis de la porte, et l'autre grillée par la braise du feu. J'espère être bien compris, il y a de l'écho dans la poche de ton gilet, Blondet? Entre nous, laissons le cœur, il gâte l'esprit. Poursuivons ! Godefroid de Beaudenord avait donc l'estime de ses fournisseurs, car ses fournisseurs avaient assez régulièrement sa monnaie. La femme de beaucoup d'esprit déjà citée, et qu'on ne peut pas nommer, parce que, grâce à son peu de cœur, elle vit...

— Qui est-ce ?

— La marquise d'Espard ! Elle disait qu'un jeune homme devait demeurer dans un entresol, n'avoir chez lui rien qui sentît le ménage, ni cuisinière, ni cuisine, être servi par un vieux domestique, et n'annoncer aucune prétention à la stabilité. Selon elle, tout autre établissement est de mauvais goût. Godefroid de Beaudenord, fidèle à ce programme, logeait quai Malaquais, dans un entresol ; néanmoins il avait été forcé d'avoir une petite similitude avec les gens mariés, en mettant dans sa chambre un lit d'ailleurs si étroit qu'il y tenait peu. Une Anglaise, entrée par hasard chez lui, n'y aurait pu rien trouver d'*improper*. Finot, tu te feras expliquer la grande loi de l'*improper* qui régit l'Angleterre ! Mais, puisque nous sommes liés par un billet de mille, je vais t'en donner une idée. Je suis allé en Angleterre, moi! (Bas à l'oreille de Blondet : Je lui donne de l'esprit pour plus de deux mille francs.) En Angleterre, Finot, tu te lies extrêmement avec une femme, pendant la nuit, au bal ou ailleurs ; tu la rencontres le lendemain dans la rue, et tu as l'air de la reconnaître : *improper!* Tu trouves à dîner, sous le frac de ton voisin de gauche, un homme charmant, de l'esprit, nulle morgue, du laisser-aller ; il n'a rien d'anglais ; suivant les lois de l'ancienne compagnie française, si accorte, si aimable, tu lui parles : *improper!* Vous abordez au bal une jolie femme afin de la faire danser : *improper!* Vous vous échauffez, vous discutez, vous riez, vous répandez votre cœur, votre âme, votre esprit, dans votre conversation ; vous y exprimez des sentiments ; vous jouez quand vous êtes au jeu, vous causez en causant et vous mangez en mangeant : *improper ! improper ! improper !* Un des hommes les plus spirituels et les plus profonds de cette époque, Stendahl a très-bien caractérisé l'*improper* en disant qu'il est tel lord de la Grande-Bretagne, qui, seul, n'ose pas se croiser les jambes devant son feu, de peur d'être *improper*. Une dame anglaise, fût-elle de la secte furieuse des *saints* (protestants renforcés qui laisseraient mourir toute leur famille de faim, si elle était *improper*), ne sera pas *improper* en faisant le diable à trois dans sa chambre à coucher, et se regardera comme perdue si elle reçoit un ami dans cette même chambre. Grâce à l'*improper*, on trouvera quelque jour Londres et ses habitants pétrifiés.

— Quand on pense qu'il est en France des niais qui veulent y importer les solennelles bêtises que les Anglais font chez eux avec ce beau sang-froid que vous leur connaissez, dit Blondet, il y a de quoi faire frémir quiconque a vu l'Angleterre et se souvient des gracieuses et charmantes mœurs françaises. Dans les derniers temps, Walter Scott, qui n'a pas osé peindre les femmes comme elles sont de peur d'être *improper*, se repentait d'avoir fait la belle figure d'*Effie* dans la Prison d'Édimbourg.

— Veux-tu ne pas être *improper* en Angleterre ? dit Bixiou à Finot.

— Eh bien ? dit Finot.

— Va voir aux Tuileries une espèce de pompier en marbre intitulé Thémistocle et le statuaire, et tâche de marcher comme la statue du commandeur, tu ne seras jamais *improper*. C'est par une application rigoureuse de la grande loi de l'*improper* que le bonheur de Godefroid se compléta. Voici l'histoire. Il avait un tigre, et non pas un groom, comme l'écrivent des gens qui ne savent rien du monde. Son tigre était un petit Irlandais, nommé Paddy, Joby, Toby (à volonté), trois pieds de haut, vingt pouces de large, figure de belette, des nerfs d'acier faits au gin, agile comme un écureuil, menant un landau avec une habileté qui ne s'est jamais trouvée en défaut ni à Londres ni à Paris, un œil de lézard, fin comme le mien, montant à cheval comme le vieux Franconi, les cheveux blonds comme ceux d'une vierge de Rubens, les joues roses, dissimulé comme un prince, instruit comme un avoué retiré, âgé de dix ans, enfin une vraie fleur de perversité, jouant et jurant, aimant les confitures et le punch, insultant comme un feuilleton, hardi et chipeur comme un gamin de Paris. Il était l'honneur et le profit d'un célèbre lord anglais, auquel il avait déjà fait gagner sept cent mille francs aux courses. Le lord aimait beaucoup cet enfant : son tigre était une curiosité, personne à Londres n'avait de tigre si petit. Sur un cheval de course, Joby avait l'air d'un faucon. Eh bien ! le lord renvoya Toby, non pour gourmandise, ni pour vol, ni pour meurtre, ni pour criminelle conversation, ni pour défaut de tenue, ni pour insolence envers milady, non pour avoir troué les poches de la première femme de milady, non pour s'être laissé corrompre par les adversaires de milord aux courses, non pour s'être amusé le dimanche, enfin pour aucun fait reprochable. Toby eût fait toutes ces choses, il aurait même parlé à milord sans être interrogé, milord lui aurait encore pardonné ce crime domestique. Milord aurait supporté bien des choses de Toby, tant milord y tenait. Son tigre menait une voiture à deux roues et à deux chevaux l'un devant l'autre, en selle sur le second, les jambes ne dépassant pas les brancards, ayant l'air enfin d'une de ces têtes d'anges que les peintres italiens sèment autour du Père éternel. Un journaliste anglais fit une délicieuse description de cet petit ange, il le trouva trop joli pour un tigre, il offrit de parier que Paddy était une tigresse apprivoisée. La description menaçait de s'envenimer et de devenir *improper* au premier chef. Le superlatif de l'*improper* mène à la potence. Milord fut beaucoup loué de sa circonspection par milady. Toby ne put trouver de place nulle part, après s'être vu contester son état civil dans la zoologie britannique. En ce temps, Godefroid florissait à l'ambassade de France à Londres, où il apprit l'aventure de Toby, Joby, Paddy. Godefroid s'empara du tigre, qu'il trouva pleurant auprès d'un pot de confitures, l'enfant avait déjà perdu les guindes par lesquelles milord avait doré son malheur. A son retour, Godefroid de Beaudenord importa donc chez nous le plus charmant tigre de l'Angleterre ; il fut connu par son tigre comme Couture s'est fait remarquer par ses gilets. Aussi entra-t-il facilement dans la confédération du club dit aujourd'hui de Grammont. Il n'inquiétait aucune ambition après avoir renoncé à la carrière diplomatique ; il n'avait pas un esprit dangereux, il fut bien reçu de tout le monde. Nous autres, nous serions offensés dans notre amour-propre en ne rencontrant que des visages riants. Nous nous plaisons à voir l'aigre amère de l'envieux. Godefroid n'aimait pas être haï. A chacun son goût ! Arrivons au solide, à la vie matérielle. Son appartement, où j'ai léché plus d'un déjeuner, se recommandait par un cabinet de toilette mystérieux, bien orné, plein de choses confortables, à cheminée, à baignoire ; sortie par un petit escalier, portes battantes assourdies, serrures faciles, gonds discrets, fenêtres à carreaux dépolis, à rideaux impassibles. Si la chambre offrait et devait offrir le plus beau désordre que puisse souhaiter le peintre d'aquarelle le plus exigeant, si tout y respirait l'allure bohémienne d'une vie de jeune homme élégant, le

cabinet de toilette était comme un sanctuaire : blanc, propre, rangé, chaud, point de vent coulis, tapis fait pour y sauter pieds nus, en chemise et effrayée. Là est la signature du garçon vraiment petit maître et sachant la vie ! car là, pendant quelques minutes, il peut paraître ou sot ou grand dans les petits détails de l'existence qui révèlent le caractère. La marquise déjà citée, non, c'est la marquise de Rochefide, est sortie furieuse d'un cabinet de toilette, et n'y est jamais revenue, elle n'y avait rien trouvé d'*improper*. Godefroid y avait une petite armoire pleine...

— De camisoles ? dit Finot.

— Allons, te voilà gros Turcaret ! (Je ne le formerai jamais !) Mais non, de gâteaux, de fruits, jolis petits flacons de vin de Malaga, de Lunel, un en-cas à la Louis XIV, tout ce qui peut amuser des estomacs délicats et bien appris, des estomacs de seize quartiers. Un vieux malicieux domestique, très-fort en l'art vétérinaire, servait les chevaux et pansait Godefroid, car il avait été à feu M. Beaudenord, et portait à Godefroid une affection invétérée, cette lèpre du cœur que les caisses d'épargne ont fini par guérir chez les domestiques. Tout bonheur matériel repose sur des chiffres. Vous, à qui la vie parisienne est connue jusque dans ses exostoses, vous devinez qu'il lui fallait environ dix-sept mille livres de rente, car il avait dix-sept francs d'impositions et mille écus de fantaisies. Eh bien ! mes chers enfants, le jour où il se leva majeur, le marquis d'Aiglemont lui présenta des comptes de tutelle, comme nous ne serions pas capables d'en rendre à nos neveux, et lui remit une inscription de dix-huit mille livres de rente sur le grand-livre, reste de l'opulence paternelle étrillée par la grande réduction républicaine, et grêlée par les arriérés de l'Empire. Ce vertueux tuteur mit son pupille à la tête d'une trentaine de mille francs d'économies placées dans la maison Nucingen, en lui disant avec toute la grâce d'un grand seigneur et le laisser-aller d'un soldat de l'Empire qu'il lui avait ménagé cette somme pour ses folies de jeune homme. « Si tu m'écoutes, Godefroid, ajouta-t-il, au lieu de les dépenser sottement comme tant d'autres, fais-des-toi des utiles, accepte une place d'attaché d'ambassade à Turin, de là va à Naples, de Naples reviens à Londres, et pour ton argent tu te seras amusé, instruit. Plus tard, si tu veux prendre une carrière, tu n'auras perdu ni ton temps ni ton argent. » Feu d'Aiglemont valait mieux que sa réputation, on ne peut pas en dire autant de nous.

— Un jeune homme qui débute à vingt et un ans avec dix-huit mille livres de rente est un garçon ruiné, dit Couture.

— S'il n'est pas avare, ou très-supérieur, dit Blondet.

— Godefroid séjourna dans les quatre capitales de l'Italie, reprit Bixiou. Il vit l'Allemagne et l'Angleterre, un peu Saint-Péter-bourg, parcourut la Hollande ; mais il se sépara desdits trente mille francs en vivant comme s'il avait trente mille livres de rente. Il trouva partout le *suprême de volaille*, l'aspic, et *les vins de France*, entendit parler français à tout le monde, enfin il ne sut pas sortir de Paris. Il aurait bien voulu se dépraver le cœur, se le cuirasser, perdre ses illusions, apprendre à tout écouter sans rougir, à tout dire, à pénétrer les secrets intérêts des puissances... Bah ! il eut toute la peine à se munir de quatre langues, c'est-à-dire à s'approvisionner de quatre mots contre une idée. Il revint veuf de plusieurs douairières ennuyeuses, appelées *bonnes fortunes* à l'étranger, timide et peu formé, bon garçon, plein de confiance, incapable de dire du mal de gens qui lui faisaient l'honneur de l'admettre chez eux, ayant trop de bonne foi pour être diplomate, enfin ce que nous appelons un loyal garçon.

— Bref un *moutard* qui tenait ses dix-huit mille livres de rente à la disposition des premières actions venues, dit Couture.

— Ce diable de Couture a tellement l'habitude d'anticiper les dividendes, qu'il anticipe le dénoûment de mon histoire. Où en étais-je ? Au retour de Beaudenord. Quand il fut installé quai Malaquais, il arriva que mille francs au-dessus de ses besoins furent insuffisants pour sa part de loge aux Italiens et à l'Opéra. Quand il perdait vingt-cinq ou trente louis au jeu dans un pari, naturellement il payait, puis il les dépensait en cas de gain, ce qui nous arriverait si nous étions assez bêtes pour nous laisser prendre à parier. Beaudenord, gêné dans ses dix-huit mille livres de rente, sentit la nécessité de créer ce que nous appelons aujourd'hui *le fond de roulement*. Il tenait beaucoup à *ne pas s'enfoncer lui-même*. Il alla consulter son tuteur : « Mon cher enfant, lui dit d'Aiglemont, les rentes arrivent au pair, vends les rentes, j'ai vendu les miennes et celles de ta femme. Nucingen a mes capitaux et m'en donne six pour cent, fais comme moi, tu auras un pour cent de plus, et ce un pour cent te permettra d'être tout à fait à ton aise. » En trois jours, notre Godefroid fut à son aise. Ses revenus étant mis en équilibre parfait avec son superflu, son bonheur matériel fut complet. S'il était possible d'interroger tous les jeunes gens de Paris d'un seul regard, comme il paraît que la chose se fera lors du jugement dernier pour les milliards de générations qui auront pataugé sur les globes, en gardes nationaux ou en sauvages, et leur demander si le bonheur d'un jeune homme de vingt-six ans ne consiste pas : à pouvoir sortir à cheval, en tilbury, ou en cabriolet avec un tigre gros comme le poing, frais et rose comme Toby, Joby, Paddy; à avoir, le soir, pour douze francs, un coupé de louage très-convenable; à se montrer élégamment tenu suivant les lois vestimentales qui régissent huit heures, midi, quatre heures et le soir; à être bien reçu dans toutes les ambassades, et y recueillir les fleurs éphémères d'amitiés cosmopolites et superficielles; à être d'une beauté supportable, et à bien porter son nom, son habit et sa tête; à loger dans un charmant petit entresol arrangé comme je vous ai dit que l'était l'entresol du quai Malaquais; à pouvoir inviter des amis à vous accompagner au Rocher de Cancale sans avoir interrogé préalablement son gousset, et n'être arrêté dans aucun de ses mouvements raisonnables par ce mot : Ah! et de l'argent? à pouvoir renouveler les bouffettes roses qui embellissent les oreilles de ses trois chevaux pur sang, et à avoir toujours une coiffe neuve à son chapeau; tous, nous-mêmes, gens supérieurs, tous répondraient que le bonheur est incomplet, que c'est la Madeleine sans autel, qu'il faut aimer et être aimé, ou aimer sans être aimé, ou être aimé sans aimer, ou pouvoir aimer à tort et à travers. Arrivons au bonheur moral. Quand, en janvier 1823, il se trouva bien assis dans ses jouissances, après avoir pris pied et langue dans les différentes sociétés parisiennes où il lui plut d'aller, il sentit la nécessité de se mettre à l'abri d'une ombrelle, d'avoir à se plaindre d'une femme comme il faut, de ne pas mâchonner la queue d'une rose achetée dix sous à madame Prévost, à l'instar des petits jeunes gens qui gloussent dans les corridors de l'Opéra comme des poulets en épinette. Enfin il résolut de rapporter ses sentiments, ses idées, ses affections à une femme, *une femme!* La FEMME! Ah! Il conçut d'abord la pensée saugrenue d'avoir une passion malheureuse, il tourna pendant quelque temps autour de sa belle cousine, madame d'Aiglemont, sans s'apercevoir qu'un diplomate avait déjà dansé la valse de Faust avec elle. L'année 25 se passa en essais, en recherches, en coquetteries inutiles. L'objet aimant demandé ne se trouva pas. Les passions sont extrêmement rares. Dans cette époque, il s'est élevé tout autant de barricades dans les mœurs que dans les rues! En vérité, mes frères, je vous le dis, l'*improper* nous gagne! Comme on nous fait le reproche d'aller sur les brisées des peintres en portraits, des commissaires-priseurs et des marchandes de modes, je ne vous ferai pas subir la description de la personne en laquelle Godefroid reconnut sa femelle. Age, dix-neuf ans, taille, un mètre cinquante centimètres; cheveux blonds, sourcils *idem*; yeux bleus, front moyen, nez courbé, bouche petite, menton court et relevé, visage ovale; signes particuliers, néant : tel, le passeport de l'objet aimé. Ne soyez pas plus difficiles que la police, que MM. les maires de toutes les villes et communes de France, que les gendarmes et autres autorités constituées. D'ailleurs, c'est le bloc de la Vénus de Médicis, parole d'honneur. La première fois que Godefroid alla chez madame de Nucingen, qui l'avait invité à l'un de ces bals par lesquels elle acquit, à bon compte, une certaine réputation, il y aperçut, dans un quadrille, la personne à aimer, et fut émerveillé par cette taille d'un mètre cinquante centimètres. Ces cheveux blonds ruisselaient en cascades bouillonnantes sur une petite tête ingénue et fraîche comme celle d'une naïade qui aurait mis le nez à la fenêtre cristalline de sa source, pour voir les fleurs du printemps. (Ceci est notre nouveau style, des phrases qui filent comme notre macaroni tout à l'heure.) L'*idem* des sourcils, n'en déplaise à la préfecture de police, aurait pu demander six vers à l'aimable Parny, ce poète badin qui les eût fort agréablement comparés à l'arc de Cupidon, en faisant observer que le trait est au-dessous, mais un trait sans force, épointé, car il y règne encore aujourd'hui la moutonne douceur que les devants de cheminée attribuent à madame de la Vallière, au moment où elle signe sa tendresse par-devant Dieu, faute d'avoir de la signer par-devant notaire. Vous connaissez l'effet des cheveux blonds et des yeux bleus, combinés avec une danse molle, voluptueuse et décente? Une jeune personne ne vous frappe pas alors audacieusement au cœur, comme les brunes qui par leur regard ont l'air de vous dire, en mendiant espagnol : La bourse ou la vie! cinq francs, ou je te méprise. Ces brunes insolentes (et quelque peu dangereuses!) peuvent plaire à beaucoup d'hommes; mais, selon moi, la blonde qui a le bonheur de paraître excessivement tendre et complaisante, sans perdre ses droits de remontrance, de taquinage, de discours immodérés, de jalousie à faux et tout ce qui rend la femme adorable, sera toujours plus sûre de se marier que la brune ardente. Le bois est cher. Isaure, blanche comme une Alsacienne (elle avait vu le jour à Strasbourg et parlait l'allemand avec un petit accent français fort agréable), dansait à merveille. Ses pieds, que l'employé de la police n'avait pas mentionnés, et qui cependant pouvaient trouver leur place sous la rubrique *signes particuliers*, étaient remarquables par leur petitesse, par ce jeu particulier que les vieux maîtres ont nommé *flic-flac*, et comparable au débit agréable de mademoiselle Mars, car toutes les muses sont sœurs, le danseur et le poète ont également les pieds sur terre. Les pieds d'Isaure conversaient avec netteté, une précision, une légèreté, une rapidité de très-bon augure pour les choses du cœur. — « Elle a du *flic-flac* » était le suprême éloge de Marcel, le seul maître de danse qui ait mérité le nom de grand. On

a dit le grand Marcel comme le grand Frédéric, et du temps de Frédéric.

— A-t-il composé des ballets? demanda Finot.

— Oui, quelque chose comme les *Quatre Éléments*, l'*Europe galante.*

— Quel temps, dit Finot, que le temps où les grands seigneurs habillaient les danseuses!

— *Improper!* reprit Bixiou. Isaure ne s'élevait pas sur ses pointes, elle restait terre à terre, se balançait sans secousses, ni plus ni moins voluptueusement que doit se balancer une jeune personne. Marcel disait avec une profonde philosophie que chaque état avait sa danse : une femme mariée devait danser autrement qu'une jeune personne, un robin autrement qu'un financier, et un militaire autrement qu'un page, il allait même jusqu'à prétendre qu'un fantassin devait danser autrement qu'un cavalier; et, de là, il partait pour analyser toute la société. Toutes ces belles nuances sont bien loin de nous.

— Ah! dit Blondet, tu mets le doigt sur un grand malheur. Si Marcel eût été compris, la révolution française n'aurait pas eu lieu.

— Godefroid, reprit Bixiou, n'avait pas eu l'avantage de parcourir l'Europe sans observer à fond les danses étrangères. Sans cette profonde connaissance en chorégraphie, qualifiée de futile, peut-être n'eût-il pas aimé cette jeune personne; mais des trois cents invités qui se pressaient dans les beaux salons de la rue Saint-Lazare, il fut le seul à comprendre l'amour inédit que trahissait une danse bavarde. On remarqua bien la manière d'Isaure d'Aldrigger; mais, dans ce siècle où chacun s'écrie : Glissons, n'appuyons pas! l'un dit : Voilà une jeune fille qui danse fameusement bien (c'était un clerc de notaire); l'autre : Voilà une jeune personne qui danse à ravir (c'était une dame en turban); la troisième, une femme de trente ans : Voilà une petite personne qui ne danse pas mal! Revenons au grand Marcel, et disons en parodiant son plus fameux mot : Que de choses dans un avant-deux!

— Et allons un peu plus vite! dit Blondet, tu marivaudes.

— Isaure, reprit Bixiou, qui regarda Blondet de travers, avait une simple robe de crêpe blanc ornée de rubans verts, un camélia dans ses cheveux, un camélia à sa ceinture, un autre camélia dans le bas de sa robe, et un camélia...

— Allons, voilà les trois cents chèvres de Sancho!

— C'est toute la littérature, mon cher! Clarisse est un chef-d'œuvre, il a quatorze volumes, et le plus obtus vaudevilliste te le racontera dans un acte. Pourvu que je t'amuse, de quoi te plains-tu? Cette toilette était d'un effet délicieux; est-ce que tu n'aimes pas le camélia? veux-tu des dahlias? Non. Eh bien! un marron, tiens! dit Bixiou, qui jeta sans doute un marron à Blondet, car nous en entendîmes le bruit sur l'assiette.

— Allons, j'ai tort, continue! dit Blondet.

— Je reprends, dit Bixiou. « N'est-ce pas joli à épouser? »dit Rastignac à Beaudenord, en lui montrant la petite aux camélias blancs, purs et sans une feuille de moins. Rastignac était un des intimes de Godefroid. — « Eh bien! j'y pensais, lui répondit à l'oreille Godefroid. J'étais occupé à me dire qu'au lieu de trembler à tout moment dans son bonheur, de jeter à grand'peine un mot dans une oreille inattentive, de regarder aux Italiens s'il y a une fleur rouge ou blanche dans sa coiffure, s'il y a au Bois une main gantée sur le panneau d'une voiture, comme cela se fait à Milan, au Corso, qu'au lieu de voler une bouchée de baba derrière une porte, comme un laquais qui achève une bouteille, d'user son intelligence pour donner et recevoir une lettre, comme un facteur; qu'au lieu de recevoir des tendresses infinies en deux lignes, avoir cinq volumes in-folio à lire aujourd'hui, demain une livraison de deux feuilles, ce qui est fatigant; qu'au lieu de se traîner dans les ornières et derrière les haies, J.-J. Rousseau, aimer tout bonnement une jeune personne comme Isaure, avec l'intention d'en faire sa femme si, durant l'échange des sentiments, les cœurs se conviennent, enfin être Werther heureux. » — C'est un ridicule tout comme un autre, dit Rastignac sans rire. — A ta place, peut-être me plongerais-je dans les délices infinies de cet ascétisme, il est neuf, original et peu coûteux. Ta monna Lisa est suave, mais selle comme une musique de ballet, je t'en préviens. » La manière dont Rastignac dit cette dernière phrase, fit croire à Beaudenord que son ami avait intérêt à le désenchanter, et il le crut son rival en sa qualité d'ancien diplomate. Les vocations manquées déteignent sur toute l'existence. Godefroid s'amouracha si bien de mademoiselle Isaure d'Aldrigger, que Rastignac alla trouver une grande fille qui causait dans un salon de jeu, et lui dit à l'oreille : « Malvina, votre sœur vient de ramener dans son filet un poisson qui pèse dix-huit mille livres de rentes, il a un nom, une certaine assiette dans le monde et de la tenue; surveillez-les; s'ils filent le parfait amour, ayez soin d'être la confidente d'Isaure pour ne pas lui laisser répondre un mot sans l'avoir corrigé. » Vers deux heures du matin, le valet de chambre vint dire à une petite bergère des Alpes, de quarante ans, coquette comme la Zerline de l'opera de *Don Juan*, et auprès de laquelle se tenait Isaure : « La voiture de madame la baronne est avancée. » Godefroid vit alors sa beauté de ballade allemande entraînant sa mère fantastique dans le salon de partance, où ces deux dames furent suivies par Malvina. Godefroid qui feignit (l'enfant !) d'aller savoir dans quel pot de confitures s'était blotti Joby, eut le bonheur d'apercevoir Isaure et Malvina embobelinant leur sémillante maman dans sa pelisse, et se rendant ces petits soins de toilette exigés par un voyage nocturne dans Paris. Les deux sœurs l'examinèrent du coin de l'œil en chattes bien apprises, qui lorgnent une souris sans avoir l'air d'y faire attention. Il éprouva quelque satisfaction en voyant le ton, la mise, les manières du grand Alsacien en livrée, bien ganté, qui vint apporter de gros souliers fourrés à ses trois maîtresses. Jamais deux sœurs ne furent plus dissemblables que l'étaient Isaure et Malvina. L'aînée, grande et brune, Isaure petite et mince ; celle-ci les traits fins et délicats ; l'autre des formes vigoureuses et prononcées ; Isaure était la femme qui regne par son défaut de force, et qu'un lycéen se croit obligé de protéger, Malvina était la femme d'*Avez-vous vu dans Barcelone ?* À côté de sa sœur, Isaure faisait l'effet d'une miniature auprès d'un portrait à l'huile. « Elle est riche ? dit Godefroid à Rastignac en rentrant dans le bal. — Qui ? — Cette jeune personne. — Ah ! Isaure d'Aldrigger. Mais oui. La mère est veuve, son mari a eu Nucingen dans ses bureaux à Strasbourg. Veux-tu la revoir, tourne un compliment à madame de Restaud, qui donne un bal après-demain, la baronne d'Aldrigger et ses deux filles y seront, tu seras invité ! » Pendant trois jours, dans la chambre obscure de son cerveau, Godefroid vit son Isaure et les camélias blancs, et les airs de tête, comme lorsqu'après avoir contemplé longtemps un objet fortement éclairé, nous le retrouvons, les yeux fermés, sous une forme moindre, radieux et coloré, qui petille au centre des ténèbres.

— Bixiou, tu tombes dans le phénomène, masse-nous des tableaux ! dit Couture.

— Voilà ! reprit Bixiou en se posant sans doute comme un garçon de café, voilà, messieurs, le tableau demandé ! Attention, Finot ! il faut tirer sur la bouche comme un cocher de coucou sur celle de sa rosse ! Madame Théodora-Marguerite-Wilhelmine Adolphus (de la maison Adolphus et compagnie, de Manheim), veuve du baron d'Aldrigger, n'était pas une femme grosse Allemande, compacte et réfléchie, blanche, à visage doré, comme la mousse d'un pot de bière, enrichie de toutes les vertus patriarcales que la Germanie possède, romancièrement parlant. Elle avait les joues encore fraîches, colorées aux pommettes comme celle d'une poupée de Nuremberg, des tire-bouchons tres-éveillés aux tempes, les yeux agaçants, pas le moindre cheveu blanc, une taille mince, et dont les prétentions étaient mises en relief par des robes à corset. Elle avait au front et aux tempes quelques rides involontaires qu'elle aurait bien voulu, comme Ninon, exiler à ses talons ; mais les rides persistaient à dessiner leurs zigzags aux endroits les plus visibles. Chez elle, le tour du nez se fanait, et le haut rougissait, ce qui était d'autant plus gênant que le nez s'harmonisait alors à la couleur des pommettes. En qualité d'unique héritière, gâtée par ses parents, gâtée par son mari, gâtée par la ville de Strasbourg, et toujours gâtée par ses deux filles qui l'adoraient, la baronne se permettait le rose, la jupe courte, le nœud à la pointe du corset qui lui dessinait la taille. Quand un Parisien voit cette baronne passant sur le boulevard, il sourit, la condamne sans admettre, comme le jury actuel, les circonstances atténuantes dans un fratricide ! Le moqueur est toujours un être superficiel et conséquemment cruel, le drôle ne tient aucun compte de la part qui revient à la société dans le ridicule dont il rit, car la nature n'a fait que des bêtes, nous devons les sots à l'état social.

— Ce que je trouve de beau dans Bixiou, dit Blondet, c'est qu'il est complet : quand il ne raille pas les autres, il se moque de lui-même.

— Blondet, je te le revaudrai cela, dit Bixiou d'un ton fin. Si cette petite baronne était évaporée, insouciante, égoïste, incapable de calcul, la responsabilité des défauts revenait à Adolphus et compagnie de Manheim, à l'amour aveugle du baron d'Aldrigger. Douce comme un agneau, cette baronne avait le cœur tendre, facile à émouvoir, mais malheureusement l'émotion durait peu et conséquemment se renouvelait souvent. Quand le baron mourut, cette bergère faillit le suivre, tant sa douleur fut violente et vraie ; mais... le lendemain, à déjeuner, on lui servit des petits pois qu'elle aimait, et ces délicieux petits pois calmèrent la crise. Elle était si aveuglément aimée par ses deux filles, par ses gens, que toute la maison fut heureuse d'une circonstance qui leur permit de dérober à la baronne le spectacle douloureux du convoi. Isaure et Malvina cachèrent leurs larmes à cette mère adorée, et l'occupèrent à choisir ses habits de deuil, à les commander, pendant qu'on chantait le *Requiem*. Quand un cercueil est placé sous ce grand catafalque noir et blanc, taché de cire, qui a servi à trois mille cadavres de gens comme il faut avant d'être reformé, selon l'estimation d'un croque-mort philosophe que j'ai consulté sur ce point, entre deux verres de *petit blanc* ; quand un bas clergé tres-indifférent braille le *Dies iræ* ; quand le haut clergé, non moins indifférent, dit l'office, savez-vous ce que disent les amis vêtus de noir, assis ou debout dans l'église ? (Voilà le tableau demandé.) Tenez, les voyez-vous ! — Combien croyez-vous que laisse le papa d'Aldrigger ? disait Desroches à Taillefer. qui nous a fait faire avant sa mort la plus belle orgie connue...

— Est-ce que Desroches était avoué dans ce temps-là ?

— Il a traité en 1822, dit Couture. Et c'était hardi pour le fils d'un pauvre employé qui n'a jamais eu plus de dix-huit cents francs, et dont la mère gérait un bureau de papier timbré. Mais il a rudement travaillé de 1818 à 1822. Entré quatrième clerc chez Derville, il y était second clerc en 1819 !

— Desroches !

— Oui, dit Bixiou. Desroches a roulé comme nous sur les fumiers du *jobisme*. Ennuyé de porter des habits trop étroits et à manches trop courtes, il avait dévoré le droit par désespoir, et venait d'acheter un titre nu. Avoué sans le sou, sans clientèle, sans autres amis que nous, il devait payer les intérêts d'une charge et d'un cautionnement.

— Il me faisait alors l'effet d'un tigre sorti du Jardin-des-Plantes, dit Couture. Maigre, à cheveux roux, les yeux couleur tabac d'Espagne, un teint aigre, l'air froid et flegmatique, mais âpre à la veuve, tranchant sur l'orphelin, travailleur, la terreur de ses clercs, qui ne devaient pas perdre leur temps, instruit, retors, double, d'une élocution mielleuse, ne s'emportant jamais, haineux à la manière de l'homme judiciaire.

— Et il a du bon, s'écria Finot, il est dévoué à ses amis, et son premier soin fut de prendre Godeschal pour maître-clerc, le frère à Mariette.

— À Paris, dit Blondet, l'avoué n'a que deux nuances : il y a l'avoué honnête homme, qui demeure dans les termes de la loi, pousse les procès, ne court pas les affaires, ne néglige rien, conseille ses clients avec loyauté, les fait transiger sur les points douteux, un Derville enfin. Puis, il y a l'avoué famélique à qui tout est bon pourvu que les frais soient assurés ; qui ferait battre, non pas des montagnes, il les vend, mais des planètes ; qui se charge du triomphe d'un coquin sur un honnête homme, quand par hasard l'honnête homme ne s'est pas mis en règle. Quand un de ces avoués-là fait un tour de maître Gonin un peu trop fort, la chambre le force à vendre. Desroches, notre ami Desroches, a compris ce métier, assez pauvrement fait par de pauvres heres : il a acheté les causes aux gens qui tremblaient de les perdre. Il s'est rué sur la chicane en homme déterminé à sortir de la misère. Il a eu raison, il a fait tres-honnêtement son métier. Il a trouvé des protecteurs dans les hommes politiques, en sauvant leurs affaires embarrassées, comme pour notre cher des Lupeaulx, dont la position était si compromise. Il lui fallait cela pour se tirer de peine, car Desroches a commencé par être tres-mal vu du tribunal, lui qui rectifiait avec tant de génie les erreurs de ses clients !... Voyons, Bixiou, revenons ?... Pourquoi Desroches se trouvait-il à l'église ?

— « D'Aldrigger laisse sept ou huit cent mille francs ! répondit Taillefer à Desroches. — Ah ! bah ! il n'y a qu'une personne qui connaisse *leur* fortune, dit Werbrust, un ami du défunt. — Qui ? — Ce gros malin de Nucingen, il ira jusqu'au cimetière, d'Aldrigger a été son patron, et par reconnaissance il faisait valoir les fonds du bonhomme. — La veuve va trouver une bien grande différence ! — Comment l'entendez-vous ? — Mais d'Aldrigger aimait tant sa femme ! Ne riez donc pas, on nous regarde. — Tiens, voilà du Tillet, il est bien en retard, il arrive à l'Épitre. — Il épousera sans doute l'aînée. — Est-ce possible ? dit Desroches, il est plus que jamais engagé avec madame Roguin. — Lui ! engagé ?... vous ne le connaissez pas. — Savez-vous la position de Nucingen et du Tillet ? demanda Desroches. — La voici, dit Taillefer : Nucingen est homme à dévorer le capital de son ancien patron, et à le lui rendre. — Heu ! heu ! fit Werbrust. Il fait diablement humide dans les églises... — Comment le rendre ?... — Eh bien ! Nucingen sait que du Tillet a une grande fortune, il veut le marier à Malvina : mais du Tillet se défie de Nucingen. Pour qui voit le jeu, cette partie est amusante. — Comment, dit Werbrust, déjà bonne à marier ?... Comme nous vieillissons vite ! — Malvina d'Aldrigger a vingt ans, mon cher. Le bonhomme d'Aldrigger s'est marié en 1800 ! Il nous a donné d'assez belles fêtes à Strasbourg pour son mariage, et pour la naissance de Malvina. C'était en 1801, à la paix d'Amiens, et nous sommes en 1823, papa Werbrust. Dans ce temps-là, on s'ossianisait tout, il a nommé sa fille Malvina. Six ans après, sous l'Empire, il y a eu pendant quelque temps une fureur pour les choses chevaleresques, c'était : *Partant pour la Syrie*, un tas de bêtises. Il a nommé sa seconde fille Isaure, elle a dix-sept ans. Voilà deux filles à marier. — Ces femmes n'auront pas un sou dans dix ans, dit Werbrust confidentiellement à Desroches. — Il y a, répondit Taillefer, le valet de chambre de d'Aldrigger, ce vieux qui beugle au fond de l'église, il a vu élever ces deux demoiselles, il est capable de tout pour leur conserver de quoi vivre. (Les chantres : *Dies iræ !*) (Les enfants de chœurs : *Dies illa !*) Taillefer : — Adieu, Werbrust, en entendant le *Dies iræ*, je pense trop à

mon pauvre fils. — Je m'en vais aussi, il fait trop humide, dit Werbrust. (*In fiorilla*.) (Les pauvres à la porte : Quelques sous, mes chers
messieurs!) (Le suisse : Pan ! pan ! *pour les besoins de l'église*. Les
chantres : *Amen !* Un ami : De quoi est-il mort ? Un curieux farceur :
D'un vaisseau rompu dans le talon. Un passant : Savez-vous quel est
le personnage qui s'est laissé mourir? Un parent : Le président de
Montesquieu. Le sacristain aux pauvres : Allez-vous-en donc, on nous
a donné pour vous, ne demandez plus rien !) »

— Quelle verve! dit Couture.

(En effet, il nous semblait entendre tout le mouvement qui se fait
dans une église. Bixiou imitait tout, jusqu'au bruit des gens qui s'en
vont avec le corps, par un remuement de pieds sur le plancher.)

— Il y a des poètes, des romanciers, des écrivains, qui disent beaucoup de belles choses sur les mœurs parisiennes, reprit Bixiou, mais
voilà la vérité sur les enterrements. Sur cent personnes qui rendent
les derniers devoirs à
un pauvre diable de
mort, quatre-vingt-dix-
neuf parlent d'affaires
et de plaisirs en pleine
église. Pour observer
quelque pauvre petite
vraie douleur, il faut
des circonstances impos-
sibles. Encore! y a-t-il
une douleur sans égois-
me...

— Heu ! heu ! fit Blon-
det. Il n'y a rien de
moins respecté que la
mort, peut-être est-ce ce
qu'il y a de moins res-
pectable?...

— C'est si commun !
reprit Bixiou. Quand le
service fut fini, Nucin-
gen et du Tillet accom-
pagnèrent le défunt au
cimetière. Le vieux va-
let de chambre allait à
pied. Le cocher menait
la voiture derrière celle
du clergé. — « Eh pien!
ma ponne ami, dit Nu-
cingen à du Tillet en
tournant le boulevard,
*location est pelle bire
ebiser Malfina : fous se-
rez le brodecdir ten zette
baufre vamile han pli-
res, visse aurez eine va-
mile, ine indériére; fous
drouferez eine mison
doute mondée, et Mal-
fina cerdes esd eine frai
dressor.* »

— Il me semble en-
tendre parler ce vieux
Robert Macaire de Nu-
cingen! dit Finot.

— « Une charmante
personne, reprit Ferdi-
nand du Tillet et
sans s'échauffer, » re-
prit Bixiou.

— Tout du Tillet dans
un mot! s'écria Cou-
ture.

— « Elle peut paraître laide à ceux qui ne la connaissent pas, mais,
je l'avoue, elle a de l'âme, disait du Tillet. — *Ed tu quir, c'esd le
pon te l'iffire, mon cher, il aura ti téfuement et le indelligence. Tans
nodre chin te médier, on ne said ni ki fit, ni ki mire; c'esd eine
crant ponhire ki te pufoir se gonfier au quir te sa femme. Che dro-
guerais bienne Telvine qui, fous le safez, m'a abordé plis d'eine million, gondre Malfina, qui n'a bas ine taude si crante.* — Mais qu'a-t-elle?
— *Che ne sais bas ci chiste, dit le baron de Nucingen, mais il a keke
chausse.* — Elle a une mère qui aime bien le rose ! » dit du Tillet. Ce
mot mit fin aux tentatives de Nucingen. Après le dîner, le baron apprit alors à Wilhelmine-Adolphus qu'il ne restait à peine quatre cent
mille francs chez lui. La fille des Adolphus de Manheim, réduite à
vingt-quatre mille livres de rente, se perdit dans des calculs qui se
brouillaient dans sa tête. — « Comment! disait-elle à Malvina, comment! j'ai toujours eu six mille francs pour nous chez la conturiere!

mais où ton père prenait-il de l'argent? Nous n'aurons rien avec vingt-
quatre mille francs, nous sommes dans la misère. Ah! si mon père
me voyait ainsi déchue, il en mourrait, s'il n'était pas mort déjà!
Lauvre Wilhelmine ! » Et elle se mit à pleurer. Malvina, ne sachant
comment consoler sa mère, lui représenta qu'elle était encore
jeune et jolie, le rose lui seyait toujours, elle irait à l'Opéra, aux
Bouffons, dans la loge de madame de Nucingen. Elle endormit sa
mère dans un rêve de fêtes, de bals, de musique, de belles toilettes
et de succès, qui commença sous les rideaux d'un lit en soie bleue,
dans une chambre élégante, contiguë à celle où, deux nuits auparavant, avait expiré M. Jean-Baptiste, baron d'Aldrigger, dont voici
l'histoire en trois mots : En son vivant, ce respectable Alsacien, banquier à Strasbourg, s'était enrichi d'environ trois millions. En 1800,
à l'âge de trente-six ans, à l'apogée d'une fortune faite pendant la
Révolution, il avait épousé, par ambition et par inclination, l'héritière des Adolphus de
Manheim, jeune fille
adorée de toute une fa-
mille, et naturellement
elle en recueillit la fortune dans l'espace de
dix années. D'Aldrigger
fut alors baronifié par
S. M. l'empereur et
roi, car sa fortune se
doubla, mais il se pas-
sionna pour le grand
homme qui l'avait ti-
tré. Donc, entre 1814
et 1815, il se ruina pour
avoir pris au sérieux
le soleil d'Austerlitz.
L'honnête Alsacien ne
suspendit pas ses paye-
ments, ne désintéressa
pas ses créanciers avec
des valeurs qu'il regar-
dait comme mauvaises;
il paya tout à bureau
ouvert, se retira de la
Banque, et mérita le mot
de son ancien premier
commis , Nucingen :
« Honnête homme, mais
bête ! » Tout compte
fait, il lui resta cinq
cent mille francs et des
recouvrements sur l'Em-
pire, qui n'existait plus.

— *Foilà ze que z'est
gué l'afoir drop cri
anne Nappolion*, dit-il
en voyant le résultat
de sa liquidation. Lors-
qu'on a été le premier
d'une ville, le moyen
d'y rester amoindri'...
Le banquier de l'Alsace
fit comme font tous le
provinciaux ruinés : il
vint à Paris, il y porta
courageusement des bre-
telles tricolores sur lesquelles étaient brodées
les aigles impériales et
s'y concentra dans la
société bonapartiste. Il
remit ses valeurs au ba-
ron de Nucingen, qui

Le tigre Toby était l'honneur et le profit du célèbre lord anglais. — PAGE 5.

lui donna huit pour cent, en acceptant ses créances impériales
à soixante pour cent seulement de perte, ce qui fut cause que d'Aldrigger serra la main de Nucingen en lui disant : — *Ch'edais p en sir
te de droufer le quir d'in Elsacien!* Nucingen se fit intégralement
payer par notre ami des Lupeaulx. Quoique bien étrillé, l'Alsacien
eut un revenu industriel de quarante-quatre mille francs. Son chagrin
se compliqua du *spleen* dont sont saisis les gens habitués à vivre par
le jeu des affaires quand ils en sont sevrés. Le banquier se donna
pour tâche de se sacrifier, noble cœur ! à sa femme, dont la fortune
venait d'être dévorée, et qu'elle avait laissé prendre avec la facilité
d'une fille à qui les affaires d'argent étaient tout à fait inconnues. La
baronne d'Aldrigger retrouva donc les jouissances auxquelles elle
était habituée, le vide que pouvait lui causer la société de Strasbourg
fut comblé par les plaisirs de Paris. La maison Nucingen tenait
déjà comme elle tient encore le haut bout de la société financière, et

le baron habile mit son honneur à bien traiter le baron honnête. Cette belle vertu faisait bien dans le salon Nucingen. Chaque hiver écornait le capital de d'Aldrigger; mais il n'osait faire le moindre reproche à la perle des Adolphus; sa tendresse fut la plus ingénieuse et la plus inintelligente qu'il y eût en ce monde. Brave homme, mais bête! Il mourut en se demandant : « Que deviendront-elles sans moi? » Puis, dans un moment où il fut seul avec son vieux valet de chambre Wirth, le bonhomme, entre deux étouffements, lui recommanda sa femme et ses deux filles, comme si Caleb d'Alsace était le seul être raisonnable qu'il y eût dans la maison. Trois ans après, en 1826, Isaure était âgée de vingt ans et Malvina n'était pas mariée. En allant dans le monde, Malvina avait fini par remarquer combien les relations y sont superficielles, combien tout y est examiné, défini. Semblable à la plupart des filles dites *bien élevées*, Malvina ignorait le mécanisme de la vie, l'importance de la fortune, la difficulté d'acquérir la moindre monnaie, le prix des choses. Aussi, pendant ces six années, chaque enseignement avait-il été une blessure pour elle. Les quatre cent mille francs laissés par feu d'Aldrigger à la maison Nucingen furent portés au crédit de la baronne, car la succession de son mari lui redevait douze cent mille francs; et, dans les moments de gêne, la bergère des Alpes y puisait comme dans une caisse inépuisable. Au moment où notre pigeon s'avançait vers sa colombe, Nucingen, connaissant le caractère de son ancienne patronne, avait dû s'ouvrir à Malvina sur la situation financière où la veuve se trouvait : il n'y avait plus que trois cent mille francs chez lui, les vingt-quatre mille livres de rente se trouvaient donc réduites à dix-huit mille. Wirth avait maintenu la position pendant trois ans. Après la confidence du banquier, les chevaux furent réformés, la voiture fut vendue et le cocher congédié par Malvina, à l'insu de sa mère. Le mobilier de l'hôtel, qui comptait dix années d'existence, ne put être renouvelé, mais tout s'était fané en même temps. Pour ceux qui aiment l'harmonie, il n'y avait que demi-mal. La baronne, cette fleur si bien conservée, avait pris l'aspect d'une rose froide et grippée qui

EL

Un dandy d'estaminet, un de ces farceurs qui font le désespoir des sergents de ville... — PAGE 13.

reste unique dans un buisson au milieu de novembre. Moi qui vous parle, j'ai vu cette opulence se dégradant par teintes, par demi-tons! Effroyable! parole d'honneur. Ç'a été mon dernier chagrin. Après je me suis dit : C'est bête de prendre tant d'intérêt aux autres! Pendant que j'étais employé, j'avais la sottise de m'intéresser à toutes les maisons où je dînais, je les défendais en cas de médisance, je ne les calomniais pas, je... Oh! j'étais un enfant. Quand sa fille lui eut expliqué sa position, la ci-devant perle s'écria : — Mes pauvres enfants! qui donc me fera mes robes? Je ne pourrai donc plus avoir de bonnets frais, ni recevoir, ni aller dans le monde! — A quoi pensez-vous que se reconnaisse l'amour chez un homme? dit Bixiou en s'interrompant, il s'agit de savoir si Beaudenord était vraiment amoureux de cette petite blonde.

— Il néglige ses affaires, répondit Couture.

— Il met trois chemises par jour, dit Finot.

— Une question préalable! dit Blondet, un homme supérieur peut-il et doit-il être amoureux?

— Mes amis, reprit Bixiou d'un air sentimental, gardons-nous comme la bête venimeuse de l'homme qui, se sentant pris d'amour pour une femme, fait claquer ses doigts ou jette son cigare en disant : Bah! il y en a d'autres dans le monde! Mais le gouvernement peut employer ce citoyen dans le ministère des affaires étrangères. Blondet, je te fais observer que ce Godefroid avait quitté la diplomatie.

— Eh bien! il a été absorbé, l'amour est la seule chance qu'aient les sots pour se grandir, répondit Blondet.

— Blondet, Blondet, pourquoi donc sommes-nous si pauvres? s'écria Bixiou.

— Et pourquoi Finot est-il riche? reprit Blondet, je te le dirai, va, mon fils, nous nous entendons. Allons, voilà Finot qui me verse à boire comme si j'avais monté son bois. Mais à la fin d'un dîner, on doit *siroter* le vin. Eh bien?

— Tu l'as dit, l'absorbé Godefroid fit ample connaissance avec la grande Malvina, la légère baronne et la petite danseuse. Il tomba dans le servantisme le plus minutieux et le plus astringent. Ces restes d'une opulence cadavéreuse ne l'effrayèrent pas. Ah!... bah! il s'habitua par degrés à toutes ces guenilles. Jamais le lampas vert à ornements blancs du salon ne devait paraître à ce garçon ni passé, ni vieux, ni taché, ni bon à remplacer. Les rideaux, la table à thé, les chinoiseries étalées sur la cheminée, le lustre rococo, le tapis façon cachemire qui montrait la corde, le piano, le petit service fleureté, les serviettes frangées et aussi trouées à l'espagnole, le salon de Perse qui précédait la chambre à coucher bleue de la baronne, avec ses accessoires, tout lui fut saint et sacré. Les femmes stupides et chez qui la beauté brille de manière à laisser dans l'ombre l'esprit, le cœur, l'âme, peuvent seules inspirer de pareils oublis, car une femme d'esprit n'abuse jamais de ses avantages, il faut être bête et sotte pour s'emparer d'un homme. Beaudenord, il me l'a dit, aimait le vieux et solennel Wirth; ce vieux drôle avait pour son futur maître le respect d'un croyant catholique pour l'Eucharistie. Cet honnête Wirth était un Gaspard allemand, un de ces buveurs de bière qui enveloppent leur finesse de bonhomie, comme un cardinal moyen âge son poignard dans sa manche. Wirth, voyant un mari pour Isaure, entourait Godefroid des ambages et circonlocutions arabesques de sa bonhomie alsacienne, la glue la plus adhérente de toutes les matières collantes. Madame d'Aldrigger était profondément *improper*, elle trouvait l'amour la chose la plus naturelle. Quand Isaure et Malvina sortaient ensemble et allaient aux Tuileries ou aux Champs-Élysées, où elles devaient rencontrer des jeunes gens de leur société, la mère leur disait : — « Amusez-vous bien, mes chères filles! » Leurs amis, les seuls qui pussent calomnier les deux sœurs, les défendaient, car l'excessive liberté que chacun avait dans le salon des d'Aldrigger en faisait un endroit unique à Paris. Avec des millions on aurait obtenu difficilement de pareilles soirées où l'on parlait de tout avec esprit, où la mise soignée n'était pas de rigueur, où l'on était à son aise au point d'y demander à souper. Les deux sœurs écrivaient à qui leur plaisait, recevaient tranquillement des lettres, à côté de leur mère, sans que jamais la baronne eût l'idée de leur demander de quoi il s'agissait. Cette adorable mère donnait à ses filles tous les bénéfices de son égoïsme, la passion la plus aimable du monde, en ce sens que les égoïstes, ne voulant pas être gênés, ne gênent personne, et n'embarrassent point la vie de ceux qui les entourent par les ronces du conseil, par les épines de la remontrance, ni par les taquinages de guêpe que se permettent les amitiés excessives qui veulent tout savoir, tout contrôler...

— Tu me vas au cœur, dit Blondet. Mais, mon cher, tu ne racontes pas, tu *blagues*...

— Blondet, si tu n'étais pas gris, tu me ferais de la peine! De nous quatre, il est le seul homme sérieusement littéraire! À cause de lui, je vous fais l'honneur de vous traiter en gourmets, je vous distille mon histoire, et il me critique! Mes amis, la plus grande marque de stérilité spirituelle est l'entassement des faits. La sublime comédie du *Misanthrope* prouve que l'art consiste à bâtir un palais sur la pointe d'une aiguille. Le mythe de mon idée est dans la baguette des fées qui peut faire de la plaine des Sablons un *Interlachen*, en dix secondes (le temps de vider ce verre). Voulez-vous que je vous fasse un récit qui aille comme un boulet de canon, un rapport de général en chef? Nous causons, nous rions, ce journaliste, bibliophobe à jeun, veut, quand il est ivre, que je donne à ma langue la sotte allure d'un livre (il feignit de pleurer). Malheur à l'imagination française, on veut épointer les aiguilles de sa plaisanterie! *Dies iræ.* Pleurons Candide, et vive la *Critique de la raison pure*! la *symbolique*, et les systèmes en cinq volumes compactes, imprimés par des Allemands qui ne les savaient pas à Paris depuis 1750, en quelques mots fins, les diamants de notre intelligence nationale. Blondet mène le convoi de son suicide, lui qui fait dans son journal les derniers mots de tous les grands hommes qui nous meurent sans rien dire!

— Va ton train, dit Finot.

— J'ai voulu vous expliquer en quoi consiste le bonheur d'un homme qui n'est pas actionnaire (une politesse à Couture!) Eh bien! ne voyez-vous pas maintenant à quel prix Godefroid se procura le bonheur le plus étendu que puisse rêver un jeune homme?... Il étudiait Isaure pour être sûr d'être compris!... Les choses qui se comprennent les unes les autres doivent être similaires. Or, il n'y a de pareils à eux-mêmes que le néant et l'infini : le néant est la bêtise, le génie est l'infini. Ces deux amants s'écrivaient les plus stupides lettres du monde, se renvoyant sur le papier parfumé des mots à la mode : *ange! harpe éolienne! avec toi je serai complet! il y a un cœur dans ma poitrine d'homme! faible femme! pauvre moi!* toute la friperie du cœur moderne. Godefroid restait à peine dix minutes dans un salon, il causait sans aucune prétention avec les femmes, elles le trouvèrent alors très-spirituel. Il était de ceux qui n'ont d'autre esprit que celui qu'on leur prête. Enfin, jugez de son absorption : Joby, ses chevaux, ses voitures, devinrent des choses secondaires dans son existence. Il n'était heureux qu'enfoncé dans sa bonne bergère en face de la baronne, au coin de cette cheminée de marbre vert antique, occupé à voir Isaure, à prendre du thé en causant avec le petit cercle d'amis qui venaient tous les soirs entre onze heures et minuit, rue Joubert, et où on pouvait toujours jouer à la bouillotte sans crainte : j'y ai toujours gagné. Quand Isaure avait avancé son joli petit pied chaussé d'un soulier de satin noir et que Godefroid l'avait longtemps regardé, il restait le dernier et disait à Isaure : — Donne-moi ton soulier... Isaure levait le pied, le posait sur une chaise, ôtait son soulier, le lui donnait en lui jetant un regard, un de ces regards, enfin, vous comprenez! Godefroid finit par découvrir un grand mystère chez Malvina. Quand du Tillet frappait à la porte, la rougeur vive qui colorait les joues de Malvina, disait : Ferdinand! En regardant ce tigre à deux pattes, les yeux de la pauvre fille s'allumaient comme un brasier où court à flots la vie, affluer un courant d'air; elle trahissait un plaisir infini quand Ferdinand l'emmenait pour faire un *à parte* près d'une console et d'une croisée. Comme c'est rare et beau, une femme assez amoureuse pour devenir naïve et laisser lire dans son cœur! Mon Dieu, c'est aussi rare à Paris que la fleur qui chante l'est aux Indes. Malgré cette amitié commencée depuis le jour où, des d'Aldrigger apparurent chez les Nucingen, Ferdinand n'épousait pas Malvina. Notre féroce ami du Tillet n'avait pas paru jaloux de la cour assidue que Desroches faisait à Malvina, car, pour achever de payer sa charge avec tout ce qui ne paraissait pas être moindre de cinquante mille écus, il avait feint l'amour, lui homme de palais! Quoique profondément humilié de l'insouciance de du Tillet, Malvina l'aimait trop pour lui fermer la porte. Chez cette fille, tout âme, tout sentiment, tout expansion, tantôt la fierté cédait à l'amour, tantôt l'amour offensé laissait la fierté prendre le dessus. Calme et froid, notre ami Ferdinand acceptait cette tendresse, il la respirait avec les tranquilles délices du tigre léchant le sang qui lui teint la gueule, et en venait chercher les preuves, il ne passait pas deux jours sans se montrer rue Joubert. Le drôle possédait alors environ dix-huit cent

mille francs, la question de fortune devait être peu de chose à ses yeux, et il avait résisté non-seulement à Malvina, mais aux barons de Nucingen et de Rastignac, qui, tous deux, lui avaient fait faire soixante-quinze lieues par jour, à quatre francs de guides, postillon en avant, et sans fil! dans les labyrinthes de leur finesse. Godefroid ne put s'empêcher de parler à sa future belle-sœur de la situation ridicule où elle se trouvait entre un banquier et un avoué. — Vous voulez me sermonner au sujet de Ferdinand, savoir le secret qu'il y a entre nous, dit-elle avec franchise. Cher Godefroid, n'y revenez jamais. La naissance de Ferdinand, ses antécédents, sa fortune, n'y sont pour rien, ainsi croyez à quelque chose d'extraordinaire. Cependant, à quelques jours de là, Malvina prit Beaudenord à part, et lui dit : — Je ne crois pas M. Desroches honnête homme (ce que c'est que l'instinct de l'amour!); il voudrait m'épouser, et fait la cour à la fille d'un épicier. Je voudrais bien savoir si je suis un pis-aller, si le mariage est pour lui une affaire d'argent. Malgré la profondeur de son esprit, Desroches ne pouvait deviner le du Tillet, et il craignait de lui voir épouser Malvina. Donc, le gars s'était ménagé une retraite, sa position était intolérable, il gagnait à peine, tous frais faits, les intérêts de sa dette. Les femmes ne comprennent rien à ces situations-là. Pour elles, le cœur est toujours millionnaire!

— Mais comme ni Desroches ni du Tillet n'ont épousé Malvina, dit Finot, explique-nous le secret de Ferdinand.

— Le secret, le voici, répondit Bixiou. Règle générale : une jeune personne qui a donné une seule fois son soulier, le refusât-elle pendant dix ans, n'est jamais épousée par celui à qui...

— Bêtise! dit Blondet en interrompant, on aime aussi parce qu'on a aimé. Le secret, le voici : règle générale, ne vous mariez pas sergent, quand vous pouvez devenir duc de Dantzick et maréchal de France. Aussi voyez quelle alliance a faite du Tillet! il a épousé une des filles du comte de Grandville, une des plus vieilles familles de la magistrature française.

— La mère de Desroches avait une amie, reprit Bixiou, une femme de droguiste, lequel droguiste s'était retiré gras d'une fortune. Ces droguistes ont des idées bien saugrenues : pour donner à sa fille une bonne éducation, il l'avait mise dans un pensionnat!... Ce Matifat comptait bien marier sa fille, par la raison deux cent mille francs, en bel et bon argent qui ne sentait pas la drogue.

— Le Matifat de Florine? dit Blondet.

— Eh bien! oui, celui de Lousteau, le nôtre, enfin! Ces Matifat, alors perdus pour nous, étaient venus habiter la rue du Cherche-Midi, le quartier le plus opposé à la rue des Lombards où ils avaient fait fortune. Moi, je les ai cultivés, les Matifat! Durant mon temps de galère ministérielle, où j'étais serré pendant huit heures de jour entre des niais à vingt-deux carats, j'ai vu des originaux qui m'ont convaincu que l'ombre a des aspérités, et que dans la plus grande platitude, on peut rencontrer des angles! Oui, mon cher, tel bourgeois est à tel autre ce que Raphaël est à Natoire. Madame veuve Desroches avait moyenné de longue main ce mariage à son fils, malgré l'obstacle énorme que présentait un certain Cochin, fils de l'associé commanditaire des Matifat, jeune employé au ministère des finances. Aux yeux de M. et madame Matifat, l'état d'avoué paraissait, selon leur mot, offrir des garanties pour le bonheur d'une femme. Desroches s'était prêté aux plans de sa mère afin d'avoir un pis-aller. Il ménageait donc les droguistes de la rue du Cherche-Midi. Pour vous faire comprendre un autre genre de bonheur, il faudrait vous peindre ces deux négociants mâle et femelle, jouissant d'un jardinet, d'un beau rez-de-chaussée, s'amusant à regarder un jet d'eau, mince et long comme un épi, qui allait perpétuellement et s'élançait d'une petite table ronde en pierre de liais, située au milieu d'un bassin de six pieds de diamètre, se levant de bon matin pour voir si les fleurs de leur jardin avaient poussé, désœuvrés et inquiets, s'habillant pour aller au spectacle, et toujours entre Paris et Luzarches, où ils avaient une maison de campagne et où j'ai dîné. Blondet, un jour, ils ont voulu me faire poser, je leur ai raconté une histoire depuis neuf heures du soir jusqu'à minuit, une aventure à tiroirs! J'en étais à l'introduction de mon vingt-neuvième personnage (les romans en feuilletons m'ont volé!), quand le père Matifat, qui, en qualité de maître de maison, tenait encore bon, a ronflé comme les autres, après avoir clignoté pendant cinq minutes. Le lendemain, tous m'ont fait des compliments sur le dénoûment de mon histoire. Ces épiciers avaient pour société M. et madame Cochin, Adolphe Cochin, madame Desroches, un petit Popinot, droguiste en exercice, qui leur donnait des nouvelles de la rue des Lombards (un homme de la connaissance, Finot!). Madame Matifat, qui aimait les arts, achetait des lithographies, des lithochromies, des choses coloriées, tout ce qu'il y avait de meilleur marché. Le sieur Matifat se distrayait en examinant les entreprises nouvelles et en essayant de jouer quelques capitaux, afin de ressentir des émotions (Florine l'avait guéri du genre régence). Un seul mot vous fera comprendre la profondeur de mon Matifat. Le bonhomme souhaitait ainsi le bonsoir à ses nièces : « Va te coucher, mes nièces! » Il avait peur, disait-il, de les affliger en leur disant *vous*. Leur fille était une jeune personne sans manières, ayant l'air d'une femme de chambre de bonne maison, jouant tant bien que mal une sonate, ayant une jolie écriture anglaise, sachant le français et l'orthographe, enfin une complete éducation bourgeoise. Elle était assez impatiente d'être mariée, afin de quitter la maison paternelle, où elle s'ennuyait comme un officier de marine au quart de nuit ; il faut dire aussi que le quart durait toute la journée. Desroches ou Cochin fils, un notaire ou un garde du corps, un faux lord anglais, tout mari lui était bon. Comme évidemment elle ne savait rien de la vie, j'en ai eu pitié, j'ai voulu lui en révéler le grand mystère. Bah ! les Matifat m'ont fermé leur porte : les bourgeois et moi nous ne nous comprendrons jamais.

— Elle a épousé le général Gouraud, dit Finot.

— En quarante-huit heures, Godefroid de Beaudenord, l'ex-diplomate, devina les Matifat et leur intrigante corruption, reprit Bixiou. Par hasard, Rastignac se trouvait chez la légère baronne à causer au coin du feu pendant que Godefroid faisait son rapport à Malvina. Quelques mots frapperent son oreille, il devina de quoi il s'agissait, surtout à l'air aigrement satisfait de Malvina. Rastignac resta, lui, jusqu'à deux heures du matin, et l'on dit qu'il est égoïste ! Beaudenord partit quand la baronne alla se coucher. « Cher enfant, dit Rastignac à Malvina d'un ton bonhomme et paternel quand ils furent seuls, souvenez-vous qu'un pauvre garçon, lourd de sommeil, a pris du thé pour rester éveillé jusqu'à deux heures du matin, afin de pouvoir vous dire solennellement : Mariez-vous. Ne faites pas l'ignoble calcul des femmes qui ont un pied ici, un pied chez les Matifat, ne réfléchissez à rien : Mariez-vous ! Pour une fille, se marier, c'est s'imposer à un homme qui prend l'engagement de la faire vivre dans une position plus ou moins heureuse, mais où la question matérielle est assurée. Je connais le monde : jeunes filles, mamans et grand'meres sont toutes hypocrites en démanchant sur le sentiment quand il s'agit de mariage. Aucun ne pense à autre chose qu'à un bel état. Quand sa fille est bien mariée, une mère dit qu'elle a fait une excellente affaire. » Et Rastignac lui développa sa théorie sur le mariage, qui, selon lui, est une société de commerce instituée pour supporter la vie. « Je ne vous demande point votre secret, dit-il en terminant à Malvina, je le sais. Les hommes se disent tout entre eux, comme vous autres quand vous sortez après le dîner. Eh bien ! voici mon dernier mot : Mariez-vous. Si vous ne vous mariez pas, souvenez-vous que je vous ai suppliée ici, ce soir, de vou...marier ! » Rastignac parlait avec un certain accent qui commandait, non pas l'attention, mais la réflexion. Son insistance était de nature à surprendre. Malvina fut alors si bien frappée au vif de l'intelligence, là où Rastignac avait voulu l'atteindre, qu'elle y songeait encore le lendemain, et cherchait inutilement la cause de cet avis.

— Je ne vois, dans toutes ces toupies que tu lances, rien qui ressemble à l'origine de la fortune de Rastignac, et tu nous prends pour des Matifat multipliés par six bouteilles de vin de Champagne ! s'écria Couture.

— Nous y sommes ! s'écria Bixiou. Vous avez suivi le cours de tous les petits ruisseaux qui ont fait les quarante mille livres de rente auxquelles tant de gens portent envie ! Rastignac tenait alors entre ses mains le fil de toutes ces existences.

— Desroches, les Matifat, Beaudenord, les d'Aldrigger, d'Aiglemont.

— Et de cent autres !... dit Bixiou.

— Voyons comment ! s'écria Finot. Je sais bien des choses, et je n'entrevois pas le mot de cette énigme.

— Blondet vous a dit en gros les deux premières liquidations de Nucingen, voici la troisième en détail, reprit Bixiou. Dès la paix de 1815, Nucingen avait compris ce que nous ne comprenons qu'aujourd'hui : que l'argent n'est une puissance que quand il est en quantités disproportionnées. Il jalousait secrètement les frères Rothschild. Il possédait cinq millions, il en voulait dix ! Avec dix millions, il savait pouvoir en gagner trente, et il en aurait eu quinze avec cinq. Il avait donc résolu d'opérer une troisième liquidation ! Ce grand homme songeait alors à payer ses créanciers avec des valeurs fictives en gardant leur argent. Sur la place, une conception de ce genre ne se présente pas sous une expression si mathématique. Une pareille liquidation consiste à donner un petit pâté pour un louis d'or à de grands enfants, qui, comme les petits enfants d'autrefois, préfèrent le pâté à la pièce, sans savoir qu'avec la pièce ils peuvent avoir deux cents pâtés.

— Qu'est-ce que tu dis donc là, Bixiou ? s'écria Couture, mais rien n'est plus loyal, il ne se passe pas de semaine aujourd'hui que l'on ne présente des pâtés au public en lui demandant un louis. Mais le public est-il forcé de donner son argent ? n'a-t-il pas le droit de s'éclairer ?

— Vous l'aimeriez mieux contraint d'être actionnaire ? dit Blondet.

— Non, dit Finot, où serait le talent ?

— C'est bien fort pour Finot, dit Bixiou.

— Qui lui a donné ce nom-là ? demanda Couture.

— Enfin, reprit Bixiou, Nucingen avait eu deux fois le bonheur de donner, sans le vouloir, un pâté qui s'était trouvé valoir plus qu'il n'avait reçu. Ce malheureux bonheur lui causait des remords. De pareils bonheurs finissent par tuer un homme. Il attendait depuis dix ans l'occasion de ne plus se tromper, de créer des valeurs qui auraient l'air de valoir quelque chose, et qui...

— Mais, dit Couture, en expliquant ainsi la banque, aucun commerce n'est plus possible. Plus d'un loyal banquier a persuadé, sous l'approbation d'un loyal gouvernement, aux plus fins boursiers de prendre des fonds qu'il devaient, dans un temps donné, se trouver dépréciés. Vous avez vu mieux que cela ! N'a-t-on pas émis, toujours avec l'aveu, avec l'appui des gouvernements, des valeurs sciemment et à dessein calculées de manière à revenir trop tard. Elle s'était dégarnie avec préméditation. Toute liquidation doit être motivée. La maison possédait en fonds particuliers et en valeurs émises ses environ six millions. Parmi les fonds particuliers se trouvaient les trois cent mille de la baronne d'Aldrigger, les quatre cent mille de Beaudenord, un million à d'Aiglemont, trois cent mille à Charles Grandet, un demi-million à Charles Grandet, le mari de mademoiselle d'Aubrion, etc. En créant lui-même une entreprise industrielle par actions, avec lesquelles il se proposait de désintéresser ses créanciers au moyen de manœuvres plus ou moins habiles, Nucingen aurait pu être suspecté, mais il s'y prit avec plus de finesse : il fit créer par un autre !... cette machine destinée à jouer le rôle du Mississipi du système de Law. Le propre de Nucingen est de faire servir les plus habiles gens de la place à ses projets, sans les leur communiquer. Nucingen laissa donc échapper devant du Tillet l'idée pyramidale et victorieuse de combiner une entreprise par actions en constituant un capital assez fort pour pouvoir servir de très-gros intérêts aux actionnaires pendant les premiers temps. Essayée pour la première fois, en un moment où les capitaux niais abondaient, cette combinaison devait produire une hausse sur les actions, et par conséquent un bénéfice pour le banquier qui les émettrait. Songez que ceci est du 1826. Quoique frappé de cette idée aussi féconde qu'ingénieuse, du Tillet pensa naturellement que si l'entreprise ne réussissait pas, il y aurait un blâme quelconque. Aussi songea-t-il à mettre en avant un directeur visible de cette machine commerciale. Vous connaissez aujourd'hui le secret de la maison Claparon, fondée par du Tillet, une de ses plus belles inventions !...

— Oui, dit Blondet, l'éditeur responsable en finance, l'agent provocateur, le bouc émissaire ; mais aujourd'hui nous sommes plus forts, nous mettons : S'adresser à *l'administration de la chose*, telle rue, tel numéro, où le public trouve des employés en casquettes vertes, jolis comme des recors.

— Nucingen avait appuyé la maison Charles Claparon de tout son crédit, reprit Bixiou. Du Tillet proposa donc de mettre sa maison Claparon en avant. Adopté. En 1825, l'actionnaire n'était pas gâté dans les conceptions industrielles. *Le fonds de roulement* était inconnu ! Les gérants ne s'obligeaient pas à ne point émettre leurs actions industrielles, ils ne la garantissaient rien. On ne daignait pas expliquer la commandite en disant à l'actionnaire qu'on avait la bonté de ne pas lui demander plus de mille, de cinq cents, ou même de deux cent cinquante francs ! On ne publiait pas que l'expérience *in ore publico* ne durerait que sept ans, cinq ans, ou même trois ans, et qu'ainsi le dénoûment ne se ferait pas longtemps attendre. C'était l'enfance de l'art ! On n'avait même pas fait intervenir la publicité de ces gigantesques annonces par lesquelles on stimule les imaginations, en demandant de l'argent à tout le monde...

— Cela arrive quand personne n'en veut donner, dit Couture.

— Enfin la concurrence dans ces sortes d'entreprises n'existait pas, reprit Bixiou. Les fabricants de papier mâché, d'impressions sur indiennes, les lamineurs de zinc, les théâtres, les journaux, ne se ruaient pas comme des chiens à la curée de l'actionnaire expirant. Les belles affaires par actions, comme dit Couture, si naïvement publiées, appuyées par des rapports de gens experts (les princes de la science !…), se traitaient honteusement dans le silence et dans l'ombre de la Bourse. Les loups-cerviers exécutaient, financièrement parlant, l'air de la calomnie du *Barbier de Séville*. Ils allaient *piano, piano*, procédant par de légers caucans, sur la bonté de l'affaire, dits d'oreille à oreille. Ils n'exploitaient le patient, l'actionnaire, qu'à domicile, à la Bourse, ou dans le monde, par cette rumeur habilement créée et qui grandissait jusqu'au *tutti* d'une cote à quatre chiffres…

— Mais, quoique nous soyons entre nous et que nous puissions tout dire, je reviens là-dessus, dit Couture.

— Vous êtes orfévre, monsieur Josse ? dit Finot.

— Finot restera classique, constitutionnel et perruque, dit Blondet.

— Oui, je suis orfévre, reprit Couture, pour le compte de qui Cérizet venait d'être condamné en police correctionnelle. Je soutiens que la nouvelle méthode est infiniment moins traitresse, plus loyale, moins assassine que l'ancienne. La publicité permet la réflexion et l'examen. Si quelque actionnaire *est gobé*, il est venu de propos délibéré, on ne lui a pas vendu *chat en poche*. L'industrie…

— Allons, voilà l'industrie ! s'écria Bixiou.

— L'industrie y gagne, dit Couture sans prendre garde à l'interruption. Tout gouvernement qui se mêle du commerce et ne le laisse pas libre entreprend une coûteuse sottise : il arrive ou au *maximum* ou au monopole. Selon moi, rien n'est plus conforme aux principes sur la liberté du commerce que les sociétés par actions ! Y toucher, c'est vouloir répondre du capital et des bénéfices, ce qui est stupide. En toute affaire, les bénéfices sont en proportion avec les risques ! Qu'importe à l'État la manière dont s'obtient le mouvement rotatoire de l'argent, pourvu qu'il soit dans une activité perpétuelle ! Qu'importe qui est riche, qui est pauvre, s'il y a toujours la même quantité de riches imposables ? D'ailleurs voilà vingt ans que les sociétés par actions, les commandites, dites sous toutes les formes, sont en usage dans le pays le plus commercial du monde, en Angleterre, où tout se conteste, où les chambres pondent mille ou douze cents lois par session, et où jamais un membre du parlement ne s'est levé pour parler contre la méthode…

— Curative des coffres pleins, et par les végétaux ! dit Bixiou, *les carottes !*

— Voyons ! dit Couture enflammé. Vous avez dix mille francs, vous prenez dix actions de chacune *mille* dans dix entreprises différentes. Vous êtes volé neuf fois… (Cela n'est pas ! le public est plus fort que que ce soit ! mais je le suppose), une seule affaire réussit ! (par hasard !) — D'accord ! — On ne l'a pas fait exprès ! — Allez ! blaguez !) Eh bien ! le *ponte* assez sage pour diviser ainsi ses masses, rencontre un superbe placement, comme l'ont trouvé ceux qui ont pris les actions des mines de Wortschin. Messieurs, avouons entre nous que les gens qui crient sont les hypocrites au désespoir de n'avoir ni l'idée d'une affaire, ni la puissance de la proclamer, ni l'adresse de l'exploiter. La preuve ne se fera pas attendre. Avant peu vous verrez l'aristocratie, les gens de cour, les ministériels descendant en colonnes serrées dans la spéculation, et avançant les mains plus crochues et trouvant des idées plus tortueuses que les nôtres, sans avoir notre supériorité. Quelle tête il faut pour fonder une affaire à époque où l'avidité de l'actionnaire est égale à celle de l'inventeur ? Quel grand magnétiseur doit être l'homme qui crée un Claparon, qui trouve des expédients nouveaux ! Savez-vous la morale de ceci ? Notre temps vaut mieux que nous ! nous vivons à une époque d'avidité où l'on ne s'inquiète pas de la valeur de la chose, si l'on peut y gagner en la repassant au voisin : on la repasse au voisin parce que l'avidité de l'actionnaire qui croit à un gain est égale à celle du fondateur qui le lui propose !

— Est-il beau, Couture, est-il beau ! dit Bixiou à Blondet, il va demander qu'on lui élève des statues comme à un bienfaiteur de l'humanité.

— Il faudrait l'amener à conclure que l'argent des sots est de droit divin le patrimoine des gens d'esprit, dit Blondet.

— Messieurs, reprit Couture, rions ici pour tout le sérieux que nous garderons ailleurs quand nous entendrons parler des respectables bêtises que consacrent les lois faites à l'improviste.

— Il a raison. Quel temps, messieurs, dit Blondet, qu'un temps où, dès que le feu de l'intelligence apparaît, on l'éteint vite par l'application d'une loi de circonstance. Les législateurs, partis presque tous d'un petit arrondissement où ils ont étudié la *société* dans les journaux, renferment alors le feu dans la machine. Quand la machine saute, arrivent les pleurs et les grincements de dents ! Un temps où

il ne se fait que des lois fiscales et pénales ! Le grand mot de ce qui se passe, le voulez-vous ? *Il n'y a plus de religion dans l'État !*

— Ah ! dit Bixiou, bravo, Blondet ! tu as mis le doigt sur la plaie de la France, la fiscalité, qui a plus ôté de conquêtes à notre pays que les vexations de la guerre. Dans le ministère où j'ai fait six ans de galères, accouplé avec des bourgeois, il y avait un employé, homme de talent, qui avait résolu de changer tout le système des finances. Ah bien ! nous l'avons joliment dégommé. La France eût été trop heureuse, elle se serait amusée à reconquérir l'Europe, et nous avons agi pour le repos des nations : je l'ai tué par une caricature !

— Quand je dis le mot *religion*, je n'entends pas dire une capucinade, j'entends le mot en grand politique, reprit Blondet.

— Explique-toi, dit Finot.

— Voici, reprit Blondet. On a beaucoup parlé des affaires de Lyon, de la république canonnée dans les rues, personne n'a dit la vérité. La république s'était emparée de l'émeute comme un insurgé s'empare d'un fusil. La vérité, je vous la donne pour drôle et profonde. Le commerce de Lyon est un commerce sans âme, qui ne fait pas fabriquer une aune de soie sans qu'elle soit commandée et que le payement soit sûr. Quand la commande s'arrête, l'ouvrier meurt de faim, il gagne à peine de quoi vivre en travaillant, les forçats sont plus heureux que lui. Après la Révolution de juillet, la misère est arrivée à ce point que les *Canuts* ont arboré le drapeau : *Du pain ou la mort !* une de ces proclamations que le gouvernement aurait dû étudier, elle était produite par la cherté de la vie à Lyon. Lyon veut bâtir des théâtres et devenir une capitale : de là des octrois insensés. Les républicains ont flairé cette révolte à propos du pain, et ils ont organisé les *Canuts*, qui se sont battus en partie double. Lyon a eu ses trois jours, mais tout est rentré dans l'ordre, et le canut dans son taudis. Le canut, probe jusque-là, rendant en étoffe la soie qu'on lui pesait en bottes, a mis la probité à la porte et en songeant que les négociants le victimaient, et a mis de l'huile à ses doigts : il a rendu poids pour poids, mais il a vendu la soie représentée par l'huile, et le commerce des soieries françaises a été infesté d'*étoffes graissées*, ce qui aurait pu entraîner la perte de Lyon et celle d'une branche de commerce français. Les fabricants et le gouvernement, au lieu de supprimer la cause du mal, ont fait, comme certains médecins, rentrer le mal par un violent topique. Il fallait envoyer à Lyon un homme habile, un de ces gens qu'on appelle immoraux, un abbé Terray, mais l'on a vu le côté militaire ! Les troubles ont donc produit les gros de Naples à quarante sous l'aune. Ces gros de Naples sont aujourd'hui vendus, on peut le dire, et les fabricants ont sans doute inventé je ne sais quel moyen de contrôle. Ce système de fabrication sans prévoyance devait arriver dans un pays où RICHARD LENOIR, un des plus grands citoyens que la France ait eus, s'est ruiné pour avoir fait travailler six mille ouvriers sans commande, les avoir nourris, et avoir rencontré des ministres assez stupides pour le laisser succomber à la révolution de 1814 à faite dans le prix des tissus. Voilà le seul cas où le négociant mérite une statue. Eh bien ! cet homme est aujourd'hui l'objet d'une souscription sans souscripteurs, tandis que l'on a donné un million aux enfants du général Foy. Lyon est conséquent : il connaît la France, elle est sans aucun sentiment religieux. L'histoire de Richard Lenoir est une de ces fautes que Fouché trouvait pire qu'un crime.

— Si dans la manière dont les affaires se présentent, reprit Couture en se remettant au point où il était avant l'interruption, il y a une teinte de charlatanisme, mot devenu flétrissant et mis à cheval sur le mur mitoyen du juste et de l'injuste, car je demande où commence, où finit le charlatanisme, ce qu'est le charlatanisme ! faites-moi l'amitié de me dire qui n'est pas charlatan ! Voyons ! un peu de bonne foi. L'ingrédient social le plus rare ! Le commerce ne consisterait à aller chercher la nuit ce qu'on vendrait dans la journée serait un non-sens. Un marchand d'allumettes a l'instinct de l'accaparement. Accaparer la marchandise est la pensée du boutiquier de la rue Saint-Denis *dit* le plus vertueux, comme du spéculateur *dit* le plus effronté. Quand les magasins sont pleins, il y a nécessité de vendre. Pour vendre, il faut allumer le chaland, de là l'enseigne du moyen âge et aujourd'hui le prospectus ! Entre appeler la pratique et la forcer d'entrer, de consommer, je ne vois pas la différence d'un cheveu ! Il peut arriver, il doit arriver, il arrive souvent, que des marchands attrapent des marchandises avariées, comme le vendeur trompe incessamment l'acheteur. Eh bien ! consultez les plus honnêtes gens de Paris, les notables commerçants enfin… tous vous raconteront triomphalement la rouerie qu'ils ont alors inventée pour écouler leur marchandise quand on la leur avait vendue mauvaise. La fameuse maison Minard a commencé par des ventes de ce genre. La rue Saint-Denis ne vous vend qu'une robe de soie graissée, elle ne peut que cela. Les plus vertueux négociants vous disent de l'air le plus candide ce mot de l'improbité la plus effrénée : *On se tire d'une mauvaise affaire comme on peut*. Blondet vous a fait voir les affaires de Lyon dans leurs causes et leurs suites, moi, je vais à l'application de ma théorie par une anecdote. Un ouvrier en laine, ambilieux et criblé d'enfants par une femme trop aimée, croit à la république. Mon gars achète de la laine rouge, et fabrique ces casquettes en laine tricotée que vous avez pu voir sur la tête de tous les gamins de Paris, et vous allez savoir pourquoi. La république est vaincue. Après l'affaire de Saint-Méry, les casquettes étaient invendables. Quand un ouvrier se trouve dans son ménage avec femme, enfants et dix mille casquettes en laine rouge dont ne veulent plus les chapeliers d'aucun bord, il lui passe par la tête autant d'idées qu'il en peut venir à un banquier bourré de dix millions d'actions à placer dans une affaire dont il se défie. Savez-vous ce qu'a fait l'ouvrier, ce Law faubourien, ce Nucingen des casquettes? Il est allé trouver un dandy d'estaminet, un de ces farceurs qui font le désespoir des sergents de ville dans les bals champêtres aux barrières, et l'a prié de jouer le rôle d'un capitaine américain pacotilleur, logé hôtel Meurice, d'aller *désirer* dix mille casquettes en laine rouge, dans une affaire dont il se défie. Savez-vous ce qu'a fait l'ouvrier, ce chapelier qui en avait encore *une* dans son étalalage. Le chapelier flaire une affaire avec l'Amérique, accourt chez l'ouvrier, et se rue au comptant sur les casquettes. Vous comprenez : plus de capitaine américain, mais beaucoup de casquettes. Attaquer la liberté commerciale à cause de ces inconvénients, ce serait attaquer la justice sous prétexte qu'il y a des délits qu'elle ne punit pas, ou accuser la société d'être mal organisée à cause des malheurs qu'elle engendre! Des casquettes et de la rue Saint-Denis, aux actions et à la banque, concluez!

— Couture, une couronne! dit Blondet en lui mettant sa serviette tortillée sur sa tête. Je vais plus loin, messieurs. S'il y a vice dans la théorie actuelle, à qui la faute? à la loi! à la loi prise dans son système entier, à la législation! A ces grands hommes d'arrondissement que la province envoie bouffis d'idées morales, idées indispensables dans la conduite de la vie à moins de se battre avec la justice, mais stupides dès qu'elles empêchent un homme de s'élever à la hauteur où doit se tenir le législateur. Que les lois interdisent aux passions tel ou tel développement (le jeu, la loterie, les Ninons de la borne, tout ce que vous voudrez), elles n'extirperont jamais les passions. Tuer les passions, ce serait tuer la société, qui, si elle ne les engendre pas, du moins les développe. Aussi vous entravez par des restrictions l'envie de jouer qui git au fond de tous les cœurs, chez la jeune fille, chez l'homme de province, chez le diplomate, car tout le monde souhaite une fortune *gratis*, le jeu s'exerce aussitôt en d'autres sphères. Vous supprimez stupidement la loterie, les cuisinières n'en volent pas moins leurs maîtres, elles portent leurs vols à une caisse d'épargne, et la mise est pour elles de deux cent cinquante francs au lieu d'être de quarante sous, car les actions industrielles, les commandites, deviennent la loterie, le jeu sans tapis, mais avec un râteau invisible et un *refait* calculé. Les jeux sont fermés, la loterie n'existe plus, voilà la France bien plus morale, crient les imbéciles, comme s'ils avaient supprimé les *pontes!* On joue toujours! seulement le bénéfice n'est plus à l'État, qui remplace un impôt payé avec plaisir par un impôt gênant, sans diminuer les suicides, car le joueur ne meurt pas, mais bien sa victime! Je ne vous parle pas des capitaux à l'étranger, perdus pour la France, ni des loteries de Francfort, contre le colportage desquelles la Convention avait décrété la peine de mort, et auquel se livraient les procureurs syndics! Voilà le sens de la haute philanthropie de notre législateur. L'encouragement donné aux caisses d'épargne est une grosse sottise politique. Supposez une inquiétude quelconque sur la marche des affaires, le gouvernement aura créé la *queue de l'argent*, comme on a créé dans la Révolution la *queue du pain*. Autant de caisses, autant d'émeutes. Si dans un coin trois gamins arborent un seul drapeau, voilà une révolution. Un grand politique doit être un scélérat abstrait, sans quoi les sociétés sont mal menées. Un politique honnête homme est une machine à vapeur qui sentirait, ou un pilote qui ferait l'amour en tenant la barre : le bateau sombre. Un premier ministre qui prend cent millions et qui rend la France grande et heureuse, n'est-il pas préférable à un ministre enterré aux frais de l'État, mais qui a ruiné son pays? Entre Richelieu, Mazarin, Potemkin, riches tous trois à chaque époque de trois cents millions, et le vertueux Robert Lindet, qui n'a su tirer parti ni des assignats, ni des biens nationaux, ni des vertueux imbéciles qui ont perdu Louis XVI, hésiterez-vous? Va ton train, Bixiou.

— Je ne vous expliquerai pas, reprit Bixiou, la nature de l'entreprise inventée par le génie financier de Nucingen, ce serait d'autant plus inconvenant qu'elle existe encore aujourd'hui, les actions sont cotées à la Bourse; les combinaisons étaient si réelles, l'objet de l'entreprise si vivace, que, créées au capital nominal de mille francs, établies par une ordonnance royale, descendues à trois cents francs, elles ont remonté à sept cents francs, et reviendront au pair après avoir traversé les orages des années 27, 30 et 32. La crise financière de 1827 les fit fléchir, la Révolution de juillet les abattit, mais l'affaire a des réalités dans le ventre (Nucingen ne saurait inventer une mauvaise affaire). Enfin, comme plusieurs maisons de banque du premier ordre y ont participé, il ne serait pas parlementaire d'entrer dans plus de détails. Le capital nominal fut de dix millions, capital réel

sept, trois millions appartenaient aux fondateurs et aux banquiers chargés de l'émission des actions. Tout fut calculé pour faire arriver dans les six premiers mois l'action à gagner deux cents francs, par la distribution d'un faux dividende. Donc vingt pour cent sur ces millions. L'intérêt de du Tillet fut de cinq cent mille francs. Dans le vocabulaire financier, ce gâteau s'appelle *part à goinfre!* Nucingen se proposait d'opérer avec ses millions, faits d'une main de papier ou à l'aide d'une pierre lithographique, de jolies petites actions à placer, précieusement conservées dans son cabinet. Les actions réelles allaient servir à fonder l'affaire, acheter un magnifique hôtel et commencer les opérations. Nucingen pouvait compter sur un *agio* si les actions montaient, mais le baron le négligea dans ses calculs, il le laissait à fleur d'eau, sur la place, afin d'attirer les poissons! Il avait donc massé ses valeurs, comme Napoléon massait ses troupiers, afin de liquider durant la crise qui se dessinait en 26 et 27, les places européennes. S'il avait eu son prince de Wagram, il aurait pu dire comme Napoléon du haut du Santon : Examinez bien la place, tel jour, à telle heure, il y aura là des fonds répandus! Mais à qui pouvait-il se confier? Du Tillet ne soupçonna pas son compérage involontaire. Les deux premières liquidations avaient démontré à notre puissant baron la nécessité de s'attacher un homme qui pût lui servir de piston pour agir sur le créancier. Nucingen n'avait point de neveu, n'osait prendre de confident, il lui fallait un homme dévoué, un Claparon intelligent, doué de bonnes manières, un véritable diplomate, un homme digne d'être ministre et digne de lui. Pareilles liaisons ne se forment ni en un jour, ni en un an. Rastignac avait alors été si bien entortillé par le baron, que, comme le prince de la Paix, qui était autant aimé par le roi que par la reine d'Espagne, il croyait avoir conquis dans Nucingen une précieuse dupe. Après avoir ri d'un homme dont la portée lui fut longtemps inconnue, il avait fini par lui vouer un culte grave et sérieux en reconnaissant en lui la force qu'il croyait posséder seul. Dès son début à Paris, Rastignac fut conduit à mépriser la société tout entière. Dès 1820, il pensait, comme le baron, qu'il n'y a que les apparences d'honnête homme, et il regardait le monde comme la réunion de toutes les corruptions, de toutes les friponneries. S'il admettait des exceptions, il condamnait la masse; il ne croyait à aucune vertu, mais à des circonstances où l'homme est vertueux. Cette science fut l'affaire d'un moment; elle fut acquise au sommet du Père-Lachaise, le jour où il y conduisait un pauvre honnête homme, le père de sa Delphine, mort la dupe de notre société, des sentiments les plus vrais, et abandonné par ses filles et par ses gendres. Il résolut de jouer tout ce monde, et de s'y tenir en grand costume de vertu, de probité, de belles manières. L'égoïsme arma de pied en cap ce jeune noble. Quand le gars trouva Nucingen revêtu de la même armure, il l'estima comme au moyen âge, dans un tournoi, un chevalier damasquiné de la tête aux pieds, monté sur un barbe, eût estimé son adversaire houzé, monté comme lui. Mais il s'amollit pendant quelque temps dans les délices de Capoue. L'amitié d'une femme comme la baronne de Nucingen est de nature à faire abjurer tout égoïsme. Après avoir été trompée une première fois dans ses affections en rencontrant une mécanique de Birmingham, comme était feu de Marsay, Delphine dut éprouver, pour un homme jeune et plein des religions de la province, un attachement sans bornes. Cette tendresse a réagi sur Rastignac. Quand Nucingen eut passé à l'ami de sa femme le harnais que tout exploitant fait à son exploité, ce qui arriva précisément au moment où il méditait sa troisième liquidation, il lui confia sa position, en lui montrant comme une obligation de leur intimité, comme une réparation, le rôle de compère à prendre et à jouer. Le baron jugea dangereux d'initier son collaborateur conjugal à son plan. Rastignac crut à un malheur, et le baron lui laissa croire qu'il sauvait la boutique. Mais quand un écheveau a tant de fils, il s'y fait des nœuds. Rastignac trembla pour la fortune de Delphine : il stipula l'indépendance de la baronne, en exigeant une séparation de biens, en se jurant à lui-même de solder son compte avec elle en lui triplant sa fortune. Comme Eugène ne parlait pas de lui-même, Nucingen le suppléa d'accepter, en cas de réussite complète, vingt-cinq actions de mille francs chacune dans les mines de plomb argentifère, que Rastignac prit pour ne pas l'offenser! Nucingen avait seriné Rastignac la veille de la soirée où notre ami disait à Malvina de se marier. A l'aspect des cent familles heureuses qui allaient et venaient dans Paris, tranquilles sur leur fortune, les Godefroid de Beaudenord, les d'Aldrigger, les d'Aiglemont, etc., il prit à Rastignac un frisson comme à un jeune général qui pour la première fois contemple une armée avant la bataille. La pauvre petite Isaure et Godefroid, jouant à l'amour, ne représentaient-ils pas Acis et Galatée sous le rocher que le gros Polypheme va fondre sur eux?...

— Ce singe de Bixiou, dit Blondet, il a presque du talent.

— Ah! je ne marivaude donc plus, dit Bixiou jouissant de son succ cès et regardant ses auditeurs surpris. — Depuis deux mois, reprit-il après cette interruption, Godefroid se livrait à tous les petits bonheurs d'un homme qui se marie. On ressemble alors à ces oiseaux qui font leurs nids au printemps, vont et viennent, ramassent des brins de paille, les portent dans leur bec, et cotonnent le domicile de leurs œufs. Le futur d'Isaure avait loué rue de la Planche un petit hôtel de mille écus, commode, convenable, ni trop grand, ni trop petit. Il allait tous les matins voir les ouvriers travaillant, et y surveiller les peintures. Il y avait introduit le *comfort*, la seule bonne chose qu'il y ait en Angleterre : calorifère pour maintenir une température égale dans la maison ; mobilier bien choisi, ni trop brillant, ni trop élégant ; couleurs fraîches et douces à l'œil, stores intérieurs et extérieurs à toutes les croisées, argenterie, voitures neuves. Il avait fait arranger l'écurie, la sellerie, les remises où Toby, Joby, Paddy, se démenait et frétillait comme une marmotte déchaînée, en paraissant très-heureux de savoir qu'il y aurait des femmes au logis et une *lady* ! Cette passion de l'homme qui se met en ménage, qui choisit des pendules, qui vient chez sa future les poches pleines d'échantillons d'étoffes, la consulte sur l'ameublement de la chambre à coucher, va, vient, trotte, quand il va, vient et trotte animé par l'amour, est une des choses qui réjouissent le plus un cœur honnête et surtout les fournisseurs. Et comme rien ne plaît plus au monde que le mariage d'un joli jeune homme de vingt-sept ans avec une charmante personne de vingt ans qui danse bien, Godefroid, embarrasse pour la corbeille, invita Rastignac et madame de Nucingen à déjeuner, pour les consulter sur cette affaire majeure. Il eut l'excellente idée de prier son cousin d'Aiglemont et sa femme, ainsi que madame de Sérisy. Les femmes du monde aiment assez à se dissiper une fois par hasard chez les garçons, à y déjeuner.

— C'est leur école buissonnière, dit Blondet.

— On devait aller voir rue de la Planche le petit hôtel des futurs époux, reprit Bixiou. Les femmes sont pour ces petites expéditions comme les ogres pour la chair fraîche, elles rafraîchissent leur présent de cette jeune joie qui n'est pas encore flétrie par la jouissance. Le couvert fut mis dans le petit salon, qui, pour l'enterrement de la vie de garçon, fut paré comme un cheval de cortège. Le déjeuner fut commandé de manière à offrir ces jolis petits plats que les femmes aiment à manger, croquer, sucer le matin, temps où elles ont un effroyable appétit, sans vouloir l'avouer, car il semble qu'elles se compromettent en disant : J'ai faim ! — Et pourquoi tout seul ? dit Godefroid en voyant arriver Rastignac. — Madame de Nucingen est triste, je te conterai tout cela, répondit Rastignac, qui avait une tenue d'homme contrarié. — De la brouille ?... s'écria Godefroid. — Non, dit Rastignac. A quatre heures, les femmes envolées au bois de Boulogne, Rastignac resta dans le salon, et il regarda mélancoliquement par la fenêtre Toby, Joby, Paddy, qui se tenait audacieusement devant le cheval attelé au tilbury, les bras croisés comme Napoléon ; il ne pouvait pas le tenir en bride autrement que par sa voix clairette, et le cheval craignait Joby, Toby. — Eh bien ! qu'as-tu, mon cher ami, dit Godefroid à Rastignac, tu es sombre, inquiet, ta gaieté n'est pas franche. Le bonheur incomplet te tiraille l'âme ! Il est en effet bien triste de ne pas être marié à la mairie et à l'église avec la femme que l'on aime. — As-tu du courage, mon cher, pour entendre ce que j'ai à te dire, et sauras-tu reconnaître à quel point il faut s'attacher à quelqu'un pour commettre l'indiscrétion dont je vais me rendre coupable ? lui dit Rastignac de ton qui ressemble à un coup de fouet. — Quoi ? dit Godefroid en pâlissant. — J'étais triste à la joie, et je n'ai pas le cœur, en voyant tous ces apprêts, ce bonheur en fleur, de garder un secret pareil. — Dis donc en trois mots. — Jure-moi sur l'honneur que tu seras en ceci muet comme une tombe. — Comme une tombe. — Que si l'un de tes proches était intéressé dans ce secret, il ne le saurait pas. — Pas. — Eh bien ! Nucingen est parti cette nuit pour Bruxelles, il faut déposer si l'on ne peut pas liquider. Delphine vient de demander ce matin même au palais sa séparation de biens. Tu peux encore sauver ta fortune. — Comment ? dit Godefroid en se sentant un sang de glace dans les veines. — Écris tout simplement au baron de Nucingen une lettre antidatée de quinze jours, par laquelle tu lui donnes l'ordre de l'employer tous tes fonds en actions (et il lui nomma la société Claparon). Tu as quinze jours, un mois, trois mois peut-être pour les vendre au-dessus du prix actuel, elles gagneront encore. — Mais d'Aiglemont qui déjeune avec nous, d'Aiglemont qui a chez Nucingen un million. — Écoute, je ne sais pas s'il se trouve assez de ces actions pour le couvrir, et puis, je ne suis pas son ami, je ne puis pas trahir les secrets de Nucingen, tu ne dois pas lui en parler. Si tu dis un mot, tu me réponds des conséquences. Godefroid resta pendant dix minutes dans la plus parfaite immobilité. — Acceptes-tu, oui ou non ! lui dit impitoyablement Rastignac. Godefroid prit une plume et de l'encre, il écrivit et signa la lettre que lui dicta Rastignac. — Mon pauvre cousin ! s'écria-t-il. — Chacun pour soi, dit Rastignac. Et d'un de chambre ! ajouta-t-il en quittant Godefroid. Pendant que Rastignac manœuvrait dans Paris, voilà quel aspect présentait la Bourse. J'ai un ami de province, une bête qui me demandait en passant à la Bourse, entre quatre et cinq heures, pour-

quoi ce rassemblement de causeurs qui vont et viennent, ce qu'ils peuvent se dire, et pourquoi se promener après l'irrévocable fixation du cours des effets publics ? — « Mon ami, lui dis-je, ils ont mangé, ils digèrent ; pendant la digestion, ils font des cancans sur le voisin, sans cela pas de sécurité commerciale à Paris. Là se lancent les affaires, et il y a tel homme, Palma, par exemple, dont l'autorité est semblable à celle d'Arago à l'Académie royale des sciences. Il dit que la spéculation se fasse, et la spéculation est faite ! »

— Quel homme, messieurs, dit Blondet, que ce juif qui possède une instruction non pas universitaire, mais universelle ! Chez lui, l'universalité n'exclut pas la profondeur ; ce qu'il sait, il le sait à fond. Son génie est intuitif en affaires, c'est le grand référendaire des loups-cerviers qui dominent la place de Paris, et qui ne font une entreprise que quand Palma l'a examinée. Il est grave, il écoute, il étudie, il réfléchit, et dit à son interlocuteur qui, vu son attention, le croit empaumé : — Cela ne me va pas. Ce que je trouve de plus extraordinaire, c'est qu'après avoir été dix ans l'associé de Werbrust, il ne s'est jamais élevé de nuages entre eux.

— Ça n'arrive qu'entre gens très-forts et très-faibles ; tout ce qui est entre les deux se dispute et ne tarde pas à se séparer ennemis, dit Couture.

— Vous comprenez, dit Bixiou, que Nucingen avait savamment, et d'une main habile, lancé sous les colonnes de la Bourse un petit obus qui éclata sur les quatre heures. — Savez-vous une nouvelle grave ? dit du Tillet à Werbrust, en l'attirant dans un coin, Nucingen est à Bruxelles, sa femme a présenté au tribunal une demande en séparation de biens. — Êtes-vous son compère pour une liquidation ? dit Werbrust en souriant. — Pas de bêtises, Werbrust, et du Tillet, vous connaissez les gens qui ont de son papier, écoutez-moi, nous avons une affaire à combiner. Les actions de notre nouvelle société gagnent vingt pour cent, elles gagneront vingt-cinq, fin du trimestre, vous savez pourquoi, on distribue un magnifique dividende. — Finaud, dit Werbrust, allez, allez votre train, vous êtes un diable qui avez les griffes longues, pointues, et vous les plongez dans du beurre. — Mais laissez-moi donc dire, ou nous n'aurons pas le temps d'opérer. Je viens de trouver mon idée en apprenant la nouvelle, et j'ai positivement vu madame de Nucingen dans les larmes, elle a peur pour sa fortune. — Pauvre petite ! dit Werbrust d'un air ironique. Eh bien ! reprit l'ancien juif d'Alsace, en interrogeant du Tillet, qui se taisait. — Eh bien ! il y a chez moi mille actions de mille francs que Nucingen m'a remises à placer, comprenez-vous ? — Bon ! — Achetons à dix, à vingt pour cent de remise, du papier de la maison Nucingen pour un million, nous gagnerons une belle prime sur ce million, car nous serons créanciers et débiteurs, la confusion s'opérera ; mais agissons finement, les détenteurs pourraient croire que nous manœuvrons dans les intérêts de Nucingen. Werbrust comprit alors le tour à faire, et serra la main de du Tillet en lui jetant le regard d'une femme qui fait une niche à sa voisine. — Eh bien ! vous savez la nouvelle ? leur dit Martin Falleix, la maison Nucingen suspend. — Bah ! repondit Werbrust, laissez donc pas cela, laissez les gens qui ont de son papier faire leurs affaires. — Savez-vous la cause du désastre ? dit Claparon en intervenant. — Toi, tu ne sais rien, lui dit du Tillet, il n'y aura pas le moindre désastre, il y aura un payement intégral. Nucingen recommencera les affaires et trouvera des fonds tant qu'il en voudra chez moi. Je sais la cause de la suspension : il a disposé de tous ses capitaux en faveur du Mexique, qui lui retourne des métaux, des canons espagnols, si solidement fondus, qu'il s'y trouve de l'or, des cloches, des argenteries d'église, toutes les démolitions de la monarchie espagnole dans les Indes. Le retour de ces valeurs tarde. Le cher baron est gêné, voilà tout. — C'est vrai, dit Werbrust, je prends son papier à vingt pour cent d'escompte. La nouvelle circula de lors avec la rapidité du feu sur une meule de paille. Les choses les plus contradictoires se disaient. Mais il y avait une telle confiance en la maison Nucingen, toujours à cause des deux précédentes liquidations, que tout le monde gardait le papier Nucingen. — Il faut que Palma nous donne un coup de main, dit Werbrust. Palma était l'oracle des Keller, gorgés de valeurs Nucingen. Un mot d'alarme dit par lui suffisait. Werbrust obtint de Palma qu'il sonnât la coup de cloche. Le lendemain, l'alarme régnait à la Bourse. Les Keller, conseillés par Palma, cédèrent leurs valeurs à dix pour cent de remise, et firent autorité à la Bourse : on les savait très-fins. Taillefer donna des lors trois cent mille francs à vingt pour cent, Martin Falleix, deux cent mille à quinze pour cent. Gigonnet devina le coup ! Il chauffa la panique afin de se procurer du papier Nucingen, pour gagner quelques deux ou trois pour cent en le cédant à Werbrust. Il avise, dans un coin de la Bourse, le pauvre Matifat, qui avait trois cent mille francs chez Nucingen. Le droguiste, pale et blême, ne vit pas sans frémir le terrible Gigonnet, l'escompteur de son ancien quartier, venant à lui pour le scier en deux. — Ça va mal, la crise se dessine, Nucingen arrange ! mais ça ne vous regarde pas, père Matifat, vous êtes retiré des affaires. — Eh bien ! vous vous trompez, Gigonnet, je suis pincé de trois cent mille francs, avec lesquels je voulais opérer sur les rentes d'Espagne. — Ils sont sauvés, les rentes d'Espagne vous auraient tout dévoré, tandis que je vous donnerai quelque chose de votre compte chez Nucingen, comme cinquante pour cent. — J'aime mieux voir venir la liquidation, répondit Matifat, jamais un banquier n'a donné moins de cinquante pour cent. Ah! s'il ne s'agissait que de dix pour cent de perte, dit l'ancien droguiste. — Eh bien! voulez-vous à quinze, dit Gigonnet. — Vous me paraissez bien pressé, dit Matifat. — Boosoir, dit Gigonnet. — Voulez-vous à douze? — Soit, dit Gigonnet. Deux millions furent rachetés le soir et balancés chez Nucingen par du Tillet, pour le compte de ces trois associés fortuits, qui, le lendemain, touchèrent leur prime. La vieille, jolie, petite baronne d'Aldrigger déjeunait avec ses deux filles et Godefroid, lorsque Rastignac vint, d'un air diplomatique, engager la conversation sur la crise financière. Le baron de Nucingen avait une vive affection pour la famille d'Aldrigger, il s'était arrangé, en cas de malheur, pour couvrir le compte de la baronne par ses meilleures valeurs, des actions dans les mines de plomb argentifère; mais, pour la sûreté de la baronne, elle devait le prier d'employer ainsi les fonds. — Ce pauvre Nucingen! dit la baronne, et que lui arrive-t-il donc? — Il est en Belgique, sa femme demande une séparation de biens; mais il est allé chercher des ressources chez des banquiers. — Mon Dieu! cela me rappelle mon pauvre mari. Cher monsieur de Rastignac, comme cela doit vous faire mal, à vous si attaché à cette maison-là. — Pourvu que tous les indifférents soient à l'abri, ses amis seront récompensés plus tard; il s'en tirera, c'est un homme habile. — Un honnête homme, surtout, dit la baronne. Au bout d'un mois, la liquidation du passif de la maison Nucingen était opérée, sans autres procédés que les lettres par lesquelles chacun demandait l'emploi de son argent en valeurs désignées, et sans autres formalités, de la part des maisons de banque, que la remise des valeurs Nucingen contre les actions qui prenaient faveur. Pendant que du Tillet, Werbrust, Claparon, Gigonnet et quelques gens, qui se croyaient fins, faisaient revenir de l'étranger, avec un pour cent de prime, le papier de la maison Nucingen, car ils gagnaient encore à l'échanger contre les actions en hausse, la rumeur était d'autant plus grande sur la place de Paris, que personne n'avait plus rien à craindre. On babillait sur Nucingen, on l'examinait, on le jugeait, on trouvait moyen de le calomnier! Son luxe, ses entreprises! Quand un homme en fait autant, il se conle, etc. Au plus fort de ce *tutti*, quelques personnes furent très-étonnées de recevoir des lettres de Genève, de Bâle, de Milan, de Naples, de Gênes, de Marseille, de Londres, dans lesquelles leurs correspondants annonçaient, non sans étonnement, qu'on leur offrait un pour cent de prime du papier de Nucingen, de qui elles leur mandaient la faillite. — Il se passe quelque chose, dirent les loups-cerviers. Le tribunal avait prononcé la séparation de biens entre Nucingen et sa femme. La question se compliqua bien plus encore : les journaux annoncèrent le retour de M. le baron de Nucingen, lequel était allé s'entendre avec un célèbre industriel de la Belgique, pour l'exploitation d'anciennes mines de charbon de terre, alors en souffrance, les losses des bois de Bossut. Le baron reparut à la Bourse, sans seulement prendre la peine de démentir les rumeurs calomnieuses qui avaient circulé sur sa maison, il dédaigna de réclamer par la voie des journaux, il acheta, pour deux millions, un magnifique domaine aux portes de Paris. Six semaines après, le journal de Bordeaux annonça l'entrée en rivière de deux vaisseaux chargés, pour le compte de la maison Nucingen, de métaux dont la valeur était de sept millions. Palma, Werbrust et du Tillet comprirent que le tour était fait, mais ils furent les seuls à le comprendre. Ces écoliers étudièrent la mise en scène de ce *puff* financier, reconnurent qu'il était préparé depuis onze mois, et proclamèrent Nucingen le plus grand financier européen. Rastignac n'y comprit rien, mais il y avait gagné quatre cent mille francs que Nucingen lui avait laissé prendre sur les brebis parisiennes, et avec lesquels il a doté ses deux sœurs. D'Aiglemont, averti par son cousin Beaudenord, était venu supplier Rastignac d'accepter dix pour cent de son argent s'il lui faisait obtenir l'emploi du million en actions sur un canal qui est encore à faire, car Nucingen a si bien roulé le gouvernement dans cette affaire-là, que les concessionnaires du canal ont intérêt à ne pas le finir. Charles Grandet a imploré l'amant de Delphine de lui faire échanger son argent contre des actions. Enfin, Rastignac a joué pendant dix jours le rôle de Law, supplié par les plus jolies duchesses de leur donner des actions, et aujourd'hui le gars peut avoir quarante mille livres de rente, dont l'origine vient des actions dans les mines de plomb argentifère.

— Si tout le monde gagne, qui donc a perdu? dit Finot.

— Conclusion, reprit Bixiou. Alléchés par le pseudo-dividende qu'ils touchèrent quelques mois après l'échange de leur argent contre les actions, le marquis d'Aiglemont et Beaudenord les gardèrent (je vous les pose pour tous les autres), ils avaient trois pour cent de plus de leurs capitaux, ils chantaient les louanges de Nucingen, et le défendirent au moment même où il fut soupçonné de suspendre ses payements. Godefroid épousa sa chère Isaure, et reçut pour cent mille francs d'actions dans les mines. A l'occasion de ce mariage, les Nucingen donnèrent un bal dont la magnificence surpassa l'idée qu'on

s'en faisait. Delphine offrit à la jeune mariée une charmante parure en rubis. Isaure dansa, non plus en jeune fille, mais en femme heureuse. La petite baronne fut plus que jamais bergère des Alpes. Malvina, la femme d'*Avez-vous vu dans Barcelone?* entendit au milieu de ce bal du Tillet lui conseillant sèchement d'être madame Desroches. Desroches, chauffé par les Nucingen, par Rastignac, essaya de traiter les affaires d'intérêt ; mais aux premiers mots d'actions des mines données en dot, il rompit, et se retourna vers les Matifat. Rue du Cherche-Midi, l'avoué trouva les damnées actions sur les canaux que Gigonnet avait fourrées à Matifat au lieu de lui donner de l'argent. Vois-tu Desroches rencontrant le râteau de Nucingen sur les deux dots qu'il avait couchées en joue. Les catastrophes ne se firent pas attendre. La société Claparon fit trop d'affaires, il y eut engorgement, elle cessa de servir les intérêts et de donner des dividendes, quoique ses opérations fussent excellentes. Ce malheur se combina avec les événements de 1827. En 1829, Claparon était trop connu pour être l'homme de paille de ces deux colosses, et il roula de son piédestal à terre. De douze cent cinquante francs, les actions tombèrent à quatre cent francs, quoiqu'elles valussent intrinsèquement six cents francs. Nucingen, qui connaissait leur prix intrinsèque, racheta. La petite baronne d'Aldrigger avait vendu ses actions dans les mines, qui ne rapportaient rien, et Godefroid vendit celles de sa femme par la même raison. De même que la baronne, Beaudenord avait échangé ses actions de mines contre les actions de la société Claparon. Leurs dettes les forcèrent à vendre en pleine baisse. De ce qui leur représentait sept cent mille francs, ils eurent deux cent trente mille francs. Ils firent leur solde, et le reste fut prudemment placé dans le trois pour cent à 75. Godefroid, si heureux garçon, sans soucis, qui n'avait qu'à se laisser vivre, se vit chargé d'une petite femme bête comme une oie, incapable de supporter l'infortune, car, au bout de six mois, il s'était aperçu du changement de l'objet aimé en volatile; et, de plus, il est chargé d'une belle-mère sans pain qui rêve toilette. Les deux familles se sont réunies pour pouvoir exister. Godefroid fut obligé de venir à faire agir toutes ses protections refroidies pour avoir une place de mille écus au ministère des finances. Les amis?... aux eaux. Les parents?... étonnés, promettant : « Comment, mon cher, mais comptez sur moi ! Pauvre garçon ! » Oublié net un quart d'heure après. Beaudenord dut sa place à l'influence de Nucingen et de Vandenesse. Ces gens si estimables et si malheureux logent aujourd'hui, rue du Mont-Thabor, à un troisième étage au-dessus de l'entresol. L'arrière-petite perle des Adolphus, Malvina, ne possède rien, elle donne des leçons de piano pour ne pas être à charge à son beau-frère. Noire, grande, mince, sèche, elle ressemble à une momie échappée de chez Passalacqua, qui court à pied dans Paris. En 1830, Beaudenord a perdu sa place, et sa femme lui a donné un quatrième enfant. Huit maîtres et deux domestiques (Wirth et sa femme) ! argent : huit mille livres de rente. Les mines donnent aujourd'hui des dividendes si considérables, que l'action de mille francs vaut mille francs de rente. Rastignac et madame de Nucingen ont acheté les actions vendues par Godefroid et par la baronne. Nucingen a été créé pair de France par la Révolution de juillet, et grand officier de la Légion d'honneur. Quoiqu'il n'ait pas liquidé après 1830, il a, dit-on, seize à dix-huit millions de fortune. Sûr des ordonnances de juillet, il a vendu tous ses fonds et replacé hardiment quand le trois pour cent fut à 45, il a fait croire au château que c'était par dévouement, et il a, dans ce temps, avalé, de concert avec du Tillet, trois millions à ce grand drôle de Philippe Bridau ! Dernièrement, en passant rue de Rivoli, pour aller au bois de Boulogne, notre baron aperçut, sous les arcades, la baronne d'Aldrigger. La petite vieille avait une capote verte doublée de rose, une robe à fleurs, une mantille, enfin elle était toujours et plus que jamais bergère des Alpes, car elle n'a pas plus compris les causes de son malheur que les causes de son opulence. Elle s'appuyait sur le pauvre Malvina, nuage des dévouements héroïques, qui avait l'air d'être la vieille mère, tandis que la baronne avait l'air d'être la jeune fille; et Wirth les suivait un parapluie à la main. — « *Foula lus chens*, dit le baron à M. Cointet, un ministre avec lequel il allait se promener, dont *il m'a été imbossiple te vatre la vordeine. La pourrasque à brinclhes esd bassée, reblacez tonc ce baufre Peautenord.* » Beaudenord est rentré aux finances par les soins de Nucingen, qui les d'Aldrigger vantent comme un héros d'amitié, car il invite toujours la petite bergère des Alpes et ses filles à ses bals. Il est impossible à qui que ce soit au monde de démontrer comment cet homme a, par trois fois et sans effraction, voulu voler le public enrichi par lui, malgré lui. Personne n'a de reproches à lui faire. Qui viendrait dire que la haute banque est souvent un coupe-gorge commettrait la plus insigne calomnie. Si les effets haussent et baissent, si les valeurs augmentent et se détériorent, ce flux et reflux est produit par un mouvement naturel, atmosphérique, en rapport avec l'influence de la lune, et le grand Arago est coupable de ne donner aucune théorie scientifique sur cet important phénomène. Il résulte seulement de ceci une vérité pécuniaire que je n'ai vue écrite nulle part...

— Laquelle ?

— Le débiteur est plus fort que le créancier.

— Oh! dit Blondet, moi je vois, dans ce que nous avons dit, la paraphrase d'un mot de Montesquieu, dans lequel il a concentré *l'Esprit des Lois.*

— Quoi? dit Finot.

— Les lois sont des toiles d'araignées à travers lesquelles passent les grosses mouches, et où restent les petites.

— Où veux-tu donc en venir? dit Finot à Blondet.

— Au gouvernement absolu, le seul où les entreprises de l'esprit contre la loi puissent être réprimées! Oui, l'arbitraire sauve les peuples en venant au secours de la justice, car le droit de grace n'a pas d'envers : le roi, qui peut gracier le banqueroutier frauduleux, ne rend rien à l'actionnaire. La légalité tue la société moderne.

— Fais comprendre cela aux électeurs! dit Bixiou.

— Il y a quelqu'un qui s'en est chargé.

— Qui?

— Le temps. Comme l'a dit l'évêque de Léon, si la liberté est ancienne, la royauté est éternelle : toute nation saine d'esprit y reviendra sous une forme ou sous une autre.

— Tiens, il y avait du monde à côté, dit Finot en nous entendant sortir.

— Il y a toujours du monde à côté, répondit Bixiou, qui devait être aviné.

Paris, novembre 1837.

FIN DE LA MAISON NUCINGEN.

Le lendemain l'alarme régnait à la Bourse — PAGE 14.

COMÉDIE HUMAINE

ŒUVRES ILLUSTRÉES
DE
BALZAC.

LES
COMÉDIENS SANS LE SAVOIR
—
ÉTUDE DE FEMME.

Dess. Tony Johannot, Bertall, Daumier,
E. Lampsonius, etc.

Grav. par les meilleurs
Artistes.

A MONSIEUR

LE COMTE JULES DE CASTELLANE.

Léon de Lora, notre célè-
bre peintre de paysage, appartient à l'une des plus nobles familles du Roussillon,
espagnole d'origine, et qui,
si elle se recommande par
l'antiquité de la race, est depuis cent ans vouée à la pauvreté proverbiale des hidal-
gos. Venu de son pied léger
à Paris du département des
Pyrénées-Orientales, avec
une somme de onze francs
pour tout viatique, il y avait
en quelque sorte oublié les
misères de son enfance et sa
famille au milieu des misères
qui ne manquent jamais aux
rapins dont toute la fortune
est une intrépide vocation.
Puis les soucis de la gloire
et ceux du succès furent
d'autres causes d'oubli.
Si vous avez suivi le cours
sinueux et capricieux de ces
études, peut-être vous souvenez-vous de Mistigris, élève de Schinner, un des héros
de *Un début dans la vie*
(SCÈNES DE LA VIE PRIVÉE), et de ses apparitions dans quelques autres
scènes. En 1845, le paysagiste, émule des Hobbéma, des Ruysdaël,

Voici l'ancien chapeau de Claude Vignon, grand critique. — PAGE 4.

des Lorrain, ne ressemble
plus au rapin dénué, frétil-
lant, que vous avez vu.
Homme illustre, il possède
une charmante maison rue
de Berlin, non loin de l'hôtel
de Brambourg où demeure
son ami Bridau, et près de
la maison de Schinner, son
premier maître. Il est membre de l'Institut et officier
de la Légion d'honneur, il a
trente-neuf ans, il a vingt
mille francs de rentes, ses
toiles sont payées au poids
de l'or, et, ce qui lui semble
plus extraordinaire que d'ê-
tre invité parfois aux bals
de la cour, son nom, jeté si
souvent, depuis seize ans,
par la presse à l'Europe, a
fini par pénétrer dans la vallée des Pyrénées-Orientales
où végètent trois véritables
Lora, son frère aîné, son
père et une vieille tante paternelle, mademoiselle Ur-
raca y Lora.
Dans la ligne maternelle,
il ne reste plus au peintre
célèbre qu'un cousin, neveu
de sa mère, âgé de cinquante
ans, habitant d'une petite
ville manufacturière du département. Ce cousin fut le
premier à se souvenir de
Léon. En 1840 seulement,
Léon de Lora reçut une lettre de M. Sylvestre-Palafox-Castel Gazonal
(appelé tout simplement Gazonal), auquel il répondit qu'il était bien

lui-même, c'est-à-dire le fils de feu Léonie Gazonal, femme du comte Fernand Didas y Lora.

Le cousin Sylvestre Gazonal alla, dans la belle saison de 1841, apprendre à l'illustre famille inconnue des Lora que le petit Léon n'était pas parti pour le Rio de la Plata, comme on le croyait qu'il n'y était pas mort, comme on le croyait, et qu'il était un des plus beaux génies de l'école française, ce qu'on ne crut pas. Le frere aîné, don Juan de Lora, dit à son cousin Gazonal qu'il était la victime d'un plaisant de Paris.

Or, ledit Gazonal se proposait d'aller à Paris pour y suivre un procès que, par un conflit, le préfet des Pyrénées-Orientales avait arraché de la juridiction ordinaire pour le transporter au conseil d'État. le provincial se proposa d'éclaircir le fait, et de demander raison de son impertinence au peintre parisien. Il arriva que M. Gazonal, logé dans un maigre garni de la rue Croix-des-Petits-Champs, fut ébahi de voir le palais de la rue de Berlin. En y apprenant que le maître voyageait en Italie, il renonça momentanément à demander raison, et douta de voir reconnaître sa parenté maternelle par l'homme célèbre.

De 1843 à 1844, Gazonal suivit son procès. Cette contestation, relative à une question de cours et de hauteur d'eau, un barrage à enlever, dont se mêlait l'administration soutenue par des riverains, menaçait l'existence même de la fabrique. En 1845, Gazonal regardait ce procès comme entierement perdu, le secrétaire du maître des requêtes chargé de faire le rapport lui ayant confié que ce rapport serait opposé à ses conclusions, et son avocat le lui ayant confirmé. Gazonal, quoique commandant de la garde nationale de sa ville, et l'un des plus habiles fabricants de son département, se trouvait si peu de chose à Paris, il y fut si effrayé de la cherté de la vie et des moindres babioles, qu'il s'était tenu coi dans son méchant hôtel. Ce méridional, privé de soleil, exécrait Paris, qu'il nommait une fabrique de rhumatismes. En additionnant les dépenses de son procès et de son séjour, il se promettait un retour d'empoisonner le préfet ou de le minotauriser! Dans ses moments de tristesse, il tuait rude le préfet, dans ses moments de gaieté, il se contentait de le minotauriser.

Un matin, à la fin de son déjeuner, tout en maugréant, il prit rageusement le journal. Ces lignes qui terminaient un article : « Notre grand paysagiste Léon de Lora, revenu d'Italie depuis un mois, exposera plusieurs toiles au Salon, ainsi l'exposit ou sera, comme on le voit, très-brillante » frappèrent Gazonal comme la voix que parle aux joueurs quand ils gagnent les lui eût jetées dans l'oreille. Avec cette soudaineté d'action qui distingue les gens du Midi, Gazonal sauta de l'hôtel dans la rue, de la rue dans un cabriolet, et alla rue de Berlin chez son cousin.

Léon de Lora fit dire à son cousin Gazonal qu'il l'invitait à déjeuner au Café de Paris pour le lendemain, car il se trouvait pour le moment occupé d'une manière qui ne lui permettait pas de recevoir. Gazonal, en homme du Midi, conta toutes ses peines au valet de chambre.

Le lendemain, à dix heures, Gazonal, trop bien mis pour la circonstance (il avait endossé son habit bleu barbeau à boutons dorés, une chemise à jabot, un gilet blanc et des gants jaunes), attendit son amphitryon au piétinant une heure sur le boulevard, après avoir appris du cafetier (nom des maîtres de café en province) que ces messieurs déjeunaient habituellement entre onze heures et midi.

— Vers onze heures et demie, deux Parisiens, en simple lévite, disait-il quand il raconta ses aventures à ceux de son endroit, qui avaient l'air de rien du tout, s'écrièrent en me voyant sur le boulevard : — Voilà ton Gazonal !...

Cet interlocuteur était Bixiou, de qui Léon de Lora s'était muni pour faire poser son cousin.

— « Ne vous fâchez pas, mon cher cousin je suis le vôtre, s'écria le petit Léon en me serrant dans ses bras, disait Gazonal à ses amis à son retour. Le déjeuner fut splendide. Et je crus avoir la berlue en voyant le nombre de pièces d'or que nécessita la carte. Ces gens-là doivent gagner leur pesant d'or, car mon cousin donna trentan sols au garçon, la journée d'un homme. »

Pendant ce déjeuner-monstre, où qu'il y fut consommé six douzaines d'huître d'Ostende, six côtelettes à la Soubise, un poulet à la Marengo une mayonnaise de homard des petits pois, une croûte aux champignons, arrosés de trois bouteilles de vin de Bordeaux, de trois bouteilles de vin de Champagne, plus les tasses de café, de liqueur, sans compter les hors-d'œuvre, Gazonal fut magnifique de verve contre Paris. Le noble fabricant se plaignit de la longueur des pains de quatre livres, de la hauteur des maisons, de l'indifférence des passants les uns pour les autres du froid et de la pluie, de la cherté des demi-tasses, et tout cela si spirituellement, que les deux artistes se prirent de belle amitié pour Gazonal et lui firent raconter son procès.

— Mon procès, dit-il en grasseyant sur les r et accentuant tout à la provençale, c'est quelque chozze de bienne simple : ils veuilent ma tabatique. Jé trouve ici unen bette d'avocate a qui jé donne vinte francs à chaque fois pour ouvrir l'œil, et jeu leu trouve toujours en-

nedòrmi... C'ette une limas'e qui roule vêtur et jé vienze à pied, ile mé carrotte indignémente, jé neu fais que le trarette de l'unne a l'otte, et jeu voiz que j'aurai dù preundreu vottur !... Onné regarde ici que les gens qui se cachent dedans leur vottur... D'oü parre, le conneseïlle d'État ette une tas de fainéants qui laissent faireu leur besogneu a dé petits drolles soudoyez par notte preffette... Voilà mone procès !... Iles la veuilente ma fabriqueu, é bé, il l'orroute !... é s'arrangeronte aveccue mez ovvrières qui sonte une centaine et qui les feronte sanger d'avisse à coupe dé triques...

— Allons, cousin, dit le paysagiste, depuis quand es-tu ici ?

— Déppuis deux anes !..... Ah! le conflitte du preffette, ile le payera cher, je prendrai sa vie, et je dòne la mienne à la cour d'assises...

— Quel est le conseiller d'État qui préside la section ?

— Une ancienne journaliste, qui ne vote pas disse sols, et se nòme Massol !

Les deux Parisiens échangèrent un regard.

— Le rapporteur ?...

— Encore plus drolle! c'ette uné mette des réquettes proffesseure de quelque chozze à la Sorbonne, qui a escript dans une révue, et pour qui je proffesse une mezestime profonde...

— Claude Vignon dit Bixiou.

— C'est cela... répondit le méridional, Massol et Vignon, voilà la raizon sociale, sans raison, enfin les Tristallons de mone préfette.

— Il y a de la ressource, dit Léon de Lora. Vois-tu, cousin, tout est possible à Paris, et bien comme en mal, juste et injuste. Tout s'y fait, tout s'y défait, tout s'y refait.

— Du diable, si jen reste dixe sécondes de plusse... c'ette le pays le plus ennuyeusse de la France.

En ce moment, les deux cousins et Bixiou se promenaient d'un bout à l'autre de cette nappe d'asphalte sur laquelle, de une heure à deux, il est difficile de ne pas voir passer quelques-uns des personnages pour les quels la Renommée embouche l'une ou l'autre de ses trompettes. Autrefois ce fut la place Royale, puis le pont Neuf, qui eurent ce privilège acquis aujourd'hui au boulevard des Italiens.

— Paris, dit alors le paysagiste à son cousin, est un instrument d'ont il faut savoir jouer : et si nous restons ici dix minutes, je vais te donner une leçon. Tiens, regarde, dit-il en levant sa canne et désignant un couple qui sortait du passage de l'Opéra.

— Qu'est-ce que c'est que ça ? demanda Gazonal.

Ça était une vieille femme à chapeau vert à six mois à l'étalage, à robe très-prétentieuse, à châle en tartan déteint, dont la figure était restée vingt ans dans une loge humide, dont le cabas très-enflé n'annonçait pas une meilleure position sociale que celle d'ex-portière plus une petite fille svelte et mince dont les yeux bordés de cils noirs n'avaient plus d'innocence, dont le teint annonçait une grande fatigue, mais dont le visage, d'une jolie coupe, était frais, et dont la chevelure devant être abondante, le front charmant et audacieux, le corsage maigre, en deux mots un fruit vert.

— Ça, lui répondit Bixiou, c'est un rat orné de sa mère.

— Une ratte ? quusaco ?

— Ce rat, dit Léon qui fit un signe de tête amical à mademoiselle Ninette, peut te faire gagner tone procès !

Gazonal bondit, mais Bixiou le maintenait par le bras depuis la sortie du café, car il lui trouvait la figure un peu trop poussée au rouge.

— Ce rat, qui sort d'une répétition à l'Opéra, retourne faire un maigre dîner, et reviendra dans trois heures pour s'habiller, s'il paraît ce soir dans le ballet, car nous sommes aujourd'hui lundi. Ce rat a treize ans, c'est un rat déjà vieux. Dans deux ans cette créature vaudra soixante mille francs sur la place, elle sera rien ou tout, une grande danseuse ou une marcheuse, un nom célèbre ou une vulgaire courtisane. Elle travaille depuis l'âge de huit ans. Telle que tu la vois, elle est exténuée de fatigue, elle s'est rompu le corps ce matin à la classe de danse, elle sort d'une répétition où les évolutions sont difficiles comme les combinaisons d'un casse-tête chinois, elle reviendra ce soir. Le rat est un des éléments de l'Opéra, c'est à l'égard de la première danseuse ce que le petit clerc est à un notaire. Le rat, c'est l'espérance.

— Qui produit le rat ? demanda Gazonal.

— Les portiers, les pauvres, les acteurs, les danseurs, répondit Bixiou. Il n'y a que la plus profonde misère qui puisse conseiller à un enfant de huit ans de livrer ses pieds et ses articulations aux plus durs supplices de rester sage jusqu'à seize ou dix-huit ans, uniquement par spéculation, et de se flanquer d'une horrible vieille comme vous mettez du fumier autour d'une jolie fleur. Vous allez voir défiler les uns après les autres tous les gens de talent, petits et grand, artistes en herbe ou en pleine gloire, qui élèvent, à la gloire de la France. ce monument de tous les jours appelé l'Opéra, réunion de forces, de volontés, de génies qui ne se trouve qu'à Paris...

— J'ai vu l'Opéra, répondit Gazonal d'un air suffisant.

— De dessus la banquette à trois francs soixante centimes ré-pliqua le paysagiste. comme tu as vu Paris, rue Croix-des-Petits-

Champs... sans en rien savoir... Que donnait-on à l'Opéra quand tu y es allé ?...

— Guillomme Tèle...

— Bon, reprit le paysagiste, le grand duo de Mathilde a dû te faire plaisir. Eh bien ! à quoi, dans ton idée, a dû s'occuper la cantatrice en quittant la scène ?...

— Elle s'est... quoi ?

— Assise à manger deux côtelettes de mouton saignant que son domestique lui tenait prêtes...

— Ah ! bouffre !

— La Malibran se soutenait avec de l'eau-de-vie, et c'est ce qui l'a tuée... Autre chose ! Tu as vu le ballet, tu vas le revoir défilant ici, dans le simple appareil du matin, sans savoir que ton procès dépend de quelques-unes de ces jambes-là ?

— Mone procès ?...

— Tiens, cousin, voici ce qu'on appelle une marcheuse.

Léon montra l'une de ces superbes créatures qui à vingt-cinq ans en ont déjà vécu soixante, d'une beauté si réelle et si sûre d'être cultivée qu'elles ne la font point voir. Elle était grande, marchait bien, avait le regard assuré d'un dandy, et sa toilette se recommandait par une simplicité ruineuse.

— C'est Carabine, dit Bixiou, qui fit, ainsi que le peintre, un léger salut de tête auquel Carabine répondit par un sourire.

— Encore une qui peut faire destituer ton préfet.

— Uné marcheuze ; mais qu'est-ce donc ?

— La marcheuse est ou rat d'une grande beauté que sa mère, fausse ou vraie, a vendu le jour où elle n'a pu devenir ni premier, ni second, ni troisième sujet de la danse, et où elle a préféré l'état de coryphée à celui de rat, par la grande raison qu'après l'emploi de sa jeunesse elle n'en pouvait pas prendre d'autre : elle aura été repoussée aux petits théâtres où il faut des danseuses, elle n'aura pas réussi dans les trois villes de France où il se donne des ballets, elle n'aura pas eu l'argent ou le désir d'aller à l'étranger, car, sachez-le là, la grande école de danse de Paris fournit le monde entier de danseurs et de danseuses. Aussi pour qu'une marcheuse, c'est-à-dire figurante de la danse, faut-il qu'elle ait eu quelque attachement solide qui l'ait retenue à Paris, un homme riche qu'elle n'aimait pas, un pauvre garçon qu'elle aimait trop. Celle que vous avez vue passer, qui se déshabillera, se rhabillera peut-être trois fois ce soir, en princesse, en paysanne, en tyrolienne, etc., à quelque deux cents francs par mois.

— Elle est mieux mise qué notte prreffète.

— Si vous alliez chez elle, dit Bixiou, vous y verriez femme de chambre, cuisinière et domestique, elle occupe un magnifique appartement rue Saint-Georges, enfin elle est, dans les proportions des fortunes françaises d'aujourd'hui avec les anciennes, le débris de la fille d'Opéra du dix-huitième siècle. Carabine est une puissance, elle gouverne en ce moment du Tillet, un banquier très-influent à la Chambre.

— Et au-dessus de ces deux échelons du ballet, qu'y a-t-il donc ? demanda Gazonal.

— Regarde ! lui dit son cousin en lui montrant une élégante calèche qui passait au bout du boulevard, rue Grange-Batelière, voici un des premiers sujets de la danse, le nom sur l'affiche attire tout Paris, qui gagne soixante mille francs par an, et qui vit en princesse ; le prix de la fabrique ne lui suffirait pas pour acheter le droit de lui dire trente fois bonjour.

— Eh bé ! je me le dirai bien à moi-même, ce ne sera pas si cher !

— Voyez-vous, lui dit Bixiou, sur le devant de la calèche ce beau jeune homme ? c'est un vicomte qui porte un beau nom, c'est son premier gentilhomme de la chambre, celui qui fait ses affaires aux journaux, qui va porter des paroles de paix ou de guerre, le matin, au directeur de l'Opéra, ou qui s'occupe des applaudissements par lesquels on la salue quand elle entre sur la scène ou qu'elle en sort.

— Ceci, mes cherses messieurs, est le coupe de grâce, jeu neu soubessonnais rienne de Parisse.

— Eh bien ! sachez au moins tout ce qu'on peut voir en dix minutes, au passage de l'Opéra, tenez ?... dit Bixiou.

Deux personnes débouchaient en ce moment du passage, un homme et une femme. La femme n'était ni laide ni jolie, sa toilette avait cette distinction de forme, de coupe, de couleur, qui révèle une artiste, et l'homme avait assez l'air d'un chantre.

— Voilà, lui dit Bixiou, une basse-taille et un second premier sujet de la danse. La basse-taille est un homme d'un immense talent, mais la basse-taille étant un accessoire dans les partitions, il gagne à peine ce que gagne la danseuse. Célèbre avant que la Taglioni et la Elssler parussent, le second sujet a conservé chez nous la danse de caractère, la mimique ; si les deux autres n'eussent révélé une fin la danse une poésie inaperçue jusqu'alors, celle-ci serait un premier talent ; mais elle est en seconde ligne aujourd'hui, néanmoins elle palpe ses trente mille francs, et a pour ami fidèle un pair de France très-influent à la Chambre. Tenez, voici la danseuse du troisième ordre, une danseuse qui n'existe que par la toute-puissance d'un jour-

nal. Si son engagement n'eût pas été renouvelé, le ministère eût eu sur le dos un ennemi de plus. Le corps de ballet est à l'Opéra la grande puissance, aussi est-il de bien meilleur ton dans les hautes sphères du dandysme et de la politique d'avoir des relations avec la danse qu'avec le chant. A l'orchestre, où se tiennent les habitués de l'Opéra, ces mots : « Monsieur est pour le chant, » sont une espèce de raillerie.

Un petit homme à figure commune, vêtu simplement, vint à passer.

— Enfin, voilà l'autre moitié de la recette de l'Opéra qui passe ; c'est le ténor. Il n'y a plus de poème, ni de musique, ni de représentation sans un ténor célèbre dont la voix atteigne à une certaine note. Le ténor, c'est l'amour, c'est la voix qui touche le cœur, qui vibre dans l'ame, et cela se chiffre par un traitement plus considérable que celui d'un ministre. Cent mille francs à un gosier, cent mille francs à une paire de chevilles, voilà les deux fléaux financiers de l'Opéra.

— Je suis abasourdi, dit Gazonal, que de cent mille francs !...

— Tu vas l'être bien davantage, mon cher cousin, suis-nous... Nous allons prendre Paris comme un artiste prend un violoncelle, et te faire voir comment on en joue, enfin comment on s'amuse à Paris.

— C'est uné kaleidoscope de sept lieues de tour ! s'écria Gazonal.

— Avant de piloter monsieur, je dois voir Gaillard, dit Bixiou.

— Mais Gaillard peut nous être utile pour le cousin.

— Qu'est-ce cette ôte machine ? demanda Gazonal.

— Ce n'est pas une machine, c'est un machiniste. Gaillard est un de nos amis qui a fini par devenir le gérant d'un journal, et dont le caractère ainsi que la caisse se recommandent par des mouvements comparables à ceux des marées. Gaillard peut contribuer à te faire gagner ton procès...

— Il est perdu...

— C'est bien le moment de le gagner alors, répondit Bixiou.

Chez Théodore Gaillard, alors logé rue de Ménars, le valet de chambre fit attendre les trois amis dans un boudoir, en leur disant que monsieur était en conférence secrète...

— Avec qui ? demanda Bixiou.

— Avec un homme qui lui vend l'incarcération d'un insaisissable débiteur, répondit une magnifique femme qui se montra dans une délicieuse toilette du matin.

— En ce cas, chère Suzanne, dit Bixiou, nous pouvons entrer, nous autres...

— Oh ! la belle créature ! dit Gazonal.

— C'est madame Gaillard, lui répondit Léon de Lora, qui parlait à l'oreille du cousin. C'est la vois, mon cher, la femme la plus modeste de Paris : elle avait le public : elle s'est contentée d'un mari.

— Que voulez-vous, messieurs ? dit le facétieux gérant en voyant ses deux amis et en imitant Frédérick-Lemaître.

Théodore Gaillard, jadis homme d'esprit, avait fini par devenir stupide en restant dans le même milieu, phénomène moral qu'on observe à Paris. Son principal agrément consistait alors à parsemer son dialogue des mots repris aux pièces en vogue et prononcés avec l'accentuation que leur ont donnée les acteurs célèbres.

— Nous venons blaguer, répondit Léon.

— Encore, jeûne homme ! (Odry dans les Saltimbanques.)

— Enfin, pour sûr, nous l'aurons, dit l'interlocuteur de Gaillard en forme de conclusion.

— En êtes-vous bien sûr, père Fromenteau ? demanda Gaillard ; voici onze fois que nous le tenons le voir et vous me manquez le matin.

— Que voulez-vous ? je n'ai jamais vu de débiteur comme celui-là, c'est locomotive, il s'endort à Paris, et se réveille dans Seine-et-Oise. C'est une serrure à combinaison. En voyant un sourire sur les lèvres de Gaillard, il ajouta : — Ça se dit ainsi dans notre partie. Pincer un homme, serrer un homme, c'est l'arrêter. Dans la police judiciaire, on dit autrement. Vidocq disait à sa pratique : Tu es servi. C'est plus drôle, car il s'agit de la guillotine.

Sur un coup de coude que lui donna Bixiou, Gazonal devint tout yeux et tout oreilles.

— Monsieur graisse-t-il la patte ? demanda Fromenteau d'un ton menaçant quoique froid.

— Il s'agit de cinquante centimes (Odry dans les Saltimbanques), répondit le gérant en prenant cent sous et les tendant à Fromenteau.

— Et pour la canaille ?... reprit l'homme.

— Laquelle ? demanda Gaillard.

— Ceux que j'emploie, répliqua Fromenteau tranquillement.

— Y a-t-il au-dessous ? demanda Bixiou.

— Oui, monsieur, répondit l'espion. Il y a ceux qui nous donnent des renseignements sans le savoir et sans se les faire payer. Je mets les sots et les niais au-dessous de la canaille.

— Elle est souvent belle et spirituelle, la canaille ! s'écria Léon.

— Vous êtes donc de la police ? demanda Gazonal en regardant avec une inquiète curiosité ce petit homme sec, impassible et vêtu comme un troisième clerc d'avoué.

— De laquelle parlez-vous ? dit Fromenteau.

— Il y en a donc plusieurs ?

— Il y en a eu jusqu'à cinq, répondit Fromenteau. La judiciaire, dont le chef a été Vidocq ! — La contre-police, dont le chef est toujours inconnu.—La police politique, celle de Fouché.— Puis celle des affaires étrangères, et celle du chateau (l'empereur. Louis XVIII, etc.), qui se chamaillait avec celle du quai Malaquais. Ça a fini à M. Decazes. J'appartenais à celle de Louis XVIII, j'en étais dès 1793, avec ce pauvre Contenson.

Léon de Lora, Bixiou, Gazonal et Gaillard se regardèrent tous en exprimant la même pensée : — A combien d'hommes a-t-il fait couper le cou?

— Maintenant, on veut aller sans nous, une bêtise! reprit après une pause ce petit homme devenu si terrible en un moment. A la préfecture, depuis 1830, ils veulent d'honnêtes gens, j'ai donné ma démission, et je me suis fait un petit *tran-tran* avec les arrestations pour dettes...

— C'est le bras droit des gardes du commerce, dit Gaillard à l'oreille de Bixiou; mais on ne peut jamais savoir qui du débiteur ou du créancier le paye mieux.

— Plus un état est canaille, plus il y faut de probité, dit sentencieusement Fromenteau, je suis à celui qui me paye le plus. Vous voulez recouvrer cinquante mille francs et vous liardez avec le moyen d'action. Donnez-moi cinq cents francs, et demain matin votre homme est *serré*, car nous l'avons *couche* hier.

— Cinq cents francs, pour vous seul? s'écria Théodore Gaillard.

— Lisette est sans chale, répondit l'espion sans qu'aucun muscle de sa figure jouât, je la nomme Lisette à cause de Béranger.

— Vous avez une Lisette et vous restez dans votre partie? s'écria le vertueux Gazonal.

— C'est si amusant ! On a beau vanter la pêche et la chasse, traquer l'homme dans Paris est une partie bien plus intéressante.

— Au fait, dit Gazonal en se parlant tout haut à lui-même, il leur faut de grands talents...

— Si je vous énumérais les qualités qui font un homme remarquable dans *notre partie*, lui dit Fromenteau, dont le rapide coup d'œil lui avait fait deviner Gazonal tout entier, vous croiriez que je parle d'un homme de génie. Ne nous faut-il pas la vue des lynx! - Audace (entrer comme des bombes dans les maisons, aborder les gens comme si on les connaissait, proposer des lâchetés toujours acceptées, etc.). — Mémoire. — Sagacité. — L invention (trouver des ruses rapidement conçues, jamais les mêmes, car l'espionnage se moule sur les caractères et les habitudes de chacun), c'est un don céleste. — Enfin l agilité, la force, etc. Toutes ces facultés, messieurs, sont peintes sur la porte du Gymnase-Amoros comme étant la vertu! Nous devons posséder tout cela, sous peine de perdre les appointements de cent francs par mois que nous donne l'Etat, la rue de Jérusalem, ou le garde du commerce.

— Et vous me paraissez un homme remarquable, lui dit Gazonal. Fromenteau regarda le provincial sans lui répondre, sans donner signe d'émotion, et s en alla sans saluer personne. Un vrai trait de génie !

— Eh bien ! cousin, tu viens de voir la police incarnée, dit Léon à Gazonal.

— Ça me fait l'effet d'un digestif, répondit l'honnête fabricant pendant que Gaillard et Bixiou causaient à voix basse ensemble.

— Je te rendrai réponse ce soir chez Carabine, dit tout haut Gaillard en se rasseyant à son bureau sans venir m saluer Gazonal.

— C'est un impertinent ! s'écria sur le pas de la porte le Méridional.

— Sa feuille a vingt-deux mille abonnés, dit Léon de Lora. C'est une des cinq grandes puissances du jour, et il n'a pas, le matin, le temps d'être poli...

— Si nous devons aller à la Chambre, prenons le chemin le plus long, dit Léon à Bixiou.

— Les mots dits par les grands hommes sont comme les cuillers de vermeil que l'usage dédore; à force d'être répétés, ils perdent tout leur brillant, répliqua Bixiou; mais où irons-nous?

— Ici près, chez notre chapelier, répondit Léon.

— Bravo! s'écria Bixiou. Si nous continuons ainsi, nous aurons une journée amusante.

— Gazonal, reprit Léon, je le *ferai poser* pour toi, seulement, sois sérieux comme le roi sur une pièce de cent sous, car tu vas voir gratis un fier original, un homme à qui son importance fait perdre la tête. Aujourd'hui, mon cher, tout le monde veut se couvrir de gloire et beaucoup se couvrent de ridicule, de là des caricatures entièrement neuves...

— Quand tout le monde aura de la gloire, comment pourra-t-on se distinguer ? demanda Gazonal.

— La gloire?... ce sera d être un sot, lui répondit Bixiou. Votre cousin est décoré, je suis bien nigaud, c'est moi qu'on regarde...

Sur cette observation qui peut expliquer pourquoi les orateurs et autres grands hommes politiques ne mettent plus rien à la boutonnière de leur habit à Paris, Léon fit lire à Gazonal, en lettres d'or, le nom illustre de VITAL, SUCCESSEUR DE FINOT, FABRICANT DE CHAPEAUX (et non pas chapelier, comme autrefois), dont les chapeaux rapportent aux journaux autant d'argent que celles de trois vendeurs de pilules ou de pralines, et de plus auteur d'un petit écrit sur le chapeau.

— Mon cher, dit à Gazonal Bixiou qui lui montrait les splendeurs de la devanture, Vital a quarante mille francs de rentes.

— Et il reste chapelier! s'écria le Méridional en cassant le bras à Bixiou par un soubresaut violent.

— Tu vas voir l'homme, répondit Léon. Tu as besoin d'un chapeau, tu vas en avoir un gratis.

— M. Vital n'y est pas? demanda Bixiou, qui n'aperçut personne au comptoir.

— Monsieur corrige ses épreuves dans son cabinet, répondit un premier commis.

— Hein ! quel style! dit Léon à son cousin. Puis, s'adressant au premier commis : — Pouvons-nous lui parler sans nuire à ses inspirations?

— Laissez entrer ces messieurs, dit une voix.

C'était une voix bourgeoise, la voix d'un éligible, une voix puissante et bien rentée.

Et Vital daigna se montrer lui-même, vêtu tout en drap noir, décoré d'une magnifique chemise à jabot ornée d'un diamant. Les trois amis aperçurent une jeune et jolie femme assise au bureau, travaillant à une broderie.

Vital est un homme de trente à quarante ans, d'une jovialité primitive rentrée sous la pression de ses idées ambitieuses. Il jouit de cette moyenne taille, privilège des belles organisations. Assez gras, il est soigneux de sa personne, son front se dégarnit. mais il aide à cette calvitie pour se donner l'air d un homme dévoré par la pensée. On voit, à la manière dont il regarde et il écoute sa femme, qu'elle croit au génie et à l illustration de son mari. Vital aime les artistes. non qu'il sente les arts, mais par confraternité, car il se croit un artiste et le fait pressentir en se défendant de ce titre de noblesse, en se mettant avec une constante préméditation à une distance énorme des arts pour qu'on lui dise : « Mais vous avez élevé le chapeau jusqu'à la hauteur d'une science. »

— M'avez-vous enfin trouvé mon chapeau? dit le paysagiste.

— Comment, monsieur, en quinze jours? répondit Vital, et pour vous!... Mais sera-ce assez de deux mois pour rencontrer la forme qui convient à votre physionomie ? Tenez, voici votre lithographie, elle est là. je vous ai déjà bien étudié ! Je ne me donnerais pas tant de peine pour un prince; mais vous êtes plus, vous êtes un artiste ! et vous me comprenez, mon cher monsieur.

— Voici l'un de nos plus grands inventeurs, un homme qui serait grand comme Jacquart s'il voulait se laisser mourir un petit peu, dit Bixiou en présentant Gazonal. Notre ami, fabricant de drap, a découvert le moyen de retrouver l indigo des vieux habits bleus, et il voulait vous voir comme un grand phénomène, car vous avez dit : Le chapeau, c'est l'homme. Cette parole a ravi monsieur. Ah! Vital, vous avez la foi ! vous croyez à quelque chose, vous vous passionnez pour votre œuvre.

Vital écoutait à peine, il était devenu pâle de plaisir.

— Debout, ma femme!... Monsieur est un prince de la science.

Madame Vital se leva sur un geste de son mari, Gazonal la salua.

— Aurais-je l'honneur de vous coiffer? reprit Vital avec une joyeuse obséquiosité.

— Au même prix que pour moi, dit Bixiou.

— Bien entendu, je ne demande pour tout honoraire que le plaisir d'être quelquefois cité par vous, messieurs! Il faut à monsieur un chapeau pittoresque, dans le genre de celui de M. Lousteau, dit-il en regardant Bixiou d'un air magistral. J'y songerai.

— Vous vous donnez bien de la peine, dit Gazonal.

— Oh ! pour quelques personnes seulement, pour celles qui savent apprécier le prix de mes soins. Tenez, dans l'aristocratie, il n y a qu'un seul homme qui ait compris le chapeau, c'est le prince de Béthune. Comment les hommes ne songent-ils pas, comme le font les femmes, que le chapeau est la première chose qui frappe les regards dans la toilette, et ne pensent-ils pas à changer le systeme actuel qui, disons-le, est ignoble. Mais le Français de tous les peuples, celui qui persiste le plus dans une sottise! Je connais bien les difficultés, messieurs ! Je ne parle pas de mes écrits sur la matière que je crois avoir abordée en philosophe, mais comme chapelier seulement, mon seul mérite est d'avoir découvert les moyens d'accentuer l'infame couvre-chef dont jouit la France, jusqu'à ce que je réussisse à le renverser.

Il montra l'affreux chapeau en usage aujourd'hui.

— Voilà l'ennemi, messieurs, reprit-il. Dire que le peuple le plus spirituel de la terre consent à porter sur la tête ce morceau de tuyau de poêle ! a dit un de nos écrivains. Voilà toutes les inflexions que j ai pu donner à ces affreuses lignes, ajouta-t-il en désignant une à une ses créations. Mais, quoique je sache les approprier au caractere de chacun, comme vous voyez, car voici le chapeau d'un médecin, d'un épicier, d'un dandy, d'un artiste, d un homme gras, d un homme maigre, c est toujours horrible! Tenez, saisissez bien toute ma pensée !...

Il prit un chapeau, de forme et à bords larges.

— Voici l'ancien chapeau de Claude Vignon, grand critique, homme libre et viveur... Il se rallie au ministère, on le nomme professeur, bibliothécaire, il ne travaille plus qu'aux *Débats*, il est fait maître des requêtes, il a seize mille francs d'appointements, il gagne quatre mille francs à son journal, il est décoré... Eh bien! voilà son nouveau chapeau.

Et Vital montrait un chapeau d'une coupe et d'un dessin véritablement juste-milieu.

— Vous auriez dû lui faire un chapeau de polichinelle! s'écria Gazonal.

— Vous êtes un homme de génie au premier chef, monsieur Vital, dit Léon.

Vital s'inclina, sans soupçonner le calembour.

— Pourriez-vous me dire pourquoi vos boutiques restent ouvertes les dernières de toutes, le soir, à Paris, même après les cafés et les marchands de vin. Vraiment, ça m'intrigue, demanda Gazonal.

— D'abord nos magasins sont plus beaux à voir éclairés que pendant le jour; puis, pour dix chapeaux que nous vendons pendant la journée, on en vend cinquante le soir.

— Tout est drôle à Paris, dit Léon.

— Eh bien! malgré mes efforts et mes succès, reprit Vital en reprenant le cours de son éloge, il faut arriver au chapeau à calotte ronde. C'est là que je tends!...

— Quel est l'obstacle? lui demanda Gazonal.

— Le bon marché, monsieur! D'abord, on vous établit de beaux chapeaux de soie à quinze francs, ce qui tue notre commerce, car, à Paris, on n'a jamais quinze francs à mettre à un chapeau neuf. Si le castor coûte trente francs, c'est toujours le même problème. Quand je dis castor, il ne s'achete plus dix livres de poil de castor en France. Cet article coûte trois cent cinquante francs la livre, il en faut une once pour un chapeau; mais le chapeau de castor ne vaut rien. Ce poil prend mal la teinture, rougit en dix minutes au soleil, et le chapeau se bossue à la chaleur. Ce que nous appelons castor est tout bonnement du poil de lièvre. Les belles qualités se font avec le dos de la bête, les secondes avec les flancs, la troisième avec le ventre. Je vous dis le secret du métier, vous êtes des gens d'honneur. Mais que nous ayons du lièvre ou de la soie sur la tête, quinze ou trente francs, le problème est toujours insoluble. Il faut alors payer son chapeau, voilà pourquoi le chapeau reste ce qu'il est. L'honneur de la France vestimentaire est le jour où les chapeaux gris à calottes rondes coûteront cent francs! Nous pourrons alors, comme les tailleurs, faire crédit. Pour arriver à ce résultat, il faudrait se décider à porter la boucle et le ruban d'or, la plume, les revers de satin comme sous Louis XIII et Louis XIV. Notre commerce, entrant alors dans la fantaisie, décuplerait. Le marché du monde appartiendrait à la France, comme pour les modes de femmes, auxquelles Paris donnera toujours le ton; tandis que notre chapeau actuel peut se fabriquer partout. Il y a dix millions d'argent étranger à conquérir annuellement pour notre pays dans cette question...

— C'est une révolution! lui dit Bixiou en faisant l'enthousiaste.

— Oui, radicale, car il faut changer la forme.

— Vous êtes heureux à la façon de Luther, dit Léon, qui cultive toujours le calembour, vous rêvez une réforme.

— Oui, monsieur. Ah! si douze ou quinze artistes, capitalistes ou dandies qui donnent le ton voulaient avoir du courage pendant vingt-quatre heures, la France gagnerait une belle bataille commerciale! Tenez, je le dis à ma femme: pour réussir, je donnerais ma fortune! Oui, toute mon ambition est de régénérer le feutre et disparaître!...

— Cet homme est colossal, dit Gazonal en sortant, mais je vous assure que tous vos originaux ont quelque chose de méridional...

— Allons par là, dit Bixiou, qui désigna la rue Saint-Marc.

— Nous allons voir ôte chozze...

— Vous allez voir l'usurière des rats, des marcheuses, une femme qui possède autant de secrets affreux que vous apercevez de robes pendues derrière son vitrage, dit Bixiou.

Et il montrait une de ces boutiques dont la négligence fait tache au milieu des éblouissants magasins modernes. C'était une boutique à double croisée peinte en 1840 et qu'une faillite avait sans doute laissée au propriétaire de la maison dans un état douteux; la couleur avait disparu sous une double couche imprimée par l'usage et grassement épaissie par la poussière; les vitres étaient sales, le bec-de-cane tournait de lui-même, comme dans tous les endroits d'où l'on sort encore plus promptement qu'on n'y est entré.

— Que dites-vous de ceci, n'est-ce pas la cousine germaine de la mort? dit le dessinateur à l'oreille de Gazonal en lui montrant au comptoir une terrible compagnonne? eh bien! elle se nomme madame Nourrisson.

— Madame, combien cette guipure? demanda le fabricant, qui voulait lutter de verve avec les deux artistes.

— Pour vous qui venez de loin, monsieur, ce ne sera que cent écus, répondit-elle.

En remarquant une cabriole particulière aux Méridionaux, elle ajouta d'un air pénétré: — Cela vient de la pauvre princesse de Lamballe.

— Comment! si près du Château? s'écria Bixiou.

— Monsieur, ils n'y croient pas, répondit-elle.

— Madame, nous ne venons pas pour acheter, dit bravement Bixiou.

— Je le vois bien, monsieur, répliqua madame Nourrisson.

— Nous avons plusieurs choses à vendre, dit l'illustre caricaturiste en continuant, je demeure rue Richelieu, 112, au sixième. Si vous vouliez y passer dans un moment, vous pourriez faire un fameux marché...

— Monsieur désire peut-être quelques aunes de mousseline bien portées? demanda-t-elle en souriant.

— Non, il s'agit d'une robe de mariage, répondit gravement Léon de Lora.

Un quart d'heure après, madame Nourrisson vint en effet chez Bixiou, qui pour finir cette plaisanterie, avait emmené chez lui Léon et Gazonal: madame Nourrisson les trouva sérieux comme des auteurs dont la collaboration n'obtient pas tout le succès qu'elle mérite.

— Madame, lui dit l'intrépide mystificateur en lui montrant une paire de pantoufles de femme, voilà qui vient de l'impératrice Joséphine.

Il fallait bien rendre à madame Nourrisson la monnaie de sa princesse de Lamballe.

— Ça?... fit-elle, c'est fait de cette année, voyez cette marque en dessous!

— Ne devinez-vous pas que ces pantoufles sont une préface, répondit Léon, quoiqu'elles soient ordinairement une conclusion de roman?

— Mon ami que voici, reprit Bixiou en désignant le Méridional, dans un immense intérêt de famille, voudrait savoir si une jeune personne, qu'il aime beaucoup, d'une riche maison et qu'il désire épouser, a fait une faute?

— Combien monsieur donnera-t-il? demanda-t-elle en regardant Gazonal, que rien n'étonnait plus.

— Cent francs, répondit le fabricant.

— Merci, dit-elle en grimaçant un refus à désespérer un macaque.

— Que voulez-vous donc, ma petite madame Nourrisson? demanda Bixiou, qui la prit par la taille.

— D'abord, mes chers messieurs, depuis que je travaille, je n'ai jamais vu personne, ni homme ni femme, marchandant le bonheur! Et puis, tenez? vous êtes trois farceurs, reprit-elle en laissant venir un sourire sur ses lèvres froides et le renforçant d'un regard glacé par une défiance de chatte. — S'il ne s'agit pas de votre bonheur, il est question de votre fortune; et, à la hauteur où vous êtes logés, l'on marchande encore moins une dot. — Voyons, dit-elle, en prenant un air doucereux, de quoi s'agit-il, mes agneaux?

— De la maison Beunier et compagnie, répondit Bixiou, bien aise de savoir à quoi s'en tenir sur une personne qui l'intéressait.

— Oh! pour ça, reprit-elle, un louis, c'est assez...

— Et comment?

— J'ai vous les bijoux de la mère; et, de trois en trois mois, elle est dans ses petits souliers, allez! elle est bien embarrassée de me trouver les intérêts de ce que je prête. Vous voulez vous marier par là, jobard?... dit-elle, donnez-moi quarante francs, et je jaserai pour plus de cent écus.

Gazonal fit voir une pièce de quarante francs, et madame Nourrisson donna des détails effrayants sur la misère secrète de quelques femmes dites comme il faut. La revendeuse, mise en gaieté par la conversation, se dessina. Sans trahir aucun nom, aucun secret, elle fit frissonner les deux artistes en leur démontrant qu'il se rencontrait peu de bonheurs, à Paris, qui ne fussent assis sur la base vacillante de l'emprunt. Elle possédait dans ses tiroirs des feu grand'meres, des enfants vivants, des défunts maris, des petites-filles mortes, souvenirs entourés d'or et de brillants! Elle apprenait d'effrayantes histoires en causant avec ses pratiques les unes sur les autres, en leur arrachant leurs secrets dans les moments de passion, de brouilles, de colères, et dans ces préparations anodines que veut un emprunt pour se conclure.

— Comment avez-vous été amenée à faire ce commerce? demanda Gazonal.

— Pour mon fils, dit-elle avec naïveté.

Presque toujours les revendeuses à la toilette justifient leur commerce par des raisons pleines de beaux motifs. Madame Nourrisson se posa comme ayant perdu plusieurs prétendus, trois filles qui avaient très-mal tourné, toutes ses illusions, enfin! Elle montra, comme étant celles de ses plus belles valeurs, des reconnaissances du mont-de-piété pour prouver combien son commerce comportait de mauvaises chances. Elle se donna pour gênée au trente prochain. On la volait beaucoup, disait-elle.

Les deux artistes se regardèrent en entendant ce mot un peu trop vif.

— Tenez, mes enfants, je vais vous montrer comment l'on nous refait! Il ne s'agit pas de moi, mais de ma voisine d'en face, madame Mahuchet, la cordonnière pour femmes. J'avais prêté de l'argent à une comtesse, une femme qui a trop de passions eu égard à ses revenus. Ça se carre sur de beaux meubles, dans un magnifique appartement! Ça reçoit, ça fait, comme nous disons, un esbrouffe du diable. Elle doit donc trois cents francs à sa cordonnière, et ça donnait un dîner, une soirée, pas plus tard qu'avant-hier. La cordonnière, qui apprend cela par la cuisinière, vient me voir; nous nous montons la tête, elle veut faire une esclandre, moi je lui dis : — Ma petite mère Mahuchet, à quoi cela sert-il? à se faire haïr. Il vaut mieux obtenir de bons gages. *A râleuse, râleuse et demie!* et l'on épargne sa bile... Elle veut y aller, me demande de la soutenir, nous y allons. — Madame n'y est pas. — Connu! — Nous l'attendrons, dit la mere Mahuchet, dussé-je rester là jusqu'à minuit. Et nous nous campons dans l'antichambre et nous causons. Ah! voilà les portes qui vont, qui viennent, des petits pas, des petites voix... Moi, cela me faisait de la peine. Le monde arrivait pour dîner. Vous jugez de la tournure que ça prenait. La comtesse envoie sa femme de chambre pour amadouer la Mahuchet. « Vous serez payée, demain! » Enfin, toutes les colles !... Rien ne prend. La comtesse, mise comme un dimanche, arrive dans la salle à manger. Ma Mahuchet, qui l'entend, ouvre la porte et se présente. Dame! en voyant une table étincelant d'argenterie (les réchauds, les chandeliers, tout brillait comme un écrin), elle part comme du *sodavatre* et lance sa fusée : — Quand on dépense l'argent des autres, on devrait être sobre, ne pas donner à dîner. Être comtesse et devoir cent écus à une malheureuse cordonnière qui a sept enfants !... Vous pouvez deviner tout ce qu'elle débagoule, c'te femme qu'a peu d'éducation. Sur un mot d'excuse (Pas de fonds!) de la comtesse, ma Mahuchet s'écrie : — Eh! madame, voilà de l'argenterie! engagez vos couverts et payez-moi! — Prenez-les vous-même, dit la comtesse en ramassant six couverts et les lui fourrant dans la main. Nous dégringolons les escaliers... ah! bah! comme un succès !... Non, dans la rue les larmes sont venues à la Mahuchet, car elle est bonne femme, elle a rapporté les couverts en faisant des excuses. elle avait compris la misère de cette comtesse, ils étaient en mâchoclort !...

— Elle est restée à découvert, dit Léon de Lora, chez qui l'ancien Mistigris reparaissait souvent.

— Ah! mon cher monsieur, dit madame Nourrisson éclairée par ce calembour, vous êtes un artiste, vous faites des pièces de théâtre; vous demeurez rue du Helder, vous êtes resté avec madame Antonia, vous avez des tics que je connais... Allons, vous voulez avoir quelque rareté dans le grand genre, Carabine ou Mousqueton, Malaga ou Jenny Cadine...

— Malaga, Carabine, c'est nous qui les avons faites ce qu'elles sont !... s'écria Léon de Lora.

— Je vous jure, ma chere madame Nourrisson, que nous voulions uniquement avoir le plaisir de faire votre connaissance et que nous souhaitons des renseignements sur vos antécédents. savoir par quelle pente vous avez glissé dans votre métier, dit Bixiou.

— J'étais femme de confiance chez un maréchal de France, le prince d'Ysembourg, dit-elle en prenant une pose de Dorine. Un matin, il vint une des comtesses les plus huppées de la cour impériale, elle veut parler au maréchal, et secrètement. Moi, je me mets aussitôt en mesure de l'écouter. Ma femme fond en larmes, elle confie à ce benêt de maréchal (le prince d'Ysembourg, ce Condé de la République, un benêt!) que son mari, qui servait en Espagne, l'a laissée sans un billet de mille francs, que si elle n'en a pas un ou deux à l'instant, ses enfants sont sans pain, elle n'a pas à manger demain. Mon maréchal, assez donnant dans ce temps-là, tire deux billets de mille francs de son secrétaire. Je regarde cette belle comtesse dans l'escalier sans qu'elle pût me voir, elle riait d'un contentement si peu maternel que je me glisse jusque sous le péristyle, et je lui entends dire tout bas à son chasseur : — « Chez Leroy. » J'y cours. Ma mere de famille entre chez ce fameux marchand, rue Richelieu, vous savez... Elle se commande ni le paye une robe de quinze cents francs. On soldait alors une robe en la commandant. Le surlendemain, elle pouvait paraître à un bal d'ambassadeur, harnachée comme une femme doit l'être pour plaire à la fois à tout le monde et à quelqu'un. Me ce jour-là, je me suis dit : « J'ai un état! Quand je ne serai plus jeune, je prêterai sur leurs nippes aux grandes dames, car la passion ne calcule pas et paye aveuglément. » Si c'est des sujets de vaudeville que vous cherchez, je vous en vendrai...

Elle partit sur cette tirade où chacune des phases de sa vie antérieure avait défilé, en laissant Gazonal autant épouvanté de cette confidence que par cinq dents jaunes qu'elle avait montrées en essayant de sourire.

— Et qu'allons-nous faire? demanda Gazonal.

— Des billets !... dit Bixiou, qui siffla son portier, car j'ai besoin d'argent, et je vous ferai voir à quoi servent les portiers, vous croyez qu'ils servent à tirer le cordon, ils servent à tirer d'embarras les gens sans aveu comme moi, les artistes qu'ils prennent sous leur protection.

Gazonal ouvrit des yeux, de manière à faire comprendre ce mot, un œil de bœuf.

Un homme entre deux âges, moitié grison, moitié garçon de bureau, mais plus huileux et plus huilé, la chevelure grasse, l'abdomen grassouillet, le teint blafard et humide comme celui d'une supérieure

de couvent, chaussé de chaussons de lisière, vêtu de drap bleu et d'un pantalon grisâtre, se montra soudain.

— Que voulez-vous, monsieur ?... dit-il d'un air qui tenait du protecteur et du subordonné tout ensemble.

— Ravenouillet... — il se nomme Ravenouillet, dit Bixiou, qui se tourna vers Gazonal. — As-tu notre carnet d'échéance?

Ravenouillet tira de sa poche de côté le livret le plus gluant que jamais Gazonal eût vu.

— Inscris dessus à trois mois ces deux billets que tu vas me signer.

Et Bixiou présenta deux effets de commerce tout préparés faits à son ordre par Ravenouillet, que Ravenouillet signa sur-le-champ et inscrivit sur le livret graisseux où sa femme notait les dettes des locataires.

— Merci, Ravenouillet, dit Bixiou. Tiens, voici une loge pour le Vaudeville...

— Oh! ma fille s'amusera bien ce soir, dit Ravenouillet en s'en allant.

— Nous sommes ici soixante et onze locataires, dit Bixiou, la moyenne de ce qu'on doit à Ravenouillet est de six mille francs par mois, dix-huit mille francs par trimestre, en avances et ports de lettres, sans compter les loyers dus. C'est la providence... à trente pour cent que nous lui donnons sans qu'il ait jamais rien demandé...

— Oh! Paris, Paris !... s'écria Gazonal.

— En nous en allant, dit Bixiou, qui venait d'endosser les effets, car je vous mène, cousin Gazonal, voir encore un comédien qui va jouer gratis une charmante scene...

— Où? dit Léon.

— Chez un usurier. En nous en allant donc, je vous raconterai le début de l'ami Ravenouillet à Paris.

En passant devant la loge, Gazonal aperçut mademoiselle Lucienne Ravenouillet qui tenait à la main un solfège, elle était élève du Conservatoire; le père lisait un journal, et madame Ravenouillet tenait à la main des lettres à monter pour des locataires.

— Merci, monsieur Bixiou! dit la petite.

— Ce n'est pas un rat, dit Léon à son cousin, c'est une larve de cigale.

— Il paraît qu'on obtient, dit Gazonal, l'amitié de la loge, comme celle de tout le monde, par les loges...

— Se forme-t-il dans notre société! s'écria Léon charmé du calembour.

— Voici l'histoire de Ravenouillet, reprit Bixiou quand les trois amis se trouverent sur le boulevard : En 1831, Massol, votre conseiller d'État, était un avocat-journaliste qui ne voulait alors être que garde des sceaux, il daignait laisser Louis-Philippe sur le trône; mais il faut lui pardonner son ambition, il est de Carcassonne. Un matin, il voit entrer un jeune *pays* qui lui dit : — « Vous me connaissez bien, monsu Massol, je suis le petit de votre voisin l'épicier, j'arrive de là-bas, car l'on nous a dit qu'en venant ici chacun trouvait à se placer... » En entendant ces paroles, Massol fut pris d'un frisson, et se dit en lui-même que, s'il avait le malheur d'obliger ce compatriote, à lui d'ailleurs parfaitement inconnu, tout le département allait tomber chez lui, qu'il y perdrait beaucoup de mouvements de sonnette, onze cordons, ses tapis, que son unique valet le quitterait, qu'il aurait des difficultés avec son propriétaire relativement à l'escalier, et que les locataires se plaindraient de l'odeur d'ail et de diligence répandue dans la maison. Donc, il regarda le solliciteur comme un boucher regarde un mouton avant de l'égorger, mais quoique *le pays* eût reçu ce coup d'œil ou ce coup de poignard, il reprit ainsi, nous dit Massol : « — J'ai de l'ambition tout comme un autre, et je ne veux retourner au pays que riche, si j'y retourne, car Paris est l'antichambre du paradis. On dit que vous écrivez dans les journaux, vous faites ici la pluie et le beau temps, qu'il vous suffit de demander pour obtenir n'importe quoi dans le gouvernement, mais, si j'ai des facultés, comme nous tous, je me connais, je n'ai pas d'instruction, si j'ai des moyens, je ne sais pas écrire, et c'est mon malheur, car j'ai des idées, je ne pense donc pas à vous faire concurrence, je me juge, je ne réussirai point, mais, comme vous pouvez tout, et que nous sommes presque frères, ayant joué pendant notre enfance ensemble, je compte que vous me lancerez et me protégerez... Oh! il le faut, je veux une place, une place qui convienne à mes moyens, à ce que je suis, et où je puisse faire fortune... » Massol allant brutalement mettre son pays à la porte en lui jetant au nez quelque phrase brutale, lorsque le pays conclut ainsi : « — Je ne demande donc pas à entrer dans l'administration de l'on va comme des tortues, que votre cousin est resté contrôleur ambulant depuis vingt ans... Non, je voudrais seulement débuter... — Au théâtre !... lui dit Massol heureux de ce dénouement. — Non, j'ai bien du geste, de la figure, de la mémoire, mais il y a trop de tirage; je voudrais débuter dans la carrière... des portiers. » Massol resta grave et lui dit : — Il y aura bien plus de tirage dans les loges que dans vous verrez les loges pleines. Et il lui fit obtenir, comme dit Ravenouillet, son premier cordon.

— Je suis le premier, dit Léon, qui me sois préoccupé du genre portier. Il y a des fripons de moralité, des bateleurs de vanité, des sycophantes modernes, des septembriseurs caparaçonnés de gravité, des inventeurs de questions palpitantes d'actualité qui prêchent l'émancipation des nègres, l'amélioration de petits voleurs. La bienfaisance envers les forçats libérés, et qui laissent leurs portiers dans un état pire que celui des Irlandais, dans des prisons plus affreuses que des cabanons, et qui leur donnent pour vivre moins d'argent par an que l'État n'en donne pour un forçat... Je n'ai fait qu'une bonne action dans ma vie, c'est la loge de mon portier.

— Si, reprit Bixiou, un homme ayant bâti de grandes cages, divisées en mille compartiments comme les alvéoles d'une ruche ou les loges d'une ménagerie, et destinées à recevoir des créatures de tout genre et de toute industrie, si cet animal à figure de propriétaire venait consulter un savant et lui disait : — Je veux un individu du genre bimane qui puisse vivre dans une sentine pleine de vieux souliers, empestiférée par des haillons, et de dix pieds carrés, je veux qu'il y vive toute sa vie, qu'il y couche, qu'il y soit heureux, qu'il ait des enfants jolis comme des amours, qu'il y travaille, qu'il y fasse la cuisine, qu'il s'y promène, qu'il y cultive des fleurs, qu'il y chante et qu'il n'en sorte pas, qu'il n'y voie pas clair et qu'il s'aperçoive de tout ce qui se passe au dehors, assurément le savant ne pourrait pas inventer le portier; il fallait Paris pour le créer, ou si vous voulez le diable...

— L'industrie parisienne est allée plus loin dans l'impossible, dit Gazonal, il y a les ouvriers... Vous ne connaissez pas tous les produits de l'industrie, vous qui les exposez. Notre industrie combat contre l'industrie du continent à coups de malheurs, comme sous l'Empire Napoléon combattait l'Europe à coups de régiments...

— Nous voici chez mon ami Vauvinet, l'usurier, dit Bixiou. Une des plus grandes fautes que commettent les gens qui peignent nos mœurs, est de répéter de vieux portraits. Aujourd'hui chaque état s'est renouvelé. Les épiciers deviennent pairs de France, les artistes capitalistes, les vaudevillistes ont des rentes. Si quelques rares figures restent ce qu'elles étaient jadis, en général les professions n'ont plus leur costume spécial, ni leurs anciennes mœurs. Si nous avons eu Gobseck, Gigonnet, Chaboisseau, Samanon, les derniers des Romains, nous jouissons aujourd'hui de Vauvinet, l'usurier bon enfant, petit maître qui hante les coulisses, les lorettes, et qui se promène dans un petit coupé bas à un cheval... Observez bien mon homme, ami Gazonal, vous allez voir la comédie de l'argent, l'homme froid qui ne veut rien donner, l'homme chaud qui soupçonne un bénéfice, écoutez-le, suivez !

Et tous trois ils entrèrent au deuxième étage d'une maison de très-belle apparence située sur le boulevard des Italiens, et s'y trouvèrent environnés de toutes les élégances alors à la mode. Un jeune homme d'environ vingt-huit ans vint à leur rencontre d'un air presque riant, car il vit Léon de Lora le premier. Vauvinet donna une poignée de main, en apparence la plus amicale, à Bixiou, salua d'un air froid Gazonal, qui les fit entrer dans un cabinet, où tous les goûts du bourgeois se devinaient sous l'apparence artistique de l'ameublement, et malgré les statuettes à la mode, les mille petites choses appropriées à nos petits appartements par l'art moderne, qui s'est fait aussi petit que le consommateur. Vauvinet était mis, comme les jeunes gens qui se livrent aux affaires, avec une recherche excessive qui, pour beaucoup d'entre eux, est une espèce de prospectus.

— Je viens te chercher de la monnaie, dit en riant Bixiou qui présenta ses effets.

Vauvinet prit un air sérieux dont sourit Gazonal, tant il y eut de différence entre le visage riant et le visage de l'escompteur mis en demeure.

— Mon cher, dit Vauvinet en regardant Bixiou, ce serait avec le plus grand plaisir que je t'obligerais, mais je n'ai pas d'argent en ce moment.

— Ah bah !

— Oui, j'ai tout donné, tu sais à qui... Ce pauvre Lousteau s'est associé pour la direction d'un théâtre avec un vieux vaudevilliste très-gentil pour le ministère... Ridal, et il leur a fallu trente mille francs hier. Je suis à sec, et tellement à sec, que je vais envoyer chercher de l'argent chez Cérizet pour payer cent louis perdus ce matin, chez Jenny-Cadine.

— Il faut que vous soyez bien à sec pour ne pas obliger ce pauvre Bixiou, dit Léon de Lora, car il est bien mauvaise langue quand il se trouve à la côte.

— Mais, reprit Bixiou, je ne puis dire que du bien de Vauvinet, il est plein de biens...

— Mon cher, reprit Vauvinet, il me serait impossible, eussé-je l'argent, de l'escompter, fût-ce à cinquante pour cent, des billets souscrits par ton portier. Le Ravenouillet n'est pas demandé. Ce n'est pas du Rothschild. Je te préviens que cette valeur est très-éventée, il te faut inventer une autre maison. Cherche un oncle, car un ami qui nous signe des billets, ça ne se voit plus, le positif du siècle fait d'horribles progrès.

— J'ai, dit Bixiou, que dit ignat le cousin de Léon, j'ai monsieur... un de nos plus illustres fabricants de drap du Midi, nommé Gazonal... Il n'est pas très-bien coiffé, reprit-il en regardant la chevelure ébouriffée et luxuriante du provincial, mais je vais le mener chez Marius, qui va lui ôter cette apparence de caniche si nuisible à sa considération et à la nôtre.

— Je ne crois pas aux valeurs du Midi, soit dit sans offenser monsieur, répondit Vauvinet, qui rendit Gazonal si content que Gazonal ne se fâcha point de cette insolence.

Gazonal, en homme excessivement pénétrant, crut que le peintre et Bixiou voulaient, pour lui apprendre à connaître Paris, lui faire payer mille francs le déjeuner du café de Paris, car le fils du Roussillon n'av. il pas encore quitté cette prodigieuse défiance qui bastionne à Paris l'homme de province.

— Comment veux-tu que j'aie des affaires à deux cent cinquante lieues de Paris, dans les Pyrénées ? ajouta Vauvinet.

— C'est donc dit, reprit Bixiou.

— J'ai vingt francs chez moi, dit le jeune escompteur.

— J'en suis fâché pour toi, répliqua le mystificateur. Je croyais valoir mille francs, dit-il sèchement.

— Tu vaux cent mille francs, reprit Vauvinet, quelquefois même tu es impayable... mais je suis à sec.

— Eh bien ! répondit Bixiou, n'en parlons plus... Je t'avais ménagé pour ce soir, chez Carabine, la meilleure affaire que tu pouvais souhaiter... tu sais...

Vauvinet cligna d'un œil en regardant Bixiou, grimace que font les maquignons pour se dire entre eux : « Ne jouons pas de finesse. »

— Tu ne te souviens plus de m'avoir pris par la taille, absolument comme une jolie femme, en me caressant du regard et de la parole, reprit Bixiou, quand tu me disais : — Je ferai tout pour toi, si tu peux me procurer au pair des actions du chemin de fer qui se soumissionnent du Tillet et Nucingen. Eh bien ! mon cher, Maxime et Nucingen viennent chez Carabine qui reçoit ce soir beaucoup d'hommes politiques. Tu perds là, mon vieux, une belle occasion. Allons, adieu, carotteur.

Et Bixiou se leva, laissant Vauvinet assez froid en apparence, mais réellement mécontent comme un homme qui reconnaît avoir fait une sottise.

— Mon cher, un instant... dit l'escompteur, si je n'ai pas d'argent, j'ai du crédit. Si tes billets ne valent rien, je puis les garder et te donner en échange des valeurs de portefeuille... Enfin, nous pouvons nous entendre pour les actions du chemin de fer, mon cher, en partageant, dans une certaine proportion, les bénéfices de cette opération, et je te ferais alors une remise à valoir sur tes bénéf...

— Non, non, répondit Bixiou, j'ai besoin d'argent, il faut que je fasse mon Ravenouillet...

— Ravenouillet est, d'ailleurs, très-bon, dit Vauvinet, il place à la caisse d'épargnes, il est excellent...

— Il est meilleur que toi, ajouta Léon, car il ne stipendie pas de lorette, il n'a pas de loyer, il ne se lance pas dans les spéculations en craignant tout de la hausse ou de la baisse...

— Vous croyez rire, grand homme, reprit Vauvinet devenu jovial et caressant, vous avez mis en elixir la fable de la Fontaine, le Chêne et le Roseau. — Allons, Gubetta, mon vieux complice ! dit Vauvinet en prenant Bixiou par la taille, il te faut de l'argent, eh bien ! je puis bien t'emprunter trois mille francs à mon ami Cérizet, au lieu de deux mille... Et soyons, amis, Cinna !... donne-moi tes deux feuilles de chou-colossal. Si je t'ai refusé, c'est qu'il est bien dur à un homme, qui ne peut faire son pauvre commerce qu'en passant ses valeurs à la Banque, de garder un bon Ravenouillet dans le tiroir de son bureau... C'est dur, c'est très-dur...

— Et que prends-tu d'escompte ?... dit Bixiou.

— Presque rien, reprit Vauvinet. Cela te coûtera, à trois mois, cinquante malheureux francs...

— Comme disait jadis Émile Blondet, tu seras mon bienfaiteur, répondit Bixiou.

— Vingt pour cent, intérêt en dedans !... dit Gazonal à l'oreille de Bixiou, qui lui répliqua par un grand coup de coude dans l'œsophage.

— Tiens, dit Vauvinet en ouvrant le tiroir de son bureau, j'aperçois là, mon bon, un vieux billet de cinq cents francs qui s'est collé contre la bande, et je ne me savais pas si riche, car je le cherchais un effet à recevoir, fin prochain, de quatre cent cinquante... Cérizet te le prendra sans grande diminution, et voilà ta somme faite. Mais pas de farces, Bixiou ?... Hein ! ce soir, j'irai chez Carabine... tu me jures...

— Est-ce que nous ne sommes pas réunis ? dit Bixiou qui prit le billet de cinq cents francs et l'effet de quatre cent cinquante francs, je te donne ma parole d'honneur que tu verras ce soir du Tillet et bien des gens qui veulent faire leur chemin... de fer, chez Carabine.

Vauvinet reconduisit les trois amis jusque sur le palier en capot. Bixiou resta sérieux jusque sur le pas de la porte, il écouta Gazonal, qui trouvait de l'escompteur une opération qui lui prouvait que si le compère de Vauvinet, ce Cérizet, lui prenait vingt francs d'escompte sur le billet de quatre cent cinquante francs, c'était de l'argent à quarante pour cent... Sur l'asphalte, Bixiou glaça Gazonal par le rire du mystificateur parisien, ce rire muet et froid, une sorte de bise labiale.

— L'adjudication du chemin sera positivement ajournée à la Chambre, dit-il, nous le savons d'hier par cette marcheuse à qui nous avons souri... Et si je gagne ce soir cinq à six mille francs au lansquenet, qu'est-ce que soixante-dix francs de perte pour avoir de quoi *miser*.

— Le lansquenet est encore une des mille facettes de Paris comme il est, reprit Léon. Aussi, cousin, comptons-nous te présenter chez une duchesse de la rue Saint-Georges, où tu verras l'aristocratie des lorettes et où tu peux gagner ton procès. Or, il est impossible de t'y montrer avec tes cheveux pyrénéens, tu as l'air d'un hérisson, nous allons te mener ici près, place de la Bourse, chez Marius, un autre de nos acteurs...

— Quel est ce nouvel acteur?

Sylvestre Gazonal, trop bien mis pour la circonstance. — PAGE 2.

— Voilà l'anecdote, répondit Bixiou. En 1800, un Toulousain, nommé Cabot, jeune perruquier dévoré d'ambition, vint à Paris, et y *fera* boutique (je me sers de votre argot). Ce génie de génie (il jouit de vingt-quatre mille francs de rentes à Libourne, où il s'est retiré) comprit que ce nom vulgaire et ignoble n'atteindrait jamais à la célébrité. M. de Parny, qu'il coiffait, lui donna le nom de Marius, infiniment supérieur aux prénoms d'Armand et d'Hippolyte, sous lesquels se cachent les noms patronymiques attachés au mal-Cabot. Tous les successeurs de Cabot se sont appelés Marius. Le Marius actuel est Marius V, il se nomme Mougin. Il en est ainsi dans beaucoup de commerces, pour l'eau de Botot, pour l'encre de la Petite-Vertu. A Paris, un nom devient une propriété commerciale, et finit par constituer une sorte de noblesse d'enseigne. Marius, qui d'ailleurs a des élèves, a créé, dit-il, la première école de coiffure du monde.

— J'ai déjà vu, en traversant la France, dit Gazonal, beaucoup d'enseignes où se lisent ces mots : UN TEL, élève de Marius.

— Ces élèves doivent se laver les mains après chaque frisure faite,

répondit Bixiou; mais Marius ne les admet pas indifféremment, ils doivent avoir la main jolie et ne pas être laids. Les plus remarquables comme élocution, comme tournure, vont coiffer en ville, ils reviennent très-fatigués. Marius ne se déplace que pour les femmes titrées, il a cabriolet et groom.

— Mais ce n'est après tout qu'un *merlan*! s'écria Gazonal indigné.

— Merlan! reprit Bixiou, songez qu'il est capitaine dans la garde nationale et qu'il est décoré pour avoir sauté le premier dans un barricade en 18.2.

— Prends garde, ce n'est ni un coiffeur ni un perruquier, c'est un directeur de salons de coiffure, dit Léon en montant un escalier à balustres en cristal, à rampe d'acajou, et dont les marches étaient couvertes d'un tapis somptueux.

— Ah çà! n'allez pas nous compromettre, dit Bixiou à Gazonal. Dans l'antichambre, vous allez trouver des laquais qui vous ôteront votre habit, votre chapeau, pour les brosser, et qui vous accompagnent jusqu'à la porte d'un des salons de coiffure, pour l'ouvrir et la refermer. Il est utile de vous dire cela, mon ami Gazonal, ajouta finement Bixiou, car vous pourriez crier : Au voleur!

— Ces salons, dit Léon, sont trois boudoirs où le directeur a réuni toutes les inventions du luxe moderne. Aux fenêtres, des lambrequins; partout des jardinières, des divans moelleux où l'on peut attendre son tour en lisant les journaux, quand toutes les toilettes sont occupées. En entrant tu pourrais tâter ton gousset et croire qu'on va te demander cinq francs; mais il n'est extrait de toute espèce de poche que dix sous pour une frisure, et vingt sous pour une coiffure avec taille de cheveux. D'élégantes toilettes se mêlent aux jardinières, et il en jaillit de l'eau par des robinets. Partout des glaces énormes reproduisent les figures. Ainsi ne fais pas l'étonné. Quand le *client* (tel est le mot élégant substitué par Marius à l'ignoble mot de *pratique*), quand le client apparaît au seuil. Marius lui jette un coup d'œil, et il est apprécié : pour lui, vous êtes *une tête* plus ou moins susceptible de l'occuper. Pour Marius il n'y a plus d'hommes, il n'y a que des *têtes*.

— Nous allons vous faire entendre Marius sur tous les tons de sa gamme, dit Bixiou, si vous savez imiter notre jeu.

Aussitôt que Gazonal se montra, le coup d'œil de Marius lui fut favorable, il s'écria : — Régulus! à vous cette tête! roguez-la d'abord aux petits ciseaux.

— Pardon, dit Gazonal à l'élève, sur un geste de Bixiou, je désire être coiffé par M. Marius lui-même.

Marius, très-flatté de cette prétention, s'avança en laissant la tête qu'il tenait.

— Je suis à vous, je finis, soyez sans inquiétude, mon élève vous préparera, moi seul je déciderai de la coupe.

Marius, petit homme grêlé, les cheveux frisés comme ceux de Rubini, d'un noir de jais, et mis tout en noir, en manchettes, le jabot de sa chemise orné d'un diamant, reconnut alors Bixiou, qu'il salua comme une puissance égale à la sienne.

— C'est une tête ordinaire, dit-il à Léon en désignant le monsieur qu'il était en train de coiffer, un épicier, que voulez-vous!... Si l'on ne faisait que de l'art, on mourrait à Bicêtre, l'u'!... Et il retourna par un geste inimitable à son client, après avoir dit à Régulus : — Soigne monsieur, c'est évidemment un artiste.

— Un journaliste, dit Bixiou.

Sur ce mot, Marius donna deux ou trois coups de peigne à la tête ordinaire, et se jeta sur Gazonal en prenant Régulus par le bras au moment où il allait faire jouer ses petits ciseaux.

— Je me charge de monsieur. — Voyez, monsieur, dit-il à l'épicier, réfléchissez-vous dans la grande glace... Ossian?

Le laquais entra et s'empara du client pour le vêtir.

— Vous payerez à la caisse, monsieur, dit Marius à la *pratique* stupéfaite, qui déjà tirait sa bourse.

— Est-ce bien utile, mon cher, de procéder à cette opération des petits ciseaux? dit Bixiou.

— Aucune tête ne m'arrive que nettoyée, répondit l'illustre coiffeur; mais pour vous, je ferai celle de monsieur tout entière. Mes élèves ébauchent, car je n'y tiendrais pas. Le mot de tout le monde est le vôtre : « Etre coiffé par Marius! » Je ne puis donner que le fini... Dans quel journal travaille monsieur?

— A votre place, j'aurais trois ou quatre Marius, dit Gazonal.

— Ah! monsieur, je le vois, vous êtes feuilletoniste! dit Marius. Hélas, en coiffure, où l'on paye de sa personne, c'est impossible... Pardon!

Il quitta Gazonal pour aller surveiller Régulus, qui préparait une tête nouvellement arrivée. Il fit, en frappant la langue contre le palais, un bruit désapprobatif qui peut se traduire par : titt, titt, titt.

— Allons, bon Dieu! ça n'est pas assez carré, votre coup de ciseaux fait des hachures... Tenez, voilà! Régulus, il ne s'agit pas de tondre des caniches... c'est des hommes que vous avez sous le caractère, et si vous continuez à regarder le plafond au lieu de vous partager entre la glace et la face, vous déshonorerez *ma maison*.

— Vous êtes sévère, monsieur Marius.

— Je leur dois les secrets de l'art...

— C'est donc un art! dit Gazonal.

Marius indigné regarda Gazonal dans la glace et s'arrêta, le peigne d'une main, les ciseaux de l'autre.

— Monsieur, vous en parlez comme un... enfant! et cependant, à l'accent, vous paraissez être du Midi, le pays des hommes de génie.

— Oui, je sais qu'il faut une sorte de goût, répliqua Gazonal.

— Mais taisez-vous donc, monsieur, j'attendais mieux de vous. C'est-à-dire qu'un coiffeur, je ne dis pas un bon coiffeur, car on est ou l'on n'est pas coiffeur... un coiffeur... c'est plus difficile à trouver que... qu'est-ce que je dirais bien?... qu'un... je ne sais pas quoi... un ministre... (restez en place) non, car on ne peut pas juger de la valeur d'un ministre, les rues sont pleines de ministres... un Paganini... non, ce n'est pas assez! un coiffeur, monsieur, un homme qui devine votre âme et vos habitudes, afin de vous coiffer à votre physionomie, il lui faut ce qui constitue un philosophe. Et les femmes donc!... Tenez, les femmes nous apprécient, elles savent ce que nous valons... nous valons la conquête qu'elles veulent faire le jour où elles se font coiffer pour remporter un triomphe... c'est-à-dire qu'un coiffeur... on ne sait pas ce que c'est. Moi qui vous parle, je suis à peu près ce qu'on peut trouver de... sans me vanter, on me connaît... Eh bien! non, je trouve qu'il faut y avoir mieux... L'exécution, voilà la chose! Ah! si les femmes me donnaient carte blanche, si je pouvais exécuter tout ce que j'ai d'idées... c'est que j'ai, voyez-vous, une imagination d'enfer!... mais les femmes ne s'y prêtent pas, elles ont leurs plans, elles vous fourrent des coups de doigts ou de peigne, quand vous êtes parti, dans nos délicieux édifices qui devraient être gravés et recueillis, car nos œuvres, monsieur, ne durent que quelques heures... Un grand coiffeur, hé! ce serait quelque chose comme Carême et Vestris, dans leurs parties... (— Par ici la tête, là, s'il vous plaît, je fais les faces, bien.) Notre profession est gâtée par des massacres qui ne comprennent ni leur époque ni leur art... Il y a des marchands de perruques et d'essences à faire pousser les cheveux... ils ne voient que des flacons à vous vendre!.. cela fait pitié!... c'est du commerce. Ces misérables coupent les cheveux ou ils coiffent comme ils peuvent. Moi, quand je suis arrivé de Toulouse ici, j'avais l'ambition de succéder au grand Marius, d'être un vrai Marius, et d'illustrer le nom, à moi seul, plus que les quatre autres, je me suis dit : Vaincre ou mourir... (— Là! tenez-vous droit, je vais vous achever.) C'est moi qui, le premier, ai fait de l'élégance. J'ai rendu mes salons l'objet de la curiosité. Je dédaigne l'annonce, et ce que coûte l'annonce, je le mets au profit, monsieur, en bien-être, en agrément. L'année prochaine, j'aurai, dans un petit salon, un quatuor, on fera de la musique et de la meilleure. Oui, il faut charmer les ennuis de ceux que l'on coiffe. Je ne me dissimule pas les déplaisirs de la pratique. (Regardez-vous.) Se faire coiffer, c'est fatigant, peut-être autant que de poser pour son portrait, et monsieur sait peut-être que le fameux M. de Humboldt (j'ai su tirer parti du peu de cheveux que l'Amérique lui a laissés. La science a ce rapport avec le sauvage qu'elle scalpe très-bien son homme), cet illustre savant, a dit qu'après la douleur d'aller se faire pendre, il y avait celle d'aller se faire peindre, mais, d'après quelques femmes, je place celle de nos faire coiffer avant celle de se faire peindre. Eh bien! monsieur, je veux qu'on vienne se faire coiffer par plaisir. (Vous avez un épi qu'il faut dompter.) Un Juif m'avait proposé des cantatrices italiennes qui, dans les entr'actes, auraient épilé les jeunes gens de quarante ans; mais elles se sont trouvées être des jeunes filles du Conservatoire, des maîtresses de piano de la rue Montmartre. Vous voilà coiffé, monsieur, comme un homme de talent doit l'être. — Ossian, dit-il à son laquais en livrée, brossez et reconduisez monsieur. — A qui le tour? ajouta-t-il avec orgueil en regardant les personnes qui attendaient.

— Ne ris pas, Gazonal, dit Léon à son cousin en atteignant au bas de l'escalier d'où son regard plongeait sur la place de la Bourse, j'aperçois là-bas un de nos grands hommes, et tu vas pouvoir en comparer le langage à celui de cet industriel, et tu me diras, après l'avoir entendu, lequel des deux est le plus original.

— Ne ris pas, Gazonal, dit Bixiou, qui répéta facétieusement l'intonation de Léon. De quoi croyez-vous Marius occupé?

— De coiffer.

— Il a conquis, reprit Bixiou, le monopole de la vente des cheveux, comme tel marchand de comestibles qui va nous vendre une terrine d'un écu s'est attribué celui de la vente des truffes; il escompte le papier de son commerce, il prête sur gages à ses clientes dans l'embarras, il fait la rente viagère, il joue à la Bourse, il est actionnaire dans tous les journaux de Modes, enfin il vend, sous le nom d'un pharmacien, une infâme drogue qui, pour sa part, lui donne trente mille francs de ren..., et qui coûte cent mille francs d'annonces par an.

— Est-ce possible? s'écria Gazonal.

— Retenez ceci, dit gravement Bixiou. A Paris, il n'y a pas de petit commerce, tout s'y agrandit, depuis la vente des chiffons jusqu'à celle des allumettes. Le limonadier qui, la serviette sous le bras, vous regarde entrer chez lui, peut avoir cinquante mille francs de rentes, un garçon de restaurant est électeur-éligible, et tel homme que vous prendriez pour un indigent à le voir passer dans la rue,

porte dans son gilet pour cent mille francs de diamants à monter, et ne les vole pas.

Les trois inséparables, pour la journée du moins, allaient sous la direction du paysagiste de manière à heurter un homme d'environ quarante ans, décoré, qui venait du boulevard par la rue Neuve-Vivienne.

— Eh bien! dit Léon, à quoi rêves-tu, mon cher Dubourdieu? à quelque belle composition symbolique!... Mon cher cousin, j'ai le plaisir de vous présenter notre illustre peintre Dubourdieu, non moins célèbre par son talent que par ses convictions humanitaires... — Dubourdieu, mon cousin Philoxof!

Dubourdieu, petit homme à teint pâle, à l'œil bleu mélancolique, salua légèrement Gazonal, qui s'inclina devant l'homme de génie.

Madame Nourrisson, revendeuse à la toilette.

— Vous avez donc nommé Stidmann à la place de...

— Que veux-tu, je n'y étais pas, répondit le grand paysagiste.

— Vous déconsidérerez l'Académie, reprit le peintre. Aller choisir un pareil homme, je ne veux pas en dire du mal, mais il fait du métier!... Où mènera-t-on le premier des arts, celui dont les œuvres sont les plus durables, qui révèle les nations après que le monde a perdu tout d'elles jusqu'à leur souvenir?... qui consacre les grands hommes? C'est un sacerdoce que la sculpture, elle résume les idées d'une époque, et vous allez recruter un faiseur de bonshommes et de cheminées, un ornemaniste, un des vendeurs du Temple! Ah! comme disait Champfort, il faut commencer par avaler une vipère tous les matins pour supporter la vie à Paris... enfin, l'art nous reste, on ne peut pas nous empêcher de le cultiver.

— Et puis, mon cher, vous avez une consolation que peu d'artistes possèdent, l'avenir est à vous, dit Bixiou. Quand le monde sera converti à notre doctrine, vous serez à la tête de votre art, car vous y portez des idées que l'on comprendra... lorsqu'elles auront été généralisées! Dans cinquante ans d'ici vous serez pour tout le monde ce que vous n'êtes que pour nous autres, un grand homme! Seulement il s'agit d'aller jusque-là!

— Je viens, reprit l'artiste dont la figure se dilata comme se dilate celle d'un homme de qui l'on flatte le dada, de terminer la figure allégorique de l'Harmonie, et si vous voulez la venir voir, vous comprendrez bien que j'ai pu rester deux ans à la faire. Il y a tout! Au premier coup d'œil qu'on y jette, on devine la destinée du globe. La reine tient le bâton pastoral d'une main, symbole de l'agrandissement des races utiles à l'homme; elle est coiffée du bonnet de la liberté, ses mamelles sont sextuples, à la façon égyptienne, car les Égyptiens avaient pressenti Fourier; ses pieds reposent sur deux mains jointes qui embrassent le globe en signe de la fraternité des races humaines, elle foule des canons détruits pour signifier l'abolition de la guerre, et j'ai tâché de lui faire exprimer la sérénité de l'agriculture triomphante... J'ai d'ailleurs mis près d'elle un énorme chou frisé qui, selon notre maître, est l'image de la concorde. Oh! ce n'est pas un des moindres titres de Fourier à la vénération que d'avoir restitué la pensée aux plantes, il a tout taché dans la création par la signification des choses entre elles et aussi par leur langage spécial. Dans cent ans, le monde sera bien plus grand qu'il n'est...

— Et comment, monsieur, cela se fera-t-il? dit Gazonal stupéfait d'entendre parler ainsi un homme sans qu'il fût dans une maison de fous.

— Par l'étendue de la production. Si l'on veut appliquer LE SYSTÈME, il ne sera pas impossible de réagir sur les astres...

— Et que deviendra donc alors la peinture? demanda Gazonal.

— Elle sera grande.

— Et aurons-nous les yeux plus grands? dit Gazonal en regardant ses deux amis d'un air significatif.

— L'homme redeviendra ce qu'il était avant son abâtardissement, nos hommes de six pieds seront alors des nains...

— Ton tableau, dit Léon, sera fini?

— Entièrement fini, reprit Dubourdieu. J'ai tâché de voir Hiclar pour qu'il compose une symphonie, je voudrais qu'en voyant cette composition, on entendît une musique à la Beethoven qui en développerait les idées afin de les mettre à la portée des intelligences sous deux modes. Ah! si le gouvernement voulait me prêter une des salles du Louvre...

— Mais j'en parlerai, si tu veux, car il ne faut rien négliger pour frapper les esprits...

— Oh! mes amis préparent des articles, mais j'ai peur qu'ils n'aillent trop loin...

— Bah! dit Bixiou, ils n'iront pas si loin que l'avenir...

Dubourdieu regarda Bixiou de travers, et continua son chemin.

— Mais c'est un fou, dit Gazonal, le course de la lune le guide.

— Il a de la main, il a du savoir... dit Léon, mais le fouriérisme l'a tué. Tu viens de voir là, cousin, l'un des effets de l'ambition chez les artistes. Trop souvent, à Paris, dans le désir d'arriver plus promptement que par la voie naturelle à cette célébrité qui pour eux est la fortune, les artistes empruntent les ailes de la circonstance, ils croient se grandir en se faisant les hommes d'une chose, en devenant les souteneurs d'un système, et ils espèrent changer une coterie en public. Tel est républicain, tel autre est saint-simonien, tel est aristocrate, tel catholique, tel juste-milieu, tel moyen-âge ou Allemand par parti pris. Mais si l'opinion ne donne pas le talent, elle le gâte toujours, témoin le pauvre garçon que vous venez de voir. L'opinion d'un artiste doit être la foi dans les œuvres... et son seul moyen de succès, le travail, quand la nature lui a donné le feu sacré.

— Sauvons-nous, dit Bixiou, Léon moralise.

— Et cet homme était de bonne foi? s'écria Gazonal encore stupéfait.

— De très-bonne foi, répliqua Bixiou, d'aussi bonne foi que tout à l'heure le roi des merlans.

— Il est fou! dit Gazonal.

— Et ce n'est pas le seul que les idées de Fourier aient rendu fou, dit Bixiou. Vous ne savez rien de Paris. Demandez-y cent mille francs pour réaliser l'idée la plus utile au genre humain, pour essayer quelque chose de pareil à la machine à vapeur, vous y mourrez, comme Salomon de Caux, à Bicêtre, mais s'il s'agit d'un paradoxe, on se fait tuer pour cela, soi et sa fortune. Eh bien! ici il en est des systèmes comme des choses. Les journaux impossibles vous ont dévoré des millions depuis quinze ans. Ce qui rend il votre procès si difficile à gagner, c'est que vous avez raison, et qu'il y a selon vous des raisons secrètes pour le préfet.

— Conçois-tu qu'une fois qu'il a compris le Paris moral, un homme d'esprit puisse vivre ailleurs? dit Léon à son cousin.

— Si nous menions Gazonal chez la mère Fontaine, dit Bixiou, qui fit signe à un cocher de citadine d'avancer, ce sera passer du sévère au fantastique. — Cocher, Vieille rue du Temple.

Et tous trois ils roulèrent dans la direction du Marais.

— Qu'allez-vous me faire voir? demanda Gazonal.

— La preuve de ce que t'a dit Bixiou, répondit Léon, en te montrant une femme qui se fait vingt mille francs par an en exploitant une idée.

— Une tireuse de cartes, dit Bixiou, qui ne put s'empêcher d'interpréter comme une interrogation l'air du Méridional. Madame Fontaine passe, parmi ceux qui cherchent à connaître l'avenir, pour être plus savante que ne l'était feu mademoiselle Lenormand.

— Elle doit être bien riche! s'écria Gazonal.

— Elle a été la victime de son idée, tant que la loterie a existé, répondit Bixiou, car, à Paris, il n'y a pas de grande recette sans grande dépense. Toutes les fortes têtes s'y fêlent, comme pour donner une soupape à leur vapeur. Tous ceux qui gagnent beaucoup d'argent ont des vices ou des fantaisies, sans doute pour établir un équilibre.

— Et maintenant que la loterie est abolie?... demanda Gazonal.

— Eh bien! elle a un neveu pour qui elle amasse.

Une fois arrivés, les trois amis aperçurent dans une des plus vieilles maisons de cette rue un escalier à marches palpitantes, à contremarches en bois raboteux, qui les mena dans le demi-jour et par une pesanteur particulière aux maisons à allée jusqu'au troisième étage à une porte que le dessin eût pu peut rendre, la littérature y devant perdre trop de nuits pour la peindre convenablement.

Une vieille, en harmonie avec la porte, et qui peut-être était la porte animée, introduisit les trois amis dans une pièce servant d'antichambre où, malgré la chaude atmosphère qui baignait les rues de Paris, ils sentirent le froid glacial des cryptes les plus profondes. Il y venait un air humide d'une cour intérieure qui ressemblait à un vaste soupirail, le jour y était gris, et sur l'appui de la fenêtre se trouvait un petit jardin plein de plantes malsaines. Dans cette pièce enduite d'une substance grasse et fuligineuse, les chaises, la table, tout avait l'air misérable. Le carreau suintait une saumâtre. Enfin le moindre accessoire y était en harmonie avec l'affreuse vieille au nez crochu, à la face pâle et vêtue de haillons décents, qui dit aux consultants de s'asseoir en leur apprenant qu'on n'entrait que chez Madame.

Gazonal, qui faisait l'intrépide, entra bravement et se trouva devant l'une de ces femmes oubliées par la Mort, qui, sans doute, les oublie à dessein pour laisser quelques exemplaires d'elle-même parmi les vivants. C'était une face desséchée où brillaient deux yeux gris d'une immobilité cruelle, un nez rentré, barbouillé de tabac; des osselets très-bien montés, par des muscles assez ressemblants, et qui, sous prétexte d'être des mains, battaient nonchalamment des cartes, comme une machine dont le mouvement va s'arrêter. Le corps, une espèce de manche à balai, décemment couvert d'une robe, jouissait des avantages de la nature morte, il ne remuait point. Sur le front s'élevait une coiffe en velours noir. Madame Fontaine, c'était une vraie reine, avait une poule noire à sa droite, et un gros crapaud appelé Astaroth à sa gauche que Gazonal ne vit pas tout d'abord.

Le crapaud, d'une dimension surprenante, effrayait encore moins par lui-même que par deux topazes, grandes comme des pièces de cinquante centimes et qui jetaient deux lueurs de lampe. Il est impossible de soutenir ce regard. Comme dit feu Lassailly, qui couchait dans la campagne, voulut avoir le dernier avec un crapaud par lequel il fut fasciné, le crapaud est un être inexplicable. Peut-être la création animale, y compris l'homme, s'y résume-t-elle, car, disait Lassailly, le crapaud vit indéfiniment, et, comme on sait, c'est celui de tous les animaux créés dont le mariage dure le plus longtemps.

La poule noire avait à côté d'eux deux pieds de la table couverte d'un tapis vert, et y venait par une planche qui faisait comme un pont levis pour la cage et la table.

Quand cette femme, la moins réelle des créatures qui meublaient ce taudis hoffmanique, dit à Gazonal : — Coupez!... L'honnête fabricant sentit un frisson involontaire. Ce qui rend ces créatures si formidables, c'est l'importance de ce que nous voulons savoir. On vient leur acheter de l'espérance, et elles le savent bien.

L'antre de la sibylle était beaucoup plus sombre que l'antichambre, on n'y distinguait pas la couleur du papier. Le plafond noirci par la fumée, loin de refléter le peu de lumière que donnait la croisée obstruée de végétations maigres et pâles, en absorbait une grande partie, mais ce demi-jour éclairait en plein la table à laquelle la sorcière était assise. Cette table, le fauteuil de la vieille, et celui sur lequel siégeait Gazonal, composaient tout le mobilier de cette petite pièce, coupée en deux par une soupente, où couchait sans doute madame Fontaine. Gazonal entendit par une porte entrebâillée le murmure particulier à un pot au feu qui bout. Le bruit de cuisine, accompagné d'une odeur composite où dominait celle d'un évier, mêlait un ingrément l'idée des nécessités de la vie réelle aux idées d'un pouvoir surnaturel. C'était le dégoût dans la curiosité. Gazonal aperçut une marche en bois blanc, la dernière sans doute de l'escalier intérieur qui menait à la soupente. Il embrassa tous ces détails par un seul coup d'œil, et il en fut nauséeux. C'était bien autrement effrayant que les récits des romanciers et les scènes des drames allemands, c'était d'une vérité suffocante. L'air dégageant une pesanteur vertigineuse, l'obscurité finissait par agacer les nerfs. Quand le Méridional, stimulé par une espèce de fatuité, regarda le crapaud, il éprouva comme une chaleur d'émétique au creux de l'estomac en ressentant une terreur assez semblable à celle du criminel devant le gendarme. Il essaya de se réconforter en examinant madame Fontaine, mais il rencontra deux yeux presque blancs, dont les prunelles immobiles et glacées lui furent insupportables. Le silence devint alors effrayant.

— Que voulez-vous, monsieur, dit madame Fontaine à Gazonal, le jeu de cinq francs, le jeu de dix francs, ou le grand jeu?

— Le jeu de *cinque* francs est déjà *bienne* assez *cherre*, répondit le Méridional, qui faisait en lui-même des efforts inouïs pour ne pas se laisser impressionner par le milieu dans lequel il se trouvait.

Au moment où Gazonal essayait de se recueillir, une voix infernale le fit sauter sur son fauteuil : la poule noire caquetait.

— Va-t'en, ma fille, va-t'en, monsieur ne veut dépenser que cinq francs. Et la poule parut avoir compris sa maîtresse, car, après être venue à un pas des cartes, elle alla se remettre gravement à sa place.

— Quelle fleur aimez-vous? demanda la vieille d'une voix enrouée par les humeurs qui montaient et descendaient incessamment dans ses bronches.

— La rose.

— Quelle couleur affectionnez-vous?

— Le bleu.

— Quel animal préférez-vous?

— Le cheval. Pourquoi ces questions? demanda-t-il à son tour.

— L'homme tient à toutes les formes par ses états antérieurs, dit-elle sentencieusement, de là viennent ses instincts, et ses instincts dominent sa destinée. — Que mangez-vous avec le plus de plaisir? le poisson, le gibier, les céréales, la viande de boucherie, les douceurs, les légumes ou les fruits?

— Le gibier.

— En quel mois êtes-vous né?

— Septembre.

— Avancez votre main.

Madame Fontaine regarda fort attentivement les lignes de la main qui lui était présentée. Tout cela se fit sérieusement, sans préméditation de sorcellerie, et avec la simplicité qu'un notaire aurait mise à s'enquérir des intentions d'un client avant de rédiger un acte. Les cartes suffisamment mêlées, elle pria Gazonal de couper, et de faire lui-même trois paquets. Elle reprit les paquets, les étala l'un au-dessus de l'autre, les examina comme un joueur examine les trente-six numéros de la roulette, avant de risquer sa mise. Gazonal avait les os gelés, il ne savait plus où il se trouvait, mais son étonnement alla croissant lorsque cette affreuse vieille, à capote verte, grasse et plate, dont les faux tour laissait voir beaucoup plus de rubans noirs que de cheveux frisés en points d'interrogation, lui débita de sa voix chargée de pituite toutes les particularités, toutes les plus secrètes, de sa vie antérieure, lui raconta ses goûts, ses habitudes, son caractère, les idées mêmes de son enfance, tout ce qui pouvait avoir influé sur lui son mariage manqué, pourquoi, avec qui, la description exacte de la femme qu'il avait aimée, et enfin de quel pays il était venu, son procès, etc.

Gazonal crut à une mystification préparée par son cousin; mais l'absurdité de cette conspiration lui fut aussitôt démontrée que l'idée lui en vint, et il resta béant devant ce pouvoir vraiment infernal dont l'incarnation empruntait à l'humanité ce que de tout temps l'imagination des peintres et des poètes a regardé comme la chose la plus épouvantable : une atroce petite vieille poussive. édentée, aux lèvres froides, au nez camard, aux yeux blancs. La prunelle de madame Fontaine s'était animée, il y passait un rayon jailli des profondeurs de l'avenir ou de l'enfer. Gazonal demanda machinalement en interrompant la vieille à quoi lui servaient le crapaud et la poule.

— À pouvoir prédire l'avenir. Le *consultant* jette lui-même des grains au hasard sur les cartes, Bilouche vient les becqueter; Astaroth se traîne dessus pour aller chercher sa nourriture que le client lui tend, et ces deux admirables intelligences ne se sont jamais trompées. voulez-vous les voir à l'ouvrage, vous saurez votre avenir. C'est cinq francs.

Gazonal, effrayé des regards d'Astaroth, se précipita dans l'antichambre, après avoir salué la terrible madame Fontaine. Il était en moiteur, et comme sous l'incubation infernale du mauvais esprit.

— Allons-nous-en!... dit-il aux deux artistes. Avez-vous jamais consulté cette sorcière?

— Je ne fais rien d'important sans faire causer Astaroth, dit Léon, et je m'en suis toujours bien trouvé.

— J'attends la fortune honnête que Bilouche m'a promise, dit Bixiou.

— J'ai la fièvre! s'écria le Méridional, si je croyais à ce que vous me dites, je croirais donc à la sorcellerie, à un pouvoir surnaturel?

— Ça peut n'être que naturel, répliqua Bixiou. Le tiers des loteries, le quart des hommes d'État, la moitié des artistes, consultent madame Fontaine, et l'on connaît un ministre à qui elle sert d'Égérie.

— T'a-t-elle dit l'avenir? reprit Léon.

— Non, j'en ai eu assez de mon passé. Mais si elle peut, à l'aide

de ses affreux collaborateurs, prédire l'avenir, reprit Gazonal saisi par une idée. comment pouvait-elle perdre à la loterie?

— Ah! tu mets le doigt sur l'un des plus grands mystères des sciences occultes, répondit Léon. Des que cette espèce de glace intérieure où se reflète pour eux l'avenir ou le passé, se trouble sous l'haleine d'un sentiment personnel, d'une idée quelconque étrangère à l'acte du pouvoir qu'ils exercent, sorciers ou sorcières n'y voient plus rien, de même que l'artiste qui souille l'art par une combinaison politique ou systématique perd son talent. Il y a quelque temps, un homme doué du don de divination par les cartes, le rival de madame Fontaine, et qui s'adonnait à des pratiques criminelles, n'a pas su se tirer les cartes à lui-même et voir qu'il serait arrêté, jugé. condamné en cour d'assises. Madame Fontaine, qui prédit l'avenir huit fois sur dix, n'a jamais su qu'elle perdrait sa mise à la loterie.

— Il en est ainsi en magnétisme, fit observer Bixiou. L'on ne se magnétise pas soi-même.

— Bon! voilà le *magnétisme*! s'écria Gazonal. Ah çà! vous connaissez donc tout?...

— Ami Gazonal, répliqua gravement Bixiou, pour pouvoir rire de tout, il faut tout connaître. Quant à moi, je suis à Paris depuis mon enfance, et mon crayon m'y fait vivre des ridicules, à cinq caricatures par mois... Je me moque ainsi très-souvent d'une idée à laquelle j'ai foi!

— Passons à d'autres exercices, dit Léon, allons à la Chambre, où nous arrangerons l'affaire du cousin.

— Ceci, dit Bixiou en imitant Odry et Gaillard, sur la de la haute comédie, car nous ferons *poser* le premier orateur que nous rencontrerons dans la salle des Pas-Perdus, et vous reconnaîtrez là comme ailleurs le langage parisien qui n'a jamais que deux rhythmes : l'intérêt ou la vanité.

En remontant en voiture. Léon aperçut, dans un cabriolet qui passait rapidement, un homme à qui d'un signe de main il fit comprendre qu'il voulait lui dire un mot.

— C'est Publicola Masson, dit Léon à Bixiou, je vais lui demander séance pour ce soir à cinq heures, après la Chambre. Le cousin aura le plus curieux de tous les originaux...

— Qui est-ce? demanda Gazonal pendant que Léon parlait à Publicola Masson.

— Un pédicure, auteur d'un Traité de corporistique, qui vous fait vos cors par abonnement, et qui, si les républicains triomphent pendant six mois, deviendra certainement immortel.

— *Enne voture!* s'écria Léon.

— Mais, ami Gazonal, il n'y a que les millionnaires qui ont assez de temps à eux pour aller à pied, à Paris.

— À la Chambre! cria Léon au cocher.

— Laquelle? monsieur.

— Des députés, répondit Léon après avoir échangé un sourire avec Bixiou.

— Paris commence à me confondre, dit Gazonal.

— Pour vous en faire connaître l'immensité morale, politique et littéraire. nous agissons en ce moment comme le *cicerone* romain, qui vous montre à Saint-Pierre le pouce de la statue que vous avez cru de grandeur naturelle, vous le trouvez grand d'un pied. Vous n'avez pas encore mesuré le trop des orteils de Paris...

— Et remarquez, cousin Gazonal, que nous prenons ce qui se rencontre, nous ne choisissons pas.

— Ce soir tu souperas comme on festinait chez Balthazar, et tu verras notre Paris, à nous, jouant au lansquenet, et hasardant cent mille francs d'un coup, sans sourciller.

Un quart d'heure après, la citadine s'arrêtait au bas des degrés de la Chambre des députés. de ce côté du pont de la Concorde qui mène à la discorde.

— Je croyais la Chambre inabordable... dit le Méridional surpris de se trouver au milieu de la grande salle des Pas-Perdus.

— C'est selon, répondit Bixiou, matériellement parlant, il en coûte trente sous de cabriolet; politiquement. on dépense quelque chose de plus. Les hirondelles ont pensé, a dit un poète, que l'on avait bâti l'arc de triomphe de l'Étoile pour elles; nous pensons. nous autres artistes. qu'on a bâti ce monument-ci pour compenser les non-valeurs du Théâtre-Français et nous faire rire, mais ces comédiens-là coûtent beaucoup plus cher, et ne nous donnent pas tous les jours pour notre argent.

— Voilà donc la Chambre!.. répétait Gazonal. Et il arpentait la salle où se trouvaient en ce moment une dizaine de personnes en y regardant tout d'un air que Bixiou gravait dans sa mémoire pour en faire une de ces célèbres caricatures avec lesquelles il lutte contre Gavarni.

Léon alla parler à l'un des huissiers qui vont et viennent constamment de cette salle dans celle des séances, à laquelle elle communique par le couloir ou se tiennent les sténographes du *Moniteur* et quelques personnes attachées à la Chambre.

— Quant au ministre. répondit l'huissier à Léon au moment où Gazonal se rapprocha d'eux, il y est mais je ne sais pas si M. Giraud s'y trouve encore, je vais voir...

Quand l'huissier ouvrit l'un des battants de la porte par laquelle il n'entre que des députés, des ministres ou des commissaires du roi, Gazonal en vit sortir un homme qui lui parut jeune encore, quoiqu'il eût quarante-huit ans, et à qui l'huissier indiqua Léon de Lora.

— Ah! vous voilà? dit-il en allant donner une poignée de main à Léon et à Bixiou. Drôles!... que venez-vous faire dans le sanctuaire des lois?

— Parbleu, nous venons apprendre à *blaguer*, dit Bixiou, l'on se rouillerait, sans cela.

— Passons alors dans le jardin, répliqua le jeune homme sans croire que le Méridional fût de la compagnie.

En voyant cet inconnu bien vêtu, tout en noir, et sans aucune décoration, Gazonal ne savait dans quelle catégorie politique le classer; mais il le suivit dans le jardin contigu à la salle et qui longe le quai jadis appelé quai Napoléon. Une fois dans le jardin, le ci-devant jeune homme donna carrière à un rire qu'il comprimait depuis son entrée dans la salle des Pas-Perdus.

— Qu'as-tu donc?... lui dit Léon de Lora.

— Mon cher ami, pour pouvoir établir la sincérité du gouvernement constitutionnel, nous sommes forcés à commettre d'effroyables mensonges avec un aplomb incroyable. Mais, moi, je suis journalier. S'il y a des jours où je mens comme un programme, il y en a d'autres où je ne peux pas être sérieux. Je suis dans mon jour d'hilarité. Or, en ce moment, le chef du cabinet, sommé par l'opposition de livrer les secrets de la diplomatie, est en train de faire ses exercices à la tribune, et, comme il est honnête homme, qu'il ne ment pas pour son compte, il m'a dit à l'oreille avant de monter à l'assaut : Je ne sais quoi leur débiter!... En le voyant là, le feu prit m'a pris, et je suis sorti, car on ne peut pas rire au banc des ministres, où ma jeunesse me revient parfois intempestivement.

— Enfin! s'écria Gazonal, je trouve un honnête homme dans Paris! Vous devez être un homme bien supérieur! dit-il en regardant l'inconnu.

— Ah çà, qui est monsieur? dit le ci-devant jeune homme en examinant Gazonal.

— Mon cousin, répliqua vivement Léon. Je réponds de son silence et de sa probité comme de moi-même. C'est lui qui nous amène ici, car il a un procès administratif qui dépend de ton ministère, son préfet veut tout bonnement le ruiner, et nous sommes venus te voir pour empêcher le conseil d'État de consommer une injustice...

— Quel est le rapporteur?...

— Massol.

— Bon!

— Et nos amis Giraud et Claude Vignon sont dans la section, dit Bixiou.

— Dis-leur un mot, et qu'ils viennent ce soir chez Carabine où du Tillet donne une fête à propos de *rail-ways*, car on détrousse maintenant plus que jamais sur les chemins, ajouta Léon.

— Ah çà! mais c'est dans les Pyrénées! demanda le jeune homme devenu sérieux.

— Oui, dit Gazonal.

— Et vous ne votez pas pour nous dans les élections? dit l'homme d'État en regardant Gazonal.

— Non, mais, après ce que vous venez de dire devant moi, vous m'avez corrompu, foi de commandant de la garde nationale, je vous fais nommer votre candidat...

— Eh bien! peux-tu garantir encore ton cousin? demanda le jeune homme à Léon.

— Nous le formons, dit Bixiou d'un ton profondément comique.

— Eh bien! je verrai, dit ce personnage en quittant ses amis et retournant avec précipitation à la salle des séances.

— Ah çà! qui est-ce? demanda Gazonal.

— Eh bien! le comte de Rastignac, le ministre dans le département de qui se trouve ton affaire...

— Un ministre!... c'est pas plus que cela?

— Mais c'est un vieil ami à nous. Il a trois cent mille livres de rentes, il est pair de France, le roi l'a fait comte, c'est le gendre de Nucingen, et c'est un des deux ou trois hommes d'État enfantés par la Révolution de juillet; mais le pouvoir l'ennuie quelquefois, et il vient rire avec nous...

— Ah çà! cousin, tu ne nous avais pas dit que tu étais de l'opposition là-bas? demanda Léon en prenant Gazonal par le bras. Es-tu bête? Qu'il y ait un député de plus ou de moins à gauche ou à droite, cela te met-il dans de meilleurs draps?...

— Nous sommes pour les autres...

— Laissez-les, dit Bixiou tout aussi comiquement que l'eût dit Monrose, ils ont pour eux la Providence, elle les ramènera bien sans vous et malgré eux. Un fabricant doit être fataliste.

— Bon! voilà Maxime avec Canalis et Giraud! s'écria Léon.

— Venez, dit Gazonal, les acteurs promis arrivent en scène, lui dit Bixiou.

Et tous trois ils s'avancèrent vers les personnages indiqués, qui paraissaient quasi désœuvrés.

— Vous a-t-on envoyé promener, que vous allez comme ça? dit Bixiou à Giraud.

— Non, l'on vote au scrutin secret, répondit Giraud.

— Et comment le chef du cabinet s'en est-il tiré?

— Il a été magnifique! dit Canalis.

— Magnifique! répéta Giraud.

— Magnifique! dit Maxime.

— Ah çà! la droite, la gauche, le centre sont unanimes?

— Nous avons tous une idée différente, fit observer Maxime de Trailles, député ministériel.

— Oui, reprit Canalis en riant, le député qui siégeait vers la droite, quoiqu'il eût été déjà ministre.

— Ah! vous avez eu tout à l'heure un beau triomphe! dit Maxime à Canalis, car c'est vous qui avez forcé le ministre à monter à la tribune.

— Et à mentir comme un charlatan, répliqua Canalis.

— La belle victoire! répondit l'honnête Giraud. A sa place, qu'auriez-vous fait?

— J'aurais menti.

— Ça ne s'appelle pas mentir, dit Maxime de Trailles, cela s'appelle couvrir la couronne.

Et il emmena Canalis à quelques pas de là.

— C'est un bien grand orateur! dit Léon à Giraud en lui montrant Canalis.

— Oui et non, répondit le conseiller d'État, il est creux, il est sonore, c'est plutôt un artiste en paroles qu'un orateur. Enfin c'est un bel instrument, mais ce n'est pas la musique; aussi n'a-t-il pas et n'aura-t-il jamais *l'oreille de la Chambre*. Il se croit nécessaire à la France ; mais, dans aucun cas, il ne peut être *l'homme de la situation*.

Canalis et Maxime étaient revenus vers le groupe au moment où Giraud, le député du centre gauche, venait de prononcer cet arrêt. Maxime prit Giraud par le bras et l'entraîna loin du groupe pour lui faire peut-être les mêmes confidences qu'à Canalis.

— Quel honnête et digne garçon! dit Léon en désignant Giraud à Canalis.

— C'est de ces probités qui tuent les gouvernements, répondit Canalis.

— A votre avis, est-ce un bon orateur?...

— Oui et non, répondit Canalis; il est verbeux, il est filandreux. C'est un ouvrier en raisonnements, et il bon logicien, mais il ne comprend pas la grande logique, celle des événements et des affaires : aussi n'a-t-il pas et n'aura-t-il jamais *l'oreille de la Chambre*...

Au moment où Canalis portait cet arrêt sur Giraud, celui-ci revint avec Maxime vers le groupe; et, oubliant qu'il se trouvait un étranger dont la discrétion ne leur était pas connue comme celle de Léon et de Bixiou, il prit la main à Canalis d'une façon significative.

— Eh bien! lui dit-il, si j'ai consenti à ce que propose M. le comte de Trailles, je vous ferai l'interpellation...

— Nous aurons alors la Chambre à nous dans cette question, car un homme de votre portée et de votre éloquence *a toujours l'oreille de la Chambre*, répondit Canalis. Je répondrai...

— Vous pourrez décider un changement de cabinet, car vous ferez sur un semblable terrain tout ce que vous voudrez de la Chambre et *vous deviendrez l'homme de la situation*...

— Maxime les a mis dedans tous les deux, dit Léon à son cousin. Ce gaillard-là se trouve dans les intrigues de la Chambre comme un poisson dans l'eau.

— Qui est-ce? demanda Gazonal.

— Un ex-coquin, répondit Bixiou.

— Giraud! cria Léon au conseiller d'État, ne vous en allez pas sans avoir demandé à Rastignac ce qu'il m'a promis de vous dire relativement à un procès que vous jugez après-demain, et qui regarde mon cousin.

Et les trois amis suivirent les trois hommes politiques à distance en se dirigeant vers la salle des Pas-Perdus.

— Tiens, cousin, regarde ces deux hommes, dit Léon à Gazonal en lui montrant un ancien ministre fort célèbre et le chef du centre gauche, voilà deux orateurs qui ont l'oreille de la Chambre et qu'on a plaisamment surnommés les ministres au département de l'opposition, ils ont si bien l'oreille de la Chambre qu'ils la lui tirent fort souvent.

— Il est quatre heures, revenons rue de Berlin, dit Bixiou.

— Oui, tu viens de voir le cœur du gouvernement, il faut t'en montrer les helminthes, le ténia, le républicain, puisqu'il faut l'appeler par son nom, dit Léon à son cousin.

Une fois les trois amis emballés dans leur fiacre, Gazonal regarda railleusement son cousin et Bixiou comme un homme qui voulait lâcher un flot de bile oratoire et méridionale.

— Je me *défiais* bienn de cette grande bagasse de ville ; mais depuis ce matin, je *la mprise!* La pauvre province tant mesquine est une honnête fille, mais Paris c'est une prostituée, avide, menteuse, comédienne, et je suis *bienn* content de n'y avoir *rienn* laissé de ma peau...

— La journée n'est pas finie, dit sentencieusement Bixiou, qui cligna de l'œil en regardant Léon.

— Et pourquoi te plains-tu bêtement, dit Léon, d'une prétendue prostitution à laquelle tu vas devoir le gain de ton procès? Te crois-tu plus vertueux que nous et moins comédien, moins avide, moins facile à descendre une pente quelconque, moins vaniteux que tous ceux avec qui nous avons joué comme avec des pantins?

— Essayez de m'entamer...

— Pauvre garçon! dit Léon en haussant les épaules, n'as-tu pas déjà promis ton influence électorale à Rastignac?

— Oui, parce qu'il est le seul qui se soit mis à rire de lui-même...

— Pauvre garçon! répéta Bixiou, vous me défiez, moi qui n'ai fait que rire!... Vous ressemblez à un roquet impatientant un tigre... Ah! si vous nous aviez vus nous moquant de quelqu'un... Savez-vous que nous pouvons rendre fou un homme sain d'esprit?...

Cette conversation mena Gazonal jusque chez son cousin, où la vue des richesses mobilières lui coupa la parole et mit fin à ce débat. Le Méridional s'aperçut, mais plus tard, que Bixiou l'avait déjà fait poser.

À cinq heures et demie, au moment où Léon de Lora faisait sa toilette pour le soir, au grand ébahissement de Gazonal, qui nombrait les mille et une superfluités de son cousin, et qui admirait le sérieux du valet de chambre en fonctions, on annonça le pédicure de monsieur. Publicola Masson, petit homme de cinquante ans, dont la figure rappelle celle de Marat, fit son entrée en déposant une petite boîte d'instruments et en se mettant sur une petite chaise, en face de Léon, après avoir salué Gazonal et Bixiou.

— Comment vont les affaires? lui demanda Léon en lui livrant un de ses pieds déjà préalablement lavé par le valet de chambre.

— Mais, je suis forcé d'avoir deux élèves, deux jeunes gens qui, désespérant de la fortune, ont quitté la chirurgie pour la corporistique, où ils mouraient de faim, et cependant ils ont du talent...

— Oh! je ne vous parle pas des affaires pédestres, je vous demande où vous en êtes de vos affaires politiques...

Masson lança sur Gazonal un regard plus éloquent que toute espèce d'interrogation.

— Oh! parlez, c'est mon cousin, et il est presque des vôtres, il est légitimiste.

— Eh bien! nous allons! nous marchons! Dans cinq ans d'ici, l'Europe sera toute à nous!... La Suisse et l'Italie sont chaudement travaillées, et vienne la circonstance, nous sommes prêts. Ici, nous avons cinquante mille hommes armés, sans compter les deux cent mille citoyens qui sont sans le sou...

— Bah! dit Léon, et les fortifications?

— Des croûtes de pâté qu'on avalera, répondit Masson. D'abord, nous ne laisserons pas venir les canons; et puis nous avons une petite machine plus puissante que tous les forts du monde, une machine due au médecin qui a guéri plus de monde que les médecins n'en tuaient dans le temps où ils fonctionnaient.

— Comme vous y allez! dit Gazonal, à qui l'air de Publicola donnait la chair de poule.

— Ah! il faut cela! nous venons après Robespierre et Saint-Just, c'est pour faire mieux; ils ont été timides, car vous voyez ce qui nous est arrivé : un empereur, la branche aînée et la branche cadette! ils n'avaient pas assez émondé l'arbre social.

— Ah! ça, vous qui serez, dit-on, consul, ou quelque chose comme tribun, songez bien, dit Bixiou, que je vous ai depuis douze ans demandé votre protection.

— Il ne vous arrivera rien, car il nous faudra des loustics, et vous pourrez prendre l'emploi de Barrère, répondit le pédicure.

— Et moi? dit Léon.

— Ah! vous, vous êtes mon client, c'est ce qui vous sauvera, car le génie est un odieux privilège à quoi l'on accorde trop en France, et nous serons forcés de démolir quelques-uns de nos grands hommes pour apprendre aux autres à savoir être simples citoyens...

Le pédicure parlait d'un air moitié sérieux, moitié badin, qui faisait frissonner Gazonal.

— Ainsi, dit le Méridional, plus de religion?

— Plus de religion de l'État, reprit le pédicure en soulignant les deux derniers mots, chacun aura la sienne. C'est fort heureux qu'on protège en ce moment les couvents, ça nous prépare les fonds de notre gouvernement. Tout conspire pour nous. Ainsi tous ceux qui plaignent les peuples, qui braillent sur la question des prolétaires et des salaires, qui font des ouvrages contre les prêtres, qui s'occupent de l'amélioration d'importe quoi... les communistes, les humanitaires... vous comprenez, tous ces gens-là sont notre avant-garde. Pendant que nous amassons de la poudre, ils tressent la mèche à laquelle l'étincelle d'une circonstance mettra le feu.

— Ah çà! que voulez-vous donc pour le bonheur de la France? demanda Gazonal.

— L'égalité pour les citoyens, le bon marché de toutes les denrées... Nous voulons qu'il n'y ait plus de gens manquant de tout, et des millionnaires, des suceurs de sang et des victimes!

— C'est ça! le maximum et le minimum, dit Gazonal.

— Vous avez dit la chose, répliqua nettement le pédicure.

— Plus de fabricants?... demanda Gazonal.

— On fabriquera pour le compte de l'État, nous serons tous usufruitiers de la France... On y aura sa ration comme sur un vaisseau, et tout le monde y travaillera selon ses capacités.

— Bon! dit Gazonal, et en attendant que vous puissiez couper la tête aux aristocrates...

— Je leur rognerai les ongles, dit le républicain radical, qui serrait ses outils et qui finit la plaisanterie lui-même.

Il salua très-poliment et sortit.

— Est-ce possible? en 1845?.. s'écria Gazonal.

— Si nous en avions le temps, nous te montrerions, répondit le paysagiste, tous les personnages de 1793, tu causerais avec eux. Tu viens de voir Marat, eh bien! nous connaissons Fouquier-Tinville, Collot-d'Herbois, Robespierre, Chabot, Fouché, Barras, et il y a même une madame Rolland.

— Allons, dans cette représentation, le tragique n'a pas manqué, dit le Méridional.

— Il est six heures, avant que nous ne te menions voir les Saltimbanques que joue Odry ce soir, dit Léon à son cousin, il est nécessaire d'aller faire une visite à madame Cadine, une actrice que cultive beaucoup ton rapporteur Massol, et à qui tu auras ce soir à faire une cour assidue.

— Comme il faut vous concilier cette puissance, je vais vous donner quelques instructions, reprit Bixiou. Employez-vous des ouvrières à votre fabrique?

— Certainement, répondit Gazonal.

— Voilà tout ce que je voulais savoir, dit Bixiou, vous n'êtes pas marié, vous êtes un gros...

— Oui! s'écria Gazonal, vous avez deviné mon fort, j'aime les femmes...

— Eh bien! si vous voulez exécuter la petite manœuvre que je vais vous prescrire, vous connaîtrez, sans dépenser un liard, les charmes qu'on goûte dans l'intimité d'une actrice.

En arrivant rue de la Victoire, où demeure la célèbre actrice, Bixiou, qui méditait une espièglerie contre le défiant Gazonal, avait à peine achevé de lui tracer son rôle; mais le Méridional avait, comme on va le voir, compris à demi-mot.

Les trois amis montèrent au deuxième étage d'une assez belle maison, et trouvèrent Jenny Cadine achevant de dîner, car elle jouait dans la pièce donnée en second au Gymnase. Après la présentation de Gazonal à cette puissance, Léon et Bixiou, pour le laisser seul avec elle, trouvèrent le prétexte d'aller voir un nouveau meuble; mais avant de quitter l'actrice, Bixiou lui avait dit à l'oreille : — C'est le cousin de Léon, un fabricant riche à millions, et qui, pour gagner son procès au conseil d'État contre le préfet, juge à propos de vous séduire.

Tout Paris connaît la beauté de cette jeune première, on comprendra donc la stupéfaction du Méridional en la voyant. D'abord, reçu presque froidement, il devint l'objet des bonnes grâces de Jenny Cadine pendant les quelques minutes où ils restèrent seuls.

— Comment, dit Gazonal en regardant avec dédain le mobilier du salon par la porte que ses complices avaient laissée entr'ouverte, et en supputant ce que valait celui de la salle à manger, comment laisse-t-on une femme comme vous dans un pareil chenil?...

— Ah! voilà! que voulez-vous, Massol n'est pas riche, j'attends qu'il devienne ministre.

— Quel homme heureux! s'écria Gazonal en poussant un soupir d'homme de province.

— Bon! se dit en elle-même l'actrice, mon mobilier sera renouvelé; je pourrai donc lutter avec Carabine!

— Eh bien! dit Léon en rentrant, vous viendrez chez Carabine, ce soir, on y joue un lansquenette.

— Monsieur y sera-t-il? dit gracieusement et naïvement Jenny Cadine.

— Oui, madame, fit Gazonal ébloui de ce rapide succès.

— Mais Massol y vient, reprit Bixiou.

— Eh bien! qu'est-ce que cela fait? répliqua Jenny. Mais partons, mes bijoux, il faut que j'aille à mon théâtre.

Gazonal donna la main à l'actrice jusqu'à la citadine qui l'attendait, et il la lui pressait si tendrement, que Jenny Cadine répondit en secouant les doigts : — Eh! je n'en ai pas de rechange!...

Quand il fut dans la voiture, Gazonal essaya de serrer Bixiou par la taille, en s'écriant : — Elle a mordu! vous êtes un fier scélérat!...

— Les femmes le disent, répliqua Bixiou.

À onze heures et demie, après le spectacle, une citadine emmena les trois amis chez mademoiselle Sérafine Sinet, plus connue sous le nom de Carabine, un de ces noms de guerre que prennent les illustres lorettes ou qu'on leur donne, et qui venait peut-être de ce qu'elle avait toujours tué son pigeon.

Carabine, devenue presque une nécessité pour le fameux banquier du Tillet, député du centre gauche, habitait alors une charmante maison de la rue Saint-Georges. Il est dans Paris des maisons dont les destinations ne varient pas, et celle-ci avait déjà vu sept existences de courtisanes. Un agent de change y avait logé, vers 1827, Suzanne du Val-Noble, devenue depuis madame Gaillard. La fameuse Esther y fit faire au baron de Nucingen les seules folies qu'il ait faites. Florine, puis celle qu'on nommait plaisamment *feu madame Schontz*, y avaient tour à tour brillé. Ennuyé de sa femme, du Tillet avait acquis cette petite maison moderne, et y avait installé l'illustre Carabine, dont l'esprit vif, les manieres cavalieres, le brillant dévergondage, formaient un contre-poids aux travaux de la vie domestique, politique et financière. Que du Tillet ou Carabine fussent ou ne fussent pas au logis, la table était servie, et splendidement, pour dix couverts tous les jours. Les artistes, les gens de lettres, les journalistes, les habitués de la maison y mangeaient. On y jouait le soir. Plus d'un membre de l'une et l'autre Chambre venait chercher là ce qui s'achète au poids de l'or à Paris, le plaisir. Les femmes excentriques, ces météores du firmament parisien qui se classent si difficilement, apportaient là les richesses de leurs toilettes. On y était très-spirituel, car on y pouvait tout dire, et on y disait tout. Carabine, rivale de la non moins célèbre Malaga, s'était enfin portée héritière du salon de Florine, devenue madame Nathan; de celui de Tullia, devenue madame du Bruel; de celui de madame Schontz, devenue la femme d'un président en province. En y entrant, Gazonal ne dit qu'un seul mot, mais il était à la fois légitime et légitimiste : — C'est plus beau qu'aux Tuileries... Le satin, le velours, les brocarts, l'or, les objets d'art qui foisonnaient occuperent si bien les yeux du provincial qu'il n'aperçut pas Jenny Cadine dans une toilette à inspirer du respect, et qui, cachée derrière Carabine, étudiait l'entrée du plaideur en causant avec elle.

— Ma chère enfant, dit Léon, voilà mon cousin, un fabricant qui m'est tombé des Pyrénées ce matin ; il ne connaissait rien encore de Paris, il a besoin de Massol pour un procès au conseil d'État, nous avons donc pris la liberté de vous amener M. Gazonal à souper, en vous recommandant de lui laisser toute sa raison...

— Comme monsieur voudra, le vin est cher, dit Carabine qui toisa Gazonal et ne vit en lui rien de remarquable.

Gazonal, étourdi par les toilettes, les lumières, l'or et le babil des groupes qu'il croyait occupés de lui, ne put que balbutier ces mots : — Madame... madame... est... bien bonne.

— Que fabriquez-vous ?... lui demanda la maîtresse du logis en souriant.

— Des dentelles, et offrez-lui des guipures !... souffla Bixiou dans l'oreille de Gazonal.

— Des... dent... des...

— Vous êtes dentiste !... dis donc, Cadine? un dentiste, tu es *volée*, ma petite.

— Des dentelles... reprit Gazonal en comprenant qu'il fallait payer son souper. Je me ferai le plus grand plaisir de vous offrir une robe... une écharpe... une mantille de ma fabrique.

— Ah ! trois choses? Eh bien ! vous êtes plus gentil que vous n'en avez l'air, répliqua Carabine.

— Paris m'a pincé ! se dit Gazonal en apercevant Jenny Cadine et en allant la saluer.

— Et moi, qu'aurai-je ?... lui demanda l'actrice.

— Mais... toute ma fortune, répondit Gazonal, qui pensa que tout offrir c'était ne rien donner.

Massol, Claude Vignon, du Tillet, Maxime de Trailles, Nucingen, du Bruel, Malaga, M. et madame Gaillard, Vauvinet, une foule de personnages entra.

Après une conversation à fond avec le fabricant sur le procès, Massol, sans rien promettre, lui dit que le rapport était à faire, et que les citoyens pouvaient se confier aux lumières et à l'indépendance du conseil d'État. Sur cette froide et digne réponse, Gazonal désespéré crut nécessaire de séduire la charmante Jenny Cadine de laquelle il était éperdument amoureux. Léon de Lora, Bixiou, laisserent leur victime entre les mains de la plus espiègle des femmes de cette société bizarre, car Jenny Cadine est la seule rivale de la fameuse Déjazet. A table, où Gazonal fut fasciné par une argenterie due au Beuvenuto Cellini moderne, à Froment-Meurice, et dont le contenu valait les intérêts du contenant, les deux mystificateurs eurent soin de se placer loin de lui, mais ils suivirent d'un œil sournois les progres de la spirituelle actrice, qui, séduite par l'insidieuse promesse du renouvellement de son mobilier, se donna pour theme d'emmener Gazonal chez elle. Or, jamais mouton de Fête-Dieu ne mit plus de complaisance à se laisser conduire par son saint Jean-Baptiste que Gazonal à obéir à cette actrice.

Trois jours après Léon et Bixiou, qui ne revoyaient plus Gazonal, le vinrent chercher à son hôtel, vers deux heures après midi.

— Eh bien ! cousin, on arrête du conseil te donne gain de cause...

— Hélas ! c'est inutile, cousin, dit Gazonal, qui leva sur ses deux amis un œil mélancolique, je suis devenu républicain...

— *Quesaco ?* dit Léon.

— Je n'ai plus rien, pas même de quoi payer mon *avocate*, répondit Gazonal. Madame Jenny Cadine a de moi des lettres de change pour plus d'argent que je n'ai de bien...

— Le fait est que Cadine est un peu chère, mais...

— Oh ! j'en ai eu pour mon argent, répliqua Gazonal. Ah ! quelle femme !... Allons, la province ne peut pas lutter avec Paris, je me retire à la Trappe.

— Bon, dit Bixiou, vous voilà raisonnable. Tenez, reconnaissez la majesté de la capitale !...

— Et du capital ! s'écria Léon en tendant à Gazonal ses lettres de change.

Gazonal regardait ces papiers d'un air hébété.

— Vous ne direz pas que nous n'entendons point l'hospitalité ! nous vous avons instruit, régalé, et... amusé, dit Bixiou.

Paris, novembre 1845.

ÉTUDE DE FEMME

DÉDIÉ AU MARQUIS JEAN CHARLES DI NEGRO.

La marquise de Listomère est une de ces jeunes femmes élevées dans l'esprit de la Restauration. Elle a des principes, elle fait maigre, elle communie, et va très-parée au bal, aux Bouffons, à l'Opéra; son directeur lui permet d'allier le profane et le sacré. Toujours en règle avec l'Église et avec le monde, elle offre une image du temps présent, qui semble avoir pris le mot de *légalité* pour épigraphe. La conduite de la marquise comporte précisément assez de dévotion pour pouvoir arriver sous une nouvelle Maintenon à la sombre piété des derniers jours de Louis XIV, et assez de mondanité pour adopter également les mœurs galantes des premiers jours de ce règne, s'il revenait. En ce moment, elle est vertueuse par calcul, ou par goût peut-être. Mariée depuis sept ans au marquis de Listomère, un de ces députés qui attendent la pairie, elle croit peut-être aussi servir par sa conduite l'ambition de sa famille. Quelques femmes attendent pour la juger le moment où M. de Listomère sera pair de France, et où elle aura trente-six ans, époque de la vie où la plupart des femmes s'aperçoivent qu'elles sont dupes des lois sociales. Le marquis est un homme assez insignifiant : il est bien en cour, ses qualités sont négatives comme ses défauts; les unes ne peuvent pas plus lui faire une réputation de vertu que les autres ne lui donnent l'espèce d'éclat jeté par les vices. Député, il ne parle jamais, mais il vote *bien*; il se comporte dans son ménage comme à la Chambre. Aussi passe-t-il pour être le meilleur mari de France. S'il n'est pas susceptible de s'exalter, il ne gronde jamais, à moins qu'on ne le fasse attendre. Ses amis l'ont nommé *le temps couvert*. Il ne se rencontre en effet chez lui ni lumière trop vive, ni obscurité complète. Il ressemble à tous les ministères qui se sont succédé en France depuis la Charte. Pour une femme à principes, il était difficile de tomber en de meilleures mains. N'est-ce pas beaucoup pour une femme vertueuse que d'avoir épousé un homme incapable de faire des sottises? Il s'est rencontré des dandies qui ont eu l'impertinence de presser légèrement la main de la marquise en dansant avec elle, ils n'ont recueilli que des regards de mépris, et tous ont éprouvé cette indifférence insultante qui, semblable aux gelées du printemps, détruit le germe des plus belles espérances. Les beaux, les spirituels, les fats, les hommes à sentiment qui se nourrissent en tenant leurs cannes, ceux à grand nom ou à grosse renommée, les gens de haute et petite volée, auprès d'elle tout a blanchi. Elle a conquis le droit de causer aussi longtemps et aussi souvent qu'elle le veut avec les hommes qui lui semblent spirituels, sans qu'elle soit couchée sur l'album de la médisance. Certaines femmes coquettes sont capables de suivre ce plan-là pendant sept ans pour satisfaire plus tard leurs fantaisies; mais supposer cette arrière-pensée à la marquise de Listomère serait la calomnier. J'ai eu le bonheur de voir ce phénix des marquises : elle cause bien, je sais écouter, je lui ai plu, je vais à ses soirées. Tel était le but de mon ambition. Ni laide ni jolie, madame de Listomère a des dents blanches, le teint éclatant et les lèvres très-rouges, elle est grande et bien faite : elle a le pied petit, fluet, et ne l'avance pas, ses yeux, loin d'être éteints, comme le sont presque tous les yeux parisiens, ont un éclat doux qui devient magique si par hasard elle s'anime. On devine une âme à travers cette forme indécise. Si elle s'intéresse à la conversation, elle y déploie une grâce ensevelie sous les précautions d'un maintien froid, et alors elle est charmante. Elle ne veut pas de succès et en obtient. On trouve toujours ce qu'on ne cherche pas. Cette phrase est trop souvent vraie pour ne pas se changer un jour en proverbe. Ce sera la moralité de cette aventure, que je ne me permettrais pas de raconter, si elle ne retentissait en ce moment dans tous les salons de Paris.

La marquise de Listomère a dansé, il y a un mois environ, avec un jeune homme aussi modeste qu'il est étourdi, plein de bonnes qualités, et ne laissant voir que ses défauts; il est passionné et se moque des passions; il a du talent et il le cache, il fait le savant avec les aristocrates et fait de l'aristocratie avec les savants. Eugène de Rastignac est un de ces jeunes gens très-sensés qui essayent de tout, et semblent tâter les hommes pour savoir ce que porte l'avenir. En attendant l'âge de l'ambition, il se moque de tout; il a de la grâce et de l'originalité, deux qualités rares parce qu'elles s'excluent l'une l'autre. Il a causé sans préméditation de succès avec la marquise de Listomère, pendant une demi-heure. En se jouant des caprices d'une conversation qui, après avoir commencé à l'opéra de *Guillaume Tell*, en était venue aux devoirs des femmes, il avait plus d'une fois regardé la marquise de manière à l'embarrasser, puis il la quitta et ne lui parla plus de toute la soirée, il dansa, se mit à l'écarté perdit quelque argent, et s'en alla se coucher. J'ai l'honneur de vous affirmer que tout se passa ainsi. Je n'ajoute, je ne retranche rien.

Le lendemain matin Rastignac se réveilla tard, resta dans son lit, où il se livra sans doute à quelques-unes de ces rêveries matinales pendant lesquelles un jeune homme se glisse comme un sylphe sous plus d'une courtine de soie, de cachemire ou de coton. En ces moments, plus le corps est lourd de sommeil, plus l'esprit est agile. Enfin Rastignac se leva sans trop bâiller, comme font tant de gens mal appris, sonna son valet de chambre, se fit apprêter du thé, en but immodérément, ce qui ne paraîtra pas extraordinaire aux personnes qui aiment le thé, mais, pour expliquer cette circonstance aux gens qui ne l'acceptent que comme la panacée des indigestions, j'ajouterai qu'Eugène écrivait : il était commodément assis, et avait les pieds plus souvent sur les chenets que dans sa chancelière. Oh! avoir les pieds sur la barre polie qui réunit les deux griffons d'un garde-cendre, et penser à ses amours quand on se lève et que l'on est en robe de chambre, est chose si délicieuse, que je regrette infiniment de n'avoir ni maîtresse, ni chenets, ni robe de chambre. Quand j'aurai tout cela, je ne raconterai pas mes observations, j'en profiterai.

La première lettre qu'Eugène écrivit fut achevée en un quart d'heure; il la plia, la cacheta et la laissa devant lui sans y mettre l'adresse. La seconde lettre, commencée à onze heures, ne fut finie qu'à midi. Les quatre pages étaient pleines.

— Cette femme me trotte dans la tête, dit-il en pliant cette seconde épître, qu'il laissa devant lui, comptant y mettre l'adresse après avoir achevé sa rêverie involontaire. Il croisa les deux pans de sa robe de chambre à ramages, posa ses pieds sur un tabouret, coula ses mains dans les gousses de son pantalon de cachemire rouge, et se renversa dans une délicieuse bergère à oreilles dont le siège et le dossier décrivaient l'angle confortable de cent vingt degrés. Il ne prit plus de thé et resta immobile, les yeux attachés sur la main dorée qui couronnait sa pelle, sans voir ni main, ni pelle, ni dorure. Il ne tisonna même pas. Faute immense! N'est-ce pas un plaisir bien vif que de tracasser le feu quand on pense aux femmes? Notre esprit prête des phrases aux petites langues bleues qui se dégagent soudain

et babillent dans le foyer. On interprète le langage puissant et brusque d'un *bourguignon*.

A ce mot arrêtons-nous et plaçons ici pour les ignorants une explication due à un étymologiste très-distingué qui a désiré garder l'anonyme. *Bourguignon* est le nom populaire et symbolique donné, depuis le règne de Charles VI, à ces détonations bruyantes dont l'effet est d'envoyer sur un tapis ou sur une robe un petit charbon, léger principe d'incendie. Le feu dégage, dit-on, une bulle d'air qu'un ver rongeur a laissée dans le cœur du bois. *Inde amor, inde burgundus.* L'on tremble en voyant rouler comme une avalanche le charbon qu'on avait si industrieusement essayé de poser entre deux bûches flamboyantes. Oh! tisonner quand on aime, n'est-ce pas développer matériellement sa pensée?

Ce fut en ce moment que j'entrai chez Eugène, il fit un soubresaut et me dit : — Ah! te voilà, mon cher Horace. Depuis quand es-tu là?

— J'arrive.

— Ah!

Il prit les deux lettres, y mit les adresses et sonna son domestique.

— Porte cela en ville.

Et Joseph y alla sans faire d'observations, excellent domestique!

Nous nous mîmes à causer de l'expédition de Morée, dans laquelle je désirais être employé en qualité de médecin. Eugène me fit observer que je perdrais beaucoup à quitter Paris, et nous parlâmes de choses indifférentes. Je ne crois pas que l'on me sache mauvais gré de supprimer notre conversation. . . . .

. . . .

Au moment où la marquise de Listomère se leva, sur les deux heures après midi, sa femme de chambre Caroline lui remit une lettre, elle la lut pendant que Caroline la coiffait. (Imprudence que commettent beaucoup de jeunes femmes.)

O cher ange d'amour, trésor de vie et de bonheur! A ces mots, la marquise allait jeter la lettre au feu; mais il lui passa par la tête une fantaisie que toute femme vertueuse comprendra merveilleusement, et qui était de voir comment un homme qui débutait ainsi pouvait finir. Elle lut. Quand elle eut tourné la quatrième page, elle laissa tomber ses bras comme une personne fatiguée.

— Caroline, allez savoir qui a remis cette lettre chez moi.

— Madame, je l'ai reçue du valet de chambre de M. le baron de Rastignac.

Il se fit un long silence.

— Madame veut-elle s'habiller? demanda Caroline.

— Non.

Il faut qu'il soit bien impertinent! pensa la marquise. . . . . .

Je prie toutes les femmes d'imaginer elles-mêmes le commentaire. Madame de Listomère termina le sien par la résolution formelle de consigner M. Eugène à sa porte, et, si elle le rencontrait dans le monde, de lui témoigner plus que du dédain; car son insolence ne pouvait se comparer à aucune de celles que la marquise avait fini par excuser. Elle voulut d'abord garder la lettre; mais, toute réflexion faite, elle la brûla.

— Madame vient de recevoir une fameuse déclaration d'amour, et elle l'a lue! dit Caroline à la femme de charge.

— Je n'aurais jamais cru cela de madame, répondit la vieille tout étonnée.

Le soir, la comtesse alla chez le marquis de Beauséant, où Rastignac devait probablement se trouver. C'était un samedi. Le marquis de Beauséant étant un peu parent à M. de Rastignac, ce jeune homme ne pouvait manquer de venir pendant la soirée. A deux heures du matin, madame de Listomère, qui n'était restée que pour accabler Eugène de sa froideur, l'avait attendu vainement. Un homme d'esprit, Stendahl, a eu la bizarre idée de nommer *cristallisation* le travail que la pensée de la marquise fit avant, pendant et après cette soirée.

Quatre jours après, Eugène grondait son valet de chambre.

— Ah çà! Joseph, je vais être forcé de te renvoyer, mon garçon.

— Plaît-il, monsieur?

— Tu ne fais que des sottises. Où as-tu porté les deux lettres que je t'ai remises vendredi?

Joseph devint stupide. Semblable à quelque statue du porche d'une cathédrale, il resta immobile, entièrement absorbé par le travail de son imaginative. Tout à coup il sourit bêtement et dit : — Monsieur, l'une était pour madame la marquise de Listomère, rue Saint-Dominique, et l'autre pour l'avoué de monsieur...

— Es-tu certain de ce que tu dis là?

Joseph demeura tout interdit. Je vis bien qu'il fallait que je m'en mêlasse, moi qui, par hasard, me trouvais encore là.

— Joseph a raison, dis-je. Eugène se tourna de mon côté. — J'ai lu les adresses fort involontairement, et...

— Et, dit Eugène en m'interrompant, l'une des lettres n'était pas pour madame de Nucingen?

— Non, par tous les diables! Aussi ai-je cru, mon cher, que ton cœur avait pirouetté de la rue Saint-Lazare à la rue Saint-Dominique.

Eugène se frappa le front du plat de la main et se mit à sourire. Joseph vit bien que la faute ne venait pas de lui.

Maintenant, voilà où sont les moralités que tous les jeunes gens devraient méditer. *Première faute :* Eugène trouva plaisant de faire rire madame de Listomère de la méprise qui l'avait rendue maitresse d'une lettre d'amour qui n'était pas pour elle. *Deuxième faute :* il n'alla chez madame de Listomère que quatre jours après l'aventure, laissant ainsi les pensées d'une vertueuse jeune femme se cristalliser. Il se trouvait encore une dizaine de fautes qu'il faut passer sous silence, afin de donner aux dames le plaisir de les déduire *ex professo* à ceux qui ne les devineront pas. Eugène arrive à la porte de la marquise; mais quand il veut passer, le concierge l'arrête et lui dit que madame la marquise est sortie. Comme il remontait en voiture, le marquis entra.

— Venez donc, Eugène! ma femme est chez elle.

Oh! excusez le marquis. Un mari, quelque bon qu'il soit, atteint difficilement à la perfection. En montant l'escalier, Rastignac s'aperçut alors des dix fautes de logique mondaine qui se trouvaient dans ce passage du beau livre de sa vie. Quand madame de Listomère vit son mari entrant avec Eugène, elle ne put s'empêcher de rougir. Le jeune baron observa cette rougeur subite. Si l'homme le plus modeste conserve encore un petit fonds de fatuité dont il ne se dépouille pas plus que la femme ne se sépare de sa fatale coquetterie, qui pourrait blâmer Eugène de s'être alors dit en lui-même : — Quoi! cette forteresse aussi? Et il se posa dans sa cravate. Quoique les jeunes gens ne soient pas très-avares, ils aiment tous à mettre une tête de plus dans leur médaillier.

M. de Listomère se saisit de la *Gazette de France*, qu'il aperçut dans un coin de la cheminée, et alla vers l'embrasure d'une fenêtre pour acquérir, le journaliste aidant, une opinion à lui sur l'état de la France. Une femme, voire même une prude, ne reste pas longtemps embarrassée, quelque bon que soit la situation la plus difficile où elle puisse se trouver : il semble qu'elle ait toujours à la main la feuille de figuier que lui a donnée notre mere Eve. Aussi, quand Eugène, interprétant en faveur de sa vanité la consigne donnée à la porte, salua madame de Listomère d'un air passablement délibéré, sut-elle voiler toutes ses pensées par un de ces sourires féminins plus impénétrables que ne l'est la parole d'un roi.

— Seriez-vous indisposée? madame, vous aviez fait défendre votre porte.

— Non, monsieur.

— Vous alliez sortir, peut-être?

— Pas davantage.

— Vous attendiez quelqu'un?

— Personne.

— Si ma visite est indiscrète, ne vous en prenez qu'à M. le marquis. J'obéissais à votre mystérieuse consigne quand il m'a lui-même introduit dans le sanctuaire.

— Monsieur de Listomère n'était pas dans ma confidence. Il n'est pas toujours prudent de mettre un mari au fait de certains secrets...

L'accent ferme et doux avec lequel la marquise prononça ces paroles et le regard imposant qu'elle lança firent bien juger à Rastignac qu'il s'était trop pressé de se poser dans sa cravate.

— Madame, je vous comprends, dit-il en riant, je dois alors me féliciter doublement d'avoir rencontré M. le marquis : il me procure l'occasion de vous présenter une justification qui serait pleine de dangers si vous n'étiez pas la bonté même.

La marquise regarda le jeune baron d'un assez air étonné, mais elle répondit avec dignité : — Monsieur, le silence sera de votre part la meilleure des excuses. Quant à moi, je vous promets le plus entier oubli, pardon que vous méritez à peine.

— Madame, dit vivement Eugène, le pardon est inutile là où il n'y a pas eu d'offense. La lettre, ajouta-t-il à voix basse, que vous avez

recue, et qui a dû vous paraître si inconvenante, ne vous était pas destinée.

La marquise ne put s'empêcher de sourire, elle voulait avoir été offensée.

— Pourquoi mentir? reprit-elle d'un air dédaigneusement enjoué, mais d'un son de voix assez doux. Maintenant que je vous ai grondé, je rirai volontiers d'un stratagème qui n'est pas sans malice. Je connais de pauvres femmes qui s'y prendraient.—Dieu! comme il aime! diraient-elles. La marquise se mit à rire forcément, et ajouta d'un air d'indulgence. — Si nous voulons rester amis, qu'il ne soit plus question de méprises dont je ne puis être la dupe.

— Sur mon honneur, madame, vous l'êtes beaucoup plus que vous ne pensez, répliqua vivement Eugène.

— Mais de quoi parlez-vous donc là? demanda M. de Listomère, qui, depuis un instant, écoutait la conversation sans en pouvoir percer l'obscurité.

— Oh! cela n'est pas intéressant pour vous, répondit la marquise.

M. de Listomère reprit tranquillement la lecture de son journal et dit : — Ah! madame de Mortsauf est morte; votre pauvre frere est sans doute à Clochegourde.

— Savez-vous, monsieur, reprit la marquise en se tournant vers Eugène, que vous venez de me dire une impertinence?

— Si je ne connaissais pas la rigueur de vos principes, répondit-il naïvement, je croirais que vous voulez ou me donner des idées desquelles je me défends, ou m'arracher mon secret. Peut-être encore voulez-vous vous amuser de moi.

La marquise sourit. Ce sourire impatienta Eugène.

— Puissiez-vous, madame, dit-il, toujours croire à une offense que je n'ai point commise! et je souhaite bien ardemment que le hasard ne vous fasse pas découvrir dans le monde la personne qui devait lire cette lettre...

— Eh quoi! ce serait toujours pour madame de Nucingen? s'écria madame de Listomère, plus curieuse de pénétrer un secret que de se venger des épigrammes du jeune homme.

Eugène rougit. Il faut avoir plus de vingt-cinq ans pour ne pas rougir en se voyant reprocher la bêtise d'une fidélité que les femmes raillent pour ne pas montrer combien elles en sont envieuses. Néanmoins il dit avec assez de sang-froid : — Pourquoi pas, madame?

Voilà les fautes que l'on commet à vingt-cinq ans. Cette confidence causa une commotion violente à madame de Listomère, mais Eugène ne savait pas encore analyser un visage de femme en le regardant à la hâte ou de côté. Les lèvres seules de la marquise avaient pâli. Madame de Listomère sonna pour demander du bois, et contraignit ainsi Rastignac à se lever pour sortir.

— Si cela est, dit alors la marquise en arrêtant Eugène par un air froid et composé, il vous serait difficile de m'expliquer, monsieur, par quel hasard mon nom a pu se trouver sous votre plume. Il n'en est pas d'une adresse écrite sur une lettre comme du claque d'un voisin qu'on peut par étourderie prendre pour le sien en quittant le bal.

Eugène décontenancé regarda la marquise d'un air à la fois fat et bête; il sentit qu'il devenait ridicule, balbutia une phrase d'écolier et sortit. Quelques jours après la marquise acquit des preuves irrécusables de la véracité d'Eugène. Depuis seize jours elle ne va plus dans le monde.

Le marquis dit à tous ceux qui lui demandent raison de ce changement : — Ma femme a une gastrite.

Moi qui la soigne et qui connais son secret, je sais qu'elle a seulement une petite crise nerveuse de laquelle elle profite pour rester chez elle.

Paris, février 1830.

FIN DE L'ÉTUDE DE FEMME.

COMEDIE HUMAINE

ŒUVRES ILLUSTRÉES
DE
BALZAC.

UN
PRINCE DE LA BOHÊME
—
L'ENVERS
DE L'HISTOIRE CONTEMPORAINE

Dess. Tony Johannot, Bertall, E. Lampsonius,
H. Monnier, etc.

Gravures par les meilleurs
Artistes.

A HEINE.

Mon cher Heine, à vous
cette étude, à vous qui représentez à Paris l'esprit et
la poésie de l'Allemagne,
comme en Allemagne vous
représentez la vive et spirituelle critique française, à
vous qui savez mieux que
personne ce qu'il peut y
avoir ici de critique, de plaisanterie, d'amour et de vérité.

DE BALZAC.

— Mon cher ami, dit ma-
dame de la Baudraye en tirant un manuscrit de des-
sous l'oreiller de sa causeuse,
me pardonnerez-vous, dans
la détresse où nous sommes,
d'avoir fait une nouvelle de
ce que vous nous avez dit,
il y a quelques jours.
— Tout est de bonne prise
dans le temps où nous sommes; n'avez-vous pas vu des
auteurs qui, faute d'inventions, servent leurs propres
cœurs et souvent celui de
leurs maîtresses au public?
On en viendra, ma chère, à
chercher des aventures moins pour le plaisir d'en être les héros, que
pour les raconter.

Ils ont tué beaucoup de protestants à la Saint-Barthélemy. — PAGE 2.

— Enfin, la marquise de
Rochefide et vous, vous
aurez payé notre loyer, et
je ne crois pas, à la manière
dont vont ici les choses, que
je vous paye jamais le vôtre.
— Qui sait! peut-être vous
arrivera-t-il la même bonne
fortune qu'à madame de Rochefide. Allez !... j'écoute.
Madame de la Baudraye
lut ce qui suit.

La scène est rue de Char-
tres du Roule, dans un magnifique salon. L'un des auteurs les plus célèbres de ce
temps est assis sur une causeuse auprès d'une très-il-
lustre marquise avec la-
quelle il est intime comme
doit l'être un homme distingué par une femme qui le
garde près d'elle, moins
comme un pis-aller que
comme un complaisant pe-
tito.
— Eh bien! dit-elle, avez-
vous trouvé ces lettres dont
vous me parliez hier, et
sans lesquelles vous ne pouviez pas me raconter tout
ce qui le concerne?
— Je les ai!
— Vous avez la parole, je
vous écoute comme un enfant à qui sa mère raconterait le Grand
Serpentin vert.

— Entre toutes ces personnes de connaissance que nous avons l'habitude de nommer nos amis, je compte le jeune homme dont il est question. C'est un gentilhomme d'un esprit et d'un malheur infinis, plein d'excellentes intentions, d'une conversation ravissante, ayant beaucoup vu déjà, quoique jeune, et qui fait partie, en attendant mieux, de la bohème. La bohème, qu'il faudrait appeler la doctrine du boulevard des Italiens, se compose de jeunes gens tous âgés de plus de vingt ans, mais qui n'en ont pas trente, tous hommes de génie dans leur genre, peu connus encore, mais qui se feront connaître, et qui seront alors des gens fort distingués ; on les distingue déjà dans les jours de carnaval, pendant lesquels ils déchargent le trop plein de leur esprit, à l'étroit durant le reste de l'année, en des inventions plus ou moins drolatiques. A quelle époque vivons-nous ? Quel absurde pouvoir laisse ainsi se perdre des forces immenses? Il se trouve dans la bohème des diplomates capables de renverser les projets de la Russie, s'ils se sentaient appuyés par la puissance de la France. On y rencontre des écrivains, des administrateurs, des militaires, des journalistes, des artistes! Enfin tous les genres de capacité, d'esprit, y sont représentés. C'est un microcosme. Si l'empereur de Russie achetait la bohème moyennant une vingtaine de millions, en admettant qu'elle voulût quitter l'asphalte des boulevards, et qu'il la déportât à Odessa : dans un an, Odessa serait Paris. Là se trouve la fleur inutile, et qui se dessèche, de cette admirable jeunesse française que Napoléon et Louis XIV recherchaient, que néglige depuis trente ans la gérontocratie sous laquelle tout se flétrit en France, belle jeunesse dont Henri encore le professeur Tissot, vous peu suspect, disait : « Cette jeunesse, vraiment digne de lui, l'empereur « l'employait partout, dans ses conseils, dans l'administration géné- « rale, dans des négociations hérissées de difficultés ou pleines de « périls, dans le gouvernement des pays conquis, et partout elle ré- « pondait à son attente ! Les jeunes gens étaient pour lui les mi ssi « dominici de Charlemagne. » Ce mot de bohème vous dit tout. La bohème n'a rien et vit de ce qu'elle a. L'espérance est sa religion, la foi en soi-même est son code, la charité passe pour être son budget. Tous ces jeunes gens sont plus grands que leur malheur, au-dessous de la fortune, mais au-dessus du destin. Toujours à cheval sur un si, spirituels comme des feuilletons, gais comme des gens qui doivent, oh ! ils doivent autant qu'ils boivent ! enfin, et c'est là où j'en veux venir, ils sont tous amoureux, mais amoureux !... figurez-vous Lovelace, Henri IV, le Régent, Werther, Saint-Preux, René, le maréchal de Richelieu réunis dans un seul homme, et vous aurez une idée de leur amour ! Et quels amoureux! Éclectiques par excellence en amour, ils vous servent une passion comme une femme peut la vouloir, leur cœur ressemble à une carte de restaurant, ils ont mis en pratique sans le savoir et sans l'avoir lu peut-être, le livre de l'Amour, par Stendhal, ils ont la section de l'amour-goût, celle de l'amour-passion, l'amour-caprice, l'amour cristallisé, et surtout l'amour passager. Tout leur est bon, ils ont créé ce burlesque axiome : *Toutes les femmes sont égales devant l'homme*. Le texte de cet article est plus vigoureux ; mais comme, selon moi, l'esprit en est faux, je ne vous en donne pas à la lettre. Madame, mon ami se nomme Gabriel-Jean-Anne-Victor-Benjamin-Georges-Ferdinand-Charles-Édouard Rusticoli, comte de la Palferine. Les Rusticoli, arrivés en France avec Catherine de Médicis, venaient alors d'être dépossédés d'une souveraineté minime en Toscane. Un peu parents des d'Este, ils se sont alliés aux Guise. Ils ont tué beaucoup de protestants à la Saint-Barthélemy, et Charles IX leur a donné l'héritière du comté de la Palferine, confisqué sous le duc de Savoie, et que Henri IV leur a rachetée tout en leur en laissant le titre. Le grand roi fit la sottise de rendre ce fief au duc de Savoie. En échange, les comtes de la Palferine, qui portaient avant que les *Medici* eussent des armes, *d'argent à la croix fleur-delisée d'azur* (la croix fut fleurdelisée par lettres patentes de Charles IX), sommé d'une couronne de comte et *deux paysans pour supports*, avec un hoc signo vinces pour devise ; et en deux charges de la couronne et un gouvernement. Ils ont joué le plus beau rôle sous les Valois, et jusqu'au quasi-règne de Richelieu ; puis ils se sont amoindris sous Louis XIV et ruinés sous Louis XV. Le grand-père de notre ami dévora les restes de cette brillante maison avec mademoiselle Laguerre, qu'il produisit, lui, le premier, avant Bouret. Officier sans aucune fortune en 1789, le père de Charles-Édouard eut le bon esprit, la révolution aidant, de s'appeler Rusticoli. Le père, qui, d'ailleurs, épousa, durant les guerres d'Italie, une filleule de la comtesse Albani, une Capponi, de là le dernier prénom de la Palferine, fut l'un des meilleurs colonels de l'armée : aussi l'empereur le nomma-t-il commandant de la Légion d'honneur, et le fit-il comte. Le colonel avait une légère déviation de la colonne vertébrale, et son fils dit en riant à ce sujet : — Ce fut un *comte refait*. Le général comte Rusticoli, car il devint général de brigade à Ratisbonne, mourut à Vienne après la bataille de Wagram, où il fut nommé général de division sur le champ de bataille. Son nom, son illustration italienne et son mérite, lui auraient valu tôt ou tard le bâton de maréchal. Sous la Restauration, il aurait reconstitué cette grande et belle maison de la Palferine, si brillante déjà en 1100 comme Rusticoli, car les Rusticoli avaient déjà fourni un pape et révolutionné deux fois le royaume de Naples ; enfin si splendide sous les Valois et si habile, que les la Palferine, quoique frondeurs déterminés, existaient encore sous Louis XIV : Mazarin les aimait, il avait reconnu chez eux un reste de toscan. Aujourd'hui, quand on nomme Charles-Édouard de la Palferine, sur cent personnes, il n'y en a pas trois qui sachent ce qu'est la maison de la Palferine ; mais les Bourbons ont bien laissé un Foix-Grailly vivant de son pinceau ! Ah ! si vous saviez avec quel esprit Édouard de la Palferine a pris cette position obscure! comme il se moque des bourgeois de 1830, quel sel, quel atticisme ! Si la bohème pouvait souffrir un roi, il serait roi de la bohème. Sa verve est inépuisable. On lui doit la carte de la bohème et les noms des sept châteaux que n'a pu trouver Nodier.

— C'est, dit la marquise, la seule chose qui manque à l'une des plus spirituelles railleries de notre époque.

— Quelques traits de mon ami la Palferine vous mettront à même de le juger, reprit Nathan. La Palferine trouve un de ses amis, l'ami était de la bohème, en discussion sur le boulevard avec un bourgeois qui se croyait offensé. La bohème est très-insolente avec le pouvoir moderne. Il s'agissait de se battre. — « Un instant, dit la Palferine en devenant aussi Lanzun que Lanzun a jamais été, un instant, monsieur est-il né ? — Comment, monsieur? dit le bourgeois. — Oui, êtes-vous né? Comment vous nommez-vous ? — Godin. — Hein ? Godin ! dit l'ami de la Palferine. — Un instant, mon cher, dit la Palferine en arrêtant son ami, il y a les Trigaudin. En êtes-vous ? (Étonnement du bourgeois.) — Non. Vous êtes alors des nouveaux ducs de Gaete, façon impériale. Non. Eh bien ! comment voulez-vous que mon ami, *qui sera* secrétaire d'ambassade et ambassadeur, et à qui vous devrez un jour du respect, se batte ! Godin ! Cela n'existe pas, vous n'êtes rien, Godin ! Mon ami ne peut pas se battre en l'air. Quand on est quelque chose, on ne se bat qu'avec quelqu'un. Allons, mon cher, adieu ! — Mes respects à madame, » ajouta l'ami. Un jour, la Palferine se promenait avec un de ses amis, qui jeta le bout de son cigare au nez d'un passant. Ce passant eut le mauvais goût de se fâcher. — « Vous avez essuyé le feu de votre adversaire, dit le jeune comte, les témoins déclarent que l'honneur est satisfait. » Il devait mille francs à son tailleur, qui, au lieu de venir lui-même, envoya un matin son premier commis chez la Palferine. Ce garçon trouve le débiteur malheureux au sixième étage, au fond d'une cour, en haut du faubourg du Roule. Il n'y avait pas de mobilier dans la chambre, mais un lit, et quel lit ! une table, et quel table ! La Palferine entend la demande saugrenue, et que je qualifierais, nous dit-il, d'illicite, faite a sept heures du matin. — « Allez dire à votre maître, répondit-il avec le geste et la pose de Mirabeau, l'état dans lequel vous m'avez trouvé ! » Le commis recule en faisant des excuses. La Palferine voit le jeune homme sur le palier, il se lève dans l'appareil illustré par les vers de Britannicus, et lui dit : — « Faites attention à l'escalier ! Remarquez bien l'escalier, afin de ne pas oublier de lui parler de l'escalier. » En quelque situation que l'ait jeté le hasard, la Palferine ne s'est jamais trouvé ni au-dessous de la crise, ni sans esprit, ni de mauvais goût. Il déploie toujours et en tout le génie de Rivarol et la finesse du grand seigneur français. C'est lui qui a trouvé la délicieuse histoire sur l'ami du banquier Laffitte venant au bureau de la *souscription nationale*, proposée pour conserver à ce banquier son hôtel où se brassa la révolution de 1830, arrivait : Voici cinq francs, rendez-moi cent sous. On en a fait une caricature. Il eut le malheur, en style d'acte d'accusation, de rendre une jeune fille mère. L'enfant, peu ingénue, avoue sa faute à sa mère, bonne bourgeoise, qui accourt chez la Palferine et lui demande ce qu'il compte faire. — « Mais, madame, je ne suis ni chirurgien ni sage-femme. » Elle fut foudroyée ; mais elle revint à la charge trois ou quatre jours après, en insistant et que la Palferine toujours à la Palferine ce qu'il comptait faire. — « Oh ! madame, répondit-il, quand cet enfant aura sept ans, âge auquel les enfants passent des mains des femmes entre celles des hommes... (mouvement d'assentiment chez la mère), s'il me ressemble (geste de la mère), s'il me ressemble d'une manière frappante, s'il promet d'être un gentilhomme, et je reconnais en lui mon genre d'esprit, et surtout l'air Rusticoli, oh ! alors (nouveau mouvement), par ma foi de gentilhomme, je lui donnerai... un bâton de sucre d'orge ! » Tout cela, si vous me permettez d'user du style employé par M. Sainte-Beuve dans ses biographies d'inconnus, est le côté enjoué, badin, mais déjà gâté, d'une race forte. Cela sent son Parc-aux-Cerfs plus que son hôtel de Rambouillet. Ce n'est pas la race *des doux*, j'incline à conclure pour un peu de débauche, et plus que je n'en voudrais chez des natures brillantes et généreuses, mais c'est galant dans le genre de Richelieu, folâtre et peut-être trop dans la drôlerie ; c'est peut-être les *outrances* du dix-huitième siècle, cela rejoint en arrière les mousquetaires, et cela fait tort à Champcenetz ; mais *ce volage* tient aux arabesques et aux enjolivements de la vieille cour des Valois. On doit sévir, dans une époque aussi morale que la nôtre, à l'encontre de ces audaces, mais ce bâton de sucre d'orge peut aussi montrer aux jeunes filles le danger des fréquentations d'abord pleines de rêveries, plus charmantes que sévères, roses et fleuries, mais dont les pentes ne sont pas surveillées, et qui aboutissent à des excès mûrissants, à des fautes pleines de bouillonnements ambigus, à des résultats trop vibrants. Cette anecdote peint l'esprit vif et complet de la Palferine, car il a l'*entre-deux* que voulait Pascal. il est teudie, et impitoyable, il est comme Épaminondas, également grand aux extrémités. Ce mot précise d'ailleurs l'époque, autrefois il n'y avait pas d'accoucheurs. Ainsi les raffinements de notre civilisation s'expliquent par ce trait qui restera.

— Ah çà ! mon cher Nathan, quel galimatias me faites-vous là ? demanda la marquise étonnée.

— Madame la marquise, répondit Nathan, vous ignorez la valeur de ces phrases précieuses, je parle en ce moment le Sainte-Beuve, une nouvelle langue française. Je continue. Un jour, se promenant sur le boulevard, bras dessus bras dessous avec des amis, la Palferine voit venir à lui le plus féroce de ses créanciers, qui lui dit : — « Pensez-vous à moi, monsieur ? — Pas le moins du monde ! » lui répondit le comte. Remarquez combien sa position était difficile. Déjà Talleyrand, en semblable circonstance, avait dit : — Vous êtes bien curieux, mon cher ! Il s'agissait de ne pas imiter cet homme inimitable. Généreux comme Buckingham, et ne pouvant supporter d'être pris au dépourvu, un jour, n'ayant rien à donner à un ramoneur, le jeune comte puise dans un tonneau de raisins à la porte d'un épicier, et en emplit le bonnet du petit savoyard, qui mange très-bien le raisin. L'épicier commença par rire et finit par tendre la main à la Palferine. — « Oh ! fi ! monsieur, dit-il, votre main gauche doit ignorer ce que vient de donner ma droite. » D'un courage aventureux, Charles-Édouard ne cherche ni ne refuse aucune partie, mais il a la bravoure spirituelle. En voyant, dans le passage de l'Opéra, un homme qui s'était exprimé sur son compte en termes légers, il lui donne un coup de coude en passant, puis il revient sur ses pas et lui en donne un second. — « Vous êtes bien maladroit, dit-on. — Au contraire, je l'ai fait exprès. » Le jeune homme lui présente sa carte. — « Elle est bien sale, reprit-il, elle est par trop pochetée, veuillez m'en donner une autre ! » ajouta-t-il en la jetant. Sur le terrain, il reçoit un coup d'épée, l'adversaire voit partir le sang et veut finir en s'écriant : — « Vous êtes blessé, monsieur. — Je nie la botte ! » répondit-il avec autant de sang-froid que s'il eût été dans une salle d'armes, et il riposta par une botte pareille, mais plus à fond, en ajoutant : — « Voilà le vrai coup, monsieur ! » L'adversaire resta six mois au lit. Ceci, toujours en se tenant dans les eaux de M. Sainte-Beuve, rappelle les raffinés et la fine raillerie des beaux jours de la monarchie. On y voit une vie dégagée, mais sans point d'arrêt, une imagination riante qui ne nous se donne qu'à l'origine de la jeunesse. Ce n'est plus la velouté de la fleur, mais il y a du grain desséché, plein, fécond, qui assure la saison d'hiver. Ne trouvez-vous pas que ces choses annoncent quelque chose d'inassouvi, d'inquiet, ne s'analysant pas, ne se décrivant point, mais se comprenant, qui s'embraserait en flammes éparses et hautes, si l'occasion de se déployer arrivait ? C'est l'*acedia* du cloître, quelque chose d'aigri, de fermente dans l'inoccupation croupissante des forces juvéniles, une tristesse vague et obscure.

— Assez ! dit la marquise, vous me donnez des douches à la cervelle.

— C'est l'ennui des après-midi. On est sans emploi, on fait mal plutôt que de ne rien faire, et c'est ce qui arrivera toujours en France. La jeunesse se comment à deux côtés : le côté studieux des *méconnus*, le côté ardent des *passionnés*.

— Assez ! répéta madame de Rochefide avec un geste d'autorité, vous m'agacez les nerfs.

— J'en ai hâte, pour achever de vous peindre la Palferine, de me jeter dans ses régions galantes, afin de vous faire comprendre le génie particulier de ce jeune homme qui représente admirablement une portion de la jeunesse malicieuse, de cette jeunesse assez forte pour rire de la situation où la met l'ineptie des gouvernants, assez calculatrice pour ne rien faire en voyant l'inutilité du travail, assez vive encore pour s'accrocher au plaisir, la seule chose que on n'ait pu lui ôter. Mais une politique, plus bourgeoise, mercantile et bigote, va supprimant tous les déversoirs où se répandraient tant d'aptitudes et de talents. Rien pour ces poetes, rien pour ces jeunes savants. Pour vous faire comprendre la stupidité de la nouvelle cour, voici ce qui est arrivé à la Palferine : Il existe à la Liste civile un *employé aux malheurs*. Cet employé apprit un jour que la Palferine était dans une horrible détresse, il fit sans doute un rapport, et il apporta cinquante francs à l'héritier des Rusticoli. La Palferine reçut cet monsieur avec une grâce parfaite, et il l'entretint des personnages de la cour. — « Est-il vrai, demanda-t-il, que mademoiselle d'Orléans contribue pour telle somme à ce beau service entrepris pour son neveu ? Ce sera fort beau. » La Palferine avait donné le mot à un petit Savoyard de dix ans, appelé par lui le *Père Anchise*, lequel le sert pour rien et duquel il dit : — « Je n'ai jamais vu tant de niaiserie réunie à tant d'intelligence, il passerait dans le feu pour moi, il comprend tout et ne comprend pas que je ne puis rien pour lui. » Anchise ramena de chez un loueur de carrosses un magnifique coupé derrière lequel il y avait un laquais. Au moment où la Palferine entendit le bruit du carrosse, il avait habilement amené la conversation sur les fonctions de ce monsieur, qu'il appelle depuis l'*homme aux misères sans écart*, il

s'était informé de sa besogne et de son traitement. — « Vous donne-t-on une voiture pour courir ainsi la ville ? — Oh ! non », répondit-il. Sur ce mot, la Palferine et l'ami qui se trouvait avec lui accompagnent le pauvre homme, descendent et le forcent à monter en voiture, car il pleuvait à torrents. La Palferine avait tout calculé. Il offrit de conduire l'employé là où l'employé allait. Quand le distributeur de Sterne dans les aumônes eut fini sa nouvelle visite, il retrouva l'équipage à la porte. Le laquais lui remit ce mot écrit au crayon : *La voiture est payée pour trois jours par le comte Rusticoli de la Palferine, trop heureux de s'unir aux charités de la cour en donnant des ailes à ses bienfaits.* La Palferine appelle maintenant la liste civile une liste incivile. Il fut passionnément aimé d'une femme dont la conduite était un peu légère. Antonia demeurait rue du Helder, et y était remarquée. Mais, dans le temps où elle connut le comte, elle n'avait pas encore eté à pied. Elle ne manquait pas de cette impertinence d'autrefois que les femmes d'aujourd'hui ont ravalée jusqu'à l'insolence. Après quinze jours d'un bonheur sans mélange, cette femme fut obligée de revenir, dans les intérêts de sa liste civile, à un système de passion moins exclusive. En s'apercevant qu'on manquait de franchise avec lui, la Palferine écrivit à madame Antonia cette lettre qui la rendit célèbre :

« Madame,

« Votre conduite m'étonne autant qu'elle m'afflige. Non contente « de me déchirer le cœur par vos dédains, vous avez l'indélicatesse « de me retenir une brosse à dents, que mes moyens ne me permettent « pas de remplacer, mes propriétés étant grevées d'hypothèques au « delà de leur valeur.

« Adieu, trop belle et trop ingrate amie ! Puissions-nous nous re- « voir dans un monde meilleur !

« CHARLES-ÉDOUARD. »

Assurément (toujours en nous servant du style macaronique de M. Sainte-Beuve), ceci surpasse de beaucoup la raillerie de Sterne dans le *Voyage sentimental*, ce serait Scarron sans sa grossiereté. Je ne sais même si Molière, dans ses bonnes, n'avait pas là, comme du meilleur de Cyrano : Ceci est à moi ! Richelieu n'a pas été plus complet en écrivant à la princesse qu'il attendait dans la cour des cuisines au Palais-Royal : *Restez-y ma reine, pour charmer les marmitons.* Encore la plaisanterie de Charles-Édouard est-elle moins acre. Je ne sais si les Romains, si les Grecs ont connu ce genre d'esprit. Peut-être Platon, en y regardant bien, en a-t-il approché, mais du côté sévère et musical...

— Laissez ce jargon, dit la marquise, cela peut s'imprimer, mais m'en écorcher les oreilles est une punition que je ne mérite point.

— Voici comment il fit la rencontre de Claudine, reprit Nathan. Un jour, un de ces jours inoccupés où la jeunesse se trouve à charge à elle-même, et, comme Blondet sous la Restauration, ne sort de son énergie et d'un abattement auquel le condamnent d'outrecuidants vieillards que pour mal faire, pour entreprendre de ces énormes bouffonneries qui ont leur excuse dans l'audace même de leur conception, la Palferine errait le long de sa canne, sur le même trottoir, entre la rue de Grammont et la rue de Richelieu. De loin, il voit une femme, une femme mise trop élégamment, et, comme il le dit, garnie d'effets trop coûteux et portés trop négligemment pour n'être pas une princesse de la cour ou de l'Opéra, mais après juillet 1830, selon lui, l'équivoque est impossible, la princesse devant être de l'Opéra. Le jeune comte se met aux côtés de cette femme, comme s'il lui avait donné un rendez-vous, il la suit avec une opiniâtreté polie. Dans la suite avec un peu de bon goût, en lui lançant des regards pleins d'autorité, mais à propos, elle qui torcerent cette scène de la se laisser escorter. Un autre eût été glacé par l'accueil, déconcerté par les premiers chassez-croisés de la femme, par le froid piquant de son air, par des mots sévères mais la Palferine lui dit de ces mots plaisants contre lesquels ne tient aucun sérieux, aucune résolution. Pour se débarrasser de lui, l'inconnue entre chez sa marchande de modes, Charles-Édouard y entre, il s'assied, il donne son avis, il la conseille en homme prêt à payer. Ce sang-froid inquiète que Palferine, elle sort. Sur l'escalier l'inconnue dit à la Palferine, son persécuteur : — « Monsieur, je vais chez une parente de mon mari, madame la vieille dame, madame de Bonfalot... — Oh ! madame de Bonfalot ! répond le comte, mais je suis charmé, j'y vais... » Le couple y va. Charles-Édouard entre avec cette femme on le croit amené par elle, il se mêle à la conversation, il y prodigue son esprit fin et distingué. La visite traînait en longueur. Ce n'était pas son compte. — « Madame, dit à l'inconnue, n'oubliez pas que votre mari nous attend, il ne nous a donné qu'un quart d'heure. » Confondue par cette audace qui, vous le savez, vous plaît toujours, entraînée par ce regard vainqueur, par cet air profond et candide à la fois que sait prendre Charles-Édouard, elle se lève accepte le bras de son cavalier forcé, descend et lui dit sur le seuil de la porte : — « Monsieur, j'aime la plaisanterie. — Et moi donc ! » dit-il. Elle rit. — « Mais il ne tient qu'à vous que cela ne devienne sérieux, reprit-il. Je suis le comte de la Palferine et je suis enchanté de pouvoir mettre à vos pieds et mon cœur et ma fortune ! » La Palferine avait alors vingt-deux ans. Ceci se passait en 185'. Par bonheur, ce jour-là, le comte était mis avec élégance. Je vais vous le peindre en deux mots. C'est le vivant portrait de Louis XIII, il en a le front pâle, gracieux aux tempes, le teint olivâtre, ce teint italien qui devient blanc aux lumières, les cheveux bruns, portés longs, et la royale noire, il en a l'air sérieux et mélancolique, car sa personne et son caractere forment un contraste étonnant. En entendant le nom et voyant le personnage, Claudine éprouve comme un frémissement. La Palferine s'en aperçoit, il lui lance un regard de ses veux noirs profonds, fendus en amande, aux paupières légèrement ridées et bistrées qui révèlent des joies égales d'horribles fatigues. Sous ce coup d'œil, elle lui dit : — « Votre adresse? — Quelle maladresse, répondit-il. — Ah bah! fit-elle en souriant. Oiseau sur la branche? — Adieu, madame; vous êtes une femme comme il m'en faut, mais ma fortune est loin de ressembler à mon désir… » Il salue net la quitte net, sans se retourner. Le surlendemain, par une de ces fatalités qui ne sont possibles qu'à Paris, il alla chez un de ces marchands d'habits qui prêtent sur gages lui vendre le superflu de sa garde-robe; il recevait d'un air inquiet le prix, après l'avoir longtemps débattu, quand l'inconnue passe et le reconnaît. — « Décidément, crie-t-il au marchand stupéfait, je ne prends pas votre trompe! » Et il indiquait une énorme trompe bosselée, accrochée en dehors et qui se dessinait sur des habits de chasseurs d'ambassade et de généraux de l'Empire. Puis, fier et impétueux, il resuivit la jeune femme. Depuis cette grande journée de la trompe, ils s'entendirent à merveille. Charles-Edouard a sur l'amour les idées les plus justes. Il n'y a pas, selon lui, deux amours dans la vie de l'homme, il n'y en a qu'un seul, profond comme la mer, mais sans rivages. A tout âge, cet amour fond sur vous comme la grâce fondit sur saint Paul. Un homme peut vivre jusqu'à soixante ans sans l'avoir ressenti. Cet amour, selon une superbe expression de Heine, est peut-être la *maladie secrète du cœur*, une combinaison du sentiment de l'infini qui est en nous et du beau idéal qui se révèle sous une forme visible. Enfin, cet amour embrasse à la fois la créature et la création. Tant qu'il ne s'agit pas de ce grand poème, on ne peut traiter qu'en plaisantant des amours qui doivent finir, en faire ce que sont en littérature les poésies légères comparées au poème épique. Charles-Edouard n'éprouva dans cette liaison ni ce coup de foudre qui annonce ce véritable amour, ni la lente révélation des attraits, la reconnaissance des qualités secrètes qui attachent deux êtres par une puissance croissante. L'amour vrai n'a que ces deux modes. Ou la première vue, qui sans doute est un effet de la seconde vue écossaise, ou la graduelle fusion des deux natures, qui réalise l'androgyne platonique. Mais Charles-Edouard fut aimé follement. Cette femme éprouvait l'amour complet, idéal et physique, enfin la Palferine fut sa vraie passion à elle. Pour lui, Claudine n'était qu'une délicieuse maîtresse. Le diable avec son enfer, qui certes est un puissant magicien, n'aurait jamais pu changer de ces deux caloriques inégaux. J'ose affirmer que Claudine ennuyait souvent Charles-Edouard. — « Au bout de trois jours, la femme qu'on n'aime pas et le poisson gardé sont bons à jeter par la fenêtre », nous disait-il. En bohème, le secret s'observe peu sur les amours légères. La Palferine nous parla souvent de Claudine, néanmoins personne de nous ne la vit et jamais son nom de femme ne fut prononcé. Claudine était presque un personnage mythique. Nous en agissions tous de même, conciliant ainsi les exigences de notre vie en commun et les lois du bon goût. Claudine, Hortense, la Baronne, la Bourgeoise, l'Impératrice, la Lionne, l'Espagnole, étaient les rubriques qui permettaient à chacun d'épancher ses joies, ses soucis, ses chagrins, ses espérances, et de communiquer ses découvertes. On n'allait pas au delà. Il y a eu exemple, en bohème, d'une révélation faite par hasard de la personne dont il était question, aussitôt, par un accord unanime, aucun de nous ne parla plus d'elle. Ce fait peut indiquer combien la jeunesse a le sens des vraies délicatesses. Quelle admirable connaissance ont les gens de choix des limites où doivent s'arrêter la raillerie et le monde de choses françaises désigné sous le mot soldatesque de *blague*, mot qui sera repoussé de la langue, espérons-le, mais qui seul peut faire comprendre l'esprit de la bohème! Nous plaisantions donc souvent sur Claudine et sur le comte. C'était des : — « Que fais-tu de Claudine? — Et ta Claudine? — Toujours Claudine, chanté sur l'air de *Toujours Gessler* de Rossini, etc. — Je vous demande, pour le mal que je vous veux, nous dit un jour la Palferine, une semblable maîtresse. Il n'y a pas de février, de basset, de caniche qui lui soit comparable pour la douceur, la soumission, la tendresse absolue. Il y a des moments où je me fais des reproches, où je me demande compte à moi-même de ma dureté. Claudine obéit avec une douceur de sainte. Elle vient, je la renvoie, elle s'en va, elle ne pleure que dans la cour. Je ne veux pas d'elle pendant une semaine, je lui assigne le mardi suivant, à certaine heure, fût-ce minuit ou six heures du matin, dix heures ou cinq heures, les moments les plus incommodes celui du déjeuner, du dîner, du lever, du coucher… Oh! elle viendra belle, parée, ravissante, à cette heure, exactement! Et elle est mariée! entortillée dans les obligations et les devoirs d'une maison. Les ruses qu'elle doit inventer, les raisons à trouver pour se conformer à mes caprices nous embarrasseraient, nous autres!… Rien ne la lasse, elle

tient bon! Je le lui dis, ce n'est pas de l'amour, c'est de l'entêtement. Elle m'écrit tous les jours. je ne lis pas ses lettres, elle s'en est aperçue, elle écrit toujours! Tenez, voilà deux cents lettres dans ce coffre. Elle me prie de prendre chaque jour une de ses lettres pour essuyer mes rasoirs, et je n'y manque pas! Elle croit, avec raison, que la vue de son écriture me fait penser à elle. » La Palferine s'habillait en nous disant cela, je pris la lettre dont il allait se servir, je la lus et la gardai sans qu'il la réclamât; la voici, car, selon ma promesse, je l'ai retrouvée :

> « Lundi, minuit.

« Eh bien! mon ami, êtes-vous content de moi? Je ne vous ai pas « demandé cette main, qu'il vous eût été facile de me donner et que « je désirais tant de presser sur mon cœur, sur mes lèvres. Non, je « ne vous l'ai pas demandé, je crains trop de vous déplaire. Savez-« vous une chose? Bien que je sache cruellement que mes actions « vous sont parfaitement indifférentes, je n'en deviens pas moins « d'une extrême timidité dans ma conduite. La femme qui vous ap-« partient, à quelque titre que ce soit et bien que très-secrètement, « doit éviter d'encourir le plus léger blâme. En ce qui est des anges « du ciel, pour lesquels il n'y a pas de secret, mon amour est égal « aux plus purs amours; mais partout où je me trouve, il me semble « que je suis toujours en votre présence, et je veux vous faire hon-« neur.

« Tout ce que vous m'avez dit sur ma manière de me mettre m'a « frappée et m'a fait comprendre combien les gens de race noble sont « supérieurs aux autres! Il me restait quelque chose de la fille d'Opéra « dans la coupe de mes robes, dans mes coiffures. En un moment, « j'ai reconnu la distance qui me séparait du bon goût. La première « fois, vous recevrez une Claudine, que vous ne reconnaîtrez pas. « Oh combien tu as été bon pour ta Claudine ' combien de fois je « t'ai remercié de m'avoir dit tout cela! Quel intérêt dans ce peu de « paroles! Tu t'es donc occupé de cette chose à toi qui se nomme « Claudine! Ce n'est pas cet imbécile qui m'aurait éclairée, il trouve « bien tout ce que je fais, il est d'ailleurs bien trop *pot-au-feu*, « trop prosaïque pour avoir le sens du beau. Mardi va bien tarder à « mon impatience! Mardi, près de vous pendant plusieurs heures! « Ah! je m'efforcerai mardi de penser que ces heures sont des mois, « et que je suis ainsi toujours. Je vis en espoir dans cette matinée, « comme je vivrai plus tard, quand elle sera passée, par le souvenir. « L'espoir est une mémoire qui désire, le souvenir est une mémoire « qui a joui. Quelle belle vie dans la vie future ainsi la pensée ' je « songe à inventer des tendresses qui ne seront qu'à moi, dont le « secret ne sera deviné par aucune femme. Il me prend des sueurs « froides qu'il n'arrive un empêchement. Oh ' je briserais net avec « *lui*, s'il le fallait, mais ce n'est pas d'ici que jamais viendra l'em-« pêchement, c'est de toi : tu pourras vouloir aller dans le monde, « chez une autre femme peut-être. Oh ' grâce pour ce mardi ! Si tu « me l'enlevais, Charles. tu ne sais pas tout ce que tu *lui* vaudrais, « je le rendrais fou Si tu ne voulais pas de moi. si tu allais dans le « monde, laisse-moi venir tout de même, te voir habiller, rien que te « voir, je n'en demande pas davantage. Laisse-moi te prouver ainsi « combien je t'aime purement ! Depuis que tu m'as permis de t'aimer, « car tu me l'as permis puisque je suis à toi, depuis ce jour. je « t'aime de toute la puissance de mon âme, et je t'aimerai tou-« jours : car, après t'avoir aimé, on ne peut plus, on ne doit plus « aimer personne. Eh, vois-tu, quand tu te verras sous un regard qui « ne veut que voir, tu sentiras qu'il y a chez ta Claudine quelque « chose de divin que tu y as éveillé. Hélas ! je ne suis point coquette « avec toi ; je suis comme une mère avec son enfant ; je souffre tout « de toi, moi, si impérieuse, si fière ailleurs, moi qui faisais trotter « des ducs, des princes, des aides de camp de Charles X, qui traite « plus que toute la cour actuelle, je te traite en enfant gâté. Mais à « quoi bon des coquetteries? ce serait en pure perte. Et cependant, « faute de coquetterie, je ne vous inspirerai jamais d'amour. mon-« sieur ' Je le sais, je le sens, et je continue en éprouvant l'action « d'un pouvoir irrésistible, et je pense que cet entier abandon me « vaudra de vous ce sentiment qu'*il* dit être chez tous les hommes « pour ce qui est leur propriété. »

> « Mercredi.

« Oh ' comme la tristesse est entrée noire dans mon cœur lorsque « j'ai su qu'il fallait renoncer au bonheur de te voir hier ! Une seule « idée m'a empêchée de me laisser aller dans les bras de la mort : tu « le voulais ! Ne pas venir, c'était exécuter ta volonté, obéir à l'un « de tes ordres. Ah! Charles, j'étais si jolie ! tu aurais eu en moi « mieux que cette belle princesse allemande que tu m'avais donnée « en exemple, car j'avais étudiée à l'Opéra. Mais tu m'aurais peut-« être trouvée hors de ma nature. Tiens, tu m'as ôté toute confiance « en moi, je suis peut-être laide. Oh ' je me fais horreur, je deviens « imbécile en songeant à mon radieux Charles-Edouard. Je deviendrai « folle, c'est sûr. Ne ris pas, ne me parle pas de la mobilité des « femmes. Si nous sommes mobiles, vous êtes bien bizarres, vous !

« Oter à une pauvre créature les heures d'amour qui la faisaient heu-
« reuse depuis dix jours, qui la rendaient bonne et charmante pour
« tous ceux qui la venaient voir ! Enfin tu étais cause de ma douceur
« avec lui, tu ne sais pas le mal que tu lui fais. Je me suis demandé
« ce que je dois inventer pour le conserver, ou pour avoir seulement
« le droit d'être quelquefois à toi... Quand je pense que tu n'as jamais
« voulu venir ici ! Avec quelle délicieuse émotion je te servirais ! Il y
« en a de plus favorisées que moi. Il y a des femmes à qui tu dis :
« Je vous aime. A moi, tu n'as jamais dit que : Tu es une bonne fille.
« Sans que tu le saches, il est certains mots de toi qui me rongent le
« cœur. Il y a des gens d'esprit qui me demandent quelquefois à quoi
« je pense : je pense à mon abjection, qui est celle de la plus pauvre
« pécheresse en présence du Sauveur. »

Il y a, vous le voyez, encore trois pages. Il me laissa prendre cette
lettre où je vis des traces de larmes qui me semblèrent encore chaudes. Cette lettre me prouva que la Palferine nous disait vrai. Marcas,
assez timide avec les femmes, s'extasiait sur une lettre semblable
qu'il venait de lire dans son coin avant d'en allumer son cigare. —
« Mais toutes les femmes qui aiment écrivent de ces choses-là ! s'é-
cria la Palferine, l'amour leur donne à toutes de l'esprit et du style,
ce qui prouve qu'en France le style vient des idées et non des mots.
Voyez comme cela est bien pensé, comme un sentiment est logique. »
Et il nous lut une autre lettre qui était bien supérieure aux lettres
factices tant étudiées que nous tachons de faire, nous autres auteurs
de romans. Un jour, la pauvre Claudine ayant su la Palferine dans un
danger excessif, à cause d'une lettre de change, lui fit la fatale idée de
lui apporter dans une bourse ravissamment brodée une somme assez
considérable en or. — « Qu'à l'aide si hardie et de mêler des affaires de ma maison? lui cria la Palferine en colère. Raccommode
mes chaussettes, brode-moi des pantoufles, si ça t'amuse. Mais...
Ah ! tu veux faire la duchesse, et tu retournes la fable de Danaé
contre l'aristocratie. » En disant ces mots il vida la bourse dans sa
main, et fit le geste de jeter la somme à la figure de Claudine. Claudine épouvantée, et ne devinant pas la plaisanterie, se recula, heurta
une chaise, et alla tomber la tête la première sur l'angle aigu de la
cheminée. Elle se crut morte. La pauvre femme ne dit qu'un mot,
quand, mise sur le lit, elle put parler : — « Je l'ai mérité, Charles ! »
La Palferine eut un moment de désespoir. Ce désespoir rendit la vie
à Claudine, elle fut heureuse de ce malheur, elle en profita pour faire
accepter la somme à la Palferine et le tirer d'embarras. Puis ce fut
le contrepied de la fable de la Fontaine où un mari rend grâce aux
voleurs de lui faire connaître en un mouvement de tendresse que sa
femme. A ce propos, un mot vous expliquera la Palferine tout entier.
Claudine revint chez elle, triste et arrangea comme elle le put un roman
pour justifier sa blessure, et fut dangereusement malade. Il se fit un
abcès à la tête. Le médecin, Bianchon, je crois, un ce, fut lui, voulut
un jour faire couper les cheveux de Claudine, qui a des cheveux aussi
beaux que ceux de la duchesse de Berry, mais elle s'y refusa, et dit
en confidence à Bianchon qu'elle ne pouvait pas les laisser couper
sans la permission du comte de la Palferine. Bianchon vint chez
Charles-Édouard, Charles-Édouard l'écoute gravement, et lui expli-
chon lui a longuement expliqué le cas et démontre qu'il faut absolument couper les cheveux pour être sûrement l'opération : — « Couper les cheveux de Claudine ! s'écria-t-il d'une voix péremptoire, non,
j'aime mieux la perdre ! » Bianchon, après quatre ans, parle encore
du mot de la Palferine, et nous en avons ri pendant une demi-heure.
Claudine, instruite de cet arrêt, y vit une preuve d'affection, elle se
crut aimée. En face de sa famille en larmes, de son mari à genoux,
elle fut inébranlable, elle garda ses cheveux. L'opération, secondée
par cette force intérieure que lui donnait la croyance d'être aimée,
réussit parfaitement. Il y a de ces mouvements d'âme qui mettent en
désordre toutes les bricoles de la chirurgie et les lois de la science
médicale. Claudine écrivit, sans orthographe, sans ponctuation, une
délicieuse lettre à la Palferine pour lui apprendre l'heureux résultat
de l'opération, en lui disant que l'amour en savait plus que toutes les
sciences. — « Maintenant, nous disait un jour la Palferine, comment
faire pour me débarrasser de Claudine ? — Mais elle vous gêne donc
tant, elle, lui dit la Palferine ? — C'est vrai, dit la Palferine, mais je ne sais pas qu'il y ait dans ma vie quelque chose qui
s'y glisse sans mon consentement. » Dès ce jour, il se mit à tourmenter
Claudine, il avait dans la plus profonde horreur une bourgeoise, une
femme sans nom, il lui fallait absolument une femme titrée, elle avait
fait des progrès, c'est vrai, Claudine était mise comme les femmes
les plus élégantes du faubourg Saint-Germain, elle avait su sanctifier
sa démarche, elle marchait avec une grâce chaste, inimitable, mais
ce n'était pas assez ! Ces éloges faisaient tout exulter à Claudine. —
« Eh bien ! lui dit un jour la Palferine, si tu veux rester la maîtresse
d'un la Palferine pauvre, sans le sou, sans avenir, au moins dois-tu
le représenter dignement. Tu dois avoir un équipage, des laquais,
une livrée, une livrée. Donne-moi toutes les jouissances de vanité que
je ne puis pas avoir par moi-même. La femme que j'honore de mes
bontés ne doit jamais aller à pied, si elle est éclaboussée, j'en souffre !
Je suis fait comme cela, moi ! Ma femme doit être admirée de tout
Paris. Je veux que tout Paris m'envie mon bonheur ! Qu'un petit jeune

homme, voyant passer dans un brillant équipage une brillante comtesse, se dise : A qui sont de pareilles divinités ? et reste pensif. Cela
doublera mes plaisirs. » La Palferine nous avoua qu'après avoir lancé
ce programme à la tête de Claudine pour s'en débarrasser, il fut
étourdi pour la première et sans doute pour la seule fois de sa vie.
— « Mon ami, dit-elle avec un son de voix qui trahissait un tremblement intérieur et universel, c'est bien ! Tout cela sera fait, ou je
mourrai... » Elle lui baisa la main et y mit quelques larmes de bonheur. — « Je suis heureuse, ajouta-t-elle, que tu m'aies expliqué ce
que je dois être pour rester ta maîtresse. — Et, nous disait la Palferine, elle est sortie en me faisant un petit geste coquet de femme
contente. Elle était sur le seuil de ma mansarde, grande, fière, à la
hauteur d'une sibylle antique. »

— Tout ceci doit vous expliquer assez les mœurs de la bohème,
dont une plus brillantes figures est ce jeune condottiere, reprit
Nathan après une pause. Maintenant voici comme je découvris qui
était Claudine, et comment je pus comprendre tout ce qu'il y avait
d'épouvantablement vrai dans un mot de la lettre de Claudine auquel
vous n'avez peut-être pas pris garde.

La marquise, trop pensive pour rire, dit à Nathan un « Continuez ! »
qui lui montra combien elle était frappée de ces étrangetés, combien
surtout la Palferine la préoccupait.

— Parmi tous les auteurs dramatiques de Paris, un des mieux posés, des plus rangés, des plus entendus, était, en 1829, du Bruel, dont
le nom est inconnu du public. Il s'appelle de Cursy sur les affiches.
Sous la Restauration, il avait une place de chef de bureau dans un
ministère. Attaché de cœur à la branche aînée, il donna bravement
sa démission, et fit depuis ce temps deux fois plus de pièces de théâtre pour compenser le déficit que se fit sa conduite occasionnait dans
son budget des familles. Du Bruel avait encore quarante ans, sa vie vous
est connue A l'exemple de quelques auteurs, il portait à une femme
de théâtre une de ces affections qui ne s'expliquent pas, et qui cependant existent au vu et au su du monde littéraire. Cette femme, vous
le savez, Tullia, l'un des anciens premiers sujets de l'Académie
royale de musique. Elle avait fait qu'un succion, comme celui
de Cursy pour du Bruel. Pendant dix ans, de 1817 à 1827, cette fille
a brillé sur les illustres planches de l'Opéra. Plus belle que savante,
médiocre sujet, mais un peu plus spirituelle que ne le sont les danseuses, elle ne donna pas dans la réforme vertueuse qui perdit le
corps de ballet, elle continua la dynastie des Guimard. Aussi dut-elle
son ascendant à plusieurs protecteurs connus, au duc de Rhétoré, fils
du duc de Chaulieu, à l'influence d'un célèbre directeur des Beaux-
Arts, à des diplomates et à de riches étrangers. Elle eut, durant son
apogée, un petit hôtel rue Chauchat, et vécut comme vécurent les anciennes nymphes de l'Opéra. Du Bruel s'amouracha d'elle au déclin de
la passion du duc de Rhétoré, vers 1825. Simple sons-chef, du Bruel
souffrit que le directeur des Beaux-Arts ne se croyait le préféré ! Cette
liaison devint, au bout de six ans, une quasi-mariage. Tullia cache soigneusement sa famille, on sait vaguement qu'elle est de Nanterre. Un
de ses oncles, jadis simple charpentier ou maçon, grâce à ses recommandations et à de généreux prêts, est devenu, dit-on, un riche entrepreneur de bâtiments. Cette indiscrétion a été commise par du
Bruel, il dit un jour que Tullia recueillerait tôt ou tard une belle succession. L'entrepreneur n'est pas marié, se sent un faible pour
sa nièce, à laquelle il a des obligations. — « C'est un homme qui n'a
pas assez d'esprit pour être ingrat, » disait-elle. En 1 29, Tullia se
mit d'elle-même à la retraite. A trente ans, elle se voyait un peu
grasse, elle avait essayé vainement la pantomime, elle ne savait rien
que se donner assez de ballon pour bien enlever sa jupe en pirouet-
tant, à la manière des Noblet, et se montrer quasi nue au parterre.
Le vieux Vestris lui dit, dès l'abord, que ce temps bien exécuté,
quand une danseuse était d'une belle unité, valait tous les talents
imaginables. C'est l'ut de poitrine de la danse. Aussi, disait-il, les illustres danseuses, Camargo, Guimard, Taglioni, toutes maigres, brunes et laides, ne peuvent s'en tirer que par du génie. Devant de plus
jeunes sujets plus habiles qu'elle, Tullia se retira dans toute sa gloire
et fit bien. Danseuse aristocratique, avant peu dérogé dans ses fais-
sous, elle ne voulut pas tremper ses chevilles dans le gâchis de Juillet. Insolente de beauté, Claudine avait de beaux souvenirs et peu d'argent, mais les plus magnifiques bijoux, et l'un des plus beaux mobi-
liers de Paris. En quittant l'Opéra, la fille célèbre, aujourd'hui presque
oubliée, n'eut plus qu'une idée, elle voulut se faire épouser par du Bruel,
et vous comprenez qu'elle est aujourd'hui madame du Bruel, mais
sans que ce mariage ait été déclaré. Comment des sortes de femmes
se font épouser après sept ou huit ans d'intimité, quels ressorts
elles poussent, quelles machines elles mettent en mouvement, ce comique que puisse être ce drame intérieur, ce n'est pas notre sujet.
Du Bruel s'est marié secrètement, le fait est accompli. Avant son mariage, Cursy passait pour un joyeux compagnon, il ne rentrait pas
toujours chez lui, sa vie était quelque peu bohémienne, il se laissait
aller à une partie, il sortait très-bien pour se rendre à
une répétition de l'Opéra-Comique, et se trouvait, sans savoir comment, à Dieppe, à Baden, à Saint-Germain il donnait à dîner, il menait la vie puissante et dépensière des auteurs, des journalistes et

des artistes; il levait très-bien ses droits d'auteur dans toutes les coulisses de Paris, il faisait partie de notre société. Finot, Lousteau, du Tillet, Desroches, Bixiou, Blondet, Couture, des Lupeaulx, le supportaient malgré son air pédant et sa lourde attitude de bureaucrate. Mais une fois mariée, Tullia rendit du Bruel esclave. Que voulez-vous, le pauvre diable aimait Tullia. Tullia venait, disait-elle, de quitter le théâtre pour être toute à lui, pour devenir une bonne et charmante femme. Tullia sut se faire adopter par les femmes les plus jansénistes de la famille du Bruel. Sans qu'on ait jamais compris ses intentions d'abord, elle allait s'ennuyer chez madame de Bonvalot; elle faisait de riches cadeaux à la vieille et avare madame de Chissé, sa grand'tante; elle passa chez cette dame un été, ne manquant pas une seule messe. La danseuse se confessa, reçut l'absolution, communia, mais à la campagne, sous les yeux de la tante. Elle nous disait l'hiver suivant : — « Comprenez-vous ? j'aurai de vraies tantes ! » Elle était si heureuse de devenir une bourgeoise, si heureuse d'abdiquer son indépendance, qu'elle trouva les moyens qui pouvaient la mener au but. Elle flattait ces vieilles gens. Elle a été tous les jours, à pied, tenir compagnie pendant deux heures à la mère de du Bruel, pendant une maladie. Du Bruel était étourdi du déploiement de cette ruse à la Maintenon, et il admirait cette femme sans faire un seul retour sur lui-même, il était déjà si bien ficelé qu'il ne sentait plus la ficelle. Claudine fit comprendre à du Bruel que le système élastique du gouvernement bourgeois, de la royauté bourgeoise, de la cour bourgeoise, était le seul qui pût permettre à une Tullia devenue madame du Bruel, de faire partie du monde où elle eut le bon sens de ne pas vouloir pénétrer. Elle se contenta d'être reçue chez mesdames de Bonvalot, de Chissé, chez madame du Bruel, où elle posait, sans jamais se démentir, en femme sage, simple, vertueuse. Elle fut, trois ans plus tard, reçue chez leurs amies. — « Je ne peux pourtant pas me persuader que madame du Bruel, la jeune, ait montré ses jambes et le reste à tout Paris, à la lueur de cent becs de lumière ! » disait naïvement madame Anselme Popinot. Juillet 1830 ressemble, sous ce rapport, à l'Empire de Napoléon, qui reçut à sa cour une ancienne femme de chambre, dans la personne de madame Garat, *épouse du grand juge*. L'ancienne danseuse avait rompu net avec le théâtre, avec toutes ses camarades : elle ne reconnaissait parmi ses anciennes connaissances personne qui pût la compromettre. En se mariant, elle avait loué, rue de la Victoire, un tout petit charmant hôtel entre cour et jardin où elle fit des dépenses folles, et où s'engouffrèrent les plus belles choses de son mobilier et de celui de du Bruel. Tout ce qui parut ordinaire ou commun fut vendu. Pour trouver des analogies au luxe qui scintillait chez elle, on doit remonter jusqu'aux beaux jours des Guimard, de Sophie Arnould, des Duthé qui dévorèrent des fortunes princières. Jusqu'à quel point cette riche existence intérieure agissait-elle sur du Bruel ? la question, délicate à poser, est plus délicate à résoudre. Pour donner une idée des fantaisies de Tullia, qu'il me suffise de vous parler d'un détail. Le couvre-pieds de son lit est en dentelle de point d'Angleterre, il vaut dix mille francs. Une actrice célèbre en eut un pareil. Claudine le sut, dès lors elle fit monter sur son lit un magnifique angora. Cette anecdote peint la femme. Du Bruel n'osa pas dire un mot, il est ordre de propager ce défi de luxe porté à l'*autre*. Tullia tenait à ce présent du duc de Rhétoré; mais un jour, cinq ans après son mariage, elle jeta si bien avec son char qu'elle déchira le couvre-pieds, en tira des voiles, des volants, des garnitures, et le remplaça par un couvre-pieds de bon sens, par un couvre-pieds qui était un couvre-pieds et non une preuve de la démence particulière à ces femmes qui se vengent par un luxe insensé, comme a dit un journaliste, d'avoir vécu de pommes crues dans leur enfance. La journée du couvre-pieds fut mis en lambeaux, marqua, dans le ménage, une ère nouvelle. Cursy se distingua par sa féroce activité. Personne ne soupçonne à quoi Paris a dû le vaudeville dix-huitième siècle, à poudre, à mouches, que se rua sur les théâtres. L'auteur de ces mille et un vaudevilles, desquels se sont tant plaints les feuilletonistes, en était un vouloir formel de madame du Bruel : elle exigea de son mari l'acquisition de l'hôtel où elle avait fait tant de dépenses, où elle avait casé un mobilier de cinq cent mille francs. Pourquoi ? Jamais Tullia ne s'explique, elle entend admirablement le souverain *parce que* des femmes. — « On s'est beaucoup moqué de Cursy, dit-elle, mais, en définitif, il a trouvé cette maison dans la boîte de rouge, dans la houppe à poudrer et les habits pailletés du dix-huitième siècle, » Elle nous dit, jamais il n'y aurait pensé, reprit-elle en s'enfonçant dans ses coussins au coin de son feu. » Elle nous disait cette parole au retour d'une première représentation d'une pièce de du Bruel, qui avait réussi et contre laquelle elle prévoyait une avalanche de feuilletons. Tullia recevait. Tous les lundis elle donnait un thé, sa société était aussi bien choisie qu'elle le pouvait, elle ne négligeait rien pour rendre sa maison agréable. On y jouait la bouillotte dans un salon, on causait dans un autre, quelquefois, dans le plus grand, dans un troisième salon, elle donnait des concerts, toujours courts, et auxquels elle n'admettait jamais que les plus éminents artistes. Elle avait tant de bon sens qu'elle arrivait au tact le plus exquis, qualité qui lui donna sans doute un grand ascendant sur **du Bruel** ; le vaudevilliste, d'ailleurs, l'aimait de cet amour que l'ha-

bitude finit par rendre indispensable à l'existence. Chaque jour met un fil de plus à cette trame forte, irrésistible, fine, dont le réseau tient les plus délicates velléités, enserre les plus fugitives passions, les réunit, et garde un homme lié, pieds et poings, cœur et tête. Tullia connaissait bien Cursy, elle savait où le blesser, elle savait comment le guérir. Pour tout observateur, même pour un homme qui se pique autant que moi d'un certain usage, tout est abîme dans ces sortes de passions, les profondeurs sont là plus ténébreuses que partout ailleurs, enfin les endroits les plus éclairés ont aussi des teintes brouillées. Cursy, vieil auteur usé par la vie des coulisses, aimait ses aises, il aimait la vie luxueuse, abondante, facile, il était heureux d'être roi chez lui, de recevoir une partie des hommes littéraires dans un hôtel où éclatait un luxe royal, où brillaient les œuvres choisies de l'art moderne. Tullia laissait trôner du Bruel parmi cette gent où se trouvaient des journalistes assez faciles à prendre et à embaucher. Grâce à ses soirées, à ses prêts bien placés, Cursy n'était pas trop attaqué, ses pièces réussissaient. Aussi ne se serait-il pas séparé de Tullia pour un empire. Il eût fait bon marché d'une infidélité, peut-être à la condition de n'éprouver aucun retranchement dans ses jouissances accoutumées; mais, chose étrange! Tullia ne lui causait aucune crainte en ce genre. On ne connaissait pas de fantaisie à l'ancien premier sujet, et, si elle en avait eu, certes elle aurait gardé toutes les apparences. — « Mon cher, nous disait doctoralement sur le boulevard du Bruel, il n'y a rien de tel que de vivre avec une de ces femmes qui, par l'abus, sont revenues des passions. Les femmes comme Claudine ont mené leur vie de garçon, elles ont des plaisirs par-dessus la tête, et tout les femmes les plus adorables qui se puissent désirer : sachant tout, formées et point béguineules, faites à tout, indulgentes. Aussi, prêché-je à tout le monde d'épouser *un reste de cheval anglais*. Je suis l'homme le plus heureux de la terre ! » Voilà ce que me disait du Bruel à moi-même, en présence de Bixiou. — « Mon cher, me répondit le dessinateur, il a peut-être raison d'avoir tort ! » Huit jours après, du Bruel nous avait prié de venir dîner avec lui, un mardi, et, le matin j'allai le voir pour une affaire de théâtre, un arbitrage qui nous était confié par la Commission des auteurs dramatiques ; nous étions forcés de sortir, mais auparavant, et à midi dans la chambre de Claudine, où il n'entre pas sans frapper, il demanda la permission. — « Nous vivons en grands seigneurs, me dit-il en souriant, nous sommes libres. Chacun chez nous ! » Nous fûmes admis. Du Bruel dit à Claudine : — « J'ai invité quelques personnes aujourd'hui. — Vous voilà ! s'écria-t-elle, vous invitez du monde sans me consulter, je ne sais rien ici. Tenez, me dit-elle en me prenant pour juge par un regard, je vous le demande à vous-même, quand on a la folie de vivre avec une femme de ma sorte, car enfin, j'étais une danseuse de l'Opéra... Oui, pour qu'on l'oublie, je dois jamais l'oublier moi-même. Eh bien! un homme d'esprit, pour relever sa femme dans l'opinion publique, s'efforcerait de lui supposer une supériorité, de justifier sa détermination par la reconnaissance de qualités éminentes chez cette femme! Le meilleur moyen pour la faire respecter par les autres est de la respecter chez soi, de l'y laisser maîtresse absolue. Ah bien ! il me donnerait de l'amour-propre à voir combien il craint d'avoir l'air de m'écouter. Il faut que j'aie fois raison pour qu'il me fasse une concession. » Chaque phrase ne passait pas sans une dénégation faite par gestes de la part de du Bruel. — « Mon... non, non, reprit-elle vivement en voyant les gestes de son mari, du Bruel, mon cher, moi qui toute ma vie, avant de vous épouser, ai joué chez vous le rôle de reine, je m'y connais ! Mes désirs étaient épiés, satisfaits, comblés... Après tout, j'ai trente-cinq ans, et les femmes de trente-cinq ans ne peuvent pas être aimées. Oh! si j'avais et seize ans, et ce qui se vend si cher à l'Opéra, quelles attentions vous auriez pour moi, monsieur du Bruel ! Je méprise souverainement les hommes qui se vantent d'aimer une femme et qui ne sont pas toujours auprès d'elle aux petits soins. Voyez-vous, du Bruel, vous êtes petit et chafouin, vous aimez à tourmenter une femme, vous n'avez qu'elle sur qui déployer votre force. Un Napoléon se subordonne à sa maîtresse il n'y perdrien, mais vous autres ! vous ne vous croyez plus rien alors, vous ne voulez pas être dominés. Trente-cinq ans, mon cher, me dit-elle, l'énigme est là... Allons, il dit encore moi. Vous savez bien que j'en ai trente-sept. Je suis bien fâchée, mais allez dire à tous vos amis que vous les menerez au Rocher de Cancale. Je pourrais leur donner à dîner, mais je ne le veux pas, ils ne viendront pas ! Mon pauvre petit monologue vous gravera dans la mémoire le précepte salutaire du chacun chez soi, qui est notre charte, ajouta-t-elle en riant et revenant à la nature folle et capricieuse de la fille d'Opéra. — Eh bien! oui, ma chère petite Minette, dit du Bruel, là, là, ne vous fâchez pas. Nous savons tout. » Il lui baisa les mains et sortit avec moi, mais furieux. De la rue de la Victoire au boulevard, voici ce qu'il me dit, si toutefois les phrases que souffre la typographie parmi les plus violentes injures peuvent représenter les atroces paroles, les venimeuses pensées qui ruisselèrent de sa bouche comme une cascade échappée de côté dans un grand torrent. — « Mon cher, je quitterai cette infâme danseuse ignoble, cette vieille toupie qui a tourné sous le fouet de tous les airs d'opéra, cette guenipe, cette guenon de Savoyard ! Oh! toi qui t'es attaché aussi à une actrice, mon cher, que jamais l'idée d'épouser ta maîtresse ne te poursuive ! Vois-tu, c'est un supplice oublié dans l'Enfer de Dante ! Tiens, maintenant je la battrais, je la cognerais, je lui dirais son fait. Poison de ma vie, elle me fait aller comme un valet de volet ! » Il était sur le boulevard, et dans un état de fureur telle que les mots ne sortaient pas de sa gorge. — « Je chausserai mes pieds dans son ventre ! — A propos de quoi ? lui dis-je. — Mon cher, tu ne sauras jamais les mille myriades de fantaisies de cette gaupe ! Quand je veux rester, elle veut sortir ; quand je veux sortir, elle veut que je reste. Ça vous débagoule des raisons, des accusations, des syllogismes, des calomnies, des paroles à rendre fou ! Le bien, c'est leur fantaisie ! le mal, c'est la nôtre ! Foudroyez-les par un mot qui leur coupe leurs raisonnements, elles se taisent et vous regardent presque comme si vous étiez un homme mort. Au diable ! je lui laisse tout et je m'enfuirai dans une mansarde. Oh ! la mansarde et la liberté ! Voici cinq ans que je n'ose faire ma volonté ! » Au lieu d'aller prévenir ses amis, Cursy resta sur le boulevard, arpentant l'asphalte depuis la rue de Richelieu jusqu'à la rue du Mont-Blanc, se livrant aux plus furieuses imprécations et aux exagérations les plus comiques. Il était dans la rue en proie à un paroxysme de colère qui contrastait avec son calme à la maison. Sa promenade servit à user la trépidation de ses nerfs et la tempête de son âme. Vers deux heures, dans un de ses mouvements désordonnés, il s'écria : « Ces damnées femelles ne savent ce qu'elles veulent. Je parie ma tête à couper que, si je retourne chez moi lui dire que j'ai prévenu mes amis et que nous dinons au Rocher de Cancale, cet arrangement demandé par elle ne lui conviendra plus. Mais, me dit-il, elle aura décampé. Peut-être y a-t-il là-dessous un mauvais rendez-vous avec quelque barbe de bouc ! Non, car elle m'aime au fond ! »

— Ah ! madame, dit Nathan en regardant d'un air fin la marquise, qui ne put s'empêcher de sourire, il n'y a que les femmes et les prophètes qui sachent faire usage de la foi.

— Du Bruel, reprit-il, me ramena chez lui, nous y allâmes lentement. Il était trois heures. Avant de monter, il vit du mouvement dans la cuisine, il y entre, voit des apprêts et me regarde en interrogeant sa cuisinière. « Madame a commandé un dîner, répondit-elle, madame s'est habillée, elle a fait venir une voiture, puis elle a changé d'avis, elle a renvoyé la voiture en la redemandant pour l'heure du spectacle. — Eh bien ! s'écria du Bruel, que te disais-je ? » Nous entrâmes à pas de loup dans l'appartement. Personne. Du salon en salon, nous arrivâmes jusqu'à un boudoir où nous surprîmes Tullia pleurant. Elle essuya ses larmes sans affectation et dit à du Bruel : « Envoyez au Rocher de Cancale un petit mot pour prévenir vos invités que le dîner a lieu ici ! » Les toilettes que portent les femmes de théâtre ne savent pas composer : élégante, harmonieuse, de ton juste de formes, des coupes simples, des étoffes de bon goût, ni trop chères, ni trop communes, rien de voyant, rien d'exagéré, mot que l'on efface sous le mot artiste avec lequel se payent les sots. Enfin, elle avait l'air comme il faut. A trente-sept ans, Tullia se trouve à la plus belle phase de la beauté chez les Françaises. Le célèbre ovale de son visage était, en ce moment, d'une pâleur divine, elle avait ôté son chapeau, je voyais le léger duvet, cette fleur des fruits, adoucissant les contours moelleux déjà si fins de sa joue. Sa figure, accompagnée de deux grappes de cheveux blonds, avait une grâce triste. Ses yeux gris étincelants étaient noyés dans la vapeur des larmes. Son nez mince, digne du plus beau camée romain, et dont les ailes battaient, sa petite bouche enfantine encore, son long cou de reine à veines peu gonflées, son menton rougi pour un moment par quelque désespoir secret, ses oreilles bordées de rouge, ses mains tremblantes sous le gant, tout accusait des émotions violentes. Ses sourcils agités par des mouvements fébriles trahissaient une douleur. Elle était sublime. Son mot écrasa du Bruel. Elle nous jeta ce regard de chatte, pénétrant et impénétrable qui n'appartient qu'aux femmes du grand monde et aux femmes de théâtre ; puis elle tendit la main à du Bruel. « Mon pauvre ami, dès que tu as été parti je me suis fait mille reproches. Je me suis accusée d'une effroyable ingratitude, et je me suis dit que j'avais été mauvaise. Ai-je été bien mauvaise ? me demanda-t-elle. Pourquoi ne pas recevoir tes amis ? n'es-tu pas chez toi ? veux-tu savoir le mot de tout cela ? Eh bien ! j'ai peur de ne pas être aimée. Enfin j'étais entre le repentir et la honte de revenir, quand j'ai lu les journaux, j'ai vu une première représentation aux Variétés, j'ai cru que tu voulais traiter un collaborateur. Seule, j'ai eu l'idée, je me suis habillée pour courir après toi... pauvre chat ! » Du Bruel me regarda d'un air victorieux, et ne se souvenait pas de la moindre de ses oraisons contra Tullia. — « Eh bien ! cher ange, lui dit-il. — Comme nous nous entendons ! » s'écria-t-elle. Au moment où elle disait cette ravissante parole, je vis à sa ceinture un petit billet passer en travers, mais je n'avais pas besoin de cet indice pour deviner que les fantaisies de Tullia se rapportaient à des causes occultes. La femme est, selon moi, l'être le plus logique, après l'enfant. Tous deux, ils offrent le sublime phénomène du triomphe constant de la pensée unique. Chez l'enfant, la pensée change à tout moment, mais il ne s'agite que pour cette pensée et

avec une telle ardeur, que chacun lui cède, fasciné par l'ingénuité, par la persistance du désir. La femme change moins souvent : mais l'appeler fantasque est une injure d'ignorant. En agissant, elle est toujours sous l'empire d'une passion, et c'est merveille de voir comme elle fait de cette passion le centre de la nature et de la société. Tullia fut chatte, elle entortilla du Bruel, la journée redevint bleue et le soir fut magnifique. Ce spirituel vaudevilliste ne s'apercevait pas de la douleur enterrée dans le cœur de sa femme. — « Mon cher, me dit-il, voilà la vie ! toujours des oppositions, des contrastes ! — Surtout quand ce n'est pas joué ! répondis-je. — Je l'entends bien ainsi, reprit-il. Mais sans ces violentes émotions, on mourrait d'ennui ! Ah ! cette femme a le don de m'émouvoir ! » Après le dîner nous allâmes aux Variétés ; mais, avant le départ, je me glissai dans l'appartement de du Bruel, j'y pris sur une planche, parmi des papiers sacrifiés, le numéro des Petites Affiches où se trouvait la notification du contrat de l'hôtel acheté par du Bruel, exigée par la purge légale. En lisant ces mots qui me sautèrent aux yeux comme une lueur : A la requête de Jean-François du Bruel et de Claudine Chaffaroux son épouse, tout fut expliqué pour moi. Je pris le bras de Claudine et j'affectai de laisser descendre tout le monde avant nous. Quand nous fûmes seuls : — « Si j'étais la Palferine, lui dis-je, je ne ferais jamais manquer de rendez-vous ! » Elle se posa gravement un doigt sur les lèvres, et descendit en me pressant le bras, elle me regardait avec une sorte de plaisir en pensant que je connaissais la Palferine. Savez-vous quelle fut sa première idée ? Elle voulut faire de moi son espion : mais elle rencontra le badinage de la bohème. Un mois après, au sortir d'une première représentation d'une pièce de du Bruel, il pleuvait, nous étions ensemble, j'allai chercher un fiacre. Nous étions restés, pendant quelques instants, sur le théâtre, et ne se trouvait plus de voitures à l'entrée. Claudine gronda fort du Bruel, et, quand nous roulâmes, car elle me reconduisit chez Florine, elle continua la querelle en lui disant les choses les plus mortifiantes. — « Eh bien ! qu'y a-t-il ? demandai-je. — Mon cher, elle me reproche de vous avoir laissé courir après le fiacre, et part de là pour vouloir désormais ne s'en équipage. — Je n'ai jamais, étant premier sujet, fait usage de mes pieds que sur les planches, dit-elle. Si vous avez du génie, vous inventerez quatre pièces de plus par an, vous songerez qu'elles doivent réussir en songeant à la destination de leur produit, et votre femme n'ira pas dans la crotte. C'est une honte que j'aie à le demander. Vous auriez dû deviner mes perpétuelles souffrances depuis cinq ans que me voici mariée ! — Je le veux bien, répondit du Bruel, mais nous nous ruinerons. — Si vous faites des dettes, répondit-elle, la succession de mon oncle les payera. — Vous êtes bien incapable de me laisser les dettes et de garder la succession. — Ah ! vous le prenez ainsi, répondit-elle, je ne dis plus rien. Un pareil mot me ferme la bouche. » Aussitôt du Bruel se répandit en excuses et en protestations d'amour, elle ne répondit pas ; il lui prit les mains, elle les lui laissa prendre, elles étaient comme glacées, comme les mains de morte. Tullia, vous comprenez, jouait admirablement ce rôle de cadavre que jouent les femmes, elle vous prouve qu'elles vous refusent leur consentement à tout, qu'elles vous suppriment leur âme, leur esprit, leur vie, et se regardent elles-mêmes comme de la somme. Il n'y a rien qui pique plus les gens de cœur que ce manège. Elles ne peuvent cependant employer ce moyen qu'avec ceux qui les adorent. — « Croyez-vous, dis-je, elle de l'air le plus méprisant, qu'un comte aurait préféré pareille injure, quand même il l'aurait pensée ! Pour mon malheur, j'ai vécu avec des ducs, avec des ambassadeurs, avec des grands seigneurs, et je connais leurs manières. Comme cela rend la vie bourgeoise insupportable ! Après tout, un vaudevilliste n'est ni un Rastignac, ni un Réthoré... » Du Bruel était blème. Deux jours après, du Bruel et moi nous rencontrâmes au foyer de l'Opéra ; nous fîmes quelques tours ensemble, et la conversation tomba sur Tullia. — « Ne prenez pas au sérieux, me dit-il, mes folies sur le boulevard, je suis violent. » Pendant deux hivers, je fus assez assidu chez du Bruel, et je suivis attentivement les manèges de Claudine. Elle eut un brillant équipage et du Bruel se lança dans la politique, où lui fit abjurer ses opinions royalistes. Il se rallia, fut replacé dans l'administration de laquelle il faisait autrefois partie ; elle lui fit briguer les suffrages de la garde nationale, il y fut élu chef de bataillon, il se montra si valeureusement dans une émeute, qu'il eut la rosette d'officier de la Légion d'honneur, il fut nommé maître des requêtes, et chef de division. L'oncle Chaffaroux mourut, laissant quarante mille livres de rente à sa nièce, les trois quarts de sa fortune environ. Du Bruel fut nommé député, mais, pour ne pas être soumis à la réélection, il se nomma conseiller d'État et directeur. Il réimprima des traités d'archéologie, des œuvres de statistique, et deux brochures compliquées qui devinrent le prétexte de sa nomination à l'une des complaisantes académies de l'Institut. En ce moment, il est commandeur de la Légion, et s'est tant remué dans les intrigues de la Chambre, qu'il vient d'être nommé pair de France et comte. Notre ami n'ose pas encore porter le titre, sa femme seul met sur ses cartes : la comtesse du Bruel. L'ancien vaudevilliste a l'ordre de Léopold, l'ordre d'Isabelle, la croix de Saint-Wladimir, deuxième classe, l'ordre du Mérite civil de Bavière, l'ordre papal de l'Éperon d'or.

enfin, il porte toutes les petites croix, outre sa grande. Il y a trois mois, Claudine est venue à la porte de la Palferine, dans son brillant équipage armorié. Du Bruel est petit-fils d'un traitant anobli sur la fin du règne de Louis XIV, ses armes ont été composées par Chérin et la couronne comtale ne messied pas à ce blason, qui n'offre aucune des ridicultés impériales. Ainsi Claudine avait exécuté, dans l'espace de trois années, les conditions du programme que lui avait imposé le charmant, le joyeux la Palferine. Un jour, il y a de cela un mois, elle monte l'escalier du méchant hôtel où loge son amant, et grimpe dans sa gloire, mise comme une vraie comtesse du faubourg Saint-Germain, à la mansarde de notre ami. La Palferine voit Claudine et lui dit : — « Je sais que tu t'es fait nommer pair. Mais il est trop tard, Claudine, tout le monde me parle de la croix du Sud, je veux la voir. — Je te l'aurai », dit-elle. Là-dessus, la Palferine partit d'un rire homérique.
— « Décidément, reprit-il, je ne veux pas, pour maîtresse, d'une femme ignorante comme un brochet, et qui fait de tels sauts de carpe qu'elle va des coulisses de l'Opéra à la cour, car je te veux voir à la cour citoyenne. — Qu'est-ce que la croix du Sud ? » me dit-elle d'une voix triste et humiliée. Saisi d'admiration pour cette intrépidité de l'amour vrai, qui, dans la vie réelle comme dans les fables les plus ingénues de la féerie, s'élance dans des précipices pour y conquérir la fleur qui chante ou l'œuf du Rok, je lui expliquai que la croix du Sud était un amas de nébuleuses, disposé en forme de croix, plus brillant que la voie lactée, et qui ne se voyait que dans les mers du Sud. — « Eh bien ! lui dit-elle, Charles, allons-y ? » Malgré la férocité de son esprit, la Palferine eut une larme aux yeux, mais quel regard et quel accent chez Claudine ! je n'ai rien eu de comparable, dans ce que les efforts des grands acteurs ont vu de plus extraordinaire, au mouvement par lequel en voyant ces yeux, si durs pour elle, mouillés de larmes, Claudine tomba sur ses deux genoux, et baisa la main de cet impitoyable la Palferine ; il la releva, prit son grand air, ce qu'il nomme l'air *Rusticoli*, et lui dit : — « Allons, mon enfant, je ferai quelque chose pour toi. Je te mettrai dans... mon testament ! »
— Eh bien ! dit en finissant Nathan à madame de Rochefide, je me demande si du Bruel est joué. Certes, il n'y a rien de plus comique, de plus étrange, que de voir les plaisanteries d'un jeune homme insouciant faisant la loi d'un ménage, d'une famille, ses moindres caprices y commandant, y décommandant les résolutions les plus graves. Le fait du dîner s'est, vous comprenez, renouvelé dans mille occasions et dans un ordre de choses importantes ! Mais sans les fantaisies de sa femme, du Bruel serait encore de Cursy, un vaudevilliste parmi cinq cents vaudevillistes ; tandis qu'il est à la Chambre des pairs...

— Vous changerez les noms, j'espère ! dit Nathan à madame de la Baudraye.
— Je le crois bien, je n'ai mis que pour vous les noms aux masques. Mon cher Nathan, dit-elle à l'oreille du poète, je sais un autre ménage où c'est la femme qui est du Bruel.
— Et le dénoûment ? demanda Lousteau, qui revint au moment où madame de la Baudraye achevait la lecture de sa nouvelle.
— Je ne crois pas aux dénoûments, dit madame de la Baudraye, il faut en faire quelques-uns de beaux pour montrer que l'art est aussi fort que le hasard ; mais, mon cher, on ne relit une œuvre que pour ses détails.
— Mais il y a un dénoûment, dit Nathan.
— Eh lequel ? demanda madame de la Baudraye.
— La marquise de Rochefide est folle de Charles-Édouard. Mon récit avait piqué sa curiosité.
— Oh ! la malheureuse ! s'écria madame de la Baudraye.
— Pas si malheureuse ! dit Nathan, car Maxime de Trailles et la Palferine ont brouillé le marquis avec madame Schontz et vont raccommoder Arthur et Béatrix. (*Voyez* Béatrix, Scènes de la Vie Privée.)

1839-1845.

FIN D'UN PRINCE DE LA BOHÈME.

La Palferine dans son sixième étage — PAGE 2.

L'ENVERS
DE L'HISTOIRE CONTEMPORAINE

PREMIER ÉPISODE.

En 1836, par une belle soirée du mois de septembre, un homme d'environ trente ans restait appuyé au parapet de ce quai d'où l'on peut voir à la fois la Seine en amont depuis le Jardin des Plantes jusqu'à Notre-Dame, et en aval la vaste perspective de la rivière jusqu'au Louvre. Il n'existe pas deux semblables points de vue dans la capitale des idées. On se trouve comme à la poupe de ce vaisseau devenu gigantesque. On y rêve Paris depuis les Romains jusqu'aux Francs, depuis les Normands jusqu'aux Bourguignons, le moyen âge, les Valois, Henri IV et Louis XIV, Napoléon et Louis-Philippe. De là, toutes ces dominations offrent quelques vestiges ou des monuments qui les rappellent au souvenir. Sainte-Geneviève couvre de sa coupole le quartier latin. Derrière vous, s'élève le magnifique chevet de la cathédrale. L'Hôtel de Ville vous parle de toutes les révolutions, et l'Hôtel-Dieu de toutes les misères de Paris. Quand vous avez entrevu les splendeurs du Louvre, en faisant deux pas vous pouvez voir les haillons de cet ignoble pan de maisons situées entre le quai de la Tournelle et l'Hôtel-Dieu, que les modernes échevins s'occupent en ce moment de faire disparaître.

En 1833, ce tableau merveilleux avait un enseignement de plus : entre le Parisien appuyé au parapet et la cathédrale, le Terrain, tel est le vieux nom de ce lieu désert, était encore jonché des ruines de l'archevêché. Lorsque l'on contemple d'un tant d'aspects inspirateurs, lorsque l'âme embrasse le passé comme le présent de la ville de Paris, la religion semble logée là comme pour étendre ses deux mains sur les deux rives, aller du faubourg Saint-Antoine au faubourg Saint-Marceau. Espérons que tant de sublimes harmonies seront complétées par la construction d'un palais épiscopal dans le genre gothique, qui remplacera les masures sans caractère assises entre le Terrain, la rue d'Arcole, la cathédrale et le quai de la Cité.

Ce point, le cœur de l'ancien Paris, en est l'endroit le plus solitaire, le plus mélancolique. Les eaux de la Seine s'y brisent à grand bruit, la cathédrale y jette ses ombres au coucher du soleil. On comprend qu'il s'y émeuve de graves pensées chez un homme atteint de quelque maladie morale. Séduit peut-être par un accord entre ses idées du moment et celles qui naissent à la vue de scènes si diverses, le

Madame de la Chanterie avait un visage douceâtre, à teintes à la fois molles et froides .. — PAGE 11.

promeneur restait les mains sur le parapet, en proie à une double contemplation : Paris et lui ! Les ombres grandissaient, les lumières s'allumaient au loin, et il ne s'en allait pas, emporté qu'il était au courant d'une de ces méditations grosses de notre avenir, et que le passé rend solennelles.

En ce moment, il entendit venir à lui deux personnes dont la voix l'avait frappé dès le pont en pierre qui réunit l'île de la Cité au quai de la Tournelle. Ces deux personnes se croyaient sans doute seules, et parlaient un peu plus haut qu'elles ne l'eussent fait en des lieux fréquentés, ou si elles se fussent aperçues de la présence d'un étranger. Dès le pont, les voix annonçaient une discussion qui, par quelques paroles apportées à l'oreille du témoin involontaire de cette scène, étaient relatives à un prêt d'argent. En arrivant auprès du promeneur, l'une des deux personnes, mise comme l'est un ouvrier, quitta l'autre par un mouvement de désespoir. L'autre se retourna, rappela l'ouvrier et lui dit : — Vous n'avez pas un sou pour repasser le pont. Tenez, ajouta-t-il en lui donnant une pièce de monnaie, et souvenez-vous, mon ami, que c'est Dieu lui-même qui nous parle quand il nous vient de bonnes pensées !

Cette dernière phrase fit tressaillir le rêveur. L'homme qui parlait ainsi ne se doutait pas que, pour employer une expression proverbiale, il faisait d'une pierre deux coups, qu'il s'adressait à deux misères : une industrie au désespoir, et les souffrances d'une âme sans boussole ; une victime de ce que les moutons de Panurge nomment le progrès, et une victime de ce que la France appelle l'égalité. Cette parole, simple en elle-même, fut grande par l'accent de celui qui la disait, et dont la voix possédait comme un charme. N'est-il pas des voix calmes, douces, en harmonie avec les effets que la vue de l'outre-mer produit sur nous ?

Au costume, le Parisien reconnut un prêtre, et vit aux dernières clartés du crépuscule un visage blanc, auguste, mais ravagé. La vue d'un prêtre sortant de la belle cathédrale de Saint-Étienne, à Vienne, pour aller porter l'extrême-onction à un mourant, détermina le célèbre auteur tragique Werner à se faire catholique. Il en fut presque de même pour l'homme qui, sans le savoir, venait de le consoler ; il aperçut dans le menaçant horizon de son avenir une longue trace lumineuse où brillait le bleu de l'éther, et il suivit cette clarté, comme les bergers de l'Évangile allèrent dans la direction de la voix qui leur cria d'en haut : — Le Sauveur vient de naître. L'homme à la bienfaisante parole marchait le long de la cathédrale, et se dirigeant, par conséquence du hasard, qui parfois est conséquent, vers la rue d'où le promeneur venait et où il retournait, amené par les fautes de sa vie.

Ce promeneur avait nom Godefroid. En lisant cette histoire, on comprendra les raisons qui n'y font employer que les prénoms de ceux dont il sera question. Voici donc pourquoi Godefroid, qui demeurait dans le quartier de la Chaussée-d'Antin, se trouvait à une pareille heure au chevet de Notre-Dame. Fils d'un détaillant à qui l'économie avait fait faire une sorte de fortune, il devint toute l'ambition de son père et de sa mère, qui le rêvèrent notaire à Paris. Aussi, dès l'âge de sept ans, fut-il mis dans une institution, celle de l'abbé Liautard, parmi les enfants de beaucoup de familles distinguées qui, sous le règne de l'empereur, avaient, par attachement à la religion un peu trop méconnue dans les lycées, choisi cette maison pour l'éducation de leurs fils. Les inégalités sociales ne pouvaient pas alors être soupçonnées entre camarades; mais, en 1821, ses études achevées, Godefroid, qu'on plaça chez un notaire, ne tarda pas à reconnaître les distances qui le séparaient de ceux avec lesquels il avait jusqu'alors vécu familièrement. Obligé de faire son droit, il se vit confondu dans la foule des fils de la bourgeoisie qui, sans fortune faite ni distinctions héréditaires, devaient tout attendre de leur valeur personnelle ou de leurs travaux obstinés. Les espérances que son père et sa mère, alors retirés du commerce, asseyaient sur sa tête, stimulèrent son amour-propre sans lui donner d'orgueil. Ses parents vivaient simplement, en Hollandais, ne dépensant que le quart de douze mille francs de rentes ils destinaient leurs économies, ainsi que la moitié de leur capital, à l'acquisition d'une charge pour leur fils. Soumis aux lois de cette économie domestique, Godefroid trouvait son état présent si disproportionné avec les rêves de ses parents et les siens, qu'il éprouva du découragement. Chez les natures faibles, le découragement devient de l'envie. Tandis que d'autres, à qui la nécessité, la volonté, la réflexion, tenaient lieu de talent, marchaient droit et résolument dans la voie tracée aux ambitions bourgeoises, Godefroid se révolta, voulut briller, alla vers tous les endroits éclairés, et ses yeux s'y blessèrent. Il essaya de parvenir, mais tous ses efforts aboutirent à la constatation de son impuissance En s'apercevant enfin d'un manque d'équilibre entre ses désirs et sa fortune, il prit en haine les suprématies sociales, se fit libéral et tenta d'arriver à la célébrité par un livre, mais il apprit à ses dépens à regarder le talent du même œil que la noblesse. Le notariat, le barreau, la littérature successivement abordés sans succès, il voulut être magistrat.

En ce moment son père mourut. Sa mère, dont la vieillesse voulut se contenter de deux mille francs de rentes, lui abandonna presque toute la fortune. Possesseur à vingt-cinq ans de dix mille francs de rente, il se crut riche et l'était relativement à son passé. Jusqu'alors, sa vie avait été composée d'actes sans volonté, de vouloirs impuissants, et, pour marcher avec son siècle, pour agir, pour jouer un rôle, il tenta d'entrer dans un monde quelconque à l'aide de sa fortune. Il trouva tout d'abord le journalisme qui tend toujours les bras au premier capital venu. Être propriétaire d'un journal, c'est devenir un personnage : on exploite l'intelligence, on en partage les plaisirs sans en épouser les travaux. Rien n'est plus tentant pour les esprits inférieurs que de s'élever ainsi sur le talent d'autrui. Paris a vu deux ou trois parvenus de ce genre, dont le succès est une honte et pour l'époque et pour ceux qui leur ont prêté leurs épaules. Dans cette sphère, Godefroid fut primé par le grossier machiavélisme des uns ou par la prodigalité des autres, par la fortune des capitalistes ambitieux ou par l'esprit des rédacteurs; puis il fut entraîné vers les dissipations auxquelles donnent lieu la vie littéraire ou politique, les allures de la critique dans les coulisses, et vers les distractions nécessaires aux intelligences fortement occupées. Il vit alors mauvaise compagnie, mais on lui apprit qu'il avait une figure insignifiante, qu'une de ses épaules était sensiblement plus haute que l'autre, sans que cette inégalité fût rachetée ni par la méchanceté, ni par la bonté d'un esprit. Le mauvais ton est le salaire que les artistes prélèvent en disant la vérité. Petit, mal fait, sans esprit et sans direction soutenue, tout semblait dit pour un jeune homme par un temps où, pour réussir dans toutes les carrières, la réunion des plus hautes qualités de l'esprit ne signifie rien sans le bonheur, ou sans la ténacité qui commande au bonheur. La révolution de 1830 pansa les blessures de Godefroid, il eut le courage de l'espérance, qui vaut celui du désespoir; il se fit nommer, comme tant de journalistes déclassés, à un poste administratif où ses idées libérales, aux prises avec les exigences d'un nouveau pouvoir, le rendirent un instrument rebelle. Frotté de libéralisme, il ne sut pas, comme plusieurs hommes supérieurs, prendre son parti. Obéir aux ministres, pour lui, ce fut changer d'opinion. Le gouvernement lui parut manquer aux lois de son origine. Godefroid se déclara pour le *mouvement* quand il était question de *résistance*, et il revint à Paris presque pauvre, mais fidèle aux doctrines de l'opposition.

Effrayé par les excès de la presse, plus effrayé encore par les attentats du parti républicain, il chercha dans la retraite la seule vie qui convînt à un être dont les facultés étaient incomplètes, sans force à opposer au rude mouvement de la vie politique, dont les souffrances et la lutte ne jetaient aucun éclat, fatigué de ses avortements, sans amis, parce que l'amitié veut des qualités ou des défauts saillants,

mais qui possédait une sensibilité plus rêveuse que profonde. N'était-ce pas le seul parti que dût prendre un jeune homme que le plaisir avait déjà plusieurs fois trompé, et déjà vieilli au contact d'une société aussi remuante que remuée? Sa mère, qui se mourait dans le paisible village d'Auteuil, rappela son fils près d'elle autant pour l'avoir à ses côtés que pour le mettre dans un chemin où il trouvât le bonheur égal et simple qui doit satisfaire de pareilles âmes. Elle avait fini par juger Godefroid, en trouvant à vingt-huit ans sa fortune réduite à quatre mille francs de rente, ses désirs affaissés, ses prétendues capacités éteintes, son activité nulle, son ambition humiliée, et sa haine contre tout ce qui s'élevait légitimement, accrue de tous ses mécomptes. Elle essaya de marier Godefroid à une jeune personne, fille unique de négociants retirés, et qui pouvait servir de tuteur à l'âme malade de son fils, mais le père avait cet esprit de calcul qui n'abandonne point un vieux commerçant dans les stipulations matrimoniales, et, après une année de soins et de voisinage, Godefroid ne fut pas agréé. D'abord, aux yeux de ces bourgeois renforcés, ce prétendu devait garder, de son ancienne carrière, une profonde immoralité puis, pendant cette année, il avait encore pris sur ses capitaux, autant pour éblouir les parents que pour tâcher de plaire à leur fille. Cette vanité, d'ailleurs assez pardonnable, détermina la famille, à qui la dissipation était en horreur, dès qu'elle eut appris que Godefroid avait, en six ans, perdu cent cinquante mille francs de capitaux. Ce coup atteignit d'autant plus profondément ce cœur déjà si meurtri, que la jeune personne était sans beauté. Mais, instruit par sa mère, Godefroid avait reconnu chez sa prétendue la valeur d'une âme sérieuse et les immenses avantages d'un esprit solide. Il s'était accoutumé au visage, il en avait étudié la physionomie, il aimait la voix, les manières, le regard de cette jeune personne. Après avoir mis dans cet attachement le dernier enjeu de sa vie, il éprouva le plus amer des désespoirs. Sa mère mourut, et il se trouva, lui, dont les besoins avaient suivi le mouvement du luxe, avec cinq mille francs de rente pour toute fortune, et avec la certitude de ne jamais pouvoir réparer une perte quelconque, et se reconnaissant incapable de l'activité que veut ce mot terrible : *faire fortune!*

La faiblesse impatiente et chagrine ne consent pas tout à coup à s'effacer. Aussi, pendant son deuil, Godefroid chercha-t-il les hasards dans Paris : il dînait à des tables d'hôte, il se liait inconsidérément avec des étrangers, il recherchait le monde et ne rencontrait que des occasions de dépenses En se promenant sur les boulevards, il souffrait tant en lui-même, que la vue d'une mère accompagnée d'une fille à marier lui causait une sensation aussi douloureuse que celle qu'il éprouvait à l'aspect d'un jeune homme allant au bois à cheval, d'un parvenu dans son élégant équipage, ou d'un employé décoré. Le sentiment de son impuissance lui disait qu'il ne pouvait prétendre qu'à la plus honorable des positions secondaires, et à la plus facile destinée et il avait assez de cœur pour en être constamment blessé. assez d'esprit pour faire en lui-même des élégies pleines de fiel. Incapable à lutter contre les choses, ayant le sentiment des facultés supérieures, mais sans le vouloir qui les met en action. se sentant incomplet, sans force pour entreprendre une grande chose, comme sans résistance contre les goûts qu'il tenait de sa vie antérieure, de son éducation ou de son insouciance, il était dévoré par trois maladies, dont une seule aurait suffi à dégoûter de l'existence un jeune homme déshabitué de la foi religieuse. Aussi Godefroid offrait-il ce visage qui se rencontre chez tant d'hommes, qu'il est devenu le type parisien : on y aperçoit des ambitions trompées ou mortes, une misère intérieure, une haine endormie dans l'indolence d'une vie assez occupée par le spectacle extérieur et journalier de Paris, une inappétence qui cherche des irritations, la plainte sans le talent, la grimace de la force, le venin de mécomptes antérieurs qui excite à sourire de toute moquerie, à conspirer tout ce qui grandit, à méconnaître les pouvoirs les plus nécessaires, se réjouir de leurs embarras, et ne tenir à aucune forme sociale. Ce mal parisien est, à la conspiration active et permanente des gens d'énergie, ce que l'aubier est à la sève de l'arbre, il la conserve, la soutient et la dissimule.

Lassé de lui-même, Godefroid voulut un matin donner un sens à sa vie en rencontrant un de ses camarades qui avait été la tortue de la fable de la Fontaine comme il en était le lièvre. Dans une de ces conversations provoquées par une reconnaissance entre amis de collège et tenue en se promenant au soleil sur le boulevard des Italiens, il fut altéré de trouver tout arrivé celui qui, doué en apparence de moins de moyens, de moins de fortune que lui, s'était mis à vouloir chaque matin ce qu'il voulait la veille. Le malade résolut alors d'imiter cette simplicité d'action. — La vie sociale est comme la terre, lui avait dit son camarade, elle nous donne en raison de nos efforts.

Godefroid s'était endetté déjà. Pour première punition, pour première tâche, il s'imposa de vivre à l'écart en payant sa dette sur son revenu. Chez un homme habitué à dépenser six mille francs quand il en avait cinq, ce n'était pas une petite entreprise que de se réduire à vivre de deux mille francs. Il lut tous les matins les *Petites-Affiches*, espérant y trouver un asile où ses dépenses pussent être fixées, où il pût jouir de la solitude nécessaire à un homme qui voulait se replier sur lui-même, s'examiner, se donner une vocation. Les murs des pensions bourgeoises du quartier latin choquèrent sa délicatesse, les maisons de santé lui parurent malsaines, et il allait retomber dans les fatales irrésolutions des gens sans volonté, lorsqu'il fut frappé par l'annonce suivante.

Petit logement de soixante-dix francs par mois, pouvant convenir à un ecclésiastique. On veut un locataire tranquille; il trouverait la table, et l'on meublerait l'appartement à des prix modérés en cas de convenance mutuelle.

S'adresser rue Chanoinesse, près Notre-Dame, à M. Millet, épicier, qui donnera tous les renseignements désirables.

Séduit par la bonhomie cachée sous cette rédaction et par le parfum de bourgeoisie qui s'en exhalait, Godefroid était venu vers quatre heures chez l'épicier, qui lui avait dit que madame de la Chanterie dînait en ce moment et ne recevait personne pendant ses repas. Cette dame était visible le soir après sept heures, ou le matin de dix heures à midi. Tout en parlant, M. Millet examinait Godefroid et lui faisait subir, selon l'expression des magistrats, un premier degré d'instruction.

— Monsieur était-il garçon? Madame voulait une personne de mœurs réglées — on fermait la porte à onze heures au plus tard. Monsieur, dit-il en terminant, me paraît d'ailleurs d'un âge à convenir à madame de la Chanterie. — Quel âge me donnez-vous donc? demanda Godefroid. — Quelque chose comme quarante ans, répondit l'épicier.

Cette naïve réponse jeta Godefroid dans un accès de misanthropie et de tristesse, il alla dîner sur le quai de la Tournelle, et revint contempler Notre-Dame au moment où les feux du soleil couchant ruisselaient en se brisant dans les toits à-bouttants multiples du chevet. Le quai se trouve alors dans l'ombre quand les tours brillent bordées de lueurs, et ce contraste frappa Godefroid en proie à toutes les amertumes que la cruelle naïveté de l'épicier avait remuées.

Ce jeune homme flottait donc entre les conseils du désespoir et la voix touchante des harmonies religieuses mises en branle par la cloche de la cathédrale, quand, au milieu des ombres, du silence, aux clartés de la lune, il entendit la phrase du prêtre. Quoique peu dévot, comme la plupart des enfants de ce siècle, sa sensibilité s'émut à cette parole, et il revint une Chanoinesse, où il ne voulait déjà plus aller.

Le prêtre et Godefroid furent aussi étonnés l'un que l'autre d'entrer dans la rue Massillon, qui fait face au petit portail nord de la cathédrale, de tourner ensemble dans la rue des Chanoines, à l'endroit où, vers la rue de la Colombe, elle finit pour devenir la rue des Marmousets. Quand Godefroid s'arrêta sous le porche d'une maison où demeurait madame de la Chanterie, le prêtre se retourna vers Godefroid en l'examinant à la lueur d'un réverbère qui sera sans doute un des derniers à disparaître au cœur du vieux Paris.

— Vous venez voir madame de la Chanterie, monsieur? dit le prêtre. — Oui, répondit Godefroid. La parole que je viens de vous entendre dire à cet ouvrier m'a prouvé que cette maison si vous y demeurez, doit être salutaire à l'âme. — Vous avez donc été témoin de ma défaite? dit le prêtre en levant le marteau, car je n'ai pas réussi.

— Il me semble bien plutôt que c'est l'ouvrier, car il vous demandait de l'argent assez énergiquement. — Hélas! répondit le prêtre, l'un des plus grands malheurs des révolutions en France, c'est que chacune d'elles est une nouvelle prime donnée à l'ambition des classes inférieures. Pour sortir de sa condition, pour arriver à la fortune, que l'on regarde aujourd'hui comme la seule garantie sociale, cet ouvrier se livre à ces combinaisons monstrueuses, qui, si elles ne réussissent pas, doivent amener le spéculateur à rendre des comptes à la justice humaine. Voilà ce que produit quelquefois l'obligeance.

Le portier ouvrit une lourde porte, et le prêtre dit à Godefroid:
— Monsieur vient peut-être pour le petit appartement? — Oui, monsieur.

Le prêtre et Godefroid traversèrent alors une assez vaste cour au fond de laquelle s'élevait une très haute maison flanquée d'une tour carrée encore plus élevée que les toits et d'une vétusté remarquable. Quiconque connaît l'histoire de Paris, sait que le sol s'y est tellement exhaussé devant et autour de la cathédrale, qu'il n'existe pas vestige des douze degrés par lesquels on y montait jadis. Aujourd'hui, la base des colonnes du porche est de niveau avec le pavé. Donc, le rez-de-chaussée primitif de cette maison on en faire aujourd'hui les caves. Il se trouve un perron de quelques marches à l'entrée de cette tour, où monte en spirale une vieille vis le long d'un arbre sculpté en façon de sarment. Ce style, qui rappelle celui des escaliers du roi Louis XII au château de Blois, remonte au quatorzième siècle. Frappé des symptômes d'antiquité Godefroid ne put s'empêcher de dire en souriant au prêtre: — Cette tour n'est pas d'hier. — Elle a soutenu, dit-on, l'attaque des Normands et aurait fait partie du premier palais des rois de Paris, mais, selon les traditions, elle aurait été plus certainement le logis du fameux chanoine Fulbert, l'oncle d'Héloïse.

En achevant ces mots, le prêtre ouvrit la porte de l'appartement qui paraissait être le rez-de-chaussée, et qui, sur la première comme sur la seconde cour, car il existe une petite cour intérieure, se trouve au premier étage.

Dans cette première pièce travaillait, à la lueur d'une petite lampe, une domestique coiffée d'un bonnet en batiste à tuyaux gaufrés pour tout ornement, elle ficha une de ses aiguilles dans ses cheveux, et garda son tricot à la main, tout en se levant pour ouvrir la porte d'un salon éclairé par la petite cour intérieure. Le costume de cette femme rappelait celui des sœurs grises. — Madame, je vous amène un locataire, dit le prêtre en introduisant Godefroid dans cette pièce où il vit trois personnages assis sur des fauteuils auprès de madame de la Chanterie.

Les trois personnages se levèrent, la maîtresse de la maison se leva, puis, quand le prêtre eut avancé pour Godefroid un fauteuil, quand le futur locataire se fut assis sur un geste de madame de la Chanterie, accompagné de ce vieux mot: « Sevez-vous, monsieur! » le Parisien se crut à une énorme distance de Paris, en basse Bretagne ou au fond du Canada. Le silence a peut-être ses degrés. Peut-être Godefroid déjà saisi par le silence des rues Massillon et Chanoinesse, où il ne roule pas deux voitures par mois, saisi par le silence de la cour et de la tour, dut-il se trouver comme au cœur du silence, dans ce salon gardé par tant de vieilles rues, de vieilles cours et de vieilles murailles. Cette partie de l'île qui se nomme le Cloître a conservé le caractère commun à tous les cloîtres, elle semble humide, froide, et demeure dans le silence monastique le plus profond aux heures les plus bruyantes du jour. On doit remarquer, d'ailleurs, que toute cette portion de la Cité, serrée entre le flanc de Notre-Dame et la rivière, est au nord et dans l'ombre de la cathédrale. Les vents d'est s'y engouffrent sans rencontrer d'obstacles, et les brouillards de la Seine s'y sont en quelque sorte retenus par les noires parois de la vieille église métropolitaine. Ainsi personne ne s'étonnera du sentiment qu'éprouva Godefroid en comparaissant dans ce vieux logis, en présence de quatre personnes silencieuses, et aussi solennelles que l'étaient les choses elles-mêmes. Il ne regarda point autour de lui, pris de curiosité pour madame de la Chanterie dont le nom l'avait intrigué déjà. Cette dame était évidemment une personne de l'autre siècle, pour ne pas dire de l'autre monde. Elle avait un visage doucoûtré, à teinte à la fois molles et froides, un nez aquilin, un front plein de boucles de cheveux argentés. On ne pouvait donner à sa robe que le vieux nom de fourreau, tant elle y était serrée selon la mode du dix-huitième siècle. L'étoffe, en soie couleur carmélite à longues raies vertes fines et multipliées, semblait être de ce même temps. Le corsage, fait en corps de jupe, se cachait sous une mantille en pou-de-soie bordée de dentelle noire, et attachée sur la poitrine par une épingle à miniature. Les pieds, chaussés de brodequins en velours noir, reposaient sur un petit coussin. De même que sa servante, madame de la Chanterie tricotait des bas, et avait sous son bonnet de dentelle une aiguille fichée dans ses boucles crêpées.

— Vous avez vu M. Millet? dit-elle à Godefroid de cette voix de tête particulière aux douairières du faubourg Saint-Germain et devenu presque interdit et comme pour lui donner la parole. — Oui, madame. — J'ai peur que l'appartement ne vous convienne guère, reprit-elle en remarquant l'élégance, la nouveauté, la fraîcheur de l'habillement de son futur locataire.

Godefroid avec ses bottes vernies, des gants jaunes, de riches boutons de chemise et une jolie chaîne de montre passée dans une des boutonnières de son gilet de soie noire à fleurs bleues. Madame de la Chanterie prit dans l'une de ses poches un petit sifflet d'argent et siffla. La domestique entra. — Manon, ma fille, fais voir l'appartement à monsieur. Voulez-vous, cher vicaire, y accompagner monsieur, reprit-elle en s'adressant au prêtre. Si par hasard, dit-elle en se levant de nouveau et regardant Godefroid, le logement vous agréait nous pourrions causer des conditions.

Godefroid salua et sortit. Il entendit le bruit de ferraille causé par les clefs que Manon prenait dans un tiroir, et il lui vit allumer la chandelle d'un grand martinet en cuivre jaune. Manon alla la première sans proférer une parole. Quand Godefroid se retrouva dans l'escalier, montant deux étages supérieurs, il douta de la vie réelle, il rêvait tout éveillé, il voyait le monde fantastique des romans qu'il avait lus dans ses heures de désœuvrement. Tout Parisien échappé, comme lui, du quartier moderne, au luxe des maisons et des ameublements, à l'éclat des restaurants et des théâtres, au mouvement du cœur de Paris, aurait partagé son opinion. Le martinet tenu par la servante éclairait faiblement le vieil escalier tournant, où les araignées avaient étendu leurs draperies pleines de poussière. Manon portait une cotte à gros plis, en grosse étoffe de bure, son corsage était carré par derrière comme par devant, et un habillement se renvoyant tout d'une pièce. Arrivée au troisième étage, qui passait pour être le second, Manon s'arrêta, fit mouvoir les ressorts d'une antique serrure, et ouvrit une porte peinte en couleur d'acajou foncé aux grosses ornements imités. — Voilà, dit-il en entrant dans la première.

Était-ce un avare, était-ce un peintre mort d'indigence, était-ce un

cynique à qui le monde était indifférent, ou quelque religieux déta-
ché du monde qui avait habité cet appartement? on pouvait se faire
cette triple question en y sentant l'odeur de la misère, en voyant des
taches grasses sur les papiers couverts d'une teinte de fumée, les
plafonds noircis, les fenêtres à petites vitres poudreuses, les briques
du plancher brunies, les boiseries enduites d'une espèce de glacis
gluant. Un froid humide tombait par les cheminées en pierre sculptée peinte, et dont les glaces avaient des trumeaux du dix-septième
siècle. L'appartement était en équerre comme la maison qui enca-
drait la cour intérieure, que Godefroid ne put voir à la nuit. — Qui
donc a demeuré là? demanda Godefroid au prêtre. — Un ancien conseiller au parlement, grand-oncle de madame, un monsieur de Bois-
frelou. En enfance depuis la Révolution, ce vieillard est mort en 1832,
à quatre-vingt-seize ans, et madame n'a pu se décider à y mettre
aussitôt un étranger, mais elle ne peut plus supporter de non-valeurs.
— Oh! madame fera nettoyer l'appartement et le meublera de manière à satisfaire monsieur, reprit Manon. — Cela dépendra de l'arrangement que vous prendrez, dit le prêtre. On trouverait là-dedans
un beau parloir, une grande chambre à coucher et un cabinet, puis
les deux petites pièces en retour sur la cour peuvent faire une belle
pièce de travail. Telle est la distribution de mon appartement au-dessous et celle de l'appartement au-dessus. — Oui, dit Manon, l'appartement de M. Alain est tout comme le vôtre, mais il a la vue de la
tour. — Je crois qu'il faudrait revoir le logement et la maison au
jour..., dit timidement Godefroid. — C'est possible, dit Manon.
Le prêtre et Godefroid descendirent en laissant refermer les portes
par la servante, qui les rejoignit pour les éclairer. En rentrant dans
le salon, Godefroid, aguerri, put, en causant avec madame de la
Chanterie, examiner les êtres, les personnes et les choses. Ce salon
avait aux fenêtres des rideaux de vieux lampas rouge à lambrequins,
et relevés par des cordons de soie. Le carreau rouge bordait un tapis
de vieille tapisserie trop petit pour couvrir tout le plancher. La boiserie était peinte en gris. Le plafond, séparé en deux parties par une
maîtresse poutre qui partait de la cheminée, semblait une concession
tardivement faite au luxe. Les fauteuils, en bois peint en blanc,
étaient garnis en tapisserie. Une mesquine pendule, entre deux flambeaux de cuivre doré, décorait le dessus de la cheminée. Madame de
la Chanterie avait près d'elle une vieille table à pieds de biche, sur
laquelle étaient les pelotons de laine dans un panier d'osier. Une
lampe hydrostatique éclairait cette scène. Les quatre hommes assis,
fixes, immobiles et silencieux comme les bonzes, avaient, ainsi que
madame de la Chanterie, évidemment cessé leur conversation en entendant nommer l'étranger. Tous avaient des figures froides et discrètes, en harmonie avec le salon, la maison et le quartier. Madame de
la Chanterie convint de la justesse des observations de Godefroid, et
lui répondit qu'elle ne voulait rien faire avant de connaître les intentions de son locataire, ou, pour mieux dire, de son pensionnaire. Si
le locataire s'arrangeait des mœurs de sa maison, il devait devenir
son pensionnaire, et ces mœurs différaient tant de celles de Paris! On
vivait rue Chanoinesse comme en province : il fallait être à l'ordinaire rentré vers les dix heures, on haïssait le bruit, l'on ne voulait
ni femmes ni enfants pour ne déranger en rien les habitudes prises.
Un ecclésiastique pouvait seul s'accommoder de ce régime. Madame
de la Chanterie désirait surtout quelqu'un d'une vie modeste et sans
exigence, elle ne pouvait mettre que le strict nécessaire dans l'appartement. M. Alain lui désigna l'un des quatre assistants) était
d'ailleurs content, et elle ferait pour son nouveau locataire comme
pour les anciens.
— Je ne crois pas, dit alors le prêtre, que monsieur soit disposé à
venir se mettre dans notre couvent.—Eh! pourquoi pas? dit M. Alain,
nous y sommes bien, nous, et nous ne nous en trouvons pas mal. —
Madame, reprit Godefroid en se levant, j'aurai l'honneur de venir
vous revoir demain.
Quoiqu'il fût un jeune homme, les quatre vieillards et madame de
la Chanterie se levèrent, et le vicaire le reconduisit jusque sur le
perron. Un coup de sifflet partit. A ce signal, le portier vint, armé
d'une lanterne, prendre Godefroid, le conduisit jusque dans la rue,
et referma l'énorme porte jaunâtre, pesante comme celle d'une prison, et décorée de serrureries en arabesques, qui remontaient à une
époque difficile à déterminer.
Quand Godefroid fut monté dans un cabriolet et qu'il roula vers
les régions du Paris vivant, éclairé, chaud, tout ce qu'il venait de
voir lui sembla comme un rêve, et ses impressions, quand il se promena sur le boulevard des Italiens, avaient déjà le lointain du souvenir. Il se demandait : — Demain, retrouverais-je ces gens-là !...
Le lendemain, en se levant au milieu des décorations du luxe moderne et des recherches du comfort anglais, Godefroid se rappela
tous les détails de sa visite au cloître Notre-Dame, et retrouva dans
son esprit le sens des choses qu'il avait vues. Les quatre inconnus
dont la mise, l'attitude et le silence agissaient encore sur lui, devaient
être des pensionnaires ainsi que le prêtre. La solennité de madame de
la Chanterie lui parut venir de la dignité secrète avec laquelle elle
portait de grands malheurs. Mais, malgré les explications qu'il se
donnait à lui-même, Godefroid ne pouvait s'empêcher de trouver un

air de mystère à ces discrètes figures. Il choisissait du regard ceux
de ses meubles qui pouvaient être conservés, ceux qui lui étaient indispensables ; mais en les transportant par la pensée dans l'horrible
logement de la rue Chanoinesse, il se mit à rire du contraste qu'ils y
feraient, et résolut de tout vendre pour s'acquitter d'autant, et de
se laisser meubler par madame de la Chanterie. Il lui fallait une vie
nouvelle, et les objets qui pourraient lui rappeler son ancienne situation devaient être mauvais à voir. Dans son désir de transformation,
car il appartenait à ces caractères qui s'avancent du premier bond
très-avant dans une situation, au lieu d'y aller pas à pas comme certains autres, il fut pris, pendant son déjeuner, par une idée : il voulut réaliser sa fortune, payer ses dettes, et placer le reste de ses capitaux dans la maison de banque où son père avait eu des relations.
Cette maison était la maison Mongenod et compagnie, établie à
Paris depuis 1816 ou 1817, et dont la réputation de probité n'avait
jamais reçu la moindre atteinte au milieu de la dépravation commerciale qui, plus ou moins, attaquait certaines maisons de Paris. Ainsi,
malgré leurs immenses richesses, les maisons Nucingen et du Tillet,
Keller frères, Palma et compagnie, sont entachées d'une mésestime
secrète, ou, si vous voulez, qui se l'exprime que d'une oreille à l'oreille.
D'affreux moyens avaient eu de si beaux résultats, les succès politiques, les principes dynastiques couvraient si bien de sales origines,
que personne, en 1834, ne pense plus à la boue où plongent les racines de ces arbres majestueux, les soutiens de l'État. Néanmoins, il
n'était pas un seul de ces banquiers pour qui l'éloge de la maison
Mongenod ne fût une blessure. A l'instar des banquiers anglais, la
maison Mongenod ne déploie aucun luxe extérieur, on y vit dans un
profond silence, on se contente de faire la banque avec une prudence,
une sagesse, une loyauté qui lui permettent d'opérer avec sécurité
d'un bout du monde à l'autre.
Le chef actuel, Frédéric Mongenod, est le beau-frère du vicomte
de Fontaine. Ainsi cette nombreuse famille est alliée au baron de
Fontaine à M. Grossetête, le receveur général, frère des Grossetête
et compagnie de Limoges, aux Vandenesse, à Planat de Baudry, autre
receveur général. Cette parenté, après avoir valu à feu Mongenod
père de grandes faveurs dans les opérations financières sous la Restauration, lui avait obtenu la confiance des premières maisons de la
vieille noblesse, dont les capitaux et les immenses économies allaient
dans cette banque. Loin d'ambitionner la pairie comme les Keller,
les Nucingen et du Tillet, les Mongenod restaient éloignés de la
politique et n'en savaient que ce que doit en savoir la banque.
La maison Mongenod est établie dans un magnifique hôtel, entre
cour et jardin, rue de la Victoire, où demeurent madame Mongenod
la mère et ses deux fils, tous trois associés. Madame la vicomtesse
de Fontaine a été remboursée lors de la mort de Mongenod père,
en 1827. Frédéric Mongenod, beau jeune homme de trente-cinq ans
environ, d'un abord froid, silencieux, réservé comme un Génevois,
propret comme un Anglais, avait acquis auprès de son père toutes
les qualités nécessaires à sa difficile profession. Plus instruit que ne
l'est généralement un banquier, son éducation avait comporté l'universalité de connaissances qui constitue l'enseignement polytechnique ; mais, comme beaucoup de banquiers, il avait une prédilection,
un goût en dehors de son commerce : il aimait la mécanique et la
chimie. Mongenod le jeune, de dix ans moins âgé que Frédéric, se
trouvait, dans le cabinet de son aîné, dans la position d'un premier
clerc avec son notaire ou son avoué; Frédéric le formait, comme il
avait été lui-même formé par son père à toutes les sciences du vrai
banquier, lequel est à l'argent ce que l'écrivain est aux idées : l'un et
l'autre, ils doivent tout savoir.
En disant son nom de famille, Godefroid reconnut en quelle estime
était son père, car il put traverser les bureaux et arriver au cabinet
de Mongenod. Ce cabinet ne fermait que par des portes en glace, en
sorte que malgré son désir de ne pas écouter, Godefroid entendit la
conversation qui s'y tenait.
— Madame, votre compte s'élève à seize cent mille francs au crédit comme au débit, disait Mongenod le jeune. je ne sais pas quelles
sont les intentions de mon frère, et lui seul sait si une avance de cent
mille francs est possible.... Vous avez manqué de prudence... On ne
confie pas seize cent mille francs au commerce... — Trop haut, Louis,
dit une voix de femme, mon frère t'a recommandé de ne jamais parler
qu'à voix basse. Il peut y avoir du monde dans le petit salon à côté.
Frédéric Mongenod ouvrit en ce moment la porte de communication entre ses appartements et son cabinet, il aperçut Godefroid, et
il traversa son cabinet tout en saluant avec respect la personne à
qui parlait son frère. — A qui ai-je l'honneur...—dit-il à Godefroid,
qu'il avait fait passer le premier.
Dès que Godefroid se fut nommé, Frédéric le fit asseoir, et, pendant que le banquier ouvrait son bureau, Louis Mongenod et une
dame, qui n'était autre que madame de la Chanterie, se levèrent et
allèrent à Frédéric. Tous trois, ils se mirent dans l'embrasure d'une
fenêtre et parlèrent à voix basse avec madame Mongenod la mère, à
qui les affaires étaient toujours confiées. Cette femme avait, depuis
trente ans, donné, soit à son mari, soit à ses fils, des preuves de capacité qui faisaient d'elle un associé-gérant, car elle avait la signa-

ure. Godefroid vit dans un cartonnier des cartons étiquetés : « Affaires de la Chanterie, » avec les numéros de 1 à 7. Quand la conférence fut terminée par un mot du banquier à son frere : « Eh bien ! descends à la caisse, » madame de la Chanterie se retourna, vit Godefroid, retint un geste de surprise, et fit à voix basse des questions à Mongenod, qui répondit en peu de mots également à voix basse.

Madame de la Chanterie était mise en petits souliers de prunelle noire, en bas de soie gris ; elle avait sa robe de la veille et se tenait enveloppée de la *baute* vénitienne, espece de mantelet qui revenait à la mode. Elle avait une capote de soie verte, dite *à la bonne femme*, et doublée de soie blanche. Sa figure était encadrée par des flots de dentelles. Elle se tenait droit et dans une attitude qui révélait, sinon une haute naissance, du moins les habitudes d'une vie aristocratique. Sans son excessive affabilité, peut-être eût-elle paru pleine de hauteur. Enfin, elle était imposante. — C'est moins un hasard qu'un ordre de la Providence qui nous rassemble ici, monsieur, dit-elle à Godefroid, car j'étais presque décidée à refuser un pensionnaire dont les mœurs me semblaient antipathiques à celles de ma maison ; mais M. Mongenod vient de me donner des renseignements sur votre famille qui me... — Eh ! madame... — Monsieur, dit Godefroid en s'adressant à la fois à madame de la Chanterie et au banquier, je n'ai plus de famille, et je venais demander un conseil financier à l'ancien banquier de mon pere pour accorder ma fortune à un nouveau genre de vie.

Godefroid eut bientôt et en peu de mots raconté son histoire, et dit son désir de changer d'existence. — Autrefois, dit-il, un homme dans ma situation se serait fait moine ; mais nous n'avons plus d'ordres religieux... — Allez chez madame, si madame veut bien vous accepter pour pensionnaire, dit Frédéric Mongenod, après avoir échangé un regard avec madame de la Chanterie, et ne vendez pas vos rentes, laissez-les-moi. Donnez-moi la note exacte de vos obligations, j'assignerai des époques de payement à vos créanciers, et vous aurez pour vous environ cent cinquante francs par mois. Il faudra deux ans pour vous liquider. Pendant ces deux ans, là où vous serez, vous aurez eu tout le loisir de penser à une carrière, surtout au milieu des personnes avec lesquelles vous vivrez et qui sont de bon conseil.

Louis Mongenod arriva tenant à la main cent billets de mille francs qu'il remit à madame de la Chanterie. Godefroid offrit sa main à sa future hôtesse, et la conduisit à son fiacre. — A bientôt donc, monsieur, dit-elle d'un son de voix affectueux. — A quelle heure serez-vous chez vous, madame? dit Godefroid. — Dans deux heures. J'ai le temps de vendre mon mobilier, dit-il en la saluant.

Pendant le peu de temps qu'il avait tenu le bras de madame de la Chanterie sur le sien, et qu'ils avaient marché deux deux, Godefroid n'avait pu dissiper l'auréole que ces mots : « Votre compte s'élève à seize cent mille francs, » dits par Louis Mongenod, faisaient à cette femme, dont la vie se passait au fond du cloître Notre-Dame. Cette pensée : Elle doit être riche ! changeait entièrement sa manière de voir. « Quel âge peut-elle avoir ? se demandait-il. » Et il entrevit un roman dans son séjour rue Chanoinesse. « Elle a l'air noble ! Fait-elle donc la banque? » se disait-il. A notre époque, sur mille jeunes gens dans la situation de Godefroid, neuf cent quatre-vingt-dix-neuf eussent eu la pensée d'épouser cette femme. Un marchand de meubles, qui était un peu tapissier, et principalement loueur d'appartements garnis, donna trois mille francs environ de tout ce que Godefroid voulait vendre, en le lui laissant encore pendant les quelques jours nécessaires à l'arrangement de l'horrible appartement de la rue Chanoinesse, où ce malade d'esprit se rendit promptement. Il fit venir un peintre dont l'adresse fut donnée par madame de la Chanterie, et qui, pour un prix modique, s'engagea, dans la semaine, à blanchir les plafonds, nettoyer les fenêtres, peindre toutes les boiseries en bois de Spa et le carreau en couleur. Godefroid prit la mesure des pièces pour y mettre partout le même tapis, un tapis vert de l'espece le moins chère. Il voulait l'uniformité la plus simple dans cette cellule. Madame de la Chanterie approuva cette idée. Elle calcula, Manon aidant, ce qu'il fallait de calicot blanc pour les rideaux des fenêtres et pour ceux d'un modeste lit en fer, puis elle se chargea de les faire acheter et confectionner à un prix dont la modicité surprit Godefroid. Avec les meubles qu'il apportait, son appartement restauré ne lui coûterait pas plus de six cents francs.

— Je pourrai donc en porter mille environ chez M. Mongenod. — Nous menons ici, lui dit alors madame de la Chanterie, une vie chrétienne qui, vous le savez, s'accorde mal avec beaucoup de superfluités, et je crois que vous en conservez encore trop.

En donnant ce conseil à son futur pensionnaire, elle regardait un diamant qui brillait à l'anneau dans lequel était passée la cravate bleue de Godefroid. — Je ne vous en parle, reprit-elle, qu'en vous voyant dans l'intention de rompre avec la vie dissipée dont vous vous êtes plaint à M. Mongenod. |

Godefroid contemplait madame de la Chanterie en savourant les harmonies d'une voix limpide, et examinait ce visage entièrement blanc, digne d'une de ces Hollandaises graves et froides que le pinceau de l'école flamande a si bien reproduites, et chez lesquelles les rides sont impossibles. — Blanche et grasse ! se disait-il en s'en allant, mais elle a bien des cheveux blancs...

Godefroid, comme toutes les natures faibles, s'était fait facilement à une nouvelle vie en la croyant tout heureuse, et il avait hâte de venir rue Chanoinesse ; néanmoins, il eut une pensée de prudence, ou de défiance si vous voulez. Deux jours avant son installation, il retourna chez M. Mongenod pour prendre quelques renseignements sur la maison où il allait entrer. Pendant le peu d'instants qu'il passait dans son futur logement pour examiner les changements qui s'y faisaient, il avait remarqué les allées et venues de plusieurs gens dont la mine et la tournure, sans être mystérieuses, permettaient de croire à l'exercice de quelque profession, à des occupations secretes chez les habitants de la maison. A cette époque, on s'occupait beaucoup des tentatives de la branche aînée de la maison de Bourbon pour remonter sur le trône, et Godefroid crut à quelque conspiration. Quand il se trouva dans le cabinet du banquier, et sous le coup de son regard scrutateur, en lui exprimant sa demande, il eut honte de lui-même, et vit un sourire sardonique dessiné sur les lèvres de Frédéric Mongenod. — Madame la baronne de la Chanterie, répondit-il, est une des plus obscures personnes de Paris, mais elle en est une des plus honorables. Avez-vous donc des motifs pour me demander des renseignements ?

Godefroid se rejeta sur des banalités : il allait vivre pour longtemps avec des étrangers, il fallait savoir avec qui l'on se liait, etc. Mais le sourire du banquier devenait de plus en plus ironique, et Godefroid, de plus en plus embarrassé, eut la honte de la démarche sans en tirer aucun fruit, car il n'osa plus faire de questions ni sur madame de la Chanterie ni sur les commensaux. Deux jours après, par un lundi soir, après avoir dîné pour la dernière fois au café Anglais, et vu les deux premières pieces aux Variétés, il vint, à dix heures, coucher rue Chanoinesse, où il fut conduit à son appartement par Manon. La solitude a des charmes comparables à ceux de la vie sauvage qu'aucun Européen n'a quittée après y avoir goûté. Ceci peut paraître étrange dans une époque où chacun vit si bien pour autrui que tout le monde s'inquiète de chacun, et que la vie privée n'existera bientôt plus, tant les yeux du journal, argus moderne, gagnent en hardiesse, en avidité, néanmoins cette proposition s'appuie de l'autorité des six premiers siecles du christianisme, pendant lesquels aucun solitaire ne revint à la vie sociale. Il est peu de plaies morales que la solitude ne guérisse. Aussi tout d'abord Godefroid fut-il saisi par le calme profond et par le silence absolu de sa nouvelle demeure, absolument comme un voyageur fatigué se délasse dans une bonne auberge. Le lendemain même de son entrée en pension chez madame de la Chanterie, il fut forcé de s'examiner, en se trouvant séparé de tout, même de Paris, quoiqu'il fût encore à l'ombre de la cathédrale. Désarmé là de toutes les vanités sociales, il allait ne plus avoir d'autres témoins de ses actes que sa conscience et les commensaux de madame de la Chanterie. C'était quitter le grand chemin du monde et entrer dans une voie inconnue ; mais, où cette voie le menerait-elle ? à quelle occupation allait-il se vouer ?]

Il était depuis deux heures livré à ces réflexions, lorsque Manon, l'unique servante du logis, vint frapper à la porte, et lui dit que le second déjeuner était servi, qu'on l'attendait. Midi sonnait. Le nouveau pensionnaire descendit aussitôt, poussé par le désir de juger les cinq personnes au milieu desquelles il devait passer désormais sa vie. En entrant au salon, il aperçut tous les habitants de la maison debout, et habillés des mêmes vêtements qu'ils portaient le jour où il était venu prendre des renseignements. — Avez-vous bien dormi?... lui demanda madame de la Chanterie. — Je ne me suis réveillé qu'à dix heures, répondit Godefroid en saluant les quatre commensaux qui lui rendirent tous son salut avec gravité. — Nous nous y attendions, dit en souriant le vieillard nommé Alain. — Manon m'a parlé d'un second déjeuner, reprit Godefroid, il paraît que j'ai déjà, sans le vouloir, manqué à la regle... A quelle heure vous levez-vous? — Nous ne nous levons pas absolument comme les anciens moines, répondit gracieusement madame de la Chanterie, mais comme les ouvriers... à six heures en hiver, à trois heures et demie en été. Notre coucher obéit également à celui du soleil. Nous sommes toujours endormis à neuf heures en été, à onze heures en hiver. Nous prenons tous un peu de lait après notre lever. après avoir dit nos prieres, à l'exception de M. l'abbé de Veze, qui dit la premiere messe, celle de six heures en été, celle de sept heures en hiver, à Notre-Dame, à laquelle ces messieurs assistent tous les jours, ainsi que votre très-humble servante.

Madame de la Chanterie achevait cette explication à table, où ces cinq convives s'étaient assis. La salle à manger, entièrement peinte en gris et garnie de boiseries, dont des dessins trahissaient le goût du siècle de Louis XIV, était contiguë à cette espèce d'antichambre où se tenait Manon, et paraissait être parallele à la chambre de madame de la Chanterie, qui communiquait sans doute avec le salon. Cette piece n'avait pas d'autre ornement qu'un vieux cartel Le mobilier consistait en six chaises dont le dossier de forme ovale offrait des tapisseries évidemment faites à la main par madame de la Chanterie, en deux buffets et une table d'acajou, sur laquelle Manon ne mettait pas de nappe pour le déjeuner. Ce déjeuner, d'une frugalité monastique, se composait d'un petit turbot accompagné d'une sauce blanche, de pommes de terre, d'une salade et de quatre assiettées de fruits : des pêches, du raisin, des fraises et des amandes fraîches ; puis, pour hors-d'œuvre, du miel dans son gâteau comme en Suisse, du beurre et des radis, des concombres et des sardines. C'était servi dans cette porcelaine fleuretée de bluets et de feuilles vertes et menues qui, sans doute, fut un grand luxe sous Louis XVI, mais que les croissantes exigences de la vie actuelle ont rendue commune. — Nous faisons maigre, dit M. Alain. Si nous allons à la messe tous les matins, vous devez deviner que nous obéissons aveuglément à toutes les pratiques, même les plus sévères, de l'Église. — Et vous commencerez par nous imiter, dit madame de la Chanterie en jetant un regard de côté sur Godefroid. qu'elle avait mis près d'elle.

Des cinq convives, Godefroid connaissait déjà les noms de madame de la Chanterie, de l'abbé de Veze et de M. Alain ; mais il lui restait à savoir les noms des deux autres personnages. Ceux-là gardaient le silence en mangeant avec cette attention que les religieux paraissent prêter aux plus petits détails de leurs repas. — Ces beaux fruits viennent-ils aussi de votre ferme, madame ? dit Godefroid. — Oui, monsieur, répondit-elle. Nous avons notre petite ferme-modele, absolument comme le gouvernement. c'est notre maison de campagne, elle est à trois lieues d'ici, sur la route d'Italie, après Villeneuve-Saint-Georges. — C'est un bien qui nous appartient à tous et qui doit rester au dernier survivant, dit le bonhomme Alain. — Oh ! ce n'est pas considérable, ajouta madame de la Chanterie, qui parut craindre que Godefroid ne prît ce discours comme une amorce. — Il y a, dit un des deux personnages inconnus à Godefroid, trente arpents de terres labourables, six arpents de prés et un enclos de quatre arpents au milieu duquel se trouve notre maison, qui est précédée par la ferme. — Mais ce bien-là, répondit Godefroid, doit valoir plus de cent mille francs. — Oh ! nous n'en tirons pas autre chose que nos provisions, répondit le même personnage.

C'était un homme grand, sec et grave. Au premier aspect, il paraissait avoir servi dans l'armée : ses cheveux blancs disaient assez qu'il avait passé la soixantaine, et son visage trahissait de violents chagrins contenus par la religion. Le second inconnu, qui semblait tenir à la fois du genre de rhétorique et de l'homme d'affaires, était de taille ordinaire, gras et néanmoins agile, sa figure offrait les apparences de la jovialité particulière aux notaires et aux avoués de Paris. Le costume de ces quatre personnages présentait le phénomène de la propreté due à des soins égoïstes. On reconnaissait la même main, celle de Manon, dans les plus petits détails. Leurs habits avaient dix ans peut-être, et se conservaient comme se conservent les habits des curés, par la puissance occulte de la servante et d'un usage constant. Ces gens portaient en quelque sorte la livrée d'un système d'existence, ils appartenaient tous à la même pensée, leurs regards disaient le même mot, leurs figures respiraient une douce résignation, une quiétude provocante. — Est-ce une indiscretion, madame, dit Godefroid, et de demander le nom de ces messieurs, je suis prêt à leur dire ma vie. ne puis-je apprendre de la leur ce que les convenances permettent d'en savoir ? — Monsieur, répondit madame de la Chanterie en montrant le grand homme sec. il se nomme M. Nicolas, il est colonel de gendarmerie en retraite avec le grade de maréchal de camp. — Monsieur, ajouta-t-elle en désignant le petit homme gras, est un ancien conseiller à la cour royale de Paris, qui s'est retiré de la magistrature en août 1830, il se nomme M. Joseph. Quoique vous ne soyez ici que d'hier, je vous dirai que, dans le monde, M. Nicolas portait le nom de marquis de Montauran, et M. Joseph celui de Lecamus, baron de Tresnes, mais, pour nous comme pour tout le monde, ces noms-là n'existent plus, ces messieurs n'ont point d'héritiers, ils devancent l'oubli qui attend leurs familles, et ils sont tout simplement MM. Nicolas et Joseph, comme vous serez M. Godefroid.

En entendant prononcer ces deux noms, l'un si célebre dans les fastes du royalisme par la catastrophe qui termina la prise d'armes des chouans au début du Consulat, l'autre si vénéré dans les listes du vieux parlement de Paris, Godefroid ne put retenir un tressaillement, mais, en regardant ces deux débris des deux plus grandes choses de la monarchie écroulée, la noblesse et la robe, il n'aperçut aucune inflexion dans les traits, aucun changement de physionomie qui révélât en eux une pensée mondaine. Ces deux hommes ne se souvenaient plus ou ne voulaient plus se souvenir de ce qu'ils avaient été. Ce fut une première leçon pour Godefroid. — Chacun de vos noms, messieurs, est toute une histoire, leur dit-il respectueusement. — L'histoire de notre temps, répondit M. Joseph, des ruines ! — Vous êtes en bonne compagnie, dit en souriant M. Alain.

Celui-là sera dépeint en deux mots : c'était le petit bourgeois de Paris, un bon bourgeois à figure de veau relevée par des cheveux blancs, mais affadie par un sourire éternel. Quant au prêtre, à l'abbé de Veze, sa qualité disait tout. Le prêtre qui remplit sa mission est comme le premier regard qu'il vous jette ou qu'on lui jette. Ce qui frappa Godefroid pendant les premiers moments, ce fut le profond respect que les quatre pensionnaires témoignaient à madame de la Chanterie.

ils semblaient tous. même le prêtre, malgré le caractère sacré que lui donnaient ses fonctions, se trouver devant une reine. Godefroid remarqua la sobriété de tous les convives. Chacun mangea véritablement pour se nourrir. Madame de la Chanterie prit, comme tous ses commensaux. une seule pêche, une demi-grappe de raisin, mais elle dit à son nouveau pensionnaire de ne pas imiter cette réserve en lui présentant tour à tour chaque plat. La curiosité de Godefroid fut excitée au plus haut degré par ce début. Après le déjeuner, en rentrant au salon. on le laissa seul, et madame de la Chanterie alla tenir un petit conseil secret dans l'embrasure d'une des croisées avec les quatre amis. Cette conférence, sans aucune animation, dura près d'une demi-heure. On parlait à voix basse, en échangeant des paroles que chacun semblait avoir mûries. De temps en temps, M. Alain et M. Joseph consultaient un carnet en le feuilletant. — Voyez le faubourg, dit madame de la Chanterie à M. Nicolas, qui partit. — Et vous le quartier Saint-Marceau. reprit-elle en s'adressant à M. Joseph. Battez le faubourg Saint-Germain et tâchez d'y trouver ce qu'il nous faut !... ajouta-t-elle en regardant l'abbé de Veze, qui sortit aussitôt. — Et vous, mon cher Alain ! dit-elle en souriant au dernier, passez la revue... — Voici les affaires d'aujourd'hui décidées, dit-elle en revenant à Godefroid.

Et elle s'assit dans son fauteuil, prit sur une petite table devant elle du linge taillé qu'elle se mit à coudre, comme si elle eût été à la tâche. Godefroid, perdu dans ses conjectures et croyant à une conspiration royaliste, prit la phrase de son hôtesse pour une ouverture, et il se mit à l'étudier en s'asseyant près d'elle. Il fut frappé de la dextérité singulière avec laquelle travaillait cette femme, en qui tout trahissait la grande dame ; elle avait une prestesse d'ouvrière, car tout le monde peut, à certaines façons, reconnaître le faire de l'ouvrier et celui d'un amateur. — Vous allez, lui dit Godefroid, comme si vous connaissiez ce métier !... — Hélas ! répondit-elle sans lever la tête, je l'ai fait jadis par nécessité !.. Deux grosses larmes jaillirent des yeux de cette vieille femme, et tombèrent du bas de ses joues sur le linge qu'elle tenait. — Pardonnez-moi, madame, s'écria Godefroid.

Madame de la Chanterie regarda son nouveau pensionnaire, et vit sur sa figure une telle expression de regret qu'elle lui fit un signe amical. Après s'être essuyé les yeux, elle reprit aussitôt le calme qui caractérisait sa figure moins froide que froide. — Vous êtes ici, M. Godefroid, car vous savez déjà qu'on ne vous nommera que par votre nom de baptême, vous êtes au milieu des débris d'une grande tempête. Nous sommes tous meurtris et atteints dans nos cœurs, dans nos intérêts de famille ou dans nos fortunes par cet ouragan de quarante années qui a renversé la royauté, la religion, et dispersé les éléments de ce qui faisait la vieille France. Des mots indifférents en apparence nous blessent tous et telle est la raison du silence qui règne ici. Nous nous parlons rarement de nous-mêmes ; nous nous sommes oubliés, et nous avons trouvé le moyen de substituer une autre vie à notre vie. Et c'est parce que j'ai cru, d'après votre confidence chez Mongenod, à quelque parité entre votre situation et la nôtre, que j'ai décidé mes quatre amis à vous recevoir parmi nous ; nous avons besoin d'ailleurs de trouver un moine de plus pour notre couvent. Mais, qu'allez-vous faire ? On n'aborde pas la solitude sans provisions morales. — Madame, je serais très-heureux, en vous entendant parler ainsi, de vous voir devenir l'arbitre de ma destinée. — Vous parlez en homme du monde, répondit-elle, et vous tâchez de me flatter. moi, femme de soixante ans !... Mon cher enfant, reprit-elle, sachez que vous êtes au milieu de gens qui croient fortement à Dieu, qui tous ont senti sa main, et qui se sont livrés à lui presque aussi entièrement que les trappistes. Avez-vous remarqué la sécurité profonde du vrai prêtre quand il s'est donné au Seigneur, qu'il en écoute la voix et qu'il s'efforce d'être un instrument docile aux doigts de la Providence ?... il n'a plus ni vanité, ni amour-propre, ni rien de ce qui cause aux gens du monde des blessures incessantes ; sa quiétude égale celle du fataliste, sa résignation lui fait tout supporter. Le vrai prêtre, tel que l'abbé de Veze, est alors comme un enfant avec sa mère, car l'Église. mon cher monsieur, est une bonne mère. Eh bien ! on peut se faire prêtre sans tonsure, tous les prêtres ne sont pas dans les ordres. Se vouer au bien, c'est imiter le vrai prêtre, c'est obéir à Dieu ! Je ne vous prêche pas, je ne veux pas vous convertir, je veux vous expliquer notre vie. — Instruisez-moi, madame, dit Godefroid subjugué, que je ne manque à aucun article de votre reglement. — Vous auriez trop à faire, vous l'apprendrez par degrés. Avant tout, ici, ne parlez jamais de vos malheurs, qui sont des enfantillages comparés aux catastrophes terribles sous lesquelles Dieu a foudroyé ceux avec qui vous êtes en ce moment...

En parlant ainsi, madame de la Chanterie tirait toujours ses points avec une régularité désespérante ; mais là, elle leva la tête et regarda Godefroid, elle le trouva charmé par la pénétrante douceur de sa voix, qui, disons-le, possédait une onction apostolique. Le jeune malade contemplait avec admiration le phénomène vraiment extraordinaire que présentait cette femme dont la beauté renaissait. Des teintes rosées s'étaient répandues sur ses joues d'un blanc de cierge, ses yeux brillaient, la jeunesse de l'âme animait ses légères rides devenues gracieuses, et tout en elle sollicitait l'affection. Godefroid mesurait en ce moment la profondeur de l'abîme qui séparait cette femme des sentiments vulgaires, il la voyait arrivée sur un pic inaccessible où la religion l'avait conduite, et il était encore trop mondain pour ne pas être piqué au vif, pour ne pas désirer de descendre dans ce fossé, de monter à la cime aiguë où madame de la Chanterie était posée, et s'y placer près d'elle. En se livrant à une étude approfondie de cette femme, il lui raconta les déceptions sa vie, et tout ce qu'il n'avait pu dire chez Mongenod, où sa confidence s'était restreinte à l'exposé de sa situation. — Pauvre enfant !...

Cette exclamation maternelle, tombée des lèvres de madame de la Chanterie, arrivait par moments comme un baume sur le cœur du jeune homme. — Que puis-je substituer à tant d'espérances trompées, à tant d'affection trahie ? demanda-t-il en regardant son hôtesse devenue rêveuse. Je suis venu ici, reprit-il, y réfléchir et prendre un parti. J'ai perdu ma mère, remplacez-la..., — Aurez-vous, dit-elle, l'obéissance d'un fils ! .. — Oui, si vous avez toute la tendresse qui la commande. — Eh bien ! nous essayerons, répliqua-t-elle. Godefroid tendit sa main pour prendre une des mains de son hôtesse, qui la lui offrit en devinant son intention, et il la porta respectueusement à ses lèvres. La main de madame de la Chanterie était admirablement belle, sans rides, ni grasse, ni maigre, blanche à faire envie à une jeune femme, et d'une tournure à être copiée par un statuaire. Godefroid avait admiré ces mains en les trouvant en harmonie avec les enchantements de la voix, avec le bleu céleste du regard. — Restez-là ! dit madame de la Chanterie en se levant et en rentrant chez elle.

Godefroid éprouva la plus vive émotion, et ne savait à quel ordre d'idées attribuer le mouvement de cette femme, il ne demeura pas pendant longtemps dans ses perplexités, car elle rentra tenant un volume à la main. — Voici, dit-elle, mon cher enfant, les ordonnances d'un grand médecin des âmes. Quand les choses de la vie ordinaire ne nous ont pas donné le bonheur que nous en attendions, il faut chercher le bonheur dans la vie supérieure, et voici la clef d'un nouveau monde. Lisez, soir et matin, un chapitre de ce livre; mais lisez-le en y prêtant toute votre attention, étudiez-en les paroles comme s'il s'agissait d'une langue étrangère... Au bout d'un mois, vous serez un tout autre homme. Voici vingt-six ans que je lis un tons les jours un chapitre, et mes trois amis, MM. Nicolas, Alain et Joseph, ne manquent pas plus à cette pratique qu'ils ne manquent à se coucher et à se lever, imitez-les pour l'amour de Dieu, pour l'amour de moi, dit-elle avec une sérénité divine avec une auguste confiance.

Godefroid retourna le livre et lut au dos, en lettres d'or : IMITATION DE JÉSUS-CHRIST. La naïveté de cette vieille femme, sa candeur juvénile, sa certitude de bienfaisance, confondirent l'ex-dandy. Madame de la Chanterie était absolument l'attitude et le ravissement d'une femme qui tendrait cent mille francs à un négociant sur le point de faire faillite. — Je m'en suis servi, dit-elle, depuis vingt-six ans. Dieu veuille que ce livre soit contagieux ! Allez m'en acheter un autre, car voici l'heure à laquelle doivent venir les personnes qui ne doivent pas être vues...

Godefroid salua madame de la Chanterie et remonta dans sa chambre, où il le jeta le livre sur une table en s'écriant : « Pauvre bonne femme ! ... va !... Le livre, comme tous les livres fréquemment lus, s'ouvrit à un endroit. Godefroid s'assit comme pour mettre ses idées en ordre, car il avait éprouvé plus d'émotions dans cette matinée que durant les mois les plus agités de sa vie, et sa curiosité surtout n'avait jamais été si vivement excitée. En laissant aller ses yeux au hasard, comme il arrive aux gens dont l'âme est lancée dans la méditation, il regarda machinalement les deux pages que présentait le livre, et il lut malgré lui cet intitulé : CHAPITRE XII. DU CHEMIN ROYAL DE LA SAINTE CROIX.

Et il prit le livre ! Et cette phrase de ce beau chapitre saisit son regard comme par un flamboiement. « Il a marché devant vous « chargé de sa croix, et il est mort pour vous, afin que vous portiez « votre croix et que vous désiriez y mourir. Allez où vous voudrez, « faites tant de recherches qu'il vous plaira, vous n'y trouverez pas « de voies plus élevées ni plus sûres que le *chemin de la sainte* « *croix*. Disposez et réglez toutes choses selon vos désirs et vos vues, « vous n'y rencontrerez qu'un engagement à souffrir toujours quel- « ques peines, soit que vous le vouliez ou non, et ainsi vous trouve- « rez toujours la croix, car vous sentirez ou la douleur dans le « corps, ou vous aurez à souffrir des peines dans l'esprit. Tantôt « vous serez délaissé de Dieu, tantôt les hommes vous donneront de « l'exercice. Bien plus, vous serez souvent à charge à vous-même, « sans pouvoir être délivré par aucun remède, ni soulagé par au- « cune consolation, et, jusqu'à ce qu'il plaise à Dieu d'y mettre fin, « vous serez obligé de souffrir, car Dieu veut que vous appreniez à « souffrir sans consolations, afin que vous vous soumettiez à lui sans « réserve, et que vous deveniez plus humble par le moyen des tri- « bulations. »

— Quel livre ! se dit-il en feuilletant ce chapitre. Et il tomba sur ces paroles : « Quand vous serez parvenu à ce point que de trouver « les afflictions douces et d'y prendre goût pour l'amour de Jésus-

« Christ, alors croyez-vous heureux, parce que vous aurez trouvé le « paradis en ce monde. »

Importuné par cette simplicité, caractère de la force, et furieux d'être battu par ce livre, il le ferma, mais il trouva ce conseil gravé en lettres d'or sur le maroquin vert de la couverture : SE CHERCHEZ QUE CE QUI EST ÉTERNEL !

— Et l'ont-ils trouvé ici ?... se demanda-t-il. Il sortit pour aller chercher un bel exemplaire de l'Imitation de Jésus-Christ, en pensant que madame de la Chanterie avait à en lire un chapitre le soir, il descendit et gagna la rue. Il resta pendant quelques instants à deux pas de la porte, indécis sur le chemin à prendre, ou se demandant à quel endroit, dans quelle librairie, il irait acheter son livre, et il entendit alors le bruit lourd de la porte cochère qui se fermait. Deux hommes sortaient de l'hôtel de la Chanterie, car, si l'on a bien saisi le caractère de cette vieille maison, on y aura reconnu celui qui distingue les anciens hôtels. Manon, en venant avertir Godefroid le matin, lui avait demandé comment il avait passé sa première nuit à l'hôtel de la Chanterie, évidemment en riant. Godefroid suivit sans aucune idée d'espionnage les deux hommes qui le prirent pour un passant, et qui, dans ces rues désertes, parlèrent assez haut pour qu'il pût entendre leur conversation.

Les deux inconnus retournaient par la rue Massillon, pour longer Notre-Dame et traverser le parvis. — Eh bien ! tu vois, mon vieux, qu'il est assez facile de leur attraper des sous... Faut dire comme eux... voilà tout. — Mais nous devons ! — À qui ? — À cette dame. — Je voudrais bien me voir poursuivi par cette vieille carcasse, je la... — Tu la... tu la payeras... — Si ça presse, tu m'en payant j'aurais plus tard encore plus qu'aujourd'hui... — Ne vaudrait-il pas mieux nous conduire par leurs conseils et arriver à faire un bon établissement... — Ah bah ! — Puisqu'ils nous trouveraient des bailleurs de fonds, a-t-elle dit. — Il faudrait quitter aussi la vie... — La vie m'ennuie, c'est pas être un homme que d'être toujours dans les vignes... — Oui, mais l'abbé n'a-t-il pas lâché l'autre jour le père Marin, il lui a tout refusé. — Ah bah ! le père Marin voulait faire des filouteries qui ne peuvent réussir qu'aux millionnaires.

En ce moment, ces deux hommes dont la tenue indiquait des contre-maîtres d'ateliers, retournèrent brusquement sur leurs pas pour aller chercher le quartier de la place Maubert, par le point de l'Hôtel-Dieu; Godefroid s'écarta, mais en se voyant suivis de si près par lui, tous deux changèrent un regard de défiance, et leur visage exprima le regret d'avoir parlé. Godefroid fut d'autant plus intéressé par cette conversation qu'elle lui rappela la scène de l'abbé de Vèze et de l'ouvrier le jour de sa première visite. — Que se passe-t-il donc chez madame de la Chanterie ? se demanda-t-il encore.

En méditant cette question, il alla jusque chez un libraire de la rue Saint-Jacques, et revint avec un exemplaire très riche de la plus belle édition qu'on ait faite en France de l'Imitation de Jésus-Christ. En venant à pas lents pour se trouver à l'heure exacte du dîner, il rappelait en lui-même ses sensations pendant cette matinée, et il en ressentait une extrême fraîcheur d'âme. Il était pris d'une curiosité profonde, mais sa curiosité palissait néanmoins sous un désir inexplicable, il était attiré vers madame de la Chanterie, il éprouvait une violente envie de s'attacher à elle, de se dévouer pour elle, de lui plaire, de mériter des éloges; enfin il était atteint d'amour platonique, il pressentait des grandeurs inouïes dans cette âme, il voulait la connaître dans son intime. Il était impatient de pénétrer les secrets de l'existence de ces purs catholiques. Enfin, dans cette petite réunion de fidèles, la majesté de la religion pratiquée était si bien alliée à ce que la femme française a de majestueux, qu'il résolut de tout faire pour s'y faire agréer. Ces sentiments eussent été bien prompts chez un Parisien occupé, mais Godefroid était, comme on l'a vu, dans la situation des naufragés qui s'attachent aux plus flexibles branches en les croyant solides, et il avait une âme labourée, prête à recevoir toute semence. Il trouva les quatre amis au salon, et il présenta le livre à madame de la Chanterie. — Je n'ai pas voulu vous en priver pour ce soir, — Dieu veuille ! répondit-elle en regardant le magnifique volume, qui porte sur votre dernier accès d'élégance.

En voyant chez ces quatre personnages les moindres choses des vêtements réduites au propre et à l'utile, en trouvant ce système appliqué rigoureusement dans les moindres détails de la maison, Godefroid comprit la valeur de ce reproche si gracieusement exprimé. — Madame, dit-il, les gens qui vous ont obligés ce matin sont des monstres; j'ai, sans le vouloir, entendu les propos qu'ils tenaient en sortant d'ici, et il y régnait la plus noire ingratitude. — C'est les deux serruriers de la rue Mouffetard, dit madame de la Chanterie à M. Nicolas, cela vous regarde .. — Le pauvre s'est sauvé plus d'une fois avant d'être pris, répondit en riant M. Alain.

La parfaite insensibilité de madame de la Chanterie, en apprenant l'ingratitude immédiate des gens à qui, sans doute, elle avait donné de l'argent, surprit Godefroid, qui devint pensif. Le dîner fut égayé par M. Alain, l'ancien conseiller; mais le militaire resta grave, triste et froid, il portait sur sa figure l'empreinte ineffaçable d'un chagrin amer, d'une douleur éternelle. Madame de la Chanterie avait des attentions égales pour tous. Godefroid se sentit observé par ces gens dont la prudence égalait la piété, sa vanité lui fit imiter leur réserve, et il mesura beaucoup ses paroles. Cette première journée devait être beaucoup plus animée que les suivantes. Godefroid, qui se vit mis en dehors de toutes les conférences sérieuses, fut obligé, pendant les quelques heures de la matinée et de la soirée où il était seul chez lui, d'ouvrir l'Imitation de Jésus-Christ, et il finit par étudier ce livre, comme on étudie un livre quand on n'en possède qu'un, et qu'on se trouve emprisonné. Il en est alors de ce livre comme d'une femme quand on est avec elle dans la solitude, de même qu'il faut haïr ou adorer la femme, de même on se pénètre de l'esprit de l'auteur ou vous ne lisez pas dix lignes. Or, il est impossible de ne pas être saisi par l'Imitation, qui est au dogme ce que l'action est à la pensée. Le catholicisme y vibre, s'y meut, s'agite, s'y prend corps à corps avec la vie humaine. Ce livre est un ami sûr. Il parle à toutes les passions, à toutes les difficultés, même mondaines ; il résout toutes les objections, et il est plus éloquent que tous les prédicateurs, car sa voix est la vôtre, elle s'élève dans votre cœur, et vous l'entendez par l'âme. C'est enfin l'Evangile traduit, approprié à tous les temps, superposé à toutes les situations. Il est extraordinaire que l'Eglise n'ait pas canonisé Gerson, car l'esprit saint animait évidemment sa plume.

Pour Godefroid, l'hôtel de la Chanterie renfermait une femme, outre le livre ; et il s'éprenait de jour en jour davantage de cette femme, il découvrait en elle des fleurs ensevelies sous la neige des hivers, il entrevoyait les délices de cette amitié sainte que la religion permet, à laquelle les anges sourient, qui liait d'ailleurs ces cinq personnes, et contre laquelle rien de mauvais ne pouvait prévaloir. Il est un sentiment supérieur à tous les autres, un amour d'âme à âme qui ressemble à ces fleurs si rares, nées sur les pics les plus élevés de la terre, et dont un ou deux exemples sont offerts à l'humanité de siècle en siècle, par lequel souvent des amants se sont unis, et qui rendent raison des attachements fidèles, inexplicables par les lois ordinaires du monde. C'est un attachement sans aucun mécompte, sans brouilles, sans vanité, sans luttes, sans contraste même tant les natures morales se sont également confondues. Ce sentiment immense, infini, né de la charité catholique, Godefroid en entrevoyait les délices. Il ne pouvait pas croire par moments au spectacle qu'il avait sous les yeux, et il cherchait des raisons à l'amitié sublime de ces cinq personnes, étonné de trouver de vrais catholiques, des chrétiens du premier temps de l'Eglise dans le Paris de 1835.

Huit jours après son entrée au logis, Godefroid avait été témoin d'un tel concours de gens, il avait surpris des fragments de conversation où il s'agissait de choses si graves, qu'il entrevit une prodigieuse activité dans la vie de ces cinq personnes. Il s'aperçut que chacune d'elles dormait six heures au plus. Toutes, elles avaient déjà fait, en quelque sorte, une première journée, lors du second déjeuner. Des étrangers apportaient ou remportaient des sommes, parfois importantes. Le garçon de caisse de Mongenod venait souvent, et toujours de grand matin, de manière à ce que son service ne souffrît pas de

ces courses, en dehors des habitudes de la maison de banque. M. Mongenod lui-même vint un soir, et Godefroid remarqua chez lui, pour M. Alain, des nuances de familiarité filiale, mêlées au profond respect qu'il lui témoignait, comme aux trois autres pensionnaires de madame de la Chanterie. Ce soir-là, le banquier ne fit à Godefroid que des questions banales : — S'il se trouvait bien ici, s'il y resterait, etc., en l'engageant à persévérer dans sa résolution. — Il ne me manque qu'une seule chose pour être heureux, dit Godefroid. — Eh ! quoi ? demanda le banquier. — Une occupation. — Une occupation ! reprit l'abbé de Vèze. Vous avez donc changé d'avis, vous étiez venu dans notre cloître et chercher le repos... — Le repos sans la prière qui vivifiait les monastères, sans la méditation qui peuplait les thébaïdes, devient une maladie, dit sentencieusement M. Joseph. — Apprenez la tenue des livres, dit en souriant M. Mongenod, vous pourrez devenir dans quelques mois très-utile à mes amis... — Oh ! avec bien du plaisir ! s'écria Godefroid.

Le lendemain était un dimanche, madame de la Chanterie exigea de son pensionnaire qu'il lui donnât le bras pour aller à la grand'messe. — C'est, dit-elle, la seule violence que je veuille vous faire. Maintes fois, durant cette semaine, j'ai voulu vous parler de votre salut, mais je ne crois pas le moment venu. Vous seriez bien occupé, si vous partagiez nos croyances, car vous partageriez aussi nos travaux.

A la messe, Godefroid observa la ferveur de MM. Nicolas, Joseph et Alain ; mais, comme, pendant ces quelques jours, il avait pu se convaincre de la supériorité, de la perspicacité, de l'étendue des connaissances, du grand esprit de ces messieurs, il pensa que, s'ils s'humiliaient ainsi, la religion catholique avait des secrets qui jusqu'alors lui avaient échappé. — C'est, après tout, se dit-il en lui-même, la religion des Bossuet, des Pascal, des Racine, des saint Louis, des Louis XIV, des Raphaël, des Michel-Ange, des Ximenès, des Bayard, des du Guesclin, et je ne saurais, moi chétif, me comparer à ces intelligences, à ces hommes d'Etat, à ces poètes, à ces capitaines.

S'il ne devait pas résulter un enseignement profond de ces menus

A la messe, Godefroid observa la ferveur de MM. Nicolas, Joseph et Alain.

détails, il serait imprudent de s'y arrêter par le temps qui court, mais ils sont indispensables à l'intérêt de cette histoire, à laquelle le public actuel croira déjà difficilement, et qui débute par un fait presque ridicule : l'empire que prenait une femme de soixante ans sur un jeune homme désabusé de tout. — Vous n'avez pas prié, dit madame de la Chanterie à Godefroid sur la porte de Notre-Dame, pas pour personne, pas même pour le repos de l'âme de votre mère.

Godefroid rougit et garda le silence. — Faites-moi le plaisir, lui dit madame de la Chanterie, de monter chez vous et de ne pas descendre au salon avant une heure. Si vous m'aimez, ajouta-t-elle, vous méditerez le chapitre de l'Imitation, le premier du troisième livre, intitulé *de la Conversation intérieure*.

Godefroid salua froidement et monta chez lui. — Que le diable les emporte ! se dit-il en se livrant à une colère sérieuse. Que veulent-ils de moi ici ? que s'y trafique-t-il ?... Bah ! toutes les femmes, même les dévotes, ont les mêmes ruses; et si madame, dit-il en appelant son hôtesse du nom que lui donnaient ses pensionnaires, ne veut pas de moi, c'est qu'il se trame quelque chose contre moi.

Dans cette pensée, il essaya de regarder par sa fenêtre dans le salon, mais la disposition des lieux ne lui permit pas d'y voir. Il descendit un étage et remonta vivement chez lui; car il pensa que, d'après la rigidité du nom des principes des habitants de la maison, un acte d'espionnage le ferait congédier aussitôt. Perdre l'estime de ces cinq personnes lui sembla tout aussi grave que de se déshonorer publiquement. Il attendit environ trois quarts d'heure et résolut de surprendre madame de la Chanterie, en devançant l'heure indiquée. Il inventa de se justifier par un mensonge, en disant que sa montre allait mal, et il l'avança de vingt minutes. Puis, il descendit en ne faisant pas le moindre bruit. Il arriva jusqu'à la porte du salon et l'ouvrit brusquement. Il vit alors un homme assez célèbre, jeune encore, un poëte qu'il avait rencontré souvent dans le monde, Victor de Vernisset, à genou en terre devant madame de la Chanterie et lui baisant le bas de sa robe. Le ciel tombant en éclats, comme s'il eût été de cristal, comme le croyaient les anciens, eût moins surpris Godefroid que ce spectacle. Il lui vint les plus affreuses pensées, et il y eut une réaction plus terrible encore quand, au premier sarcasme qui lui vint sur les lèvres, et qu'il allait prononcer, il vit dans un coin du salon M. Alain comptant des billets de mille francs.

En un moment Vernisset fut sur ses deux pieds, et le bonhomme Alain resta saisi. Madame de la Chanterie, elle, lança sur Godefroid un regard qui le pétrifia, car la double expression du visage de son nouvel hôte ne lui avait pas échappé. — Monsieur, dit-elle au jeune poëte en lui montrant Godefroid, est un des nôtres... — Vous êtes bien heureux, mon cher, dit Vernisset, vous êtes sauvé! Mais, madame, reprit-il en se tournant vers madame de la Chanterie, quand tout Paris m'aurait vu, j'en serais heureux, rien ne peut m'acquitter envers vous!... Je vous suis acquis à jamais! je vous appartiens entièrement. Commandez-moi quoi que ce soit, j'obéirai! Ma reconnaissance sera sans bornes.

Je vous dois la vie, elle est à vous... — Allons, dit le bon Alain, jeune homme, soyez sage; seulement, travaillez, et surtout n'attaquez jamais la religion dans vos œuvres... Enfin, souvenez-vous de votre dette!

Et il lui tendit une enveloppe grossie par les billets de banque qu'il avait comptés. Victor de Vernisset eut les yeux mouillés de larmes, il baisa respectueusement la main de madame de la Chanterie, et il partit après avoir échangé une poignée de main avec M. Alain et Godefroid. — Vous n'avez pas obéi à madame, dit solennellement le bonhomme, dont le visage triste et sévère que Godefroid ne lui avait pas encore vu, c'est une faute capitale, encore deux et nous nous quitterons. Ce sera bien dur pour vous, après nous avoir paru digne de notre confiance... — Mon cher Alain, dit madame de la Chanterie, ayez pour moi la bonté de vous faire sur cette étourderie... Il ne faut pas trop demander à un nouvel arrivé, qui n'a pas

eu de grands malheurs, qui n'a pas de religion, qui n'a qu'une excessive curiosité pour toute vocation, et qui ne croit pas encore en nous. — Pardonnez-moi, madame, répondit Godefroid, je veux dès ce moment être digne de vous, je me soumets à toutes les épreuves que vous jugerez nécessaires avant de m'initier au secret de vos occupations, et, si M. l'abbé de Vèze veut entreprendre de m'éclairer, je lui livrerai mon âme et ma raison.

Ces paroles rendirent madame de la Chanterie si heureuse, que ses joues se couvrirent d'une petite rougeur, elle saisit la main de Godefroid, la lui serra, puis elle lui dit avec une étrange émotion : — C'est bien!

Le soir, après le dîner, Godefroid vit venir un vicaire général du diocèse de Paris, deux chanoines, deux anciens maires de Paris, et une dame de charité. L'on ne joua point, la conversation générale fut gaie sans être futile. Une visite qui surprit étrangement Godefroid fut celle de la comtesse de Cinq-Cygne, l'une des sommités aristocratiques, et dont le salon était inabordable pour la bourgeoisie et pour les parvenus. La présence de cette grande dame dans le salon de madame de la Chanterie était déjà bien extraordinaire; mais la manière dont ces deux femmes s'abordèrent et se traitèrent fut pour Godefroid quelque chose d'inexplicable, car elle attestait une intimité, des relations constantes qui donnaient une immense valeur à madame de la Chanterie. Madame de Cinq-Cygne fut gracieuse et affectueuse avec les quatre amis de son amie, et marqua du respect à M. Nicolas. On voit que la vanité sociale gouvernait encore Godefroid, qui, jusqu'alors assez indécis, résolut de se prêter, avec son conviction, à tout ce que madame de la Chanterie et ses amis exigeaient de lui, pour arriver à se faire affilier par eux à leur ordre, ou se faire initier à leurs secrets, en se promettant alors seulement de prendre un parti. Le lendemain, il alla chez le teneur de livres que madame de la Chanterie lui indiqua, convint avec lui des heures auxquelles ils travailleraient ensemble, et il eut ainsi l'emploi de tout son temps, car l'abbé de Vèze avait déjà les catéchisait le matin, il allait passer tous les jours deux heu-

res chez le teneur de livres, et il travaillait entre le déjeuner et le dîner aux écritures commerciales imaginaires que son maître lui faisait tenir.

Quelques jours se passèrent ainsi, pendant lesquels Godefroid sentit le charme d'une vie où chaque heure a son emploi. Le retour de travaux connus à des moments déterminés, la régularité, rend raison de bien des existences heureuses, et prouve combien les fondateurs des ordres religieux avaient profondément médité sur la nature de l'homme. Godefroid, qui s'était promis à lui-même d'écouter l'abbé de Vèze, avait déjà des craintes sur sa vie future, et commençait à trouver qu'il ignorait la gravité des questions religieuses. Enfin, de jour en jour, madame de la Chanterie, près de laquelle il restait environ une heure après le second déjeuner, lui laissait découvrir de nouveaux trésors en elle; il n'avait jamais imaginé de bonté si complète, ni si étendue. Une femme de l'âge que madame de la Chanterie

Le gargotier m'a refusé crédit hier. — PAGE 19.

paraissait avoir n'a plus aucune des petitesses de la jeune femme, c'est un ami qui vous offre toutes les délicatesses féminines, qui déploie les grâces, les recherches que la nature inspire à la femme pour l'homme, et qui ne les vend plus. elle est exécrable ou parfaite, car toutes ses prétentions subsistent sous l'épiderme, ou sont mortes, et madame de la Chanterie était parfaite. Elle semblait n'avoir jamais eu de jeunesse, son regard ne parlait jamais du passé. Loin d'apaiser la curiosité de Godefroid, la connaissance de plus en plus intime de ce sublime caractère, les découvertes de chaque jour, redoublaient son désir d'apprendre la vie antérieure de cette femme qu'il trouvait sainte. Avait-elle jamais aimé? avait-elle été mariée? avait-elle été mère? Rien en elle ne trahissait la vieille fille, elle déployait les grâces d'une femme bien née, et l'on devinait dans sa robuste santé, dans le phénomène extraordinaire de sa conservation, une vie céleste, une sorte d'ignorance de la vie. Excepté le gai bonhomme Alain, tous ces êtres avaient souffert; mais M. Nicolas lui-même semblait donner la palme du martyre à madame de la Chanterie, et néanmoins le souvenir de ses malheurs était si bien contenu par la résignation catholique, par ses occupations secrètes, qu'elle semblait avoir été toujours heureuse.

— Vous êtes, lui dit un jour Godefroid, la vie de vos amis, vous êtes le lien qui les unit, vous êtes pour ainsi dire la femme de ménage d'une grande œuvre, et, comme nous sommes tous mortels, je me demande ce que deviendrait votre association sans vous... — C'est ce qui les effraye, mais la Providence, à laquelle nous avons dû notre teneur de livres, dit-elle en souriant, y pourvoira. D'ailleurs, je chercherai. — Votre teneur de livres sera-t-il bientôt au service de votre maison de commerce? répondit Godefroid en riant. — Ceci dépend de lui, reprit-elle en souriant. Qu'il soit sincèrement religieux, qu'il soit pieux, qu'il n'ait pas le moindre amour-propre, qu'il ne s'inquiète plus des richesses de notre maison, qu'il songe à s'élever au-dessus des petites considérations sociales en se servant des bout ailes que Dieu nous a données. — Quoi?... — La simplicité, la pureté, répondit madame de la Chanterie. Votre ignorance me dit assez que vous négligez la lecture de notre livre, ajouta-t-elle en riant de l'innocent subterfuge auquel elle avait eu recours pour savoir si Godefroid lisait l'Imitation de Jésus-Christ. Enfin, pénétrez-vous de l'Épître de saint Paul sur la charité. Ce n'est pas vous, dit-elle avec une expression sublime, qui serez à nous, c'est nous qui serons à vous, et il vous sera permis de compter les plus immenses richesses qu'aucun souverain ait possédées, vous en jouirez comme nous en jouissons, et laissez-moi vous dire, si vous vous souvenez des Mille et une nuits, que les trésors d'Aladin ne sont rien comparés à ce que nous possédons... Aussi, depuis un an, ne savons-nous plus comment faire, nous n'y suffisons plus, il nous fallait un teneur de livres.

En parlant, elle étudiait le visage de Godefroid, qui ne savait que penser de cette étrange confidence; mais comme la scène de madame de la Chanterie et de madame Mongenod la mère lui revenait souvent dans la mémoire, il restait entre le doute et la croyance. — Ah! vous seriez bien heureux, dit-elle.

Godefroid fut tellement dévoré de curiosité que, dès ce moment, il résolut de faire fléchir la discrétion des quatre amis et de les interroger sur eux-mêmes. De tous les commensaux de madame de la Chanterie, celui vers qui Godefroid se sentait le plus entraîné, et qui paraissait aussi devoir exciter le plus de sympathies chez les gens de toute classe, était le bon, le gai, le simple M. Alain. Par quelles voies la Providence avait-elle amené cet être si candide dans ce monastère sans clôture, dont les religieux agissaient sous l'empire d'une règle observée, au milieu de Paris, en toute liberté, comme la plus sent cru le supérieur le plus sévère? Quel drame, quel événement, lui avait fait quitter son chemin dans le monde, pour prendre ce sentier si pénible à parcourir à travers les malheurs d'une capitale? Un soir, Godefroid voulut faire une visite à son voisin, dans l'intention de satisfaire une curiosité plus éveillée par l'impossibilité de toute catastrophe dans cette existence qu'elle ne l'eût été par l'attente du récit de quelque terrible épisode dans la vie d'un corsaire.

Au mot: Entrez! donné comme réponse à deux coups frappés discrètement, Godefroid tourna la clef qui restait toujours dans la serrure, et trouva M. Alain assis au coin de son feu, lisant, avant de se coucher, un chapitre de l'Imitation de Jésus-Christ, à la lueur de deux bougies coiffées chacune d'un de ces garde-vue verts, mobiles, dont se servent les joueurs de whist. Le bonhomme était en pantalon à pieds, dans sa robe de chambre de molleton grisâtre, et tenait ses pieds à la hauteur du feu, sur un coussin fait, ainsi que ses pantoufles, par madame de la Chanterie, en tapisserie au petit point. Cette belle tête de vieillard, sans autre accompagnement qu'une couronne de cheveux blancs presque semblable à celle d'un vieux moine, se détachait en clair sur le fond brun de la tapisserie de l'immense fauteuil. M. Alain posa doucement sur la petite table à quatre colonnes torses son livre usé aux quatre coins, et montra de l'autre main son autre fauteuil au jeune homme, en ôtant les lunettes qui lui pinçaient le bout du nez.

— Souffrez-vous, pour être sorti de chez vous à cette heure? demanda-t-il à Godefroid. — Cher monsieur Alain, répondit franche-

ment Godefroid, je suis tourmenté par une curiosité qu'un seul mot de vous fera très-innocente ou très-indiscrète, et c'est assez vous dire ce quel esprit je vous adresserai ma question. — Oh! oh! quelle est-elle? fit-il en regardant le jeune homme d'un air presque malicieux. — Quel est le fait qui vous a conduit à mener la vie que vous menez ici? Car, pour embrasser la doctrine d'un pareil renoncement à tout intérêt, on doit être dégoûté du monde, y avoir été blessé, ou y avoir blessé les autres. — Eh quoi! mon enfant, répondit le vieillard en laissant errer sur ses larges lèvres un de ces sourires qui rendaient sa bouche vermeille une des plus affectueuses que le génie des peintres ait pu rêver, ne peut-on se sentir ému d'une pitié profonde au spectacle des misères que Paris enferme dans ses murs? Saint Vincent de Paul a-t-il eu besoin de l'aiguillon du remords ou de la vanité blessée pour se vouer aux enfants abandonnés? — Ceci me ferme d'autant plus la bouche, que si jamais une âme a ressemblé à celle de ce héros chrétien, c'est assurément la vôtre, répondit Godefroid.

Malgré la dureté de l'âge qui avait imprimée à la peau de son visage presque jaune et ridé, le vieillard rougit excessivement, car il semblait avoir provoqué cet éloge, auquel sa modestie bien connue permettait de croire qu'il n'avait pas songé. Godefroid savait bien que les commensaux de madame de la Chanterie étaient sans aucun goût pour cet encens. Néanmoins, l'excessive simplicité du bonhomme Alain fut plus embarrassée de ce scrupule qu'une jeune fille aurait pu l'être d'avoir conçu quelque pensée mauvaise. — Si je suis encore bien loin de lui au moral, reprit M. Alain. je suis bien sûr de lui ressembler au physique...

Godefroid voulut parler, mais il en fut empêché par un geste du vieillard, dont le nez avait en effet l'apparence tuberculeuse de celui du saint, et dont la figure, semblable à celle d'un vieux vigneron, était le vrai duplicata de la grosse figure connue du fondateur des Enfants-Trouvés. — Quant à moi, vous avez raison, dit-il en continuant, ma vocation pour notre œuvre fut déterminée par un sentiment de repentir, à cause d'une aventure... — Vous, une aventure! s'écria doucement Godefroid, à qui ce mot fit oublier ce qu'il voulait répondre d'abord au vieillard. — Oh! mon Dieu, ce que je vais vous raconter vous paraîtra sans doute une bagatelle, une niaiserie mais au tribunal de la conscience, ce fut tout autrement. Si vous persistez dans votre désir de participer à nos œuvres, après m'avoir écouté, vous comprendrez que les sentiments sont en raison de la force des âmes, et que le fait qui ne tourmente pas un esprit fort peut très-bien troubler la conscience d'un faible chrétien.

Après cette espèce de préface, on ne saurait exprimer à quel degré de curiosité le néophyte arriva. Quel était le crime de ce bonhomme, que madame de la Chanterie appelait son agneau pascal? C'était aussi intéressant qu'un livre intitulé : les Crimes d'un mouton. Les moutons sont peut-être féroces envers les herbes et les fleurs. A entendre un des plus doux républicains de ce temps-ci, le meilleur des êtres serait encore cruel envers quelque chose. Mais, le bonhomme Alain! qui, semblable à l'oncle Tobie de Sterne, n'écrasait pas une mouche après avoir été piqué vingt fois par elle! cette belle âme, avoir été torturée par un repentir! Cette réflexion représente le point d'orgue que fit le vieillard après ces mots : Écoutez-moi! et pendant lequel il avançait son coussin sous les pieds de Godefroid pour le partager avec lui. — J'avais alors un peu plus de trente ans, dit-il, nous étions en 98, autant qu'il m'en souvient, une époque où les jeunes gens devaient avoir l'expérience des gens de soixante ans. Un matin, un peu avant l'heure de mon déjeuner, à neuf heures, ma vieille femme de ménage m'annonce un des amis que j'avais conservés au milieu des orages de la Révolution. Aussi, mon premier mot fut-il une invitation à déjeuner. Mon ami, cet homme, Mongenod, garçon de vingt-huit ans, accepte, mais d'un air gêné; je ne l'avais pas vu depuis 1793... — Mongenod? s'écria Godefroid, le... — Si vous voulez savoir le fin avant le commencement, reprit le vieillard en souriant, comment vous dire mon histoire?

Godefroid fit un mouvement qui promettait un silence absolu. — Quand Mongenod s'assied, reprit le bonhomme Alain, je m'aperçois que ses souliers sont horriblement usés. Ses bas remontés avaient été si souvent blanchis, que j'eus de la peine à reconnaître qu'ils étaient en soie. Sa culotte en casimir de couleur abricot, sans aucune fraîcheur, annonçait un long usage, encore attesté par les changements de couleur à des places dangereuses, et les boucles, au lieu d'être en acier, me parurent être en fer commun, celles des souliers étaient de même métal. Son gilet blanc à fleurs, devenu jaune à force d'être porté, comme sa chemise dont le jabot dormant était tripé, trahissait une horrible mais décente misère. Enfin l'aspect de la houppelande (on nommait ainsi une redingote ornée d'un seul collet en façon de manteau à la Crispin) acheva de me convaincre que mon ami était tombé dans le malheur. Cette houppelande, en drap couleur noisette, excessivement râpée, admirablement bien brossée, avait un col gras de pommade ou de poudre, et des boutons en métal blanc devenu rouge. Enfin, toute cette friperie était si honteuse, que je n'osais plus y jeter les yeux. Le claque, une espèce de demi-cercle en feutre qu'on gardait alors sous le bras au lieu de le mettre sur la tête, avait dû voir plusieurs gouvernements. Néanmoins, mon ami venait sans doute de dépenser quelques sous pour sa coiffure chez un barbier, car il était rasé. Ses cheveux, ramassés par derrière, attachés par un peigne et poudrés avec luxe, sentaient la pommade. Je vis bien deux chaînes parallèles sur le devant de sa culotte, deux chaînes en acier terni, mais aucune apparence de montre dans les goussets. Nous étions en hiver, et Mongenod n'avait point de manteau, car quelques larges gouttes de neige fondue et tombées des toits, le long desquels il avait dû marcher, jaspaient le collet de sa houppelande. Lorsqu'il ôta de ses mains ses gants en poil de lapin et que je vis sa main droite, j'y reconnus les traces d'un travail quelconque, mais d'un travail pénible Or, son père, avocat au grand conseil, lui avait laissé quelque fortune, cinq à six mille livres de rente. Je compris aussitôt que Mongenod venait me faire un emprunt. J'avais dans une cachette deux cents louis en or, une somme énorme pour ce temps-là, car elle valait je ne sais combien de cent mille francs en assignats. Mongenod et moi, nous avions étudié dans le même collège, celui des Grassins, et nous nous étions retrouvés chez le même procureur, un honnête homme, le bonhomme Bordin. Quand on a passé sa jeunesse et fait les folies de son adolescence avec un camarade, il existe entre nous et lui des sympathies presque sacrées, sa voix, ses regards nous remuent au cœur de certaines cordes qui ne vibrent que sous l'effort des souvenirs qu'il ranime. Quand bien même on a en des motifs de plainte contre un tel camarade, tous les droits de l'amitié ne sont pas prescrits. Mais il n'y avait pas eu la moindre brouille entre nous. A la mort de son père, en 1787, Mongenod s'était trouvé plus riche que moi, quoique je ne lui eusse jamais rien emprunté, parfois je lui avais dû de ces plaisirs que la rigueur paternelle m'interdisait. Sans mon généreux camarade, je n'aurais pas vu la première représentation du *Mariage de Figaro*. Mongenod fut alors ce qu'on appelait un charmant cavalier, il avait des galanteries; je lui reprochais sa facilité à se lier et sa trop grande obligeance, sa bourse s'ouvrait facilement, il vivait à la grande, il vous aurait servi de témoin après vous avoir vu deux fois...

— Mon Dieu! vous me remettez dans les sentiers de ma jeunesse! s'écria le bonhomme Alain en jetant à Godefroid un gai sourire et faisant une pause. — M'en voulez-vous?... dit Godefroid. — Oh! non, et, à la minutie de mon récit, vous voyez combien cet événement tient de place dans ma vie... — J'écoute!... fit Godefroid. Mongenod, doué d'un cœur excellent et homme de courage, un peu voltairien, tout en faisant le gentilhomme, reprit M. Alain; son éducation aux Grassins, où se trouvaient des nobles, et ses relations galantes lui avaient donné les mœurs polies des gens de condition, que l'on appelait alors aristocrates. Vous pouvez maintenant imaginer combien fut agréable ma surprise en apercevant chez Mongenod les symptômes de misère qui me dégradaient pour moi le jeune, l'élégant Mongenod de 1787, quand mes yeux quittèrent son visage pour examiner ses vêtements. Néanmoins, comme à cette époque de misère publique quelques gens rusés prenaient des dehors misérables, et, comme il y avait pour d'autres des raisons suffisantes de se déguiser, j'attendis une explication, mais en la sollicitant. — Dans quel équipage te voilà, mon cher Mongenod! lui dis-je en acceptant une prise de tabac qu'il m'offrit dans une tabatière de similor. — Bien triste, répondit-il. Il ne me reste qu'un ami... et cet ami c'est toi. J'ai fait tout ce que j'ai pu pour éviter d'en arriver là, mais je viens te demander cent louis La somme est forte, dit-il, en me voyant étonné, mais si tu ne m'en donnais que cinquante, je serais hors d'état de te les rendre jamais; tandis que si j'échoue dans ce que j'entreprends, il me restera cinquante louis pour tenter fortune en d'autres voies, et je ne sais pas encore ce que le désespoir m'inspirera. — Tu n'as rien? fis-je. — J'ai, reprit-il en réprimant une larme, sous le reste sur ma dernière pièce de monnaie. Pour me présenter chez toi, j'ai fait cirer mes souliers et je suis entré chez un coiffeur. J'ai ce que je porte. Mais, reprit-il en faisant un geste, je dois mille écus en assignats à mon hôtesse, et notre gargotier m'a refusé crédit hier. Je suis donc sans aucune ressource! — Et que comptes-tu faire? dis-je en m'immisçant déjà dans son for intérieur. — M'engager comme soldat. — Toi, soldat! Toi, Mongenod! — Je me ferai tuer, ou je deviendrai le général Mongenod. — Eh bien! lui dis-je tout ému, déjeune en toute tranquillité, j'ai cent louis...

— Là, dit le bonhomme Godefroid en regardant Godefroid d'un air fin, je crus nécessaire de faire un petit mensonge de prêteur. — C'est tout ce que je possède au monde, dis-je à Mongenod, j'attendais le moment où les fonds publics arriveraient au plus bas prix possible pour placer cet argent; mais je le mettrai dans tes mains, et tu me considéreras comme ton associé, laissant à ta conscience le soin de me rendre le tout en temps et lieu. La conscience d'un honnête homme, lui dis-je, est le meilleur grand-livre. Mongenod me regardait fixement en m'écoutant, et paraissait s'incruster mes paroles au cœur. Il avança sa main droite, j'y mis ma main gauche, et nous nous serrâmes nos mains, moi très-attendri, lui sans retenir cette fois deux grosses larmes qui coulèrent sur ses joues déjà flétries. La vue de ces deux larmes me navra le cœur. Je fus encore plus touché quand, oubliant tout dans ce moment, Mongenod tira pour s'essuyer un mau-

vais mouchoir des Indes tout déchiré. — Reste là, lui dis-je en me sauvant pour aller à ma cachette le cœur ému comme si j'avais entendu une femme, m'avouant qu'elle m'aimait. Je revins avec deux rouleaux de chacun cinquante louis. — Tiens, compte-les... Il ne voulut pas les compter, et regarda tout autour de lui pour trouver une écritoire, afin de me faire, dit-il, une reconnaissance. Je me refusai nettement à prendre un papier. — Si je mourais, lui dis-je, mes héritiers te tourmenteraient. Ceci doit rester entre nous. En me trouvant si bon ami, Mongenod quitta le masque chagrin et crispé par l'inquiétude qu'il avait en entrant, il devint gai. Ma femme de ménage nous servit des huîtres, du vin blanc, une omelette, des rognons à la brochette, un reste de pâté de Chartres que ma vieille mère m'avait envoyé, puis un petit dessert, le café, les liqueurs des îles. Mongenod, à jeun depuis deux jours, se restaura. En parlant de notre vie avant la Révolution. nous restâmes attablés jusqu'à trois heures après midi, comme les meilleurs amis du monde. Mongenod me raconta comment il avait perdu sa fortune. D'abord, la réduction des rentes sur l'Hôtel de Ville lui avait enlevé les deux tiers de ses revenus, car son père avait placé sur la Ville la plus forte partie de ses capitaux; puis, après avoir vendu sa maison rue de Savoie, il avait été forcé d'en recevoir le prix en assignats, jeté alors sous en tête de faire un journal, la *Sentinelle*, qui l'avait obligé de fuir après six mois d'existence. En ce moment il fondait tout espoir sur la réussite d'un opéra comique intitulé: les *Péruviens*. Cette dernière confidence me fit trembler. Mongenod, devenu auteur, ayant mangé son argent dans la *Sentinelle*. et vivant sans doute au théâtre, en relations avec les chanteurs de Feydeau, avec des musiciens et le monde bizarre qui se cache derrière le rideau de la scène, ne me semblait plus mon même Mongenod. J'eus un léger frisson. Mais le moyen de reprendre mes cent louis? Je voyais chaque rouleau dans chaque poche de la culotte comme deux canons de pistolet. Mongenod partit. Quand je me trouvai seul, sans le spectacle de cette âpre et cruelle misère, je me mis à réfléchir malgré moi, je me dégrisai: « Mongenod, pensai-je, s'est sans doute dépravé profondément, il m'a joué quelque scène de comédie! » Sa gaieté, quand il m'avait vu lui donnant débonnairement une somme si énorme, me parut alors être la joie des valets de théâtre attrapant quelque Géronte. Je finis par où j'aurais dû commencer, je me promis de prendre quelques renseignements sur mon ami Mongenod, qui m'avait écrit son adresse au dos d'une carte à jouer. Je ne voulus point aller le voir le lendemain par une espèce de délicatesse, il aurait pu voir de la défiance dans ma promptitude. Deux jours après, quelques préoccupations me prirent tout entier, et ce ne fut qu'au bout de quinze jours, ne le voyant plus Mongenod, je vins un matin à la Croix-Rouge, où je demeurais alors, rue des Moineaux, où il demeurait. Mongenod logeait dans une maison garnie du dernier ordre, mais dont la maîtresse était une jeune femme, la veuve d'un fermier général mort sur l'échafaud, et qui, complètement ruinée, commençait avec quelques louis la chanceux métier de locataire principal. Elle a eu depuis sept maisons dans le quartier Saint-Roch, a fait fortune. — Le citoyen Mongenod n'y est pas, mais il y a du monde, me dit cette dame. Le dernier mot excite ma curiosité. Je monte au cinquième étage. Une charmante personne vient m'ouvrir la porte!... oh! mais une jeune personne de la plus grande beauté, qui, d'un air assez soupçonneux, resta sur le seuil de la porte entrebâillée. — Je suis Alain, l'ami de Mongenod, dis-je. Aussitôt la porte s'ouvre, j'entre dans un affreux galetas, où cette jeune personne maintenait néanmoins une grande propreté. Elle m'avance une chaise devant une cheminée pleine de cendres, sans feu, et dans un coin de laquelle j'aperçois un vulgaire réchaud en terre. Ou gelait. — Je suis bien heureuse, monsieur, me dit-elle en me prenant les mains et en me les serrant avec affection, d'avoir pu vous témoigner ma reconnaissance, car vous êtes notre sauveur. Sans vous, peut-être n'aurais-je jamais revu Mongenod... Il se serait... quoi?... jeté à la rivière. Il était au désespoir quand il est parti pour vous aller voir. — En examinant cette jeune personne, je fus assez étonné de lui voir sur la tête un foulard, et sous le foulard, derrière la tête et le long des tempes, une ombre noire, mais, à force de regarder, je découvris qu'elle avait la tête rasée. — Etes-vous malade? dis-je en regardant cette singularité. Elle jeta un coup d'œil dans la mauvaise glace d'un trumeau crasseux, se mit à rougir, puis des larmes lui vinrent aux yeux. — Oui, monsieur, reprit-elle vivement, j'avais d'horribles douleurs de tête, j'ai été forcée de faire raser mes beaux cheveux qui me tombaient aux talons. — Est-ce à madame Mongenod que j'ai l'honneur de parler? dis-je. — Oui, monsieur, me répondit-elle en me lançant un regard vraiment céleste. Je saluai cette pauvre petite femme, je descendis dans l'intention de faire causer l'hôtesse, mais elle était sortie. Il me semblait que cette jeune femme avait dû vendre ses cheveux pour avoir du pain. J'allai de ce pas chez un marchand de bois, et j'envoyai une demi-voie de bois en priant le charretier et les scieurs de donner à la petite femme une facture acquittée au nom du citoyen Mongenod. — Là finit la période de ce que j'ai longtemps appelé ma bêtise, fit le bonhomme Alain en joignant les mains et les levant un peu par un mouvement de repentance.

Godefroid ne put s'empêcher de sourire, et il était, comme on va le voir, dans une grande erreur en souriant. — Deux jours après, reprit le bonhomme, je rencontrai l'une de ces personnes qui ne sont ni amies ni indifférentes et avec lesquelles nous avons des relations de loin en loin, ce qu'on nomme enfin *une connaissance*, un M. Barillaud, qui, par hasard, à propos des *Péruviens*, se dit ami de l'auteur. — Tu connais le citoyen Mongenod? lui dis-je. — Dans ce temps-là nous étions encore obligés de nous tutoyer tous, dit-il à Godefroid en façon de parenthèse. — Ce citoyen me regarde, dit le bonhomme en reprenant son récit, et s'écria : — Je voudrais bien ne pas l'avoir connu, car il m'a plusieurs fois emprunté de l'argent et me témoigne assez d'amitié pour ne pas me le rendre. C'est un drôle de garçon; un bon enfant, mais des illusions!... oh! une imagination de feu. Je lui rends justice : il ne veut pas tromper; mais, comme il se trompe lui-même sur toutes choses, il arrive à se conduire en homme de mauvaise foi. — Bah! quelque cent écus... C'est un panier percé. Personne ne sait où passe son argent, car il ne le sait peut-être pas lui-même. — A-t-il des ressources? — Eh! oui, me dit Barillaud en riant. Dans ce moment, il parle d'acheter des terres chez les sauvages, aux États-Unis. J'emportai cette goutte de vinaigre que la médisance m'avait jetée au cœur et qui fit aigrir toutes mes bonnes dispositions. J'allai voir mon ancien patron, qui me servait de conseil. Dès que je lui eus confié le secret de mon prêt à Mongenod et la manière dont j'avais agi : — Comment! s'écria-t-il, c'est un de mes clercs qui se conduit ainsi? Mais il fallait remettre au lendemain et venir me voir. Vous auriez appris que j'ai consigné Mongenod à ma porte. Il m'a déjà, depuis un an, emprunté plus de cent écus en argent, une somme énorme! Et, trois jours avant d'aller déjeuner avec vous, il m'a rencontré dans la rue et m'a dépeint sa misère avec des mots si navrants, que je lui ai donné deux louis. — Si je suis la dupe d'un habile comédien, c'est tant pis pour lui, non pour moi! lui dis-je. Mais que faire? — Au moins faut-il obtenir de lui quelque titre, car un débiteur, quelque mauvais qu'il soit, peut devenir bon, et alors on est payé. Là-dessus Bordin tira d'un carton de son secrétaire une chemise sur laquelle je vis écrit le nom de Mongenod, il me montra trois reconnaissances de cent livres chacune : — La première fois qu'il viendra, je lui ferai joindre les intérêts, les deux louis que je lui ai donnés et ce qu'il me demandera, puis du tout il souscrira une acceptation, en reconnaissant que les intérêts courent depuis le jour du prêt. Au moins serai-je en règle et aurai-je un moyen d'arriver au payement. — Eh bien! dis-je à Bordin, pourriez-vous me mettre en règle comme vous le serez? Car vous êtes un honnête homme, et ce que vous faites est bien. — Je reste ainsi maître du terrain, me répondit l'ex-procureur. Quand on se comporte comme vous l'avez fait, on est à la merci d'un homme qui peut se moquer de vous. Moi, je ne me laisse pas moquer de moi! Se moquer d'un ancien procureur au Chatelet!... tarare! Tout homme à qui vous prêtez une somme comme vous avez étourdiment prêté la vôtre à Mongenod finit au bout d'un certain temps par la croire à soi. Ce n'est plus votre argent, mais son argent, et vous devenez son créancier, un homme incommode. Un débiteur cherche alors à se débarrasser de vous en s'arrangeant avec sa conscience, et, sur cent hommes, il y en a soixante-quinze qui tâchent de ne plus vous rencontrer durant le reste de leurs jours... — Vous ne reconnaissez donc que vingt-cinq pour cent d'honnêtes gens? — Ai-je dit cela? reprit-il en souriant avec malice. C'est beaucoup. Quinze jours après, je reçus une lettre par laquelle Bordin me priait de passer chez lui pour retirer mon titre. J'y allai. — J'ai tâché de vous rattraper cinquante louis, me dit-il. (Je lui avais confié ma conversation avec Mongenod.) Mais les oiseaux sont envolés. Dites adieu à vos *jaunets*! Vos serins de Canarie ont regagné les climats chauds. Nous avons affaire à un aigrefin. Il m'a-t-il pas soutenu que sa femme et son beau-père étaient partis aux États-Unis avec soixante de vos louis pour y acheter des terres, et qu'il comptait les y rejoindre, soi-disant pour faire fortune afin de revenir payer ses dettes, dont l'état, parfaitement en règle, m'est confié par lui, car il m'a prié de savoir ce que deviendraient ses créanciers. Voici cet état circonstancié, me dit Bordin en me montrant une chemise sur laquelle il lut le total : Dix-sept mille francs en argent, dit-il, une somme avec laquelle on aurait une maison valant deux mille écus de rentes! Et, après avoir remis le dossier, il me rendit une lettre de change d'une somme équivalant à cent louis en or, exprimée en assignats, avec une lettre par laquelle Mongenod reconnaissait avoir reçu cent lonis en or, et m'en devoir les intérêts. — Me voilà donc en règle, dis-je à Bordin. — Il ne vous niera pas la dette, me répondit mon ancien patron; mais où il n'y a rien, le roi, c'est-à-dire le directoire, perd ses droits. Je sortis sur ce mot. Croyant avoir été volé par un moyen qui échappe à la loi, je retirai mon estime à Mongenod et je me résignai très-philosophiquement. — Si je m'appesantis sur ces détails si vulgaires et en apparence si légers, ce n'est pas sans raison, dit le bonhomme en regardant Godefroid, je cherche à vous expliquer comment je fus conduit à agir comme agissent la plupart des hommes, au hasard et au mépris des règles que les sages observent dans les moindres choses. Bien des gens se justifieraient en s'appuyant sur un homme grave

comme Bordin; mais aujourd'hui, je me trouve inexcusable. Dès qu'il s'agit de condamner un de nos semblables en lui refusant à jamais notre estime, on ne peut s'en rapporter qu'à soi-même, et encore!... Devons-nous faire de notre cœur un tribunal où nous citions notre prochain? Où serait la loi? quelle serait notre mesure d'appréciation? Ce qui chez nous est faiblesse ne sera-t-il pas force chez le voisin? Autant d'êtres, autant de circonstances différentes pour chaque fait, car il n'est pas deux accidents semblables dans l'humanité. La société seule a sur ses membres le droit de répression; car celui de punition, je le lui conteste : réprimer lui suffit, et comporte d'ailleurs assez de cruautés. — En écoutant les propos en l'air d'un Parisien, et en admirant la sagesse de mon ancien patron, je condamnai donc Mongenod, reprit le bonhomme en continuant son histoire après en avoir tiré ce sublime enseignement. On annonça les *Péruviens*. Je m'attendis à recevoir un billet de Mongenod pour la première représentation, je m'établissais une sorte de supériorité sur lui. Mon ami me semblait, à raison de son emprunt, une sorte de vassal qui me devait une foule de choses, outre les intérêts de mon argent. Nous agissons tous ainsi!... Non-seulement Mongenod ne m'envoya point de billet, mais je le vis venir de loin dans le passage obscur pratiqué sous le théâtre Feydeau, bien mis, élégant presque; il feignit de ne pas m'avoir aperçu, puis, quand il m'eut dépassé, lorsque je voulus courir à lui, mon débiteur s'était évadé par un passage transversal. Cette circonstance m'irrita vivement. Mon irritation, loin d'être passagère, s'accrut avec le temps. Voici comment. Quelques jours après cette rencontre, j'écrivis à Mongenod à peu près en ces termes : « Mon ami, vous ne devez pas me croire indifférent à tout ce qui peut vous arriver d'heureux ou de malheureux. Les *Péruviens* vous donnent-ils de la satisfaction? Vous m'avez oublié, c'était votre droit pour la première représentation, et je vous aurais tant applaudi. Quoi qu'il en soit, je souhaite que vous y trouviez un Pérou, car j'ai trouvé l'emploi de mes fonds, et compte sur vous à l'échéance. Votre ami, Alain. »
— Après être resté quinze jours sans recevoir de réponse, je vais rue des Moineaux. L'hôtesse m'apprend que la petite femme est effectivement partie avec son père à l'époque où Mongenod avait annoncé son départ avec Bordin. Mongenod quittait son galetas de grand matin, et n'y revenait que tard dans la nuit. Quinze autres jours se passent, nouvelle lettre ainsi conçue : « Mon cher Mongenod, je ne vous vois point, vous ne répondez pas à mes lettres : je ne conçois rien à votre conduite, et si je me comportais ainsi envers vous, que penseriez-vous de moi? »
— Un signe plus votre ami : je mets mille amitiés. Un mois se passe sans que j'aie aucune nouvelle de Mongenod. Les *Péruviens* n'avaient pas obtenu le grand succès sur lequel Mongenod comptait. J'y allai pour mon argent à la vingtième représentation, et j'y vis peu de monde, madame Scio y était cependant fort belle. On me dit au foyer que la pièce aurait encore quelques représentations. Je vais sept fois à différentes reprises chez Mongenod, je ne le trouve point, et chaque fois je laisse mon nom à l'hôtesse. Je lui écris alors : « Monsieur, si vous ne voulez pas perdre mon estime après avoir perdu mon amitié, vous me traiterez maintenant comme un étranger, c'est-à-dire avec politesse, vous me direz si vous serez en mesure à l'échéance de votre lettre de change. Je me conduirai d'après votre réponse. Votre serviteur, ALAIN. »
— Aucune réponse. Nous étions alors en 1799; à deux mois près, un an s'était écoulé. A l'échéance, je vais trouver Bordin. Bordin prend le titre, fait protester et poursuivre. Les désastres éprouvés par les armées françaises avaient produit une telle dépréciation si forte, qu'on pouvait acheter cinq francs de rente pour sept francs. Ainsi, pour cent louis en or, j'aurais eu près de quinze cents francs de rente. Tous les matins, en prenant ma tasse de café, je disais à la lecture du journal : — « Maudit Mongenod ! Sans lui je me ferais mille écus de rente. » Mongenod était devenu ma bête noire, je tonnais contre lui tout en me promenant par les rues. — « Bordin est là me disais-je, il le pincera, et ce sera bien fait ! » Ma haine s'exhalait en imprécations, je maudissais cet homme, je lui trouvais tous les vices. Ah ! M. Barillaud avait raison dans ce qu'il m'en disait. Enfin, un matin, je vois entrer mon débiteur, pas plus embarrassé que s'il ne me devait pas un centime; en l'apercevant, j'éprouvai toute la honte qu'il aurait dû ressentir. Je fus comme un criminel surpris en flagrant délit. J'étais mal à mon aise. Le 18 brumaire avait eu lieu, tout allait au mieux, les fonds montaient, et Bonaparte était parti pour aller livrer la bataille de Marengo. — Il est malheureux, monsieur, dis-je en recevant Mongenod debout, que je ne doive votre visite qu'aux instances d'un huissier. Mongenod prend une chaise et s'assied. — Je viens te dire, me répondit-il. que je suis hors d'état de te payer. — Vous m'avez fait manquer le placement de mon argent avant l'arrivée du premier consul, moment où je me serais fait une petite fortune..... — Je le sais, Alain, me dit-il, je le sais. Mais à quoi bon me poursuivre et m'endetter en m'accablant de frais? J'ai reçu des nouvelles de mon beau-père et de ma femme, ils ont acheté des terres, et m'ont envoyé la note des choses nécessaires à leur établissement. j'ai dû employer toutes mes ressources à ces

acquisitions. Maintenant, sans que personne puisse m'en empêcher, je vais partir sur un vaisseau hollandais, à Flessingue, où j'ai fait parvenir toutes mes petites affaires ; Bonaparte a gagné la bataille de Marengo, la paix va se signer, je puis sans crainte rejoindre ma famille, car ma chère petite femme est partie enceinte. — Ainsi vous m'avez immolé à vos intérêts !... lui dis-je. — Oui, me répondit-il, j'ai cru que vous étiez mon ami. En ce moment je me sentis inférieur à Mongenod, tant il me parut sublime en disant ce simple mot si grand. — Ne vous l'ai-je pas dit ? reprit-il. N'ai-je pas été de la dernière franchise avec vous, là, à cette même place ? Je suis venu à vous, Alain, comme à la seule personne par laquelle je pusse être apprécié. Cinquante louis, vous ai-je dit, seraient perdus ; mais cent, je vous les rendrai. Je n'ai point pris de terme ; car puis-je savoir le jour où j'aurai fini ma longue lutte avec la misère ? Vous étiez mon dernier ami. Tous mes amis, même notre vieux patron Bordin, me méprisaient par cela même que je leur empruntais de l'argent. Oh ! vous ne savez pas, Alain, la cruelle sensation qui étreint le cœur d'un honnête homme aux prises avec le malheur, quand il entre chez quelqu'un pour lui demander secours !... et tout ce qui s'ensuit ! je souhaite que vous ne la connaissiez jamais ; elle est plus affreuse que l'angoisse de la mort. Vous m'avez écrit des lettres qui, de moi, dans la même situation, vous eussent semblé bien odieuses. Vous avez attendu de moi des choses qui n'étaient point en mon pouvoir. Vous êtes le seul auprès de qui je viens me justifier. Malgré vos rigueurs, et quoique d'ami vous vous soyez métamorphosé en créancier le jour où Bordin m'a demandé un titre pour vous, démentant ainsi le sublime contrat que nous avons fait, là, en nous serrant la main et en échangeant nos larmes ; eh bien ! je ne me suis souvenu que de cette matinée. A cause de cette heure, je viens vous dire : « Vous ne connaissez pas le malheur, ne l'accusez pas ! » Je n'ai eu qu'une heure ni une seconde pour écrire et pour répondre ! Peut-être auriez-vous désiré que je vinsse vous cajoler ?... Autant vaudrait demander à un lièvre fatigué par les chiens et les chasseurs de se reposer dans une clairière et d'y brouter l'herbe ! Je n'ai pas eu de billet pour vous, non , je n'en ai pas assez pour les exigences de ceux de qui mon sort dépendait. Novice au théâtre, j'ai été la proie des musiciens, des acteurs, des chanteurs, de l'orchestre. Pour pouvoir partir et acheter ce dont ma famille a besoin là-bas, j'ai vendu les *Péruviens* au directeur, avec deux autres pièces que j'avais en portefeuille. Je pars pour la Hollande sans un sou. Je mangerai du pain sur la route, jusqu'à ce que j'aie atteint Flessingue. Mon voyage est payé, voilà tout. Sans la pitié de mon hôtesse, qui a confiance en moi, j'aurais été obligé de voyager à pied, le sac sur le dos. Donc, malgré vos doutes sur moi, comme, sans vous, je n'aurais pu envoyer mon beau-père et ma femme à New-York, ma reconnaissance reste entière. Non, *monsieur* Alain, je n'oublierai pas que les cent louis que vous m'avez prêtés vous donneront aujourd'hui quinze cents francs de rentes. — Je voudrais vous croire, Mongenod, dis-je presque ébranlé par l'accent qu'il mit en prononçant cette explication. — Ah ! tu ne me dis plus monsieur, dit-il vivement en me regardant d'un air attendri. Mon Dieu ! je quitterais la France avec moins de regret si j'y laissais un homme aux yeux de qui je ne serais ni un demi-fripon, ni un dissipateur, ni un homme à illusions. J'ai aimé un ange au milieu de ma misère. Un homme qui aime bien, Alain, n'est jamais tout à fait méprisable. A ces mots, je lui tendis la main, il la prit, me la serra. — Que le ciel te protège ! lui dis-je. — Nous sommes toujours amis ? demanda-t-il. — Oui, repartis-je. Il ne sera pas dit que mon camarade d'enfance et mon ami de jeunesse sera parti pour l'Amérique sous le poids de ma colère !... Mongenod m'embrassa les larmes aux yeux, et se précipita vers la porte. Quand, quelques jours après, je rencontrai Bordin, je lui racontai ma dernière entrevue, et il me dit en souriant : — Je souhaite que ce ne soit pas une scène de comédie ! Il ne vous a rien demandé ? — Non, répondis-je. — Il est venu de même chez moi, j'ai presque autant de faiblesse que vous, et il m'a demandé de quoi vivre en route. Enfin, qui vivra verra ! Cette observation de Bordin me fit craindre d'avoir cédé bêtement à un mouvement de sensibilité.—Mais lui aussi, le procureur, a fait comme moi ! me dis-je. Je crois inutile de vous expliquer comment je perdis toute ma fortune, à l'exception des autres cent louis, que je plaçai sur le Grand-Livre quand les fonds furent à un taux si élevé que j'eus à peine cinq cents francs de rente pour vivre, à l'âge de trente-quatre ans. J'obtins, par le crédit de Bordin, un emploi de huit cents francs d'appointements à la succursale du Mont-de-Piété, rue des Petits-Augustins. Je vécus alors bien modestement. Je me logeai rue des Marais, au troisième, dans un petit appartement composé de deux pièces et d'un cabinet pour deux cent cinquante francs. J'allais dîner dans une pension bourgeoise, à quarante francs par mois. Je faisais le soir des écritures. Laid comme je suis et pauvre, je dus renoncer à me marier.

En entendant cet arrêt que le pauvre Alain portait sur lui-même avec une adorable résignation, Godefroid fit un mouvement, qui prouva mieux qu'une confidence la parité de leurs destinées, et le bonhomme, en réponse à ce geste éloquent, eut l'air d'attendre un mot de son auditeur. — Vous n'avez jamais été aimé ?... demanda

Godefroid. — Jamais ! reprit-il, excepté par Madame, qui nous rend à tous l'amour que nous avons tous pour elle, un amour que je puis appeler divin... Vous avez pu vous en convaincre, nous vivons de sa vie, comme elle vit de la nôtre : nous n'avons qu'une âme à nous tous, et, pour n'être pas *physiques*, nos plaisirs n'en sont pas moins d'une grande vivacité, car nous n'existons que par le cœur... Que voulez-vous, mon enfant, quand les femmes peuvent apprécier les qualités morales, elles en ont fini avec les dehors, et elles sont vieilles alors... J'ai beaucoup souffert, allez !... — Ah ! j'en suis là... dit Godefroid. — Sous l'Empire, reprit le bonhomme en baissant la tête, les rentes ne se payaient pas exactement, il fallait prévoir les suspensions de payement. De 1802 à 1814, il ne se passa point de semaine que je n'attribuasse mes chagrins à Mongenod. — Sans Mongenod, me disais-je, j'aurais pu me marier. Sans lui, je ne serais pas obligé de vivre de privations. Mais quelquefois aussi je me disais : — Peut-être le malheureux est-il poursuivi là-bas par un mauvais sort ! En 1806, par un jour où je trouvais ma vie bien lourde à porter, je lui écrivis une longue lettre que je lui fis passer par la Hollande. Je n'eus pas de réponse, et j'attendis pendant trois ans, en fondant sur cette réponse des espérances toujours déçues. Enfin, je me résignai à ma vie. A cinq cents francs de rente, dans mes douze cents francs au Mont-de-Piété, car je fus augmenté, je joignis une tenue de livres que j'obtins chez M. Birotteau, parfumeur, et qui me valut cinq cents francs. Ainsi, non-seulement je me tirais d'affaire, mais je mettais huit cents francs de côté par an. Au commencement de 1814, je plaçai neuf mille francs d'économie à quarante francs, sur le Grand-Livre, et j'eus seize cents francs de rente assurés pour mes vieux jours. J'avais alors quinze cents francs au Mont-de-Piété, six cents francs pour ma tenue de livres, seize cents francs sur l'État : en tout trois mille sept cents francs. Je pris un appartement rue de Seine, et je vécus alors un peu mieux. Ma place me mettait en relation avec des malheureux. Depuis douze ans, je connaissais mieux que qui que ce soit la misère publique. Une ou deux fois j'obligeai quelques pauvres gens. Je sentis un vif plaisir en trouvant sur dix obligés un ou deux ménages qui se tiraient de peine. Il me vint dans l'esprit que la bienfaisance ne devait pas consister à jeter de l'argent à ceux qui souffraient. Faire la charité, selon l'expression vulgaire, me parut souvent être une espèce de prime donnée au crime. Je me mis à étudier cette question. J'avais alors cinquante ans, et ma vie était à peu près finie. A quoi suis-je bon ? me demandai-je. A quoi laisserai-je ma fortune ? Quand j'aurai meublé richement mon appartement, quand j'aurai une bonne cuisinière, quand mon existence sera bien convenablement assurée, à quoi emploierai-je mon temps ? Ainsi onze ans de révolution avaient dévoré le temps le plus heureux de ma vie ! l'avaient usé dans un travail stérile, où uniquement occupé à la conservation de mon individu. Personne ne peut, à cet âge, s'élancer de cette destinée obscure et comprimée par le besoin vers une destinée éclatante, mais on peut toujours se rendre utile. Je compris enfin qu'une surveillance prodigue en conseils décuplait la valeur de l'argent donné, car les malheureux ont surtout besoin de guides, en les faisant profiter du travail qu'il font pour autrui, l'intelligence du spéculateur n'est pas ce qui leur manque. Quelques beaux résultats que j'obtins me rendit très-fier. J'aperçus à la fois et un but et une occupation, sans parler des jouissances exquises que donne le plaisir de jouer en petit le rôle de la Providence. — Et vous le jouez aujourd'hui en grand !... demanda vivement Godefroid. — Oh ! vous voulez tout savoir ? dit le vieillard, nenni. — Le croirez-vous ?... reprit-il après cette pause, la faiblesse des moyens que ma petite fortune mettait à ma disposition me ramenait souvent à Mongenod. — Sans Mongenod, j'aurais pu faire bien davantage, disais-je. Si un malhonnête homme ne m'avait pas enlevé quinze cents francs de rentes, je les aurais donnés, je les aurais consacrés... Aussi, quand les accusations, les reproches me venaient à la bouche contre cet homme, j'excusais alors mon impuissance par une accusation, ceux à qui je n'offrais que des paroles pour consolation maudissaient Mongenod avec moi. Ces malédictions me soulageaient le cœur. Un matin, en janvier 1816, mon gouvernante m'annonce...... qui ? Mongenod ! M. Mongenod ! Et qui vois-je entrer !... la belle femme alors âgée de trente-six ans, et accompagnée de trois enfants : puis Mongenod, plus jeune que quand il était parti ; car la richesse et le bonheur répandaient une auréole autour de leurs favoris. Parti maigre, jaune, jaune, sec, il revenait gros, gras, fleuri comme un prébendier, et bien vêtu. Il se jeta dans mes bras, et se trouvant reçu froidement, me dit pour première parole : — Ai-je pu venir plus tôt, mon ami ? Les mers ne sont libres que depuis 1815, encore m'a-t-il fallu dix-huit mois pour réaliser ma fortune, clore mes comptes et me faire payer. J'ai réussi, mon ami ! Quand j'ai reçu ta lettre, en 1806, je suis parti sur un vaisseau hollandais pour t'apporter moi-même une petite fortune ; mais la réunion de la Hollande à l'empire français m'a fait prendre par les Anglais, qui m'ont conduit à la Jamaïque, d'où je me suis échappé par hasard. De retour à New-York, je me suis trouvé victime de faillites, car, en mon absence, la pauvre Charlotte n'avait pas su se défier des intrigants. J'ai donc été forcé de recommencer l'édifice de ma fortune. Enfin, nous voici de retour. A la manière dont te regardent ces enfants, tu dois bien deviner qu'on leur a souvent parlé du bienfaiteur de la famille ! — Oh ! oui, monsieur, dit la belle madame Mongenod, nous n'avons pas passé un seul jour sans nous souvenir de vous. Votre part a été faite dans toutes les affaires. Nous avons aspiré tous au bonheur que nous avons eu ce moment de vous offrir votre fortune, sans croire que cette *dîme du seigneur* puisse jamais acquitter la dette de la reconnaissance. En achevant ces mots, madame Mongenod me tendit cette magnifique cassette que vous voyez, dans laquelle se trouvaient cent cinquante billets de mille francs. — Tu as bien souffert, mon pauvre Alain, je le sais, mais nous devinions tes souffrances, et nous nous sommes épuisés en combinaisons pour te faire parvenir de l'argent sans y avoir pu réussir, reprit Mongenod. Tu n'as pas pu te marier, tu me l'as dit ; mais voici notre fille aînée : elle a été élevée dans l'idée de devenir ta femme, et a cinq cent mille francs de dot... — Dieu me garde de faire son malheur ! m'écriai-je vivement en contemplant une fille aussi belle que l'était sa mère à cet âge, et je l'attirai sur moi pour l'embrasser au front. — N'ayez pas peur, ma belle enfant ! lui dis-je. Un homme de cinquante ans à une fille de dix-sept ans ! et un homme aussi laid que je le suis ! m'écriai-je, jamais. — Monsieur, me dit-elle, le bienfaiteur de mon père ne sera jamais laid pour moi. Cette parole, dite spontanément et avec candeur, me fit comprendre que tout était vrai dans le récit de Mongenod, je lui tendis alors la main, et nous nous embrassâmes de nouveau. — Mon ami, lui dis-je, j'ai des torts envers toi, car je t'ai souvent accusé, maudit... — Tu le devais, Alain, me répondit-il en rougissant, tu souffrais et par moi... Je tirai d'un carton le dossier Mongenod, et je lui rendis les pièces en acquittant sa lettre de change. — Vous allez déjeuner tous avec moi, dis-je à la famille. — A la condition de venir dîner chez madame, une fois qu'elle sera installée, me dit Mongenod, car nous sommes arrivés d'hier. Nous allons acheter un hôtel, et vais ouvrir une maison de banque à Paris pour l'Amérique du Nord, afin de la laisser à ce gaillard-là, dit-il en me montrant son fils aîné, qui avait quinze ans. Nous passâmes ensemble le reste de la journée et nous allâmes le soir à la comédie, car Mongenod et sa famille étaient affamés de spectacle. Le lendemain, je plaçai la somme sur le Grand-Livre, j'eus environ quinze mille francs de rentes en tout. Cette fortune me permit de ne plus tenir de livres le soir, et de donner ma démission de ma place, au grand contentement des surnuméraires. Après avoir fondé la maison de banque Mongenod et compagnie, qui a fait d'énormes bénéfices dans les premiers emprunts de la Restauration, mon ami est mort en 1827, à soixante-trois ans. Sa fille, à laquelle il a donné plus tard un million de dot, a épousé le vicomte de Fontaine. Le fils, que vous connaissez, n'est pas encore marié ; il vit avec sa mère et son jeune frère. Nous trouvons chez eux toutes les sommes dont nous pouvons avoir besoin. Frédéric, car le père lui avait donné mon nom en Amérique, Frédéric Mongenod est, à trente-sept ans, un des plus habiles et des plus probes banquiers de Paris. Il n'y a pas longtemps que madame Mongenod a fini par m'avouer qu'elle avait vendu ses cheveux pour deux écus de six livres, afin d'avoir du pain. Elle donne tous les ans vingt-quatre voies de bois qu'elle distribue aux malheureux, pour la demi-voie que je lui ai jadis envoyée. — Ceci m'explique alors vos relations avec la maison Mongenod, dit Godefroid, et votre fortune...

Le bonhomme regarda Godefroid en souriant toujours avec la même expression de douce malice. — Continuez.... reprit Godefroid en voyant à l'air de M. Alain que le bonhomme ne l'avait pas tout dit. — Ce dénoûment, mon cher Godefroid, fut sur moi la plus profonde impression. Si l'homme qui avait tant souffert, si mon ami ne me pardonna mon injustice, moi, je ne me pardonnai point. — Oh ! Godefroid. — Je résolus de consacrer tout mon superflu, environ dix mille francs par an, a des actes de bienfaisance raisonnés, reprit tranquillement M. Alain. Je rencontrai, vers ce temps, un juge au tribunal de première instance de la Seine, nommé Popinot, que nous avons eu le chagrin de perdre il y a trois ans, et qui pendant quinze années exerça la charité la plus active dans le quartier Saint-Marcel. Il eut, avec notre vénérable vicaire de Notre-Dame et madame, la pensée de fonder l'œuvre à laquelle nous coopérons, et qui, depuis 1825, a secrètement produit quelque bien. Cette œuvre a eu dans madame de la Chanterie une âme, car elle est véritablement l'âme de cette entreprise. Le vicaire a su nous rendre plus religieux que nous ne l'étions d'abord, en nous démontrant la nécessité d'être vertueux nous-mêmes pour pouvoir inspirer la vertu, pour enfin prêcher d'exemple. Plus nous avons cheminé dans cette voie, plus nous sommes réciproquement trouvés heureux. Ce fut donc le repentir que j'eus d'avoir méconnu le cœur de mon ami d'enfance qui me donna l'idée de consacrer aux pauvres, par moi-même, la fortune qu'il me rapportait et que j'acceptai sans me révolter contre l'énormité de la somme rendue à la place de celle que j'avais prêtée : la destination conciliait tout.

Ce récit, fait sans aucune emphase et avec une touchante bonhomie dans l'accent, dans le geste, dans le regard, aurait inspiré à Godefroid le désir d'entrer dans cette sainte et noble association, si déjà sa résolution n'eût été prise. — Vous connaissez peu le monde, dit Godefroid, puisque vous avez eu de tels scrupules... peut-être que ne le croit

sur aucune conscience ? — Je ne connais que les malheureux, répondit le bonhomme. Je désire peu connaître un monde où l'on craint si peu de se mal juger les uns les autres. Voici bientôt minuit, et j'ai mon chapitre de l'Imitation de Jésus-Christ à méditer. Bonne nuit.

Godefroid prit la main du bonhomme et la lui serra par un mouvement plein d'admiration. — Pouvez-vous me dire l'histoire de madame de la Chanterie ? demanda Godefroid. — C'est impossible sans son consentement, répondit le bonhomme, car elle touche à l'un des événements les plus terribles de la politique impériale. Ce fut par mon ami Bordin que j'ai connu madame, il en a été un tous les secrets, c'est lui qui m'a, pour ainsi dire, amené dans cette maison. — Quoi qu'il en soit, répondit Godefroid, je vous remercie de m'avoir raconté votre vie, il s'y trouve des leçons pour moi. — Savez-vous quelle en est la morale ? — Mais, dites ! répliqua Godefroid. — Eh bien ! le plaisir, dit le bonhomme, car je pourrais y voir autre chose que ce que vous y voyez !... — Eh bien ! le plaisir, dit le bonhomme, car un accident dans la vie du chrétien : il n'en est pas le but, et nous comprenons cela trop tard. — Et qu'arrive-t-il quand on se christianise ? demanda Godefroid. — Tenez ! fit le bonhomme.

Il indiqua du doigt à Godefroid une inscription en lettres d'or sur un fonds noir que le nouveau pensionnaire n'avait pu voir, puisqu'il entrait pour la première fois dans la chambre du bonhomme. Godefroid, qui se retourna, lut : TRANSIRE BENEFACIENDO. — Voilà, mon enfant, le sens qu'on donne alors à la vie. C'est notre devise. Si vous devenez un des nôtres, ce sera là tout votre brevet. Nous lisons cet avis, qui nous nous donnons à nous-mêmes à toute heure, en nous levant, en nous couchant, en nous habillant ! Ah ! si vous saviez quels immenses plaisirs comporte l'accomplissement de cette devise !... — Comme quoi ?... dit Godefroid, espérant des révélations. — D'abord, nous sommes aussi riches que le baron de Nucingen... Mais l'imitation de Jésus-Christ nous défend d'avoir rien à nous, nous ne sommes que dispensateurs, et, si nous avions un seul mouvement d'orgueil, nous ne serions pas dignes d'être des dispensateurs. Ce ne serait pas *transire benefaciendo*, ce serait jouir par la pensée. Que vous vous disiez avec un certain gonflement de narines : Je joue le rôle de la Providence, comme vous auriez pu le penser si vous eussiez été ce matin à ma place en rendant la vie à une famille, vous devenez un Sardanapale ! un mauvais ! Aucun de ces messieurs ne pense plus à lui-même en faisant le bien, il faut dépouiller toute vanité, tout orgueil, tout amour-propre, et c'est alors le plus difficile, allez !...

Godefroid souhaita le bonsoir à M. Alain, et revint chez lui vivement touché de ce récit, mais sa curiosité fut plus irritée que satisfaite, car la grande figure du tableau que présentait cet intérieur était madame de la Chanterie. La vie de cette femme pour lui tant de prix qu'il en faisait de cette information le but de son séjour à l'hôtel de la Chanterie. Il entrevoyait bien déjà dans l'association de ces cinq personnes une vaste entreprise de charité ; mais il y pensait beaucoup moins qu'à son héroïne.

Le néophyte passa quelques jours à observer mieux qu'il ne l'avait fait jusqu'alors les gens d'élite au milieu desquels se trouvait, et il devint l'objet d'un phénomène moral que les philanthropes modernes ont dédaigné par ignorance peut-être. La sphère où il vivait eut une action positive sur Godefroid. La loi qui régit la nature physique relativement à l'influence des milieux atmosphériques sous les conditions d'existence des êtres qui s'y développent, régit également la nature morale ; d'où il suit que la réunion des condamnés n'en est un des plus grands crimes sociaux, et que leur isolement est une expérience d'un succès douteux. Les condamnés devraient être livrés à des institutions religieuses et environnés des prodiges du bien, au lieu de rester au milieu des miracles du mal. On peut attendre en ce genre un dévouement entier de la part de l'Église ; si elle envoie des missionnaires au milieu des nations sauvages ou barbares, avec quelle joie ne donnerait-elle pas de ses ordres religieux la mission de recevoir les sauvages de la civilisation pour les catéchiser ; car tout criminel est athée, et souvent sans le savoir. Godefroid trouva ces cinq personnes douées des qualités qu'elles exigeaient de lui, toutes étaient sans orgueil, sans vanité, vraiment humbles et pieuses, sans aucune de ces prétentions qui constituent la *dévotion*, en prenant ce mot dans son acception mauvaise. Ces vertus étaient contagieuses ; il fut pris du désir d'imiter ces héros inconnus, et il finit par étudier passionnément le livre qu'il avait commencé par dédaigner. En quinze jours il réduisit sa vie au simple, à ce qu'elle est réellement quand on la considère au point de vue si élevé où vous mène l'esprit religieux. Enfin sa curiosité se purifia, s'il n'y renonça point, c'est qu'il était difficile de se désintéresser à l'endroit de madame de la Chanterie, mais il montra, sans le vouloir, une discrétion qui fut appréciée par ces hommes en qui l'esprit divin développait une profondeur inouïe dans les facultés, comme chez tous les religieux, d'ailleurs. La concentration des forces morales par quelque système que ce soit en décuple la portée. — Notre ami n'est pas encore converti, disait le bon abbé de Vèze, mais il commence à l'être...

Une circonstance imprévue hâta la révélation de l'histoire de madame de la Chanterie à Godefroid, en sorte que l'intérêt capital qu'elle présentait lui satisfait promptement. Paris s'occupait alors du dénoûment à la barrière Saint-Jacques d'un de ces horribles procès criminels qui marquent dans les annales de nos cours d'assises. Ce procès avait tiré son prodigieux intérêt des criminels eux-mêmes dont l'audace, dont l'esprit supérieur à ceux des accusés ordinaires, dont les cyniques réponses, épouvantèrent la société. Chose digne de remarque, aucun journal n'entrait à l'hôtel de la Chanterie, et Godefroid n'entendit parler du rejet du pourvoi en cassation formé par les condamnés que par son maître en terme de livres, car le procès avait eu lieu bien avant son entrée chez madame de la Chanterie. — Rencontrez-vous, dit-il à ses futurs amis, des gens comme ces atroces coquins, et, quand vous en rencontrez, comment vous y prenez-vous avec eux ?... — D'abord, dit M. Nicolas, il n'y a pas d'atroces coquins, il y a des natures malades à mettre à Charenton, mais, en dehors de ces rares exceptions médicales, nous ne voyons que des gens sans religion, ou des gens qui raisonnent mal, et la mission de l'homme charitable est de redresser les âmes, de remettre dans le bon chemin les égarés. — Et, dit l'abbé de Vèze, tout est possible à l'apôtre, il a Dieu pour lui... — Si l'on vous envoyait à ces deux condamnés, demanda Godefroid, vous n'en obtiendriez rien ? — Le temps manquerait, fit observer le bonhomme Alain. — En général, dit M. Nicolas, on livre à la religion des âmes qui sont dans l'impénitence finale, et pour un temps insuffisant à faire des prodiges. Les gens de qui vous parlez, entre nos mains, seraient devenus des hommes très-distingués, ils sont d'une immense énergie, mais, dès qu'ils ont commis un assassinat, il n'est plus possible de s'en occuper, la justice humaine se les approprie... — Ainsi, dit Godefroid, vous êtes contre la peine de mort ?... — M. Nicolas se leva vivement, et sortit. — Ne parlez jamais de la peine de mort devant M. Nicolas, a reconnu, dans un criminel à l'exécution duquel il avait été chargé de veiller, son enfant naturel... — Et il était innocent ! reprit M. Joseph.

En ce moment madame de la Chanterie, qui s'était absentée pour quelques instants, revint au salon. — Enfin, avouez dit Godefroid en s'adressant à M. Joseph, que la société ne peut pas subsister sans la peine de mort, et ceux à qui, demain matin, l'on coupera...

Godefroid se sentit fermer la bouche avec force une main vigoureuse, et l'abbé de Vèze emmena madame de la Chanterie pâle et quasi mourante. — Qu'avez-vous fait ?... dit à Godefroid M. Joseph. Emmenez-le, Alain ! dit-il en retirant la main avec laquelle il avait bâillonné Godefroid, et il suivit l'abbé de Vèze chez madame. — Venez, dit M. Alain à Godefroid, vous nous avez obligés à vous confier les secrets de la vie de madame.

Les deux amis se trouvèrent ensemble, au bout de quelques instants, dans la chambre du bonhomme Alain, comme ils y étaient lorsque le vieillard avait dit son histoire au jeune homme. — Eh bien ! dit Godefroid, dont la figure annonçait son désespoir d'avoir été la cause de ce qui, dans cette sainte maison, pouvait s'appeler une catastrophe. — J'attends que Manon vienne nous rassurer, répondit le bonhomme en écoutant le bruit des pas de la domestique dans l'escalier. — Monsieur, madame va bien, M. l'abbé l'a trompée sur ce qu'on disait ! dit Manon en jetant un regard presque couronné sur Godefroid. — Mon Dieu ! s'écria le pauvre jeune homme, et des larmes vinrent aux yeux. — Allons, asseyez-vous, lui dit M. Alain en s'asseyant lui-même.

Et il fit une pause en recueillant ses idées. — Je ne sais pas, dit le bon vieillard, si j'aurai le talent qu'exige une vie si cruellement éprouvée pour être racontée dignement, vous m'excuserez quand vous ne trouverez pas la parole d'un pauvre orateur à la mesure des actions et des catastrophes. Songez que je suis sorti du collège depuis longtemps, et que je suis l'enfant d'un siècle où l'on s'occupait plus de la pensée que de l'effet, un siècle prosaïque où l'on ne savait dire les choses que par leur nom.

Godefroid fit un mouvement d'adhésion où le bonhomme Alain put voir une admiration sincère et qui voulait dire : J'écoute. — Vous venez de le voir, mon jeune ami, reprit le vieillard, il était impossible que vous restassiez plus longtemps parmi nous sans connaître quelques-unes des affreuses particularités de la vie de cette sainte femme. Il est des idées, des allusions, des paroles fatales qui sont complètement interdites dans cette maison, à peine de rouvrir chez madame des blessures dont les douleurs, une ou deux fois renouvelées, pourraient la tuer... Oh ! mon Dieu ! s'écria Godefroid, qu'ai-je donc fait ?... — Sans M. Joseph, qui vous a coupé la parole en présentant que vous alliez vous occuper de la peine de mort, vous alliez foudroyer cette pauvre madame... Il est temps que vous sachiez tout, car vous nous appartiendrez, nous en avons aujourd'hui tous la conviction. Madame de la Chanterie, dit-il après une pause, est issue d'une des premières familles de la Basse-Normandie. Elle est en son nom mademoiselle Barbe-Philiberte de Champignelles, d'une branche cadette de cette maison. Aussi fut-elle destinée à prendre le voile si son mariage ne pouvait se faire avec les renonciations d'usage à la légitime, comme cela se pratiquait chez les familles pauvres. Un sieur de la Chanterie, dont la famille était tombée dans une profonde obscurité, quoiqu'elle date de la croisade de Philippe-Auguste, voulut remonter au rang que lui méritait cette ancienneté dans la province de Normandie. Ce gentilhomme avait doublement dérogé, car il avait

ramassé quelque trois cent mille écus dans les fournitures des armées du roi, lors de la guerre du Hanovre. Trop confiant dans de telles richesses, grossies par les rumeurs de la province, le fils menait à Paris une vie assez inquiétante pour un père de famille. Le mérite de mademoiselle de Champignelles obtenait quelque célébrité dans le Bessin. Le vieillard, dont le petit fief de la Chanterie se trouve entre Caen et Saint-Lô, entendit déplorer devant lui qu'une si parfaite demoiselle, si capable de rendre un homme heureux, allât finir ses jours dans un couvent, et, sur un désir qu'il témoigna de rechercher cette demoiselle, on lui donna l'espoir d'obtenir des Champignelles, pourvu que ce fils eût une dot, la main de mademoiselle Philiberte pour son fils. Il se rendit à Bayeux, il se ménagea quelques entrevues avec la famille de Champignelles, et par les grandes qualités de la jeune personne. À seize ans, mademoiselle de Champignelles annonçait tout ce qu'elle devait être. On devinait en elle une piété solide, un bon sens inaltérable, une droiture inflexible, et l'une de ces âmes qui ne doivent jamais se détacher d'une affection, fût-elle ordinaire; car, vous l'avez vue ; nulle n'est plus douce que madame de la Chanterie ; mais aussi nulle ne fut plus confiante qu'elle, elle à qui au déclin de la vie la candeur de l'innocence, elle ne voulant pas jadis croire au mal, elle a dû le peu de défiance que vous lui connaissez à ses malheurs. Le vieillard s'engagea, vis-à-vis des Champignelles, à donner quittance au contrat de la légitime de mademoiselle Philiberte; mais, en revanche, les Champignelles, alliés à de grandes maisons, promirent de faire ériger le fief de la Chanterie en baronnie, et ils tinrent parole. La tante du futur époux, madame de Boisfrelon, la femme du conseiller au parlement, mort dans l'appartement que vous occupez, promit de léguer sa fortune à son neveu. Quand tous ces arrangements furent pris entre les deux familles, le père fit venir son fils. Maître des requêtes au grand conseil, et âgé de vingt-cinq ans au moment de son mariage, le jeune homme avait fait de nombreuses folies avec les jeunes seigneurs de l'époque, en vivant à leur manière; aussi le vieux mâlotier avait-il déjà plusieurs fois payé ses dettes considérables. Le pauvre père, en prévision de nouvelles fautes chez son fils, était assez enchanté de reconnaître à une future belle-fille une certaine fortune, mais il eut tant de méfiance, qu'il substitua le fief de la Chanterie aux enfants mâles à naître du mariage,...

— La Révolution, dit le bonhomme Alain en forme de parenthèse, a rendu la précaution inutile. — Doué d'une beauté d'ange, d'une adresse merveilleuse à tous les exercices du corps, le jeune maître des requêtes possédait le don de séduction, reprit-il. Mademoiselle de Champignelles devint donc, vous le croirez facilement, très-éprise de son mari. Le vieillard, extrêmement heureux des premières années de ce mariage, et croyant à une réforme chez son fils, envoya lui-même les nouveaux mariés à Paris. Ceci se passait au commencement de l'année 1788. Ce fut presque une année de bonheur. Madame de la Chanterie connut les petits soins, les attentions les plus délicates qu'un homme plein d'amour puisse prodiguer à une femme aimée uniquement. Quelque courte qu'elle ait été, la lune de miel a lui sur le cœur de cette si noble et si malheureuse femme. Vous savez qu'alors les mères nourrissaient elles-mêmes leurs enfants, et madame eut une fille. Cette période, pendant laquelle une femme devait être l'objet d'un redoublement de tendresse, fut au contraire le commencement de malheurs inouïs. Le maître des requêtes fut obligé de vendre tous les biens dont il pouvait disposer pour payer d'anciennes dettes qu'il n'avait pas avouées, et de nouvelles dettes de jeu. Puis, l'Assemblée nationale prononça bientôt la dissolution du grand conseil, du parlement, de toutes les charges de justice, si chèrement achetées. Ce jeune ménage, augmenté d'une fille, fut donc sans autres revenus que ceux des biens substitués, et celui de la dot reconnue à madame de la Chanterie. En vingt mois, cette charmante femme, à l'âge de dix-sept ans et demi, se vit obligée de vivre, elle et la fille qu'elle nourrissait, du travail de ses mains, dans un obscur quartier où elle se retira. Elle se vit alors entièrement abandonnée de son mari, qui tomba de degrés en degrés dans la société des créatures de la plus mauvaise espèce. Jamais madame ne fit un reproche à son mari, jamais elle ne se donna le moindre tort. Elle nous a dit que, pendant ces mauvais jours, elle priait Dieu pour son cher Henri. — Ce mauvais sujet s'appelait Henri, et le bonhomme, c'est un nom à ne jamais prononcer chez ceux que celui d'Henriette. Je reprends.

— Ne quittant sa petite chambre de la rue de la Corderie-du-Temple que pour aller chercher sa subsistance ou son ouvrage, la dame de la Chanterie suffisait à tout, grâce à cent livres par an que son beau-père, touché de tant de vertu, lui faisait passer. Néanmoins, en prévoyant que cette ressource pourrait lui manquer, la pauvre jeune femme avait pris la dure profession de faiseuse de corsets, et travaillait pour une célèbre couturière. Le vieillard, traitant mourut, et sa succession fut dévorée par son fils, à la faveur du renversement des lois de la monarchie. L'ancien maître des requêtes, devenu l'un des plus féroces présidents de tribunal révolutionnaire qui existât, fut la terreur de la Normandie et put ainsi satisfaire toutes ses passions. A son tour emprisonné lors de la chute de Robespierre, la haine de son département le vouait à une mort certaine. Madame de la Chanterie apprend, par une lettre d'adieu, le sort qui attend son mari. Aussitôt, après avoir confié sa petite fille à une voisine, elle se rend dans la ville où le misérable était détenu, munie de quelques louis qui composaient sa fortune; ces louis lui servirent à pénétrer dans la prison, elle réussit à faire sauver son mari, qu'elle habille avec ses vêtements à elle, dans des circonstances presque semblables à celles qui, plus tard, servirent si bien madame de Lavalette. Elle fut condamnée à mort, mais on eut honte de donner suite à cette vengeance, et le tribunal, jadis présidé par son mari, facilita sa main sa sortie de prison. Elle revint à Paris, à pied, sans secours, en couchant dans des fermes et souvent nourrie par charité. — Mon Dieu! s'écria Godefroid. — Attendez!... reprit le bonhomme, ce n'est rien. En huit ans, la pauvre femme revit trois fois son mari. La première fois, monsieur resta deux fois vingt-quatre heures dans le modeste logement de sa femme, et il lui prit tout son argent en la comblant de marques de tendresse et lui faisant croire à une conversion complète : « J'étais, dit-elle, sans force contre un homme pour qui je priais tous les jours et qui occupait exclusivement ma pensée. » La seconde fois, M. de la Chanterie arriva mourant, et de quelle maladie!... elle le soigna, le sauva; puis elle essaya de le rendre à des sentiments et à une vie convenables. Après avoir promis tout ce que cet ange demandait, le révolutionnaire se replongea dans d'effroyables désordres, et n'échappa même à l'action du ministère public qu'en venant se réfugier chez sa femme, où il mourut en sûreté. — Oh! ce n'est rien, s'écria le bonhomme en voyant l'étonnement peint sur la figure de Godefroid. Personne, dans le monde où il vivait, ne savait cet homme marié. Deux ans après la mort du misérable, madame de la Chanterie apprit qu'il existait une seconde madame de la Chanterie, veuve comme elle et comme elle ruinée. Ce bigame avait trouvé deux anges incapables de le trahir. — Vers 1805, reprit M. Alain après une pause, M. de Boisfrelon, oncle de madame de la Chanterie, ayant été rayé de la liste des émigrés, vint à Paris et lui remit une somme de deux cent mille francs, que lui avait jadis confiée le vieux traitant, avec mission de la garder pour les enfants de sa nièce. Il engagea la veuve à revenir en Normandie, où elle acheva l'éducation de sa fille, et où, toujours conseillée par l'ancien magistrat, elle acheta, dans d'excellentes conditions, une terre patrimoniale. — Ah! s'écria Godefroid. — Ce n'est rien encore, dit le bonhomme Alain, vous n'êtes pas arrivé aux ouragans. Je reprends. En 1807, après quatre années de repos, madame de la Chanterie maria sa fille unique à un gentilhomme dont la piété, les antécédents, la fortune, offraient des garanties de toute espèce; un homme qui, selon le dicton populaire, *était ta coqueluche* de la meilleure compagnie du chef-lieu de préfecture, où madame et sa fille passaient l'hiver. Notez que cette compagnie se composait de sept ou huit familles, comptées dans la haute noblesse

de France, les d'Esgrignon, les Troisville, les Casteran, les Nouâtre, etc. Au bout de dix-huit mois, cet homme laissa sa femme et disparut dans Paris, où il changea de nom. Madame de la Chanterie ne put apprendre les causes de cette séparation qu'à la clarté de la foudre et au milieu de la tempête. Sa fille, élevée avec des soins minutieux et dans les sentiments religieux les plus purs, garda sur cet événement un silence absolu. Ce défaut de confiance frappa sensiblement madame de la Chanterie. Déjà plusieurs fois elle avait reconnu dans sa fille quelques indices qui trahissaient le caractère aventureux du père, mais augmenté d'une fermeté presque virile. Ce mari s'en alla de son plein gré, laissant ses affaires dans une situation pitoyable. Madame de la Chanterie est encore étonnée aujourd'hui de cette catastrophe, à laquelle aucune puissance humaine n'aurait pu remédier. Les gens qu'elle consulta prudemment avaient tous cru que la fortune du futur était claire et liquide, en terres, sans hypothèques, alors qu'il se trouvait, depuis dix ans, devoir au delà de sa valeur. Aussi les immeubles furent-ils vendus, et la pauvre mariée, réduite à sa seule fortune, revint-elle chez sa mère. Madame de la Chanterie a su plus tard que cet homme avait été soutenu par les gens les plus honorables du pays, dans l'intérêt de leurs créances; car ce misérable leur devait à tous des sommes plus ou moins considérables. Aussi, dès son arrivée dans la province, madame de la Chanterie avait-elle été regardée comme une proie. Néanmoins il y eut, à cette catastrophe, d'autres raisons qui vous seront révélées par une pièce confidentielle mise sous les yeux de l'empereur. Cet homme avait d'ailleurs depuis longtemps capté la bienveillance des sommités royalistes du département, par son dévouement à la cause royale pendant les temps les plus orageux de la Révolution. Un des émissaires les plus actifs de Louis XVIII, il avait trempé, dès 1795, dans toutes les conspirations, en s'en retirant si savamment, avec tant d'adresse, qu'il finit par inspirer des soupçons. Remercié de ses services par Louis XVIII, et mis en dehors de toute affaire, il avait revenu dans ses propriétés déjà grevées depuis longtemps. Ces antécédents obscurs

A son tour emprisonné lors de la chute de Robespierre.....

alors (les initiés aux secrets du cabinet royal gardèrent le silence sur un si dangereux coopérateur) rendirent cet homme l'objet d'une espèce de culte dans une ville dévouée aux Bourbons, et où les moyens les plus cruels de la chouannerie étaient admis comme de bonne guerre. Les d'Esgrignon, les Casteran, le chevalier de Valois, enfin l'aristocratie et l'Église, ouvrirent leurs bras à ce diplomate royaliste et le mirent dans leur giron. Cette protection fut corroborée du désir que les créanciers eurent d'être payés. Ce misérable, le pendant de feu de la Chanterie, sut se contenir durant trois années, il afficha la plus haute dévotion et imposa silence à ses vices. Pendant les premiers mois que les nouveaux mariés passèrent ensemble, il eut une espèce d'action sur sa femme; il essaya de la corrompre par ses doctrines, si tant est que l'athéisme soit une doctrine, et par le plaisant avec lequel il parlait des principes les plus sacrés. Ce diplomate de bas étage eut, dès son retour au pays, une liaison intime avec un jeune homme, criblé de dettes comme lui, mais qui se recommandait par autant de franchise et de courage qu'il a montré, lui, d'hypocrisie et de lâcheté. Cet hôte, dont les agréments et le caractère, la vie aventureuse, devaient influencer une jeune fille, fut, entre les mains du mari, comme un instrument, et il s'en servit pour appuyer ses infâmes théories. Jamais la fille ne devait connaître à la mère l'abîme où le hasard l'avait jetée, car il faut renoncer à parler de prudence humaine en songeant aux minutieuses précautions prises par madame de la Chanterie quand il fut question de marier sa fille unique. Ce dernier coup, dans une vie aussi dévouée, aussi pure, aussi religieuse que celle d'une femme éprouvée par tant de malheurs, rendit madame de la Chanterie d'une défiance envers elle-même qui l'isola d'autant plus de sa fille, que sa fille, en échange de sa mauvaise fortune, exigea presque sa liberté, domina sa mère, et la brusqua même quelquefois. Atteinte ainsi dans toutes ses affections, trompée et dans son dévouement et dans son amour pour son mari, à qui elle avait sacrifié sans une plainte son bonheur, sa fortune et sa vie, trompée dans l'éducation exclusivement religieuse qu'elle avait donnée à sa fille, trompée par la société même dans l'affaire du mariage, et n'obtenant pas justice où elle n'avait semé que de bons sentiments, elle s'unit étroitement à Dieu, dont la main l'atteignait si fortement. Cette quasi religieuse allait à l'église tous les matins, elle accomplissait les austérités claustrales, et faisait des économies pour soulager les pauvres...

— Y a-t-il jusqu'à présent une vie plus sainte et plus éprouvée que celle de cette noble femme, si douce avec l'infortune, si courageuse dans le danger et toujours si chrétienne? dit le bonhomme en regardant Godefroid étonné. Vous connaissez madame, vous savez si elle manque de sens, de jugement, de réflexion, elle a toutes ces qualités au plus haut degré. Eh bien! ces malheurs, qui suffiraient à faire dire d'une existence qu'elle surpasse toutes les autres en adversités, ne sont rien en comparaison de ce que Dieu réservait à cette femme.

— Occupons-nous exclusivement de la fille de madame de la Chanterie, dit le bonhomme en reprenant son récit. — A dix-huit ans, époque de son mariage, mademoiselle de la Chanterie, dit-il, était une jeune fille d'une complexion excessivement délicate, brune, à couleurs éclatantes, svelte, et de la plus jolie figure. Au-dessus d'un front d'une forme élégante, on admirait les plus beaux cheveux noirs en harmonie avec des yeux bruns et d'une expression gaie. Une sorte de mignardise dans la physionomie trompait sur son véritable caractère et sur sa mâle décision. Elle avait de petites mains, de petits pieds, quelque chose de mince, de frêle dans toute sa personne, qui excluait toute idée de force et de vivacité. Ayant toujours vécu près de sa mère, elle était d'une parfaite innocence de mœurs et d'une piété remarquable. Cette jeune personne, était attachée aux Bourbons jusqu'au fanatisme, ennemie de la révolution française, et ne reconnaissait la domination de Napoléon que comme une plaie que la Providence infligeait à la France, en pu-

Mademoiselle de la Chanterie.

nition des attentats de 1793. Cette conformité d'opinion de la belle-mère et du gendre fut, comme toujours en pareille occurrence, une raison déterminante pour le mariage, auquel s'intéressa d'ailleurs toute l'aristocratie du pays. L'ami de ce misérable avait commandé, lors de la reprise des hostilités en 1799, une bande de chouans. Il paraît que le baron (le gendre de madame de la Chanterie était baron) n'avait d'autre dessein en liant sa femme et son ami, que de se servir de cette affection pour leur demander aide et secours. Quoique criblé de dettes et sans moyens d'existence, ce jeune aventurier vivait très-bien, et pouvait en effet facilement secourir le fauteur des conspirations royalistes. — Ceci veut quelques mots sur une association qui fit dans ce temps bien du tapage, dit M. Alain en interrompant son récit. Je veux vous parler des chauffeurs. Chaque province de l'Ouest fut alors plus ou moins atteinte par ces brigandages, dont l'objet était beaucoup moins le pillage qu'une résurrection de la guerre royaliste. On profita, dit-on, du grand nombre de réfractaires à la loi sur la conscription, exécutée alors, comme vous le savez, jusqu'à l'abus. Entre Mortagne et Rennes, au delà même et jusque sur les bords de la Loire, il y eut des expéditions nocturnes, qui, dans cette portion de la Normandie, frappèrent principalement sur les détenteurs de biens nationaux. Ces bandes répandirent une terreur profonde dans les campagnes. Ce n'est pas vous tromper que de vous faire observer que, dans certains départements, l'action de la justice fut pendant longtemps paralysée. Ces derniers retentissements de la guerre civile ne firent pas autant de bruit que vous pourriez le croire, habitués que nous sommes aujourd'hui à l'effrayante publicité donnée par la presse aux moindres procès politiques ou particuliers. Le système du gouvernement impérial était celui de tous les gouvernements absolus. La censure ne laissait rien publier de tout ce qui concernait la politique, excepté les faits accomplis, et encore étaient-ils travestis. Si vous vous donniez la peine de feuilleter le Moniteur, les autres journaux existants, et même ceux de l'Ouest, vous ne trouveriez pas un mot des quatre ou cinq procès criminels qui coûtèrent la vie à soixante ou quatre-vingts brigands. Ce nom, donné pendant l'époque révolutionnaire aux Vendéens, aux chouans et à tous ceux qui prirent les armes pour la maison de Bourbon, fut maintenu judiciairement sous l'Empire aux royalistes victimes de quelques complots isolés. Pour quelques caractères passionnés, l'empereur et son gouvernement, c'était l'ennemi, tout paraissait être de bonne prise de ce qui se prenait sur lui. Je vous explique ces opinions sans prétendre vous les justifier, dit le bonhomme, et je reprends.

— Maintenant, dit-il après une de ces pauses nécessaires dans les longs récits, admettez de ces esprits ruinés par la guerre civile de 1793, soumis à des passions violentes, admettez des natures d'exception dévorées de besoins, comme celles du genre de madame de la Chanterie et de cet ancien chef, et vous pourrez comprendre comment ils pouvaient se décider à commettre, dans leur intérêt particulier, les actes de brigandage que leur opinion politique autorisait contre le gouvernement impérial, au profit de la bonne cause. Ce jeune chef s'occupait donc à ranimer les brandons de la chouannerie, pour agir au moment opportun. Il y eut alors une crise terrible pour l'empereur, quand, enfermé dans l'île de Lobau, il parut devoir succomber à l'attaque simultanée de l'Angleterre et de l'Autriche. La victoire de Wagram rendit la conspiration faite à l'intérieur à peu près inutile. Cette espérance d'allumer la guerre civile en Bretagne, en Vendée et dans une partie de la Normandie, eut une fatale coïncidence avec le dérangement des affaires du baron, qui se flatta de faire entreprendre une expédition dont les profits seraient exclusivement appliqués à sauver son propriété. Par un sentiment plein de noblesse, sa femme et son ami refusèrent de détourner, dans un intérêt privé, les sommes à prendre à main armée aux recettes de l'État et destinées à solder les réfractaires et les chouans, à se procurer des armes et des munitions pour opérer une levée de boucliers. Quand, après des discussions envenimées, le jeune chef, appuyé par la femme, eut refusé positivement au mari de lui réserver une centaine de mille francs en écus, dont le recouvrement allait se faire pour le compte de l'armée royale, sur une des recettes générales de l'Ouest, le baron disparut pour éviter les ardentes poursuites de plusieurs prises de corps. Ces créanciers en voulaient aux biens de la femme, et ce misérable avait tari la source de l'intérêt qui porte une épouse à se sacrifier à son mari. Voilà ce qu'ignorait la pauvre madame de la Chanterie, mais ceci n'est rien en comparaison de la trame cachée sous cette explication préliminaire. — Ce soir, dit le bonhomme après avoir regardé l'heure à sa petite pendule, l'heure est déjà trop avancée, et nous en aurions pour trop longtemps si je voulais vous raconter le reste de cette histoire. Le vieux Bordin, mon ami, que la conduite du fameux procès Simeuse avait illustré dans le parti royaliste, et qui plaida dans l'affaire criminelle dite des chauffeurs de Mortagne, m'a, lors de mon installation ici, communiqué deux pièces que j'ai gardées, car il mourut quelques temps après. Vous y trouverez les faits beaucoup plus succinctement rédigés que je ne pourrais vous les dire. Ces faits sont si nombreux que je me perdrais dans les détails, et j'en aurais pour plus de deux heures à parler, tandis que là, vous les aurez sous une forme sommaire. Demain matin, je vous achèverai ce qui concerne madame de la Chanterie, car vous serez assez instruit par cette lecture pour que je puisse briser en quelques mots.

Le bonhomme remit des papiers jaunis par le temps à Godefroid, qui, après avoir souhaité le bonsoir à son voisin, se retira dans sa chambre, où il lut, avant de s'endormir, les deux pièces que voici.

ACTE D'ACCUSATION.

Cour de justice criminelle et spéciale du département de l'Orne

Le procureur général près la cour impériale de Caen, nommé pour remplir ses fonctions près la cour criminelle spéciale établie par décret impérial en date de septembre 1809 et siégeant à Alençon, expose à la cour les faits suivants, lesquels résultent de la procédure. Un complot de brigandage, conçu de longue main avec une profondeur inouïe, et qui se rattache à un plan de soulèvement des départements de l'Ouest, a éclaté par plusieurs attentats contre des citoyens et leurs propriétés, mais notamment par l'attaque et le vol à main armée d'une voiture qui transportait, le ... mai 180.... la recette de Caen pour le compte de l'État. Cet attentat, qui rappelle les déplorables souvenirs d'une guerre civile si heureusement éteinte, a reproduit les conceptions d'une scélératesse que la flagrance des passions ne justifiait plus. Dans l'origine au résultats la trame est compliquée, les détails sont nombreux : l'instruction a duré plus d'une année : mais l'évidence, attachée à tous les pas du crime, en a éclairé les préparatifs, l'exécution et les suites. La pensée du complot appartient au nommé Charles-Amédée-Louis-Joseph Rifoel, se disant chevalier du Vissard, né au Vissard, commune de Saint-Mexme, ancien chef de rebelles. Ce coupable, à qui S. M. l'empereur et roi avait fait grâce lors de la pacification définitive, et qui n'a reconnu la magnanimité du souverain que par de nouveaux crimes, a subi déjà, par le dernier supplice, le châtiment dû à tant de forfaits : mais il est nécessaire de rappeler quelques-unes de ses actions, car il a influé sur les coupables actuellement déférés à la justice, et il se rattache à chaque particularité du procès.

Ce dangereux agitateur, caché, selon l'habitude des rebelles, sous le nom de Pierrot, errait dans les départements de l'Ouest, en y recueillant les éléments d'une nouvelle révolte : mais son asile le plus sûr fut le château de Saint-Savin, résidence d'une dame Lechantre et de sa fille, la dame Bryond, sis commune de Saint-Savin, près de Mortagne. Ce point stratégique se rattache aux plus affreux souvenirs de la rébellion de 1799. Là, le courrier fut assassiné, sa voiture pillée par une bande de brigands, sous le commandement

d'une femme, aidée par le trop fameux Marche-à-terre. Ainsi, dans ces lieux le brigandage est en quelque sorte endémique.

Une intimité que nous n'essayerons pas de qualifier existait depuis plus d'un an entre la dame Bryond et ce nommé Rifoel.

Ce fut dans cette commune qu'eut lieu, dès le mois d'avril 1804, une entrevue entre Rifoel et le nommé Boislaurier, chef supérieur et connu sous le nom de l'Ouest, dont l'esprit a dirigé l'affaire actuellement déférée à la cour.

Ce point obscur des relations de ces deux chefs, victorieusement établi par de nombreux témoins, a d'ailleurs l'autorité de la chose jugée par l'arrêt de condamnation de Rifoel.

Ce Boislaurier s'entendit dès ce temps avec Rifoel pour agir de concert.

Tous deux, et seuls d'abord, ils se communiquèrent leurs atroces projets, inspirés par l'absence de S. M. impériale et royale, qui commandait alors ses armées en Espagne. Dès cette époque, ils durent arrêter, comme base fondamentale de leurs opérations, l'enlèvement des recettes de l'État.

Quelque temps après, le nommé Dubut, de Caen, expédie au château de Saint-Savin un émissaire, le nommé Hiley, dit le Laboureur, connu depuis longtemps comme voleur de diligences, pour donner des renseignements sur les hommes auxquels on pourrait se fier.

Ce fut ainsi que, par l'intervention de Hiley, le complot acquit dès l'origine la coopération du nommé Herbomez, surnommé le Général-Hardi, ancien rebelle de la même trempe que Rifoel, et comme lui parjure à l'amnistie.

Herbomez et Hiley recrutèrent alors dans les communes environnantes sept bandits qu'il faut se hâter de faire connaître, et qui sont :

1° Jean Cibot, dit Pille-Miche, l'un des plus hardis brigands du corps formé par Montauran, en l'an VII, l'un des auteurs de l'attaque et de la mort du courrier de Mortagne,

2° Francis Lisieux, surnommé le Grand-Fils, réfractaire du département de la Mayenne,

3° Charles Grenier, dit Fleur-de-Genêt, déserteur de la 69° demi-brigade,

4° Gabriel Bruce, dit Gros-Jean, un des chouans les plus féroces de la division Fontaine,

5° Jacques Horeau, dit le Stuart, ex-lieutenant de la même demi-brigade, l'un des affidés de Tinténiac, assez connu par sa participation à l'expédition de Quiberon,

6° Marie-Anne Cabot, dit Lajeunesse, ancien piqueur du sieur Carol d'Alençon,

7° Louis Minard, réfractaire.

Ces enrôlés furent logés dans trois communes différentes, chez les nommés Binet, Mélin et Laravinière, aubergistes ou cabaretiers, tous dévoués à Rifoel.

Les armes nécessaires furent aussitôt tournées par le sieur Jean-François Léveillé, notaire, incorrigible correspondant des brigands, le lien intermédiaire entre eux et plusieurs chefs cachés, surnommé le Confesseur, enfin par le nommé Félix Courceuol, ancien chirurgien des armées rebelles de la Vendée, tous deux d'Alençon.

Onze fusils furent cachés dans la maison que possédait le sieur Bryond dans le faubourg d'Alençon, et à son insu ; car il habitait alors sa campagne entre Alençon et Mortagne.

Lorsque le sieur Bryond quitta sa femme en l'abandonnant à elle-même, dans la fatale route qu'elle devait parcourir, ces fusils, retirés mystérieusement de la maison, furent transportés par la dame Bryond elle-même dans sa voiture au château de Saint-Savin.

Ce fut alors qu'eurent lieu dans le département de l'Orne et les départements circonvoisins ces déménagements de brigandage qui ne surprirent pas moins les autorités que les habitants de ces contrées, depuis si longtemps paisibles, et qui prouvèrent que ces détestables ennemis du gouvernement et de l'Empire français avaient été mis dans le secret de la coalition de 1809 par leurs intelligences avec l'étranger.

Le notaire Léveillé, la dame Bryond, Dubut de Caen, Herbomez de Mayenne, Boislaurier du Mans, et Rifoel, furent donc les chefs de l'association, à laquelle appartiennent les coupables déjà punis par l'arrêt qui les a frappés avec Rifoel, ceux qui sont l'objet de la présente accusation, et plusieurs autres qui se sont dérobés par la fuite ou par le silence de leurs complices à l'action de la vindicte publique.

Ce fut Dubut qui, domicilié près de Caen, signala l'envoi de la recette au notaire Léveillé. Dès lors Dubut fait plusieurs voyages de Caen à Mortagne, et Léveillé se montre également sur les routes.

Il faut remarquer ici que, lors du déplacement des fusils, Léveillé, qui vint voir Bruce, Grenier et Cibot dans la maison de Mélin, les ayant trouvés qui arrangeaient les fusils sous un appentis intérieur, aida lui-même à cette opération.

Un rendez-vous général fut pris à Mortagne, à l'hôtel de l'Écu-de-

France. Tous les accusés s'y rencontrèrent sous des déguisements différents. Ce fut alors que Léveillé, la dame Bryond, Dubut, Herbomez, Boislaurier et Hiley, le plus habile des complices secondaires, comme Cibot en est le plus hardi, s'assurèrent de la coopération du nommé Vauthier, dit Vieux-Chêne, ancien domestique du fameux Longuy, valet d'écurie de l'hôtel. Vauthier consentit à prévenir la dame Bryond du passage de la voiture de la recette, qui s'arrête ordinairement à cet hôtel.

Le moment arriva bientôt d'opérer la réunion des brigands recrutés et qu'on avait dispersés dans plusieurs logis, tantôt dans une commune et tantôt dans une autre, par les soins de Courceuil et de Léveillé. Cette réunion s'effectue sous les auspices de la dame Bryond, qui fournit une nouvelle retraite aux brigands dans une partie inhabitée du château de Saint-Savin, où elle demeurait près de sa mère, à quelques lieues de Mortagne, depuis sa séparation d'avec son mari. Les brigands, Hiley à leur tête, s'y établissent, y passent plusieurs jours. La dame Bryond a soin de préparer elle-même, avec la fille Godard, sa femme de chambre, toutes les choses nécessaires au coucher et à la nourriture de pareils hôtes. Elle fait porter à ce dessein des bottes de foin, elle visite les brigands dans l'asile qu'elle leur procure, et y retourne plusieurs fois avec Léveillé. Les provisions et les vivres furent apportés sous la direction et par les soins de Courceuil, qui recevait les ordres de Rifoel et de Boislaurier.

L'expédition principale se caractérise, l'armement est accompli; les brigands quittent leur retraite de Saint-Savin, ils opèrent nuitamment en attendant le passage de la recette, et le pays est épouvanté de leurs agressions réitérées.

Il est indubitable que les attentats commis à la Sartinière, à Vonay, au château de Saint-Seny furent commis par cette bande, dont l'audace égale la scélératesse, et qui sut imprimer une si grande terreur que leurs victimes gardèrent toutes le silence, en sorte que la justice s'est arrêtée à des présomptions.

Mais, tout en mettant à contribution les acquéreurs de biens nationaux, ces brigands exploraient avec soin le bois du Chesnay, choisi pour être le théâtre de leurs crimes.

Non loin de là, se trouve le village de Louviguy. Une auberge y est tenue par les frères Chaussard, anciens gardes-chasse de la terre de Troisville, qui va servir de rendez-vous final aux brigands. Ces deux frères connaissaient d'avance le rôle qu'ils devaient jouer; Courceuil et Boislaurier leur avaient fait depuis longtemps des ouvertures pour ranimer leur haine contre le gouvernement de notre auguste empereur, et leur annonçant que, parmi les hôtes qui leur viendront, se trouveraient des hommes de leur connaissance, le redoutable Hiley et le non moins redoutable Cibot.

En effet, le 6, les sept bandits, sous la conduite de Hiley, arrivent chez les frères Chaussard, et ils y passent deux jours. Le chef, le 8, emmène tout son monde, en disant qu'ils vont à trois lieues, et il commande aux deux frères de leur procurer des subsistances qui furent portées à un embranchement peu distant du village. Hiley revint coucher seul.

Deux hommes à cheval, qui doivent être la dame Bryond et Rifoel, car il est avéré que cette dame accompagnait Rifoel dans ses expéditions, à cheval et déguisée en homme, arrivent dans la soirée, et s'entretiennent avec Hiley.

Le lendemain, Hiley écrit une lettre au notaire Léveillé, que l'un des frères Chaussard porte, et il rapporte aussitôt une réponse.

Deux heures après, la dame Bryond et Rifoel, à cheval, viennent parler à Hiley.

De toutes ces conférences, de ces allées et venues, il résulte la nécessité d'avoir une hache pour briser les caisses. Le notaire reconduit la dame Bryond à Saint-Savin, et l'on y cherche vainement une hache. Le notaire revient, et à moitié route il rencontre Hiley, à qui il venait annoncer que l'on n'avait point de hache.

Hiley revient à l'auberge, il y demande un souper pour dix personnes, et il introduit les sept brigands, tous armés cette fois. Hiley fait déposer militairement les armes. On s'assied à table, on soupe à la hâte, et Hiley demande qu'on lui fournisse des aliments en abondance pour les emporter. Puis il prend à part Chaussard l'aîné, pour lui demander une hache, s'il faut l'en croire, on refuse de la donner. Courceuil et Boislaurier arrivent, la nuit s'écoule, et ces trois hommes la passèrent à marcher dans la campagne en s'entretenant de leurs complots. Courceuil, dit le Confesseur, le plus subtil de tous les brigands, s'empare d'une hache, et, sur les deux heures du matin, tous sortent par des issues différentes.

Les moments acquéraient du prix, l'exécution du forfait était fixée à ce jour fatal. Hiley, Courceuil, Boislaurier, amenent et placent leur monde. Hiley s'embusque avec Minard, Cabot et Buice, à droite du bois du Chesnay. Boislaurier, Grenier et Horeau se mettent au centre. Courceuil, Herbomez et Lisieux se tiennent au défilé de la lisière. Toutes ces positions sont indiquées sur le plan géométral dressé par l'ingénieur du cadastre et joint aux pièces.

Cependant la voiture, partie de Mortagne vers une heure du matin, était conduite par le nommé Rousseau, que les événements accusent assez pour que son arrestation ait paru nécessaire. La voiture, menée lentement, devait arriver vers trois heures dans le bois du Chesnay.

Un seul gendarme escortait la voiture, on devait aller déjeuner à Donnery. Trois voyageurs faisaient par occasion route avec le gendarme.

Le voiturier, qui avait marché très-lentement avec eux, arrivé au pont de Chesnay, à l'entrée du bois de ce nom, pousse ses chevaux avec une vigueur, une vivacité qui fut remarquée, et il se jette dans un chemin de détour qu'on appelle le chemin de Senzey. La voiture échappe aux regards, sa direction n'est indiquée que par le bruit des grelots, le gendarme et les jeunes gens hâtent le pas pour la rejoindre. Un cri part. Ce cri, c'est : « Halte-là, coquins! » Quatre coups de fusil sont tirés.

Le gendarme, n'étant pas atteint, tire son sabre et court dans la direction qu'il suppose prise par la voiture. Il est arrêté par quatre hommes armés qui font feu sur lui, son ardeur le préserve, car il s'élance pour dire à l'un des jeunes gens d'aller faire sonner le tocsin au Chesnay, mais deux brigands fondent sur lui et le couchent en joue, il est forcé de faire quelques pas en arrière, et reçoit alors dans l'aisselle gauche, au moment où il vent observer le bois, une balle qui lui a cassé le bras; il tombe et se trouve soudain hors de combat.

Les cris et la fusillade avaient retenti à Donnery. Le brigadier et un des gendarmes de cette résidence accourent, un feu de peloton les amène du côté du bois opposé à celui où se passait la scène de pillage. Le gendarme essaye de pousser des cris pour intimider les brigands, et simule par ses clameurs l'arrivée de secours lointains, il crie : « En avant! Par le premier peloton! Nous les tenons! Par là le second peloton! »

Les brigands de leur côté crient : « Aux armes! Ici, camarades! des hommes au plus tôt! »

Le fracas des décharges ne permet pas au brigadier d'entendre les cris du gendarme blessé, ni d'aider à la manœuvre semblable par laquelle l'autre gendarme tenait les brigands en échec, mais il put distinguer un bruit rapproché de lui, provenant du brisement et de l'enfoncement des caisses. Il s'avance de ce côté, quatre bandits armés le tenant en arrêt, il leur crie : « Rendez-vous, scélérats! »

Ceux-ci répliquent : « N'approche pas, ou tu es mort! » Le brigadier s'élance, deux coups d'arme à feu sont tirés, et il est atteint, une balle lui traverse la jambe gauche et pénètre dans les flancs de son cheval. Le brave soldat, baigné dans son sang, est forcé de quitter cette lutte inégale, et il crie, mais en vain : « À moi! les brigands sont au Quesnay! »

Les bandits, restés maîtres du terrain grâce à leur nombre, fouillent la voiture, placée à dessein dans un ravin. Ils avaient voilé, par feinte, la tête au voiturier. On défonce les caisses, les sacs d'argent jonchent le terrain. Les chevaux de la voiture sont dételés, et le numéraire est chargé sur les chevaux. On dédaigne 3,000 francs de billon, et une somme de 105,000 francs est enlevée sur quatre chevaux. On se dirige sur le hameau de Menneville, qui touche au bourg de Saint-Savin. La horde et le butin s'arrêtent à une maison isolée appartenant aux frères Chaussard, et où demeure leur oncle, le nommé Bourget, confident du projet de l'origine. Ce vieillard, aidé par sa femme, accueille les brigands, leur recommande le silence, décharge l'argent, va leur tirer à boire. La femme était comme en sentinelle auprès du château. Le vieillard détèle les chevaux, les ramène au bois, les rend au voiturier, délivre deux des jeunes gens qui avait garrottés, ainsi que le complaisant voiturier. Après s'être reposés à la hâte, les bandits se remettent en route. Courceuil, Hiley, Boislaurier, passent leurs complices en revue, et, après avoir délivré de faibles et modiques rétributions à chacun d'eux, la bande s'enfuit chacun de son côté. Arrivés à un endroit nommé le Champ-Landry, ces malfaiteurs, obéissant à cette voix qui précipite tous les misérables dans les contradictions et les faux calculs du crime, jettent leurs fusils dans un champ de blé. Cette action, faite en commun, est le dernier signe de leur mutuelle intelligence. Frappés de terreur par la hardiesse de leur attentat et par le succès même, ils se dispersent.

Le vol une fois accompli avec les caractères de l'assassinat et de l'attaque à main armée, l'enchaînement d'autres faits se prépare et d'autres acteurs vont agir à propos du recel du vol et de sa destination. Rifoel, caché dans Paris, d'où sa main dirigeait chaque fil de cette trame, transmet à Léveillé l'ordre de lui faire tenir au plus vite cinquante mille francs. Courceuil, propre à toutes les combinaisons de ces forfaits, avait déjà dépêché Hiley pour instruire Léveillé de la réussite et de son arrivée à Mortagne. Léveillé s'y rend.

Vauthier, sur la fidélité de qui l'on croit pouvoir compter, se charge d'aller trouver l'oncle des Chaussard, il arrive à cette maison, le vieillard lui dit qu'il doit s'adresser à ses neveux, qui ont remis de telles sommes à la dame Bryond. Néanmoins il lui dit d'attendre sur la route, et il lui donne un sac de douze cents francs que Vauthier apporte à la dame Lechantre pour sa fille.

Sur l'instance de Léveillé, Courceuil retourne chez Bourget, qui, cette fois, l'envoie chez ses neveux directement. Chaussard l'aîné emmène Vauthier dans le bois, lui indique un arbre, et on y trouve un sac de mille francs enterré. Enfin, Léveillé, Hiley, Vauthier, font de nouveaux voyages, et chaque fois une somme minime, en comparaison de celle à laquelle se monte le vol, est donnée.

Madame Lechantre recevait ces sommes à Mortagne ; et, sur une lettre d'avis de sa fille, elle les transporte à Saint-Savin, où la dame Bryond était revenue.

Ce n'est pas ici l'instant d'examiner si la dame Lechantre n'avait pas des connaissances antérieures du complot.

Il suffit pour le moment de remarquer que cette dame quitte Mortagne pour venir à Saint-Savin la veille de l'exécution du crime, et en emmène sa fille ; que ces dames se rencontrent au milieu de la route, et reviennent à Mortagne, que le lendemain le notaire, averti par Hiley, se rend d'Alençon à Mortagne, va sur-le-champ chez elles, et les décide plus tard à transporter les fonds si péniblement obtenus des frères Chaussard et de Bourget, dans une maison d'Alençon dont il sera bientôt question, celle du sieur Pannier, négociant.

La dame Lechantre écrit au garde de Saint-Savin de la venir chercher elle et sa fille à Mortagne pour les conduire par la traverse vers Alençon.

Ces fonds, montant en tout à 20,000 francs, sont chargés la nuit, et la fille Godard aide à ce chargement.

Le notaire avait tracé l'itinéraire. On arrive à l'auberge d'un des affidés, le nommé Louis Chargegrain, dans la commune de Littray. Malgré les précautions prises par le notaire, qui vint au-devant de la carriole, il se trouva des témoins, et l'on vit descendre les portemanteaux et les sacoches qui contenaient l'argent.

Mais, au moment où Courceuil et Hiley, déguisés en femmes, se concertaient, sur une place d'Alençon, avec le sieur Pannier, trésorier des rebelles depuis 1794, et tout acquis à Rifoel, pour savoir comment faire passer à Rifoel la somme demandée, la terreur causée par les arrestations commencées, par les perquisitions, fut telle, que la dame Lechantre, troublée, alla de nuit en fugitive, de l'auberge où elle était, emmenant sa fille par les chemins détournés, abandonnant le notaire Léveillé, pour se réfugier dans les cachettes pratiquées au château de Saint-Savin. Les mêmes alarmes assiégeaient les autres coupables. Courceuil, Boislaurier et son parent Dubut changeaient deux mille francs d'écus contre de l'or chez un négociant et s'enfuyaient par la Bretagne en Angleterre.

En arrivant à Saint-Savin, les dames Lechantre et Bryond apprennent l'arrestation de Bourget, celle du voiturier, celle des réfractaires.

Les magistrats, la gendarmerie, les autorités, frappaient des coups si sûrs, qu'il parut difficile de soustraire la dame Bryond aux investigations de la justice, car elle était l'objet du dévouement de tous ces malfaiteurs subjugués par elle. Aussi la dame Bryond quitte-t-elle Saint-Savin, et se cache-t-elle d'abord dans Alençon, où ses fidèles délibèrent et parviennent à la celer dans la cave de Pannier.

Ici, de nouveaux incidents se développent.

Depuis l'arrestation de Bourget et de sa femme, les Chaussard se refusaient à tout nouveau versement, en se prétendant trahis. Cette défection inattendue arrivait au moment où le plus urgent besoin d'argent se déclarait chez tous les complices, ne fût-ce que pour se mettre en sûreté. Rifoel avait soif d'argent. Hiley, Cibot, Léveillé, commençaient à soupçonner les frères Chaussard.

Ici se place un nouvel incident qui appelle les rigueurs de la justice.

Deux gendarmes chargés de découvrir la dame Bryond, réussissent à pénétrer chez Pannier, ils y assistent à une délibération ; mais ces hommes, indignes de la confiance de leurs chefs, au lieu d'arrêter la dame Bryond, succombent à ses séductions. Ces indignes militaires, nommés Ratel et Mallet, prodiguent à cette femme les marques du plus vif intérêt, s'offrent à la conduire sans danger auprès des Chaussard, pour les forcer à restitution.

La dame Bryond part sur un cheval, déguisée en homme, accompagnée de Ratel, de Mallet, et de la fille Godard. Elle fait la route de nuit. Elle arrive, elle a seule, avec l'un des frères Chaussard, une conférence animée. Elle s'était armée d'un pistolet, décidée à brûler la cervelle à son complice en cas de refus ; mais elle se fait conduire dans le bois, et en revient avec une lourde sacoche. Au retour, elle trouve du billon et des pièces de douze sous pour une valeur de quinze cents francs.

On propose alors une descente de tous les complices qui peuvent être réunis chez les Chaussard pour s'emparer d'eux et les soumettre à des tortures.

Pannier, apprenant cet insuccès, entre en fureur, il éclate en me-

naces ; et la dame Bryond, quoique le menaçant à son tour de la colère de Rifoel, est forcée de fuir.

Tous ces détails sont dus aux aveux de Ratel.

Mallet, touché de cette situation, propose un asile à la dame Bryond. Tous vont coucher dans le bois de Troisville. Puis Mallet et Ratel, accompagnés de Hiley et de Cibot, se rendent la nuit chez les frères Chaussard ; mais cette fois ils apprennent que les deux frères ont quitté le pays, que le reste de l'argent est certainement déplacé.

Ce fut le dernier effort du complot pour faire le recouvrement des deniers du vol.

Maintenant il convient d'établir la part caractéristique de chacun des auteurs de cet attentat.

Dubut, Boislaurier, Gentil, Herbomez, Courceuil et Hiley sont les chefs, les uns délibérant, les autres agissant.

Boislaurier, Dubut et Courceuil, tous trois fugitifs et contumaces, sont des habitués de rébellion, des fauteurs de troubles, les implacables ennemis de Napoléon le Grand, de ses victoires, de sa dynastie et de son gouvernement, de nos nouvelles lois, de la constitution de l'empire.

Herbomez et Hiley ont audacieusement exécuté, comme bras, ce qu'ils avaient conçu comme tête.

La culpabilité des sept instruments du crime, de Cibot, Lisieux, Grenier, Bruce, Horeau, Cabot, Minard, est évidente, elle ressort des aveux de ceux d'entre eux qui sont sous la main de la justice, car Lisieux est mort pendant l'instruction, et Bruce est contumace.

La conduite tenue par Rousseau le voiturier est empreinte de complicité. Sa lenteur pendant la route, la précipitation avec laquelle il a excité ses chevaux à l'entrée du bois, sa persévérance à soutenir qu'il avait eu la tête voilée, tandis que le chef des brigands lui ôter son mouchoir en lui disant de les reconnaître, selon le témoignage des jeunes gens, toutes ces particularités sont de violentes présomptions de connivence.

Quant à la dame Bryond, au notaire Léveillé, quelle complicité fut plus connexe, plus continue que la leur ? Ils ont constamment fourni les moyens du crime, ils l'ont connu, secouru. Léveillé voyageait à tout propos. La dame Bryond inventait stratagèmes sur stratagèmes, elle a risqué tout, jusqu'à sa vie, pour assurer la rentrée des fonds. Elle prête son château, sa voiture, elle est dans le complot dès l'origine, elle n'en a pas détourné le principal chef, quand elle pouvait employer sa coupable influence à l'empêcher. Elle a entraîné sa femme de chambre, la fille Godard. Léveillé a si bien trempé dans l'exécution, qu'il a cherché à procurer la hache que demandaient les brigands.

La femme Bourget, Vauthier, les Chaussard, Pannier, la dame Lechantre, Mallet et Ratel, ont tous participé au crime à des degrés différents, ainsi que les aubergistes Melin, Binet, Laravinière et Chargegrain.

Bourget est mort pendant l'instruction, après avoir fait des aveux qui ôtent toute incertitude sur la part prise par Vauthier, par la dame Bryond ; et s'il a tâché d'atténuer les charges qui pèsent sur sa femme et sur son neveu Chaussard, les motifs de ses réticences sont faciles à comprendre.

Mais les Chaussard ont sciemment nourri les brigands, ils les ont vus armés, ils ont été témoins de toutes leurs dispositions, et ils ont laissé prendre la hache nécessaire au brisement des caisses, en sachant quel en était l'usage. Enfin ils ont recelé, on va porter des sommes provenant du vol, ils en ont eu, dissipé la plus forte part.

Pannier, ancien trésorier des rebelles, a caché la dame Bryond, il est l'un des plus dangereux complices de ce crime, il le connaissait dès l'origine. A lui commencent des relations inconnues et qui restent obscures, mais que la justice surveillera. C'est le fidèle de Rifoel, le dépositaire des secrets du parti contre-révolutionnaire dans l'Ouest ; il a regretté que Rifoel ait introduit dans le complot des femmes et soit confié à elles ; il a envoyé des sommes à Rifoel, et il a recelé l'argent du vol.

Quant à la conduite des deux gendarmes, Ratel et Mallet, elle mérite les dernières rigueurs de la justice, ils ont trahi leurs devoirs. L'un d'eux, prévoyant son sort, s'est suicidé, mais après avoir fait d'importantes révélations. L'autre, Mallet, n'a rien nié ; ses aveux épargnent toute incertitude.

La dame Lechantre, malgré ses constantes dénégations, a tout connu. L'hypocrisie de cette femme, qui cache sous sa prétendue innocence sous les pratiques d'une menteuse dévotion, à des antécédents qui prouvent sa décision, son intrépidité dans les cas extrêmes. Elle allègue qu'elle a été trompée par sa fille, qu'elle croyait qu'il s'agissait de fonds appartenant au sieur Bryond. Ruse grossière ! Si le sieur Bryond avait eu des fonds, il n'eût pas quitté le pays pour éviter d'être témoin de sa déconfiture. La dame Lechantre fut rassurée contre la honte du vol, quand elle le vit approuvé par son allié

Boislaurier. Mais comment explique-t-elle la présence de Rifoël à Saint-Savin, les courses et les relations de ce jeune homme avec sa fille, le séjour des brigands servis par la fille Godard, par la dame Bryond? Elle allègue un profond sommeil, elle se retranche dans une prétendue habitude de se coucher à sept heures du soir, et elle ne sait que répondre quand le magistrat instructeur lui fait observer qu'alors elle se levait au jour, et qu'au jour elle devait apercevoir quelques traces du complot et du séjour de tant de gens, s'inquiéter des sorties et des rentrées nocturnes de sa fille. Elle objecte alors qu'elle était en prières. Cette femme est un modèle d'hypocrisie. Enfin son voyage le jour du crime, le soin qu'elle prend d'emmener sa fille à Mortagne, sa course avec l'argent, sa fuite précipitée quand tout est découvert, le soin qu'elle prend de se cacher, les circonstances mêmes de son arrestation, tout prouve une complicité de longue main. Elle n'a pas agi en mère qui veut éclairer sa fille et l'arracher à son danger, mais en complice qui tremble; et sa complicité n'a pas été l'égarement de la tendresse, elle est le fruit de l'esprit de parti, l'inspiration d'une haine connue contre le gouvernement de Sa Majesté impériale et royale. Un égarement maternel ne l'excuserait pas d'ailleurs; et nous ne devons pas oublier que le consentement de longue date, prémédité, doit être le signe le plus évident de la complicité.

Ainsi que les éléments du crime, ses artisans sont à découvrir. On voit le monstrueux assemblage des délires d'une faction avec les amorces de la rapine, l'assassinat conseillé par l'esprit de parti, sous l'égide duquel on essaye de se justifier à soi-même les plus ignobles excès. La voix des chefs donne le signal du pillage des deniers publics pour solder des crimes ultérieurs; de vils et farouches stipendiaires l'effectuent à bas prix, ne reculent pas devant l'assassinat, et des fauteurs de rébellion, non moins coupables, aident au partage, au recel du butin. Quelle société tolérerait de pareils attentats? La justice n'a pas assez de rigueurs pour les punir.

Sur quoi, la cour de justice criminelle et spéciale aura à décider si les nommés Herbomez, Hiley, Cibot, Grenier, Horeau, Cabot, Minard, Melin, Binet, Laravinière, Rousseau, femme Bryond, Léveillé, femme Bourget, Vauthier, Chaussard aîné, Pannier, veuve Lechantre, Mallet, tous ci-dessus dénommés et qualifiés, accusés présents, et les nommés Boislaurier, Dubut, Courceuil, Bruce, Chaussard cadet, Chargegrain, fille Godard, ces derniers absents et fugitifs, sont ou ne sont pas coupables des faits mentionnés dans le présent acte d'accusation.

Fait à Caen, au parquet, ce 1er décembre 180...

Signé : baron Bourlac.

Cette pièce judiciaire, beaucoup plus brève et impérieuse que ne le sont les actes d'accusation d'aujourd'hui, si minutieux, si complets sur les plus légères circonstances et surtout sur la vie antérieure au crime des accusés, agita profondément Godefroid. La sécheresse de cet acte, où la plume officielle écrivait à l'encre rouge les détails principaux de l'affaire, fut pour son imagination une cause de travail. Les récits contenus, concis, sont pour certains esprits des textes où ils s'enfoncent et en parcourant les mystérieuses profondeurs.

Au milieu de la nuit, aidé par le silence, par les ténèbres, par la corrélation terrible que le bonhomme Alain venait de lui faire pressentir entre cet écrit et madame de la Chanterie, Godefroid appliqua toutes les forces de son intelligence à développer ce thème terrible.

Évidemment, ce nom de Lechantre devait être le nom patronymique de la Chanterie, à qui, sous la République et sous l'Empire, on avait sans doute retranché leur nom aristocratique.

Il entrevit les paysages où ce drame s'était accompli. Les figures des complices secondaires passèrent sous ses yeux. Il se dessina fantastiquement non pas le nommé Rifoël, mais un chevalier du Vissard, un jeune homme quasi semblable au Fergus de Walter Scott, enfin le jacobite français. Il développa le roman de la passion d'une jeune fille grossièrement trompée par l'infamie d'un mari (comme alors à la mode), et aimant un jeune chef en révolte contre l'empereur, donnant, comme Diana Vernon, à plein collier dans une conspiration, s'exaltant, une fois lancée sur cette pente dangereuse, ne s'arrêtant plus! Avait-elle donc roulé jusqu'à l'échafaud?

Godefroid apercevait tout un monde. Il errait sous les bocages normands, il y voyait le chevalier breton et madame Bryond dans les haies; il habitait le vieux château de Saint-Savin; il assistait aux scènes diverses de séduction de tant de personnages, il se figurant ce notaire, ce négociant, et tous ces hardis chefs de chouans. Il devinait le concours presque général d'une contrée où vivait le roman des expéditions du fameux Marche-à-Terre, des comtes de Bauvan, de Longuy, du massacre de la Vivetière, et tant du marquis de Montauran, dont les exploits lui avaient été déjà racontés par madame de la Chanterie.

Cette espèce de vision des choses, des hommes, des lieux, fut rapide. En songeant qu'il s'agissait de l'imposante, de la noble et pieuse vieille femme dont les vertus agissaient sur lui au point de le méta-

morphoser, Godefroid saisit avec un mouvement de terreur la seconde pièce que le bonhomme Alain lui avait donnée, et qui était intitulée :

Précis pour madame Henriette Bryond des Tours-Minières, née Lechantre de la Chanterie.

— Plus de doute ! se dit Godefroid.

Voici la teneur de cette pièce : « Nous sommes condamnés et coupables ; mais si jamais le souverain a eu raison d'user de son droit de grâce, n'est-ce pas dans les circonstances de cette cause? Il s'agit d'une jeune femme qui a déclaré être mère, et condamnée à mort. Sur le seuil d'une prison, en présence de l'échafaud qui l'attend, cette femme dira la vérité. La vérité plaidera pour elle, elle lui devra sa grâce. Le procès jugé par la cour criminelle d'Alençon a eu, comme tous les procès où il se trouve un grand nombre d'accusés réunis par un complot qu'a inspiré l'esprit de parti, des portions sérieusement obscures. La chancellerie de S. M. impériale et royale sait à quoi s'en tenir aujourd'hui sur le personnage mystérieux nommé *le Marchand*, dont la présence dans le département de l'Orne n'a pas été niée par le ministère public pendant le cours des débats, mais que l'accusation n'a pas jugé convenable de faire comparaître, et que la défense n'avait ni la faculté d'amener ni le pouvoir de trouver.

« Ce personnage est, comme le parquet, la préfecture, la police de Paris et la chancellerie de S. M. impériale et royale le savent, le sieur Bernard-Polydore Bryond des Tours-Minières, correspondant, depuis 1794, du comte de Lille, connu à l'étranger comme baron des Tours-Minières, et dans les fastes de la police parisienne sous le nom de Contenson. C'est un homme qui fait exception, un homme dont la noblesse et la jeunesse ont été déshonorées par des vices si exigeants, par une immoralité si profonde, par des écarts si criminels, que cette infâme vie eût certainement abouti à l'échafaud sans l'art avec lequel il a su se rendre utile par son double rôle, indiqué par son double nom. Mais de plus en plus dominé par ses passions, par ses besoins renaissants, il finira par tomber au-dessous de l'infamie, et servira bientôt dans les derniers rangs, malgré d'incontestables talents et un esprit remarquable. Lorsque la perspicacité du comte de Lille n'a plus permis à Bryond de toucher l'or de l'étranger, il a voulu sortir de l'arène ensanglantée où ses besoins l'avaient jeté. N'était-elle plus assez féconde, cette carrière? fut-ce donc le remords ou la honte qui ramena cet homme dans le pays où ses propriétés, grevées de dettes à son départ, devaient offrir peu de ressources sans un génie? il est impossible de le croire. Il est plus vraisemblable de lui supposer une mission à remplir dans les départements, ou couvaient encore quelques étincelles de nos discordes civiles. En observant le pays où sa perfide coopération aux intrigues de l'Angleterre et du comte de Lille lui livra la confiance des familles attachées au parti vaincu par le génie de notre immortel empereur, il rencontra l'un des anciens chefs de révolte avec qui, lors de l'expédition de Quiberon, et lors du dernier soulèvement des rebelles en l'an vu, il avait eu des rapports comme envoyé de l'étranger. Il favorisa les espérances de ce grand agitateur, qui a payé du dernier supplice ses trames contre l'État. Bryond put alors pénétrer les secrets de cet incorrigible fanatique, qui méconnaît à la fois et la gloire de S. M. l'empereur Napoléon Ier et les vrais intérêts du pays, unis dans cette personne sacrée.

« A l'âge de trente-cinq ans, affectant la piété la plus sincère, professant un dévouement sans bornes aux intérêts du comte de Lille et un culte pour les insurgés qui, dans l'Ouest, ont trouvé la mort dans la lutte, déguisant avec habileté les restes d'une jeunesse épuisée, mais qui se recommandait par quelques dehors, et vivement protégée par le silence de ses créanciers, par une complaisance inouïe chez tous les ci-devant du pays, cet homme, vrai sépulcre blanchi, fut introduit, avec tant de titres à la piété des ci-devant, auprès de la dame Lechantre, à qui l'on croyait une grande fortune.

« On complota de faire épouser la fille unique de madame Lechantre, la jeune Henriette, à ce protégé des ci-devant.

« Prêtres ex-nobles, créanciers, chacun dans un intérêt différent, loyal chez les uns, cupide chez les autres, aveugle chez la plupart, tous enfin conspirèrent l'union de Bernard Bryond avec Henriette Lechantre.

« Le bon sens du notaire chargé des affaires de madame Lechantre, et quelque défiance peut-être, furent cause de la perte de la jeune fille. Le sieur Chesnel, notaire d'Alençon, mit la terre de Saint-Savin, unique bien de la future épouse, sous le régime dotal, en en réservant l'habitation et une modique rente à la mère.

« Les créanciers, qui supposaient à la dame Lechantre, à raison de son esprit d'ordre et d'économie, des capitaux considérables, furent déçus dans leurs espérances, et tous, croyant à l'avarice de cette dame, firent des poursuites qui mirent à mal la situation précaire de Bryond.

« Des dissidences graves éclatèrent alors entre les nouveaux époux, et elles donnèrent lieu à la jeune femme de connaître les mœurs dépravées, l'athéisme religieux et politique, dirai-je le mot? l'infamie de l'homme auquel sa destinée avait été si fatalement unie. Bryond, forcé de mettre sa femme dans le secret des trames odieuses formées contre le gouvernement impérial, donne sa maison pour asile à Rifoël du Vissard.

« Le caractère de Rifoël, aventureux, brave, généreux, exerçait sur tous ceux qui l'approchaient des séductions dont les preuves abondent dans les procès criminels jugés devant trois cours spéciales criminelles.

« L'influence irrésistible, l'empire absolu qu'il obtint sur une jeune femme qui se voyait au fond d'un abîme, c'est que trop visible par la catastrophe dont l'horreur la jette en suppliante aux pieds du trône. Mais ce que la chancellerie de S. M. impériale et royale peut aisément faire vérifier, c'est la complaisance infâme de Bryond, qui, loin de remplir ses devoirs de guide et de conseil auprès de l'enfant qu'une pauvre mère abusée lui avait confiée, se plut à serrer les nœuds de l'intimité de la jeune Henriette et du chef des rebelles.

« Le plan de cet odieux personnage, qui se fait gloire de tout mépriser, de ne considérer en toute chose que la satisfaction de ses passions, et qui ne voit que des obstacles vulgaires dans les sentiments dictés par la morale civile ou religieuse, ce plan, le voici.

« C'est ici le lieu de remarquer combien cette combinaison est familière à un homme qui, depuis 1794, joue un double rôle, et qui, pendant huit ans, a pu tromper le comte de Lille et ses adhérents, tromper peut-être aussi la police générale de l'Empire : de tels hommes n'appartiennent-ils pas à qui les paye le plus?

« Bryond poussait Rifoël au crime, il insistait pour des attaques à main armée sur les recettes de l'État et pour une lourde contribution levée sur les acquéreurs de biens nationaux, au moyen de tortures affreuses qui portaient l'effroi dans cinq départements, et qu'il a inventées. Il exigeait que trois cent mille francs lui fussent remis pour liquider ses biens.

« En cas de résistance de la part de sa femme ou de Rifoël, il se proposait de se venger du profond mépris qu'il inspirait à cette âme droite, en les livrant l'un et l'autre à la rigueur des lois dès qu'ils auraient accompli quelque crime capital.

« Quand il vit l'esprit de parti plus fort que ses intérêts chez les deux êtres qu'il avait liés l'un à l'autre, il disparut et revint à Paris muni de renseignements complets sur la situation des départements de l'Ouest.

« Les frères Chaussard et Vauthier furent les correspondants de Bryond, la chancellerie le sait.

« Revenu secrètement et déguisé dans le pays, aussitôt que l'attentat fut commis sur la recette de Caen, Bryond, sous le nom de le Marchand, se mit en relation secrète avec M. le préfet et les magistrats. Aussi qu'arriva-t-il? Jamais conspiration plus étendue, et à laquelle participaient tant de personnes et placées à des degrés si différents de l'échelle sociale, ne fut plus promptement connue par la justice que ne l'a été celle dont l'agression éclata par l'attaque de la recette de Caen. Tous les coupables ont été suivis, épiés, six jours après l'attentat, avec une perspicacité qui dénotait la plus entière connaissance des plans et des individus. L'arrestation, le procès, la mort de Rifoël et de ses complices en sont une preuve que nous donnons uniquement pour démontrer notre certitude ; la chancellerie, nous le répétons, en sait plus que nous à ce sujet.

« Si jamais condamné dut recourir à la clémence du souverain, n'est-ce pas Henriette Lechantre?

« Entraînée par la passion, par des idées de rébellion qu'elle a sucées avec le lait, elle est certainement inexcusable aux yeux de la justice, mais, aux yeux du plus magnanime des empereurs, la plus infâme de trahisons, le plus violent de tous les enthousiasmes né plaideront-ils pas cette cause?

« Le plus grand capitaine, l'immortel génie qui fit grâce au prince de Hatzfeld, qui sait deviner comme Dieu même les raisons nées de la fatalité du cœur, ne voudra-t-il pas admettre la puissance, invincible au jeune âge, qui milite pour excuser le crime, quelque grand qu'il soit?

« Vingt-deux têtes sont déjà tombées sous le glaive de la justice, par les arrêts de trois cours criminelles ; il ne reste plus que celle d'une jeune femme de vingt ans, d'une mineure ; l'empereur Napoléon le Grand ne la laissera-t-il pas au repentir? N'est-ce pas une part à faire à Dieu? ...

« Pour Henriette le Chantre, épouse de Bryond des Tours-Minières.

« Son défenseur,

« BORDIN,

« Avoué près le tribunal de première instance du département de la Seine. »

Ce drame effroyable troubla le peu de sommeil que prit Godefroid. Il rêva du dernier supplice tel que le médecin Guillotin l'a fait dans un but de philanthropie. A travers les chaudes vapeurs d'un cauchemar, il entrevit une jeune femme, belle, exaltée, subissant les derniers apprêts et traînée dans une charrette, montant sur l'échafaud, et criant : Vive le roi!

La curiosité poignait Godefroid. Au petit jour, il se leva, s'habilla, marcha par sa chambre, et finit par se coller à sa croisée, regardant machinalement le ciel en reconstruisant, comme ferait un auteur moderne, ce drame en plusieurs volumes. Et il voyait toujours sur ce fond ténébreux de chouans, de gens de la campagne, de gentilshommes provinciaux, de chefs, de figures de justice, d'avocats, d'espions, se détacher radieuses les figures de la mère et de la fille, de la fille abusant sa mère, de la fille victime d'un monstre, victime de son entraînement pour un de ces hommes hardis que nous patronnymiques qualifia de héros, et à qui l'imagination de Godefroid prêtait des ressemblances avec les Charette, les Georges Cadoudal, avec les géants de cette lutte entre la république et la monarchie.

Dès que Godefroid entendit le bonhomme Alain se remuant dans sa chambre, il y alla ; mais après avoir entr'ouvert la porte il revint chez lui. Le vieillard, agenouillé à son prie-Dieu, faisait ses prières du matin. L'aspect de cette tête blanchie, abîmée dans une pose pleine de piété, ramena Godefroid à ses devoirs oubliés, il se mit à prier fervemment.

— Je vous attendais, lui dit le bonhomme, en voyant entrer Godefroid au bout d'un quart d'heure, je suis allé au-devant de votre impatience en me levant plus tôt qu'à l'ordinaire. — Madame Henriette?... demanda Godefroid avec une anxiété visible. — Est la fille de madame, répondit le vieillard en interrompant Godefroid. Madame s'appelle Lechantre de la Chanterie. Sous l'Empire, on ne reconnaissait ni les titres nobiliaires, ni les noms ajoutés aux noms patronymiques ou primitifs. Ainsi la baronne des Tours-Minières s'appelait la femme Bryond. Le marquis d'Esgrignon reprenait son nom de Carol, il était le citoyen Carol, et plus tard le sieur Carol. Les Troisville devenaient les sieurs Guibelin. — Mais qu'est-il arrivé? l'empereur a-t-il fait grâce? — Hélas! non, répondit Alain. L'infortunée petite femme, à vingt et un ans, a péri sur l'échafaud. Après avoir lu la note de Bordin, l'empereur répondit à peu près en ces termes à son grand-juge :

« Pourquoi s'acharner à l'espion? Un agent n'est plus un homme, « il ne doit plus en avoir les sentiments, il est un rouage dans « machine. Bryond a fait son devoir. Si les instruments de ce genre « n'étaient pas ce qu'ils sont, des barres d'acier, et intelligents seu« lement dans le sens de la domination qu'ils servent, il n'y aurait « pas de gouvernement possible. Il faut que les arrêts de la justice « criminelle spéciale s'exécutent, autrement mes magistrats n'au« raient plus de confiance en eux que moi. D'ailleurs, les soldats « ces gens-là sont morts, ils étaient moins coupables que les chefs. « Enfin, il faut apprendre aux femmes de l'Ouest à ne pas tremper « dans les complots. C'est précisément parce que c'est une femme « que l'arrêt frappe que la justice doit avoir son cours. Il n'y a pas « d'excuse possible devant les intérêts du pouvoir. » Telle est la substance de ce que le grand-juge voulut bien répéter à Bordin de son entretien avec l'empereur. En apprenant que la France et la Russie ne tarderaient pas à se remuer, il comprit que l'empereur serait obligé d'aller à sept cents lieues de Paris attaquer un pays immense et désert, Bordin comprit les véritables motifs de l'inclémence de l'empereur. Pour obtenir la tranquillité dans l'Ouest, déjà plein de réfractaires, il parut nécessaire à Napoléon d'imprimer une profonde terreur. Aussi le grand-juge conseilla-t-il à l'avoué de ne plus s'occuper de ses clients...

— De sa cliente, dit Godefroid. — Madame de la Chanterie était condamnée à vingt-deux ans de réclusion, dit Alain. Déjà transférée à Bicêtre, près de Rouen, pour subir sa peine, on ne devait s'occuper d'elle qu'après avoir sauvé son Henriette, qui, depuis les affreux débats, lui était devenue si chère, que, sans la promesse de Bordin de lui obtenir grâce de la vie, on ne croit pas que madame aurait survécu au prononcé de l'arrêt. On trompa donc cette pauvre mère. Elle vit sa fille après l'exécution des condamnés à mort par l'arrêt, sans savoir que ce répit était dû à une fausse déclaration de grossesse. — Ah! je comprends tout!... s'écria Godefroid. — Non, mon cher enfant, il est des choses qu'on ne devine pas. Madame a cru sa fille vivante pendant bien longtemps..... — Comment? — Voici. Quand madame des Tours-Minières apprit par Bordin le rejet de son recours en grâce, cette sublime petite femme eut le courage d'écrire une vingtaine de lettres datées de six mois en six mois postérieurement à son exécution, afin de faire croire à son existence, et s'y graduer les souffrances d'une maladie imaginaire donnant la mort. Ces lettres embrassaient un laps de temps de deux années. Madame de la Chanterie fut donc préparée à la mort de sa fille, mais à une mort naturelle, elle n'en apprit le supplice qu'en 1814. Elle resta deux années entières détenue, confondue avec les plus infâmes créatures de son sexe, portant l'habillement de la prison. mais, grâce aux instances des Champignelles et des Beauséant, elle fut, dès la seconde année, mise dans une chambre particulière où elle vivait comme une religieuse cloîtrée. — Et les autres ? — Le notaire Léveillé, d'Herbomez, Hiley, Cibot, Grenier, Moreau, Cabot, Minard, Mallet, furent condamnés à mort et exécutés le même jour. Pannier, condamné à vingt ans de travaux forcés, ainsi que Chaussard et Vauthier, furent marqués et envoyés au bagne ; mais l'empereur fit grâce à Chaussard et à Vauthier. Mélin, Laravinière et Binet furent condamnés à cinq ans de réclusion. La femme Bourget fut condamnée à vingt-deux ans de réclusion. Chargegrain et Rousseau furent acquittés. Les contumaces furent tous condamnés à mort, moins la fille Godard, qui n'est autre, vous le devinez, que notre pauvre Manon...—Manon?... s'écria Godefroid stupéfait. — Oh ! vous ne la connaissez pas encore Manon ! répliqua le bon Alain. Cette dévouée créature, condamnée à vingt-deux ans de réclusion, se livra pour servir madame de la Chanterie en prison. Notre cher vicaire est le prêtre de Mortagne qui donna les derniers sacrements à madame des Tours-Minières, qui eut le courage de la conduire à l'échafaud, et à qui elle a donné le dernier baiser d'adieu. Ce courageux et sublime prêtre a aussi assisté le chevalier du Vissard. Notre cher abbé de Vèze a donc connu tous les secrets de ces conspirateurs... — Je vois où ses cheveux ont blanchi ! dit Godefroid. — Hélas ! reprit Alain, il a reçu d'Amédée du Vissard, la miniature de madame des Tours-Minières, la seule image qui reste d'elle, aussi l'abbé devint-il sacré pour madame de la Chanterie, au jour où elle rentra glorieusement dans la vie sociale... — Et comment ?... dit Godefroid étonné. — Mais à la rentrée de Louis XVIII, en 1814, Boislaurier, le jeune frère de M. de Boisfrelon, avait les ordres du roi pour soulever l'Ouest en 1809 et plus tard encore en 1812. Leur nom est Dubut, le Dubut de Caen sont leur parent. Ils étaient trois frères : Dubut de Boistrac, président à la cour des aides, Dubut de Boisfrelon, le conseiller au parlement, et Dubut-Boislaurier, capitaine de dragons. Le père avait donné les noms de trois différentes propriétés à ses fils, en en faisant des savonnettes à vilain, car le grand-père de ces Dubut vendait de la toile. Le Dubut de Caen, qui put se sauver, appartenait aux Dubut restés dans le commerce, il espérait, par son dévouement à la cause royale, obtenir de succéder au titre de M. de Boistrac. Aussi Louis XVIII a-t-il accompli le vœu de ce fidèle serviteur, qui fut grand-prévôt en 1815, et, plus tard, procureur général sous le nom de Boisfrelon, il est mort président d'une cour royale. Le marquis du Vissard, frère aîné du pauvre chevalier, créé pair de France et comblé d'honneurs par le roi, fut nommé lieutenant dans la Maison rouge, et préfet après la dissolution de la Maison rouge. Le frère de M. d'Herbomez a été fait comte et receveur général. Le pauvre banquier Pannier est mort de chagrin au bagne. Boislaurier est mort sans enfants, lieutenant général et gouverneur d'un château royal. MM. de Champignelles, de Beauséant, le duc de Verneuil et le garde des sceaux ont présenté madame de la Chanterie au roi. — Vous avez bien souffert pour moi, madame la baronne : vous avez droit à toute ma faveur et à toute ma reconnaissance, a-t-il dit. — Sire, a-t-il répondu, Votre Majesté a tant de douleurs à consoler, que je ne veux pas faire peser sur elle le poids d'une douleur inconsolable. Vivre dans l'oubli, pleurer ma fille et faire le bien, voilà ma vie. Si quelque chose peut adoucir mon malheur, c'est la bonté de mon roi, c'est le plaisir de voir que la Providence n'a pas rendu tant de dévouement inutile. — Et qu'a fait Louis XVIII ? demanda Godefroid. — Le roi fit restituer deux cent mille francs à madame de la Chanterie, car la terre de Saint-Savin avait été vendue pour satisfaire le fisc, répondit le bonhomme. Les lettres de grâce expédiées pour madame la baronne et sa servante contiennent le regret du roi des souffrances supportées pour son service, en reconnaissant que *le zèle de ses serviteurs était allé trop loin dans les moyens d'exécution* ; mais, chose horrible et qui vous semblera le trait le plus curieux du caractère de ce monarque, il employa Bryond dans sa contre-police pendant tout son règne. — Ces rois ! les rois ! les rois ! s'écria Godefroid. Et ce misérable vit-il encore ? — Non. Ce misérable, qui du moins cachait son nom sous celui de Contenson, est mort vers la fin de l'année 1829 ou au commencement de 1830. En arrêtant un criminel qui se sauvait sur le toit d'une maison, il tomba dans la rue. Louis XVIII partageait les idées de Napoléon sur les hommes de police. Madame de la Chanterie est une sainte, elle prie pour l'âme de ce monstre, et fait dire pour lui deux messes par an. Quoique défendue par le père d'un jeune orateur et l'un des célèbres avocats du temps, madame de la Chanterie, qui ne connut les dangers de sa fille qu'au transport des fonds, et encore parce qu'elle fut éclairée par son parent Boislaurier, ne put jamais établir son innocence. Le président du Ronceret et le vice-président du tribunal d'Alençon, Blondet, essayèrent vainement de sauver notre pauvre dame, l'influence du conseiller à la cour impériale, qui présidait la cour spéciale criminelle, le fameux Mergi, plus tard procureur général, fanatiquement dévoué à l'autel et au trône, qui alla fit tomber plus d'une tête bonapartiste, fut telle sur ses collègues, qu'il obtint la condamnation de la pauvre baronne de la Chanterie. MM. Bourlac et Mergi mirent un acharnement inouï dans les débats. Le président appelait la baronne des Tours femme Bryond, et madame, femme Lechantre. Les noms des accusés sont tous ramenés au système républicain et presque tous dénaturés. Ce procès eut des détails extraordinaires, et je ne me les rappelle pas tous, mais il m'est resté dans la mémoire un trait d'audace qui peut servir à vous peindre quels hommes étaient ces chouans. La foule, pour assister aux débats, dépassait tout ce qu'on voit ; l'imagination s'en figure, elle remplissait les corridors, et sur la place, elle ressemblait aux rassemblements des jours de marché. Un jour, à l'ouverture de l'audience, avant l'arrivée de la cour, Pille-Miche, le fameux chouan, saute par-dessus la balustrade, au milieu de la foule, joue des coudes, se mêle à ce monde et s'enfuit avec le flot de cette foule effrayée, *brochant comme un sanglier*, m'a dit Bordin. Les gendarmes, la garde courent sus, et il fut repris sur l'escalier au moment où il gagnait la place. Ce trait d'audace fit doubler la garde. On commanda sur la place un piquet de gendarmerie, car on craignit que, parmi la foule, il ne se trouvât des chouans prêts à donner aide et secours aux accusés. Il y eut trois personnes écrasées dans la foule par suite de cette tentative. Depuis, on a su que Contenson (le même que mon vieil ami Bordin, je ne puis l'appeler ni baron des Tours-Minières, ni Bryond, qui est un nom de la vieille race), on a su, dis-je, que ce misérable a soustrait et dissipé soixante mille francs des fonds volés, il en a donné dix mille au jeune Chaussard, qu'il a embauché dans la police, en lui inoculant ses goûts et ses vices, mais aucun de ses complices ne fut heureux. Ce Chaussard mourut tué jeune par un coup par M. de Boislaurier, dès qu'il apprit, par un mot de Pannier, la trahison de ce drôle à qui Contenson avait conseillé de rejoindre les conspirateurs fugitifs pour les surveiller. Vauthier fut tué dans Paris, sans doute par un des obscurs et dévoués compagnons du chevalier du Vissard. La plus jeune des Chaussard fut assassiné dans une de ces affaires nocturnes particulières à la police, il est à croire que Contenson se débarrassa de ses réclamations ou de ses remords ou le recommandant, comme on dit, le prône. Madame de la Chanterie plaça ses fonds sur le Grand-Livre, et acheta cette maison, pour obéir à un désir de son oncle, le vieux conseiller de Boisfrelon, qui lui donna l'argent nécessaire à l'acquisition. Ce quartier tranquille était voisin de l'archevêché, où notre cher abbé fut placé près du cardinal. Ce fut le principale de toutes les raisons de madame pour ne pas s'opposer au vœu du Vissard, dont la fortune, après vingt-cinq ans de révolutions, était restreinte à six mille francs de rente. D'ailleurs, madame souhaitait terminer par une vie presque claustrale ces effroyables malheurs qui, depuis vingt-six ans, l'accablaient. Vous devez maintenant vous expliquer la majesté, la grandeur de cette victime auguste, j'ose le dire... — Oui, dit Godefroid, l'empreinte de tous les coups qu'elle a reçus lui donne je ne sais quoi de grand, de majestueux. — Chaque blessure, chaque nouvelle atteinte a redoublé chez elle la patience, la résignation, reprit Alain, mais si vous la connaissiez comme nous la connaissons, si vous saviez combien vive est sa sensibilité, combien est active l'inépuisable tendresse qui sort de ce cœur, vous seriez effrayé de compter les larmes versées, les prières ferventes adressées à Dieu. Il a fallu, comme elle, n'avoir connu qu'une rapide saison de bonheur, pour résister à tant de secousses ! C'est un cœur tendre, une âme douce contenus dans un corps d'acier, endurci par les privations, par les travaux, par les austérités. — Elle explique la longue vie par des solitaires, dit Godefroid. —Par certains jours, je me demande quel est le sens d'une pareille existence..... Dieu réserve-t-il ses dernières, et cruelles épreuves à celles de ses créatures qui doivent s'asseoir près de lui le lendemain de leur mort ? dit le bonhomme Alain, sans savoir qu'il exprimait naïvement toute la doctrine de Swedenborg sur les anges. — Comment, s'écria Godefroid, madame de la Chanterie a été confondue avec ... — Madame a été sublime dans sa prison, reprit Alain. Elle a réalisé pendant trois ans la fiction du vicaire de Wakefield, car elle a converti plusieurs de ces femmes de mauvaise vie qui l'entouraient. Pendant sa détention, en observant les mœurs des recluses, elle a été prise de cette grande pitié pour les douleurs du peuple qui l'oppresse, et qui fait d'elle la recluse de la charité parisienne. Au milieu de l'affreux Bicêtre de Rouen, elle a couché là pour la réalisation duquel nous nous sommes voués. Ce fut, comme elle le dit, un rêve délicieux, une inspiration angélique au milieu de l'enfer, où elle n'imaginait jamais pouvoir la réaliser. Ici, quand en 1819, le calme parut renaître à Paris, elle revint à son rêve. Madame la duchesse d'Angoulême, depuis la dauphine, la duchesse de Berry, l'archevêque, plus tard le chancelier, quelques personnes pieuses, donnèrent libéralement les premières sommes qui furent nécessaires. Le fonds s'augmenta de la portion disponible de nos revenus, sur lesquels chacun de nous ne prend que le strict nécessaire.

Des larmes vinrent aux yeux de Godefroid.

— Nous sommes les desservants fidèles d'une idée chrétienne, et nous appartenons corps et âme à cette œuvre, dont le génie, dont la fondatrice est la baronne de la Chanterie, que vous nous entendez appeler si respectueusement madame. — Ah ! je serai tout à vous, dit Godefroid en tendant les mains au vieillard. — Comprenez-vous maintenant qu'il est des sujets de conversation interdits absolument ici, même par allusion ? reprit le vieillard. Comprenez-vous les obligations de délicatesse que chacun des habitants de cette maison contracte envers celle qui nous semble être une sainte ? Comprenez-vous les séductions qu'exerce une femme sacrée par tant de malheurs, qui sait tant de choses, à qui toutes les infortunes ont dit leur dernier mot, qui de chaque adversité garde un enseignement, de qui toutes les vertus ont eu la double sanction des épreuves les plus dures et d'une constante pratique, de qui l'âme est sans tache, sans reproche, qui de la maternité n'a connu que les douleurs, de l'amour conjugal que les amertumes, à qui la vie n'a souri que pendant quelques mois, à qui le ciel réserve sans doute quelque palme, pour prix de tant de résignation, de douceur dans les chagrins? n'a-t-elle pas sur Job l'avantage de n'avoir jamais murmuré? Ne vous étonnez plus de trouver sa parole si puissante, sa vieillesse si jeune, son âme si communicative, ses regards si convaincants; elle a reçu des pouvoirs extraordi-

naires pour confesser les souffrances, car elle a tout souffert. Toute douleur se tait auprès d'elle. — C'est une vivante image de la charité! s'écria Godefroid enthousiasmé. Serai-je des vôtres? — Il vous faut accepter les épreuves, et avant tout CROYEZ! s'écria doucement le vieillard. Tant que vous n'aurez pas la foi, tant que vous n'aurez pas absorbé dans votre cœur et dans votre intelligence le sens divin de l'épître de saint Paul sur la Charité, vous ne pouvez pas participer à nos œuvres.

Godefroid baissa la tête.

Paris, 1843-1845.

FIN DE L'ENVERS DE L'HISTOIRE CONTEMPORAINE.

Godefroid.

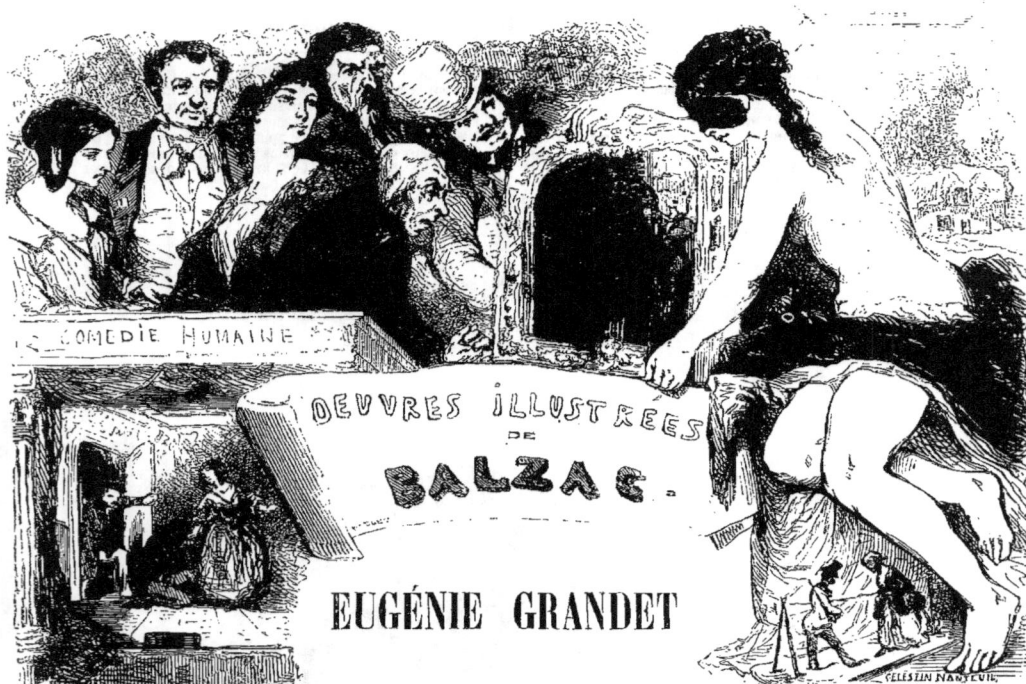

COMEDIE HUMAINE

ŒUVRES ILLUSTRÉES DE BALZAC

EUGÉNIE GRANDET

Dess. T. Johannot, Staal, Bertall, E. Lampsonius,
H. Monnier, etc.

Gravures par les meilleurs
Artistes.

A MARIA.

—

Que votre nom, vous dont
le portrait est le plus bel ornement de cet ouvrage, soit
ici comme une branche de
buis bénit, prise on ne sait à
quel arbre, mais certainement sanctifiée par la religion et renouvelée, toujours
verte, par des mains pieuses,
pour protéger la maison.

De Balzac.

—

Il se trouve dans certaines
provinces des maisons dont
la vue inspire une mélancolie
égale à celle que provoquent
les cloîtres les plus sombres,
les landes les plus ternes ou
les ruines les plus tristes.
Peut-être y a-t-il à la fois dans
ces maisons et le silence du
cloître et l'aridité des landes
et les ossements des ruines.
La vie et le mouvement y sont
si tranquilles, qu'un étranger
les croirait inhabitées, s'il ne
rencontrait tout à coup le
regard pâle et froid d'une
personne immobile dont la
figure à demi monastique dépasse l'appui de la croisée,
au bruit d'un pas inconnu. Ces principes de mélancolie existent dans
la physionomie d'un logis situé à Saumur, au bout de la rue montueuse

Le père Grandet, tonnelier.
C. STAAL.

qui mène au château, par le
haut de la ville. Cette rue,
maintenant peu fréquentée,
chaude en été, froide en hiver, obscure en quelques endroits, est remarquable par
la sonorité de son petit pavé
caillouteux, toujours propre
et sec, par l'étroitesse de sa
voie tortueuse, par la paix de
ses maisons, qui appartiennent à la vieille ville, et que
dominent les remparts. Des
habitations trois fois séculaires y sont encore solides,
quoique construites en bois,
et leurs divers aspects con-
tribuent à l'originalité qui
recommande cette partie de
Saumur à l'attention des an-
tiquaires et des artistes. Il
est difficile de passer devant
ces maisons sans admirer les
énormes madriers dont les
bouts sont taillés en figures
bizarres et qui couronnent
d'un bas-relief noir le rez-de-
chaussée de la plupart d'entre elles. Ici, des pièces de
bois transversales sont couvertes en ardoises et dessinent des lignes bleues sur les
frêles murailles d'un logis
terminé par un toit en colombage que les ans ont fait
plier, dont les bardeaux pour-
ris ont été tordus par l'action
alternative de la pluie et du soleil. Là se présentent des appuis de fenêtre usés, noircis, dont les délicates sculptures se voient à peine,

et qui semblent trop légers pour le pot d'argile brune d'où s'élancent les œillets ou les rosiers d'une pauvre ouvrière. Plus loin, c'est des portes garnies de clous énormes où le génie de nos ancêtres a tracé des hiéroglyphes domestiques dont le sens ne se retrouvera jamais. Tantôt un protestant y a signé sa foi, tantôt un ligueur y a maudit Henri IV. Quelque bourgeois y a gravé les insignes de sa *noblesse de cloches*, la gloire de son échevinage oublié. L'histoire de France est là tout entière. A côté de la tremblante maison à pans hourdés où l'artisan a déifié son rabot, s'élève l'hôtel d'un gentilhomme où, sur le plein-cintre de la porte en pierre, se voient encore quelques vestiges de ses armes, brisées par les diverses révolutions qui, depuis 1789, ont agité le pays. Dans cette rue, les rez-de-chaussée commerçants ne sont ni des boutiques ni des magasins; les amis du moyen âge y retrouveraient l'ouvroère de nos pères en toute sa naïve simplicité. Ces salles basses, qui n'ont ni devanture, ni montre, ni vitrages, sont profondes, obscures et sans ornements extérieurs ou intérieurs. Leur porte est ouverte en deux parties pleines, grossièrement ferrées, dont la supérieure se replie intérieurement, et dont l'inférieure, armée d'une sonnette à ressort, va et vient constamment. L'air et le jour arrivent à cette espèce d'antre humide, ou par le haut de la porte, ou par l'espace qui se trouve entre la voûte, le plancher et le petit mur à hauteur d'appui dans lequel s'encastrent de solides volets, ôtés le matin, remis et maintenus le soir avec des bandes de fer boulonnées. Ce mur sert à étaler les marchandises du négociant. Là, nul charlatanisme. Suivant la nature du commerce, les échantillons consistent en deux ou trois baquets pleins de sel et de morue, en quelques paquets de toile à voile, des cordages, du laiton pendu aux solives du plancher, des cercles le long des murs, ou quelques pièces de drap sur des rayons. Entrez. Une fille propre, pimpante de jeunesse, au blanc fichu, aux bras rouges, quitte son tricot, appelle son père ou sa mère, qui vient et vous vend à vos souhaits, flegmatiquement, complaisamment, arrogamment, selon son caractère, soit pour deux sous, soit pour vingt mille francs de marchandise. Vous verrez un marchand de merrain assis à sa porte et qui tourne ses pouces en causant avec un voisin, il ne possède en apparence que de mauvaises planches à bouteilles et deux ou trois paquets de lattes, mais sur le port son chantier plein fournit tous les tonneliers de l'Anjou; il sait, à une planche près, combien il *peut* de tonneaux si la récolte est bonne; un coup de soleil l'enrichit, un temps de pluie le ruine : en une seule matinée, les poinçons valent onze francs ou tombent à six livres. Dans ce pays, comme en Touraine, les vicissitudes de l'atmosphère dominent la vie commerciale. Vignerons, propriétaires, marchands de bois, tonneliers, aubergistes, mariniers, sont tous à l'affût d'un rayon de soleil; ils tremblent en se couchant le soir d'apprendre le lendemain matin qu'il a gelé pendant la nuit; ils redoutent la pluie, le vent, la sécheresse, et veulent de l'eau, du chaud, des nuages, à leur fantaisie. Il y a un duel constant entre le ciel et les intérêts terrestres. Le baromètre attriste, déride, égaye tour à tour les physionomies. D'un bout à l'autre de cette rue, l'ancienne Grand'rue de Saumur, ces mots : Voilà un temps d'or! se chiffrent de porte en porte. Aussi chacun répond-il au voisin : Il pleut des louis, en sachant ce qu'un rayon de soleil, ce qu'une pluie opportune lui en apporte. Le samedi, vers midi, dans la belle saison, vous n'obtiendriez pas pour un sou de marchandise chez ces braves industriels. Chacun a sa vigne, sa closerie, et va passer deux jours à la campagne. Là, tout étant prévu, l'achat, la vente, le profit, les commerçants se trouvent avoir dix heures sur douze à employer en joyeuses parties, en observations, commentaires, espionnages continuels. Une ménagère n'achète pas une perdrix sans que ses voisins ne demandent au mari si elle était cuite à point. Une jeune fille ne met pas la tête à sa fenêtre sans y être vue par tous les groupes inoccupés. Là donc les consciences sont à jour, de même que ces maisons impénétrables, noires et silencieuses, n'ont point de mystères. La vie est presque toujours en plein air : chaque ménage s'assied à sa porte, y déjeune, y dîne, s'y dispute. Il ne passe personne dans la rue qui ne soit étudié. Aussi, jadis, quand un étranger arrivait dans une ville de province, était-il gaussé de porte en porte. De là les bons contes, de là le surnom de *copieux* donné aux habitants d'Angers, qui excellaient à ces railleries urbaines. Les anciens hôtels de la vieille ville sont situés en haut de cette rue jadis habitée par les gentilshommes du pays. La maison pleine de mélancolie où se sont accomplis les événements de cette histoire était précisément une de ces logis, restes vénérables d'un siècle où les choses et les hommes avaient un caractère de simplicité que les mœurs françaises perdent de jour en jour. Après avoir suivi les détours de ce chemin pittoresque dont les moindres accidents réveillent des souvenirs et dont l'effet général tend à plonger dans une sorte de rêverie machinale, vous apercevez un renfoncement assez sombre, au centre duquel est cachée la porte de la maison de M. Grandet. Il est impossible de comprendre la valeur de cette expression provinciale sans donner la biographie de M. Grandet.

M. Grandet jouissait à Saumur d'une réputation dont les causes et les effets ne seront pas entièrement compris par les personnes qui n'ont point, peu ou prou, vécu en province. M. Grandet, encore nommé par certaines gens le père Grandet, mais le nombre de ces vieil-

lards diminuait sensiblement, était en 1789 un maître tonnelier fort à son aise, sachant lire, écrire et compter. Dès que la République française mit en vente, dans l'arrondissement de Saumur, les biens du clergé, le tonnelier, alors âgé de quarante ans, venait d'épouser la fille d'un riche marchand de planches. Grandet alla, muni de sa fortune liquide et de la dot, muni de deux mille louis d'or, au district, où, moyennant deux cents doubles louis offerts par son beau-père au farouche républicain qui surveillait la vente des domaines nationaux, il eut pour un morceau de pain, légalement, sinon légitimement, les plus beaux vignobles de l'arrondissement, une vieille abbaye et quelques métairies. Les habitants de Saumur étant peu révolutionnaires, le père Grandet passa pour un homme hardi, un républicain, un patriote, pour un esprit qui donnait dans les nouvelles idées, tandis que le tonnelier donnait tout bonnement dans les vignes. Il fut nommé membre de l'administration du district de Saumur, et son influence pacifique s'y fit sentir politiquement et commercialement. Politiquement, il protégea les ci-devant et empêcha de tout son pouvoir la vente des biens des émigrés; commercialement, il fournit aux armées républicaines un ou deux milliers de pièces de vin blanc, et se fit payer en superbes prairies dépendant d'une communauté de femmes que l'on avait réservée pour un dernier lot. Sous le Consulat, le bonhomme Grandet devint maire, administra sagement, vendangea mieux encore; sous l'Empire, il fut M. Grandet. Napoléon n'aimait pas les républicains; il remplaça M. Grandet, qui passait pour avoir porté le bonnet rouge, par un grand propriétaire, un homme à particule, un futur baron de l'Empire. M. Grandet quitta les honneurs municipaux sans aucun regret. Il avait fait faire, dans l'intérêt de la ville, d'excellents chemins qui menaient à ses propriétés. Sa maison et ses biens, très-avantageusement cadastrés, payaient des impôts modérés. Depuis le classement de ses différents clos, ses vignes, grâce à des soins constants, étaient devenues la tête du pays, mot technique en usage pour indiquer les vignobles qui produisent la première qualité de vin. Il aurait pu demander la croix de la Légion d'honneur. Cet événement eut lieu en 1806. M. Grandet avait alors cinquante-sept ans, et sa femme environ trente-six. Leur fille unique, fruit de leurs légitimes amours, était âgée de dix ans. M. Grandet, que la Providence voulut sans doute consoler de sa disgrâce administrative, hérita successivement pendant cette année de madame de la Gaudinière, née de la Bertellière, mère de madame Grandet; puis du vieux M. la Bertellière, père de la défunte; et encore de madame Gentillet, grand'mère du côté maternel, trois successions dont l'importance ne fut connue de personne. L'avarice de ces vieillards était si passionnée, que depuis longtemps ils entassaient leur argent pour pouvoir le contempler secrètement. Le vieux M. la Bertellière appelait un placement une prodigalité, trouvant de plus gros intérêts dans l'aspect de l'or que dans les bénéfices de l'usure. La ville de Saumur présuma donc la valeur des économies d'après les revenus des biens au soleil. M. Grandet obtint alors le nouveau titre de noblesse que notre manie d'égalité n'effacera jamais : il devint le plus imposé de l'arrondissement. Il exploitait cent arpents de vignes, qui, dans les années plantureuses, lui donnaient sept à huit cents poinçons de vin. Il possédait treize métairies, une vieille abbaye, où, par économie, il avait muré les croisées, les ogives, les vitraux, ce qui les conserva; et cent vingt-sept arpents de prairies où croissaient et grossissaient trois mille peupliers plantés en 1793. Enfin la maison dans laquelle il demeurait était la sienne. Ainsi établissait-on sa fortune visible. Quant à ses capitaux, deux seules personnes pouvaient vaguement en présumer l'importance : l'une était M. Cruchot, notaire chargé des placements usuraires de M. Grandet, l'autre, M. des Grassins, le plus riche banquier de Saumur, aux bénéfices duquel le vigneron participait à sa convenance et secrètement. Quoique le vieux Cruchot et M. des Grassins possédassent cette profonde discrétion qui engendre en province la confiance et la fortune, ils témoignaient publiquement à M. Grandet un si grand respect, que les observateurs pouvaient mesurer l'étendue des capitaux de l'ancien maire d'après la portée de l'obséquieuse considération dont il était l'objet. Il n'y avait dans Saumur personne qui ne fût persuadé que M. Grandet n'eût un trésor particulier, une cachette pleine de louis, et ne se donnât nuitamment les indicibles jouissances que procure la vue d'une grande masse d'or. Les avaricieux en avaient une sorte de certitude en voyant les yeux du bonhomme, auxquels le métal jaune semblait avoir communiqué ses teintes. Le regard d'un homme accoutumé à tirer de ses capitaux un intérêt énorme contracte nécessairement, comme celui du voluptueux, du joueur ou du courtisan, certaines habitudes indéfinissables, des mouvements furtifs, avides, mystérieux, qui n'échappent point à ses coreligionnaires. Ce langage secret forme en quelque sorte la franc-maçonnerie des passions. M. Grandet inspirait donc l'estime respectueuse à laquelle avait droit un homme qui ne devait jamais rien à personne, qui, vieux tonnelier, vieux vigneron, devinait avec la précision d'un astronome quand il fallait fabriquer pour sa récolte mille poinçons ou seulement cinq cents, qui ne manquait pas une seule spéculation, avait toujours des tonneaux à vendre alors que le tonneau valait plus cher que la denrée à recueillir, pouvait mettre sa vendange dans ses celliers et attendre le moment de livrer son poincon à deux cents francs quand les petits propriétaires donnaient le leur à cinq louis. Sa fameuse récolte de 1811, sagement serrée, lentement vendue, lui avait rapporté plus de deux cent quarante mille livres. Financièrement parlant, M. Grandet tenait du tigre et du boa : il savait se coucher, se blottir, envisager longtemps sa proie, sauter dessus ; puis il ouvrait la gueule de sa bourse, y engloutissait une charge d'écus, et se couchait tranquillement, comme le serpent qui digère, impassible, froid, méthodique. Personne ne le voyait passer sans éprouver un sentiment d'admiration mélangé de respect et de terreur. Chacun dans Saumur n'avait-il pas senti le déchirement poli de ses griffes d'acier ? A celui-ci maître Cruchot avait procuré l'argent nécessaire à l'achat d'un domaine, mais à onze pour cent, à celui-là M. des Grassins avait escompté des traites, mais avec un effroyable prélèvement d'intérêts. Il s'écoulait peu de jours sans que le nom de M. Grandet fût prononcé soit au marché, soit pendant les soirées dans les conversations de la ville. Pour quelques personnes, la fortune du vieux vigneron était l'objet d'un orgueil patriotique. Aussi plus d'un négociant, plus d'un aubergiste disait-il aux étrangers avec un certain contentement : « Monsieur, nous avons ici deux ou trois maisons millionnaires ; mais, quant à M. Grandet, il ne connaît pas lui-même sa fortune ! » En 1816 les plus habiles calculateurs de Saumur estimaient les biens territoriaux du bonhomme à près de quatre millions ; mais, comme terme moyen, il avait dû faire pour an, depuis 1793 jusqu'en 1817, cent mille francs de ses propriétés, il était présumable qu'il possédait en argent une somme presque égale à celle de ses biens-fonds. Aussi, lorsqu'après une partie de boston, ou quelque entretien sur les vignes, on venait à parler de M. Grandet, les gens capables disaient-ils : — Le père Grandet ?... le père Grandet doit avoir cinq à six millions. — Vous êtes plus habile que je ne le suis, je n'ai jamais pu savoir le total, répondaient M. Cruchot ou M. des Grassins s'ils entendaient le propos. Quelque Parisien parlait-il des Rothschild ou du Baffuste, les gens de Saumur demandaient s'ils étaient aussi riches que M. Grandet. Si le Parisien leur jetait en souriant une dédaigneuse affirmation, ils se regardaient en hochant la tête d'un air d'incrédulité. Une si grande fortune couvrait d'un manteau d'or toutes les actions de cet homme. Si d'abord quelques particularités de sa vie donnèrent prise au ridicule et à la moquerie, la moquerie et le ridicule s'étaient usés. En ses moindres actes, M. Grandet avait pour lui l'autorité de la chose jugée. Sa parole, son vêtement, ses gestes, le clignement de ses yeux faisaient loi dans le pays, où chacun, après l'avoir étudié comme un naturaliste étudie les effets de l'instinct chez les animaux, avait pu reconnaître la profonde et muette sagesse de ses plus légers mouvements. — L'hiver sera rude, disait-on, le père Grandet a mis ses gants fourrés : il faut vendanger. — Le père Grandet prend beaucoup de merrain, il y aura du vin cette année. M. Grandet n'achetait jamais ni viande ni pain. Ses fermiers lui apportaient par semaine une provision suffisante de chapons, de poulets, d'œufs, de beurre et de blé de rente. Il possédait un moulin dont le locataire devait, en sus du bail, venir chercher une certaine quantité de grains et lui en rapporter le son et la farine. La grande Nanon, son unique servante, quoiqu'elle ne fût plus jeune, boulangeait elle-même tous les samedis le pain de la maison. M. Grandet s'était arrangé avec les maraîchers, ses locataires, pour qu'ils le fournissent de légumes. Quant aux fruits, il en récoltait une telle quantité, qu'il en faisait vendre une grande partie au marché. Son bois de chauffage était coupé dans ses haies ou pris dans les vieilles truisses à moitié pourries qu'il enlevait au bord de ses champs, et ses fermiers le lui charroyaient en ville tout débité, le rangeaient par complaisance dans son bûcher et recevaient ses remerciements. Ses seules dépenses connues étaient le pain bénit, la toilette de sa femme, celle de sa fille et le payement de leurs chaises à l'église, la lumière, les gages de la grande Nanon, l'étamage de ses casseroles ; l'acquittement des impositions, les réparations de ses bâtiments et les frais de ses exploitations. Il avait six cents arpents de bois récemment achetés, qu'il faisait surveiller par le garde d'un voisin, auquel il promettait une indemnité. Depuis cette acquisition seulement, il mangeait du gibier. Les manières de cet homme étaient fort simples. Il parlait peu. Généralement il exprimait ses idées par de petites phrases sentencieuses et dites d'une voix douce. Depuis la Révolution, époque à laquelle il attira les regards, le bonhomme bégayait d'une manière fatigante aussitôt qu'il avait à discourir longuement ou à soutenir une discussion. Ce bredouillement, l'incohérence de ses paroles, le flux de mots où il noyait sa pensée, son manque apparent de logique attribués à un défaut d'éducation étaient affectés et seront suffisamment expliqués par quelques événements de cette histoire. D'ailleurs, quatre phrases exactes autant que des formules algébriques lui servaient habituellement à embrasser, à résoudre toutes les difficultés de la vie et du commerce : Je ne sais pas, je ne puis pas, je ne veux pas, nous verrons cela. Il ne disait jamais ni oui ni non, et n'écrivait point. Lui parlait-on, il écoutait froidement, se tenait le menton dans la main droite en appuyant son coude droit sur le revers de sa main gauche, et se formait en toute affaire des opinions desquelles il ne revenait point. Il méditait longuement les moindres marchés. Quand, après une savante conversation, son adversaire lui avait livre le se-

cret de ses prétentions en croyant le tenir, il lui répondait : — Je ne puis rien conclure sans avoir consulté ma femme. Sa femme, qu'il avait réduite à un ilotisme complet, était en affaires son paravent le plus commode. Il n'allait jamais chez personne, ne voulait ni recevoir ni donner à dîner ; il ne faisait jamais de bruit, et semblait économiser tout, même le mouvement. Il ne dérangeait rien chez les autres par un respect constant de la propriété. Néanmoins, malgré la douceur de sa voix, malgré sa tenue circonspecte, le langage et les habitudes du tonnelier perçaient, surtout quand il était au logis, où il se contraignait moins que partout ailleurs. Au physique, Grandet était un homme de cinq pieds, trapu, carré, ayant des mollets de douze pouces de circonférence, des rotules noueuses et de larges épaules ; son visage était rond, tanné, marqué de petite vérole ; son menton était droit, ses lèvres n'offraient aucune sinuosité, et ses dents étaient blanches ; ses yeux avaient l'expression calme et dévoratrice que le peuple accorde au basilic ; son front, plein de rides transversales, ne manquait pas de protubérances significatives, ses cheveux jaunâtres et grisonnants étaient blanc et or, disaient quelques jeunes gens qui ne connaissaient pas la gravité d'une plaisanterie faite sur M. Grandet. Son nez, gros par le bout, supportait une loupe veinée, que le vulgaire disait, non sans raison, pleine de malice. Cette figure annonçait une finesse dangereuse, une probité sans chaleur, l'égoïsme d'un homme habitué à concentrer ses sentiments dans la jouissance de l'avarice et sur le seul être qui lui fût réellement de quelque chose, sa fille Eugénie, sa seule héritière. Attitude, manières, démarche, tout en lui d'ailleurs, attestait cette croyance en soi que donne l'habitude d'avoir toujours réussi dans ses entreprises. Aussi, quoique de mœurs faciles et molles en apparence, M. Grandet avait-il un caractère de bronze. Toujours vêtu de la même manière, qui le voyait aujourd'hui le voyait tel qu'il était depuis 1791. Ses forts souliers se nouaient avec des cordons de cuir ; il portait en tout temps des bas de laine drapés, une culotte courte de gros drap marron à boucles d'argent, un gilet de velours à raies alternativement jaunes et puce, boutonné carrément, un large habit marron à grands pans, une cravate noire et un chapeau de quaker. Ses gants, aussi solides que ceux des gendarmes, lui duraient vingt mois, et, pour les conserver propres, il les posait sur le bord de son chapeau à la même place, par un geste méthodique. Saumur ne savait rien de plus sur ce personnage.

Six habitants seulement avaient le droit de venir dans cette maison. Le plus considérable des trois premiers était le neveu de M. Cruchot. Depuis sa nomination de président au tribunal de première instance de Saumur, ce jeune homme avait joint au nom de Cruchot celui de Bonfons, et travaillait à faire prévaloir Bonfons sur Cruchot. Il signait déjà C. de Bonfons. Le plaideur assez malavisé pour l'appeler M. Cruchot s'apercevait bientôt à l'audience de sa sottise. Le magistrat protégeait ceux qui le nommaient M. le président, mais il favorisait de ses plus gracieux sourires les flatteurs qui lui disaient M. de Bonfons. M. le président était âgé de trente-trois ans, possédait le domaine de Bonfons (Boni Fontis), valant sept mille livres de rente ; il attendait la succession de son oncle le notaire et celle de son oncle l'abbé Cruchot, dignitaire du chapitre de Saint-Martin de Tours, qui tous deux passaient pour être assez riches. Ces trois Cruchot, soutenus par bon nombre de cousins, alliés à vingt maisons de la ville, formaient un parti, comme jadis à Florence les Médicis ; et comme les Médicis, les Cruchot avaient leurs Pazzi. Madame des Grassins, mère d'un fils de vingt-trois ans, venait très-assidûment faire la partie de madame Grandet, espérant marier son cher Adolphe avec mademoiselle Eugénie. M. des Grassins le banquier favorisait vigoureusement les manœuvres de sa femme par de constants services secretement rendus au vieil avare, et arrivait toujours à temps sur le champ de bataille. Ces trois des Grassins avaient également leurs adhérents, leurs cousins, leurs alliés fidèles. Du côté des Cruchot, l'abbé, le Talleyrand de la famille, bien appuyé par son frère le notaire, disputait vivement le terrain à la financière, et tentait de réserver le riche héritage à son neveu le président. Le combat secret entre les Cruchot et les des Grassins, dont le prix était la main d'Eugénie Grandet, occupait passionnément les diverses sociétés de Saumur. Mademoiselle Grandet épousera-t-elle M. le président ou M. Adolphe des Grassins? A ce problème, les uns répondaient que M. Grandet ne donnerait sa fille ni à l'un ni à l'autre. L'ancien tonnelier rongé d'ambition cherchait, disaient-ils, pour gendre quelque pair de France, à qui trois cent mille livres de rente feraient accepter tous les tonneaux passés, présents et futurs des Grandet. D'autres répliquaient que M. et madame des Grassins étaient nobles, puissamment riches, qu'Adolphe était un bien gentil cavalier, et qu'à moins d'avoir un pape dans sa manche, une alliance si convenable devait satisfaire des gens de rien, un homme que tout Saumur avait vu la doloire en main, et qui, d'ailleurs, avait porté le bonnet rouge. Les plus sensés faisaient observer que M. Cruchot de Bonfons avait ses entrées à toute heure au logis, tandis que son rival n'y était reçu que les dimanches. Ceux-ci soutenaient que madame des Grassins, plus liée avec les femmes de la maison Grandet que les Cruchot, pouvait leur inculquer certaines idées qui la feraient, tôt ou tard, réussir. Ceux-là répliquaient que l'abbé Cruchot était l'homme le plus insinuant du monde, et que femme contre moine la partie se trouvait égale. — Ils sont manche à manche, disait un bel esprit de Saumur. Plus instruits, les anciens du pays prétendaient que les Grandet étaient trop avisés pour laisser sortir les biens de leur famille, mademoiselle Eugénie Grandet de Saumur serait mariée au fils de M. Grandet de Paris, riche marchand de vin en gros. A cela les cruchotins et les grassinistes répondaient : — D'abord les deux frères ne se sont pas vus deux fois en puis trente ans. Puis, M. Grandet de Paris a de hautes prétentions pour son fils. Il est maire d'un arrondissement, député, colonel de la garde nationale, juge au tribunal de commerce, il renie les Grandet de Saumur, et prétend s'allier à quelque famille ducale par la grâce de Napoléon. Que ne disait-on pas d'une héritière dont on parlait à vingt lieues à la ronde et jusque dans les voitures publiques, d'Angers à Blois inclusivement ? Au commencement de 1818, les cruchotins remportèrent un avantage signalé sur les grassinistes. La terre de Froidfond, remarquable par son parc, son admirable château, ses fermes, rivières, étangs, forêts, et valant trois millions, fut mise en vente par le jeune marquis de Froidfond obligé de réaliser ses capitaux. Maître Cruchot, le président Cruchot, l'abbé Cruchot, aidés par leurs adhérents, surent empêcher la vente par petits lots. Le notaire conclut avec le jeune homme un marché d'or en lui persuadant qu'il y aurait des poursuites sans nombre à diriger contre les adjudicataires avant de rentrer dans le prix des lots ; il valait mieux vendre à M. Grandet, homme solvable, et capable d'ailleurs de payer la terre en argent comptant. Le beau marquisat de Froidfond fut alors convoyé vers l'œsophage de M. Grandet, qui, au grand étonnement de Saumur, le paya, sous escompte, après les formalités. Cette affaire eut du retentissement à Nantes et à Orléans. M. Grandet alla voir son château par l'occasion d'une charrette qui y retournait. Après avoir jeté sur sa propriété le coup d'œil du maître, il revint à Saumur, certain d'avoir placé ses fonds à cinq, et saisi de la magnifique pensée d'arrondir le marquisat de Froidfond en y réunissant tous ses biens. Puis, pour remplir de nouveau son trésor presque vide il décida de couper à blanc ses bois, ses forêts, et d'exploiter les peupliers de ses prairies.

Il est maintenant facile de comprendre toute la valeur de ce mot, la maison à M. Grandet, cette maison pâle, froide, silencieuse, située en haut de la ville, et abritée par les ruines des remparts. Les deux piliers et la voûte formant la baie de la porte avaient été, comme la maison, construits en tuffeau, pierre blanche particulière au littoral de la Loire, et si molle que sa durée moyenne est à peine de deux cents ans. Les trous inégaux et nombreux que les intempéries du climat y avaient bizarrement pratiqué, donnaient au cintre et aux jambages de la baie l'apparence des pierres vermiculées de l'architecture française et quelque ressemblance avec le porche d'une geôle. Au-dessus du cintre s'élevait un long bas-relief de pierre dure sculpté, représentant les quatre Saisons, figures rongées et toutes noires. Ce bas-relief était surmonté d'une plinthe saillante, sur laquelle s'élevaient plusieurs de ces végétations dues au hasard, des pariétaires jaunes, des liserons, des convolvulus, du plantain, et un petit cerisier assez haut déjà. La porte, en chêne massif, brune, desséchée fendue de toutes parts, frêle en apparence, était solidement maintenue par le système de ses boulons, qui figuraient des dessins symétriques. Une grille carrée, petite, mais à barreaux serrés et rouges de rouille, occupait le milieu de la porte bâtarde et servait, pour ainsi dire, de motif à un marteau qui s'y rattachait par un anneau, et frappait sur la tête grimaçante d'un maître-clou. Ce marteau, de forme oblongue et du genre de ceux que nos ancêtres nommaient Jacquemart, ressemblait à un gros point d'admiration ; en l'examinant avec attention, un antiquaire y aurait retrouvé quelques indices de la figure essentiellement bouffonne qu'il représentait jadis, et qu'un long usage avait effacée. Par la petite grille, destinée à reconnaître les amis, au temps des guerres civiles, les curieux pouvaient apercevoir, au fond d'une voûte obscure et verdâtre, quelques marches dégradées par lesquelles on montait dans un jardin que bornaient pittoresquement des murs épais, humides, pleins de suintements et de touffes d'arbustes malingres. Ces murs étaient ceux du rempart sur lequel s'élevaient les jardins de quelques maisons voisines. Au rez-de-chaussée de la maison, la pièce la plus considérable était une salle dont l'entrée se trouvait sous la voûte de la porte cochère. Peu de personnes connaissent l'importance d'une salle dans les petites villes de l'Anjou, de la Touraine et du Berry. La salle est à la fois l'antichambre, le salon, le cabinet, le boudoir, la salle à manger ; elle est le théâtre de la vie domestique, le foyer commun, là, le coiffeur du quartier venait couper deux fois l'an les cheveux de M. Grandet : là entraient les fermiers, le curé, le sous-préfet, le garçon meunier. Cette pièce, dont les deux croisées donnaient sur la rue, était planchéiée, des panneaux gris, à moulures antiques, la boiserie était peinte en bas, son plafond se composait de poutres apparentes également peintes en gris, dont les entre-deux étaient remplis de blanc en bourre qui avait jauni. Un vieux cartel de cuivre incrusté d'arabesques en écaille ornait le manteau de la cheminée en pierre blanche, mal sculpté, sur lequel était une glace verdâtre dont les côtes, coupés en biseau pour en montrer l'épaisseur, reflétaient un

filet de lumière le long d'un trumeau gothique en acier damasquiné. Les deux girandoles de cuivre doré qui décoraient chacun des coins de la cheminée étaient à deux fins, en enlevant les roses qui leur servaient de bobèches, et dont la maîtresse-branche s'adaptait au piédestal de marbre bleuâtre agencé de vieux cuivre, ce piédestal formait un chandelier pour les petits jours. Les sièges de forme antique étaient garnis en tapisseries représentant les fables de La Fontaine, mais il fallait le savoir pour en reconnaître les sujets, tant les couleurs passées et les figures criblées de reprises se voyaient difficilement. Aux quatre angles de cette salle se trouvaient des encoignures, espèces de buffets terminés par des crasseuses étagères. Une vieille table à jouer en marqueterie, dont le dessus faisait échiquier, était placée dans le tableau qui séparait les deux fenêtres. Au-dessus de cette table, il y avait un baromètre ovale, à bordure noire, emolivé par des rubans de bois doré où les mouches avaient si licencieusement folâtré que la dorure en était un problème. Sur la paroi opposée à la cheminée, deux portraits au pastel censés représenter l'aïeul de madame Grandet le vieux M. de la Bertellière, en lieutenant des gardes françaises, et défunt madame Gentillet en bergère. Aux deux fenêtres et aient drapés des rideaux en gros de Tours rouge, relevés par des cordons de soie à glands d'église. Cette luxueuse décoration, si peu en harmonie avec les habitudes de Grandet, avait été comprise dans l'achat de la maison, ainsi que le trumeau, le cartel, le meuble en tapisserie et les encoignures en bois de rose. Dans la croisée la plus rapprochée de la porte, se trouvait une chaise de paille dont les pieds, étaient montés sur des patins, afin d'élever madame Grandet à une hauteur qui lui permît de voir les passants. Une travailleuse en bois de merisier détint remplissait l'embrasure, et le petit fauteuil d'Eugénie Grandet était placé tout auprès. Depuis quinze ans, toutes les journées de la mère et de la fille s'étaient paisiblement écoulées à cette place, dans un travail constant, à compter du mois d'avril jusqu'au mois de novembre. Le premier de ce dernier mois elles pouvaient prendre leur station d'hiver à la cheminée. Ce jour-là seulement Grandet permettait qu'on allumât du feu dans la salle, et il le faisait éteindre au trente et un mars, sans avoir égard ni aux premiers froids du printemps ni à ceux de l'automne. Une chaufferette, entretenue avec la braise provenant du feu de la cuisine que la grande Nanon leur réservait en usant d'adresse, aidait madame et mademoiselle Grandet à passer les matinées ou les soirées les plus fraîches des mois d'avril et d'octobre. La mère et la fille entretenaient tout le linge de la maison, et employaient si consciencieusement leurs journées à ce véritable labeur d'ouvrière, que, si Eugénie voulait broder une collerette à sa mère, elle était forcée de prendre sur ses heures de sommeil en trompant son père pour avoir de la lumière. Depuis longtemps l'avare distribuait la chandelle à sa fille et à la grande Nanon, de même qu'il distribuait dès le matin le pain et les denrées nécessaires à la consommation journalière.

La grande Nanon était peut-être la seule créature humaine capable d'accepter le despotisme de son maître. Toute la ville l'enviait à M. et à madame Grandet. La grande Nanon, ainsi nommée à cause de sa taille haute de cinq pieds huit pouces, appartenait à Grandet depuis trente-cinq ans. Quoiqu'elle n'eût que soixante livres de gages, elle passait pour une des plus riches servantes de Saumur. Ces soixante livres, accumulées depuis trente-cinq ans, lui avaient permis de placer récemment quatre mille livres en viager chez maître Cruchot. Le résultat de ces longues et persistantes économies de la grande Nanon parut gigantesque. Chaque servante, voyant à la pauvre sexagénaire du pain pour ses vieux jours, était jalouse d'elle sans penser au dur servage par lequel il avait été acquis. A l'âge de vingt-deux ans, la pauvre fille n'avait pu se placer chez personne, tant sa figure semblait repoussante, et certes, ce sentiment était bien injuste : sa figure eût été fort admirée sur les épaules d'un grenadier de la garde, mais en tout il faut, dit-on, l'à-propos. Forcée de quitter une ferme incendiée où elle gardait les vaches, elle vint à Saumur, où elle chercha du service, animée de ce robuste courage qui ne se refuse à rien. Le père Grandet pensait alors à se marier, et voulait déjà monter son ménage. Il avisa cette fille rebutée de porte en porte. Juge de la force corporelle en sa qualité de tonnelier, il devina le parti qu'on pouvait tirer d'une créature femelle taillée en Hercule, plantée sur ses pieds comme un chêne de soixante ans sur ses racines, forte des hanches, carrée du dos, ayant des mains de charretier et une probité vigoureuse comme l'était son intacte vertu. Ni les verrues qui ornaient ce visage martial, ni le teint de brique, ni les bras nerveux, ni les haillons de la Nanon, n'épouvantèrent le tonnelier, qui se trouvait encore dans l'âge où le cœur tressaille. Il vêtit alors, chaussa, nourrit la pauvre fille, lui donna des gages, et l'employa sans trop la rudoyer. En se voyant ainsi accueillie, la grande Nanon pleura secrètement de joie, et s'attacha sincèrement au tonnelier, qui d'ailleurs l'exploita féodalement. Nanon faisait tout : elle faisait la cuisine, elle faisait les buées, elle allait laver le linge à la Loire, le rapportait sur ses épaules ; elle se levait au jour, se couchait tard ; faisait à manger à tous les vendangeurs pendant les récoltes, surveillait les halleboteurs, défendait, comme un chien fidèle, le bien de son maître ; enfin, pleine d'une confiance aveugle en lui, elle obéissait sans murmure à ses fantaisies les plus saugrenues. Lors de la fameuse année de 1811, dont la récolte coûta des peines inouïes, après vingt ans de service, Grandet résolut de donner sa vieille montre à Nanon, seul présent qu'elle reçut jamais de lui. Quoiqu'il lui abandonnât ses vieux souliers (elle pouvait les mettre), il est impossible de considérer le profit trimestriel des souliers de Grandet comme un cadeau, tant ils étaient usés. La nécessité rendit cette pauvre fille si avare, que Grandet avait fini par l'aimer comme on aime un chien, et Nanon s'était laissé mettre au cou un collier garni de pointes dont les piqûres ne la piquaient plus. Si Grandet coupait le pain avec un peu trop de parcimonie, elle ne s'en plaignait pas, elle participait gaiement aux profits hygiéniques que procurait le régime sévère de la maison, où jamais personne n'était malade. Puis la Nanon faisait partie de la famille : elle riait quand riait Grandet, s'attristait, gelait, se chauffait, travaillait avec lui. Combien de douces compensations dans cette égalité! Jamais le maître n'avait reproché à la servante ni l'halleberge ou la pêche de vigne, ni les prunes ou les brugnons mangés sous l'arbre. — Allons, régale-toi, Nanon, lui disait-il dans les années où les branches ployaient sous les fruits que les fermiers étaient obligés de donner aux cochons. Pour une fille des champs qui dans sa jeunesse n'avait récolté que de mauvais traitements, pour une pauvresse recueillie par charité, le rire équivoque du père Grandet était un vrai rayon de soleil. D'ailleurs le cœur simple, la tête étroite de Nanon, ne pouvaient contenir qu'un sentiment et une idée. Depuis trente-cinq ans, elle se voyait toujours arrivant devant le chantier du père Grandet, pieds nus, en haillons, et s'entendait toujours le tonnelier lui disant : — Que voulez-vous, ma mignonne? Et sa reconnaissance était toujours jeune. Quelquefois Grandet, songeant que cette pauvre créature n'avait jamais entendu le moindre mot flatteur, qu'elle ignorait tous les sentiments doux que le femme inspire, et pouvait comparaître un jour devant Dieu, plus chaste que ne l'était la Vierge Marie elle-même. Grandet, saisi de pitié, disait en la regardant : — Cette pauvre Nanon! Cette exclamation était toujours suivie d'un regard indéfinissable que lui jetait la vieille servante. Ce mot, dit de temps à autre, formait depuis longtemps une chaîne d'amitié non interrompue, et à laquelle chaque exclamation ajoutait un chaînon. Cette pitié, placée au cœur de Grandet et prise tout en gré par sa vieille fille, avait je ne sais quoi d'horrible. Cette atroce pitié de l'avare, qui réveillait mille plaisirs au cœur du vieux tonnelier, était pour Nanon sa somme de bonheur. Qui ne dira pas aussi : Pauvre Nanon! Dieu reconnaîtra ses anges aux inflexions de leur voix et à leurs mystérieux regrets. Il y avait dans Saumur une grande quantité de ménages où les domestiques étaient mieux traités, mais où les maîtres ne recevaient néanmoins aucun contentement. De là cette autre phrase : « Qu'est-ce que les Grandet font donc à leur grande Nanon pour qu'elle leur soit si attachée? Elle passerait dans le feu pour eux! » Sa cuisine, dont les fenêtres grillées donnaient sur la cour, était toujours propre, nette, froide, véritable cuisine d'avare où rien ne devait se perdre. Quand Nanon avait lavé sa vaisselle, serré les restes du dîner, éteint son feu, elle quittait sa cuisine, séparée de la salle par un couloir, et venait filer du chanvre auprès de ses maîtres. Une seule chandelle suffisait à la famille pour la soirée. La servante couchait au fond de ce couloir, dans une bonne éclairé par un jour de souffrance. Sa robe si aimé lui permettait d'habiter impunément cette espèce de trou, dont elle pouvait entendre le moindre bruit par le silence profond qui régnait nuit et jour dans la maison. Elle devait, comme un dogue chargé de la police, ne dormir que d'une oreille et se reposer en veillant.

La description des autres portions du logis se trouvera liée aux événements de cette action; mais d'ailleurs le croquis de la salle où éclatait tout le luxe du ménage peut faire soupçonner par avance la nudité des étages supérieurs.

En 1819, vers le commencement de la soirée, au milieu du mois de novembre, la grande Nanon alluma du feu pour la première fois. L'automne avait été très-beau. Ce jour était un jour de fête bien connu des cruchotins et des grassinistes. Aussi les six antagonistes se préparaient-ils à venir armés de toutes pièces, pour se rencontrer dans la salle et s'y surpasser en preuves d'amitié. Le matin tout Saumur avait vu madame et mademoiselle Grandet, accompagnées de Nanon, se rendant à l'église paroissiale pour y entendre la messe, et chacun se souvint que ce jour était l'anniversaire de la naissance de mademoiselle Eugénie. Aussi, calculant l'heure où le dîner devait finir, maître Cruchot, l'abbé Cruchot et M. C. de Bonfons s'empressaient-ils d'arriver avant les des Grassins pour fêter mademoiselle Grandet. Tous trois apportaient d'énormes bouquets cueillis dans leurs petites serres. La queue des fleurs que le président voulait présenter était ingénieusement enveloppée d'un ruban de satin blanc, orné de franges d'or. Le matin, M. Grandet, suivant sa coutume pour les jours mémorables de la naissance et de la fête d'Eugénie était venu la surprendre au lit, et lui avait solennellement son présent paternel, consistant, depuis treize années, en une curieuse pièce d'or. Madame Grandet donnait ordinairement à sa fille une robe d'hiver ou d'été, selon la circonstance. Ces deux robes, les pièces d'or qu'elle récoltait au premier jour de l'An et à la fête de son père lui

composaient un petit revenu de cent écus environ, que Grandet aimait à lui voir entasser. N'était-ce pas mettre son argent d'une caisse dans une autre, et, pour ainsi dire, élever à la brochette l'avarice de son héritière, à laquelle il demandait parfois compte de son trésor, autrefois grossi par les la Bertellière, en lui disant : — Ce sera ton douzain de mariage. Le douzain est un antique usage encore en vigueur et saintement conservé dans quelques pays situés au centre de la France. En Berry, en Anjou, quand une jeune fille se marie, sa famille ou celle de l'époux doit lui donner une bourse où se trouvent, suivant les fortunes, douze pièces ou douze douzaines de pièces ou douze cents pièces d'argent ou d'or. La plus pauvre des bergères ne se marierait pas sans son douzain, ne fût-il composé que de gros sous. On parle encore à Issoudun de je ne sais quel douzain offert à une riche héritière et qui contenait cent quarante-quatre portugaises d'or. Le pape Clément VII, oncle de Catherine de Médicis, lui fit présent, en la mariant à Henri II, d'une douzaine de médailles d'or antiques de la plus grande valeur. Pendant le dîner, le père, tout joyeux de voir son Eugénie plus belle dans une robe neuve, s'était écrié : — Puisque c'est la fête d'Eugénie, faisons du feu! ce sera de bon augure. — Mademoiselle se mariera dans l'année, c'est sûr, dit la grande Nanon en remportant les restes d'une oie, ce faisan des tonneliers. — Je ne vois point de parti pour elle à Saumur, répondit madame Grandet en regardant son mari d'un air timide qui, vu son âge, annonçait l'entière servitude conjugale sous laquelle gémissait la pauvre femme.

Grandet contempla sa fille, et s'écria gaiement : — Elle a vingt-trois ans aujourd'hui, l'enfant, il faudra bientôt s'occuper d'elle.

Eugénie et sa mère se jetèrent silencieusement un coup d'œil d'intelligence.

Madame Grandet était une femme sèche et maigre, jaune comme un coing, gauche, lente, une de ces femmes qui semblent faites pour être tyrannisées. Elle avait de gros os, un gros nez, un gros front, de gros yeux, et offrait, au premier aspect, une vague ressemblance avec ces fruits cotonneux qui n'ont plus ni saveur ni suc. Ses dents étaient noires et rares, sa bouche était ridée, et son menton affectait la forme dite en galoche. C'était une excellente femme, une vraie la Bertellière. L'abbé Cruchot savait trouver quelques occasions de lui dire qu'elle n'avait pas été trop mal, et elle le croyait. Une douceur angélique, une résignation d'insecte tourmenté par des enfants, une piété rare, une inaltérable égalité d'âme, un bon cœur, la faisaient universellement plaindre et respecter. Son mari ne lui donnait jamais plus de six francs à la fois pour ses menues dépenses. Quoique ridicule en apparence, cette femme qui, par sa dot et ses successions, avait apporté au père Grandet plus de trois cent mille francs, s'était toujours sentie si profondément humiliée d'une dépendance et d'un ilotisme contre lequel la douceur de son âme lui interdisait de se revolter, qu'elle n'avait jamais demandé un sou, ni fait une observation sur les actes que maître Cruchot lui présentait à signer. Cette fierté sotte et secrète, cette noblesse d'âme constamment méconnue et blessée par Grandet, dominaient la conduite de cette femme. Madame Grandet mettait constamment une robe de levantine verdâtre, qu'elle s'était accoutumée à faire durer près d'une année, elle portait un grand fichu de cotonnade blanche, un chapeau de paille cousue, et gardait presque toujours un tablier de taffetas noir. Sortant peu du logis, elle usait peu de souliers. Enfin elle ne voulait jamais rien pour elle. Aussi Grandet, saisi parfois d'un remords en se rappelant le long temps écoulé depuis le jour où il avait donné six francs à sa femme, stipulait-il toujours des épingles pour elle en vendant ses récoltes de l'année. Les quatre ou cinq louis offerts par le Hollandais ou le Belge acquéreur de la vendange Grandet formaient le plus clair des revenus annuels de madame Grandet. Mais, quand elle avait reçu ses cinq louis, son mari lui disait souvent, comme si leur bourse était commune : — As-tu quelques sous à me prêter? Et la pauvre femme, heureuse de pouvoir faire quelque chose pour un homme que son confesseur lui représentait comme son seigneur et maître, lui rendait, dans le courant de l'hiver, quelques écus sur l'argent des épingles. Lorsque Grandet tirait de sa poche la pièce de cent sous allouée par mois pour les menues dépenses, le fil, les aiguilles et la toilette de sa fille, il ne manquait jamais, après avoir boutonné son gousset, de dire à sa femme : — Et toi, la mère, veux-tu quelque chose? — Mon ami, répondait madame Grandet animée par un sentiment de dignité maternelle, nous verrons cela.

Sublimité perdue! Grandet se croyait très-généreux envers sa femme. Les philosophes qui rencontrent des Nanon, des madame Grandet, des Eugénie, ne sont-ils pas en droit de trouver que l'ironie est le fond du caractère de la Providence? Après ce dîner, où pour la première fois, il fut question du mariage d'Eugénie, Nanon alla chercher une bouteille de cassis dans la chambre de M. Grandet, et manqua de tomber en descendant.

— Grande bête, lui dit son maître, est-ce que tu te laisseras choir comme une autre, toi? — Monsieur, c'est cette marche de votre escalier qui ne tient pas. — Elle a raison, dit madame Grandet. Vous auriez dû la faire raccommoder depuis longtemps. Hier, Eugénie a bien failli se fouler le pied. — Tiens, dit Grandet à Nanon en la voyant toute pâle, puisque c'est la naissance d'Eugénie, et que tu as manqué de tomber, prends un petit verre de cassis pour te remettre. — Ma foi, je l'ai bien gagné, dit Nanon. A ma place, il y a bien des gens qui auraient cassé la bouteille, mais je me serais plutôt cassé le coude pour la tenir en l'air. — C'te pauvre Nanon ! dit Grandet en lui versant le cassis. — T'es-tu fait mal ! lui dit Eugénie en la regardant avec intérêt. — Non, puisque je me suis retenue en me fichant sur mes reins. — Eh bien ! puisque c'est la naissance d'Eugénie, dit Grandet, je vais vous raccommoder votre marche. Vous ne savez pas, vous autres, mettre le pied dans le coin, à l'endroit où elle est encore solide.

Grandet prit la chandelle, laissa sa femme, sa fille et sa servante, sans autre lumière que celle du foyer qui jetait de vives flammes, et alla dans le fournil chercher des planches, des clous et ses outils. — Faut-il vous aider ! lui cria Nanon en l'entendant frapper dans l'escalier. — Non ! non ! ça me connaît, répondit l'ancien tonnelier.

Au moment où Grandet raccommodait lui-même son escalier vermoulu, et sifflait à tue-tête en souvenir de ses jeunes années, les trois Cruchot frappèrent à la porte. — C'est-y vous, monsieur Cruchot ? demanda Nanon en regardant par la petite grille. — Oui, répondit le président.

Nanon ouvrit la porte, et la lueur du foyer, qui se reflétait sous la voûte, permit aux trois Cruchot d'apercevoir l'entrée de la salle. — Ah ! vous êtes des fêtés, leur dit Nanon en sentant les fleurs. — Excusez, messieurs, cria Grandet en reconnaissant la voix de ses amis, je suis à vous ! Je ne suis pas fier, je rafistole moi-même une marche de mon escalier. — Faites, faites, monsieur Grandet, *charbonnier est maître chez lui*, dit sentencieusement le président en riant tout seul de son allusion que personne ne comprit.

Madame et mademoiselle Grandet se levèrent. Le président, profitant de l'obscurité, dit alors à Eugénie : — Me permettez-vous, mademoiselle, de vous souhaiter, aujourd'hui que vous venez de naître, une suite d'années heureuses, et la continuation de la santé dont vous jouissez ?

Il offrit un gros bouquet de fleurs rares à Saumur. Puis, serrant l'héritière par les coudes, il l'embrassa des deux côtés du cou, avec une complaisance qui rendit Eugénie honteuse. Le président, qui ressemblait à un grand clou rouillé, croyait ainsi faire sa cour. — Ne vous gênez pas, dit Grandet en rentrant. Comme vous allez les jours de fête, monsieur le président ! — Mais, avec mademoiselle, répondit l'abbé Cruchot armé de son bouquet, tous les jours seraient pour mon neveu des jours de fête.

L'abbé baisa la main d'Eugénie. Quant à maître Cruchot, il embrassa la jeune fille tout bonnement sur les deux joues, et dit : — Comme ça nous pousse, ça ! Tous les ans douze mois.

En replaçant la chandelle devant le cartel, Grandet, qui ne quittait jamais une plaisanterie et la répétait à satiété quand elle lui semblait drôle, dit : — Puisque c'est la fête d'Eugénie, allumons les flambeaux !

Il ôta soigneusement les branches des candélabres, mit la bobèche à chaque piédestal, prit des mains de Nanon une chandelle neuve entortillée d'un bout de papier, la ficha dans le trou l'assura, l'alluma, et vint s'asseoir à côté de sa femme, en regardant alternativement ses amis, sa fille et les deux chandelles. L'abbé Cruchot, petit homme dodu, grassouillet, à perruque rousse et plate, à figure de vieille femme joueuse, dit en avançant ses pieds bien chaussés dans de forts souliers à agrafes d'argent : — Les des Grassins ne sont pas venus ? — Pas encore, dit Grandet. — Mais doivent-ils venir ? demanda le vieux notaire en faisant grimacer sa face trouée comme une écumoire. — Je le crois, répondit madame Grandet. — Vos vendanges sont-elles finies ? demanda le président de Bonfons à Grandet. — Partout ! lui dit le vieux vigneron, en se levant pour se promener de long en long dans la salle en se haussant le thorax par un mouvement plein d'orgueil comme son mot, partout ! Par la porte du couloir qui allait à la cuisine, il vit alors la grande Nanon, assise à son feu, ayant une lumière et se préparant à filer là, pour ne pas se mêler à la fête. — Nanon, dit-il en s'avançant dans le couloir, veux-tu bien éteindre ton feu, ta lumière, et venir avec nous ! Pardieu ! la salle est assez grande pour nous tous. — Mais, monsieur, vous aurez du beau monde. — Ne les vaux-tu pas bien ? ils sont de la côte d'Adam tout comme toi.

Grandet revint vers le président et lui dit : — Avez-vous vendu votre récolte ? — Non, ma foi ! je la garde. Si maintenant le vin est bon, dans deux ans il sera meilleur. Les propriétaires, vous le savez bien, se sont juré de tenir les prix convenus, et cette année les Belges ne l'emporteront pas sur nous. S'ils s'en vont, eh bien ! ils reviendront. — Oui, mais tenons-nous bien, dit Grandet d'un ton qui fit frémir le président. — Serait-il à marché ? pensa Cruchot.

En ce moment, un coup de marteau annonça la famille des Grassins, et leur arrivée interrompit une conversation commencée entre madame Grandet et l'abbé.

Madame des Grassins était une de ces petites femmes vives, dodues, blanches et roses, qui, grâce au régime claustral des provinces et aux habitudes d'une vie vertueuse, se sont conservées jeunes en-

core à quarante ans. Elles sont comme ces dernières roses de l'arrière-saison, dont la vue fait plaisir, mais dont les pétales ont je ne sais quelle froideur, et dont le parfum s'affaiblit. Elle se mettait assez bien, faisait venir ses modes de Paris, donnait le ton à la ville de Saumur, et avait des soirées. Son mari, ancien quartier-maître dans la garde impériale, grièvement blessé à Austerlitz et retraite, conservait, malgré sa considération pour Grandet, l'apparente franchise des militaires. — Bonjour, Grandet, dit-il au vigneron en lui tenant la main et affectant une sorte de supériorité sous laquelle il écrasait toujours les Cruchot. — Mademoiselle, dit-il à Eugénie après avoir salué madame Grandet, vous êtes toujours belle et sage, je ne sais en vérité ce que l'on peut vous souhaiter. Puis il présenta une petite caisse que son domestique portait, et qui contenait une bruyère du Cap, fleur nouvellement apportée en Europe et fort rare.

Madame des Grassins embrassa très-affectueusement Eugénie, lui serra la main, et lui dit : — Adolphe s'est chargé de vous présenter mon petit souvenir.

Un grand jeune homme blond, pâle et frêle, avant d'assez bonnes façons, timide en apparence, mais qui venait de dépenser à Paris où il était allé faire son droit, huit ou dix mille francs en sus de sa pension, s'avança vers Eugénie, l'embrassa sur les deux joues et lui offrit une boîte à ouvrage dont tous les ustensiles étaient en vermeil, véritable marchandise de pacotille, malgré l'écusson sur lequel un E. G. gothique assez bien gravé pouvait faire croire à une façon très-soignée. En l'ouvrant, Eugénie eut une de ces joies inespérées et complètes qui font rougir, tressaillir, trembler d'aise les jeunes filles. Elle tourna les yeux sur son père, comme pour savoir s'il lui était permis d'accepter, et M. Grandet dit un « prends ma fille ! » dont l'accent eût illustré un acteur. Les trois Cruchot restèrent stupéfaits en voyant le regard joyeux et animé lancé sur Adolphe des Grassins par l'héritière, à qui de semblables richesses paraissaient inouïes. M. des Grassins offrit à Grandet une prise de tabac, en saisit une, secoua les grains tombés sur le ruban de la Légion d'honneur attaché à la boutonnière de son habit bleu, puis il regarda les Cruchot d'un air qui semblait dire : — Parez-moi cette botte-là ! Madame des Grassins jeta les yeux sur les bocaux bleus où étaient les bouquets des Cruchot, en cherchant leurs cadeaux avec la bonne foi jouée d'une femme moqueuse. Dans cette conjoncture délicate, l'abbé Cruchot laissa la société s'asseoir en cercle devant le feu et alla se promener au fond de la salle avec Grandet. Quand ces deux vieillards furent dans l'embrasure de la fenêtre la plus éloignée des Grassins : — Ces gens-là, dit le prêtre à l'oreille de l'avare, jettent l'argent par les fenêtres. — Qu'est-ce que cela fait, s'il rentre dans ma cave ? répliqua le vigneron. — Si vous vouliez donner des ciseaux d'or à votre fille, vous en auriez bien le moyen, dit l'abbé. — Je lui donne mieux que des ciseaux, répondit Grandet. — Mon neveu est une cruche, pensa l'abbé en regardant le président, dont les cheveux ébouriffés ajoutaient encore à la mauvaise grâce de sa physionomie brune. Ne pouvait-il inventer une petite phrase qui eût du prix ? — Nous allons faire votre partie, madame Grandet, dit madame des Grassins. — Mais nous sommes tous réunis, nous pourrons deux tables... — Puisque c'est la fête d'Eugénie, faites votre loto général, dit le père Grandet, ces deux enfants en seront. L'ancien tonnelier, qui ne jouait jamais à aucun jeu, montra sa fille et Adolphe. — Allons, Nanon, mets les tables. — Nous allons vous aider, mademoiselle Nanon, dit gaiement madame des Grassins toute joyeuse de la joie qu'elle avait causée à Eugénie. — Je n'ai jamais de ma vie été si contente, lui dit l'héritière. Je n'ai rien vu de si joli nulle part. — C'est Adolphe qui l'a rapportée de Paris et qui l'a choisie, lui dit madame des Grassins à l'oreille. — Va, va ton train, damnée intrigante ! se disait le président, si tu es jamais en procès toi ou ton mari, votre affaire ne sera jamais bonne.

Le notaire, assis dans son coin, regardait l'abbé d'un air calme en se disant : — Les des Grassins ont beau faire, ma fortune celle de mon frère et celle de mon neveu montent en somme à onze cent mille francs. Les des Grassins en ont tout au plus la moitié, et ils ont une fille : ils peuvent offrir ce qu'ils voudront ! héritière et cadeaux, tout sera pour nous un jour.

A huit heures et demie du soir, deux tables étaient dressées. La jolie madame des Grassins avait réussi à mettre son fils à côté d'Eugénie. Les acteurs de cette scène pleine d'intérêt, quoique vulgaire en apparence, munis de cartons bariolés chiffrés, et de jetons en verre bleu, semblaient écouter les plaisanteries du vieux notaire, qui ne tirait pas un numéro sans faire une remarque, mais tous pensaient aux millions de M. Grandet. Le vieux tonnelier contemplait vaniteusement les plumes roses, la toilette fraîche de madame des Grassins, la tête martiale du banquier, celle d'Adolphe, le président, l'abbé, le notaire, et se disait intérieurement : — Ils sont là pour mes écus. Ils viennent s'ennuyer ici pour ma fille. Eh ! ma fille ne sera ni pour les uns ni pour les autres, et tous ces gens-là me servent de harpons pour pêcher !

Cette gaieté de famille dans ce vieux salon gris, mal éclairé par deux chandelles ces rires, accompagnés par le bruit du rouet de la grande Nanon, et qui n'étaient sincères que sur les lèvres d'Eugénie ou de sa mère, cette petitesse jointe à de si grands intérêts; cette jeune fille qui, semblable à ces oiseaux victimes du haut prix auquel on les met et qu'ils ignorent, se trouvait traquée, serrée par des preuves d'amitié dont elle était la dupe, tout contribuait à rendre cette scène tristement comique. N'est-ce pas d'ailleurs une scène de tous les temps et de tous les lieux, mais ramenée à sa plus simple expression? La figure de Grandet exploitant le faux attachement des deux familles, en tirant d'énormes profits, dominait ce drame et l'éclairait. N'était-ce pas le seul dieu moderne auquel on ait foi, l'argent dans toute sa puissance, exprimé par une seule physionomie? Les doux sentiments de la vie n'occupaient là qu'une place secondaire, ils animaient trois cœurs purs, ceux de Nanon, d'Eugénie et sa mère. Encore, combien d'ignorance dans leur naïveté! Eugénie et sa mère ne savaient rien de la fortune de Grandet, elles n'estimaient les choses de la vie qu'à la lueur de leurs pâles idées, et ne prisaient ni ne méprisaient l'argent, accoutumées qu'elles étaient à s'en passer. Leurs sentiments, froissés à leur insu mais vivaces, le secret de leur existence, en faisaient des exceptions curieuses dans cette réunion de gens dont la vie était purement matérielle. Affreuse condition de l'homme! il n'y a pas un de ses bonheurs qui ne vienne d'une ignorance quelconque. Au moment où madame Grandet gagnait un lot de seize sous, le plus considérable qui eût jamais été ponté dans cette salle, et que la grande Nanon riait d'aise en voyant madame empochant cette riche somme, un coup de marteau retentit à la porte de la maison, et y fit un si grand tapage que les femmes sautèrent sur leurs chaises. — Ce n'est pas un homme de Saumur qui frappe ainsi, dit le notaire. — Peut-on cogner comme ça! dit Nanon. Veulent-ils casser notre porte? — Quel diable est-ce? s'écria Grandet.

Nanon prit une des deux chandelles, et alla ouvrir accompagnée de Grandet. — Grandet! Grandet! s'écria sa femme, qui, poussée par un vague sentiment de peur, s'élança vers la porte de la salle.

Tous les joueurs se regardèrent. — Si nous y allions, dit M. des Grassins. Ce coup de marteau me paraît malveillant.

À peine fut-il permis à M. des Grassins d'apercevoir la figure d'un jeune homme accompagné du facteur des messageries, qui portait deux malles énormes et traînait des sacs de nuit. Grandet se retourna brusquement vers sa femme et lui dit: — Madame Grandet, allez à votre loto. Laissez-moi m'entendre avec monsieur. Puis il tira vivement la porte de la salle, où les joueurs agités reprirent leurs places, mais sans continuer le jeu. — Est-ce quelqu'un de Saumur, monsieur des Grassins? lui dit sa femme. — Non, c'est un voyageur. — Il ne peut venir que de Paris. En effet, dit le notaire en tirant sa vieille montre épaisse de deux doigts et qui ressemblait à un vaisseau hollandais, il est neuf heures s. Peste! la diligence du grand bureau n'est jamais en retard. — Et ce monsieur est-il jeune? demanda l'abbé Cruchot. — Oui, répondit M. des Grassins. Il apporte des paquets qui doivent peser au moins trois cents kilos. — Nanon ne revient pas, dit Eugénie. — Ce ne peut être qu'un de vos parents, dit le président. — Faisons les mises, s'écria doucement madame Grandet. À sa voix, j'ai vu que M. Grandet était contrarié, peut-être ne serait-il pas content de s'apercevoir que nous parlons de ses affaires. — Mademoiselle, dit Adolphe à sa voisine, ce sera sans doute votre cousin Grandet, un bien joli jeune homme que j'ai vu au bal de M. de Nucingen. Adolphe ne continua pas, sa mère lui marcha sur le pied, puis, en lui demandant à haute voix deux sous pour sa mise: — Veux-tu te taire, grand nigaud! lui dit-elle à l'oreille.

En ce moment Grandet rentra sans la grande Nanon, dont le pas et celui du facteur retentissaient dans les escaliers, il était suivi du voyageur qui depuis quelques instants excitait tant de curiosités et préoccupait si vivement les imaginations, que son arrivée en ce logis et sa chute au milieu de ce monde peut être comparée à celle d'un colimaçon dans une ruche, ou à l'introduction d'un paon dans quelque obscure basse-cour de village. — Asseyez-vous auprès du feu, lui dit Grandet.

Avant de s'asseoir, le jeune étranger salua très-gracieusement l'assemblée. Les hommes se levèrent pour répondre par une inclination polie, et les femmes firent une révérence cérémonieuse. — Vous avez sans doute froid, monsieur, dit madame Grandet; vous arrivez peut-être de... — Voilà bien les femmes! dit le vieux vigneron en quittant la lecture d'une lettre qu'il tenait à la main, laissez donc monsieur se reposer. — Mais, mon père, monsieur a peut-être besoin de quelque chose, dit Eugénie. — Il a une langue, répondit sévèrement le vigneron.

L'inconnu fut seul surpris de cette scène. Les autres personnes étaient faites aux façons despotiques du bonhomme. Néanmoins, quand ces deux demandes et ces deux réponses furent échangées, l'inconnu se leva, présenta le dos au feu, leva l'un de ses pieds pour chauffer la semelle de ses bottes, et dit à Eugénie: — Ma cousine, je vous remercie, j'ai dîné à Tours. Et, ajouta-t-il en regardant Grandet, je n'ai besoin de rien, je ne suis même point fatigué. — Monsieur vient de la capitale? demanda madame des Grassins.

M. Charles, ainsi se nommait le fils de M. Grandet de Paris, en s'entendant interpeller, prit un petit lorgnon suspendu par une chaîne à son cou, l'appliqua sur son œil droit pour examiner et ce qu'il y

avait sur la table et les personnes qui y étaient assises, lorgna fort impertinemment madame des Grassins, et lui dit après avoir tout vu: — Oui, madame. Vous jouez au loto, ma tante, ajouta-t-il, je vous en prie, continuez votre jeu, il est trop amusant pour le quitter... — J'étais sûre que c'était le cousin, pensait madame des Grassins en lui jetant de petites œillades. — Quarante-sept, cria le vieil abbé. Marquez donc, madame des Grassins, n'est-ce pas votre numéro?

M. des Grassins mit un jeton sur le carton de sa femme, qui, saisie par de tristes pressentiments, observa tour à tour le cousin de Paris et Eugénie. De temps en temps, la jeune héritière lança de furtifs regards à son cousin, et la femme du banquier put facilement y découvrir un crescendo d'étonnement ou de curiosité.

M. Charles Grandet, beau jeune homme de vingt-deux ans, produisait en ce moment un singulier contraste avec les bons provinciaux que déjà ses manières aristocratiques révoltaient passablement, et que tous étudiaient pour se moquer de lui. Ceci veut une explication. À vingt-deux ans, les jeunes gens sont encore assez voisins de l'enfance pour se laisser aller à des enfantillages. Aussi, peut-être, sur cent d'entre eux, s'en rencontrerait-il bien quatre-vingt-dix-neuf qui se seraient conduits comme se conduisait Charles Grandet. Quelques jours avant cette soirée, son père lui avait dit d'aller pour quelques mois chez son frère de Saumur. Peut-être M. Grandet de Paris pensait-il à Eugénie. Charles, qui tombait en province pour la première fois, eut la pensée d'y paraître avec la supériorité d'un jeune homme à la mode, de désespérer l'arrondissement par son luxe, d'y faire époque, et d'y importer les inventions de la vie parisienne. Enfin, pour tout expliquer d'un mot, il voulait passer à Saumur plus de temps qu'à Paris à se brosser les ongles, et y affecter l'excessive recherche de mise que parfois un jeune élégant abandonne pour une négligence qui ne manque pas de grâce. Charles emporta donc le plus joli costume de chasse, le plus joli fusil, le plus joli couteau, la plus jolie gaîne de Paris. Il emporta sa collection de gilets les plus ingénieux; il y en avait de gris, de blancs, de noirs, de couleur scarabée, à reflets d'or, de pailletés, de chinés, de doubles, à châle ou droits de col, à col renversé, de boutonnés jusqu'en haut, à boutons d'or. Il emporta toutes les variétés de cols et de cravates en faveur à cette époque. Il emporta deux habits de Buisson, et son linge le plus fin. Il emporta sa jolie toilette d'or, présent de sa mère. Il emporta ses colifichets de dandy, sans oublier une ravissante petite écritoire donnée par la plus aimable des femmes, du moins pour lui, par une grande dame qu'il nommait Annette, et qui voyageait maritalement, ennuyeusement, en Écosse, victime de quelques soupçons auxquels besoin était de sacrifier momentanément son bonheur; puis force joli papier pour lui écrire une lettre par quinzaine. Ce fut, enfin, une cargaison de futilités parisiennes aussi complète qu'il était possible de la faire, et où, depuis la cravache qui sert à commencer un duel, jusqu'aux beaux pistolets ciselés qui le terminent, se trouvaient tous les instruments aratoires dont se sert un jeune oisif pour labourer la vie. Son père lui ayant dit de voyager seul et modestement, il était venu dans le coupé de la diligence retenu pour lui seul, assez content de ne pas gâter une délicieuse voiture de voyage commandée pour aller au-devant de son Annette, la grande dame que... etc. etc. et qu'il devait rejoindre en juin prochain aux eaux de Baden. Charles comptait rencontrer cent personnes chez son oncle, chasser à courre dans les forêts de son oncle, vivre enfin de la vie de château: il ne savait pas le trouver à Saumur où il ne s'était informé de lui que pour demander le chemin de Froidfond; mais, en le sachant en ville, il crut l'y voir dans un grand hôtel. Afin de débuter convenablement chez son oncle, soit à Saumur, soit à Froidfond, il avait fait la toilette de voyage la plus coquette, la plus simplement recherchée, la plus adorable, pour employer le mot qui jadis ne temps ne rendait les perfections spéciales d'une chose ou d'un homme. À Tours, un coiffeur venait de lui refriser ses beaux cheveux châtains; il y avait changé de linge, et mis une cravate de satin noir combinée avec un col rond, de manière à encadrer agréablement sa blanche et rieuse figure. Une redingote de voyage à demi boutonnée lui pinçait la taille, et laissait voir un gilet de cachemire à châle, sous lequel était un second gilet blanc. Sa montre, négligemment abandonnée au hasard dans une poche, se rattachait par une courte chaîne d'or à l'une des boutonnières. Son pantalon gris se boutonnait sur les côtés, où des dessins brodés en soie noire enjolivaient les coutures. Il maniait agréablement une canne dont la pomme d'or sculpté n'altérait point la fraîcheur de ses gants gris. Enfin, sa casquette était d'un goût excellent. Un Parisien, un Parisien du la sphère la plus élevée, pouvait seul s'agencer ainsi sans paraître ridicule, et donner une harmonie de fatuité à toutes ces niaiseries, que soutenait d'ailleurs un air brave, l'air d'un jeune homme qui a de beaux pistolets, le coup sûr et Annette. Maintenant, si vous voulez bien comprendre la surprise respective des Saumurois et du jeune Parisien, voir parfaitement le vif éclat que l'élégance du voyageur jetait au milieu des ombres grises de la salle et des figures qui composaient le tableau de la famille, essayez de vous représenter les Cruchot. Tous les trois prenaient du tabac, et ne songeaient en plus depuis longtemps à exiter ni les roupies, ni les petites galettes noires qui parsemaient le jabot de leurs chemises rousses, à cols recroquevillés et à plis jaunâtres. Leurs cravates molles se roulaient en corde aussitôt qu'ils se les étaient attachées au cou. L'énorme quantité de linge qui leur permettait de ne faire la lessive que tous les six mois, et de le garder au fond de leurs armoires, laissait le temps y imprimer ses teintes grises et vieilles. Il y avait en eux une parfaite entente de mauvaise grâce et de sénilité. Leurs figures, aussi flétries que l'étaient leurs habits râpés, aussi plissées que leurs pantalons, semblaient usées, racornies, et grimaçaient. La négligence générale des autres costumes,

La grande Nanon appartenait à M. Grandet depuis trente-cinq ans.
— PAGE 4.

tous incomplets, sans fraîcheur, comme le sont les toilettes de province, où l'on arrive insensiblement à ne plus s'habiller les uns pour les autres, et à prendre garde au prix d'une paire de gants, s'accordait avec l'insouciance des Cruchot. L'horreur de la mode était le seul point sur lequel les grassinistes et les cruchotins s'entendissent parfaitement. Le Parisien prenait-il son lorgnon pour examiner les singuliers accessoires de la salle, les solives du plancher, le ton des boiseries ou les points que les mouches y avaient imprimés et dont le nombre aurait suffi pour ponctuer l'Encyclopédie méthodique et le Moniteur, aussitôt les joueurs de loto levaient le nez et le considéraient avec autant de curiosité qu'ils en eussent manifesté pour une girafe. M. des Grassins et son fils, auxquels la figure d'un homme à la mode n'était pas inconnue, s'associèrent néanmoins à l'étonnement de leurs voisins, soit qu'ils éprouvassent l'indéfinissable influence d'un sentiment général, soit qu'ils l'approuvassent en disant à leurs compatriotes par des œillades pleines d'ironie : — Voilà comme ils sont à Paris. Tous pouvaient d'ailleurs observer Charles à loisir, sans craindre de déplaire au maître du logis. Grandet était absorbé dans

la longue lettre qu'il tenait, et il avait pris pour la lire l'unique flambeau de la table, sans se soucier de ses hôtes ni de leur plaisir. Eugénie, à qui le type d'une perfection semblable, soit dans la mise, soit dans la personne, était entièrement inconnu, crut voir en son cousin une créature descendue de quelque région séraphique. Elle respirait avec délices les parfums exhalés par cette chevelure si brillante, si gracieusement bouclée. Elle aurait voulu pouvoir toucher la peau blanche de ces jolis gants fins. Elle enviait les petites mains de Charles, son teint, la fraîcheur et la délicatesse de ses traits. Enfin, si toutefois cette image peut résumer les impressions que le jeune élégant produisit sur une ignorante fille sans cesse occupée à rapetasser des bas, à ravauder la garde-robe de son père, et dont la vie s'était écoulée sous ces crasseux lambris, sans voir dans cette rue silencieuse plus d'un passant par heure, la vue de son cousin fit sourdre en son cœur les émotions de fine volupté que causent à un jeune homme les fantastiques figures de femmes dessinées par Westall dans les Keepsake anglais, et gravées par les Finden, d'un burin si habile qu'on a peur, en soufflant sur le vélin, de faire envoler ces apparitions célestes. Charles tira de sa poche un mouchoir brodé par la grande dame qui voyageait en Écosse. En voyant ce joli ouvrage fait avec amour pendant les heures perdues pour l'amour, Eugénie regarda son cousin pour savoir s'il allait bien réellement s'en servir. Les manières de Charles, ses gestes, la façon dont il prenait son lorgnon, son impertinence affectée, son mépris pour le coffret qui venait de faire tant de plaisir à la riche héritière, et qu'il trouvait évidemment ou sans valeur ou ridicule ; enfin, tout ce qui choquait les Cruchot et les des Grassins lui plaisait si fort, qu'avant de s'endormir elle dut rêver longtemps à ce phénix des cousins.

Les numéros se tiraient fort lentement, mais bientôt le loto fut arrêté. La grande Nanon entra et dit tout haut : — Madame, va falloir me donner des draps pour faire le lit à ce monsieur.

Madame Grandet suivit Nanon. Madame des Grassins dit alors à voix basse : — Gardons nos sous et laissons le loto. Chacun reprit ses deux sous dans la vieille soucoupe écornée où il les avait mis. Puis l'assemblée se remua en masse et fit un quart de conversion vers le feu. — Vous avez donc fini? dit Grandet sans quitter sa lettre. — Oui, oui, répondit madame des Grassins en venant prendre place près de Charles.

Eugénie, mue par une de ces pensées qui naissent au cœur des jeunes filles quand un sentiment s'y loge pour la première fois, quitta la salle pour aller aider sa mère et Nanon. Si elle avait été questionnée par un confesseur habile, elle lui eût sans doute avoué qu'elle ne songeait ni à sa mère, ni à Nanon, mais qu'elle était travaillée par un poignant désir d'inspecter la chambre de son cousin pour s'y occuper de son cousin, pour y placer quoi que ce fût, pour obvier à un oubli, pour y tout prévoir, afin de la rendre, autant que possible, élégante et propre. Eugénie se croyait déjà seule capable de comprendre les goûts et les idées de son cousin. En effet elle arriva fort heureusement pour prouver à sa mère et à Nanon, qui revenaient pensant avoir tout fait, que tout était à faire. Elle donna l'idée à la grande Nanon de bassiner les draps avec la braise du feu, elle couvrit elle-même la vieille table d'un napperon, et recommanda bien à Nanon de changer le napperon tous les matins. Elle convainquit sa mère de la nécessité d'allumer un bon feu dans la cheminée, et détermina Nanon à monter, sans en rien dire à son père, un gros tas de bois dans le corridor. Elle courut chercher dans une des encoignures de la salle un plateau de vieux laque qui venait de la succession de feu le vieux M. de la Bertellière, y prit également un verre de cristal à six pans, une petite cuiller dédorée, un flacon antique où étaient gravés des amours, et mit triomphalement le tout sur un coin de la cheminée. Il lui avait plus surgi d'idées en un quart d'heure qu'elle n'en avait eu depuis qu'elle était au monde. — Maman, dit-elle, jamais mon cousin ne supportera l'odeur d'une chandelle. Si nous achetions de la bougie?... Elle alla, légère comme un oiseau, tirer de sa bourse l'écu de cent sous qu'elle avait reçu pour ses dépenses du mois. — Tiens, Nanon, dit-elle, va vite. — Mais que dira ton père? Cette objection terrible fut proposée par madame Grandet en voyant sa fille armée d'un sucrier de vieux Sèvres, rapporté du château de Froidfond par Grandet. — Et où prendras-tu donc du sucre? es-tu folle? — Maman, Nanon achètera aussi bien du sucre que de la bougie. — Mais ton père? — Serait-il convenable que son neveu ne pût boire un verre d'eau sucrée? D'ailleurs, il n'y fera pas attention. — Ton père voit tout, dit madame Grandet en hochant la tête.

Nanon hésitait, elle connaissait son maître. — Mais va donc, Nanon, puisque c'est ma fête!

Nanon laissa échapper un gros rire en entendant la première plaisanterie que sa jeune maîtresse eût jamais faite, et lui obéit. Pendant qu'Eugénie et sa mère s'efforçaient d'embellir la chambre destinée par M. Grandet à son neveu, Charles se trouvait l'objet des attentions de madame des Grassins, qui lui faisait des agaceries.

— Vous êtes bien courageux, monsieur, lui dit-elle, de quitter les plaisirs de la capitale pendant l'hiver pour venir habiter Saumur. Mais si nous ne vous faisons pas trop peur, vous verrez que l'on peut encore s'y amuser.

Elle lui lança une véritable œillade de province, où, par habitude, les femmes mettent tant de réserve et de prudence dans leurs yeux qu'elles leur communiquent la friande concupiscence particulière à ceux des ecclésiastiques, pour qui tout plaisir semble ou un vol ou une faute. Charles se trouvait si dépaysé dans cette salle, si loin du vaste château et de la fastueuse existence qu'il supposait à son oncle, qu'en regardant attentivement madame des Grassins, il aperçut enfin une image à demi effacée des figures parisiennes. Il répondit avec grâce à l'espèce d'invitation qui lui était adressée, et il s'engagea naturellement une conversation dans laquelle madame des Grassins baissa graduellement sa voix pour la mettre en harmonie avec la nature de ses confidences. Il existait chez elle et chez Charles un même besoin de confiance. Aussi, après quelques moments de causerie coquette et de plaisanteries sérieuses, l'adroite provinciale put-elle lui dire sans se croire entendue des autres personnes, qui parlaient de la vente des vins, ce dont s'occupait en ce moment tout le Saumurois :

— Monsieur, si vous voulez nous faire l'honneur de venir nous voir, vous ferez très-certainement autant de plaisir à mon mari qu'à moi. Notre salon est le seul dans Saumur où vous trouverez réunis le haut commerce et la noblesse : nous appartenons aux deux sociétés, qui ne veulent se rencontrer que là parce qu'on s'y amuse. Mon mari, je le dis avec orgueil, est également considéré par les uns et par les autres. Ainsi, nous tâcherons de faire diversion à l'ennui de votre séjour ici. Si vous restiez chez M. Grandet, que deviendriez-vous, bon Dieu ! Votre oncle est un grigou qui ne pense qu'à ses provins, votre tante est une dévote qui ne sait pas coudre deux idées, et votre cousine est une petite sotte, sans éducation, commune, sans dot, et qui passe sa vie à raccommoder des torchons. —

Elle est très-bien, cette femme, se dit en lui-même Charles Grandet en répondant aux minauderies de madame des Grassins. — Il me semble, ma femme, que tu veux accaparer monsieur, dit en riant le gros et grand banquier.

A cette observation, le notaire et le président dirent des mots plus ou moins malicieux ; mais l'abbé les regarda d'un air fin et résuma leurs pensées en prenant une pincée de tabac, et offrant sa tabatière à la ronde : — Qui mieux que madame, dit-il, pourrait faire à monsieur les honneurs de Saumur ? — Ah çà ! comment l'entendez-vous, monsieur l'abbé ? demanda M. des Grassins. — Je l'entends, monsieur, dans le sens le plus favorable pour vous, pour madame, pour la ville de Saumur et pour monsieur, ajouta le rusé vieillard en se tournant vers Charles.

Sans paraître y prêter la moindre attention, l'abbé Cruchot avait su deviner la conversation de Charles et de madame des Grassins.

— Monsieur, dit enfin Adolphe à Charles d'un air qu'il aurait voulu rendre dégagé, je ne sais si vous avez conservé quelque souvenir de moi ; j'ai eu le plaisir d'être votre vis-à-vis à un bal donné par M. le baron de Nucingen, et... — Parfaitement, monsieur, parfaitement, répondit Charles surpris de se voir l'objet des attentions de tout le monde.

— Monsieur est votre fils ? demanda-t-il à madame des Grassins. L'abbé regarda malicieusement la mère.

— Oui, monsieur, dit-elle. Vous étiez donc bien jeune à Paris ? reprit Charles en s'adressant à Adolphe. — Que voulez-vous, monsieur, dit l'abbé, nous les envoyons à Babylone aussitôt qu'ils sont sevrés.

Madame des Grassins interrogea l'abbé par un regard d'une étonnante profondeur. — Il faut venir en province, dit-il en continuant, pour trouver des femmes de trente et quelques années aussi fraîches que l'est madame, après avoir eu des fils bientôt licenciés en droit. Il me semble être encore au jour où les jeunes gens et les dames montaient sur des chaises pour vous voir danser au bal, madame, ajouta l'abbé en se tournant vers son adversaire femelle. Pour moi, vos succès sont d'hier.... — Oh ! le vieux scélérat ! se dit en elle-même madame des Grassins, me devinerait-il donc ? — Il paraît que j'aurai beaucoup de succès à Saumur, se disait Charles en déboutonnant sa redingote, se mettant la main dans son gilet, et jetant son regard à travers les espaces pour imiter la pose donnée à lord Byron par Chantrey.

L'inattention du père Grandet, ou, pour mieux dire, la préoccupation dans laquelle le plongeait la lecture de sa lettre, n'échappèrent ni au notaire ni au président, qui tâchaient d'en conjecturer le contenu par les imperceptibles mouvements de la figure du bonhomme, alors fortement éclairée par la chandelle. Le vigneron maintenait difficilement le calme habituel de sa physionomie. D'ailleurs chacun pourra se peindre la contenance affectée par cet homme en lisant la fatale lettre que voici :

« Mon frère, voici bientôt vingt-trois ans que nous ne nous sommes vus. Mon mariage a été l'objet de notre dernière entrevue, après laquelle nous nous sommes quittés joyeux l'un et l'autre. Certes je ne pouvais guère prévoir que tu serais un jour le seul soutien de la famille, à la prospérité de laquelle tu applaudissais alors. Quand tu tiendras cette lettre en les mains, je n'existerai plus. Dans la position où j'étais, je n'ai pas voulu survivre à la honte d'une faillite. Je me

Tenez, cherchez ma robe de chambre qui est dans cette valise. — PAGE 11.

suis tenu sur le bord du gouffre jusqu'au dernier moment, espérant surnager toujours. Il faut y tomber. Les banqueroutes réunies de mon agent de change et de Roguin, mon notaire, m'emportent mes dernières ressources et ne me laissent rien. J'ai la douleur de devoir près de quatre millions sans pouvoir offrir plus de vingt-cinq pour cent d'actif. Mes vins emmagasinés éprouvent en ce moment la baisse mineuse que causent l'abondance et la qualité de vos récoltes. Dans trois jours Paris dira : « M. Grandet était un fripon ! » Je me coucherai, moi probe, dans un linceul d'infamie. Je ravis à mon fils et son nom que j'entache et la fortune de sa mère. Il ne sait rien de cela, ce malheureux enfant que j'idolâtre. Nous nous sommes dit adieu tendrement. Il ignorait, par bonheur, que les derniers flots de ma vie s'épanchaient dans cet adieu. Ne me maudira-t-il pas un jour ? Mon frère, mon frère, la malédiction de nos enfants est épouvantable ; ils peuvent appeler de la nôtre, mais la leur est irrévocable ! Grandet, tu es mon aîné, tu me dois ta protection : fais que Charles ne jette aucune parole amère sur ma tombe! Mon frère, si je t'écrivais avec mon sang et mes larmes, il n'y aurait pas autant de douleur, que j'en mets dans cette lettre, car je pleurerais, je saignerais, je serais mort, je ne souffrirais plus, mais je souffre et vois la mort d'un œil sec. Te voilà donc le père de Charles! il n'a point de parent du côté maternel, tu sais pourquoi. Pourquoi n'ai-je pas obéi aux préjugés sociaux? Pourquoi ai-je cédé à l'amour? Pourquoi ai-je épousé la fille naturelle d'un grand seigneur? Charles n'a plus de famille. O mon malheureux fils! mon fils! Écoute Grandet, je ne suis pas venu t'implorer pour moi, d'ailleurs tes biens ne sont peut-être pas assez considérables pour supporter une hypothèque de trois millions. mais pour mon fils! Sache-le bien, mon frère, mes mains suppliantes se sont jointes en pensant à toi. Grandet, je te confie Charles en mourant. Enfin je regarde mes pistolets sans douleur en pensant que tu lui serviras de père. Il m'aimait bien, Charles, j'étais si bon pour lui, je ne le contrariais jamais : il ne me maudira pas. D'ailleurs, tu verras, il est doux, il tient de sa mère, il ne te donnera jamais de chagrin. Pauvre enfant! accoutumé aux jouissances du luxe, il ne connaît aucune des privations auxquelles nous a condamnés l'un et l'autre notre première misère... Et le voilà ruiné, seul. Oui, tous ses amis le fuiront, et c'est moi qui serai la cause de ses humiliations. Ah! je voudrais avoir le bras assez fort pour l'envoyer d'un seul coup dans les cieux près de sa mère. Folie! Je reviens à mon malheur, à celui de Charles. Je te l'ai donc envoyé pour que tu lui apprennes convenablement et ma mort et son sort à venir. Sois un père pour lui, mais un bon père. Ne l'arrache pas tout à coup à sa vie oisive, tu le tuerais. Je lui demande à genoux de renoncer aux créances qu'en qualité d'héritier de sa mère il pourrait exercer contre moi. Mais c'est une prière superflue, il a de l'honneur, il sentira bien qu'il ne doit pas se joindre à mes créanciers. Fais-le renoncer à ma succession en temps utile. Révèle-lui les dures conditions de la vie que je lui fais, et, s'il me conserve sa tendresse, dis-lui bien en mon nom que tout n'est pas perdu pour lui. Oui, le travail, qui nous a sauvé tous deux, peut lui rendre la fortune que je lui emporte, et, s'il veut écouter la voix de son père, qui pour lui voudrait sortir un moment du tombeau, qu'il parte, qu'il aille aux Indes! Mon frère, Charles est un jeune homme probe et courageux : tu lui feras une pacotille, il mourrait plutôt que de ne pas te rendre les premiers fonds que tu lui prêteras, car tu lui en prêteras, Grandet! sinon tu te créerais des remords. Ah! si mon enfant ne trouvait ni secours ni tendresse en toi, je demanderais éternellement vengeance à Dieu de ta dureté. Si j'avais pu sauver quelques valeurs, j'avais bien le droit de lui remettre une somme sur le bien de sa mère, mais les payements de ma fin du mois avaient absorbé toutes mes ressources. Je n'aurais pas voulu mourir dans le doute sur le sort de mon enfant, j'aurais voulu sentir de saintes promesses dans la chaleur de ta main, qui m'eût réchauffé, mais le temps me manque. Pendant que Charles voyage, je suis obligé de dresser mon bilan. Je tâche de prouver par la bonne foi qui préside à mes affaires qu'il n'y a dans mes désastres ni faute ni improbité. N'est-ce pas m'occuper de Charles? Adieu, mon frère. Que toutes les bénédictions de Dieu te soient acquises pour la généreuse tutelle que je te confie, et que tu acceptes, je n'en doute pas. Il y aura sans cesse une voix qui priera pour toi dans le monde où nous devons aller tous un jour, et où je suis déjà.

« Victor-Ange-Guillaume GRANDET. »

— Vous causez donc? dit le père Grandet en pliant avec exactitude la lettre dans les mêmes plis et la mettant dans la poche de son gilet. Il regarda son neveu d'un air humble et craintif sous lequel il cacha ses émotions et ses calculs. — Vous êtes-vous réchauffé? — Très-bien, mon cher oncle. — Eh bien! où sont donc nos femmes? dit l'oncle oubliant déjà que son neveu couchait chez lui. En ce moment Eugénie et madame Grandet rentrèrent. — Tout est-il arrangé là-haut? leur demanda le bonhomme en retrouvant son calme. — Oui, mon père. — Eh bien! mon neveu, si vous êtes fatigué, Nanon va vous conduire à votre chambre. Dame, ce ne sera pas un appartement de mirliflor! mais vous excuserez de pauvres vignerons qui n'ont jamais le sou. Les impôts nous avalent tout. — Nous ne voulons pas être indiscrets, Grandet, dit le banquier. Vous pouvez avoir à jaser avec votre neveu, nous vous souhaitons le bon-soir. A demain.

A ces mots, l'assemblée se leva, et chacun fit la révérence suivant son caractère. Le vieux notaire alla chercher sous la porte sa lanterne, et vint l'allumer en offrant aux Grassins de les reconduire. Madame des Grassins n'avait pas prévu l'incident qui devait faire finir prématurément la soirée, et son domestique n'était pas arrivé.

— Voulez-vous me faire l'honneur d'accepter mon bras, madame? dit l'abbé Cruchot à madame des Grassins. — Merci, monsieur l'abbé. J'ai mon fils, répondit-elle sèchement. — Les dames ne sauraient se compromettre avec moi, dit l'abbé. — Donne donc le bras à M. Cruchot, lui dit son mari.

L'abbé emmena la jolie dame assez lestement pour se trouver à quelques pas en avant de la caravane.

— Il est très-bien, ce jeune homme, madame, lui dit-il en lui serrant le bras. Adieu, paniers, vendanges sont faites! Il vous faut dire adieu à mademoiselle Grandet, Eugénie sera pour le Parisien. A moins que ce cousin ne soit amouraché d'une Parisienne, votre fils Adolphe va rencontrer en lui le rival le plus... — Laissez donc, monsieur l'abbé. Ce jeune homme ne tardera pas à s'apercevoir qu'Eugénie est une niaise, une fille sans fraîcheur. L'avez-vous examinée? elle était, ce soir, jaune comme un coing. — Vous l'avez peut-être déjà fait remarquer au cousin. — Et je ne m'en suis pas gênée... — Mettez-vous toujours auprès d'Eugénie, madame, et vous n'aurez pas grand'chose à dire à ce jeune homme contre sa cousine, il fera de lui-même une comparaison qui... — D'abord, il m'a promis de venir dîner après-demain chez moi. — Ah! si vous vouliez, madame, dit l'abbé. — Et que voulez-vous que je veuille, monsieur l'abbé? Entendez-vous ainsi me donner de mauvais conseils? Je ne suis pas arrivée à l'âge de trente-neuf ans, avec une réputation sans tache, Dieu merci, pour la compromettre, même quand il s'agirait de l'empire du Grand-Mogol. Nous sommes à un âge, l'un et l'autre, auquel on sait ce que parler veut dire. Pour un ecclésiastique, vous avez en vérité des idées bien incongrues. Fi! cela est digne de Faublas. — Vous avez donc lu Faublas? — Non, monsieur l'abbé, je voulais dire les Liaisons Dangereuses. — Ah! ce livre est infiniment plus moral, dit en riant l'abbé. Mais vous me faites aussi pervers que l'est un jeune homme d'aujourd'hui! Je voulais simplement vous... — O-ez me dire que vous ne songiez pas à me conseiller de vilaines choses. Cela n'est-il pas clair? Si ce jeune homme, qui est très-bien, j'en conviens, me faisait la cour, il ne penserait pas à sa cousine. A Paris, je le sais, quelques bonnes mères se dévouent ainsi pour le bonheur et la fortune de leurs enfants, mais nous sommes en province, monsieur l'abbé. — Oui, madame. — Et, reprit-elle, je ne voudrais pas, ni Adolphe lui-même ne voudrait pas de cent millions achetés à ce prix... — Madame, je n'ai point parlé de cent millions. La tentation eût été peut-être au-dessus de nos forces à l'un et à l'autre. Seulement, je crois qu'une honnête femme peut se permettre, en tout bien tout honneur de petites coquetteries sans conséquence, qui font partie de ses devoirs en société, et qui... — Vous croyez? — Ne devons-nous pas, madame, tâcher de nous être agréables les uns aux autres... Permettez que je me mouche. — Je vous assure, madame, reprit-il, qu'il vous lorgnait d'un air un peu plus flatteur que celui qu'il avait en me regardant, mais je lui pardonne d'honorer préférablement à la vieillesse la beauté... — Il est clair, disait le président de sa grosse voix, que M. Grandet de Paris envoie son fils à Saumur dans des intentions extrêmement matrimoniales. — Mais, alors, le cousin ne serait pas tombé comme une bombe, répondait le notaire. — Cela ne dirait rien, dit M. des Grassins, le bonhomme est cachottier. — Des Grassins, mon ami, je l'ai invité à dîner, ce jeune homme. Il faudra que tu ailles prier M. et madame de Larsonnière, et les du Hautoy, avec la belle demoiselle du Hautoy, bien entendu, pourvu qu'elle se mette bien ce jour-là! Par jalousie, sa mère la fagote si mal! J'espère, messieurs, que vous nous ferez l'honneur de venir, ajouta-t-elle en arrêtant le cortège pour se retourner vers les deux Cruchot. — Vous voilà chez vous, madame, dit le notaire.

Après avoir salué les trois des Grassins, les trois Cruchot s'en retournèrent chez eux, en se servant de ce génie d'analyse que possèdent les provinciaux pour étudier sous toutes ses faces le grand événement de cette soirée, qui changeait les positions respectives des cruchotins et des grassinistes. L'admirable bon sens qui dirigeait les actions de ces grands calculateurs, leur fit sentir aux uns et aux autres la nécessité d'une alliance momentanée contre l'ennemi commun. Ne devaient-ils pas mutuellement empêcher Eugénie d'aimer son cousin, et Charles de penser à sa cousine? Le Parisien pourrait-il résister aux insinuations perfides, aux calomnies doucereuses, aux médisances pleines d'éloges, aux dénégations naïves qui allaient constamment tourner autour de lui, et l'englober, comme les abeilles enveloppent de cire le colimaçon tombé dans leur ruche?

Lorsque les quatre parents se trouvèrent seuls dans la salle, M. Grandet dit à son neveu :

— Il faut se coucher. Il est trop tard pour causer des affaires qui vous amènent ici, nous prendrons demain un moment convenable. Ici, nous déjeunons à huit heures. A midi, nous mangeons un fruit, un rien de pain sur le pouce, et nous buvons un verre de vin blanc; puis nous dînons, comme les Parisiens, à cinq heures. Voilà l'ordre. Si vous voulez voir la ville ou les environs, vous serez libre comme l'air. Vous m'excuserez si mes affaires ne me permettent pas toujours de vous accompagner. Vous les entendrez peut-être ici vous disant que je suis riche : M. Grandet par ci, M. Grandet par là! Je les laisse dire, leurs bavardages ne nuisent point à mon crédit. Mais je n'ai pas le sou, et je travaille à mon âge comme un jeune compagnon, qui n'a pour tout bien qu'une mauvaise plume et deux bons bras. Vous verrez peut-être bientôt par vous-même ce que coûte un écu quand il faut le suer. Allons, Nanon, les chandelles! — J'espère, mon neveu, que vous trouverez tout ce dont vous aurez besoin, dit madame Grandet, mais si vous manquiez quelque chose, vous pourrez appeler Nanon. — Ma chère tante, ce serait difficile, j'ai, je crois, emporté toutes mes affaires. Permettez-moi de vous souhaiter une bonne nuit, ainsi qu'à ma jeune cousine.

Charles prit des mains de Nanon une bougie allumée, une bougie d'Anjou, bien jaune de ton, vieillie en boutique et si pareille à de la chandelle, que M. Grandet, incapable d'en soupçonner l'existence au logis, ne s'aperçut pas de cette magnificence.—Je vais vous monter le chemin, dit le bonhomme.

Au lieu de sortir par la porte de la salle qui donnait sous la voûte, Grandet fit la cérémonie de passer par le couloir qui séparait la salle de la cuisine. Une porte battante, garnie d'un grand carreau de verre ovale fermait ce couloir du côté de l'escalier afin de tempérer le froid qui s'y engouffrait. Mais en hiver la brise y un sifflant pas moins par là très-rudement, et, malgré les bourrelets mis aux portes de la salle, à peine la chaleur s'y maintenait-elle à un degré convenable. Nanon alla verrouiller la grande porte, ferma la salle, et détacha dans l'écurie un chien-loup dont la voix était cassée comme s'il avait une laryngite. Cet animal, d'une notable férocité, ne connaissait que Nanon. Ces deux créatures champêtres s'entendaient. Quand Charles vit les murs jaunâtres et enfumés de la cage où l'escalier, à rampe vermoulue, tremblait sous le pas pesant de son oncle, son dégrisement alla *rinforzando*. Il se croyait dans un juchoir à poules. Sa tante et sa cousine, vers lesquelles il se retourna pour interroger leurs figures, étaient si bien façonnées à cet escalier, que, ne devinant pas la cause de son étonnement, elle le prirent pour une expression amicale, et y répondirent par un sourire agréable qui le désespéra.—Que diable mon père m'envoie-t-il faire ici ? se disait-il. Arrivé sur le premier palier, il aperçut trois portes peintes en rouge étrusque et sans chambranles, des portes perdues dans la muraille poudreuse et garnies de bandes en fer boulonnées, apparentes, terminées en façon de flammes comme l'était, à chaque bout, la longue entrée de la serrure. Celle de ces portes qui se trouvait en haut de l'escalier et qui donnait entrée dans la pièce située au-dessus de la cuisine était évidemment murée. On n'y pénétrait en effet que par la chambre de Grandet, à qui cette pièce servait de cabinet. L'unique croisée d'où elle tirait son jour était défendue sur la cour par d'énormes barreaux en fer grillagés. Personne, pas même madame Grandet, n'avait la permission de y venir, le bonhomme voulait y rester seul comme un alchimiste à son fourneau. Là, sans doute, quelque cachette avait été très-habilement pratiquée, là s'emmagasinaient les titres de propriété, là pendaient les balances à peser les louis, là se faisaient nuitamment et en secret les quittances, les reçus, les calculs, de manière que les gens d'affaires, voyant toujours Grandet prêt à tout, pouvaient imaginer qu'il avait à ses ordres une fée ou un démon. Là, sans doute, quand Nanon ronflait à ébranler les planchers, quand le chien-loup veillait et baillait dans la cour, quand madame et mademoiselle Grandet étaient bien endormies, venait le vieux tonnelier choyer, caresser, couver, cuver, cercler son or. Les murs étaient épais, les contrevents discrets. Lui seul avait la clef de ce laboratoire où, dit-on, il consultait des plans sur lesquels ses arbres à fruits étaient désignés et où il chiffrait ses produits à un provin, à une bourrée près. L'entrée de la chambre d'Eugénie faisait face à cette porte murée. Puis, au bout du palier était l'appartement des deux époux, qui occupaient tout le devant de la maison. Madame Grandet avait une chambre contiguë à celle d'Eugénie, chez qui l'on entrait par une porte vitrée. La chambre du maître était séparée de celle de sa femme par une cloison, et du mystérieux cabinet par un gros mur. Le père Grandet avait logé son neveu au second étage, dans la haute mansarde située au-dessus de sa chambre, de manière à pouvoir l'entendre, s'il lui prenait fantaisie d'aller et de venir. Quand Eugénie et sa mère arrivèrent au milieu du palier, elles se donnèrent le baiser du soir ; puis, après avoir dit à Charles quelques mots d'adieu, froids sur les lèvres, mais certes chaleureux au cœur de la fille, elles rentrèrent dans leurs chambres.

—Vous voilà chez vous, mon neveu, dit le père Grandet à Charles en lui ouvrant sa porte. Si vous aviez besoin de sortir, vous appelleriez Nanon. Sans elle, votre serviteur ! le chien vous mangerait sans vous dire un seul mot. Dormez bien. Bon soir. Ah ! ah ! ces dames vous ont fait du feu, reprit-il. En ce moment la grande Nanon apparut, armée d'une bassinoire.—En voilà bien d'une autre ! dit M. Grandet. Prenez-vous mon neveu pour une femme en couches ? Veux-tu bien remporter ta braise, Nanon. — Mais, monsieur, les draps sont humides, et ce monsieur est vraiment mignon comme une femme. — Allons, va, puisque tu l'as dans la tête, dit Grandet en la poussant par les épaules, mais prends garde de mettre le feu. Puis l'avare descendit en grommelant de vagues paroles.

Charles demeura pantois au milieu de ses malles. Après avoir jeté les yeux sur les murs d'une chambre en mansarde tendue de ce papier jaune à bouquets qui tapisse les guinguettes, sur une cheminée en pierre de liais cannelée dont le seul aspect donnait froid, sur des chaises de bois jaune garnies en canne vernissée et qui semblaient avoir plus de quatre angles, sur une table de nuit ouverte dans laquelle aurait pu tenir un petit sergent de voltigeurs, sur le maigre tapis de lisière placé au bas d'un lit à ciel dont les pentes en drap tremblaient comme si elles allaient tomber, achevées par les

vers, il regarda sérieusement la grande Nanon et lui dit : — Ah çà ! ma chère enfant, suis-je bien chez M. Grandet, l'ancien maire de Saumur, frère de M. Grandet, de Paris? — Oui, monsieur, chez un bien aimable, un bien doux, un bien parfait monsieur. Faut-il que je vous aide à défaire vos malles? — Ma foi, je le veux bien, mon vieux troupier ! N'avez-vous pas servi dans les marins de la garde impériale? — Oh ! oh ! oh ! oh ! dit Nanon, quoi que c'est que ça, les marins de la garde? C'est-y salé! Ça va-t-il sur l'eau? — Tenez, cherchez ma robe de chambre qui est dans cette valise. En voici là clef.

Nanon fut tout émerveillée de voir une robe de chambre en soie verte à fleurs d'or et à dessins antiques.

— Vous allez mettre ça pour vous coucher ? dit-elle. — Oui. — Sainte Vierge ! le beau devant d'autel pour la paroisse. Mais, mon cher mignon monsieur, donnez donc ça à l'église, vous sauverez votre âme, tandis que ça vous le fera perdre. Oh ! que vous êtes donc gentil comme ça. Je vais appeler mademoiselle pour qu'elle vous regarde. — Allons, Nanon, puisque Nanon y a, voulez-vous vous taire! Laissez-moi coucher, j'arrangerai mes affaires demain, et si ma robe vous plaît tant, vous sauverez votre âme. Je suis trop bon chrétien pour vous la refuser en m'en allant, et vous pourrez en faire ce que vous voudrez.

Nanon resta plantée sur ses pieds, contemplant Charles, sans pouvoir ajouter foi à ses paroles.

— Me donner ce bel atour ! dit-elle en s'en allant. Il rêve déjà, ce monsieur. — Bonsoir. — Bonsoir, Nanon. — Qu'est-ce que je suis venu faire ici? se dit Charles en s'endormant. Mon père n'est pas un niais, mon voyage doit avoir un but. Psch! à demain les affaires sérieuses, disait je ne sais quelle ganache grecque. — Sainte Vierge ! qu'il est gentil, mon cousin, se dit Eugénie en interrompant ses prières, qui ce soir-là ne furent pas finies.

Madame Grandet n'eut aucune pensée en se couchant. Elle entendait, par la porte de communication qui se trouvait au milieu de la cloison, l'avare se promenant de long en long dans sa chambre. Semblable à toutes les femmes timides, elle avait étudié le caractère de son seigneur. De même que la mouette prévoit l'orage, elle avait, à d'imperceptibles signes, pressenti la tempête intérieure qui agitait Grandet, et, pour employer l'expression dont elle se servait, elle faisait alors la morte. Grandet regardait la porte intérieurement doublée en tôle qu'il avait fait mettre à son cabinet, et se disait : — Quelle idée bizarre a eue mon frère de me léguer son enfant ! Jolie succession! Je n'ai pas vingt écus à donner. Mais qu'est-ce que vingt écus pour ce mirliflor qui lorgnait mon baromètre comme s'il avait voulu en faire du feu?

En songeant aux conséquences de ce testament de douleur, Grandet était peut-être plus agité que ne l'était son frère au moment où il le traça.

— J'aurais cette robe d'or !... disait Nanon, qui s'endormit habillée de son devant d'autel, rêvant de fleurs, de tabis, de damas, pour la première fois de sa vie, comme Eugénie rêva d'amour.

Dans la pure et monotone vie des jeunes filles, il vient une heure délicieuse où le soleil leur épanche ses rayons dans l'âme, où la fleur leur exprime des pensées, où les palpitations du cœur communiquent au cerveau leur chaude fécondance, et fondent les idées en un vague désir, jour d'innocente mélancolie et de suaves joyeusetés! Quand les enfants commencent à voir, ils sourient ; quand une fille entrevoit le sentiment dans la nature, elle sourit comme elle souriait enfant. Si la lumière est le premier amour de la vie, l'amour n'est-il pas la lumière du cœur? Le moment de voir clair aux choses d'ici-bas était arrivé pour Eugénie. Matinale comme toutes les filles de province, elle se leva de bonne heure, fit sa prière, et commença l'œuvre de sa toilette, occupation qui désormais allait avoir un sens. Elle lissa d'abord ses cheveux châtains, tordit leurs grosses nattes au-dessus de sa tête avec le plus grand soin, en évitant que les cheveux ne s'échappassent de leurs tresses, et introduisit dans sa coiffure une symétrie qui rehaussa la timide candeur de son visage, en accordant la simplicité des accessoires à la naïveté des lignes. En se lavant plusieurs fois les mains dans l'eau pure qui lui durcissait et rougissait la peau, elle regarda ses beaux bras ronds, et se demanda ce que faisait son cousin pour avoir les mains si mollement blanches, les ongles si bien façonnés. Elle mit des bas neufs et ses plus jolis souliers. Elle se laça droit, sans passer d'œillets. Enfin souhaitant, pour la première fois de sa vie, de paraître à son avantage, elle connut le bonheur d'avoir une robe fraîche, bien faite, et qui la rendait attrayante. Quand sa toilette fut achevée, elle entendit sonner l'horloge de la paroisse, et s'étonna de ne compter que sept heures. Le désir d'avoir tout le temps nécessaire pour se bien habiller l'avait fait lever trop tôt. Ignorant l'art de remanier dix fois une boucle de cheveux et d'en étudier l'effet, Eugénie se croisa bonnement les bras, s'assit à sa fenêtre, contempla la cour, le jardin étroit et les hautes terrasses qui le dominaient, vue mélancolique, bornée, mais qui n'était pas dépourvue des mystérieuses beautés particulières aux endroits solitaires ou à la nature inculte. Près de la cuisine se trouvait un puits entouré d'une margelle, et à poulie maintenue dans une branche de fer courbée, qu'embrassait une vigne aux pampres flétris, rougis,

brouis par la saison. De là, le tortueux sarment gagnait le mur, s'y
attachait, courait le long de la maison et finissait sur un hûcher où le
bois était rangé avec autant d'exactitude que peuvent l'être les livres
d'un bibliophile. Le pavé de la cour offrait ces teintes noirâtres produites avec le temps par les mousses, par les herbes, par le défaut
de mouvement. Les murs épais présentaient leur chemise verte, ondée de longues traces brunes. Enfin les huit marches qui régnaient au
fond de la cour et menaient à la porte du jardin, étaient disjointes et
ensevelies sous de hautes plantes comme le tombeau d'un chevalier
enterré par sa veuve au temps des croisades. Au-dessus d'une assise
de pierres toutes rongées s'élevait une grille de bois pourri, à moitié
tombée de vétusté, mais à laquelle se mariaient à leur gré des plantes grimpantes. De chaque côté de la porte à claire-voie s'avançaient
les rameaux tortus de deux pommiers rabougris. Trois allées parallèles, sablées et séparées par des carrés dont les terres étaient main-
tenues au moyen d'une bordure en buis, composaient ce jardin que
terminait, au bas de la terrasse, un couvert de tilleuls. A un bout, des
framboisiers; à l'autre, un immense noyer qui inclinait ses branches
jusque sur le cabinet du tonnelier. Un jour pur et le beau soleil des
automnes naturels aux rives de la Loire commençaient à dissiper le
glacis imprimé par la nuit aux pittoresques objets, aux murs, aux
plantes qui meublaient ce jardin et la cour. Eugénie trouva des charmes tout nouveaux dans l'aspect de ces choses, auparavant si ordinaires pour elle. Mille pensées confuses naissaient dans son âme, et y
croissaient à mesure que croissaient au dehors les rayons du soleil.
Elle eut enfin ce mouvement de plaisir vague, inexplicable, qui enveloppe l'être moral, comme un nuage envelopperait l'être physique.
Ses réflexions s'accordaient avec les détails de ce singulier paysage,
et les harmonies de son cœur firent alliance avec les harmonies de
la nature. Quand le soleil atteignit un pan de mur, d'où tombaient des
cheveux de Vénus aux feuilles épaisses et aux couleurs changeantes comme
la gorge des pigeons, de célestes rayons d'espérance illuminèrent l'avenir pour Eugénie, qui désormais se plut à regarder ce pan de mur,
ses fleurs pâles, ses clochettes bleues et ses herbes fanées, auxquelles
se mêla un souvenir gracieux comme ceux de l'enfance. Le bruit que
chaque feuille produisait dans cette cour sonore, en se détachant de
son rameau, donnait une réponse aux secrètes interrogations de la
jeune fille, qui serait restée là, pendant toute la journée, sans s'apercevoir de la fuite des heures. Puis vinrent de tumultueux mouvements
d'âme. Elle se leva fréquemment, se mit devant son miroir, et s'y regarda comme un auteur de bonne foi contemple son œuvre pour se
critiquer, et se dire des injures à lui-même.
— Je ne suis pas assez belle pour lui. Telle était la pensée d'Eugénie, pensée humble et fertile en souffrances. La pauvre fille ne se rendait pas justice; mais la modestie, ou mieux la crainte, est une des
premières vertus de l'amour. Eugénie appartenait bien à ce type d'enfants fortement constitués, comme ils le sont dans la petite bourgeoisie, et dont les beautés paraissent vulgaires; mais si elle ressemblait
à la Vénus de Milo, ses formes étaient ennoblies par cette suavité du
sentiment chrétien qui purifie la femme et lui donne une distinction
inconnue aux sculpteurs anciens. Elle avait une tête énorme, le front
masculin mais délicat du Jupiter de Phidias, et des yeux gris auxquels sa chaste vie, en s'y portant tout entière, imprimait une lumière
jaillissante. Les traits de son visage rond, jadis frais et rose, avaient
été grossis par une petite vérole assez clémente pour n'y point laisser de traces, mais qui avait détruit le velouté de la peau, néanmoins
si douce et si fine encore que le pur baiser de sa mère y traçait passagèrement une marque rouge. Son nez était un peu trop fort, mais
il s'harmoniait avec une bouche d'un rouge de minium, dont les lèvres à mille raies étaient pleines d'amour et de bonté. Le col avait
une rondeur parfaite. Le corsage bombé, soigneusement voilé, attirait le regard et faisait rêver: il manquait sans doute un peu de la
grâce due à la toilette; mais, pour les connaisseurs, la non-flexibilité
de cette haute taille devait être un charme. Eugénie, grande et forte,
n'avait donc rien du joli qui plaît aux masses; mais elle était belle de
cette beauté si facile à reconnaître, et dont s'éprennent seulement les
artistes. Le peintre qui cherche ici-bas un type à la céleste pureté de
Marie, qui demande à toute la nature féminine ces yeux modestement
fiers devinés par Raphael, ces lignes vierges que donne parfois la nature, mais qu'une vie chrétienne et pudique peut seule conserver ou
faire acquérir, ce peintre, amoureux d'un si rare modèle, eût trouvé
tout à coup dans le visage d'Eugénie la noblesse innée qui s'ignore;
il eût vu sous un front calme un monde d'amour, et, dans la coupe
des yeux, dans l'habitude des paupières, je ne sais quoi divin. Ses
traits, les contours de sa tête, que l'expression du plaisir n'avait jamais ni altérés ni fatigués, ressemblaient aux lignes d'horizon si doucement tranchées dans le lointain des lacs tranquilles. Cette physionomie calme, colorée, bordée de lueur comme une jolie fleur éclose,
reposait l'âme, communiquait le charme de la conscience qui s'y réfléchissait, et commandait le regard. Eugénie était encore sur la rive de
la vie où fleurissent les illusions enfantines, où se cueillent les mar-
guerites avec des délices plus tard inconnues. Aussi se dit-elle en se
mirant, sans savoir encore ce qu'était l'amour: — Je suis trop laide,
il ne fera pas attention à moi.

Puis elle ouvrit la porte de sa chambre, qui donnait sur l'escalier,
et tendit le cou pour écouter les bruits de la maison. — Il ne se lève
pas, pensa-t-elle en entendant la tousserie matinale de Nanon, et la
bonne fille allant, venant, balayant la salle, allumant son feu, encha-
nant le chien et parlant à ses bêtes dans l'écurie. Aussitôt Eugénie
descendit et courut à Nanon, qui trayait la vache.
— Nanon, ma bonne Nanon, fais donc de la crème pour le café de
mon cousin. — Mais, mademoiselle, il aurait fallu s'y prendre hier,
dit Nanon, qui partit d'un gros éclat de rire. Je ne peux pas faire de
la crème. Votre cousin est mignon, mignon, mais vraiment mignon.
Vous ne l'avez pas vu dans sa chambreloque de soie et d'or. Je l'ai
vu, moi. Il porte du linge fin comme celui du surplis à M. le curé. —
Nanon, fais-nous donc de la galette. — Et qu'me donnera du bois
pour le four, et de la farine, et du beurre? dit Nanon, laquelle, en sa
qualité de premier ministre de Grandet, prenait parfois une importance énorme aux yeux d'Eugénie et de sa mère. Faut-il pas le voler,
cet homme, pour fêter votre cousin? Demandez-lui du beurre, de la
farine, du bois, il est votre père, il peut vous en donner. Tenez, le
voilà qui descend pour voir aux provisions...
Eugénie se sauva dans le jardin, tout épouvantée en entendant
trembler l'escalier sous le pas de son père. Elle éprouvait déjà les effets de cette profonde pudeur et de cette conscience particulière de
notre bonheur qui nous fait croire, non sans raison peut-être, que
nos pensées sont gravées sur notre front et sautent aux yeux d'autrui. En s'apercevant enfin du froid dénûment de la maison paternelle, la pauvre fille concevait une sorte de dépit de ne pouvoir la
mettre en harmonie avec l'élégance de son cousin. Elle éprouva un
besoin passionné de faire quelque chose pour lui: quoi? elle n'en savait rien. Naïve et vraie, elle se laissait aller à sa nature angélique
sans se défier ni de ses impressions, ni de ses sentiments. Le seul aspect de son cousin avait éveillé chez elle les penchants naturels de
la femme, et ils durent se déployer d'autant plus vivement, qu'ayant
atteint sa vingt-troisième année, elle se trouvait dans la plénitude de
son intelligence et de ses désirs. Pour la première fois, elle eut dans
le cœur de la terreur à l'aspect de son père, vit en lui le maître de
son sort et se crut coupable d'une faute en lui taisant quelques pensées. Elle se mit à marcher à pas précipités en s'étonnant de respirer
un air plus pur, de sentir les rayons du soleil plus vivifiants, et d'y
puiser une chaleur morale, une vie nouvelle. Pendant qu'elle cherchait un artifice pour obtenir la galette, il s'élevait entre la grande
Nanon et Grandet une de ces querelles aussi rares entre eux que le
sont les hirondelles en hiver. Muni de ses clefs, le bonhomme était
venu pour mesurer les vivres nécessaires à la consommation de la
journée.
— Reste-t-il du pain d'hier? dit-il à Nanon. — Pas une miette,
monsieur.
Grandet prit un gros pain rond, bien enfariné, moulé dans un de
ces paniers plats qui servent à boulanger en Anjou, et il allait le couper, quand Nanon lui dit: — Nous sommes cinq, aujourd'hui, monsieur. — C'est vrai, répondit Grandet, mais ton pain pèse six livres,
il en restera. D'ailleurs, ces jeunes gens de Paris, tu verras qu'ne
mange point de pain. — Ça mangera donc de la frippe? dit Nanon.
En Anjou, la frippe, mot du lexique populaire, exprime l'accompagnement du pain, depuis le beurre étendu sur la tartine, frippe vulgaire, jusqu'aux confitures d'alberge, la plus distinguée des frippes;
et tous ceux qui, dans leur enfance, ont léché la frippe et laissé le
pain, comprendront la portée de cette locution.
— Non, répondit Grandet, ça ne mange ni frippe, ni pain. Ils sont
quasiment comme les filles à marier.
Enfin, après avoir parcimonieusement ordonné le menu quotidien,
le bonhomme allait se diriger vers son fruitier, en fermant néanmoins les armoires de sa dépense, lorsque Nanon l'arrêta pour lui
dire: — Monsieur, donnez-moi donc alors de la farine et du beurre,
je ferai une galette aux enfants. — Ne vas-tu pas mettre la maison
au pillage à cause de mon neveu? — Je ne pensais pas plus à votre
neveu qu'à votre chien, pas plus que vous n'y pensez vous-même. Ne
voilà-t-il pas que vous ne m'avez areint que six morceaux de sucre,
m'en faut huit. — Ah çà! Nanon, je ne t'ai jamais vue comme ça.
Qu'est-ce que tu te passe donc par la tête? Es-tu la maîtresse ici? Tu
n'auras que six morceaux de sucre. — Eh bien! votre neveu, avec
quoi donc qu'il sucrera son café? — Avec deux morceaux, je m'en
passerai, moi. — Vous vous passerez de sucre, à votre âge! J'ame-
rais mieux vous en acheter de ma poche. — Mêle-toi de ce qui te regarde.
Malgré la baisse du prix, le sucre était toujours, aux yeux du tonnelier, la plus précieuse des denrées coloniales, il valait toujours six
francs la livre pour lui. L'obligation de le ménager, prise sous l'Empire, était devenue la plus indélébile de ses habitudes. Toutes les
femmes, même la plus niaise, savent ruser pour arriver à leurs fins:
Nanon abandonna la question du sucre pour obtenir la galette.
— Mademoiselle, cria-t-elle par la croisée, est-ce que vous ne
voulez pas de la galette? — Non, non, répondit Eugénie. — Allons, Nanon, dit Grandet en entendant la voix de sa fille, tiens. Il ouvrit la
mette où était la farine, lui en donna une mesure, et ajouta quelques

onces de beurre au morceau qu'il avait déjà coupé. — Il faudra du bois pour chauffer le four, dit l'implacable Nanon. — Eh bien! tu en prendras à la suffisance, répondit-il mélancoliquement, mais alors tu nous feras une tarte aux fruits, et tu nous cuiras au four tout le dîner, par ainsi, tu n'allumeras pas deux feux. — Quien! s'écria Nanon. vous n'avez pas besoin de me le dire. Grandet jeta sur son fidèle ministre un coup d'œil presque paternel. — Mademoiselle, cria la cuisinière, nous aurons une galette. Le père Grandet revint chargé de ses fruits, et en rangea une première assiettée sur la table de la cuisine. — Voyez donc, monsieur, lui dit Nanon, les jolies bottes qu'a votre neveu. Quel cuir, et qui sent bon. Avec quoi que ça se nettoie donc? Faut-il y mettre de votre cirage à l'œuf? — Nanon, je crois que l'œuf gâterait ce cuir-là. D'ailleurs, dis-lui que tu ne connais point la manière de cirer le maroquin, oui, c'est du maroquin, il achètera lui-même à Saumur et t'apportera de quoi illustrer ses bottes. J'ai entendu dire qu'on fourre du sucre dans leur cirage pour le rendre brillant. — C'est donc bon à manger, dit la servante en portant les bottes à son nez. Tiens, tiens, elles sentent l'eau de Cologne de madame. Ah! c'est drôle. — Drôle! dit le maître, tu trouves drôle de mettre à des bottes plus d'argent que n'en vaut celui qui les porte. — Monsieur, dit-elle au second voyage de son maître, qui avait fermé le fruitier, est-ce que vous ne mettrez pas une ou deux fois le pot-au-feu par semaine à cause de votre...? — Oui. — Faudra que j'aille à la boucherie. — Pas du tout, tu nous feras du bouillon de volaille, les fermiers ne t'en laisseront pas chômer. Mais je vais dire à Cornoiller de me tuer des corbeaux. Ce gibier-là donne le meilleur bouillon de la terre. — C'est-y vrai, monsieur, que ça mange les morts? — Tu es bête, Nanon! ils mangent, comme tout le monde, ce qu'ils trouvent. Est-ce que nous ne vivons pas des morts? Qu'est-ce donc que les successions? Le père Grandet, n'ayant plus d'ordre à donner, tira sa montre et, voyant qu'il pouvait encore disposer d'une demi-heure avant le déjeuner, prit son chapeau, vint embrasser sa fille, et lui dit : — Veux-tu te promener au bord de la Loire sur mes prairies? j'ai quelque chose à y faire.

Eugénie alla mettre son chapeau de paille cousue, doublé de taffetas rose, puis le père et la fille descendirent la rue tortueuse jusqu'à la place. — Où devallez-vous donc si matin? dit le notaire Cruchot, qui rencontra Grandet. — Voir quelque chose, répondit le bonhomme sans être la dupe de la promenade matinale de son ami.

Quand le père Grandet allait voir quelque chose, le notaire savait par expérience qu'il y avait toujours quelque chose à gagner avec lui. Donc il l'accompagna. — Venez, Cruchot, dit Grandet au notaire. Vous êtes de mes amis, je vais vous démontrer comme quoi c'est une bêtise de planter des peupliers dans de bonnes terres... — Vous comptez donc pour rien les soixante mille francs que vous avez palpés pour ceux qui étaient dans vos prairies de la Loire, dit maître Cruchot en ouvrant des yeux hébétés. Avez-vous eu du bonheur!... Couper vos arbres au moment où l'on manquait de bois blanc à Nantes, et les vendre trente francs!

Eugénie écoutait sans savoir qu'elle touchait au moment le plus solennel de sa vie, et que le notaire allait faire prononcer sur elle un arrêt paternel et souverain. Grandet était arrivé aux magnifiques prairies qu'il possédait au bord de la Loire, et où trente ouvriers s'occupaient à déblayer, combler, niveler les emplacements autrefois pris par les peupliers. — Maître Cruchot, voyez ce qu'un peuplier prend de terrain, dit-il au notaire. Jean! cria-t-il à un ouvrier, me... me... mesure avec ta toise dans tous... tous... tous les sens! — Quatre fois huit pieds, répondit l'ouvrier après avoir fini. — Trente-deux pieds de perte, dit Grandet à Cruchot. J'avais sur cette ligne trois cents peupliers, pas vrai? Or... trois cc... cc... cc... cent fois trente-d... eux pie... pieds me man... man... man... mangeaient cinq... cinq cents de foin, ajoutez deux fois autant sur les côtés, quinze cents, les rangées du milieu autant. Alors, mé... mé... mettons mille bottes de foin. — Eh bien! dit Cruchot pour aider son ami, mille bottes de ce foin-là valent environ six cents francs. — Di... di... dites dou... ou... ouze cents à cause des trois à quatre cents francs de regain. Eh bien! ca... ca... ca... calculez ce que ce don... ouze cents francs par an pen... pen... pendant quarante ans do... donnent a... a... avec les in... in... intérêts com... com... composés que que vous venons saaavez. — Va pour soixante mille francs, dit le notaire. — Je le veux bien! ca ne me fera que que soixante mille francs. Eh bien! reprit le vigneron sans bégayer, deux mille peupliers de quarante ans ne me donneraient pas cinquante mille francs. Il y a perte. J'ai trouvé ça, moi, dit Grandet en se dressant sur ses ergots. Jean, reprit-il, tu combleras les trous, excepté du côté de la Loire, où tu planteras les peupliers que j'ai achetés. En les mettant dans la rivière, ils se nourriront aux frais du gouvernement, ajouta-t-il en se tournant vers Cruchot et imprimant à la loupe de son nez un léger mouvement qui valait le plus ironique des sourires. — Cela est clair : les peupliers ne se doivent planter que sur les terres maigres, dit Cruchot stupéfait par les calculs de Grandet. — O-u-i, monsieur, répondit ironiquement le tonnelier.

Eugénie, qui regardait le sublime paysage de la Loire sans écouter les calculs de son père, prêta bientôt l'oreille aux discours de Cru-

chot en l'entendant dire à son client : — Eh bien! vous avez fait venir un gendre de Paris, il n'est question que de votre neveu dans tout Saumur. Je vais bientôt avoir un contrat à dresser, père Grandet. — Vous... ou... vous êtes so... so... orti de bo... bonne heure poooour me dire ça, reprit Grandet en accompagnant cette réflexion d'un mouvement de sa loupe. Eh bien! mon vieux camaaarade, je serai franc, et je vous dirai ce que voous voooulez sa... savoir. J'aimerais mieux, voyez-voooous, je... jeter ma fi... fi... fille dans la Loire que de la donner à son cooousin : vous pou... pou... ouvez aaannoncer ça. Mais non, laissez jaaser le mon... onde.

Cette réponse causa des éblouissements à Eugénie. Les lointaines espérances qui pour elle commençaient à poindre dans son cœur fleurirent soudain, se réalisèrent et formèrent un faisceau de fleurs qu'elle vit coupées et gisant à terre. Depuis la veille, elle s'attachait à Charles par tous les liens de bonheur qui unissent les âmes, désormais la souffrance allait donc les corroborer. N'est-il pas dans la noble destinée de la femme d'être plus touchée des pompes de la misère que des splendeurs de la fortune? Comment le sentiment paternel avait-il pu s'éteindre au fond du cœur de son père? de quel crime Charles était-il donc coupable? Questions mystérieuses! Déjà son amour naissant, mystère si profond, s'enveloppait de mystères. Elle revint tremblant sur ses jambes, et en arrivant à la vieille rue sombre, si joyeuse pour elle, elle la trouva d'un aspect triste, elle y respira la mélancolie que les temps et les choses y avaient imprimée. Aucun des enseignements de l'amour ne lui manquait. A quelques pas du logis, elle devança son père et l'attendit à la porte après y avoir frappé. Mais Grandet qui voyait dans la main du notaire un journal encore sous bande, lui avait dit : — Où en sont les fonds? — Vous ne voulez pas m'écouter, Grandet, lui répondit Cruchot. Achetez-en vite, il y a encore vingt pour cent à gagner en deux ans, outre les intérêts à un excellent taux, cinq mille livres de rente pour quatre-vingt mille francs. Les fonds sont à quatre-vingts francs cinquante centimes. — Nous verrons cela, répondit Grandet en se frottant le menton. — Mon Dieu! dit le notaire. — Eh bien! quoi? s'écria Grandet au moment où Cruchot lui mettait le journal sous les yeux en lui disant : — Lisez cet article.

Monsieur Grandet, l'un des négociants les plus estimés de Paris, s'est brûlé la cervelle hier après avoir fait son apparition accoutumée à la Bourse. Il avait envoyé sa démission au président de la Chambre des députés et s'était également démis de ses fonctions de juge au tribunal de commerce. La faillite de MM. Roguin et Souchet, son agent de change et son notaire, l'ont ruiné. La considération dont jouissait M. Grandet et son crédit étaient néanmoins tels, qu'il eût sans doute trouvé des secours sur la place de Paris. Il est à regretter que cet homme honorable ait cédé à un premier moment de désespoir, etc.

— Je le savais, dit le vieux vigneron au notaire.

Ce mot glaça maître Cruchot, qui, malgré son impassibilité de notaire, se sentit froid dans le dos en pensant que le Grandet de Paris avait peut-être imploré vainement les millions du Grandet de Saumur. — Et son fils si joyeux hier... — Il ne sait rien encore, répondit Grandet avec le même calme. — Adieu, monsieur Grandet, dit Cruchot qui comprit tout et alla rassurer le président de Bonfons.

En entrant, Grandet trouva le déjeuner prêt. Madame Grandet, au cou de laquelle Eugénie sauta pour l'embrasser avec cette vive effusion de cœur que nous cause un chagrin secret, était déjà sur son siège à tapis, et se tricotait des manches pour l'hiver. — Vous pouvez manger, dit Nanon qui descendit les escaliers quatre à quatre. l'enfant dort comme un chérubin. Qu'il est gentil les yeux fermés! Je suis entrée, je l'ai appelé. Ah ben oui! personne. — Laisse-le dormir, dit Grandet, il s'éveillera toujours assez tôt aujourd'hui pour apprendre de mauvaises nouvelles. — Qu'y a-t-il donc? demanda Eugénie en mettant dans son café les deux petits morceaux de sucre pesant on ne sait combien de grammes que le bonhomme s'amusait à couper lui-même à ses heures perdues. Madame Grandet, qui n'avait pas osé faire cette question, regarda son mari. — Son père s'est brûlé la cervelle. — Mon oncle?... dit Eugénie. — Le pauvre jeune homme! s'écria madame Grandet. — Oui, pauvre, reprit Grandet, il ne possède pas un sou. — Eh ben! il dort comme s'il était le roi de la terre, dit Nanon d'un accent doux.

Eugénie cessa de manger. Son cœur se serra, comme il se serre quand, pour la première fois, la compassion, excitée par le malheur de celui qu'elle aime, s'épanche dans le corps entier d'une femme. La pauvre fille pleura. — Tu ne connaissais pas ton oncle, pourquoi pleures-tu? lui dit son père en lui lançant un de ces regards de tigre affamé qu'il jetait sans doute à ses tas d'or. — Mais, monsieur, dit la servante, qui ne se sentirait pas de pitié pour ce pauvre jeune homme qui dort comme un sabot sans savoir son sort? — Je ne te parle pas, Nanon! tiens ta langue.

Eugénie apprit en ce moment que la femme qui aime doit toujours dissimuler ses sentiments. Elle ne répondit pas. — Jusqu'à mon retour, vous ne lui parlerez de rien, j'espère, m'ame Grandet, dit le vieillard en continuant. Je suis obligé d'aller faire aligner le fossé de mes prés sur la route. Je serai revenu à midi pour le second déjeuner, et je causerai avec mon neveu de ses affaires. Quant à toi, mademoiselle Eugénie, si c'est pour ce mirliflor que tu pleures, assez comme cela, mon enfant. Il partira, d'arre d'arre, pour les grandes Indes. Tu ne le verras plus...

Le père prit ses gants au bord de son chapeau, les mit avec son calme habituel, les assujettit en s'emmoiraisant les doigts les uns dans les autres, et sortit. — Ah! maman, j'étouffe! s'écria Eugénie quand elle fut seule avec sa mère. Je n'ai jamais souffert ainsi. Madame Grandet, voyant sa fille pâlir, ouvrit la croisée et lui fit respirer le grand air. — Je suis mieux, dit Eugénie après un moment.

Cette émotion nerveuse chez une nature jusqu'alors en apparence calme et froide réagit sur madame Grandet, qui regarda sa fille avec cette intuition sympathique dont sont douées les mères pour l'objet de leur tendresse, et devina tout. Mais, à la vérité, la vie des célèbres sœurs hongroises, attachées l'une à l'autre par une erreur de la nature, n'avait pas été plus intime que ne l'était celle d'Eugénie et de sa mère, toujours ensemble dans cette embrasure de croisée, ensemble à l'église, et dormant ensemble dans le même air. — Ma pauvre enfant! dit madame Grandet en prenant la tête d'Eugénie pour l'appuyer contre son sein.

A ces mots, la jeune fille releva la tête, interrogea sa mère par un regard, en scruta les secrètes pensées, et lui dit : — Pourquoi l'envoyer aux Indes? S'il est malheureux, ne doit-il pas rester ici, n'est-il pas notre plus proche parent? — Oui, mon enfant, ce serait bien naturel, mais ton père a ses raisons, nous devons les respecter.

La mère et la fille s'assirent en silence, l'une sur sa chaise à patins, l'autre sur son petit fauteuil, et, toutes deux elles reprirent leur ouvrage. Oppressée de reconnaissance pour l'admirable entente de cœur que lui avait témoignée sa mère, Eugénie lui baisa la main en disant : — Combien tu es bonne, ma chère maman! Ces paroles firent rayonner le vieux visage maternel, flétri par de longues douleurs. — Le trouves-tu bien? demanda Eugénie.

Madame Grandet ne répondit que par un sourire; puis, après un moment de silence, elle dit à voix basse : — L'aimerais-tu donc déjà? ce serait mal. — Mal! reprit Eugénie, pourquoi? Il te plaît, il plaît à Nanon, pourquoi ne me plairait-il pas? Tiens, maman, mettons la table pour son déjeuner. Elle jeta son ouvrage, la mère en fit autant en lui disant : — Tu es folle! Mais elle se plut à justifier la folie de sa fille en la partageant. Eugénie appela Nanon. — Quoi que vous voulez encore, mademoiselle? — Nanon, tu auras bien de la crème pour midi. — Ah! pour midi, oui, répondit la vieille servante. — Eh bien! donne-lui du café bien fort, j'ai entendu dire à M. des Grassins que le café se faisait bien fort à Paris. Mets-en beaucoup. — Et où voulez-vous que j'en prenne? — Achète-zen. — Et si monsieur me rencontre! — Il est à ses prés. — Je cours. Mais M. Fessart m'a déjà demandé si les trois Mages étaient chez nous, en me donnant de la bougie. Toute la ville va savoir nos déportements. — Si ton père s'aperçoit de quelque chose, dit madame Grandet, il est capable de nous battre. — Eh bien! il nous battra, nous recevrons ses coups à genoux.

Madame Grandet leva les yeux au ciel, pour toute réponse. Nanon prit sa coiffe et sortit. Eugénie donna du linge blanc, elle alla chercher quelques-unes des grappes de raisin qu'elle s'était amusée à étendre sur des cordes dans le grenier; elle marcha légèrement le long du corridor pour ne point éveiller son cousin, et ne put s'empêcher d'écouter à sa porte la respiration qui s'échappait en temps égaux de ses lèvres. — Le malheur veille pendant qu'il dort, se dit-elle. Elle prit les plus vertes feuilles de la vigne, arrangea son raisin aussi coquettement que l'aurait pu dresser un vieux chef d'office, et l'apporta triomphalement sur la table. Elle fit main basse, dans la cuisine, sur les poires comptées par son père, et les disposa en pyramide parmi les feuilles. Elle allait, venait, trottait, sautait. Elle aurait bien voulu mettre à sac toute la maison de son père, mais il avait les clefs de tout. Nanon revint avec deux œufs frais. En voyant les œufs, Eugénie eut l'envie de lui sauter au cou.

— Le fermier de la Lande en avait dans son panier, je les lui ai demandés, et il me les a donnés pour m'être agréable, le mignon.

Après deux heures de soins, pendant lesquelles Eugénie quitta vingt fois son ouvrage pour aller voir bouillir le café, pour aller écouter le bruit que faisait son cousin en se levant, elle réussit à préparer un déjeuner très-simple, peu coûteux, mais qui dérogeait terriblement aux habitudes invétérées de la maison. Le déjeuner de midi s'y faisait debout. Chacun prenait un peu de pain, un fruit ou du beurre, et un verre de vin. En voyant la table placée auprès du feu, l'un des fauteuils mis devant le couvert de son cousin, en voyant les deux assiettées de fruits, le coquetier, la bouteille de vin blanc, le pain, et le sucre amoncelé dans une soucoupe, Eugénie trembla de tous ses membres en songeant seulement alors aux regards que lui lancerait son père, s'il venait à entrer en ce moment. Aussi regardait-elle souvent la pendule, afin de calculer si son cousin pourrait déjeuner avant le retour du bonhomme.

— Sois tranquille, Eugénie, si ton père vient, je prendrai tout sur moi, dit madame Grandet.

Eugénie ne put retenir une larme.

— Oh! ma bonne mère! s'écria-t-elle, je ne t'ai pas assez aimée! Charles, après avoir fait mille tours dans sa chambre en chanteronnant, descendit enfin. Heureusement, il n'était encore que onze heures. Le Parisien! il avait mis autant de coquetterie à sa toilette que s'il se fût trouvé au château de la noble dame qui voyageait en Écosse. Il entra de cet air affable et riant qui sied si bien à la jeunesse, et qui causa une joie triste à Eugénie. Il avait pris en plaisanterie le désastre de ses châteaux en Anjou, et aborda sa tante fort gaiement.

— Avez-vous bien passé la nuit, ma chère tante? Et vous, ma cousine? — Bien, monsieur, mais vous? dit madame Grandet. — Moi, parfaitement. — Vous devez avoir faim, mon cousin? dit Eugénie, mettez-vous à table. — Mais je ne déjeune jamais avant midi, le moment où je me lève. Cependant, j'ai si mal vécu en route, que je me laisserai faire. D'ailleurs... Il tira la plus délicieuse montre plate que Bréguet ait faite. Tiens, mais il est onze heures, j'ai été matinal. — Matinal?... dit madame Grandet. — Oui, mais je voulais ranger mes affaires. Eh bien! je mangerais volontiers quelque chose, un rien, une volaille, un perdreau. — Sainte Vierge! cria Nanon en entendant ces paroles. — Un perdreau! se disait Eugénie, qui aurait voulu payer un perdreau de tout son pécule. — Venez vous asseoir, lui dit sa tante.

Le dandy se laissa aller sur le fauteuil comme une jolie femme qui se pose sur son divan. Eugénie et sa mère prirent des chaises et se mirent près de lui devant le feu.

— Vous vivez toujours ici? leur dit Charles en trouvant la salle encore plus laide au jour qu'elle ne l'était aux lumières. — Toujours, répondit Eugénie en le regardant, excepté pendant les vendanges. Nous allons aider Nanon, et logeons tous à l'abbaye de Noyers. — Vous ne vous promenez jamais? — Quelquefois le dimanche après vêpres, quand il fait beau, dit madame Grandet, nous allons sur le pont, ou voir les foins quand on les fauche. — Avez-vous un théâtre? — Aller au spectacle! s'écria madame Grandet, voir des comédiens! Mais, monsieur, ne savez-vous pas que c'est un péché mortel? — Tenez, mon cher monsieur, dit Nanon en apportant les œufs, nous vous donnerons les poulets à la coque. — Oh! des œufs frais, dit Charles, qui, semblable aux gens habitués au luxe, ne pensait déjà plus à son perdreau. Mais c'est délicieux, si vous aviez du beurre? Hein, ma chère enfant! — Ah! du beurre! Vous n'aurez donc pas de galette! dit la servante. — Mais donne du beurre, Nanon! s'écria Eugénie.

La jeune fille examinait son cousin coupant ses mouillettes et y prenait plaisir, autant que la plus sensible grisette de Paris en prend à voir jouer un mélodrame où triomphe l'innocence. Il est vrai que Charles, élevé par une femme gracieuse, perfectionné par une femme à la mode, avait des mouvements coquets, élégants, menus, comme le sont ceux d'une petite maîtresse. La compatissance et la tendresse d'une jeune fille possèdent une influence vraiment magnétique. Aussi Charles, en se voyant l'objet des attentions de sa cousine et de sa tante, ne put-il se soustraire à l'influence des sentiments qui se dirigeaient vers lui en l'inondant pour ainsi dire. Il jeta sur Eugénie un de ces regards brillants de bonté, de caresses, un regard qui souriait. Il s'aperçut, en contemplant Eugénie, de l'exquise harmonie des traits de ce pur visage, de son innocente attitude, de la clarté magique de ses yeux où scintillaient de jeunes pensées d'amour, et où le désir ignorait la volupté.

— Ma foi, ma chère cousine, si vous étiez en grande loge et en grande toilette à l'Opéra, je vous garantis que ma tante aurait bien raison, vous y feriez faire bien des péchés d'envie aux hommes et de jalousie aux femmes.

Ce compliment étreignit le cœur d'Eugénie, et le fit palpiter de joie, quoiqu'elle n'y comprît rien.

— Oh! mon cousin, vous voulez vous moquer d'une pauvre petite provinciale. — Si vous me connaissiez, ma cousine, vous sauriez que j'abhorre la raillerie, elle flétrit le cœur, froisse tous les sentiments... Et il goba fort agréablement sa mouillette beurrée. Non, je n'ai probablement pas assez d'esprit pour me moquer des autres, et ce défaut me fait beaucoup de tort. A Paris, on trouve moyen de vous assassiner un homme en disant : Il a bon cœur. Cette phrase veut dire : Le pauvre garçon est sot comme un rhinocéros. Mais comme je suis riche et connu pour abattre une poupée du premier coup à trente pas avec toute espèce de pistolet et en plein champ, la raillerie me respecte. — Ce que vous dites, mon neveu, annonce un bon cœur. — Vous avez une bien jolie bague, dit Eugénie, est-ce mal de vous demander à la voir?

Charles tendit la main en défaisant son anneau, et Eugénie rougit en effleurant du bout de ses doigts les ongles roses de son cousin.

— Voyez, ma mère, le beau travail. — Oh! il y a gros d'or, dit Nanon en apportant le café. — Qu'est-ce que c'est que cela? demanda Charles en riant.

Et il montrait un pot oblong, en terre brune, verni, faïencé à l'intérieur, bordé d'une frange de cendre, et au fond duquel tombait le café en revenant à la surface du liquide bouillonnant.

— C'est du café bouillu, dit Nanon. — Ah! ma chère tante, je laisserai du moins quelque trace bienfaisante de mon passage ici. Vous êtes bien arriérés ! Je vous apprendrai à faire du bon café dans une cafetière à la Chaptal.

Il tenta d'expliquer le système de la cafetière à la Chaptal.

— Ah bien ! s'il y a tant d'affaires que ça, dit Nanon, il faudrait bien y passer sa vie. Jamais je ne ferai du café de cette façon ça. Ah ! bien oui ! Et qui est-ce qui ferait de l'herbe pour notre vache pendant que je ferais le café ? — C'est moi qui le ferai, dit Eugénie. — Enfant ! dit madame Grandet en regardant sa fille.

À ce mot, qui rappelait le chagrin près de fondre sur ce malheureux jeune homme, les trois femmes se turent et le contemplèrent d'un air de commisération qui le frappa.

— Qu'avez-vous donc, ma cousine ? — Chut ! dit madame Grandet à Eugénie qui allait parler. Tu sais, ma fille, que ton père s'est chargé de parler à monsieur... — Dites Charles, dit le jeune Grandet. — Ah ! vous vous nommez Charles ? C'est un beau nom ! s'écria Eugénie.

Les malheurs pressentis arrivent presque toujours. La Nanon, madame Grandet et Eugénie, qui ne pensaient pas sans frisson au retour du vieux tonnelier, entendirent un coup de marteau dont le retentissement leur était bien connu.

— Voilà papa ! dit Eugénie.

Elle ôta la soucoupe au sucre, en en laissant quelques morceaux sur la nappe. Nanon emporta l'assiette aux œufs. Madame Grandet se dressa comme une biche effrayée. C'était une peur panique de laquelle Charles dut s'étonner.

— Eh bien ! qu'avez-vous donc ? leur demanda-t-il. — Mais voilà mon père, dit Eugénie. — Eh bien ?...

M. Grandet entra, jeta son regard clair sur la table, sur Charles, il vit tout.

— Ah ! ah ! vous avez fait fête à votre neveu, c'est bien, très-bien, c'est fort bien ! dit-il sans bégayer. Quand le chat court sur les toits, les souris dansent sur les planchers. — Fête ?... se dit Charles, incapable de soupçonner le régime et les mœurs de cette maison. — Donne-moi mon verre, Nanon ? dit le bonhomme.

Eugénie apporta le verre. Grandet tira de son gousset un couteau de corne à grosse lame, coupa une tartine, prit un peu de beurre, l'étendit soigneusement et se mit à manger debout. En ce moment, Charles sucrait son café. Le père Grandet aperçut les morceaux de sucre, examina sa femme, qui pâlit, et fit trois pas, il se pencha vers l'oreille de la pauvre vieille, et lui dit : — Où donc avez-vous pris tout ce sucre ? — Nanon est allée en chercher chez Fessard, il n'y en avait pas.

Il est impossible de se figurer l'intérêt profond que cette scène muette offrait à ces trois femmes : Nanon avait quitté sa cuisine et regardait dans la salle pour voir comment les choses s'y passeraient. Charles, ayant goûté son café, le trouva trop amer et chercha le sucre, que Grandet avait déjà serré.

— Que voulez-vous, mon neveu ? lui dit le bonhomme. — Le sucre. — Mettez du lait, répondit le maître de la maison, votre café s'adoucira.

Eugénie reprit la soucoupe au sucre que Grandet avait déjà serrée, et la mit sur la table en contemplant son père d'un air calme. Certes, la Parisienne qui, pour faciliter la fuite de son amant, soutient de ses faibles bras une échelle de soie, ne montre pas plus de courage qu'en déployait Eugénie en remettant le sucre sur la table. L'amant récompensera la Parisienne qui lui fera voir orgueilleusement un beau bras meurtri dont chaque veine flétrie sera baignée de larmes, de baisers, et guérie par le plaisir ; tandis que Charles ne devait jamais être dans le secret des profondes agitations qui brisaient le cœur de sa cousine, alors foudroyée par le regard du vieux tonnelier.

— Tu ne manges pas, ma femme ?

La pauvre ilote s'avança, coupa piteusement un morceau de pain, et prit une poire. Eugénie offrit audacieusement à son père du raisin, en lui disant : — Goûte donc à ma conserve, papa ! Mon cousin, vous en mangerez, n'est-ce pas ? J'irai vous chercher ces jolies grappes-là pour vous. — Oh ! si on ne les arrête, elles mettront Saumur au pillage pour vous, mon neveu. Quand vous aurez fini, nous irons ensemble dans le jardin, j'ai à vous dire des choses qui ne sont pas sucrées.

Eugénie et sa mère lancèrent un regard sur Charles à l'expression duquel le jeune homme ne put se tromper.

— Qu'est-ce que ces mots signifient, mon oncle ? Depuis la mort de ma pauvre mère... (à ces deux mots sa voix mollit) il n'y a pas de malheur possible pour moi... — Mon neveu, qui peut connaître les afflictions par lesquelles Dieu veut nous éprouver ? lui dit sa tante. — Ta ! ta ! ta ! dit Grandet, voilà les bêtises qui commencent. Je vois avec peine, mon neveu, vos jolies mains blanches. Il lui montra les espèces d'épaules de mouton que la nature lui avait mises au bout des bras. Voilà des mains faites pour ramasser des écus. Vous avez été élevé à mettre vos pieds dans la peau avec laquelle se fabriquent les portefeuilles où nous serrons les billets de banque. Mauvais ! mauvais ! — Que voulez-vous dire, mon oncle ? Je veux être pendu si je comprends un seul mot. — Venez, dit Grandet. L'avare fit claquer la lame de son couteau, but le reste de son vin blanc et ouvrit la porte.

— Mon cousin, ayez du courage !

L'accent de la jeune fille avait glacé Charles, qui suivit son terrible parent en proie à de mortelles inquiétudes. Eugénie, sa mère et Nanon vinrent dans la cuisine, excitées par une invincible curiosité à épier les deux acteurs de la scène qui allait se passer dans le petit jardin humide où l'oncle marcha d'abord silencieusement avec le neveu. Grandet n'était pas embarrassé pour apprendre à Charles la mort de son père, mais il éprouvait une sorte de compassion en le sachant sans un sou, et il cherchait des formules pour adoucir l'expression de cette cruelle vérité. Vous avez perdu votre père ! ce n'était rien à dire. Les pères meurent avant les enfants. Mais : Vous êtes sans aucune espèce de fortune ! tous les malheurs de la terre étaient réunis dans ces paroles. Et le bonhomme de faire, pour la troisième fois, le tour de l'allée du milieu dont le sable craquait sous ses pieds. Dans les grandes circonstances de la vie, notre âme s'attache fortement aux lieux où les plaisirs et les chagrins fondent sur nous. Aussi Charles examinait-il avec une attention particulière les buis de ce petit jardin, les feuilles pâles qui tombaient, les dégradations des murs, les bizarreries des arbres fruitiers, détails pittoresques qui devaient rester gravés dans son souvenir, éternellement mêlés à cette heure suprême, par une mnémotechnie particulière aux passions.

— Il fait bien chaud, bien beau, dit Grandet en aspirant une forte partie d'air. — Oui, mon oncle, mais pourquoi... — Eh bien ! mon garçon, reprit l'oncle, j'ai de mauvaises nouvelles à t'apprendre. Ton père est bien mal... — Pourquoi suis-je ici ? dit Charles. Nanon, cria-t-il, des chevaux de poste ! Je trouverai bien une voiture dans le pays ? ajouta-t-il en se tournant vers son oncle, qui demeurait immobile. — Les chevaux et la voiture sont inutiles, répondit Grandet. Charles resta muet, pâlit, et ses yeux devinrent fixes. — Oui, mon pauvre garçon, tu devines. Il est mort. Mais ce n'est rien. Il y a quelque chose de plus grave. Il s'est brûlé la cervelle... — Mon père ?... — Oui. Mais ce n'est rien. Les journaux glosent de cela comme s'ils en avaient le droit. Tiens, lis.

Grandet, qui avait emprunté le journal de Cruchot, mit le fatal article sous les yeux de Charles. En ce moment le pauvre jeune homme, encore enfant, encore dans l'âge où les sentiments se produisent avec naïveté, fondit en larmes.

— Allons ! bien, se dit Grandet. Ses yeux m'effrayaient. Il pleure, le voilà sauvé. Ce n'est encore rien, mon pauvre neveu, reprit Grandet à haute voix, sans savoir si Charles l'écoutait, ce n'est rien, tu te consoleras, mais... — Jamais ! jamais ! mon père ! mon père ! — Il t'a ruiné, tu es sans argent. — Qu'est-ce que cela me fait ? Où est mon père, mon père ?

Les pleurs et les sanglots retentissaient entre ces murailles d'une horrible façon et se répercutaient dans les échos. Les trois femmes, saisies de pitié, pleuraient : les larmes sont aussi contagieuses que peut l'être le rire. Charles, sans écouter son oncle, se sauva dans la cour, trouva l'escalier, monta dans sa chambre, et se jeta en travers sur son lit en se mettant la face dans les draps pour pleurer à son aise loin de ses parents.

— Il faut laisser passer la première averse, dit Grandet en rentrant dans la salle où Eugénie et sa mère avaient brusquement repris leurs places et travaillaient d'une main tremblante après s'être essuyé les yeux. Mais ce jeune homme n'est bon à rien, il s'occupe plus des morts que de l'argent.

Eugénie frissonna en entendant son père s'exprimant ainsi sur la plus sainte des douleurs. Dès ce moment, elle commença à juger son père. Quoique assourdis, les sanglots de Charles retentissaient dans cette sonore maison, et sa plainte profonde, qui semblait sortir de dessous terre, ne cessa que vers le soir, après s'être graduellement affaiblie.

— Pauvre jeune homme ! dit madame Grandet.

Fatale exclamation ! Le père Grandet regarda sa femme, Eugénie et le sucrier ; il se souvint du déjeuner extraordinaire apprêté pour le parent malheureux, et il se posa au milieu de la salle.

— Ah çà ! j'espère, dit-il avec son calme habituel, que vous n'allez pas continuer vos prodigalités, madame Grandet. Je ne vous donne pas mon argent pour embucquer de sucre ce jeune drôle. — Ma mère n'y est pour rien, dit Eugénie. mon oncle qui... — Est-ce parce que tu es majeure, reprit Grandet en interrompant sa fille, que tu voudrais me contrarier ? Songe, Eugénie... — Mon père, la fille de votre frère ne devait pas manquer chez vous de... — Ta, ta, ta, ta, dit le tonnelier sur quatre tons chromatiques. La fille de mon frère par ci, mon neveu par là. Charles ne nous est rien du tout, il n'a ni sou ni maille ; son père a fait faillite ; et, quand ce mirliflor aura pleuré son soûl, il décampera d'ici ; je ne veux pas qu'il révolutionne ma maison. — Qu'est-ce que c'est, mon père, que de faire faillite ? demanda Eugénie. — Faire faillite, reprit le père, c'est commettre l'action la plus déshonorante entre toutes celles qui peuvent déshonorer l'homme. — Ce doit être un bien grand péché, dit madame Grandet, et notre frère serait damné. — Allons, voilà tes litanies, dit-il à sa femme en haussant les épaules. Faire faillite, Eugénie, reprit-il, est un vol que la loi prend malheureusement sous sa protection. Des gens ont donné leurs denrées à Guillaume Grandet sur sa réputation d'honneur et de probité, puis il a tout pris, et ne leur laisse que les yeux pour pleurer. Le voleur de grand chemin est préférable au banqueroutier : celui-là vous attaque, vous pouvez vous défendre, il risque sa tête, mais l'autre... Enfin Charles est déshonoré.

Ces mots retentirent dans le cœur de la pauvre fille et y pesèrent de tout leur poids. Probe autant qu'une fleur née au fond d'une forêt est délicate, elle ne connaissait ni les maximes du monde, ni ses raisonnements captieux, ni ses sophismes : elle accepta donc l'atroce explication que son père lui donnait à dessein de la faillite, sans lui faire connaître la distinction qui existe entre une faillite involontaire et une faillite calculée.

— Eh bien! mon père, vous n'avez donc pu empêcher ce malheur?
— Mon frère ne m'a pas consulté. D'ailleurs, il doit quatre millions.
— Qu'est-ce que c'est donc qu'un million, mon père? demanda-t-elle avec la naïveté d'un enfant qui croit pouvoir trouver promptement ce qu'il désire. — Deux millions? dit Grandet, mais c'est deux millions de pièces de vingt sous, et il faut cinq pièces de vingt sous pour faire cinq francs. — Mon Dieu! mon Dieu! s'écria Eugénie, comment mon oncle avait-il eu à lui quatre millions? Y a-t-il quelque autre personne en France qui puisse avoir autant de millions? (Le père Grandet se caressait le menton, souriait, et sa loupe semblait se dilater.) — Mais que va devenir mon cousin Charles? — Il va partir pour les grandes Indes, où, selon le vœu de son père, il tâchera de faire fortune. — Mais a-t-il de l'argent pour aller là? — Je lui payerai son voyage... jusqu'à... oui, jusqu'à Nantes.

Eugénie sauta d'un bond au cou de son père.
— Ah! mon père, vous êtes bon, vous!
Elle l'embrassait de manière à rendre presque honteux Grandet, que sa conscience harcelait un peu.
— Faut-il beaucoup de temps pour amasser un million? lui demanda-t-elle. — Dame! dit le tonnelier, tu sais ce que c'est qu'un napoléon. Eh bien! il en faut cinquante mille pour faire un million. — Maman, nous dirons des neuvaines pour lui. — J'y pensais, répondit la mère. — C'est cela : toujours dépenser de l'argent! s'écria le père. Ah çà! croyez-vous donc qu'il y ait des mille et des cent ici!

En ce moment une plainte sourde, plus lugubre que toutes les autres, retentit dans les greniers et glaça de terreur Eugénie et sa mère.
— Nanon, va voir là-haut s'il ne se tue pas, dit Grandet. — Ah çà! reprit-il en se tournant vers sa femme et sa fille, que son mot avait rendues pâles, pas de bêtises, vous deux. Je vous laisse. Je vais tourner autour de nos Hollandais, qui s'en vont aujourd'hui. Puis j'irai voir Cruchot et causer avec lui de tout ça.

Il partit. Quand Grandet eut tiré la porte, Eugénie et sa mère respirèrent à leur aise. Avant cette matinée, jamais la fille n'avait senti de contrainte en présence de son père, mais, depuis quelques heures, elle changeait à tous moments et de sentiments et d'idées.
— Maman, pour combien de louis vend-on une pièce de vin? Ton père vend les siennes cent et cent cinquante francs, quelquefois deux cents, à ce que j'ai entendu dire. — Quand il récolte quatorze cents pièces de vin... — Ma foi, mon enfant, je ne sais

pas ce que cela fait, ton père ne me dit jamais ses affaires. — Mais alors papa doit être riche. — Peut-être. Mais M. Cruchot m'a dit qu'il avait acheté Froidfond, il y a deux ans. Ça l'aura gêné.

Eugénie, ne comprenant plus rien à la fortune de son père, en resta là de ses calculs.
— Il ne m'a tant seulement point vue, le mignon! dit Nanon en revenant. Il est étendu comme un veau sur son lit et pleure comme une Madeleine, que c'est une vraie bénédiction! Quel chagrin a donc ce pauvre gentil jeune homme? — Allons donc le consoler bien vite, maman; et, si l'on frappe, nous descendrons.

Madame Grandet fut sans défense contre les harmonies de la voix de sa fille. Eugénie était sublime, elle était femme. Toutes deux, le cœur palpitant, montèrent à la chambre de Charles. La porte était ouverte. Le jeune homme ne voyait ni n'entendait rien. Plongé dans les larmes, il poussait des plaintes inarticulées. — Comme il aime son père! dit Eugénie à voix basse.

Il était impossible de méconnaître dans l'accent de ces paroles les espérances d'un cœur à son insu passionné. Aussi madame Grandet jeta-t-elle à sa fille un regard empreint de maternité, puis tout bas à l'oreille : — Prends garde, tu l'aimerais, dit-elle. — L'aimer! reprit Eugénie. Ah! si tu savais ce que mon père a dit!

Charles se retourna, aperçut sa tante et sa cousine.
— J'ai perdu mon père, mon pauvre père! S'il m'avait confié le secret de son malheur, nous aurions travaillé tous deux à le réparer. Mon Dieu, mon bon père! je comptais si bien le revoir, que je l'ai, je crois, froidement embrassé.

Les sanglots lui coupèrent la parole.
— Nous prierons bien pour lui, dit madame Grandet. Résignez-vous à la volonté de Dieu. — Mon cousin, dit Eugénie, prenez courage! Votre perte est irréparable : ainsi songez maintenant à sauver votre honneur.

Avec cet instinct, cette finesse de la femme, qui a de l'esprit en toute chose, même quand elle console, Eugénie voulait tromper la douleur de son cousin, en l'occupant de lui-même.
— Mon honneur?... cria le jeune homme en chassant ses cheveux

Il pleure, le voilà sauvé. — PAGE 15.

par un mouvement brusque, et il s'assit sur son lit en se croisant les bras. — Ah! c'est vrai. Mon père, disait mon oncle, a fait faillite. Il poussa un cri déchirant et se cacha le visage dans ses mains —Laissez-moi, ma cousine. Laissez-moi! Mon Dieu! mon Dieu! pardonnez à mon père, il a dû bien souffrir.

Il y avait quelque chose d'horriblement attachant à voir l'expression de cette douleur jeune, vraie, sans calcul, sans arrière-pensée. C'était une pudique douleur que les cœurs simples d'Eugénie et de sa mère comprirent quand Charles fit un geste pour leur demander de l'abandonner à lui-même. Elles descendirent, reprirent en silence leurs places près de la croisée, et travaillèrent pendant une heure environ sans se dire un mot. Eugénie avait aperçu, dans le regard furtif qu'elle jeta sur le ménage du jeune homme, ce regard des jeunes filles qui voient tout en un clin d'œil, les jolies bagatelles de sa toilette, ses ciseaux, ses rasoirs enrichis d'or. Cette échappée d'un luxe vu à travers la douleur lui répondit Charles encore plus intéressant, par contraste peut-être. Jamais un événement si grave, jamais un spectacle si dramatique n'avait frappé l'imagination de ces deux créatures incessamment plongées dans le calme et la solitude.

— Maman, dit Eugénie, nous porterons le deuil de mon oncle. — Ton père décidera de cela, répondit madame Grandet.

Elles restèrent de nouveau silencieuses. Eugénie tirait ses points avec une régularité de mouvement qui eût dévoilé a un observateur les fécondes pensées de sa méditation. Le premier désir de cette adorable fille était de partager le deuil de son cousin. Vers quatre heures, un coup de marteau brusque retentit au cœur de madame Grandet.

— Qu'a donc ton père? dit-elle à sa fille.

Le vigneron entra joyeux. Après avoir ôté ses gants, il se frotta les mains à s'en emporter la peau, si l'épiderme n'eût pas été tanné comme du cuir de Russie, sauf l'odeur des mélèzes et de l'encens. Il se promenait, il regardait le temps. Enfin son secret lui échappa.

— Ma femme, dit-il sans bégayer, je les ai tous attrapés. Notre vin est vendu! Les Hollandais et les Belges partaient ce matin, je me suis promené sur la place, devant leur auberge, en avant l'air de bêtiser. Chose, que tu connais, est venu à moi. Les propriétaires de tous les bons vignobles gardent leur récolte et veulent attendre, je ne les en ai pas empêchés. Notre Belge était désespéré. J'ai vu cela. Affaire faite, il prend notre récolte à deux cents francs la pièce, moitié comptant. Je suis payé en or. Les billets sont faits, voilà six louis pour toi. Dans trois mois les vins baisseront.

Ces derniers mots furent prononcés d'un ton calme, mais si profondément ironique, que les gens de Saumur, groupés en ce moment sur la place et anéantis par la nouvelle de la vente que venait de faire Grandet, en auraient frémi s'ils les eussent entendus. Une peur panique eût fait tomber les vins de cinquante pour cent.

— Vous avez mille pièces cette année, mon père? dit Eugénie.

— Oui, fifille.

Ce mot était l'expression superlative de la joie du vieux tonnelier.

— Cela fait deux cent mille pièces de vingt sous.

— Oui, mademoiselle Grandet. — Eh bien! mon père, vous pouvez facilement secourir Charles.

L'étonnement, la colère, la stupéfaction de Balthazar en apercevant le Mane-Tekel-Pharès ne sauraient se comparer au froid courroux de Grandet, qui, ne pensant plus à son neveu, le retrouvait logé au cœur et dans les calculs de sa fille.

— Ah ça! depuis que je mis le pied dans ma maison, tout y va de travers. Vous vous donnez des airs d'acheter des dragées, de faire des noces et des festins. Je ne veux pas de ces choses-là. Je sais, à mon âge, comment je dois me conduire, peut-être! D'ailleurs je n'ai de leçons à prendre ni de ma fille ni de personne. Je ferai pour mon neveu ce qu'il sera convenable de faire, vous n'avez pas à y fourrer le nez. Quant à toi, Eugénie, ajouta-t-il en se tournant vers elle, ne m'en parle plus, sinon je t'envoie à l'abbaye de Noyers avec Nanon voir si j'y suis, et pas plus tard que demain, si tu bronches.

Où est-il donc, ce garçon, est-il descendu? — Non, mon ami, répondit madame Grandet. — Eh bien! que fait-il donc? — Il pleure son père, lui. Répondit Eugénie.

Grandet regarda sa fille sans trouver un mot à dire. Il était un peu père, lui. Après avoir fait un ou deux tours dans la salle, il monta promptement à son cabinet pour y méditer un placement dans les fonds publics. Ses deux mille arpents de forêt coupés à blanc lui avaient donné six cent mille francs; en joignant à cette somme l'argent de ses peupliers, ses revenus de l'année dernière et de l'année courante, outre les deux cent mille francs du marché qu'il venait de conclure, il pouvait faire une masse de neuf cent mille francs. Les vingt pour cent à gagner en peu de temps sur les rentes, qui étaient à quatre-vingts francs, le tentaient. Il chiffra sa spéculation sur le journal où la mort de son frère était annoncée, en entendant, sans les écouter, les gémissements de son neveu. Nanon vint cogner au mur pour inviter son maître à descendre : le dîner était servi. Sous la voûte et à la dernière marche de l'escalier, Grandet disait en lui-même : — Puisque je toucherai mes intérêts à huit, je ferai cette affaire. En deux ans, j'aurai quinze cent mille francs que je retirerai de Paris en bon or.

— Eh bien! où donc est mon neveu?

— Il dit qu'il ne veut pas manger, répondit Nanon. Ça n'est pas sain.

— Autant d'économisé, lui répliqua son maître.

— Dame, oui, dit-elle.

— Bah! il ne pleurera pas toujours. La faim chasse le loup hors du bois.

Le dîner fut étrangement silencieux.

— Mon bon ami, dit madame Grandet lorsque la nappe fut ôtée, il faut que nous prenions le deuil.

— En vérité, madame Grandet, vous ne savez quoi vous inventer pour dépenser de l'argent. Le deuil est dans le cœur et non dans les habits.

— Mais le deuil d'un frère est indispensable, et l'Église nous ordonne de...

— Achetez votre deuil sur vos six louis. Vous me donnerez un crêpe, cela me suffira.

Eugénie leva les yeux au ciel sans mot dire. Pour la première fois dans sa vie, ses généreux penchants endormis, comprimés, étaient subitement éveillés, étaient à tout moment froissés. Cette soirée fut semblable en apparence à mille soirées de leur existence monotone, mais ce fut certes la plus horrible. Eugénie travailla sans lever la tête, et ne se servit point du nécessaire que Charles avait dédaigné la veille. Madame Grandet tricota ses manches. Grandet tourna ses pouces pendant quatre heures, abîmé dans des calculs dont les résultats devaient, le lendemain, étonner Saumur. Personne ne vint, ce jour-là, visiter la famille. En ce moment, la ville entière retentissait du tour de force de Grandet, de la faillite de son frère et de l'arrivée de son neveu. Pour obéir au besoin de bavarder sur leurs intérêts communs, tous les propriétaires de vignobles des hautes et moyennes sociétés de Saumur étaient chez M. des Grassins, où se fulminèrent de terribles imprécations contre l'ancien maire. Nanon filait, et le bruit de son rouet fut la seule voix qui se fit entendre sous les planchers grisâtres de la salle. — Nous n'usons point nos langues, dit-elle

Charles dormait la tête penchée en dehors du fauteuil. — PAGE 22.

en montrant ses dents blanches et grosses comme des amandes pelées. — Ne faut rien user, répondit Grandet en se réveillant de ses méditations. Il se voyait en perspective huit millions dans trois ans, il voguait sur cette longue nappe d'or. — Couchons-nous. J'irai dire bonsoir à mon neveu pour tout le monde, et voir s'il veut prendre quelque chose.

Madame Grandet resta sur le palier du premier étage pour entendre la conversation qui allait avoir lieu entre Charles et le bonhomme. Eugénie, plus hardie que sa mère, monta deux marches. — Eh bien ! mon neveu, vous avez du chagrin. Oui, pleurez, c'est naturel. Un père est un père. Mais faut prendre notre mal en patience. Je m'occupe de vous pendant que vous pleurez. Je suis un bon parent, voyez-vous. Allons, du courage. Voulez-vous boire un petit verre de vin ? Le vin ne coûte rien à Saumur, on y offre du vin comme dans les Indes une tasse de thé. — Mais, dit Grandet en continuant, vous êtes sans lumière. Mauvais, mauvais ! faut voir clair à ce que l'on fait. Grandet marcha vers la cheminée. — Tiens ! s'écriat-il, voilà de la bougie. Où diable a-t-on pêché de la bougie ? Les garces démoliraient le plancher de ma maison pour cuire des œufs à ce garçon-là !

En entendant ces mots, la mère et la fille rentrèrent dans leurs chambres et se fourrèrent dans leurs lits avec la célérité de souris effrayées qui rentrent dans leurs trous. — Madame Grandet, vous avez donc un trésor ? dit l'homme en entrant dans la chambre de sa femme. — Mon ami, je fais mes prières, attendez, répondit d'une voix altérée la pauvre mère. — Que le diable emporte ton bon Dieu ! répliqua Grandet en grommelant.

Les avares ne croient point à une vie à venir, le présent est tout pour eux. Cette réflexion jette une horrible clarté sur l'époque actuelle, où, plus qu'en aucun autre temps, l'argent domine les lois, la politique et les mœurs. Institutions, livres, hommes et doctrines, tout conspire à miner la croyance d'une vie future sur laquelle l'édifice social est appuyé depuis dix-huit cents ans. Maintenant le cercueil est une transition peu redoutée. L'avenir, qui nous attendait par-delà le requiem, a été transposé dans le présent. Arriver per fas et nefas au paradis terrestre du luxe et des jouissances vaniteuses, pétrifier son cœur et se macérer le corps en vue de possessions passagères, comme on souffrait jadis le martyre de la vie en vue de biens éternels, est la pensée générale, pensée d'ailleurs écrite partout, jusque dans les lois, qui demandent au législateur : Que payes-tu ? au lieu de lui dire : Que penses-tu ? Quand cette doctrine aura passé de la bourgeoisie au peuple, que deviendra le pays ?

— Madame Grandet, as-tu fini ? dit le vieux tonnelier. — Mon ami, je prie pour toi. — Très-bien ! bonsoir. Demain matin, nous causerons.

La pauvre femme s'endormit comme l'écolier qui, n'ayant pas appris ses leçons, craint de trouver à son réveil le visage irrité du maître. Au moment où, par frayeur, elle se roulait dans ses draps pour ne rien entendre, Eugénie se coula près d'elle, en chemise, pieds nus, et vint la baiser au front. — Oh ! bonne mère, dit-elle, demain, je lui dirai que c'est moi. — Non, il t'enverrait à Noyers. Laisse-moi faire, il ne me mangera pas. — Entends-tu, maman ? — Quoi ? — Eh bien ! il pleure toujours. — Va donc te coucher, ma fille. Tu gagneras froid aux pieds. Le carreau est humide.

Ainsi se passa la journée solennelle qui devait peser sur toute la vie de la riche et pauvre héritière, dont le sommeil ne fut plus aussi complet ni aussi pur que l'avait été jusqu'alors. Assez souvent certaines actions de la vie humaine paraissent, littéralement parlant, invraisemblables, quoique vraies. Mais ne serait-ce pas qu'on omet presque toujours de répandre sur nos déterminations spontanées une sorte de lumière psychologique, en n'expliquant pas les raisons mystérieusement conçues qui les nécessitent ? Peut-être la profonde passion d'Eugénie devrait-elle être analysée dans ses fibrilles les plus délicates, car elle devint, diront certains railleurs, une maladie, et influença toute son existence. Beaucoup de gens aiment mieux nier les dénouements, que de mesurer la force des liens, des nœuds, des attaches qui soudent secrètement un fait à un autre dans l'ordre moral. Ici donc le passé d'Eugénie servira, pour les observateurs de la nature humaine, de garantie à la naïveté de son irréflexion et à la soudaineté des effusions de son âme. Plus sa vie avait été tranquille, plus vivement la pitié féminine, le plus ingénieux des sentiments, se déploya dans son âme. Aussi, troublée par les événements de la journée, s'éveilla-t-elle, à plusieurs reprises, pour écouter son cousin, croyant en avoir entendu les soupirs, qui depuis la veille lui retentissaient au cœur. Tantôt elle le voyait expirant de chagrin, tantôt elle le rêvait mourant de faim. Vers le matin, elle entendit certainement une terrible exclamation. Aussitôt elle se vêtit, et accourut au petit jour, d'un pied léger, auprès de son cousin, qui avait laissé sa porte ouverte. La bougie avait brûlé dans la bobèche du flambeau. Charles, vaincu par la nature, dormait habillé, assis dans un fauteuil, la tête renversée sur le lit. Il rêvait comme rêvent les gens qui ont l'estomac vide. Eugénie put pleurer à son aise, elle put admirer ce jeune et beau visage, marbré par la douleur, ces yeux gonflés par les lar-

mes, et qui tout endormis semblaient encore verser des pleurs. Charles devina sympathiquement la présence d'Eugénie, il ouvrit les yeux, et la vit attendrie. — Pardon, ma cousine, dit-il, ne sachant évidemment ni l'heure qu'il était, ni le lieu où il se trouvait. — Il y a des cœurs qui vous entendent ici, mon cousin, et nous avons cru que vous aviez besoin de quelque chose. Vous devriez vous coucher, vous vous fatiguez en restant ainsi. — Cela est vrai. — Eh bien ! adieu.

Elle se sauva, honteuse et heureuse d'être venue. L'innocence ose seule de telles hardiesses. Instruite, la vertu calcule aussi bien que le vice. Eugénie, qui, près de son cousin, n'avait pas tremblé, put à peine se tenir sur ses jambes quand elle fut dans sa chambre. Son ignorante vie avait cessé tout à coup : elle raisonna, se fit mille reproches. Quelle idée va-t-il prendre de moi ? Il croira que je l'aime. C'était précisément ce qu'elle désirait le plus de lui voir croire. L'amour franc a sa prescience et sait que l'amour excite l'amour. Quel événement, pour cette jeune fille solitaire, d'être ainsi entrée furtivement chez un jeune homme ! N'y a-t-il pas des pensées, des actions qui, en amour, équivalent pour certaines âmes, à de saintes fiançailles ! Une heure après, elle entra chez sa mère, et l'habilla suivant son habitude. Puis elles vinrent s'asseoir à leurs places devant la fenêtre et attendirent Grandet avec cette anxiété qui glace le cœur ou l'échauffe, le serre ou le dilate suivant les caractères, alors que l'on redoute une scène, une punition, sentiment d'ailleurs si naturel, que les animaux domestiques l'éprouvent au point de crier pour le faible mal d'une correction eux qui se taisent quand ils se blessent par mégarde. Le bonhomme descendit, mais il parla d'un air distrait à sa femme, embrassa Eugénie, et se mit à table sans paraître penser à ses menaces de la veille. — Que devient mon neveu ? l'enfant n'est pas gênant. — Monsieur, il dort, répondit Nanon. — Tant mieux, il n'a pas besoin de bougie, dit Grandet d'un ton goguenard.

Cette clémence insolite, cette amère gaieté, frappèrent madame Grandet, qui regarda son mari fort attentivement. Le bonhomme... Ici peut-être est-il convenable de faire observer qu'en Touraine, en Anjou, en Poitou, dans la Bretagne, le mot bonhomme, déjà souvent employé pour désigner Grandet, est décerné aux hommes les plus cruels comme aux plus bonasses, aussitôt qu'ils sont arrivés à un certain âge. Ce titre ne préjuge rien sur la mansuétude individuelle. Le bonhomme, donc, prit son chapeau, ses gants, et dit : — Je vais me promener sur la place pour rencontrer nos Cruchot. — Eugénie, ton père a décidément quelque chose.

En effet, peu dormeur, Grandet employait la moitié de ses nuits aux calculs préliminaires qui donnaient à ses vues, à ses observations, à ses plans, leur étonnante justesse et leur assuraient cette constante réussite de laquelle s'émerveillaient les Saumurois. Tout pouvoir humain est un composé de patience et de temps. Les gens puissants veulent et veillent. La vie de l'avare est un constant exercice de la puissance humaine mise au service de la personnalité. Il ne s'appuie que sur deux sentiments : l'amour-propre et l'intérêt ; mais l'intérêt étant en quelque sorte l'amour-propre solide et bien entendu, l'attestation continue d'une supériorité réelle, l'amour-propre et l'intérêt sont deux parties d'un même tout, l'égoïsme. De là vient peut-être la prodigieuse curiosité qu'excitent les avares habilement mis en scène. Chacun tient par un fil à ces personnages, qui s'adjoignent à tous les sentiments humains, en les résumant tous. Où est l'homme sans désir, et quel désir social se résoudra sans argent ? Grandet avait bien réellement quelque chose, suivant l'expression de sa femme. Il se rencontrait en lui, comme chez tous les avares, un persistant besoin de jouer une partie avec les autres hommes, de leur gagner légalement leurs écus. Imposer autrui, n'est-ce pas faire acte de pouvoir, se donner perpétuellement le droit de mépriser ceux qui, trop faibles, se laissent ici-bas dévorer ? Oh ! qui a bien compris l'agneau paisiblement couché aux pieds de Dieu, le plus touchant emblème de toutes les victimes terrestres, celui de leur avenir, enfin la souffrance et la faiblesse glorifiées ? Cet agneau, l'avare le laisse s'engraisser, il le parque, le tue, le cuit, le mange et le méprise. La pâture des avares se compose d'argent et de dédain. Pendant la nuit, les idées du bonhomme avaient pris un autre cours : de là, sa clémence. Il avait ourdi une trame pour se moquer des Parisiens pour les voir, les rouler, les pétrir, les faire aller, venir, suer, espérer, pâlir ; pour s'amuser d'eux, lui, ancien tonnelier au fond de sa salle grise, en montant l'escalier vermoulu de sa maison de Saumur. Son neveu l'avait occupé. Il voulait sauver l'honneur de son frère mort sans qu'il en coûtât un sou ni à son neveu ni à lui. Ses fonds allaient être placés pour trois ans, il n'avait plus qu'à gérer ses biens, il fallait donc à son activité malicieuse, et il l'avait trouvé dans la faillite de son frère. Ne se sentant rien entre les pattes à presser, il voulait concasser les Parisiens au profit de Charles, et se montrer excellent frère à bon marché. L'honneur de la famille entrait pour si peu de chose dans son projet, que sa bonne volonté doit être comparée au besoin qu'éprouvent les joueurs de voir bien jouer une partie dans laquelle ils n'ont pas d'enjeu. Et les Cruchot lui étaient nécessaires, et il ne voulait pas les aller chercher, et il avait décidé de les faire arriver chez lui, et d'y commencer ce soir même la comédie dont le plan venait d'être conçu, afin d'être le lendemain, sans qu'il lui en coûtât un denier, l'objet de l'admiration de sa ville. En l'absence de son père, Eugénie eut le bonheur de pouvoir s'occuper ouvertement de son bien-aimé cousin, d'épancher sur lui sans crainte les trésors de sa pitié, l'une des sublimes supériorités de la femme, la seule qu'elle veuille faire sentir, la seule qu'elle pardonne à l'homme de lui laisser prendre sur lui. Trois ou quatre fois, Eugénie alla écouter la respiration de son cousin, savoir s'il dormait, s'il se réveillait ; puis, quand il se leva, la crème, le café, les œufs, les fruits, les assiettes le verre, tout ce qui faisait partie du déjeuner, fut pour elle l'objet de quelque soin. Elle grimpa lestement dans le vieil escalier pour écouter le bruit que faisait son cousin. S'habillait-il ? pleurait-il encore ? Elle vint jusqu'à la porte.

— Mon cousin ?

— Ma cousine ?

— Voulez-vous déjeuner dans la salle ou dans votre chambre ?

— Où vous voudrez.

— Comment vous trouvez-vous ?

— Ma chère cousine, j'ai honte d'avoir faim.

Cette conversation à travers la porte était pour Eugénie tout un épisode de roman.

— Eh bien ! nous vous apporterons à déjeuner dans votre chambre, afin de ne pas contrarier mon père. Elle descendit dans la cuisine avec la légèreté d'un oiseau. — Nanon, va donc faire sa chambre.

Cet escalier, si souvent monté, descendu, où retentissait le moindre bruit, semblait à Eugénie avoir perdu son caractère de vétusté, elle le voyait lumineux, il parlait, il était jeune comme elle, jeune comme son amour, auquel il servait. Enfin sa mère, sa bonne et indulgente mère, voulut bien se prêter aux fantaisies de son amour, et lorsque la chambre de Charles fut faite, elles allèrent toutes deux tenir compagnie au malheureux : la charité chrétienne n'ordonnait-elle pas de le consoler ? Ces deux femmes puisèrent dans la religion bon nombre de petits sophismes pour se justifier leurs déportements. Charles Grandet se vit donc l'objet des soins les plus affectueux et les plus tendres. Son cœur endolori sentit vivement la douceur de cette amitié veloutée, de cette exquise sympathie, que ces deux âmes toujours contraintes surent déployer en se trouvant libres un moment dans la région des souffrances, leur sphère naturelle. Autorisée par la parenté, Eugénie se mit à ranger le linge, les objets de toilette que son cousin avait apportés, et put s'émerveiller à son aise de chaque luxueuse babiole, des colifichets d'argent, d'or travaillé qui lui tombaient sous la main, et qu'elle tenait longtemps sous prétexte de les examiner. Charles ne vit pas sans un attendrissement profond l'intérêt généreux que lui portaient sa tante et sa cousine, il connaissait assez la société de Paris pour savoir que dans sa position il n'y eût trouvé que des cœurs indifférents ou froids. Eugénie lui apparut dans toute la splendeur de sa beauté spéciale. Il admira dès lors l'innocence de ces mœurs dont il se moquait la veille. Aussi, quand Eugénie prit des mains de Nanon le bol de faïence plein de café à la crème pour le lui servir avec toute l'ingénuité du sentiment, et en lui jetant un bon regard, ses yeux se mouillèrent-ils de larmes, il lui prit la main et la baisa.

— Eh bien ! qu'avez-vous encore ? demanda-t-elle. — C'est des larmes de reconnaissance ! répondit-il.

Eugénie se tourna brusquement vers la cheminée pour prendre les flambeaux.

— Nanon, tenez, emportez, dit-elle.

Quand elle regarda son cousin, elle était bien rouge encore, mais au moins ses regards purent mentir et ne pas peindre la joie excessive qui lui inondait le cœur ; mais leurs yeux exprimèrent un même sentiment, comme leurs âmes se fondirent dans une même pensée : l'avenir était à eux. Cette douce émotion fut d'autant plus délicieuse pour Charles au milieu de son immense chagrin, qu'elle était moins attendue. Un coup de marteau rappela les deux femmes à leurs places. Par bonheur, elles purent redescendre assez rapidement l'escalier pour se trouver à l'ouvrage quand Grandet entra, s'il les eût rencontrées sous la voûte, il n'en aurait pas fallu davantage pour exciter ses soupçons. Après le déjeuner, que le bonhomme fit sur le pouce, le garde, auquel l'indemnité promise n'avait pas encore été donnée, arriva de Froidfond, d'où il apportait un lièvre, des perdreaux tués dans le parc, des anguilles et deux brochets dus par les meuniers.

— Eh ! eh ! ce pauvre Cornoiller, il vient comme marée en carême. Est-ce bon à manger, ça ?— Oui, mon cher généreux monsieur, c'est tué depuis deux jours.— Allons, Nanon, haut le pied ! dit le bonhomme. Prends-moi cela, ce sera pour le dîner, je régale deux Cruchot.

Nanon ouvrit des yeux bêtes et regarda tout le monde.

— Eh bien ! dit-elle, où que je trouverai du lard et des épices ? —

Ma femme, dit Grandet donne six francs à Nanon, et fais-moi souvenir d'aller à la cave chercher du bon vin. — Eh bien ! donc, monsieur Grandet, reprit le garde, qui avait préparé sa harangue afin de faire décider la question de ses appointements, monsieur Grandet...

— Ta, ta, ta, dit Grandet, je sais ce que tu veux dire, tu es un bon diable, nous verrons cela demain, je suis trop pressé aujourd'hui.

— Ma femme, donne-lui cent sous, dit-il à madame Grandet.

Il décampa. La pauvre femme fut trop heureuse d'acheter la paix pour onze francs. Elle savait que Grandet se taisait pendant quinze jours, après avoir repris, pièce à pièce, l'argent qu'il lui donnait.

— Tiens, Cornoiller, dit-elle en lui glissant dix francs dans la main, quelque jour nous reconnaîtrons tes services.

Cornoiller n'eut rien à dire. Il partit.

— Madame, dit Nanon, qui avait mis sa coiffe noire et pris son panier, je n'ai besoin que de trois francs, gardez le reste. Allez ! ça ira tout de même. — Fais un bon dîner, Nanon, mon cousin descendra, dit Eugénie. — Décidément, il se passe ici quelque chose d'extraordinaire, dit madame Grandet. Voici la troisième fois que, depuis notre mariage, ton père donne à dîner.

Vers quatre heures, au moment où Eugénie et sa mère avaient fini de mettre un couvert pour six personnes, et où le maître du logis avait monté quelques bouteilles de ces vins exquis que conservent les provinciaux avec amour, Charles vint dans la salle. Le jeune homme était pâle. Ses gestes, sa contenance, ses regards et le son de sa voix eurent une tristesse pleine de grâce. Il ne jouait pas la douleur, il souffrait véritablement, et le voile étendu sur ses traits par la peine lui donnait cet air intéressant qui plaît tant aux femmes. Eugénie l'en aima bien davantage. Peut-être aussi le malheur l'avait-il rapproché d'elle. Charles n'était plus ce riche et beau jeune homme placé dans une sphère inabordable pour elle, mais un parent plongé dans une effroyable misère. La misère enfante l'égalité. La femme a cela de commun avec l'ange que les êtres souffrants lui appartiennent. Charles et Eugénie s'entendirent et se parlèrent des yeux seulement : car le pauvre dandy déchu, l'orphelin, se mit dans un coin, s'y tint muet, calme et fier ; mais, de moment en moment, le regard doux et caressant de sa cousine venait luire sur lui, le contraignait à quitter ses tristes pensées, à s'élancer avec elle dans les champs de l'espérance et de l'avenir, où elle aimait à s'engager avec lui. En ce moment, la ville de Saumur était plus émue du dîner offert par Grandet aux Cruchot qu'elle ne l'avait été la veille par la vente de sa récolte, qui constituait un crime de haute trahison envers le vignoble. Si le politique vigneron eût donné son dîner dans la même pensée qui coûta la queue au chien d'Alcibiade, il aurait été peut-être un grand homme, mais, trop supérieur à une ville de laquelle il se jouait sans cesse, il ne faisait aucun cas de Saumur. Les des Grassins apprirent bientôt la mort violente et la folie probable du père de Charles, et résolurent d'aller le soir même chez leur client afin de prendre part à son malheur et lui donner des signes d'amitié, tout en s'informant des motifs qui pouvaient l'avoir déterminé à inviter, en semblable occurrence, les Cruchot à dîner. A cinq heures précises, le président C. de Bonfons et son oncle le notaire arrivèrent endimanchés jusqu'aux dents. Les convives se mirent à table et commencèrent par manger notablement bien. Grandet était grave, Charles silencieux, Eugénie muette, madame Grandet ne parla pas plus que de coutume, en sorte que ce dîner fut un véritable repas de condoléance. Quand on se leva de table, Charles dit à sa tante et à son oncle : — Permettez-moi de me retirer. Je suis obligé de m'occuper d'une longue et triste correspondance. — Faites, mon neveu.

Lorsque, après son départ, le bonhomme put présumer que Charles ne pouvait rien entendre, et devait être plongé dans ses écritures, il regarda sournoisement sa femme.

— Madame Grandet, ce que nous avons à dire serait du latin pour vous, il est sept heures et demie, vous devriez aller vous serrer dans votre portefeuille. Bonne nuit, ma fille.

Il embrassa Eugénie et les deux femmes sortirent. Là commença la scène où le père Grandet, plus qu'en aucun autre moment de sa vie, employa l'adresse qu'il avait acquise dans le commerce des hommes, et qui lui valait souvent, de la part de ceux dont il mordait un peu trop rudement la peau, le surnom de vieux chien. Si le maire de Saumur eût porté son ambition plus haut, si d'heureuses circonstances, en le faisant arriver vers les sphères supérieures de la société, l'eussent envoyé dans les congrès où se traitaient les affaires des nations, et qu'il s'y fût servi du génie dont l'avait doté son intérêt personnel, nul doute qu'il n'y eût été glorieusement utile à la France. Néanmoins, peut-être aussi serait-il également probable que, sorti de Saumur, le bonhomme n'aurait fait qu'une pauvre figure. Peut-être en est-il des esprits comme de certains animaux, qui n'engendrent plus transplantés hors des climats où ils naissent.

— Mon..... on.... on.... sieur le pré..... pré.... pré.. président, vouvouvous di.... di.... di.. disvouvez vous la fafafaillite...

Le bredouillement affecté depuis si longtemps par le bonhomme et qui passait pour naturel, aussi bien que la surdité dont il se plaignait par les temps de pluie, devint, en cette conjoncture, si fatigant pour les deux Cruchot, qu'en écoutant le vigneron ils grimaçaient à leur insu, en faisant des efforts comme s'ils voulaient achever les mots dans lesquels ils s'empêtrait à plaisir. Ici, peut-être, devient-il nécessaire de donner l'histoire du bégayement et de la surdité de Grandet. Personne, dans l'Anjou, n'entendait mieux et ne pouvait prononcer plus nettement le français angevin que le rusé vigneron. Jadis, malgré toute sa finesse, il avait été dupé par un Israélite qui, dans la discussion, appliquait sa main à son oreille en guise de cornet, sous prétexte de mieux entendre, et baragouinait si bien en cherchant ses mots, que Grandet, victime de son humanité, se crut obligé de suggérer à ce malin Juif les mots et les idées que paraissait chercher le Juif, d'achever lui-même les raisonnements dudit Juif, de parler comme devait parler le damné Juif, d'être enfin le Juif et non Grandet. Le tonnelier sortit de ce combat bizarre, ayant conclu le seul marché dont il ait eu à se plaindre pendant le cours de sa vie commerciale. Mais s'il s'y perdit pécuniairement parlant, il y gagna moralement une bonne leçon, et, plus tard, il en recueillit les fruits. Aussi le bonhomme finit-il par bénir le Juif qui lui avait appris l'art d'impatienter son adversaire commercial, et, en l'occupant à exprimer sa pensée, de lui faire constamment perdre de vue la sienne. Or, aucune affaire n'exigea, plus que celle dont il s'agissait, l'emploi de la surdité, du bredouillement, et des ambages incompréhensibles dans lesquels Grandet enveloppait ses idées. D'abord, il ne voulait pas endosser la responsabilité de ses idées, puis, il voulait rester maître de sa parole, et laisser en doute ses véritables intentions.

— Monsieur de Bon... Bon... Bonfons..... Pour la seconde fois, depuis trois ans, Grandet nommait Cruchot neveu M. de Bonfons. Le président put se croire choisi pour gendre par l'artificieux bonhomme. — Vooooooous di... di... di... disiez donc que les faiiiillites peu... peu... peu... peuvent, dandans ce...rtains cas, être empê... pê... pê... chées pa... par... — Par les tribunaux de commerce eux-mêmes. Cela se voit tous les jours, dit M. C. de Bonfons enfourchant l'idée du père Grandet ou croyant la deviner et voulant affectueusement la lui expliquer. Ecoutez¹— J'écoucoutez, répondit humblement le bonhomme en reprenant la malicieuse contenance d'un enfant qui rit intérieurement de son professeur, tout en paraissant lui prêter la plus grande attention. — Quand un homme considérable et considéré, comme l'était, par exemple, défunt monsieur votre frère à Paris... — Mon... on frère, oui. — Est menacé d'une déconfiture... — Çaaaa s'appelle la... dé... déconfiture?—Oui. Que sa faillite devienne imminente, le tribunal de commerce, dont il est justiciable (suivez bien), à la faculté, par un jugement, de nommer, à sa maison de commerce, des liquidateurs. Liquider n'est pas faire faillite, comprenez-vous? En faisant faillite, un homme est déshonoré, mais en liquidant, il reste honnête homme. — C'est bien di... di... di... différent, si çaàà ne coû... ou... ou... oûte pas... pas... plus cher, dit Grandet.—Mais une liquidation peut encore se faire, même sans le concours du tribunal de commerce. Car, dit le président en humant sa prise de tabac, comment se déclare une faillite? — Oui, je n'y ai jamais peu... pen... peu... pensé, répondit Grandet. — Premièrement, reprit le magistrat, par le dépôt du bilan au greffe du tribunal, que fait le négociant lui-même, ou un fondé de pouvoirs, dûment enregistré. Deuxièmement, à la requête des créanciers. Or, si le négociant ne dépose pas de bilan, si aucun créancier ne requiert du tribunal un jugement qui déclare le susdit négociant en faillite, qu'arriverait-il ? — Oui... i... i... voy... voy... ons.—Alors la famille du décédé, ses représentants, son hoirie; ou le négociant, s'il n'est pas mort, ou ses amis, s'il est caché, liquident. Peut-être voulez-vous liquider les affaires de votre frère? demanda le président — Ah! Grandet, s'écria le notaire, ce serait bien. Il y a de l'honneur au fond de nos provinces. Si vous sauviez votre nom, car c'est votre nom, vous seriez un homme... — Sublime, dit le président en interrompant son oncle.—Certainement, répliqua le vieux vigneron, mon... mon... fffr... fre... frere se no... no... no... noommait Grandet ton... ont comme moi. Cé... cé... c'es... c'est sûr et certain. Je... je... je ne dis pa... pas non. Et... et... et, cette li... li... li... liquidation pou... pou... pourrait dans tooous lles cas, être soous tous lles ra... ra... rapports tres-avantageuse aux in... in... in... térêts de mon ne... ne... neveu, que j'ai... j'ai... j'aime. Mais faut voir. Je ne co... co... co... connais pas lles malins de Paris. Je... suis à Sau... au... aumur, moi, voyez-vous ! Mes proovoins! mes feooosées, et, en... enfin j'ai mes aaaffaires. Je n'ai jamais fait de b'... bi... billets. Qu'est-ce qu'un billet? J'en... j'en... j'en ai beau... beaucoup reçu, je n'en ai jamais si... si... signé. Ça... aaa se... sse touche, ça s'esscooompte. Voillà tooout co... qu... q ue je sais. J'ai en... en... en entendu d... di... dire qu'onooon pou... ou... ouvait racheheheter les bi... bi... bi... — Oui, dit le président. L'on peut acquérir les billets sur la place, moyennant tant pour cent. Comprenez-vous?

Grandet se fit un cornet de sa main, l'appliqua sur son oreille, et le président lui répéta sa phrase.

— Mais, répondit le vigneron, il y a dddonc à boire et à manger, dan, dans tout cela. Je, je ne sais rien, à mon âaâge, de toooutes ce, ce, ces choooses-là. Je doi, dois re, ester i, t, ici pour ve, ve, veiller au grain. Le grain s'aama, masse, et c'e, c'e, c'est aaavec le grain qu'on pai, paye. Aavant tout, faut, ve, ve, veiller aux, aux ré, ré, récoltes. J'ai des aaaffaires ma, ma, majeures à Froidfond, et des inté, té, téressantes. Je ne puis pas a, a, abandonner ma, ma, ma, maison pooour des em, em, embrrrououllllant gents de, de, de toooous les di, diaabbles, où je ne coooompre, prends rien. Voooous dites que, que je devrais, pour li, li, li, liquider, pour arrêter la déclaration de faillite, être à Paris. On ne peut pas se trooou, ouver, à la fois, en, en, en deux endroits, à moins d'être pe, pe, pe, petit oiseau... Et... Et, je vous entends, s'écria le notaire. Eh bien! mon vieil ami, vous avez des amis, de vieux amis, capables de dévouement pour vous. — Allons douc, pensait en lui-même le vigneron, décidez-vous donc! — Et si quelqu'un partant pour Paris, y cherchait le plus fort créancier de votre frère Guillaume, lui disait... — Mi, miu, minute, ici, reprit le bonhomme, lui disait. Quoi? Quelque, que cho, chooo, chose co, co, comme ça : — Monsieur Grandet de Saumur pa, pa, par ci, monsieur Grandet, det, det de Saumur par là. Il aime son frere, il aime son ne, ne, neveu. Grandet est un bon pa, pa, parent, et il a de tres-bonnes intentions. Il a bien vendu sa ré, ré, récolte. Ne déclarez pas la fa, fa, fa, fa, faillite, aaassemblez-vous, no, no, nommez des li, li, liquidateurs. Aaalors Grandet ve, ée, erra. Voous au, au, aurez ez bien davantage en liquidant qu'en fai, fai, laissant les gens de justice y mettre le né, né, nez... Hein! pas vrai? — Juste! dit le président. — Parce que, voyez-vous, monsieur de Bon, Bon, Bon, fons, faut voir, avant de se dé, décider. Qui ne, ne. ne peut, ne, ne, peut. En toute af, af, affaire ooonéreuse, pour ne pas se ru, ru, rui, ruiner, il faut connaitre les ressources et les charges. Hein! pas vrai? — Certainement, dit le président. Je suis d'avis, moi, qu'en quelques mois de temps l'on pourra racheter les créances pour une somme de, et payer intégralement par arrangement. Ah! ah! l'on mène les chiens bien loin en leur montrant un morceau de lard. Quand il n'y a pas eu de déclaration de faillite et que vous tenez les titres de créances, vous devenez blanc comme neige. — Comme né, né, neige, répéta Grandet en refaisant un cornet de sa main. Je ne comprends pas la né, né, neige. — Mais, cria le président, écoutez-moi donc, alors. — J'é, j'é, j'écoute. — Un effet est une marchandise qui peut avoir sa hausse et sa baisse. Ceci est une déduction du principe de Jérémie Bentham sur l'usure. Ce publiciste a prouvé que le préjugé qui frappait de réprobation les usuriers était une sottise. — Ouais! dit le bonhomme. — Attendu qu'en principe, selon Bentham, l'argent est une marchandise, et que ce qui représente l'argent devient également marchandise, reprit le président, attendu qu'il est notoire que, soumise aux variations habituelles qui régissent les choses commerciales, la marchandise-billet, portant telle ou telle signature, comme tel ou tel article, abonde ou manque sur la place, qu'elle est chere ou monte haut, ou tombe au rabais, le tribunal ordonne... (tiens! que je suis bête, pardon), je suis d'avis que vous pourrez racheter votre frere pour vingt-cinq du cent. — Vooous leno no, no, nommez Jé, Jé, Jé, Jérémie Ben... — Bentham, un Anglais. — Ce Jérémie-la nous fera éviter bien des lamentations dans les affaires, dit le notaire en riant. — Ces Anglais ont qué, qué, quelquefois du bon, du sens, dit Grandet. Ainsi, se, se, se, selon Ben, Ben, Ben, Bentham, si les effets de mon frere... va, va, va, va, valent... ne valent pas. Si, Je, je, dis bien, n'est-ce pas ? Cela me parait clair... Les créanciers seraient... Non, ne seraient pas. Je m'een, entends. — Laissez-moi vous expliquer tout ceci, dit le président. En droit, si vous possédez les titres de toutes les créances dues par la maison Grandet, votre frere ou ses hoirs ne doivent rien à personne. Bien. — Bien, répéta le bonhomme. — En équité, si les effets de votre frere se négocient (négocient, entendez-vous bien ce terme?) sur la place à tant pour cent de perte, si l'un de vos amis a passé par là; s'il les a rachetés, les créanciers n'ayant été contraints par aucune violence à les donner, la succession de feu Grandet de Paris se trouve loyalement quitte. — C'est vrai, les a, a, a, affaires sont les affaires, dit le tonnelier. Cela pooooosé... Mais, néanmoins, vous compre, ne, ne, nez, que c'est di, di, di, difficile. Je, je, je n'ai pas d'aargent, ni, ni ni le temps, ni le temps, ni... — Oui, vous ne pouvez pas vous déranger. Eh bien! je vous offre d'aller à Paris (vous me triendriez compte du voyage, c'est une misere). J'y vois les créanciers, je leur parle, j'attermoie, et tout s'arrange avec un supplément de payement que vous ajoutez aux valeurs de la liquidation, afin de rentrer dans les titres de créances. — Mais noooious verrons cela, je ne, ne, ne peux pas, je, je, je ne veux pas m'en, en, en, engager s'ms, sans, que .. Qui, qui, qui, ne, ne peut, ne peut. Vooooous comprenez ? — Cela est juste. — J'ai la tête ca, ca, cassée de ce que, que vooous, vous m'a, a, a, avez dé, dé, décliqué là. Voilà la, la, la premiere fois de ma vie que je, je suis fooooré de son, songer à dé... — Oui, vous n'êtes pas jurisconsulte. — Je, je suis un pau, pau, pauvre vigneron, et ne sais rien de ce que vou, vou, vous venez de dire. Il faut. En tout cas que j'é, j'étudige çça. — Eh bien! reprit le président en se posant comme pour résumer la discussion. — Mon neveu !... fit le notaire d'un ton de reproche en l'interrom-

¹

pant. — Eh bien ! mon oncle? répondit le président. — Laisse donc
M. Grandet t'expliquer ses intentions. Il s'agit en ce moment d'un
mandat important. Notre cher ami doit le délair congrûm...

Un coup de marteau qui annonça l'arrivée de la famille des Grassins, leur entrée et leurs salutations, empêchèrent Cruchot d'achever
sa phrase. Le notaire fut content de cette interruption ; déjà Grandet
le regardait de travers, et sa loupe indiquait un orage intérieur. mais
d'abord le prudent notaire ne trouvait pas convenable à un président
de tribunal de première instance d'aller à Paris pour y faire capituler
des créanciers et y prêter les mains à un tripotage qui froissait les
lois de la stricte probité; puis, n'ayant pas encore entendu le père
Grandet exprimant la moindre velléité de payer quoi que ce fût. il
tremblait instinctivement de voir son neveu engagé dans cette affaire.
Il profita donc du moment où les des Grassins entraient pour prendre
le président par le bras et l'attirer dans l'embrasure de la fenêtre.
— Tu t'es bien suffisamment montré, mon neveu; mais assez de dévouement comme ça. L'envie d'avoir la fille t'aveugle. Diable ! il n'y
faut pas aller comme une corneille qui abat des noix. Laisse-moi
maintenant conduire la barque, aide seulement à la manœuvre. Est-
ce bien ton rôle de compromettre ta dignité de magistrat dans une
pareille...

Il n'acheva pas; il entendait M. des Grassins disant au vieux tonnelier en lui tendant la main : Grandet, nous avons appris l'affreux malheur arrivé dans votre famille, le désastre de la maison Guillaume
Grandet et la mort de votre frère; nous venons vous exprimer toute
la part que nous prenons à ce triste événement. — Il n'y a d'autre
malheur, dit le notaire en interrompant le banquier, que la mort de
M. Grandet junior. Encore ne se serait-il pas tué s'il avait eu l'idée
d'appeler son frère à son secours. Notre vieil ami, qui a de l'honneur
jusqu'au bout des ongles, compte liquider les dettes de la maison
Grandet de Paris. Mon neveu le président, pour lui éviter les tracas
d'une affaire toute judiciaire, lui offre de partir sur-le-champ pour
Paris, afin de transiger avec les créanciers et les satisfaire convenablement.

Ces paroles, confirmées par l'attitude du vigneron, qui se caressait
le menton, surprirent étrangement les trois des Grassins, qui pendant
le chemin avaient médité tout à loisir de l'avarice de Grandet en l'accusant presque d'un fratricide.

— Ah ! je le savais bien ! s'écria le banquier en regardant sa femme.
Que te disais-je en route, madame des Grassins ? Grandet a de l'honneur jusqu'au bout des cheveux, et ne souffrira pas que son nom reçoive la plus légère atteinte ! L'argent sans l'honneur est une maladie.
Il y a de l'honneur dans nos provinces ! Cela est bien, très-bien,
Grandet. Je suis un vieux militaire, je ne saurais déguiser ma pensée,
je la dis rudement : cela est, mille tonnerres ! sublime. — Alaalors
lllc su... su... sub... sublime est bi... bi... bien cher, répondit le
bonhomme pendant que le banquier lui secouait chaleureusement la
main. — Mais ceci, mon brave Grandet, n'en déplaise à M. le président, reprit des Grassins, est une affaire purement commerciale,
et veut un négociant consommé. Ne faut-il pas se connaître aux
comptes de retour, débours, calculs d'intérêts ? Je dois aller à Paris
pour mes affaires, et je pourrais alors me charger de... — Nous ver-
rions donc à tâ... tà... tacher de nous aaaarranger tou... tous deux
dans les po... po... po... possibilités relatives et sans m'en... m'en...
m'engager à quelque chose que je... je... je ne vooooou... ourdais pas
faire, dit Grandet en bégayant. Parce que, voyez-vous, M. le président me demandait naturellement les frais du voyage.

Le bonhomme ne bredouilla plus ces derniers mots.

— Eh ! dit madame des Grassins, mais c'est un plaisir que d'être à
Paris. Je payerais volontiers pour y aller, moi.

Et elle fit un signe à son mari comme pour l'encourager à souffler
cette commission à leurs adversaires coûte que coûte, puis elle regarda fort ironiquement les deux Cruchot, qui prirent une mine pi-
teuse. Grandet saisit alors le banquier par un des boutons de son
habit et l'attira dans un coin.

— J'aurais bien plus de confiance en vous que dans le président,
lui dit-il. Puis il y a des anguilles sous roche, ajouta-t-il en remuant
sa loupe. Je veux me mettre dans la rente, j'ai quelques milliers de
francs de rente à faire acheter, et je ne veux placer qu'à quatre-
vingts francs. Cette mécanique baisse, dit-on, à la fin des mois. Vous
vous connaissez à ça, pas vrai? — Pardieu ! Eh bien ! j'aurais donc
quelques mille livres de rente à lever pour vous? — Pas grand'chose
pour commencer. Motus ! Je veux jouer la sans qu'on en
sache rien. Vous me conclurez un marché pour la fin du mois; mais
n'en dites rien aux Cruchot, ça les taquinerait. Puisque vous allez à
Paris, nous y verrons en même temps, pour mon pauvre neveu, de
quelle couleur sont les atouts. — Voilà qui est entendu. Je par-
tirai demain en po-te, dit à haute voix des Grassins, et je viendrai
prendre vos dernières instructions... à quelle heure? — A cinq
heures avant le dîner, dit le vigneron en se frottant les mains.

Les deux partis restèrent encore quelques instants en présence.

Des Grassins dit après une pause en frappant sur l'épaule de Grandet :
— Il fait bon avoir de bons parents comme ça... — Oui, oui, sans
que ça paraisse, répondit Grandet, je suis un bon pa... parent. J'aimais
mon frère, et je le prouverai bien si, si ça ne coûte pas... — Nous
allons vous quitter, Grandet, lui dit le banquier en l'interrompant
heureusement avant qu'il n'achevât sa phrase. Si j'avance mon départ, il faut mettre en ordre quelques affaires. — Bien, bien. Moi-
même, raa...apport à ce que vous savez, je vais me reterérirer
dans ma cham... ambre des dédélibérations, comme dit le président
Cruchot. — Peste ! je ne suis plus M. de Bonfons, pensa tristement
le magistrat, dont la figure prit l'expression de celle d'un juge ennuyé
par une plaidoirie.

Les chefs des deux familles rivales s'en allèrent ensemble. Ni les
uns ni les autres ne songeaient plus à la trahison dont s'était rendu
coupable Grandet le matin envers le pays vignoble, et se soudèrent
mutuellement, mais en vain, pour connaître les véritables intentions
du bonhomme dans cette nouvelle affaire. — Ve-
nez-vous chez madame Dorsonval avec nous ? dit des Grassins au notaire. — Nous irons plus tard, répondit le président. Si mon oncle le
permet, j'ai promis à mademoiselle de Gribeaucourt de lui dire un
petit bonsoir, et nous nous y rendrons d'abord. — Au revoir donc,
messieurs, dit madame des Grassins. Et, quand les des Grassins furent à quelques pas des deux Cruchot, Adolphe dit à son père : —
Ils fument joliment, hein ? — Tais-toi donc, mon fils, lui répliqua sa
mère, ils peuvent encore nous entendre. D'ailleurs ce que tu dis n'est
pas de bon goût et sent l'École de droit. — Eh bien ! mon oncle, s'é-
cria le magistrat quand il vit les des Grassins éloignés, j'ai commencé
par être le président de Bonfons, et j'ai fini par être tout simplement
un Cruchot. — J'ai bien vu que ça te contrariait; mais le vent était
aux des Grassins. Es-tu bête, avec tout ton esprit !... Laisse-les s'embarquer sur un nous verrons du père Grandet, et tiens-toi tranquille,
mon petit : Eugénie n'en sera pas moins ta femme.

En quelques instants la nouvelle de la magnanime résolution de
Grandet se répandit dans trois maisons à la fois, et ne fut plus
question dans toute la ville que de ce dévouement fraternel. Chacun
pardonnait à Grandet sa vente faite au mépris de la foi jurée entre les
propriétaires, en admirant son honneur, en vantant une générosité
dont on ne le croyait pas capable. Il est dans le caractère français
de s'enthousiasmer, de se colérer, de se passionner pour le météore
du moment, pour les bâtons flottants de l'actualité. Les êtres collec-
tifs, les peuples, seraient-ils donc sans mémoire ?

Quand le père Grandet eut fermé sa porte, il appela Nanon. — Ne
lâche pas le chien et ne dors pas, nous avons à travailler ensemble.
A onze heures, Cornoiller doit se trouver à ma porte avec la berlin-
got de Froidfond. Écoute-le venir afin de l'empêcher de cogner, et
dis-lui d'entrer tout bellement. Les lois de police défendent le tapage
nocturne. D'ailleurs le quartier n'a pas besoin de savoir que je vais
me mettre en route.

Ayant dit, Grandet remonta dans son laboratoire, où Nanon l'entendit remuant, fouillant, allant, venant, mais avec précaution. Il ne
voulait évidemment réveiller ni sa femme ni sa fille, et surtout ne
point exciter l'attention de son neveu, qu'il avait commencé par mau-
dire en apercevant de la lumière dans sa chambre. Au milieu de la
nuit, Eugénie, préoccupée de son cousin, crut avoir entendu la plainte
d'un mourant, et pour elle ce mourant était Charles : elle l'avait
quitté si pâle, si désespéré ! peut-être s'était-il tué. Soudain elle s'enveloppa d'une coiffe, espèce de pelisse à capuchon, et voulut sortir.
D'abord une vive lumière qui passait par les fentes de sa porte lui
donna peur du feu, puis elle se rassura bientôt en entendant les pas
pesants de Nanon, et sa voix mêlée au hennissement de plusieurs chevaux. — Mon père enlèverait-il mon cousin ? se dit-elle en entr'ouvrant sa porte avec assez de précaution pour l'empêcher de crier,
mais de manière à voir ce qui se passait dans le corridor.

Tout à coup son œil rencontra celui de son père, dont le regard,
quelque vague et insoucieux qu'il fût, la glaça de terreur. Le bonhomme et Nanon étaient accouplés par un gros gourdin dont chaque
bout reposait sur leur épaule droite et soutenait un câble auquel était
attaché un barillet semblable à ceux que le père Grandet s'amusait à
faire dans son fournil à ses moments perdus. — Sainte Vierge ! monsieur, ça pèse-t-i !... dit à voix basse la Nanon. — Quel malheur que
ce ne soit que des gros sous ! répondit le bonhomme. Prends garde
de heurter le chandelier.

Cette scène était éclairée par une seule chandelle placée entre deux
barreaux de la rampe. — Cornoiller, dit Grandet à son garde in par-
tibus, as-tu pris tes pistolets ? — Non, monsieur. Pardé ! quoi qu'il y
a donc à craindre pour vos gros sous ?... — Oh ! rien, dit le père
Grandet. — D'ailleurs nous irons vite, reprit le garde, vos fermiers
ont choisi pour vous leurs meilleurs chevaux. — Bien, bien. Tu ne
leur as pas dit où j'allais ? — Je ne le savais point. — La voiture est solide ? — Ça, notre maître ! ah ben ! ça porterait trois
mille. Qu'est-ce que ça pèse donc vos méchants barils ? — Tiens, dit
Nanon, je le savons bien ! Y a ben près de dix-huit cents. — Veux-

tu te taire, Nanon! Tu diras à ma femme que je suis allé à la campagne. Je serai revenu pour dîner. Va bon train, Cornoiller, faut être à Angers avant neuf heures.

La voiture partit. Nanon verrouilla la grande porte, lâcha le chien, se coucha l'épaule meurtrie, et personne dans le quartier ne soupçonna ni le départ de Grandet, ni l'objet de son voyage. La discrétion du bonhomme était complète. Personne ne voyait jamais un sou dans cette maison pleine d'or. Après avoir appris dans la matinée par les causeries du port que l'or avait doublé de prix par suite de nombreux armements entrepris à Nantes, et que des spéculateurs étaient arrivés à Angers pour en acheter, le vieux vigneron, par un simple emprunt de chevaux fait à ses fermiers, se mit en mesure d'aller y vendre le sien, et d'en rapporter en valeurs du receveur général sur le trésor, la somme nécessaire à l'achat de ses rentes après l'avoir grossie de l'agio. — Mon père s'en va, dit Eugénie, qui du haut de l'escalier avait tout entendu. Le silence était rétabli dans la maison, et le lointain roulement de la voiture, qui cessa par degrés ne retentissait déjà plus dans Saumur endormi. En ce moment, Eugénie entendit en son cœur, avant de l'écouter par l'oreille, une plainte qui perça les cloisons, et qui venait de la chambre de son cousin. Une bande lumineuse, fine autant que le tranchant d'un sabre, passait par la fente de la porte et coupait horizontalement les balustres du vieil escalier. — Il souffre, dit-elle en grimpant deux marches. Un second gémissement la fit arriver sur le palier de la chambre. La porte était entr'ouverte, elle la poussa. Charles dormait la tête penchée en dehors du vieux fauteuil, sa main avait laissé tomber la plume et touchait presque à terre. La respiration saccadée que nécessitait la posture du jeune homme effraya soudain Eugénie, qui entra promptement. — Il doit être bien fatigué, se dit-elle en regardant une dizaine de lettres cachetées, elle en lut les adresses : A messieurs Farry, Breilman et compagnie, carrossiers. — A monsieur Buisson, tailleur, etc. — Il a sans doute arrangé toutes ses affaires pour pouvoir bientôt quitter la France, pensa-t-elle. Ses yeux tombèrent sur deux lettres ouvertes. Ces mots qui en commençaient une : « Ma chère Annette... » lui causèrent un éblouissement ! Sa chère Annette, il aime, il est aimé ! Plus d'espoir ! Que lui dit-il ? Ces idées lui traversèrent la tête et le cœur. Elle lisait ces mots partout, même sur les carreaux, en traits de flammes. — Déjà renoncer à lui ! Non, je ne lirai pas cette lettre. Je dois m'en aller. Si je la lisais, cependant ! Elle regarda Charles, lui prit doucement la tête, la posa sur le dos du fauteuil, et il se laissa faire comme un enfant qui, même en dormant, connaît encore sa mère et reçoit, sans s'éveiller, ses soins et ses baisers. Comme une mère, Eugénie releva la main pendante, et, comme une mère, elle baisa doucement les cheveux. Chère Annette ! Un démon lui criait ces deux mots aux oreilles. — Je sais que je fais peut-être mal, mais je lirai la lettre, dit-elle. Eugénie détourna la tête, car sa noble probité gronda. Pour la première fois de sa vie, le bien et le mal étaient en présence dans son cœur. Jusque-là elle n'avait eu à rougir d'aucune action. La passion, la curiosité l'emportèrent. A chaque phrase, son cœur se gonfla davantage, et l'ardeur piquante qui anima sa vie pendant cette lecture lui rendit encore plus triands les plaisirs du premier amour.

« Ma chère Annette, rien ne devait nous séparer, si ce n'est le malheur qui m'accable et qu'aucune prudence humaine n'aurait su prévoir. Mon père s'est tué. Sa fortune et la mienne sont entièrement perdues. Je suis orphelin à un âge où, par la nature de mon éducation, je puis passer pour un enfant, et je dois néanmoins me relever homme de l'abîme où je suis tombé. Je viens d'employer une partie de cette nuit à faire mes calculs. Si je veux quitter la France en honnête homme, et ce n'est pas un doute, je n'ai pas cent francs à moi pour aller tenter le sort aux Indes ou en Amérique. Oui, ma pauvre Anna, j'irai chercher la fortune sous les climats les plus meurtriers. Sous de tels cieux, elle est sûre et prompte, m'a-t-on dit. Quant à rester à Paris, je ne saurais. Ni mon âme ni mon visage ne sont faits à supporter les affronts, la froideur, le dédain qui attendent l'homme ruiné, le fils du failli ! Bon Dieu ! devoir deux millions !... J'y serais tué en duel dans la première semaine. Aussi n'y retournerai-je point. Ton amour, le plus tendre et le plus dévoué qui jamais ait ennobli le cœur d'un homme, ne saurait m'y attirer. Hélas ! ma bien-aimée, je n'ai point assez d'argent pour aller là où tu es. Donner, recevoir un dernier baiser, un baiser où je puiserais la force nécessaire à mon entreprise. »

— Pauvre Charles ! j'ai bien fait de lire. J'ai de l'or, je le lui donnerai, dit Eugénie.

Elle reprit sa lecture après avoir essuyé ses pleurs.

« Je n'avais point encore songé aux malheurs de la misère. Si j'ai les cent louis indispensables au passage, je n'aurai pas un sou pour me faire une pacotille. Mais non, je n'aurai ni cent louis ni un louis,

je ne connaîtrai ce qui me restera d'argent qu'après le règlement de mes dettes à Paris. Si je n'ai rien j'irai tranquillement à Nantes, je m'y embarquerai simple matelot, et je commencerai là-bas comme ont commencé les hommes d'énergie qui, jeunes, n'avaient pas un sou, et sont revenus, riches, des Indes. Depuis ce matin, j'ai froidement envisagé mon avenir. Il est plus horrible pour moi que pour tout autre, moi choyé par une mère qui m'adorait, chéri par le meilleur des pères, et qui, à mon début dans le monde, ai rencontré l'amour d'une Anna ! Je n'ai connu que les fleurs de la vie : ce bonheur ne pouvait pas durer. J'ai néanmoins, ma chère Annette, plus de courage qu'il n'est permis à un insouciant jeune homme d'en avoir, surtout à un jeune homme habitué aux cajoleries de la plus délicieuse femme de Paris, bercé dans les joies de la famille, à qui tout souriait au logis, et dont les désirs étaient des lois pour un père... Oh! mon père, Annette, il est mort... Eh bien ! j'ai réfléchi à ma position, j'ai réfléchi à la tienne aussi. J'ai bien vieilli en vingt-quatre heures. Chère Anna, si, pour vivre auprès de toi, dans Paris, tu sacrifiais toutes les jouissances de ton luxe, ta toilette, ta loge à l'Opéra, nous n'arriverions pas encore au chiffre des dépenses nécessaires à ma vie dissipée ; puis je ne saurais accepter tant de sacrifices. Nous nous quittons donc aujourd'hui pour toujours. »

— Il la quitte, sainte Vierge ! Oh ! bonheur !

Eugénie sauta de joie. Charles fit un mouvement, elle en eut froid de terreur, mais, heureusement pour elle, il ne s'éveilla pas. Elle reprit :

« Quand reviendrai-je ? je ne sais. Le climat des Indes vieillit promptement un Européen, et surtout un Européen qui travaille. Mettons-nous à dix ans d'ici. Dans dix ans ta fille aura dix-huit ans, elle sera ta compagne, ton espion. Pour toi, le monde sera bien cruel, ta fille le sera peut-être davantage. Nous avons vu des exemples de ces jugements mondains et de ces ingratitudes de jeunes filles, sachons en profiter. Garde au fond de ton âme, comme je le garderai moi-même, le souvenir de ces quatre années de bonheur, et sois fidèle, si tu peux, à ton pauvre ami. Je ne saurais toutefois l'exiger, parce que, vois-tu, ma chère Annette, je dois me conformer à ma position, voir bourgeoisement la vie, et la chiffrer au plus vrai. Donc je dois penser au mariage, qui devient une des nécessités de ma nouvelle existence, et je t'avouerai que j'ai trouvé ici, à Saumur, chez mon oncle, une cousine dont les manières, la figure, l'esprit et le cœur te plairaient, et qui, en outre, me paraît avoir... »

— Il devait être bien fatigué, pour avoir cessé de lui écrire, se dit Eugénie en voyant la lettre arrêtée au milieu de cette phrase.

Elle le justifiait ! N'était-il pas impossible alors que cette innocente fille s'aperçût de la froideur empreinte dans cette lettre ? Aux jeunes filles religieusement élevées, ignorantes et pures, tout est amour dès qu'elles mettent le pied dans ces régions enchantées de l'amour. Elles y marchent entourées de la céleste lumière que leur âme projette, et qui rejaillit en rayons sur leur amant, elles le colorent des feux de leur propre sentiment et lui prêtent leurs belles pensées. Les erreurs de la femme viennent presque toujours de sa croyance au bien ou de sa confiance dans le vrai. Pour Eugénie, ces mots : Ma chère Annette, ma bien-aimée, résonnaient au cœur comme le plus beau langage de l'amour, et lui caressaient l'âme comme, dans son enfance, les notes divines du Venite adoremus, redites par l'orgue, lui caressèrent l'oreille. D'ailleurs, les larmes qui baignaient encore les yeux de Charles lui accusaient toutes les noblesses de cœur par lesquelles une jeune fille doit être séduite. Pouvait-elle savoir si Charles aimait tant son père et le pleurait si véritablement, cette tendresse venait moins de la bonté de son cœur que des bontés paternelles ? M. et madame Guillaume Grandet, en satisfaisant toujours les fantaisies de leur fils, en lui donnant tous les plaisirs de la fortune, l'avaient empêché de faire les horribles calculs dont sont plus ou moins coupables, à Paris, la plupart des enfants quand, en présence des jouissances parisiennes, ils forment des désirs et conçoivent des plans qu'ils voient avec chagrin incessamment ajournés et retardés par la vie de leurs parents. La prodigalité du père alla donc jusqu'à semer dans le cœur de son fils un amour filial vrai sans arrière-pensée. Néanmoins, Charles était un enfant de Paris, habitué par les mœurs de Paris, par Annette elle-même, à tout calculer, déjà vieillard sous le masque du jeune homme. Il avait reçu l'épouvantable éducation du monde, où, dans une soirée, se commet en pensées, en paroles, plus de crimes que la justice n'en punit aux cours d'assises, où les bons mots assassinent les plus grandes idées, où l'on ne passe pour fort qu'autant que l'on voit juste, et là, voir juste, c'est ne croire à rien, ni aux sentiments, ni aux hommes, ni même aux événements ; on y fait de faux événements. Là, pour voir juste, il faut peser, chaque matin, la bourse d'un ami, savoir se mettre politiquement au-dessus de tout ce qui arrive, provisoirement n'admirer, ni les œuvres d'art ni les nobles actions, et donner pour mobile à toute chose l'intérêt persomuel. Après mille folies, la grande dame, la belle Annette, forçait Charles à penser gravement ; elle lui parlait de sa position future, en lui passant dans les cheveux une main parfumée, en lui refaisant une boucle, elle lui faisait calculer la vie, elle le féminisait et le matérialisait. Double corruption, mais corruption élégante et fine, de bon goût.

— Vous êtes niais, Charles, lui disait-elle. J'aurai bien de la peine à vous apprendre le monde. Vous avez été très-mal pour M. des Lupeaulx. Je sais bien que c'est un homme peu honorable, mais attendez qu'il soit sans pouvoir, alors vous le mépriserez à votre aise. Savez-vous ce que madame Campan nous disait ? — Mes enfants, tant qu'un homme est au ministère, adorez-le ; tombe-t-il, aidez à le traîner à la voirie. Puissant, il est une espèce de dieu ; détruit, il est au-dessous de Marat dans son égout, parce qu'il vit et que Marat était mort. La vie est une suite de combinaisons, et il faut les étudier, les suivre, pour arriver à se maintenir toujours en bonne position.

Charles était un homme trop à la mode, il avait été trop constamment heureux par ses parents, trop adulé par le monde, pour avoir de grands sentiments. Le grain d'or que sa mère lui avait jeté au cœur s'était étendu dans la filière parisienne, il l'avait employé en superficie et devait l'user par le frottement. Mais Charles n'avait encore que vingt et un ans. A cet âge, la fraîcheur de la vie semble inséparable de la candeur de l'âme. La voix, le regard, la figure, paraissent en harmonie avec les sentiments. Aussi le juge le plus dur, l'avoué le plus incrédule, l'usurier le moins facile, hésitent-ils toujours à croire à la vieillesse du cœur, à la corruption des calculs, quand les yeux nagent encore dans un fluide pur, et qu'il n'y a point de rides sur le front. Charles n'avait jamais eu l'occasion d'appliquer les maximes de la morale parisienne, et jusqu'à ce jour il était beau d'inexpérience. Mais, à son insu, l'égoïsme lui avait été inoculé. Les germes de l'économie politique à l'usage du Parisien, latents en son cœur, ne devaient pas tarder à y fleurir, aussitôt que de spectateur oisif il deviendrait acteur dans le drame de la vie réelle. Presque toutes les jeunes filles s'abandonnent aux douces promesses de ces dehors ; mais Eugénie, eût-elle été prudente et observatrice autant que le sont certaines filles en province, aurait-elle pu se défier de son cousin, quand, chez lui, les manières, les paroles et les actions s'accordaient encore avec les inspirations du cœur ? Un hasard, fatal pour elle, lui fit essuyer les dernières effusions de sensibilité vraie qui fût en ce jeune cœur, et entendre, pour ainsi dire, les derniers soupirs de la conscience. Elle laissa donc cette lettre, pour elle pleine d'amour, et se mit complaisamment à contempler son cousin endormi : les fraîches illusions de la vie jouaient encore pour elle sur ce visage, elle se jura d'abord à elle-même de l'aimer toujours. Puis elle jeta les yeux sur l'autre lettre sans attacher beaucoup d'importance à cette indiscrétion, et, si elle commença de la lire, ce fut pour acquérir de nouvelles preuves des nobles qualités que, semblable à toutes les femmes, elle prêtait à celui qu'elle choisissait.

« Mon cher Alphonse, au moment où tu liras cette lettre je n'aurai plus d'amis ; mais je t'avoue qu'en doutant de ces gens du monde, habitués à prodiguer ce mot, je n'ai pas douté de ton amitié. Je te charge donc d'arranger mes affaires, et compte sur toi pour tirer un bon parti de tout ce que je possède. Tu dois maintenant connaître ma position. Je n'ai plus rien, et veux partir pour les Indes. Je viens d'écrire à toutes les personnes auxquelles je crois devoir quelque argent, et tu en trouveras ci-joint la liste aussi exacte qu'il m'est possible de la donner de mémoire. Ma bibliothèque, mes meubles, mes voitures, mes chevaux, etc., suffiront, je crois, à payer mes dettes. Je ne veux me réserver que des babioles sans valeur qui seraient susceptibles de me faire un commencement de pacotille. Mon cher Alphonse, je t'enverrai d'ici, pour cette vente, une procuration régulière, en cas de contestations. Tu m'adresseras toutes mes armes. Puis tu garderas pour toi Briton. Personne ne voudrait donner le prix de cette admirable bête, j'aime mieux te l'offrir, comme le bague et le bague que lègue un mourant à son exécuteur testamentaire. On m'a fait une très-comfortable voiture de voyage chez les Farry, Breilman et compagnie, mais ils ne l'ont pas livrée ; obtiens d'eux qu'ils la gardent sans me demander d'indemnité ; s'ils se refusaient à cet arrangement, évite tout ce qui pourrait entacher ma loyauté dans les circonstances où je me trouve. Je dois six louis à l'insulaire, perdus au jeu, ne manque pas de les lui... »

— Cher cousin, dit Eugénie en laissant la lettre, et se sauvant à petits pas chez elle avec une des bougies allumées. Là ce ne fut pas sans une vive émotion de plaisir qu'elle ouvrit le tiroir d'un vieux meuble en chêne, l'un des plus beaux ouvrages de l'époque nommée la Renaissance, et sur lequel se voyait encore, à demi-effacé, la fameuse salamandre royale. Elle y prit une grosse bourse en velours rouge à glands d'or, et bordée de cannetille usée, provenant de la succession de sa grand'mère. Puis elle pesa fort orgueilleusement cette bourse, et se plut à vérifier le compte oublié de son petit pécule. Elle sépara d'abord vingt portugaises encore neuves, frappées sous le règne de Jean V, en 1725, valant réellement au change cinq

lisbonnes, ou chacune cent soixante-huit francs soixante-quatre centimes, lui disait son père, mais dont la valeur conventionnelle était de cent quatre-vingt francs, attendu la rareté, la beauté desdites pièces, qui reluisaient comme des soleils. Item, cinq génovines ou pièces de cent livres de Gênes, autre monnaie rare et valant quatre-vingt-sept francs au change, mais cent francs pour les amateurs d'or. Elles lui venaient du vieux M. la Bertellière. Item, trois quadruples d'or espagnols de Philippe V, frappés en 1729, donnés par madame Gentillet, qui, en les lui offrant, lui disait toujours la même phrase : — Ce cher serin-là, ce petit jaune vaut quatre-vingt-dix-huit livres ! Gardez-le bien, ma mignonne, ce sera la fleur de votre trésor. Item, ce que son père estimait le plus (l'or de ces pièces était à vingt-trois carats et une fraction), cents ducats de Hollande, fabriqués en l'an 1756, et valant près de treize francs. Item, une grande curiosité !... des espèces de médailles précieuses aux avares, trois roupies au signe de la Balance, et cinq roupies au signe de la Vierge, toutes d'or pur à vingt-quatre carats, la magnifique monnaie du Grand-Mogol, et dont chacune valait trente-sept francs quarante centimes au poids, mais au moins cinquante francs pour les connaisseurs qui aiment à manier l'or. Item, le napoléon de quarante francs reçu l'avant-veille, et qu'elle avait négligemment mis dans sa bourse rouge. Ce trésor contenait des pièces neuves et vierges, de véritables morceaux d'art desquels le père Grandet s'informait parfois et qu'il voulait revoir, afin de détailler à sa fille les vertus intrinsèques, comme la beauté du cordon, la clarté du plat, la richesse des lettres dont les vives arêtes n'étaient pas encore rayées. Mais elle ne pensait ni à ces raretés, ni à la manie de son père, ni au danger qu'il y avait pour elle de se démunir d'un trésor si cher à son père, non, elle songeait à son cousin, et parvint enfin à comprendre, après quelques fautes de calcul, qu'elle possédait environ cinq mille huit cents francs en valeurs réelles, qui, conventionnellement, pouvaient se vendre près de deux mille écus. A la vue de ses richesses, elle se mit à applaudir en battant des mains, comme un enfant forcé de perdre son trop plein de joie dans les naïfs mouvements du corps. Ainsi le père et la fille avaient compté chacun leur fortune : lui, pour aller vendre son or ; Eugénie, pour jeter le sien dans un océan d'affection. Elle remit les pièces dans la vieille bourse, la prit et remonta sans hésitation. La misère secrète de son cousin lui faisait oublier la nuit, les convenances ; puis, elle était forte de sa conscience, de son dévouement, de son bonheur. Au moment où elle se montra sur le seuil de la porte, en tenant d'une main la bougie, de l'autre sa bourse, Charles se réveilla, vit sa cousine et resta béant de surprise. Eugénie s'avança, posa le flambeau sur la table et dit d'une voix émue : — Mon cousin, j'ai à vous demander pardon d'une faute grave que j'ai commise envers vous, mais Dieu me la pardonnera, ce péché, si vous voulez l'effacer. — Qu'est-ce donc ? dit Charles en se frottant les yeux. — J'ai lu ces deux lettres.

Charles rougit.

— Comment cela s'est-il fait ? reprit-elle, pourquoi suis-je montée ? En vérité, maintenant je ne le sais plus. Mais, je suis tentée de ne pas trop me repentir d'avoir lu ces lettres, puisqu'elles m'ont fait connaître votre cœur, votre âme et... — Et quoi ? demanda Charles. — Et vos projets, la nécessité où vous êtes d'avoir une somme... — Ma chère cousine... — Chut, chut, mon cousin, pas si haut, n'éveillons personne. Voici, dit-elle en ouvrant la bourse, les économies d'une pauvre fille qui n'a besoin de rien. Charles, acceptez-les. Ce matin, j'ignorais ce qu'était l'argent, vous me l'avez appris, ce n'est qu'un moyen, voilà tout. Un cousin est presque un frère, vous pouvez bien emprunter la bourse de votre sœur.

Eugénie, autant femme que jeune fille, n'avait pas prévu de refus, et son cousin restait muet.

— Eh bien ! vous refuseriez ? demanda Eugénie, dont les palpitations retentirent au milieu du profond silence.

L'hésitation de son cousin l'humilia ; mais la nécessité dans laquelle il se trouvait se représenta plus vivement à son esprit, et elle plia le genou.

— Je ne me relèverai pas que vous n'ayez pris cet or ! dit-elle. Mon cousin, de grâce, une réponse !... que je sache si vous m'honorez, si vous êtes généreux, si...

En entendant le cri d'un noble désespoir, Charles laissa tomber des larmes sur les mains de sa cousine, qu'il saisit afin de l'empêcher de s'agenouiller. En recevant ces larmes chaudes, Eugénie sauta sur la bourse, la lui versa sur la table.

— Eh bien ! oui, n'est-ce pas ? dit-elle en pleurant de joie. Ne craignez rien, mon cousin, vous serez riche. Cet or vous portera bonheur ; un jour vous me le rendrez ; d'ailleurs nous nous associerons ; enfin je passerai par toutes les conditions que vous m'imposerez. Mais vous devriez ne pas donner tant de prix à ce don.

Charles put enfin exprimer ses sentiments.

— Oui, Eugénie, j'aurais l'âme bien petite si je n'acceptais pas. Cependant, rien pour rien, confiance pour confiance. — Que voulez-

vous? dit-elle effrayée. — Écoutez, ma chère cousine, j'ai là... Il s'interrompit pour montrer sur la commode une caisse carrée enveloppée d'un surtout de cuir. — Là, voyez-vous, une chose qui m'est
aussi précieuse que la vie. Cette boîte est un présent de ma mère.
Depuis ce matin je pensais que, si elle pouvait sortir de sa tombe,
elle vendrait elle-même l'or que sa tendresse lui a fait prodiguer dans
ce nécessaire; mais, accomplie par moi, cette action me paraîtrait
un sacrilège. Eugénie serra convulsivement la main de son cousin en
entendant ces derniers mots. — Non, reprit-il après une légère pause,
pendant laquelle tous deux ils se jetèrent un regard humide, non, je
ne veux ni le détruire, ni le risquer dans mes voyages. Chère Eugénie, vous en serez dépositaire. Jamais ami n'aura confié quelque
chose de plus sacré à son ami. Soyez-en juge. Il alla prendre la boîte,

Eugénie s'assit à la fenêtre, contempla la cour... — PAGE 11.

la sortit du fourreau, l'ouvrit et montra tristement à sa cousine
émerveillée un nécessaire où le travail donnait à l'or un prix bien supérieur à celui de son poids. — Ce que vous admirez n'est rien, dit-
il en poussant un ressort qui fit partir un double fond. Voilà ce qui,
pour moi, vaut la terre entière. Il tira deux portraits, deux chefs-
d'œuvre de madame de Mirbel, richement entourés de perles. — Oh!
la belle personne, n'est-ce pas cette dame à qui vous écriv... — Non,
dit-il en souriant. Cette femme est ma mère, et voici mon père, qui
sont votre tante et votre oncle. Eugénie, je devrais vous supplier à
genoux de me garder ce trésor. Si je périssais en perdant votre petite fortune, cet or vous dédommagerait; et à vous seule, je puis
laisser les deux portraits, vous êtes digne de les conserver; mais dé-
truisez-les, afin qu'après vous ils n'aillent pas en d'autres mains...
Eugénie se taisait. — Eh bien! oui, n'est-ce pas? ajouta-t-il avec
grâce.
Eu entendant les mots qu'elle venait de dire à son cousin, elle lui
jeta son premier regard de femme aimante, un de ces regards où il

y a presque autant de coquetterie que de profondeur; il lui prit la
main et la baisa. — Ange de pureté! entre nous, n'est-ce pas?...
l'argent ne sera jamais rien. Le sentiment, qui en fait quelque chose,
sera tout désormais. — Vous ressemblez à votre mère. Avait-elle la
voix aussi douce que la vôtre? — Oh! bien plus douce... — Oui,
pour vous, dit-elle en abaissant ses paupières. Allons, Charles, couchez-vous, je le veux, vous êtes fatigué. A demain.
Elle dégagea doucement sa main d'entre celles de son cousin, qui
la reconduisit en l'éclairant. Quand ils furent tous deux sur le seuil
de la porte : — Ah! pourquoi suis-je ruiné? dit-il. — Bah! mon père
est riche, je le crois, répondit-elle. — Pauvre enfant, reprit Charles
en avançant un pied dans la chambre et s'appuyant le dos au mur, il
n'aurait pas laissé mourir le mien, il ne vous laisserait pas dans ce
dénûment, enfin il vivrait autrement. — Mais il a Froidfond. — Et
que vaut Froidfond? — Je ne sais pas; mais il a Noyers. — Quelque
mauvaise ferme! — Il a des vignes et des prés... — Des misères! dit
Charles d'un air dédaigneux. Si votre père avait seulement vingt-quatre mille livres de rente, habiteriez-vous cette chambre froide et nue?
ajouta-t-il en avançant le pied gauche. — Là seront donc mes trésors,
dit-il en montrant le vieux bahut pour voiler sa pensée. — Allez dormir, dit-elle en l'empêchant d'entrer dans une chambre en désordre.
Charles se retira, et ils se dirent bonsoir par un mutuel sourire.
Tous deux ils s'endormirent dans le même rêve, et Charles commença dès lors à jeter quelques roses sur son deuil. Le lendemain
matin, madame Grandet trouva sa fille se promenant avant le déjeuner en compagnie de Charles. Le jeune homme était encore triste
comme devait l'être un malheureux descendu pour ainsi dire au fond
de ses chagrins, et qui, en mesurant la profondeur de l'abîme où il
était tombé, avait senti tout le poids de sa vie future.
— Mon père ne reviendra que pour le dîner, dit Eugénie en voyant
l'inquiétude peinte sur le visage de sa mère.
Il était facile de voir dans les manières, sur la figure d'Eugénie et
dans la singulière douceur que contracta sa voix, une conformité de
pensée entre elle et son cousin. Leurs âmes s'étaient ardemment
épousées avant peut-être même d'avoir bien éprouvé la force des
sentiments par lesquels ils s'unissaient l'un à l'autre. Charles resta
dans la salle, et sa mélancolie y fut respectée. Chacune des trois femmes eut à s'occuper. Grandet ayant oublié ses affaires, il vint un assez grand nombre de personnes. Le couvreur, le plombier, le maçon,
les terrassiers, le charpentier, des closiers, des fermiers, les uns
pour conclure des marchés relatifs à des réparations, les autres pour
payer des fermages ou recevoir de l'argent. Madame Grandet et Eugénie furent donc obligées d'aller et de venir, de répondre aux interminables discours des ouvriers et des gens de la campagne. Nanon
encaissait les redevances dans sa cuisine. Elle attendait toujours les
ordres de son maître pour savoir ce qui devait être gardé pour la
maison ou vendu au marché. L'habitude du bonhomme était, comme
celle d'un grand nombre de gentilshommes campagnards, de boire
son mauvais vin et de manger ses fruits gâtés. Vers cinq heures du
soir, Grandet revint d'Angers ayant eu quatorze mille francs de son
or, et tenant dans son portefeuille des bons royaux qui lui portaient
intérêt jusqu'au jour où il aurait à payer ses rentes. Il avait laissé
Cornoiller à Angers, pour y soigner les chevaux à demi fourbus, et
les ramener lentement après les avoir bien fait reposer.
— Je reviens d'Angers, ma femme. J'ai faim.
Nanon lui cria de la cuisine : — Est-ce que vous n'avez rien mangé
depuis hier? — Rien, répondit le bonhomme.
Nanon apporta la soupe. Des Grassins vint prendre les ordres de
son client au moment où la famille était à table. Le père Grandet n'a-
vait seulement pas vu son neveu.
— Mangez tranquillement, Grandet, dit le banquier. Nous causerons. Savez-vous ce que vaut l'or à Angers, où l'on en est venu chercher pour Nantes? je vais en envoyer. — N'en envoyez pas, répondit
le bonhomme, il y en a déjà suffisamment. Nous sommes trop bons
amis pour que je ne vous évite pas une perte de temps. — Mais l'or
y vaut treize francs cinquante centimes. — Dites donc valait. — D'où
diable en serait-il venu? — Je suis allé cette nuit à Angers, lui répondit Grandet à voix basse.
Le banquier tressaillit de surprise. Puis une conversation s'établit
entre eux d'oreille à oreille, pendant laquelle des Grassins et Grandet
regardèrent Charles à plusieurs reprises. Au moment où sans doute
l'ancien tonnelier dit au banquier de lui acheter cent mille livres de
rente, des Grassins laissa derechef échapper un geste d'étonnement.
— Monsieur Grandet, dit-il à Charles, je pars pour Paris; et, si
vous aviez des commissions à me donner... — Aucune, monsieur. Je
vous remercie, répondit Charles. — Remerciez-le mieux que ça, mon
neveu. Monsieur va pour arranger les affaires de la maison Guillaume
Grandet. — Y aurait-il donc quelque espoir? demanda Charles. —
Mais, s'écria le tonnelier avec un orgueil bien joué, n'êtes-vous pas
mon neveu? votre honneur est le nôtre. Ne vous nommez-vous pas
Grandet?
Charles se leva, saisit le père Grandet, l'embrassa, pâlit et sortit.
Eugénie contemplait son père avec admiration.
— Allons, adieu, mon bon des Grassins, tout à vous, et emboisez-

moi bien ces gens-là ! Les deux diplomates se donnèrent une poignée de main, l'ancien tonnelier reconduisit le banquier jusqu'à la porte; puis, après l'avoir fermée, il revint et dit à Nanon en se plongeant dans son fauteuil : — Donne-moi du cassis ! Mais, trop ému pour rester en place, il se leva, regarda le portrait de M. de la Bertellière et se mit à chanter, en faisant ce que Nanon appelait des pas de danse :

Dans les gardes françaises
J'avais un bon papa.

Nanon, madame Grandet, Eugénie, s'examinèrent mutuellement et en silence. La joie du vigneron les épouvantait toujours quand elle arrivait à son apogée. La soirée fut bientôt finie. D'abord le père Grandet voulut se coucher de bonne heure; et, lorsqu'il se couchait, chez lui tout devait dormir; de même que quand Auguste buvait la Pologne était ivre. Puis Nanon, Charles et Eugénie n'étaient pas moins las que le maître. Quant à madame Grandet, elle dormait, mangeait, buvait, marchait, suivant les désirs de son mari. Néanmoins, pendant les deux heures accordées à la digestion, le tonnelier, plus facétieux qu'il ne l'avait jamais été, dit beaucoup de ses apophthegmes particuliers, dont un seul donnera la mesure de son esprit. Quand il eut avalé son cassis, il regarda le verre.

— On n'a pas plutôt mis les lèvres à un verre qu'il est déjà vide ! Voilà notre histoire. On ne peut pas être et avoir été. Les écus ne peuvent pas rouler et rester dans votre bourse, autrement la vie serait trop belle.

Il fut jovial et clément. Lorsque Nanon vint avec son rouet : — Tu dois être lasse, lui dit-il. Laisse ton chanvre.—Ah! ben!...quien, je m'ennuierais, répondit la servante. — Pauvre Nanon ! Veux-tu du cassis ? — Ah ! pour du cassis, je ne dis pas non ; madame le fait ben mieux que les apothicaires. Celui qu'i vendent est de la drogue. — Ils y mettent trop de sucre, ça ne sent plus rien, dit le bonhomme.

Le lendemain la famille, réunie à huit heures pour le déjeuner, offrit le tableau de la première scène d'une intimité bien réelle. Le malheur avait promptement mis en rapport madame Grandet, Eugénie et Charles ; Nanon elle-même sympathisait avec eux sans le savoir. Tous quatre commencèrent à faire une même famille. Quant au vieux vigneron, son avarice satisfaite et la certitude de voir bientôt partir le mirliflor sans avoir à lui payer autre chose que son voyage à Nantes, le rendirent presque indifférent à sa présence au logis. Il laissa les deux enfants, ainsi qu'il nomma Charles et Eugénie, libres de se comporter comme bon leur semblerait sous l'œil de madame Grandet, en laquelle il avait d'ailleurs une entière confiance en ce qui concernait la morale publique et religieuse. L'alignement de ses prés et de ses fossés jouxtant la route, ses plantations de peupliers en Loire et les travaux d'hiver dans ses clos et à Froidfond l'occupèrent exclusivement. Dès lors commença pour Eugénie le primevère de l'amour. Depuis la scène de nuit pendant laquelle la cousine donna son trésor au cousin, son cœur avait suivi le trésor. Complices tous deux

du même secret, ils se regardaient en s'exprimant une mutuelle intelligence qui approfondissait leurs sentiments et les leur rendait mieux communs, plus intimes, en les mettant, pour ainsi dire, tous deux en dehors de la vie ordinaire. La parenté n'autorisait-elle pas une certaine douceur dans l'accent, une tendresse dans les regards ? aussi Eugénie se plut-elle à endormir les souffrances de son cousin dans les joies enfantines d'un naissant amour. N'y a-t-il pas de gracieuses similitudes entre les commencements de l'amour et ceux de la vie ? Ne berce-t-on pas l'enfant par de doux chants et de gentils regards ? Ne lui dit-on pas de merveilleuses histoires qui lui dorent l'avenir ? Pour lui l'espérance ne déploie-t-elle pas incessamment ses ailes radieuses ? Ne verse-t-il pas tour à tour des larmes de joie et de douleur ? Ne se querelle-t-il pas pour des riens, pour des cailloux avec lesquels il essaye de se bâtir un mobile palais, pour des bouquets aussitôt oubliés que coupés ? N'est-il pas avide de saisir le temps, d'avancer dans la vie ? L'amour est notre seconde transformation. L'enfance et l'amour furent même chose entre Eugénie et Charles : ce fut la passion première avec tous ses enfantillages, d'autant plus caressants pour leurs cœurs qu'ils étaient enveloppés de mélancolie. En se débattant à sa naissance sous les crêpes du deuil, cet amour n'en était d'ailleurs que mieux en harmonie avec la simplicité provinciale de cette maison en ruines. En échangeant quelques mots avec sa cousine au bord du puits, dans cette cour muette; en restant dans ce jardinet, assis sur un banc moussu jusqu'à l'heure où le soleil se couchait, occupés à se dire de grands riens ou recueillis dans le calme qui régnait entre le rempart et la maison, comme on l'est sous les arcades d'une église, Charles comprit la sainteté de l'amour; car sa grande dame, sa chère Annette, ne lui en avait fait connaître que les troubles orageux. Il quittait en ce moment la passion parisienne, coquette, vaniteuse, éclatante, pour l'amour pur et vrai. Il aimait cette maison, dont les mœurs ne lui semblèrent plus si ridicules. Il descendait dès le matin afin de pouvoir causer avec Eugénie quelques moments avant que Grandet ne vînt donner les provisions ; et, quand les pas du bonhomme retentissaient dans les escaliers, il se sauvait au jardin. La petite criminalité de ce rendez-vous matinal, secret même pour la mère d'Eugénie, et que Nanon faisait semblant de ne pas apercevoir, imprimait à l'amour le plus innocent du monde la vivacité des plaisirs défendus. Puis, quand, après le déjeuner, le père Grandet était parti pour aller voir ses propriétés et ses exploitations, Charles demeurait entre la mère et la fille, éprouvant des délices inconnues à leur prêter les mains pour dévider du fil, à les voir travaillant, à les entendre jaser. La simplicité de cette vie presque monastique, qui lui révéla les beautés de ces âmes auxquelles le monde était inconnu, le toucha vivement. Il avait cru ces mœurs impossibles en France, et n'avait admis leur existence qu'en Allemagne, encore n'était-ce que fabuleusement et dans les romans d'Auguste La Fontaine. Bientôt pour lui Eugénie fut l'idéal de la Marguerite de Gœthe, moins la faute. Enfin de jour en jour ses regards, ses paroles ravirent la pauvre fille,

Chère Eugénie, un cousin est mieux qu'un frère. — PAGE 26.

qui s'abandonna délicieusement au courant de l'amour, elle saisissait sa félicité comme un nageur saisit la branche de saule pour se tirer du fleuve et se reposer sur la rive. Les chagrins d'une prochaine absence n'attristaient-ils pas déjà les heures les plus joyeuses de ces fuyardes journées? Chaque jour un petit événement leur rappelait la prochaine séparation. Ainsi, trois jours après le départ des Grassins, Charles fut emmené par Grandet au tribunal de première instance avec la solennité que les gens de province attachent à de tels actes, pour y signer une renonciation à la succession de son père. Répudiation terrible! espèce d'apostasie domestique. Il alla chez maître Cruchot faire deux procurations, l'une pour des Grassins, l'autre pour l'ami chargé de vendre son mobilier. Puis il fallut remplir les formalités nécessaires pour obtenir un passeport à l'étranger. Enfin, quand arrivèrent les simples vêtements de deuil que Charles avait demandés à Paris, il fit venir un tailleur de Saumur et lui vendit sa garde-robe inutile. Cet acte plut singulièrement au père Grandet.

— Ah! vous voilà comme un homme qui doit s'embarquer et qui veut faire fortune, lui dit-il en le voyant vêtu d'une redingote de gros drap noir. Bien, très-bien! — Je vous prie de croire, monsieur, lui répondit Charles, que je saurai bien avoir l'esprit de ma situation. — Qu'est-ce que c'est que cela? dit le bonhomme dont les yeux s'animèrent à la vue d'une poignée d'or que lui montra Charles. — Monsieur, j'ai réuni mes boutons, mes anneaux, toutes les superfluités que je possède et qui pouvaient avoir quelque valeur; mais, ne connaissant personne à Saumur, je voulais vous prier ce matin de... — De vous acheter cela? dit Grandet en l'interrompant. — Non, mon oncle, de m'indiquer un honnête homme qui... — Donnez-moi cela, mon neveu. J'irai vous estimer cela là-haut, et je reviendrai vous dire ce que cela vaut, à un centime près. Or de bijou, dit-il en examinant une longue chaîne, dix-huit à dix-neuf carats.

Le bonhomme tendit sa large main et emporta la masse d'or.

— Ma cousine, dit Charles, permettez-moi de vous offrir ces deux boutons qui pourront vous servir à attacher des rubans à vos poignets. Cela fait un bracelet fort à la mode en ce moment. — J'accepte sans hésiter, mon cousin, dit-elle en lui jetant un regard d'intelligence. — Ma tante, voici le dé de ma mère, je le garderai précieusement dans ma toilette de voyage, dit Charles en présentant un joli dé d'or à madame Grandet, qui depuis dix ans en désirait un. — Il n'y a pas de remerciements possibles, mon neveu, dit la vieille mère, dont les yeux se mouillèrent de larmes. Soir et matin dans mes prières j'ajouterai la plus pressante de toutes pour vous, en disant celle des voyageurs. Si je mourais, Eugénie vous conserverait ce bijou. — Cela vaut neuf cent quatre-vingt-neuf francs soixante-quinze centimes, mon neveu, dit Grandet en ouvrant la porte. Mais, pour vous éviter la peine de vendre cela, je vous en compterai l'argent... en livres.

Le mot en livres signifie, sur le littoral de la Loire, que les écus de six livres doivent être acceptés pour six francs sans déduction. — Je n'osais vous le proposer, répondit Charles, mais il me répugnait de brocanter mes bijoux dans la ville que vous habitez. Il faut laver son linge sale en famille, disait Napoléon. Je vous remercie donc de votre complaisance. Grandet se gratta l'oreille, et il y eut un moment de silence. — Mon cher oncle, reprit Charles en le regardant d'un air inquiet comme s'il eût craint de blesser sa susceptibilité, ma cousine et ma tante ont bien voulu accepter un faible souvenir de moi, veuillez à votre tour agréer les boutons de manche qui me deviennent inutiles: ils vous rappelleront un pauvre garçon qui, loin de vous, pensera certes à ceux qui désormais seront toute sa famille. — Mon garçon, mon garçon! faut pas te dénuer comme ça... Qu'as-tu donc, ma femme? dit-il en se tournant avec avidité vers elle, ah! un dé d'or. Et toi, fifille, tiens, des agrafes de diamants. Allons, je prends les boutons, mon garçon, reprit-il en serrant la main de Charles. Mais... tu me permettras de... te payer ton, oui... ton passage aux Indes. Oui, je veux te payer ton passage. D'autant, vois-tu, garçon, qu'en estimant tes bijoux, je n'en ai compté que l'or brut, il y a peut-être quelque chose à gagner sur les façons. Ainsi, voilà qui est dit. Je te donnerai quinze cents francs... en livres, que Cruchot me prêtera, car je n'ai pas un rouge liard ici, à moins que Perrotet, qui est en retard de son fermage, ne me paye. Tiens, tiens, je vais l'aller voir.

Il prit son chapeau, mit ses gants et sortit.

— Vous vous en irez donc? dit Eugénie en lui jetant un regard de tristesse mêlée d'admiration. — Il le faut, dit-il en baissant la tête.

Depuis quelques jours, le maintien, les manières, les paroles de Charles étaient devenus ceux d'un homme profondément affligé, mais qui, sentant peser sur lui d'immenses obligations, puise un nouveau courage dans son malheur. Il ne soupirait plus, il s'était fait homme. Aussi jamais Eugénie ne présuma-t-elle mieux du caractère de son cousin, qu'en le voyant descendre dans ses habits de gros drap noir, qui allaient bien à sa figure pâle et à sa sombre contenance. Ce jour-là le deuil fut pris par les deux femmes, qui assistèrent avec Charles à un Requiem célébré à la paroisse pour l'âme de feu Guillaume Grandet.

Au second déjeuner, Charles reçut des lettres de Paris, et les lut.

— Eh bien! mon cousin, êtes-vous content de vos affaires? dit

Eugénie à voix basse. — Ne fais donc jamais de ces questions-là, ma fille, répondit Grandet. Que diable! je ne te dis pas les miennes, pourquoi fourres-tu ton nez dans celles de ton cousin? Laisse-le donc, ce garçon. — Oh! je n'ai point de secrets, dit Charles. — Ta, ta, ta, mon neveu, tu sauras qu'il faut tenir sa langue en bride dans le commerce.

Quand les deux amants furent seuls dans le jardin, Charles dit à Eugénie en l'attirant sur le vieux banc où ils s'assirent sous le noyer: — J'avais bien présumé d'Alphonse, il s'est conduit à merveille. Il a fait mes affaires avec prudence et loyauté. Je ne dois rien à Paris, tous mes meubles sont bien vendus, et il m'annonce avoir, d'après les conseils d'un capitaine au long cours, employé trois mille francs qui lui restaient en une pacotille composée de curiosités européennes de-quelles on tire un excellent parti aux Indes. Il a dirigé mes colis sur Nantes, où se trouve un navire en charge pour Java. Dans cinq jours, Eugénie, il faudra nous dire adieu pour toujours peut-être, mais au moins pour longtemps. Ma pacotille et dix mille francs que m'envoient deux de mes amis sont un bien petit commencement. Je ne puis songer à mon retour avant plusieurs années. Ma chère cousine, ne mettez pas en balance ma vie et la vôtre, je puis périr, peut-être se présentera-t-il pour vous un riche établissement... — Vous m'aimez? dit-elle. — Oh! oui, bien, répondit-il avec une profondeur d'accent qui révélait une égale profondeur dans le sentiment. — J'attendrai, Charles. Dieu! mon père est à sa fenêtre, dit-elle en repoussant son cousin, qui s'approchait pour l'embrasser.

Elle se sauva sous la voûte, Charles l'y suivit; en la voyant, elle se retira au bas de l'escalier et ouvrit la porte battante; puis, sans trop savoir où elle allait, Eugénie se trouva près du bouge de Nanon, à l'endroit de moins clair du couloir. Là, Charles, qui l'avait accompagnée, lui prit la main, l'attira sur son cœur, la saisit par la taille, et l'appuya doucement sur lui. Eugénie ne résista plus, elle reçut et donna le plus pur, le plus suave, mais aussi le plus entier de tous les baisers.

— Chère Eugénie, un cousin est mieux qu'un frère, il peut t'épouser, lui dit Charles. — Ainsi soit-il! cria Nanon en ouvrant la porte de son taudis.

Les deux amants, effrayés, se sauvèrent dans la salle, où Eugénie reprit son ouvrage, et où Charles se mit à lire les litanies de la Vierge dans le paroissien de madame Grandet.

— Quien! dit Nanon, nous faisons tous nos prières.

Dès que Charles eut annoncé son départ, Grandet se mit en mouvement pour faire croire qu'il lui portait beaucoup d'intérêt, il se montra libéral de tout ce qui ne lui coûtait rien, s'occupa de lui trouver un emballeur, et dit que cet homme prétendait vendre ses caisses trop cher; il voulut alors à toute force les faire lui-même, et y employa de vieilles planches; il se leva dès le matin pour raboter, ajuster, planer, clouer ses voliges et en confectionner de très-belles caisses dans lesquelles il emballa tous les effets de Charles, il se chargea de les faire descendre par bateau sur la Loire, de les assurer, et de les expédier en temps utile à Nantes.

Depuis le baiser pris dans le couloir, les heures s'enfuyaient pour Eugénie avec une effrayante rapidité. Parfois elle voulait suivre son cousin. Celui qui a connu la plus attachante des passions, celle dont la durée est chaque jour abrégée par l'âge, par le temps, par une maladie mortelle, par quelques-unes des fatalités humaines, celui-là comprendra les tourments d'Eugénie. Elle pleurait souvent en se promenant dans ce jardin, maintenant trop étroit pour elle, ainsi que la cour, la maison, la ville: elle s'élançait par avance sur la vaste étendue des mers. Enfin la veille du départ arriva. Le matin, en l'absence de Grandet et de Nanon, le précieux coffret où se trouvaient les deux portraits fut solennellement installé dans le seul tiroir du bahut qui fermait à clef et où était la bourse maintenant vide. Le dépôt de ce trésor n'alla pas sans bon nombre de baisers et de larmes. Quand Eugénie mit la clef dans son sein, elle n'eut pas le courage de défendre à Charles d'y baiser la place.

— Elle ne sortira pas de là, mon ami. — Eh bien! mon cœur y sera toujours aussi. — Ah! Charles, ce n'est pas bien, dit-elle d'un accent peu grondeur. — Ne sommes-nous pas mariés? répondit-il, j'ai ta parole, prends la mienne. — A toi, pour jamais! fut dit deux fois de part et d'autre.

Aucune promesse faite sur cette terre ne fut plus pure: la candeur d'Eugénie avait momentanément sanctifié l'amour de Charles. Le lendemain matin le déjeuner fut triste. Malgré la robe d'or et une croix à la Jeannette que lui donna Charles, Nanon elle-même, libre d'exprimer ses sentiments, eut la larme à l'œil.

— Ce pauvre mignon monsieur, qui s'en va sur mer. Que Dieu le conduise!

A dix heures et demie, la famille se mit en route pour accompagner Charles à la diligence de Nantes. Nanon avait lâché le chien, fermé la porte, et voulut porter le sac de nuit de Charles. Tous les marchands de la Vieille-Rue étaient sur le seuil de leurs boutiques pour voir passer ce cortège, auquel se joignit sur la place maître Cruchot.

— Ne va pas pleurer, Eugénie, lui dit sa mère. Mon neveu dit

Grandet sous la porte de l'auberge, en embrassant Charles sur les deux joues. partez pauvre, revenez riche. vous trouverez l'honneur de votre père sauf. Je vous en réponds, moi, Grandet. car, alors, il ne tiendra qu'à vous de... — Ah! mon oncle, vous adoucissez l'amertume de mon départ. N'est-ce pas le plus beau présent que vous puissiez me faire?

Ne comprenant pas les paroles du vieux tonnelier, qu'il avait interrompu, Charles répandit sur le visage tanné de son oncle des larmes de reconnaissance, et agitaient leurs mouchoirs blancs, tandis qu'Eugénie serrait de toutes ses forces la main de son cousin et celle de son père. Le notaire seul souriait en admirant la finesse de Grandet, car lui seul avait compris le bonhomme. Les quatre Saumurois, environnés de plusieurs personnes, restèrent devant la voiture jusqu'à ce qu'elle partît; puis, quand elle disparut sur le pont et ne retentit plus que dans le lointain: — Bon voyage! dit le vigneron. Heureusement maître Cruchot fut le seul qui entendit cette exclamation. Eugénie et sa mère étaient allées à un endroit du quai d'où elles pouvaient encore voir la diligence, et agitaient leurs mouchoirs blancs, signe auquel répondit Charles en déployant le sien. — Ma mère, je voudrais avoir pour un moment la puissance de Dieu, dit Eugénie au moment où elle ne vit plus le mouchoir de Charles.

Pour ne point interrompre le cours des événements qui se passeront au sein de la famille Grandet, il est nécessaire de jeter par anticipation un coup d'œil sur les opérations que le bonhomme fit à Paris par l'entremise des des Grassins. Un mois après le départ du banquier, Grandet possédait une inscription de cent mille livres de rente achetée à quatre-vingts francs net. Les renseignements donnés à sa mort par son inventaire n'ont jamais fourni la moindre lumière sur les moyens que sa défiance lui suggéra pour échanger le prix de l'inscription contre l'inscription elle-même. Maître Cruchot pensa que Nanon fut, à son insu, l'instrument fidèle du transport des fonds. Vers cette époque, la servante fit une absence de cinq jours, sous prétexte d'aller ranger quelque chose à Froidfond, comme si le bonhomme eût été capable de laisser traîner quelque chose. En ce qui concerne les affaires de la maison Guillaume Grandet, toutes les prévisions du tonnelier se réalisèrent.

A la Banque de France se trouvent, comme chacun sait, les renseignements les plus exacts sur les grandes fortunes de Paris et des départements. Les noms de des Grassins et de Félix Grandet de Saumur y étaient connus et jouissaient de l'estime accordée aux célébrités financières qui s'appuient sur d'immenses propriétés territoriales libres d'hypothèques. L'arrivée du banquier de Saumur, chargé, disait-on, de liquider par honneur la maison Grandet de Paris, suffit donc pour éviter à l'ombre du négociant la honte des protêts. La levée des scellés se fit en présence des créanciers, et le notaire de la famille se mit à procéder régulièrement à l'inventaire de la succession. Bientôt des Grassins réunit les créanciers, qui, d'une voix unanime, élurent pour liquidateurs le banquier de Saumur, conjointement avec François Keller, chef d'une riche maison l'un des principaux intéressés, et leur confièrent tous les pouvoirs nécessaires pour sauver à la fois l'honneur de la famille et les créances. Le crédit du Grandet de Saumur, l'espérance qu'il répandit au cœur des créanciers par l'organe de des Grassins, facilitèrent les transactions, il ne se rencontra pas un seul récalcitrant parmi les créanciers. Personne ne pensait à passer sa créance au compte de profits et pertes, et chacun se disait: — Grandet de Saumur payera! Six mois s'écoulèrent. Les Parisiens avaient remboursé les effets en circulation et les conservaient au fond de leurs portefeuilles. Premier résultat que voulait obtenir le tonnelier. Neuf mois après la première assemblée, les deux liquidateurs distribuèrent quarante-sept pour cent à chaque créancier. Cette somme fut produite par la vente des valeurs, possessions biens et choses généralement quelconques appartenant à feu Guillaume Grandet, et qui fut faite avec une fidélité scrupuleuse. La plus exacte probité présidait à cette liquidation. Les créanciers se plurent à reconnaître l'admirable et incontestable honneur des Grandet. Quand ces louanges eurent circulé convenablement, les créanciers demandèrent le reste de leur argent. Il leur fallut écrire une lettre collective à Grandet.

— Nous y voilà, dit l'ancien tonnelier en jetant la lettre au feu; patience, mes petits amis.

En réponse aux propositions contenues dans cette lettre Grandet de Saumur demanda le dépôt chez un notaire de tous les titres de créance existants contre la succession de son frère en les accompagnant d'une quittance des payements déjà faits, sous prétexte d'apurer les comptes, et de correctement établir l'état de la succession. Ce dépôt souleva mille difficultés. Généralement, le créancier est une sorte de maniaque. Aujourd'hui prêt à conclure, demain il veut mettre tout à feu et à sang, plus tard il se fait ultra-débonnaire. Aujourd'hui sa femme est de bonne humeur, son petit dernier a fait ses dents, tout va bien au logis, il ne veut pas perdre un sou; demain il pleut, il ne peut pas sortir, il est mélancolique, il dit oui à toutes les propositions qui peuvent terminer une affaire; le surlendemain il lui faut des garanties; à la fin du mois il prétend vous exécuter, le bourreau! Le créancier ressemble à ce moineau franc à la queue duquel on en-

gage les petits enfants à tâcher de poser un grain de sel; mais le créancier rétorque cette image contre sa créance, de laquelle il ne peut rien saisir. Grandet avait observé les variations atmosphériques des créanciers, et ceux de son frère obéirent à tous ses calculs. Les uns se fâchèrent et se refusèrent net au dépôt. — Bon! ça va bien, disait Grandet en se frottant les mains à la lecture des lettres que lui écrivait à ce sujet des Grassins. Quelques autres ne consentirent au dit dépôt que sous la condition de faire bien constater leurs droits, ne renoncer à aucuns, et se réserver même celui de faire déclarer la faillite. Nouvelle correspondance, après laquelle Grandet de Saumur consentit à toutes les réserves demandées. Moyennant cette concession, les créanciers bénins firent entendre raison aux créanciers durs. Le dépôt eut lieu, non sans quelques plaintes. — Ce bonhomme dit-on à des Grassins, se moque de vous et de nous. Vingt-trois mois après la mort de Guillaume Grandet, beaucoup de commerçants, entraînés par le mouvement des affaires de Paris, avaient oublié leurs recouvrements Grandet, ou n'y pensaient que pour se dire: — Je commence à croire que les quarante-sept pour cent sont tout ce que je tirerai de cela. Le tonnelier avait calculé sur la puissance du temps, qui, disait-il, est un bon diable. A la fin de la troisième année, des Grassins écrivit à Grandet que, moyennant dix pour cent des deux millions quatre cent mille francs restant dus par la maison Grandet, il avait amené les créanciers à lui rendre leurs titres. Grandet répondit que le notaire et l'agent de change dont les épouvantables faillites avaient causé la mort de son frère vivaient, eux! pouvaient être devenus bons, et qu'il fallait les actionner afin d'en tirer quelque chose et diminuer le chiffre du déficit. A la fin de la quatrième année, le déficit fut bien et dûment arrêté à la somme de douze cent mille francs. Il y eut des pourparlers qui durèrent six mois entre les liquidateurs et les créanciers, entre Grandet et les liquidateurs. Bref, vivement pressé de s'exécuter, Grandet de Saumur répondit aux deux liquidateurs vers le neuvième mois de cette année, que son neveu, qui avait fait fortune aux Indes, lui avait manifesté l'intention de payer intégralement les dettes de son père. Il ne pouvait pas prendre sur lui de les solder frauduleusement sans l'avoir consulté, il attendait une réponse. Les créanciers, vers le milieu de la cinquième année, étaient encore tenus en échec avec le mot intégralement, de temps en temps lâché par le sublime tonnelier, qui riait dans sa barbe, et ne disait jamais, sans laisser échapper un fin sourire et un juron, le mot: — Ces Parisiens! Mais les créanciers furent réservés à un sort inouï dans les fastes du commerce. Ils se retrouveront dans la position où les avait maintenus Grandet au moment où les événements de cette histoire les obligeront à y reparaître. Quand les rentes atteignirent à 115, le père Grandet vendit, retira de Paris environ deux mil cent quatre-vingt mille francs en or, qui rejoignirent dans ses barillets les six cent mille francs d'intérêts composés que lui avaient donnés ses inscriptions. Des Grassins demeurait à Paris. Voici pourquoi. D'abord il fut nommé député; puis il s'amouracha, lui, père de famille, mais ennuyé par la vie monotone saumuroise, de Florine, une des plus jolies actrices du théâtre de Madame, et il y eut recrudescence du quartier-maître chez le banquier. Il est inutile de parler de sa conduite; elle fut jugée à Saumur profondément immorale. Sa femme se trouva très-heureuse d'être séparée de biens et d'avoir assez de tête pour mener la maison de Saumur, dont les affaires se continuèrent sous son nom, afin de réparer les brèches faites à sa fortune par les folies de M. des Grassins. Les cruchotins empirèrent si bien la situation fausse de la quasi-veuve, qu'elle maria fort mal sa fille, et dut renoncer à l'alliance d'Eugénie Grandet pour son fils. Adolphe rejoignit des Grassins à Paris, et y devint, dit-on, un fort mauvais sujet. Les Cruchot triomphèrent.

— Votre mari n'a pas de bon sens, disait Grandet en prêtant une somme à madame des Grassins, moyennant sûretés. Je vous plains beaucoup, vous êtes une bonne petite femme. — Ah! monsieur, répondit la pauvre dame, qui pouvait croire que le paquet de chez vous pour aller à Paris, il courait à sa ruine. — Le ciel m'est témoin, madame, que j'ai tout fait jusqu'au dernier moment pour l'empêcher d'y aller. M. le président voulait à toute force l'y remplacer, et s'il tenait tant à s'y rendre, nous savons maintenant pourquoi.

Ainsi Grandet n'avait aucune obligation à des Grassins.

En toute situation, les femmes ont plus de causes de douleur que n'en a l'homme, et souffrent plus que lui. L'homme a sa force et l'exercice de sa puissance: il agit, il va, il s'occupe, il pense, il embrasse l'avenir et y trouve des consolations. Ainsi faisait Charles. Mais la femme demeure, elle reste face à face avec le chagrin dont rien ne la distrait, elle descend jusqu'au fond de l'abîme qu'il a ouvert, le mesure et souvent le comble de ses vœux et de ses larmes. Ainsi faisait Eugénie. Elle s'initiait à sa destinée. Sentir, aimer, souffrir, se dévouer, sera toujours le texte de la vie des femmes. Eugénie devait être toute la femme, moins ce qui la console. Son bonheur, amassé comme les clous semés sur la muraille, suivant la sublime expression de Bossuet, ne devait pas un jour lui remplir le creux de la main. Les chagrins ne se font jamais attendre et pour elle ils arrivèrent bientôt. Le lendemain du départ de Charles, la maison Grandet reprit sa physionomie pour tout le monde, excepté pour Eugénie, qui la trouva tout à coup bien vide. A l'insu de son père, elle voulut que la chambre de Charles restât dans l'état où il l'avait laissée. Madame Grandet et Nanon furent volontiers complices de ce *statu quo*.

— Qui sait s'il ne reviendra pas plus tôt que nous ne le croyons? dit-elle. — Ah! je le voudrais voir ici, répondit Nanon. Je m'accoutumais ben à lui! C'était un ben doux, un ben parfait monsieur, quasiment joli, moutonné comme une fille. Eugénie regarda Nanon. — Sainte Vierge, mademoiselle, vous avez les yeux à la perdition de votre âme! Ne regardez donc pas le monde comme ça.

Depuis ce jour, la beauté de mademoiselle Grandet prit un nouveau caractère. Les graves pensées d'amour par lesquelles son âme était lentement envahie, la dignité de la femme aimée, donnèrent à ses traits cette espece d'éclat que les peintres figurent par l'auréole. Avant la venue de son cousin, Eugénie pouvait être comparée à la Vierge avant la conception, quand il fut parti elle ressemblait à la Vierge mère: elle avait conçu l'amour. Ces deux Maries, si différentes et si bien représentées par quelques peintres espagnols, constituent l'une des plus brillantes figures qui abondent dans le christianisme. En revenant de la messe où elle alla le lendemain du départ de Charles, et où elle avait fait vœu d'aller tous les jours, elle prit, chez le libraire de la ville, une mappemonde qu'elle cloua près de son miroir, afin de suivre son cousin dans sa route vers les Indes, afin de pouvoir se mettre un peu, soir et matin, dans le vaisseau qui l'y transportait, de le voir, de lui adresser mille questions, de lui dire: — Es-tu bien? ne souffres-tu pas? penses-tu bien à moi, en voyant cette étoile dont tu m'as appris à connaître les beautés et l'usage? Puis, le matin, elle restait pensive sous le noyer, assise sur le banc de bois rongé par les vers et garni de mousse grise où ils s'étaient dit tant de bonnes choses, de niaiseries, où ils avaient bâti les châteaux eu Espagne de leur joli ménage. Elle pensait à l'avenir en regardant le ciel par le petit espace que les murs lui permettaient d'embrasser; puis le vieux pan de muraille, et le toit sous lequel était la chambre de Charles. Enfin ce fut l'amour solitaire, l'amour vrai qui persiste, qui se glisse dans toutes les pensées, et devient la substance, ou, comme eussent dit nos pères, l'étoffe de la vie. Quand les soi-disant amis du père Grandet venaient faire la partie le soir, elle était gaie, elle dissimulait; mais, pendant toute la matinée, elle causait de Charles avec sa mère et Nanon. Nanon avait compris qu'elle pouvait compatir aux souffrances de sa jeune maîtresse sans manquer à ses devoirs envers son vieux patron, elle qui disait à Eugénie: — Si j'avais eu un homme à moi, je l'aurais... suivi dans l'enfer. Je l'aurais... quoi... Enfin, j'aurais voulu m'exterminer pour lui, mais... rien. Je mourrai sans savoir ce que c'est que la vie. Croiriez-vous, mademoiselle, que ce vieux Cornoiller, qu'est un bon homme tout de même, tourne autour de ma jupe, rapport à mes rentes, tout comme ceux qui viennent ici flairer le magot de monsieur, en vous faisant la cour? Je vois ça, parce que je suis encore fine, quoique je sois grosse comme une tour, eh bien! nian'zelle, ça me fait plaisir, quoique ça ne soye pas de l'amour.

Deux mois se passèrent ainsi. Cette vie domestique, jadis si monotone, s'était animée par l'immense intérêt du secret qui liait plus intimement ces trois femmes. Pour elles, sous les planchers grisâtres de cette salle, Charles vivait, allait, venait encore. Soir et matin Eugénie ouvrait la lettre et contemplait le portrait de sa tante. Un dimanche matin elle fut surprise par sa mère au moment où elle était occupée à chercher les traits de Charles dans ceux du portrait. Madame Grandet fut alors initiée au terrible secret de l'échange fait par le voyageur contre le trésor d'Eugénie.

— Tu lui as tout donné! dit la mère épouvantée. Que diras-tu donc à ton père, au jour de l'an, quand il voudra voir ton or?

Les yeux d'Eugénie devinrent fixes, et ces deux femmes demeurèrent dans un effroi mortel pendant la moitié de la matinée. Elles furent assez troublées pour manquer la grand'messe, et n'allèrent qu'à la messe militaire. Dans trois jours, l'année 1819 finissait. Dans trois jours devait commencer une terrible action, une tragédie bourgeoise sans poison, ni poignard, ni sang répandu; mais, relativement aux acteurs, plus cruelle que tous les drames accomplis dans l'illustre famille des Atrides.

— Qu'allons-nous devenir? dit madame Grandet à sa fille en laissant son tricot sur ses genoux.

La pauvre mère subissait de tels troubles depuis deux mois, que les manches de laine dont elle avait besoin pour son hiver n'étaient pas encore finies. Ce fait domestique, minime en apparence, eut de tristes résultats pour elle. Faute de manches, le froid la saisit d'une façon fâcheuse au milieu d'une sueur causée par une épouvantable colère de son mari. — Je pensais, ma pauvre enfant, que, si tu m'avais confié ton secret, nous aurions eu le temps d'écrire à Paris à M. des Grassins. Il aurait pu nous envoyer des pièces d'or semblables aux tiennes; et, quoique Grandet les connaisse bien, peut-être... — Mais où donc aurions-nous pris tant d'argent? J'aurais engagé mes propres. D'ailleurs M. des Grassins nous eût bien... — Il n'est plus temps, répondit Eugénie d'une voix sourde et altérée en interrompant sa mère. Demain matin ne devons-nous pas aller lui souhaiter la bonne année dans sa chambre? — Mais, ma fille, pourquoi n'irais-je donc

pas voir les Cruchot? — Non, non, ce serait me livrer à eux et nous mettre sous leur dépendance. D'ailleurs j'ai pris mon parti. J'ai bien fait, je ne me repens de rien. Dieu me protégera. Que sa sainte volonté se fasse! Ah! si vous aviez lu sa lettre, vous n'auriez pensé qu'à lui, ma mère.

Le lendemain matin, 1ᵉʳ janvier 1820, la terreur flagrante à laquelle la mère et la fille étaient en proie leur suggéra la plus naturelle des excuses pour ne pas venir solennellement dans la chambre de Grandet. L'hiver de 1819 à 1820 fut un des plus rigoureux de l'époque. La neige encombrait les toits.

Madame Grandet dit à son mari, dès qu'elle l'entendit se remuant dans sa chambre: Grandet, fais donc allumer par Nanon un peu de feu chez moi: le froid est si vif que je gèle sous ma couverture. Je suis arrivée à un âge où j'ai besoin de ménagements. D'ailleurs, reprit-elle après une légère pause, Eugénie viendra s'habiller là. Cette pauvre fille pourrait gagner une maladie à faire sa toilette chez elle par un temps pareil. Puis nous irons te souhaiter le bon an près du feu, dans la salle. — Ta, ta, ta, ta, quelle langue! comme tu commences l'année, madame Grandet! Tu n'as jamais tant parlé. Cependant tu n'as pas mangé de pain trempé dans du vin, je pense. Il y eut un moment de silence. — Eh bien! reprit le bonhomme, que sans doute la proposition de sa femme arrangeait, je vais faire ce que vous voulez, madame Grandet. Tu es vraiment une bonne femme, et je ne veux pas qu'il t'arrive malheur à l'échéance de ton âge, quoique en général les La Bertelliere soient faits de vieux ciment. Hein! pas vrai? cria-t-il après une pause. Enfin, nous en avons hérité, je leur pardonne. Et il toussa.

— Vous êtes gai ce matin, monsieur, dit gravement la pauvre femme. — Toujours gai, moi,

Gai, gai, gai, le tonnelier,
Raccommodez votre cuvier.

ajouta-t-il en entrant chez sa femme tout habillé. Oui, nom d'un petit bonhomme, il fait solidement froid tout de même. Nous déjeunerons bien, ma femme. Des Grassins m'a envoyé un pâté de foies gras truffé! Je vais aller le chercher à la diligence. Il doit y avoir joint un double napoléon pour Eugénie, vint lui dire le tonnelier à l'oreille. Je n'ai plus d'or, ma femme. J'avais bien encore quelques vieilles pièces, je puis te dire cela à toi; mais il a fallu les lâcher pour les affaires. Et, pour célébrer le premier jour de l'an, il l'embrassa sur le front.

— Eugénie, cria la bonne mère, je ne sais sur quel côté ton père a dormi; mais il est bon homme, ce matin. Bah! nous nous en tirerons. — Quoi qu'il a donc, notre maître? dit Nanon en entrant chez sa maîtresse pour y allumer du feu. D'abord, il m'a dit: « Bon jour, bon an, grosse bête! Va faire du feu chez ma femme, elle a froid. » Ai-je été sotte quand je l'ai vu me tendant la main pour me donner un écu de six francs qui n'est quasi point rogné du tout! tenez, madame, regardez-le donc! Oh! le brave homme. C'est un digne homme, tout de même. Il y en a qui, pus y deviennent vieux, pus y durcissent; mais lui, il se fait doux comme votre cassis, et y s'abonnit. C'est un ben parfait, un ben bon homme...

Le secret de cette joie était dans une entière réussite de la spéculation de Grandet. M. des Grassins, après avoir déduit les sommes que lui devait le tonnelier pour l'escompte des cent cinquante mille francs d'effets hollandais, et pour le surplus qu'il lui avait avancé afin de compléter l'argent nécessaire à l'achat des cent mille livres de rente, lui envoyait, par la diligence, trente mille francs en écus, restant sur le semestre de ses intérêts, et lui avait annoncé la hausse des fonds publics. Ils étaient alors à 89, les plus célèbres capitalistes en achetaient, fin janvier, à 92. Grandet gagnait, depuis deux mois, douze pour cent sur ses capitaux, il avait apuré ses comptes, et allait désormais toucher cinquante mille francs tous les six mois sans avoir à payer ni impositions, ni réparations. Il concevait enfin la rente, placement pour lequel les gens de province manifestent une répugnance invincible, et il se voyait, avant cinq ans, maître d'un capital de six millions grossi sans beaucoup de soins, et qui, joint à la valeur territoriale de ses propriétés, composerait une fortune colossale. Les six francs donnés à Nanon étaient peut-être le solde d'un immense service que la servante avait à son insu rendu à son maître.

— Oh! oh! où va donc le père Grandet, qu'il court dès le matin comme au feu? se dirent les marchands occupés à ouvrir leurs boutiques. Puis, quand ils le virent revenant du quai suivi d'un facteur des messageries transportant sur une brouette des sacs pleins: — L'eau va toujours à la rivière, le bonhomme allait à ses écus, disait l'un. — Il lui en vient de Paris, de Froidfond, de Hollande! disait un autre. — Il finira par acheter Saumur, s'écriait un troisième. — Il se moque du froid, il est toujours à son affaire, disait une femme à son mari. — Eh! eh! hé murmurait Grandet, si ça vous gênait, lui dit un marchand de drap, son plus proche voisin, je vous en débarrasserais. — Ouin! ce sont des sous, répondit le vigneron.

— D'argent, dit le facteur à voix basse. — Si tu veux que je te soigne, mets une bride à ta *margoulette*, dit le bonhomme au facteur en ouvrant sa porte. — Ah! le vieux renard, je le croyais sourd, pensa le facteur! il parait que quand il fait froid il entend. — Voilà vingt sous pour tes étrennes, et *motus*! Détale! lui dit Grandet. Nanon te reportera la brouette. — Nanon, les linottes sont-elles à la messe? — Oui, monsieur. — Allons, haut la patte! à l'ouvrage, cria-t-il en la chargeant de sacs. En un moment les écus furent transportés dans sa chambre, où il s'enferma. — Quand le déjeuner sera prêt, tu me cogneras au mur. Reporte la brouette aux messageries.

La famille ne déjeuna qu'à dix heures.

— Ici ton père ne demandera pas à voir ton or, dit madame Grandet à sa fille en rentrant de la messe. D'ailleurs tu feras la frileuse. Puis nous aurons le temps de remplir ton trésor pour le jour de ta naissance...

Grandet descendait l'escalier en pensant à métamorphoser promptement ses écus parisiens en bon or et à son admirable spéculation des rentes sur l'État. Il était décidé à placer ainsi ses revenus jusqu'à ce que la rente atteignit le taux de cent francs. Méditation funeste à Eugénie. Aussitôt qu'il entra, les deux femmes lui souhaitèrent une bonne année, sa fille en lui sautant au cou et le câlinant, madame Grandet gravement et avec dignité.

— Ah! ah! mon enfant, dit-il en baisant sa fille sur les joues, je travaille pour toi, vois-tu?... je veux ton bonheur. Il faut de l'argent pour être heureux. Sans argent, bernique. Tiens, voilà un napoléon tout neuf, je l'ai fait venir de Paris. Nom d'un petit bonhomme, il n'y a pas un grain d'or ici. Il n'y a que toi qui as de l'or. Montre-moi ton or, fifille. — Bah! il fait trop froid; déjeunons, lui répondit Eugénie. — Eh bien! après, hein? Ça nous aidera tous à digérer. Ce gros des Grassins, il nous a envoyé ça tout de même, reprit-il. Ainsi mangez, mes enfants, ça ne nous coûte rien. Il va bien, des Grassins, je suis content de lui. Le merluchon rend service à Charles, et gratis encore. Il arrange très-bien les affaires de ce pauvre défunt Grandet. — Ououh! ououh! fit-il, la bouche pleine, après une pause, cela est bon! Manges-en donc, ma femme! ça nourrit au moins pour deux jours. — Je n'ai pas faim. Je suis tout malingre, tu le sais bien. — Ah! ouin! Tu peux te bourrer sans crainte de faire crever ton coffre; tu es une la Bertellière, une femme solide. Tu es bien un petit brin jaunette, mais j'aime le jaune.

L'attente d'une mort ignominieuse et publique est moins horrible peut-être pour un condamné que ne l'était pour madame Grandet et pour sa fille l'attente des événements qui devaient terminer ce déjeuner de famille. Plus gaiement parlait et mangeait le vieux vigneron, plus le cœur de ces deux femmes se serrait. La fille avait néanmoins un appui dans cette conjoncture : elle puisait de la force en son amour.

— Pour lui, pour lui, se disait-elle, je souffrirais mille morts.

A cette pensée, elle jetait à sa mère des regards flamboyants de courage.

— Ote tout cela, dit Grandet à Nanon quand, vers onze heures, le déjeuner fut achevé; mais laisse-nous la table. Nous serons plus à l'aise pour voir ton petit trésor, dit-il en regardant Eugénie. Petit, ma foi, non. Tu possèdes, valeur intrinsèque, cinq mille neuf cent cinquante-neuf francs, et quarante de ce matin, cela fait six mille francs moins un. Eh bien! je te donnerai, moi, ce franc pour compléter la somme, parce que, vois-tu, fifille... Eh bien! pourquoi nous écoutes-tu? Montre-moi tes talons, Nanon, et va faire ton ouvrage, dit le bonhomme. Nanon disparut. — Ecoute, Eugénie, il faut que tu me donnes ton or. Tu ne le refuseras pas à ton pépère, ma petite fifille, hein? Les deux femmes étaient muettes. — Je n'ai plus d'or, moi. J'en avais. Je n'en ai plus. Je te rendrai les mille francs en livres, et tu vas les placer comme je vais te le dire. Il ne faut plus penser au douzain. Quand je te marierai, ce qui sera bientôt, je te trouverai un futur qui pourra t'offrir le plus beau douzain dont on aura jamais parlé dans la province. Ecoute donc, fifille. Il se présente une belle occasion : tu peux mettre tes six mille francs dans le gouvernement, et tu en auras tous les six mois près de deux cents francs d'intérêts, sans impôts, ni réparations, ni grêle, ni gelée, ni marée, ni rien de ce qui tracasse les revenus. Tu répugnes peut-être à te séparer de ton or, hein, fifille? Apporte-le-moi tout de même. Je te ramasserai des pièces d'or, des hollandaises, des portugaises, des roupies du Mogol, des génovines, et, avec celles que je te donnerai à tes fêtes, en trois ans tu auras rétabli la moitié de ton joli petit trésor en or. Que dis-tu, fifille? Lève donc le nez. Allons, va le chercher, le mignon. Tu devrais me baiser sur les yeux pour te dire ainsi des secrets et des mystères de vie et de mort pour les écus. Vraiment les écus vivent et grouillent comme des hommes : ça va, ça vient, ça sue, ça produit.

Eugénie se leva, mais, après avoir fait quelques pas vers la porte, elle se retourna brusquement, regarda son père en face et lui dit : — Je n'ai plus *mon* or. — Tu n'as plus ton or! s'écria Grandet en se dressant sur ses jarrets comme un cheval qui entend tirer le canon à dix pas de lui. — Non, je ne l'ai plus. — Tu te trompes, Eugénie. — Non. — Par la serpette de mon père!

Quand le tonnelier jurait ainsi, les planchers tremblaient. — Bon

saint bon Dieu! voilà madame qui pâlit, cria Nanon. — Grandet, ta colère me fera mourir, dit la pauvre femme. — Ta, ta, ta, ta, vous autres, vous ne mourez jamais dans votre famille! Eugénie, qu'avez-vous fait de vos pièces? cria-t-il en fondant sur elle. — Monsieur, dit la fille aux genoux de madame Grandet, ma mère souffre beaucoup. Voyez, ne la tuez pas.

Grandet fut épouvanté de la pâleur répandue sur le teint de sa femme, naguère si jaune.

— Nanon, venez m'aider à me coucher, dit la mère d'une voix faible. Je meurs.

Aussitôt Nanon donna le bras à sa maîtresse, autant en fit Eugénie, et ce ne fut pas sans des peines infinies qu'elles purent la monter chez elle, car elle tombait en défaillance de marche en marche. Grandet resta seul. Néanmoins, quelques moments après, il monta sept ou huit marches, et cria : — Eugénie, quand votre mère sera couchée, vous descendrez. — Oui, mon père.

Elle ne tarda pas à venir, après avoir rassuré sa mère. — Ma fille, lui dit Grandet, vous allez me dire où est votre trésor. — Mon père, si vous me faites des présents dont je ne sois pas entièrement maîtresse, reprenez-les, répondit froidement Eugénie en cherchant le napoléon sur la cheminée et le lui présentant.

Grandet saisit vivement le napoléon et le coula dans son gousset.

— Je crois bien que je ne te donnerai plus rien. Pas seulement ça! dit-il en faisant claquer l'ongle de son pouce sous sa maîtresse dent. Vous méprisez donc votre père, vous n'avez donc pas confiance en lui, vous ne savez donc pas ce que c'est qu'un pere. S'il n'est pas tout pour vous, il n'est rien. Où est votre or? — Mon père, je vous aime et vous respecte, malgré votre colère; mais je vous ferai fort humblement observer que j'ai vingt-deux ans. Vous m'avez assez souvent dit que je suis majeure, pour que je le sache. J'ai fait de mon argent ce qu'il m'a plu d'en faire, et soyez sûr qu'il est bien placé... — Où? — C'est un secret inviolable, dit-elle. N'avez-vous pas de secrets? — Ne suis-je pas le chef de ma famille, ne puis-je avoir mes affaires? — C'est aussi mon affaire. — Cette affaire doit être mauvaise, si vous ne pouvez pas la dire à votre père, mademoiselle Grandet. — Elle est excellente, et je ne puis pas la dire à mon père. — Au moins, quand avez-vous donné votre or? Eugénie fit un signe de tête négatif. — Vous l'aviez encore le jour de votre fête, hein? Eugénie, devenue aussi rusée par amour que son père l'était par avarice, réitéra le même signe de tête. — Mais l'on n'a jamais vu pareil entêtement, ni vol pareil, dit Grandet d'une voix qui alla *crescendo* et qui fit graduellement retentir la maison. Comment! ici, dans ma propre maison, chez moi, quelqu'un aura pris ton or, le seul or qu'il y avait! et je ne saurai pas qui? L'or est une chose chère. Les plus honnêtes filles peuvent faire des fautes, donner je ne sais quoi, cela se voit chez les grands seigneurs et même chez les bourgeois, mais donner de l'or, car vous l'avez donné à quelqu'un, hein? Eugénie fut impassible. — A-t-on vu pareille fille! Est-ce moi qui suis votre père? Si vous l'avez placé, vous en avez un reçu... — Etais-je libre, oui ou non, de le faire? était-ce à moi? — Mais tu es une enfant. — Majeure.

Abasourdi par la logique de sa fille, Grandet pâlit, trépigna, jura; puis, trouvant enfin des paroles, il cria : — Maudit serpent de fille! ah! mauvaise graine, tu sais bien que je t'aime, et tu en abuses. Elle égorge son père! Pardieu, tu auras jeté notre fortune aux pieds de ce va-nu-pieds qui a des bottes de maroquin. Par la serpette de mon père, je ne peux pas te déshériter, nom d'un tonneau! mais je te maudis, toi, ton cousin, et tes enfants! Tu ne verras rien arriver de bon de tout cela, entends-tu? Si c'était à Charles, que... Mais, non, ce n'est pas possible. Quoi! ce méchant mirliflor m'aurait dévalisé... Il regarda sa fille, qui restait muette et froide. — Elle ne bougera pas, elle ne sourcillera pas, elle est plus Grandet que je ne suis Grandet. Tu n'as pas donné ton or pour rien, au moins. Voyons, dis! Eugénie regarda son père, en lui jetant un regard ironique qui l'offensa. — Eugénie, vous êtes chez moi, chez votre père. Vous devez, pour y rester, vous soumettre à ses ordres. Les prêtres vous ordonnent de m'obéir. Eugénie baissa la tête. — Vous m'offensez dans ce que j'ai de plus cher, reprit-il, je ne veux vous voir que soumise. Allez dans votre chambre. Vous y demeurerez jusqu'à ce que je vous permette d'en sortir. Nanon vous y portera du pain et de l'eau. Vous m'avez entendu, marchez!

Eugénie fondit en larmes et se sauva près de sa mère. Après avoir fait un certain nombre de fois le tour de son jardin dans la neige, sans s'apercevoir du froid, Grandet se douta que sa fille devait être chez sa femme; et, charmé de la prendre en contravention à ses ordres, il grimpa les escaliers avec l'agilité d'un chat, et apparut dans la chambre de madame Grandet au moment où elle caressait les cheveux d'Eugénie, dont le visage était plongé dans le sein maternel.

— Console-toi, ma pauvre enfant, ton père s'apaisera. — Elle n'a plus de père, dit le tonnelier. Est-ce bien vous et moi, madame Grandet, qui avons fait une fille désobéissante comme celle-là! Jolie éducation, et religieuse surtout. Eh bien! vous n'êtes pas dans votre chambre. Allons, en prison, en prison, mademoiselle. — Voulez-vous me priver de ma fille, monsieur? dit madame Grandet en montrant un visage rougi par la fièvre. — Si vous la voulez garder, emportez-la, videz-moi toutes deux la maison. Tonnerre, où est l'or, qu'est devenu l'or ?

Eugénie se leva, lança un regard d'orgueil sur son père, et rentra dans sa chambre, à laquelle le bonhomme donna un tour de clef.

— Nanon, cria-t-il, éteins le feu de la salle. Et il vint s'asseoir sur un fauteuil, au coin de la cheminée de sa femme, en lui disant : — Elle l'a donné, sans doute, à ce misérable séducteur de Charles, qui n'en voulait qu'à notre argent.

Madame Grandet trouva, dans le danger qui menaçait sa fille et dans son sentiment pour elle, assez de force pour demeurer en apparence froide, muette et sourde.

— Je ne savais rien de tout ceci, répondit-elle en se tournant du côté de la ruelle du lit, pour ne pas subir les regards étincelants de son mari. Je souffre tant de votre violence, que si j'en crois mes pressentiments, je ne sortirai d'ici que les pieds en avant. Vous auriez dû m'épargner en ce moment, monsieur, moi qui ne vous ai jamais causé de chagrin, du moins, je le pense. Votre fille vous aime, je la crois innocente autant que l'enfant qui naît, ainsi ne lui faites pas de peine, révoquez votre arrêt. Le froid est bien vif, vous pouvez être cause de quelque grave maladie. — Je ne la verrai ni ne lui parlerai. Elle restera dans sa chambre au pain et à l'eau jusqu'à ce qu'elle ait satisfait son père. Que diable ! un chef de famille doit savoir où va l'or de sa maison. Elle possédait les seules roupies qui fussent en France, peut-être, puis des génovines, des ducats de Hollande. — Monsieur, Eugénie est notre unique enfant, et quand même elle les aurait jetés à l'eau... — A l'eau ! cria le bonhomme, à l'eau ! Vous êtes folle, madame Grandet ! Ce que j'ai dit est dit, vous le savez. Si vous voulez avoir la paix du logis, confessez votre fille, tirez-lui les vers du nez, les femmes s'entendent mieux entre elles à ça que nous autres. Quoi qu'elle ait pu faire, je ne la mangerai point. A-t-elle peur de moi ? Quand elle aurait doré son cousin de la tête aux pieds, il est en pleine mer, hein ! nous ne pouvons pas courir après. — Eh bien ! monsieur... Excitée par la crise nerveuse où elle se trouvait, ou par le malheur de sa fille, qui développait sa tendresse et son intelligence, la perspicacité de madame Grandet lui fit apercevoir un mouvement terrible dans la loupe de son mari, au moment où elle répondait, elle changea d'idée sans changer de ton. — Eh bien ! monsieur, ai-je plus d'empire sur elle que vous n'en avez ? Elle ne m'a rien dit, elle tient de vous. — Tudieu ! comme vous avez la langue pendue ce matin ! Ta, ta, ta, ta, vous me narguez, je crois. Vous vous entendez peut-être avec elle ?

Il regarda sa femme fixement.

— En vérité, monsieur Grandet, si vous voulez me tuer, vous n'avez qu'à continuer ainsi. Je vous le dis, monsieur, et, dût-il m'en coûter la vie, je vous le répéterais encore : vous avez tort envers votre fille, elle est plus raisonnable que vous ne l'êtes. Cet argent lui appartenait, elle n'a pu qu'en faire un bel usage, et Dieu seul a le droit de connaître nos bonnes œuvres. Monsieur, je vous en supplie, rendez vos bonnes grâces à Eugénie !... Vous amoindrirez ainsi l'effet du coup que m'a porté votre colère, et vous me sauverez peut-être la vie. Ma fille, monsieur, rendez-moi ma fille ! — Je décampe, dit-il. Ma maison n'est pas tenable, la mère et la fille raisonnent et parlent comme si... Brooouh ! Pouah ! Vous m'avez donné de cruelles étrennes, Eugénie, cria-t-il. Oui, oui, pleurez ! Ce que vous faites vous causera des remords, entendez-vous. A quoi donc vous sert de manger le bon Dieu six fois tous les trois mois, si vous donnez l'or de votre père en cachette à un fainéant qui vous dévorera votre cœur quand vous n'aurez plus que ça à lui prêter ! Vous verrez ce que vaut votre Charles avec ses bottes de maroquin et son air de n'y pas toucher. Il n'a ni cœur ni âme, puisqu'il ose emporter le trésor d'une pauvre fille sans l'agrément des parents.

Quand la porte de la rue fut fermée, Eugénie sortit de sa chambre et vint près de sa mère.

— Vous avez eu bien du courage pour votre fille, lui dit-elle. — Vois-tu, mon enfant, où nous mènent les choses illicites ? tu m'as fait faire un mensonge. — Oh ! je demanderai à Dieu de m'en punir seule. — C'est vrai, dit Nanon effarée en arrivant, que voilà mademoiselle au pain et à l'eau pour le reste des jours ? — Qu'est-ce que cela fait, Nanon ! dit tranquillement Eugénie. — Ah ! pas souvent que je mangerai de la frippe quand la fille de la maison mange du pain sec ! Non, non. — Pas un mot de tout ça, Nanon, dit Eugénie. — J'aurai la goule morte, mais vous verrez.

Grandet dîna seul pour la première fois depuis vingt-quatre ans.

— Vous voilà donc veuf, monsieur, lui dit Nanon. C'est bien désagréable d'être veuf avec deux femmes dans sa maison. — Je ne te parle pas à toi. Tiens ta margoulette ou je te chasse. Qu'est-ce que tu as dans ta casserole que j'entends bouilloter sur le fourneau ? — C'est des graisses que je fonds... — Il viendra du monde ce soir, allume le feu.

Les Cruchot, madame des Grassins et son fils arrivèrent à huit heures, et s'étonnèrent de ne voir ni madame Grandet ni sa fille.

— Ma femme est un peu indisposée. Eugénie est auprès d'elle, répondit le vieux vigneron, dont la figure ne trahit aucune émotion.

Au bout d'une heure employée en conversations insignifiantes, madame des Grassins, qui était montée faire sa visite à madame Grandet, descendit, et chacun lui demanda : — Comment va madame Grandet ? — Mais, pas bien du tout, du tout, dit-elle. L'état de sa santé me paraît vraiment inquiétant. A son âge, il faut prendre les plus grandes précautions, papa Grandet. — Nous verrons cela, répondit le vigneron d'un air distrait.

Chacun lui souhaita le bonsoir. Quand les Cruchot furent dans la rue, madame des Grassins leur dit : — Il y a quelque chose de nouveau chez les Grandet. La mère est très-mal sans seulement qu'elle s'en doute. La fille a les yeux rouges comme quelqu'un qui a pleuré longtemps. Voudraient-ils la marier contre son gré ?

Lorsque le vigneron fut couché, Nanon vint en chaussons à pas muets chez Eugénie, et lui découvrit un pâté fait à la casserole.

— Tenez, mademoiselle, dit la bonne fille. Cornoiller m'a donné un lièvre. Vous mangez si peu, que ce pâté vous durera bien huit jours ; et, par la gelée, il ne risquera point de se gâter. Au moins, vous ne demeurerez pas au pain sec. C'est que ça n'est point sain du tout. — Pauvre Nanon, dit Eugénie en lui serrant la main. — Je l'ai fait bien bon, bien délicat, et il ne s'en est point aperçu. J'ai pris le lard, le laurier, tout sur mes six francs ; j'en suis bien la maîtresse. Puis la servante se sauva, croyant entendre Grandet.

Pendant quelques mois, le vigneron vint voir constamment sa femme à des heures différentes de la journée, sans prononcer le nom de sa fille, sans la voir, ni faire à elle la moindre allusion. Madame Grandet ne quitta point sa chambre, et de jour en jour, son état empira. Rien ne fit plier le vieux tonnelier. Il restait inébranlable, âpre et froid comme une pile de granit. Il continua d'aller et venir selon ses habitudes ; mais il ne bégaya plus, causa moins, et se montra dans les affaires plus dur qu'il ne l'avait jamais été. Souvent il lui échappait quelque erreur dans ses chiffres. — Il s'est passé quelque chose chez les Grandet, disaient les cruchotins et les grassinistes. — Qu'est-il donc arrivé dans la maison Grandet ? fut une question convenue que l'on s'adressait généralement d'un toutes les soirées à Saumur. Eugénie allait aux offices sous la conduite de Nanon. Au sortir de l'église, si madame des Grassins lui adressait quelques paroles, elle y répondait d'une manière évasive et sans satisfaire sa curiosité. Néanmoins il fut impossible au bout de deux mois de cacher, soit aux trois Cruchot, soit à madame des Grassins, le secret de la réclusion d'Eugénie. Il y eut un moment où les prétextes manquèrent pour justifier sa perpétuelle absence. Puis, sans qu'il fût possible de savoir par qui le secret avait été trahi, toute la ville apprit que depuis le premier jour de l'an mademoiselle Grandet était, par l'ordre de son père, enfermée dans sa chambre, au pain et à l'eau, sans feu, que Nanon lui faisait des friandises, les lui apportant pendant la nuit ; et l'on savait même que la jeune personne ne pouvait voir et soigner sa mère que pendant le temps où son père était absent du logis. La conduite de Grandet fut alors jugée très-sévèrement. La ville entière le mit pour ainsi dire hors la loi, se souvint de ses trahisons, de ses duretés, et l'excommunia. Quand il passait, chacun se le montrait en chuchotant. Lorsque sa fille descendait la rue tortueuse pour aller à la messe ou à vêpres, accompagnée de Nanon, tous les habitants se mettaient aux fenêtres pour examiner avec curiosité la contenance de la riche héritière et son visage, où se peignaient une mélancolie et une douceur angéliques. Sa réclusion, la disgrâce de son père, n'étaient rien pour elle. Ne voyait-elle pas la mappemonde, le petit banc, le jardin, le pan de mur, et ne reprenait-elle pas sur ses lèvres le miel qu'y avaient laissé les baisers de l'amour ? Elle ignora pendant quelque temps les conversations dont elle était l'objet en ville, aussi bien que les ignorait son père. Religieuse et pure devant Dieu, sa conscience et l'amour l'aidaient à patiemment supporter la colère et la vengeance paternelles. Mais une douleur profonde faisait taire toutes les autres douleurs. Chaque jour, sa mère, douce et tendre créature, qui s'embellissait de l'éclat que jetait son âme en approchant de la tombe, sa mère dépérissait de jour en jour. Souvent Eugénie se reprochait d'avoir été la cause innocente de la cruelle, de la lente maladie qui la dévorait. Ces remords, quoique calmés par sa mère, l'attachaient encore plus étroitement à son amour. Tous les matins, aussitôt que son père était sorti, elle venait au chevet du lit de sa mère, et là, Nanon lui apportait son déjeuner. Mais la pauvre Eugénie, triste et souffrante des souffrances de sa mère, en montrant le visage à Nanon par un geste muet, pleurait et n'osait parler de son cousin. Madame Grandet, la première, était forcée de lui dire : — Où est-il ? pourquoi n'écrit-il pas ?

La mère et la fille ignoraient complètement les distances.

— Pensons à lui, ma mère, répondait Eugénie, et n'en parlons pas. Vous souffrez, vous avant tout.

Tout c'était lui.

— Mes enfants, disait madame Grandet, je ne regrette point la vie. Dieu m'a protégée en me faisant envisager avec joie le terme de mes misères.

Les paroles de cette femme étaient constamment saintes et chrétiennes. Quand, au moment de déjeuner près d'elle, son mari venait se promener dans sa chambre, elle lui dit, pendant les premiers mois de l'année, les mêmes discours, répétés avec une douceur angélique, mais avec la fermeté d'une femme à qui une mort prochaine donnait le courage qui lui avait manqué pendant sa vie.

— Monsieur, je vous remercie de l'intérêt que vous prenez à ma santé, lui répondait-elle quand il lui avait fait la plus banale des demandes, mais si vous voulez rendre mes derniers moments moins amers et alléger mes douleurs, rendez vos bonnes grâces à notre fille, montrez-vous chrétien, époux et père.

En entendant ces mots, Grandet s'asseyait près du lit et agissait comme un homme qui, voyant venir une averse, se met tranquillement à l'abri sous une porte cochère : il écoutait silencieusement sa femme, et ne répondait rien. Quand les plus touchantes, les plus tendres, les plus religieuses supplications lui avaient été adressées, il disait : — Tu es un peu pâlotte aujourd'hui, ma pauvre femme. L'oubli le plus complet de sa fille semblait être gravé sur son front de grès, sur ses lèvres serrées. Il n'était même pas ému par les larmes que ses vagues réponses, dont les termes étaient à peine variés, faisaient couler le long du blanc visage de sa femme.

— Que Dieu vous pardonne, monsieur, disait-elle, comme je vous pardonne moi-même ! Vous aurez un jour besoin d'indulgence.

Depuis la maladie de sa femme, il n'avait plus osé se servir de son terrible : ta, ta, ta, ta, ta ! Mais aussi son despotisme n'était-il pas désarmé par cet ange de douceur, dont la laideur disparaissait de jour en jour, classée par l'expression des qualités morales qui venaient fleurir sur sa face. Elle était tout âme. Le génie de la prière semblait purifier, amoindrir les traits les plus grossiers de sa figure, et la faisait resplendir. Qui n'a pas observé le phénomène de cette transfiguration sur les saints visages où les habitudes de l'âme finissent par triompher des traits les plus rudement contournés, en leur imprimant l'animation particulière due à la noblesse et à la pureté des pensées élevées ! Le spectacle de cette transformation accomplie par les souffrances qui consumaient les lambeaux de l'être humain chez cette femme agissait, quoique faiblement, sur le vieux tonnelier, dont le caractère resta de bronze. Si sa parole ne fut plus dédaigneuse, un imperturbable silence, qui sauvait la supériorité de père de famille, domina sa conduite. Sa fidèle Nanon paraissait-elle au marché, soudain quelques lazzis quelques plaintes sur son maître lui sifflaient aux oreilles ; mais, quoique l'opinion publique condamnât hautement le père Grandet, la servante le défendait par orgueil pour la maison.

— Eh bien ! disait-elle aux détracteurs du bonhomme, est-ce que nous ne devenons pas tous plus durs en vieillissant ? pourquoi ne voulez-vous pas qu'il se racornisse un peu, cet homme ? Taisez donc vos menteries. Mademoiselle vit comme une reine. Elle est seule, eh bien ! c'est son goût. D'ailleurs, mes maîtres ont des raisons majeures.

Enfin, un soir vers la fin du printemps, madame Grandet, dévorée par le chagrin, encore plus que par la maladie, n'ayant pas réussi, malgré ses prières, à réconcilier Eugénie et son père, confia ses peines secrètes aux Cruchot.

— Mettre une fille de vingt-trois ans au pain et à l'eau !... s'écria le président de Bonfons, et sans motifs ; mais cela constitue des sévices tortionnaires ; elle peut protester contre, et tant dans que sur...

— Allons, mon neveu, dit le notaire, laissez votre baragouin de palais. Soyez tranquille, madame, je ferai finir cette réclusion dès demain.

En entendant parler d'elle, Eugénie sortit de sa chambre.

— Messieurs, dit-elle en s'avançant par un mouvement plein de fierté, je vous prie de ne pas vous occuper de cette affaire. Mon père est maître chez lui. Tant que j'habiterai sa maison, je dois lui obéir. Sa conduite ne saurait être soumise à l'approbation ni à la désapprobation du monde, il n'en est comptable qu'à Dieu. Je réclame de votre amitié le plus profond silence à cet égard. Blâmer mon père serait attaquer notre propre considération. Je vous sais gré, messieurs, de l'intérêt que vous me témoignez ; mais vous m'obligeriez davantage si vous vouliez faire cesser les bruits offensants qui courent par la ville. J'ai été instruite de ces bruits par hasard. — Elle a raison, dit madame Grandet. — Mademoiselle, la meilleure manière d'empêcher le monde de jaser est de vous faire rendre la liberté, lui répondit respectueusement le vieux notaire frappé de la beauté que la retraite, la mélancolie et l'amour avaient imprimée à Eugénie. — Eh bien ! ma fille, laisse à M. Cruchot le soin d'arranger cette affaire, puisqu'il répond du succès. Il connaît ton père et sait comment il faut le prendre. Si tu veux me voir heureuse pendant le peu de temps qu'il me reste à vivre, il faut, à tout prix, que ton père et toi vous soyez réconciliés.

Le lendemain, suivant une habitude prise par Grandet depuis la réclusion d'Eugénie, il vint faire un certain nombre de tours dans son petit jardin. Il avait pris pour cette promenade le moment où Eugénie se peignait. Quand le bonhomme arrivait au gros noyer il se cachait derrière le tronc de l'arbre, restait pendant quelques instants à contempler les longs cheveux de sa fille, et flottait sans doute entre les pensées que lui suggérait la ténacité de son caractère et le désir d'embrasser son enfant. Souvent il demeurait assis sur le petit banc de bois pourri où Charles et Eugénie s'étaient juré un éternel

amour, pendant qu'elle regardait aussi son père à la dérobée ou dans son miroir. S'il se levait et recommençait sa promenade, elle s'asseyait complaisamment à la fenêtre et se mettait à examiner le pan de mur où pendaient les plus jolies fleurs, d'où sortaient, d'entre les crevasses, des cheveux de Vénus, des liserons et une plante grasse, jaune ou blanche, un Sedum très-abondant dans les vignes à Saumur et à Tours. Maître Cruchot vint de bonne heure et trouva le vieux vigneron assis par un beau jour de juin, sur le petit banc, le dos appuyé au mur mitoyen, occupé à voir sa fille.

— Qu'y a-t-il pour votre service, maître Cruchot ? dit-il en apercevant le notaire. — Je viens vous parler d'affaires. — Ah ! ah ! avez-vous un peu d'or à me donner contre des écus ? — Non, non, il ne s'agit pas d'argent, mais de votre fille Eugénie. Tout le monde parle d'elle et de vous. — De quoi se mêle-t-on ? Charbonnier est maître chez lui. — D'accord le charbonnier est maître de se tuer aussi, ou, ce qui pis est, de jeter son argent par les fenêtres. — Comment cela ? — Eh ! mais votre femme est très-malade, mon ami. Vous devriez même consulter M. Bergerin, elle est en danger de mort. Si elle venait à mourir sans avoir été soignée comme il faut, vous ne seriez pas tranquille, je le crois. — Ta ! ta ! ta ! vous savez ce qu'a ma femme ! Ces médecins, une fois qu'ils ont mis le pied chez vous, ils viennent de cinq à six fois par jour. — Enfin, Grandet, vous ferez comme vous l'entendrez. Nous sommes de vieux amis, il n'y a pas, dans tout Saumur, un homme qui prenne plus que moi d'intérêt à ce qui vous concerne, j'ai donc dû vous dire cela. Maintenant, arrive qui plante, vous êtes majeur, vous savez vous conduire, allez. Ceci n'est pas d'ailleurs l'affaire qui m'amène. Il s'agit de quelque chose de plus grave pour vous, peut-être. Après tout, vous n'avez pas envie de tuer votre femme, elle vous est trop utile. Songez donc à la situation où vous seriez vis-à-vis votre fille, si madame Grandet mourait. Vous devriez des comptes à Eugénie, puisque vous êtes commun en biens avec votre femme. Votre fille sera en droit de réclamer le partage de votre fortune, de faire vendre Froidfond. Enfin, elle succède à sa mère, de qui vous ne pouvez pas hériter.

Ces paroles furent un coup de foudre pour le bonhomme, qui n'était pas aussi fort en législation qu'il pouvait l'être en commerce. Il n'avait jamais pensé à une licitation.

— Ainsi je vous engage à la traiter avec douceur, dit Cruchot en terminant. — Mais savez-vous ce qu'elle a fait, Cruchot ? — Quoi ? dit le notaire curieux de recevoir une confidence du père Grandet et de connaître la cause de la querelle. — Elle a donné son or. — Eh bien ! était-il à elle ? demanda le notaire. — Ils me disent tous cela ! dit le bonhomme en laissant tomber ses bras d'un mouvement tragique. — Allez-vous, pour une misère, reprit Cruchot, mettre des entraves aux concessions que vous lui demanderez à l'article de la mort de sa mère ? — Ah ! vous appelez six mille francs d'or une misère ? — Eh ! mon vieil ami, savez-vous ce que coûtera l'inventaire et le partage de la succession de votre femme si Eugénie l'exige ? — Quoi ? — Deux, ou trois, ou quatre cent mille francs peut-être ? Ne faudra-t-il pas liciter, et vendre pour connaître la véritable valeur ? au lieu qu'en vous entendant... — Par la serpette de mon père ! s'écria le vigneron, qui s'assit en pâlissant, nous verrons, ça, Cruchot.

Après un moment de silence ou d'agonie, le bonhomme regarda le notaire en lui disant : — La vie est bien dure ! Il s'y trouve bien des douleurs. Cruchot, reprit-il solennellement, vous ne voulez pas me tromper, jurez-moi sur l'honneur que ce que vous me chantez là est fondé en droit. Montrez-moi le Code, je veux voir le Code ! — Mon pauvre ami, répondit le notaire, ne sais-je pas mon métier ? — Cela est donc bien vrai. Je serai dépouillé, trahi, tué, dévoré par ma fille. — Elle hérite de sa mère. — À quoi servent donc les enfants ! Ah ! ma femme, je l'aime, elle. Elle est solide heureusement, c'est une La Bertellière. — Elle n'a pas un mois à vivre.

Le tonnelier se frappa le front, marcha, revint, et, jetant un regard effrayant à Cruchot, il lui dit : — Comment faire ? lui dit-il. — Eugénie pourra renoncer purement et simplement à la succession de sa mère. Vous ne voulez pas la déshériter, n'est-ce pas ? Mais, pour obtenir un partage de ce genre, ne la rudoyez pas. Ce que je vous dis là, mon vieux, est contre mon intérêt. Qu'ai-je à faire, moi ?... des liquidations, des inventaires, des ventes, des partages... — Nous verrons, nous verrons. Ne parlons plus de cela, Cruchot. Vous me triboulez les entrailles. Avez-vous reçu de l'or ? — Non ; mais j'ai quelques vieux louis, une dizaine, je vous les donnerai. Mon bon ami, faites la paix avec Eugénie. Voyez-vous, tout Saumur vous jette la pierre. — Les drôles ! — Allons, les rentes sont à 99. Soyez donc content une fois dans la vie. — À 99, Cruchot ? — Oui. — Eh ! eh ! 99 ! dit le bonhomme en reconduisant le vieux notaire jusqu'à la porte de la rue. Puis, trop agité par ce qu'il venait d'entendre pour rester au logis, il monta chez sa femme et lui dit : — Allons, la mère, tu peux passer la journée avec ta fille, je vais à Froidfond. Soyez gentilles toutes deux. C'est le jour de notre mariage, ma bonne femme : tiens, voilà dix écus pour ton reposoir de la Fête-Dieu. Il y a assez longtemps que tu veux en faire un, regale-toi ! amusez-vous, soyez gaies, portez-vous bien. Vive la joie ! Il jeta dix écus de six francs sur le lit de sa femme et lui prit la tête pour la baiser au front. — Bonne femme, tu vas mieux, n'est-ce pas? — Comment pouvez-vous penser à recevoir dans votre maison le Dieu qui pardonne en tenant votre fille exilée de votre cœur, dit-elle avec émotion.—Ta, ta, ta, ta, ta, dit le père d'une voix caressante, nous verrons cela. — Bonté du ciel! Eugénie, cria la mère en rougissant de joie, viens embrasser ton père, il te pardonne!

Mais le bonhomme avait disparu. Il se sauvait à toutes jambes vers ses closeries en tâchant de mettre en ordre ses idées renversées. Grandet commençait alors sa soixante-seizième année. Depuis deux ans principalement, son avarice s'était accrue comme s'accroissent toutes les passions persistantes de l'homme. Suivant une observation faite sur les avares, sur les ambitieux, sur tous les gens dont la vie a été consacrée à une idée dominante, son sentiment avait affectionné plus particulièrement un symbole de sa passion. La vue de l'or, la possession de l'or, était devenue sa monomanie. Son esprit de despotisme avait grandi en proportion de son avarice, et abandonner la direction de la moindre partie de ses biens à la mort de sa femme lui paraissait une chose *contre nature*. Déclarer sa fortune à sa fille, inventorier l'universalité de ses biens meubles et immeubles pour les liciter... — Ce serait à se couper la gorge, dit-il tout haut au milieu d'un clos en en examinant les ceps. Enfin, il prit son parti, revint à Saumur à l'heure du dîner, résolu de plier devant Eugénie, de la cajoler, de l'amadouer afin de pouvoir mourir royalement en tenant jusqu'au dernier soupir les rênes de ses millions. Au moment où le bonhomme, qui, par hasard avait pris son passe-partout, montait l'escalier à pas de loup pour venir chez sa femme, Eugénie avait apporté sur le lit de sa mère le beau nécessaire. Toutes deux, en l'absence de Grandet, se donnaient le plaisir de voir le portrait de Charles, en examinant celui de sa mère.

— C'est tout à fait son front et sa bouche! disait Eugénie au moment où le vigneron ouvrit la porte. Au regard que jeta son mari sur l'or, madame Grandet cria : — Mon Dieu, ayez pitié de nous!

Le bonhomme sauta sur le nécessaire comme un tigre fond sur un enfant endormi.

—Qu'est-ce que c'est que cela? dit-il en emportant le trésor et allant se placer à la fenêtre. Du bon or! de l'or! s'écria-t-il. Beaucoup d'or! ça pèse deux livres. Ah! ah! Charles t'a donné cela contre tes belles pièces. Hein? pourquoi ne me l'avoir pas dit? C'est une bonne affaire, fifille! Tu es ma fille, je te reconnais. Eugénie tremblait de tous ses membres. — N'est-ce pas, ceci est à Charles? reprit le bonhomme. — Oui, mon père, ce n'est pas à moi. Ce meuble est un dépôt sacré. — Ta! ta! ta! il a pris ta fortune, faut te rétablir ton petit trésor. — Mon père!...

Le bonhomme voulut prendre son couteau pour faire sauter une plaque d'or, et fut obligé de poser le nécessaire sur une chaise. Eugénie s'élança pour le ressaisir; mais le tonnelier, qui avait tout à la fois l'œil à sa fille et au coffret, la repoussa si violemment en étendant le bras, qu'elle alla tomber sur le lit de sa mère.

— Monsieur, monsieur! cria la mère en se dressant sur son lit.

Grandet avait tiré son couteau et s'apprêtait à soulever l'or.

— Mon père! cria Eugénie en se jetant à genoux et marchant ainsi pour arriver plus près du bonhomme et lever les mains vers lui, mon père, au nom de tous les saints et de la Vierge, au nom du Christ, qui est mort sur la croix, au nom de votre salut éternel, mon père, au nom de ma vie, ne touchez pas à ceci! Cette toilette n'est ni à vous ni à moi; elle est à un malheureux parent qui me l'a confiée, et je dois la lui rendre intacte.—Pourquoi la regardais-tu, si c'est un dépôt? Voir, c'est pis que toucher. — Mon père, ne la détruisez pas, ou vous me déshonorez. Mon père, entendez-vous? — Monsieur, grâce! dit la mère. — Mon père, cria Eugénie d'une voix si éclatante que Nanon effrayée monta. Eugénie sauta sur un couteau qui était à sa portée et s'en arma. — Eh bien! lui dit froidement Grandet en souriant à froid. — Monsieur, monsieur, vous m'assassinez! dit la mère. — Mon père, si votre couteau entame seulement une parcelle de cet or, je me perce de celui-ci. Vous avez déjà rendu ma mère mortellement malade, vous tuerez encore votre fille. Allez, maintenant, blessure pour blessure!

Grandet tint son couteau sur le nécessaire, et regarda sa fille en hésitant.

— En serais-tu capable, Eugénie? dit-il. — Oui, monsieur, dit la mère. — Elle le ferait comme elle le dit, cria Nanon. Soyez donc raisonnable, monsieur, une fois dans votre vie. Le tonnelier regarda l'or et sa fille alternativement pendant un instant. Madame Grandet s'évanouit.—Là, voyez-vous, mon cher monsieur! madame se meurt, cria Nanon. — Tiens, ma fille, ne nous brouillons pas pour un coffre. Prends donc! s'écria vivement le tonnelier en jetant la toilette sur le lit. — Toi, Nanon, va chercher M. Bergerin. — Allons, la mère, dit-il en baisant la main de sa femme, ce n'est rien, va : nous avons fait la paix. Pas vrai, fifille? Plus de pain sec, tu mangeras tout ce que tu voudras. Ah! elle ouvre les yeux. Eh bien! la mère, mémère timére, allons donc! Tiens, vois, j'embrasse Eugénie. Elle aime son cousin, elle l'épousera si elle veut, elle lui gardera le petit coffre. Mais vis longtemps, ma pauvre femme. Allons, remue donc! écoute, tu auras le plus beau reposoir qui se soit jamais fait à Saumur.

Mon Dieu, pouvez-vous traiter ainsi votre femme et votre enfant! dit d'une voix faible madame Grandet. — Je ne le ferai plus, cria le tonnelier. Tu vas voir, ma pauvre femme. Il alla à son cabinet, et revint avec une poignée de louis qu'il éparpilla sur le lit. — Tiens, Eugénie, tiens, ma femme, voilà pour vous, dit-il en maniant les louis. Allons, égaye-toi, ma femme, porte-toi bien, tu ne manqueras de rien, ni Eugénie non plus. Voilà cent louis d'or pour elle. Tu ne les donneras pas, Eugénie, ceux-là, hein?

Madame Grandet et sa fille se regardèrent étonnées.

— Reprenez-les, mon père; nous n'avons besoin que de votre tendresse. — Eh bien! c'est ça, dit-il en empochant les louis, vivons comme de bons amis. Descendons tous dans la salle pour dîner, pour jouer au loto tous les soirs à deux sous. Faites vos farces! Hein, ma femme! — Hélas! je le voudrais bien, puisque cela peut vous être agréable, dit la mourante; mais je ne saurais me lever. — Pauvre

Ma mère souffre beaucoup. Voyez; ne la tuez pas. — PAGE 29.

mère, dit le tonnelier, tu ne sais pas combien je t'aime. Et toi, ma fille! Il la serra, l'embrassa. Oh! comme c'est bon d'embrasser sa fille après une brouille! ma fifille! Tiens, vois-tu, mémère, nous ne faisons qu'un maintenant. Va donc serrer cela, dit-il à Eugénie en lui montrant le coffret. Va, ne crains rien. Je ne t'en parlerai plus, jamais.

M. Bergerin, le plus célèbre médecin de Saumur, arriva bientôt. La consultation finie, il déclara positivement à Grandet que sa femme était bien mal, mais qu'un grand calme d'esprit, un régime doux et des soins minutieux pourraient reculer l'époque de sa mort vers la fin de l'automne. — Ça coûtera-t-il cher? dit le bonhomme, faut-il des drogues? — Peu de drogues, mais beaucoup de soins, répondit le médecin, qui ne put retenir un sourire. — Enfin, monsieur Bergerin, répondit Grandet, vous êtes un homme d'honneur, pas vrai? Je me fie à vous, venez voir ma femme toutes et quantes fois vous le jugerez convenable. Conservez-moi ma bonne femme; je l'aime beaucoup, voyez-vous, sans que ça paraisse, parce que, chez moi, tout se passe en dedans et me trifouille l'âme. J'ai du chagrin. Le chagrin est entré chez moi avec la mort de mon frère, pour lequel je dépense, à Paris, des sommes, les yeux de la tête, enfin! et ça ne finit point. Adieu, monsieur, si l'on peut sauver ma femme, sauvez-la, quand même il faudrait dépenser pour ça cent ou deux cents francs.

Malgré les souhaits fervents que Grandet faisait pour la santé de sa femme, dont la succession ouverte était une première source pour lui; malgré la complaisance qu'il manifestait en toute occasion pour les moindres volontés de la mère et de la fille étonnées; malgré les soins les plus tendres prodigués par Eugénie, madame Grandet marcha rapidement vers la mort. Chaque jour elle s'affaiblissait et dépérissait comme dépérissent la plupart des femmes atteintes, à cet âge, par la maladie. Elle était frêle autant que les feuilles des arbres en automne. Les rayons du ciel la faisaient resplendir comme ces feuilles que le soleil traverse et dore. Ce fut une mort digne de sa vie, une mort toute chrétienne; n'est-ce pas dire sublime? Au mois d'octobre 1822 éclatèrent particulièrement ses vertus, sa patience d'ange et son amour pour sa fille; elle s'éteignit sans avoir laissé échapper la moindre plainte. Agneau sans tache, elle allait au ciel, et ne regrettait ici-bas que la douce compagne de sa froide vie, à laquelle ses derniers regards semblaient prédire mille maux. Elle tremblait de laisser cette brebis, blanche comme elle, seule au milieu d'un monde égoïste qui voulait lui arracher sa toison, ses trésors. — Mon enfant, lui dit-elle avant d'expirer, il n'y a de bonheur que dans le ciel, tu le sauras un jour.

Le lendemain de cette mort, Eugénie trouva de nouveaux motifs de s'attacher à cette maison où elle était née, où elle avait tant souffert, où sa mère venait de mourir. Elle ne pouvait contempler la croisée et la chaise à patins dans la salle sans verser des pleurs. Elle crut avoir méconnu l'âme de son vieux père en se voyant l'objet de ses soins les plus tendres : il venait lui donner le bras pour descen-

dre au déjeuner; il la regardait d'un œil presque bon pendant des heures entières; enfin il la couvait comme si elle eût été d'or. Le vieux tonnelier se ressemblait si peu à lui-même, il tremblait tellement devant sa fille, que Nanon et les cruchotins, témoins de sa faiblesse, l'attribuèrent à son grand âge, et craignirent ainsi quelque affaiblissement dans ses facultés; mais le jour où la famille prit le deuil, après le dîner auquel fut convié maître Cruchot, qui seul connaissait le secret de son client, la conduite du bonhomme s'expliqua.

— Ma chère enfant, dit-il à Eugénie lorsque la table fut ôtée et les portes soigneusement closes, te voilà héritière de ta mère, et nous avons de petites affaires à régler entre nous deux. Pas vrai, Cruchot? — Oui. — Est-il donc si nécessaire de s'en occuper aujourd'hui, mon père? — Oui, oui, fifille. Je ne pourrais pas durer dans l'incertitude où je suis. Je ne crois pas que tu veuilles me faire de la peine. — Oh! mon père. — Eh bien ! il faut arranger tout cela ce soir. — Que voulez-vous donc que je fasse? — Mais, fifille, ça ne me regarde pas. Dites-lui donc, Cruchot. — Mademoiselle, M. votre père ne voudrait ni partager, ni vendre ses biens, ni payer des droits énormes pour l'argent comptant qu'il peut posséder. Donc, pour cela, il faudrait se dispenser de faire l'inventaire de toute la fortune qui aujourd'hui se trouve indivise entre vous et M. votre père... — Cruchot, êtes-vous bien sûr de cela, pour en parler ainsi devant un enfant? — Laissez-moi dire, Grandet. — Oui, oui, mon ami. Ni vous ni ma fille ne voulez me dépouiller. N'est-ce pas, fifille? — Mais, monsieur Cruchot, que faut-il que je fasse? demanda Eugénie impatientée. — Eh bien! dit le notaire, il faudrait signer cet acte par lequel vous renonceriez à la succession de madame votre mère, et laisseriez à votre père l'usufruit de tous les biens indivis entre vous, et dont il vous assure la nue-propriété... — Je ne comprends rien à tout ce que vous me dites, répondit Eugénie, donnez-moi l'acte, et montrez-moi la place où je dois signer.

Le père Grandet regardait alternativement l'acte et sa fille, sa fille et l'acte, en éprouvant de si violentes émotions, qu'il s'essuya quelques gouttes de sueur venues sur son front.

Mon père, si votre couteau entame seulement une parcelle de cet or, je me... — PAGE 52.

— Fifille, dit-il, au lieu de signer cet acte qui coûtera gros à faire enregistrer, si tu voulais renoncer purement et simplement à la succession de ta pauvre chère mère défunte, et t'en rapporter à moi pour l'avenir, j'aimerais mieux ça. Je te ferais alors tous les mois une bonne grosse rente de cent francs. Vois, tu pourrais payer autant de messes que tu voudrais à ceux pour lesquels tu en fais dire... Hein! cent francs par mois, en livres? — Je ferai tout ce qu'il vous plaira, mon père. — Mademoiselle, dit le notaire, il est de mon devoir de vous faire observer que vous vous dépouillez... — Eh! mon Dieu, dit-elle, qu'est-ce que cela me fait? — Tais-toi, Cruchot. C'est dit, c'est dit, s'écria Grandet en prenant la main de sa fille et y frappant avec la sienne. Eugénie, tu ne te dédiras point, tu es une honnête fille, hein? — Oh! mon père!...

Il l'embrassa avec effusion, la serra dans ses bras à l'étouffer.

— Va, mon enfant, tu donnes la vie à ton père; mais tu lui rends ce qu'il t'a donné : nous sommes quittes. Voilà comment doivent se faire les affaires. La vie est une affaire. Je te bénis! Tu es une vertueuse fille, qui aime bien son papa. Fais ce que tu voudras maintenant. A demain donc, Cruchot, dit-il en regardant le notaire épouvanté. Vous verrez à bien préparer l'acte de renonciation au greffe du tribunal.

Le lendemain, vers midi, fut signée la déclaration par laquelle Eugénie accomplissait elle-même sa spoliation. Cependant, malgré sa parole, à la fin de la première année, le vieux tonnelier n'avait pas encore donné un sou des deux cents francs par mois si solennellement promis à sa fille. Aussi, quand Eugénie lui en parla plaisamment, ne put-il s'empêcher de rougir, il monta vivement à son cabinet, revint, et lui présenta environ le tiers des bijoux qu'il avait pris à son neveu.

— Tiens, petite, dit-il d'un accent plein d'ironie, veux-tu ça pour tes douze cents francs? — O mon père' vrai, me les donnez-vous? — Je t'en rendrai autant l'année prochaine, dit-il en les lui jetant dans son tablier. Ainsi en peu de temps tu auras toutes ses breloques, ajouta-t-il en se frottant les mains, heureux de pouvoir spéculer sur le sentiment de sa fille.

Néanmoins le vieillard, quoique robuste encore, sentit la nécessité d'initier sa fille aux secrets du ménage. Pendant deux années consécutives il lui fit ordonner en sa présence le menu de la maison, et recevoir les redevances. Il lui apprit lentement et successivement les noms, la contenance de ses clos, de ses fermes. Vers la troisième année il l'avait si bien accoutumée à toutes ses façons d'avarice, il les avait si véritablement tournées chez elle en habitudes, qu'il lui laissa sans crainte les clefs de la dépense, et l'institua la maîtresse au logis.

Cinq ans se passèrent sans qu'aucun événement marquât dans l'existence monotone d'Eugénie et de son père. Ce fut les mêmes actes constamment accomplis avec la régularité chronométrique des mouvements de la vieille pendule. La profonde mélancolie de mademoiselle Grandet n'était un secret pour personne. mais, si chacun put en pressentir la cause, jamais un mot prononcé par elle ne justifia les soupçons que toutes les sociétés de Saumur formaient sur l'état du cœur de la riche héritière. Sa seule compagnie se composait des trois Cruchot et de quelques-uns de leurs amis qu'ils avaient insensiblement introduits au logis. Ils lui avaient appris à jouer au whist, et venaient tous les soirs faire la partie. Dans l'année 1827, son père, sentant le poids des infirmités, fut forcé de l'initier aux secrets de sa fortune territoriale, et lui disait, en cas de difficultés, de s'en rapporter à Cruchot le notaire, dont la probité lui était connue. Puis, vers la fin de cette année, le bonhomme fut enfin, à l'âge de quatre-vingt-deux ans, pris par une paralysie qui fit de rapides progrès. Grandet fut condamné par M. Bergerin. En pensant qu'elle allait bientôt se trouver seule dans le monde, Eugénie se tint, pour ainsi dire, plus près de son père, et serra plus fortement ce dernier anneau d'affection. Dans sa pensée, comme dans celle de toutes les femmes aimantes, l'amour était le monde entier, et Charles n'était pas là. Elle fut sublime de soins et d'attentions pour son vieux père, dont les facultés commençaient à baisser, mais dont l'avarice se soutenait instinctivement. Aussi la mort de cet homme ne contrasta-t-elle point avec sa vie. Dès le matin il se faisait rouler entre la cheminée de sa chambre et la porte de son cabinet, sans doute plein d'or. Il restait là sans mouvement, mais il regardait tour à tour avec anxiété ceux qui venaient le voir et la porte doublée de fer. Il se faisait rendre compte des moindres bruits qu'il entendait, et, au grand étonnement du notaire, il entendait le bâillement de son chien dans la cour. Il se réveillait de sa stupeur apparente au jour et à l'heure où il fallait recevoir des fermages, faire les comptes avec les closiers, ou donner des quittances. Il agitait alors son fauteuil à roulettes jusqu'à ce qu'il se trouvât en face de la porte de son cabinet. Il le faisait ouvrir par sa fille, et veillait à ce qu'elle plaçât en secret elle-même les sacs d'argent les uns sur les autres à ce qu'elle fermât la porte. Puis il revenait à sa place silencieusement aussitôt qu'elle lui avait rendu la précieuse clef, toujours placée dans la poche de son gilet, et qu'il tâtait de temps en temps. D'ailleurs son vieil ami le notaire, sentant que la riche héritière épouserait nécessairement son neveu le président si Charles Grandet ne revenait pas, redoubla de soins et d'attentions : il venait tous les jours se mettre aux ordres de Grandet, allait à son commandement à Froidfond, aux terres, aux prés, aux vignes, vendait les récoltes, et transmutait tout en or et en argent qui venait se réunir secrètement aux sacs empilés dans le cabinet. Enfin arrivèrent les jours d'agonie, pendant lesquels la forte charpente du bonhomme fut aux prises avec la destruction. Il voulut rester assis au coin de son feu, devant la porte de son cabinet. Il attirait à lui et roulait toutes les couvertures que l'on mettait sur lui, et disait à Nanon : — Serre, serre ça, pour qu'on ne me vole pas. Quand il pouvait ouvrir les yeux, où toute sa vie s'était réfugiée, il les tournait aussitôt vers la porte du cabinet où gisaient ses trésors en disant à sa fille : — Y sont-ils? y sont-ils? d'un son de voix qui dénotait une sorte de peur panique. — Oui, mon père. — Veille à l'or, mets de l'or devant moi.

Eugénie lui étendait des louis sur une table, et il demeurait des heures entières les yeux attachés sur les louis, comme un enfant qui, au moment où il commence à voir, contemple stupidement le même objet, et, comme à un enfant, il lui échappait un sourire pénible. — Ça me réchauffe! disait-il quelquefois en laissant paraître sur sa figure une expression de béatitude.

Lorsque le curé de la paroisse vint l'administrer, ses yeux, morts en apparence depuis quelques heures, se ranimèrent à la vue de la croix, des chandeliers, du bénitier d'argent qu'il regarda fixement, et sa loupe remua pour la dernière fois. Lorsque le prêtre lui approcha des lèvres le crucifix en vermeil pour lui faire baiser le Christ, il fit un épouvantable geste pour le saisir. Ce dernier effort lui coûta la vie. Il appela Eugénie, qu'il ne voyait pas quoiqu'elle fût agenouillée devant lui et qu'elle baignât de ses larmes une main déjà froide. — Mon père, bénissez-moi. — Aie bien soin de tout. Tu me rendras compte de ça là-bas, dit-il en prouvant par cette dernière parole que le christianisme doit être la religion des avares.

Eugénie Grandet se trouva donc seule au monde dans cette maison, n'ayant que Nanon à qui elle pût jeter un regard avec la certitude d'être entendue et comprise, Nanon, le seul être qui l'aimât pour elle et avec qui elle pût causer de ses chagrins. La grande Nanon était une providence pour Eugénie. Aussi ne fut-elle plus une servante, mais une humble amie. Après la mort de son père, Eugénie apprit par maître Cruchot qu'elle possédait trois cent mille livres de rente en biens-fonds dans l'arrondissement de Saumur, six millions placés en trois pour cent à soixante francs, et il valait alors soixante-dix-sept francs ; plus deux millions en or et cent mille francs en écus, sans compter les arrérages à recevoir. L'estimation totale de ses biens allait à dix-sept millions.

— Où donc est mon cousin? se dit-elle.

Le jour où maître Cruchot remit à sa cliente l'état de la succession, devenue claire et liquide, Eugénie resta seule avec Nanon, assises l'une et l'autre de chaque côté de la cheminée de cette salle si vide, où tout était souvenir, depuis la chaise à patins sur laquelle s'asseyait sa mère jusqu'au verre dans lequel avait bu son cousin.

— Nanon, nous sommes seules... — Oui, mademoiselle, et, si je savais où il est, ce mignon, j'irais de mon pied le chercher. — Il y a la mer entre nous, dit-elle.

Pendant que la pauvre héritière pleurait ainsi en compagnie de sa vieille servante, dans cette froide et obscure maison, qui, pour elle, composait tout l'univers, il n'était question, de Nantes à Orléans, que des dix-sept millions de mademoiselle Grandet. Un de ses premiers actes fut de donner douze cents francs de rente viagère à Nanon, qui, possédant déjà six cents autres francs, devint un riche parti. En moins d'un mois, elle passa de l'état de fille à celui de femme, sous la protection d'Antoine Cornoiller, qui fut nommé garde général des terres et propriétés de mademoiselle Grandet. Madame Cornoiller eut sur ses contemporaines un immense avantage. Quoiqu'elle eût cinquante-neuf ans, elle ne paraissait pas en avoir plus de quarante. Ses gros traits avaient résisté aux attaques du temps. Grâce au régime de sa vie monastique, elle narguait la vieillesse par un teint coloré, par une santé de fer. Peut-être n'avait-elle jamais été aussi bien qu'elle le fut au jour de son mariage. Elle eut les bénéfices de sa laideur, et apparut grosse, grasse, forte, ayant sur sa figure indestructible un air de bonheur qui fit envier par quelques personnes le sort de Cornoiller. — Elle est bon teint, disait le drapier. — Elle est capable de faire des enfants, dit le marchand de sel, elle s'est conservée comme dans de la saumure, sauf votre respect. — Elle est riche, et le gars Cornoiller fait un bon coup, disait un autre voisin. En sortant du vieux logis, Nanon, qui était aimée de tout le voisinage, ne reçut que des compliments en descendant par la rue tortueuse pour se rendre à la paroisse. Pour présent de noce, Eugénie lui donna trois douzaines de couverts. Cornoiller, surpris d'une telle magnificence, parlait de sa maîtresse les larmes aux yeux : il se serait fait hacher pour elle. Devenue la femme de confiance d'Eugénie, madame Cornoiller eut désormais un bonheur égal pour elle à celui de posséder un mari. Elle avait enfin une dépense à ouvrir, à fermer, des provisions à donner le matin, comme faisait son défunt maître. Puis elle eut à régir deux domestiques, une cuisinière et une femme de chambre chargée de raccommoder le linge de la maison, de faire les robes de mademoiselle. Cornoiller cumula les fonctions de garde et de régisseur. Il est inutile de dire que la cuisinière et la femme de chambre choisies par Nanon étaient de véritables perles. Mademoiselle Grandet eut ainsi quatre serviteurs dont le dévouement était sans bornes. Les fermiers ne s'aperçurent donc pas de la mort du bonhomme, tant il avait sévèrement établi les usages et coutumes de son administration, qui fut soigneusement continuée par M. et madame Cornoiller.

A trente ans, Eugénie ne connaissait encore aucune des félicités de la vie. Sa pâle et triste enfance s'était écoulée auprès d'une mère dont le cœur méconnu, froissé, avait toujours souffert. En quittant avec joie l'existence, cette mère plaignit sa fille d'avoir à vivre, et lui laissa dans l'âme de légers remords et d'éternels regrets. Le premier, le seul amour d'Eugénie était, pour elle, un principe de mélancolie. Après avoir entrevu son amant pendant quelques jours, elle lui avait donné son cœur entre deux baisers furtivement acceptés et reçus; puis il était parti, mettant tout un monde entre elle et lui. Cet amour, maudit par son père, lui avait presque coûté sa mère, et ne lui causait que des douleurs mêlées de frêles espérances. Ainsi jusqu'alors elle s'était élancée vers le bonheur en perdant ses forces, sans les échanger. Dans la vie morale, aussi bien que dans la vie physique, il existe une aspiration et une respiration : l'âme a besoin d'absorber les sentiments d'une autre âme, de se les assimiler pour les lui restituer plus riches. Sans ce beau phénomène humain, point de vie au cœur, l'air lui manque alors, il souffre et dépérit. Eugénie commençait à souffrir. Pour elle, la fortune n'était ni un pouvoir ni une consolation, elle ne pouvait exister que par l'amour, par la religion, par sa foi dans l'avenir. L'amour lui expliquait l'éternité. Son cœur et l'Évangile lui signalaient deux mondes à attendre. Elle se plongeait nuit et jour au sein de deux pensées infinies, qui pour elle peut-être n'en faisaient qu'une seule. Elle se retirait en elle-même, aimant, et se croyant aimée. Depuis sept ans, sa passion avait tout envahi. Ses trésors n'étaient pas les millions dont les revenus s'entassaient, mais le coffret de Charles, mais les deux portraits suspendus à son lit, mais les bijoux rachetés à son père, étalés orgueilleusement sur une couche de ouate dans un tiroir du bahut, mais le dé de sa tante duquel s'était servi sa mère, et que tous les jours elle prenait religieusement pour travailler à une broderie, ouvrage de Pénélope, entrepris seulement pour mettre à son doigt cet or plein de souvenirs. Il ne paraissait pas vraisemblable que mademoiselle Grandet voulût se marier durant son deuil. Sa piété vraie était connue. Aussi la famille Cruchot, dont la politique était sagement dirigée par le vieil abbé, se contenta-t-elle de cerner l'héritière, en l'entourant des soins les plus affectueux. Chez elle, tous les soirs, la salle se remplissait d'une société composée des plus chauds et des plus dévoués cruchotins du pays, qui s'efforçaient de chanter les louanges de la maîtresse du logis sur tous les tons. Elle avait le médecin ordinaire de sa chambre, son grand aumônier, son chambellan, sa première dame d'atours, son premier ministre, son chancelier surtout, un chancelier qui lui tout dire. L'héritière eût-elle désiré un porte-queue, on lui en eût trouvé un. C'était une reine, et la plus habilement adulée de toutes les reines. La flatterie n'émane jamais des grandes âmes, elle est l'apanage des petits esprits, qui réussissent à se rapetisser encore pour mieux entrer dans la sphère vitale de la personne autour de laquelle ils gravitent. La flatterie sous-entend un intérêt. Aussi les personnes qui venaient meubler tous les soirs la salle de mademoiselle Grandet, nommée par elles mademoiselle de Froidfond, réussissaient-elles merveilleusement à accabler de louanges. Ce concert d'éloges, nouveau pour Eugénie, la fit d'abord rougir; mais insensiblement, et quelque grossiers que fussent les compliments, son oreille s'accoutuma si bien à entendre vanter sa beauté, que si quelque nouveau venu l'eût trouvée laide, ce reproche lui aurait été beaucoup plus sensible alors que huit ans auparavant. Puis, elle finit par aimer des douceurs qu'elle mettait secrètement aux pieds de son idole. Elle s'habitua donc par degrés à se laisser traiter en souveraine et à voir sa cour pleine tous les soirs. M. le président de Bonfons était le héros de ce petit cercle, où son esprit, sa personne, son instruction, son amabilité sans cesse étaient vantés. L'un faisait observer que, depuis sept ans, il avait beaucoup augmenté sa fortune, que Bonfons valait au moins dix mille francs de rente et se trouvait enclavé, comme tous les biens des Cruchot, dans les vastes domaines de l'héritière. — Savez-vous, mademoiselle, disait un habitué, que les Cruchot ont à eux quarante mille livres de rente? — Et leurs économies? reprenait une vieille cruchotine, mademoiselle de Gribeaucourt. Un monsieur de Paris est venu dernièrement offrir à M. Cruchot deux cent mille francs de son étude. Il doit la vendre, s'il peut être nommé juge de paix. — Il veut succéder à M. de Bonfons dans la présidence du tribunal, et prend ses précautions, répondit madame d'Orsonval, car M. le président deviendra conseiller, puis président à la Cour, à trop de moyens pour ne pas arriver. — Oui, c'est un homme bien distingué, disait un autre. Ne trouvez-vous pas, mademoiselle? M. le président avait tâché de se mettre en harmonie avec le rôle qu'il voulait jouer. Malgré ses quarante ans, malgré sa figure brune et rébarbative, flétrie comme le sont presque toutes les physionomies judiciaires, il se mettait en jeune homme, badinait avec un jonc, ne prenait point de tabac chez mademoiselle de Froidfond, y arrivait toujours en cravate blanche, et en chemise dont le jabot à gros plis lui donnait un air de famille avec les individus du genre dindon. Il parlait familièrement à la belle héritière, et lui disait : Notre chère Eugénie! Enfin, hormis le nombre des personnages, en remplaçant le loto par le whist, et en supprimant les figures de M. et de madame Grandet, la scène par laquelle commence cette histoire était à peu près la même que par le passé. La meute poursuivait toujours Eugénie et ses millions; mais la meute plus nombreuse aboyait mieux, et cernait sa proie en ensemble. Si Charles fût arrivé du fond des Indes, il eût donc retrouvé les mêmes personnages et les mêmes intérêts. Madame des Grassins, pour laquelle Eugénie était pleine de grâce et de bonté, persistait à tourmenter les Cruchot. Mais alors, comme autrefois, la figure d'Eugénie eût dominé le tableau, comme autrefois, Charles eût encore été la la

souverain. Néanmoins il y avait un progrès. Le bouquet présenté jadis à Eugénie aux jours de sa fête par le président était devenu périodique. Tous les soirs il apportait à la riche héritière un gros et magnifique bouquet que madame Cornoiller mettait ostensiblement dans un bocal, et jetait secrètement dans un coin de la cour, aussitôt les visiteurs partis. Au commencement du printemps, madame des Grassins essaya de troubler le bonheur des cruchotins, en parlant à Eugénie du marquis de Froidfond, dont la maison ruinée pouvait se relever, si l'héritière voulait lui rendre sa terre par un contrat de mariage. Madame des Grassins faisait sonner haut la pairie, le titre de marquise, et, prenant le sourire de dédain d'Eugénie pour une approbation, elle allait disant que le mariage de M. le président Cruchot n'était pas aussi avancé qu'on le croyait. — Quoique M. de Froidfond ait cinquante ans, disait-elle, il ne paraît pas plus âgé que ne l'est M. Cruchot; il est veuf, il a des enfants, c'est vrai; mais il est marquis, il sera pair de France tant qu'il court trouvé donc des mariages de cet acabit. Je sais, de science certaine, que le père Grandet, en réunissant tous ses biens à la terre de Froidfond, avait l'intention de s'enter sur les Froidfond. Il me l'a souvent dit. Il était malin, le bonhomme. — Comment! Nanon, dit un soir Eugénie en se couchant, il ne m'écrira pas une fois en sept ans?...

Pendant que ces choses se passaient à Saumur, Charles faisait fortune aux Indes. Sa pacotille s'était d'abord très-bien vendue. Il avait réalisé promptement une somme de six mille dollars. Le baptême de la Ligne lui fit perdre beaucoup de préjugés, il s'aperçut que le meilleur moyen d'arriver à la fortune était, dans les régions intertropicales aussi bien qu'en Europe, d'acheter et de vendre des hommes. Il vint donc sur les côtes d'Afrique et fit la traite des nègres, en joignant à son commerce d'hommes celui des marchandises les plus avantageuses à échanger sur les divers marchés où l'amenaient ses intérêts. Il porta dans les affaires une activité qui ne lui laissait aucun moment de libre. Il était dominé par l'idée de reparaître à Paris dans tout l'éclat d'une haute fortune, et de ressaisir une position plus brillante encore que celle d'où il était tombé. A force de rouler à travers les hommes et les pays, d'en observer les coutumes contraires, ses idées se modifièrent et il devint sceptique. Il n'eut plus de notions fixes sur le juste et l'injuste, en voyant taxer de crime dans un pays ce qui était vertu dans un autre. Au contact perpétuel des intérêts, son cœur se refroidit, se contracta, se dessécha. Le sang des Grandet ne faillit point à sa destinée. Charles devint dur, âpre à la curée. Il vendit des Chinois, des Nègres, des nids d'hirondelles, des enfants, des artistes; il fit l'usure en grand. L'habitude de frauder les droits de douane le rendit moins scrupuleux sur les droits de l'homme. Il allait alors à Saint-Thomas acheter à vil prix les marchandises volées par les pirates, et les portait sur les places où elles manquaient. Si la noble et pure figure d'Eugénie l'accompagna dans son premier voyage comme cette image de Vierge que mettent sur leur vaisseau les marins espagnols, et s'il attribua ses premiers succès à la magique influence des vœux et des prières de cette douce fille, plus tard, les négresses, les mulâtresses, les blanches, les javanaises, les almées, ses orgies de toutes les couleurs, les aventures qu'il eut en divers pays effacèrent complètement le souvenir de sa cousine, de Saumur, de la maison, du banc, du baiser pris dans le couloir. Il se souvenait seulement du petit jardin encadré de vieux murs, parce que là était sa destinée hasardeuse avait commencé, mais il reniait sa famille : son oncle était un vieux chien qui lui avait filouté ses bijoux, Eugénie n'occupait ni son cœur ni ses pensées, elle occupait une place dans ses affaires comme créancière d'une somme de six mille francs. Cette conduite et ces idées expliquent le silence de Charles Grandet. Dans les Indes, à Saint-Thomas, à la côte d'Afrique, à Lisbonne et aux États-Unis, le spéculateur avait pris, pour ne pas compromettre son nom, le pseudonyme de Sepherd. Carl Sepherd pouvait sans danger se montrer partout infatigable, audacieux, avide, en homme qui, résolu de faire fortune quibuscumque viis, se dépêche d'en finir avec l'infamie pour rester honnête homme pendant le restant de ses jours. Avec ce système, sa fortune fut rapide et brillante. En 1827 donc, il revenait à Bordeaux, sur le Marie-Caroline, joli brick appartenant à une maison de commerce royaliste. Il possédait dix-neuf cent mille francs en trois tonneaux d'or bien cerclés, desquels il comptait tirer sept ou huit pour cent en les monnayant à Paris. Sur ce brick, se trouvait également un gentilhomme ordinaire de la chambre de S. M. le roi Charles X, M. d'Aubrion, bon vieillard qui avait fait la folie d'épouser une femme à la mode, et dont la fortune était aux îles. Pour réparer les prodigalités de madame d'Aubrion, il était allé réaliser ses propriétés. M. et madame d'Aubrion, de la maison d'Aubrion-de-Buch, le dernier capital mourant avant 1789, réduits à une vingtaine de mille livres de rente, avaient une fille assez laide, que la mère voulait marier sans dot, sa fortune lui suffisant à peine pour vivre à Paris. C'était une entreprise dont le succès eût semblé problématique à tous les gens du monde malgré l'habileté qu'ils prêtent aux femmes à la mode. Aussi madame d'Aubrion elle-même désespérait-elle presque, en voyant sa fille, d'en embarrasser qui que ce fût, fût-ce même un homme ivre de noblesse. Mademoiselle d'Aubrion était une demoiselle longue comme l'insecte, son homonyme ; maigre, fluette, à bouche dédaigneuse, sur laquelle descendait un nez trop long, gros du bout, flavescent à l'état normal, mais complètement rouge après les repas, espèce de phénomène végétal plus désagréable au milieu d'un visage pâle et ennuyé que dans tout autre. Enfin, elle était telle que pouvait la désirer une mère de trente-huit ans, qui, belle encore, avait encore des prétentions. Mais, pour contre-balancer de tels désavantages, la marquise d'Aubrion avait donné à sa fille un air très-distingué, l'avait soumise à une hygiène qui maintenait provisoirement le nez à un ton de chair raisonnable, lui avait appris l'art de se mettre avec goût, l'avait dotée de jolies manières, lui avait enseigné ces regards mélancoliques qui intéressent un homme et lui font croire qu'il va rencontrer l'ange si vainement cherché ; elle lui avait montré la manœuvre du pied, pour l'avancer à propos et en faire admirer la petitesse, au moment où le nez avait l'impertinence de rougir ; enfin elle avait tiré de sa fille un parti très-satisfaisant. Au moyen de manches larges, de corsages menteurs, de robes bouffantes et soigneusement garnies, d'un corset à haute pression, elle avait obtenu des produits féminins si curieux, que, pour l'instruction des mères, elle aurait dû les déposer dans un musée. Charles se lia beaucoup avec madame d'Aubrion, qui voulait précisément se lier avec lui. Plusieurs personnes prétendent même que, pendant la traversée, la belle madame d'Aubrion ne négligea aucun moyen de capturer un gendre si riche. En débarquant à Bordeaux, au mois de juin 1827, M., madame, mademoiselle d'Aubrion et Charles logèrent dans le même hôtel et partirent ensemble pour Paris. L'hôtel d'Aubrion était criblé d'hypothèques, Charles devait le libérer. La mère avait déjà parlé du bonheur qu'elle aurait de céder son rez-de-chaussée à son gendre et à sa fille. Ne partageant pas les préjugés de M. d'Aubrion sur la noblesse, elle avait promis à Charles Grandet d'obtenir du bon Charles X une ordonnance royale qui l'autoriserait, lui Grandet, à porter le nom d'Aubrion, à en prendre les armes, et à succéder, moyennant la constitution d'un majorat de trente-six mille livres de rente, à Aubrion, dans le titre de capital de Buch et marquis d'Aubrion. En réunissant leurs fortunes, vivant en bonne intelligence, et moyennant des sinécures, on pourrait réunir cent et quelques mille livres de rente à l'hôtel d'Aubrion. — Et quand on a cent mille livres de rente, un nom, une famille, que l'on va à la cour, car je vous ferai nommer gentilhomme de la chambre, on devient tout ce qu'on veut être, disait-elle à Charles. Ainsi vous serez, à votre choix, maître des requêtes au conseil d'État, préfet, secrétaire d'ambassade, ambassadeur. Charles X aime beaucoup d'Aubrion, ils se connaissent depuis l'enfance.!

Enivré d'ambition par cette femme, Charles avait caressé, pendant la traversée, toutes ces espérances qui lui furent présentées par une main habile, et sous forme de confidences versées de cœur à cœur. Croyant les affaires de son père arrangées par son oncle, il se voyait ancré tout à coup dans le faubourg Saint-Germain, où tout le monde

voulait alors entrer, et où, à l'ombre du nez bleu de mademoiselle Mathilde, il reparaissait en comte d'Aubrion, comme les Dreux reparurent un jour en Brézé. Ébloui par la prospérité de la Restauration, qu'il avait laissée chancelante, saisi par l'éclat des idées aristocratiques, son enivrement commencé sur le vaisseau se maintint à Paris, où il résolut de tout faire pour arriver à la haute position que son égoïste belle-mère lui faisait entrevoir. Sa cousine n'était donc plus pour lui qu'un point dans l'espace de cette brillante perspective. Il revit Annette. En femme du monde, Annette conseilla vivement à son ancien ami de contracter cette alliance, et lui promit son appui dans toutes ses entreprises ambitieuses. Annette était enchantée de faire épouser une demoiselle laide et ennuyeuse à Charles, que le séjour des Indes avait rendu très-séduisant : son teint avait bruni, ses manières étaient devenues décidées, hardies, comme le sont celles des hommes habitués à trancher, à dominer, à réussir. Charles respira plus à l'aise dans Paris, en voyant qu'il pouvait y jouer un rôle.

Des Grassins, apprenant son retour, son mariage prochain, sa fortune, le vint voir pour lui parler des trois cent mille francs moyennant lesquels il pouvait acquitter les dettes de son père. Il trouva Charles en conférence avec le joaillier auquel il avait commandé des bijoux pour la corbeille de mademoiselle d'Aubrion, et qui lui en montrait les dessins. Malgré les magnifiques diamants que Charles avait rapportés des Indes, les façons, l'argenterie, la joaillerie solide et futile du jeune ménage allaient encore à plus de deux cent mille francs. Charles reçut les des Grassins, qu'il ne reconnut pas, avec l'impertinence d'un jeune homme à la mode, qui, dans les Indes, avait tué quatre hommes en différents duels. M. des Grassins était déjà venu trois fois, Charles l'écouta froidement ; puis il lui répondit, sans l'avoir bien compris : — Les affaires de mon père ne sont pas les miennes. Je vous suis obligé, monsieur, des soins que vous avez bien voulu prendre, et dont je ne saurais profiter. Je n'ai pas ramassé presque deux millions à la sueur de mon front pour aller les flanquer à la tête des créanciers de mon père.

— Et si monsieur votre père était, d'ici à quelques jours, déclaré

Ça me réchauffe, disait-il quelquefois. — PAGE 34.

en faillite ? — Monsieur, d'ici à quelques jours, je me nommerai le comte d'Aubrion. Vous entendez bien que ce me sera parfaitement indifférent. D'ailleurs, vous savez mieux que moi que quand un homme a cent mille livres de rentes, son père n'a jamais fait faillite, ajouta-t-il en poussant poliment le sieur des Grassins vers la porte.

Au commencement du mois d'août de cette année, Eugénie était assise sur le petit banc de bois où son cousin lui avait juré un éternel amour, et où elle venait déjeuner quand il faisait beau. La pauvre fille se complaisait en ce moment, par la plus fraîche, la plus joyeuse matinée, à repasser dans sa mémoire les grands, les petits événements de son amour, et les catastrophes dont il avait été suivi. Le soleil éclairait le joli pan de mur tout fendillé, presque en ruines, auquel il était défendu de toucher, de par la fantasque héritière, quoique Cornoiller répétât souvent à sa femme qu'on serait écrasé dessous quelque jour. En ce moment, le facteur de poste frappa, remit une

lettre à madame Cornoiller, qui vint au jardin en criant : — Mademoiselle, une lettre! Elle la donna à sa maîtresse en lui disant : — C'est-y
celle que vous attendez?

Ces mots retentirent aussi fortement au cœur d'Eugénie qu'ils retentirent réellement entre les murailles de la cour et du jardin.

— Paris! c'est de lui. Il est revenu.

Eugénie pâlit, et garda la lettre pendant un moment. Elle palpitait
trop vivement pour pouvoir la décacheter et la lire. La grande Nanon
resta debout, les deux mains sur les hanches, et la joie semblait s'é-
chapper comme une fumée par les crevasses de son brun visage.

— Lisez donc, mademoiselle..

— Ah! Nanon, pourquoi revient-il par Paris, quand il s'en est allé
par Saumur?

— Lisez, vous le saurez.

Eugénie décacheta la lettre en tremblant. Il en tomba un mandat
sur la maison *madame
des Grassins et Corret
de Saumur*. Nanon le
ramassa.

« Ma chère cousi-
ne... »

— Je ne suis plus Eu-
génie, pensa-t-elle. Et
son cœur se serra.

« Vous... »

— Il me disait *tu!*

Elle se croisa les bras,
n'osa plus lire la lettre,
et de grosses larmes lui
vinrent aux yeux.

— Est-il mort? de-
manda Nanon.

— Il n'écrirait pas, dit
Eugénie.

Elle lut toute la lettre
que voici.

« Ma chère cousine,
vous apprendrez, je le
crois, avec plaisir, le
succès de mes entrepri-
ses. Vous m'avez porté
bonheur, je suis revenu
riche, et j'ai suivi les
conseils de mon oncle,
dont la mort et celle
de ma tante viennent
de m'être apprises par
M. des Grassins. La mort
de nos parents est dans
la nature, et nous de-
vons leur succéder. J'es-
père que vous êtes au-
jourd'hui consolée. Rien
ne résiste au temps, je
l'éprouve. Oui, ma chè-
re cousine, malheureu-
sement pour moi, le mo-
ment des illusions est
passé. Que voulez-vous!
En voyageant à travers
de nombreux pays, j'ai
réfléchi sur la vie. D'enfant que j'étais au dé-
part, je suis devenu
homme au retour. Au-
jourd'hui, je pense à
bien des choses auxquel-
les je ne songeais pas autrefois. Vous êtes libre, ma cousine, et je
suis libre encore : rien n'empêche, en apparence, la réalisation de
nos petits projets; mais j'ai trop de loyauté dans le caractère pour
vous cacher la situation de mes affaires. Je n'ai point oublié que je
ne m'appartiens pas; je me suis toujours souvenu, dans mes longues
traversées, du petit banc de bois... »

Eugénie se leva comme si elle eût été sur des charbons ardents, et
alla s'asseoir sur une des marches de la cour.

« ...du petit banc de bois où nous nous sommes juré de nous aimer
toujours, du couloir, de la salle grise, de ma chambre en mansarde,
et de la nuit où vous m'avez rendu, par votre délicate obligeance,
mon avenir plus facile. Oui, ces souvenirs ont soutenu mon courage,
et je me suis dit que vous pensiez toujours à moi comme je pensais
souvent à vous, à l'heure convenue entre nous. Avez-vous bien re-

Le père Grandet.

gardé les nuages à neuf heures? Oui, n'est-ce pas? Aussi ne veux-je
pas trahir une amitié sacrée pour moi; non, je ne dois point vous
tromper. Il s'agit, en ce moment, pour moi, d'une alliance qui satisfait à toutes les idées que je me suis formées sur le mariage. L'amour
dans le mariage est une chimère. Aujourd'hui mon expérience me
dit qu'il faut obéir à toutes les lois sociales et réunir toutes les convenances voulues par le monde en se mariant. Or, déjà se trouve entre nous une différence d'âge qui, peut-être, influerait plus sur votre
avenir, ma chère cousine, que sur le mien. Je ne vous parlerai ni de
vos mœurs, ni de votre éducation, ni de vos habitudes, qui ne sont
nullement en rapport avec la vie de Paris, et ne cadreraient sans doute
point avec mes projets ultérieurs. Il entre dans mes plans de tenir un
grand état de maison, de recevoir beaucoup de monde, et je crois me
souvenir que vous aimez une vie douce et tranquille. Non, je serai
plus franc, et veux vous faire arbitre de ma situation ; il vous appartient de la connaître, et
vous avez le droit de
la juger. Aujourd'hui je
possède quatre-vingt
mille livres de rentes.
Cette fortune me permet
de m'unir à la famille
d'Aubrion, dont l'héri-
tière, jeune personne de
dix-neuf ans, m'apporte
en mariage son nom,
un titre, la place de gentilhomme honoraire de
la chambre de Sa Ma-
jesté, et une position des
plus brillantes. Je vous
avouerai, ma chère cou-
sine, que je n'aime pas
le moins du monde ma-
demoiselle d'Aubrion;
mais, par son alliance,
j'assure à mes enfants
une situation sociale
dont un jour les avan-
tages seront incalcula-
bles : de jour en jour,
les idées monarchi-
ques reprennent faveur.
Donc, quelques années
plus tard, mon fils, de-
venu marquis d'Aubrion,
ayant un majorat de
quarante mille livres de
rente, pourra prendre
dans l'État telle place
qu'il lui conviendra de
choisir. Nous nous de-
vons à nos enfants. Vous
voyez, ma cousine, avec
quelle bonne foi je vous
expose l'état de mon
cœur, de mes espéran-
ces et de ma fortune.
Il est possible que de
votre côté vous ayez
oublié nos enfantillages
après sept années d'ab-
sence : mais moi, je
n'ai oublié ni votre in-
dulgence, ni mes paro-
les; je me souviens de
toutes, même des plus
légèrement données,
et auxquelles un jeune
homme moins consciencieux que je ne le suis, avant un cœur moins
jeune et moins probe, ne songerait même pas. En vous disant que je
ne pense qu'à faire un mariage de convenance, et que je me souviens
encore de nos amours d'enfant, n'est-ce pas me mettre entièrement à
votre discrétion, vous rendre maîtresse de mon sort, et vous dire
que, s'il faut renoncer à mes ambitions sociales, je me contenterai volontiers de ce simple et pur bonheur duquel vous m'avez offert de si
touchantes images. »

— Tan, ta ta. — Tan, ta ti. — Tinn, ta, ta. — Toûu ! — Toûn, ta,
ti. — Tinn, ta, ta,... etc., avait chanté Charles Grandet sur l'air de
Non più andrai, en signant

« Votre dévoué cousin, CHARLES. »

— Tonnerre de Dieu! c'est y mettre des procédés, se dit-il. Et il
avait cherché le mandat, et il avait ajouté ceci :

P. S. Je joins à ma lettre un mandat sur la maison des Grassins, de huit mille francs à votre ordre, et payable en or, comprenant intérêts et capital de la somme que vous avez eu la bonté de me prêter. J'attends de Bordeaux une caisse où se trouvent quelques objets que vous me permettrez de vous offrir en témoignage de mon éternelle reconnaissance. Vous pouvez renvoyer par la diligence ma toilette à l'hôtel d'Aubrion, rue Hillerin-Bertin. »

— Par la diligence ! dit Eugénie. Une chose pour laquelle j'aurais donné mille fois ma vie !

Épouvantable et complet désastre. Le vaisseau sombrait sans laisser ni un cordage, ni une planche sur le vaste océan des espérances. En se voyant abandonnées, certaines femmes vont arracher leur amant aux bras d'une rivale, le tuent et s'enfuient au bout du monde, sur l'échafaud ou dans la tombe. Cela, sans doute, est beau ; le mobile de ce crime est une sublime passion qui impose à la justice humaine. D'autres femmes baissent la tête et souffrent en silence ; elles vont mourantes et résignées, pleurant et pardonnant, priant et se souvenant jusqu'au dernier soupir. Ceci est de l'amour, l'amour vrai, l'amour des anges, l'amour fier, qui vit de sa douleur et qui en meurt. Ce fut le sentiment d'Eugénie après avoir lu cette horrible lettre. Elle jeta ses regards au ciel en pensant aux dernières paroles de sa mère, qui, semblable à quelques mourants, avait projeté sur l'avenir un coup d'œil pénétrant, lucide ; puis Eugénie, se souvenant de cette mort et de cette vie prophétique, mesura d'un regard toute sa destinée. Elle n'avait plus qu'à déployer ses ailes, tendre au ciel, et vivre en prières jusqu'au jour de sa délivrance.

— Ma mère avait raison, dit-elle en pleurant. Souffrir et mourir.

Elle vint à pas lents de son jardin dans la salle. Contre son habitude, elle ne passa point par le couloir ; mais elle retrouva le souvenir de son cousin dans ce vieux salon gris, sur la cheminée duquel était toujours une certaine soucoupe dont elle se servait tous les matins à son déjeuner, ainsi que du sucrier de vieux Sèvres. Cette matinée devait être solennelle et pleine d'événements pour elle. Nanon lui annonça le curé de la paroisse. Ce curé, parent des Cruchot, était dans les intérêts du président de Bonfons. Depuis quelques jours, le vieil abbé l'avait déterminé à parler à mademoiselle Grandet, dans un sens purement religieux, de l'obligation où elle était de contracter mariage. En voyant son pasteur, Eugénie crut qu'il venait chercher les mille francs qu'elle donnait mensuellement aux pauvres, et dit à Nanon de les aller chercher ; mais le curé se prit à sourire.

— Aujourd'hui, mademoiselle, je viens vous parler d'une pauvre fille à laquelle toute la ville de Saumur s'intéresse, et qui, faute de charité pour elle-même, ne vit pas chrétiennement. — Mon Dieu ! monsieur le curé, vous me trouvez dans un moment où il m'est impossible de songer à mon prochain. Je suis tout occupée de moi. Je suis bien malheureuse, je n'ai d'autre refuge que l'Église ; elle a un sein assez large pour contenir toutes nos douleurs, et des sentiments assez féconds pour que nous puissions y puiser sans crainte de les tarir. — Eh bien ! mademoiselle, en nous occupant de cette fille, nous nous occuperons de vous. Écoutez. Si vous voulez faire votre salut, vous n'avez que deux voies à suivre, ou quitter le monde ou en suivre les lois. Obéir à votre destinée terrestre ou à votre destinée céleste. — Ah ! votre voix me parle au moment où je voulais entendre une voix. Oui, Dieu vous adresse ici, monsieur. Je vais dire adieu au monde et vivre pour Dieu seul dans le silence et la retraite. Il est nécessaire, ma fille, de longtemps réfléchir à ce violent parti. Le mariage est une vie, le voile est une mort. — Eh bien ! la mort, la mort promptement, monsieur le curé, dit-elle avec une effrayante vivacité. — La mort ! mais vous avez de grandes obligations à remplir envers la société, mademoiselle. N'êtes-vous donc pas la mère des pauvres auxquels vous donnez des vêtements, du bois en hiver et du travail en été ? Votre grande fortune est un prêt qu'il faut rendre, et vous l'avez saintement accepté ainsi. Vous ensevelir dans un couvent, ce serait de l'égoïsme ; à rester vieille fille, vous ne le devez pas. D'abord, pourriez-vous gérer seule votre immense fortune ? vous la perdriez peut-être. Vous auriez bientôt mille procès, et vous seriez engagée dans d'inextricables difficultés. Croyez votre pasteur : un époux vous est utile, vous devez conserver ce que Dieu vous a donné. Je vous parle comme à une ouaille chérie. Vous aimez trop sincèrement Dieu pour ne pas faire votre salut au milieu du monde, dont vous êtes un des plus beaux ornements, et auquel vous donnez de saints exemples.

En ce moment, madame des Grassins se fit annoncer. Elle venait amenée par la vengeance et par un grand désespoir.

— Mademoiselle, dit-elle. Ah ! voici M. le curé. Je me tais, je venais vous parler d'affaires, et je vois que vous êtes en grande conférence. — Madame, dit le curé, je vous laisse le champ libre. — Oh ! monsieur le curé, dit Eugénie, revenez dans quelques instants, votre appui m'est en ce moment bien nécessaire. — Oui, ma pauvre enfant, dit madame des Grassins. — Que voulez-vous dire ? demandèrent mademoiselle Grandet et le curé. — Ne sais-je pas le retour de votre cousin, son mariage avec mademoiselle d'Aubrion ?... Une femme n'a jamais son esprit dans sa poche.

Eugénie rougit et resta muette ; mais elle prit le parti d'affecter à l'avenir l'impassible contenance qu'avait su prendre son père.

— Eh bien ! madame, répondit-elle avec ironie, j'ai sans doute l'esprit dans ma poche, je ne comprends pas. Parlez, parlez devant M. le curé, vous savez qu'il est mon directeur. — Eh bien ! mademoiselle, voici ce que des Grassins m'écrit. Lisez.

Eugénie lut la lettre suivante :

« Ma chère femme, Charles Grandet arrive des Indes, il est à Paris depuis un mois... »

— Un mois ! se dit Eugénie en laissant tomber sa main.

Après une pause, elle reprit la lettre.

« ...Il m'a fallu faire antichambre deux fois avant de pouvoir parler à ce futur vicomte d'Aubrion. Quoique tout Paris parle de son mariage, et que tous les bans soient publiés... »

— Il m'écrivait donc au moment où..., se dit Eugénie. Elle n'acheva pas, elle ne s'écria pas, comme une Parisienne : « Le polisson ! » Mais pour ne pas être exprimé, le mépris n'en fut pas moins complet.

« ...Ce mariage est loin de se faire ; le marquis d'Aubrion ne donnera pas sa fille au fils d'un banqueroutier. Je suis venu lui faire part des soins que son oncle et moi nous avons donnés aux affaires de son père, et des habiles manœuvres par lesquelles nous avons su faire tenir les créanciers tranquilles jusqu'aujourd'hui. Ce petit impertinent n'a-t-il pas eu le front de me répondre, à moi qui, pendant cinq ans, me suis dévoué nuit et jour à ses intérêts et à son honneur, que *les affaires de son père n'étaient pas les siennes*. Un agréé serait en droit de lui demander trente à quarante mille francs d'honoraires, à un pour cent sur la somme des créances. Mais, patience, il est bien légitimement dû douze cent mille francs aux créanciers, et je vais faire déclarer son père en faillite. Je me suis embarqué dans cette affaire sur la parole de ce vieux caïman de Grandet, et j'ai fait des promesses au nom de la famille. Si M. le vicomte d'Aubrion se soucie peu de son honneur, le mien m'intéresse fort. Aussi vais-je expliquer ma position aux créanciers. Néanmoins, j'ai trop de respect pour mademoiselle Eugénie, à l'alliance de laquelle, en des temps plus heureux, nous avions pensé, pour agir sans que tu lui aies parlé de cette affaire... »

Là, Eugénie rendit froidement la lettre sans l'achever. — Je vous remercie, dit-elle à madame des Grassins, nous verrons cela... — En ce moment, vous avez toute la voix de feu votre père, dit madame des Grassins. — Madame, vous avez huit mille cent francs d'or à nous compter, dit lui Nanon. — Cela est vrai, faites-moi l'avantage de venir avec moi, madame Cornoiller. — Monsieur le curé, dit Eugénie avec un noble sang-froid que lui donna la pensée qu'elle allait exprimer, serait-ce pécher que de demeurer en état de virginité dans le mariage ? — Ceci est un cas de conscience dont la solution m'est inconnue. Si vous voulez savoir ce qu'en pense en sa *Somme de Matrimonio* le célèbre Sanchez, je pourrais vous le dire demain.

Le curé partit, mademoiselle Grandet monta dans le cabinet de son père et y passa la journée seule, sans vouloir descendre à l'heure du dîner, malgré les instances de Nanon. Elle parut le soir, à l'heure où les habitudes de son cercle arrivèrent. Jamais le salon des Grandet n'avait été aussi plein qu'il le fut pendant cette soirée. La nouvelle du retour et de la sotte trahison de Charles avait été répandue dans toute la ville. Mais quelque attentive que fût la curiosité des visiteurs, elle ne fut point satisfaite. Eugénie, qui s'y était attendue, ne laissa percer sur son visage calme aucune des cruelles émotions qui l'agitaient. Elle sut prendre une figure riante pour répondre à ceux qui voulurent lui témoigner de l'intérêt par des regards ou des paroles mélancoliques. Elle sut enfin couvrir son malheur sous les voiles de la politesse. Vers neuf heures, les parties finissaient, et les joueurs quittaient leurs tables, se payaient et discutaient les derniers coups de whist en venant se joindre au cercle des causeurs. Au moment où l'assemblée se leva en masse pour quitter le salon, il y eut un coup de théâtre qui retentit dans Saumur, de là dans l'arrondissement et dans les quatre préfectures environnantes. — Restez, monsieur le président, dit Eugénie à M. de Bonfons en lui voyant prendre sa canne.

À cette parole, il n'y eut personne dans cette nombreuse assemblée qui ne se sentît ému. Le président pâlit et fut obligé de s'asseoir.

— Au président les millions, dit mademoiselle de Gribeaucourt. — C'est clair, le président de Bonfons épouse mademoiselle Grandet, s'écria madame d'Orsonval. — Voilà le meilleur coup de la partie, dit l'abbé. — C'est un beau *schleem*, dit le notaire.

Chacun dit son mot, chacun fit son calembour, tous voyaient l'héritière montée sur ses millions, comme sur un piédestal. Le drame commencé depuis neuf ans se dénouait. Dire, en face de tout Saumur, au président de faire rendre, n'était-ce pas annoncer qu'elle voulait faire de lui son mari. Dans les petites villes, les convenances sont si sévèrement observées, qu'une infraction de ce genre y constitue la plus solennelle des promesses. — Monsieur le président, lui dit Eugénie d'une voix émue quand ils furent seuls, je sais ce qui vous plaît en moi. Jurez de me laisser libre pendant toute ma vie, de ne me rappeler aucun des droits que le mariage vous donne sur moi, et ma main est à vous. Oh! reprit-elle en le voyant se mettre à ses genoux, je n'ai pas tout dit. Je ne dois pas vous tromper, monsieur. J'ai dans le cœur un sentiment inextinguible. L'amitié sera le seul sentiment que je puisse accorder à mon mari : je ne veux ni l'offenser, ni contrevenir aux lois de mon cœur. Mais vous ne posséderez ma main et ma fortune qu'au prix d'un immense service. — Vous me voyez prêt à tout, dit le président. — Voici douze cent mille francs, monsieur le président, dit-elle en tirant un papier de son sein ; partez pour Paris, non pas demain, non pas cette nuit, mais à l'instant même. Rendez-vous chez M. des Grassins, sachez-y le nom de tous les créanciers de mon oncle, rassemblez-les, payez tout ce que sa succession peut devoir, capital et intérêts à cinq pour cent depuis le jour de la dette jusqu'à celui du remboursement, enfin veillez à faire faire une quittance générale et notariée, bien en forme. Vous êtes magistrat, je ne me fie qu'à vous en cette affaire. Vous êtes un homme loyal, un galant homme, je m'embarquerai sur la foi de votre parole pour traverser les dangers de la vie à l'abri de votre nom. Nous aurons l'un pour l'autre une mutuelle indulgence. Nous nous connaissons depuis si longtemps, nous sommes presque parents, vous ne voudriez pas me rendre malheureuse.

Le président tomba aux pieds de la riche héritière en palpitant de joie et d'angoisse.

—Je serai votre esclave! lui dit-il.—Quand vous aurez la quittance, monsieur, reprit-elle en lui jetant un regard froid, vous la porterez avec tous les titres à mon cousin Grandet et vous lui remettrez cette lettre. À votre retour, je tiendrai ma parole.

Le président comprit, lui, qu'il devait mademoiselle Grandet à un dépit amoureux, aussi s'empressa-t-il d'exécuter ses ordres avec la plus grande promptitude, afin qu'il n'arrivât aucune réconciliation entre les deux amants.

Quand M. de Bonfons fut parti, Eugénie tomba sur son fauteuil et fondit en larmes. Tout était consommé. Le président prit la poste, et se trouvait à Paris le lendemain soir. Dans la matinée du jour qui suivit son arrivée, il alla chez des Grassins. Le magistrat convoqua les créanciers dans l'étude du notaire où étaient déposés les titres et chez lequel pas un ne faillit à l'appel. Quoique ce fussent des créanciers, il faut leur rendre justice : ils furent exacts. Là, le président de Bonfons, au nom de mademoiselle Grandet, leur paya le capital et les intérêts dus. Le payement des intérêts fut pour le commerce parisien un des événements les plus étonnants de l'époque. Quand la quittance fut enregistrée et des Grassins payé de ses soins par le don d'une somme de cinquante mille francs que lui avait allouée Eugénie, le président se rendit à l'hôtel d'Aubrion, et y trouva Charles au moment où il rentrait chez son appartement, accablé par son père. Le vieux marquis venait de lui déclarer que sa fille ne lui appartiendrait qu'autant que tous les créanciers de Guillaume Grandet seraient soldés.

Le président lui remit d'abord la lettre suivante.

« Mon cousin, M. le président de Bonfons s'est chargé de vous remettre la quittance de toutes les sommes dues par mon oncle et celle par laquelle je reconnais les avoir reçues de vous. On m'a parlé de faillite!... J'ai pensé que le fils d'un failli ne pouvait peut-être pas épouser mademoiselle d'Aubrion. Oui, mon cousin, vous avez bien jugé de mon esprit et de mes manières : je n'ai sans doute rien du monde, je n'en connais ni les calculs ni les mœurs, et ne saurais vous y donner les plaisirs que vous voulez y trouver. Soyez heureux, selon les conventions sociales auxquelles vous sacrifiez nos premières amours. Pour rendre votre bonheur complet, je ne puis donc plus vous offrir que l'honneur de votre père. Adieu, vous aurez toujours une fidèle amie dans votre cousine, EUGÉNIE. »

Le président sourit de l'exclamation que ne put réprimer cet ambitieux au moment où il reçut l'acte authentique.

— Nous nous annoncerons réciproquement nos mariages, lui dit-il.

— Ah! vous épousez Eugénie. Eh bien! j'en suis content, c'est une bonne fille. Mais, reprit-il frappé tout à coup par une réflexion lumineuse, elle est donc riche? — Elle avait, répondit le président d'un air goguenard, près de dix-neuf millions, il y a quatre jours, mais elle n'en a plus que dix-sept aujourd'hui.

Charles regarda le président d'un air hébété.

— Dix-sept... mil... — Dix-sept millions, oui, monsieur. Nous réunissons, mademoiselle Grandet et moi, sept cent cinquante mille livres de rente, en nous mariant. — Mon cher cousin, dit Charles en retrouvant un peu d'assurance, nous pourrons nous pousser l'un l'autre. — D'accord, dit le président. Voici, de plus, une petite caisse que je dois aussi ne remettre qu'à vous, ajouta-t-il en déposant sur une table le coffret dans lequel était la toilette. — Eh bien! mon cher ami, dit madame la marquise d'Aubrion en entrant sans faire attention au président, prenez nul souci de ce que vient de vous dire ce pauvre M. d'Aubrion, à qui la duchesse de Chaulieu vient de tourner la tête. Je vous le répète, rien n'empêchera votre mariage... — Rien, madame, ré-

pondit Charles. Les trois millions autrefois dus par mon père ont été soldés hier. — En argent? dit-elle. — Intégralement, intérêts et capital, et je vais faire réhabiliter sa mémoire. — Quelle bêtise! s'écria la belle-mère. Quel est ce monsieur? dit-elle à l'oreille de son gendre, en apercevant le Cruchot. — Mon homme d'affaires, lui répondit-il à voix basse.

La marquise salua dédaigneusement M. de Bonfons et sortit.

— Nous nous séparons déjà, dit le président en prenant son chapeau. Adieu, mon cousin. — Il se moque de moi, ce cacatoua de Saumur. J'ai envie de lui donner six pouces de fer dans le ventre.

Le président était parti. Trois jours après, M. de Bonfons, de retour à Saumur, publia son mariage avec Eugénie. Six mois après, il était nommé conseiller à la cour royale d'Angers. Avant de quitter Saumur, Eugénie fit fondre l'or des joyaux si longtemps précieux à son cœur, et les consacra, ainsi que les huit mille francs de son cousin, à un ostensoir d'or et en fit présent à la paroisse où elle avait tant prié Dieu pour lui! Elle partagea d'ailleurs son temps entre Angers et Saumur. Son mari, qui montra du dévouement dans une circonstance politique, devint président de chambre, et enfin premier président au bout de quelques années. Il attendait impatiemment la réélection générale afin d'avoir un siège à la Chambre. Il convoitait déjà la pairie, et alors...

— Alors le roi sera donc son cousin, disait Nanon, la grande Nanon, madame Cornoiller, bourgeoise de Saumur, à qui sa maîtresse annonçait les grandeurs auxquelles elle était appelée. Néanmoins M. le président de Bonfons (il avait enfin aboli le nom patronymique de Cruchot) ne parvint à réaliser aucune de ses idées ambitieuses. Il mourut huit jours après avoir été nommé député de Saumur. Dieu, qui voit tout et ne frappe jamais à faux, le punissait sans doute de ses calculs et de l'habileté juridique avec laquelle il avait minuté, accurante Cruchot, son contrat de mariage où les deux futurs époux se donnaient l'un à l'autre, au cas où ils n'auraient pas d'enfants, l'universalité de leurs biens, meubles et immeubles sans en rien excepter ni réserver, en toute propriété, se dispensant même de la formalité de l'inventaire, sans que l'omission dudit inventaire puisse être opposée à leurs héritiers ou ayants cause, entendant que ladite donation soit, etc. Cette clause peut expliquer le profond respect que le président eut constamment pour la volonté, pour la solitude de madame de Bonfons. Les femmes citaient M. le premier président comme un des hommes les plus délicats, le plaignaient et allaient jusqu'à souvent accuser la douleur, la passion d'Eugénie, mais comme elles savent accuser une femme, avec les plus cruels ménagements. — Il faut que madame la présidente de Bonfons soit bien souffrante pour laisser son mari seul. Pauvre petite femme! Guérira-t-elle bientôt? Qu'a-t-elle donc, une gastrite, un cancer? Pourquoi ne voit-elle pas des médecins? Elle devient jaune depuis quelque temps, elle devrait aller consulter les célébrités de Paris. Comment peut-elle ne pas désirer un enfant? Elle aime beaucoup son mari, dit-on, comment ne pas lui donner d'héritier, dans sa position! Savez-vous que cela est affreux, et si c'était par l'effet d'un caprice, il serait bien condamnable. Pauvre président!

Douée de ce tact fin que le solitaire exerce par ses perpétuelles méditations et par la vue exquise avec laquelle il saisit les choses qui tombent dans sa sphère, Eugénie, habituée par le malheur et par sa dernière éducation à tout deviner, savait que le président désirait sa mort pour se trouver en possession de cette immense fortune, encore augmentée par les successions de son oncle le notaire et de son oncle l'abbé, que Dieu eut la fantaisie d'appeler à lui. La pauvre recluse avait pitié du président. La Providence la vengea des calculs et de l'infâme indifférence d'un époux qui respectait, comme la plus forte des garanties, la passion sans espoir que nourrissait Eugénie. Donner la vie à un enfant, n'était-ce pas tuer les espérances de l'égoïsme, les joies de l'ambition caressées par le premier président? Dieu jeta donc des masses d'or à sa prisonnière pour qui l'or était indifférent et qui aspirait au ciel, qui vivait, pieuse et bonne, en de saintes pensées, qui secourait incessamment les malheureux en secret. Madame de Bonfons fut veuve à trente-six ans, riche de huit cent mille livres de rente, encore belle, mais comme une femme est belle près de quarante ans. Son visage est blanc, reposé, calme. Sa voix est douce et recueillie, ses manières sont simples. Elle a toutes les noblesses de la douleur, la sainteté d'une personne qui n'a pas souillé son âme au contact du monde, mais aussi la roideur de la vieille fille et les habitudes mesquines que donne l'existence étroite de la province. Malgré ses huit cent mille livres de rente, elle vit comme avait vécu la pauvre Eugénie Grandet, n'allume le feu de sa chambre qu'aux jours où jadis son père lui permettait d'allumer le foyer de la salle, et l'éteint conformément au programme en vigueur dans ses jeunes années. Elle est toujours vêtue comme l'était sa mère. La maison de Saumur, maison sans soleil, sans chaleur, sans cesse ombragée, mélancolique, est l'image de sa vie. Elle accumule soigneusement ses revenus et peut-être eût-elle semblé parcimonieuse si elle ne démentait la médisance par un noble emploi de sa fortune. De pieuses et charitables fondations, un hospice pour la vieillesse et des écoles chrétiennes pour les enfants, une bibliothèque publique richement dotée, témoignent chaque année contre l'avarice que lui reprochent certaines personnes. Les églises de Saumur lui doivent quelques embellissements. Madame de Bonfons que, par raillerie, on appelle *mademoiselle*, inspire généralement un religieux respect. Ce noble cœur, qui ne battait que pour les sentiments les plus tendres, devait donc être soumis aux calculs de l'intérêt humain. L'argent devait communiquer ses teintes froides à cette vie céleste, et lui donner de la défiance pour les sentiments.

— Il n'y a que toi qui m'aimes, disait-elle à Nanon.

La main de cette femme panse les plaies secrètes de toutes les familles. Eugénie marche au ciel accompagnée d'un cortège de bienfaits. La grandeur de son âme amoindrit les petitesses de son éducation et les coutumes de sa vie première. Telle est l'histoire de cette femme, qui n'est pas du monde au milieu du monde; qui, faite pour être magnifiquement épouse et mère, n'a ni mari, ni enfants, ni famille. Depuis quelques jours, il est question d'un nouveau mariage pour elle. Les gens de Saumur s'occupent d'elle et de M. le marquis de Froidfond, dont la famille commence à cerner la riche veuve comme jadis avaient fait les Cruchot. Nanon et Cornoiller sont, dit-on, dans les intérêts du marquis, mais rien n'est plus faux. Ni la grande Nanon, ni Cornoiller, n'ont assez d'esprit pour comprendre les corruptions du monde.

Paris, septembre 1833.

FIN D'EUGÉNIE GRANDET.

LE CHEF-D'OEUVRE INCONNU

A UN LORD.

. . . .
. . . .
. . . .

1845

I

Gillette.

Vers la fin de l'année 1612, par une froide matinée de décembre, un jeune homme dont le vêtement était de très-mince apparence se promenait devant la porte d'une maison située rue des Grands-Augustins, à Paris. Après avoir assez longtemps marché dans cette rue avec l'irrésolution d'un amant qui n'ose se présenter chez sa première maîtresse, quelque facile qu'elle soit, il finit par franchir le seuil de cette porte, et demanda si maître François Porbus était en son logis. Sur la réponse affirmative que lui fit une vieille femme occupée à balayer une salle basse, le jeune homme monta lentement les degrés, et s'arrêta de marche en marche, comme quelque courtisan de fraîche date, inquiet de l'accueil que le roi va lui faire. Quand il parvint en haut de la vis, il demeura pendant un moment sur le palier, incertain s'il prendrait le heurtoir grotesque qui ornait la porte de l'atelier où travaillait sans doute le peintre de Henri IV délaissé pour Rubens par Marie de Médici. Le jeune homme éprouvait cette sensation profonde qui a dû faire vibrer le cœur des grands artistes quand, au fort de la jeunesse et de leur amour pour l'art, ils ont abordé un homme de génie ou quelque chef-d'œuvre. Il existe dans tous les sentiments humains une fleur primitive, engendrée par un noble enthousiasme qui va toujours faiblissant jusqu'à ce que le bonheur ne soit plus qu'un souvenir et la gloire un mensonge. Parmi ces émotions fragiles, rien ne ressemble à l'amour comme la jeune passion d'un artiste commençant le délicieux supplice de sa destinée de gloire et de malheur, passion pleine d'audace et de timidité, de croyances vagues et de découragements certains. A celui qui, léger d'argent, qui, adolescent de génie, n'a pas vivement palpité en se présentant devant un maître, il manquera toujours une corde dans le cœur, je ne sais quelle touche de pinceau, un sentiment dans l'œuvre, une certaine expression de poésie. Si quelques fanfarons bouffis d'eux-mêmes croient trop tôt à l'avenir, ils ne sont gens d'esprit que pour les sots. A ce compte, le jeune inconnu paraissait avoir un vrai mérite, si le talent doit se mesurer sur cette timidité première, sur cette pudeur indéfinissable que les gens promis à la gloire savent perdre dans l'exercice de leur art, comme les jolies femmes perdent la leur dans le manége de la coquetterie. L'habitude du triomphe amoindrit le doute, et la pudeur est une doute peut-être.

Accablé de misère et surpris en ce moment de son outrecuidance, le pauvre néophyte ne serait pas entré chez le peintre auquel nous devons l'admirable portrait de Henri IV, sans un secours extraordinaire que lui envoya le hasard. Un vieillard vint à monter l'escalier. A la bizarrerie de son costume, à la magnificence de son rabat de dentelle, à la prépondérante sécurité de sa démarche, le jeune homme devina dans ce personnage ou le protecteur ou l'ami du peintre ; il se recula sur le palier pour lui faire place, et l'examina curieusement, espérant trouver en lui la bonne nature d'un artiste ou le caractère serviable des gens qui aiment les arts ; mais il aperçut quelque chose de diabolique dans cette figure, et surtout ce *je ne sais quoi* qui affriande les artistes. Imaginez un front chauve, bombé, proéminent, retombant en saillie sur un petit nez écrasé, retroussé du bout comme celui de Rabelais ou de Socrate ; une bouche rieuse et ridée, un menton court, fièrement relevé, garni d'une barbe grise taillée en pointe, des yeux vert de mer ternis en apparence par l'âge, mais qui par le contraste du blanc nacré dans lequel flottait la prunelle devaient parfois jeter des regards magnétiques au fort de la colère ou de l'enthousiasme. Le visage était d'ailleurs singulièrement flétri par les fatigues de l'âge, et plus encore par ces pensées qui creusent également l'âme et le corps. Les yeux n'avaient plus de cils, et à peine voyait-on quelques traces de sourcils au-dessus de leurs arcades saillantes. Mettez cette tête sur un corps fluet et débile, entourez-la d'une dentelle étincelante de blancheur et travaillée comme une truelle à poisson, jetez sur le pourpoint noir du vieillard une lourde chaîne d'or, et vous aurez une image imparfaite de de ce personnage, auquel le jour faible de l'escalier prêtait encore une couleur fantastique. Vous eussiez dit d'une toile de Rembrandt marchant silencieusement et sans cadre dans la noire atmosphère que s'est appropriée ce grand peintre. Le vieillard jeta sur le jeune homme un regard empreint de sagacité, frappa trois coups à la porte, et dit à un homme valétudinaire, âgé de quarante ans environ, qui vint ouvrir :

— Bonjour, maître.

Porbus s'inclina respectueusement, il laissa entrer le jeune homme en le croyant amené par le vieillard et s'inquiéta d'autant moins de lui que le néophyte demeura sous le charme que doivent éprouver les peintres-nés à l'aspect du premier atelier qu'ils voient et où se révèlent quelques-uns des procédés matériels de l'art. Un vitrage ouvert dans la voûte éclairait l'atelier de maître Porbus. Concentré sur une toile accrochée au chevalet, et qui n'était encore touchée que de trois ou quatre traits blancs, le jour n'atteignait pas jusqu'aux noires profondeurs des angles de cette vaste pièce ; mais quelques reflets égarés allumaient dans cette ombre rousse une paillette argentée au ventre d'une cuirasse de reître suspendue à la muraille, rayaient d'un brusque sillon de lumière la corniche sculptée et cirée d'un antique dressoir chargé de vaisselles curieuses, ou piquaient de points éclatants la trame grenue de quelques vieux rideaux de brocart d'or aux grands plis cassés, jetés là comme modèles. Des écorchés de plâtre, des fragments et des torses de déesses antiques, amoureusement polis par les baisers des siècles, jonchaient les tablettes et les consoles. D'innombrables ébauches, des études aux trois crayons, à la sanguine ou à la plume, couvraient les murs jusqu'au plafond. Des boîtes à couleurs, des bouteilles d'huile et d'essence, des escabeaux renversés, ne laissaient qu'un étroit chemin pour arriver sous l'auréole que projetait la haute verrière dont les rayons tombaient à plein sur la pâle figure de Porbus et sur le crâne d'ivoire de l'homme singulier. L'attention du jeune homme fut bientôt exclusivement acquise à un tableau qui, par ce temps de trouble et de révolutions, était déjà devenu célèbre, et que visitaient quelques-uns de ces entêtés auxquels on doit la conservation du feu sacré pendant les jours mauvais. Cette belle page représentait une *Marie égyptienne* se disposant à payer le passage du bateau. Ce chef-d'œuvre, destiné à Marie de Médicis, fut vendu par elle aux jours de sa misère.

— Ta sainte me plaît, dit le vieillard à Porbus, et je te la payerais dix écus d'or au delà du prix que donne la reine ; mais aller sur ses brisées !... du diable !

— Vous la trouvez bien ?

— Heu ! heu ! fit le vieillard, bien ?... oui et non. Ta bonne femme n'est pas mal troussée, mais elle ne vit pas. Vous autres, vous croyez avoir tout fait lorsque vous avez dessiné correctement une figure et mis chaque chose à sa place d'après les lois de l'anatomie ! Vous colorez ce linéament avec un ton de chair fait d'avance sur votre palette en ayant soin de tenir un côté plus sombre que l'autre, et parce que vous regardez de temps en temps une femme nue qui se tient debout sur une table, vous croyez avoir copié la nature, vous vous imaginez être des peintres et avoir dérobé le secret de Dieu !... Prrr ! Il ne suffit pas pour être un grand poëte de savoir à fond la syntaxe et de ne

Le visage était d'ailleurs singulièrement flétri...

pas faire de fautes de langue ! Regarde ta sainte, Porbus ! Au premier aspect, elle semble admirable ; mais au second coup d'œil on s'aperçoit qu'elle est collée au fond de la toile et qu'on ne pourrait pas faire le tour de son corps. C'est une silhouette qui n'a qu'une seule face, c'est une apparence découpée, une image qui ne saurait se retourner ni changer de position. Je ne sens pas d'air entre ce bras et le champ du tableau ; l'espace et la profondeur manquent ; cependant tout est bien en perspective, et la dégradation aérienne est exactement observée ; mais, malgré de si louables efforts, je ne saurais croire que ce beau corps soit animé par le tiède souffle de la vie. Il me semble que si je portais la main sur cette gorge d'une si ferme rondeur, je la trouverais froide comme du marbre! Non, mon ami, le sang ne court pas sous cette peau d'ivoire, l'existence ne gonfle pas de sa rosée de pourpre les veines et les fibrilles qui s'entrelacent en réseaux sous la transparence ambrée des tempes et de la poitrine. Cette place palpite, mais cette autre est immobile; la vie et la mort luttent dans chaque détail : ici c'est une femme, là une statue, plus loin un cadavre. Ta création est incomplète. Tu n'as pu souffler qu'une portion de ton âme à ton œuvre chérie. Le flambeau de Prométhée s'est éteint plus d'une fois dans tes mains, et beaucoup d'endroits de ton tableau n'ont pas été touchés par la flamme céleste.

— Mais pourquoi, mon cher maître? dit respectueusement Porbus au vieillard, tandis que le jeune homme avait peine à réprimer une forte envie de le battre.

— Ah! voilà, dit le petit vieillard. Tu as flotté indécis entre les deux systèmes, entre le dessin et la couleur, entre le flegme minutieux, la roideur précise des vieux maîtres allemands et l'ardeur éblouissante, l'heureuse abondance des peintres italiens. Tu as voulu imiter à la fois Hans Holbein et Titien, Albrecht Durer et Paul Véronèse. Certes, c'était là une magnifique ambition! Mais qu'est-il arrivé? Tu n'as eu ni le charme sévère de la sécheresse ni les décevantes magies du clair-obscur. Dans cet endroit, comme un bronze en fusion qui crève son trop faible moule, la riche et blonde couleur du Titien a fait éclater le maigre contour d'Albrecht Durer où tu l'avais coulée. Ailleurs, le linéament a résisté et contenu les magnifiques débordements de la palette vénitienne. Ta figure n'est ni parfaitement dessinée, ni parfaitement peinte, et porte partout les traces de cette malheureuse indécision. Si tu ne te sentais pas assez fort pour fondre ensemble au feu de ton génie les deux manières rivales, il fallait opter franchement entre l'une ou l'autre, afin d'obtenir l'unité qui simule une des conditions de la vie. Tu n'es vrai que dans les milieux, tes contours sont faux, ne s'enveloppent pas et ne promettent rien par derrière. Il y a de la vérité ici, dit le vieillard en montrant la poitrine de la sainte. — Puis, ici, reprit-il en indiquant le point où sur le tableau finissait l'épaule. — Mais là, fit-il en revenant au milieu de la gorge, tout est faux. N'analysons rien, ce serait faire ton désespoir.

Le vieillard s'assit sur une escabelle, se tint la tête dans les mains et resta muet.

— Maître, lui dit Porbus, j'ai cependant bien étudié sur le nu cette gorge, mais, pour notre malheur, il est des effets vrais dans la nature qui ne sont plus probables sur la toile...

— La mission de l'art n'est pas de copier la nature, mais de l'exprimer! Tu n'es pas un vil copiste, mais un poëte, s'écria vivement le vieillard en interrompant Porbus par un geste despotique. Autrement un sculpteur serait quitte de tous ses travaux en moulant une femme! Eh bien! essaye de mouler la main de ta maîtresse et de la poser devant toi, tu trouveras un horrible cadavre sans aucune ressemblance, et tu seras forcé d'aller trouver le ciseau de l'homme qui, sans te la copier exactement, t'en figurera le mouvement et la vie. Nous avons à saisir l'esprit, l'âme, la physionomie des choses et des êtres. Les effets! les effets! mais ils sont les accidents de la vie, et non la vie. Une main, puisque j'ai pris cet exemple, une main ne tient pas seulement au corps, elle exprime et continue une pensée qu'il faut saisir et rendre. Ni le peintre, ni le poëte, ni le sculpteur, ne doivent séparer l'effet de la cause, qui sont invinciblement l'un dans l'autre. La véritable lutte est là! Beaucoup de peintres triomphent instinctivement sans connaître ce thème de l'art. Vous dessinez une femme, mais vous ne la voyez pas! Ce n'est pas ainsi que l'on parvient à forcer l'arcane de la nature. Votre main reproduit, sans que vous y pensiez, le modèle que vous avez copié chez votre maître. Vous ne descendez pas assez dans l'intimité de la forme, vous ne la poursuivez pas avec assez d'amour et de persévérance dans ses détours et dans ses fuites. La beauté est une chose sévère et difficile qui ne se laisse point atteindre ainsi, il faut attendre ses heures, l'épier, la presser et l'enlacer étroitement pour la forcer à se rendre. La Forme est un Protée bien plus insaisissable et plus fertile en replis que le Protée de la Fable, ce n'est qu'après de longs

combats qu'on peut la contraindre à se montrer sous son véritable aspect; vous autres, vous vous contentez de la première apparence qu'elle vous livre, ou tout au plus de la seconde, ou de la troisième, ce n'est pas ainsi qu'agissent les victorieux lutteurs! Ces peintres invaincus ne se laissent pas tromper à tous ces faux-fuyants, ils persévèrent jusqu'à ce que la nature en soit réduite à se montrer toute nue et dans son véritable esprit. Ainsi a procédé Raphaël, dit le vieillard en ôtant son bonnet de velours noir pour exprimer le respect que lui inspirait le roi de l'art, sa grande supériorité vient du sens intime qui, chez lui, semble vouloir briser la forme. La forme est, dans ses figures, ce qu'elle est chez nous, un truchement pour se communiquer des idées, des sensations, une vaste poésie. Toute figure est un monde, un portrait dont le modèle est apparu dans une vision sublime, teint de lumière, désigné par une voix intérieure, dépouillé par un doigt céleste qui a montré, dans le passé de toute une vie, les sources de l'expression. Vous faites à vos femmes de belles robes de chair, de belles draperies de cheveux, mais où est le sang qui engendre le calme ou la passion et qui cause des effets particuliers? Ta sainte est une femme brune, mais ceci, mon pauvre Porbus, est d'une blonde! Vos figures sont alors de pâles fantômes colorés que vous nous promenez devant les yeux, et vous appelez cela de la peinture et de l'art. Parce que vous avez fait quelque chose qui ressemble plus à une femme qu'à une maison, vous pensez avoir touché le but, et, tout fiers de n'être plus obligés d'écrire à côté de vos figures, _currus venustus_ ou _pulcher homo_, comme les premiers peintres vous vous imaginez être des artistes merveilleux! Ah! ah! vous n'y êtes pas encore, mes braves compagnons, il vous faudra user bien des crayons, couvrir bien des toiles, avant d'arriver. Assurément, une femme porte sa tête de cette manière, elle tient sa jupe ainsi, ses yeux s'allanguissent et se fondent avec cet air de douceur résignée, l'ombre palpitante des cils flotte ainsi sur les joues! C'est cela, et ce n'est pas cela. Qu'y manque-t-il? un rien, mais ce rien est tout. Vous avez l'apparence de la vie, mais vous n'exprimez pas son trop plein qui déborde, ce je ne sais quoi qui est l'âme peut-être et qui flotte nuageusement sur l'enveloppe; enfin cette fleur de vie que Titien et Raphaël ont surprise. En partant du point extrême où vous arrivez, on ferait peut-être d'excellente peinture, mais vous vous lassez trop vite. Le vulgaire admire, et le vrai connaisseur sourit. O Mabuse, ô mon maître, ajouta ce singulier personnage, tu es un voleur, tu as emporté la vie avec toi! — A cela près, reprit-il, cette toile vaut mieux que les peintures de ce faquin de Rubens avec ses montagnes de viandes flamandes, saupoudrées de vermillon, ses ondées de chevelures rousses, et son tapage de couleurs. Au moins, avez-vous là couleur, sentiment et dessin, les trois parties essentielles de l'art.

— Mais cette sainte est sublime, bon homme! s'écria d'une voix forte le jeune homme en sortant d'une rêverie profonde. Ces deux figures, celle de la sainte et celle du batelier, ont une finesse d'intention ignorée des peintres italiens, je n'en sais pas un seul qui eût inventé l'indécision du batelier.

— Ce petit drôle est-il à vous? demanda Porbus au vieillard.

— Hélas! maître, pardonnez à ma hardiesse, répondit le néophyte en rougissant. Je suis inconnu, barbouilleur d'instinct, et arrivé depuis peu dans cette ville, source de toute science.

— A l'œuvre! lui dit Porbus en lui présentant un crayon rouge et une feuille de papier.

L'inconnu copia lestement la Marie au trait.

— Oh! oh! s'écria le vieillard. Votre nom?

Le jeune homme écrivit au bas : Nicolas Poussin.

— Voilà qui n'est pas mal pour un commençant, dit le singulier personnage qui discourait si follement. Je vois que l'on peut parler peinture devant toi. Je ne te blâme pas d'avoir admiré la sainte de Porbus. C'est un chef-d'œuvre pour tout le monde, et les initiés aux plus profonds arcanes de l'art peuvent seuls découvrir en quoi elle pèche. Mais puisque tu es digne de la leçon, et capable de comprendre, je vais te faire voir combien peu de chose il faudrait pour compléter cette œuvre. Sois tout œil et tout attention, une pareille occasion de t'instruire ne se représentera peut-être jamais. Ta palette, Porbus!

Porbus alla chercher palette et pinceaux. Le petit vieillard retroussa ses manches avec un mouvement de brusquerie convulsive, passa son pouce dans la palette diaprée et chargée de tons que Porbus lui tendait; il lui arracha des mains plutôt qu'il ne les prit une poignée de brosses de toutes dimensions, et sa barbe taillée en pointe se remua soudain par des efforts menaçants qui exprimaient le prurit d'une amoureuse fantaisie. Tout en chargeant son pinceau de couleur, il grommelait entre ses dents : Voici des tons bons à jeter par la fenêtre avec celui qui les a composés, ils sont d'une crudité et d'une fausseté révoltantes, comment peindre avec cela ! Puis il trempait avec une vivacité fébrile la pointe de la brosse dans les différents tas de couleurs dont il parcourait quelquefois la gamme entière plus rapidement qu'un organiste de cathédrale ne parcourt l'étendue de son clavier à l'*O Filii* de Pâques.

Porbus et Poussin se tenaient immobiles chacun d'un côté de la toile, plongés dans la plus véhémente contemplation.

— Vois-tu, jeune homme, disait le vieillard sans se détourner, vois-tu comme, au moyen de trois ou quatre touches et d'un petit glacis bleuâtre, on pouvait faire circuler l'air autour de la tête de cette pauvre sainte qui devait étouffer et se sentir prise dans cette atmosphère épaisse ! Regarde comme cette draperie voltige à présent et comment on comprend que la brise la soulève ! Auparavant elle avait l'air d'une toile empesée et soutenue par des épingles. Remarques-tu comme le luisant satiné que je viens de poser sur la poitrine rend bien la grasse souplesse d'une peau de jeune fille, et comme le ton mélangé de brun-rouge et d'ocre calciné réchauffe la grise froideur de cette grande ombre où le sang se figeait au lieu de courir ! Jeune homme, jeune homme ce que je te montre là, aucun maître ne pourrait te l'enseigner. Mabuse seul possédait le secret de donner de la vie aux figures. Mabuse n'eut qu'un élève, qui est moi. Je n'en ai pas eu, et je suis vieux ! Tu as assez d'intelligence pour deviner le reste par ce que je te laisse entrevoir.

Tout en parlant, l'étrange vieillard touchait à toutes les parties du tableau : ici deux coups de pinceau, là un seul, mais toujours si à propos qu'on aurait dit une nouvelle peinture, mais une peinture trempée de lumière. Il travaillait avec une ardeur si passionnée que la sueur se perla sur son front dépouillé; il allait si rapidement par de petits mouvements si impatients, si saccadés, que pour le jeune Poussin il semblait qu'il y eût dans le corps de ce bizarre personnage un démon qui agissait par ses mains en les prenant fantastiquement contre le gré de l'homme. L'éclat surnaturel des yeux, les convulsions qui semblaient l'effet d'une résistance donnaient à cette idée un semblant de vérité qui devait agir sur une jeune imagination. Le vieillard allait disant : — Paf, paf, paf ! voilà comment cela se beurre, jeune homme ! venez, mes petites touches, faites-moi roussir ce ton glacial ! Allons donc ! Pon ! pon ! pon ! disait-il en réchauffant les parties où il avait signalé un défaut de vie, en faisant disparaître par quelques plaques de couleur les différences de tempérament, et rétablissant l'unité de ton que voulait une ardente Égyptienne.

— Vois-tu, petit, il n'y a que le dernier coup de pinceau qui compte. Porbus en a donné cent, moi je n'en donne qu'un. Personne ne nous sait gré de ce qui est dessous. Sache bien cela !

Enfin ce démon s'arrêta, et se tournant vers Porbus et Poussin muets d'admiration, il leur dit : — Cela ne vaut pas encore ma Belle-Noiseuse, cependant on pourrait mettre son nom au bas d'une pareille œuvre. Oui, je la signerais, ajouta-t-il en se levant pour prendre un miroir dans lequel il la regarda. — Maintenant, allons déjeuner, dit-il. Venez tous deux à mon logis. J'ai du jambon fumé, du bon vin ! Eh ! eh ! malgré le malheur des temps, nous causerons peinture ! Nous sommes de force. Voici un petit bonhomme, ajouta-t-il en frappant sur l'épaule de Nicolas Poussin, qui a de la facilité.

Apercevant alors la piètre casaque du Normand, il tira de sa ceinture une bourse de peau, y fouilla, prit deux pièces d'or, et les lui montrant : — J'achète ton dessin, dit-il.

— Prends, dit Porbus à Poussin en le voyant tressaillir et rougir de honte, car ce jeune adepte avait la fierté du pauvre. Prends donc, il a dans son escarcelle la rançon de deux rois !

Tous trois, ils descendirent de l'atelier et cheminèrent en devisant sur les arts, jusqu'à une belle maison de bois, située près du pont Saint-Michel, et dont les ornements, le heurtoir, les encadrements de croisées, les arabesques, émerveillèrent Poussin. Le peintre en espérance se trouva tout à coup dans une salle basse, devant un bon feu, près d'une table chargée de mets appétissants, et, par un bonheur inouï, dans la compagnie de deux grands artistes pleins de bonhomie.

— Jeune homme, lui dit Porbus en le voyant ébahi devant un tableau, ne regardez pas trop cette toile, vous tomberiez dans le désespoir.

C'était l'*Adam* que fit Mabuse pour sortir de prison où ses créanciers le retinrent si longtemps. Cette figure offrait, en effet, une telle puissance de réalité, que Nicolas Poussin commença dès ce moment à comprendre le véritable sens des confuses paroles dites par le vieillard. Celui-ci regardait le tableau d'un air satisfait, mais sans enthousiasme, et semblait dire : « J'ai fait mieux ! »

— Il y a de la vie, dit-il, mon pauvre maître s'y est surpassé; mais il manquait encore un peu de vérité dans le fond de la toile. L'homme est bien vivant, il se lève et va venir à nous. Mais l'air, le ciel, le vent que nous respirons, voyons et sentons, n'y sont pas. Puis il n'y a encore là qu'un homme ! Or, le seul homme qui soit immédiatement sorti des mains de Dieu devait avoir quelque chose de divin qui manque. Mabuse le disait lui-même avec dépit quand il n'était pas ivre.

Poussin regardait alternativement le vieillard et Porbus avec une inquiète curiosité. Il s'approcha de celui-ci comme pour lui demander le nom de leur hôte, mais le peintre se mit un doigt sur les lèvres d'un air de mystère, et le jeune homme, vivement intéressé, garda le silence, espérant que tôt ou tard quelque mot lui permettrait de deviner le nom de son hôte, dont la richesse et les talents étaient suffisamment attestés par le respect que Porbus lui témoignait, et par les merveilles entassées dans cette salle.

Poussin, voyant sur la sombre boiserie de chêne un magnifique portrait de femme, s'écria : — Quel beau Giorgion !

— Non ! répondit le vieillard, vous voyez un de mes premiers barbouillages !

— Tudieu ! je suis donc chez le dieu de la peinture ! dit naïvement le Poussin.

Le vieillard sourit comme un homme familiarisé depuis longtemps avec cet éloge.

— Maître Frenhofer ! dit Porbus, ne sauriez-vous faire venir un peu de votre bon vin du Rhin pour moi ?

— Deux pipes, répondit le vieillard. Une pour m'acquitter du plaisir que j'ai eu ce matin en voyant ta jolie pécheresse, et l'autre comme un présent d'amitié.

— Ah ! si je n'étais pas toujours souffrant, reprit Porbus, et si vous vouliez me laisser voir votre Belle-Noiseuse, je pourrais faire quelque peinture haute, large et profonde, où les figures seraient de grandeur naturelle.

— Montrer mon œuvre ! s'écria le vieillard tout ému. Non, non, je dois la perfectionner encore. Hier, vers le soir, dit-il, j'ai cru avoir fini. Ses yeux me semblaient humides, sa chair était agitée. Les tresses de ses cheveux remuaient. Elle respirait ! Quoique j'aie trouvé le moyen de réaliser sur une toile plate le relief et la rondeur de la nature, ce matin, au jour, j'ai reconnu mon erreur. Ah ! pour arriver à ce résultat glorieux, j'ai étudié à fond les grands maîtres du coloris, j'ai analysé et soulevé, couche par couche, les tableaux de Titien, ce roi de la lumière, j'ai, comme ce peintre souverain, ébauché ma figure dans un ton clair avec une pâte souple et nourrie, car l'ombre n'est qu'un accident, retiens cela petit. Puis je suis revenu sur mon œuvre, et au moyen de demi-teintes et de glacis dont je diminuais de plus en plus la transparence, j'ai rendu les ombres les plus vigoureuses et jusqu'aux noirs les plus fouillés, car les ombres des peintres ordinaires sont d'une autre nature que leurs tons éclairés; c'est du bois, de l'airain, c'est tout ce que vous voudrez, excepté de la chair dans l'ombre. On sent que si leur figure changeait de position, les places ombrées ne se nettoieraient pas et ne deviendraient pas lumineuses. J'ai évité ce défaut, où beaucoup d'entre les plus illustres sont tombés, et chez moi la blancheur se révèle sous l'opacité de l'ombre la plus soutenue! Comme une foule d'ignorants qui s'imaginent dessiner correctement parce qu'ils font un trait soigneusement ébarbé, je n'ai pas marqué sèchement les bords extérieurs de ma figure et fait ressortir jusqu'au moindre détail anatomique, car le corps humain ne finit pas par des lignes. En cela les sculpteurs peuvent plus approcher de la vérité que nous autres. La nature comporte une suite de rondeurs qui s'enveloppent les unes dans les autres. Rigoureusement parlant, le dessin n'existe pas! Ne riez pas, jeune homme! Quelque singulier que vous paraisse ce mot, vous en comprendrez quelque jour les raisons. La ligne est le moyen par lequel l'homme se rend compte de l'effet de la lumière sur les objets; mais il n'y a pas de lignes dans la nature, où tout est plein: c'est en modelant qu'on dessine, c'est-à-dire qu'on détache les choses du milieu où elles sont, la distribution du jour donne seule l'apparence au corps! Aussi, n'ai-je pas arrêté les linéaments, j'ai répandu sur les contours un nuage de demi-teintes blondes et chaudes qui fait que l'on ne saurait précisément poser le doigt sur la place où les contours se rencontrent avec les fonds. De près, ce travail semble cotonneux et paraît manquer de précision, mais à deux pas, tout se raffermit, s'arrête et se détache; le corps tourne, les formes deviennent saillantes, l'on sent l'air circuler tout autour. Cependant je ne suis pas encore content, j'ai des doutes. Peut-être faudrait-il ne pas dessiner un seul trait, et vaudrait-il mieux attaquer une figure par le milieu en s'attachant d'abord aux saillies les plus éclairées, pour passer ensuite aux portions les plus sombres. N'est-ce pas ainsi que procède le soleil, ce divin peintre de l'univers? O nature, nature! qui jamais t'a surprise dans tes fuites! Tenez, le trop de science, de même que l'ignorance, arrive à une négation. Je doute de mon œuvre!

Le vieillard fit une pause, puis il reprit: — Voilà dix ans, jeune homme, que je travaille, mais que sont dix petites années quand il s'agit de lutter avec la nature? Nous ignorons le temps qu'employa le seigneur Pygmalion pour faire la seule statue qui ait marché!

Le vieillard tomba dans une rêverie profonde, et resta les yeux fixes en jouant machinalement avec son couteau.

— Le voilà en conversation avec son *esprit*, dit Porbus à voix basse.

A ce mot, Nicolas Poussin se sentit sous la puissance d'une inexplicable curiosité d'artiste. Ce vieillard aux yeux blancs, attentif et stupide, devenu pour lui plus qu'un homme, lui apparut comme un génie fantasque qui vivait dans une sphère inconnue. Il réveillait mille idées confuses dans l'âme. Le phénomène moral de cette espèce de fascination ne peut pas plus se définir qu'on ne peut traduire l'émotion excitée par un chant qui rappelle la patrie au cœur de l'exilé. Le mépris que ce vieil homme affectait d'exprimer pour les belles tentatives de l'art, sa richesse, ses manières, les déférences de Porbus pour lui, cette œuvre tenue si longtemps secrète, œuvre de patience, œuvre de génie sans doute, s'il fallait en croire la tête de Vierge que le jeune Poussin avait si franchement admirée, et qui, belle encore, même près de l'Adam de Mabuse, attestait le faire impérial d'un des princes de l'art; tout en ce vieillard allait au delà des bornes de la nature humaine. Ce que la riche imagination de Nicolas Poussin put saisir de clair et de perceptible en voyant cet être surnaturel, était une complète image de la nature artiste, de cette nature folle à laquelle tant de pouvoirs sont confiés, et qui trop souvent en abuse, emmenant la froide raison, les bourgeois et même quelques amateurs, à travers mille routes pierreuses, où, pour eux, il n'y a rien; tandis que, folâtre en ses fantaisies, cette fille aux ailes blanches y découvre des épopées, des châteaux, des œuvres d'art. Nature moqueuse et bonne, féconde et pauvre! Ainsi, pour l'enthousiaste Poussin, ce vieillard était devenu, par une transfiguration subite, l'art lui-même, l'art avec ses secrets, ses fougues et ses rêveries.

— Oui, mon cher Porbus, reprit Frenhofer, il m'a manqué jusqu'à présent de rencontrer une femme irréprochable, un corps dont les contours soient d'une beauté parfaite, et dont la carnation... Mais où est-elle vivante, dit-il en s'interrompant, cette introuvable Vénus des anciens, si souvent cherchée, et de qui nous rencontrons à peine quelques beautés éparses? Oh! pour voir un moment, une seule fois, la nature divine, complète, l'idéal enfin, je donnerais toute ma fortune, mais j'irais te chercher dans tes limbes, beauté céleste! Comme Orphée, je descendrais dans l'enfer de l'art pour en ramener la vie.

— Nous pouvons partir d'ici, dit Porbus à Poussin, il ne nous entend plus, ne nous voit plus!

— Allons à son atelier, répondit le jeune homme émerveillé.

— Oh! le vieux reître a su en défendre l'entrée. Ses trésors sont trop bien gardés pour que nous puissions y arriver. Je n'ai pas attendu votre avis et votre fantaisie pour tenter l'assaut du mystère.

— Il y a donc un mystère?

— Oui, répondit Porbus. Le vieux Frenhofer est le seul élève que Mabuse ait voulu faire. Devenu son ami, son sauveur, son père, Frenhofer a sacrifié la plus grande partie de ses trésors à satisfaire les passions de Mabuse; en échange, Mabuse lui a légué le secret du relief, le pouvoir de donner aux figures cette vie extraordinaire, cette fleur de nature, notre désespoir éternel, mais dont il possédait si bien *le faire*, qu'un jour, ayant vendu et bu le damas à fleurs avec lequel il devait s'habiller à l'entrée de Charles-Quint, il accompagna son maître avec un vêtement de papier peint en damas. L'éclat particulier de l'étoffe portée par Mabuse surprit l'empereur, qui, voulant en faire compliment au protecteur du vieil ivrogne, découvrit la supercherie. Frenhofer est un homme passionné pour notre art, qui voit plus haut et plus loin que les autres peintres. Il a profondément médité sur les couleurs, sur la vérité absolue de la ligne, mais, à force de recherches, il est arrivé à douter de l'objet même de ses recherches. Dans ses moments de désespoir, il prétend que le dessin n'existe pas et qu'on ne peut rendre avec les traits que des figures géométriques; ce qui est au delà du vrai, puisque avec le trait et le noir, qui n'est pas une couleur, on peut faire une figure, ce qui prouve que notre art est, comme la nature, composé d'une infinité d'éléments: le dessin donne un squelette, la couleur est la vie, mais la vie sans le squelette est une chose plus incomplète que le squelette sans la vie. Enfin, il y a quelque chose de plus vrai que tout ceci, c'est que la pratique et l'observation sont tout chez un peintre, et que si le raisonnement et la poésie se querellent avec les brosses, on arrive au doute comme le bonhomme, qui est aussi fou que peintre. Peintre sublime, il a eu le malheur de naître riche, ce qui lui a permis de divaguer. Ne l'imitez pas! Travaillez! les peintres ne doivent méditer que les brosses à la main.

— Nous y pénétrerons! s'écria Poussin n'écoutant plus Porbus et ne doutant plus de rien.

Porbus sourit à l'enthousiasme du jeune inconnu, et le quitta en l'invitant à venir le voir.

Nicolas Poussin revint à pas lents vers la rue de la Harpe, et dépassa sans s'en apercevoir la modeste hôtellerie où il était logé. Montant avec une inquiète promptitude son misérable escalier, il parvint à une chambre haute, située sous une toiture en colombage, naïve et légère couverture des maisons du vieux Paris. Près de l'unique et sombre fenêtre de cette chambre, il vit une jeune fille, qui, au bruit de la porte, se dressa soudain par un mouvement d'amour; elle avait reconnu le peintre à la manière dont il avait attaqué le loquet.

— Qu'as-tu? lui dit-elle.

— J'ai, j'ai, s'écria-t-il en étouffant de plaisir, que je me suis senti peintre! J'avais douté de moi jusqu'à présent, mais ce matin j'ai cru en moi-même! Je puis être un grand homme! Va, Gillette, nous serons riches, heureux! Il y a de l'or dans ces pinceaux!

Mais il se tut soudain. Sa figure grave et vigoureuse perdit son expression de joie quand il compara l'immensité de ses espérances à la médiocrité de ses ressources. Les murs étaient couverts de simples papiers chargés d'esquisses au crayon. Il ne possédait pas quatre toiles propres. Les couleurs avaient alors un haut prix, et le pauvre gentilhomme voyait sa palette à peu près nue. Au sein de cette misère, il possédait et ressentait d'incroyables richesses de cœur, et la surabondance d'un génie dévorant. Amené à Paris par un gentilhomme de ses amis, ou peut-être par son propre talent, il y avait rencontré soudain une maîtresse, une de ces âmes nobles et généreuses qui viennent souffrir près d'un grand homme, en épousant les misères et s'efforcent de comprendre leurs caprices; forte pour la misère et l'amour, comme d'autres sont intrépides à porter le luxe, à faire parader leur insensibilité. Le sourire errant sur les lèvres de Gillette dorait ce grenier et rivalisait avec l'éclat du ciel. Le soleil ne brillait pas toujours, tandis qu'elle était toujours là, recueillie dans sa passion, attachée à son bonheur, à sa souffrance, consolant le génie qui débordait dans l'amour avant de s'emparer de l'art.

— Écoute, Gillette, viens.

L'obéissante et joyeuse fille sauta sur les genoux du peintre. Elle était toute grâce, toute beauté, jolie comme un printemps, parée de toutes les richesses féminines et les éclairant par le feu d'une belle âme.

— O Dieu! s'écria-t-il, je n'oserai jamais lui dire...

— Un secret? reprit-elle, je veux le savoir.

Le Poussin resta rêveur.

— Parle donc!

— Gillette! pauvre cœur aimé!

— Oh! tu veux quelque chose de moi?

— Oui.

— Si tu désires que je pose encore devant toi comme l'autre jour, reprit-elle d'un petit air boudeur, je n'y consentirai plus jamais, car, dans ces moments-là, tes yeux ne me disent plus rien. Tu ne penses plus à moi, et cependant tu me regardes.

— Aimerais-tu mieux me voir copiant une autre femme?

— Peut-être, dit-elle, si elle était bien laide.

— Eh bien! reprit Poussin d'un ton sérieux, si pour ma gloire à venir, si pour me faire grand peintre, il fallait aller poser chez un autre?

— Tu veux m'éprouver, dit-elle. Tu sais bien que je n'irais pas.

Le Poussin pencha sa tête sur sa poitrine comme un homme qui succombe à une joie ou à une douleur trop forte pour son âme.

— Écoute, dit-elle en tirant Poussin par la manche de son pourpoint usé, je t'ai dit, Nick, que je donnerais ma vie pour toi; mais je ne t'ai jamais promis, moi vivante, de renoncer à mon amour.

— Y renoncer! s'écria Poussin.

— Si je me montrais ainsi à un autre, tu ne m'aimerais plus. Et, moi-même, je me trouverais indigne de toi. Obéir à tes caprices, n'est-ce pas chose naturelle et simple? Malgré moi, je suis heureuse, et même fière de faire ta chère volonté. Mais pour un autre! fi donc!

— Pardonne, ma Gillette, dit le peintre en se jetant à ses genoux. J'aime mieux être aimé que glorieux. Pour moi, tu es plus belle que la fortune et les honneurs. Va, jette mes pinceaux, brûle ces esquisses. Je me suis trompé. Ma vocation, c'est de t'aimer. Je ne suis pas peintre, je suis amoureux. Périssent et l'art et tous ses secrets!

Elle l'admirait, heureuse, charmée! Elle régnait, elle sentait instinctivement que les arts étaient oubliés pour elle, et jetés à ses pieds comme un grain d'encens.

— Ce n'est pourtant qu'un vieillard, reprit Poussin. Il ne pourra voir que la femme en toi. Tu es si parfaite!

— Il faut bien aimer! s'écria-t-elle prête à sacrifier ses scrupules d'amour pour récompenser son amant de tous les sacrifices qu'il lui faisait. Mais, reprit-elle, ce serait me perdre. Ah! me perdre pour toi. Oui, cela est bien beau! mais tu m'oublieras. Oh! quelle mauvaise pensée as-tu donc eue là!

— Je l'ai eue et je t'aime, dit-il avec une sorte de contrition, mais je suis donc un infâme!

— Consultons le père Hardouin, dit-elle.

— Oh! non! que ce soit un secret entre nous deux.

— Eh bien! j'irai: mais ne sois pas là, dit-elle. Reste à la porte, armé de ta dague; si je crie, entre et tue le peintre.

Ne voyant plus que son art, le Poussin pressa Gillette dans ses bras.

— Il ne m'aime plus! pensa Gillette quand elle se trouva seule.

Elle se repentait déjà de sa résolution. Mais elle fut bientôt en proie à une épouvante plus cruelle que son repentir, elle s'efforça de chasser une pensée affreuse qui s'élevait dans son cœur. Elle croyait aimer déjà moins le peintre en le soupçonnant moins estimable qu'auparavant.

II

Catherine Lescault

Trois mois après la rencontre du Poussin et de Porbus, celui-ci vint voir maître Frenhofer. Le vieillard était alors en proie à l'un de ces découragements profonds et spontanés dont la cause est, s'il faut en croire les mathématiciens de la médecine, dans une digestion mauvaise, dans le vent, la chaleur ou quelque empâtement des hypocondres, et, suivant les spiritualistes, dans l'imperfection de notre nature morale. Le bonhomme s'était purement et simplement fatigué à parachever son mystérieux tableau. Il était languissamment assis dans une vaste chaire de chêne sculpté, garnie de cuir noir, et, sans quitter son attitude mélancolique, il lança sur Porbus le regard d'un homme qui s'était établi dans son ennui.

— Eh bien! maître, lui dit Porbus, l'outremer que vous êtes allé chercher à Bruges était-il mauvais, est-ce que vous n'avez pas su broyer notre nouveau blanc, votre huile est-elle méchante, ou les pinceaux rétifs?

— Hélas! s'écria le vieillard, j'ai cru pendant un moment que mon œuvre était accomplie; mais je me suis, certes, trompé dans quelques détails, et je ne serai tranquille qu'après avoir éclairci mes doutes. Je me décide à voyager et vais aller en Turquie, en Grèce, en Asie, pour y chercher un modèle et comparer mon tableau à diverses natures. Peut-être ai-je là-haut, reprit-il en laissant échapper un sourire de contentement, la nature elle-même. Parfois, j'ai quasi peur qu'un souffle ne me réveille cette femme et qu'elle ne disparaisse.

Puis il se leva tout à coup, comme pour partir.

— Oh! oh! répondit Porbus, j'arrive à temps pour vous éviter la dépense et les fatigues du voyage.

— Comment? demanda Frenhofer étonné.

— Le jeune Poussin est aimé par une femme dont l'incomparable beauté se trouve sans imperfection aucune. Mais, mon cher maître, s'il consent à vous la prêter, au moins faudra-t-il nous laisser voir votre toile.

Le vieillard resta debout, immobile, dans un état de stupidité parfaite.

— Comment! s'écria-t-il enfin douloureusement, montrer ma créature, mon épouse? déchirer le voile sous lequel j'ai chastement couvert mon bonheur? Mais ce serait une horrible prostitution! Voilà dix ans que je vis avec cette femme, elle est à moi, à moi seul, elle m'aime. Ne m'a-t-elle pas souri à chaque coup de pinceau que je lui ai donné? Elle a une âme, l'âme dont je l'ai douée. Elle rougirait si d'autres yeux que les miens s'arrêtaient sur elle. La faire voir! mais quel est le mari, l'amant assez vil pour conduire sa femme au déshonneur? Quand tu fais un tableau pour la cour, tu n'y mets pas toute ton âme, tu ne vends aux courtisans que des mannequins coloriés. Ma peinture n'est pas une peinture, c'est un sentiment, une passion! Née dans mon atelier, elle doit y rester vierge, et n'en peut sortir que vêtue. La poésie et les femmes ne se livrent nues qu'à leurs amants! Possédons-nous le modèle de Raphaël, l'Angélique de l'Arioste, la Béatrix du Dante? Non! nous n'en voyons que les formes. Eh bien! l'œuvre que je tiens là-haut sous mes verrous est une exception dans notre art. Ce n'est pas une toile, c'est une femme! une femme avec laquelle je pleure, je ris, je cause et pense. Veux-tu que tout à coup je quitte un bonheur de dix années comme on jette un manteau? que tout à coup je cesse d'être père, amant et Dieu? Cette femme n'est pas une créature, c'est une création. Vienne ton jeune homme, je lui donnerai mes trésors, je lui donnerai des tableaux du Corrége, de Michel-Ange, du Titien, je baiserai la marque de ses pas dans la poussière, mais en faire mon rival? honte à moi! Ah! ah! je suis plus amant encore que je ne suis peintre. Oui, j'aurai la force de brûler ma Belle-Noiseuse à mon dernier soupir, mais lui faire supporter le regard d'un homme, d'un jeune homme, d'un peintre? non, non! Je tuerais le lendemain celui qui l'aurait souillée d'un regard! Je te tuerais à l'instant, toi, mon ami, si tu ne la saluais pas à genoux! Veux-tu maintenant que je soumette mon idole aux froids regards et aux stupides critiques des imbéciles? Ah! l'amour est un mystère, il n'a de vie qu'au fond des cœurs, et tout est perdu quand un homme dit même à son ami: — Voilà celle que j'aime!

Le vieillard semblait être redevenu jeune, ses yeux avaient de l'éclat et de la vie, ses joues pâles étaient nuancées d'un rouge vif, et ses mains tremblaient. Porbus, étonné de la violence passionnée avec laquelle ces paroles furent dites, ne savait que répondre à un sentiment aussi neuf que profond. Frenhofer était-il raisonnable ou fou? Se trouvait-il subjugué par une fantaisie d'artiste, ou les idées qu'il avait exprimées procédaient-elles de ce fanatisme inexprimable produit en nous par le long enfantement d'une grande œuvre? Pouvait-on jamais espérer de transiger avec cette passion bizarre?

En proie à toutes ces pensées, Porbus dit au vieillard: — Mais n'est-ce pas femme pour femme? Poussin ne livre-t-il pas sa maîtresse à vos regards?

— Quelle maîtresse? répondit Frenhofer. Elle le trahira tôt ou tard. La mienne me sera toujours fidèle!

— Eh bien! reprit Porbus, n'en parlons plus. Mais avant que vous ne trouviez, même en Asie, une femme aussi belle, aussi parfaite que celle dont je parle, vous mourrez peut-être sans avoir achevé votre tableau.

— Oh! il est fini, dit Frenhofer. Qui le verrait, croirait apercevoir une femme couchée sur un lit de velours, sous les courtines. Près d'elle un trépied d'or exhale des parfums. Tu serais tenté de prendre le gland des cordons qui retiennent les rideaux, et il te semblerait voir le sein de Catherine Lescault, une belle courtisane appelée la Belle-Noiseuse, rendre le mouvement de sa respiration. Cependant, je voudrais bien être certain...

— Va donc en Asie, répondit Porbus en apercevant une sorte d'hésitation dans le regard de Frenhofer.

Et Porbus fit quelques pas vers la porte de la salle.

En ce moment, Gillette et Nicolas Poussin étaient arrivés près du logis de Frenhofer. Quand la jeune fille fut sur le point d'y entrer, elle quitta le bras du peintre, et se recula comme si elle eût été saisie par quelque soudain pressentiment.

— Mais que viens-je donc faire ici? demanda-t-elle à son amant d'un son de voix profond et en le regardant d'un œil fixe.

— Gillette, je t'ai laissée maîtresse et veux t'obéir en tout. Tu es ma conscience et ma gloire. Reviens au logis, je serai plus heureux, peut-être, que si tu...

— Suis-je à moi quand tu me parles ainsi? Oh! non, je ne suis plus qu'une enfant. — Allons, ajouta-t-elle en paraissant faire un violent effort, si notre amour périt, et si je mets dans mon cœur un long regret, ta célébrité ne sera-t-elle pas le prix de mon obéissance à tes désirs? Entrons, ce sera vivre encore que d'être toujours comme un souvenir dans ta palette.

En ouvrant la porte de la maison, les deux amants se rencontrèrent avec Porbus, qui, surpris par la beauté de Gillette, dont les yeux étaient alors pleins de larmes, la saisit toute tremblante, et l'amenant devant le vieillard: — Tenez, dit-il, ne vaut-elle pas tous les chefs-d'œuvre du monde?

Frenhofer tressaillit. Gillette était là, dans l'attitude naïve et simple d'une jeune Géorgienne innocente et peureuse, ravie et présentée par des brigands à quelque marchand d'esclaves. Une pudique rougeur colorait son visage, elle baissait les yeux, ses mains étaient pendantes à ses côtés, ses forces semblaient l'abandonner, et des larmes protestaient contre la violence faite à sa pudeur. En ce moment Poussin, au désespoir d'avoir sorti ce beau trésor de son grenier, se maudit lui-même. Il devint plus amant qu'artiste, et mille scrupules lui torturèrent le cœur quand il vit l'œil rajeuni du vieillard, qui, par une habitude de peintre, déshabilla, pour ainsi dire, cette jeune fille en en devinant les formes les plus secrètes. Il revint alors à la féroce jalousie du véritable amour.

— Gillette, partons! s'écria-t-il.

A cet accent, à ce cri, sa maîtresse joyeuse leva les yeux sur lui le vit, et courut dans ses bras.

— Ah! tu m'aimes donc? répondit-elle en fondant en larmes.

Après avoir eu l'énergie de taire sa souffrance, elle manquait de force pour cacher son bonheur.

— Oh! laissez-la-moi pendant un moment, dit le vieux peintre, et vous la comparerez à ma Catherine. Oui, j'y consens.

Il y avait encore de l'amour dans le cri de Frenhofer. Il semblait avoir de la coquetterie pour son semblant de femme, et jouir par avance du triomphe que la beauté de sa vierge allait remporter sur celle d'une vraie jeune fille.

— Ne le laissez pas se dédire! s'écria Porbus en frappant sur l'épaule de Poussin. Les fruits de l'amour passent vite, ceux de l'art sont immortels.

— Pour lui, répondit Gillette en regardant attentivement le Poussin et Porbus, ne suis-je donc pas plus qu'une femme? Elle leva la tête avec fierté; mais quand, après avoir jeté un coup d'œil étincelant à Frenhofer, elle vit son amant occupé à contempler de nouveau le portrait qu'il avait pris naguère pour un Giorgion: — Ah! dit-elle, montons! Il ne m'a jamais regardée ainsi.

— Vieillard, reprit Poussin tiré de sa méditation par la voix de Gillette, vois cette épée, je la plongerai dans ton cœur au premier mot de plainte que prononcera cette jeune fille, je mettrai le feu à ta maison, et nul n'en sortira. Comprends-tu?

Nicolas Poussin était sombre, et sa parole fut terrible. Cette attitude et surtout le geste du jeune peintre consolèrent Gillette, qui lui pardonna presque de la sacrifier à la peinture et à son glorieux avenir. Porbus et Poussin restèrent à la porte de l'atelier, se regardant l'un l'autre en silence. Si, d'abord, le peintre de la Marie égyptienne se permit quelques exclamations: — Ah! elle se déshabille! il lui dit de se mettre au jour! Il la compare! bientôt il se tut à l'aspect du Poussin, dont le visage était profondément triste, et, quoique les vieux peintres n'aient plus de ces scrupules si petits en présence de l'art, il les admira, tant ils étaient naïfs et jolis. Le jeune homme avait la main sur la garde de sa dague et l'oreille presque collée à la porte. Tous deux, dans l'ombre et debout, ressemblaient ainsi à deux conspirateurs attendant l'heure de frapper un tyran.

— Entrez, entrez, leur dit le vieillard rayonnant de bonheur. Mon œuvre est parfaite, et maintenant je puis la montrer avec orgueil. Jamais peintre, pinceaux, couleurs, toile et lumière, ne feront une rivale à Catherine Lescault, la belle courtisane.

En proie à une vive curiosité, Porbus et Poussin coururent au milieu d'un vaste atelier couvert de poussière, où tout était en désordre, où ils virent çà et là des tableaux accrochés aux murs. Ils s'arrêtèrent tout d'abord devant une figure de femme de grandeur naturelle, demi-nue, et pour laquelle ils furent saisis d'admiration.

— Oh! ne vous occupez pas de cela, dit Frenhofer, c'est une toile que j'ai barbouillée pour étudier une pose, ce tableau ne vaut rien. Voilà mes erreurs, reprit-il en leur montrant de ravissantes compositions suspendues aux murs, autour d'eux.

A ces mots, Porbus et Poussin, stupéfaits de ce dédain pour de telles œuvres, cherchèrent le portrait annoncé, sans réussir à l'apercevoir.

— Eh bien! le voilà! leur dit le vieillard, dont les cheveux étaient en désordre, dont le visage était enflammé par une exaltation surnaturelle, dont les yeux pétillaient, et qui haletait comme un jeune homme ivre d'amour. — Ah! ah! s'écria-t-il, vous ne vous attendiez pas à tant de perfection! Vous êtes devant une femme et vous cherchez un tableau. Il y a tant de profondeur sur cette toile, l'air y est si vrai, que vous ne pouvez plus le distinguer de l'air qui nous environne. Où est l'art? perdu, disparu! Voilà les formes mêmes d'une jeune fille. N'ai-je pas bien saisi la couleur, le vif de la ligne qui parait terminer le corps? N'est-ce pas le même phénomène que nous présentent les objets qui sont dans l'atmosphère comme les poissons dans l'eau? Admirez comme les contours se détachent du fond! Ne semble-t-il pas que vous puissiez passer la main sur ce dos? Aussi, pendant sept années, ai-je étudié les effets de l'accouplement du jour et des objets. Et ces cheveux, la lumière ne les inonde-t-elle pas?... Mais elle a respiré, je crois!... Ce sein, voyez! Ah! qui ne voudrait l'adorer à genoux? Les chairs palpitent. Elle va se lever, attendez!

— Apercevez-vous quelque chose? demanda Poussin à Porbus.

— Non. Et vous?

— Rien.

Les deux peintres laissèrent le vieillard à son extase, regardèrent si la lumière, en tombant d'aplomb sur la toile qu'il leur montrait, n'en neutralisait pas tous les effets. Ils examinèrent alors la peinture en se mettant à droite, à gauche, de face, en se baissant et se levant tour à tour.

— Oui, oui, c'est bien une toile, leur disait Frenhofer en se méprenant sur le but de cet examen scrupuleux. Tenez, voilà le châssis, le chevalet, enfin voici mes couleurs, mes pinceaux.

Et il s'empara d'une brosse qu'il leur présenta par un mouvement naïf.

— Le vieux lansquenet se joue de nous, dit Poussin en revenant devant le prétendu tableau. Je ne vois là que des couleurs confusément amassées et contenues par une multitude de lignes bizarres, qui forment une muraille de peinture.

— Nous nous trompons, voyez!... reprit Porbus.

En s'approchant, ils aperçurent dans un coin de la toile le bout d'un pied nu, qui sortait de ce chaos de couleurs, de tons, de nuances indécises, espèce de brouillard sans forme; mais un pied délicieux, un pied vivant! Ils restèrent pétrifiés d'admiration devant ce fragment échappé à une incroyable, à une lente et progressive destruction. Ce pied apparaissait là comme le torse de quelque Vénus en marbre de Paros, qui surgirait parmi les décombres d'une ville incendiée.

— Il y a une femme là-dessous! s'écria Porbus en faisant remarquer à Poussin les diverses superpositions de couleurs dont le vieux peintre avait successivement chargé toutes les parties de cette figure en voulant la perfectionner.

Les deux peintres se tournèrent spontanément vers Frenhofer, en commençant à s'expliquer, mais vaguement, l'extase dans laquelle il vivait.

— Il est de bonne foi, dit Porbus.

— Oui, mon ami, repondit le vieillard en se réveillant, il faut de la foi, de la foi dans l'art, et vivre pendant longtemps avec son œuvre pour produire une création semblable. Quelques-unes de ces ombres m'ont coûté bien des travaux. Tenez, il y a là, sur sa joue, au-dessous des yeux, une légère pénombre qui, si vous l'observez dans la nature, vous paraîtra presque intraduisible. Eh bien! croyez-vous qu'elle ne m'ait pas coûté des peines inouïes à reproduire? Mais aussi, mon cher Porbus, regarde attentivement mon travail, et tu comprendras mieux ce que je te disais sur la manière de traiter le modelé et les contours. Regarde la lumière du sein, et vois comme, par une suite de touches et de rehauts fortement empâtés, je suis parvenu à accrocher la véritable lumière et à la combiner avec la blancheur luisante des tons éclairés, et comme, par un travail contraire, en effaçant les saillies et le grain de la pâte, j'ai pu, à force de caresser le contour de ma figure, noyé dans la demi-teinte, ôter jusqu'à l'idée de dessin et de moyens artificiels, et lui donner l'aspect et la rondeur même de la nature. Approchez, vous verrez mieux ce travail. De loin, il disparaît. Tenez! là il est, je crois, très-remarquable.

Et du bout de sa brosse, il désignait aux deux peintres un pâté de couleur claire.

Porbus frappa sur l'épaule du vieillard en se tournant vers Poussin : — Savez-vous que nous voyons en lui un bien grand peintre? dit-il.

— Il est encore plus poète que peintre, répondit gravement Poussin.

— Là, reprit Porbus en touchant la toile, finit notre art sur terre.

— Et de là il va se perdre dans les cieux, dit Poussin.

— Combien de jouissances sur ce morceau de toile! s'écria Porbus.

Le vieillard absorbé ne les écoutait pas, et souriait à cette femme imaginaire.

— Mais, tôt ou tard, il s'apercevra qu'il n'y a rien sur sa toile, s'écria Poussin.

— Rien sur ma toile! dit Frenhofer en regardant tour à tour les deux peintres et son prétendu tableau.

— Qu'avez-vous fait! répondit Porbus à Poussin.

Le vieillard saisit avec force le bras du jeune homme et lui dit : — Tu ne vois rien, manant! mécréant! bélître! bardache! Pourquoi donc es-tu monté ici? — Mon bon Porbus, reprit-il en se tournant vers le peintre, est-ce que vous aussi, vous vous joueriez de moi? répondez! je suis votre ami, dites, aurais-je donc gâté mon tableau?

Porbus, indécis, n'osa rien dire, mais l'anxiété peinte sur la physionomie blanche du vieillard était si cruelle, qu'il montra la toile en disant : — Voyez!

Frenhofer contempla son tableau pendant un moment et chancela.

— Rien, rien! Et avoir travaillé dix ans!

Il s'assit et pleura.

— Je suis donc un imbécile, un fou! je n'ai donc ni talent, ni capacité, je ne suis plus qu'un homme riche qui, en marchant, ne fait que marcher! Je n'aurai donc rien produit!

Il contempla sa toile à travers ses larmes, il se releva tout à coup avec fierté, et jeta sur les deux peintres un regard étincelant.

— Par le sang, par le corps, par la tête du Christ! vous êtes des jaloux qui voulez me faire croire qu'elle est gâtée pour me la voler! Moi, je la vois! cria-t-il, elle est merveilleusement belle!

En ce moment, Poussin entendit les pleurs de Gillette, oubliée dans un coin.

— Qu'as-tu, mon ange? lui demanda le peintre redevenu subitement amoureux.

— Tue-moi! dit-elle. Je serais une infâme de t'aimer encore, car je te méprise. Je t'admire, et tu me fais horreur. Je t'aime et je crois que je te hais déjà.

Pendant que Poussin écoutait Gillette, Frenhofer recouvrait sa Catherine d'une serge verte, avec la sérieuse tranquillité d'un joaillier qui ferme ses tiroirs, en se croyant en compagnie d'adroits larrons. Il jeta sur les deux peintres un regard profondément sournois, plein de mépris et de soupçon, les mit silencieusement à la porte de son atelier, avec une promptitude convulsive. Puis, il leur dit sur le seuil de son logis : — Adieu, mes petits amis.

Cet adieu glaça les deux peintres. Le lendemain, Porbus, inquiet, revint voir Frenhofer, et apprit qu'il était mort dans la nuit, après avoir brûlé ses toiles.

Paris, février 1832.

FIN DU CHEF-D'ŒUVRE INCONNU.

Une pudique rougeur colorait son visage, elle baissait les yeux, ses mains étaient pendantes .. — PAGE 46

www.ingramcontent.com/pod-product-compliance
Lightning Source LLC
Chambersburg PA
CBHW070209030726
47505CB00006B/1621